Überblick: Literaturgeschichte

Deutsche Literatur- und Kulturgeschichte	Allgemeine Geschichte / Europäische Kultur

Literatur und Kultur der Weimarer Klassik (um 1786–1805) und der Romantik (um 1795–1840)

F. Schiller	1759–1805	
Maria Stuart	1800	
Wilhelm Tell	1804	
J. W. Goethe	1749–1832	
Iphigenie auf Tauris	1787	
Faust I	1808	
Faust II	1832	
F. Hölderlin	1770–1843	
Novalis	1772–1801	
H. v. Kleist	1777–1811	
C. v. Brentano	1778–1842	
Brüder Grimm		
Kinder- und Hausmärchen	1812	
Deutsche Grammatik	1819	
H. Heine	1797–1856	
Buch der Lieder	1827	
E. T. A. Hoffmann	1776–1822	
J. v. Eichendorff	1788–1857	
E. Mörike	1804–1875	

Beginn der Französischen Revolution	1789
Napoleon I.	1804–1814
Ende des Heiligen Römischen Reiches Deutscher Nation	1806
Befreiungskriege	1813–1815
Wiener Kongress, Gründung des Deutschen Bundes (35 souveräne Fürsten, 4 freie Städte); Gründung der Jenaer Burschenschaften	1815
Karlsbader Beschlüsse (Aufhebung der Pressefreiheit/Zensur)	1819
Julirevolution in Frankreich	1830
Hambacher Fest	1832

Musiker: R. Schumann, F. Chopin, F. Schubert
C. M. von Weber („Der Freischütz") L. v. Beethoven
(9. Symphonie, im Schlusschor Vertonung
von Schillers Ode „An die Freude") 1823
Maler: C. D. Friedrich 1774–1840

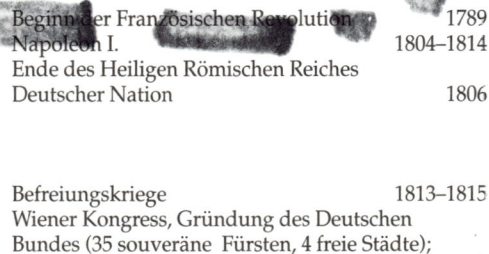

Literatur und Kultur des Vormärz (Junges Deutschland) und Biedermeier (um 1830–1848)

H. Heine	1797–1856	
Deutschland. Ein Wintermärchen	1843	
E. Mörike	1804–1875	
G. Büchner	1813–1837	
Woyzeck	1836/37	

Deutscher Bundestag verbietet Literatur des Jungen Deutschland	1835
Amtsenthebung der 7 kritischen Professoren („Göttinger Sieben"), u. a. Brüder Grimm	1837
Weberaufstand in Schlesien	1844
Marx/Engels: Kommunistisches Manifest	1848
Revolution in Deutschland scheitert	1848/49
Auflösung des Frankfurter Parlaments	1849

Maler: L. Richter, C. Spitzweg

Literatur des Poetischen Realismus (um 1848–1890)

F. Hebbel	1813–1863
Maria Magdalene	1844
Th. Storm	1817–1888
Der Schimmelreiter	1888
Th. Fontane	1819–1898
Effi Briest	1895
G. Keller	1819–1890
C. F. Meyer	1825–1898
W. Busch	1832–1908

G. Flaubert: Madame Bovary	1857
Bismarck wird Ministerpräsident in Preußen	1862
Nobel erfindet das Dynamit	1867
Dostojewski: Schuld und Sühne	1867
Krieg gegen Frankreich/Gründung des Deutschen Kaiserreiches	1870/71
Kulturkampf gegen die katholische Kirche	1872–1878
Sozialistengesetze	1878
Sozialgesetzgebung	1883
„Dreikaiserjahr"; Wilhelm II. deutscher Kaiser	1888
Bismarcks Entlassung	1890

Schüler	~~Name~~	Klasse
~~#~~/~~#~~	~~___~~ ~~_____~~	~~##~~

DEUTSCH in der Oberstufe

Herausgegeben und erarbeitet von: Peter Kohrs

Unter Mitarbeit von: Gisela Dreismann, Patricia Indiesteln, Rita Mannsfeld-Grundmann, Michaela Rössing, Stephanie Wunram

Best.-Nr. 028230 3

Schöningh

© 1998 Ferdinand Schöningh, Paderborn

© ab 2004 Bildungshaus Schulbuchverlage
Westermann Schroedel Diesterweg Schöningh Winklers GmbH
Braunschweig, Paderborn, Darmstadt

www.schoeningh.de
Schöningh Verlag, Jühenplatz 1–3, 33098 Paderborn

Das Werk und seine Teile sind urheberrechtlich geschützt.
Jede Nutzung in anderen als den gesetzlich zugelassenen Fällen bedarf der
vorherigen schriftlichen Einwilligung des Verlages.
Hinweis zu § 52a UrhG: Weder das Werk noch seine Teile dürfen ohne eine
solche Einwilligung gescannt und in ein Netzwerk gestellt werden.
Das gilt auch für Intranets von Schulen und sonstigen Bildungseinrichtungen.

Druck A 12 11 10 / Jahr 2007 06 05
Alle Drucke der Serie A sind im Unterricht parallel verwendbar.
Die letzte Zahl bezeichnet das Jahr dieses Druckes.

Illustrationen: Christiane Zay, Köln
Umschlaggestaltung: Veronika Wypior
Druck und Bindung: westermann druck GmbH, Braunschweig

ISBN 3-14-028230-3

Inhaltsverzeichnis

DEUTSCHUNTERRICHT IN DER OBERSTUFE – EINE EINFÜHRUNG

Warum lesen Sie? Warum schreiben Sie? Was bedeutet für Sie Literatur? ... 9

Texte verstehen in ihrem kommunikativen Zusammenhang von Verfasser, Text und Leser ... 20

Wolfgang Borchert:
Ein Dichter zwischen Krieg und Neuanfang ... 20
    Texte in ihren Zusammenhängen deuten ... 24
Problematik zwischenmenschlicher Beziehungen –
ein wichtiges Thema der modernen Literatur:
das Beispiel Gabriele Wohmann ... 34

Grundfragen der Kommunikation ... 42

Theorien und Modelle zur Kommunikation ... 45
Kommunikationsverhalten ... 53

Techniken, Tipps und Hilfen – Basiswissen Deutsch ... 59

Wie verfasse ich ... ? – Wichtige Darstellungsformen im
Überblick – eine Wiederholung ... 59
    Wie verfasse ich eine Inhaltsangabe? ... 59
    Wie verfasse ich eine literarische Charakteristik/ein
    literarisches Porträt? ... 61
    Wie verfasse ich eine Textanalyse/eine Textinterpretation? 61
    Wie verfasse ich eine Filmanalyse? ... 62
    Wie verfasse ich eine Rezension? ... 65
    Wie verfasse ich eine Facharbeit? ... 66
    Wie verfasse ich ein Protokoll? ... 67
    Wie verfasse ich eine Bewerbung und einen Lebenslauf? . 67
Ein Referat vorbereiten und halten ... 70
Mit Zitaten und Quellen richtig umgehen ... 71

Zur neuen Rechtschreibung – Normen und ihre Diskussion ... 73

Die neuen Regeln ... 73
    Groß- und Kleinschreibung ... 73
    Zusammen- und Getrenntschreibung ... 77
    s-Laute ... 80
    Schwerpunkte der Rechtschreibreform –
    kurz zusammengefasst ... 82
    Kommasetzung ... 83
Die Diskussion über die Reform der Rechtschreibung ... 88

Inhaltsverzeichnis

Inhalte und literarische Formen in ihren historischen Zusammenhängen

Epische Form – So fangen Romane an 95
Eine Frau im Konflikt mit den erstarrten gesellschaftlichen Konventionen ihrer Zeit – Theodor Fontane: Effi Briest 95
Die Entstehung eines autoritären Charakters – Heinrich Mann: Der Untertan 107
Der einseitig orientierte und scheinbar reibungslos funktionierende Mensch – Max Frisch: Homo faber 116
Ein Einzelgänger auf der Suche nach seiner Identität – Patrick Süskind: Das Parfum 130

Dramatische Form – Die „heiße Stelle" als Kern der Aussage 136
Georg Büchner: Woyzeck – der negative Held 136
Antigone – ein Drama und seine Variationen 149
    Sophokles: Antigone 149
    Jean Anouilh: Antigone 154
    Rolf Hochhuth: Berliner Antigone 161
„Nathan der Weise" und „Andorra" – ein Drama der Aufklärung und sein Pendant im 20. Jahrundert 172
    Gotthold Ephraim Lessing: Nathan der Weise 172
    Max Frisch: Andorra 183
Frauenfiguren in Dramen Goethes, Brechts und Büchners .. 193
    Johann Wolfgang Goethe: Iphigenie auf Tauris 193
    Bertolt Brecht: Der gute Mensch von Sezuan 200
    Marie und Gretchen – Frauenfiguren Büchners und Goethes im Vergleich (Ausschnitte aus „Woyzeck" und „Faust") ... 209

Die lyrische Form – Zum Beispiel Liebesgedichte ... 214
Gedichte – Anlässe zum Nachdenken, Diskutieren, Schreiben . 216
    Zusammenfassung: Fachbegriffe zur Bearbeitung lyrischer Texte 227
Gedichte produzieren – Mit Gedichten kreativ umgehen ... 228
    Eine bestimmte Anordnung und Form wählen 228
    Wiederholung, Bild, Leitmotiv 230

Literatur in ihren historischen Zusammenhängen – Beispiele und Überblick

Das Beispiel Barock – Ein Jahrhundert der Widersprüche 237
„Memento mori" – „Carpe diem" 240
Simplicius Simplicissimus – „Reise" in die Welt und Absage an die Welt 249

Von der Aufklärung bis zur Romantik: Überblick und Textbeispiele 253
Aufklärung: Vernunft und Freiheit 259
Sturm und Drang: Gefühl ist mehr als Denken... 261
Weimarer Klassik: Veredelung des menschlichen Wesens durch die schöne Kunst 269

Romantik: Sehnsucht nach Entgrenzung und unerreichbarer Ferne ... 277

Das Beispiel „Junges Deutschland"/„Vormärz" – Die Literatur wird politisch! ... 283
Heinrich Heine und seine Zeit ... 286
Georg Büchner: Friede den Hütten – Krieg den Palästen ... 295

Vom poetischen Realismus bis zur Mitte des 20. Jahrhunderts: Überblick und Textbeispiele ... 302
Poetischer Realismus: Der Mensch in der Auseinandersetzung mit dem realen Leben – Wirklichkeit auf poetische Weise darstellen ... 305
Naturalismus: Der Mensch als Produkt des realen Lebens – „Kunst = Natur – x" ... 307
Jahrhundertwende – Gegenbewegungen zum Naturalismus: Symbolismus, Impressionismus… ... 310
Expressionismus: Aufbruch und Erneuerung ... 312
Literatur zur Zeit der Weimarer Republik und des Exils während der nationalsozialistischen Diktatur ... 319

Vom Ende des 2. Weltkrieges bis zur Gegenwart: Überblick und Textbeispiele ... 322
Literatur der Nachkriegszeit ... 322
Literatur der Bundesrepublik Deutschland, der Schweiz, Österreichs ... 324
Literatur der DDR ... 328
Literatur nach der Wende ... 333

RHETORIK – DIE KUNST DER REDE

Sprechen in Alltagssituationen ... 335

Beispiele praktischer Rhetorik ... 338
Vorstellungsgespräch ... 338
Prüfungsgespräch – mündliche Abiturprüfung ... 339
Reden verstehen und halten ... 339

Reden in ihrem historischen Zusammenhang – Das Beispiel Nationalsozialismus ... 348

SPRECHEN UND SCHREIBEN

Aus gewohnten Denkbahnen ausbrechen, neue individuelle Ausdrucksformen erkunden ... 355
Literarische Schreibspiele ... 357
Weitere Möglichkeiten für kreatives Schreiben ... 361
Spielen mit Stilen… ... 362

Texte analysieren und deuten ... 364
Einen Text verstehen ... 364
Die schriftliche Interpretation (Analyse und Deutung) ... 367
Analyse und Deutung von Gebrauchstexten ... 377

Sprache und Literatur im 20. Jahrhundert – Textsequenzen, Textvergleiche

Eine „andere" Methode der Deutung: Mit Texten produktiv umgehen ... 386

Argumentieren, Erörtern, Diskutieren ... 394

Schriftliche Erörterung: freie und textgebundene Erörterung ... 409

Freie Erörterung ... 409

Textgebundene Erörterung: Kritische Auseinandersetzung mit einem Meinungstext ... 414

Franz Kafka, ein Autor der Moderne: Der Mensch auf der Suche nach dem Sinn seiner Existenz ... 418

Der Mensch unter totaler Kontrolle – „Maßnahmen gegen die Gewalt" ... 444

Der Einfluss des Hakenkreuzes… ... 463

Nationalsozialistische Ideologie und ihre Entsprechung in der Lyrik ... 463

… und die „Stimme" verfemter Künstler ... 468

Sprachlenkung im Nationalsozialismus ... 481

Der Schriftsteller und sein gesellschaftlicher Standort – „Plädoyer für Veränderungen"? ... 486

Literatur „im Osten" ... 489

Der „Fall" Wolf Biermann ... 492

Literatur „im Westen" ... 499

Auf dem Weg ins Medienzeitalter: Bewusstseinsindustrie? – EDV-Zivilisation? – Kommunikationsgesellschaft? 510

„Vergesst nicht, die Wahrheit ist käuflich!" ... 511

Technische Machbarkeit und ihre Kritik ... 517

Mit Sprache handeln… ... 526

„Streit um Worte"? Sprache der Politik – Sprache der Öffentlichkeit ... 526

Frauensprache – Männersprache ... 536

Sprache hier – Sprache dort: Die Mauer der Sprache? ... 544

Vom „Gewicht des Wortes"… ... 549

In zwei Sprachen leben ... 554

Anhang

Auch so kann man Texte gruppieren – Alternativsequenzen ... 557

Originalfassungen und Fortsetzungen ... 560

Stichwortverzeichnis ... 563

Textartenverzeichnis (Auswahl) ... 568

Textquellenverzeichnis ... 569

Bildquellenverzeichnis ... 578

Vorwort

Liebe Schülerinnen und Schüler,

das Lehrbuch **Deutsch in der Oberstufe** soll Sie in der gesamten Oberstufe als Leitmedium für den Deutschunterricht begleiten. Die notwendige Lektüre von Ganzschriften ergänzend, enthält es den Lernstoff für die Oberstufe.

Das Buch ist insgesamt als ein **Arbeitsbuch** konzipiert, in dem die einzelnen Texte und Medien mit Hilfe von Arbeitsaufgaben und erläuternden Texten zu Unterrichtseinheiten zusammengestellt sind. Außer den Arbeitsaufgaben zu den einzelnen Texten bzw. Medien gibt das Buch Hinweise und Impulse zur Einzelarbeit bzw. Gruppenarbeit, zur Wiederholung und Übung, zur weiterführenden Lektüre, zu fächerverbindender projektorientierter Arbeitsweise, für Anschlussthemen im Zusammenhang des Buches.

Die Lernarrangements der einzelnen Kapitel erfordern in besonderer Weise Ihre Mitarbeit und Ihr Engagement, Ihre selbstständigen und aktiven Lernbemühungen, wobei im Sinne eines erweiterten Lernbegriffs das **Lernen als Einheit von fachlichem, methodischem, sozialkommunikativem und affektivem Lernen** verstanden wird. Dabei erachten wir folgende Elemente des Lernens für besonders wichtig:

● Das **wissenschaftsorientierte Lernen** soll u. a. die **Fähigkeiten zur Systematisierung, zum Methodenbewusstsein, zur Problematisierung** fördern. Im Buch sind Zusammenfassungen, etwa zu einer Textart, zu Analyseverfahren u. Ä., deutlich hervorgehoben. Methodenorientierung und Methodenbewusstsein ermöglichen Ihnen eigenständig und aktiv zu lernen und Ihre Lernprozesse weitgehend selbstständig zu organisieren bzw. zu reflektieren. Die Reflexion von Methoden soll die Gewähr dafür bieten, dass das inhaltlich-fachliche Lernen wirksam wird, dass Lernen effektiver erfolgen und Lerninhalte längerfristig behalten werden können. In diesem Sinn kann effektives Lernen nur vom Subjekt selbst geleistet werden. Dieses Subjekt sind Sie.

Methodenorientierung schlägt sich in diesem Buch an verschiedenen Stellen nieder; so geht es zum Beispiel
– um Bereitstellung von Schreib- und Kommunikationstechniken,
– um Einübung wichtiger Fähigkeiten (diskutieren, argumentieren, analysieren, aber auch kreativ und produktiv arbeiten).

● **Handlungs- und produktionsorientierte Ansätze** geben Ihnen die Möglichkeit sich aktiv sprachhandelnd an der Erarbeitung von Textdeutungen zu beteiligen. (Immer dann, wenn zum Beispiel Ihre schriftliche Mitarbeit gefragt ist, taucht neben der jeweiligen Arbeitsaufgabe das Schreibsymbol auf.)

● **Arbeitsformen fachspezifischer, fächerverbindender bzw. fächerübergreifender Arbeit** können Ihnen helfen, Themen in übergreifenden Zusammenhängen wahrzunehmen und zu deuten. Die vielfältigen Bereiche des Deutschunterrichts erfordern fast zwangsläufig eine **Überschreitung allzu enger Fächergrenzen,** zum Beispiel
– zur Kunst (vgl. Romantik, Expressionismus),
– zur Philosophie (vgl. Aufklärung),
– zur Geschichte (vgl. die literaturgeschichtlichen und sprachgeschichtlichen Zusammenhänge),
– zur Religion (vgl. Fragen der Ethik und Moral bei literatur- und sprachgeschichtlichen Themen),
– zur Biologie (vgl. Argumentationsthemen wie „Klonen"),
– zur Politik (vgl. die gesellschaftspolitischen Zusammenhänge bei literarisch-poetischen Texten und bei komplex angelegten Sachtexten).

Die unterschiedlichen **Arbeitstechniken** (dazu gehören auch die Fertigkeiten der Rechtschreibung und Zeichensetzung) und **Methoden sprachlichen Arbeitens** (zum Beispiel die unterschiedlichen Sprech-, Gesprächs- und Schreibformen sowie Umgangsweisen mit Texten) haben u. a. eine fächerverbindende Aufgabe, sie sind auch für das Lernen in anderen Fächern notwendig.

Den hier genannten Kriterien entsprechen die Gesamtanlage und der **Aufbau des Buches:**

- Im Einführungsteil wird in **elementare Techniken im Umgang mit Texten** eingeführt. Außerdem werden **Grundfragen der menschlichen Kommunikation** thematisiert. Der Abschnitt „Techniken, Tipps und Hilfen – Basiswissen Deutsch" enthält die **Grundfertigkeiten und Arbeitstechniken,** die insbesondere im Deutschunterricht, aber auch in anderen Fächern benötigt werden. Auf dieses Basiswissen kann bei der Bearbeitung der übrigen Kapitel des Buches immer wieder zurückgegriffen werden. Der Abschnitt „Zur neuen Rechtschreibung" ermöglicht Ihnen eine Einarbeitung in die neuen Regeln der Rechtschreibung und Zeichensetzung und eine Diskussion der dahinter stehenden Normenprobleme.

- Der nächste Großabschnitt enthält exemplarisch ausgewählte Texte und Textabschnitte der literarischen Formen Epik, Dramatik und Lyrik. Damit werden insbesondere Planungs- und Strukturgesichtspunkte von **Textarten und Gattungen** hervorgehoben.

- Im Kapitel „Inhalte und literarische Formen in ihren historischen Zusammenhängen" werden **literarische Epochen und historische Zusammenhänge von Texten und Medien** teils am komplex dargestellten Beispiel, teils in kurzem Überblick anhand von wichtigen programmatischen Texten der jeweiligen Epoche vorgestellt.

- Das Thema **Rhetorik** in seinen unterschiedlichen Facetten (Alltagsrhetorik, politische Rhetorik) nimmt mit nichtfiktionalen Texten ein eigenes Kapitel ein. Auch hier geht es, wie in anderen Kapiteln, um Bereitstellung und Einübung methodischer Arbeitstechniken.

- Das Kapitel **Sprechen und Schreiben** akzentuiert wichtige Sprech- und Schreibformen, beispielsweise das Diskutieren, Erörtern, Analysieren. Auch in diesem Kapitel werden Methoden bereitgestellt, die die Grundlage für Ihre aktive und selbstbestimmte Arbeit sein können, unter anderem auch kreative Arbeitsweisen und produktionsorientierte Schreib- und Analyseformen.

- Das letzte umfangreiche Kapitel enthält einzelne Kapitel bzw. Textsequenzen zu Texten/Medien und zur Sprache im 20. Jahrhundert in politisch-gesellschaftlichen Zusammenhängen. In den einzelnen Unterabschnitten finden sich **problemorientierte Themenstellungen,** in denen Sie möglicherweise auch Ihre eigenen Fragen und Problemstellungen wiederfinden.

Die **Angabe von Alternativreihen,** die zugleich eine Aufforderung darstellen, selbst mit Hilfe der Materialien, die das Buch anbietet, entsprechende Unterrichtsvorhaben zusammenzustellen, sowie die diversen Verzeichnisse im Anhang und der kurze literaturgeschichtliche Überblick auf den Innenseiten der Buchklappen sollen Ihnen selbstständiges Arbeiten und eine leichte Orientierung im Buch ermöglichen.

Die Aufmachung des Buches, das offene Layout, die funktionale Illustration verstehen Sie bitte als ein Angebot, sich auf das Buch einzulassen, sich „festzulesen", sich selbstständig das Buch zu erschließen oder zur Übung und Wiederholung einzelne Einheiten durchzuarbeiten.

Wir wünschen Ihnen, dass die Lektüre – je nach Art der Texte – Vergnügen bereitet, Sie betroffen macht, Ihr Interesse weckt, … wir wünschen Ihnen vor allem eine erfolgreiche Arbeit mit diesem Buch.

Herausgeber und Mitarbeiterinnen

Deutschunterricht in der Oberstufe – eine Einführung

Warum lesen Sie? Warum schreiben Sie? Was bedeutet für Sie Literatur?

- ❏ Formulieren Sie zu den drei Fragen der Überschrift Antworten aus Ihrer Sicht.
- ❏ Tauschen Sie die Meinungen in Ihrer Lerngruppe aus und halten Sie Gesichtspunkte, die sich wiederholen, schriftlich fest.
- ❏ Erörtern Sie die Wichtigkeit dieser Argumente.
- ❏ Greifen Sie das für Sie persönlich wichtigste Argument heraus und gestalten Sie dieses in Form eines Gedichtes (mit frei wählbarer Gestaltung).
- ❏ Vergleichen Sie die von den Autorinnen und Autoren geäußerten Meinungen zum Lesen bzw. Schreiben. Mit welchen Erfahrungen, Hinweisen, Kennzeichnungen können Sie sich am besten identifizieren?

Schüler schreiben?
Worüber schreiben Schüler
und
warum schreiben Schüler?
Gibt's für Schüler überhaupt etwas zu schreiben
außer
über Schule
über Schüler
über Ärger
über Eltern
alle diese abgebrauchten
renovierungsbedürftigen Themen
Es schreiben bereits
so viele
dass
alles
Wiederholung
zu sein scheint
Ich
schreibe
keine 10. Wiederaufbereitung
ich schreibe nicht.
Sabine Hickel
(v 1984)

Wanda Gawinski, 17 Jahre
Der Dichter
Denket nicht, ihr, die ihr da lest,
dass ich im Wahn schreibe,
nein, das nicht,
wohl aber der Welt entrückt.
Für eine kurze Weile,
grad' so lang
wie die Zeilen, reite ich vielleicht
auf einem Elefanten
durch den Himmel.
(v 1989)

ich schreibe
um zu spüren
dass es mich gibt
Dorette Müller
(v 1984)

Heinz Piontek, geboren 1925 in Kreuzburg/Oberschlesien

Ich glaube nicht, dass es viele Autoren sind, die es sich zur Aufgabe gemacht haben, so verschwommen wie möglich zu schreiben. Bei den meisten scheint doch der gute Wille vorzuherrschen, sich genauso klar zu äußern, wie sie denken. Auch ich gebe mir einige Mühe, bekomme aber nun schon seit langem und mit gewisser Regelmäßigkeit Anfragen, wie ich dieses oder jenes Gedicht gemeint habe. Vorwiegend sind es Schüler oder Studenten, die mich fragen. Zugegeben, Gedichte können schwere Brocken sein, obwohl sie von Haus aus zur leichten Materie gehören. Dennoch bin ich ziemlich sicher, dass es heute häufiger an den Lesern als an den Verfassern liegt, wenn sich die Meinung gebildet hat, Gedichte könnten nur noch anhand von Anleitungen aufgenommen werden. […]

Übrigens, die Schule. Wenn ich zurückdenke, so fällt mir ein, dass ich mit den Sphären der Poesie erstmals durch Lesebücher in Berührung kam. Es waren keine berühmten Gedichte, auf die ich traf, und doch verschafften mir diese Zeugnisse dritt- oder viertrangiger Lyriker Zugang zu dem Bereich, in dem Wörter mehr bedeuten, als Wörter sagen. Ich meine den Bereich der Bilder. Vielleicht sollte man gar nicht so darauf versessen sein, Schüler der Anfangsklassen gleich mit dem Besten der Lyrik zu verwöhnen. Später kommt es natürlich schon auf Qualität an. Wichtig allein ist, dass den Schülern die Möglichkeit offen gehalten wird, Gedichte kennen zu lernen. Da uns – in meinen Augen – Lyrik mit dem Teil unseres Seins verbindet, der nicht angetastet ist von den Kompromissen mit unserer Kindheit, mit der Frische unserer Reaktionen, halte ich es nach wie vor für bedeutsam, dass Schüler so früh wie möglich die Intensität ihrer Eindrücke in Gedichten wiederfinden und dass sie erfahren, wie Wörter ihre Sensibilität noch zu verfeinern, ihre Vorstellungskraft noch zu steigern vermögen.

(Heinz Piontek, v 1975)

Michael Krüger / Klaus Wagenbach
An die Absender

Einer sitzt zu Hause am Schreibtisch und schreibt ein Gedicht über die schlechten Verhältnisse im Büro: er bemüht sich, prüft die Worte, versucht, seine Wut in das Gedicht hineinzuschreiben.
Ist das ein politischer Vorgang oder ein ästhetischer? Wäre es nicht klüger, er ginge zur Gewerkschaft, zur Partei, zu seinen Genossen? Sind Ärger und Wut im Gedicht besser aufgeho-

(Zeichnung: Peter Gaymann)

ben als in der politischen Praxis? Diese Frage klingt naiv und soll es auch sein. Wir stellen sie aber bewusst, weil wieder, wie in den vergangenen Jahren, eine Fülle von Einsendungen uns erreichten, die von dieser Wut und dieser Ohnmacht berichten: in Strophenform. Und weil die meisten dieser Gedichte von uns zurückgeschickt werden, bleibt die andere Frage an uns hängen: ist damit der Fall erledigt, bleibt nun der Ärger im Büro und im Gedicht oder wird er politisch?

(Aus: Tintenfisch 6/1973, S. 80)

[...] Als Kind stotterte ich sehr stark, nachdem ich als Fünfjähriger die Ermordung meines Vaters miterlebt hatte. Einige Tage danach soll ich überhaupt nicht gesprochen haben. Als ich wieder zu sprechen anfing, stotterte ich sehr stark. In der Schule hatte ich deswegen große Schwierigkeiten; ich fühlte mich aber sehr wohl, wenn ich Liedern, vor allem Klageliedern zuhörte, die die Frauen in unserem Dorf sangen. Beim Nachsingen dieser Texte stotterte ich kaum. Mir gefielen nicht nur die Melodien und der Sprachgesang dieser Lieder, ihre Texte kamen mir auch sehr poetisch vor.
Kaum hatte ich lesen und schreiben gelernt – als einziger Junge des Dorfes übrigens –, fing ich an, diese Lieder zu sammeln. Meistens ging ich abends in das Gemeindehaus des Dorfes, wo alle Männer versammelt waren, und erzählte die Sagen und die Epen; trug ihnen Lieder vor, die ich auswendig kannte.
So kam es dazu, dass ich mit sechzehn als Epenerzähler durch die Dörfer in Çukukova zog. Noch heute erzähle ich die Handlung meiner Romane sehr gerne zuerst meiner Frau und meinen Freunden. Jahre bevor ich anfange, sie niederzuschreiben. Deshalb betrachte ich mich noch immer – im wörtlichen Sinne – eher als Erzähler denn als Schriftsteller! [...]

(Yaşar Kemal in einem Interview, v 1997)

Yaşar Kemal, geboren 1923

Der türkische Autor erhielt im Jahre 1997 den Friedenspreis des Deutschen Buchhandels.

Was hat mich zum Lesen gebracht? Das neugierige Verlangen, in fremde Welten einzutauchen, ziemlich wahllos war ich büchersüchtig.
Da fehlen selbstverständlich beim Rückblick Titel, und erst recht die Namen der Verfasser. Und ebenso selbstverständlich waren Kinderbücher meine erste Lektüre, denn sobald ich das Lesen gelernt hatte, wurde das Lesen meine wichtigste Passion und, durch die Bücher, das selbständige Weiterphantasieren der Handlung; ein ausgelesenes Buch hat ein Loch in den Lebenszusammenhang gerissen, und sofort, während ich noch ein ausgelesenes Buch in mir selber durchs Weitererfinden verlängerte, mußte ich mich in neuen Lesestoff vertiefen. „Lesen wir?" war eine Frage zwischen meiner Schwester, Freundinnen und mir, und zwischen anderem Zeitvertreib hieß immer auch die Antwort: „Ja, wir lesen." Stets brauchten wir Vorrat, und dauernd wurde Vorrat verbraucht. „Die Kinder am Meer" – ein Lieblingsbuch, mit dessen Personen ich in einer Extra-Welt lebte – aber wer hat es überhaupt geschrieben? Ein bißchen Kranksein war schön, denn das Lesen wur-

de durch nichts unterbrochen. Ich las sehr gerne auch alte UHU-Hefte und ein dickes, altertümliches, interessant bebildertes Astronomiebuch. Später, als ich etwas älter war, wanderte ich durch die große Bibliothek meines Vaters, speziell auf der Suche nach Literatur, die noch zu schwierig für mich war: wie soll ich diesen Genuß deuten? Als Eitelkeit oder als Erfahrungstrieb? Ach, angenehme Zeiten, als das Lesen noch beides war: Zugriff und Schutz, und zwei Chancen gleichermaßen bot: die Zufuhr von Wirklichkeit, die sich erweiterte, und die Isolation mit der eigenen Phantasie.
(Gabriele Wohmann, v 1987)*

[…] Ich existiere nur, wenn ich schreibe, ich bin nichts, wenn ich nicht schreibe, ich bin mir selbst vollkommen fremd, aus mir herausgefallen, wenn ich nicht schreibe. Wenn ich aber schreibe, dann sehen Sie mich nicht, es sieht mich niemand dabei. Sie können einen Dirigenten sehen beim Dirigieren, einen Sänger beim Singen, einen Schauspieler, wenn er spielt, aber es kann niemand sehen, was Schreiben ist. Es ist eine seltsame, absonderliche Art zu existieren, asozial, einsam, verdammt, es ist etwas verdammt daran, und nur das Veröffentlichte, die Bücher, werden sozial, assoziierbar, finden einen Weg zu einem Du, mit der verzweifelt gesuchten und manchmal gewonnenen Wirklichkeit. (Ingeborg Bachmann, v 1983)

Ingeborg Bachmann, 1926–1973

Die Gedichte, Hörspiele und Erzählungen der Autorin werden vor allem bestimmt durch das Gefühl der Vereinsamung und Vereinzelung, durch Todesangst und die Sehnsucht nach Entgrenzung.

Arthur Schopenhauer (1788–1860)
Über Lesen und Bücher
Die Ideen dieses Philosophen beeinflussten Literatur und Philosophie bis ins 20. Jahrhundert, so zum Beispiel die Meinung, die Welt sei „Vorstellung" oder Erscheinung des Subjektes.

Wenn wir lesen, denkt ein anderer für uns: wir wiederholen bloß seinen mentalen[1] Prozess. Es ist damit, wie wenn beim Schreibenlernen der Schüler die vom Lehrer mit Bleistift geschriebenen Züge mit der Feder nachzieht. Demnach ist beim Lesen die Arbeit des Denkens uns zum größten Teile abgenommen. Daher die fühlbare Erleichterung, wenn wir von der Beschäftigung mit unseren eigenen Gedanken zum Lesen übergehn. Aber während des Lesens ist unser Kopf doch eigentlich nur der Tummelplatz fremder Gedanken. Wenn nun diese endlich abziehn, was bleibt? Daher kommt es, dass, wer sehr viel und fast den ganzen Tag liest, dazwischen aber sich in gedankenlosem Zeitvertreib erholt, die Fähigkeit, selbst zu denken, allmählich verliert, – wie einer, der immer reitet, zuletzt das Gehn verlernt. Solches aber ist der Fall sehr vieler Gelehrten: sie haben sich dumm gelesen. […]

---
[1] mental = geistig; die Psyche betreffend
* Aus lizenzrechtlichen Gründen folgen die mit einem * gekennzeichneten Texte nicht der reformierten Rechtschreibung.

Ein böser Brief von Susanne Holz an ihren und alle anderen Lehrer und Lehrerinnen, die sich im Unterricht mit Literatur beschäftigen

Lieber Lehrer. Du bist verrückt. Monate und Jahre hast du damit zugebracht, mich mit Tausenden von Wörtern aus Büchern, für die ich nur mäßiges Interesse hatte, vollzustopfen. Und nun, am Ende meiner schulischen Laufbahn, stellst du die Art deines Unterrichts und damit vielleicht mein ganzes, durch dich beeinflusstes Verhältnis zu Büchern in Frage. […]
Wichtig am *Lesen* ist, so schreibt Doris Lessing, mir darüber klar zu werden, ob und was das Buch in meinen Händen mit mir, meinem Leben, meinen Gedanken zu tun hat. Sie nennt diese Art des Lesens „von einer Neigung zur nächsten", und für mich heißt das, mich auf das zu beschränken, auf das ich Lust habe, wirkliche Lust, wenn ich die Inhaltsangabe, die ersten Seiten oder auch das Ende angelesen habe. Manchmal so viel Lust, dass ich ein Buch regelrecht in mich „hineinfresse" und es gar nicht wieder weglegen kann. Dabei kümmert es mich wenig, ob ein gewisser gelehrter Germanistikprofessor das Buch für wichtig hält.
Die Schule aber lebt von Autoritäten solcher Art. Selten hat meine ganz persönliche Fantasie in Bezug auf ein behandeltes Buch eine Rolle gespielt. […]
Liebe Lehrer, vielleicht habt ihr nicht anders gekonnt, weil eure Ideen und Fantasien vom „internationalen System" des Umgangs mit Literatur geschädigt sind. Ihr Lehrer unterstützt das System durch die Art eures Unterrichts. Denn wer von euch zweifelt an?
Meine „beste" Lesezeit war, wenn ich Doris Lessing zustimme (und das tu' ich wohl), so ungefähr im Alter von 7–11. Soweit ich das heute nachvollziehen kann, hat mich diese Zeit geprägt. Zu meinem Unglück galt mein maßgebliches Interesse damals der typischen Mädchenliteratur von „Hanni und Nanni" bis zu „Fünf Freunde …".
Dafür kann ich nun leider keinem Lehrer die Schuld geben. Ich habe gestöbert und das gefunden, was für kleine Mädchen in unserer Gesellschaft typisch ist. […]
„Niemals, niemals etwas lesen, weil man glaubt, man müsste", schreibt Doris Lessing. Aber dann müssten wir alle die Schule aufgeben. Oder den faulen Kompromiss eingehen, zwischen Schule und Leben haarscharf zu trennen, und damit auch zwischen den Büchern auf der einen und auf der anderen Seite. […] Natürlich lässt sich Doris Lessings Argumentation auch übertragen. Für mich stellt sie einfach die Frage nach Sinn und Unsinn unserer Lebensart. Wir müssen aufpassen, dass wir nicht nur noch das gesellschaftlich für notwendig Erachtete tun, sondern auch das, „wonach uns ist". Wir müssen uns entwickeln und nicht das, was von uns erwartet wird.

(v 1985)

❒ Setzen Sie sich mit den folgenden Meinungen zur schulischen Bearbeitung von Literatur kritisch auseinander (Seite 13/14).
❒ Wählen Sie einen der Texte für eine kritische Erwiderung in Form eines fiktiven Leserbriefes aus. Nutzen Sie dazu ggf. auch Argumente der anderen Texte dieses Kapitels.

Günter Grass,
geboren 1927 in Danzig

Der Grafiker, Bildhauer und Schriftsteller wurde weltberühmt durch seinen Roman „Die Blechtrommel" (1959), der auch verfilmt wurde. Breites Echo fand auch die kontroverse Diskussion um den im Jahre 1995 erschienenen Roman „Ein weites Feld". 1999 erhielt er den Nobelpreis für Literatur.

… immer ein Alptraum gewesen

Literatur in deutschen Schulen ist – solange ich zurückdenken kann, bis in meine relativ kurze Schulzeit (ich bin nur bis zum Alter von 15 Jahren zur Schule gegangen) – eigentlich immer ein Alptraum gewesen. […]
Literarische Texte werden nicht an den Schüler herangebracht, um bei ihm die Lust am Lesen auszulösen, um ihm die Chance zu geben – und sei es mit den verschiedensten Gedanken – sich mit einem Text zu identifizieren, sich selbst zu erleben, sondern um ihn auf eine schlüssige Interpretation hinzuführen. Das tötet die Literatur ab. Literatur ist trotz der deutschen Schule lebensfähig geblieben, aber dies tötet in einem sehr frühen Alter die Lust am Lesen ab. Literatur hat mit Kunst zu tun, es ist eine Kunstform und in erster Linie ästhetischen Gesetzen verpflichtet. Dieses Produkt der Kunst lebt davon, daß es vieldeutig ist, doppelbödig ist und eine Menge von Interpretationen zulassen kann. Es muß erst einmal respektiert werden, daß der, der auf ein Bild, auf ein Buch reagiert, etwas für ihn Wichtiges erlebt. Dies ist erst einmal richtig, auch wenn es sich nicht mit der Interpretation des Lehrers deckt. Und nun kommt das in die Schulmühle hinein, es wird Interpretation gefordert – ob es sich um einen Gedichttext, um die „Braut von Messina" oder Wallraff oder was auch immer handelt: Es wird Interpretation abverlangt. […]

(Günter Grass in einem Interview, v 1983)*

Dietrich Erlach

Der individuelle und der schulische Leser

Jedes Gedicht hat seine unverwechselbare Gestalt, und jeder Leser geht mit seiner nur ihm eigenen Lebens- und Bildungsgeschichte an den Text heran. Es findet also eine Begegnung statt, die so, wie sie abläuft, nur ein einziges Mal geschieht. Jeder Verstehensprozess ist unwiederholbar und unübertragbar. Welchen Sinn kann es da haben, einen Fragenkatalog zu erstellen, der beansprucht, generell Hilfe bei der Texterschließung von Gedichten zu leisten? Die Gedichtlektüre im Unterricht unterliegt anderen Bedingungen als das private Lesen, das einzig dem Erkenntnis- und Unterhaltungsinteresse, der Lust und Laune des individuellen Lesers unterworfen ist. Bei dieser Art von Lesen ist es mit dem persönlichen Angerührtsein, Erstaunen, Nachdenklichwerden oder Verärgertsein getan. Nicht so im Unterricht. Hier gilt es das eigene Leseerlebnis für andere in Worte zu fassen und einer Öffentlichkeit – wenn auch einer kleinen – begreiflich zu machen. Ich muss mein Textverständnis mit anderen Textverständnissen vergleichen und es eventuell verteidigen, indem ich ihm die größere Plausibilität zu verschaffen versuche. Dazu greife ich zum Text und verweise auf Stellen, die mein Verständnis absichern, die anderen tun das ebenfalls. […] (v 1986)

Siegfried Lenz
Diskrete Auskunft über Masuren

Im Süden Ostpreußens, zwischen Torfmooren und sandiger Öde, zwischen verborgenen Seen und Kiefernwäldern waren wir Masuren zu Hause – eine Mischung aus pruzzischen Elementen und polnischen, aus brandenburgischen, salzburgischen und russischen.
Meine Heimat lag sozusagen im Rücken der Geschichte; sie hat keine berühmten Physiker hervorgebracht, keine Rollschuhmeister oder Präsidenten; was hier vielmehr gefunden wurde, war das unscheinbare Gold der menschlichen Gesellschaft: Holzarbeiter und Bauern, Fischer, Deputatarbeiter, kleine Handwerker und Besenbinder. [...]
Suleyken, wie es hier vorkommt, hat es natürlich nie und nirgendwo gegeben; es ist eine Erfindung, so wie die Geschichten auch zum größten Teil Erfindung sind. Aber ist es von Wichtigkeit, ob dieses Dörfchen bestand oder nicht? Ist es nicht viel entscheidender, daß es möglich gewesen wäre? Gewiß, das ist zugegeben, wird in diesen Geschichten ein wenig übertrieben – aber immerhin, es wird methodisch übertrieben. Und zwar in der Weise, daß das besonders Eigenartige hervorgehoben wird und das besonders Charakteristische zum Vorschein kommt. Insofern steht das bewährte Mittel der Übertreibung ganz im Dienst der Wahrheitsfindung.

(v 1955*)

❐ Bearbeiten Sie die nachstehenden fiktionalen Texte unter den folgenden Fragestellungen: Was bedeutet Lesen in dem jeweiligen Text? Um welche Formen des Lesens geht es: Informationsentnahme, kritisches Lesen ...?
Verschaffen Sie sich zusätzliche Informationen zur Biografie des Verfassers und zur Textart.

Der Autor Siegfried Lenz ist 1926 in Lyck geboren und wuchs in Masuren auf, dem Schauplatz der Erzählung „Der Leseteufel" aus dem Band „So zärtlich war Suleyken", der 1955 erstmals erschien.
Im Vorwort gibt der Autor „Diskrete Auskunft über Masuren".

Siegfried Lenz
Der Leseteufel

Hamilkar Schaß, mein Großvater, ein Herrchen von, sagen wir mal, einundsiebzig Jahren, hatte sich gerade das Lesen beigebracht, als die Sache losging. Die Sache: darunter ist zu verstehen ein Überfall des Generals Wawrila, der unter Sengen, Plündern und ähnlichen Dreibastigkeiten aus den Rokitno-Sümpfen aufbrach und nach Masuren, genauer nach Suleyken, seine Hand ausstreckte. Er war, hol's der Teufel, nah genug, man roch gewissermaßen schon den Fusel, den er und seine Soldaten getrunken hatten. Die Hähne von Suleyken liefen aufgeregt umher, die Ochsen scharrten an der Kette, die berühmten Suleyker Schafe drängten sich zusammen – hierhin oder dorthin: worauf das Auge fiel, unser Dorf zeigte mannigfaltige Unruhe und wimmelnde Aufregung – die Geschichte kennt ja dergleichen.
Zu dieser Zeit, wie gesagt, hatte sich Hamilkar Schaß, mein Großvater, fast ohne fremde Hilfe die Kunst des Lesens beigebracht. Er las bereits geläufig dies und das. Dies: damit ist gemeint ein altes Exemplar des Masuren-Kalenders mit vielen Rezepten zum Weihnachtsfest; und das: darunter ist zu verstehen das Notizbuch eines Viehhändlers, das dieser vor Jah-

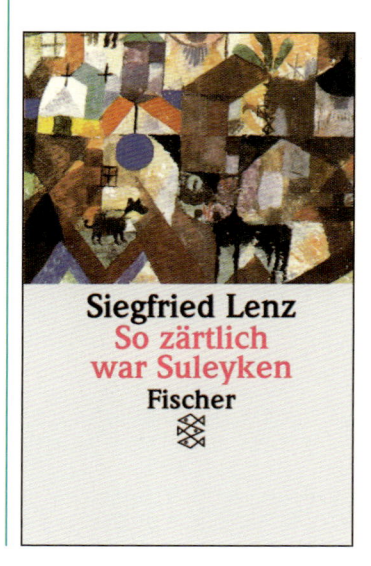

ren in Suleyken verloren hatte. Hamilkar Schaß las es wieder und wieder, klatschte dabei in die Hände, stieß, während er immer neue Entdeckungen machte, sonderbare dumpfe Laute des Jubels aus, mit einem Wort: die tiefe Leidenschaft des Lesens hatte ihn erfaßt. Ja, Hamilkar Schaß war ihr derart verfallen, daß er sich in ungewohnter Weise vernachlässigte; er gehorchte nur mehr einem Gebieter, welchen er auf masurisch den „Zatangä Zitai" zu nennen pflegte, was soviel heißt wie Leseteufel, oder, korrekter, Lesesatan.

Jeder Mann, jedes Wesen in Suleyken war von Schrecken und Angst geschlagen, nur Hamilkar Schaß, mein Großvater, zeigte sich von der Bedrohung nicht berührt; sein Auge leuchtete, die Lippen fabrizierten Wort um Wort, dieweil sein riesiger Zeigefinger über die Zeilen des Masuren-Kalenders glitt, die Form einer Girlande nachzeichnend, zitternd vor Glück.

Da kam, während er so las, ein magerer, aufgescheuchter Mensch herein, Adolf Abromeit mit Namen, der zeit seines Lebens nicht mehr gezeigt hatte als zwei große rosa Ohren. Er trug eine ungeheure Flinte bei sich, trat, damit fuchtelnd, an Hamilkar Schaß heran und sprach folgendermaßen: „Du tätest", sprach er, „Hamilkar Schaß, gut daran, deine Studien zu verschieben. Es könnte sonst, wie die Dinge stehen, leicht sein, daß der Wawrila mit dir seine Studien treibt. Nur, glaube ich, wirst du nachher zersplieserter aussehen als dieses Buch."

Hamilkar Schaß, mein Großvater, blickte zuerst erstaunt, dann ärgerlich auf seinen Besucher; er war, da die Lektüre ihn stets völlig benommen machte, eine ganze Weile unfähig zu einer Antwort. Aber dann, nachdem er sich gefaßt hatte, erhob er sich, massierte seine Zehen und sprach so: „Mir scheint", sprach er, „Adolf Abromeit, als ob auch du die Höflichkeit verlernt hättest. Wie könntest du mich sonst, bitte schön, während des Lesens stören." – „Es ist", sagte Abromeit, „nur von wegen Krieg. Ehrenwort. Wawrila, dem Berüchtigten, ist es in den Sümpfen zu langweilig geworden. Er nähert sich unter gewöhnlichsten Grausamkeiten diesem Dorf. Und weil er, der schwitzende Säufer, schon nah genug ist, haben wir beschlossen, ihn mit unseren Flinten nüchtern zu machen. Dazu aber, Hamilkar Schaß, brauchen wir jede Flinte, die deine sogar besonders."

„Das ändert", sagte Hamilkar Schaß, „überhaupt nichts. Selbst ein Krieg, Adolf Abromeit, ist keine Entschuldigung für Unhöflichkeit. Aber wenn die Sache, wie du sagst, arg steht, könnt ihr mit meiner Flinte rechnen. Ich komme."

Hamilkar Schaß küßte seine Lektüre, verbarg sie in einem feuerfesten Steinkrug, nahm seine Flinte und lud sich ein gewaltiges Stück Rauchfleisch auf den Rücken, und dann traten sie beide aus dem Haus. Auf der Straße galoppierten einige der intelligenten Suleyker Schimmel vorbei, herrenlos, mit vor Furcht weitgeöffneten Augen, Hunde winselten, Tauben flohen mit panisch klatschendem Flügelschlag nach Norden – die Geschichte kennt solche Bilder des Jammers.

Die beiden bewaffneten Herren warteten, bis die Straße frei war, dann sagte Adolf Abromeit: „Der Platz, Hamilkar Schaß, auf dem wir kämpfen werden, ist schon bestimmt. Wir werden, Gevatterchen, Posten in einem Jagdhaus beziehen, das dem nachmaligen Herrn Gonsch von Gonschor gehörte. Es ist etwa vierzehn Meilen entfernt und liegt an dem Weg, den Wawrila zu nehmen gezwungen ist." – „Ich habe", sagte mein Großvater, „keine Einwände."

So begaben sie sich, nahezu wortlos, zu dem soliden Jagdhaus, richteten es zur Verteidigung ein, schnupften Tabak und bezogen Posten. Sie saßen, durch dicke Bohlen geschützt, vor einer Luke und beobachteten den aufgeweichten Weg, den Wawrila zu nehmen gezwungen war.

Sie saßen so, sagen wir mal, acht Stunden, als dem Hamilkar Schaß, der in Gedanken bei seiner Lektüre war, die Zehen derart zu frieren begannen, daß selbst Massage nicht mehr half. Darum stand er auf und sah sich um, in der Hoffnung, etwas zu finden, woraus sich ein Feuerchen machen ließe. Er zog hier was weg und da was, kramte ein bißchen herum, prüfte, ließ fallen, und während er das tat, entdeckte er, hol's der Teufel, ein Buch, ein hübsches, handliches Dingchen. Ein Zittern durchlief seinen Körper, eine heillose Freude rumorte in der Brust, und er lehnte hastig, wie ein Süchtiger, die Flinte an einen Stuhl, warf sich, wo er stand, auf die Erde und las. Vergessen war der Schmerz der Kälte in den Zehen, vergessen war Adolf Abromeit an der Luke und Wawrila aus den Sümpfen: der Posten Hamilkar Schaß existierte nicht mehr.

Unterdessen, wie man sich denken wird, tat die Gefahr das, was sie so besonders unangenehm macht: sie näherte sich. Näherte sich in Gestalt des Generals Wawrila und seiner Helfer, die, sozusagen fröhlich, den Weg heraufkamen, den zu nehmen sie gezwungen waren. Dieser Wawrila, ach Gottchen, er sah schon aus, als ob er aus den Sümpfen käme, war unrasiert, dieser Mensch, und hatte eine heisere Flüsterstimme, und natürlich besaß er nicht, was jeder halbwegs ehrliche Mensch besitzt – Angst nämlich. Kam mit seinen besoffenen Flintenschützen den Weg herauf und tat, na, wie wird er getan haben: als ob er der Woiwode von Szczylipin selber wäre, so tat er. Dabei hatte er nicht mal Stiefel an, sondern lief auf Fußlappen, dieser Wawrila.

Adolf Abromeit, an der Luke auf Posten, sah die Sumpfbagage herankommen; also spannte er die Flinte und rief: „Hamilkar Schaß", rief er, „ich hab' den Satan in der Kimme." Hamilkar Schaß, wen wird es wundern, hörte diesen Ruf nicht. Nach einer Weile, Wawrila war keineswegs dabei stehengeblieben, rief er abermals: „Hamilkar Schaß, der Satan aus dem Sumpf ist da." – „Gleich", sagte Hamilkar Schaß, mein Großvater, „gleich, Adolf Abromeit, komme ich an die Luke, und dann wird alles geregelt, wie sich's gehört. Nur noch das Kapitelchen zu Ende."

Adolf Abromeit legte die Flinte auf den Boden, legte sich dahinter und visierte und wartete voller Ungeduld. Seine Ungeduld, um nicht zu sagen: Erregung, wuchs mit jedem Schritt, den der General Wawrila näherkam. Schließlich, sozusagen am Ende seiner Nerven angekommen, sprang Adolf Abromeit

auf, lief zu meinem Großvater, versetzte ihm – jeder Verständige wird's wohl verzeihen – einen Tritt und rief: „Der Satan Wawrila, Hamilkar Schaß, steht vor der Tür." „Das wird", sagte mein Großvater, „alles geregelt werden zur Zeit. Nur noch, wenn ich bitten darf, die letzten fünf Seiten." Und da er keine Anstalten machte, sich zu erheben, lief Adolf Abromeit allein vor seine Luke, warf sich hinter die Flinte und begann dergestalt zu feuern, daß ein Spektakel entstand, wie sich niemand in Masuren eines ähnlichen entsinnen konnte. Wiewohl er keinen von der Sumpfbagage hinreichend treffen konnte, zwang er sie doch in Deckung, ein Umstand, der Adolf Abromeit äußerst vorwitzig und waghalsig machte. Er trat offen vor die Luke und feuerte, was die ungeheure Flinte hergab; er tat es so lange, bis er plötzlich einen scharfen, heißen Schmerz verspürte, und als er sich, reichlich betroffen, vergewisserte, stellte er fest, daß man ihn durch eines seiner großen rosa Ohren geschossen hatte. Was blieb ihm zu tun? Er ließ die Flinte fallen, sprang zu Hamilkar Schaß, meinem Großvater, und diesmal sprach er folgendermaßen: „Ich bin, Hamilkar Schaß, verwundet. Aus mir läuft Blut. Wenn du nicht an die Luke gehst, wird der Satan Wawrila, Ehrenwort, in zehn Sekunden hiersein, und dann, wie die Dinge stehen, ist zu fürchten, daß er Druckerschwärze aus dir macht."
Hamilkar Schaß, mein Großvater, blickte nicht auf; statt dessen sagte er: „Es wird, Adolf Abromeit, alles geregelt, wie es kommen soll. Nur noch, wenn ich bitten darf, zwei Seiten vom Kapitelchen." Adolf Abromeit, eine Hand auf das lädierte Ohr gepreßt, sah sich schnell und prüfend um, dann riß er ein Fenster auf, schwang sich hinaus und verschwand im Dickicht des nahen Waldes.
Wie man vermuten wird: kaum hatte Hamilkar Schaß weitere Zeilen gelesen, als die Tür erbrochen ward, und wer kam hereinspaziert? General Zoch Wawrila. Ging natürlich gleich auf den Großvater zu, brüllte heiser und lachte, wie er das so an sich hatte, und dann sagte er: „Spring auf meine Hand, du Frosch, ich will dich aufblasen." Das war, ohne Zweifel, eine Anspielung auf seine Herkunft und Gewohnheiten. Doch Hamilkar Schaß entgegnete: „Gleich. Nur noch anderthalb Seiten."
Wawrila wurde wütend und zog meinem Großvater eine über, und dann fühlte er sich bemüßigt, so zu sprechen: „Ich werde dich jetzt, du alte Eidechse, halbieren. Aber ganz langsam."
„Eine Seite nur noch", sagte Hamilkar Schaß. „Es sind, bei Gottchen, nicht mehr als fünfunddreißig Zeilen. Dann ist das Kapitelchen zu Ende."
Wawrila, bestürzt, beinahe nüchtern geworden, lieh sich von einem hinkenden Menschen aus seiner Begleitung eine Flinte, drückte den Lauf auf den Hals des Hamilkar Schaß und sagte: „Ich werde dich, du stinkende Dotterblume, mit gehacktem Blei wegpusten. Schau' her, die Flinte ist gespannt."
„Gleich", sagte Hamilkar Schaß. „Nur noch zehn Zeilen, dann wird alles geregelt werden, wie es sein soll."

Da packte, wie jeder Kundige verstehen wird, Wawrila und seine Bagage ein solch unheimliches Entsetzen, daß sie, ihre Flinten zurücklassend, dahin flohen, woher sie gekommen waren – dahin: damit sind gemeint die besonders trostlosen
5 Sümpfe Rokitnos.
Adolf Abromeit, der die Flucht staunend beobachtet hatte, schlich sich zurück, trat, mit seiner Flinte in der Hand, neben den Lesenden und wartete stumm. Und nachdem auch die letzte Zeile gelesen war, hob Hamilkar Schaß den Kopf,
10 lächelte selig und sagte: „Du hast, Adolf Abromeit, scheint mir, etwas gesagt?"

(v 1955)*

Bertolt Brecht
Fragen eines lesenden Arbeiters

Wer baute das siebentorige Theben?
In den Büchern stehen die Namen von Königen.
Haben die Könige die Felsbrocken herbeigeschleppt?
Und das mehrmals zerstörte Babylon –
Wer baute es so viele Male auf? In welchen Häusern
Des goldstrahlenden Lima wohnten die Bauleute?
Wohin gingen an dem Abend, wo die Chinesische Mauer
                                                                           [fertig war
Die Maurer? Das große Rom
Ist voll von Triumphbögen. Wer errichtete sie? Über wen
Triumphierten die Cäsaren? Hatte das vielbesungene Byzanz
Nur Paläste für seine Bewohner? Selbst in dem sagenhaften
                                                                           [Atlantis
Brüllten in der Nacht, wo das Meer es verschlang
Die Ersaufenden nach ihren Sklaven.

Der junge Alexander eroberte Indien.
Er allein?
Cäsar schlug die Gallier.
Hatte er nicht wenigstens einen Koch bei sich?
Philipp von Spanien weinte, als seine Flotte
Untergegangen war. Weinte sonst niemand?
Friedrich der Zweite siegte im Siebenjährigen Krieg. Wer
Siegte außer ihm?

Jede Seite ein Sieg.
Wer kochte den Siegesschmaus?
Alle zehn Jahre ein großer Mann.
Wer bezahlte die Spesen?

So viele Berichte,
So viele Fragen.

(v 1938)*

Hans Magnus Enzensberger
ins lesebuch für die oberstufe

lies keine oden, mein sohn, lies die fahrpläne:
sie sind genauer. roll die seekarten auf,
eh es zu spät ist. sei wachsam, sing nicht.
der tag kommt, wo sie wieder listen ans tor
schlagen und malen den neinsagern auf die brust
zinken. lern unerkannt gehn, lern mehr als ich:
das viertel wechseln, den paß, das gesicht.
versteh dich auf den kleinen verrat,
die tägliche schmutzige rettung. nützlich
sind die enzykliken zum feueranzünden,
die manifeste: butter einzuwickeln und salz
für die wehrlosen. wut und geduld sind nötig,
in die lungen der macht zu blasen
den feinen tödlichen staub, gemahlen
von denen, die viel gelernt haben,
die genau sind, von dir. (v 1957)*

Leseempfehlungen

- Ruth Klüger: Frauen lesen anders, Deutscher Taschenbuch Verlag, München 1996
- Doris Maurer (Hg.): Lese-Glück. Eine Anthologie über den Himmel auf Erden, Klartext-Verlag, Essen 1996

Texte verstehen in ihrem kommunikativen Zusammenhang von Verfasser, Text und Leser

Wolfgang Borchert:
Ein Dichter zwischen Krieg und Neuanfang

Wolfgang Borchert
Das Brot

❒ Diesen Text kennen Sie möglicherweise bereits aus der Arbeit in der Sekundarstufe I. Formulieren Sie Ihren jetzigen Eindruck von dieser Kurzgeschichte; dabei können Sie die Wirkung auf Sie, Ihre Empfindungen, Ihre Sympathien für eine Person, aber auch Ihre Verstehensschwierigkeiten oder offenen Fragen zum Ausdruck bringen.

Plötzlich wachte sie auf. Es war halb drei. Sie überlegte, warum sie aufgewacht war. Ach so! In der Küche hatte jemand gegen einen Stuhl gestoßen. Sie horchte nach der Küche. Es war still. Es war zu still, und als sie mit der Hand über das Bett neben sich fuhr, fand sie es leer. Das war es, was es so besonders still gemacht hatte: sein Atem fehlte. Sie stand auf und tappte durch die dunkle Wohnung zur Küche. In der Küche trafen sie sich. Die Uhr war halb drei. Sie sah etwas Weißes am Küchenschrank stehen. Sie machte Licht. Sie standen sich im Hemd gegenüber. Nachts. Um halb drei. In der Küche.

Texte verstehen in ihrem kommunikativen Zusammenhang von Verfasser, Text und Leser   21

Auf dem Küchentisch stand der Brotteller. Sie sah, dass er sich Brot abgeschnitten hatte. Das Messer lag noch neben dem Teller. Und auf der Decke lagen Brotkrümel. Wenn sie abends zu Bett gingen, machte sie immer das Tischtuch sauber. Jeden Abend. Aber nun lagen Krümel auf dem Tuch. Und das Messer lag da. Sie fühlte, wie die Kälte der Fliesen langsam an ihr hochkroch. Und sie sah von dem Teller weg.

„Ich dachte, hier wär was", sagte er und sah in der Küche umher.

„Ich habe auch was gehört", antwortete sie und dabei fand sie, dass er nachts im Hemd doch schon recht alt aussah. So alt wie er war. Dreiundsechzig. Tagsüber sah er manchmal jünger aus. Sie sieht doch schon alt aus, dachte er, im Hemd sieht sie doch ziemlich alt aus. Aber das liegt vielleicht an den Haaren. Bei den Frauen liegt das nachts immer an den Haaren. Die machen dann auf einmal so alt.

„Du hättest Schuhe anziehen sollen. So barfuß auf den kalten Fliesen. Du erkältest dich noch."

Sie sah ihn nicht an, weil sie nicht ertragen konnte, dass er log. Dass er log, nachdem sie neununddreißig Jahre verheiratet waren.

„Ich dachte, hier wäre was", sagte er noch einmal und sah wieder so sinnlos von einer Ecke in die andere, „ich hörte hier was. Da dachte ich, hier wäre was."

„Ich hab auch was gehört. Aber es war wohl nichts." Sie stellte den Teller vom Tisch und schnippte die Krümel von der Decke.

„Nein, es war wohl nichts", echote er unsicher.

Sie kam ihm zu Hilfe: „Komm man. Das war wohl draußen. Komm man zu Bett. Du erkältest dich noch. Auf den kalten Fliesen."

Er sah zum Fenster hin. „Ja, das muss wohl draußen gewesen sein. Ich dachte, es wäre hier."

Sie hob die Hand zum Lichtschalter. Ich muss das Licht jetzt ausmachen, sonst muss ich nach dem Teller sehen, dachte sie. Ich darf doch nicht nach dem Teller sehen. „Komm man", sagte sie und machte das Licht aus, „das war wohl draußen. Die Dachrinne schlägt immer bei Wind gegen die Wand. Es war sicher die Dachrinne. Bei Wind klappert sie immer."

Sie tappten sich beide über den dunklen Korridor zum Schlafzimmer. Ihre nackten Füße platschten auf den Fußboden.

„Wind ist ja", meinte er. „Wind war schon die ganze Nacht."

Als sie im Bett lagen, sagte sie: „Ja, Wind war schon die ganze Nacht. Es war wohl die Dachrinne."

„Ja, ich dachte, es wäre in der Küche. Es war wohl die Dachrinne." Er sagte das, als ob er schon halb im Schlaf wäre.

Aber sie merkte, wie unecht seine Stimme klang, wenn er log.

„Es ist kalt", sagte sie und gähnte leise, „ich krieche unter die Decke. Gute Nacht."

„Nacht", antwortete er und noch: „ja, kalt ist es schon ganz schön."

Dann war es still. Nach vielen Minuten hörte sie, dass er leise und vorsichtig kaute. Sie atmete absichtlich tief und gleich-

❏ Tauschen Sie diese Eindrücke in Ihrer Lerngruppe aus. Halten Sie die am häufigsten genannten wesentlichen Hinweise fest.

❏ Gehen Sie danach genauer auf Einzelheiten des Textes ein, indem Sie zum Beispiel folgende Untersuchungsgesichtspunkte berücksichtigen (Wählen Sie gegebenenfalls aus.):
– Fassen Sie den Inhalt mit wenigen Worten zusammen.
– Erläutern Sie die Überschrift. Berücksichtigen Sie dabei die Entstehungszeit des Textes.
– Beschreiben Sie mit eigenen Worten, wie sich Mann und Frau bei ihrem nächtlichen Gespräch in der Küche verhalten.
– Beide Personen „lügen"; beurteilen Sie jeweils die Motive.
– Verdeutlichen Sie die Struktur des Textes.
– Analysieren Sie insbesondere den Schlussteil. Wie wird hier die Beziehung dargestellt? Welche Funktion könnte dabei die Lampe als Symbol haben?
– Charakterisieren und beurteilen Sie die beiden Personen.
– Analysieren und beurteilen Sie die sprachliche Machart des Textes. Welche Bedeutung könnte sie für die Aussage des Textes haben?

❏ Beziehen Sie jetzt Ihre Eindrücke und Wertungen zu Beginn der Bearbeitung mit ein. Lassen sich Unterschiede nennen, zum Beispiel bei den Antworten auf die Fragen: Was bedeutet für Sie der Text? – Was steht im Text?

mäßig, damit er nicht merken sollte, dass sie noch wach war. Aber sein Kauen war so regelmäßig, dass sie davon langsam einschlief.
Als er am nächsten Abend nach Hause kam, schob sie ihm vier Scheiben Brot hin. Sonst hatte er immer nur drei essen können. 5
„Du kannst ruhig vier essen", sagte sie und ging von der Lampe weg. „Ich kann dieses Brot nicht so recht vertragen. Iss du man eine mehr. Ich vertrag es nicht so gut."
Sie sah, wie er sich tief über den Teller beugte. Er sah nicht auf. In diesem Augenblick tat er ihr Leid. 10
„Du kannst doch nicht nur zwei Scheiben essen", sagte er auf seinen Teller.
„Doch. Abends vertrag ich das Brot nicht gut. Iss man. Iss man."
Erst nach einer Weile setzte sie sich unter die Lampe an den 15 Tisch.
(v 1949)

> Die Kurzgeschichte, eine Lehnübersetzung des amerikanischen Gattungsbegriffs *short story*, entwickelte sich in Deutschland vor allem mit dem literarischen Neubeginn nach 1945. Die neue Gattung kam mit ihrer Einfachheit und mit ihrem Verzicht auf Reflexion den neuen Medien (Zeitschrift, Magazin, Rundfunk) und dem veränderten Leseverhalten der Menschen sehr entgegen.

❏ Auch den Text von Wolfgang Borchert kann man zur Textart **Kurzgeschichte** zählen. Untersuchen Sie, welche der Hinweise zur Kurzgeschichte nach 1945 auf diesen Text zutreffen.

Hinweise zur Kurzgeschichte in der Nachkriegszeit

- Kurzer Ausschnitt aus dem Leben eines oder mehrerer Menschen und dem Alltag der Kriegs- oder Nachkriegszeit
- Darstellung der Problematik nach dem Kriege: Hoffnungslosigkeit, Anonymität, Erfahrung der Sinnlosigkeit
- Bestimmtes Ereignis wird schlaglichtartig beleuchtet
- Offenheit des Inhalts; meistens unvermittelter Anfang und ebenso unvermittelter Schluss. Eine Dreiteilung wie in der üblichen Erzählung (Einleitung, Spannungssteigerung und Höhepunkt, Schlussteil) ist nicht vorhanden; der Höhepunkt ist häufig zugleich Pointe bzw. Wendepunkt.
- Text zeichnet sich aus durch Konzentration auf das Wesentliche; die Sprache wirkt nüchtern, knapp, sachlich unterkühlt, häufig nur andeutend oder registrierend. Der Text ist in einer realitätsnahen, der Umgangssprache angenäherten Form geschrieben.
- Hauptsätze und Satzgefüge sind einfach gebaut; Schachtelsätze und längere Satzgefüge sind selten.
- Kürze und Dichte der Aussage
- Entlarvung von Scheinwelten

Hans Werner Richter kennzeichnete die Literatur unmittelbar nach dem Kriege, die man auch mit den Begriffen „Kahlschlagliteratur", „Trümmerliteratur", „Neorealismus" bezeichnete, auf folgende Weise:
„Die Wirklichkeit aber ist durch Ruinen, Hunger, Not und durch die Angst vor neuen, genauso unausweichlichen Katastrophen wie die jüngste gekennzeichnet. Dieser gänzliche Zusammenbruch aber ist die Erlebnisgrundlage, an der sich der Stil unserer Zeit, ihr Gesicht, formen muss."

❐ Überlegen Sie, inwieweit Richters Kennzeichnung auch auf Borcherts Kurzgeschichte zutreffen könnte.

❐ Interpretieren Sie in diesem Zusammenhang die beiden Bilder des Zeichners Mirko Szewczuk aus dem Jahre 1946.

Mirko Szewczuk: Treibeis (1946)

Mirko Szewczuk: ohne Titel (1946)

❐ Das Produzieren eines eigenen Textes (zum Beispiel das Umschreiben der Erzählersicht/das Transformieren in eine andere Textart…) erleichtert Ihnen das Verstehen des Textes, weil Sie damit die Möglichkeit erhalten, die psychische Lage einer Person in einem Text zu erkunden und selbst Ihre eigenen Empfindungen und Identifikationen einzubringen. So können Sie zum Beispiel im Folgenden versuchen Deutungen, die der Autor offen gelassen hat, selbst auszufüllen, indem Sie
– das Geschehen aus der Sicht der Frau darstellen (zum Beispiel in Form eines fiktiven Monologs),
– das Geschehen aus der Sicht des Mannes beschreiben (zum Beispiel in Form eines fiktiven Tagebucheintrags).

Zusammenfassung

Um einen poetischen Text wie zum Beispiel die Kurzgeschichte verstehen zu können müssen Sie vor allem auf die folgenden (immanenten) Gesichtspunkte des Textes und den Zusammenhang dieser Gesichtspunkte eingehen:
– Inhalt
– Struktur/Aufbau
– sprachliche Machart und ihre Funktion für die Aussage (zum Beispiel: Erzählerperspektive, Sprachform, Satzbau, …)
– Textart
– mögliche Aussage des Textes

Texte in ihren Zusammenhängen deuten

Deutungsmodelle und Deutungsmethoden im schematischen Überblick

Nicht alle der folgenden Gesichtspunkte können bei einem Text jeweils berücksichtigt werden. Hier kommt es immer auf die jeweilige Aufgabenstellung und – insbesondere bei den textübergreifenden Gesichtspunkten – darauf an, welche Materialien, Hilfen, Quellen, Kenntnisse, Daten außer dem Text noch zur Verfügung stehen.

❒ Überlegen Sie, welche Verfahren und Zugriffsmöglichkeiten Sie bei der Bearbeitung des Textes von Wolfgang Borchert selbst kennen gelernt und praktiziert haben. Welche weiteren Methodenzugriffe wären Ihrer Meinung nach möglich? Welche zusätzlichen Texte und Informationen wären dazu notwendig?

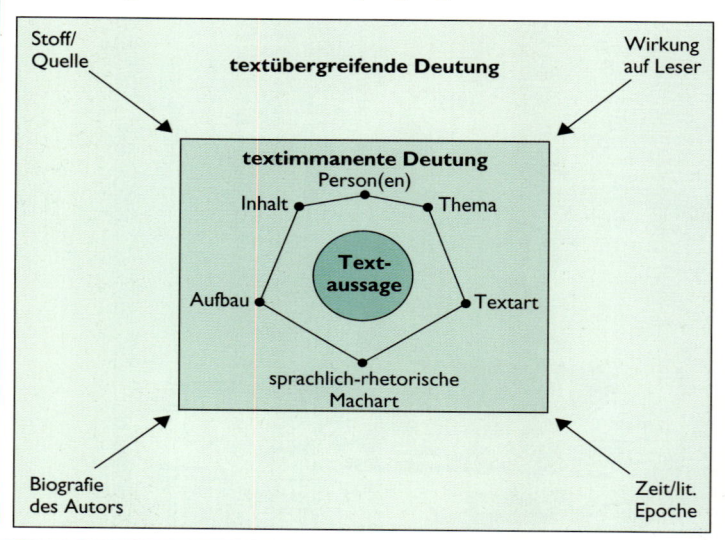

Schema: textübergreifende Deutung mit Pfeilen von Stoff/Quelle, Wirkung auf Leser, Biografie des Autors, Zeit/lit. Epoche auf die textimmanente Deutung (Inhalt, Person(en), Thema, Textart, sprachlich-rhetorische Machart, Aufbau) mit der Textaussage im Zentrum.

Methode	Einflüsse auf das Verstehen des Textes
1. textimmanente Deutung	berücksichtigt alle Gesichtspunkte, die den Text selbst beeinflussen: – Inhalt – Textart – Aufbau – sprachlich-rhetorische Machart – Thema
2. textübergreifende Deutung unter Einbeziehung der	
Biografie	berücksichtigt zum Beispiel das Leben des Autors, historische Entwicklungen in seiner Umgebung
Geistesgeschichte	berücksichtigt Ideen und Ideale der Epoche und ihre Bedeutung für den Text
Psychoanalyse	berücksichtigt unbewusste Seelenschichten und Triebkräfte im Handeln und Fühlen der beteiligten Personen
Soziologie	berücksichtigt gesellschaftliche, politische und wirtschaftliche Verhältnisse und ihren Einfluss auf den Text
Wirkungs- und Rezeptionsgeschichte	berücksichtigt Wirkungen, die der Text auf den Leser selbst ausübt, und Erfahrungen anderer Leser (zu anderen Zeiten?), um den Verstehenshorizont zu erweitern
3. produktionsorientierte Deutung	den Text selbst umschreiben, neu schreiben oder in eine andere Textart transformieren, um den Text durch den Vergleich zwischen der eigenen Produktion und dem Ausgangstext besser zu verstehen

Der Text und sein kommunikativer Zusammenhang

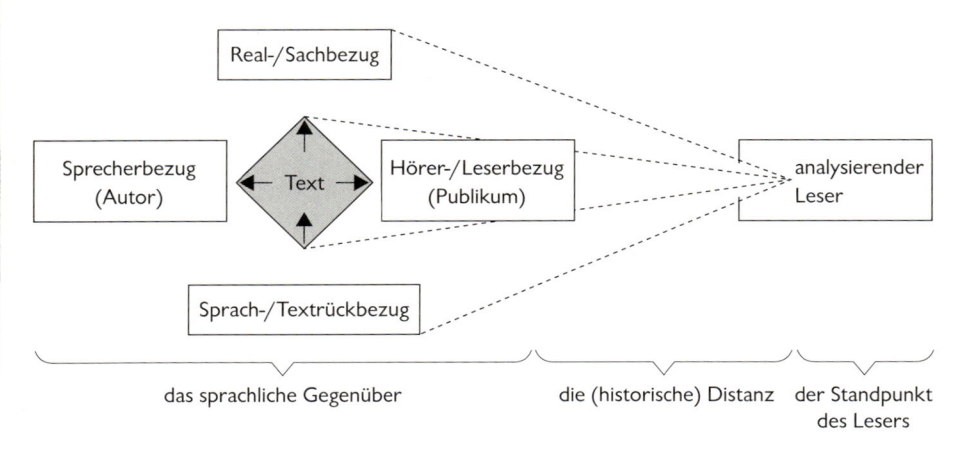

```
                    Real-/Sachbezug
                           
  Sprecherbezug      ┌───┐    Hörer-/Leserbezug        analysierender
    (Autor)     ←──  Text ──→    (Publikum)                Leser
                     └───┘
                           
                 Sprach-/Textrückbezug
```

| das sprachliche Gegenüber | die (historische) Distanz | der Standpunkt des Lesers |

Wolfgang Borchert
Die drei dunklen Könige

Er tappte durch die dunkle Vorstadt. Die Häuser standen abgebrochen gegen den Himmel. Der Mond fehlte und das Pflaster war erschrocken über den späten Schritt. Dann fand er eine alte Planke. Da trat er mit dem Fuß gegen, bis eine Latte morsch aufseufzte und losbrach. Das Holz roch mürbe und süß. Durch die dunkle Vorstadt tappte er zurück. Sterne waren nicht da.
Als er die Tür aufmachte (sie weinte dabei, die Tür), sahen ihm die blassblauen Augen seiner Frau entgegen. Sie kamen aus einem müden Gesicht. Ihr Atem hing weiß im Zimmer, so kalt war es. Er beugte sein knochiges Knie und brach das Holz. Das Holz seufzte. Dann roch es mürbe und süß ringsum. Er hielt sich ein Stück davon unter die Nase. Riecht beinahe wie Kuchen, lachte er leise. Nicht, sagten die Augen der Frau, nicht lachen. Er schläft.
Der Mann legte das süße mürbe Holz in den kleinen Blechofen. Da glomm es auf und warf eine Handvoll warmes Licht durch das Zimmer. Die fiel hell auf ein winziges rundes Gesicht und blieb einen Augenblick. Das Gesicht war erst eine Stunde alt, aber es hatte schon alles, was dazugehört: Ohren, Nase, Mund und Augen. Die Augen mussten groß sein, das konnte man sehen, obgleich sie zu waren. Aber der Mund war offen und es pustete leise daraus. Nase und Ohren waren rot. Er lebt, dachte die Mutter. Und das kleine Gesicht schlief.
Da sind noch Haferflocken, sagte der Mann. Ja, antwortete die Frau, das ist gut. Es ist kalt. Der Mann nahm noch von dem süßen weichen Holz. Nun hat sie ihr Kind gekriegt und muss frieren, dachte er. Aber er hatte keinen, dem er dafür die Fäus-

❏ Erklären Sie, welche Gesichtspunkte in diesem Text-Modell besonders hervorgehoben werden. Vergleichen Sie mit der Zeichnung auf Seite 24; welche Aspekte finden sich wieder?

❏ Befragen Sie die Kurzgeschichte „Das Brot" (S. 20ff.) von Wolfgang Borchert mit Hilfe des obigen Modells; erklären Sie insbesondere Ihren Standort und Ihr Verständnis als heutiger Leser des Borchert-Textes; wie könnte ein Leser des Jahres 1949 (Erstveröffentlichung) den Text aufgenommen und verstanden haben?

Straße in München, 1945

Russlandheimkehrer, 1949

te ins Gesicht schlagen konnte. Als er die Ofentür aufmachte, fiel wieder eine Handvoll Licht über das schlafende Gesicht. Die Frau sagte leise: Kuck, wie ein Heiligenschein, siehst du? Heiligenschein! dachte er und er hatte keinen, dem er die Fäuste ins Gesicht schlagen konnte.

Dann waren welche an der Tür. Wir sahen das Licht, sagten sie, vom Fenster. Wir wollen uns zehn Minuten hinsetzen.

Aber wir haben ein Kind, sagte der Mann zu ihnen. Da sagten sie nichts weiter, aber sie kamen doch ins Zimmer, stießen Nebel aus den Nasen und hoben die Füße hoch. Wir sind ganz leise, flüsterten sie und hoben die Füße hoch. Dann fiel das Licht auf sie.

Drei waren es. In drei alten Uniformen. Einer hatte einen Pappkarton, einer einen Sack. Und der Dritte hatte keine Hände. Erfroren, sagte er, und hielt die Stümpfe hoch. Dann drehte er dem Mann die Manteltasche hin. Tabak war darin und dünnes Papier. Sie drehten Zigaretten. Aber die Frau sagte: Nicht, das Kind.

Da gingen die vier vor die Tür und ihre Zigaretten waren vier Punkte in der Nacht. Der eine hatte dicke umwickelte Füße. Er nahm ein Stück Holz aus seinem Sack. Ein Esel, sagte er, ich habe sieben Monate daran geschnitzt. Für das Kind. Das sagte er und gab es dem Mann. Was ist mit den Füßen? fragte der Mann. Wasser, sagte der Eselschnitzer, vom Hunger. Und der andere, der Dritte? fragte der Mann und befühlte im Dunkeln den Esel. Der Dritte zitterte in seiner Uniform: Oh, nichts, wisperte er, das sind nur die Nerven. Man hat eben zu viel Angst gehabt. Dann traten sie die Zigaretten aus und gingen wieder hinein.

Sie hoben die Füße hoch und sahen auf das kleine schlafende Gesicht. Der Zitternde nahm aus seinem Pappkarton zwei gelbe Bonbons und sagte dazu: Für die Frau sind die.

Die Frau machte die blassen blauen Augen weit auf, als sie die drei Dunklen über das Kind gebeugt sah. Sie fürchtete sich. Aber da stemmte das Kind seine Beine gegen ihre Brust und schrie so kräftig, dass die drei Dunklen die Füße aufhoben und zur Tür schlichen. Hier nickten sie noch mal, dann stiegen sie in die Nacht hinein.

Der Mann sah ihnen nach. Sonderbare Heilige, sagte er zu seiner Frau. Dann machte er die Tür zu. Schöne Heilige sind das, brummte er und sah nach den Haferflocken. Aber er hatte kein Gesicht für seine Fäuste.

Aber das Kind hat geschrien, flüsterte die Frau, ganz stark hat es geschrien. Da sind sie gegangen. Kuck mal, wie lebendig es ist, sagte sie stolz. Das Gesicht machte den Mund auf und schrie.

Weint er? fragte der Mann.

Nein, ich glaube, er lacht, antwortete die Frau.

Beinahe wie Kuchen, sagte der Mann und roch an dem Holz, wie Kuchen. Ganz süß.

Heute ist ja auch Weihnachten, sagte die Frau.

Ja, Weihnachten, brummte er und vom Ofen her fiel eine Handvoll Licht auf das kleine schlafende Gesicht.

☐ Bearbeiten Sie die Kurzgeschichte von Wolfgang Borchert mit Hilfe der Hinweise zur Analyse des Textes „Das Brot" (Seite 20ff.).

☐ Beziehen Sie dazu auch die folgenden Informationen zur Biografie von Wolfgang Borchert mit ein. Welche zusätzlichen Hinweise zur Deutung der Aussagen erhalten Sie durch diese Auskünfte?

Biografische Übersicht

1921 20. Mai. Wolfgang Borchert in Hamburg geboren. Vater Fritz Borchert, Lehrer an einer Volksschule in Hamburg-Eppendorf. Mutter Hertha, geb. Salchow, Schriftstellerin.
1928 Volksschule.
1932 Oberrealschule in Hamburg-Eppendorf.
1938 Veröffentlichung erster Gedichte im „Hamburger Anzeiger". Dezember: Verlassen der Schule nach Abschluss der Obersekunda.
1939 1. April: Lehrling in der Buchhandlung Heinrich Boysen. Privater Schauspielunterricht bei Helmuth Gmelin.
1940 April: Verhaftung und Verhör durch die Gestapo wegen unerwünschter Gedichte. Schauspielprüfung. 31. Dezember: Verlassen der Lehre.
1941 3. März bis 6. Juni: Als Schauspieler an der „Landesbühne Osthannover" in Lüneburg. Juli bis November: als Panzergrenadier bei der 3. Panzer-Nachrichten-Ersatz-Abteilung 81, Weimar-Lützendorf. November: Abtransport an die Front; Aufenthalt in Witebsk. Dezember: Fronteinsatz im Raume von Kalinin.
1942 Januar-Februar: Erste Anfälle von Gelbsucht. Verwundung an der linken Hand. Überführung ins Heimatlazarett Schwabach. Im Mai, unter dem Verdacht, sich die Verwundung selbst beigebracht zu haben, verhaftet und nach Nürnberg gebracht. Über drei Monate in Untersuchungs-Einzelhaft. August: Gerichtsverhandlung. Antrag des Anklagevertreters auf Tod durch Erschießen. Freispruch. Weitere Untersuchungshaft wegen mündlicher und brieflicher Äußerungen „gegen Staat und Partei". In einem neuen Verfahren zu vier Monaten Gefängnis verurteilt; die Strafe wird auf Antrag des Verurteilten und seines Verteidigers in sechs Wochen verschärfter Haft mit anschließender Frontbewährung abgewandelt. Oktober-November: in Saalfeld und bei der Garnison in Jena. Dezember: als Melder und ohne Waffe bei den harten Kämpfen um Toropez eingesetzt. Fußerfrierungen. Erneute Anfälle von Gelbsucht. Fleckfieber.
1943 Januar-Februar: im Seuchenlazarett Smolensk. Abtransport in die Heimat. Nach kurzen Aufenthalten in Radom und Minsk ist Wolfgang Borchert ab März im Lazarett Elend/Harz. August: Jena. September: Urlaub in Hamburg. Borchert tritt als Kabarettist im Hamburger „Bronzekeller" auf. Oktober-November: zunächst in Jena, dann bei einer Durchgangskompanie in Kassel-Wilhelmshöhe. Borchert soll wegen Dienstuntauglichkeit entlassen und für ein Fronttheater abgestellt werden. Einen Tag vor der Entlassung wird er wegen politischer Witze denunziert.
1944 Erneute Verhaftung und Überführung ins Gefängnis Berlin-Moabit. Nach ungefähr neun Monaten Untersuchungshaft zu neun Monaten Gefängnis unter Anrechnung von fünf Monaten Untersuchungshaft verurteilt. Im September

Wolfgang Borcherts Geburtshaus in Hamburg, Tarpenbekstraße 82

Borchert 1939

Das Untersuchungsgefängnis in Nürnberg

Borchert 1943

"Draußen vor der Tür"
(Hannes Messemer als Beckmann, Hannover 1947/48)

zur „Feindbewährung" entlassen. Für einige Monate wieder in Jena.
1945 Frühjahr: bei Frankfurt/M. von Franzosen gefangen genommen. Während des Transportes in die französische Kriegsgefangenschaft geflohen. Der Schwerkranke wandert hinter der sich nach Norden verschiebenden Front auf Hamburg zu. Nach einer 600-Kilometer-Strapaze langt er am 10. Mai in Hamburg an. September: Kabarett „Janmaaten im Hafen". Mitbegründer des Theaters „Die Komödie". November: Regieassistent bei einer Aufführung von „Nathan der Weise" im Hamburger Schauspielhaus. Die Krankheit zwingt ihn endgültig nieder. Borchert ist von jetzt an bis zu seinem Tode fast völlig ans Bett gefesselt.
1946 Frühjahr: Aufenthalt im Elisabeth-Krankenhaus. Hier entsteht am 24.1.46 die Eingangs- und Titelerzählung des Geschichtenbandes *Die Hundeblume*. Noch im Krankenhaus folgen drei weitere Erzählungen. Ab Ostern ist Borchert wieder zu Hause. Die Ärzte nehmen an, dass ihm im Höchstfall noch ein Jahr zu leben verblieben ist. Bis zum Ende des Jahres entstehen in rascher Folge 24 Prosastücke. Dezember: Veröffentlichung der Gedichtsammlung *Laterne, Nacht und Sterne* (Gedichte von 1940–1945).
1947 Januar: Das Schauspiel *Draußen vor der Tür* wird innerhalb von acht Tagen niedergeschrieben. 13. Februar: *Draußen vor der Tür* als Hörspiel gesendet. Die Sendung löst die leidenschaftlichste Anteilnahme weiter Hörerkreise aus. April: Veröffentlichung des Prosabandes *Die Hundeblume*. Bis zum September werden weitere 22 Geschichten geschrieben. Da Freunde und Gönner Borchert eine Reise in die Schweiz ermöglicht haben, reist er am 22.9. im Liegewagen nach Basel ab. Im Oktober entsteht hier Borcherts berühmtes Antikriegsmanifest *Dann gibt es nur eins!*
Am 20. November 9.00 Uhr Tod Wolfgang Borcherts im Clara-Spital zu Basel.
21. November: Uraufführung des Dramas *Draußen vor der Tür* in den Hamburger Kammerspielen. Ende November: Veröffentlichung des Geschichtenbandes *An diesem Dienstag*.
24. November: Trauerfeier auf dem „Hörnli-Gottesacker" in Basel.
1948 Beisetzung der Urne auf dem Ohlsdorfer Friedhof in Hamburg.

❐ Vergleichen Sie den Schlussteil der beiden Kurzgeschichten (Seite 22 und Seite 26). Wolfgang Borchert wird oft als der radikale Zweifler, Neinsager und „Dichter der Verzweiflung" bezeichnet. Diskutieren Sie, ob das auch für diese Texte stimmt. Versuchen Sie Ihre Einschätzung an den Leitmotiven und an der Metaphorik/Bildlichkeit nachzuweisen.

❐ Verfassen Sie zu einer der Kurzgeschichten selbst einen bedeutungsverändernden Schluss. Tragen Sie Ihren Text im Kurs vor und lassen Sie die Bedeutungsveränderung herausarbeiten. Vergleichen Sie die Kursergebnisse mit Ihrer Absicht.

Wolfgang Borchert
Lesebuchgeschichten

Alle Leute haben eine Nähmaschine, ein Radio, einen Eisschrank und ein Telefon. Was machen wir nun? fragte der Fabrikbesitzer.
Bomben, sagte der Erfinder.
5 Krieg, sagte der General.
Wenn es denn gar nicht anders geht, sagte der Fabrikbesitzer.

Der Mann mit dem weißen Kittel schrieb Zahlen auf das Papier. Er machte ganz kleine zarte Buchstaben dazu. Dann zog er den weißen Kittel aus und pflegte eine Stunde lang die Blu-
10 men auf der Fensterbank. Als er sah, dass eine Blume eingegangen war, wurde er sehr traurig und weinte.
Und auf dem Papier standen die Zahlen. Danach konnte man mit einem halben Gramm in zwei Stunden tausend Menschen tot machen.
15 Die Sonne schien auf die Blumen.
Und auf das Papier.

Zwei Männer sprachen miteinander.
Kostenanschlag?
Mit Kacheln?
20 Mit grünen Kacheln natürlich.
Vierzigtausend.
Vierzigtausend? Gut. Ja, mein Lieber, hätte ich mich nicht rechtzeitig von Schokolade auf Schießpulver umgestellt, dann könnte ich Ihnen diese vierzigtausend nicht geben.
25 Und ich Ihnen keinen Duschraum.
Mit grünen Kacheln.
Mit grünen Kacheln.
Die beiden Männer gingen auseinander.
Es waren ein Fabrikbesitzer und ein Bauunternehmer.
30 Es war Krieg.

Kegelbahn. Zwei Männer sprachen miteinander.
Nanu, Studienrat, dunklen Anzug an. Trauerfall?
Keineswegs, keineswegs. Feier gehabt. Jungens gehn an die Front. Kleine Rede gehalten. Sparta erinnert. Clausewitz zi-
35 tiert. Paar Begriffe mitgegeben: Ehre, Vaterland. Hölderlin lesen lassen. Langemarck gedacht.
Ergreifende Feier. Ganz ergreifend. Jungens haben gesungen: Gott, der Eisen wachsen ließ. Augen leuchteten. Ergreifend. Ganz ergreifend.
40 Mein Gott, Studienrat, hören Sie auf. Das ist ja grässlich.
Der Studienrat starrte die anderen entsetzt an. Er hatte beim Erzählen lauter kleine Kreuze auf das Papier gemacht. Lauter kleine Kreuze. Er stand auf und lachte. Nahm eine neue Kugel und ließ sie über die Bahn rollen. Es donnerte leise. Dann
45 stürzten hinten die Kegel. Sie sahen aus wie kleine Männer.

Zwei Männer sprachen miteinander.
Na, wie ist es?
Ziemlich schief.

❏ Formulieren Sie Ihre ersten Eindrücke zum gesamten Text. Stellen Sie Arbeitsaufgaben zusammen und bearbeiten Sie die zehn Episoden in Kleingruppen. Nutzen Sie dabei die Untersuchungsgesichtspunkte und Methoden, die Sie auf den Seiten 24/25 kennen gelernt haben.

❏ Stellen Sie in einem folgenden Gespräch in der gesamten Gruppe Ihre Ergebnisse zu den einzelnen Episoden vor und arbeiten Sie heraus, in welcher Weise die zehn Texte inhaltlich und sprachlich aufeinander bezogen sind.

❏ Wählen Sie sich einen der Texte aus und formen Sie diesen in ein Gedicht um. Bedingung: Es darf kein Wort gestrichen werden; die Reihenfolge der Wörter darf nicht verändert werden. Stellen Sie dabei die für Sie wichtigen Zusammenhänge heraus.
Dies sind zum Beispiel Möglichkeiten:
– den Text in bestimmten Verszeilen anordnen
– einzelne Ausdrücke optisch hervorheben
– …
Erklären Sie jeweils der Kursgruppe Ihre Lösung.

Wie viel haben Sie noch?
Wenn es gut geht: viertausend.
Wie viel können Sie mir geben?
Höchstens achthundert.
Die gehen drauf.
Also tausend.
Danke.
Die beiden Männer gingen auseinander.
Sie sprachen von Menschen.
Es waren Generale.
Es war Krieg.

Zwei Männer sprachen miteinander.
Freiwilliger?
'türlich.
Wie alt?
Achtzehn. Und du?
Ich auch.
Die beiden Männer gingen auseinander.
Es waren zwei Soldaten.
Da fiel der eine um. Er war tot.
Es war Krieg.

Als der Krieg aus war, kam der Soldat nach Haus. Aber er hatte kein Brot. Da sah er einen, der hatte Brot. Den schlug er tot. Du darfst doch keinen totschlagen, sagte der Richter.
Warum nicht, fragte der Soldat.

Als die Friedenskonfrenz zu Ende war, gingen die Minister durch die Stadt. Da kamen sie an einer Schießbude vorbei. Mal schießen, der Herr? riefen die Mädchen mit den roten Lippen. Da nahmen die Minister alle ein Gewehr und schossen auf kleine Männer aus Pappe. Mitten im Schießen kam eine alte Frau und nahm ihnen die Gewehre weg. Als einer der Minister es wiederhaben wollte, gab sie ihm eine Ohrfeige.
Es war eine Mutter.

Es waren mal zwei Menschen. Als sie zwei Jahre alt waren, da schlugen sie sich mit den Händen.
Als sie zwölf waren, schlugen sie sich mit Stöcken und warfen mit Steinen.
Als sie zweiundzwanzig waren, schossen sie mit Gewehren nach einander.
Als sie zweiundvierzig waren, warfen sie sich mit Bomben.
Als sie zweiundsechzig waren, nahmen sie Bakterien.
Als sie zweiundachtzig waren, da starben sie. Sie wurden nebeneinander begraben.
Als sich nach hundert Jahren ein Regenwurm durch ihre beiden Gräber fraß, merkte er gar nicht, dass hier zwei verschiedene Menschen begraben waren. Es war dieselbe Erde. Alles dieselbe Erde.

Als im Jahre 5000 ein Maulwurf aus der Erde rauskuckte, da stellt er beruhigt fest:
Die Bäume sind immer noch Bäume.

Die Krähen krächzen noch.
Und die Hunde heben immer noch ihr Bein.
Die Stinte[1] und die Sterne, das Moos und das Meer und die Mücken:
5 Sie sind alle dieselben geblieben.
Und manchmal –
manchmal trifft man einen Menschen.

(v 1949)

Wolfgang Borchert
Das ist unser Manifest

Wir werden nie mehr antreten auf einen Pfiff hin und Jawohl sagen auf ein Gebrüll. Die Kanonen und die Feldwebel brüllen nicht mehr. Wir werden weinen, scheißen und singen, wann wir wollen. Aber das Lied von den brausenden Panzern 5 und das Lied von dem Edelweiß werden wir niemals mehr singen. Denn die Panzer und die Feldwebel brausen nicht mehr und das Edelweiß, das ist verrottet unter dem blutigen Singsang. Und kein General sagt mehr Du zu uns vor der Schlacht. Vor der furchtbaren Schlacht.
10 Wir werden nie mehr Sand in den Zähnen haben vor Angst. (Keinen Steppensand, keinen ukrainischen und keinen aus der Cyrenaika oder den der Normandie – und nicht den bitteren bösen Sand unserer Heimat!) Und nie mehr das heiße tolle Gefühl im Gehirn und Gedärm vor der Schlacht.
15 Nie werden wir wieder so glücklich sein, dass ein anderer neben uns ist. Warm ist und da ist und atmet und rülpst und summt – nachts auf dem Vormarsch. Nie werden wir wieder so zigeunerig glücklich sein über ein Brot und fünf Gramm Tabak und über zwei Arme voll Heu. Denn wir werden nie wie-20 der zusammen marschieren, denn jeder marschiert von nun an allein. Das ist schön. Das ist schwer. Nicht mehr den sturen knurrenden Andern bei sich zu haben – nachts, nachts beim Vormarsch. Der alles mit anhört. Der niemals was sagt. Der alles verdaut.
25 Und wenn nachts einer weinen muss, kann er es wieder. Dann braucht er nicht mehr zu singen – vor Angst.
Jetzt ist unser Gesang der Jazz. Der erregte hektische Jazz ist unsere Musik. Und das heiße verrückttolle Lied, durch das das Schlagzeug hinhetzt, katzig, kratzend. Und manchmal 30 nochmal das alte sentimentale Soldatengegröl, mit dem man die Not überschrie und den Müttern absagte. […]
Unser Juppheidi und unsere Musik sind ein Tanz über den Schlund, der uns angähnt. Und diese Musik ist der Jazz. Denn unser Herz und unser Hirn haben denselben heißkalten Rhythmus: den erregten, verrückten und hektischen, den hemmungslosen. […]
Wer schreibt für uns eine neue Harmonielehre? Wir brauchen keine wohltemperierten Klaviere mehr. Wir selbst sind zu viel Dissonanz.

---

[1] Stint: Lachsfisch

❐ Stellen Sie, ausgehend vom Text, Wolfgang Borcherts Lebensgefühl, seine Vorstellungen vom Menschen und von den Aufgaben des Dichters heraus. Belegen Sie Ihre Aussagen am Text.

❐ Diskutieren Sie diese Ansichten und belegen Sie sie mit Aussagen des Dichters in Ihnen bereits bekannten Texten von Wolfgang Borchert.

❐ Nennen Sie inhaltliche und formale Merkmale, wie sich dieser Text von Borchert von den Kurzgeschichten (Seite 20ff. und 25ff.) und den Episoden der Lesebuch-Geschichten (Seite 29ff.) unterscheidet.

❐ Erörtern und diskutieren Sie, ob Wolfgang Borcherts Programm für heutige Schriftsteller noch Gültigkeit haben könnte.

❐ Verfassen Sie eine Rezension zu einem der Texte Wolfgang Borcherts und berücksichtigen Sie dabei vor allem die Sprache Borcherts und ihre Wirkung auf Sie.

Wer macht für uns ein lilanes Geschrei? Eine lilane Erlösung?
Wir brauchen keine Stillleben mehr. Unser Leben ist laut.
Wir brauchen keine Dichter mit guter Grammatik. Zu guter Grammatik fehlt uns Geduld. Wir brauchen die mit dem heißen heiser geschluchzten Gefühl. Die zu Baum Baum und zu Weib Weib sagen und ja sagen und nein sagen: laut und deutlich und dreifach und ohne Konjunktiv.
Für Semikolons haben wir keine Zeit und Harmonien machen uns weich und die Stillleben überwältigen uns: Denn lila sind nachts unsere Himmel. Und das Lila gibt keine Zeit für Grammatik, das Lila ist schrill und ununterbrochen und toll. Über den Schornsteinen, über den Dächern: die Welt: lila. Über unseren hingeworfenen Leibern die schattigen Mulden: die blau beschneiten Augenhöhlen der Toten im Eissturm, die violettwütigen Schlünde der kalten Kanonen – und die lilane Haut unserer Mädchen am Hals und etwas unter der Brust. Lila ist nachts das Gestöhn der Verhungernden und das Gestammel der Küssenden. Und die Stadt steht so lila am nächtlich lilanen Strom.
Und die Nacht ist voll Tod: Unsere Nacht. Denn unser Schlaf ist voll Schlacht. Unsere Nacht ist im Traumtod voller Gefechtslärm. Und die nachts bei uns bleiben, die lilanen Mädchen, die wissen das und morgens sind sie noch blass von der Not unserer Nacht. Und unser Morgen ist voller Alleinsein. Und unser Alleinsein ist dann morgens wie Glas. Zerbrechlich und kühl. […]
Wovon unser Herz rast? Von der Flucht. Denn wir sind der Schlacht und den Schlünden erst gestern entkommen in heilloser Flucht. Von der furchtbaren Flucht von einem Granatloch zum andern – die mütterlichen Mulden – davon rast unser Herz noch – und noch von der Angst.
Horch hinein in den Tumult deiner Abgründe. Erschrickst du? […]
Und dafür, nein, dafür haben die Toten ihr Blut nicht in den Schnee laufen lassen, in den nasskalten Schnee ihr lebendiges mütterliches Blut: Dass dieselben Studienräte ihre Kinder nun benäseln, die schon die Väter so brav für den Krieg präparierten. (Zwischen Langemarck und Stalingrad lag nur eine Mathematikstunde). Nein, Mütter, dafür starbt ihr nicht in jedem Krieg zehntausendmal! […]
Unser Nein ist Protest. Und wir haben keine Ruhe beim Küssen, wir Nihilisten. Denn wir müssen in das Nichts hinein wieder ein Ja bauen. Häuser müssen wir bauen in die freie Luft unseres Neins, über den Schlünden, den Trichtern und Erdlöchern und den offenen Mündern der Toten: Häuser bauen in die rein gefegte Luft der Nihilisten, Häuser aus Holz und Gehirn und aus Stein und Gedanken.
Denn wir lieben diese gigantische Wüste, die Deutschland heißt. Dies Deutschland lieben wir nun. Und jetzt am meisten. Und um Deutschland wollen wir nicht sterben. Um Deutschland wollen wir leben. Über den lilanen Abgründen. Dieses bissige, bittere, brutale Leben. Wir nehmen es auf uns für diese Wüste. Für Deutschland. Wir wollen dieses Deutschland

lieben wie die Christen ihren Christus: Um sein Leid. [...]
Unser Manifest ist die Liebe. Wir wollen die Steine in den Städten lieben, unsere Steine, die die Sonne noch wärmt, wieder wärmt nach der Schlacht –
Und wir wollen den großen Uuh-Wind wieder lieben, unseren Wind, der immer noch singt in den Wäldern. Und der auch die gestürzten Balken besingt –
Und die gelbwarmen Fenster mit den Rilkegedichten dahinter –
Und die rattigen Keller mit den lilagehungerten Kindern darin –
Und die Hütten aus Pappe und Holz, in denen die Menschen noch essen, unsere Menschen, und noch schlafen. Und manchmal noch singen. Und manchmal und manchmal noch lachen –
Denn das ist Deutschland. Und das wollen wir lieben, wir, mit verrostetem Helm und verlorenem Herzen hier auf der Welt. Doch, doch: Wir wollen in dieser wahn-witzigen Welt noch wieder, immer wieder lieben!

(v 1949)

Peter Rühmkorf
Zur Sprache Wolfgang Borcherts

Borcherts *Harmonielehre* zielt auf das enge Beieinander des Disparaten[1]. [...] wie er auf der einen Seite das Unpassende zur Vereinigung zwingt, so verstellt er mit Vorliebe das Geläufige und parodiert Bibel, Volkslied, Schlager: *Mein Reich ist von dieser dieser Welt; Komm lieber Mai und mache die Gräber wieder grün; Sing, Evelyn, sing ... deinen süßen Weltuntergang*. [...]
Dass Borcherts Stil geradezu als eine Brechungserscheinung der verstellten „alten Harmonielehre" bezeichnet werden kann, sagten wir bereits [...]; und wir fügen dem hinzu, dass sich sein Werk streckenweise als ein Attentat auf die Kunst überhaupt ausnimmt. [...] Das Mittel heißt: Überstilisierung und sprachliche Extremsituation. Borcherts Neubildungen, sogenannte Neologismen, sind meist überdreht, allzu laut, bunt. Setzt er verschiedene Wörter zu einem neuen zusammen, so kann es ihm gar nicht turbulent genug zugehen. Er nennt Gott *Märchenbuchliebergott*, beobachtet einen Mann bei einer *Na-was-sag-ich-Gebärde*, lässt die Straßenbahn ihr *Mühlemahle-Alltagslied* singen, den Leutnant Fischer über den *Muttschuttschlaginduttbroadway* marschieren, nennt den Doktor Faust einen *Hoffnungsgrünenerfindermann*. Staucht mehrere Verben und Substantive zu den unwahrscheinlichsten Einwörtern zusammen: *liedübergrölt, kuckucksüberschrien, wellenverschaukelt, stadtstinkend, sandsabbernd, mundharmonikablechüberzittert*.
Diese Sprache hat es eilig. Sie erspart sich syntaktische Komplikationen und kunstvoll umwendige Perioden, aber man könnte auch von einem Ausverkauf sprachlicher Raritäten sprechen. Substantivierte Verben am laufenden Band: *Geglüh,*

---
[1] disparat = ungleichartig, sich widersprechend

❏ Formulieren Sie mit eigenen Worten, welche sprachlichen Besonderheiten Peter Rühmkorf aus dem Werk Wolfgang Borcherts hervorhebt.

❏ Vergleichen Sie Ihre Arbeitsergebnisse zur Sprache Borcherts (Rezension Seite 31) mit Rühmkorfs Analyse und ordnen Sie Ihren Beschreibungen Fachbegriffe aus dem Text des Borchert-Forschers zu (z.B. Neologismen, Antithesen, ...).

❏ Verfassen Sie selbst einen Text (eine Kurzgeschichte, eine Kürzestgeschichte) zu einem Sie besonders interessierenden aktuellen Thema und bauen Sie dabei möglichst viele sprachliche Besonderheiten, die Borchert gerne verwendet, in Ihren Text ein.

❏ Begründen Sie die Wahl Ihrer sprachlichen Stilmittel im Hinblick auf die Aussageabsicht Ihres Textes.

Leseempfehlungen zu W. Borchert
● Schauspiel: Draußen vor der Tür
● Kurzgeschichten:
An diesem Dienstag
Nachts schlafen die Ratten doch
Die Küchenuhr
Der Kaffee ist undefinierbar
● Erzählung: Schischyphusch

Literaturhinweise
● Wolfgang Borchert: *Das Gesamtwerk*, Rowohlt Verlag, Reinbek
● Wolfgang Borchert: *Die traurigen Geranien und andere Geschichten aus dem Nachlass*, Rowohlt Taschenbuch Verlag, Hamburg 1967
● Peter Rühmkorf: *Wolfgang Borchert*, Rowohlt Taschenbuch Verlag, Hamburg 1961

Geschwimme, Gezause, Gestaune; dann wieder zu Beiwörtern umgeprägte Substantive: *jazzmusiken, krähengesichtig, bärenstimmig, karussellig.* Stilistische Seltenheiten wie Verdopplungseffekte *(aus enorm ferner Ferne, der lacht so fürchterfürchterlich)* stehen neben Zwillingsverben *(Die Straßenbahn heulkreischt)*, eine Fülle von Synästhesien² *(nassgrüne Gräber, blauweich, violettstinkender Kanal, eisigrosig)* neben onomatopoetischen³ Keckheiten *(ein Schiff uuht).*

(v 1961)

---
² Synästhesie = Vermischung von Sinneswahrnehmungen
³ onomatopoetisch = klangnachahmend, lautmalend

Problematik zwischenmenschlicher Beziehungen – ein wichtiges Thema der modernen Literatur: das Beispiel Gabriele Wohmann

Gabriele Wohmann, geboren 1932 in Darmstadt. Studium der Literatur u.a. in Frankfurt, schreibt seit 1956.

Gabriele Wohmann
Flitterwochen, dritter Tag

Reinhard am dritten Tag gegen fünf, auf der Bierkneipenterrasse: du wirst deine Arbeit aufgeben. Du wirst einfach kündigen. Es war fast windstill, die Luft feucht. Ich kam aber nicht ganz dahinter, ob es mir richtig behagte. Ich starrte immer weiter den Mann mit der Warze an. Reinhard hob sein Glas, trank mir zu, mit irgendeinem Trinkspruch auf unsere Zukunft. Die Warze sah wie ein Polyp aus. Reinhard schlug vor, so wie jetzt an der See auch später regelmäßig spazierenzugehen. Ja. Warum nicht? Schließlich: die Wohnung mit ihrer günstigen Lage. Unterm Hemd würde die Warze sich auch bemerkbar machen. Sie war mehr als einen Zentimeter lang. Seitlich vom Schlüsselbein stand sie senkrecht ab. Prost, Schatz, cheerio! Vielleicht, bei diesem Unmaß, hieß das nicht mehr Warze, was ich immer noch anstarrte. Liebling, he! Wir sind getraut! Du und ich, wir zwei – was man sich so zunuschelt kurz nach der Hochzeit. Reinhards Lieblingsgerichte, dann meine. Durch die Fangarme sah die Warze einer Narrenkappe ähnlich. Die Wohnung werden wir nach deinem Geschmack einrichten; der Garten – bloß Wildnis. Tee von Reinhards Teegroßhändler. Nett, so einig zu sein. Abwegiges Grau der See, und mein zweites Glas leer. Die Oberfläche der Warze war körnig, wie die Haut auf Hühnerbeinen. Reinhard hat noch zwei Stella Artois¹ bestellt, ich fühlte nun doch ziemlich genau, daß es mir zusagte, das Ganze, Bier, diese Witterung, dies bemerkenswerte Meer und unser Gerede über alles, zum Beispiel: Hauptsache, du bist dein blödes Büro los. Das schrundige Ding auf der Schulter, erstarrtes Feuerwerk, stand nicht zur Debatte. Reinhard schützte wiedermal ein Schiff vor

---
¹ Stella Artois: Biersorte

❏ Formulieren Sie Ihre ersten Eindrücke (evtl. auch Unklarheiten oder Fragen) zum Text „Flitterwochen, dritter Tag". Fassen Sie den Inhalt in wenigen Sätzen zusammen.

❏ Nehmen Sie Stellung zu der folgenden Deutungshypothese einer Leserin: „Es geht hier um die Beziehungsprobleme eines Paars; diese sind oberflächlich zwar nicht sichtbar, aber die beiden sind sich innerlich fremd geblieben."

und starrte durchs Fernglas runter auf den Strand. Gewitter stand unmittelbar bevor, unser Zusammenleben auch, auch Abendspaziergänge, Teebestellungen, Leibgerichte, die Warze war immer noch sichtbar nun unterm Hemd, das der
5 Mann anzog. Antonio Gaudi[2] hätte sie geträumt haben können. Reinhard redete, und ich habe eine Zeitlang nicht zugehört, weil ich – ich hätte schon ganz gern gewußt, ob das nicht wehtut, wenn mehr als nur ein Hemd auf die Warze Druck ausübte. Organisation, Schatz, sagte Reinhard, und er
10 ist nicht nur billiger bei diesem Großhändler, es ist einfach besserer Tee. Weitere Stella Artois, die Schwüle war mir recht, das Meer lieb und wert, egal Reinhards Seitensprünge durchs Fernglas. Die leicht bekleidete Krake, der vertrauliche Vielfuß, Verruca[3], die Warze. Freust du dich, Schatz? Reinhard
15 war mir jetzt näher. Auf alles, Schatz? Und was man so sagt. Es war nett.
Der Mann mit der neukatalanischen Warze bezahlte. Dann verstaute er sein Fernglas in einem etwas abgeschabten Lederetui. Er stand auf. Da stand auch ich auf. Der Mann mit der
20 Warze bahnte sich den besten Weg zwischen den Korbsesseln. Ich hinterher. Er brauchte nicht weiter auf mich zu warten, ich habe kaum gezögert, er wartete, wieder mir zugekehrt, die Warze, das Wappen, er wartete, Reinhard wartete, mein Mann mit der Warze.

(v 1979)*

❐ Gehen Sie zum Beispiel mit Hilfe der folgenden Arbeitsaufträge genauer auf den Text ein.
– Benennen und erläutern Sie die unter dem Text genannten Erzähltechniken bzw. Erzählformen. Belegen Sie Ihre Ergebnisse mit entsprechenden Textstellen.
– Beschreiben Sie, aus welcher Sicht die Ereignisse und Bewusstseinsvorgänge dargestellt sind. Belegen Sie Ihre Ausführungen am Text.
– Welche Bedeutung könnte die Warze als Leitsymbol und „roter Faden" des Textes haben? Begründen Sie Ihre Meinung.
– Erklären Sie den Zusammenhang von erzählter Zeit und Erzählzeit. Welche Bedeutung hat dieser Zusammenhang für das Rezipieren und Analysieren des Textes?
– Erläutern Sie die Beziehung zwischen den frisch vermählten Eheleuten. Berücksichtigen Sie dabei zum Beispiel Rollenverteilung, Art der Äußerungen, Widersprüchlichkeit der Empfindungen, Bedeutung der Warze.
– Nennen Sie weitere Aspekte, durch die die Beziehung zwischen den Ehepartnern deutlich wird. Erläutern Sie deren Wirkung auf den Leser.

❐ Schreiben Sie den Text um, indem Sie das Geschehen aus der Sicht des Mannes darstellen. Dabei können Sie eine einfache Umsetzung der Perspektive oder auch eine Veränderung der Rollenkonstellation wählen. Entscheiden Sie selbst, inwieweit Sie sich am Inhalt und an der sprachlichen Form des vorliegenden Textes orientieren bzw. den Text verändern.
Vergleichen Sie anschließend Ihre Lösungen, erörtern Sie, welche Einsichten Ihnen dieses produktionsorientierte Verfahren verschafft hat.

Elliptische Erzähltechnik
Unter Ellipse versteht man eine syntaktische Verkürzung; diese dient der Präzisierung des Ausdrucks. Als Erzähltechnik taucht sie oft im Inneren Monolog bzw. in der Gedankenrede auf und spiegelt assoziativ und ungeordnet ablaufende Bewusstseinsvorgänge in einer Person.

Montagetechnik
Bewusstseinsvorgänge der Erzählerfigur, Handlungselemente, Zeit und Raum werden übergangslos zusammengestellt.

Figurenrede
alle direkt oder indirekt wiedergegebenen Äußerungen und Gedanken der Figuren

Erzählerbericht
Darstellung des Erzählers als der Teil des epischen Textes, der nicht zur Figurenrede gehört

---

[2] Antonio Gaudi: spanischer Architekt (1852–1926), der den neukatalanischen Baustil begründete
[3] Verruca: die Warze

☐ Sie können jetzt (möglicherweise zur Übung für die nächste Klausur) die Ergebnisse und die wesentlichen Akzente der Diskussionen Ihrer Lerngruppe in einer schriftlichen Analyse und Deutung zusammenfassen. Berücksichtigen Sie bei Ihrer Analyse insbesondere die Beziehungen des frisch verheirateten Paares.
Beachten und verarbeiten Sie bei der Erstellung Ihrer Arbeit unbedingt die nebenstehenden Tipps.

⇨ Tipps zur Planung Ihrer Darstellung

Machen Sie sich zunächst einen **Schreibplan** für Ihre Darstellung; fassen Sie für Ihren Einführungsteil, Hauptteil und Schlussteil stichwortartig zusammen, was Sie in der Lerngruppe erarbeitet haben.

Einleitung:
- Hinweise zu Autor, Textart und Inhalt; kurze Kennzeichnung der Thematik; Formulierung einer zentralen Deutungshypothese und Erwähnung des zentralen Symbols „Warze"

Hauptteil:
- Erzählperspektive
- sprachlich-erzählerische Mittel
- gestörte Beziehung und Widersprüchlichkeit im Verhalten

Schlussteil:
- Überprüfen der Deutungshypothese im Einführungsteil

⇨ Tipps zum Schreiben und Ausformulieren

- Wichtig ist es, sich immer wieder die **Aufgabenstellung** vor Augen zu führen und damit den **Blick für das Wesentliche** zu behalten. Ein Tipp: Orientieren Sie sich insbesondere an der Deutungshypothese des Anfangsteils.
- Der präzise **Rückbezug auf den Text** sollte durch **treffende, nicht zu lange Zitate** – dies sind Ihre „Beweise" – verdeutlicht werden.
- Ihre Darstellung sollte sowohl beschreibende als auch deutende Züge haben.

Als Faustregel sollten Sie sich merken: **Keine Deutung ohne Beschreibung.** Das heißt: Sie sollten **von dem im Text Beweisbaren ausgehen.** Die Ergebnisse präziser Beschreibung müssen jedoch im Gesamtzusammenhang gedeutet werden.
- Wichtig ist, **dass der Leser Ihre Deutungen nachvollziehen kann.**
- Darstellungstempus ist grundsätzlich das **Präsens.**

⇨ Tipps zur Überarbeitung

- Nach dem Schreiben sollten Sie Ihre Darstellung **sorgfältig durchlesen.**
- Überprüfen Sie insbesondere, ob Sie deutlich genug auf die **Aufgabenstellung** eingegangen sind.

- Nehmen Sie sich die Zeit Ihren Text unter **sprachlichen Gesichtspunkten** zu korrigieren (Sprachstil, Grammatik, Rechtschreibung, Zeichensetzung).

In der Kurzgeschichte „Flitterwochen, dritter Tag" von Gabriele Wohmann, die im Jahre 1979 zum ersten Mal veröffentlicht wurde, geht es um die Beziehungen zwischen einer Frau und einem Mann, die an einem Urlaubsort im Mittelmeer ihre Flitterwochen verleben; hier geht es um den dritten Tag und um einen gemütlichen Nachmittag. Gefühle und Verhaltensweisen werden aus der Sicht einer Frau dargestellt. Meine Deutungshypothese lautet, dass trotz äußerer Harmonie und Rollenanpassung eine innere Fremdheit zwischen dem Mann und der Frau vorherrscht. Dabei spielt die Warze als Symbol eine wichtige Rolle. Die Richtigkeit dieser Hypothese gilt es im folgenden Hauptteil nachzuweisen bzw. zu korrigieren.

❏ Dieser Text stellt eine mögliche Einleitung zur Analyse von Gabriele Wohmanns „Flitterwochen, dritter Tag" dar. Beurteilen Sie sie vor dem Hintergrund der o.g. Informationen. Formulieren Sie ggf. eine nach Ihrer Meinung bessere Einleitung.

Gabriele Wohmann
Schöne Ferien

Schöne Ferien, zum ersten Mal wieder, seit ich mit Asmus zusammen bin. Die unveränderte Bucht gefiel mir neuerdings. Wie lang hatte ich nicht mehr etwas wie Waten im Wasser genossen. Alle Augenblicke fiel mir ein, daß ich aufatmen konnte, und ruhig sein, ruhig sein. Keine Zankereien mit den Cousinen, im Gegenteil. Vor dem Café Rose saßen friedlich die Großeltern, und mich machte es nicht nervös, wenn sie uns unaufhörlich zu Tee und Wespennestern einluden: Spezialität der Rose. Auch mit Lutz legte Asmus sich nicht an. Lutz drehte sein Radio so laut wie es ihm paßte, und Asmus pfiff sogar mit. Natürlich badete Lutz wieder kein einziges Mal, Asmus aber äußerte sich einfach nicht dazu, womit ein Zustand erreicht wäre, den ich immer angestrebt habe. Asmus verhielt sich entweder aus Rücksicht auf mich so, oder er war ausgeglichener geworden – jetzt irre ich mich gründlich. Asmus war ja diesen Sommer nicht mit.
Statt dessen Heinz Pfitzner. Der Zufall verschlug uns ins gleiche Hotel. Nach der ersten Woche sagten wir nicht mehr Sie, und er wollte Nelson genannt werden. Der Familie gegenüber zeigte er sich zugänglich. Die ließ uns auf langen Spaziergängen allein. Ihre Großzügigkeit sah aber nicht nach Opfer aus, und zum ersten Mal freute ich mich ohne schlechtes Gewissen an dieser wirklichen Freiheit. Es machte mir auch Spaß, der Familie so einen netten Mann zu verschaffen, wenn auch nur für kurz. Oft forderte Nelson Lutz auf, sich uns anzuschließen. Weil Lutz, wie jedermann, Nelson mochte, sagte er zu. So nahm Lutz am Ausflug zum Vogelschutzgebiet teil. Nelson redet gern mit Jüngeren, er bringt sie dazu, daß sie aus sich herausgehen. Bei Lutz ein Wunder, er hat nichts als seine Schlager und zwei disk-jockeys. Jetzt hatte er Nelson. Schön für ihn, schön für uns alle. Von Nelson geht Ruhe aus, daran liegt es. Ich werde mich im Verlauf dieser Ferien erholen. Sogar Nelson zu lieben strengt kaum an.

❏ Unter ähnlichen Fragestellungen wie zum Text „Flitterwochen, dritter Tag" vorgeschlagen könnten Sie auch die beiden Texte „Schöne Ferien" und „Der Antrag" von Gabriele Wohmann bearbeiten.

Die Fingernägel schneide ich mir häufig, damit erinnere ich mich an Asmus. Selbstverständlich denke ich oft an ihn, mein Frieden nimmt daraufhin zu. Asmus kann nicht über meine verkorksten Fingernägel schimpfen. Auch nicht über Barfußlaufen bei kaltem Wetter. Während ich meine rotgefrorenen Fußzehen begutachte, denke ich daran, wie gern jetzt Asmus über sie in Wut geriete. Mein Haar kann er ebenfalls nicht überprüfen. Ich lasse es jeden Tag beim Baden in der Bucht naß werden. Schon nächsten Sommer werde ich wieder auf die Kommandos von Asmus Rücksicht nehmen müssen, also übertreibe ich es jetzt mit der Unvernunft. Überall fehlt Asmus, und seine erhobene, nicht hotelmäßige Stimme zürnt mir in meinem Gedächtnis, nur da.

Nelson ist liebenswürdig. Den Cousinen schnitt er vorgestern die Haare. Meinem Großvater rasierte er den flaumigen runzligen Nacken aus. Mit meiner Großmutter unterhielt er sich geduldig über die Triebwelt der Ameisen, wiedermal hatte sie sich einen Koffer voll Tierbücher mitgebracht, ihre Passion. Auf alles ging Nelson ein. Ich selber mußte mich dämpfen, damit meine Freude über unseren allgemeinen Einklang mich nicht laut machte. So ruhig sein wie Nelson, das war mein Programm. Gelassen zuhören bei törichten Äußerungen über Wetterabhängigkeit vom Mondwechsel: Lieblingstheorie meines Großvaters. Lächeln zur Behauptung, P. Huber, der 1810 die Sitten der einheimischen Ameise untersucht hat, sei kein Franzose gewesen: die Großmutter will es so. Auch die Cousinen und Lutz, alle stellten dauernd die üblichen Anlässe her, gegen die Asmus auf die Barrikaden ging.

Es kommt aber vor, daß ich aus heiterem Himmel erschrecke; dreh dich nicht um, sage ich mir, Asmus steht hinter dir. Ich halte den Atem an und warte ab. Irgend jemand von der Familie ruft mir dann zu: Was ist los mit dir? Schläfst du am hellen Tag? Und sie lachen miteinander – aber ohne Nelson. Sie hat die Augen zu, seht nur! Auch Asmus lacht nicht mit. Für Launen hat er nichts übrig. Jetzt rufen sie: Hallo Asmus, kümmere dich gefälligst mal um deine Frau, weck sie auf, los! Ich lasse die Augen zu. Bei geschlossenen Lidern, ruhig, ruhig, verwöhnt mich Nelson, meine Erfindung. (v 1965)*

Gabriele Wohmann

Der Antrag

– Ohne Zweifel bin ich in einem halben Jahr aus dem Gröbsten heraus, sagte er, und aus selbstbewußt gekräuselten Lippen, doppeldeutig, setzte er hinzu: Sie wissen ja, was „das Gröbste" bei mir heißt.
– Nein.
Sie unterdrückte ein Gähnen, blinzelte in die schwitzende Luft: schwere, feuchte, flimmernde Decke auf ihren Körpern, die im Sand lagen.
Etwas beleidigt sagte er:

– Andere Leute würden meine Situation nämlich nicht so bezeichnen. Es geht mir nicht schlecht, wie Sie wissen, bald aber wirds mir noch besser gehen. Andere Leute würden sagen: hervorragend.
Grob und hervorragend. Kann er lachen außer über eigene Anspielungen? Wird immer zufrieden sein in und mit sich selbst. Sie wälzte sich auf die Seite, machte die Augen ganz auf, betrachtete ihn mit genießerischem Unbehagen: weich, gelblich-weiß, Kinderhaut.
Er saß im Sand, in kurzer Hose und weißem Hemd, feingliedrig und klein. Sein Kopf, schlecht behaart und empfindlich, zartviolett unter dem kärglichen Bewuchs, war zu groß für den schmächtigen Leib, der Mund formte feuchte bedächtige Worte, die Augen, listig und verwundbar, sahen nach innen, durchstreiften die Gänge, Treppen und Säle seiner zweistöckigen Privatschule. In der rechten Hand drehte er einen Kugelschreiber.
Sie sah weg, aufs Meer, fand es beleidigend in seiner prätentiösen Färbung, so tiefes Blau, so weiße Schaumkronen. Ein Mann umarmte ein Mädchen, küßte es nachdenklich.
Neben ihr, dicht an ihrem Auge, drehte sich der blaue Kugelschreiber, meerfarben, ohne Hast, in bleichgelben glatten Fingern. Ihr Scheidungsgrund? Sein spitzzulaufender Zeigefinger.
– Alles in allem steht es so, daß ich allmählich an eine gewisse Veränderung meiner Lebensumstände denken könnte, sagte er behutsam, selbstgefällig.
– Sie sind Säufer?
Seine verständnislose Abwehr drang an ihr Ohr.
– Sie wissen doch, was ich meine, liebes Fräulein Mack, zelebrierte er. Ich denke an etwas ganz Bestimmtes. Seine Stimme schwebte zwischen zwei Gedankenstrichen. Ich denke an eine grundlegende Umstellung. Natürlich bin ich gehalten, schon wegen der staatlichen Anerkennung, auch in diesem Fall auf das Solide zu sehen …
Immer noch kein Punkt. Der Mann am Wasser zog sein kreischendes Mädchen hinter sich her in die Wellen, beklatschte lustig das buntgemusterte Hinterteil, tauchte das Mädchen ins Wasser und ließ nicht ab, es zu umarmen, lächelnd kühles Salz von den warmen Lippen zu küssen. Kleine Zauberin, paß auf, ich werd dich noch mal heiraten. Eine grundlegende Umstellung, auch für ihn.
– So? sagte sie beklommen.
Solide, solide, er ist gehalten, will mich halten. Nein. Nein.
– Eine Frau könnte mit mir sorglos leben, gesichert. Der Kugelschreiber notierte imaginäre Zahlen in die leise flimmernde Luft.
400 für den Haushalt, 50 Taschengeld, wenn sie zäh ist, geh ich auf 70 bis 75: so denkt er jetzt. Ohne Sorgen, ohne Freuden. Ehen ohne Liebe sollen am haltbarsten sein. Vernunft kittet den Bund der Vernünftigen. Sein spitzzulaufender Zeigefinger.
– Das ist schön, sagte sie steif.
– Es ist außerordentlich viel wert heutzutage, verbesserte er mit leisem Unwillen, ernsthaft.

– Ja ja.
Tut mir unendlich leid, bedaure sehr, aufrichtig, nein wirklich, sie müssen mir glauben: ein anderer. Träger, weich-weißer Othello mordet mit dem schweißklebrigen Kugelschreiber, bohrt eine imposante Zahl in den begehrten Busen. Tüchtiges Fräulein Mack, gute Lehrerin und trotzdem repräsentativ, genau das Richtige. Nein wirklich, tut mir von Herzen leid. Gute Freunde bleiben.
Der Mann und das Mädchen kamen aus dem Wasser, spritzten, lachten ohne Bedenken, sorglos, ungesichert.
Liebe. Er wird sie verlassen nach den Tagen der Sonne. Ein emphatischer Kuß zur Erinnerung.
– Sie müssen verzeihen, wenn ich ein wenig unbeholfen bin bei derartigen Erklärungen. Aber ich könnte mir denken, daß eine Frau, eine vernünftige Frau, mehr Wert auf Geradlinigkeit und Rechtschaffenheit legt als auf Verführungskünste.
Der Mann und das Mädchen legten sich platt in den Sand, er halb über sie, sein Kopf auf ihrem Kopf, ernst war er, streng sein Mund, heftig; sie gluckste leise lockendes Lachen in kurzen Stößen aus dem Zwerchfell.
Alter Casanova, du! Hasts doch gern, was? Ja ja ja, ich glaub, ich habs gern.
Sie stand auf.
– Es wird zu heiß, sagte sie aus trockenem Gaumen.
Er folgte, einverstanden tappten die gewissenhaften Beine – Zwiespalt, Paradoxon im Sand, sorglos besorgt – hinter ihr her über die Holztreppe auf die Strandpromenade. Der glühende Stein brannte ihre Fußsohlen, sie hob sie schnell, setzte sie vorsichtig wieder auf. Im Schatten eines Sonnenschirms auf der Terrasse des Strandcafés nahmen sie Platz. Viele germanische Beine, nackte Oberschenkel, die auf den Rillen der Gartenstühle breit ruhten, schwitzende Bäuche füllten sich mit Eis.
– Auch das könnte meine Frau haben, mehrwöchige Ferien jedes Jahr am Meer, wenn sie das wünscht, oder in den Bergen, die mir persönlich mehr liegen.
– Ein schönes Leben, sagte sie.
Tut mir leid, wirklich, ganz von Herzen. Ja, ja, ein anderer. Sie kennen ihn nicht, ich auch nicht, einer, auf den ich warte. Nein, bestimmt, es geht nicht.
– Sie wissen, warum ich Ihnen das alles erzähle. Gewiß nicht, um Sie an Ihrem freien Wochenende zu langweilen, mit irgendwelchen Problemen, die Ihnen gleichgültig sind.
Sie sah weg.
Sorglos. Sein spitzzulaufender Zeigefinger. Der boshafte Schrei einer Möwe, wütender Alarm; heiße Luft, bläulicher, zitternder Dunst unten am Strand, träge warme Glieder geben sich sorglos gefährdet kaltklatschenden Wellen hin.
Sie zwängte ihr Eis durch die verklemmte Kehle, zugeschnürt, trocken.
Viele solcher Sommer. Schwitzen uns sorglos besorgt durch die Urlaubstage. Nein, nein, ich bedaure, es ist unmöglich.
Seine warme feuchte Hand legte sich auf ihre, spitzzulaufen-

de Finger mit achtsam gefeilten, zu langen Nägeln umschlossen ihre ängstliche, abweisende Faust.
– Wollen Sie meine Frau werden?
Kreischender Alarm aus der Möwenkehle flog zurück, hungrige runde Augen bohrten sich höhnisch in ihren Blick, Flügel zerfetzten die dürre Luft, ein bißchen Wind. Fern am Strand zwei bunte Punkte, ein Mann und ein Mädchen, fast nicht zwei Personen.
– Ja, sagte sie und senkte den kühlen Alpakalöffel ins Eis.

(v 1960)*

Gabriele Wohmann bleibt „ihrer Thematik und erzählerischen Motivation treu: Es sind ‚Ehegeschichten', Fallbeispiele, die aus einem Komik und Satire einschließenden, analysierenden und sezierenden Blick vorgetragen werden."
Karl Hotz (v 1994)

Die Geschichten von zerstörter Liebe sowie gestörten Beziehungen in der Ehe und Familie spiegeln einerseits das oben angedeutete allgemeine Krisenbewusstsein der Moderne, zeigen aber auch, wie der Einzelne in einer offenen Gesellschaft an seinen eigenen Ansprüchen und Fehlverhaltensweisen scheitern kann. [...]
Die Konflikte zwischen den Partnern haben in einer offenen, permissiven Gesellschaft weniger mit allgemeinen Normen zu tun, wie wir sie in der Literatur des 18. und 19. Jahrhunderts finden: Standesschranken, rigide bürgerliche Moralvorstellungen, kaum hinterfragbare gesellschaftliche Konventionen. Der Konflikt hat sich [...] weitgehend in den Innenraum der Figuren verlagert. Die Ideal- und Wunschvorstellungen einer Figur treffen zum Beispiel auf einen Partner, der diesen Erwartungen nicht gerecht zu werden vermag, oder der Figur gelingt es nicht, aus ihrer Einsamkeit herauszufinden und ihr Leben selbstbewusst zu gestalten. Der Abbau institutioneller bzw. sozialer Vorgaben und verbindlicher Moralvorstellungen hat zwar frühere Konfliktursachen weitgehend aufgehoben, aber diese Ungebundenheit des Ich offenbart vielfach bislang verdeckte psychische Probleme und Identitätskonflikte. Figuren mancher moderner Erzählungen leben in anonymer und unbegriffener Einsamkeit, sie sind in Selbsttäuschungen befangen; sie leben aneinander vorbei und sind unfähig zur Kommunikation [...]. Die bekannten Stichworte für das moderne Welt- und Wirklichkeitsverständnis, so wie es sich in den Ehe-, Familien- und Partnerbeziehungen spiegelt, sind: Entfremdung zwischen den Einzelnen, Ichdissoziation, Identitätskrise, Einsamkeit, Anonymität, aber auch noch: Rollenzwang und Anpassungsdruck.
Werner Riedel, Lothar Wiese (v 1995)

❑ Vergleichen Sie die Texte von Gabriele Wohmann (Flitterwochen, dritter Tag, S. 34f.; Schöne Ferien, S. 37f.; Der Antrag, S. 38ff.) zum Beispiel unter folgenden Gesichtspunkten:
– Beziehung zwischen Menschen
– Gestörte Kommunikation
– Darstellung aus der Sicht einer Frau

❑ Beziehen Sie auch die folgenden Kommentare zu Wohmann-Texten mit ein. Weisen Sie die einzelnen Behauptungen an den Texten nach.

❑ Vielleicht versuchen Sie selbst durch die Wahl einer bestimmten Erzählerfigur (männlich? weiblich?) Beziehungsprobleme, die Sie selbst in Ihrer Umgebung wahrgenommen haben, in einer fiktiven Kurzgeschichte oder Kürzestgeschichte zu verarbeiten. Nutzen Sie dazu die erzählerischen Mittel, die Sie im Verlaufe dieses Kapitels kennen gelernt haben.

▷▷ **Lese- und Arbeitshinweise**
● Wolfgang Borchert: Das Brot (Seite 20)
● Walter Helmut Fritz: Augenblicke (Seite 387f.)
● Wolf Wondratschek: Die Schwierigkeit, ein Sohn seiner Eltern zu bleiben (Seite 503ff.)

Leseempfehlungen zu G. Wohmann
● Ein Mann zu Besuch. Erzählungen, Piper Verlag, München 1993
● Wäre wunderbar. Am liebsten sofort. Liebesgeschichten, Piper Verlag, München 1996
● Die Schönste im ganzen Land. Frauengeschichten, Piper Verlag, München 1997

Grundfragen der Kommunikation

- Formulieren Sie (ohne nachzuschlagen), was Sie unter „Kommunikation" verstehen.
- Schlagen Sie danach in verschiedenen Lexika den Begriff „Kommunikation" nach, tauschen Sie Ihre Ergebnisse aus und sammeln Sie in Ihrer Lerngruppe die nach Ihrer Meinung wichtigsten Aspekte.
- Benennen und erläutern Sie verschiedene Formen von Kommunikation, verdeutlichen Sie diese ggf. durch Beispiele.

Peter Bichsel, geboren 1935 in Luzern

Peter Bichsel
Ein Tisch ist ein Tisch

Ich will von einem alten Mann erzählen, von einem Mann, der kein Wort mehr sagt, ein müdes Gesicht hat, zu müd zum Lächeln und zu müd, um böse zu sein. Er wohnt in einer kleinen Stadt, am Ende der Straße oder nahe der Kreuzung. Es lohnt sich fast nicht, ihn zu beschreiben, kaum etwas unterscheidet ihn von anderen. Er trägt einen grauen Hut, graue Hosen, einen grauen Rock und im Winter den langen grauen Mantel, und er hat einen dünnen Hals, dessen Haut trocken und runzelig ist, die weißen Hemdkragen sind ihm viel zu weit.

Im obersten Stock des Hauses hat er sein Zimmer, vielleicht war er verheiratet und hatte Kinder, vielleicht wohnte er früher in einer andern Stadt. Bestimmt war er einmal ein Kind, aber das war zu einer Zeit, wo die Kinder wie Erwachsene angezogen waren. Man sieht sie so im Fotoalbum der Großmutter. In seinem Zimmer sind zwei Stühle, ein Tisch, ein Teppich, ein Bett und ein Schrank. Auf einem kleinen Tisch steht ein Wecker, daneben liegen alte Zeitungen und das Fotoalbum, an der Wand hängen ein Spiegel und ein Bild.

Der alte Mann machte morgens einen Spaziergang und nachmittags einen Spaziergang, sprach ein paar Worte mit seinem Nachbarn, und abends saß er an seinem Tisch.

Das änderte sich nie, auch sonntags war das so. Und wenn der Mann am Tisch saß, hörte er den Wecker ticken, immer den Wecker ticken.

Dann gab es einmal einen besonderen Tag, einen Tag mit Sonne, nicht zu heiß, nicht zu kalt, mit Vogelgezwitscher, mit freundlichen Leuten, mit Kindern, die spielten – und das Besondere war, dass das alles dem Mann plötzlich gefiel.

Er lächelte.

„Jetzt wird sich alles ändern", dachte er.

Er öffnete den obersten Hemdknopf, nahm den Hut in die Hand, beschleunigte seinen Gang, wippte sogar beim Gehen in den Knien und freute sich. Er kam in seine Straße, nickte den Kindern zu, ging vor sein Haus, stieg die Treppe hoch, nahm die Schlüssel aus der Tasche und schloss sein Zimmer auf.

Aber im Zimmer war alles gleich, ein Tisch, zwei Stühle, ein Bett. Und wie er sich hinsetzte, hörte er wieder das Ticken, und alle Freude war vorbei, denn nichts hatte sich geändert. Und den Mann überkam eine große Wut.

Er sah im Spiegel sein Gesicht rot anlaufen, sah, wie er die Augen zukniff; dann verkrampfte er seine Hände zu Fäusten, hob sie und schlug mit ihnen auf die Tischplatte, erst nur ein Schlag, dann noch einen, und dann begann er auf den Tisch zu

trommeln und schrie dazu immer wieder: „Es muss sich ändern, es muss sich ändern!"
Und er hörte den Wecker nicht mehr. Dann begannen seine Hände zu schmerzen, seine Stimme versagte, dann hörte er
5 den Wecker wieder, und nichts änderte sich.
„Immer derselbe Tisch", sagte der Mann, „dieselben Stühle, das Bett, das Bild. Und dem Tisch sage ich Tisch, dem Bild sage ich Bild, das Bett heißt Bett, und den Stuhl nennt man Stuhl. Warum denn eigentlich?" Die Franzosen sagen dem Bett ‚li',
10 dem Tisch ‚tabl', nennen das Bild ‚tablo' und den Stuhl ‚schäs', und sie verstehen sich. Und die Chinesen verstehen sich auch.
„Weshalb heißt das Bett nicht Bild", dachte der Mann und lächelte, dann lachte er, lachte, bis die Nachbarn an die Wand klopften und „Ruhe" riefen.
15 „Jetzt ändert es sich", rief er, und er sagte von nun an dem Bett „Bild".
„Ich bin müde, ich will ins Bild", sagte er, und morgens blieb er oft lange im Bild liegen und überlegte, wie er nun dem Stuhl sagen wolle, und er nannte den Stuhl „Wecker".
20 Er stand also auf, zog sich an, setzte sich auf den Wecker und stützte die Arme auf den Tisch. Aber der Tisch hieß jetzt nicht mehr Tisch, er hieß jetzt Teppich. Am Morgen verließ also der Mann das Bild, zog sich an, setzte sich an den Teppich auf den Wecker und überlegte, wem er wie sagen könnte.
25   Dem Bett sagte er Bild.
    Dem Tisch sagte er Teppich.
    Dem Stuhl sagte er Wecker.
    Der Zeitung sagte er Bett.
    Dem Spiegel sagte er Stuhl.
30   Dem Wecker sagte er Fotoalbum.
    Dem Schrank sagte er Zeitung.
    Dem Teppich sagte er Schrank.
    Dem Bild sagte er Tisch.
    Und dem Fotoalbum sagte er Spiegel.
35 Also: Am Morgen blieb der alte Mann lange im Bild liegen, um neun läutete das Fotoalbum, der Mann stand auf und stellte sich auf den Schrank, damit er nicht an die Füße fror, dann nahm er seine Kleider aus der Zeitung, zog sich an, schaute in den Stuhl an der Wand, setzte sich dann auf den
40 Wecker an den Teppich und blätterte den Spiegel durch, bis er den Tisch seiner Mutter fand.
Der Mann fand das lustig, und er übte den ganzen Tag und prägte sich die neuen Wörter ein. Jetzt wurde alles umbenannt: Er war jetzt kein Mann mehr, sondern ein Fuß, und der
45 Fuß war ein Morgen und der Morgen ein Mann.
Jetzt könnt ihr die Geschichte selbst weiterschreiben. Und dann könnt ihr, so wie es der Mann machte, auch die anderen Wörter austauschen:
    läuten heißt stellen,
50   frieren heißt schauen,
    liegen heißt läuten,
    stehen heißt frieren,
    stellen heißt blättern.

- Beschreiben Sie das Verhältnis des alten Mannes zu seinen Mitmenschen. Weisen Sie Ihre Aussagen am Text nach.
- Welche Motive hat der Mann, sich selbst eine eigene Sprache zu schaffen; welche Folgen hat dies?
- Geben Sie eine Erklärung für Peter Bichsels Schlussteil „Sie hat traurig angefangen und hört traurig auf…"
- Die Erzählung ist aus der Sammlung „Kindergeschichten" (erschienen 1969) entnommen, in der insgesamt sieben „märchenhafte und kuriose Erzählungen" zusammengefasst sind. Versuchen Sie eine Erklärung für den Titel des Buches zu geben.
- Möglicherweise haben Sie den Text bereits in einer früheren Jahrgangsstufe kennen gelernt. Finden Sie Argumente dafür, dass er auch in einem Oberstufen-Lehrbuch stehen kann.
- Welche Einsichten über die Sprache, über ihre Bedeutung für den Kommunikationsprozess, über Voraussetzungen für eine erfolgreiche Verständigung können aus der Erzählung abgeleitet werden?
- Welche „Abweichungen" vom üblichen Sprachgebrauch, die die Kommunikation erschweren bzw. auf Spezialisten beschränken, sind Ihnen aus Ihrer Umgebung oder Ihrer Erfahrung bekannt?

So dass es dann heißt:
Am Mann blieb der alte Fuß lange im Bild läuten, um neun stellte das Fotoalbum, der Fuß fror auf und blätterte sich auf den Schrank, damit er nicht an die Morgen schaute.
Der alte Mann kaufte sich blaue Schulhefte und schrieb sie mit den neuen Wörtern voll, und er hatte viel zu tun damit, und man sah ihn nur noch selten auf der Straße.
Dann lernte er für alle Dinge die neuen Bezeichnungen und vergaß dabei mehr und mehr die richtigen. Er hatte jetzt eine neue Sprache, die ihm ganz allein gehörte.
Hie und da träumte er schon in der neuen Sprache, und dann übersetzte er die Lieder aus seiner Schulzeit in seine Sprache, und er sang sie leise vor sich hin.
Aber bald fiel ihm auch das Übersetzen schwer, er hatte seine alte Sprache fast vergessen, und er musste die richtigen Wörter in seinen blauen Heften suchen. Und es machte ihm Angst, mit den Leuten zu sprechen. Er musste lange nachdenken, wie die Leute den Dingen sagen.

    Seinem Bild sagen die Leute Bett.
    Seinem Teppich sagen die Leute Tisch.
    Seinem Wecker sagen die Leute Stuhl.
    Seinem Bett sagen die Leute Zeitung.
    Seinem Stuhl sagen die Leute Spiegel.
    Seinem Fotoalbum sagen die Leute Wecker.
    Seiner Zeitung sagen die Leute Schrank.
    Seinem Schrank sagen die Leute Teppich.
    Seinem Tisch sagen die Leute Bild.
    Seinem Spiegel sagen die Leute Fotoalbum.

Und es kam so weit, dass der Mann lachen musste, wenn er die Leute reden hörte.
Er musste lachen, wenn er hörte, wie jemand sagte: „Gehen Sie morgen auch zum Fußballspiel?" Oder wenn jemand sagte: „Jetzt regnet es schon zwei Monate lang." Oder wenn jemand sagte: „Ich habe einen Onkel in Amerika."
Er musste lachen, weil er all das nicht verstand.
Aber eine lustige Geschichte ist das nicht. Sie hat traurig angefangen und hört traurig auf.
Der alte Mann im grauen Mantel konnte die Leute nicht mehr verstehen, das war nicht so schlimm.
Viel schlimmer war, sie konnten ihn nicht mehr verstehen.
Und deshalb sagte er nichts mehr.
Er schwieg,
sprach nur noch mit sich selbst,
grüßte nicht einmal mehr.

(v 1969)

Theorien und Modelle zur Kommunikation

Friedemann Schulz von Thun
Zwischenmenschliche Kommunikation – die vier Seiten einer Nachricht (1981)

Der Grundvorgang der zwischenmenschlichen Kommunikation ist schnell beschrieben. Da ist ein *Sender*, der etwas mitteilen möchte. Er verschlüsselt sein Anliegen in erkennbare Zeichen – wir nennen das, was er von sich gibt, seine *Nach-*
5 *richt*. Dem *Empfänger* obliegt es, dieses wahrnehmbare Gebilde zu entschlüsseln. In der Regel stimmen gesendete und empfangene Nachricht leidlich überein, so dass eine Verständigung stattgefunden hat. Häufig machen Sender und Empfänger von der Möglichkeit Gebrauch, die Güte der Verstän-
10 digung zu überprüfen: Dadurch, dass der Empfänger zurückmeldet, wie er die Nachricht entschlüsselt hat, wie sie bei ihm angekommen ist und was sie bei ihm angerichtet hat, kann der Sender halbwegs überprüfen, ob seine Sende-Absicht mit dem Empfangsresultat übereinstimmt. Eine solche *Rückmel-*
15 *dung* heißt auch *Feedback*.

Schauen wir uns die „Nachricht" genauer an. Für mich selbst war es eine faszinierende „Entdeckung", die ich in ihrer Tragweite erst nach und nach erkannt habe, *dass ein und dieselbe Nachricht stets viele Botschaften gleichzeitig enthält.* [...] Dass je-
20 de Nachricht ein ganzes Paket mit vielen Botschaften ist, macht den Vorgang der zwischenmenschlichen Kommunikation so kompliziert und störanfällig, aber auch so aufregend und spannend.

Um die Vielfalt der Botschaften, die in einer Nachricht
25 stecken, ordnen zu können, möchte ich vier seelisch bedeutsame Seiten an ihr unterscheiden. Ein Alltagsbeispiel:

Der Mann (= Sender) sagt zu seiner am Steu-
30 er sitzenden Frau (= Empfänger): „Du, da vorne ist grün!" – Was steckt alles drin in dieser Nachricht, was hat der Sen-
35 der (bewusst oder unbewusst) hineingesteckt, und was kann der Empfänger ihr
40 entnehmen?

Dieser Textauszug ist dem Buch entnommen: Miteinander reden. Störungen und Klärungen. Allgemeine Psychologie der Kommunikation, Rowohlt TB Verlag, Reinbek 1981. Der Verfasser (geboren 1944) ist Hochschullehrer am Fachbereich Psychologie der Universität Hamburg. Sein Buch soll jedermann die Möglichkeit bieten typische Störungen in der Kommunikation zu analysieren; es will Hinweise geben zur Selbstklärung, zur Sachklärung und Beziehungsklärung und somit auch die Möglichkeit, mit seinem Kommunikationspartner persönlich besser klarzukommen.

❐ Entwickeln Sie zu den Erläuterungen Schulz von Thuns im ersten Absatz des Textes ein Schema, aus dem die hier beschriebenen Beziehungen von Sender und Empfänger deutlich werden.

Beispiel für eine Nachricht aus dem Alltag:
Die Frau sitzt am Steuer, der Mann (Beifahrer) ist Sender der Nachricht.

1. Sachinhalt
(oder: Worüber ich informiere)

Zunächst enthält die Nachricht eine Sachinformation. Im Beispiel erfahren wir etwas über den Zustand der Ampel – sie steht auf Grün. Immer wenn es „um die Sache" geht, steht diese Seite der Nachricht im Vordergrund – oder sollte es zumindest.
Auch im Augenblick übermittle ich in diesem Kapitel an den Leser zahlreiche Sachinformationen. Sie erfahren hier Grundlagen der Kommunikationspsychologie. – Dies ist jedoch nur ein Teil von dem, was sich gegenwärtig zwischen mir (dem Sender) und Ihnen (den Empfängern) abspielt. Wenden wir uns daher dem zweiten Aspekt der Nachricht zu:

2. Selbstoffenbarung
(oder: Was ich von mir selbst kundgebe)

In jeder Nachricht stecken nicht nur Informationen über die mitgeteilten Sachinhalte, sondern auch Informationen über die Person des Senders. Dem Beispiel können wir entnehmen, dass der Sender offenbar deutschsprachig und vermutlich farbtüchtig ist, überhaupt, dass er wach und innerlich dabei ist. Ferner: dass er es vielleicht eilig hat usw. Allgemein gesagt: In jeder Nachricht steckt ein Stück Selbstoffenbarung des Senders. Ich wähle den Begriff der Selbstoffenbarung, um damit sowohl die gewollte *Selbstdarstellung* als auch die unfreiwillige *Selbstenthüllung* einzuschließen. Diese Seite der Nachricht ist psychologisch hochbrisant, wie wir sehen werden.
Auch während Sie dieses jetzt lesen, erfahren Sie nicht nur Sachinformationen, sondern auch allerhand über mich, Schulz von Thun, den Autor. Über meine Art, Gedanken zu entwickeln, bestimmte Dinge wichtig zu finden. Würde ich Ihnen dieses mündlich vortragen, könnten Sie aus der Art, wie ich mich gäbe, vielleicht Informationen über meine Fähigkeiten und meine innere Befindlichkeit entnehmen. […]
Mit dieser Seite der Nachricht verbinden sich viele Probleme der zwischenmenschlichen Kommunikation. […]

3. Beziehung
(oder: Was ich von dir halte und wie wir zueinander stehen)

Aus der Nachricht geht ferner hervor, wie der Sender zum Empfänger steht, was er von ihm hält. Oft zeigt sich dies in der gewählten Formulierung, im Tonfall und anderen nichtsprachlichen Begleitsignalen. Für diese Seite der Nachricht hat der Empfänger ein besonders empfindliches Ohr; denn hier fühlt er sich als Person in bestimmter Weise behandelt (oder misshandelt). In unserem Beispiel gibt der Mann durch seinen Hinweis zu erkennen, dass er seiner Frau nicht recht zutraut, ohne seine Hilfe den Wagen optimal zu fahren. Möglicherweise wehrt sich die Frau gegen diese „Bevormundung" und antwortet barsch: „Fährst du oder fahre ich?" – wohlgemerkt: ihre Ablehnung richtet sich in diesem Fall nicht gegen den Sachinhalt (dem wird sie zustimmen!). Sondern ihre Ablehnung richtet sich gegen die empfangene Beziehungsbotschaft.

Allgemein gesprochen: Eine Nachricht senden heißt auch immer, zu dem Angesprochenen eine bestimmte Art von Beziehung auszudrücken. Streng genommen ist dies natürlich ein spezieller Teil der Selbstoffenbarung. […]

Während also die Selbstoffenbarungsseite (vom Sender aus betrachtet) *Ich-Botschaften* enthält, enthält die Beziehungsseite einerseits *Du-Botschaften* und andererseits *Wir-Botschaften*.

Was spielt sich jetzt, während Sie diesen Text lesen, auf der Beziehungsseite der Nachricht ab? Indem ich überhaupt diesen Beitrag geschrieben und veröffentlicht habe, gebe ich zu erkennen, dass ich Sie hinsichtlich unseres Themas für informationsbedürftig halte. Ich weise Ihnen die Rolle des Schülers zu. Indem Sie lesen (und weiterlesen), geben Sie zu erkennen, dass Sie eine solche Beziehung für den Augenblick akzeptieren. Es könnte aber auch sein, dass Sie sich durch meine Art der Entwicklung von Gedanken „geschulmeistert" fühlen. Dass Sie bei sich denken: „Mag ja ganz richtig sein, was der da schreibt (Sachseite der Nachricht), aber die dozierende Art fällt mir auf den Wecker!" Ich habe selbst erlebt, dass manche Empfänger allergisch reagieren, wenn ich die Sachinformation übertrieben verständlich darstelle; das Gefühl mag sein: „Er muß mich für dumm halten, dass er die Informationen so einfach, gleichsam ‚idiotensicher' darstellt." Sie sehen, wie selbst bei sachorientierten Darstellungen die Beziehungsseite der Nachricht das Geschehen mitbestimmen kann.

4. Appell
(oder: Wozu ich dich veranlassen möchte)

Kaum etwas wird „nur so" gesagt – fast alle Nachrichten haben die Funktion, auf den Empfänger *Einfluss zu nehmen*. In unserem Beispiel lautet der Appell vielleicht: „Gib ein bisschen Gas, dann schaffen wir es noch bei Grün!"

Die Nachricht dient also (auch) dazu, den Empfänger zu veranlassen, bestimmte Dinge zu tun oder zu unterlassen, zu denken oder zu fühlen. Dieser Versuch, Einfluss zu nehmen, kann mehr oder minder offen oder versteckt sein – im letzteren Falle sprechen wir von Manipulation. Der manipulierende Sender scheut sich nicht, auch die anderen drei Seiten der Nachricht in den Dienst der Appellwirkung zu stellen. […]

Wenn Sach-, Selbstoffenbarungs- und Beziehungsseite auf die Wirkungsverbesserung der Appellseite ausgerichtet werden, werden sie *funktionalisiert,* d.h. spiegeln nicht wider, was ist, sondern werden zum Mittel der Zielerreichung. […]

Der Appellaspekt ist vom Beziehungsaspekt zu unterscheiden, denn mit dem gleichen Appell können sich ganz unterschiedliche Beziehungsbotschaften verbinden. In unserem Beispiel mag die Frau den Appell an sich vernünftig finden, aber empfindlich auf die Bevormundung reagieren. Oder umgekehrt könnte sie den Appell für unvernünftig halten („ich sollte nicht mehr als 60 fahren"), aber es ganz in Ordnung finden, dass der Mann ihr in dieser Weise Vorschläge zur Fahrweise macht.

Natürlich enthält auch dieses Buch etliche Appelle. Sie werden in den folgenden Kapiteln noch deutlicher werden. Ein wesentlicher Appell lautet zum Beispiel: Versuche, in kritischen (Kommunikations-)Situationen die „leisen" Selbstoffenbarungs-, Beziehungs- und Appellbotschaften direkt anzusprechen bzw. zu erfragen, um auf diese Weise „quadratische Klarheit" zu erreichen!

Die nun hinlänglich beschriebenen vier Seiten einer Nachricht sind im folgenden Schema zusammengefasst:

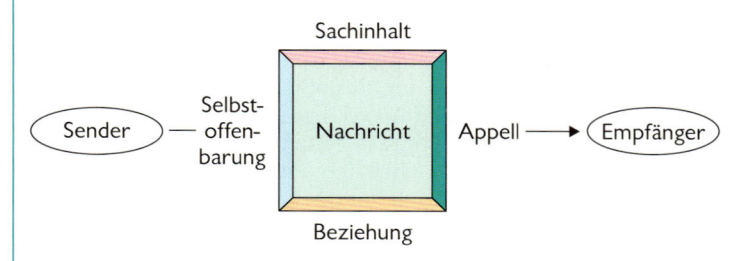

die vier Seiten (Aspekte) einer Nachricht – ein psychologisches Modell der zwischenmenschlichen Kommunikation

❒ Formulieren Sie Ihre Meinung zu diesem Modell der zwischenmenschlichen Kommunikation und diskutieren Sie über die unterschiedlichen Ansichten in Ihrer Lerngruppe.

❒ Übertragen Sie das Modell auf alltägliche Kommunikationssituationen, zum Beispiel zwischen Freund/Freundin, in der Schule, in der Familie, am Arbeitsplatz.

❒ Erläutern Sie anhand von Beispielen, welche Folgerungen Sie nach dem Modell aus entsprechenden Kommunikationssituationen ziehen. Konkretisieren Sie in diesem Zusammenhang auch die einleitenden Bemerkungen neben dem Textauszug (S. 45).

❒ Legen Sie dar, wie die Frau die Äußerung des Mannes auch verstehen könnte. Was würde sie entsprechend antworten?

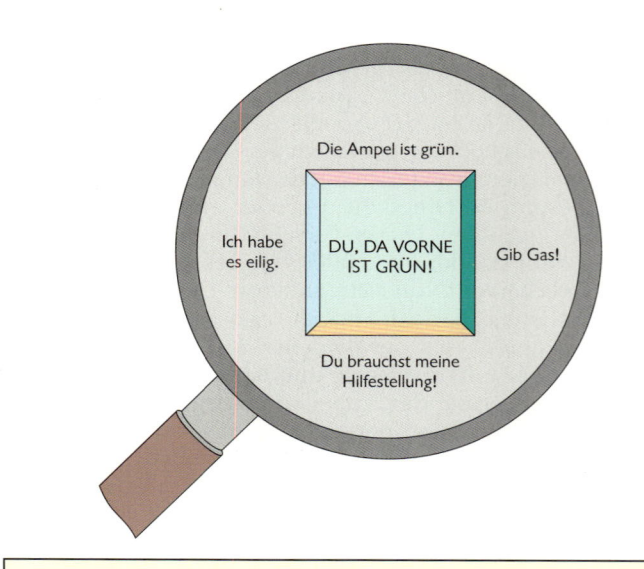

das Botschaftsgeflecht einer Nachricht, wie es unter der kommunikationspsychologischen Lupe sichtbar wird

Mutter und Tochter

„Und zieh dir eine Jacke über, es ist kalt draußen!"

☐ Analysieren Sie dieses Beispiel im Sinne des voranstehenden Textes. Stellen Sie die Äußerung der Mutter unter der „kommunikationspsychologischen Lupe" dar. Überlegen Sie sich, wie die Äußerung bei der Tochter ankommen und was sie entsprechend darauf antworten könnte.

F. Schulz von Thun schlägt in seinem Buch folgende Übung zur Beziehungsseite der Kommunikation vor:

Das „Beziehungs-Ohr"

Bei manchen Empfängern ist das auf die Beziehungsseite gerichtete Ohr so groß und überempfindlich, dass sie in viele beziehungsneutrale Nachrichten und Handlungen eine Stellungnahme zu ihrer Person hineinlegen oder übergewichten.
5 Sie beziehen alles auf sich, nehmen alles persönlich, fühlen sich leicht angegriffen und beleidigt. Wenn jemand wütend ist, fühlen sie sich beschuldigt, wenn jemand lacht, fühlen sie sich ausgelacht, wenn jemand guckt, fühlen sie sich kritisch gemustert, wenn jemand weggguckt, fühlen sie sich ge-
10 mieden und abgelehnt. Sie liegen ständig auf der „Beziehungslauer".

Übung

(Zu zweit oder in Gruppe) Verteilen Sie die Rollen – ein Sender und ein Empfänger. Der Sender hat die Aufgabe, den Empfänger anzusprechen und harmlose Dinge zu sagen. Der
15 Empfänger soll auf der „Beziehungslauer" liegen und in jeder Nachricht eine gegen ihn gerichtete Gemeinheit wittern. Beispiele:

Sender	Empfänger
„Die Übung gefällt mir nicht."	„Wenn Sie sie lieber mit jemand anders machen wollen …"
„Schönes Wetter heute!"	…
„Sie wirken heute sehr schwungvoll!"	…
„Ich finde Sie wirklich nett!"	…

☐ Suchen und präsentieren Sie ggf. weitere Beispiele.
☐ Erläutern Sie, auf welche Einseitigkeit Schulz von Thun mit dieser Übung aufmerksam machen will.

50 Deutschunterricht in der Oberstufe – eine Einführung

❏ Was könnte der Lehrer überlegen, wenn er alle vier Aspekte berücksichtigt? Was sollte er sagen?

❏ Erläutern Sie, wie die Nachricht vermutlich beim Schüler angekommen ist. Wie könnte sie gemeint gewesen sein?

❏ Analysieren Sie diese Kommunikationssituation nach der Theorie des Psychologen Schulz von Thun. Ergänzen Sie die entsprechenden Hinweise in der „Lupe" auf der Empfängerseite.

❏ Diskutieren Sie Möglichkeiten, wie ein solches Missverständnis beseitigt werden könnte.

❏ Nennen Sie mögliche Ursachen dafür, dass die Nachricht anders angekommen ist, als sie gemeint war. Berücksichtigen Sie bei Ihren Ausführungen die folgende Erklärung des Verfassers Schulz von Thun.

Beispiele aus dem Bereich Unterricht/Schule

a) Ein Lehrer schlägt während des Unterrichts eine schriftliche Übung vor. Ein Schüler reagiert angewidert: „Ach, schon wieder diese uralten Sachen, das haben wir doch schon zigmal gemacht."

b) Auf einer Klassenreise fragt der Lehrer einen seiner Schüler, der ihm während der Freizeit begegnet: „Woher kommst du denn?" Der Schüler fragt zurück „Wieso?" – Der Lehrer denkt daraufhin resigniert: „An diesen Schüler komme ich einfach nicht heran."

Ehepaar beim Mittagessen

Sprechblase Mann: Was ist das Grüne in der Soße?
Sprechblase Frau: Mein Gott, wenn es dir nicht schmeckt, kannst du ja woanders essen gehen!

Lupe Sender (Gesendete Nachricht):
- Da ist was Grünes. (Sachinhalt)
- Ich weiß nicht, was es ist. (Selbstoffenbarung)
- Sag mir, was es ist! (Appell)
- Du wirst es wissen. (Beziehung)

Lupe Empfänger (Empfangene Nachricht):
- (Sachinhalt)
- (Selbstoffenbarung)
- (Appell)
- (Beziehung)

die vier Seiten der gesendeten und der empfangenen Nachricht in einer Gegenüberstellung

Missverständnisse sind das Natürlichste von der Welt, sie ergeben sich fast zwangsläufig schon aus der Quadratur der Nachricht. Sender und Empfänger sollten daher beim Aufdecken und Besprechen von Missverständnissen nicht davon ausgehen, dass sich eine peinliche Panne ereignet hat, für die man den Nachweis der eigenen Schuldlosigkeit erbringen sollte. Wer Recht hat, ist weder eine entscheidbare noch eine wichtige Frage. Es stimmt eben beides: Der eine hat dieses gesagt, der andere jenes gehört.

Grundfragen der Kommunikation

Ich bin traurig.

Weinen

Bitte schone mich, tröste mich!

So weit hast du es gebracht, du Schuft!

drei Seiten einer nicht-verbalen Nachricht

Ich will meine Ruhe haben.

Schweigen

Fangen Sie bloß kein Gespräch mit mir an!

Sie sind kein attraktiver Gesprächspartner für mich.

jedes Verhalten hat Mitteilungscharakter, hier: das Schweigen im Zugabteil

❏ Das Modell lässt sich auch auf nicht-sprachliche Nachrichten (Körpersprache) anwenden. Dabei ist allerdings meist die Sach-Seite leer. Erläutern Sie diese Beispiele.

❏ Überlegen Sie sich (zu zweit oder in einer Kleingruppe) weitere Beispiele nichtsprachlicher Nachrichten. Teilen Sie diese der Lerngruppe (stumm!) mit und tragen Sie im Kurs zusammen, welche Informationen aus dieser Nachricht entnommen wurden.

Das Organon-Modell von Karl Bühler (1934)

Bühler versteht die Sprache als „Organon" (griech: Werkzeug, Mittel).
Beim Sprechen sind immer drei Elemente beteiligt, die über das Sprachzeichen in Sinnbezug zueinander treten: ein (oder mehrere) **Sender,** ein (oder mehrere) **Empfänger** und **Gegenstände und Sachverhalte unserer Welt.** Wenn sich der Sinnbezug des Sprachzeichens auf den Sender richtet, spricht Bühler von Ausdruck, wenn er sich auf den Empfänger richtet, von Appell. Darstellung nennt er den auf Gegenstände und Sachverhalte zielenden Sinnbezug.

In jeder Mitteilung sind alle drei Sprachfunktionen enthalten, wobei oft jedoch eine der drei dominiert. Die Absicht des Sprechers (seine Intention) entscheidet darüber, welche der Funktionen (Ausdruck, Appell oder Darstellung) überwiegt.

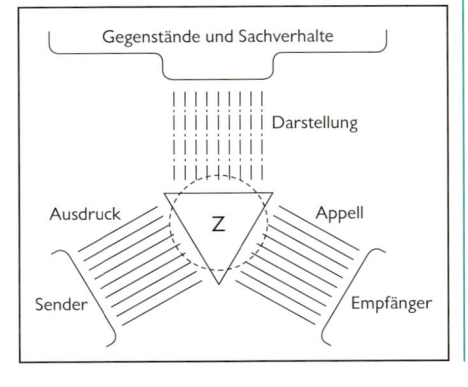

Gegenstände und Sachverhalte

Darstellung

Ausdruck — Z — Appell

Sender — Empfänger

❏ Das Modell der vierseitigen Kommunikation von Schulz von Thun (Seite 48) ist unter anderem angeregt durch Karl Bühler. Vergleichen Sie dessen Ansatz mit den Gedanken von Schulz von Thun; stellen Sie Ähnlichkeiten und Unterschiede heraus. Wie heißen die Begriffe von Karl Bühler bei Schulz von Thun?

❏ Wie würden Sie zum Beispiel nach dem Modell Bühlers einen Tagebucheintrag und einen Aufruf kennzeichnen?

❏ Zeigen Sie Beispiele von Sprechverhaltensweisen bzw. Schreibformen auf, die schwerpunktmäßig Ausdruck, Appell oder Darstellung sind.

Paul Watzlawick, Janet H. Beavin, Don D. Jackson
Menschliche Kommunikation (1969)
Die Unmöglichkeit nicht zu kommunizieren

Verhalten hat vor allem eine Eigenschaft, die so grundlegend ist, dass sie oft übersehen wird: Verhalten hat kein Gegenteil, oder um dieselbe Tatsache noch simpler auszudrücken: Man kann sich nicht *nicht* verhalten. Wenn man akzeptiert, dass alles Verhalten in einer zwischenmenschlichen Situation Mitteilungscharakter hat, d. h. Kommunikation ist, so folgt daraus, dass man, wie immer man es auch versuchen mag, nicht *nicht* kommunizieren kann. Handeln oder Nichthandeln, Worte oder Schweigen haben alle Mitteilungscharakter. [...] Der Mann im überfüllten Wartesaal, der vor sich auf den Boden starrt oder mit geschlossenen Augen dasitzt, teilt den anderen mit, dass er weder sprechen noch angesprochen werden will, und gewöhnlich reagieren seine Nachbarn richtig darauf, indem sie ihn in Ruhe lassen. [...]

Die Inhalts- und Beziehungsaspekte der Kommunikation

Wenn man untersucht, *was* jede Mitteilung enthält, so erweist sich ihr Inhalt vor allem als Information. Dabei ist es gleichgültig, ob diese Information wahr oder falsch, gültig oder ungültig oder unentscheidbar ist. Gleichzeitig aber enthält jede Mitteilung einen weiteren Aspekt, der viel weniger augenfällig, doch ebenso wichtig ist – nämlich einen Hinweis darauf, wie ihr Sender sie vom Empfänger verstanden haben möchte. Sie definiert also, wie der Sender die Beziehung zwischen sich und dem Empfänger sieht, und ist in diesem Sinn seine persönliche Stellungnahme zum anderen. Wir finden somit in jeder Kommunikation einen *Inhalts-* und einen *Beziehungs*aspekt. [...]

Wenn Frau *A* auf Frau *B's* Halskette deutet und fragt: „Sind das echte Perlen?", so ist der Inhalt ihrer Frage ein Ersuchen um Information über ein Objekt. Gleichzeitig aber definiert sie damit auch – und kann es nicht *nicht* tun – ihre Beziehung zu Frau *B*. Die Art, wie sie fragt [...], wird entweder wohlwollende Freundlichkeit, Neid, Bewunderung oder irgendeine andere Einstellung zu Frau *B* ausdrücken. *B* kann ihrerseits nun diese Beziehungsdefinition akzeptieren, ablehnen oder eine andere Definition geben, aber sie kann unter keinen Umständen – nicht einmal durch Schweigen – nicht auf *A's* Kommunikation antworten. Für unsere Überlegungen wichtig ist die Tatsache, dass dieser Aspekt der Interaktion zwischen den beiden nichts mit der Echtheit von Perlen zu tun hat (oder überhaupt mit Perlen), sondern mit den gegenseitigen Definitionen ihrer Beziehung, mögen sie sich auch weiter über Perlen unterhalten.

[...] Um Missverständnisse hinsichtlich des eben Gesagten zu vermeiden, muss klargestellt werden, dass Beziehungen verhältnismäßig selten bewusst und ausdrücklich definiert werden. Im Allgemeinen ist es so, dass die Definition der Beziehung umso mehr in den Hintergrund rückt, je spontaner und

❐ Nennen und erläutern Sie weitere Beispiele zu Situationen, die auf den zweiten Blick Mitteilungscharakter haben.

❐ Vergleichen Sie die folgenden Ausführungen mit dem Modell des Psychologen Schulz von Thun (Seite 45ff.); welche Begriffe von Schulz von Thun umfasst der Beziehungsaspekt von Watzlawick?

"gesunder" die Beziehung ist, während „kranke" (d. h. konfliktreiche) Beziehungen u. a. durch wechselseitiges Ringen um ihre Definition gekennzeichnet sind, wobei der Inhaltsaspekt fast völlig an Bedeutung verliert. [...]

Symmetrische und komplementäre Interaktion

Zwischenmenschliche Kommunikationsabläufe sind entweder symmetrisch oder komplementär, je nachdem, ob die Beziehung zwischen den Partnern auf Gleichheit oder Unterschiedlichkeit beruht.

Im ersten Fall ist das Verhalten der beiden Partner sozusagen spiegelbildlich und ihre Interaktion daher *symmetrisch*. Dabei ist es gleichgültig, worin dieses Verhalten im Einzelfall besteht, da die Partner sowohl in Stärke wie Schwäche, Härte wie Güte und jedem anderen Verhalten ebenbürtig sein können. Im zweiten Fall dagegen ergänzt das Verhalten des einen Partners das des anderen, wodurch sich eine grundsätzlich andere Art von verhaltensmäßiger Gestalt ergibt, die *komplementär* ist. Symmetrische Beziehungen zeichnen sich also durch Streben nach Gleichheit und Verminderung von Unterschieden zwischen den Partnern aus, während komplementäre Interaktionen auf sich gegenseitig ergänzenden Unterschiedlichkeiten basieren.

In der komplementären Beziehung gibt es zwei verschiedene Positionen. Ein Partner nimmt die sogenannte superiore, primäre Stellung ein, der andere die entsprechende inferiore, sekundäre. Diese Begriffe dürfen jedoch nicht mit „stark" und „schwach", „gut" und „schlecht" oder ähnlichen Gegensatzpaaren verquickt werden. Komplementäre Beziehungen beruhen auf gesellschaftlichen oder kulturellen Kontexten (wie z. B. im Fall von Mutter und Kind, Arzt und Patient, Lehrer und Schüler), oder sie können die idiosynkratische[1] Beziehungsform einer ganz bestimmten Dyas[2] sein.

❐ Vergleichen Sie abschließend die Modelle von Schulz von Thun, Bühler und Watzlawick; erörtern Sie, welches Modell für Sie zur Erklärung von alltäglichen Kommunikationssituationen am besten geeignet ist.

---

[1] idiosynkratisch: persönlich empfunden
[2] Dyas: Zweier-Beziehung

Kommunikationsverhalten

Deborah Tannen

Du kannst mich einfach nicht verstehen

Selbst wenn Jungen und Mädchen in der selben Gegend, im selben Häuserblock oder im selben Haus groß werden, wachsen sie in verschiedenen sprachlichen Welten auf. Mit Mädchen und Jungen wird anders gesprochen, und es wird erwartet und akzeptiert, dass sie anders antworten. Wie man spricht und wie man Gespräche führt, das lernen die Kinder nicht nur von ihren Eltern, sondern vor allem von ihren Spielkameraden. Auch wenn die Eltern einen ausländischen Akzent haben oder einen fremden Dialekt sprechen, ahmen die Kinder sie nicht nach; sie übernehmen die Aussprache der Region, in der sie aufwachsen. Die Anthropologen Daniel Maltz und Ruth Broker haben Untersuchungsergebnisse ausgewertet, die zeigen, dass Mädchen und Jungen ganz anders

❐ Dieser Text versucht eine Antwort zu geben auf die Frage „Wie wird Kommunikationsverhalten erworben?" Erarbeiten und diskutieren Sie die Thesen der Autorin.

❐ Inwiefern lässt sich Ihrer Meinung nach das Kommunikationsverhalten als ein Teil des Spracherwerbs verstehen?

❐ Versuchen Sie die Ergebnisse der Autorin Deborah Tannen zu untermauern bzw. zu entkräften, indem Sie selbst in Ihrer Umgebung gezielt Beobachtungen und Nachforschungen anstellen.

mit ihren Freunden reden. Obwohl sie häufig zusammen spielen, verbringen Jungen und Mädchen den größten Teil ihrer Zeit in gleichgeschlechtlichen Spielgruppen. Und obwohl einige Spiele sich ähneln, gibt es unterschiedliche Lieblingsspiele, und zwischen dem Sprachgebrauch bei ihren Spielen liegen Welten.

Jungen spielen eher im Freien, in großen Gruppen, die hierarchisch strukturiert sind. Ihre Gruppen haben einen Anführer, der den anderen sagt, was zu tun ist und wie es zu tun ist, und der sich weigert, Vorschläge anderer Jungen zu akzeptieren. Durch die Erteilung von Anweisungen und ihre Durchsetzung wird Status ausgehandelt. Eine andere Form der Statusgewinnung ist, dass die Jungen sich in den Mittelpunkt stellen, indem sie Geschichten und Witze erzählen und die Geschichten und Witze der anderen lächerlich machen oder in Frage stellen. Bei den Spielen der Jungen gibt es Gewinner und Verlierer und ausgeklügelte Regelwerke, die häufig zum Gegenstand von Auseinandersetzungen werden. Und Jungen prahlen oft mit ihren Fähigkeiten und streiten, wer der Beste ist.

Die Mädchen hingegen spielen in kleinen Gruppen oder zu zweit, im Mittelpunkt des sozialen Lebens eines Mädchens steht die beste Freundin. Innerhalb der Gruppe ist Intimität von zentraler Bedeutung: Unterschiede bemessen sich nach dem Grad relativer Nähe. Bei ihren häufigsten Spielen, wie zum Beispiel Seilspringen und ‚Himmel und Hölle', kommen alle einmal an die Reihe. Viele der Aktivitäten (wie ‚Mutter und Kind' spielen) haben keine Gewinner oder Verlierer. Obwohl einige Mädchen sicher geschickter und kompetenter sind als andere, wird erwartet, dass sie nicht mit ihren Fähigkeiten prahlen oder zeigen, dass sie sich für besser halten als die anderen. Mädchen geben keine Befehle; sie drücken ihre Vorlieben mit Vorschlägen aus, und die Vorschläge werden wahrscheinlich aufgegriffen. Während Jungen sagen: „Gib das her!" und „Geh weg da!", sagen Mädchen: „Wollen wir das spielen?" und „Dazu hätte ich Lust." Alles andere gilt als „Aufspielerei". Mädchen reißen sich nicht darum im Mittelpunkt zu stehen – es macht ihnen keinen Spaß – und greifen sich deshalb auch nicht direkt an. Und oft sitzen sie einfach nur zusammen und unterhalten sich. Mädchen sind nicht daran gewöhnt, offen um Statuspositionen zu konkurrieren; ihnen liegt mehr daran, gemocht zu werden. Geschlechtsspezifisch unterschiedliche Sprechweisen sind von Wissenschaftlern schon bei dreijährigen Kindern beobachtet und beschrieben worden. Amy Sheldon hat Mädchen und Jungen im Alter von drei bis vier Jahren gefilmt, die in Dreiergruppen in einer Kindertagesstätte spielten. Sie verglich zwei Dreiergruppen – eine Mädchen- und eine Jungengruppe –, in denen es zu Streitereien über dasselbe Spielzeug – eine Plastikgurke – kam. Obwohl beide Gruppen sich um denselben Gegenstand stritten, hatten sie ganz unterschiedliche Strategien, um den Konflikt zu lösen. Sheldons Studie verdeutlicht nicht nur einige der Verhaltensmuster, die ich beschrieben habe, sie zeigt auch, wie komplex diese Dynamiken sein können. (v 1991)

Samy Molcho
Körpersprache als Dialog.
Ganzheitliche Kommunikation in Beruf und Alltag

❐ Deuten Sie jeweils die auf der vorigen Seite dargestellte Körpersprache. Geben Sie dem Mann eine Stimme; was könnte er artikulieren?

❐ Analysieren Sie die Abbildungen auf Seite 57 im Zusammenhang; deuten Sie die Körpersprache; was könnte die Frau sagen? Geben Sie entsprechende Begründungen und Erklärungen.

❐ Zeigen und „übersetzen" Sie in Ihrer Lerngruppe weitere Beispiele für kommunikative Körpersprache.

❐ Fassen Sie die zentralen Aussagen des gesamten Textes stichpunktartig zusammen.

❐ Diskutieren Sie über den Text Samy Molchos unter Berücksichtigung der darunter abgedruckten Erklärungen aus dem Klappentext.

❐ Nennen und erläutern Sie weitere Kommunikationssituationen in Alltag und Beruf, in denen die Thesen Samy Molchos von Bedeutung sein könnten. Erarbeiten Sie ggf. Gespräche in Partner- oder Gruppenarbeit, stellen Sie diese Gespräche in der Gruppe vor und analysieren Sie das Kommunikationsverhalten der beteiligten Personen. (Denkbar wäre auch eine Aufzeichnung der Gespräche auf Video.)

❐ Zeigen Sie auf, inwiefern sich das Kommunikationsmodell Schulz von Thuns (S. 45ff.) in den Gedanken Samy Molchos widerspiegelt.

❐ Wählen Sie sich einen Text aus einem der vorangegangenen Kapitel (z. B. Wolfgang Borchert: Das Brot, Seite 20ff., oder einen Text von Gabriele Wohmann; Seiten 34f., 37ff.) und erarbeiten Sie eine Kommunikationsanalyse. Wenden Sie dabei die Begrifflichkeiten an, die Sie in diesem Kapitel kennen gelernt haben.

Was die eigenen Gefühle angeht, weiß jeder von uns, wie befreiend es wirkt, sie herauszulassen, und zugleich, dass es keineswegs ratsam ist, sich an jedem Ort und zu jeder Zeit diese Befreiung zu gestatten, gleichgültig, ob Chef oder Mitarbeiter, Kunde oder Verkäufer. Schluckt einer dagegen alles herunter, 5 was ihm widersteht, wird sich sehr bald sein beschädigtes Selbstwertgefühl bemerkbar machen, und der Respekt seiner Partner wird sinken. Vor einfachen Rezepten in der einen wie der anderen Richtung sei gewarnt.
Grundsätzlich jedoch ist es ganz unnötig, vor den Emotionen 10 anderer Angst zu haben, in sich selbst ein Gefühl der Hilflosigkeit aufkommen zu lassen. Ohne Furcht vor Emotionen zu sein, sollte aber nicht aus der Geringschätzung der Gefühle anderer entstehen. Wer die Gefühle anderer missachtet, fordert sie unbeabsichtigt heraus und lässt sie möglicherweise zu 15 bedrohlicher Stärke anwachsen.
Starke Emotionen verlangen mehr, als nur wahrgenommen zu werden, obwohl dies die erste und wichtigste Stufe der Verständigung ist: Sie wollen akzeptiert sein. Wer unsere Emotionen annimmt, nimmt uns als Mensch an. Anders 20 gesagt: Wer unsere Emotionen akzeptiert, gibt zu erkennen, dass er uns unseres logisch nicht zu begründenden Gefühlsausdrucks halber nicht für einen Idioten hält. Ich habe es schon gesagt: Es gibt keine unberechtigte Emotion. Emotion ist subjektiv. Ich erlebe eine Situation subjektiv, und meine 25 Emotion begründet sich unabhängig von der objektiven Sicht der Argumente. Merkwürdigerweise fällt es den meisten Menschen schwer, die Emotionen anderer zu akzeptieren. […]
Wir kommunizieren permanent. Unablässig senden wir Sig- 30 nale aus, unablässig empfangen wir Informationen und bewerten sie. So viel geht aus dem zuvor Gesagten bereits hervor. Ein großer und schwer auszurottender Irrtum ist es, zu glauben, dass wir, indem wir bewusst nicht reagieren, kein Signal, keine Information abgäben. Selbst das berühmte Po- 35 kerface, das dem Gerücht nach undurchdringlich sein soll, signalisiert ganz deutlich: Ich will euch nichts sagen.
Verweigerung ist der immer wiederkehrende Ausdruck dessen, was ich Liebesentzug nenne, und der gehört in den Verhaltenskodex des Unmenschen. Nichts trifft die emotionale 40 Schicht des Menschen so schwer und tief wie diese Form der Nichtachtung.
Auf Liebesentzug folgt Informationsentzug und darauf Aktionsentzug.
Ein Mann spricht zwei Tage lang nicht mit seiner Frau. Er ig- 45 noriert sie, praktiziert Liebesentzug. – Sie weiß, dass er ein wichtiges Telefongespräch erwartet. Sagt sie es ihm, wenn es kommt? – Wenn sie für ihn nicht existiert, wird sie ihn auch nicht informieren können. – Bei aller Verweigerung seinerseits erwartet er von ihr, dass sie ihm zu einer wichtigen Sitzung 50 ein Hemd aufbügelt. Wird sie es tun, da sie nicht existiert? Eskalation ist angesagt. Liebesentzug ist keine Erfindung, jedoch die Praxis unserer Zeit. Mit Gefühlen sind wir geizig, die

Grundfragen der Kommunikation

Menschen in den Zeitaltern vor uns waren viel leidenschaftlicher. […]
Der Weg unserer Geschichte ist ein Prozess der äußeren Gefühlserkaltung. Wir haben uns im Laufe der Jahrhunderte die großen Gefühlsäußerungen abgewöhnt, vergießen keine Tränenströme mehr, leben Liebe und Hass kaum noch öffentlich aus – und das hat ja auch seine Vorteile. Dagegen spricht eine mit der Gefühlsmäßigung einhergehende Gefühlskälte. Liebesentzug ist ein kaltes Signalement. Er beginnt wie immer bei der Kindererziehung. Wir werden nicht laut, heben selbstverständlich nicht die Hand gegen unsere Kinder, aber wir sagen: Ich rede nicht mit dir. Oder: Du gehst jetzt auf dein Zimmer und lässt dich heute nicht mehr sehen! Das Kind kann jetzt schreien, weinen, toben; wir überhören es, wir übersehen es; wir reagieren nicht auf seine Proteste. Das ist Liebesentzug. Wir strafen, indem wir es ignorieren, als wäre das Kind nicht vorhanden, und wir verletzen es damit zutiefst. […]
Liebesentzug bedeutet in jeder Spielart, dass über das Gefühl eines Menschen hinweggegangen wird. Damit aber ist der *ganze* Mensch getroffen, verletzt. Der Mensch will zur Kenntnis genommen werden. Immer erwartet er eine Antwort, körpersprachlich gesehen, eine Rückkopplung, das, was wir im Englischen ein *feedback* nennen. […]
Körpersprachlich gesehen ist Liebesentzug in erster Linie das Ignorieren einer Intentionsbewegung. Einer macht den Mund auf, um etwas zu sagen: Wir ignorieren es. Einer presst die Lippen aufeinander, ein deutliches Verweigerungssignal: Wir reden weiter. Das Ignorieren eines Signals wie eines Arguments erweckt das Gefühl von Liebesentzug. […]
Die Hausfrau, die auf ihre Mitteilung, dass das Essen auf dem Tisch stehe, von ihrem Zeitung lesenden Ehemann keine Antwort bekommt, wird spätestens nach dem zweiten Anlauf aggressiv sagen: Koch dir doch dein Essen selbst! Auch diese

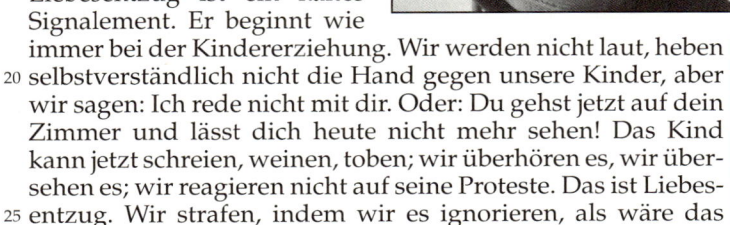

durch Geringschätzung ihrer Mühe hervorgerufene Aggression ist eine Folge des Liebesentzugs und selbst wiederum Liebesentzug.
Wer mittels Liebesentzug disziplinieren will, muss stets damit rechnen, dass er Aggressionen auslöst. Es hilft nichts, hinterher zu sagen: Ich habe ihm doch gar nichts getan! Jeder Liebesentzug ist ein Anschlag auf die Existenz des anderen, die er in seinem Selbstgefühl, seinem Gefühl von sich selbst, spürt – und nur da. (v 1988)

Das zentrale Thema dieses Buches sind die Wechselbeziehungen zwischen Geist, Gefühl und Körper, wie sie in Körpersprache zum Ausdruck kommen. In unserem westlichen Denken wird die Ratio traditionsgemäß höher eingeschätzt als jede Art von Emotion. Gefühle werden vernachlässigt, sind von der Gesellschaft weitgehend tabuisiert, obwohl längst bekannt ist, wie stark der Anteil des Emotionalen an allen unseren Entscheidungen ist. Samy Molcho zeigt, wie sich eine Brücke bauen lässt zwischen Ratio und Gefühl und wie wesentlich es für richtige, und das heißt zugleich effektive Kommunikation ist, sich die eigenen Gefühle und die des anderen bewusst zu machen. Körpersprache transportiert primär Gefühle, Stimmungen, zugleich aber auch Denkimpulse.
(aus dem Klappentext)

Edvard Munch: Eifersucht (1913)

Techniken, Tipps und Hilfen – Basiswissen Deutsch

Wie verfasse ich …? – Wichtige Darstellungsformen im Überblick – eine Wiederholung

Bestimmte Darstellungsformen benötigen Sie als Grundtechniken im Deutschunterricht immer wieder, zum Beispiel bei Textanalysen/Textinterpretationen, bei der inhaltlichen Zusammenfassung von Texten, bei Erörterungen, bei der Kennzeichnung von Personen und Personenkonstellationen. Deshalb ist es auch unter arbeitsökonomischen Gesichtspunkten sinnvoll, dass Sie diese Schreibformen, die Sie bereits in der Sekundarstufe I kennen gelernt haben, perfekt beherrschen. Die wichtigsten Kriterien können Sie im Folgenden nachlesen bzw. wiederholen.

Wie verfasse ich eine Inhaltsangabe?

Kennzeichnung
In möglichst knapper, sachlich-objektiver und beschreibender Form wird der Inhalt eines Textes zusammengefasst.

Formen
Bei erzählenden und handlungsintensiven Texten geht es darum, die Stationen der Handlung darzustellen, die Inhaltsangabe folgt den äußeren Abschnitten. Bei geistig anspruchsvollen, handlungsärmeren Texten (Problem- oder Erörterungstexten) geht es eher um eine Zusammenfassung des Gedankenganges.
Die Gliederung folgt dabei den Sinnabschnitten, die nicht identisch sein müssen mit den äußeren Abschnitten.

Gebrauchsweise/Zweck
Die Inhaltsangabe verfolgt vor allem das Ziel, einen Leser, der den Originaltext nicht kennt, über dessen Inhalt zu informieren (wie zum Beispiel beim Schauspielführer, Romanführer, Buchklappentext). Der Leser erwartet einen Gesamtüberblick und eine objektiv-neutrale Darstellung ohne Wertungen.

Grundsätzliches für das Schreiben einer Inhaltsangabe
● sachlich schreiben
● persönliche Ansichten und Wertungen unterlassen
● mit eigenen Worten wiedergeben, allenfalls eine sprachliche Besonderheit oder eine wichtige Aussage wörtlich zitieren (Zitate in Anführungszeichen)
● die Abfolge in verständlicher und geordneter Weise ohne Gedankensprünge wiedergeben

Hinweise für die sprachliche Gestaltung
● Zeitform: Präsens (vorausgegangene Ereignisse werden im Perfekt dargestellt)
● sachlich, neutral, informierend
● Verzicht auf ausschmückende Formulierungen
● keine Ausdrücke benutzen, die eine gefühlsmäßige Beteiligung zum Ausdruck bringen
● direkte wörtliche Rede in indirekter Rede wiedergeben

Satzbau/Stil
Mit Satzgefügen (Verknüpfungen von Hauptsätzen und Gliedsätzen/Nebensätzen) lassen sich besser als mit Hilfe von Satzreihen inhaltliche Zusammenhänge in knapper, konzentrierter Form aufeinander beziehen. Konjunktionale Gliedsätze können dabei die unterschiedlichen Bedeutungszusammenhänge im Satzgefüge zum Ausdruck bringen, zum Beispiel Zeit (während), Grund (weil), Gegengrund (obgleich).

Gliederung/Aufbau

- Einleitung
Titel, Autor, Erscheinungsjahr (wenn bekannt), Textart, Problem/Sachverhalt/Thema

- Hauptteil
Ablauf der Handlung/Aufbau des Gedankenganges, Ort und Zeit der Handlung, Personen und ihre Beziehungen, Gründe für das Verhalten und Geschehen

- Schluss (kann ggf. auch entfallen)
zum Beispiel kurze Zusammenfassung; mögliche Absicht bzw. Aussage des Textes

Zur Übung:

❒ Verfassen Sie eine Inhaltsangabe zu einer Kurzgeschichte Ihrer Wahl.

Zur indirekten Rede

Soll in einer Inhaltsangabe die direkte wörtliche Rede inhaltlich wiedergegeben werden, so muss dies in indirekter Rede geschehen.
Modus der indirekten Rede (Redewiedergabe) ist in der Regel der Konjunktiv. Durch den Konjunktiv drückt der Sprecher/Schreiber aus, dass er nicht selbst spricht und dass er sich für die Richtigkeit des Inhalts in der wiedergegebenen Rede nicht verbürgt.
Beispiel: Um ihn zu beruhigen, bestätigt die Frau ihrem Mann, bei Wind *klappere* tatsächlich immer die Dachrinne. (Borchert, Das Brot).
Die Distanz, die der Konjunktiv dabei zum Ausdruck bringt, kann auch durch die Konjunktion *dass* (mit Indikativ möglich) zum Ausdruck gebracht werden.
Beispiel: Um ihn zu beruhigen, bestätigt die Frau ihrem Mann, *dass* bei Wind tatsächlich immer die Dachrinne klappert.
Die indirekt zitierten Redeteile sind auch als Hauptsätze möglich, das heißt ohne eine jeweilige Redeeinleitung. Dies wirkt bei längeren Passagen flüssiger.
Beispiel: Der Mann versucht seine Anwesenheit in der Küche zu entschuldigen. Eben *habe* er ein Geräusch gehört. Deshalb *sei* er in die Küche gegangen. Bei Wind *klappere* die Dachrinne immer so.

Zur Übung:

❒ Übertragen Sie einen Ausschnitt des Gesprächs auf Seite 394 ff. in die indirekte Rede. Formulieren Sie auch entsprechende Begleitsätze und variieren Sie dabei die Verben des Sagens und Meinens.

Die wichtigsten Tipps zum Gebrauch des Konjunktivs – knapp zusammengefasst

- In der Regel wird für die indirekte Rede der Konjunktiv I verwendet.

- Wo die Konjunktiv I-Form sich nicht vom Indikativ unterscheidet, wird der Konjunktiv II als Zitierkonjunktiv verwendet (*sie kämen* statt *sie kommen*; sie *hätten* statt *sie haben*).

- Die Zeit in der Redewiedergabe hängt davon ab, ob der Inhalt für die im Begleitsatz erwähnte Person vergangen, gegenwärtig oder zukünftig ist.
Beispiele:
Sie sagt(e), sie habe …
Sie sagt(e), sie habe gehabt …
Sie sagt(e), sie werde haben …

- Wenn die Form des Konjunktiv II nicht eindeutig ist oder veraltet klingt, wird sie durch die Umschreibung mit „würde" ersetzt.
Beispiele:
Sie meinte, er *überlegte* es sich. – stattdessen: Sie meinte, er *würde* es sich *überlegen*.
Ich dachte, du *gössest* die Blumen. – stattdessen: Ich meinte, du *würdest* die Blumen *gießen*.

Wie verfasse ich eine literarische Charakteristik/ein literarisches Porträt?

Will man eine Hauptperson eines Textes (Novelle, Roman, Schauspiel, Erzählung, Kurzgeschichte, ...) in ihrem Aussehen, ihrer Eigenart, ihrer Beziehung zu anderen Personen genau kennzeichnen, so muss man den gesamten Text zugrunde legen, insbesondere dann, wenn die Entwicklung der Person über den gesamten Zeitraum der Handlung hinweg dargestellt werden soll.

Ziel

Das literarische Porträt gibt vor dem Hintergrund eines (zumeist längeren) Textes die genaue Beschreibung einer Person.
Dabei geht es nicht nur um die Beschreibung des äußeren Erscheinungsbildes, sondern auch um die Darstellung der Eigenarten und des Charakters.
Das literarische Porträt enthält daher Aspekte der Personenbeschreibung, der Personencharakteristik und der Personenschilderung.
Das Verfassen von Personenbeschreibungen (aus dem Zusammenhang eines längeren Textes) dient einmal dem genauen Verstehen des Textes, zum anderen der Menschenkenntnis, weil man sich intensiv mit einer anderen, in diesem Falle fiktiven Person aus einem dichterischen Werk auseinandersetzt.

Kriterien im Einzelnen

● sachlich-registrierende Beschreibungsaspekte
Äußeres, wie z. B. geschätztes Alter, Aussehen, Gestalt, Größe, Gang, Gesichtszüge, Frisur, typische Merkmale
● charakterisierende Beschreibungsaspekte: alles, was die Person in ihrer Eigenart und Besonderheit kennzeichnet:
– Charakter, Wesensart, Menschenbild, Weltbild, Einstellung zur Kreatur
– Beziehung zu anderen Personen
– Wandlung in einem längeren Prozess der Entwicklung (Lebensweg, Höhepunkte, Krisen)
● Wertung
Beziehung der beschreibenden Person zur Person, die beschrieben wird
(Wie bewerte ich bestimmte Eigenschaften?)
● Form
meistens Präsens; das treffende Adjektiv spielt zur Beschreibung von Farbe, Größe, Form eine wichtige Rolle

Tipps für das Schreiben

Wichtig ist es, das literarische Porträt durch entsprechende Beispiele und Zusammenhänge aus dem Text zu belegen. Es darf nichts dazuerfunden werden. Besonders wichtige Textstellen können auch als wörtliches Zitat übernommen werden. Jede Akzentsetzung und Deutung muss aus dem Text heraus belegbar sein.
Ein literarisches Porträt macht immer auch den subjektiven Zugriff des Schreibenden deutlich, weil in die Beschreibung der Person auch die bisherige Erfahrung und die Menschenkenntnis des Beschreibenden mit einfließen.

Zur Übung:

❐ Verfassen Sie ein kurzes literarisches Porträt zu der männlichen Person in der Kurzgeschichte „Der Antrag" (Seite 38ff.) von Gabriele Wohmann.

Wie verfasse ich eine Textanalyse/eine Textinterpretation?

Hierzu haben Sie im Einführungskapitel am Beispiel von Kurzgeschichten Wesentliches gelernt (Seite 24f.; 35ff.). Zusätzliche Hinweise, auch zur Analyse von lyrischen und dramatischen Texten, erhalten Sie auf den Seiten 104f., 147f., 227f., 369ff.

Wie verfasse ich eine Filmanalyse?

Ein Film ist ein komplexer „Text", in dem unterschiedliche Bereiche zusammenwirken. Als *audiovisuelles Produkt* wird der Film in besonderer Weise durch Ton und Bewegung bestimmt.

Die *Einstellung der Kamera* lenkt – wie der Erzähler in einem epischen Text – den Blick des Betrachters und bestimmt die Aussageintention und die Wirkung. Das Wesen des Filmischen wird insbesondere durch die Montage von Einstellungen zu Filmsequenzen und damit zur narrativen Struktur des Films hergestellt. Der Film ist aufgrund seiner Komplexität unter einer Vielzahl von Kategorien analysierbar, zum Beispiel:
- die Position des Erzählers (der Kamera)
- die Personenkonstellation (weil es sich um mündlichen Sprachgebrauch zwischen Personen handelt, sind hier unter anderem auch Kriterien der Dramenanalyse anwendbar (siehe Seite 147f., 371)
- Handlungsaufbau (zum Beispiel Exposition und Konfliktaufbau, Wendepunkte der Handlung, Retardierung, Formen des Schlusses wie Happyend, tragischer Ausgang, offenes Ende)

Unterscheidung von Analyseebenen

Man unterscheidet
- die Makro-Analyse, bei der der gesamte Film (Aufbau der Handlung, Figurenkonstellation, …) untersucht wird
- die Mikro-Analyse, bei der einzelne *Einstellungen* und *Filmsequenzen* analysiert werden

Analysekriterien im Einzelnen

a) *Kameraeinstellungen,* ihre Wirkungen und Funktionen

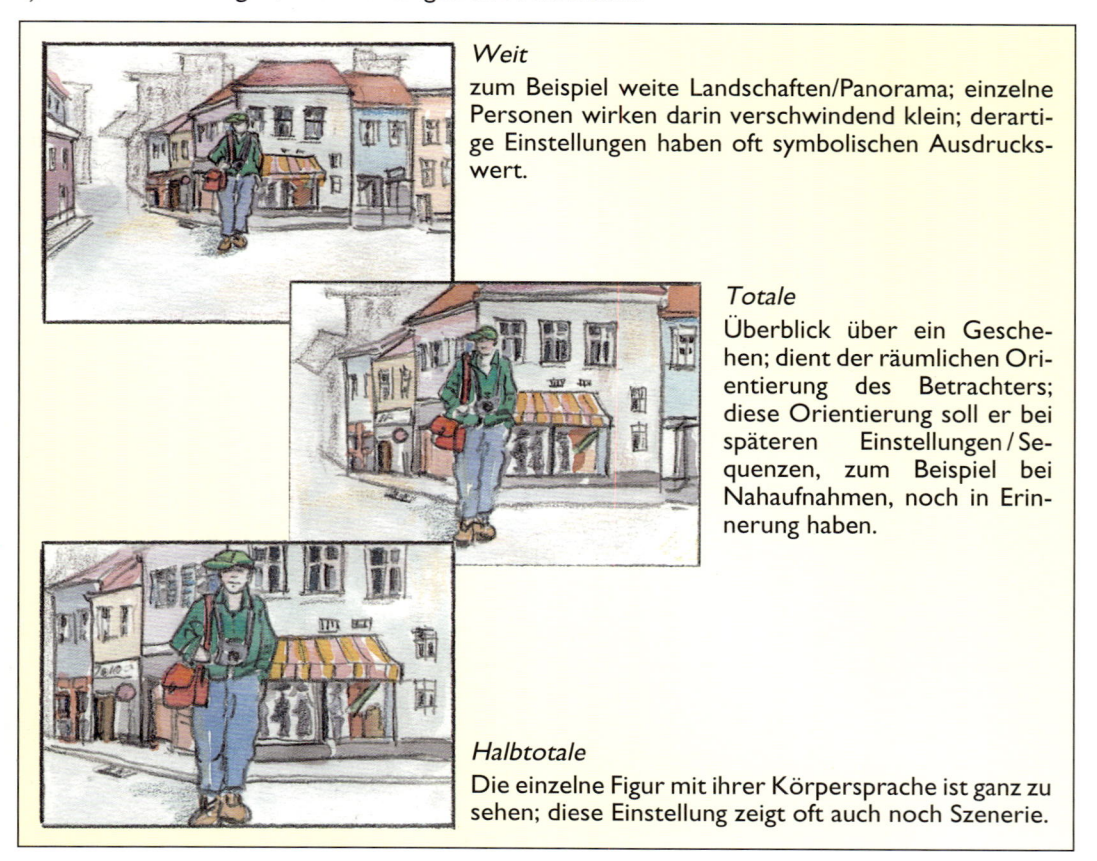

Weit
zum Beispiel weite Landschaften/Panorama; einzelne Personen wirken darin verschwindend klein; derartige Einstellungen haben oft symbolischen Ausdruckswert.

Totale
Überblick über ein Geschehen; dient der räumlichen Orientierung des Betrachters; diese Orientierung soll er bei späteren Einstellungen / Sequenzen, zum Beispiel bei Nahaufnahmen, noch in Erinnerung haben.

Halbtotale
Die einzelne Figur mit ihrer Körpersprache ist ganz zu sehen; diese Einstellung zeigt oft auch noch Szenerie.

Halbnah
Mimik und Gestik der Hände treten wirkungsvoll ins Bild; oft verwendet für die Darstellung von Gesprächen.

Nah
Diese Einstellung dient der Darstellung von Menschen vom Kopf bis zur Mitte des Oberkörpers; Mimik und Gestik können in einzelnen Regungen gezeigt werden, zum Beispiel bei dialogischen Aktionen und Reaktionen.

Groß
Der Blick des Zuschauers wird auf das Hauptmotiv gerichtet, zum Beispiel das Gesicht einer Person; damit können innere Regungen sichtbar gemacht werden.

Detail
Der Zuschauer nimmt ein Detail wahr, zum Beispiel vom Gesicht nur die Augen.

b) *Schärfenbereiche* der Kamera
Diese vertreten das Auge des Betrachters und beeinflussen die Deutung des Dargestellten. Beispiele:

- große Tiefenschärfe für realistische und naturalistische Darstellungen
- geringe Tiefenschärfe (verschwommen wirkende Bilder) zur Betonung von Fantastischem, Traumhaftem

c) *Kameraperspektive,* zum Beispiel:

- Normalsicht (Aufnahme aus der Augenhöhe eines Menschen)
- Aufnahme aus der Froschperspektive (dem Zuschauer

wird die untergeordnete Position des Aufblickens nahe gelegt)
● Aufnahme aus der Vogelperspektive (ermöglicht dem Zuschauer Übersicht, als habe er Macht über die dargestellten Objekte)
Die Übergänge können fließend oder plötzlich sein; sie signalisieren jedenfalls eine Bedeutungsveränderung.

d) *weitere Darstellungsgesichtspunkte* (siehe auch oben):

● die Gestaltung des Handlungsraumes; hier kann es zum Beispiel um bloße Andeutung der historischen Zusammenhänge gehen oder um eine möglichst naturgetreue historische Abbildung; dabei spielen entsprechende *Requisiten* eine wichtige Rolle.
● Darstellung der Zeit (zum Beispiel Zeitsprünge werden durch episodenhafte Darstellung vermittelt, Gleichzeitigkeit von Handlungen durch Parallelmontage, Vorzeitigkeit durch Rückblenden)
● Darstellung der Personen (Haupt- oder Nebenperson, Beziehung zu anderen, Gesprächsanteile, Körpersprache, ...)
● Gestaltung des Tons (gesprochener Text, Musik, Geräusche)
Musik kann zum Beispiel als Leitmotiv/Thema eingesetzt werden, als Charakterisierung einzelner Personen, als Spannungssteigerung; auch eine geräuschlose Einstellung kann eine wichtige Funktion haben; Geräusche, die in besonderer Weise die Illusion unterstützen, sind nicht selten standardisiert und werden in der Regel im Studio beigemischt.

● Einsatz von Lichteffekten
Das Objekt (zum Beispiel das Gesicht einer Person) wird direkt oder von hinten, von der Seite oder aus der Kamerarichtung beleuchtet. Durch den Beleuchtungsstil wird eine bestimmte Atmosphäre geschaffen, emotionale Beteiligung des Zuschauers oder Distanzierung bewirkt.

Allgemeine Hinweise für eine Filmanalyse

Die Filmanalyse stellt nur *eine* Form der Auseinandersetzung mit einem Film dar.
● Aufgrund der Vielzahl von Analyse-Kategorien sollte sich anfangs die Analyse auf einige wenige beschränken.
● Die Anwendung filmanalytischer Begriffe (siehe oben) sollte nicht bei einer bloßen Beschreibung stehen bleiben; es muss die Funktion herausgestellt werden, die diese Mittel übernehmen.
● Von großer Bedeutung für die Analyse eines Films kann (vergleichbar einem Romananfang) die Analyse des Filmanfangs sein, weil hierbei *die* filmtypischen Mittel analysiert werden können, die den Zuschauer in die Handlung des Films hineinziehen; dazu muss die Kenntnis des gesamten Films nicht immer vorausgesetzt werden.
● Bei Literaturverfilmungen lässt sich im Vergleich zwischen dem Ausgangstext und der Filmfassung fragen, welche Veränderungen der Regisseur vorgenommen hat und was er damit erreichen will.
(Da der Film ein eigenes künstlerisches Medium darstellt, ist der Gesichtspunkt der detaillierten inhaltlichen bzw. formalen Entsprechung kaum ein überzeugendes Güte-Kriterium.)

Vorgehensweise und mögliche Fragestellungen

Vor der eigentlichen Analyse sollte sowohl bei einer Makro-Analyse des gesamten Films als auch bei einer Mikro-Analyse einzelner Einstellungen eine Sammlung von Eindrücken erfolgen: Was ist besonders beeindruckend? Was ist abstoßend? Was ist unklar geblieben? Eine solche Spontanphase kann die Grundlage für eine sprachliche Formulierung des Gesehenen und Gehörten und damit für eine genaue Analyse sein, weil damit ein bestimmtes Interesse festgestellt bzw. eine erste Bedeutungshypothese gewonnen werden kann.
Fragestellungen zum Beispiel (vgl. oben):
● Welche Personen, Verhaltensweisen, Gegenstände werden hervorgehoben?
● Was wird durch die Raumgestaltung verdeutlicht?
● Welche Requisiten werden eingesetzt, was bringen sie zum Ausdruck?
● In welcher Weise tragen Ton und Beleuchtung zur Bedeutung bei?
● Welche Einzelheiten der Kameraeinstellung werden deutlich; welche Funktion haben diese?
● Wie wird die Zeit dargestellt?

Möglichkeiten und Beispiele

Für eine Filmanalyse eignet sich jede Filmart.
In diesem Buch wird insbesondere auf Literaturverfilmungen hingewiesen, zum Beispiel auf den Seiten 106, 116, 128.

Wie verfasse ich eine Rezension?

Die Rezension (von lat.: recensio = Musterung) ist eine häufig gewählte Form der Kritik bei Filmen oder literarischen Werken, vor allem bei Neuerscheinungen auf dem Buchmarkt. Es geht vor allem darum, derartigen Neuerscheinungen zu einer entsprechenden Resonanz beim Publikum zu verhelfen. Rezensionen werden insbesondere von Rezensenten der Zeitungen und Zeitschriften verfasst, sind aber auch in Hörfunk und Fernsehen üblich geworden. Die Rezension kann auch in Form einer längeren, genauer charakterisierenden Abhandlung erfolgen.

Im Unterricht gibt es viele Gelegenheiten eine Rezension zu verfassen, zum Beispiel nach der Behandlung einer Buchlektüre, nach dem Besuch eines Theaterstücks, nach der Besprechung eines Fernsehfilms.

Wichtig ist die Berücksichtigung der möglichen Adressaten/Leser. Eine Rezension in einer Schülerzeitschrift („Hallo, Leseratten!") wird in der Form der Anrede und im sprachlichen Strickmuster anders sein als eine Rezension in einer Tageszeitung („Bücherecke"/„Für alle Schmökerfreunde!")

Tipps für das Erstellen einer Rezension im Unterricht:

- den zu bewertenden/kritisierenden Gegenstand (Buch/Film) genau kennzeichnen. Untersuchungsaspekte sind u. a.: inhaltliche Bedeutsamkeit, ästhetische Stimmigkeit (Stil), gattungsmäßige Schlüssigkeit, Originalität
- werten: Vorzüge nennen, ggf. Schwächen gegenüberstellen
- leserbezogen schreiben; auf die Interessen der Leser eingehen; eine Empfehlung aussprechen, vorsichtig abraten oder zu einer eigenen Meinungsbildung anregen
- Tempus: Präsens

Ralph Eue

Sechs Richtige

Joseph Vilsmaier erweckt die legendären Comedian Harmonists zu neuem Leinwandleben

[...] **A sound is born.** Der Name Comedian Harmonists steht einerseits für einen gänzlich singulären Musikstil, andererseits für eine universale Geschichte. Ihre Musik und ihr kometenhafter Aufstieg stellen einen Filmstoff dar, bei dem sich das eine untrennbar mit dem anderen verwebt: Sechs begnadete junge Sänger, drei von ihnen Juden, raufen sich 1927 zusammen und wachsen miteinander zum „europäischen Vokalensemble No.1", ohne ihrer unterschiedlichen Herkunft auch nur im Geringsten Beachtung zu schenken. Sieben Jahre später jedoch, 1934, erteilen die Nazis der „gemischtrassig" zusammengesetzten Gruppe endgültig Auftrittsverbot.

„**Es trat jener Effekt ein**", wie Regisseur Joseph Vilsmaier sagt, „dass sich die Politik schon um dich kümmert, auch wenn du nichts von ihr wissen willst."

Die Kino-„Comedian Harmonists", das sind sechs junge deutsche Schauspieler aus der ersten Leinwandliga – traumhaft locker und von unaufdringlicher Eleganz. Jeder akzeptiert eine ideelle Chorus Line und spielt neben fünf anderen, nicht vor ihnen: Kai Wiesinger als Pianist Erwin Bootz, Ulrich Noethen als Gründer und dritter Tenor Harry Frommermann, Max Tidof und Heinrich Schafmeister als Ari Leschnikoff und Erich Collin (erster und zweiter Tenor) sowie Heino Ferch als Roman Cycowski (Bariton) und Ben Becker als Robert Biberti (Bass). Das Ganze ist angereichert durch ein melodramatisches Dreiecksverhältnis zwischen Biberti, Frommermann und der von beiden geliebten Erna Eggstein (Meret Becker), das großzügig mit den Fakten verfährt. [...]

Kontrapunktisch baut Vilsmaier seine Erzählung um die Gegensätze Elend und Luxus, Loyalität und Verrat, Skrupellosigkeit und Charme. Die Geschichte der Comedian Harmonists wird zur Story, in deren schönsten Momenten wie in einem Brennglas Genrebilder künstlerischen Glücks, existentieller Bedrohung oder auch naiven Behagens am Reichtum aufblitzen.

Keinerlei Einwände gegen die Art und Weise, wie Vilsmaier mitunter die tatsächliche Chronologie zugunsten des Spannungsbogens der Erzählung aufbricht, und nur leises Murren gegenüber dem allzu saloppen Umgang mit Nebenfiguren wie dem Konzertagenten Levy, gespielt von Otto Sander. Deutliche Ratlosigkeit allerdings darüber, warum der Film die Versuche der „arischen" Ensemblemitglieder, also Biberti, Bootz und Leschnikoff, ausgespart hat, im April 1934 den Verteilungsschlüssel der Einnahmen zu ihren Gunsten ändern zu lassen.

Vilsmaiers Dramaturgie, seine in sich logische Handlungsfolge, lässt allerdings kaum Platz für jenes ungläubige Staunen und kindliche Glücksgefühl über die eigene Karriere, von denen die alt gewordenen Harmonists später noch so unerhört lebendig zu erzählen wussten. [...]

(Aus: Focus 52/1997, S. 104f.)

Zur Übung:

❒ Analysieren und bewerten Sie dieses Beispiel; machen Sie sich dabei klar, welche der oben genannten Kriterien beachtet werden.

Wie verfasse ich eine Facharbeit?

Ziel

Wie beim Referat (Seite 70) geht es bei der schriftlichen Facharbeit darum, sich intensiv in ein Thema oder einen Themenaspekt einzuarbeiten und damit für andere wichtige Diskussionsbeiträge bereitzustellen. Dazu wird
- eine (vorläufige, aber durch Materialuntersuchung und Quellenangaben abgesicherte) Antwort auf eine wichtige Fragestellung gegeben,
- aus den zur Verfügung stehenden Materialien ein wichtiger Gedankengang im Sinne eines roten Fadens herausgearbeitet.

Da Vorgehensweise und Reihenfolge der Facharbeit ähnlich sind wie beim Referat, kann ein Referatthema zu einer Facharbeit ausgebaut werden und umgekehrt.

Beispielthemen

- Wolfgang Borchert – das Thema *Krieg* in seiner Biografie und in seinem Werk – Nachweis an ausgewählten Texten und Textauszügen
- Die Geschichten von zerstörter Liebe und gestörten Beziehungen zeigen, wie der Einzelne in einer offenen Gesellschaft an seinen eigenen Ansprüchen und Fehlverhaltensweisen scheitern kann. Weisen Sie diese Kennzeichnung an zwei von Ihnen ausgewählten Kurzgeschichten von Gabriele Wohmann nach. Beziehen Sie zur Erhellung auch die Theorien zur menschlichen Kommunikation von Paul Watzlawick mit ein.

Bei diesen Themen geht es um Beschaffung von Materialien zur Primärliteratur (Texte von Wolfgang Borchert und Gabriele Wohmann, siehe Quellenverzeichnis dieses Buches) und Sekundärliteratur (zum Beispiel bei dem zweiten Thema den Text von Paul Watzlawick, Seite 52f.).

Die Auswahl aus der Sekundärliteratur sollte im Allgemeinen einvernehmlich mit dem Kurslehrer getroffen werden.

Leistungsanforderungen

Wie beim Referat sind verschiedene Fähigkeiten und Techniken erforderlich, zum Beispiel
- die Aufgabenstellung erfassen,
- Material beschaffen; wichtige Textstellen exzerpieren und kritisch auswerten; den Inhalt von Texten erschließen bzw. ihre Aussage deuten
- die Ergebnisse der Arbeit in einer geschlossenen Form darstellen

Reihenfolge der Arbeiten

- Vorplanungen: Termine, zeitlicher Rahmen, Vorüberlegungen zum Thema
- Literaturbeschaffung (vgl. Seite 70f.)
- Bearbeitung des Materials: Exzerpte erstellen (vgl. Seite 71f.); Material ordnen (evtl. mit Hilfe von Karteikarten)
- Gliederung entwerfen (zum Beispiel nach dem Dezimalsystem)
- Ausführung der Gliederungspunkte: DIN A4-Format Es ist darauf zu achten, dass Gliederung und Darstellung übereinstimmen. Der Text ist der Übersicht und Lesbarkeit halber in einzelne Abschnitte einzuteilen. Quellenangaben, die den Textfluss stören, gehören in die Fußnote oder in die Anmerkungen im Anhang der Arbeit (Zitiertechniken und Angabe von Quellen vgl. Seite 71f.)

Einsatz des Computers

Die Möglichkeiten, am Text jederzeit Korrekturen, zum Beispiel Erweiterungen, Einfügungen, Kürzungen vorzunehmen, wird von vielen als wichtigster Vorteil der Arbeit mit dem PC angesehen. Auch das Formatieren des Textes (zum Beispiel Gliederung in Abschnitte, Hervorhebung von Textteilen durch bestimmte Schrifttypen, Nummerieren der Seite, Anlegen von Fußnoten) erledigt der PC zuverlässig.

Formaler Aufbau

1. Titelseite
2. Inhaltsverzeichnis / Gliederung
3. Haupttext, evtl. mit Darstellungen/Bildern
4. ggf. Anhang mit zusätzlichen Materialien
5. Literaturverzeichnis
6. Erklärung (mit Unterschrift), dass die Facharbeit ohne fremde Hilfe angefertigt worden ist und nur die im Literaturverzeichnis aufgeführten Hilfen und Quellen benutzt worden sind.

Wie verfasse ich ein Protokoll?

Allen Protokollarten ist gemeinsam, dass sie Angaben enthalten über Ort, Zeit, Datum, Thema, Beginn und Ende (jeweils mit Uhrzeit), Teilnehmer der Veranstaltung (meistens am Anfang des Protokolls) und Unterschrift des Protokollanten (am Schluss).
Die Mitschrift des Protokollanten ist Grundlage für das Protokoll:
● stichwortartig mitschreiben (Zusammenfassung bzw. Hauptaussagen des Diskussionsleiters notieren)
● umfangreichere Beiträge durch einzelne Begriffe zusammenfassen
● wichtige Formulierungen (z. B. Beschlussfassungen) wörtlich wiedergeben

Kennzeichnung
Das Protokoll gehört wie die Inhaltsangabe zu den zusammenfassenden Formen des Schreibens. Es ist eine Möglichkeit, Verlauf oder Hauptergebnisse von Unterrichtsstunden, Gesprächen, Verhandlungen, Konferenzen, Vernehmungen, Unfällen auf sachliche Weise richtig und übersichtlich zusammenzufassen.

Zweck
Die Funktionen eines Protokolls bestehen darin, dass

● Beteiligte die Vorgänge noch einmal detailliert nachlesen können (Erinnerungshilfe),
● Außenstehende und Abwesende sich möglichst schnell informieren können,
● für den weiteren Fortgang des Arbeitens die im Protokoll fixierten Ergebnisse als Grundlage gelten können.

Formen
Entsprechend den unterschiedlichen Zwecken gibt es unterschiedliche Formen des Protokolls:

Das **Ergebnisprotokoll** enthält die Hauptergebnisse und fasst die wichtigsten Fakten zusammen. Diese Form des Protokolls ist die gebräuchlichste.

Das **Verlaufsprotokoll** gibt sowohl den Diskussionsverlauf als auch die Ergebnisse wieder.

Spezielle **schulische Formen** des Protokolls sind das
● Unterrichtsprotokoll, das Thema, Verlauf und Ergebnis einer Unterrichtsstunde wiedergibt, und das
● Versuchsprotokoll, das Versuchsabläufe im naturwissenschaftlichen Unterricht zusammenfasst.

Hinweise zum Abfassen
Zur endgültigen Abfassung des Protokolls sollten die folgenden Hinweise beachtet werden:
● Angabe von Datum, Anlass/Thema
● Angaben über Beginn und Ende
● Name des Vorsitzenden/Leiters/Lehrers
● Vermerk über Anwesenheit oder Abwesenheit von Mitgliedern
● Gliederung nach den vorgegebenen Tagesordnungspunkten (TOP 1, 2, …) oder nach den Phasen des Verlaufs; möglichst übersichtlich
● Sprache: sachlich, keine persönlichen Bemerkungen
● Zeitform: sowohl Präsens als auch Präteritum möglich; bei Verlaufsprotokollen oft Präsens, bei Ergebnisprotokollen oft Präteritum
● Wesentliche mündliche Äußerungen in indirekter Rede wiedergeben
● Wichtige Formulierungen oder Beschlüsse wörtlich (in Anführungszeichen!) wiedergeben

Zur Übung:
❒ Verfassen Sie ein Ergebnisprotokoll einer Deutschstunde.

Wie verfasse ich eine Bewerbung und einen Lebenslauf?

Bewerbungsschreiben und Lebenslauf werden zu den Zweckformen des Schreibens gezählt. Im Folgenden werden wichtige Kriterien, die Sie zum Teil bereits aus der Sekundarstufe I kennen, zusammengefasst.

Was zu einer vollständigen Bewerbung gehört
● Bewerbungsschreiben
● Lebenslauf (meist tabellarisch)
● Kopien der Zeugnisse (zum Beispiel letztes Zwischenzeugnis und letztes Versetzungszeugnis)

● Bewerbungsfoto in Passbildformat (mit Namen und Anschrift auf der Rückseite)
● Bescheinigungen über Betriebspraktika, besondere Qualifikationen wie Kurse in Computerbedienung, Fremdsprachen u. Ä.

Inhalt, Form, Stil

Bei der schriftlichen Bewerbung um eine Stelle muss man auf Inhalt, Form und Stil des Bewerbungsschreibens achten. Übertriebene, schwülstige, floskelhafte Ausdrücke sollten vermieden werden. Der Text muss sachlich sein und eine sinnvolle inhaltliche Gliederung haben.

Formaler Aufbau

Vorname, Name
Straße, Hausnummer
Postleitzahl, Wohnort
Telefonnummer

Firma/Frau/Herr
Personalabteilung
Straße/Postfach
Postleitzahl, Ort

Bewerbung um eine
    Lehrstelle
Ihre Anzeige …

Sehr geehrte Damen und Herren,
…
…

Mit freundlichen Grüßen
Unterschrift

Anlagen
Lebenslauf
Passbild
Beglaubigte
    Zeugnisabschrift(en)

Inhaltlicher Aufbau

Das Bewerbungsschreiben sollte inhaltlich folgendermaßen aufgebaut sein:
- Einleitender Satz: Stelle, um die man sich bewirbt, wie man darauf aufmerksam wurde (z.B. Stellenangebot in der Zeitung)
- Nähere Angaben zur Person (z. B. Alter, Schulausbildung, wann beendet, welcher Abschluss)
- Besondere Fähigkeiten, Qualifikationen, Abschlüsse, Neigungen

Zum Beispiel: Kurzbewerbung auf eine Chiffre-Anzeige

> Ihre Anzeige in der WAZ vom 10.05.19…
>
> Sehr geehrte Damen und Herren,
>
> auf das von Ihnen ausgeschriebene Stellenangebot bewerbe ich mich gern, weil es meiner beruflichen Qualifikation und meinen Erwartungen entspricht.
>
> Aufgrund meiner …jährigen Tätigkeit als … kann ich die Anforderungen der Stelle voll erfüllen. Außerdem habe ich gute Kenntnisse im Bereich …
>
> Weitere Einzelheiten können Sie dem beigefügten Lebenslauf entnehmen.
>
> Wenn Sie an meiner Bewerbung interessiert sind, reiche ich Ihnen gerne in den nächsten Tagen meine vollständigen Bewerbungsunterlagen nach. Ich freue mich auf Ihre Antwort.
>
> Mit freundlichen Grüßen
>
> (Unterschrift)
>
> Anlage
> Lebenslauf mit Foto

Hinweise zu Bewerbungsschreiben und Lebenslauf
- Format DIN A4, unlineriertes weißes Papier, bei handschriftlicher Anfertigung Linienblatt unterlegen, mit Tinte schreiben
- links Rand lassen, Papier nur auf einer Seite beschreiben
- Streichen, Radieren, Rechtschreibungs- und Zeichensetzungsfehler auf jeden Fall vermeiden (sonst neu schreiben)
- beglaubigte Kopien (von Zeugnissen) im Format DIN A4
- für die eigenen Unterlagen von Bewerbungsschreiben und Lebenslauf eine Kopie anfertigen
- In der Regel genügt heute ein handschriftlich oder mit PC erstellter tabellarischer Lebenslauf. Selbstverständlich sollte auf besondere Wünsche eingegangen werden: zum Beispiel, wenn ausdrücklich ein handschriftlicher bzw. ausführlicher und ausformulierter Lebenslauf verlangt wird.

Zum Beispiel: Tabellarischer Lebenslauf einer Diplom-Psychologin

Lebenslauf

Persönliche Daten:	Christine Krüger Wellinghofer Str. 87 44263 Dortmund
	geb. am 11.08.1965 in Essen, verheiratet
Schulausbildung:	
1972 – 1976	Grundschule in Essen
1976 – 1985	Max-Planck-Gymnasium in Essen Abitur: Mai 1985
Hochschulausbildung:	
10/1985 – 4/1991	Ruhr-Universität Bochum Studium der Psychologie Schwerpunkte: Betriebs-, Organisations- und Marktpsychologie Abschluss: Diplom, Note: sehr gut
	Thema der Diplomarbeit: Der Einsatz von Persönlichkeitstests bei der Auswahl von Führungskräften
1989	dreimonatiges Praktikum Personalabteilung Ford, Köln
Berufstätigkeit:	
4/1989 – 4/1991	Tutor am Lehrstuhl für Arbeits- und Organisationspsychologie
seit 1/1990	Dozentin in Psychologieseminaren an der VHS Dortmund
Besondere Kenntnisse:	
EDV:	Textverarbeitung WORD Statistisches Programmpaket SPSS
Fremdsprachen:	Englisch - fließend in Wort und Schrift Französisch - Schulkenntnisse
Dortmund, den …	Unterschrift

Das Bewerbungsschreiben soll Dynamik ausstrahlen. Die eigene Zielvorstellung und der eigene Wille müssen deutlich zum Ausdruck kommen. Bewerber als Bittsteller – so etwas gefällt mir nicht. Berufsanfänger, deren Akte ja noch nicht allzu viel hergibt, sollten sich daher nicht scheuen, ihre besonderen Begabungen und Fähigkeiten zu benennen, auch wenn sie nicht direkt mit dem fraglichen Job zu tun haben. Dann hat man es einfach viel leichter, sich ein Bild von der fremden Person zu machen.

Maxie-Barbara Staunau, Bayerische Hypotheken- und Wechsel-Bank

Um es mal positiv auszudrücken: Ich suche Offenheit, Eigeninitiative. Die Bewerber müssen präzise darlegen können, wie sie sich bei uns einbringen wollen. Wenn das fehlt und ich womöglich den Eindruck gewinne, der Bewerber hat die Anzeige gar nicht richtig gelesen, das verstimmt mich. Dann läuft natürlich nichts.

Günther Mletzko, Chefredakteur der Ärzte-Zeitschrift „Status"

Schlampige Unterlagen sind ganz schlecht. Da denkt man: Der oder die nehmen die Sache ja gar nicht ernst. 08/15-Bewerbungen reißen mich auch nicht vom Stuhl. Am besten ist, die Bewerber lassen sich etwas einfallen, was sie aus der Masse heraushebt. Unerklärte Lücken im Werdegang sind immer ein Minuspunkt. Besser, wenn die Leute zugeben: Ich habe mich mal als Aussteiger versucht.

Elke Lanig, Volkswirtin, Siemens-Personalbüro

Wir legen jeder Einladung zum Bewerbungsgespräch eine ganze Menge Informationsmaterial bei, so dass sich die Kandidaten über die Strukturen bei uns ein Bild machen können. Stelle ich beim Gespräch fest, dass die Infos gar nicht durchgesehen worden sind – und das kommt öfter vor, als man denkt –, finde ich dies mehr als ärgerlich.

Renate Schnierle, Personal-Fachfrau bei der Post

❐ Beurteilen Sie die Beispiele und die Erwartungen von Personalleuten.

❐ Erstellen Sie mit Hilfe der Äußerungen der Personalleute und mit Ihren Kenntnissen und Erfahrungen einen Katalog über zu vermeidende Fehler bei der Bewerbung.

Zur Übung:

❐ Suchen Sie sich aus der Tageszeitung eine für Sie passende Anzeige und verfassen Sie eine Bewerbung.

❐ Verfassen Sie Ihren Lebenslauf in tabellarischer Form.

▶▶ **Lese- und Arbeitshinweise**
- Vorstellungsgespräch als Beispiel praktischer Rhetorik: Seite 338.
- Neue Berufe: Seite 520f.

Ein Referat vorbereiten und halten

Bei einem Referat oder Vortrag geht es darum, Informationen mündlich an andere weiterzugeben. Zweierlei ist besonders zu beachten:
a) Ich eigne mir ein umfassendes und solides Wissen zum Thema an.
b) Ich bereite dieses Wissen so auf, dass die Mitschülerinnen und Mitschüler meines Kurses, die in der Regel in Bezug auf das Thema mehr oder weniger unkundig sind, bei einmaligem Hören und begrenzter Zeit meine Informationen verstehen und behalten.
Es geht also bei einem Referat nicht nur um die fachlich-inhaltliche Seite, sondern auch um die Frage der Vermittlung, das heißt um rhetorische Fähigkeiten. Nachdem das Thema geklärt und entsprechend eingegrenzt ist, sind folgende Arbeitsschritte zu empfehlen:

1. Informationen beschaffen: Handbücher und Lexika geben ggf. erste Hinweise; in der Bibliothek können Sie im Schlagwort- bzw. Verfasserkatalog spezielle Literatur finden. Da Sie die meisten Bücher kaum selbst besitzen, müssen Sie sich über das Gelesene Notizen machen. Man nennt dies mit einem Fachbegriff exzerpieren (lat.: herauspflücken). Zentrale Zitate schreiben Sie am besten wörtlich heraus, damit Sie sie später im Referat verwenden können. Andere wichtige Gedanken fassen Sie inhaltlich zusammen.

Nicht zu vergessen ist das Notieren der Quellenangabe, damit Sie später angeben können, woher die Gedanken stammen. Auch wenn man ein Literaturverzeichnis machen will, benötigt man die Quellenangaben.

Karteikarten können dabei helfen, Notizen zu Überschriften übersichtlich zu ordnen. Sinnvoll ist es auch aus Gründen der Arbeitsökonomie, die Notizen bereits in dieser Arbeitsphase nach den Gliederungsabschnitten des Referats zu ordnen.

2. Informationen verarbeiten: In dieser Arbeitsphase ist es besonders wichtig, das Gelesene in die eigene Gedankenwelt und Sprache umzusetzen und sich klar zu machen, was die Zuhörer an Voraussetzungen haben können. Hierzu sollten Sie insbesondere eine genaue endgültige Gliederung erstellen.

Viele Detailinformationen werden im Referat selbst nicht vorkommen. Es ist aber wichtig, dass der Referierende sich im Stoff gut auskennt, d. h. auch entschieden mehr Detailinformationen kennt, als er in seinem Referat weitergeben kann. Aller Wahrscheinlichkeit nach wird der Referent auch auf Rückfragen antworten müssen. Zur Verarbeitung der Informationen gehört auch die Überlegung, wie man am besten anfängt, zum Beispiel durch eine kurze Erläuterung des Themas, durch Vorstellen eines Überblicks in Form der Gliederung, durch ein provozierendes Zitat, …

3. Informationen vortragen: Wichtig ist es, die Ergebnisse der intensiven Ausarbeitung so vorzutragen, dass Sie sie nicht nur „loswerden", sondern Ihre Informationen auch „ankommen". Versuchen Sie also zu erreichen, dass Ihnen Ihre Zuhörer gern und interessiert folgen. Dazu sollten Sie vor allem Folgendes beachten:

● das Thema erläutern, den roten Faden Ihres Referats erklären und somit dem Kurs einen klaren Weg durch Ihr Referat weisen; nutzen Sie dabei als Gedächtnisstütze die Tafel, den Overheadprojektor oder ein Arbeitsblatt mit der Gliederung.
● nicht wörtlich ablesen, sondern nach einem Stichwortzettel frei formulieren
● dabei die Zuhörer ansprechen und möglichst oft Blickkontakt mit ihnen aufnehmen
● abstrakte Sachverhalte veranschaulichen (zum Beispiel durch Bilder, Statistiken, Filmausschnitte …)
● Thesenpapier anfertigen; auch als Lückentext möglich, um die Zuhörer zu aktivieren und mit einzubeziehen
● auf Anschaulichkeit der Formulierung achten: überschaubare Sätze formulieren, hochtrabende Ausdrücke, allzu viele Fremdwörter vermeiden, ungewöhnliche Begriffe erläutern
● die Vortragsdauer hängt vom jeweiligen Thema ab; die Zeit, die notwendig ist bzw. zur Verfügung steht, sollte mit dem Kurslehrer abgesprochen werden.

Mit Zitaten und Quellen richtig umgehen

Übernimmt man fremde Gedanken für seine eigene Arbeit, müssen diese als solche kenntlich gemacht werden. Bei der wörtlichen Übernahme fremder Gedanken (zum Beispiel bei einer Textanalyse/Interpretation, bei der Facharbeit oder bei einem schriftlich ausgearbeiteten Referat) wird entsprechend zitiert.

Hinweise für das wörtliche Zitieren

1. Zitate dienen bei Textanalysen zum Beispiel als Nachweis, dass bestimmte Deutungen durch den Text belegt sind.

2. Zitate müssen genau sein; sie dürfen in ihrem Wortlaut nicht verändert werden. Kürzungen sind durch drei Punkte in eckigen Klammern zu kennzeichnen […].

3. Notwendige Erläuterungen können in eckiger Klammer zugefügt werden. Auch hierbei dürfen Zitate nicht verfälscht werden. Ist zum Beispiel von *ihm* die Rede, so kann [*dem Autor*] hinzugefügt werden, damit der Leser weiß, wer gemeint ist.

4. Zitate müssen an ihrer neuen Stelle richtig in den Zusammenhang des Textes eingebaut werden; ihr Sinn darf nicht geändert werden.

5. Zitate sollten nicht zu umfangreich, sie müssen jedoch so vollständig sein, dass sie verständlich sind. Bei Interpretationsaufgaben sollten sie sinnvoll verwendet werden, das heißt nur dann, wenn sie etwas belegen/beweisen; sie dürfen die eigene Auslegung und Auseinandersetzung mit dem Text nicht ersetzen.

6. Beim Zitieren ist die Zeichensetzung zu beachten.

6.1 Wörtlich zitierte Sätze stehen in doppelten Anführungszeichen. Enthält der zitierte Text selbst schon Anführungszeichen, werden diese als einfache Anführungszeichen übernommen.

6.2 Wenn Sie in Ihrem Satz eine zitierte Stelle einbauen und das Zitat steht am Ende, dann folgt der Schlusspunkt nach dem Zitatzeichen und nach der Klammer mit der Zeilen- oder Quellenangabe.

❒ Die folgenden Beispiele beziehen sich auf die Kurzgeschichte „Das Brot" von Wolfgang Borchert (Seite 20ff.). Versuchen Sie eine Zuordnung der folgenden Sätze zu den entsprechenden Punkten 1–6. Es können auch mehrere Punkte zutreffen.

Borcherts Stil wirkt nüchtern und schmucklos; passend zu dem Geschehen: „Es war halb drei. Sie überlegte, warum sie aufgewacht war. Ach so! In der Küche hatte jemand gegen einen Stuhl gestoßen" (Seite 20, Zeile 1–3).

Mehrere Male lässt Borchert den Mann voller Verlegenheit „Ich dachte, hier wäre was" stammeln.

Die alte Frau kann nicht ertragen, „dass er [ihr dreiundsechzigjähriger Ehemann] log" (Seite 21, Zeile 19).

Im letzten Satz könnte die Formulierung „unter die Lampe" (Seite 22, Zeile 15) symbolisch auf eine positive Entwicklung in der Zukunft hinweisen.

Hinweise für den indirekten Verweis auf eine Textstelle

Neben dem wörtlichen Zitieren gibt es auch die Möglichkeit indirekt auf eine Textstelle zu verweisen:
a) durch eine Paraphrase, das heißt sinngemäße Wiedergabe einer Textstelle. Wenn dabei direkte, wörtliche Rede wiedergegeben wird, so geschieht dies in Form der indirekten Rede, wobei in der Regel der Konjunktiv benutzt wird.
Beispiel: Die alte Frau versucht ihrem Mann zu Hilfe zu kommen, indem sie ihm zustimmt, die Geräusche *seien* wohl von draußen gekommen. (vgl. Seite 21, Zeile 10)
b) durch einen allgemeinen Verweis auf eine Textstelle.
Beispiel: Wolfgang Borchert lässt in seiner Kurzgeschichte am Schluss vorsichtig die Hoffnung aufleuchten, dass durch Mitmenschlichkeit das Leben positiv verändert werden kann. (vgl. den Schlussteil)
Bei der sinngemäßen Textwiedergabe ist ein anschließendes Zitat gleichen Inhalts überflüssig.

Zitate müssen **überprüfbar** sein. Dazu wird zum Beispiel in einem Referat (Seite 70f.) oder in einer Facharbeit (Seite 66) die Textquelle angegeben. Auch hier gelten klare Vorschriften:
● Verfasser mit Vornamen (falls es sich um den Herausgeber handelt, muss *Hg.* in runden Klammern dahinter stehen)
● Buchtitel (ggf. mit Untertitel)
● Erscheinungsort (ggf. mit Verlag)
● Erscheinungsjahr
● Seite
Beispiel: Zu Wolfgang Borcherts Text „Das Brot" heißt die vollständige Quellenangabe: Wolfgang Borchert: Das Gesamtwerk, Rowohlt Verlag, Hamburg 1949, S. 304–306

❒ Überprüfen Sie im Verfasser- und Quellenverzeichnis die Quellenangaben zu den Texten von Gabriele Wohmann.

❒ Formulieren Sie die vollständige Quellenangabe zu diesem Schulbuch.

Es gibt unterschiedliche Möglichkeiten (zum Beispiel in einer Facharbeit) in leserfreundlicher Weise die Quellen für ein Zitat anzugeben:
a) die abgekürzte Quellenangabe in Klammern im Anschluss an das Zitat: (Borchert 1949, S. 304–306). Dann muss im Quellenverzeichnis am Schluss der Arbeit die vollständige Quelle angegeben werden.
b) Im Anschluss an das Zitat wird durch eine hochgestellte Ziffer auf eine Fußnote am unteren Rand der Seite oder auf den Schluss der Arbeit verwiesen, wo jeweils die Quelle angegeben ist.
c) Wenn man mehrmals aus einer Quelle zitiert, kann man diese auch so kennzeichnen:
– bei derselben Seite und direkt hintereinander mit *ebd.* (= ebenda)
– bei demselben Buch mit *a.a.O.* (= am angegebenen Ort)

Zur neuen Rechtschreibung – Normen und ihre Diskussion

Die neuen Regeln

Groß- und Kleinschreibung

Ob ein Wort groß- oder kleinzuschreiben ist, kann man sehr einfach mit Hilfe der Frage klären, ob dieses Wort im Satz als Nomen/Substantiv anzusehen ist oder nicht.

DIESE NEUREGELUNG WIRD EINIGES AN VERÄNDERUNGEN FÜR UNSER SCHREIBEN UND LESEN BRINGEN – VERÄNDERUNGEN, DIE HOFFENTLICH VON VIELEN ALS VERBESSERUNGEN ERLEBT WERDEN KÖNNEN. ALLERDINGS (UND
5 DAS WIRD DIE EINEN EBENSO BERUHIGEN, WIE ES DIE ANDEREN ENTTÄUSCHEN WIRD): TIEF GREIFENDE VERÄNDERUNGEN BRINGT DIE NEUREGELUNG NICHT, KANN SIE AUCH GAR NICHT BRINGEN. UNSERE RECHTSCHREIBUNG IST HISTORISCH GEWACHSEN, EINGRIFFE IN DAS ERGEBNIS
10 SOLCHER WACHSTUMSPROZESSE SIND NICHT „MIT DER BRECHSTANGE" MÖGLICH, SIE BRAUCHEN AUGENMASS UND BEHUTSAMKEIT.   (v 1994)

❐ Testen Sie Ihre Fähigkeiten, indem Sie in diesem Text die Groß- bzw. Kleinschreibung der unterstrichenen Wörter erklären.

Zur Wiederholung

Nomen/Substantive kann man u. a. daran erkennen, dass vor ihnen ein Artikel oder ein anderes Begleitwort steht oder stehen könnte.

Artikel: **ein** Gerede, **das** Gerede, **im** (in **dem**) Haus

Pronomen: **dieses** Mädchen, **manche** Leute

Präposition: **ohne** Fehler

Adjektiv: **einzigartige** Verhaltensweisen

Numerale: **zehn** Bücher

Im folgenden Satz kann man das Nomen durch einen Begleiter ergänzen: Am Himmel standen (**die/einige/dunkle**) Wolken.

Oben wurde bereits darauf aufmerksam gemacht, dass auch Wörter aller anderen Wortarten außer dem Nomen im Satz zu Nomen/Substantiven werden können.

Beispiele:
Adjektiv
Vor dem Adjektiv kann ein Begleiter stehen oder es kann einer davorgesetzt werden:
Für nicht wenige ist **das Schönste** am Unterrichtsmorgen die große Pause.
Sie erlebte (viel/etwas) **Schönes.**

Besonders häufig erkennt man substantivierte Adjektive an vorangehenden unbestimmten Zahl- und Mengenangaben:
manches Schwierige, **wenig** Interessantes, **viel** Neues

Achtung: Wenn Adjektive im Satz zu einem Nomen/Substantiv gehören, werden sie nicht großgeschrieben:
Die **interessanten Stunden** vergehen im Nu, allerdings nicht die **langweiligen**. (In diesem Satz bezieht sich **langweiligen** auf das Nomen **Stunden**.)

Verb im Infinitiv
Vor dem Verb steht ein Begleiter oder man kann einen Begleiter hinzufügen:
Sie hält ihn **vom** (von dem) **Üben** ab.
Heute gehört **das Aufpassen** nicht zu ihren starken Seiten.

Manchmal kann man den Infinitiv des Verbs als Nomen/Substantiv oder als Verb verstehen. In derartigen Zweifelsfällen sollten Sie kleinschreiben:
Sie lernt S/segeln. (das Segeln?/zu segeln?) → Sie lernt **segeln**.

Andere Wortarten
Auch Wörter der anderen Wortarten können im Satz zu Nomen/Substantiven werden.

Adverb: Sie denkt nur ans **Hier** und **Heute**.

Konjunktion: Man soll nicht zu oft das **Wenn** und **Aber** bedenken.

Numerale: Maria hat eine **Fünf** geschrieben.

Präposition: Seine schulische Leistung war ein dauerndes **Auf** und **Ab**.

Pronomen: Sie stehen vor dem **Nichts**.

❒ Nennen Sie in diesem Text alle Nomen/Substantive. Achten Sie insbesondere auf die Wörter anderer Wortarten, die im Satz zu Nomen geworden und deshalb großzuschreiben sind.

NACH DEM EINFÜHREN DER NEUREGELUNG WERDEN EINE ZEIT LANG ALTE UND NEUE ORTHOGRAPHIE NEBENEINANDER GÜLTIGKEIT HABEN. WÄHREND DIESER ZEIT WIRD FÜR ÄMTER UND SCHULEN – UND NATÜRLICH EBENSO FÜR DIE GESAMTE SCHREIBENDE ÖFFENTLICHKEIT – EIN GEWISSES MASS AN TOLERANZ HINSICHTLICH ORTHOGRAPHISCHER REGELTREUE GELTEN MÜSSEN.
GLEICHGÜLTIG, OB SICH SCHREIBENDE AM ALTEN ODER NEUEN ORIENTIEREN, BEIDES MUSS AKZEPTIERT WERDEN.
EINE SOLCHE SITUATION WIRD ÜBERALL, IN BESONDEREM

MASSE ABER IN DEN SCHULEN, ALS UNGEWÖHNLICH UND WOHL AUCH ALS PROBLEMATISCH ANGESEHEN WERDEN. VIELLEICHT BIETET ABER GERADE DAS DIE CHANCE, EIN AUFGESCHLOSSENES VERHÄLTNIS ZUR RECHTSCHREIBUNG
5 ZU GEWINNEN UND DIE ÜBERBEWERTUNG VON ORTHOGRAPHISCHEN FEHLERN ABZUBAUEN. DIE NEUE SCHREIBUNG WIRD GELEHRT UND, HOFFENTLICH, GELERNT, DIE SCHÜLERINNEN UND SCHÜLER BLEIBEN ABER NOCH ALLENTHALBEN MIT DER ALTEN KONFRONTIERT: IN BÜ-
10 CHERN, IN ZEITUNGEN, DIE SICH AUCH NUR ALLMÄHLICH UMSTELLEN WERDEN, UND IN SCHRIFTLICHEN ZEUGNISSEN DER ÄLTEREN GENERATION. ES WIRD UNTER DIESEN UMSTÄNDEN ÜBER EINE GEWISSE ZEIT ETWAS SELBSTVERSTÄNDLICHES SEIN, WENN DIE SCHÜLERINNEN UND
15 SCHÜLER IMMER WIEDER ELEMENTE DER ALTEN SCHREIBUNG IN IHRE TEXTE MISCHEN. HIER MÜSSEN SIE DAMIT RECHNEN KÖNNEN, DASS IHRE „REGELVERSTÖSSE" ABSOLUT TOLERANT BEHANDELT WERDEN. UMGEKEHRT WIRD JEDER DERARTIGE „VERSTOSS" MARKIERT WERDEN MÜSSEN,
20 UM DIE LERNENDEN NACH UND NACH AN DIE NEUE SCHREIBUNG ZU GEWÖHNEN. (v 1994)

bisherige Schreibweise	neue Schreibweise
ähnliches	Ähnliches
radfahren	Rad fahren
Auto fahren	Auto fahren
Ski fahren	Ski fahren
im allgemeinen	im Allgemeinen
im voraus	im Voraus
im besonderen	im Besondern
im weiteren	im Weiteren
des weiteren	des Weiteren
im folgenden	im Folgenden
das folgende	das Folgende
durch das Folgende	durch das Folgende
im dunkeln tappen	im Dunkeln tappen
ins Schwarze treffen	ins Schwarze treffen
den kürzeren ziehen	den Kürzeren ziehen
der erste	der Erste
das allerbeste	das Allerbeste
der nächste	der Nächste
morgen abend	morgen Abend
am Dienstag abend	am Dienstagabend
alt und jung	Alt und Jung (Alte und Junge)
jemandem angst und bange machen	jemandem Angst und Bange machen
in bezug auf	in Bezug auf

◼ Vergleichen Sie anhand dieser Gegenüberstellung die alten und neuen Regelungen zur Groß- und Kleinschreibung. Erklären Sie, nach welchen Gesichtspunkten die Reformer vorgegangen sind. Suchen Sie weitere Beispiele.

⇨ Zusammenfassung zur Groß- und Kleinschreibung

Großschreibung

Nomen/Substantive
die Hand, das dicke Buch, unser Urlaub

Eigennamen
der Westfälische Frieden
Friedrich der Große
Frankfurter Würstchen

Nomen in Tageszeiten
heute Abend
am gestrigen Nachmittag
des Mittags

Andere Wortarten als Nomen/Substantive
das Laufen, das Autofahren, beim Schlafen

wenig Neues,
das Allerbeste

das Weite suchen,
auf dem Laufenden sein

das Hier und Heute,
das Wenn und Aber,
das Ach und Weh

Superlative von Adjektiven
Sie sind aufs Beste angewiesen.
(Frage: auf was?)

Es fehlt am Notwendigsten.
(Frage: an was?)

Aber!
Kleinschreibung:
Sie spielt am schönsten.
(Frage: wie?)

Klein- oder Großschreibung:
Er begrüßt sie aufs herzlichste/aufs Herzlichste.
(Frage: wie?)

Kleinschreibung

Alle Wortarten außer dem Nomen/Substantiv

Zahladjektive
viel, wenig
[der/die/das/ein/eine] andere, anderer

Pronomen
mancher, jeder (ein jeder, eine jede)
alle, alles, allen
beide, beides

Feste Verbindungen aus Präposition und nicht-dekliniertem Adjektiv
von fern, schwarz auf weiß, ohne weiteres, über kurz oder lang, durch dick und dünn, von neuem, bis auf weiteres, gegen bar

Superlative von Adjektiven mit am
Sie ist am schönsten.
Er spielt am besten.

Desubstantivierungen
Wörter, die ihre Aufgabe als Nomen/Substantive verloren haben und die Aufgabe einer anderen Wortart übernehmen

- Im Zusammenhang mit den Verben *sein, werden, bleiben*: pleite, angst und bange, schuld, leid, recht
- teils...teils...
- anfangs
- morgens
- ein bisschen
- ein wenig
- ein paar
- dank seiner Hilfe
- trotz aller Mühen
- zeit seines Lebens

Groß oder klein?
Hier kann die Schreiberin/der Schreiber selbst entscheiden:

Auf die Frage *wie*?
aufs Schönste – aufs schönste
aufs Herzlichste – aufs herzlichste

Nomen/Substantive oder Pronomen
die Deinen – die deinen

Zusammensetzung oder Wortgruppe
aufseiten – auf Seiten
zugrunde gehen – zu Grunde gehen

H. C. Artmann

abenteuer eines weichenstellers

1. Die verantwortung eines weichenstellers der Union Pacific Ges. ist eine große, ihm obliegt die sorge um mensch und vieh, aber auch sachschaden hat er tunlichst zu vermeiden.
2. Der weichensteller besitzt ein buch, in dem er immer liest, 10 jahre besitzt er dieses buch, aber er beginnt nach seite 77 jedes mal wieder von vorne, weiter würde er es nie lesen, er hat da so eine vorahnung. Blödsinn, murmelt er, und beginnt trotzdem wieder bei seite 1.
3. Die meiste zeit aber raucht er seine geliebte pfeife, er hat keine frau, er sieht den ersten stern am abendhimmel aufglänzen, er geht in das intime grün der brennnesseln hinter dem haus austreten, er ist sonst ein frühaufsteher und trinkt nach dem essen ein bier.
4. Der letzte zug kommt stets um 21 uhr 35 durch, er sieht den letzten waggon in der ferne verschwinden, der bremser hat ihm zugewinkt, er ist seit jahren sein freund, obleich er noch nie mit ihm gesprochen hat.
5. Das buch des weichenstellers ist ein alter penny-shocker mit dem titel ‚Der Mann vom Union Pacific Express'. Heute beschließt er, den roman bis ans ende zu lesen, doch es schwant ihm nichts gutes.
6. Einmal stand ein fremder bremser auf der hinteren plattform des letzten waggons; ob er ein aushelfer war?
7. Gegen 23 uhr wird der weichensteller durch einen ungewöhnlichen lichtschein aufmerksam, er geht vor das haus und sieht einen zug anrollen, der in keinem fahrplan verzeichnet steht, er rollt vollkommen lautlos an ihm vorbei, auf der plattform des letzten waggons steht der fremde und bläst mundharmonika.
8. Der weichensteller reibt sich die augen, ihm kommt das alles eigenartig vor, er ist ja ganz allein, er geht ins haus zurück, er trinkt ein extrabier und verklebt die seiten 78 bis 126 mit kleister. So, meinte er, wäre es das beste. (v 1975)

❒ Schreiben Sie den vom Autor in dieser Form verfassten Text nach den Regeln der neuen Rechtschreibung auf. Machen Sie sich dabei klar, was und wie viel sich geändert hat.

Zusammen- und Getrenntschreibung

Dieser Bereich der Rechtschreibung, der bislang recht unzulänglich geregelt war, ist jetzt eindeutiger geworden. (Dass das Wörterbuch auch weiterhin eine wichtige Hilfe bei der Rechtschreibung sein muss, ist unbestritten.)
Die folgende Übersicht gibt einige Beispiele für die bisherige und die neue Schreibweise.

bisherige Schreibweise	neue Schreibweise
radfahren	Rad fahren (beachten Sie aber: das Radfahren)
achtgeben	Acht geben
Auto fahren	Auto fahren
bankrott gehen	Bankrott gehen
eislaufen	Eis laufen
haltmachen	Halt machen
maßhalten	Maß halten
pleite gehen	Pleite gehen
Maschine schreiben	Maschine schreiben

❒ Erklären Sie an der Gegenüberstellung auf dieser und der folgenden Seite, nach welchen Kriterien die Reformer vorgegangen sind. Suchen Sie weitere Beispiele.

bisherige Schreibweise	neue Schreibweise
abwärtsgehen (schlechter werden)	abwärts gehen
abwärts gehen (einen Weg)	abwärts gehen
sitzenbleiben (in der Schule)	sitzen bleiben
sitzen bleiben (auf dem Stuhl)	sitzen bleiben
übrigbleiben	übrig bleiben
freundlich grüßen	freundlich grüßen
soviel	so viel
so viele	so viele
wieviel	wie viel
wie viele	wie viele
irgend etwas	irgendetwas
irgend jemand	irgendjemand
irgendwer	irgendwer
irgendwann	irgendwann

Die neue Regelung der Getrenntschreibung von Wortgruppen aus Nomen und Verb gilt mit zwei Einschränkungen:

a) untrennbare Zusammensetzungen (z. B. maßregeln, frohlocken, schlussfolgern):
   Er *maßregelte* sie vor allen Zuhörern. Er hört nicht auf, sie zu *maßregeln*.

b) trennbare Verbindungen aus Nomen und Verb, in denen das Nomen verblasst ist (z. B. standhalten, stattfinden):
   Sie konnte ihrer Gegnerin nicht *standhalten*. Sie *hielt* ihrer Gegnerin in dieser Disziplin nicht *stand*.

❏ Suchen Sie weitere Beispiele für diese Regelungen.

Manchmal bleibt es dem Schreiber überlassen, ob er Wortbestandteile als Zusammensetzung (Zusammenschreibung) oder als Wortgruppe (Getrenntschreibung) auffasst und entsprechend im Schriftbild kennzeichnet.

Zusammensetzung		Wortgruppe
anstelle	oder	an Stelle
aufgrund	oder	auf Grund
aufseiten	oder	auf Seiten
stattdessen	oder	statt dessen
sodass	oder	so dass
zugrunde gehen	oder	zu Grunde gehen
zustande kommen	oder	zu Stande kommen
infrage stellen	oder	in Frage stellen

❏ Stellen Sie weitere Beispiele zusammen.

In den folgenden Beispielen ist es eine Formulierungssache, ob Sie zusammenschreiben oder getrennt schreiben.

Formulierung als Zusammensetzung	Formulierung als Wortgruppe
diesmal	dieses Mal
herzerfrischend	das Herz erfrischend
keinesfalls	auf keinen Fall
irgendeiner	irgend so einer

❏ Stellen Sie weitere Beispiele zusammen.

Zur neuen Rechtschreibung – Normen und ihre Diskussion

⇨ Zusammenfassung zur Getrennt- und Zusammenschreibung

Getrenntschreibung (Wortgruppe)

Verb

Nomen/Substantiv und Verb
Rad fahren
Halt machen

Wortgruppe aus Adjektiv und Verb, wenn das Adjektiv steigerbar oder erweiterbar ist
genau nehmen (genauer nehmen, sehr genau nehmen)
leicht fallen, fest schnüren, gut gehen

Partizip und Verb
getrennt schreiben
gefangen nehmen

Infinitiv und Verb
kennen lernen, laufen lassen
Sie lernt ihn kennen.

Adverb und Verb
abseits stehen

das Verb *sein* in Verbindung mit anderen Wörtern
fertig sein, da sein, zurück sein

die Wortgruppen
ohne dass, statt dass, außer dass, gar nicht, gar kein, zu viel, wie viel, zu wenig

Adjektiv/Partizip

Wortgruppe aus Adjektiv/Partizip,
wenn sich der erste Bestandteil steigern lässt oder wenn sich die Wortgruppe erweitern lässt

ein schwach besiedeltes Land (ein schwächer..., ein sehr schwach...)

Wortgruppen,
in denen der erste Bestandteil aus einem Adjektiv mit der Endung *-lich*, *-ig* oder *-isch* besteht

emsig arbeiten
freundlich lachend
deutlich machen

Zusammenschreibung (Zusammensetzung)

Verb

untrennbare Verben
frohlocken, liebkosen, vollenden, wetteifern

Zusammensetzungen mit den verblassten Nomen
heim-, irre-, preis-, stand-, statt-, teil-, wett-, wunder-
standhalten, wetteifern

Zusammensetzungen aus Bestandteilen, deren Zugehörigkeit zu ursprünglichen Wortarten oder -formen nicht mehr deutlich erkennbar ist
bergauf, bisweilen, irgendein, irgendwo

Adjektiv/Partizip

Zusammensetzungen, in denen der erste Bestandteil für eine Wortgruppe steht
freudestrahlend, vor Freude strahlend

Zusammensetzungen aus gleichrangigen Adjektiven
(man könnte ein *und* dazwischensetzen)
dummdreist, nasskalt

Zusammensetzungen, in denen der erste oder zweite Bestandteil nicht selbstständig vorkommt
redselig, letztmalig, vieldeutig

Zusammensetzungen mit einem bedeutungsverstärkenden Bestandteil
superschlau, todlangweilig

Getrennt (Wortgruppe) oder zusammen (Zusammensetzung)?

Hier kann die Schreiberin/der Schreiber selbst entscheiden:

Schreibung als Wortgruppe	Schreibung als Zusammensetzung
auf Grund	aufgrund
an Stelle	anstelle
zu Gunsten	zugunsten
so dass	sodass

79

s-Laute

Grundregeln

- Das weiche (stimmhafte) s wird immer mit s geschrieben: lesen, leise, reisen, Häuser. Die Schreibweise des Wortstammes wird beibehalten, auch wenn das s scharf (stimmlos) ausgesprochen wird: er la**s** (lesen), sie rei**s**te (reisen), das Hau**s** (Häuser)

- das scharfe (stimmlose) s wird in der Regel
  - ß geschrieben nach langem Vokal und Diphthong: hei**ß**en, Stra**ß**e, er a**ß**
  - ss geschrieben nach kurzem Vokal: e**ss**en, er i**ss**t, sie vergi**ss**t, Flu**ss**, Ga**ss**e

- Auch die Konjunktion **dass** folgt dem Sprechprinzip: ss steht nach kurzem Vokal. Dagegen wird **das** (Artikel und Pronomen) nach dem grammatischen Prinzip als Ausnahme weiterhin mit s geschrieben.
Artikel: **das** Pferd (Ersatzwort: ein)
Demonstrativpronomen: Gib mir **das** doch bitte. (Ersatzwort: dies/dieses)
Relativpronomen: Das Buch, **das** ich dir geliehen habe, hätte ich gerne wieder. (Ersatzwort: welches)
(Faustregel: Wenn *ein, dieses, jenes, welches* eingesetzt werden kann, wird **das** geschrieben.)

- Ausnahmsweise steht das einfache s zum Beispiel in der Endung -nis (Zeugnis) und in älteren Fremdwörtern (Bus, Iltis, Atlas) sowie in einigen Partikeln (aus, bis).

❑ Vergleichen Sie bisherige und neue Schreibweise in der Gegenüberstellung. Machen Sie sich daran die Änderungen in der Schreibweise von ss und ß klar.

bisherige Schreibweise	neue Schreibweise
Kuß	Kuss
sie küßt	sie küsst
Fluß	Fluss
fließen	fließen
Floß	Floß
Guß	Guss
er haßt	er hasst
daß	dass
heiß	heiß
Maße	Maße
Masse	Masse

❑ Ordnen Sie den markierten Stellen im Text den richtigen s-Laut zu: s, ss, ß. Begründen Sie Ihre Entscheidung mit Hilfe der oben genannten Regeln.

Dieter E. Zimmer

Anmerkungen zur Rechtschreibreform

In Sachen Rechtschreibreform sind die Deutschen tief gespalten, und vermutlich verläuft der Spalt nicht nur zwischen denen und jenen, sondern oft quer durch den eigenen Kopf. Umfragen in vergangenen Jahrzehnten haben ergeben, da■ eine Mehrheit die geltende Orthographieregelung für zu kompliziert hält und ihre Vereinfachung wünscht. Aber wenn dann ein konkreter Vereinfachungsvorschlag laut wird, erhebt sich sofort Tumult: Der *keiser* muß unbedingt *Kaiser* bleiben! Leserbriefe sind keine repräsentativen Erhebungen, aber doch ein Spiegel der Meinungen, die im artikulationsfreudigen Teil der Öffentlichkeit im Schwange sind. Ich habe in der Wochenzeitung *Die Zeit* mehrfach über die geplante Rechtschreibreform geschrieben. Für ein als langweilig verschrieenes Thema kamen überraschend viele und oft geradezu leidenschaftliche Leserzuschriften. Die allerwenigsten ließen sich auf meinen Vorschlag ein, die Orthographie als ein Gefüge mehr oder weniger zufälliger Konventionen anzusehen und die Reform nicht als Gesamtpaket zu diskutieren, sondern in konkrete Einzelfragen aufzulösen. Die große Mehrzahl war geleitet vom Prinzip „Alles oder nichts": Den einen (und das waren nur ein paar) ging kein Reformvorschlag weit genug, die meisten empörte schon der bloße Gedanke an eine noch so geringfügige Änderung der geltenden Regelung, auch wenn sie zugaben, daß es ihr an innerer Logik wie an äußerer Legitimation fehlt und niemand sie bis in alle ihre Finessen beherrschen kann. Und wie es so geht, wenn einem etwas zutiefst falsch vorkommt, aber man nicht genau angeben kann, warum eigentlich, ruft man gerne die hehrsten und allgemeinsten Werte zu Hilfe. Und dann wird schließlich aus einem durchaus diskutablen Vorschlag für die Schreibung von ein paar Wörtern ein Anschlag auf die Schriftkultur, ein Symbol für den allgemeinen Kulturverfall.

Mit das Beste an den Vorschlägen zur Neuregelung der deutschen Rechtschreibung, die eine Expertenkommission aus den vier (zuletzt noch drei) deutschsprachigen Staaten nach zwölfjährigen Vorarbeiten Ende 1992 ihren Regierungen unterbreitete, ist gewiß die realistische Einschätzung dieser Situation. Den Sprachwissenschaftlern war klar, daß eine radikale Neuregelung in der Praxis nicht die geringste Chance hätte, auch wenn sie, als Gedankenwerk, sich noch so elegant und konsistent ausnähme. Am Ende entscheiden ein paar Kulturpolitiker, ob es überhaupt eine Orthographiereform geben wird, und kein Politiker wird sich, noch dazu in einer für ihn letztlich so nebensächlichen Frage, einem Sturm des Protests aussetzen, der ihn zum Kulturbanausen und Kulturschänder stempelt.

Spätestens 1988 war der Expertenkommission klar geworden, daß es, wenn überhaupt, nur eine ganz kleine Reform geben kann.

(v 1993)

Schwerpunkte der Rechtschreibreform – kurz zusammengefasst

Groß- und Kleinschreibung

Die Reform hat tendenziell die Großschreibung verstärkt, indem sie die Anzahl der Ausnahmen einschränkt:
auf Deutsch, morgen Mittag, außer Acht lassen, Rad fahren, den Kürzeren ziehen, im Großen und Ganzen, im Allgemeinen

Verstärkung des Stammprinzips

Mehr Wörter als bisher richten sich in ihrer Schreibweise nach dem Stammprinzip:
nummerieren > Nummer
platzieren > Platz
behände > Hand

s-Laute (Sprechprinzip)

Die Schreibung des scharfen s-Lautes richtet sich wie bei der Schreibung anderer Konsonanten nach dem vorangehenden Vokal (Längezeichen oder Kürzezeichen).
Nach kurzem Vokal: ss (Messe, er frisst)
Nach langem Vokal: ß (fließen, heiß, Floß)

Getrennt- und Zusammenschreibung

Die Getrenntschreibung ist nun der Normalfall; entsprechend wird bei vielen Zweifelsfällen der bisherigen Schreibweise getrennt geschrieben:
Besorgnis erregend, dicht gedrängt, allgemein gültig, bewusst machen, weit gehend, selbst ernannt, kennen lernen, liegen bleiben

Worttrennung am Zeilenende

Die Neuregelung stärkt das Prinzip einer Trennung nach Sprechsilben:
has-tig, U-fer, Zu-cker, lau-fen, Pä-da-go-ge (auch: Päd-a-go-ge)

Fremdwörter

Grundsätzlich darf man Fremdwörter so schreiben, wie sie in ihrer ursprünglichen Sprache geschrieben werden. Bei etlichen Fremdwörtern ist die Schreibweise dem Deutschen angepasst worden. In einigen Fällen wird die deutschsprachige Schreibweise bevorzugt (Fotografie, Biografie, Fantasie, …) und die fremdsprachige erlaubt (Photographie, Biographie, Phantasie), in anderen Fällen ist es umgekehrt (Delphin, Geographie, Paragraph – Delfin, Geografie, Paragraf).

Schreibung mit drei gleichen Buchstaben

Als Grundregel gilt, dass bei Zusammensetzungen kein Buchstabe wegfällt (Kunststoffflasche, Kaffeeersatz, Teeecke). Um unübersichtliche Zusammensetzungen zu gliedern und dadurch besser lesbar zu machen kann man auch einen Bindestrich setzen (Kunststoff-Flasche, Kaffee-Ersatz, Tee-Ecke).

Kommasetzung

Über Massenmedien

Massenmedien sind allgemein dadurch gekennzeichnet dass sie sich an eine Masse richten. Dies ist ein Publikum das nach Alter Bildungsstand und Anzahl in unbestimmter Weise zusammengesetzt ist und nicht an einem Ort versammelt ist.
Massenmedien sind prinzipiell für jedermann zugänglich wirken nur in eine Richtung und machen eine direkte Kommunikation nicht möglich.
Sie können also nur auf indirektem Wege zur Wirkung kommen nämlich durch technische Hilfsmittel wie Rotationsdruck Funkwellen Sende- und Empfangsgeräte. Massenmedien kann man also als Transportmittel der indirekten Kommunikation bezeichnen die im Leben vieler Menschen einen größeren Raum einnimmt als die direkte Kommunikation. Diese direkte Form der Kommunikation findet nur in der Familie mit Freunden und Bekannten oder mit Kollegen am Arbeitsplatz statt. Wenn wir mit Fremden über Politik über Sportereignisse über den neuesten Film reden merken wir dass fast alle ihr Wissen oft auch ihre Meinung aus den Medien beziehen.

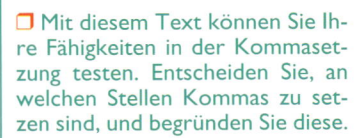

❏ Mit diesem Text können Sie Ihre Fähigkeiten in der Kommasetzung testen. Entscheiden Sie, an welchen Stellen Kommas zu setzen sind, und begründen Sie diese.

❏ Bei einem Einschub kann man manchmal statt Kommas auch Gedankenstriche setzen, die den Satz noch deutlicher unterbrechen als das Komma. An welchen Stellen besteht eine solche Möglichkeit?

⇨ Kommasetzung auf einen Blick

1. Das Komma bei der Abtrennung von Hauptsätzen

Hauptsätze werden durch Satzzeichen voneinander abgetrennt. Dies geschieht durch Punkt, Fragezeichen, Ausrufezeichen, Doppelpunkt oder, je nach inhaltlichem Zusammenhang, auch durch Komma oder Semikolon.

Beispiele:
Seid ihr fertig? Dann kommt!
Es ist Zeit: wir müssen gehen!
Es ist Zeit, wir müssen gehen.
Es ist Zeit; wir müssen gehen.

Mit *und* oder *oder* verbundene Hauptsätze (dies gehört zu den Neuerungen) werden in der Regel nicht durch ein Komma abgetrennt (vgl. Regel 2).

Beispiel:
Es ist Zeit und wir müssen jetzt gehen.

2. Das Komma bei Aufzählungen

Das Komma steht bei Aufzählungen von Einzelwörtern, Wortgruppen oder Sätzen, außer wenn sie durch *und* oder *oder* verbunden sind.

Beispiele:
Massenmedien stellen Öffentlichkeit her, indem sie Sachverhalte *und* Meinungen zwischen Regierungen *und* Regierten, Einzelpersonen, Gruppen *und* gesellschaftlichen Zusammenschlüssen hin- und hertransportieren.
Grundlage der Demokratie ist die Diskussion *und* diese wird von den Massenmedien befördert.

3. Das Komma bei der wörtlichen Rede

Nach dem Schluss der wörtlichen Rede wird immer ein Komma gesetzt, wenn der Begleitsatz folgt oder weitergeht.

Beispiele:
„Ich weiß es", sagte sie.
„Ich weiß es!", rief die Schauspielerin aus.
„Wissen sie es schon?", fragte sie.
Sie sagte: „Ich weiß es", und lief weg.
Sie rief aus: „Ich weiß es!", und lief weg.
Sie fragte noch: „Wissen Sie es?", und lief dann weg.

4. Das Komma bei entgegenstellenden Konjunktionen

Vor entgegenstellenden Konjunktionen wie *aber, sondern, doch* steht ein Komma.

Beispiel:
Massenmedien sind keine Transportmittel für direkte Verständigung zwischen Menschen, sondern sie ermöglichen indirekte Formen der Kommunikation.

5. Das Komma bei Ausrufen, nachgestellten Beifügungen, Erläuterungen, Hervorhebungen

Hier dient das Komma dazu, Einfügungen in den Satz kenntlich zu machen.

Beispiele:
Stellen Sie den Fernseher aus, bitte!
Gehst du heute mit ins Kino, Jens?
Nur in der unmittelbaren Nahwelt, der Familie, dem Freundeskreis, findet direkte Kommunikation statt.

6. Das Komma zwischen Haupt- und Nebensatz im einfachen Satzgefüge

Sind Hauptsatz (oder Basissatz) und Nebensatz (oder Gliedsatz) aufeinander bezogen und ineinander gefügt, spricht man von *Satzgefüge*. Hauptsatz und Nebensatz werden immer durch ein Komma getrennt.
Der Nebensatz kann im Satzgefüge vorn stehen, er kann hinten stehen, er kann auch vom Hauptsatz eingeschlossen sein.

Beispiele:
Hauptsatz: ——————   Nebensatz: ～～～～～

Wenn ein Schaupieler im Theater von ebenso vielen Zuschauern gesehen werden soll wie bei einem Fernsehauftritt, müsste er jahrelang jeden Abend auftreten.
Ein Schauspieler müsste jahrelang jeden Abend auftreten, wenn er ...
Ein Schauspieler müsste, wenn er ..., jahrelang ....

Um die wichtige Regel „Hauptsatz und Nebensatz werden immer durch ein Komma getrennt" befolgen zu können ist es wichtig, Nebensätze im Satzgefüge zu erkennen.
Sie sind vor allem daran zu erkennen, dass in ihnen das Verb am Schluss steht und sie sehr oft mit einem einleitenden Wort (vgl. a-c) beginnen.

Dies sind die wichtigsten Formen von Nebensätzen:

a) Konjunktionaler Nebensatz
Er wird durch eine untergeordnete Konjunktion (wie *als, nachdem, weil, wenn, dass*) eingeleitet.
Beispiel:
Sie schaut sich einen Krimi an, **weil** sie sich ablenken will.

b) Relativsatz
Dieser Nebensatz wird durch ein Relativpronomen eingeleitet, oft auch in Verbindung mit einer Präposition.
Beispiel:
Er schaut sich einen Film an, von **dem** er schon viel gehört hat.

c) Nebensatz mit w-Fragewort
Beispiel:
Er fragte sie, **wann** der Film anfängt.

d) Indirekte Rede in der Funktion eines Nebensatzes.
Beispiel:
Er meinte, der Film habe ihm nicht gefallen. (Er meinte, **dass** ihm ...)

7. Das Komma im komplexen Satzgefüge

In einem komplexen Satzgefüge sind Hauptsatz bzw. Hauptsätze und mehrere Gliedsätze ineinander gefügt.
Auch hier gilt die wichtige Regel: Hauptsatz und Nebensatz werden durch ein Komma getrennt. Auch zwei Nebensätze werden durch ein Komma getrennt, außer wenn sie durch *und* oder *oder* verbunden sind (vgl. Regel 2).

Beispiel:
Für die Demokratie ist es lebenswichtig, dass Kommunikationsprozesse ungehindert stattfinden können, wobei auch sichergestellt sein muss, dass die Massenmedien verschiedene Meinungen und Vorschläge zur Lösung bestimmter Probleme unterbreiten können.

⇒ Schwerpunkte der Reform der Zeichensetzung – kurz zusammengefasst

Es wurde nur sehr wenig geändert; diese Veränderungen bieten vor allem mehr Freiheit bei der Verwendung von Kommas. Dies heißt nicht, dass ein Komma beliebig gesetzt werden könnte, sondern es geht um Übersichtlichkeit im Satz und Verständlichkeit für den Leser.
Die Veränderungen betreffen die Kommasetzung in zwei Teilbereichen, die bislang besonders fehleranfällig waren.

a) Das Komma vor *und* oder *oder* zwischen ganzen Sätzen

Nach bisheriger Regelung musste zwischen Hauptsätzen, die mit *und* oder *oder* verbunden sind, ein Komma gesetzt werden. Jetzt kann man ein Komma setzen, wenn der Satz dadurch übersichtlicher gegliedert werden soll bzw. wenn man Missverständnisse vermeiden will.

Beispiele:
Sie will einen Krimi sehen und er bevorzugt einen Liebesfilm.
Sie wartet vor dem Kino noch auf Boris (,) und Steffen holt schon mal die Karten.

Im zweiten Satz kann man ein Komma setzen, weil man zunächst lesen könnte: Sie wartet noch auf Boris und Steffen.
In dem folgenden Satz muss dagegen vor *und* ein Komma stehen, weil ein Einschub vorausgeht, der durch Komma abgetrennt wird.

Jeder sollte daran denken, dass seine individuelle Meinung wichtig ist, und sich nicht nur passiv mit dem Anhören von Fernsehdiskussionen begnügen.

b) Das Komma bei Infinitiv- und Partizipialgruppen

In diesen beiden Gruppen muss man nur noch ein Komma setzen,
● wenn sie zwischen Subjekt und Prädikat treten (vgl. Regel 5)

Beispiele:
Er, um den Krimi noch zu sehen, blieb lange auf.
Sie, vor Langeweile eingeschlafen, sah von dem Film nichts.

● wenn sie angekündigt werden oder nachträglich darauf Bezug genommen wird

Beispiele:
Daran, die Filmaufnahme zu verleihen, dachte sie nicht.
Sie dachte nicht **daran,** die Filmaufnahme zu verleihen.
Die Filmaufnahme zu verleihen, **daran** dachte sie nicht.

● wenn die Partizipgruppe nachgestellt wird

Beispiel:
Er schaltet den Fernsehapparat aus, von Langeweile angeödet.

Das Komma kann gesetzt werden, wenn man Missverständnisse vermeiden oder die Gliederung des Satzes deutlich machen will.

Beispiele:

Tina besucht am frühen Abend ihre Freundin Tanja(,) um mit ihr das Referat für die nächste Woche durchzusprechen.
Vom Fernsehprogramm enttäuscht(,) schaltet sie eine ganze Woche lang ihren Apparat nicht ein.
Sie riet, ihrem Freund schnell zu helfen.
Sie riet ihrem Freund, schnell zu helfen.

Rudolf Otto Wiemer

Niemand

Es war jemand der hieß Niemand. Niemand hätte ihn für jemand anderen gehalten als Niemand denn Niemand war niemandem unbekannt. Und wenn Niemand auf der Straße jemandem begegnete oder gar wenn Niemand jemanden grüß-
5 te was selten vorkam denn Niemand freundete sich nur zögernd mit jemandem an so konnte man jemanden den Hut ziehen sehen und sagen hören: „Habe die Ehre Herr Niemand." Und es konnte vorkommen dass Niemand der weil er kurzsichtig war nie jemanden genau zu erkennen vermochte
10 seinerseits jemanden grüßte der vor Niemand gar nicht den Hut gezogen hatte und der niemandem weniger gern Reverenz erwies als Niemand wozu auch niemand jemanden gezwungen hätte. […]

(v 1975)

Zur Übung:

❐ In den folgenden Textanfängen fehlen die Kommas. Schreiben Sie einen der Texte neu auf, vergleichen und begründen Sie Ihre Lösungen.

Heinrich von Kleist

Das Erdbeben in Chili

In St. Jago der Hauptstadt des Königreichs Chili stand gerade in dem Augenblicke der großen Erderschütterung vom Jahre 1647 bei welcher viele tausend Menschen ihren Untergang fanden ein junger auf ein Verbrechen angeklagter Spanier na-
5 mens *Jeronimo Rugera* an einem Pfeiler des Gefängnisses in welches man ihn eingesperrt hatte und wollte sich erhenken. *Don Henrico Asteron* einer der reichsten Edelleute der Stadt hatte ihn ungefähr ein Jahr zuvor aus seinem Hause wo er als Lehrer angestellt war entfernt weil er sich mit *Donna Josephe*
10 seiner einzigen Tochter in einem zärtlichen Einverständnis befunden hatte. Eine geheime Bestellung die dem alten Don nachdem er die Tochter nachdrücklich gewarnt hatte durch die hämische Aufmerksamkeit seines stolzen Sohnes verraten worden war entrüstete ihn dergestalt dass er sie in dem Kar-
15 meliterkloster unsrer lieben Frauen vom Berge daselbst unterbrachte. […]

(v 1810)

Heinrich von Kleist

Anekdote aus dem letzten preußischen Kriege

In einem bei Jena liegenden Dorf erzählte mir auf einer Reise nach Frankfurt der Gastwirt dass sich mehrere Stunden nach der Schlacht um die Zeit da das Dorf schon ganz von der Armee des Prinzen von Hohenlohe verlassen und von Franzosen die es für besetzt gehalten umringt gewesen wäre ein einzelner preußischer Reiter darin gezeigt hätte; und versicherte mir dass wenn alle Soldaten die an diesem Tage mitgefochten so tapfer gewesen wären wie dieser die Franzosen hätten geschlagen werden müssen wären sie auch noch dreimal stärker gewesen als sie in der Tat waren. […] (v 1810)

Die Diskussion über die Reform der Rechtschreibung

❏ Erstellen Sie mit Hilfe eines von Ihnen konzipierten Fragebogens ein Meinungsbild zur Diskussion um die Rechtschreibreform (zum Beispiel für Ihre Lerngruppe, in der Schule, im Freundes- und Bekanntenkreis, in der Öffentlichkeit).

❏ Geben Sie Ihre eigene Stellungnahme/Wertung in Form eines kurzen Statements ab; diskutieren Sie in der Lerngruppe (in Form eines Streitgesprächs zwischen Experten oder in Form eines Podiumsgesprächs) vor dem Hintergrund Ihrer eigenen Kenntnis der Reformansätze.

❏ Verfassen Sie einen Meinungstext in der Form eines Essay, einer Glosse oder einer Antwort auf einen Text in der Form eines Leserbriefes.

❏ Untersuchen Sie die folgenden Texte im Hinblick auf ihre Beurteilung der Reform.
Beachten Sie dabei vor allem die jeweilige Textart, die Kernthesen, einzelne Argumente, Beispiele/Belege sowie die Argumentationsstruktur.

Hinweise zum Zusammenhang der Texte

Auf der Wiener Orthographiekonferenz vom November 1994 konnten sich Fachleute und Vertreter der zuständigen staatlichen Stellen aus allen deutschsprachigen Ländern grundsätzlich über die Neuregelung der deutschen Rechtschreibung verständigen.
Die am 1. Juli 1996 in Wien unterzeichnete Absichtserklärung schuf dann die Voraussetzung für eine Neuregelung der Rechtschreibung im gesamten deutschen Sprachraum. Diese Neuregelung ist die erste systematische Bearbeitung des gegenwärtig gültigen Regelwerks von 1901/1902. Sie verfolgt das Ziel Grundregeln zu stärken, Ausnahmen abzubauen und Widersprüche zu beseitigen. Die Neuregelung soll am 1.8.1998 in Kraft treten. Eine Übergangsfrist zur Gewöhnung an die neue Schreibweise besteht bis zum Jahre 2005. Bis dahin sollen in der Schule bisherige Schreibweisen nicht als Fehler gewertet, sondern als überholt gekennzeichnet werden.
Sehr bald formierte sich eine Opposition gegen die neuen Regelungen. So versuchte der oberbayerische Deutschlehrer Friedrich Denk als Initiator der sogenannten „Frankfurter Erklärung zur Rechtschreibreform", die er auf der Frankfurter Buchmesse 1996 publik machte, die Reform zu stoppen. Im Jahre 1997 verschärfte sich die Diskussion um das Für und Wider; dabei standen juristische Argumente im Vordergrund.
Bei den folgenden Texten wurde die jeweilige „originale" Schreibweise des Verfassers übernommen.

Hans Magnus Enzensberger

„So überflüssig wie ein Kropf"

[...] Eine solche „Reform" ist natürlich so überflüssig wie ein Kropf. Nur Zwangsneurotiker können wegen solcher Bagatellen jahrzehntelang Steuergelder in Ausschüssen und Kommissionen verdauen. [...]
Die Orthographie war in Deutschland seit dem Wilhelminismus ein reiner Amtsfetisch. Die Regierungen sollten die Finger von Dingen lassen, von denen sie nichts verstehen und für die sie nicht kompetent sind. Die sogenannten Regelwerke sind Ersatzhandlungen, mit denen die kulturpolitische Impotenz kaschiert werden soll. Es ist für das Verständnis völlig unerheblich, ob es „Stengel" heißt oder „Stängel", ob man „im Klaren" groß oder klein schreibt – es kommt vielmehr darauf an, ob jemand in der Lage ist, sich klar auszudrücken. Darum sollten sich die Pädagogen kümmern, statt eine alte Zwangsjacke durch eine neue zu ersetzen. [...]
Auf jedem Manuskript, das ich an meinen Verlag sende, steht seit Jahrzehnten mit großen roten Buchstaben: „Nicht nach Duden!" Allen Lehrern der Republik würde ich raten, den Schwachsinn der neuen „amtlichen Regelung" stillschweigend zu ignorieren. Die Schulen haben Besseres zu tun. Vorschriften, die niemand beachtet, machen sich lächerlich. Sie erledigen sich von selbst. Ich kann mir nicht vorstellen, daß maßgebende Verlage wie Rowohlt, Hanser oder Suhrkamp so dumm sein werden, ihre Bücher einzustampfen. Auch die großen Zeitungen täten gut daran, sich taub zu stellen. [...]

(Aus: Spiegel Nr. 42/96)

Sven Boedecker

Die Gegenreformation

[...] Bei allen vernünftigen Einwänden gegen die Novellierung: Die Deutschen vermochten noch nie, frei von Hysterie über ihre Orthographie zu streiten. Auch diesmal nicht. Eine Verfassungsklage gegen die Reform wurde bereits erhoben und abgeschmettert; auch Denk erwägt den Gang nach Karlsruhe, allerdings erst nach einem durchzuführenden Volksbegehren in Bayern: „Falls die Kultusminister weiter mauern." Ein Grundrecht auf „Daß"-Schreibung? [...]
Mit deutschtümelndem Gefasel macht sich Walter Kempowski über die konsequente Anwendung der Silbentrennung her: „Jetzt gipfelt diese Änderungsschneiderei sogar darin, dass man ein schönes, altes, deutsches Wort barbarisch trennt: A-bend."
So viel Aufgeregtheit kann man nur mit Sachlichkeit begegnen. Die neue Rechtschreibung würde mit 112 (statt zuvor 212) Schreibregeln und neun (zuvor 52) Kommaregeln aus-

kommen, das „ß" nach kurzen betonten Vokalen in „ss" verwandeln und Groß- sowie Getrenntschreibung favorisieren. […]
Die Mickrigkeit dieser Reform macht etwas anderes als den von den Literaten gefürchteten Niedergang der Kultur deutlich: Sie ist überflüssig. Denn während sich wenig ändert, steht dennoch ein gigantischer Aufwand ins Haus. Besonders im Schulwesen: Allein für Nordrhein-Westfalen rechnet der Verband für Bildung und Erziehung mit einer halben Milliarde an Zusatzkosten für Schulbücher. […]
Die Literaten werden am wenigsten von dieser anstehenden Reform zu befürchten haben. Ihre Freiräume bleiben auch in zwei Jahren genauso geachtet oder missachtet wie in der Vergangenheit. Die Vorstellung von einem einheitlichen sprachlichen Erscheinungsbild in der Literatur ist ohnehin illusionär. Goethe nahm es nicht sehr genau mit den Kommata, Thomas Mann nicht mit dem Genitiv, Elfriede Jelinek schrieb auch in ungemäßigter Kleinschreibung, Wolfgang Koeppen interpunktierte nach eigenen Vorstellungen, und der Arno Schmidtsche Kosmos hat Regelhuber schon immer das Fürchten gelehrt. […]

(Aus: Die Woche, 18.10.1996)

© aus: „Rächt – Schraip – Rephorm",
Tomus Verlag, München

Hans-Ulrich Jörges

Abdankung

[…] Es war uns ein Lehrstück. Nicht allein von dem urdeutschen Geschrei, das stets dann anhebt, wenn es um Veränderungen geht – um neue Postleitzahlen wie um eine behutsame Modernisierung der Rechtschreibung. Auch von der Glaubwürdigkeit derjenigen, die Reformbereitschaft mit Verve bei anderen einfordern, aber den Untergang des Abendlandes heraufbeschwören, sobald sie selbst umdenken müssen. Noch mehr aber illustriert der verspätete Protest der Schriftsteller deren dramatisch schwindende gesellschaftliche Bedeutung. Sprache ist auch Herrschaft – und der Verlust von Herrschaft über die Sprache auch Verlust von Macht. Dass die Dichter die Reform verschliefen, dass sie als Trittbrettfahrer auf eine fremde Resolution aufsprangen, dass ein Unterzeichner wie Walter Kempowski offen eingesteht, sie im Detail nicht zu kennen, ist blamabel. Noch erschreckender aber ist, dass die Dichter bis auf wenige Ausnahmen (wie Günter Grass) nichts zu sagen haben zu den wirklich bewegenden Themen der Zeit: den Folgen der deutschen Einheit, der Gefährdung des Sozialstaats, den Umwälzungen von Wirtschaft und Arbeitswelt. Insofern war der hilflose Aufstand gegen die Rechtschreibreform mehr als nur das: Er war Symptom für die Abdankung der Intellektuellen.

(Aus: Die Woche, 1.11.96)

Dresden contra Frankfurt

Mit einer „Dresdener Erklärung" zur Neuregelung der Rechtschreibung hat die Kultusministerkonferenz Ende Oktober die von den Unterzeichnern der sog. „Frankfurter Erklärung zur Rechtschreibreform" geltend gemachten Argumente für einen Stop der Neuregelung als falsch zurückgewiesen. Wörtlich heißt es in der „Dresdener Erklärung" der Kultusministerkonferenz u. a.:
1. Die Neuregelung der Rechtschreibung ist in den vergangenen Jahren Gegenstand eines breiten wissenschaftlichen, politischen und öffentlichen Diskussionsprozesses gewesen. Falsch ist also der Vorwurf, die Neuregelung der Rechtschreibung sei von einer „kleinen, weitgehend anonymen Expertengruppe" erarbeitet worden. […]
2. Die Neuregelung der Rechtschreibung orientiert sich vor allem an den Bedürfnissen von Schülerinnen und Schülern und hat insgesamt den „Normalbürger" im Blick. Sie stellt die Sprache nicht auf den Kopf, sondern beseitigt behutsam Ungereimtheiten, die sich in 100 Jahren entwickelt haben. Sie macht übersichtlicher, logischer und transparenter und wird das Schreiben erleichtern, ohne die kulturelle Tradition zu schmälern.
Die literarische Produktion ist durch die Neuregelung der Rechtschreibung nicht betroffen. Künstler können auch in Zukunft wie bisher selbstverständlich frei mit der Sprache umgehen und sie im Zuge ihres literarischen Schreibens individuell gebrauchen. Sie brauchen sich dabei um Orthographieregeln wie bisher nicht zu kümmern. Tatsächlich betrifft die geplante Neuregelung ausschließlich das Schreiben in Behörden und Schulen. Eine Regelung für das gesamte Verlagswesen konnten und wollten die Kultusminister nicht treffen, und für literarische Texte, die bereits auf dem Markt sind, gilt, daß sie nicht deswegen veraltet sind, weil sie in der alten Orthographie verfasst sind. Literarische Bücher brauchen also nicht neu gedruckt zu werden, wie fälschlicherweise behauptet wird. […]
3. Falsch ist der Vorwurf, daß durch die Neuregelung der Rechtschreibung Kosten in Milliardenhöhe entstehen werden. Falsch zunächst einmal deshalb, weil es nicht stimmt, daß literarische Bücher neu gedruckt werden müssen. Außerdem haben die Kultusminister bei ihrer Beschlußfassung im Dezember 1995 auch darauf geachtet, in dem Bereich, der tatsächlich betroffen ist, nämlich bei den Schulbüchern, alle Möglichkeiten auszuschöpfen, um Kosten zu sparen. Durch die neunjährige Übergangsfrist für die Neuregelung der Rechtschreibung können Schulbücher – mit Ausnahme der Rechtschreiblernmittel – weitgehend im normalen Erneuerungsturnus ersetzt werden. […]
4. Die Kultusministerkonferenz ist nicht der Auffassung, daß die behutsame und maßvolle Neuregelung dem Ansehen der deutschen Sprache und Literatur im In- und Ausland schaden würde. Orthographie ist wichtiges Element bei der Vermitt-

© aus: „Rächt – Schraip – Rephorm",
Tomus Verlag, München

lung von Sprache, aber nicht die Sprache. Kein einziges deutsches Wort geht durch die Neuregelung der Rechtschreibung verloren. Dem deutschen Ansehen bei den anderen deutschsprachigen Partnern, mit denen gemeinsam die Neuregelung erarbeitet worden ist, würde es aber mit Sicherheit Schaden zufügen, wenn nach Abschluß der langjährigen gemeinsamen Beratungen und nach Unterzeichnung der gemeinsamen Absichtserklärung Deutschland sich von dem lange demokratisch diskutierten und im ganzen deutschsprachigen Raum politisch beschlossenen Neuregelungsvorschlag distanzieren würde. Schaden nehmen würden auch die Kinder in unseren Schulen, die bereits vielerorts nach der Neuregelung unterrichtet werden.

(Aus: Profil, Nr. 12/1996, S. 28)

© aus: „Rächt – Schraip – Rephorm", Tomus Verlag, München

Ulrich Raschke
Schifffahrt tut Not

„Wir Großen sollten uns mit dem Umgewöhnen nicht so schwer tun und einmal an die denken, die sich die Schriftsprache erst aneignen wollen", schrieb eine Erfurter Deutschlehrerin an DIE WOCHE, nachdem diese zum Jahreswechsel ihre Rechtschreibung umgestellt hatte und auf der Leserbriefseite eine kontroverse Debatte entbrannt war.
Mittlerweile werden die neuen Regeln an vielen Schulen gelehrt und die Arbeitsgruppe Rechtschreibreform der Kultusministerkonferenz stellt dieser Tage fest, dass es bei der Einführung keine nennenswerten Schwierigkeiten gebe. Doch während sich die Kleinen längst mit der erleichterten Rechtschreibung anfreunden, hadern die Großen noch immer mit Gämse, Delfin und Schneeeule. [...]
Offiziell ab August 1998 gültig, gehören die reformierten Schreibweisen schon heute in den meisten Bundesländern zum Unterricht. Die Erfahrungen sind gut: Die Erstklässler lernten die neuen Regeln leichter, so die Praktiker. Bei Probediktaten höherer Jahrgänge in Bayern und Nordrhein-Westfalen verringerte sich die Anzahl der Fehler bei Anwendung der neuen Regeln um rund zwei Drittel. Kein Wunder, dass Umfragen an den Schulen ein ganz anderes Bild zeigen als Flugblätter der Reformgegner [...].
Auch außerhalb der Schulen setzt sich die oft leidenschaftlich, aber selten fundiert kritisierte Reform durch. Die Nachrichten-Agenturen haben die Umstellung ihrer Rechtschreibung zum Stichtag 1. August 1998 angekündigt, dem dürften sich die meisten Zeitungen und Zeitschriften anschließen. In den Buchverlagen wird zum Teil schon jetzt nach neuen Regeln produziert – vor allem Schul- und Kinderbücher. [...]
Die Galionsfigur der Protestbewegung, der Weilheimer Gymnasiallehrer Friedrich Denk, gibt sich optimistisch. Auf der Frankfurter Buchmesse im Herbst 1996 hatte er Deutschlands Dichter und Denker erweckt und zum Gegenangriff gesammelt. Zu diesem Zeitpunkt war die Reform schon seit einem

Vierteljahr beschlossen. Ob sie vielleicht gerade von einem mehrjährigen Auslandsaufenthalt zurückgekommen seien, mussten sich die Schriftsteller fragen lassen. Inzwischen haben sich manche besonnen: Das sei im Trubel der Messe damals nicht so ganz korrekt abgelaufen, räumt der „mündliche Unterzeichner" Eckard Henscheid („Dummdeutsch!") heute ein, und Walter Kempowski nannte seine Unterschrift „ein wenig leichtsinnig".

Kopfschüttelnd verteidigen die Architekten der Reform, die jahrelang das Interesse der Öffentlichkeit nicht wecken konnten, jetzt ihre Arbeit gegen Fundamentalisten wie Traditionalisten. Auch wenn die Neuregelung ein Kompromiss sei und noch Ungereimtheiten enthalte, stelle sie eine Verbesserung dar. Genervt von uninformierten Polemikern und populistischen Kampagnen rief der Germanist Hermann Zabel zu Jahresbeginn eine Gegen-Gegenreformation ins Leben und fordert nun in einer „Dortmunder Erklärung" zur konsequenten Umsetzung der beschlossenen Rechtschreibreform auf. […]

(Aus: Die Woche, 28.2.1997)

Friedrich Karl Fromme
Die Rechtschreibreform wird zu einer Verfassungsfrage

Die Zuständigkeit des Bundes / Der Wesentlichkeitsgrundsatz

Frankfurt, 6. Juni. Unaufhaltsam entwickelt sich die Rechtschreibreform, welche die Kultusminister, gedeckt durch einen Beschluß der Ministerpräsidenten der Bundesländer vom Dezember 1995, auf den Weg gebracht haben, zu einer Verfassungsfrage. In dieses Gewand pflegt sich politischer Streit in Deutschland zu kleiden, wenn andere Abhilfe gegen das, was offenbar eine erhebliche Zahl von Bürgern nicht will, nicht möglich ist. In einer Bundestagsdebatte zum Thema am 18. April fiel wiederholt das Wort „Für die Verfassung ist es nie zu spät."

Zunächst also wird von den Gegnern der Rechtschreibreform eine Kompetenz des Bundes in Anspruch genommen „kraft Natur der Sache". Weiter aber heißt es, daß auch der Bund eine solche Regelung nicht auf dem Verwaltungswege treffen könne (wie es das Deutsche Reich bei der letzten Rechtschreibreform im Jahre 1901 getan hat). Vielmehr greife hier die vom Bundesverfassungsgericht entwickelte „Wesentlichkeitstheorie" ein, wonach Gegenstände, die von erheblicher Bedeutung sind und in Grundrechte eingreifen, vom Gesetzgeber „selbst" geregelt werden müssen – dann auch mit der verfassungsrechtlich gebotenen Zitierung der jeweils eingeschränkten Grundrechte. Bei der Rechtschreibreform kommen in Frage das allgemeine Persönlichkeitsrecht, aber auch das elterliche Erziehungsrecht.

(Aus: Frankfurter Allgemeine Zeitung, 7.6.1997)

Hans-Ulrich Jörges
Stoppt den Kreuzzug!

[…] Wer tritt dem reaktionären Amoklauf entgegen, wer zerstört die Basis seines Erfolgs – Angst und Unkenntnis? Die Kultusminister haben hier bislang gründlich versagt. Politik aber, die (sich) nicht erklärt, hat verloren. Es ist höchste Zeit für eine Aufklärungsaktion der Ministerien und Lehrerverbände, um den Verunsicherten klarzumachen, dass die Rechtschreibung logischer wird; dass die traditionelle Schreibweise nicht über Nacht beseitigt wird, sondern zulässig bleibt; dass selbst an den Schulen eine Übergangsfrist bis 2005 gilt; dass die Freiheit des Schreibens nicht eingeengt, sondern durch viele Wahlmöglichkeiten erweitert wird; und dass angeblich Tausende von Reformfehlern nur böse Legende sind. Es gibt Ungereimtheiten, gewiss, doch die sind zu beseitigen. Leichter als die Entstellungen durch die Reformgegner. […]

(Aus: Die Woche, 8.8.1997)

Inhalte und literarische Formen in ihren historischen Zusammenhängen

Epische Form – So fangen Romane an

Eine Frau im Konflikt mit den erstarrten gesellschaftlichen Konventionen ihrer Zeit – Theodor Fontane: Effi Briest

Den Roman „Effi Briest" schrieb Fontane zwischen 1890 und 1894. Der Erstdruck erfolgte 1894 in der *Deutschen Rundschau*. Dem Roman liegt eine wahre Begebenheit zugrunde, ein Gesellschaftsskandal in Berlin um Ehebruch und Duell. Vorbild für die
5 Figur der Effi Briest war Else Freifrau von Ardenne, die erst 1952, im Alter von 99 Jahren, am Bodensee gestorben ist.
Theodor Fontane (* 30.12.1819 in Neuruppin, † 20.9.1898 in Berlin) wurde, wie sein Vater, Apotheker. Wie diesem fehlte auch dem Sohn der Sinn für die bürgerliche kaufmännische
10 „Tüchtigkeit", so dass er viele Jahre unter ständigen Geldsorgen lebte. Später gab Fontane den ungeliebten Beruf auf und war als Journalist, Theaterkritiker, Kriegsberichterstatter tätig. Erst im Alter von 60 Jahren stellten sich die ersten echten schriftstellerischen Erfolge ein. Fontane wurde zunächst als Dichter von Bal-
15 laden bekannt. Zu seinen Hauptwerken zählt neben „Effi Briest" der Roman „Der Stechlin" (1899), dessen Veröffentlichung er nicht mehr erlebte.

W. Vogt: Theodor Fontane, 1819–1898

Inhaltsangabe

Im Hause des Ritterschaftsrats von Briest auf Hohen-Cremmen hält ein Jugendfreund Frau von Briests, Baron von Innstet-
5 ten, um die Hand der Tochter des Hauses an. Die Stellung Innstettens – er ist Landrat des Kreises Kessin in Hinterpommern –, seine viel versprechen-
10 de berufliche Zukunft, sein Ruf als *„Mann von Charakter ...* *und guten Sitten"* machen eine Verbindung wünschenswert, und so folgt die siebzehnjährige und noch kindliche Effi dem mehr als zwanzig Jahre Älteren in sein Kessiner Haus, ohne eine rechte Vorstellung von der Ehe zu haben, ja ohne den zeremoniell-steifen Innstetten eigentlich zu lieben. Nachdem das Ungewohnte der neuen

Crampas und Effi
(aus „Rosen im Herbst", BRD, 1955)

Umgebung zunächst anregend auf Effi gewirkt hat, beginnt sie bald, von ihrem Mann oft allein gelassen, sich in dem gesellschaftlich unergiebigen Kessin zu langweilen. Ihr wird schmerzlich bewusst, was ihr in ihrer Ehe fehlt: „*Huldigung, Anregungen, kleine Aufmerksamkeiten*", denn „*Innstetten war lieb und gut, aber ein Liebhaber war er nicht*". Zudem wird sie durch merkwürdige Spukgeräusche und -erscheinungen geängstigt, ohne bei ihrem Mann Verständnis und Trost zu finden. Die Geburt einer Tochter lässt Effi reifer und fraulicher werden; aber auch das Kind kann sie aus ihrer inneren Vereinsamung nicht befreien. Allmählich und fast gegen ihren Willen entwickelt sich eine Liebesbeziehung zwischen ihr und dem neuen Bezirkskommandanten Crampas, einem erfahrenen, leichtsinnigen „*Damenmann*", dem „*alle Gesetzmäßigkeiten ... langweilig*" sind. Das Verhältnis bleibt jedoch ohne Leidenschaft, das Verbotene und Heimliche ihres Tuns ist Effis offener Natur zuwider. So begrüßt sie es als Erlösung, dass Innstetten nach Berlin versetzt wird und die Beziehung zu Crampas damit ein unauffälliges Ende findet. Das Ehepaar verlebt ruhige und harmonische Jahre in Berlin, da findet Innstetten eines Tages während der Abwesenheit seiner Frau die Briefe, die Crampas in Kessin an Effi geschrieben hat. Er fühlt sich tief in seiner Ehre verletzt, und wenn auch keinerlei Gefühl von Hass oder Rachsucht in ihm aufkommt, sieht er doch keinen anderen Weg zur Wiederherstellung seines Ansehens vor sich selbst und der Welt, als Crampas zum Duell zu fordern. Crampas fällt. Obwohl Innstetten sich der Fragwürdigkeit des geltenden Ehrbegriffes bewusst ist, obwohl er erkennt, dass „*alles einer Vorstellung, einem Begriff zuliebe*" geschehen ist, „*eine gemachte Geschichte, halbe Komödie*" war, kann er sich doch über die Gebote der Gesellschaft nicht hinwegsetzen: „*Und diese Komödie muss ich nun fortsetzen und muss Effi wegschicken und sie ruinieren, und mich mit ...*" Er lässt sich von seiner Frau scheiden; das Kind bleibt bei ihm. Da Effis Eltern ihr aus gesellschaftlichen Rücksichten die Zuflucht in Hohen-Cremmen verweigern, lebt sie fortan zusammen mit dem Kindermädchen ihrer Tochter Annie in einer bescheidenen Berliner Wohnung. Dort findet auf ihr wiederholtes Bitten ein Wiedersehen mit der nun zehnjährigen Annie statt. Aber die Begegnung ist schmerzlich und bitter: das Kind ist der Mutter entfremdet und verhält sich, offensichtlich vom Vater dazu angehalten, abweisend. Nach diesem Besuch bricht Effi, die schon lange kränkelt, zusammen. Auf Vermittlung ihres Arztes holen die Eltern die Todkranke endlich heim. Dort klingt ihr Leben in ruhigem Frieden aus: sie versöhnt sich innerlich mit ihrem Mann und gesteht ihm zu, „*dass er in allem recht gehandelt ... Denn er hatte viel Gutes in seiner Natur und war so edel, wie jemand sein kann, der ohne rechte Liebe ist.*" Dem vereinsamten, freudlos dahinlebenden Innstetten aber bleibt nur das Bewusstsein, „*dass es ein Glück gebe, dass er es gehabt, aber dass er es nicht mehr habe und nicht mehr haben könne*".

Das Herrenhaus von Briest bei Magdeburg inspirierte den Dichter zur Darstellung von Effis Elternhaus.

Fontane geht es in seinem Roman nicht um eine Anklage, weder gegen eine der Personen noch gegen die Gesellschaft. Die Frage der Schuld bleibt offen, das Geschick Effis und Innstettens ist durch die Charaktere und Verhältnisse determiniert.

Erstes Kapitel

In Front des schon seit Kurfürst Georg Wilhelm von der Familie von Briest bewohnten Herrenhauses zu Hohen-Cremmen fiel heller Sonnenschein auf die mittagsstille Dorfstraße, während nach der Park- und Gartenseite hin ein rechtwinklig
5 angebauter Seitenflügel einen breiten Schatten erst auf einen weiß und grün quadrierten Fliesengang und dann über diesen hinaus auf ein großes, in seiner Mitte mit einer Sonnenuhr und an seinem Rande mit Canna indica und Rhabarberstauden besetztes Rondell warf. Einige zwanzig Schritte weiter, in
10 Richtung und Lage genau dem Seitenflügel entsprechend, lief eine ganz in kleinblättrigem Efeu stehende, nur an einer Stelle von einer kleinen weiß gestrichenen Eisentür unterbrochene Kirchhofsmauer, hinter der der Hohen-Cremmener Schindelturm mit seinem blitzenden, weil neuerdings erst wieder
15 vergoldeten Wetterhahn aufragte. Fronthaus, Seitenflügel und Kirchhofsmauer bildeten ein einen kleinen Ziergarten umschließendes Hufeisen, an dessen offener Seite man eines Teiches mit Wassersteg und angekettelten Boot und dicht daneben einer Schaukel gewahr wurde, deren horizontal geleg-
20 tes Brett zu Häupten und Füßen an je zwei Stricken hing – die Pfosten der Balkenlage schon etwas schief stehend. Zwischen Teich und Rondell aber und die Schaukel halb versteckend standen ein paar mächtige alte Platanen.
Auch die Front des Herrenhauses – eine mit Aloekübeln und
25 ein paar Gartenstühlen besetzte Rampe – gewährte bei bewölktem Himmel einen angenehmen und zugleich allerlei Zerstreuung bietenden Aufenthalt; an Tagen aber, wo die Sonne niederbrannte, wurde die Gartenseite ganz entschieden bevorzugt, besonders von Frau und Tochter des Hauses, die
30 denn auch heute wieder auf dem im vollen Schatten liegenden Fliesengange saßen, in ihrem Rücken ein paar offene, von wildem Wein umrankte Fenster, neben sich eine vorspringende kleine Treppe, deren vier Steinstufen vom Garten aus in das

❐ Fontane stellte selbst die Forderung auf, das erste Kapitel eines Romans solle den „Keim des Ganzen" enthalten. Lesen Sie die Inhaltsangabe (Seite 95f.) und den Anfangsteil und nehmen Sie zu der Aussage Fontanes Stellung. Berücksichtigen Sie dabei folgende Fragen:
– Wie werden die Charaktere der Hauptpersonen dargestellt? (Effi, Frau von Briest, Herr von Briest, Herr von Innstetten)
– Welche Beziehungen zwischen den Personen werden angedeutet?
– Was ist im Zusammenhang mit den Freundinnen über Effi und ihr zukünftiges Schicksal zu erfahren?
– Welche Themen des Romans werden bereits angedeutet?
– Welche Bedeutung könnten die Einzelheiten bei der Beschreibung des Elternhauses haben (zum Beispiel Pflanzen, Kirchhofsmauer, Schaukel, Sonnenuhr)?

Hochparterre des Seitenflügels hinaufführten. Beide, Mutter und Tochter, waren fleißig bei der Arbeit, die der Herstellung eines aus Einzelquadraten zusammenzusetzenden Altarteppichs galt; ungezählte Wollsträhnen und Seidendocken lagen auf einem großen, runden Tisch bunt durcheinander, dazwischen, noch vom Lunch her, ein paar Dessertteller und eine mit großen, schönen Stachelbeeren gefüllte Majolikaschale. Rasch und sicher ging die Wollnadel der Damen hin und her, aber während die Mutter kein Auge von der Arbeit ließ, legte die Tochter, die den Rufnamen Effi führte, von Zeit zu Zeit die Nadel nieder und erhob sich, um unter allerlei kunstgerechten Beugungen und Streckungen den ganzen Kursus der Heil- und Zimmergymnastik durchzumachen. Es war ersichtlich, dass sie sich diesen absichtlich ein wenig ins Komische gezogenen Übungen mit ganz besonderer Liebe hingab, und wenn sie dann so dastand und, langsam die Arme hebend, die Handflächen hoch über dem Kopf zusammenlegte, so sah auch wohl die Mama von ihrer Handarbeit auf, aber immer nur flüchtig und verstohlen, weil sie nicht zeigen wollte, wie entzückend sie ihr eigenes Kind finde, zu welcher Regung mütterlichen Stolzes sie voll berechtigt war. Effi trug ein blau und weiß gestreiftes, halb kittelartiges Leinwandkleid, dem erst ein fest zusammengezogener, bronzefarbener Ledergürtel die Taille gab; der Hals war frei, und über Schulter und Nacken fiel ein breiter Matrosenkragen. In allem, was sie tat, paarte sich Übermut und Grazie, während ihre lachenden braunen Augen eine große, natürliche Klugheit und viel Lebenslust und Herzensgüte verrieten. Man nannte sie die „Kleine", was sie sich nur gefallen lassen musste, weil die schöne, schlanke Mama noch um eine Handbreit höher war.
Eben hatte sich Effi wieder erhoben, um abwechselnd nach links und rechts ihre turnerischen Drehungen zu machen, als die von ihrer Stickerei gerade wieder aufblickende Mama ihr zurief: „Effi, eigentlich hättest du doch wohl Kunstreiterin werden müssen. Immer am Trapez, immer Tochter der Luft. Ich glaube beinah, dass du so was möchtest."
„Vielleicht, Mama. Aber wenn es so wäre, wer wäre schuld? Von wem hab ich es? Doch nur von dir. Oder meinst du, von Papa? Da musst du nun selber lachen. Und dann, warum steckst du mich in diesen Hänger, in diesen Jungenskittel? Mitunter denk ich, ich komme noch wieder in kurze Kleider. Und wenn ich die erst wieder habe, dann knicks ich auch wieder wie ein Backfisch, und wenn dann die Rathenower herüberkommen, setze ich mich auf Oberst Goetzes Schoß und reite hopp, hopp. Warum auch nicht? Drei Viertel ist er Onkel und nur ein Viertel Courmacher. Du bist schuld. Warum kriege ich keine Staatskleider? Warum machst du keine Dame aus mir?"
„Möchtest du's?"
„Nein." Und dabei lief sie auf die Mama zu und umarmte sie stürmisch und küsste sie.
„Nicht so wild, Effi, nicht so leidenschaftlich. Ich beunruhige mich immer, wenn ich dich so sehe…" Und die Mama schien ernstlich willens, in Äußerung ihrer Sorgen und Ängste fort-

zufahren. Aber sie kam nicht weit damit, weil in ebendiesem Augenblicke drei junge Mädchen aus der kleinen, in der Kirchhofsmauer angebrachten Eisentür in den Garten eintraten und einen Kiesweg entlang auf das Rondell und die Sonnenuhr zuschritten. Alle drei grüßten mit ihren Sonnenschirmen zu Effi herüber und eilten dann auf Frau von Briest zu, um dieser die Hand zu küssen. Diese tat rasch ein paar Fragen und lud dann die Mädchen ein, ihnen oder doch wenigstens Effi auf eine halbe Stunde Gesellschaft zu leisten. „Ich habe ohnehin noch zu tun, und junges Volk ist am liebsten unter sich. Gehabt euch wohl." Und dabei stieg sie die vom Garten in den Seitenflügel führende Steintreppe hinauf.
Und da war nun die Jugend wirklich allein.
Zwei der jungen Mädchen – kleine, rundliche Persönchen, zu deren krausem, rotblondem Haar ihre Sommersprossen und ihre gute Laune ganz vorzüglich passten – waren Töchter des auf Hansa, Skandinavien und Fritz Reuter eingeschworenen Kantors Jahnke, der denn auch, unter Anlehnung an seinen mecklenburgischen Landsmann und Lieblingsdichter und nach dem Vorbilde von Mining und Lining, seinen eigenen Zwillingen die Namen Bertha und Hertha gegeben hatte. Die dritte junge Dame war Hulda Niemeyer, Pastor Niemeyers einziges Kind; sie war damenhafter als die beiden anderen, dafür aber langweilig und eingebildet, eine lymphatische Blondine, mit etwas vorspringenden, blöden Augen, die trotzdem beständig nach was zu suchen schienen, weshalb denn auch Klitzing von den Husaren gesagt hatte: „Sieht sie nicht aus, als erwarte sie jeden Augenblick den Engel Gabriel?" Effi fand, dass der etwas kritische Klitzing nur zu sehr Recht habe, vermied es aber trotzdem, einen Unterschied zwischen den drei Freundinnen zu machen. Am wenigsten war ihr in diesem Augenblicke danach zu Sinn, und während sie die Arme auf den Tisch stemmte, sagte sie: „Diese langweilige Stickerei. Gott sei Dank, dass ihr da seid."
„Aber deine Mama haben wir vertrieben", sagte Hulda.
„Nicht doch. Wie sie euch schon sagte, sie wäre doch gegangen; sie erwartet nämlich Besuch, einen alten Freund aus ihren Mädchentagen her, von dem ich euch nachher erzählen muss, eine Liebesgeschichte mit Held und Heldin, und zuletzt mit Entsagung. Ihr werdet Augen machen und euch wundern. Übrigens habe ich Mamas alten Freund schon drüben in Schwantikow gesehen; er ist Landrat, gute Figur und sehr männlich."
„Das ist die Hauptsache", sagte Hertha.
„Freilich ist das die Hauptsache, ‚Weiber weiblich, Männer männlich' – das ist, wie ihr wisst, einer von Papas Lieblingssätzen. Und nun helft mir erst Ordnung schaffen auf dem Tisch hier, sonst gibt es wieder eine Strafpredigt."
Im Nu waren die Docken in den Korb gepackt, und als alle wieder saßen, sagte Hulda: „Nun aber, Effi, nun ist es Zeit, nun die Liebesgeschichte mit Entsagung. Oder ist es nicht so schlimm?"
„Eine Geschichte mit Entsagung ist nie schlimm. Aber ehe Hertha nicht von den Stachelbeeren genommen, eh kann ich nicht anfangen – sie lässt ja kein Auge davon. Übrigens nimm,

soviel du willst, wir können ja hinterher neue pflücken; nur wirf die Schalen weit weg oder noch besser, lege sie hier auf die Zeitungsbeilage, wir machen dann eine Tüte daraus und schaffen alles beiseite. Mama kann es nicht leiden, wenn die Schlusen so überall umherliegen, und sagt immer, man könne dabei ausgleiten und ein Bein brechen."

„Glaub ich nicht", sagte Hertha, während sie den Stachelbeeren fleißig zusprach.

„Ich auch nicht", bestätigte Effi. „Denkt doch mal nach, ich falle jeden Tag wenigstens zwei-, dreimal, und noch ist mir nichts gebrochen. Was ein richtiges Bein ist, das bricht nicht so leicht, meines gewiss nicht und deines auch nicht, Hertha. Was meinst du, Hulda?"

„Man soll sein Schicksal nicht versuchen; Hochmut kommt vor dem Fall."

„Immer Gouvernante; du bist doch die geborene alte Jungfer."

„Und hoffe mich doch noch zu verheiraten. Und vielleicht eher als du."

„Meinetwegen. Denkst du, dass ich darauf warte? Das fehlte noch. Übrigens, ich kriege schon einen, und vielleicht bald. Da ist mir nicht bange. Neulich erst hat mir der kleine Ventivegni von drüben gesagt: ‚Fräulein Effi, was gilt die Wette, wir sind hier noch in diesem Jahre zu Polterabend und Hochzeit.'"

„Und was sagtest du da?"

„‚Wohl möglich', sagt ich, ‚wohl möglich; Hulda ist die älteste und kann sich jeden Tag verheiraten'. Aber er wollte davon nichts wissen und sagte: ‚Nein, bei einer anderen jungen Dame, die gerade so brünett ist, wie Fräulein Hulda blond ist.' Und dabei sah er mich ganz ernsthaft an... Aber ich komme vom Hundertsten aufs Tausendste und vergesse die Geschichte."

„Ja, du brichst immer wieder ab; am Ende willst du nicht."

„O, ich will schon, aber freilich, ich breche immer wieder ab, weil es alles ein bisschen sonderbar ist, ja, beinah romantisch."

„Aber du sagtest doch, er sei Landrat."

„Allerdings, Landrat. Und er heißt Geert von Innstetten, Baron von Innstetten."

Alle drei lachten.

„Warum lacht ihr?" sagte Effi pikiert. „Was soll das heißen?"

„Ach, Effi, wir wollen dich ja nicht beleidigen, und auch den Baron nicht. Innstetten sagtest du? Und Geert? So heißt doch hier kein Mensch. Freilich, die adeligen Namen haben oft so was Komisches."

„Ja, meine Liebe, das haben sie. Dafür sind es eben Adelige. Die dürfen sich das gönnen, und je weiter zurück, ich meine der Zeit nach, desto mehr dürfen sie sichs gönnen. Aber davon versteht ihr nichts, was ihr mir nicht übelnehmen dürft. Wir bleiben doch gute Freunde. Geert von Innstetten also und Baron. Er ist gerade so alt wie Mama, auf den Tag."

„Und wie alt ist denn eigentlich deine Mama?"

„Achtunddreißig."

„Ein schönes Alter."

„Ist es auch, namentlich wenn man noch so aussieht wie die Mama. Sie ist doch eigentlich eine schöne Frau, findet ihr nicht auch? Und wie sie alles so weg hat, immer so sicher und dabei so fein und nie unpassend wie Papa. Wenn ich ein junger Leutnant wäre, so würd ich mich in die Mama verlieben."

„Aber Effi, wie kannst du nur so was sagen", sagte Hulda. „Das ist ja gegen das vierte Gebot."

„Unsinn. Wie kann das gegen das vierte Gebot sein? Ich glaube, Mama würde sich freuen, wenn sie wüsste, dass ich so was gesagt habe."

„Kann schon sein", unterbrach hierauf Hertha. „Aber nun endlich die Geschichte."

„Nun, gib dich zufrieden, ich fange schon an... Also Baron Innstetten! Als er noch keine Zwanzig war, stand er drüben bei den Rathenowern und verkehrte viel auf den Gütern hier herum, und am liebsten war er in Schwantikow drüben bei meinem Großvater Belling. Natürlich war es nicht des Großvaters wegen, dass er so oft drüben war, und wenn die Mama davon erzählt, so kann jeder leicht sehen, um wen es eigentlich war. Und ich glaube, es war auch gegenseitig."

„Und wie kam es nachher?"

„Nun, es kam, wie's kommen musste, wie's immer kommt. Er war ja noch viel zu jung, und als mein Papa sich einfand, der schon Ritterschaftsrat war und Hohen-Cremmen hatte, da war kein langes Besinnen mehr, und sie nahm ihn und wurde Frau von Briest... Und das andere, was sonst noch kam, nun, das wisst ihr... das andere bin ich."

„Ja, das andere bist du, Effi", sagte Bertha. „Gott sei Dank; wir hätten dich nicht, wenn es anders gekommen wäre. Und nun sage, was tat Innstetten, was wurde aus ihm? Das Leben hat er sich nicht genommen, sonst könntet ihr ihn heute nicht erwarten."

„Nein, das Leben hat er sich nicht genommen. Aber ein bisschen war es doch so was."

„Hat er einen Versuch gemacht?"

„Auch das nicht. Aber er mochte doch nicht länger hier in der Nähe bleiben, und das ganze Soldatenleben überhaupt muss ihm damals wie verleidet gewesen sein. Es war ja auch Friedenszeit. Kurz und gut, er nahm den Abschied und fing an, Juristerei zu studieren, wie Papa sagt, mit einem ‚wahren Biereifer'; nur als der Siebziger Krieg kam, trat er wieder ein, aber bei den Perlebergern statt bei seinem alten Regiment, und hat auch das Kreuz. Natürlich, denn er ist sehr schneidig. Und gleich nach dem Kriege saß er wieder bei seinen Akten, und es heißt, Bismarck halte große Stücke von ihm und auch der Kaiser, und so kam es denn, dass er Landrat wurde, Landrat im Kessiner Kreise."

„Was ist Kessin? Ich kenne hier kein Kessin."

„Nein, hier in unserer Gegend liegt es nicht; es liegt eine hübsche Strecke von hier fort in Pommern, in Hinterpommern sogar, was aber nichts sagen will, weil es ein Badeort ist (alles da herum ist Badeort), und die Ferienreise, die Baron Innstetten jetzt macht, ist eigentlich eine Vetternreise oder doch etwas Ähnliches. Er will hier alte Freundschaft und Verwandtschaft wiedersehen."

Innstetten und Effi
(aus „Rosen im Herbst", BRD, 1955)

🔲 Verfassen Sie aus der Sicht Effis einen fiktionalen Monolog (bezogen auf das Eingangskapitel), in dem Sie Effis Situation, ihre Eindrücke von ihrem zukünftigen Mann, ihre Erwartungen, ihre Bindung an ihr Elternhaus berücksichtigen.

🔲 Nehmen Sie Stellung zu den Bildern aus der Verfilmung des Romans. Erörtern Sie, ob die Bilder Ihren Vorstellungen von den jeweiligen Hauptfiguren entsprechen. Begründen Sie Ihre Meinung.

🔲 Die entscheidenden inhaltlichen Gelenkstellen des Romans sind Heirat, Untreue und Tod. Erläutern Sie, wie das erste Kapitel auf diese zentralen Stellen hin komponiert ist. Analysieren und deuten Sie Einzelheiten des Textes.

„Hat er denn hier Verwandte?"
„Ja und nein, wie mans nehmen will. Innstettens gibt es hier nicht, gibt es, glaub ich, überhaupt nicht mehr. Aber er hat hier entfernte Vettern von der Mutter Seite her, und vor allem hat er wohl Schwantikow und das Bellingsche Haus wiedersehen wollen, an das ihn so viele Erinnerungen knüpfen. Da war er denn vorgestern drüben, und heute will er hier in Hohen-Cremmen sein."
„Und was sagt dein Vater dazu?"
„Gar nichts. Der ist nicht so. Und dann kennt er ja doch die Mama. Er neckt sie bloß."
In diesem Augenblick schlug es Mittag, und ehe es noch ausgeschlagen, erschien Wilke, das alte Briestsche Haus- und Familienfaktotum, um an Fräulein Effi zu bestellen: Die gnädige Frau ließe bitten, dass das gnädige Fräulein zu rechter Zeit auch Toilette mache; gleich nach eins würde der Herr Baron wohl vorfahren. Und während Wilke dies noch vermeldete, begann er auch schon auf dem Arbeitstisch der Damen abzuräumen und griff dabei zunächst nach dem Zeitungsblatt, auf dem die Stachelbeerschalen lagen.
„Nein, Wilke, nicht so; das mit den Schlusen, das ist unsere Sache... Hertha, du musst nun die Tüte machen und einen Stein hineintun, dass alles besser versinken kann. Und dann wollen wir in einem langen Trauerzug aufbrechen und die Tüte auf offener See begraben."
Wilke schmunzelte. Is doch ein Daus, unser Fräulein, so etwa gingen seine Gedanken. Effi aber, während sie die Tüte mitten auf die rasch zusammengeraffte Tischdecke legte, sagte: „Nun fassen wir alle vier an, jeder an einem Zipfel, und singen was Trauriges."
„Ja, das sagst du wohl, Effi. Aber was sollen wir denn singen?"
„Irgendwas; es ist ganz gleich, es muss nur einen Reim auf ‚u' haben; ‚u' ist immer Trauervokal. Also singen wir:
  Flut, Flut,
  Mach alles wieder gut..."
Und während Effi diese Litanei feierlich anstimmte, setzten sich alle vier auf den Steg hin in Bewegung, stiegen in das dort angekettelte Boot und ließen von diesem aus die mit einem Kiesel beschwerte Tüte langsam in den Teich niedergleiten.
„Hertha, nun ist deine Schuld versenkt", sagte Effi, „wobei mir übrigens einfällt, so vom Boot aus sollen früher auch arme unglückliche Frauen versenkt worden sein, natürlich wegen Untreue."
„Aber doch nicht hier."
„Nein, nicht hier", lachte Effi, „hier kommt so was nicht vor. Aber in Konstantinopel, und du musst ja, wie mir eben einfällt, auch davon wissen, so gut wie ich, du bist ja mit dabei gewesen, als uns Kandidat Holzapfel in der Geographiestunde davon erzählte."
„Ja", sagte Hulda, „der erzählte immer so was. Aber so was vergisst man doch wieder."
„Ich nicht. Ich behalte so was."

Schluss

Es war einen Monat später, und der September ging auf die Neige. Das Wetter war schön, aber das Laub im Parke zeigte schon viel Rot und Gelb, und seit den Äquinoktien, die die drei Sturmtage gebracht hatten, lagen die Blätter überallhin ausgestreut.

Auf dem Rondell hatte sich eine kleine Veränderung vollzogen, die Sonnenuhr war fort, und an der Stelle, wo sie gestanden hatte, lag seit gestern eine weiße Marmorplatte, darauf stand nichts als „Effi Briest" und darunter ein Kreuz. Das war Effis letzte Bitte gewesen: „Ich möchte auf meinem Stein meinen alten Namen wieder haben; ich habe dem anderen keine Ehre gemacht." Und es war ihr versprochen worden.

Ja, gestern war die Marmorplatte gekommen und aufgelegt worden, und angesichts der Stelle saßen nun wieder Briest und Frau und sahen darauf hin und auf den Heliotrop, den man geschont und der den Stein jetzt einrahmte. Rollo lag daneben, den Kopf in die Pfoten gesteckt.

Wilke, dessen Gamaschen immer weiter wurden, brachte das Frühstück und die Post, und der alte Briest sagte: „Wilke, bestelle den kleinen Wagen. Ich will mit der Frau über Land fahren."

Frau von Briest hatte mittlerweile den Kaffee eingeschenkt und sah nach dem Rondell und seinem Blumenbeete. „Sieh, Briest, Rollo liegt wieder vor dem Stein. Es ist ihm doch noch tiefer gegangen als uns. Er frisst auch nicht mehr."

„Ja, Luise, die Kreatur. Das ist ja, was ich immer sage. Es ist nicht so viel mit uns, wie wir glauben. Da reden wir immer von Instinkt. Am Ende ist es doch das beste."

„Sprich nicht so. Wenn du so philosophierst ... nimm es mir nicht übel, Briest, dazu reicht es bei dir nicht aus. Du hast deinen guten Verstand, aber du kannst doch nicht an solche Fragen..."

„Eigentlich nicht."

„Und wenn denn schon überhaupt Fragen gestellt werden sollen, da gibt es ganz andere, Briest, und ich kann dir sagen, es vergeht kein Tag, seit das arme Kind da liegt, wo mir solche Fragen nicht gekommen wären..."

„Welche Fragen?"

„Ob *wir* nicht doch vielleicht schuld sind?"

„Unsinn, Luise. Wie meinst du das?"

„Ob wir sie nicht anders in Zucht hätten nehmen müssen. Gerade wir. Denn Niemeyer ist doch eigentlich eine Null, weil er alles in Zweifel lässt. Und dann, Briest, so Leid es mir tut ... deine beständigen Zweideutigkeiten ... und zuletzt, womit ich mich selbst anklage, denn ich will nicht schuldlos ausgehen in dieser Sache, ob sie nicht doch vielleicht zu jung war?"

Rollo, der bei diesen Worten aufwachte, schüttelte den Kopf langsam hin und her, und Briest sagte ruhig: „Ach, Luise, lass ... das ist ein *zu* weites Feld."

(v 1894)

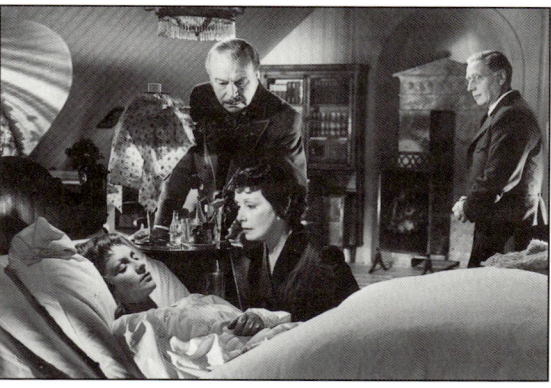

(aus „Rosen im Herbst", BRD, 1955)

☐ Lesen Sie jetzt den folgenden Schlussteil des Romans. Weisen Sie Bezüge zum Anfangsteil nach.

☐ Weisen Sie an den Textauszügen Besonderheiten epischer Gestaltung nach. Nutzen Sie dazu auch die folgende Zusammenstellung.

Wichtige Elemente des Epischen

Die folgenden Besonderheiten epischer Gestaltung tauchen insbesondere in Romanen, Erzählungen, Kurzgeschichten auf. Einzelne dieser Elemente finden sich allerdings auch beim Drama und in der Lyrik wieder.

Figur (der Handlung)
Diese ist in Erzähltexten erdacht, es kann zum Beispiel ein Mensch, ein Tier, ein Fabelwesen sein. Figuren können direkt (meistens durch den auktorialen Erzähler) oder indirekt charakterisiert werden.
Elemente indirekter Charakterisierung:
- äußere Erscheinung
- berufliche und soziale Stellung
- typische Eigenschaften, Redensarten, Verhaltensweisen
- Besonderheiten der Sprache
- Verhaltensmotive, Wertvorstellungen
- Beziehungen zu anderen, Einfluss auf andere Personen

Figurenkonstellation
Gemeint sind damit Zuordnungen von Figuren, zum Beispiel zu Gruppen bzw. die Beziehungen der einzelnen Figuren zueinander.

Erzählerische Mittel
Motiv/Leitmotiv (stofflich-thematisches Element)
Symbol (ein Zeichen, das auf anderes verweist)
Metapher und Vergleich

Erzähler
Im Gegensatz zum Autor ist der Erzähler in epischen Texten eine fiktive Erzählerfigur. Er ist eine Art Zwischeninstanz zwischen Autor und Stoff, die den Lesevorgang steuert bzw. ein Vermittler des Autorbewusstseins, das in den Text eingegangen ist und das indirekt aus dem Text erschließbar ist. Standpunkte, Optik, Wertebewusstsein des Erzählers gehören zur fiktiven Welt und können nicht dem Autor zugeordnet werden, obwohl es Berührungspunkte gibt.

Standort des Erzählers
Wie bei der Kameraeinstellung im Film kann der Erzähler aus großer Ferne (Überblick), aus großer Nähe (Lupe) oder auch mit eingeschränktem Blickwinkel wahrnehmen.

Erzählperspektive/Erzählhaltung
- Ich-Erzähler als eine Figur, die selbst ein Teil der Handlung ist; hier wird dargestellt, was das Erzähler-Ich erlebt hat, was es denkt und fühlt.
- Er-/Sie-Erzähler: die handelnde und die erzählende Figur sind nicht identisch.
a) der allwissende oder auktoriale (von lat. auctor: Urheber, Verfasser) Erzähler; hier tritt ein Erzähler als eigenständige Figur auf; der Leser blickt mit dem Erzähler von außen auf die Figuren (Erzählereinmischungen, Kommentare, Einblick in das Innere einer Figur, Kenntnis der Vor- und Nachgeschichte; typische Erzählweisen: Erzählerbericht und Erzählerkommentare, indirekte Rede).
b) personale Erzählhaltung; hier fehlt ein Erzähler mit eigenen Zügen; das Geschehen wird aus der Sicht einer oder mehrerer Figuren der Handlung dargestellt. Die äußere Wahrnehmung wird dadurch begrenzt, die innere allerdings erweitert. Es können Bewusstseinszustände und -prozesse, Gefühle der Perspektivfigur dargestellt werden. Typische Erzählweisen sind: innerer Monolog, Personenrede (direkte Rede).
c) neutrale Erzählhaltung: unmittelbare Wiedergabe des Geschehens ohne Bindung an eine Person.

Erzählerstandpunkt (oder Erzählhaltung)
Hiermit wird die wertende Einstellung des Erzählers zu seinen Figuren bezeichnet (vgl. die Standpunktlosigkeit beim neutralen Erzähler; vgl. die Kommentierung beim auktorialen Erzähler). Der Erzählerstandpunkt kann zustimmender oder ablehnender Art sein; er kann Mitgefühl oder Kritik zum Ausdruck bringen, er kann eindeutig oder schwankend sein. Inwieweit hinter dieser Erzählhaltung die Einstellung des Autors steht, muss bei jedem einzelnen Text überprüft werden.

Personenrede
- Formen des Erzählerberichts, soweit sie Äußerungen einer Figur der Handlung sind
- direkte Rede
- indirekte Rede
- erlebte Rede als Form der Gedankenwiedergabe
- innerer Monolog

Zeit
- erzählte Zeit (Zeitraum, über den erzählt wird) und Erzählzeit (Lesezeit eines Textes)
- Zeitdeckung (erzählte Zeit und Erzählzeit sind annähernd gleich)
- Zeitdehnung (die Erzählzeit ist länger als die erzählte Zeit)
- Zeitraffung (die erzählte Zeit ist länger als die Erzählzeit)

Zeitstruktur und Bauform
- die Handlung wird chronologisch und kontinuierlich erzählt
- die Reihenfolge der Handlung wird umgestellt
- die Handlungsfolge wird unterbrochen; evtl. gibt es mehrere Handlungsstränge nebeneinander

Leser
Man unterscheidet
- den realen Leser, der den Roman liest; dieser kann eine Person der Vergangenheit oder auch der aktuellen Gegenwart sein; die Bedeutung eines Textes ist vom jeweiligen Leser abhängig.
- den gedachten Leser, den sich der Autor beim Schreiben vorstellt; dies hat etwas zu tun mit den Wirklichkeitserfahrungen des Autors.
- die Leserfigur im Text als fiktiver Kommunikationspartner; dieser wird oft direkt angesprochen, damit soll ein rein identifizierendes Lesen erschwert werden.

Handlungsverlauf und Raum
- Idealschauplatz: menschliche Handlung und Umgebung sind im Einklang
- Spannungsverhältnis zwischen Raum und Handlung
- Sozialer Raum (Milieu, Wertvorstellungen,...)
- Bewusstseinsraum, symbolischer Raum (besonders häufig in moderner Erzählliteratur)
- Zeitlicher Raum (z. B. Jahreszeiten: Winter als Zeit des Absterbens; Tageszeiten: Abend als Zeit des Zuendegehens)

Übungsmöglichkeit
❑ Analysieren und deuten Sie das Eingangskapitel; gehen Sie insbesondere darauf ein, mit welchen erzählerischen Mitteln (s. S. 104) die Hauptperson Effi, auch in ihrer Beziehung zu den anderen Personen, dargestellt wird.

Zusätzliche Möglichkeiten für Einzelbeiträge/Kurzreferate oder für Gruppenarbeiten
❑ Gespräch zwischen Innstetten und Wüllersdorf
Arbeiten Sie dabei vor allem heraus, dass sich Innstetten nicht von individuellen konkreten Interessen leiten lässt, sondern sich einer formalen Ethik verpflichtet fühlt und sich entsprechend von konventionellen gesellschaftlichen Überlegungen leiten lässt.

- ❐ Gespräch zwischen Effi und ihrer Tochter Anni, die der Vater in striktem Gehorsam gegenüber den Normen der Gesellschaft drei Jahre von der Mutter fern gehalten und zu einer Marionette abgerichtet hat
- ❐ Der historisch-soziale Bezugsrahmen und der reale Hintergrund des Romans: die „Ardenne-Affäre", ein Berliner Gesellschaftsskandal in den 80er-Jahren des 19. Jahrhunderts, in dem es um Ehebruch und Duell ging
- ❐ Aufbau und Raumgestaltung des Romans: das Elternhaus, das Haus in Kessin, die Zeit in Berlin, das Elternhaus
- ❐ Gestaltung der Hauptfiguren in Form einer literarischen Charakteristik
- ❐ Gestaltung des Frauenbildes im 19. Jahrhundert und in der heutigen Zeit; zum Beispiel einer kurzen Szene zur heutigen Zeit, die der Darstellung im 1. Kapitel des Romans von Fontane entspricht
- ❐ Weiterführung des folgenden fiktiven Monologs aus Christine Brückners Buch „Wenn du geredet hättest, Desdemona – Ungehaltene Reden ungehaltener Frauen". Im Klappentext dieses Buches heißt es: „Christine Brückner erfand in diesem Buch Reden für Frauengestalten aus alten Mythen, für Musen, Geliebte, Ehefrauen großer Männer in Literatur und Geschichte, wie sie nach allem, was wir von ihnen wissen, in dieser Weise möglich gewesen wären."
- ❐ Auseinandersetzung mit Verfilmungen

Der Roman ist öfter verfilmt worden:
- Der Schritt vom Wege (Deutschland 1939; Regie: Gustaf Gründgens)
- Rosen im Herbst (Bundesrepublik Deutschland 1955; Regie: Rudolf Jugert)
- Effi Briest (DDR 1968; Regie: Wolfgang Luderer)
- Fontanes Effi Briest (Bundesrepublik Deutschland 1974; Regie: Rainer Werner Fassbinder)

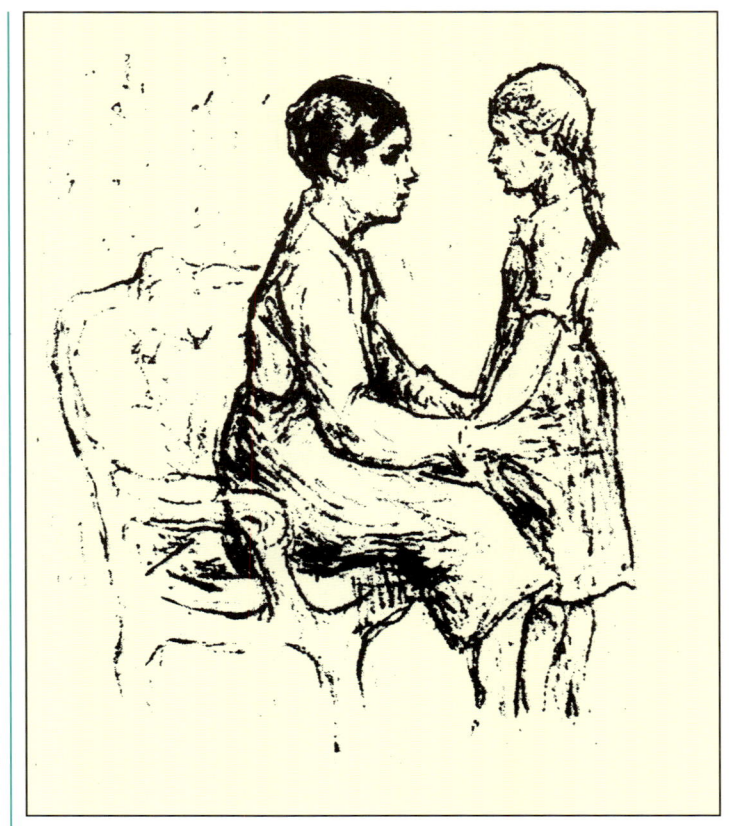

Max Liebermann: Effi und Anni

Christine Brückner
Triffst du nur das Zauberwort
Effi Briest an den tauben Hund Rollo

So hat Mutter mich erzogen: Jeder Mann ist der Richtige. Gutes Aussehen, Adel, gute Stellung. Als ich Innstetten zum ersten Mal sah, überfiel mich ein nervöses Zittern. Als ob mein Körper sich hätte wehren wollen. Aber ich kannte die Äußerungen meines Körpers nicht. Ich hatte immer ein wenig Angst, und das hat er wohl auch gewollt. Von dem Spuk auf dem Kessiner Hausboden will ich gar nicht reden. Das war nicht recht, und darum hat er auch Schuld. Und wenn Crampas mir nicht die Augen geöffnet hätte, dann wäre ich die Angst in mir nie losgeworden. Innstetten wollte mich mit Furcht an das Spukhaus binden und mich erziehen. Aber er war ein Schulmeister und kein Erzieher. In Angst darf man auch so ein halbes Kind, das ich noch war, nicht halten.
Mach Platz, Rollo! Wir bleiben eine Weile sitzen auf der Gartenbank.

Du hast dich immer nach oben gerichtet, Innstetten. Wenn Bismarck pfiff, war Innstetten zur Stelle. Das kannte ich nicht von Hohen-Cremmen. Mein Vater hatte bei allem doch etwas Freies, nicht das Beamtische. Er wollte nicht höher hinaus und
5 musste darum auch keine Angst haben, dass er stürzen könnte. Ich bin eine sehnsüchtige Natur. Ich hatte so viel Zeit zum Träumen und zum Mich-Sehnen, und du hattest dein Tun und sehntest dich nach nichts, du wolltest alles erreichen. Eigentlich war ich doch erst in der Knospe, aber von Blumen hast du
10 nichts verstanden und von Frauen auch nicht viel. Du hast mich nicht zum Blühen gebracht. Ich bin, halb aufgeblüht, verwelkt. Ich war dein liebes Spielzeug, das hast du selber gesagt, und so ein Spielzeug holt man hervor, zeigt es, spielt damit und legt es zurück in die Schublade. Ich hatte Alleinsein
15 nicht gelernt zu Hause. Hier in Hohen-Cremmen hatte ich außer den Eltern noch meine Freundinnen und den Garten und die Schaukel und die Heckenwege. Bei dir in Kessin gab es nur die paar Zerstreuungen und das, was du ‚die stillen Tage' nanntest. Und dann die Abende, wenn du die Lampe
20 nahmst und sagtest, ich habe noch zu tun. [...] (v 1993)

Leseempfehlungen

● Günter Grass: Ein weites Feld, Steidl Verlag, Göttingen 1995
Der Titel dieses Romans, der eine Fülle literarischer und historischer Anspielungen enthält, nimmt Bezug auf Theodor Fontanes Roman Effi Briest, hier speziell auf die Wendung des Herrn von Briest „... lass...das ist ein zu weites Feld", die sich leitmotivisch durch den gesamten Roman zieht.

● Gustave Flaubert: Madame Bovary, Reclam Verlag, Stuttgart (UB 5666)
In diesem Roman, einem der berühmtesten der Weltliteratur, geht es um Ehebruch und Selbstmord einer jungen Frau, die mit einem Landarzt verheiratet ist.

Die Entstehung eines autoritären Charakters – Heinrich Mann: Der Untertan

Der Roman entstand, nach entsprechenden Vorarbeiten, zwischen 1912 und 1914. Er konnte erst nach dem Ersten Weltkrieg 1918, das heißt nach dem Wegfall der Zensur durch das Kaiserreich, erscheinen und war anfangs ein großer Erfolg.
Den Anstoß zur Beschäftigung mit der Thematik „Der Kaiser und seine Untertanen" erhielt Heinrich Mann durch ein Erlebnis, das er im Jahre 1906 in Berlin auf der Straße Unter den Linden hatte. Von einem Café aus sah er den Kaiser vorüberreiten, während gleichzeitig ein Arbeiter aus dem Lokal gewiesen wurde.

Erstes Kapitel

Diederich Heßling war ein weiches Kind, das am liebsten träumte, sich vor allem fürchtete und viel an den Ohren litt. Ungern verließ er im Winter die warme Stube, im Sommer den engen Garten, der nach den Lumpen der Papierfabrik
5 roch und über dessen Goldregen- und Fliederbäumen das hölzerne Fachwerk der alten Häuser stand. Wenn Diederich vom Märchenbuch, dem geliebten Märchenbuch, aufsah, erschrak er manchmal sehr. Neben ihm auf der Bank hatte ganz deutlich eine Kröte gesessen, halb so groß wie er selbst! Oder
10 an der Mauer dort drüben stak bis zum Bauch in der Erde ein Gnom und schielte her!

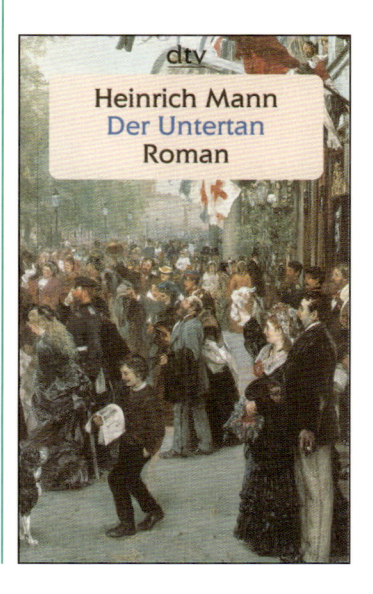

Carl Bublitz: Wilhelm II., Deutscher Kaiser (1900)

Fürchterlicher als Gnom und Kröte war der Vater, und obendrein sollte man ihn lieben. Diederich liebte ihn. Wenn er genascht oder gelogen hatte, drückte er sich so lange schmatzend und scheu wedelnd am Schreibpult umher, bis Herr Heßling etwas merkte und den Stock von der Wand nahm. Jede nicht herausgekommene Untat mischte in Diederichs Ergebenheit und Vertrauen einen Zweifel. Als der Vater einmal mit seinem invaliden Bein die Treppe herunterfiel, klatschte der Sohn wie toll in die Hände – worauf er weglief.
Kam er nach einer Abstrafung mit gedunsenem Gesicht und unter Geheul an der Werkstätte vorbei, dann lachten die Arbeiter. Sofort aber streckte Diederich nach ihnen die Zunge aus und stampfte. Er war sich bewusst: ‚Ich habe Prügel bekommen, aber von meinem Papa. Ihr wäret froh, wenn ihr auch Prügel von ihm bekommen könntet. Aber dafür seid ihr viel zu wenig.'
Er bewegte sich zwischen ihnen wie ein launenhafter Pascha; drohte ihnen bald, es dem Vater zu melden, dass sie sich Bier holten, und bald ließ er kokett aus sich die Stunde herausschmeicheln, zu der Herr Heßling zurückkehren sollte. Sie waren auf der Hut vor dem Prinzipal: er kannte sie, er hatte selbst gearbeitet. Er war Büttenschöpfer gewesen in den alten Mühlen, wo jeder Bogen mit der Hand geformt ward; hatte dazwischen alle Kriege mitgemacht und nach dem letzten, als jeder Geld fand, eine Papiermaschine kaufen können. Ein Holländer und eine Schneidemaschine vervollständigten die Einrichtung. Er selbst zählte die Bogen nach. Die von den Lumpen abgetrennten Knöpfe durften ihm nicht entgehen. Sein kleiner Sohn ließ sich oft von den Frauen welche zustecken, dafür, dass er die nicht angab, die einige mitnahmen. Eines Tages hatte er so viele beisammen, dass ihm der Gedanke kam, sie beim Krämer gegen Bonbons umzutauschen. Es gelang – aber am Abend kniete Diederich, indes er den letzten Malzzucker zerlutschte, sich ins Bett und betete, angstgeschüttelt, zu dem schrecklichen lieben Gott, er möge das Verbrechen unentdeckt lassen. Er brachte es dennoch an den Tag. Dem Vater, der immer nur methodisch, Ehrenfestigkeit und Pflicht auf dem verwitterten Unteroffiziersgesicht, den Stock geführt hatte, zuckte diesmal die Hand, und in die eine Bürste seines silbrigen Kaiserbartes lief, über die Runzeln hüpfend, eine Träne. „Mein Sohn hat gestohlen", sagte er außer Atem, mit dumpfer Stimme, und sah sich das Kind an wie einen verdächtigen Eindringling. „Du betrügst und stiehlst. Du brauchst nur noch einen Menschen totzuschlagen."
Frau Heßling wollte Diederich nötigen, vor dem Vater hinzufallen und ihn um Verzeihung zu bitten, weil der Vater seinetwegen geweint habe! Aber Diederichs Instinkt sagte ihm, dass dies den Vater nur noch mehr erbost haben würde. Mit der gefühlsseligen Art seiner Frau war Heßling durchaus nicht einverstanden. Sie verdarb das Kind fürs Leben. Übrigens ertappte er sie geradeso auf Lügen wie den Diedel. Kein Wunder, da sie Romane las! Am Sonnabendabend war nicht immer die Wochenarbeit getan, die ihr aufgegeben war. Sie klatschte,

anstatt sich zu rühren, mit dem Dienstmädchen ... Und Heßling wusste noch nicht einmal, dass seine Frau auch naschte, gerade wie ein Kind. Bei Tisch wagte sie sich nicht satt zu essen und schlich nachträglich an den Schrank. Hätte sie sich in die Werkstatt getraut, würde sie auch Knöpfe gestohlen haben.

Sie betete mit dem Kind „aus dem Herzen", nicht nach Formeln, und bekam dabei gerötete Wangenknochen. Sie schlug es auch, aber Hals über Kopf und verzerrt von Rachsucht. Oft war sie dabei im Unrecht. Dann drohte Diederich, sie beim Vater zu verklagen; tat so, als ginge er ins Kontor, und freute sich irgendwo hinter einer Mauer, dass sie nun Angst hatte. Ihre zärtlichen Stunden nützte er aus; aber er fühlte gar keine Achtung vor seiner Mutter. Ihre Ähnlichkeit mit ihm selbst verbot es ihm. Denn er achtete sich selbst nicht, dafür ging er mit einem zu schlechten Gewissen durch sein Leben, das vor den Augen des Herrn nicht hätte bestehen können.

Dennoch hatten die beiden von Gemüt überfließende Dämmerstunden. Aus den Festen pressten sie gemeinsam vermittels Gesang, Klavierspiel und Märchenerzählen den letzten Tropfen Stimmung heraus. Als Diederich am Christkind zu zweifeln anfing, ließ er sich von der Mutter bewegen, noch ein Weilchen zu glauben, und er fühlte sich dadurch erleichtert, treu und gut. Auch an ein Gespenst, droben auf der Burg, glaubte er hartnäckig, und der Vater, der hiervon nichts hören wollte, schien zu stolz, beinahe strafwürdig. Die Mutter nährte ihn mit Märchen. Sie teilte ihm ihre Angst mit vor den neuen, belebten Straßen und der Pferdebahn, die hindurchfuhr, und führte ihn über den Wall nach der Burg. Dort genossen sie das wohlige Grausen.

Ecke der Meisestraße hinwieder musste man an einem Polizisten vorüber, der, wen er wollte, ins Gefängnis abführen konnte! Diederichs Herz klopfte beweglich; wie gern hätte er einen weiten Bogen gemacht! Aber dann würde der Polizist sein schlechtes Gewissen erkannt und ihn aufgegriffen haben. Es war vielmehr geboten, zu beweisen, dass man sich rein und ohne Schuld fühlte – und mit zitternder Stimme fragte Diederich den Schutzmann nach der Uhr.

Nach so vielen furchtbaren Gewalten, denen man unterworfen war, nach den Märchenkröten, dem Vater, dem lieben Gott, dem Burggespenst und der Polizei, nach dem Schornsteinfeger, der einen durch den ganzen Schlot schleifen konnte, bis man auch ein schwarzer Mann war, und dem Doktor, der einen im Hals pinseln durfte und schütteln, wenn man schrie – nach allen diesen Gewalten geriet nun Diederich unter eine noch furchtbarere, den Menschen auf einmal ganz verschlingende: die Schule. Diederich betrat sie heulend, und auch die Antworten, die er wusste, konnte er nicht geben, weil er heulen musste. Allmählich lernte er den Drang zum Weinen gerade dann auszunutzen, wenn er nicht gelernt hatte – denn alle Angst machte ihn nicht fleißiger oder weniger träumerisch –, und vermied so, bis die Lehrer sein System durchschaut hatten, manche üblen Folgen. Dem Ersten, der es

Plakat zu Wolfgang Staudtes Verfilmung des Romans (DDR, 1957)

(aus „Der Untertan", DDR, 1957)

durchschaute, schenkte er seine ganze Achtung; er war plötzlich still und sah ihn, über den gekrümmten und vors Gesicht gehaltenen Arm hinweg, mit scheuer Hingabe an. Immer blieb er den scharfen Lehrern ergeben und willfährig. Den gutmütigen spielte er kleine, schwer nachweisbare Streiche, deren er sich rühmte. Mit viel größerer Genugtuung sprach er von einer Verheerung in den Zeugnissen, von einem riesigen Strafgericht. Bei Tisch berichtete er: „Heute hat Herr Behnke wieder drei durchgehauen." Und wenn gefragt ward, wen?
„Einer war ich."
Denn Diederich war so beschaffen, dass die Zugehörigkeit zu seinem unpersönlichen Ganzen, zu diesem unerbittlichen, Menschen verachtenden, maschinellen Organismus, der das Gymnasium war, ihn beglückte, dass die Macht, die kalte Macht, an der er selbst, wenn auch nur leidend, teilhatte, sein Stolz war. Am Geburtstag des Ordinarius bekränzte man Katheder und Tafel. Diederich umwand sogar den Rohrstock.
Im Laufe der Jahre berührten zwei über Machthaber hereingebrochene Katastrophen ihn mit heiligem und süßem Schauder. Ein Hilfslehrer ward vor der Klasse vom Direktor heruntergemacht und entlassen. Ein Oberlehrer ward wahnsinnig. Noch höhere Gewalten, der Direktor und das Irrenhaus, waren hier grässlich mit denen abgefahren, die bis eben so hohe Gewalt hatten. Von unten, klein, aber unversehrt, durfte man die Leichen betrachten und aus ihnen eine die eigene Lage mildernde Lehre ziehen.
Die Macht, die ihn in ihrem Räderwerk hatte, vor seinen jüngeren Schwestern vertrat Diederich sie. Sie mussten nach seinem Diktat schreiben und künstlich noch mehr Fehler machen, als ihnen von selbst gelangen, damit er mit roter Tinte wüten und Strafen austeilen konnte. Sie waren grausam. Die Kleinen schrien – und dann war es an Diederich, sich zu demütigen, um nicht verraten zu werden.
Er hatte, den Machthabern nachzuahmen, keinen Menschen nötig; ihm genügten Tiere, sogar Dinge. Er stand am Rande des Holländers und sah die Trommel die Lumpen ausschlagen. „Den hast du weg! Unterstehet euch noch mal! Infame Bande!", murmelte Diederich, und in seinen blassen Augen glomm es. Plötzlich duckte er sich; fast fiel er in das Chlorbad. Der Schritt eines Arbeiters hatte ihn aufgestört aus seinem lästerlichen Genuss.
Denn recht geheuer und seiner Sache gewiss fühlte er sich nur, wenn er selbst die Prügel bekam. Kaum je widerstand er dem Übel. Höchstens bat er den Kameraden: „Nicht auf den Rücken, das ist ungesund."
Nicht, dass es ihm am Sinn für sein Recht und an Liebe zum eigenen Vorteil fehlte. Aber Diederich hielt dafür, dass Prügel,

die er bekam, dem Schlagenden keinen praktischen Gewinn, ihm selbst keinen reellen Verlust zufügten. Ernster als diese bloß idealen Werte nahm er die Schaumrolle, die der Oberkellner vom „Netziger Hof" ihm schon längst versprochen hatte und mit der er nie herausrückte. Diederich machte unzählige Male ernsten Schrittes den Geschäftsweg die Meisestraße hinauf zum Markt, um seinen befrackten Freund zu mahnen. Als der aber eines Tages von seiner Verpflichtung überhaupt nichts mehr wissen wollte, erklärte Diederich und stampfte ehrlich entrüstet auf: „Jetzt wird mir's doch zu bunt! Wenn Sie nun nicht gleich herausrücken, sag ich's Ihrem Herrn!" Darauf lachte Schorsch und brachte die Schaumrolle.

Das war ein greifbarer Erfolg. Leider konnte Diederich ihn nur hastig und in Sorge genießen, denn es war zu fürchten, dass Wolfgang Buck, der draußen wartete, darüber zukam und den Anteil verlangte, der ihm versprochen war. Indes fand er Zeit, sich sauber den Mund zu wischen, und vor der Tür brach er in heftige Schimpfreden auf Schorsch aus, der ein Schwindler sei und gar keine Schaumrolle habe. Diederichs Gerechtigkeitsgefühl, das sich zu seinen Gunsten noch eben so kräftig geäußert hatte, schwieg vor den Ansprüchen des anderen – die man freilich nicht einfach außer Acht lassen durfte, dafür war Wolfgangs Vater eine viel zu Achtung gebietende Persönlichkeit. Der alte Herr Buck trug keinen steifen Kragen, sondern eine weißseidene Halsbinde und darüber einen großen weißen Knebelbart. Wie langsam und majestätisch er seinen oben goldenen Stock aufs Pflaster setzte! Und er hatte einen Zylinder auf, und unter seinem Überzieher sahen häufig Frackschöße hervor, mitten am Tage! Denn er ging in Versammlungen, er bekümmerte sich um die ganze Stadt. Von der Badeanstalt, vom Gefängnis, von allem, was öffentlich war, dachte Diederich: ‚Das gehört dem Herrn Buck.' Er musste ungeheuer reich und mächtig sein. Alle, auch Herr Heßling, entblößten vor ihm lange den Kopf. Seinem Sohn mit Gewalt etwas abzunehmen, wäre eine Tat voll unabsehbarer Gefahren gewesen. Um von den großen Mächten, die er so sehr verehrte, nicht ganz erdrückt zu werden, musste Diederich leise und listig zu Werk gehen.

Einmal nur, in Untertertia, geschah es, dass Diederich jede Rücksicht vergaß, sich blindlings betätigte und zum siegestrunkenen Unterdrücker ward. Er hatte, wie es üblich und geboten war, den einzigen Juden seiner Klasse gehänselt, nun aber schritt er zu einer ungewöhnlichen Kundgebung. Aus Klötzen, die zum Zeichnen dienten, erbaute er auf dem Katheder ein Kreuz und drückte den Juden davor in die Knie. Er hielt ihn fest, trotz allem Widerstand; er war stark! Was Diederich stark machte, war der Beifall ringsum, die Menge, aus der heraus Arme ihm halfen, die überwältigende Mehrheit drinnen und draußen. Denn durch ihn handelte die Christenheit von Netzig. Wie wohl man sich fühlte bei geteilter Verantwortlichkeit und einem Schuldbewusstsein, das kollektiv war! Nach dem Verrauchen des Rausches stellte wohl leichtes Bangen sich ein, aber das erste Lehrergesicht, dem Diederich

❐ Beschreiben Sie Diederichs Verhalten gegenüber Menschen seiner Umgebung. Deuten Sie entsprechend auch die Bilder aus dem Film.
 	
❐ Versuchen Sie Diederichs Verhalten aus der Kenntnis des ersten Kapitels zu erklären.
 	
✏ ❐ Verfassen Sie eine Charakteristik und belegen Sie dabei Ihre Aussagen mit Zitaten aus dem Text.
 	
❐ Analysieren Sie die sprachliche Form des Textes; beziehen Sie dazu einzelne Hinweise der Zusammenstellung auf den Seiten 104f. mit ein.
 	
✏ ❐ Wählen Sie sich eine der im Anfangskapitel dargestellten Situationen und gestalten Sie aus der Sicht einer der Figuren einen fiktiven Monolog; berücksichtigen Sie dabei einzelne im Text angedeutete Gefühle, Einstellungen, Gedanken, Wünsche, Erwartungen und führen Sie diese genauer aus.
 	
❐ Formulieren Sie Ihre Vermutungen, wie Diederichs weitere Karriere aussehen könnte, welche Haltung er Ihrer Meinung nach einnehmen könnte in der Liebe, im Geschäftlichen (zum Beispiel als Chef gegenüber Untergebenen), als Geschäftspartner, in der Politik. Versuchen Sie Ihre Ergebnisse szenisch umzusetzen.
	begegnete, gab ihm allen Mut zurück; es war voll verlegenen Wohlwollens. Andere bewiesen ihm offen ihre Zustimmung. Diederich lächelte mit demütigem Einverständnis zu ihnen auf. Er bekam es leichter seitdem. Die Klasse konnte die Ehrung dem nicht versagen, der die Gunst des neuen Ordinarius besaß. Unter ihm brachte Diederich es zum Primus und zum geheimen Aufseher. Wenigstens die zweite dieser Ehrenstellen behauptete er auch später. Er war gut Freund mit allen, lachte, wenn sie ihre Streiche ausplauderten, ein ungetrübtes, aber herzliches Lachen, als ernster junger Mensch, der Nachsicht hat mit dem Leichtsinn – und dann in der Pause, wenn er dem Professor das Klassenbuch vorlegte, berichtete er. Auch hinterbrachte er die Spitznamen der Lehrer und die aufrührerischen Reden, die gegen sie geführt worden waren. In seiner Stimme bebte, nun er sie wiederholte, noch etwas von dem wollüstigen Erschrecken, womit er sie, hinter gesenkten Lidern, angehört hatte. Denn er spürte, ward irgendwie an den Herrschenden gerüttelt, eine gewisse lasterhafte Befriedigung, etwas ganz unter sich Bewegendes, fast wie ein Hass, der zu seiner Sättigung rasch und verstohlen ein paar Bissen nahm. Durch die Anzeige der anderen sühnte er die eigene sündhafte Regung.
	Andererseits empfand er gegen die Mitschüler, deren Fortkommen seine Tätigkeit in Frage stellte, zumeist keine persönliche Abneigung. Er benahm sich als pflichtmäßiger Vollstrecker einer harten Notwendigkeit. Nachher konnte er zu dem Getroffenen hintreten und ihn, fast ganz aufrichtig, beklagen. Einst ward mit seiner Hilfe einer gefasst, der schon längst verdächtig war, alles abzuschreiben. Diederich überließ ihm, mit Wissen des Lehrers, eine mathematische Aufgabe, die in der Mitte absichtlich gefälscht und deren Endergebnis dennoch richtig war. Am Abend nach dem Zusammenbruch des Betrügers saßen einige Primaner vor dem Tor in einer Gartenwirtschaft, was zum Schluss der Turnspiele erlaubt war, und sangen. Diederich hatte den Platz neben seinem Opfer gesucht. Einmal, als ausgetrunken war, ließ er die Rechte vom Krug herab auf die des anderen gleiten, sah ihm treu in die Augen und stimmte in Basstönen, die von Gemüt schleppten, ganz allein an:
	    „Ich hatt' einen Kameraden,
	    Einen bessern findst du nit…"
	Übrigens genügte er bei zunehmender Schulpraxis in allen Fächern, ohne in einem das Maß des Geforderten zu überschreiten, oder auf der Welt irgendetwas zu wissen, was nicht im Pensum vorkam. Der deutsche Aufsatz war ihm das Fremdeste, und wer sich darin auszeichnete, gab ihm ein ungeklärtes Misstrauen ein.
	Seit seiner Versetzung nach Prima galt seine Gymnasialkarriere für gesichert, und bei Lehrern und Vater drang der Gedanke durch, er solle studieren. Der alte Heßling, der 66 und 71 durch das Brandenburger Tor eingezogen war, schickte Diederich nach Berlin.
	
	(e 1914, v 1918)

Inhaltsangabe

Als Exposition dient die Charakterisierung des jungen Diederich Heßling. [...]
Diese Disposition des Anti-Helden Heßling erfährt durch die Romanhandlung ihre zeitgeschichtliche Konkretisierung. In Berlin wird er als Student Mitglied einer schlagenden Verbindung drückt sich als Simulant vor dem Militärdienst; gibt der von ihm verführten Agnes den Laufpass und kehrt als Akademiker nach Netzig zurück. Hier übernimmt er die väterliche Papierfabrik, zettelt einen Majestätsbeleidigungsprozess an, gewinnt eine wirtschaftliche Schlüsselstellung und repräsentiert schließlich als Festredner bei der Einweihung eines Denkmals Wilhelms I. seine Heimatstadt.
Ein Leitmotiv ist die schrittweise Identifikation Heßlings mit Wilhelm II.; dies gilt für das Äußere des „Untertans" wie für seine Sprache, die sich zu einer Montage aus Kaiserzitaten entwickelt. Dieser Annäherungsprozess wird von Heßlings Jugendfreund, dem Rechtsanwalt Wolfgang Buck, als Zeitsymptom analysiert: „Eine romantische Prostration vor einem Herrn, der seinem Untertan von seiner Macht das Nötige leihen soll, um die noch Kleineren niederzuhalten. Und da es in Wirklichkeit und im Gesetz weder den Herrn noch den Untertan gibt, erhält das öffentliche Leben einen Anstrich schlechten Komödiantentums. Die Gesinnung trägt Kostüm, (...) und das Pappschwert wird gezogen für einen Begriff wie den der Majestät, den doch kein Mensch mehr, außer in Märchenbüchern, ernsthaft erlebt." Buck begnügt sich freilich mit dem Beweis seiner rhetorischen Fähigkeiten; insgeheim hat er, mit dem Beruf des Schauspielers liebäugelnd, Verständnis für das perfekte Rollenspiel des Kaisers und bemängelt lediglich den Dilettantismus der Imitation.
Unter dem Schutz des Regierungspräsidenten von Wulckow übersteht Heßling unbeschadet alle Konflikte, in die er forschdreist gerät. Als Chauvinist, Gegner des „Umsturzes", skrupelloser Unternehmer, Antisemit, Intrigant, Denunziant und scheinheiliger Moralapostel mit sexueller Perversion (er zieht Lustgewinn aus der Unterwerfung unter seine Frau, die ihn in den Bauch tritt und damit seine Untertanen-Existenz sinnlich demonstriert) behauptet Heßling das Feld. Lediglich die aufgrund eines Gewitters in chaotischer Flucht der Festgäste endende Szene der Denkmalseinweihung scheint Heßlings Triumph zu brechen, doch „der Umsturz der Macht von Seiten der Natur war ein Versuch mit unzulänglichen Mitteln gewesen."

(aus „Der Untertan", DDR, 1957)

(aus „Der Untertan", DDR, 1957)

Kurzbiografie

Heinrich Mann, der Bruder von Thomas Mann, wurde 1871 als ältester Sohn eines Großkaufmanns und Senators in Lübeck geboren.
Er verließ vor dem Abitur das Gymnasium und begann in Dresden eine Buchhandelslehre. Er volontierte beim S. Fischer Verlag

Heinrich Mann,
1871–1950

○ Entnehmen Sie dem nebenstehenden Buchklappentext einer Taschenbuchausgabe von 1964 Deutungen und Wertungen. Beurteilen Sie diese aus der Kenntnis des ersten Kapitels.

in Berlin. Sein hauptsächlicher Wohnsitz wurde München; aus gesundheitlichen Gründen hielt er sich mehrere Jahre in Italien auf. Während der Weimarer Republik gehörte Heinrich Mann als Publizist zu den entschiedenen Verfechtern der Demokratie, einer deutsch-französischen Aussöhnung und einer paneuropäischen Bewegung.
Anfang 1933 emigrierte Heinrich Mann über die Tschechoslowakei nach Frankreich; 1940 floh er über Spanien und Portugal in die USA und wurde dort u.a. – mit Wohnsitz in Santa Monica (Kalifornien) – als Drehbuchautor tätig. Dort starb er im Jahre 1950, nachdem er ein Jahr zuvor zum Präsidenten der neu zu gründenden Deutschen Akademie der Künste in Ost-Berlin (DDR) gewählt und von der Kulturpolitik der DDR als Repräsentant des „Übergangs vom bürgerlichen zum sozialistischen Humanismus" gewürdigt worden war.

Heinrich Manns bekanntester Roman ‚Der Untertan' erschien zum ersten Mal 1918 und hatte einen durchschlagenden Erfolg. Die Zeit war damals reif für dieses Buch, für diese „Bibel des Wilhelminischen Zeitalters". Überzeugender jedoch als der Erfolg von damals ist, dass das Buch nach Jahrzehnten die gleiche Aktualität besitzt, dass es heute noch als Diagnose Gültigkeit hat. Setzt man statt „Untertan" Opportunist, Mitläufer oder Konformist, sieht man von einem gewissen Zeitkostüm ab, so hätte der Roman ebenso gut 1933, 1945 oder heute geschrieben werden können. Gleichgültig, wie man den Typ interpretiert, den Heinrich Mann hier zeichnet – unbezweifelbar bleibt, dass er in Diederich Heßling eine typisch deutsche Figur geschaffen hat: den Obrigkeitshörigen, den Unpolitischen ohne Mut und Zivilcourage. Darüber hinaus macht das Buch deutlich, mit welcher Meisterschaft Heinrich Mann zu erzählen versteht, bestechend in der psychologischen Beweisführung und ironisierenden Distanzierung. ‚Der Untertan' ist ein großer Roman und mehr noch: er zählt zu den bleibenden Erziehungsbüchern der deutschen Literatur.

Rede Heßlings
(Aus: Heinrich Mann: Der Untertan)

Hinweise zur Weiterarbeit
○ Vergleichen Sie die Rede von Diederich Heßling mit den Zitaten von Wilhelm II. (Heßling als Kaiserparodie).
○ Untersuchen Sie die Verfilmung von Wolfgang Staudte; berücksichtigen Sie dabei u.a. die Bilder aus dem Film S. 110ff.

▷▷ **Lese- und Arbeitshinweis**
● Mögliche Untersuchungsschritte für Redeanalysen: Seite 345

Drinnen im Lumpensaal fand er die Leute. Alle standen sie in einem Haufen zusammen: die zwölf Arbeiter, die die Papiermaschine, den Holländer und die Schneidemaschine bedienten, und die drei Kontoristen samt den Frauen, deren Tätigkeit das Sortieren der Lumpen war. Die Männer räusperten sich, man fühlte eine Pause, bis mehrere der Frauen ein kleines Mädchen hinausschoben, das einen Blumenstrauß vor sich hinhielt und mit einer Klarinettenstimme dem Herrn Doktor Glück und Willkommen wünschte. Diederich nahm mit gnädiger Miene den Strauß; nun war es an ihm, sich zu räuspern. Er wandte sich nach den Seinen um, dann sah er den Leuten scharf in die Augen, allen nacheinander, auch dem schwarzbärtigen Maschinenmeister, obwohl der Blick des Mannes ihm peinlich war – und begann:

„Leute! Da ihr meine Untergebenen seid, will ich euch nur sagen, dass hier künftig forsch gearbeitet wird. Ich bin gewillt, mal Zug in den Betrieb zu bringen. In der letzten Zeit, wo hier der Herr gefehlt hat, da hat mancher von euch vielleicht gedacht, er kann sich auf die Bärenhaut legen. Das ist aber ein gewaltiger Irrtum, ich sage das besonders für die alten Leute, die noch von meinem seligen Vater her dabei sind."
Mit erhobener Stimme, noch schneidiger und abgehackter, und dabei sah er den alten Sötbier an:
„Jetzt habe ich das Steuer selbst in die Hand genommen. Mein Kurs ist der richtige, ich führe euch herrlichen Tagen entgegen. Diejenigen, welche mir dabei behilflich sein wollen, sind mir von Herzen willkommen; diejenigen jedoch, welche sich mir bei dieser Arbeit entgegenstellen, zerschmettere ich."
Er versuchte, seine Augen blitzen zu lassen, sein Schnurrbart sträubte sich noch höher.
„Einer ist hier der Herr, und das bin ich. Gott und meinem Gewissen allein schulde ich Rechenschaft. Ich werde euch stets mein väterliches Wohlwollen entgegenbringen. Umsturzgelüste aber scheitern an meinem unbeugsamen Willen. Sollte sich ein Zusammenhang irgendeines von euch –"
Er fasste den schwarzbärtigen Maschinenmeister ins Auge, der ein verdächtiges Gesicht machte.
„– mit sozialdemokratischen Kreisen herausstellen, so zerschneide ich zwischen ihm und mir das Tischtuch. Denn für mich ist jeder Sozialdemokrat gleichbedeutend mit Feind meines Betriebes und Vaterlandsfeind... So, nun geht wieder an eure Arbeit und überlegt euch, was ich euch gesagt habe."
Er machte schroff kehrt und ging schnaufend davon. In dem Schwindelgefühl, das seine starken Worte ihm erregt hatten, erkannte er kein einziges Gesicht mehr. Die Seinen folgten ihm, bestürzt und ehrfurchtsvoll, indes die Arbeiter einander noch lange stumm ansahen, bevor sie nach den Bierflaschen griffen, die zur Feier des Tages bereitstanden.

(e 1914, v 1918)

(aus „Der Untertan", DDR, 1957)

Kaiserzitate

1. Zitate in der Reihenfolge der Heßlingrede
24. Febr. 1892 „... erwidere Ich ruhig und bestimmt: Mein Kurs ist der richtige, und er wird weiter gesteuert."
5. März 1890: „Diejenigen, welche Mir dabei behilflich sein wollen, sind Mir von Herzen willkommen, wer sie auch seien; diejenigen jedoch, welche sich Mir bei dieser Arbeit entgegenstellen, zerschmettere Ich."

Kein Abschied mehr ohne Rede. – Wilhelm II. (zu den Schwalben): „Geht, fliegt fort, ihr Vögel, aber vergesst nicht, dass ihr Deutsche seid, und tut eure Pflicht."
(Humoristische Blätter, Wien)

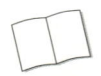

📖 **Leseempfehlung**

● Heinrich Mann: Professor Unrat oder das Ende eines Tyrannen, Fischer Taschenbuch Verlag, Frankfurt 1997

Der Roman aus der Frühzeit des Schriftstellers (1905) schildert die Geschichte eines tyrannischen und verknöcherten Gymnasialprofessors, der in später Leidenschaft einer Tänzerin verfällt, seine Stelle verliert und aus den gewohnten bürgerlichen Bahnen gerät. Die Verfilmung (1931) mit Emil Jannings und Marlene Dietrich in den Hauptrollen wird unter dem Filmtitel „Der blaue Engel" zu einem Welterfolg.

Ende 1899: „Von Gottes Gnaden ist der König, daher ist er auch nur dem Herrn allein verantwortlich."

26. Nov. 1902: „Wer nicht das Tischtuch zwischen sich und diesen Leuten zerschneidet, legt moralisch gewissermaßen die Mitschuld auf sein Haupt."

14. Mai 1889: „Denn für Mich ist jeder Socialdemokrat gleichbedeutend mit Reichs- und Vaterlandsfeind. ... Fahrt nun nach Hause, überlegt, was Ich gesagt,..."

2. Kaiserzitate als Beleg für Veränderungen und für bildhafte Ausdrucksweise

16. Aug. 1888: „..., dass darüber nur eine Stimme sein kann, dass wir lieber unsre gesamten 18 Armeecorps und 42 Millionen Einwohner auf der Walstatt liegen lassen, ..."

24. Febr. 1892: „Doch wäre es dann nicht besser, dass die missvergnügten Nörgler lieber den deutschen Staub von ihren Pantoffeln schütteln und sich unsern elenden und jammervollen Zuständen auf das Schleunigste entzögen?"

6. Sep. 1894: „Wie der Efeu sich um den knorrigen Eichenstamm legt, ihn schmückt mit seinem Laub und ihn schützt, wenn Stürme seine Krone durchbrausen, so schließt sich der preußische Adel um Mein Haus."

17. Okt. 1903: „Denn darüber kann wohl kein Zweifel sein, dass wir von der Person des Herrn getrost sagen können: Er ist die ‚persönlichste Persönlichkeit' gewesen, die je auf der Erde unter den Menschenkindern gewandelt ist."

Der einseitig orientierte und scheinbar reibungslos funktionierende Mensch – Max Frisch: Homo faber

☐ Formulieren Sie anhand der Inhaltsangabe und des Anfangs- und Schlussteils des Romans, worum es in diesem „Bericht" geht.

Inhaltsangabe

Der Roman trägt den Untertitel „Ein Bericht"; damit wird von dem Autor Max Frisch angezeigt, dass es sich hier um die Aufzeichnungen des für die Unesco arbeitenden Schweizer Ingenieurs Walter Faber handelt.

Die Handlung des Romans wird im Wesentlichen durch zwei Männer (Walter Faber und sein Jugendfreund Joachim Hencke) und zwei Frauen (Hanna Piper und ihre Tochter Sabeth) bestimmt.

Die Beziehung zwischen Walter Faber und Hanna war vor zwanzig Jahren daran zerbrochen, dass er das Kind, das Hanna von ihm erwartete, ablehnte und eine Abtreibung vorschlug. Hanna hatte entgegen dem Rat Fabers und ohne sein Wissen das Kind ausgetragen, so dass dieser von der Existenz seiner Tochter nichts weiß. Hanna hatte später Fabers Jugendfreund, den angehenden Arzt Joachim Hencke, geheiratet. Nach der Scheidung von ihm heiratet sie zum zweiten Mal. Im Mittelteil des Romans begegnet Faber (zufällig oder schicksalhaft?)

seiner 20-jährigen Tochter Sabeth.
Unwissentlich geht Faber mit ihr eine inzestuöse Beziehung ein. Faber erfährt nach und nach, wer ihre Mutter ist, verdrängt aber zunächst die Erkenntnis, dass er selbst der Vater sein könnte. Auf der Reise nach Athen, wo Hanna als Kunsthistorikerin arbeitet, verunglückt Sabeth und stirbt an den Unfallfolgen in einem Athener Krankenhaus. In Athen sieht Faber Hanna wieder; er erhält die Gewissheit über seine Vaterschaft. Walter Faber wird von der Krankheit eingeholt, die er lange Zeit nicht wahrhaben wollte. Er glaubt die Diagnose „Magenkrebs" zu kennen.
Im zweiten Teil seines Berichts, den er im Krankenhaus in Athen schreibt, wird offensichtlich, dass er seine Einstellung zur Natur, zu den Menschen, zum Leben und zu sich selbst geändert hat. Die Aufzeichnungen am Vorabend und in der letzten Nacht vor der Operation verdeutlichen, dass Faber und Hanna zueinander finden. Sie erkennt bei sich selbst ein schuldhaftes Verhalten und bittet ihn um Verzeihung. Er gesteht sich ein, dass er sterben wird.

(aus „Homo Faber", BRD, 1991)

So beginnt der Roman:

Wir starteten in La Guardia, New York, mit dreistündiger Verspätung infolge Schneestürmen. Unsere Maschine war, wie üblich auf dieser Strecke, eine Super-Constellation. Ich richtete mich sofort zum Schlafen, es war Nacht. Wir warteten noch weitere vierzig Minuten draußen auf der Piste, Schnee vor den Scheinwerfern, Pulverschnee, Wirbel über der Piste, und was mich nervös machte, so daß ich nicht sogleich schlief, war nicht die Zeitung, die unsere Stewardeß verteilte, *First Pictures Of World's Greatest Air Crash In Nevada*, eine Neuigkeit, die ich schon am Mittag gelesen hatte, sondern einzig und allein diese Vibration in der stehenden Maschine mit laufenden Motoren – dazu der junge Deutsche neben mir, der mir sogleich auffiel, ich weiß nicht wieso, er fiel auf, wenn er den Mantel auszog, wenn er sich setzte und sich die Bügelfalten zog, wenn er überhaupt nichts tat, sondern auf den Start wartete wie wir alle und einfach im Sessel saß, ein Blonder mit rosiger Haut, der sich sofort vorstellte, noch bevor man die Gürtel geschnallt hatte. Seinen Namen hatte ich überhört, die Motoren dröhnten, einer nach dem andern auf Vollgasprobe –
Ich war todmüde.
Ivy hatte drei Stunden lang, während wir auf die verspätete Maschine warteten, auf mich eingeschwatzt, obschon sie wußte, daß ich grundsätzlich nicht heirate.
Ich war froh, allein zu sein.
Endlich ging's los –
Ich habe einen Start bei solchem Schneetreiben noch nie erlebt, kaum hatte sich unser Fahrgestell von der weißen Piste gehoben, war von den gelben Bodenlichtern nichts mehr zu sehen, kein Schimmer, später nicht einmal ein Schimmer von Manhattan, so schneite es. Ich sah nur das grüne Blinklicht an uns-

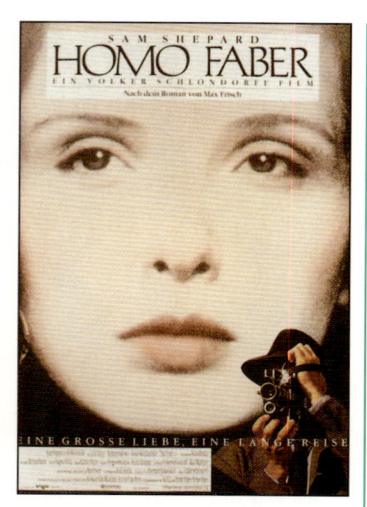

Plakat zu Volker Schöndorffs Verfilmung des Romans (BRD, 1991)

rer Tragfläche, die heftig schwankte, zeitweise wippte; für Sekunden verschwand sogar dieses grüne Blinklicht im Nebel, man kam sich wie ein Blinder vor.
Rauchen gestattet.
Er kam aus Düsseldorf, mein Nachbar, und so jung war er auch wieder nicht, anfangs Dreißig, immerhin jünger als ich; er reiste, wie er mich sofort unterrichtete, nach Guatemala, geschäftlich, soviel ich verstand –
Wir hatten ziemliche Böen.
Er bot mir Zigaretten an, mein Nachbar, aber ich bediente mich von meinen eignen, obschon ich nicht rauchen wollte, und dankte, nahm nochmals die Zeitung, meinerseits keinerlei Bedürfnis nach Bekanntschaft. Ich war unhöflich, mag sein. Ich hatte eine strenge Woche hinter mir, kein Tag ohne Konferenz, ich wollte Ruhe haben, Menschen sind anstrengend. Später nahm ich meine Akten aus der Mappe, um zu arbeiten; leider gab es gerade eine heiße Bouillon, und der Deutsche (er hatte, als ich seinem schwachen Englisch entgegenkam mit Deutsch, sofort gemerkt, daß ich Schweizer bin) war nicht mehr zu stoppen. Er redete über Wetter, beziehungsweise über Radar, wovon er wenig verstand; dann machte er, wie üblich nach dem zweiten Weltkrieg, sofort auf europäische Brüderschaft. Ich sagte wenig. Als man die Bouillon gelöffelt hatte, blickte ich zum Fenster hinaus, obschon nichts andres zu sehen war als das grüne Blinklicht draußen an unsrer nassen Tragfläche, ab und zu Funkenregen wie üblich, das rote Glühen in der Motor-Haube. Wir stiegen noch immer –
Später schlief ich ein.
Die Böen ließen nach.
Ich weiß nicht, warum er mir auf die Nerven ging, irgendwie kannte ich sein Gesicht, ein sehr deutsches Gesicht. Ich überlegte mit geschlossenen Augen, aber vergeblich. Ich versuchte, sein rosiges Gesicht zu vergessen, was mir gelang, und schlief etwa sechs Stunden, überarbeitet wie ich war – kaum war ich erwacht, ging er mir wieder auf die Nerven.
Er frühstückte bereits.
Ich tat, als schliefe ich noch.
Wir befanden uns (ich sah es mit meinem rechten Auge) irgendwo über dem Mississippi, flogen in großer Höhe und vollkommen ruhig, unsere Propeller blinkten in der Morgensonne, die üblichen Scheiben, man sieht sie und sieht hindurch, ebenso glänzten die Tragflächen, starr im leeren Raum, nichts von Schwingungen, wir lagen reglos in einem wolkenlosen Himmel, ein Flug wie hundert andere zuvor, die Motoren liefen in Ordnung.
„Guten Tag!" sagte er –
Ich grüßte zurück.
„Gut geschlafen?" fragte er –
Man erkannte die Wasserzweige des Mississippi, wenn auch unter Dunst, Sonnenglanz drauf, Gerriesel wie aus Messing oder Bronze; es war noch früher Morgen, ich kenne die Strecke, ich schloß die Augen, um weiterzuschlafen.
Er las ein Heftlein, rororo.

Es hatte keinen Zweck, die Augen zu schließen, ich war einfach wach, und mein Nachbar beschäftigte mich ja doch, ich sah ihn sozusagen mit geschlossenen Augen. Ich bestellte mein Frühstück ... Er war zum ersten Mal in den Staaten, wie vermutet, dabei mit seinem Urteil schon fix und fertig, wobei er das eine und andere (im ganzen fand er die Amerikaner kulturlos) trotzdem anerkennen mußte, beispielsweise die Deutschfreundlichkeit der meisten Amerikaner.
Ich widersprach nicht.
Kein Deutscher wünsche Wiederbewaffnung, aber der Russe zwinge Amerika dazu, Tragik, ich als Schweizer (Schwyzzer, wie er mit Vorliebe sagte) könne alldies nicht beurteilen, weil nie im Kaukasus gewesen, er sei im Kaukasus gewesen, er kenne den Iwan, der nur durch Waffen zu belehren sei. Er kenne den Iwan! Das sagte er mehrmals. Nur durch Waffen zu belehren! sagte er, denn alles andere mache ihm keinen Eindruck, dem Iwan –
Ich schälte meinen Apfel.
Unterscheidung nach Herrenmenschen und Untermenschen, wie's der gute Hitler meinte, sei natürlich Unsinn; aber Asiaten bleiben Asiaten –
Ich aß meinen Apfel.
Ich nahm meinen elektrischen Rasierapparat aus der Mappe, um mich zu rasieren, beziehungsweise um eine Viertelstunde allein zu sein, ich mag die Deutschen nicht, obschon Joachim, mein Freund, auch Deutscher gewesen ist... In der Toilette überlegte ich mir, ob ich mich nicht anderswohin setzen könnte, ich hatte einfach kein Bedürfnis, diesen Herrn näher kennenzulernen, und bis Mexico-City, wo mein Nachbar umsteigen mußte, dauerte es noch mindestens vier Stunden. Ich war entschlossen, mich anderswohin zu setzen; es gab noch freie Sitze. Als ich in die Kabine zurückkehrte, rasiert, so daß ich mich freier fühlte, sicherer – ich vertrage es nicht, unrasiert zu sein – hatte er sich gestattet, meine Akten vom Boden aufzuheben, damit niemand drauf tritt, und überreichte sie mir, seinerseits die Höflichkeit in Person. Ich bedankte mich, indem ich die Akten in meine Mappe versorgte, etwas zu herzlich, scheint es, denn er benutzte meinen Dank sofort, um weitere Fragen zu stellen.
Ob ich für die *Unesco* arbeite?
Ich spürte den Magen – wie öfter in der letzten Zeit, nicht schlimm, nicht schmerzhaft, ich spürte nur, daß man einen Magen hat, ein blödes Gefühl. Vielleicht war ich drum so unausstehlich. Ich setzte mich an meinen Platz und berichtete, um nicht unausstehlich zu sein, von meiner Tätigkeit, *technische Hilfe für unterentwickelte Völker*, ich kann darüber sprechen, während ich ganz andres denke. Ich weiß nicht, was ich dachte. Die *Unesco*, scheint es, machte ihm Eindruck, wie alles Internationale, er behandelte mich nicht mehr als Schwyzzer, sondern hörte zu, als sei man eine Autorität, geradezu ehrfürchtig, interessiert bis zur Unterwürfigkeit, was nicht hinderte, daß er mir auf die Nerven ging.
Ich war froh um die Zwischenlandung.

(aus „Homo Faber", BRD, 1991)

Im Augenblick, als wir die Maschine verließen und vor dem Zoll uns trennten, wußte ich, was ich vorher gedacht hatte: Sein Gesicht (rosig und dicklich, wie Joachim nie gewesen ist) erinnerte mich doch an Joachim.–
Ich vergaß es wieder.
Das war in Houston, Texas.
Nach dem Zoll, nach der üblichen Scherei mit meiner Kamera, die mich schon um die halbe Welt begleitet hat, ging ich in die Bar, um einen Drink zu haben, bemerkte aber, daß mein Düsseldorfer bereits in der Bar saß, sogar einen Hocker freihielt – vermutlich für mich! – und ging gradaus in die Toilette hinunter, wo ich mir, da ich nichts anderes zu tun hatte, die Hände wusch.
Aufenthalt: 20 Minuten.
Mein Gesicht im Spiegel, während ich Minuten lang die Hände wasche, dann trockne: weiß wie Wachs, mein Gesicht, beziehungsweise grau und gelblich mit violetten Adern darin, scheußlich wie eine Leiche. Ich vermutete, es kommt vom Neon-Licht, und trocknete meine Hände, die ebenso gelblich-violett sind, dann der übliche Lautsprecher, der alle Räume bedient, somit auch das Untergeschoß: *Your attention please, your attention please!* Ich wußte nicht, was los ist. Meine Hände schwitzten, obschon es in dieser Toilette geradezu kalt ist, draußen ist es heiß. Ich weiß nur soviel: – Als ich wieder zu mir kam, kniete die dicke Negerin neben mir, Putzerin, die ich vorher nicht bemerkt hatte, jetzt in nächster Nähe, ich sah ihr Riesenmaul mit den schwarzen Lippen, das Rosa ihres Zahnfleisches, ich hörte den hallenden Lautsprecher, während ich noch auf allen vieren war –
Plane is ready for departure.
Zweimal:
Plane is ready for departure.
Ich kenne diese Lautsprecherei.
All passengers for Mexico-Guatemala-Panama, dazwischen Motorenlärm, *kindly requested,* Motorenlärm, *gate number five, thank you.*
Ich erhob mich.
Die Negerin kniete noch immer –
Ich schwor mir, nie wieder zu rauchen, und versuchte, mein Gesicht unter die Röhre zu halten, was nicht zu machen war wegen der Schüssel, es war ein Schweißanfall, nichts weiter, Schweißanfall mit Schwindel.
Your attention please –
Ich fühlte mich sofort wohler.
Passenger Faber, passenger Faber!
Das war ich.
Please to the information-desk.
Ich hörte es, ich tauchte mein Gesicht in die öffentliche Schüssel, ich hoffte, daß sie ohne mich weiterfliegen; das Wasser war kaum kälter als mein Schweiß, ich begriff nicht, wieso die

Negerin plötzlich lachte – es schüttelte ihre Brust wie einen Pudding, so mußte sie lachen, ihr Riesenmaul, ihr Kruselhaar, ihre weißen und schwarzen Augen, Großaufnahme aus Afrika, dann neuerdings: *Plane is ready for departure*. Ich trocknete mein Gesicht mit dem Taschentuch, während die Negerin an meinen Hosen herumwischte. Ich kämmte mich sogar, bloß um Zeit zu verlieren, der Lautsprecher gab Meldung um Meldung, Ankünfte, Abflüge, dann nochmals:
Passenger Faber, passenger Faber –
Sie weigerte sich, Geld anzunehmen, es wäre ein Vergnügen (pleasure) für sie, daß ich lebe, daß der Lord ihr Gebet erhört habe, ich hatte ihr die Note einfach hingelegt, aber sie folgte mir noch auf die Treppe, wo sie als Negerin nicht weitergehen durfte, und zwang mir die Note in die Hand.
In der Bar war es leer –
Ich rutschte mich auf einen Hocker, zündete mir eine Zigarette an, schaute zu, wie der Barmann die übliche Olive ins kalte Glas wirft, dann aufgießt, die übliche Geste: mit dem Daumen hält er das Sieb vor dem silbernen Mischbecher, damit kein Eis ins Glas plumpst, und ich legte meine Note hin, draußen rollte eine Super-Constellation vorbei und auf die Piste hinaus, um zu starten. Ohne mich! Ich trank meinen Martini-Dry, als wieder der Lautsprecher mit seinem Knarren einsetzte: *Your attention please!* Eine Weile hörte man nichts, draußen brüllten gerade die Motoren der startenden Super-Constellation, die mit dem üblichen Dröhnen über uns hinwegflog – dann neuerdings:
Passenger Faber, passenger Faber –
Niemand konnte wissen, daß ich gemeint war, und ich sagte mir, lange können sie nicht mehr warten – ich ging aufs Observation-Dach, um unsere Maschine zu sehen. Sie stand, wie es schien, zum Start bereit; die Shell-Tanker waren weg, aber die Propeller liefen nicht. Ich atmete auf, als ich das Rudel unsrer Passagiere über das leere Feld gehen sah, um einzusteigen, mein Düsseldorfer ziemlich voran. Ich wartete auf das Anspringen der Propeller, der Lautsprecher hallte und schepperte auch hier:
Please to the information-desk!
Aber es geht mich nicht an.
Miß Sherbon, Mr. and Mrs. Rosenthal –
Ich wartete und wartete, die vier Propellerkreuze blieben einfach starr, ich hielt sie nicht aus, diese Warterei auf meine Person, und begab mich neuerdings ins Untergeschoß, wo ich mich hinter der geriegelten Tür eines Cabinets versteckte, als es nochmals kam:
Passenger Faber, passenger Faber.
Es war eine Frauenstimme, ich schwitzte wieder und mußte mich setzen, damit mir nicht schwindlig wurde, man konnte meine Füße sehen.
This is our last call.
Zweimal: *This is our last call.*
Ich weiß nicht, wieso ich mich eigentlich versteckte. Ich schämte mich; es ist sonst nicht meine Art, der letzte zu sein.

(aus „Homo Faber", BRD, 1991)

Ich blieb in meinem Versteck, bis ich festgestellt hatte, daß der Lautsprecher mich aufgab, mindestens zehn Minuten. Ich hatte einfach keine Lust weiterzufliegen. Ich wartete hinter der geriegelten Tür, bis man das Donnern einer startenden Maschine gehört hatte – eine Super-Constellation, ich kenne ihren Ton! – dann rieb ich mein Gesicht, um nicht durch Blässe aufzufallen, und verließ das Cabinet wie irgendeiner, ich pfiff vor mich hin, ich stand in der Halle und kaufte irgendeine Zeitung, ich hatte keine Ahnung, was ich in diesem Houston, Texas, anfangen sollte. Es war merkwürdig; plötzlich ging es ohne mich! Ich horchte jedes Mal, wenn der Lautsprecher ertönte – dann ging ich, um etwas zu tun, zur Western Union: um eine Depesche aufzugeben, betreffend mein Gepäck, das ohne mich nach Mexico flog, ferner eine Depesche nach Caracas, daß unsere Montage um vierundzwanzig Stunden verschoben werden sollte, ferner eine Depesche nach New York, ich steckte gerade meinen Kugelschreiber zurück, als unsere Stewardeß, die übliche Liste in der andern Hand, mich am Ellbogen faßte:
„There you are!"
Ich war sprachlos –
„We're late, Mister Faber, we're late!"
Ich folgte ihr, meine überflüssigen Depeschen in der Hand, mit allerlei Ausreden, die nicht interessierten, hinaus zu unsrer Super-Constellation; ich ging wie einer, der vom Gefängnis ins Gericht geführt wird – Blick auf den Boden beziehungsweise auf die Treppe, die sofort, kaum war ich in der Kabine, ausgeklinkt und weggefahren wurde.
„I'm sorry!" sagte ich, „I'm sorry."
Die Passagiere, alle schon angeschnallt, drehten ihre Köpfe ohne ein Wort zu sagen, und mein Düsseldorfer, den ich vergessen hatte, gab mir sofort den Fensterplatz wieder, geradezu besorgt: Was denn geschehen wäre? Ich sagte, meine Uhr sei stehengeblieben, und zog meine Uhr auf.
Start wie üblich –
Das Nächste, was mein Nachbar erzählte, war interessant – überhaupt fand ich ihn jetzt, da ich keine Magenbeschwerden mehr hatte, etwas sympathischer; er gab zu, daß die deutsche Zigarre noch nicht zur Weltklasse gehört, Voraussetzung einer guten Zigarre, sagte er, sei ein guter Tabak.
Er entfaltete eine Landkarte.
Die Plantage, die seine Firma auszubauen hoffte, lag allerdings, wie mir schien, am Ende der Welt, Staatsgebiet von Guatemala, von Flores nur mit Pferd zu erreichen, während man von Palenque (Staatsgebiet von Mexico) mit einem Jeep ohne weiteres hinkommt; sogar ein Nash, behauptete er, wäre schon durch diesen Dschungel gefahren.
Er selbst flog zum ersten Mal dahin.
Bevölkerung: Indios.
Es interessierte mich, insofern ich ja auch mit der Nutzbarmachung unterentwickelter Gebiete beschäftigt bin; wir waren uns einig, daß Straßen erstellt werden müssen, vielleicht sogar ein kleiner Flugplatz, alles nur eine Frage der Verbindun-

gen, Einschiffungen in Puerto Barrios – Ein kühnes Unternehmen, schien mir, jedoch nicht unvernünftig, vielleicht wirklich die Zukunft der deutschen Zigarre.
Er faltete die Karte zusammen –
Ich wünschte Glück.
Auf seiner Karte (1: 500000) war sowieso nichts zu erkennen, Niemandsland, weiß, zwei blaue Linien zwischen grünen Staatsgrenzen, Flüsse, die einzigen Namen (rot, nur mit der Lupe zu lesen) bezeichneten Maya-Ruinen –
Ich wünschte Glück.
Ein Bruder von ihm, der schon seit Monaten da unten lebte, hatte offenbar Mühe mit dem Klima, ich konnte es mir vorstellen, Flachland, tropisch, Feuchte der Regenzeit, die senkrechte Sonne.
Damit war dieses Gespräch zu Ende.
Ich rauchte, Blick zum Fenster hinaus: unter uns der blaue Golf von Mexico, lauter kleine Wolken, und ihre violetten Schatten auf dem grünlichen Meer, Farbspiel wie üblich, ich habe es schon oft genug gefilmt – ich schloß die Augen, um wieder etwas Schlaf nachzuholen, den Ivy mir gestohlen hatte; unser Flug war nun vollkommen ruhig, mein Nachbar ebenso.
Er las seinen Roman.
Ich mache mir nichts aus Romanen – sowenig wie aus Träumen, ich träumte von Ivy, glaube ich, jedenfalls fühlte ich mich bedrängt, es war in einer Spielbar in Las Vegas (wo ich in Wirklichkeit nie gewesen bin), Klimbim, dazu Lautsprecher, die immer meinen Namen riefen, ein Chaos von blauen und roten und gelben Automaten, wo man Geld gewinnen kann, Lotterie, ich wartete mit lauter Splitternackten, um mich scheiden zu lassen (dabei bin ich in Wirklichkeit gar nicht verheiratet), irgendwie kam auch Professor O. vor, mein geschätzter Lehrer an der Eidgenössischen Technischen Hochschule, aber vollkommen sentimental, er weinte immerfort, obschon er Mathematiker ist, beziehungsweise Professor für Elektrodynamik, es war peinlich, aber das Blödsinnigste von allem: – Ich bin mit dem Düsseldorfer verheiratet!... Ich wollte protestieren, aber konnte meinen Mund nicht aufmachen, ohne die Hand davor zu halten, da mir soeben, wie ich spürte, sämtliche Zähne ausgefallen sind, alle wie Kieselsteine im Mund –
Ich war, kaum erwacht, sofort im Bild:
Unter uns das offene Meer –
Es war der Motor links, der die Panne hatte; ein Propeller als starres Kreuz im wolkenlosen Himmel – das war alles.
Unter uns, wie gesagt, der Golf von Mexico.
Unsere Stewardeß, ein Mädchen von zwanzig Jahren, ein Kind mindestens ihrem Aussehen nach, hatte mich an der linken Schulter gefaßt, um mich zu wecken, ich wußte aber alles, bevor sie's erklärte, indem sie mir eine grüne Schwimmweste reichte; mein Nachbar war eben dabei, seine Schwimmweste anzuschnallen, humorig wie bei Alarm-Übungen dieser Art –
Wir flogen mindestens auf zweitausend Meter Höhe.

Natürlich sind mir keine Zähne ausgefallen, nicht einmal mein Stiftzahn, der Vierer oben rechts; ich war erleichtert, geradezu vergnügt.
Im Korridor, vorn, der Captain:
There is no danger at all –
Alles nur eine Maßnahme der Vorsicht, unsere Maschine ist sogar imstande mit zwei Motoren zu fliegen, wir befinden uns 8,5 Meilen von der mexikanischen Küste entfernt, Kurs auf Tampico, alle Passagiere freundlich gebeten, Ruhe zu bewahren und vorläufig nicht zu rauchen.
Thank you.
Alle saßen wie in einer Kirche, alle mit grünen Schwimmwesten um die Brust, ich kontrollierte mit meiner Zunge, ob mir wirklich keine Zähne wackelten, alles andere regte mich nicht auf.
Zeit 10.25 Uhr.
Ohne unsere Verspätung wegen Schneesturm in den nördlichen Staaten wären wir jetzt in Mexico-City gelandet, ich sagte es meinem Düsseldorfer - bloß um zu reden. Ich hasse Feierlichkeit.

... und so endet der Roman:

06. 00 Uhr

Brief an Hanna nochmals geschrieben.

06.45 Uhr

Ich weiß es nicht, warum Joachim sich erhängt hat, Hanna fragt mich immer wieder. Wie soll ich's wissen? Sie kommt immer wieder damit, obschon ich von Joachim weniger weiß als Hanna. Sie sagt: Das Kind, als es dann da war, hat mich nie an dich erinnert, es war mein Kind, nur meines. In bezug auf Joachim: Ich liebte ihn, gerade weil er nicht der Vater meines Kindes war, und in den ersten Jahren war alles so einfach. Hanna meint, unser Kind wäre nie zur Welt gekommen, wenn wir uns damals nicht getrennt hätten. Davon ist Hanna überzeugt. Es entschied sich für Hanna, noch bevor ich in Bagdad angekommen war, scheint es; sie hatte sich ein Kind gewünscht, die Sache hatte sie überfallen, und erst als ich verschwunden war, entdeckte sie, daß sie ein Kind wünschte (sagt Hanna) ohne Vater, nicht unser Kind, sondern ihr Kind. Sie war allein und glücklich, schwanger zu sein, und als sie zu Joachim ging, um sich überreden zu lassen, war Hanna bereits entschlossen, ihr Kind zu haben; es störte sie nicht, daß Joachim damals meinte, sie in einem entscheidenden Beschluß ihres Lebens bestimmt zu haben, und daß er sich in Hanna verliebte, was kurz darauf zur Heirat führte. Auch mein unglücklicher Ausspruch neulich in ihrer Wohnung: Du tust wie eine Henne! hat Hanna sehr beschäftigt, weil auch Joachim, wie sie zugibt, einmal dieselben Worte gebraucht hat. Joachim sorgte für das Kind, ohne sich in die Erziehung einzumischen; es war ja nicht sein Kind, auch nicht mein Kind, sondern ein vaterloses, einfach ihr Kind, ihr eigenes, ein Kind, das keinen Mann etwas angeht, womit Joachim sich offenbar zufriedengeben konnte, wenigstens in den ersten Jahren, solange es ein Kleinkind war, das sowieso ganz zur

Mutter gehört, und Joachim gönnte es ihr, da es Hanna glücklich machte. Von mir, sagte Hanna, war nie die Rede. Joachim hatte keinen Grund, eifersüchtig zu sein, und war es auch nicht in bezug auf mich; er sah,
5 daß ich nicht als Vater galt, nicht für die Welt, die ja nichts davon wußte, und schon gar nicht für Hanna, die mich einfach vergaß (wie Hanna immer wieder versichert), ohne Vorwurf. Schwieriger wurde es zwischen Joachim und Hanna erst, als sich die Erzie-
10 hungsfragen mehrten: weniger wegen Meinungsunterschieden, die selten waren, aber Joachim vertrug es grundsätzlich nicht, daß Hanna sich in allem, was Kinder betrifft, als die einzige und letzte Instanz betrachtete. Hanna gibt zu, daß Joachim ein verträglicher
15 Mensch gewesen ist, allergisch nur in diesem Punkt. Offenbar hoffte er mehr und mehr auf ein Kind, ein gemeinsames, das ihm die Stellung des Vaters geben würde, und meinte, dann würde alles durchaus selbstverständlich, Elsbeth hielt ihn für ihren Papa; sie lieb-
20 te ihn, aber Joachim mißtraute ihr, meint Hanna, und kam sich überflüssig vor. Es gab damals allerlei vernünftige Gründe, keine weiteren Kinder in die Welt zu setzen, vor allem für eine deutsche Halbjüdin; Hanna pocht auf diese Gründe noch heute, als würde ich sie bestreiten. Joa-
25 chim glaubte ihr die Gründe nicht; sein Verdacht: Du willst keinen Vater im Haus! er meinte, Hanna wolle nur Kinder, wenn nachher der Vater verschwindet. Was ich auch nicht gewußt habe: Joachim betrieb seine Auswanderung nach Übersee seit 1935, seinerseits zu allem entschlossen, um sich nicht von Johanna trennen zu müssen.
30 Auch Hanna dachte nie an eine Trennung; sie wollte mit Joachim nach Canada oder Australien, sie lernte zusätzlich den Beruf einer Laborantin, um ihm überall in der Welt helfen zu können. Dazu ist es aber nicht gekommen. Als Joachim erfährt, daß Hanna sich hat unterbinden lassen, kommt es zu einer Kurzschlußhandlung: Joa-
35 chim meldet sich (nachdem er sich zum Verdruß seiner Sippe hat freimachen können) freiwillig zur Wehrmacht. Hanna hat ihn nie vergessen. Obschon sie in den folgenden Jahren nicht ohne Männer lebt, opfert sie ihr ganzes Leben für ihr Kind. Sie arbeitet in Paris, später in London, in Ostberlin, in Athen. Sie flieht mit ihrem Kind.
40 Sie unterrichtet ihr Kind, wo es keine deutschsprachige Schule gibt, selbst und lernt mit vierzig Jahren noch Geige, um ihr Kind begleiten zu können. Nichts ist Hanna zuviel, wenn es um ihr Kind geht. Sie pflegt ihr Kind in einem Keller, als die Wehrmacht nach Paris kommt, und wagt sich auf die Straße, um Medikamente zu holen.
45 Hanna hat ihr Kind nicht verwöhnt; dazu ist Hanna zu gescheit, finde ich, auch wenn sie sich selbst (seit einigen Tagen) immerzu als Idiotin bezeichnet. Warum ich das gesagt habe? fragt sie jetzt immerzu. Damals: Dein Kind, statt unser Kind. Ob als Vorwurf oder nur aus Feigheit? Ich verstehe ihre Frage nicht. Ob ich damals ge-
50 wußt hätte, wie recht ich habe? Und warum ich neulich gesagt habe: Du benimmst dich wie eine Henne! Ich habe diesen Ausspruch schon mehrmals zurückgenommen und widerrufen, seit ich weiß, was Hanna alles geleistet hat; aber es ist Hanna, die nicht davon los-

(aus „Homo Faber", BRD, 1991)

❏ Weisen Sie am Text nach, wie der Ingenieur Walter Faber im Anfangsteil dargestellt wird. Wie ist sein Verhältnis zur Technik, zur Natur, zu anderen Menschen? An welchen Stellen und auf welche Weise wird auf den Schlussteil verwiesen?

❏ Analysieren Sie das Plakat zu der Verfilmung (Seite 118) und die einzelnen Abbildungen (Seite 117ff.). Beurteilen Sie, inwieweit Ihrer Meinung nach Aussagekern des Romans und Personen getroffen sind.

❏ Wählen Sie sich eine Textstelle und formulieren Sie diese aus der Sicht eines allwissenden Erzählers; vergleichen Sie danach mit der von Frisch gewählten Erzählperspektive und machen Sie sich die jeweiligen Wirkungen klar. Hilfen erhalten Sie ggf. auf den Seiten 104f..

❏ Eine zentrale Forderung stellt für Max Frisch der auf das Alte Testament zurückgehende Satz „Du sollst dir kein Bildnis machen" dar. Kennzeichnen Sie an dem nebenstehenden Textauszug aus dem „Tagebuch 1946–1949", was er im Einzelnen damit meint. Klären Sie dabei auch, in welcher Weise das Rollenbild des Menschen mit der Gesellschaft und Umwelt zusammenhängt.

❏ Versuchen Sie dieses zentrale Thema Frischs an den Auszügen des Romans und an den folgenden Hinweisen zur Biografie Frischs nachzuweisen; ziehen Sie auch die Inhaltsangabe (Seite 116f.) mit hinzu.

❏ Erläutern Sie, in welcher Weise sich sowohl Walter Faber als auch Hanna ein festes Bildnis von sich selbst und vom anderen machen.

❏ Benennen Sie Einzelheiten in den Textauszügen des Romans (Seite 117–126), die ein Beleg dafür sein könnten, dass dieses Bildnis aufgebrochen wird und das Verständnis für den anderen aufleuchtet. Entnehmen Sie der Inhaltsangabe, welche Ereignisse und Erfahrungen diese Änderungen in Gang gebracht haben könnten.

kommt. Ob ich ihr verzeihen könne! Sie hat geweint, Hanna auf den Knien, während jeden Augenblick die Diakonissin eintreten kann, Hanna, die meine Hand küßt, dann kenne ich sie gar nicht. Ich verstehe nur, daß Hanna, nach allem, was geschehen ist, Athen nie wieder verlassen will, das Grab unseres Kindes. Wir beide werden hier 5 bleiben, denke ich. Ich verstehe auch, daß sie ihre Wohnung aufgab mit dem leeren Zimmer; es ist Hanna schon schwer genug gefallen, das Mädchen allein auf die Reise zu lassen, wenn auch nur für ein halbes Jahr. Hanna hat immer schon gewußt, daß ihr Kind sie einmal verlassen wird; aber auch Hanna hat nicht ahnen können, daß Sabeth 10 auf dieser Reise gerade ihrem Vater begegnet, der alles zerstört –

08.05 Uhr

Sie kommen. (v 1957)*

Max Frisch
Du sollst dir kein Bildnis machen

Es ist bemerkenswert, daß wir gerade von dem Menschen, den wir lieben, am mindesten aussagen können, wie er sei. Wir lieben ihn einfach. Eben darin besteht ja die Liebe, das Wunderbare an der Liebe, daß sie uns in der Schwebe des Lebendigen hält, in der Bereitschaft, einem Menschen zu folgen 5 in allen seinen möglichen Entfaltungen. Wir wissen, daß jeder Mensch, wenn man ihn liebt, sich wie verwandelt fühlt, wie entfaltet, und daß auch dem Liebenden sich alles entfaltet, das Nächste, das lange Bekannte. Vieles sieht er wie zum ersten Male. Die Liebe befreit es aus jeglichem Bildnis. Das ist das Er- 10 regende, das Abenteuerliche, das eigentlich Spannende, daß wir mit den Menschen, die wir lieben, nicht fertigwerden: weil wir sie lieben; solang wir sie lieben. Man höre bloß die Dichter, wenn sie lieben; sie tappen nach Vergleichen, als wären sie betrunken, sie greifen nach allen Dingen im All, 15 nach Blumen und Tieren, nach Wolken, nach Sternen und Meeren. Warum? So wie das All, wie Gottes unerschöpfliche Geräumigkeit, schrankenlos, alles Möglichen voll, aller Geheimnisse voll, unfaßbar ist der Mensch, den man liebt –
Nur die Liebe erträgt ihn so. 20
Irgendeine fixe Meinung unsrer Freunde, unsrer Eltern, unsrer Erzieher, auch sie lastet auf manchem wie ein altes Orakel. Ein halbes Leben steht unter der heimlichen Frage: Erfüllt es sich oder erfüllt es sich nicht. Mindestens die Frage ist uns auf die Stirne gebrannt, und man wird ein Orakel nicht los, bis 25 man es zur Erfüllung bringt. Dabei muß es sich durchaus nicht im geraden Sinn erfüllen; auch im Widerspruch zeigt sich der Einfluß, darin, daß man so nicht sein will, wie der andere uns einschätzt. Man wird das Gegenteil, aber man wird es durch den andern. 30
Eine Lehrerin sagte einmal zu meiner Mutter, niemals in ihrem Leben werde sie stricken lernen. Meine Mutter erzählte uns jenen Ausspruch sehr oft; sie hat ihn nie vergessen, nie

verziehen; sie ist eine leidenschaftliche und ungewöhnliche Strickerin geworden, und alle die Strümpfe und Mützen, die Handschuhe, die Pullover, die ich jemals bekommen habe, am Ende verdanke ich sie allein jenem ärgerlichen Orakel!…
5 In gewissem Grad sind wir wirklich das Wesen, das die andern in uns hineinsehen, Freunde wie Feinde. Und umgekehrt! auch wir sind die Verfasser der andern; wir sind auf eine heimliche und unentrinnbare Weise verantwortlich für das Gesicht, das sie uns zeigen, verantwortlich nicht für ihre An-
10 lage, aber für die Ausschöpfung dieser Anlage. Wir sind es, die dem Freunde, dessen Erstarrtsein uns bemüht, im Wege stehen, und zwar dadurch, daß unsere Meinung, er sei erstarrt, ein weiteres Glied in jener Kette ist, die ihn fesselt und langsam erwürgt. Wir wünschen ihm, daß er sich wandle, o ja,
15 wir wünschen es ganzen Völkern! Aber darum sind wir noch lange nicht bereit, unsere Vorstellung von ihnen aufzugeben. Wir selber sind die letzten, die sie verwandeln. Wir halten uns für den Spiegel und ahnen nur selten, wie sehr der andere seinerseits eben der Spiegel unsres erstarrten Menschenbildes ist, unser Erzeugnis, unser Opfer –. (v 1950)*

Otto Dix: Max Frisch, 1911–1991

Kurzbiografie
Max Frisch wurde im Jahre 1911 in Zürich geboren und starb 1991, ebenfalls in Zürich. Der Sohn eines Architekten
5 musste 1932 nach dem Tod seines Vaters sein in Zürich begonnenes Studium der Germanistik, Romanistik und Kunstgeschichte abbrechen.
10 Er arbeitete zunächst als Journalist; 1933 bereiste er u. a. Griechenland und Italien.
Im Jahre 1936 begann er an der Technischen Hochschule
15 in Zürich ein Architekturstudium, das er 1941 abschloss; ein Jahr darauf eröffnete er in Zürich ein Architekturbüro, das er bis 1954 betrieb.

Im Jahre 1933 lernte Max Frisch eine junge deutsche Jüdin kennen, die in Zürich studierte. Seinen Heiratsantrag lehnte diese ab, weil sie befürchtete, dieser entspringe nicht wirklicher Liebe, sondern eher einer Haltung von Fürsorglichkeit.
Im Jahre 1942 heiratete Frisch die aus dem Großbürgertum stammende Constanze von Meyerburg; aus dieser Ehe stammen drei Kinder. Im Jahre 1954 trennte sich Frisch von seiner Ehefrau und von seinem bürgerlichen Beruf. Anfang der 60er-Jahre lernte Frisch die fast 30 Jahre jüngere Studentin Marianne Oellers kennen, die er 1968 heiratete: diese Ehe wurde im Jahre 1979 geschieden.
Max Frisch war zeitlebens viel unterwegs. Er lebte im Tessin, in Rom, in New York und in Berlin; Reisen führten ihn u. a. durch Deutschland, Italien, Frankreich, die UdSSR und China, nach Prag und Warschau.
Frischs Passion blieb immer das Schreiben, auch während seiner Zeit als Architekt. Wichtig für seine schriftstellerische Laufbahn war die Begegnung mit Bertolt Brecht (1947) und dem deutschen Verleger Peter Suhrkamp.
Die mit poetischen Texten vermischten Tagebuchaufzeichnungen sind Frischs „literarischer Nährboden" und belegen u.a. auch seine Suche nach der eigenen Identität.

Möglichkeiten der Weiterarbeit

❐ Eine Gruppe von Schülerinnen und Schülern informiert den Kurs über weitere zentrale Stellen des Romans.

❐ Charakterisierung der Hauptpersonen: Walter Faber und sein Verhältnis zu den Frauen Hanna, Sabeth, Ivy ; Walter Faber und der Künstler Marcel. Die beiden Darstellungen aus der Sekundärliteratur (Seite 128f.) können dabei helfen.

❐ Einbeziehung der Verfilmung von Volker Schlöndorff (1991) (siehe auch die Abbildungen auf den Seiten 117ff.).

Zur Rolle Fabers und zum gesellschaftlichen Hintergrund seines Rollenverständnisses äußerte der Autor im Gespräch mit Schülern:
„Dieser Mann lebt an sich vorbei, weil er einem allgemein angebotenen Image nachläuft, das von ‚Technik'. Im Grunde ist der ‚Homo faber', dieser Mann, nicht ein Techniker, sondern er ist ein verhinderter Mensch, der von sich selbst ein Bildnis gemacht hat, der sich ein Bildnis hat machen lassen, das ihn verhindert, zu sich selber zu kommen. [...] Der ‚Homo faber' ist sicher ein Produkt einer technischen Leistungsgesellschaft und Tüchtigkeitsgesellschaft, er mißt sich an seiner Tüchtigkeit, und die Quittung ist sein versäumtes Leben. In einer bäuerlichen oder vortechnischen Gesellschaft wäre das nicht möglich. Das ist ein Produkt dieses *American way of life,* wie man es damals noch sehr gläubig nannte."

(v 1975)*

Wie Faber das männliche Lebensprinzip denaturiert, indem er es zur Ideologie des Ingenieurs verengt, denaturiert Hanna das weibliche Prinzip, indem sie es zur bloßen Gegenideologie, zum Irrationalismus, macht. Das zeigt sich schon in ihrem Protest gegen die Technik schlechthin, der sich in der Negation erschöpft und nicht die Kraft hat, die Möglichkeiten des technischen Verhaltens in eine höhere Konzeption des Menschen fruchtbar aufzunehmen. In der Erlebnisschicht bezeugt sich ihr Versagen ebenso wie bei Faber im Verhältnis zu ihrem

Kind. Faber sucht – wenn auch unbewusst – die Begegnung mit der Frau als Episode; er will nicht Vater werden. Hannas Verhalten ist genau entgegengesetzt: sie will Mutter werden, aber sie möchte mit dem Kind für sich bleiben. So wenig wie Faber ist sie fähig zur Hingabe und zum Wagnis einer Gemeinschaft, die jeden der Partner tief verändern muss.

Rückblickend im Gespräch mit Faber wird aufgehellt, dass bei Hanna ein traumatisches Kindheitserlebnis vorliegt, das ihr Verhältnis zum Manne vergiftet. Der einzige Mann in ihrem Leben, mit dem sie eine geistige Gemeinschaft findet, ist ein alter Blinder, zu dem eine vitale Beziehung nicht in Frage kommt. Bereits als Kind gründete sie *„einen geheimen Mädchenklub, um Jehova abzuschaffen"*. In der Ehe mit Joachim, dem später verschollenen Freund Fabers, will sie keine weiteren Kinder. Sie *„wolle nur Kinder, wenn nachher der Vater verschwindet"*, wirft ihr Joachim vor. Schließlich lässt sich Hanna unter einem Vorwand unterbinden und zerstört so die Ehe mit Joachim. Die Wiederbegegnung mit Faber und der Tod Sabeths führt sie wie Faber auf einen Weg der Selbsterkenntnis. Indem sie ihr Kind nur für sich haben wollte, hat auch sie zur Vernichtung Sabeths und Fabers beigetragen. Kurz vor seiner Operation küsst sie Faber die Hand und bittet um Verzeihung. Beide sind sie Schuldige: mit Recht wirft ihr Faber die *„Backfischphilosophie"* der Emanzipierten vor. Hanna verachtet an der Oberfläche des Bewusstseins die technische Lebenshaltung, weil sie sie für die Lebensform des Mannes par excellence hält; ihre geheimste, unbewusste Sehnsucht aber besteht darin, es den Männern gleichzutun. Denn da sie den Mann ablehnt und aus den Tiefenschichten ihres Daseins ausschließen will, kann sie auch nicht wirklich Frau, sondern nur ressentimentgeladener Anti-Mann sein. […]

Hannas Lebensproblematik entspricht also der Fabers spiegelbildlich. Sie ist deshalb keineswegs zur Richterin Fabers bestimmt, und es wäre ein Missverständnis Frischs, wollte man seine Aussage eindimensional als Kritik der in Faber repräsentierten Zeiterscheinung verstehen. Vielmehr liegt die Bedeutung des Werkes gerade in der eigentümlichen Dialektik und wechselweisen Korrektur der Standpunkte, die ein positives Menschenbild ausspart: Der Mensch ist, indem er zum Bewusstsein gerufen ist, weder Herr der Natur noch ihr bloßes Organ, sondern steht in einer Zwischenschicht und befindet sich in einer Schwebe, die nur bei höchster Verantwortung und Offenheit ertragen und gehalten werden kann. Irrationalismus und „Zurück zur Natur" sind als pure Reaktion ebenso Verarmungen des Menschentums wie das verabsolutierte Ideal des Homo technicus …

Gerhard Kaiser (v 1958/59)

Ein Einzelgänger auf der Suche nach seiner Identität – Patrick Süskind: Das Parfum

Die Geschichte eines Mörders und eine große Entdeckungsreise in das Reich der Düfte – die Geschichte eines Mörders, den nicht Hass, Liebe oder Verzweiflung treiben, sondern einzig seine Nase.
Junge Mädchen sind die Opfer seiner Leidenschaft.

Eine Geschichte voller Geist, Witz, Fantasie und so gut erzählt wie lange keine mehr: Das Parfum ist weltweit die literarische Sensation dieser Jahre – ein Roman betört seine Leser.

Patrick Süskind, geboren 1949 in Ambach

❏ Sprechen Sie in Ihrer Lerngruppe darüber, welche Eindrücke und Erwartungen Titelbild, Buchklappentext und Kurzbiografie des Autors bei Ihnen auslösen. Halten Sie die am häufigsten genannten Gesichtspunkte fest.

Kurzbiografie

Patrick Süskind wurde am 26.3.1949 in Ambach am Starnberger See geboren. Sein Vater war ein bekannter Schriftsteller, Übersetzer und Historiker.
Nach dem Studium der Geschichte (1968–1974) entschloss er sich, wie sein Vater als „freier Schriftsteller" zu arbeiten. Er wurde unter anderem auch als Drehbuchautor von Fernsehserien bekannt (zum Beispiel: *Monaco Franze. Der ewige Stenz* und *Kir Royal. Aus dem Leben eines Klatschreporters*). Beim Erscheinen des Romans „Das Parfum" (1985) reagierten die Kritiker begeistert; das Buch wurde zu einem Sensationserfolg.
Süskind lebt in München, Paris und Montoliu (Südfrankreich). Süskinds Romanfiguren sind oft Einzelgänger und Menschenscheue. Für alle seine Figuren gilt in einem gewissen Sinne auch, was Süskind in folgender Weise äußerte: „[Ich habe nämlich] insofern auf eigene Erfahrungen zurückgreifen [können], als auch ich den größten Teil meines Lebens in immer kleiner werdenden Zimmern verbringe, die zu verlassen mir immer schwerer fällt. Ich hoffe aber, eines Tages ein Zimmer zu finden, das so klein ist und mich so eng umschließt, dass es sich beim Verlassen von selbst mitnimmt."

Erster Teil

Im achtzehnten Jahrhundert lebte in Frankreich ein Mann, der zu den genialsten und abscheulichsten Gestalten dieser an genialen und abscheulichen Gestalten nicht armen Epoche gehörte. Seine Geschichte soll hier erzählt werden. Er hieß Jean-Baptiste Grenouille, und wenn sein Name im Gegensatz zu den Namen anderer genialer Scheusale, wie etwa de Sades, Saint-Justs, Fouchés, Bonapartes usw., heute in Vergessenheit geraten ist, so sicher nicht deshalb, weil Grenouille diesen berühmteren Finstermännern an Selbstüberhebung, Menschenverachtung, Immoralität, kurz an Gottlosigkeit nachgestanden hätte, sondern weil sich sein Genie und sein einziger Ehrgeiz auf ein Gebiet beschränkte, welches in der Geschichte keine Spuren hinterläßt: auf das flüchtige Reich der Gerüche.

Zu der Zeit, von der wir reden, herrschte in den Städten ein für uns moderne Menschen kaum vorstellbarer Gestank. Es stanken die Straßen nach Mist, es stanken die Hinterhöfe nach Urin, es stanken die Treppenhäuser nach fauligem Holz und nach Rattendreck, die Küchen nach verdorbenem Kohl und Hammelfett; die ungelüfteten Stuben stanken nach muffigem Staub, die Schlafzimmer nach fettigen Laken, nach feuchten Federbetten und nach dem stechend süßen Duft der Nachttöpfe. Aus den Kaminen stank der Schwefel, aus den Gerbereien stanken die ätzenden Laugen, aus den Schlachthöfen stank das geronnene Blut. Die Menschen stanken nach Schweiß und nach ungewaschenen Kleidern; aus dem Mund stanken sie nach verrotteten Zähnen, aus ihren Mägen nach Zwiebelsaft und an den Körpern, wenn sie nicht mehr ganz jung waren, nach altem Käse und nach saurer Milch und nach Geschwulstkrankheiten. Es stanken die Flüsse, es stanken die Plätze, es stanken die Kirchen, es stank unter den Brücken und in den Palästen. Der Bauer stank wie der Priester, der Handwerksgeselle wie die Meistersfrau, es stank der gesamte Adel, ja sogar der König stank, wie ein Raubtier stank er, und die Königin wie eine alte Ziege, sommers wie winters. Denn der zersetzenden Aktivität der Bakterien war im achtzehnten Jahrhundert noch keine Grenze gesetzt, und so gab es keine menschliche Tätigkeit, keine aufbauende und keine zerstörende, keine Äußerung des aufkeimenden oder verfallenden Lebens, die nicht von Gestank begleitet gewesen wäre.

Und natürlich war in Paris der Gestank am größten, denn Paris war die größte Stadt Frankreichs. Und innerhalb von Paris wiederum gab es einen Ort, an dem der Gestank ganz besonders infernalisch herrschte, zwischen der Rue aux Fers und der Rue de la Ferronnerie, nämlich den Cimetière des Innocents. Achthundert Jahre lang hatte man hierher die Toten des Krankenhauses Hôtel-Dieu und der umliegenden Pfarrgemeinden verbracht, achthundert Jahre lang Tag für Tag die Kadaver zu Dutzenden herbeigekarrt und in lange Gräben geschüttet, achthundert Jahre lang in den Grüften und Beinhäusern Knöchelchen auf Knöchelchen geschichtet. Und erst später, am Vorabend der Französischen Revolution, nachdem ei-

❒ Analysieren Sie den Einleitungsteil des Romans; vergleichen Sie mit Ihren Erwartungen. Gehen Sie danach auf den Inhalt und auf die Form der Darstellung ein (siehe auch die Hinweise auf den Seiten 104f.).

nige der Leichengräben gefährlich eingestürzt waren und der Gestank des überquellenden Friedhofs die Anwohner nicht mehr zu bloßen Protesten, sondern zu wahren Aufständen trieb, wurde er endlich geschlossen und aufgelassen, wurden die Millionen Knochen und Schädel in die Katakomben von Montmartre geschaufelt, und man errichtete an seiner Stelle einen Marktplatz für Viktualien.

Hier nun, am allerstinkendsten Ort des gesamten Königreichs, wurde am 17. Juli 1738 Jean-Baptiste Grenouille geboren. Es war einer der heißesten Tage des Jahres. Die Hitze lag wie Blei über dem Friedhof und quetschte den nach einer Mischung aus fauligen Melonen und verbranntem Horn riechenden Verwesungsbrodem in die benachbarten Gassen. Grenouilles Mutter stand, als die Wehen einsetzten, an einer Fischbude in der Rue aux Fers und schuppte Weißlinge, die sie zuvor ausgenommen hatte. Die Fische, angeblich erst am Morgen aus der Seine gezogen, stanken bereits so sehr, daß ihr Geruch den Leichengeruch überdeckte. Grenouilles Mutter aber nahm weder den Fisch- noch den Leichengeruch wahr, denn ihre Nase war gegen Gerüche im höchsten Maße abgestumpft, und außerdem schmerzte ihr Leib, und der Schmerz tötete alle Empfänglichkeit für äußere Sinneseindrücke. Sie wollte nur noch, daß der Schmerz aufhöre, sie wollte die eklige Geburt so rasch als möglich hinter sich bringen. Es war ihre fünfte. Alle vorhergehenden hatte sie hier an der Fischbude absolviert, und alle waren Totgeburten oder Halbtotgeburten gewesen, denn das blutige Fleisch, das da herauskam, unterschied sich nicht viel von dem Fischgekröse, das da schon lag, und lebte auch nicht viel mehr, und abends wurde alles mitsammen weggeschaufelt und hinübergekarrt zum Friedhof oder hinunter zum Fluß. So sollte es auch heute sein, und Grenouilles Mutter, die noch eine junge Frau war, gerade Mitte zwanzig, die noch ganz hübsch aussah und noch fast alle Zähne im Munde hatte und auf dem Kopf noch etwas Haar und außer der Gicht und der Syphilis und einer leichten Schwindsucht keine ernsthafte Krankheit; die noch hoffte, lange zu leben, vielleicht fünf oder zehn Jahre lang, und vielleicht sogar einmal zu heiraten und wirkliche Kinder zu bekommen als ehrenwerte Frau eines verwitweten Handwerkers oder so … Grenouilles Mutter wünschte, daß alles schon vorüber wäre. Und als die Preßwehen einsetzten, hockte sie sich unter ihren Schlachttisch und gebar dort, wie schon vier Mal zuvor, und nabelte mit dem Fischmesser das neugeborene Ding ab. Dann aber, wegen der Hitze und des Gestanks, den sie als solchen nicht wahrnahm, sondern nur als etwas Unerträgliches, Betäubendes – wie ein Feld von Lilien oder wie ein enges Zimmer, in dem zu viel Narzissen stehen –, wurde sie ohnmächtig, kippte zur Seite, fiel unter dem Tisch hervor mitten auf die Straße und blieb dort liegen, das Messer in der Hand.

Geschrei, Gerenne, im Kreis steht die glotzende Menge, man holt die Polizei. Immer noch liegt die Frau mit dem Messer in der Hand auf der Straße, langsam kommt sie zu sich.

Was ihr geschehen sei?

„Nichts."
Was sie mit dem Messer tue?
„Nichts."
Woher das Blut an ihren Röcken komme?
„Von den Fischen."
Sie steht auf, wirft das Messer weg und geht davon, um sich zu waschen.
Da fängt, wider Erwarten, die Geburt unter dem Schlachttisch zu schreien an. Man schaut nach, entdeckt unter einem Schwarm von Fliegen und zwischen Gekröse und abgeschlagenen Fischköpfen das Neugeborene, zerrt es heraus. Von Amts wegen wird es einer Amme gegeben, die Mutter festgenommen. Und weil sie geständig ist und ohne weiteres zugibt, daß sie das Ding bestimmt würde haben verrecken lassen, wie sie es im übrigen schon mit vier anderen getan habe, macht man ihr den Prozeß, verurteilt sie wegen mehrfachen Kindermords und schlägt ihr ein paar Wochen später auf der Place de Grève den Kopf ab.

Das Kind hatte zu diesem Zeitpunkt bereits das dritte Mal die Amme gewechselt. Keine wollte es länger als ein paar Tage behalten. Es sei zu gierig, hieß es, sauge für zwei, entziehe den anderen Stillkindern die Milch und damit ihnen, den Ammen, den Lebensunterhalt, da rentables Stillen bei einem einzigen Säugling unmöglich sei. Der zuständige Polizeioffizier, ein gewisser La Fosse, war die Sache alsbald leid und wollte das Kind schon zur Sammelstelle für Findlinge und Waisen in der äußeren Rue Saint-Antoine bringen lassen, von wo aus täglich Kindertransporte ins staatliche Großfindelheim von Rouen abgingen. Da nun aber diese Transporte von Lastträgern vermittels Bastkiepen durchgeführt wurden, in welche man aus Rationalitätsgründen bis zu vier Säuglinge gleichzeitig steckte; da deshalb die Sterberate unterwegs außerordentlich hoch war; da aus diesem Grund die Kiepenträger angehalten waren, nur getaufte Säuglinge zu befördern und nur solche, die mit einem ordnungsgemäßen Transportschein versehen waren, welcher in Rouen abgestempelt werden mußte; da das Kind Grenouille aber weder getauft war noch überhaupt einen Namen besaß, den man ordnungsgemäß in den Transportschein hätte eintragen können; da es ferner seitens der Polizei nicht gut angängig gewesen wäre, ein Kind anonymiter vor den Pforten der Sammelstelle auszusetzen, was allein die Erfüllung der übrigen Formalitäten erübrigt haben würde ...
– aus einer Reihe von Schwierigkeiten bürokratischer und verwaltungstechnischer Art also, die sich bei der Abschiebung des Kleinkinds zu ergeben schienen, und weil im übrigen die Zeit drängte, nahm der Polizeioffizier La Fosse von seinem ursprünglichen Entschluß wieder Abstand und gab Anweisung, den Knaben bei irgendeiner kirchlichen Institution gegen Aushändigung einer Quittung abzugeben, damit man ihn dort taufe und über sein weiteres Schicksal entscheide. Im Kloster von Saint-Merri in der Rue Saint-Martin wurde man ihn los. Er erhielt die Taufe und den Namen Jean-Baptiste. Und weil der Prior an diesem Tage gute Laune hatte und

seine karitativen Fonds noch nicht erschöpft waren, ließ man das Kind nicht nach Rouen expedieren, sondern auf Kosten des Klosters aufpäppeln. Es wurde zu diesem Behuf einer Amme namens Jeanne Bussie in der Rue Saint-Denis übergeben, welche bis auf weiteres drei Franc pro Woche für ihre Bemühungen erhielt.

Einige Wochen später stand die Amme Jeanne Bussie mit einem Henkelkorb in der Hand vor der Pforte des Klosters von Saint-Merri und sagte dem öffnenden Pater Terrier, einem etwa fünfzigjährigen kahlköpfigen, leicht nach Essig riechenden Mönch „Da!" und stellte den Henkelkorb auf die Schwelle.
„Was ist das?" sagte Terrier und beugte sich über den Korb und schnupperte daran, denn er vermutete Eßbares.
„Der Bastard der Kindermörderin aus der Rue aux Fers!"
Der Pater kramte mit dem Finger im Henkelkorb herum, bis er das Gesicht des schlafenden Säuglings freigelegt hatte.
„Gut schaut er aus. Rosig und wohlgenährt."
„Weil er sich an mir vollgefressen hat. Weil er mich leergepumpt hat bis auf die Knochen. Aber damit ist jetzt Schluß. Jetzt könnt Ihr ihn selber weiterfüttern mit Ziegenmilch, mit Brei, mit Rübensaft. Er frißt alles, der Bastard."
Pater Terrier war ein gemütlicher Mann. In seine Zuständigkeit fiel die Verwaltung des klösterlichen Karitativfonds, die Verteilung von Geld an Arme und Bedürftige. Und er erwartete, daß man ihm dafür Danke sagte und ihn des weiteren nicht belästigte. Technische Einzelheiten waren ihm sehr zuwider, denn Einzelheiten bedeuteten immer Schwierigkeiten, und Schwierigkeiten bedeuteten eine Störung seiner Gemütsruhe, und das konnte er gar nicht vertragen. Er ärgerte sich, daß er die Pforte überhaupt geöffnet hatte. Er wünschte, daß diese Person ihren Henkelkorb nähme und nach Hause ginge und ihn in Ruhe ließe mit ihren Säuglingsproblemen. Langsam richtete er sich auf und sog mit einem Atemzug den Duft von Milch und käsiger Schafswolle ein, den die Amme verströmte. Es war ein angenehmer Duft.
„Ich verstehe nicht, was du willst. Ich verstehe wirklich nicht, worauf du hinauswillst. Ich kann mir nur vorstellen, daß es diesem Säugling durchaus nicht schaden würde, wenn er noch geraume Zeit an deinen Brüsten läge."
„Ihm nicht", schnarrte die Amme zurück, „aber mir. Zehn Pfund habe ich abgenommen und dabei gegessen für drei. Und wofür? Für drei Franc in der Woche!"
„Ach, ich verstehe", sagte Terrier fast erleichtert, „ich bin im Bilde: Es geht also wieder einmal ums Geld."
„Nein!" sagte die Amme. (v 1985)*

Was hat dieses Buch anderen, die gar nicht erst aus der Flut der Neuerscheinungen auftauchen, so sehr voraus? Spektakulär ist es selbst so wenig wie sein Autor, der so gut wie nie in den Medien zu betrachten ist und der Literaturpreise, jedenfalls in Deutschland, ablehnt. Es ist auch nicht ‚innovativ' – hierzulande ohnehin eher ein Merkmal für schwer verkäufliche Literatur. Vielleicht ist es gerade dies, was den Erfolg vom ‚Parfum' ausmacht: dass es brillant auf der Klaviatur altbewährter Erzähltradition gespielt ist und so für fast jeden Leser etwas hat: eine klare Diktion, für jedermann verständlich, dabei aber anspruchsvoll genug, um literarisch ‚hoffähig' zu sein; erzählerisches Können; einen leicht zu bewältigenden Umfang; eine interessante, nicht alltägliche, überschaubare Handlung; eine extraordinäre Hauptfigur mit unvergleichlichen (Riech-)Fähigkeiten, eine Prise kriminalistischer Spannung, eine historische Verpackung, von der man nebenbei auch noch Kulturgeschichtliches zu lernen vermeint. – Ein ideales Produkt für die Relikte der bürgerlichen Lesegesellschaft.

Ulrich Pokern (v 1988)

Was läuft da schief? Das kann doch nicht mit rechten Dingen zugehen.
Doch, es geht mit rechten Dingen zu: Bei aller handwerklichen Brillanz kann Süskinds Roman einen erheblichen Mangel, der mehr als ein ‚Schönheitsfehler' ist, nicht verleugnen – das Buch hat formal nichts und gar nichts mit zeitgenössischer Literatur zu tun; es könnte ebenso gut bereits in den zwanziger Jahren erschienen sein, zu Zeiten von Stefan Zweig oder Lion Feuchtwanger. Auch holt sich niemand beim Lesen eine blutige Nase, der Roman ‚Das Parfum' ätzt weder die Schleimhäute noch Hirn und Herz, er ist angenehm-prickelnd amoralisch, ohne jemanden ernsthaft zu verletzen oder gar zu einem ethischen Standpunkt zu nötigen. Delectare sine prodesse. Dieses Buch passt haargenau in die restaurative Gegenwart. Und zeigt gleichzeitig, aus welchem Stoff Bestseller sind, deren übliches Mittelmaß jedoch weit hinter sich lassend. (...) Dem Autor Patrick Süskind, der eine so immense schriftstellerische Begabung hat, wäre zu wünschen, dass er Wege und Mut zu anstößiger, verstörender (und also großer) Literatur fände – selbst auf die Gefahr hin, von einem solchen Buch nur fünftausend Stück verkaufen zu können.

Niels Höpfner (v 1985)

❐ Stellen Sie mit Hilfe der Titelgrafik, des Buchklappentextes (S. 130) und anhand dieser Rezensionen Überlegungen darüber an, worum es in diesem Roman gehen könnte.
❐ Erörtern Sie im Gespräch die beiden Rezensionen und stellen Sie die Wertungen gegenüber; beurteilen Sie diese aus der Kenntnis der Einleitung des Romans.

Hinweise und Möglichkeiten für eine Weiterarbeit

Die folgenden Aufgabenstellungen können Sie für einzelne Referate oder für eine Gruppenarbeit nutzen.
❐ Geben Sie einen Überblick über die wesentlichen Handlungsteile des Romans.
❐ Stellen Sie wichtige Szenen vor und analysieren Sie diese; zum Beispiel die Massensuggestion bei der „Hinrichtungsszene" oder den Schlussteil.

Literaturhinweise

● Norbert Berger: Patrick Süskind, Das Parfum, In: Praxis Deutsch 86, Seelze 1987
● Heinz Dörfler: Moderne Romane im Unterricht, Scriptor, Frankfurt/M. 1995
● Bernd Matzkowski u.a.: Erläuterungen zu Patrick Süskind: Das Parfum, Königs Erläuterungen und Materialien, C. Bange Verlag, Hollfeld 1996

Leseempfehlung

Patrick Süskind: Die Geschichte von Herrn Sommer, Diogenes Verlag, Zürich 1994

Ähnliche Motive in der Literatur

● Robert Schneider: Schlafes Bruder, Reclam Verlag Leipzig, Leipzig 1996
● Günter Grass: Die Blechtrommel, dtv, München 1993
● Georg Büchner: Lenz, dtv, München 1997
● Victor Hugo: Der Glöckner von Notre Dame, Diogenes Verlag, Zürich 1990

Dramatische Form – Die „heiße Stelle" als Kern der Aussage

Georg Büchner: Woyzeck – der negative Held

Georg Büchner, 1813–1837

Kurzbiografie
Georg Büchner, geb. 17.10.1813 in Goddelau bei Darmstadt
1816	Übersiedlung der Familie nach Darmstadt, wohin der Vater als Bezirksarzt versetzt wird
seit 1831	Studium der Medizin und der Naturwissenschaften in Straßburg und Gießen
1834	Publikation des *Hessischen Landboten,* zusammen mit Rektor Weidig; Verhaftung von Freunden
1835	drohende eigene Verhaftung und Flucht nach Straßburg
1836	Promotion mit einer Arbeit über das Nervensystem der Fische; Übersiedlung nach Zürich; Dozentur an der dortigen Universität; Arbeit am *Woyzeck*
19.2.1837	Tod Büchners in Zürich nach kurzer Krankenzeit
1913	erste Aufführung des *Woyzeck* in München

Weitere Informationen zu Leben und Werk Georg Büchners können Sie auf den Seiten 295ff. nachlesen.

❒ Erklären Sie aus der Inhaltsangabe des Dramenfragments die Überschrift des Kapitels „Woyzeck – der negative Held".

Inhaltsangabe
Die Tragödie – sie ist ein Fragment – besteht aus einer lockeren Folge einzelner Szenen, in denen die Lebenssituation des armen, einfachen Soldaten Franz Woyzeck und seine Beziehungen zu unterschiedlichen Personen in den Blick des Lesers bzw. Zuschauers gerückt werden.
Dargestellt wird unter anderem das Abhängigkeitsverhältnis zu seinem Vorgesetzten, dem Hauptmann. Marie, eine schöne und lebenslustige Frau, ist seine Geliebte und die Mutter seines Sohnes; sie verkörpert seinen gesamten Lebenssinn. Um für Marie und das Kind zusätzlich etwas Geld zu verdienen stellt er sich einem Arzt und Universitätslehrer als Versuchsperson zur Verfügung. Der Arzt gibt ihm nur noch Erbsen zu essen, macht sich mit seinen Studenten über

ihn lustig und studiert mit ihnen den fortschreitenden gesundheitlichen Verfall seines Opfers. Marie wendet sich dem Tambourmajor, einem stärkeren und für sie attraktiveren Mann zu. Als Woyzeck von diesem Verhältnis erfährt, sieht er seinen Lebenssinn zerstört. Er kauft sich ein Messer und ermordet Marie.
Das Ende der Tragödie bleibt offen. Es kann zum Beispiel der Selbstmord Woyzecks oder eine Gerichtsverhandlung sein.

Zimmer

Hauptmann auf einem Stuhl. Woyzeck rasiert ihn.

HAUPTMANN: Langsam, Woyzeck, langsam; eins nach dem andern! Er macht mir ganz schwindlig. Was soll ich dann mit den zehn Minuten anfangen, die Er heut zu früh fertig wird? Woyzeck, bedenk Er, Er hat noch seine schöne dreißig Jahr zu leben, dreißig Jahr! Macht dreihundertsechzig Monate, und Tage, Stunden, Minuten! Was will Er denn mit der ungeheuren Zeit all anfangen? Teil Er sich ein, Woyzeck!

WOYZECK: Jawohl, Herr Hauptmann!

HAUPTMANN: Es wird mir ganz angst um die Welt, wenn ich an die Ewigkeit denke. Beschäftigung, Woyzeck, Beschäftigung! Ewig, das ist ewig, das ist ewig – das siehst du ein; nun ist es aber wieder nicht ewig, und das ist ein Augenblick, ja, ein Augenblick, Woyzeck, es schaudert mich, wenn ich denke, dass sich die Welt in einem Tag herumdreht! Was 'n Zeitverschwendung! Wo soll das hinaus? Woyzeck, ich kann kein Mühlrad mehr sehn, oder ich werd melancholisch.

WOYZECK: Jawohl, Herr Hauptmann.

HAUPTMANN: Woyzeck, Er sieht immer so verhetzt aus! Ein guter Mensch tut das nicht, ein guter Mensch, der sein gutes Gewissen hat. – Red Er doch was, Woyzeck! Was ist heut für Wetter?

WOYZECK: Schlimm, Herr Hauptmann, schlimm; Wind!

HAUPTMANN: Ich spür's schon, 's ist so was Geschwindes draußen; so ein Wind macht mir den Effekt wie eine Maus. *(pfiffig)* Ich glaub, wir haben so was aus Süd-Nord?

WOYZECK: Jawohl, Herr Hauptmann.

HAUPTMANN: Ha, ha, ha! Süd-Nord! Ha, ha, ha! Oh, Er ist dumm, ganz abscheulich dumm! *(gerührt)* Woyzeck, Er ist ein guter Mensch – aber *(mit Würde)* Woyzeck, Er hat keine Moral! Moral, das ist, wenn man moralisch ist, versteht Er. Es ist ein gutes Wort. Er hat ein Kind, ohne den Segen der Kirche, wie unser hochehrwürdiger Herr Garnisonsprediger sagt, ohne den Segen der Kirche, es ist nicht von mir.

WOYZECK: Herr Hauptmann, der liebe Gott wird den armen Wurm nicht drum ansehen, ob das Amen drüber gesagt ist, eh er gemacht wurde. Der Herr sprach: Lasset die Kleinen zu mir kommen!

HAUPTMANN: Was sagt Er da? Was ist das für eine kuriose Antwort? Er macht mich ganz konfus mit seiner Antwort. Wenn ich sag: Er, so mein ich Ihn, Ihn –

❑ Charakterisieren Sie den Dialog zwischen den beiden Figuren. Weisen Sie Ihre Erkenntnisse an Einzelheiten des Textes nach; Sie könnten zum Beispiel auf folgende Gesichtspunkte eingehen:
- Zeit, Ort, Redesituation
- Ziele, Interessen, Handlungsmotive der Redenden
- Beziehungen der Beteiligten, Abhängigkeiten, Einschätzungen, Erwartungen
- die jeweilige Art zu sprechen; verbale und nonverbale Kommunikation
- die Einstellung der Personen; ihr Welt- und Menschenverständnis; ihre Interessen und Absichten

❑ Benennen Sie Hinweise der Inhaltsangabe, die für diese Szene besonders wichtig sind.

❑ Versuchen Sie jeweils mit einem Partner/einer Partnerin in Form einer starren Pantomime („Statue") die Beziehungen zwischen den beiden Figuren der Szene darzustellen. Diskutieren Sie in der Lerngruppe Ihre Deutungen dieser pantomimischen Darstellung.

❑ Erläutern Sie, in welcher Weise das Foto der Verfilmung (S. 138) die Beziehung zwischen den beiden Figuren kennzeichnet. Vergleichen Sie mit Ihrer Deutung („Statue").

❑ Verfassen Sie einen Rollenmonolog in der Ich-Form, der die Befindlichkeit einer der beiden/der beiden Figuren dieser Szene wiedergibt.

WOYZECK: Wir arme Leut – Sehn Sie, Herr Hauptmann: Geld, Geld! Wer kein Geld hat – Da setz einmal eines seinesgleichen auf die Moral in die Welt. Man hat auch sein Fleisch und Blut. Unsereins ist doch einmal unselig in der und der andern Welt. Ich glaub, wenn wir in Himmel kämen, so müssten wir donnern helfen.

HAUPTMANN: Woyzeck, Er hat keine Tugend, Er ist kein tugendhafter Mensch. Fleisch und Blut? Wenn ich am Fenster lieg, wenn's geregnet hat, und den weißen Strümpfen so nachseh, wie sie über die Gassen springen – verdammt, Woyzeck, da kommt mir die Liebe. Ich hab auch Fleisch und Blut. Aber, Woyzeck, die Tugend, die Tugend! Wie sollte ich dann die Zeit herumbringen? Ich sag mir immer: du bist ein tugendhafter Mensch, *(gerührt)* ein guter Mensch, ein guter Mensch.

WOYZECK: Ja, Herr Hauptmann, die Tugend, ich hab's noch nit so aus. Sehn Sie, wir gemeine Leut, das hat keine Tugend, es kommt einem nur so die Natur; aber wenn ich ein Herr wär und hätt ein' Hut und eine Uhr und eine Anglaise und könnt vornehm reden, ich wollt schon tugendhaft sein. Es muss was Schönes sein um die Tugend, Herr Hauptmann. Aber ich bin ein armer Kerl.

HAUPTMANN: Gut, Woyzeck. Du bist ein guter Mensch, ein guter Mensch. Aber du denkst zu viel, das zehrt; du siehst immer so verhetzt aus. – Der Diskurs hat mich ganz angegriffen. Geh jetzt und renn nicht so; langsam, hübsch langsam die Straße hinunter! (e 1836, v 1877)

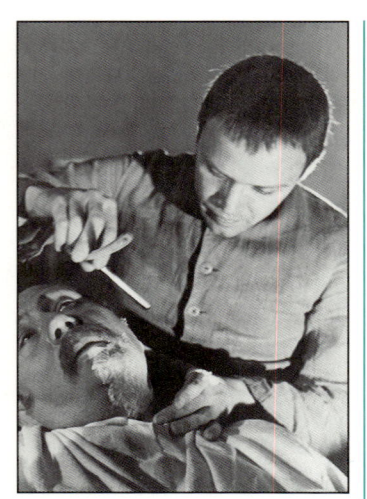

(aus „Wozzeck", Deutschland, 1947)

☐ Dieser Text ist ein Auszug aus dem Stundenprotokoll eines Leistungskurses. In dieser Doppelstunde ging es um eine systematische Analyse der Szene. Gliedern Sie zunächst den Text in einzelne Abschnitte, bilden Sie sinnvolle Überschriften. Vergleichen Sie danach mit den Ergebnissen Ihrer Arbeit („Statue" und fiktiver Rollenmonolog).

Ergebnisprotokoll

Grundsituation dieses Dialogs ist die soziale Konstellation. Mit den beiden Personen Woyzeck und Hauptmann treffen Vertreter zweier sozialer Schichten aufeinander. Woyzeck ist gemeiner Soldat, Abhängiger des Hauptmanns, der die Dienstleistung seines Untergebenen (das Rasieren) wie selbstverständlich entgegennimmt. Sprachliches Verhalten, Bewusstseinsebene und Normensystem dieser beiden Personen sind gegensätzlich. Der Dialog zwischen den beiden Personen ist vor allem durch Beziehungslosigkeit gekennzeichnet. Es kommt nicht zu einer Verständigung, sondern nur zu einer Abgrenzung gegensätzlicher Positionen. Der Dialog ist dennoch weniger durch die Inhaltsebene als durch die Beziehung der beiden Personen gekennzeichnet. An der Verteilung der Sprechanteile lässt sich die Ungleichgewichtigkeit der Personen erkennen. Der Hauptmann gibt die Anweisungen, stellt Fragen, trifft Feststellungen. Woyzeck reagiert vor allem mit eintrainierten Bestätigungen. Trotz eindeutiger Dominanz versucht der Hauptmann in vordergründiger und primitiver Weise (zum Beispiel mit Hilfe unverständlicher Tautologien) seine Überlegenheit zu beweisen. Seine Absicht im Gespräch läuft darauf hinaus, sich selbst als überlegen, Woyzeck dagegen als unterlegen (dumm und moralisch minderwertig) zu qualifizieren. Er schlüpft dazu in die Rollen des Rechenkünstlers, des Philosophen, des Moralisten; dies sind Rollen, die Woyzeck nicht übernehmen kann. Als Woyzeck seinen Vorgesetzten mit seiner einfachen Antwort verwirrt, kann der Hauptmann seine angemaßte Überlegenheit nur noch durch das Abbrechen des Gesprächs retten. Deutlich wird damit, dass in diesem Gespräch das Beziehungshandeln im Vordergrund steht. Büchner karikiert mit der Figur des Hauptmanns die soziale Schicht des Hauptmanns, die dieser repräsentiert. Der Dialog ist insgesamt in zwei Teile gegliedert. Im ersten Teil zeigt Woyzecks Einsilbigkeit den Zwang zur Einhaltung der vorgegebenen militärischen Rollenverteilung (Befehl und Gehorsam). Dass Woyzecks Einsilbigkeit aber nicht Sprachunfähigkeit bedeutet, zeigt der zweite Teil des Dialogs, wo Woyzeck sich bei seiner empfindlichsten Stelle getroffen fühlt (sein Kind). Seine Antwort trifft bei seinem selbstgefälligen Gegenüber kaum auf Verständnis. Der Dialog kennzeichnet insgesamt die beiden Personen aus ihrer Beziehung zueinander. Woyzeck: sozial abhängig, Repräsentant der untersten Schichten, schlicht und einfach in seinen normativen Vorstellungen. Seine Frömmigkeit ist von schlichter Art; von Gott erwartet er Mitgefühl und Erbarmen; er ahnt den Zusammenhang von Moral und sozialer Stellung. Seine Haltung ist durch fatalistisches Erdulden seines Schicksals bestimmt. Der Hauptmann bezeichnet sich in seiner selbstgefälligen Arroganz selbst als guten Menschen. In unterschiedlichen Rollen nutzt er seinen jämmerlichen Bildungsvorsprung zur Einschüchterung Woyzecks. Moral hat für ihn einen Selbstzweck. Er kennt nur die formalen Anforderungen, die er unbesehen erfüllt. Typisch für ihn ist die Ruhe und Selbstzufriedenheit. Er sieht und beurteilt Woyzeck nur aus eigener Sicht, kann ihn nur zu seiner eigenen Moral mahnen. Da Woyzeck ihm bedingungslos zustimmt, erklärt er ihn aus seiner Sicht für dumm; deshalb sei er ein „guter Mensch", aber nicht „moralisch".

Neben dem Monolog ist insbesondere der Dialog eine wichtige Form der Figurenrede im Drama. Um die Figuren, ihre Handlungsmotive, Ziele, Interessen zu verstehen, muss ihr kommunikatives Verhalten untersucht werden.

▷▷ Sie können dazu in dem Kapitel „Grundfragen der Kommunikation" auf den Seiten 42ff. im Einzelnen nachlesen.

❏ Lesen Sie die folgenden weiteren Ausschnitte aus dem Dramenfragment „Woyzeck". Weisen Sie dabei insbesondere die Beziehungen der einzelnen Personen zu anderen Figuren nach.

Beim Doktor

Woyzeck. Der Doktor.

DOKTOR: Was erleb ich, Woyzeck? Ein Mann von Wort! Er! Er! Er!
WOYZECK: Was denn, Herr Doktor?
DOKTOR: Ich hab's gesehn, Woyzeck; Er hat auf die Straß gepisst, an die Wand gepisst, wie ein Hund – und doch drei Groschen täglich und Kost! Woyzeck, das ist schlecht: die Welt wird schlecht, sehr schlecht.

WOYZECK: Aber Herr Doktor, wenn einem die Natur kommt.
DOKTOR: Die Natur kommt, die Natur kommt! Aberglaube, abscheulicher. Aberglaube! Die Natur! Hab ich nicht nachgewiesen, dass der musculus constrictor vesicae dem Willen unterworfen ist? Die Natur! Woyzeck, der Mensch ist frei, in dem Menschen verklärt sich die Individualität zur Freiheit. Den Harn nicht halten können! Es ist Betrug, Woyzeck! – *Schüttelt den Kopf, legt die Hände auf den Rücken und geht auf und ab.* Hat Er schon seine Erbsen gegessen, Woyzeck? Nichts als Erbsen, cruciferae, merk Er sich's! Die nächste Woche fangen wir dann mit Hammelfleisch an! Es gibt eine Revolution in der Wissenschaft, ich sprenge sie in die Luft. Harnstoff 0,10, salzsaures Ammonium, Hyperoxydul – Woyzeck, muss Er nicht wieder pissen? Geh Er einmal hinein und probier Er's!
WOYZECK: Ich kann nit, Herr Doktor.
DOKTOR *mit Affekt*: Aber an die Wand pissen! Ich hab's schriftlich, den Akkord in der Hand! Ich hab's gesehn, mit diesen Augen gesehn – ich steckt grade die Nase zum Fenster hinaus und ließ die Sonnenstrahlen hineinfallen, um das Niesen zu beobachten. Hat Er mir Frösch gefangen? Hat Er Laich? Keinen Süßwasserpolyp? keine Hydra? Vestillen? Cristatellen? Stoß Er mir nicht ans Mikroskop, ich hab eben den dicken Backzahn von einem Infusionstier darunter. Ich sprenge sie in die Luft, alle miteinander. Woyzeck, keine Spinneneier? Keine Kröteneier? Aber an die Wand gepisst! Ich hab's gesehen. *Tritt auf ihn los.* Nein, Woyzeck, ich ärgre mich nicht: Ärger ist ungesund, ist unwissenschaftlich. Ich bin ruhig, ganz ruhig; mein Puls hat seine gewöhnlichen 60, und ich sag's Ihm mit der größten Kaltblütigkeit. Behüte, wer wird sich über einen Menschen ärgern, ein' Menschen! Wenn es noch ein Proteus wäre, der einem krepiert! Aber, Woyzeck, Er hätte doch nicht an die Wand pissen sollen –
WOYZECK: Sehn Sie, Herr Doktor, manchmal hat einer so 'en Charakter, so 'ne Struktur. – Aber mit der Natur is's was anders, sehn Sie; mit der Natur *(er kracht mit den Fingern),* das is so was, wie soll ich doch sagen, zum Beispiel …
DOKTOR: Woyzeck, Er philosophiert wieder.
WOYZECK *vertraulich*: Herr Doktor, haben Sie schon was von der doppelten Natur gesehn? Wenn die Sonn in Mittag steht und es ist, als ging' die Welt in Feuer auf, hat schon eine fürchterliche Stimme zu mir geredet!
DOKTOR: Woyzeck, Er hat eine Aberratio.
WOYZECK: Ja die Natur, Herr Doktor, wenn die Natur aus ist.
DOKTOR: Was ist das, wenn die Natur aus ist?
WOYZECK: Wenn die Natur aus ist, das ist, wenn die Natur aus ist. Wenn die Welt so finster wird, dass man mit den Händen an ihr herumtappen muss, dass man meint, sie verrinnt wie Spinnweb. Das ist so, wenn etwas ist und doch nicht ist, wenn alles dunkel ist und nur noch ein roter Schein im Westen, wie von einer Esse. Wenn *(schreitet im Zimmer auf und ab)*…
DOKTOR: Kerl, Er tastet mit seinen Füßen herum wie mit Spinnfüßen.

WOYZECK *legt den Finger an die Nase*: Die Schwämme, Herr Doktor, da, da steckt's. Haben Sie schon gesehn, in was für Figuren die Schwämme auf dem Boden wachsen? Wer das lesen könnt.
DOKTOR: Woyzeck, Er hat die schönste Aberratio mentalis partialis, die zweite Spezies, sehr schön ausgeprägt. Woyzeck, Er kriegt Zulage! Zweite Spezies: fixe Idee mit allgemein vernünftigem Zustand. – Er tut noch alles wie sonst, rasiert seinen Hauptmann?
WOYZECK: Jawohl.
DOKTOR: Isst seine Erbsen?
WOYZECK: Immer ordentlich, Herr Doktor. Das Geld für die Menage kriegt meine Frau.
DOKTOR: Tut seinen Dienst?
WOYZECK: Jawohl.
DOKTOR: Er ist ein interessanter Kasus. Er hat eine schöne fixe Idee! Er kommt noch ins Narrenhaus! Subjekt Woyzeck, Er kriegt Zulage, halt Er sich brav! Zeig Er seinen Puls! Ja.
WOYZECK: Was soll ich tun?
DOKTOR: Erbsen essen, dann Hammelfleisch, sein Gewehr putzen! Er bekommt ein Groschen Zulage die Woche. Meine Theorie, meine neue Theorie…

Straße

Hauptmann. Doktor.
Hauptmann keucht die Straße herunter, hält an; keucht, sieht sich um.

HAUPTMANN: Wohin so eilig, geehrtester Herr Sargnagel?
DOKTOR: Wohin so langsam, geehrtester Herr Exerzierzagel?
HAUPTMANN: Nehmen Sie sich Zeit, verehrtester Grabstein.
Doktor: Ich stehle meine Zeit nicht, wie Sie, Wertester.
HAUPTMANN: Herr Doktor, rennen Sie nicht so! … Rudern Sie mit Ihrem Stock nicht so in der Luft! Sie hetzen sich ja hinter dem Tod drein. Ein guter Mensch, der ein gutes Gewissen hat, geht nicht so schnell. Ein guter Mensch *(schnauft)* – Herr Doktor, erlauben Sie, dass ich ein Menschenleben rette. *Er erwischt den Doktor am Rock.*
DOKTOR: Pressiert, Herr Hauptmann, pressiert!
HAUPTMANN: Herr Sargnagel, Sie schleifen sich ja so ihre kleinen Beine ganz auf dem Pflaster ab. Reiten Sie doch nicht auf ihrem Rock in der Luft.
DOKTOR: Sie ist in vier Wochen tot, die gute Frau, ein collaps congestaticus im siebenten Monat; ich hab schon zwanzig solcher Patienten gehabt, in vier Wochen, richt sie sich danach.
HAUPTMANN: Herr Doktor, ich bin so schwermütig, ich habe so was Schwärmerisches; ich muss immer weinen, wenn ich meinen Rock an der Wand hängen sehe.
DOKTOR: Hm! Aufgedunsen, fett, dicker Hals, apoplektische Konstitution. Ja, Herr Hauptmann, Sie können eine Apoplexia cerebri kriegen; Sie können sie aber vielleicht auch

nur auf der einen Seite bekommen und dann auf der einen gelähmt sein, oder aber Sie können im besten Fall geistig gelähmt werden und nur fortvegetieren: das sind so ohngefähr Ihre Aussichten auf die nächsten vier Wochen! Übrigens kann ich Sie versichern, dass Sie einen von den interessanten Fällen abgeben, und wenn Gott will, dass Ihre Zunge zum Teil gelähmt wird, so machen wir die unsterblichsten Experimente.

HAUPTMANN: Herr Doktor, erschrecken Sie mich nicht! Es sind schon Leute am Schreck gestorben, am bloßen hellen Schreck. – Ich sehe schon die Leute mit den Zitronen in den Händen; aber sie werden sagen, er war ein guter Mensch, ein guter Mensch – Teufel Sargnagel.

DOKTOR *hält ihm den Hut hin*: Was ist das, Herr Hauptmann? – Das ist Hohlkopf, geehrtester Herr Exerzierzagel!

HAUPTMANN *macht eine Falte*: Was ist das; Herr Doktor? – Das ist Einfalt, bester Herr Sargnagel! Hähähä! Aber nichts für ungut. Ich bin ein guter Mensch, aber ich kann auch, wenn ich will, Herr Doktor. Hähähä, wenn ich will ... *Woyzeck kommt und will vorbeieilen.* He, Woyzeck, was hetzt Er sich so an uns vorbei. Bleib Er doch, Woyzeck! Er läuft ja wie ein offnes Rasiermesser durch die Welt, man schneid't sich an Ihm; Er läuft, als hätt Er ein Regiment Kastrierte zu rasieren und würde gehenkt über dem letzten Haar noch vorm Verschwinden. Aber, über die langen Bärte, was wollt ich doch sagen? Woyzeck – die langen Bärte ...

DOKTOR: Ein langer Bart unter dem Kinn, schon Plinius spricht davon, man müsst es den Soldaten abgewöhnen ...

HAUPTMANN *fährt fort*: Ha, über die langen Bärte! Wie is, Woyzeck, hat Er noch nicht ein Haar aus einem Bart in seiner Schüssel gefunden? He, Er versteht mich doch? Ein Haar von einem Menschen, vom Bart eines Sapeurs, eines Unteroffiziers, eines – eines Tambourmajors? He, Woyzeck? Aber Er hat eine brave Frau. Geht Ihm nicht wie andern.

WOYZECK: Jawohl! Was wollen Sie sagen, Herr Hauptmann?

HAUPTMANN: Was der Kerl ein Gesicht macht! ... Vielleicht nun auch nicht in der Suppe, aber wenn Er sich eilt und um die Eck geht, so kann Er vielleicht noch auf ein Paar Lippen eins finden. Ein Paar Lippen, Woyzeck – ich habe auch das Lieben gefühlt, Woyzeck. Kerl, Er ist ja kreideweiß!

WOYZECK: Herr Hauptmann, ich bin ein armer Teufel – und hab sonst nichts auf der Welt. Herr Hauptmann, wenn Sie Spaß machen –

HAUPTMANN: Spaß, ich? Dass dich Spaß, Kerl!

DOKTOR: Den Puls, Woyzeck, den Puls! Klein, hart, hüpfend, unregelmäßig.

WOYZECK: Herr Hauptmann, die Erd is höllenheiß – mir eiskalt, eiskalt – die Hölle is kalt, wollen wir wetten. – – Unmöglich! Mensch! Mensch! Unmöglich!

HAUPTMANN: Kerl, will Er – will Er ein paar Kugeln vor den Kopf haben? Er erstickt mich mit seinen Augen, und ich mein es gut mit Ihm, weil Er ein guter Mensch ist, Woyzeck, ein guter Mensch.

❐ Beschreiben Sie an dem Foto aus dem Film (Seite 143) die einzelnen Figuren und ihre Beziehung.

❐ Auch auf diese Weise können Sie sich mit den einzelnen Personen auseinander setzen:
– Sie verfassen zu einer Szene Ihrer Wahl einen fiktiven Monolog einer Figur, in dem ihre Gedanken, Reaktionen, Erwartungen, Empfindungen, Interessen deutlich werden.
– Sie erzählen aus der Rolle einer Figur heraus, wie Sie eine Szene erlebt haben.
– Sie verfassen zu einer Figur eine Rollenbiografie (Ich-Form/ganze Sätze). Zur Einfühlung in die Rolle könnten Sie zunächst Material zusammenstellen mit Hilfe folgender Fragen: Was arbeitest du? Wo wohnst du? Wovon lebst du? Wie siehst du dich selbst? Was magst du an dir? Wie sehen dich andere? Wie ist dein Verhältnis zur Arbeit? Wie ist deine Beziehung zum anderen Geschlecht?

❐ Sie wählen sich eine Szene und formen den Text um, indem Sie einen Erzähler, Sprecher oder Berichterstatter erfinden, der sich zwischen Bühne und Zuschauer schiebt, das Geschehen erklärt und kommentiert und der den Zuschauer direkt ansprechen kann.

DOKTOR: Gesichtsmuskeln starr, gespannt, zuweilen hüpfend. Haltung aufgeregt, gespannt.
WOYZECK: Ich geh. Es is viel möglich. Der Mensch! Es is viel möglich. – Wir haben schön Wetter, Herr Hauptmann. Sehn Sie, so ein schöner, fester, grauer Himmel; man könnte Lust bekommen, ein' Kloben hineinzuschlagen und sich daran zu hängen, nur wegen des Gedankenstrichels zwischen Ja und wieder Ja – und Nein. Herr Hauptmann, Ja und Nein? Ist das Nein am Ja oder das Ja am Nein Schuld? Ich will drüber nachdenken. *Geht mit breiten Schritten ab, erst langsam, dann immer schneller.*
DOKTOR *schießt ihm nach*: Phänomen! Woyzeck, Zulage!
HAUPTMANN: Mir wird ganz schwindlig vor den Menschen. Wie schnell! Der lange Schlingel greift aus, als läuft der Schatten von einem Spinnbein und der kurze, das zuckelt. Der lange ist der Blitz und der kleine der Donner. Haha … Grotesk! Grotesk! immer hinterdrein. Das hab ich nicht gerne! Ein guter Mensch ist achtsam und hat sein Leben lieb. Ein guter Mensch hat keine Courage nicht. Ein Hundsfott hat Courage! Ich bin bloß in Krieg gegangen, um mich in meiner Liebe zum Leben zu befestigen. *Geht ab.*

(e 1836, v 1877)

(aus „Woyzeck", BRD, 1979)

Zur Entstehung des Dramas

Mit „Woyzeck" ist zum ersten Mal eine Person aus der unteren sozialen Schicht – später heißt es „Proletariat" – Titelheld einer Tragödie. Büchner stützte sich bei dem Stoff dieses sozialen Dramas auf dokumentarisches Material, und zwar auf einen Aufsehen erregenden Kriminalfall des 19. Jahrhunderts. Der Barbier Johann Christian Woyzeck ersticht 1821 in Leipzig seine Braut; der Mörder wird im Jahre 1824 öffentlich mit dem Schwert hingerichtet.
Büchner kannte den Fall *Woyzeck* aus den amtsärztlichen Berichten, zu denen er durch seinen Vater, einen Arzt und Mitarbeiter der Zeitschrift für *Staatsarzneikunde,* Zugang fand. Er hat ganz offensichtlich auch das psychiatrische Gutachten von Professor Clarus gekannt, der den Mörder für zurechnungsfähig erklärte. Büchner interessierte aber nicht nur der „Fall Woyzeck" und das äußere Motiv des Mordes, die Eifersucht, sondern vor allem das Schicksal des Menschen Woyzeck, des einfachen Soldaten und Gelegenheitsarbeiters. Wichtig war für ihn die Tatsache, dass die Umwelt und die gesellschaftlichen Verhältnisse von Arm und Reich den armen Menschen Woyzeck leiden und zum Mörder werden lassen.

☐ Lesen Sie diesen Text zum Hintergrund des Dramas; formulieren Sie, ob und in welcher Weise er Ihnen weitere Einsichten in das Verständnis der Dramenauszüge eröffnet.

Aus dem 2. Clarus-Gutachten

Eine Handlung der strafenden Gerechtigkeit, wie sie der größere Theil der gegenwärtigen Generation hier noch nicht erlebt hat, bereitet sich vor. Der Mörder *Woyzeck* erwartet in diesen Tagen, nach dreijähriger Untersuchung, den Lohn seiner That durch die Hand des Scharfrichters. Kalt und gedankenlos kann wohl nur der stumpfsinnige Egoist, und mit roher Schaulust nur der entartete Halbmensch diesem Tage des Gerichtes entgegen sehen. Den Gebildeten und Fühlenden ergreift tiefes, banges Mitleid, da er in dem Verbrecher noch immer den Menschen, den ehemaligen Mitbürger und Mitgenossen der Wohlthaten einer gemeinschaftlichen Religion, einer seegensvollen und milden Regierung, und so mancher lokalen Vorzüge und Annehmlichkeiten des hiesigen Aufenthalts erblickt, der, durch ein unstätes, wüstes, gedankenloses und unthätiges Leben von einer Stufe der moralischen Verwilderung zur anderen herabgesunken, endlich im finstern Aufruhr roher Leidenschaften, ein Menschenleben zerstörte, und der nun, ausgestoßen von der Gesellschaft, das seine auf dem Blutgerüste durch Menschenhand verlieren soll.

Aber neben dem Mitleiden und neben dem Gefühl alles dessen, was die Todesstrafe Schreckliches und Widerstrebendes hat, muss sich, wenn es nicht zur kränkelnden Empfindelei, oder gar zur Grimasse werden soll, der Gedanke an die *unverletzliche Heiligkeit des Gesetzes* erheben, das zwar, so wie die Menschheit selbst, einer fortschreitenden Milderung und Verbesserung fähig ist, das aber, so lange es besteht, zum Schutz der Throne und der Hütten auf strenger Waage wägen muss, wo es schonen und wo es strafen soll, und das von denen, die ihm dienen und die es als Zeugen, oder als Kunstverständige, um Aufklärung befragt, *Wahrheit* und nicht Gefühle verlangt.

Eine solche Aufklärung ist in Woyzecks Kriminalprozess, als es zweifelhaft geworden war, *ob er seines Verstandes mächtig*, und mithin *zurechnungsfähig sey*, oder nicht, von mir, als Physikus hiesiger Stadt, erfordert worden, und es ist wohl keinem Zweifel unterworfen, dass die hierdurch veranlasste Untersuchung seines Seelenzustandes und die Begutachtung desselben einen entscheidenden Einfluss auf sein Schicksal gehabt hat.

Unter diesen Umständen glaubte ich es dem verehrten Publikum, so wie mir selbst, schuldig zu seyn, dieses wichtige Aktenstück, welches ich anfänglich für eine später zu veranstaltende Sammlung wichtiger gerichtsärztlicher Verhandlungen bestimmt hatte, mit Bewilligung der Kriminalbehörde, schon jetzt öffentlich bekannt zu machen, und die zur allgemeinen Übersicht der Sache gehörigen Nachrichten aus den Akten hinzuzufügen.

Dramatische Form – Die „heiße Stelle" als Kern der Aussage

Jeder gebildete Leser wird aus dieser Schrift nicht nur die ganz eignen Schicksale des Delinquenten, sondern auch die Thatsachen, welche Zweifel an dessen Zurechnungsfähigkeit erregten, und die Gründe, welche *für* die letztere entschieden haben, vollständig kennen lernen. (…)   (e 1823)

Die Handlung und die Personen des Dramas hat Büchner, der aus Hessen stammt, in die ihm vertraute Umgebung verlegt. Die Figuren sprechen in der in Hessen verbreiteten Umgangssprache.
In dieser Gegend wird noch das Märchenerzählen gepflegt.

So lässt Büchner die Großmutter ein Märchen erzählen, das die ganze Aussichtslosigkeit des Menschen verdeutlicht und das insbesondere Marie in Bann zieht und ihr die Trostlosigkeit ihrer Situation klar macht.

❒ Legen Sie anhand der folgenden Texte dar, von welchem Menschenbild Georg Büchner ausgeht und worum es ihm in seinem Drama gehen könnte. Belegen Sie Ihre Aussagen mit wesentlichen Textpassagen. Gehen Sie noch einmal auf die Szenenauszüge aus dem Drama (Seiten 137ff.) ein und weisen Sie entsprechende Einzelheiten nach.

GROSSMUTTER: [...] – Es war einmal ein arm Kind und hatt kein Vater und keine Mutter, war alles tot und war niemand mehr auf der Welt. Alles tot, und es is hingangen und hat gesucht Tag und Nacht. Und weil auf der Erde niemand mehr war, wollt's in Himmel gehn, und der Mond guckt es so freundlich an; und wie es endlich zum Mond kam, war's ein Stück faul Holz. Und da is es zur Sonn gangen, und wie es zur Sonn kam, war's ein verwelkt Sonneblum. Und wie's zu den Sternen kam, waren's kleine goldne Mücken, die waren angesteckt, wie der Neuntöter sie auf die Schlehen steckt. Und wie's wieder auf die Erde wollt, war die Erde ein umgestürzter Hafen. Und es war ganz allein, und da hat sich's hingesetzt und geweint, und da sitzt es noch und is ganz allein.   (e 1836, v 1877)

Aus Briefen Büchners

Ich verachte niemanden, am wenigsten wegen seines Verstandes oder seiner Bildung, weil es in niemands Gewalt liegt, kein Dummkopf oder kein Verbrecher zu werden – weil wir durch gleiche Umstände wohl alle gleich würden und weil die Umstände außer uns liegen. [...]
Die Lächerlichkeit des Herablassens werdet Ihr mir doch wohl nicht zutrauen. Ich hoffe noch immer, dass ich leidenden, gedrückten Gestalten mehr mitleidige Blicke zugeworfen als kalten, vornehmen Herzen bittere Worte gesagt habe.
(Gießen, im Februar 1834)

Das *Muss* ist eins von den Verdammungsworten, womit der Mensch getauft worden. Der Ausspruch: es muss ja Ärgernis kommen, aber wehe dem, durch den es kommt – ist schauderhaft. Was ist das, was in uns lügt, mordet, stiehlt? Ich mag dem Gedanken nicht weiter nachgehen.
(Gießen, im März 1834)

Wenn man mir übrigens noch sagen wollte, der Dichter müsse die Welt nicht zeigen, wie sie ist, sondern wie sie sein solle, so antworte ich, dass ich es nicht besser machen will als der liebe Gott, der die Welt gewiss gemacht hat, wie sie sein soll. Was noch die sogenannten Idealdichter anbetrifft, so finde ich, dass sie fast nichts als Marionetten mit himmelblauen Nasen und affektiertem Pathos, aber nicht Menschen aus Fleisch und Blut gegeben haben, deren Leid und Freude mich mitempfinden macht und deren Tun und Handeln mir Abscheu oder Bewunderung einflößt. Mit einem Wort, ich halte viel auf Goethe oder Shakespeare, aber sehr wenig auf Schiller.

(Straßburg, 28. Juli 1835)

□ Beim Bauplan eines Dramas unterscheidet man zwischen dem offen gebauten Drama und zwischen dem geschlossenen Drama. Das geschlossene Drama wird auch aristotelisches Drama genannt, nach dem griechischen Philosophen Aristoteles, der die einzige überkommene griechische Poetik verfasst hat. Erläutern Sie aus Ihrer Kenntnis der Szenen die offene Bauform des Dramas *Woyzeck*. Versuchen Sie mit Hilfe der folgenden Übersicht selbst, Merkmale der offenen Form des Dramas zu ergänzen.

offene Form des Dramas	geschlossene Form des Dramas
– … – … – …	– Dramentypus mit festen Regeln – streng gesetzmäßiger, oft symmetrischer Bau – konsequente Funktion aller Teile – auf Einheit abzielende Anordnung aller Elemente – oft Wahrung der drei Einheiten: Ort (kein Szenenwechsel während der Handlung), Zeit (höchstens ein Zeitraum von 24 Stunden), Handlung (Geschlossenheit, keine Episoden, keine Nebenhandlung) – Einteilung in drei oder fünf Akte

▷▷ **Lese- und Arbeitshinweis**

Weitere Szenenauszüge des Dramas, in denen die weibliche Hauptfigur Marie im Mittelpunkt steht, finden Sie auf den Seiten 209 ff..

Zusätzliche Arbeitsmöglichkeiten

□ Vergleichen Sie das Märchen der Großmutter (Seite 145) mit dem Märchen „Sterntaler" der Brüder Grimm.

Brüder Grimm

Die Sterntaler

Es war einmal ein kleines Mädchen, dem war Vater und Mutter gestorben, und es war so arm, dass es kein Kämmerchen mehr hatte, darin zu wohnen, und kein Bettchen mehr, darin zu schlafen, und endlich gar nichts mehr als die Kleider auf dem Leib und ein Stückchen Brot in der Hand, das ihm ein mitleidiges Herz geschenkt hatte. Es war aber gut und fromm. Und weil es so von aller Welt verlassen war, ging es im Vertrauen auf den lieben Gott hinaus ins Feld. Da begegnete ihm ein armer Mann, der sprach „ach, gib mir etwas zu essen, ich bin so hungrig." Es reichte ihm das ganze Stückchen Brot und sagte „Gott segne dirs", und ging weiter. Da kam ein Kind, das jammerte und sprach „es friert mich so an meinem Kopfe, schenk mir etwas, womit ich ihn bedecken kann." Da tat es seine Mütze ab und gab sie ihm. Und als es noch eine Weile gegangen war, kam wieder ein Kind und hatte kein Leibchen an und fror: da gab es ihm seins; und noch weiter, da bat eins um ein Röcklein, das gab es auch von sich hin. Endlich gelangte es in einen Wald, und es war schon dunkel ge-

Dramatische Form – Die „heiße Stelle" als Kern der Aussage 147

worden, da kam noch eins und bat um ein Hemdlein, und das fromme Mädchen dachte „es ist dunkle Nacht, da sieht dich niemand, du kannst wohl dein Hemd weggeben", und zog das Hemd ab und gab es auch noch hin. Und wie es so stand
5 und gar nichts mehr hatte, fielen auf einmal die Sterne vom Himmel, und waren lauter harte blanke Taler: und ob es gleich sein Hemdlein weggegeben, so hatte es ein neues an, und das war vom allerfeinsten Linnen. Da sammelte es sich die Taler hinein und war reich für sein Lebtag. (v 1812/15)

❏ Inszenieren Sie eine Gerichtsverhandlung (Anklage, Verteidigung, Richter und Beisitzer oder Geschworene); Angeklagter: Woyzeck

Manchmal hat Andrea noch Alpträume. Dann wacht sie von ihrem eigenen Schrei auf, weil sie wieder träumte, zu ersticken. Auch die Panikattacken lassen nach. Monatelang konnte Andrea nicht aus dem Haus gehen, mit dem Bus fah-
5 ren oder ein Geschäft betreten, ohne dass ihr schlecht und schwindelig wurde und ihr Herz anfing zu rasen.
„Der Druck ist weg", sagt sie. „Jetzt kann ich wieder atmen. Ich hatte so viel Schmerz und Schuld da tief in meiner Brust, dass ich manchmal das Gefühl hatte, alles platzt auseinander.
10 Mein Leben war ja eine einzige Lüge. Dieses jahrelange Herumlavieren und Tricksen hat unheimlich viel Kraft gekostet. Heute bereue ich nur eines: dass ich nicht schon viel eher den Mut gehabt habe, über mein Problem zu sprechen."
(Aus: Fee Zschocke: Ich konnte nicht lesen und nicht schreiben, Brigitte 7/1997, S. 121)

❏ Diskutieren Sie, inwieweit das Drama „Woyzeck" heute noch aktuell ist. Beziehen Sie dazu Zeitungsberichte mit ein. Dieser Text ist ein Ausschnitt aus einem Bericht über Analphabeten in heutiger Zeit.

❏ Wählen Sie sich eine Szene des Dramas aus, analysieren und deuten Sie diese in schriftlicher Form. Nutzen Sie dazu diese Zusammenstellung. Befragen Sie das Stichwortverzeichnis nach weiteren Hilfen für das Analysieren von Texten.

Wichtige Elemente des Dramatischen

Figuren: vom Autor geschaffene Personen; diese sind im Drama auf Ausgestaltung und Verkörperung durch einen Schauspieler (Mimik, Gestik, Kostüm, Aussehen) angelegt.

Mögliche Fragestellungen:
- Entwickelt sich die Figur im Verlauf der Dramenszene/des Dramas?
- Ist sie vielschichtig, komplex, widersprüchlich, mehrdeutig oder in typisierter Form gestaltet?
- Wie ist die Figur charakterisiert: Was sagt sie? Wie sagt sie es?

Figurenkonstellation: Beziehung zwischen den einzelnen Figuren

Mögliche Fragestellungen:
- Wer ist die Hauptfigur, wer ist/sind die Nebenfigur/en?
- Wer ist der Held (Protagonist), wer ist der Gegenspieler (Antagonist)?
- Welche soziale Rolle spielen die Figuren jeweils?
- Worin sind sich die Figuren ähnlich, worin unterscheiden sie sich?
- Wie sind die Einstellungen, Interessen, Absichten, Erwartungen der Figuren?

Dialog: bewirkt den Handlungsfortgang; im Dialog werden die Konflikte aufgebaut und die Figuren als Personen charakterisiert. Im Dialog handeln die Personen sprachlich, indem sie fragen, antworten, bitten, befehlen, bezweifeln, warnen, verschweigen, ermuntern, verheimlichen, verlangen ...

Mögliche Fragestellungen:
- Welche Beweggründe haben die Redenden, welche Interessen verfolgen sie?
- In welcher Gesprächssituation (Ort/Zeit) befinden sich die Redenden?
- Wie ist die Beziehung zwischen den Redenden? (komplementär/symmetrisch; gelungener/misslungener Dialog; aktives Gesprächsverhalten/passives Gesprächsverhalten)
- Welche sprachlichen Eigentümlichkeiten im Redestil fallen auf? (Dialekt? Alltagssprache? Ausdrucksschwierigkeiten?...)
- Welche Einstellungen und Ansichten zeigen die Personen im Gespräch? (Menschenbild, Wirklichkeitsverständnis, Moralvorstellungen)

Monolog: Selbstgespräch, in dem sich die Figur aus den Beziehungen zu anderen Figuren löst und für sich und mit sich selbst spricht und dabei individuelle Gefühle und Einstellungen preisgibt

Handlung und Konflikt: Hier muss unterschieden werden
a) zwischen dem geschlossenen (traditionellen), symmetrisch gefügten Drama; hier orientiert sich der Handlungsaufbau, in dem es in der Regel einen zentralen Konflikt gibt, an einem strengen pyramidalen Aufbau mit dichter Handlungsverknüpfung.
b) und dem offenen Drama, in dem es oft verschiedene Handlungsstränge und eine Vielfalt von Szenen gibt (vgl. Seite 199 und Seite 208)

Zeit: Hier sind zwei Bedeutungsebenen zu unterscheiden:
a) Chronologische Gesichtspunkte, z.B. Verhältnis von realer Spielzeit und fiktiv gespielter Zeit, Vorausdeutungen, Rückgriffe
b) Grundkategorien wie Tag, Nacht, Jahreszeit, Lebensalter, historische Zeit einer Epoche

Raum: Die Gestaltung des Raumes bildet für die Figuren und ihre Schauspieler das Aktionsfeld. Zusätzlich gibt es eine Raumkonzeption, die, bedingt durch die Darstellungsabsicht, einen Welt- und Wirklichkeitszusammenhang verdeutlicht. So kann der Raum auch zu einem symbolhaft erfahrbaren Raum werden. Dem geschlossenen Drama mit einer Begrenzung von Raum, Zeit und Handlung steht das offene Drama mit einer möglicherweise großen Zahl von Orten, Zeitpunkten, Handlungselementen gegenüber.

Antigone – ein Drama und seine Variationen

Ausgangspunkt der Unterrichtsreihe ist die antike Tragödie von Sophokles. Den antiken Stoff macht Jean
5 Anouilh für sein modernes Drama „Antigone" (entstanden 1942, Uraufführung in Paris 1944) fruchtbar. Die Auszüge und Materialien sollen jeweils zur Lektüre des gesamten Textes motivieren oder auch zur Vorbereitung für den Besuch einer Aufführung genutzt werden. Mit der Bearbeitung von Rolf Hochhuth wird das Thema in freier Weise in eine epische Form umgesetzt.

Sophokles (497/496 - 406 v.Chr.): Antigone

Inhaltsangabe/Deutungshinweise

ANTIGONE (griech.; *Antigone*). [...]
Kreon, König von Theben, hat das Edikt erlassen, wer den im
5 Kampf gegen die eigene Vaterstadt vor den Toren Thebens gefallenen Polyneikes beerdige, sei des Todes schuldig. Schon dieses Gebot, dem
10 Schein nach dem Staatsinteresse dienend, markiert, noch vor Beginn des dramatischen Geschehens, dessen Kern, die Hybris Kreons: sie als Voraus-
15 setzung hinzustellen und zugleich den ersten Schritt der provokativen Reaktion anzukündigen ist der Sinn des prologischen Gesprächs zwi-
20 schen den beiden Schwestern des Toten, Antigone und Ismene. Alles, was sich im Verlauf des Stücks ereignet, dient dazu, diese Hybris in ihrem
25 ganzen Ausmaß zu offenbaren: von Auftritt zu Auftritt wird Kreon neuem Widerspruch, neuer Mahnung ausgesetzt, und von Stufe zu Stufe ver-
30 strickt er sich tiefer in seinen Eigenwahn. Dem unmittelbaren Ausspruch des Bestattungsverbots (nach der Parodos des Chores thebanischer Greise) wird in scharfer Antithese der Bericht von der symbolischen Bestattung der Leiche durch einen unerkannt gebliebenen Täter gegenübergestellt. Kreon ist – trotz der beiläufigen Warnung des Chors, dass auch göttliches Eingreifen in Betracht gezogen werden müsse – davon überzeugt, dass ein gedungenes Werkzeug innerer Staatsfeinde die Tat verübt hat. Der Chor quittiert die Nachricht mit dem berühmten Lied auf die allmächtige Erfindungskraft und den Wagemut des Menschen. Inzwischen ist der Tote ein zweites Mal bestattet worden: als Täterin wird Antigone vorgeführt. Ihre Rechtfertigung – die Pflichten gegenüber der Familie und den göttlichen Geboten (der erste ausführliche Mahnruf an den König!) – nimmt Kreon gar nicht zur Kenntnis, sondern beurteilt die Tat als Akt der Auflehnung, der mit der verhängten Strafe zu ahnden ist. Ismene, die sich vor Kreon der Mithilfe bezichtigt, wird von Antigone äußerst schroff zurückgewiesen. Spätestens an diesem

❒ Erarbeiten Sie mit Hilfe des Textes den Aussagekern des Dramas.

Punkt des Dramas – wenn der Chor sein Lied vom Fluch des Labdakidenhauses singt – ist die Antigone-Handlung beendet: die folgenden Szenen sind ganz um Kreon zentriert, dem, in deutlicher Steigerung, erst der eigene Sohn, Antigones Verlobter Haimon, dann der Seher Teiresias entgegentritt, um ihn vom Frevlerischen nicht nur seines Gebots, sondern vor allem der Verdammung Antigones zu überzeugen. Trotz der dunklen Drohungen Haimons bleibt Kreon verstockt. Entscheidend ist, dass in dieser Auseinandersetzung nicht nur die tatsächliche Aktion des Königs offen als Unrecht und Gottesfrevel gebrandmarkt wird, sondern dass Haimon auch Kreons Staatsräson als das entlarvt, was sie ist: Ausdruck des Egoismus eines tyrannischen Herrschers. Die Szenenfolge Kreon-Haimon und Kreon-Teiresias wiederholt noch einmal das Strukturprinzip von indirekter Andeutung und anschließender Darstellung: wie sich Eingangsszene und erster Auftritt Kreons entsprechen, wie die Kreon-Antigone-Szene mit der Warnung des Mädchens vor einer Missachtung der göttlichen Familiensatzungen sich in der Kreon-Haimon-Szene dramatisch verdichtet, so wird im Verhalten Kreons gegenüber Teiresias jene egozentrische Gottlosigkeit unmittelbar anschaulich gemacht, die Haimon zuvor als den Wesenskern der Handlungsweise Kreons enthüllt hat: der grausige Fluch des Sehers ist die Klimax eines mit unerbittlicher Konsequenz sich vollziehenden Geschehens. Jetzt endlich wird Kreon schwankend und wendet sich an den Chor um Rat. Doch der Versuch zur Umkehr kommt zu spät: Antigone hat sich erhängt, Haimon ersticht sich neben der Leiche der Geliebten, und Eurydike, die Gemahlin Kreons, nimmt sich auf die Nachricht vom Tod ihres Sohnes hin ebenfalls das Leben. Als gebrochener alter Mann bleibt Kreon zurück, zwar der Einsicht teilhaftig, aber ohne Mittel, der unbarmherzigen Vereinsamung zu entgehen.

Zweite Hauptszene

Der folgende Text stellt einen Auszug aus der Tragödie dar. Diese ist straff aufgebaut, sie besteht aus sieben Szenen, zwischen denen jeweils der Chor auftritt. Das gesamte Drama ist auf den Ablauf eines Tages festgelegt: Der Prolog spielt am frühen Morgen, die Exodos am Abend; die Haupthandlung besteht aus fünf Szenen.

KREON *zu Antigone:*
    Dich frag ich nun, du senkst den Blick zu Boden:
    Gestehst du oder leugnest du die Tat?
ANTIGONE:
    Ich sage, dass ich's tat, und leugne nicht.
KREON *zum Wächter:*
    Du mach dich fort, wohin es dir beliebt,
    Von einem schweren Vorwurf bist du frei!

Wächter ab.
   Du aber sag mir – ohne Umschweif, kurz:
   Hast du gewusst, dass es verboten war?
ANTIGONE:
5 Ich wusst' es, allerdings, es war doch klar!
KREON:
   Und wagtest, mein Gesetz zu übertreten?
ANTIGONE:
   Der das verkündete, war ja nicht Zeus,
10 Auch Dike in der Totengötter Rat.
   Gab solch Gesetz den Menschen nie.
   So groß
   Schien dein Befehl mir nicht, der sterbliche,
   Dass er die ungeschriebnen Gottgebote,
15 die wandellosen, konnte übertreffen.
   Sie stammen nicht von heute oder gestern,
   Sie leben immer, keiner weiß, seit wann.
   An ihnen wollt' ich nicht, weil Menschenstolz
   Mich schreckte, schuldig werden vor den Göttern.
20 Und sterben muss ich doch, das wusste ich
   Auch ohne deinen Machtspruch. Sterbe ich
   Vor meiner Zeit, nenn ich es noch Gewinn.
   Wes Leben voller Unheil ist, wie meines,
   Trägt der nicht, wenn er stirbt, Gewinn davon?
25 Drum schmerzt mich nicht, dass sich mein Schicksal nun
   Erfüllt. Ja, hätt' ich meiner Mutter Sohn,
   Den Toten, unbestattet liegen lassen,
   Das schmerzte mich, doch dies tut mir nicht weh.
   [Mag ich dir nun auch eine Törin scheinen –
30 Vielleicht zeiht mich der Torheit nur ein Tor.]
CHOR:
   Des Vaters trotzige Art verrät das Kind,
   Dem Unglück sich zu beugen weiß sie nicht.
KREON:
35 So merke dir: Der allzu starre Sinn
   Zerbricht am ehsten, und der stärkste Stahl,
   Wenn man ihn überhart im Feuer glühte,
   Zersplittert und zerspringt zuallererst.
   Ich weiß, mit kleinem Zügel bändigt man
40 Die wilden Rosse. Überheblichkeit
   Ist nicht am Platz, wo man gehorchen muss.
   Die war im Frevelmut schon Meisterin,
   Als sie erlassene Gesetze brach.
   Und ihrem ersten Frevel folgt der zweite:
45 Hohnlachend prahlt sie noch mit ihrer Tat.
   Wenn sie sich ungestraft das leisten darf,
   Bin ich kein Mann mehr, dann ist sie der Mann!
   Nein – sei sie meiner Schwester Kind und näher
   Als alle Blutsverwandten mir verwandt –,
50 Sie wird der schwersten Buße nicht entgehn,
   Samt ihrer Schwester! Die ist gleichfalls schuldig
   An dem Begräbnis, hat es mitgeplant.

Antigone mit Wächter
(Staatsschauspiel Dresden, 1993)

Ruft sie mir her! Noch eben sah ich sie
Wie eine Rasende im Hause toben.
Meist spielt das Herz schon vorher den Verräter,
Wenn einer krumme Wege geht im Dunkeln.
Erst recht verhasst ist mir, wer sein Verbrechen   5
Verschönern will, bei dem man ihn ertappt.

ANTIGONE:
Willst du noch mehr, als dass ich sterben muss?

KREON:
Sonst nichts. Damit hab ich vollauf genug.   10

ANTIGONE:
Was zögerst du? Wie alles, was du sagst,
Mir nicht gefällt und nie gefallen soll,
Muss meine Art auch dir zuwider sein.
Und doch, wie hätt' ich rühmlicheren Ruhm   15
Gewonnen, als dass ich den eignen Bruder
Begrub? All diese sprächen freudig ja
Dazu, verschlösse Furcht nicht ihren Mund.
[Auch darin hat es herrlich der Tyrann:
Frei darf er tun und sagen, was er will.]   20

KREON:
Das siehst nur du von Kadmos' ganzem Volk.

ANTIGONE:
Die sehen's auch, nur kneipt ihr Mund vor dir.   25

KREON:
Schämst du dich nicht mit deinem Eigensinn?

ANTIGONE:
Die Blutsverwandten ehren schändet nicht.

KREON:
Den er erschlug, war er nicht auch dein Bruder?   30

ANTIGONE:
Ja, gleichen Vaters, gleicher Mutter Kind.

KREON:
Und kränkst ihn so mit deinem Liebesdienst?

ANTIGONE:
Das wird der Tote niemals dir bezeugen!   35

KREON:
Wo du ihn gleich wie diesen Frevler ehrst!

ANTIGONE:
Sein Bruder, nicht ein Sklave war's, der starb!

KREON:
Der schirmte Theben, der verheerte es.   40

ANTIGONE:
Und dennoch fordert Hades gleiches Recht.

KREON:
Man ehrt nicht gleich den Edlen und den Schlechten.   45

ANTIGONE:
Wer weiß, ob drunten das geheiligt ist?

❐ Erarbeiten Sie, welche Informationen über die Figuren Kreon und Antigone dem Ausschnitt zu entnehmen sind. Charakterisieren Sie die Beziehungen der beiden Personen zueinander.

❐ Setzen Sie die Szene schauspielerisch so um, dass die Verhaltensweise der beiden Figuren und ihre Beziehungen zueinander deutlich werden.

KREON:
   Nie, auch nicht wenn er starb, lieb ich den Feind.
ANTIGONE:
   Mitlieben, nicht mithassen ist mein Teil.
5 KREON:
   So geh, und muss geliebt sein, lieb die drunten!
   Mich wird im Leben nie ein Weib regieren.   (e 442 v. Chr.)

❏ Verfassen Sie einen fiktiven Brief Antigones an eine Vertrauensperson, in dem sie ihre und Kreons Ansichten darlegt und bewertet.

Das europäische Drama hat seinen Ursprung in der griechischen Tragödie. Die einzig überkommene griechische Poetik stammt von dem Philosophen Aristoteles (384-322 v. Chr.). Diese beeinflusst bis heute die Auseinandersetzung über die Theorie des Dramas. Aristoteles definiert die Tragödie auf folgende Weise: „Die Tragödie ist die Nachahmung einer edlen und abgeschlossenen Handlung von einer bestimmten Größe in gewählter Rede, derart, dass jede Form solcher Rede in gesonderten Teilen erscheint und dass gehandelt und nicht berichtet wird und dass mit Hilfe von Mitleid und Furcht eine Reinigung (Katharsis) von eben derartigen Affekten bewerkstelligt wird." (Aristoteles: Poetik, übersetzt von Olof Gigon, Reclam Verlag, Stuttgart 1961)

❏ Weisen Sie einzelne Teile dieser Definition an dem Textausschnitt nach; ziehen Sie zur Erklärung auch die Inhaltsangabe (Seite 149f.) heran.

Zum antiken Theater

Das Dionysostheater in Athen

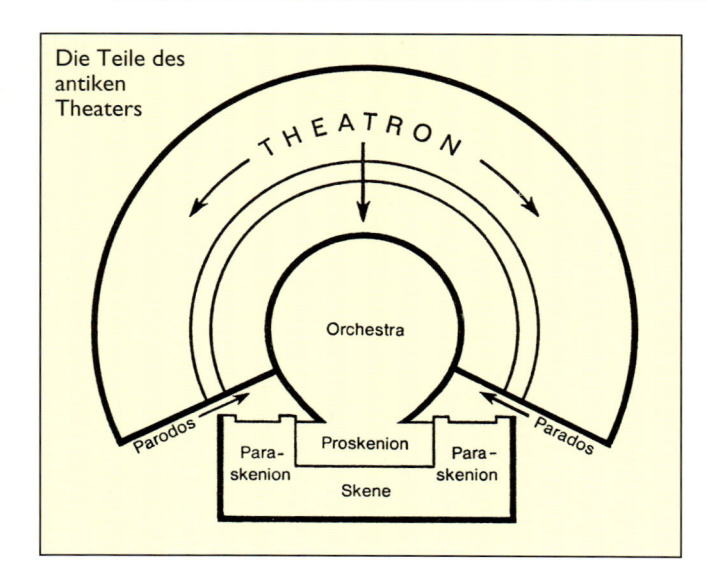

Die Teile des antiken Theaters

Erklärungen:
Theatron = Zuschauerraum
Orchestra = Platz von etwa 30 Meter Durchmesser, auf dem der Chor agierte
Skene = Bühnenhaus
Paraskenion = Flügelbau an jeder Schmalseite der Skene. Die Schauspieler sprachen zwischen Paraskenion und Skene, um den Schall zu der Zuschauertribüne zu verstärken
Proskenion = vorderer Bühnenrand, der Dekorationszwecken diente
Parodos = jeweiliger Eingang für Zuschauer, Chor oder Schauspieler

❐ Erläutern Sie mit Hilfe dieser Hinweise und vor dem Hintergrund des Szenenausschnitts und der Inhaltsangabe zu *Antigone* die Funktion des antiken Theaters.

Die Schauspieler trugen eine Maske, die die individuellen Züge der jeweiligen Person verdeckte und typisierend für die jeweilige Rolle wirkte.
Die Schauspieler waren stark verkleidet, auch die weiblichen Rollen wurden von Männern gespielt; Verkleidung und Maske waren Zeichen dafür, dass der Schauspieler zu Ehren des Gottes sein Selbst aufgab um ein anderes Wesen sprechen und agieren zu lassen.

Jean Anouilh: Antigone

Inhaltsangabe/Deutungshinweise

ANTIGONE (frz.: Ü: Antigone); entstanden 1942, erschienen 1946, Uraufführung: Paris 1944
Strickend, plaudernd, Karten spielend sitzen die Personen des Stückes auf der Bühne, während der Prologsprecher sie den Zuschauern vorstellt. Sie sind Menschen der heutigen Zeit: sie sprechen die Alltagssprache des 20. Jh.s, sie tragen moderne Kleider; Begriffe wie Zigaretten, Autos, Bar tauchen im Gespräch auf, Kreon philosophiert in Hemdsärmeln über das Leben.

Trotz dieser äußeren Modernismen lehnt sich das Drama formal an die antike Tragödie an. Wie dort wird die Einheit der Zeit und des Ortes gewahrt; die szenische Gestaltung ist auf Andeutungen beschränkt, die Einteilung in Akte entfällt, und nur der Sprecher, dem Anouilh die Rolle des Chors überträgt, unterstreicht die Zäsuren des dramatischen Verlaufs.
Anouilh will sein Stück als Tragödie verstanden wissen, deren Geschehen als unerbittliches Schicksal „wie von

Dramatische Form – Die „heiße Stelle" als Kern der Aussage

selbst abläuft". In Anouilhs Auffassung des Schicksals aber zeigt sich die Distanz zu Sophokles. Stehen in dessen *Antigone* göttliches und menschliches Gesetz im Widerstreit, so begegnen sich bei Anouilh, in einer götterlosen Welt, zwei Menschen, die das alleinige Gesetz ihres Handelns aus ihrer persönlichen Haltung zum Leben beziehen: ein Kreon, der die Bejahung des Lebens, eine Antigone, die die Verneinung des Lebens bis zu letzter Konsequenz treibt.

Das Leben, das Kreon trotz allem liebt, bedeutet für ihn nicht mehr als eine bloße menschliche Vereinbarung, die der notwendigen Ordnung, der Verringerung der Absurdität, dem *„kleinen Glück"* zu dienen hat. Aber mit seiner letzten Weisheit, dass das Leben *„vielleicht trotz allem nur das Glück"* sei, gibt Kreon Antigone gerade das entscheidende Argument für ihre Absage an dieses Leben in die Hand. In dem großartigen Dialog, der den ganzen Mittelteil des Dramas einnimmt, treten beide Haltungen als unversöhnlicher Gegensatz hervor. Wenn Antigone, nachdem sie ihren Bruder Polyneikes beerdigt hat, von Kreon nun den Tod verlangt, so erhebt sie damit zugleich Anspruch auf die Anerkennung ihrer Freiheit, das Leben zu verneinen. Wenn Kreon ihren Tod nicht will, so nicht deshalb, weil Antigone seine Nichte und die Verlobte seines Sohnes Hämon ist, sondern weil ihr Neinsagen sowohl die Staatsräson als auch seine persönliche Bejahung dieses Lebens in Frage stellt. Antigone aber lehnt den Kompromiss ab, der zur Lüge, zum Verrat, ja vielleicht sogar zum Mord verpflichtet, sie lehnt vor allem das *„kleine Glück"* ab, das den Kompromiss belohnt. [...Antigone] verlangt [...] ihre Freiheit als eine Freiheit zum Tod, als einzigen Ausweg aus einer absurden Welt, der ihre Tat lediglich als Vorwand erscheinen lässt. In der Antigone steht, anders als in den meisten Stücken Anouilhs, der Heldin ein fast ebenbürtiger Antagonist gegenüber. Nur weil sein Stück, wenn auch irrtümlicherweise, als ein Sieg der Staatsräson über die Freiheit ausgelegt werden konnte, durfte es noch während des Krieges aufgeführt werden. Man hat dann umgekehrt ein „Résistance"-Drama in ihm sehen wollen, ebenfalls zu Unrecht: denn Antigone lehnt sich nicht gegen die Staatsräson als Machtinstanz auf, sondern gegen das Leben selbst, und ihr Tod ist Flucht.

Antigone und Kreon (Münchner Residenztheater, 1966)

❐ Deuten Sie die Szenenbilder (Seite 155 und 157); berücksichtigen Sie dabei die Informationen in der Inhaltsangabe und die folgenden Auszüge aus dem Stück von Anouilh.

❐ Entnehmen Sie dem Text die Kernaussage des Stückes. Worin besteht der wesentliche Unterschied zu der Tragödie von Sophokles?

Aus dem Mittelteil

Zu Beginn des Mittelteils wird Antigone von den Wächtern auf die Bühne gezerrt, um sie Kreon als Schuldige vorzuführen. Es tritt zunächst ein Sprecher auf, der das Geschehen kommentiert. Danach folgt ein Ausschnitt aus dem zentralen Dialog zwischen Antigone und Kreon.

SPRECHER: So weit wären wir also: Das Uhrwerk ist aufgezogen. Jetzt schnurrt es von allein ab. Das ist das Praktische bei einer Tragödie. Ein kleiner Stups mit dem Finger, und die Sache läuft. Da genügt schon ein kurzer Blickwechsel mit einem Mädchen, das auf der Straße vorbeigeht, oder ein unbestimmter Wunsch nach Ruhm und Ehre, der so beim Frühstück auftaucht, oder irgendeine überflüssige Frage, die eines schönen Abends gestellt wird... Mehr braucht es meist gar nicht. Dann kann man beruhigt sein, die Geschichte läuft von allein ab. Es ist alles bis ins Kleinste ausgetüftelt und von Anfang an gut geschmiert. Tod, Verrat, Verzweiflung, donnernde Gewitter, alles ist da, je nach Bedarf. Auch alle Arten von Schweigen – das tödliche Schweigen, wenn der Arm des Henkers zum letzten Streich ausholt; das Schweigen, wenn sich die beiden Liebenden zum ersten Male nackt gegenüberstehen und sich im dunklen Raum nicht zu rühren wagen; das Schweigen, bevor das Gebrüll der Menge dem Sieger entgegenschlägt; es ist wie bei einem Film, dessen Ton ausfällt: zum Sprechen aufgerissene Münder, die keinen Laut von sich geben. 5

10

15

20

Das ist schon etwas Feines, die Tragödie. Sie ist eine feste, todsichere Angelegenheit. [...]
Bei der Tragödie kann man beruhigt sein. Da gibt es keinen Ausweg. Außerdem befindet man sich in bester Gesellschaft, denn im Grunde sind alle gleich unschuldig. Wenn da einer jemanden umbringt und ein anderer umgebracht wird, dann ist das lediglich eine Frage der Rollenverteilung. Vor allem hat die Tragödie gar nichts Aufregendes. Es gibt von vornherein keine trügerischen Hoffnungen mehr. Man weiß, dass man wie eine Maus in der Falle gefangen wird. Man braucht nur mehr zu schreien – aber bitte nicht seufzen und jammern –, man muss nur noch schnell brüllen, was bisher noch nicht gesagt wurde, weil man es vielleicht selbst noch nicht gewusst hatte. [... Die Tragödie] ist etwas für Könige. Und alle Versuche, jemand zu retten, bleiben vergeblich. 25

30

35

Antigone wird von den Wächtern auf die Bühne gestoßen.
SPRECHER: Sehen Sie, schon geht es an. Nun haben sie die kleine Antigone erwischt. Zum ersten Mal in ihrem Leben wird sie ganz sie selbst sein können. 40

Der Sprecher verschwindet, während Antigone von den Wächtern bis zur Bühnenmitte gestoßen wird. [...]
KREON: Begreifst du denn nicht, dass ich dich töten lassen muss, sobald außer diesen dreien noch jemand von deinem Vorhaben erfährt? Wenn du jetzt still bist und dir diese verrückte Idee aus dem Kopf schlägst, kann ich dich noch ret- 45

ten. Fünf Minuten später werde ich es nicht mehr können. Verstehst du denn das nicht?

5 ANTIGONE: Ich muss jetzt meinen Bruder beerdigen, den diese Männer wieder aufgedeckt haben.

KREON: Willst du wirklich
10 diese unsinnige Tat wiederholen? Es steht jetzt eine neue Wache bei der Leiche. Selbst wenn es dir gelänge, sie noch einmal
15 zuzuschütten, so würde man sie eben wieder freilegen, das weißt du doch. Du kannst dir höchstens dabei die Fingernägel blu-
20 tig reißen und dich ergreifen lassen.

ANTIGONE: Ich weiß. Aber ich muss tun, was ich kann.

KREON: Glaubst du denn wirklich an den ganzen Ritus der Be-
25 erdigung? Glaubst du wirklich an das Märchen von der irrenden Seele deines Bruders, wenn der Priester nicht ein paar Hände voll Erde auf seine Leiche wirft und einige Worte dazu leiert? Hast du schon einmal die Priester von Theben ihre Glaubensformel heruntermurmeln hören?
30 Hast du diese traurigen, müden Angestelltengesichter schon gesehen mit ihren hastigen Bewegungen, wie sie die Worte verschlucken und den Toten rasch abfertigen, damit sie vor dem Mittagessen noch schnell den Nächsten erledigen können?

35 ANTIGONE: Doch, das habe ich gesehen.

KREON: Wenn nun in dem Sarg ein Mensch läge, der dir sehr teuer ist, würdest du ihnen da nicht ins Gesicht schreien, dass sie still sein und sich aus dem Staub machen sollten?

ANTIGONE: Doch, das ist gut möglich.

40 KREON: Und jetzt willst du dein Leben aufs Spiel setzen, weil ich deinen Bruder diesem scheinheiligen Getue, diesem hohlen Gewäsch über seiner Leiche, diesem Possenspiel entzogen habe, bei dem du als Erste Schande empfunden hättest? Das ist ja verrückt!

45 ANTIGONE: Ja, es ist verrückt.

KREON: Warum willst du es dann trotzdem tun? Für die anderen, die daran glauben? Um sie gegen mich aufzubringen?

ANTIGONE: Nein.

KREON: Also weder für die anderen noch für deinen Bruder?
50 Für wen denn dann?

ANTIGONE: Für niemand. Für mich.

KREON *betrachtet sie schweigend:* Möchtest du denn so gerne sterben?

„Antigone" (Münchner Residenztheater, 1966)

ANTIGONE: Nein; aber ich weiß, dass ich nur so meine Pflicht erfüllen kann.
KREON: Deine Pflicht! Du bist ja noch ein ganz kleines Mädchen, das schmächtigste von Theben. Bis jetzt verlangt man nur von dir, dass du schön bist und lachst. Wer hat sie dir denn auferlegt, diese Pflicht?
ANTIGONE: Niemand, ich mir selbst.
KREON: Du hast etwas zu viel Empfindsamkeit und Fantasie. Wahrscheinlich erschien dir in der Nacht der verzweifelte Schatten des Polyneikos mit seinen klaffenden Wunden. Und in der Dunkelheit sagtest du dir immer wieder vor: Ich bin seine Schwester, ich bin seine Schwester, ich muss, ich muss es tun. Bis du dir selbst genügend Mut gemacht hattest. Und jetzt stehst du vor mir, die Nerven angespannt, blickst mich mit deinen schwarzen Augen wild an und willst mir trotzen. Deine ganzen Kräfte, die noch viel zu schwach sind, verwendest du auf dieses Spiel. Aber wenn nachher meine Wächter kommen und dich mit ihren großen, derben Händen ergreifen, dann wirst du zusammenbrechen und bitterlich weinen.
ANTIGONE: Das ist möglich. Aber was tut das? Dann muss man mich eben weinen lassen.
KREON: Du siehst jetzt schon aus wie ein kleines gehetztes Reh.
ANTIGONE: Werde nur nicht rührselig. Mach es so wie ich. Tu, was du für notwendig hältst. Und wenn du menschlich fühlst, dann tu es schnell. Mehr will ich gar nicht von dir. Ich kann nicht immerfort so mutig sein.
KREON *nähert sich ihr:* Ich will dich retten, Antigone.
ANTIGONE: Du bist König und vermagst alles, aber das – nein – das kannst du nicht.
KREON: Glaubst du!
ANTIGONE: Du kannst mich weder retten noch zu etwas zwingen.
KREON: Dieser Hochmut! Ödipus' Tochter!
ANTIGONE: Mich töten lassen ist das Einzige, was du kannst.
KREON: Und wenn ich dich foltern ließe?
ANTIGONE: Warum? Damit ich weine, damit ich um Gnade bitte, damit ich alles schwöre, was man von mir verlangt, um dann doch wieder zu tun, was ich will, sobald die Schmerzen vorbei sind?
KREON *drückt ihr den Arm:* Höre gut zu. Ich bin in die böse Rolle gedrängt, während du die gute spielst. Du fühlst das sehr genau. Aber nütze das nicht zu sehr aus, du kleiner Teufel. Wenn ich ein gewöhnlicher Rohling oder Tyrann wäre, hätte ich dir schon längst die Zunge herausreißen oder dir die Glieder ausrenken und dich in ein finsteres Loch werfen lassen. Aber du siehst mir an den Augen an, dass ich noch zögere, dass ich mit mir reden lasse, anstatt sofort meine Soldaten zu rufen. Deswegen verhöhnst du mich und greifst mich an. Was bezweckst du damit, du kleine Furie?
ANTIGONE: Lass mich los, du tust mir weh.
KREON *drückt fester:* Nein – so bin ich der Stärkere, und das nütze ich aus. […]

ANTIGONE *nach einer Pause:* Du drückst zu fest. Es tut nicht mehr weh, und ich fühle meinen Arm nicht mehr.

KREON *sieht sie an, lässt sie dann los:* Weiß Gott, ich hätte Wichtigeres zu tun heute! Aber ich werde trotzdem meine Zeit opfern, um dich zu retten, du kleiner Teufel. *Er setzt sie auf einen Stuhl. Er zieht seine Jacke aus und geht mit schweren, bedächtigen Schritten in Hemdsärmeln auf und ab.* Nach einer schief gegangenen Revolution gibt es allerhand Dreck zum Auskehren, das kannst du glauben. Man kennt sich oft vor Arbeit nicht mehr aus. Aber ich will nicht, dass du wegen einer politischen Geschichte ins Gras beißen musst. Dafür bist du mir zu schade. Dein Polyneikos, sein Körper, der unter Bewachung verwest, sein irrender Schatten, oder wie du es sonst nennst, das ganze pathetische Zeug, das dir in den Kopf steigt, ist ja schließlich nur eine politische Angelegenheit. Ich bin zwar nicht zärtlich, aber sehr empfindlich. Ich liebe saubere, glatte, reinliche Sachen. Glaubst du nicht, dass das Fleisch, das da draußen in der Sonne fault, mich genauso anekelt wie dich? Wenn abends der Wind von der Seeseite kommt, riecht man es sogar schon im Palast. Mir wird oft ganz übel. Wie wird das erst in acht Tagen sein, bei dieser Hitze! Es ist widerlich, und – dir kann ich es ja sagen –, und ich finde es auch dumm, wahnsinnig dumm sogar. Aber ganz Theben soll es in der nächsten Zeit riechen. Sonst hätte ich deinen Bruder längst beerdigen lassen – schon der Hygiene wegen. Aber diese Dickköpfe, die ich jetzt regieren soll, müssen zu einer besseren Einsicht gebracht werden. Und deswegen muss es in der ganzen Stadt einen Monat lang nach Polyneikos stinken!

ANTIGONE: Du bist niederträchtig!

KREON: Ja, mein Kind, ich bin's, das verlangt mein Beruf. Man kann sich zwar darüber streiten, ob man ihn ausüben soll oder nicht. Aber wenn man ihn ausübt, dann schon richtig.

ANTIGONE: Und warum willst du ihn ausüben?

KREON: Als ich eines Morgens aufwachte, stellte ich fest, dass ich König von Theben geworden war. Gott weiß, dass es mich noch nie in meinem Leben nach Macht gelüstet hat.

ANTIGONE: Dann hättest du eben Nein sagen sollen!

KREON: Ich hätte es wohl gekonnt. Aber ich wäre mir vorgekommen wie ein Arbeiter, der sich weigert, sein Tagewerk zu verrichten. Das schien mir unehrenhaft. Ich sagte Ja.

ANTIGONE *heftig:* Gut, so ist das deine Sache. Ich, ich habe nicht Ja gesagt! Was gehen mich deine Politik, deine Notwendigkeiten und die ganzen armseligen Geschichten an? Ich kann noch Nein sagen zu allem, was mir missfällt. Ich bin mein eigener Richter. Und du, mit deiner Krone, mit deinen Wächtern und deinem ganzen Staat, du kannst mich nur noch töten lassen, weil du einmal Ja gesagt hast!

KREON: Höre!

ANTIGONE: Ich will nicht, ich will nichts hören. Du hast Ja gesagt! Du hast mir nichts mehr zu sagen, du nicht! Warum hörst du mir so ruhig zu? Willst du, dass ich dir alles ins Gesicht sage, weil du deine Wächter nicht rufst?

KREON: Du amüsierst mich!
ANTIGONE: Nein, aber Angst mach ich dir. Du willst mich nur retten, weil es sicher viel bequemer ist, eine kleine, schweigsame Antigone irgendwo im Palast zu halten. Du bist noch etwas zu empfindlich, um einen guten Tyrannen abzugeben. Aber im Grunde weißt du genau, dass du mich töten lassen musst. Und weil du es weißt, deswegen hast du Angst. Ein Mann, der Angst hat, ist erbärmlich!
KREON *still:* Ja... gut, ich habe Angst. Bist du jetzt zufrieden? Ich habe Angst, dass ich dich töten lassen muss, wenn du nicht nachgibst. Ich möchte es nicht.
ANTIGONE: Ich, ich muss nicht tun, was ich nicht möchte. Wolltest du vielleicht auch meinem Bruder das Grab nicht verweigern? Jetzt sage nur, dass du es nicht wolltest!
KREON: Ich habe es dir schon gesagt.
ANTIGONE: Und trotzdem hast du es getan. Und jetzt wirst du mich töten lassen, ohne es zu wollen. Und das heißt König sein!
KREON: Ja, so ist es.
ANTIGONE: Armer Kreon! Mit meinen verrissenen, erdigen Fingernägeln, mit den blauen Flecken am Arm vom harten Griff deiner Wächter und mit meiner ganzen Angst, die mir die Eingeweide zerwühlt, bin ich doch Königin!
KREON: Dann hab Mitleid mit mir. Ruhe und Ordnung in Theben sind teuer genug bezahlt mit dem faulenden Leichnam vor meinem Haus. Sieh, mein Sohn liebt dich. Ich will dich nicht auch noch opfern müssen. Ich habe wirklich schon genug bezahlt.
ANTIGONE: Nein – denn du hast Ja gesagt. Dafür wirst du von jetzt an immer bezahlen müssen.
KREON *außer sich, schüttelt sie:* Mein Gott, versuche doch endlich zu begreifen. Ich gebe mir ja auch Mühe, dich zu verstehen. Irgendjemand muss schließlich Ja sagen. Es muss doch einer da sein, der das Schiff steuert. Überall dringt schon Wasser ein, Verbrechen, Dummheit und Elend sind an Bord. [...]
ANTIGONE *schüttelt den Kopf:* Ich will nicht verstehen! Das ist etwas für dich. Ich bin nicht da, um zu verstehen. Ich muss Nein sagen und sterben. [...] Du findest es gewöhnlich, mein Schreien, mein Auffahren, diesen lauten Streit, nicht wahr? Mein Vater wurde auch dann erst schön, als er gewiss war, dass er seinen Vater getötet hatte und dass es wirklich seine Mutter war, bei der er die Nacht verbracht hatte – und als er wusste, dass ihn nichts mehr retten konnte. Da beruhigten sich seine unsteten Züge, sie bekamen ein leichtes Lächeln – er wurde schön. Hab Geduld, Kreon! Sie sind zäh, deine niedrigen Hoffnungen, aber sie werden dir doch nichts nützen. Ich brauche euch alle nur anzusehen mit euren armseligen Köpfen – ihr Glückskandidaten! Ihr seid hässlich, selbst die Schönsten unter euch! Ihr habt alle etwas Gemeines in den Augen und um die Mundwinkel – und Köpfe wie die feisten Köche.
KREON *verdreht ihr den Arm:* Ich befehle dir zu schweigen, verstehst du?

❒ Erklären Sie die Aussagen des Sprechers und erläutern Sie seine Funktion.

❒ Stellen Sie die Argumente der beiden Dialogpartner gegenüber und erläutern Sie die Beziehungen der beiden Personen zueinander. Verdeutlichen Sie dabei auch einen Zusammenhang zwischen den Informationen der Inhaltsangabe und dem Textauszug.

❒ Vergleichen Sie die Auszüge der Dramenfassungen von Sophokles und Anouilh. Arbeiten Sie heraus,
– inwieweit das Thema in der modernen Fassung übernommen und auf welche Weise es variiert und aktualisiert wird,
– von welchen Normen bzw. Wesenszügen das Handeln der sophokleischen Antigone und der Antigone bei Anouilh bestimmt wird,
– wie sich die Figur des Kreon bei Sophokles und bei Anouilh unterscheidet.

ANTIGONE: Du befiehlst mir, Koch? Glaubst du wirklich, du könntest mir etwas befehlen?
KREON: Das Vorzimmer ist voller Leute – sie hören dich doch!
Antigone: Mach die Türen auf – die Türen auf – sie sollen mich hören!
KREON *versucht, ihr den Mund zuzuhalten:* Willst du jetzt endlich still sein, um Himmels willen?
ANTIGONE *wehrt sich:* Schnell, komm schnell! Rufe deine Wächter!

(e 1942, uraufgeführt 1944, v 1946)

Rolf Hochhuth: Berliner Antigone

Kurzbiografie

Rolf Hochhuth wurde 1931 in Eschwege/Hessen geboren. Sein besonderes Verhältnis zur Zeitgeschichte, das Gefühl der Betroffenheit und die Verpflichtung zu entsprechendem literarischem Engagement verdankt Hochhuth den bestimmenden Eindrücken der Nachkriegszeit. Die Besetzung seines Heimatortes durch die Amerikaner im April 1945 betrachtet Hochhuth, der als Junge der Hitlerjugend angehörte, im Rückblick als besonderen Einschnitt in seiner Lebensgeschichte.
Nach dem Realschulabschluss 1948 wurde Hochhuth Buchhändler, 1955 trat er in das Lektorat des Bertelsmann-Verlages ein und wurde erfolgreicher Herausgeber von Erzählanthologien und Werkausgaben (u. a. von Erich Kästner und Thomas Mann). Seit 1963 lebt Rolf Hochhuth als freiberuflicher Autor in Basel und trat immer wieder mit Werken, die zum Teil unmittelbar politische Folgen hatten, in Erscheinung.
Die Mutter seiner ersten Frau Marianne Heinemann gehörte zu einer sozialistischen, antifaschistischen Widerstandsgruppe und wurde 1943 in Berlin enthauptet, ihr Mann hatte sich in Russland erschossen. Diese Fakten verarbeitete Hochhuth in abgewandelter Form in seiner Erzählung „Berliner Antigone", die die Widmung „Für Marianne" trägt. Die Erzählung erschien zum ersten Mal in der Frankfurter Allgemeinen Zeitung vom 20.4.1963. Historischer Hintergrund für die Erzählung ist einerseits die Tatsache, dass der Berliner Anatomie von 1939 - 1945 die Leichen von 269 hingerichteten Frauen „überstellt" wurden, zum anderen das Attentat auf Hitler vom 20. Juli 1944 und die anschließenden Hinrichtungen in Berlin-Plötzensee.

Rolf Hochhuth, geboren 1931 in Eschwege

Rolf Hochhuth

Berliner Antigone

Für Marianne

Da die Angeklagte *einer* falschen Aussage bereits überführt war, glaubte der Generalrichter, er könne sie retten: Anne behauptete, ihren Bruder – den Gehenkten, wie der Staatsanwalt möglichst oft sagte – sofort nach dem Fliegerangriff ohne fremde Hilfe aus der Anatomie herausgeholt und auf den In-

validenfriedhof gebracht zu haben. Tatsächlich waren ein Handwagen, aber auch eine Schaufel auf der Baustelle an der Friedrich-Wilhelm-Universität entwendet worden. Auch hatten in dieser Nacht, wie immer nach den Bombardements, Feuerwehr, Hitlerjungen und Soldaten die geborgenen Opfer in einer Turnhalle oder entlang der Hauptallee des Friedhofs aufgereiht.
Vor Gericht aber hatten zwei Totengräber mit der zeremoniellen Umständlichkeit, die ihr Gewerbe charakterisiert, die jedoch in Zeiten des Massensterbens so prätentiös wirkte wie ein Sarg, überzeugend bestritten, unter den 280 Verbrannten oder Erstickten, die bis zu ihrer Registrierung unter Bäumen auf Krepp-Papier lagen, den unbekleideten, nur mit einer Plane bedeckten Körper eines jungen Mannes gesehen zu haben. Ihre Aussagen hatten Beweiskraft. Sehr präzise vor allem in den Nebensächlichkeiten gaben sie an, persönlich jeden Einzelnen der 51 Toten, die weder zu identifizieren gewesen noch von Angehörigen gesucht worden waren, drei Tage später in die Grube gelegt zu haben, in das Gemeinschaftsgrab.
Die Bezeichnung Massengrab war verboten worden. Die Reichsregierung pflegte die Toten eines Gemeinschaftsgrabes mit besonders tröstlichem Aufwand beizusetzen: nicht nur waren Geistliche beider Konfessionen und ein namhafter Parteiredner, sondern auch noch ein Musikzug des Wachbataillons und eine Fahnenabordnung hinzugezogen worden.
Ein Beisitzer des Reichskriegsgerichts, ein großväterlich warmherziger Admiral, der als Einziger in dem fast leeren verwahrlosten Saal keine Furcht hatte, war so gerührt durch die Schilderung der Totenfeier, dass er der Angeklagten mit milder Zudringlichkeit empfahl, endlich die Wahrheit zu sagen über den „Verbleib" ihres toten Bruders: Die Entweihung eines Gemeinschaftsgrabes durch die Leiche eines von diesem Gerichtshof abgeurteilten Offiziers müsse sonst leider – er sagte zweimal aufrichtig *leider* – als strafverschärfend gewertet werden.
Anne, zermürbt und leise, beharrte auf ihrer Lüge …
Der Generalrichter, während der Worte des Admirals wieder in innerem Zweikampf mit seinem Sohn, fand Bodos Gesicht nicht mehr; es zerfloss ihm wie damals im Rauch der Lokomotive – nach ihrem notdürftig zusammengeflickten Übereinkommen, am Vorabend von Bodos Abfahrt zur Ostfront. Mehr als den Verzicht, sich in diesem Augenblick mit der Schwester eines Hochverräters *öffentlich* zu verloben, hatte der Generalrichter seinem Sohn nicht abzwingen können. Seiner Weigerung, dieser Mesalliance jemals die väterliche Zustimmung zu geben, hatte Bodo

Deutsche Soldaten in Russland, 1942

die Drohung entgegengesetzt, sich sofort mit dieser Person zu verheiraten, die ihn offenbar schon seit Wochen in jeder freien Stunde an seinem Potsdamer Kasernentor abgeholt hatte – auch dann noch, *auch* dann noch, als Annes Bruder schon verhaftet war!

Der Mann, statt dankbar zu sein, dass er als Schwerverwundeter mit einem der letzten Flugzeuge aus dem Kessel von Stalingrad ausgeflogen worden war, hatte nach seiner Genesung schamlos erklärt, nicht die Russen, sondern der Führer habe die 6. Armee zugrunde gerichtet. Und Bodo stand nicht davon ab …

Der Generalrichter, qualvoll erbittert, mochte das nicht wieder zu Ende denken. Er sah sich fest an einem Wasserfleck, der jetzt wie ein überlebensgroßer Fingerabdruck die Wand über der Büste des Führers durchdrang. Die kolossale Bronze war unerschütterlich auf ihrem Sockel geblieben, obgleich der Luftdruck des nächtlichen Bombardements selbst Rohre im Gerichtshof aus der Wand gerissen hatte …

Der Generalrichter hörte kaum dem steifschneidigen Staatsanwalt zu. Bodo schien kein Gefühl dafür zu haben, auch seine Mutter nicht, was es ihn kostete, diese Tragödie zur Farce – und dem Führer das Wort im Mund umzudrehen, nur damit dieses aufsässige Frauenzimmer vor dem Beil bewahrt blieb. Wer sonst, wenn er den Vorsitz abgelehnt hätte, würde auch nur daran interessiert sein, Hitlers ironisch wegschiebende Anordnung nach Tisch, die Angeklagte solle „in eigener Person der Anatomie die Leiche zurückerstatten", so auszulegen, als dürfe das Mädchen den Beerdigten stillschweigend zurückbringen?

Der Führer, beiläufig vom Propagandaminister unterrichtet, während ihm die Ordonnanz schon neue Depeschen über den politischen Umsturz in Italien reichte, hatte zweifellos nicht einmal an ein Gerichtsverfahren gedacht: Anne sollte enthauptet und der Anatomie zur Abschreckung jener Medizinstudenten „überstellt" werden, die vermutlich bei der Beseitigung der Leiche ihres Bruders geholfen hatten. Hier in der Reichshauptstadt, unter den schadenfrohen Augen des Diplomatischen Korps, das hatte Hitler noch angefügt, sollte nicht geräuschvoll nach ungefährlichen Querulanten unter den Studenten gefahndet werden: peinlich genug, dass im Frühjahr die feindliche Presse von der Studentenrevolte in München Wind bekam, weil Freislers Volksgerichtshof zwar schlagartig, aber doch zu laut damit aufgeräumt hatte.

Der Generalrichter, selten im Hauptquartier, noch seltener

Roland Freisler, Präsident des Volksgerichtshofs, eröffnet die Verhandlung gegen die Widerstandskämpfer des 20. Juli 1944.

am Tische Hitlers, hatte mit erfrorenen Lippen „Jawohl, mein Führer" gemurmelt und später, ein geblendeter Gefangener, nicht mehr zu seinem Wagen hingefunden. Wie hätte er denn in Hitlers kaltblaue, rasputinisch zwingende Augen hinein das beschämende, das unmögliche Geständnis ablegen können, dieses Mädchen, die Schwester eines Hochverräters, sei heimlich mit seinem Sohn verlobt ...

Jetzt verfiel er, Schweiß unter der Mütze, in den unsachlich persönlichen Tonfall des betagten Admirals und versprach der Angeklagten fast vertraulich mildernde Umstände. Unduldsam, aber genau entgegnete er dem Staatsanwalt: zwar sei nur während des Alarms das Kellergeschoss der Universität in der Nacht zugänglich; auch seien die Gitter dreier Fenster der Anatomie ebenfalls entfernt worden, um zusätzliche Notausgänge zu schaffen; und nur infolge der katastrophalen Verwirrung durch das Bombardement habe die Angeklagte die Schlüssel an sich bringen können. Dennoch: die Beseitigung der Leiche sei keine persönliche Bereicherung, „mithin" könne von Plünderung nicht gesprochen werden. Auch sei die Beerdigung nicht unbedingt ein staatsfeindliches Bekenntnis, da es sich bei dem Verräter um den Bruder handele. Als mildernder Umstand gelte noch die seelische Zerrüttung: der Verurteilung des Bruders sei bekanntlich der Freitod ihrer Mutter gefolgt.

Verdächtig, dachte der Staatsanwalt, ein straff gekämmter Hamburger mit einer Stimme wie ein Glasschneider – verdächtig. Aber der Ton des Generals ließ ihn verstummen. Er entblößte sogar die Zähne, ohne dass ein geplantes verbindliches Lächeln daraus wurde: Der Vorsitzende entschied nämlich auch darüber, ob er ihn weiterhin benötigte oder ihn zur Front „abstellte". Er hätte ihn gern in die Hand bekommen, diesen Chef. Es war doch lachhaft, dass er jetzt der Angeklagten eine befristete Zuchthausstrafe versprach, wenn sie die Exhumierung ihres Bruders unter Bewachung vornähme; ein solches Angebot, sicher, man brauchte sich später nicht daran zu halten – stand in keinem Verhältnis zu ihrem Verstoß gegen den Führerbefehl, politischen Verbrechern das Begräbnis zu verweigern ...

Während der voller Genugtuung die Beugung des Gesetzes durch seinen Chef bedachte; während der Admiral mit dem wehmütigen Wohlgefallen alter Herren diese halb erloschene „Pracht von einem Mädel" da auf der Anklagebank teilnahmsvoll mit Blicken tätschelte; und während der Wasserfleck über der Büste des Führers vor dem langen wutroten Fahnentuch weiter und dunkler um sich fraß, zwang sich der General, schon ohne Atem, schon ohne Hoffnung zur äußersten Brutalität: „An langwierige Nachforschungen kann das Gericht zu diesem Zeitpunkt des Totalen Krieges keine Kräfte verschwenden", drohte er heiser und hastig Anne und sich selbst. „Sie können sich 24 Stunden überlegen, ob Ihre Helfershelfer in der Anatomie die Leiche Ihres Bruders dort wieder vorfinden – oder ob die Mitwisser durch Einlieferung *Ihres* Körpers, Kopf vom Rumpf getrennt, darüber aufgeklärt

werden sollen, dass wir Nationalsozialisten jeden defätistischen Ungehorsam rücksichtslos ausmerzen." Die Todesangst gab sie nun nicht mehr frei. Doch am Abend waren ihre Hände immerhin so ruhig, dass sie an Bodo schreiben konnte.
5 Es war schon der Abschied, das wusste sie, und Brandenburg, der gute Wärter, der gleich bei Annes Einlieferung mit fröstelndem Grauen „die Schwester" erkannt hatte, war bereit, ihren Brief als Flug-Feldpost hinauszuschmuggeln.
„Du wirst erfahren, wo ich meinen Bruder beerdigt habe, und
10 wenn Du mich später wieder suchst, so nimm ein paar Zweige von unserer Birke an der Havel und lege sie auf sein Grab, dann bist Du mir nahe."
Sie wollte Pfarrer Ohm anvertrauen, wohin sie den Bruder gebracht hatte – wenigstens *er* blieb vor den Schergen und
15 Schändern in Sicherheit. Dieser Gedanke bewahrte sie davor, zu bereuen, obwohl sie nicht mit der Todesstrafe gerechnet hatte und bei der Drohung des Generalrichters zusammengebrochen war. Gewaltsam vertiefte sie sich in die schon Traum gewordene Erinnerung an die Nacht vor zehn Tagen, um
20 nicht wieder völlig von der Angst erbeutet zu werden „Das Gericht glaubt Ihnen nicht, dass Sie den Bruder auf den Invalidenfriedhof geschafft haben!" hörte sie die durch Gekränktsein verschärfte Stimme des Generalrichters – ich würde das auch nicht glauben, dachte sie jetzt mit einem Sarkasmus, der
25 sie für einen Moment belebte, fast erheiterte …
Und wenigstens innerlich riss sie sich los von Wand und Gitter, heraus aus der Zelle – und sie war frei, solange sie draußen an den Streifen Erde dachte, an den heidnisch alten, schon seit Generationen stillgelegten Totenacker, rings um die noch mit
30 Feldsteinen aufgetürmte Marienkirche, im ältesten Stadtteil, ganz nahe der Universität. Die mächtigsten, die königlichen Bäume Berlins wölbten sich dort domhoch über die wenigen Grabsteine dahingiechter Jahrhunderte, und einen der Steine, einen
35 starken Schild der Ruhe, ausgeweint von Regen und Schnee, zerrissen wie – wie Mutters letztes Gesicht, hatte sie an jenem Nachmittag zum Grabstein des Bruders bestimmt. Sie wollte Ohm jetzt bitten, ihr die Bibelstelle zu
40 übersetzen, die sie dort noch mühsam herausgelesen hatte: Apost. 5, 29 – während der Name für die Augen, auch für die tastende Hand schon verloren war.
Wie viele hatten dort wohl Ruhe gefunden.
45 Aus Scheu grub Anne nicht sehr tief. Sie hatte mit einem großen Messer die dicke Decke aus Moos und Rasen ziemlich spurlos herausgetrennt, während ihr sichernder Blick, sooft sie aufsah in die laute Nacht, über die
50 glutsprühenden Dächer wie in eine Schmiede fiel. Ganz Berlin eilte in chaotisch geschäftigen Löschzügen zu den Bränden, und Anne ließ sich einfach mitreißen von dem heißen

Luftangriff, Berlin

Wirbel, als sie, sofort nach dem Ende des Angriffs, mit dem Handwagen den Hof der Universität verließ – woran sich später die Denunziantin, eine Kommilitonin, erinnern konnte. Die phosphoreszierte Friedrichstraße hatte sich brechend und verglühend im Feuerwind gegen den Himmel gebäumt, eine flackernde Fahne der Verwüstung. Und dann – wie eine Friedensinsel, so meerweit getrennt von der orgiastischen Brandwut, lag der dunkle Acker da. Niemand störte sie. Vor der Straße durch verwilderte Forsythien geschützt, geschützt im Rücken durch die gotische Nische, grub sie ohne Hast und warf die Erde auf die Plane, die den Bruder bedeckt hatte. Und sie spürte die große Anstrengung nicht, als sie den Körper vom Wagen hob und ihn noch einmal hob und bettete. Doch vermied sie, das friedlose Gesicht anzusehen; denn am Nachmittag in der Anatomie war sie hinausgestürzt, sich zu erbrechen. Sie breitete ihren Sommermantel über den Bruder. Vor Erleichterung – aber doch auch, weil sie ihn jetzt mit Erde bedecken sollte, überfiel sie ein wildes Schluchzen – und dann sah sie sich schon in der Falle: ihre Beine, ihr Rock, ihre Hände waren so sehr von der feuchten Erde beschmutzt. Atemlos warf sie das Grab zu. Erst als sie, wieder kniend, schon den Rasen auflegen wollte, wurde ihr bewusst, dass nach dieser Brandnacht Zehntausende ebenso beschmutzt herumlaufen würden. Da ließ sie sich Zeit. Behutsam deckte sie die Erde ab, verteilte den Rest unter Büschen und presste mit den Händen das Moos fest. Ehe sie mit dem Handwagen auf die Straße ging, schlich sie spähend hinaus, wartete, bis ein schweres Lastauto den Lärm verstärkte, und nach fünfhundert Metern erreichte sie wieder das erste brennende Haus; und etwas weiter, da riefen zwei Hitlerjungen sie um den leeren Wagen an, packten Koffer und Körbe und schließlich noch eine hysterische Frau obenauf, die sie unversehrt aus dem Keller gezogen hatten, und Anne ließ sich versprechen, sie würden den Wagen morgen am Hauptportal zum Invalidenfriedhof abstellen, und dann warf sie die Schaufel und die Plane in die schwelenden Trümmer. Später fand sie einen Hydranten, an dem die Feuerwehr gerade den Schlauch abschraubte, und da wusch sie sich die Beine und das Gesicht und die Arme. Und hinter ihr trug man Tote weg, und sie floh aus den Trümmerstraßen, getrieben, sich bei Bodo zu bergen, überwältigt von einer quälenden Gier nach Leben – um es zu vergessen, das Leben. Das hätte sie ihm gern geschrieben, jetzt, wo die Angst sie wieder hochjagte von der Pritsche und die zweimal zwei Meter des Käfigs ihr unter den Füßen zu schrumpfen – und dann wegzusacken schienen wie die Klappe des Galgens. Sie durfte ihm nicht verraten, wie trostlos sie war. So zwang sie sich, ihm zu schreiben, sie fände es nicht sinnlos, zu sterben für das, was sie getan hatte. Das war die Wahrheit, aber nicht die ganze. Auch das war aufrichtig: dass sie den Tod, da schon so unzählige Generationen „drüben" seien, nicht fürchten könne; dass sie sich aber in erstickendem Ekel mit der Hand an die Kehle griff, sooft sie ans Sterben dachte, an die Anatomie, das verschwieg sie. Und endlich fand sie sogar etwas Ruhe in dem banalen Gedanken: so viele müssen sterben können, Tag für Tag, und die meisten wissen nicht einmal wofür – ich werde es auch können. Und sie fand es nur noch anmaßend, nach einem Sinn zu fragen, und sie konnte jetzt denken: dass so viele schon drüben sind, dass alle nach drüben kommen, das muss mir, das *muss* mir genügen.

Das Letzte verschwieg sie auch sich. Brandenburg wartete auf den Brief. Sie musste einen kleinen Halt, ein einziges Wort, das ihm blieb, hineinlügen – und da sie einen Stern durchs Gitter sah, den sie nicht kannte, und noch einen, so fiel ihr ein, was sie im letzten Urlaub verabredet hatten, beim Segeln in einer hohen hellen Nacht: immer aneinander zu denken, wenn sie abends den Großen Wagen sähen, Bodo in Russland, sie in Berlin. Und sie schloss: Ich sehe durchs Gitter unseren goldenen Wagen, und da weiß ich, dass Du jetzt an mich denkst, und so wird das jeden Abend sein, und das macht mich ruhig. Bodo, lieber Bodo, alle meine Gedanken und Wünsche für Dich vertrau ich ihm an, für immer. Dann weiß ich, sie erreichen Dich, wie weit wir auch getrennt sind."

Die Planierung des Gerichtshofes durch eine Luftmine verlängerte Annes Bedenkzeit auf elf Tage.

Ihr Pflichtverteidiger schaufelte mit rotplumpen Händen nur hilflos leere Luft; sie hatte ihn zwanzig Minuten vor der ersten Verhandlung kennen gelernt. Bei seinem zweiten und letzten Besuch sah er sich um nach der Zellentür, als erwarte er von dort einen Genickschuss. Dann wisperte er, sein Taschentuch neben dem Mund: „Die Frau des Generalrichters war heut früh bei mir, sie hat geweint – jetzt weiß ich erst, dass ihr Sohn und Sie ... also: der General wird Sie retten, wenn Sie sich sofort bereit erklären ..." Anne, als dürfe sie das nicht hören, bat ihn hektisch, endlich eine Nachricht von Bodo herbeizuschaffen.

Die Besuche des Pfarrers waren ihr gefährlicher. Ohm versuchte, Anne klarzumachen, dass ein Unbestatteter nach christlicher Auffassung nicht ruhelos bleibe. Und sosehr sie seine Besuche herbeisehnte, so erleichtert war sie, wenn er ging. Sie weinte jedesmal, schließlich war sie so verwirrt, dass sie nicht mehr wusste, ob sie ihm das Geheimnis zuletzt für Bodo anvertrauen dürfe.

Vier Tage und Nächte teilte sie dann die Zelle mit einer neunzehnjährigen polnischen Zwangsarbeiterin, die ihr aus zerknetetem Brot einen Rosenkranz formte, mit dem Anne so wenig beten konnte wie – ohne ihn. Die Verschleppte aus Lodz hatte sich heimlich, während eines Fliegeralarms, in einer Dresdner Bäckerei satt gegessen und sollte deshalb als Plünderer geköpft werden. Sie war nicht tapfer, aber stoisch, so dass ihre Gegenwart Anne erleichterte – während der Generalrichter gehofft hatte, das Zusammensein mit der rettungslos Verlorenen, die nicht einmal Angehörige benachrichtigen durfte, mache Anne geständig. Und wahrscheinlich wäre seine Rechnung dennoch aufgegangen. Als nämlich der Polin die Stunde schlug – im lauernden Morgenlicht des zehnten Tages von Annes Bedenkzeit – und sie aufgerufen wurde, ohne

Gepäck mitzukommen, umarmten und küssten sie sich –
Schwestern vor dem Henker; und Anne, durch die Berührung
mit dem schon ausgebluteten Gesicht der Gefährtin jäh wie
vom kalten Stahl des Fallbeils selbst angerührt, wurde mit einem Schnitt innerlich abgetrennt von ihrer Tat: Sie begriff das
Mädchen nicht mehr, das seinen Bruder bestattet hatte – wollte es nicht mehr *sein,* wollte zurücknehmen. Damit war sie
vernichtet. Allein gelassen, duckten ihre Nerven sich vor jedem Schritt draußen auf dem Gang, dessen blendender Linoleumläufer nicht betreten werden durfte. Ihr flatternder
Blick stieß sich wund an den Mauern und verfing sich in den
Gitterstäben, durch die der Tag hineinprahlte. „Das Leben
geht weiter" – diese roheste aller Plattitüden, sie verbrannte
ihr Herz. Noch in den Spatzen, die sie beim Rundgang im Hof
auf Kokshalden gesehen hatte, demütigte sie diese ordinäre
Wahrheit. Und was Bodo ihr zum Trost gesagt hatte, als sie erfuhr, ihr Bruder werde gehenkt, das nagelte nun Stunde um
Stunde ihre kaltwache Vorstellungskraft auf das Brett unterm
Messer, auf dem man sie anschnallen würde, und richtete ihre Augen auf die Blutrinne in den Fliesen hinter der Guillotine: der rumpflose Kopf lebt da unten noch weiter, noch lange,
zwar blind, doch vermutlich bei Bewusstsein, manchmal eine
halbe Stunde – während der Tod am Galgen meist schnell eintritt. Mit dieser Feststellung hatte der Generalrichter vor seiner Familie einmal zu rechtfertigen versucht, dass er „Verräter", denen die Kugel verweigert wurde, dem Strang überantwortete, und Bodo hatte Anne mit nichts anderem beruhigen
können. Was mochte jetzt *er* durchleiden, seit er wusste, was
ihr bevorstand? Denn Frauen, auch das hatte er ihr damals gesagt, blieb laut Führerweisung das Beil verordnet …
Als man aber später dem Pfarrer aufschloss, kam sie nicht dazu, ihre Tat zurückzunehmen. Sein Gesicht war eingestürzt.
Und seine Unfähigkeit, das erste Wort zu finden, gab Anne für
die Dauer weniger Atemzüge die Kraft, Gelassenheit vorzutäuschen. Sie glaubte, er müsse ihr sagen, sie sei schon verurteilt. Sie deutete an, er könne „es" sagen. Da murmelte er, und
sie hielten sich aneinander fest: „Ihr Verlobter, Bodo, hat sich
in einem russischen Bauernhaus erschossen."
Lange erst, nachdem er es gesagt hatte, hörte sie ihn: „Man
fand nur Ihren Brief bei ihm, er hatte ihn erst eine halbe Stunde …"
„Brief?" – und er las an ihren Augen ab, dass sie das nicht begriff. Bodo hatte auch seiner Mutter nicht mehr geschrieben.
Das sagte er ihr. „Kein Brief – kein – *nichts* für mich?"
Nun musste er es *doch* sagen. „Er wollte zu Ihnen … verstehen
Sie!", sagte der Geistliche, und seine Augen zuckten. Er musste es wiederholen: „Bodo wollte bei Ihnen sein. Er glaubte
doch – er dachte, Sie seien schon … tot."
Hitler zeichnete alsbald den Generalrichter mit der höchsten
Stufe des Kriegsverdienstkreuzes aus und empfing den durch
häufiges Weinen noch treuer gewordenen Mann persönlich
im Hauptquartier. Bei Tisch sagte er an diesem Tag, und es
war das erste Mal, dass seine Tafelrunde ihn erbittert über den

entmachteten, aber von ihm noch immer sehr verehrten Mussolini sprechen hörte, der italienische Staatschef
5 könne sich ein Beispiel nehmen an diesem deutschen Richter, der in heroischer Weise die Staatsräson seinen familiären Gefühlen überge-
10 ordnet habe – und solle sich endlich dazu aufraffen, seinen Schwiegersohn, den Verräter Graf Ciano, in Verona erschießen zu lassen.
15 Der Generalrichter hatte sein Angebot nicht ausdrücklich widerrufen, wäre aber – nach Bodos Tod war er zwei Tage nicht zum Dienst erschienen – vielleicht auch nicht mehr imstande gewesen, die Delinquen-
20 tin noch aus der angelaufenen Vernichtungsmaschinerie zurückzureißen. Sie hatte Anne automatisch in dem Augenblick erfasst, in dem sie ins Gefängnis Lehrter Straße überführt worden war – schon als „Paket". Das war die Fachbezeichnung für „Patienten mit geringer Lebenserwartung",
25 wie die besseren Herren der Justiz, die sich in fast jeder Situation ihren Witz bewahrten, zu sagen pflegten.
Paket besagte: als juristische Person abgebucht, zur Dekapitulation und behördlich überwachten Kadavernutzung freigegeben. Das Honorar für Urteil, Gefangenenkost und Scharf-
30 richter sowie „für Übersendung dieser Kostenrechnung" war bei politischen Verbrechern per Nachnahme von den Angehörigen einzutreiben, im Falle ihrer „Nichtauffindung" oder bei Ausländern der Staatskasse „anzulasten".
Seit Anne wusste, wie Bodo ein Leben ohne sie eingeschätzt
35 hatte, fand auch sie selbst in ihren starken Augenblicken das Leben nur noch überwindenswert – und doch hatte sie ein Gnadengesuch geschrieben, dem sie sich nun gedemütigt ausgeliefert sah. Nur körperliche Schwäche – denn „Pakete" bekamen in ihren absichtlich überheizten Zellen fast nichts
40 mehr zu essen, an manchen Tagen nur eine Handvoll Kraut –, nur ihre Schwäche verdrängte zuweilen ihre seelischen Heimsuchungen. Der Hungerschmerz reduzierte sie auf ihre Animalität, und zuzeiten nahm das hysterisch gesteigerte Bedürfnis nach einem Stück Seife ihr den Blick dafür, dass sie ge-
45 setzlichen Anspruch nicht einmal mehr auf Sauerstoffzufuhr hatte. Schließlich atmete sie nur noch, weil sie in lächerlicher Verkennung der Kriegslage dem Größenwahn erlegen war, der Führer oder auch der Herr Reichsminister für Justiz fänden noch die Zeit, sich mit einem Gnadengesuch zu befassen
50 – das aber selbstverständlich, trotz seiner „Nicht-Vorlage", niemals übereilt abgelehnt wurde, sondern erst nach einer humanen Frist, wie sie in der Verordnung vom 11. Mai 1937 bestimmt worden war.

Gefängnis in Berlin, 1938

Manchmal entrissen ihre Toten, der Freund, die Mutter, der Bruder, Anne ihrer Angst und bewirkten, dass das Unvorstellbare, ihr eigenes Totsein, vorstellbar wurde ohne Entsetzen, ja eben als die wahre verlässliche Freiheit. In solchen Momenten war sie bereit. In den Nächten, wenn sie lag, überwog ihre Daseinsbegierde. Am Tag, unter der Folter der Zuchthausgeräusche, wenn ein Wagen im Hof, wenn Schritte und Lachen und Schreie und Schlüssel ihr den Vollstrecker anzukündigen schienen, versuchte sie, auf ihrem Schemel unter dem Gitter, sich abzuwenden von der gegenüberliegenden Tür, von dem Kübel und den Würghänden, die sie seit der Gerichtsverhandlung nach sich greifen sah – und in die Einsicht zu flüchten, dass allein der Tod uns beschützen kann. Der Tod, nicht Gott. Denn zu jung, um ergeben zu sein, trennte sie von *dem* wie eine Eiszeit die kosmische Gleichgültigkeit, mit der er seinem Geschöpf gegenüberstand, echolos wie die Zellenwand. Von „oben" erhoffte sie nichts als ihre schnelle Hinwegnahme durch eine Bombe, denn „Pakete" wurden während der Fliegerangriffe auf Berlin nicht aus ihren Gehäusen im fünften Stockwerk in die Luftschutzkeller mitgenommen; das hätte zu hohen „Personalaufwand" erfordert. Einmal splitterte die Scheibe in ihre Zelle – es war der Augenblick, sich die Adern zu öffnen, aber Hoffnung und Schwäche hinderten sie. Und als sie es endlich gekonnt hätte, da war Tag, und ihre Wärterin, eine kinderreiche Witwe, die Anne oft heimlich einen Apfel mitbrachte, entfernte mit geradezu antiseptischer Sorgfalt auch den winzigsten Splitter, nicht nur aus Annes Käfig, sondern sie fand bei der „Filzung", wie sie die Leibesvisitation nannte, auch das scherenspitze Glas, das Anne als letzte Waffe gegen ihre äußerste Entwürdigung in ihrem Haar unter dem gestreiften Kopftuch versteckt hatte. Sie lachte aus ihrer guten nahrhaften Brust, die deutsche Mutter, weil sie doch noch pfiffiger war als die Gefangene, sie lachte ohne jede Grausamkeit – und erschrak so sehr, als sie, zum ersten Mal, in Annes Augen Tränen sah und ganz unvorbereitet ihr wimmerndes, verzweifeltes, irrsinniges Betteln um den Splitter abwehren musste, dass sie schnell ging, einen Apfel zu holen. Sogar ein Arzt gab jetzt Acht, dass Anne bei voller Gesundheit auf das Schafott kam. Tatsächlich verlangte die bürokratisch geregelte Absurdität des „Endvollzuges" die Anwesenheit eines Mediziners, als man ihr endlich – eine Formalität von neunzig Sekunden – die unbegründete Ablehnung des Gnadengesuchs und die Stunde ihrer Enthauptung verlas. Ohne Auflehnung ließ Anne, gefesselt seit der Urteilsverkündung, sich auch noch die Füße an eine kurze Kette legen und mit sechs anderen jungen Frauen, von denen eine noch ein Kind während der Haft geboren hatte, zum Auto nach Plötzensee bringen, wo ihnen ein halb idiotischer Schuster, der seit Jahren als Rentner dieses Privileg eifrig hütete, mit verschreckt geilen Augen und zutraulichem Geschwätz umständlich das Haar im Nacken abschnitt; dabei ließ er die schimmernde Flut von Annes sehr langen, blonden Haaren mit seniler Wollust durch seine riechenden Finger gehen,

wickelte ihr Haar dann grinsend um einen seiner nackten Unterarme und tänzelte, die Schere unaufhörlich öffnend
5 und schließend, um die Gefesselte herum, bis man ihn hinauspfiff wie einen Hund. Denn Anne musste sich völlig ausziehen, um nur noch
10 einen gestreiften Kittel und Sandalen anzulegen.
Die Todeszellen blieben offen, die Delinquenten waren an einen Mauerring gekettet.
15 So sprach Pfarrer Ohm sie noch. Ob Anne sich jetzt des Wortes Apost. 5, 29 erinnern konnte, das sie auf dem Grabstein des Bruders gefunden hatte; ob sie jenes Mädchen gewesen ist, das nach einer Chronik
20 an diesem Nachmittag „wie eine Heilige starb"; oder ob sie es war, die zum Schafott ein Foto in den gefesselten Händen mitnahm, um für ihre Augen einen Halt zu finden – wir wissen es nicht. Pfarrer Ohm schrieb einige Jahre später auf eine Anfrage: „Ersparen Sie sich die technischen Einzelheiten, mein
25 Haar ist darüber weiß geworden."
Die Frauen wurden in kurzen Abständen über den knochengrauen Hof zum Schuppen des Henkers geführt. Dorthin durfte kein Geistlicher sie begleiten. Wer da, neben dem dreibeinigen Tischchen mit Schnaps und Gläsern, als Augenzeuge
30 Dienst tat, der Admiral, der Staatsanwalt, ein Oberst der Luftwaffe als Vertreter des Generalrichters und ein Heeresjustizinspektor, der schwieg sich aus nach dem Krieg, um seine Pension nicht zu gefährden. Nur darüber berichtet das Register: auch an diesem 5. August waltete als Nachrichter der Pfer-
35 deschlächter Röttger seines Amtes, der für seinen Schalk berüchtigt war und der, fast auf den Tag genau, ein Jahr später den Feldmarschall von Witzleben und elf seiner Freunde in Drahtschlingen erwürgte. Diese Hinrichtung wurde gefilmt, weil der Führer und sein Stab sich am Abend in der Reichs-
40 kanzlei ansehen wollten, wie die Männer verendeten, die am 20. Juli 1944 versucht hatten, das Regime zu beseitigen. Ein Staatssekretär hat überliefert, dass selbst der satanische Parteigenosse Hitlers, sein Propagandaminister, während der Filmveranstaltung sich mehrmals die Hand vor die Augen
45 hielt.

Hinrichtungsstätte im Gefängnis Plötzensee

EPITAPH
Die Berliner Anatomie erhielt in den Jahren 1939–1945 die Körper von 269 hingerichteten Frauen

50 *Professor Stieve im „Parlament" am 20.7.1952, dem 8. Jahrestag des gescheiterten Attentats auf Hitler*   (v 1963)

☐ Fassen Sie zunächst den Ablauf des Geschehens zusammen. Charakterisieren Sie die einzelnen Personen und ihre Beziehungen sowie die Erzählperspektive und ihre Funktion.

☐ Erläutern Sie die Überschrift und stellen Sie heraus, in welcher Weise der Text auf die Thematik der antiken Tragödie von Sophokles bezogen ist.

„Nathan der Weise" und „Andorra" – ein Drama der Aufklärung und sein Pendant im 20. Jahrhundert

Gotthold Ephraim Lessing: Nathan der Weise

Zur Vorgeschichte

Der Abfassung des Schauspiels „Nathan der Weise" (entstanden 1778, gedruckt 1779, uraufgeführt 1783 in Berlin) war ein Streit zwischen Lessing und dem protestantischen Hauptpastor Goeze um religiöse Fragen vorausgegangen. Kennzeichnend für das gesamte 18. Jahrhundert war die intensive theologische Diskussion, die den Vorrang der Theologie als Erste unter den Wissenschaften in Frage zu stellen begann. Im Zusammenhang mit den Gedanken der Aufklärung wurden auch religiöse Wahrheiten, zum Beispiel der Wunderglaube, kritisch untersucht. Die Anhänger des Deismus, der typischen Religions- und Gottesauffassung der Aufklärer, bei der die Existenz eines Weltenschöpfers anerkannt wird, aber nicht mehr sein Einwirken auf die Welt, lehnen Wunderglaube, Offenbarungsreligion und religiöse Überlieferungen ab, weil sie innerhalb eines durch Naturgesetze determinierten Weltablaufs nicht mehr erklärbar sind.

Hermann Samuel Reimarus, Lessings Hamburger Freund, hatte deistische Gedankengänge entwickelt. Nach seinem Tode 1768 vertrauten seine Kinder Lessing eine seiner Schriften an. Als Bibliothekar in Wolfenbüttel veröffentlichte Lessing diese zwischen 1774 und 1778 in mehreren Teilen unter dem Titel „Fragmente eines Ungenannten" als angebliche Funde aus seiner Bibliothek. Damit begann die erbittertste Literaturfehde seines Lebens. Sein Hauptgegner war der protestantische Hamburger Hauptpastor Goeze.
Die Auseinandersetzung endete damit, dass der Herzog von Braunschweig Lessing verbot, weitere Texte theologischen Inhalts zu veröffentlichen (Juli/August 1778). Daraufhin beschloss Lessing seine Gedanken in einem Drama weiterzuführen. In einem Brief an Elise Reimarus schrieb Lessing: „Ich muss versuchen, ob man mich auf meiner alten Kanzel, auf dem Theater wenigstens, noch ungestört will predigen lassen."

Inhaltsangabe
Nathan der Weise

Ein dramatisches Gedicht in fünf Aufzügen. Versdrama. 1779/U: 14.4.1783 in Berlin

Inhalt: Das Stück spielt zur Zeit der Kreuzzüge. Ein junger Tempelherr, Angehöriger eines christlichen Ritterordens, ist nach einem Gefecht in Gefangenschaft geraten und soll auf Befehl des Sultans hingerichtet werden. Beim Anblick

▭ Erarbeiten Sie anhand der Inhaltsangabe, welche Personen auftreten, in welcher Beziehung die Personen zueinander stehen und um welchen Aussagekern es in diesem Drama geht.

des jungen Mannes fühlt sich der Sultan an seinen toten Bruder Assam erinnert und hebt in einem unerwarteten Gnadenakt das Urteil auf. So kommt der Tempelherr gerade rechtzeitig, um Recha, die vermeintliche Tochter Nathans, in Wirklichkeit eine von ihm in seinem Hause an Tochter statt aufgenommene Christin, aus einer Feuersbrunst zu retten. Dies die Vorgeschichte, die das analytische Drama[1] in Gang bringt.

Das Stück setzt ein, als Nathan von einer Geschäftsreise zurückkehrt und von der für ein Wunder gehaltenen Rettung Rechas erfährt. Er sucht die Bekanntschaft des Tempelherrn, der ihm, dem Juden, ausweicht und eine Einladung ins Haus Nathans ablehnt. In einer späteren persönlichen Begegnung versteht es Nathan, den Tempelherrn in einem vorurteilsfreien Gespräch zu einem Besuch bei Recha zu bewegen.

Mit dem Schauplatzwechsel (2. Aufzug) wechselt die Handlung. Im Hause des Sultans Saladin erfahren wir von dessen durch seine Freigebigkeit verschuldeten Geldnot. Auf den Rat seiner Schwester Sittah versucht er, Nathan in eine Falle zu locken, um an dessen Geld zu kommen. Er, der Muselmane, stellt dem Juden die Frage nach der wahren Religion. Wie Nathan auch antwortet, er wird entweder sich selbst verleugnen müssen oder den Sultan kompromittieren. Er speist ihn mit einem „Märchen" ab, mit der Ringparabel. Das überraschende Ergebnis der Unterredung ist die Freundschaft zwischen Saladin und Nathan.

Inzwischen hat der Tempelherr Recha getroffen und begehrt sie zur Frau. Nathan verhält sich abweisend, da er in dem jungen Mann einen Verwandten Rechas vermutet. Dieser sucht sein Heil beim Patriarchen von Jerusalem, nachdem er von Daja, der Gesellschafterin Rechas, über deren wahre Herkunft unterrichtet ist. Dem Patriarchen ist die Nachricht nur willkommen, um Nathan zu verderben. Seine Intrige aber bringt Aufklärung und die Möglichkeit eines glücklichen Endes. Der als Spion ausgesandte Klosterbruder hatte Nathan vor Jahren Recha als elternloses Kind anvertraut. Durch ihn erfährt Nathan, dass der Tempelherr Rechas Bruder ist. Mehr noch: Er ist auch der Neffe Saladins, der Sohn von dessen Bruder Assam. Am Ende findet sich „unter stummer Wiederholung allseitiger Umarmungen" eine große Familie. Nur Nathan steht außerhalb der leiblichen Verwandtschaft.

Illustration von 1782 zum letzten Auftritt (Text s. Seite 191)

Letzter Auftritt. pag. 275.
Saladin. Sie finds! sie sind es, Sittah sie sind es! sind beyde meines...... deines Bruders Kinder

---

[1] Analytisches Drama, auch Enthüllungsdrama: entscheidende Ereignisse sind bereits vor dem Beginn der Bühnenhandlung geschehen

H. Frölich: Lessings Geburtshaus in Kamenz

St.-Afra-Kirche und Fürstenschule St. Afra in Meißen

Johann Heinrich Tischbein d. Ä.: G. E. Lessing (1765)

Bibliothek von Wolfenbüttel (1887 abgerissen)

Kurzbiografie Lessings
(mit Hinweisen zum Zeitgeschehen)

    1715 Tod Ludwigs XIV. (des „Sonnenkönigs")

- 1729, 22. Jan.: Gotthold Ephraim Lessing wird als Sohn des protestantischen Pfarrers Johann Gottfried Lessing und seiner Frau Justine Salome, geb. Feller, in Kamenz (Sachsen) geboren.

    1740 Friedrich II. („Friedrich der Große") tritt in Preußen, Maria Theresia in Österreich die Regierung an.

- 1741–1746 Besuch der Fürstenschule St. Afra in Meißen
- 1746–1748 Studium der Theologie, Philologie und Medizin in Leipzig. Dort führt Lessing ein Leben, das eher auf das Theater als auf die Universität bezogen ist.
- 1748 Lessing geht nach Berlin, arbeitet dort als Redakteur verschiedener Zeitungen, um seinen Lebensunterhalt zu verdienen; er erwirbt einen Universitätsgrad, den Magistertitel, und schließt Freundschaft mit bedeutenden Dichtern seiner Zeit. Seine wirtschaftliche Existenz bleibt wenig gesichert; er entschließt sich, den freien Schriftstellerberuf als Existenzgrundlage zu wählen.

    1750–1753 Voltaire am Hofe Friedrichs II.

- 1755 Erstes deutsches bürgerliches Trauerspiel: Miss Sara Sampson

    1756 Friedrich II. besetzt Sachsen und eröffnet damit den Siebenjährigen Krieg

- 1760–1765 Lessing ist Sekretär des Generalgouverneurs von Schlesien. Seine Erfahrungen während des Krieges finden Niederschlag in der Komödie „Minna von Barnhelm oder Das Soldatenglück" (1767).

    1762 Rousseau: Emile ou De l'éducation

- 1767 Lessing übernimmt die Stelle eines Dramaturgen am neu gegründeten Nationaltheater in Hamburg. Seine Vorstellungen vom Theater veröffentlicht er in der Schrift „Hamburgische Dramaturgie".
- 1770 Lessing übernimmt die Aufgaben eines Bibliothekars an der berühmten Hofbibliothek von Wolfenbüttel.
- 1774 Lessing beginnt mit der Herausgabe der Schriften von H.S. Reimarus unter dem Titel „Fragmente eines Ungenannten"; Streit mit dem Hamburger Hauptpastor Goeze

    1774 Goethe: Die Leiden des jungen Werthers

    1776 Unabhängigkeitserklärung der Vereinigten Staaten von Amerika

- 1776 Lessing heiratet Eva König, die Witwe eines Freundes.
- 1777/1778 Tod seines Sohnes und seiner Frau
- ab 1778 Lessing sucht mit Streitschriften verstärkt die Öffentlichkeit für seine aufklärerische Kritik (zum Beispiel „Anti-Goeze").

- 1779 Lessings Schauspiel „Nathan der Weise" erscheint; vorausgegangen ist der Streit mit dem Hauptpastor Goeze und ein Veröffentlichungsverbot durch den Herzog von Braunschweig-Wolfenbüttel.
  - 1779 Goethe: Iphigenie auf Tauris
- 1781, 15. Februar: Lessing stirbt vereinsamt in Braunschweig.
  - 1781 Mozart: Entführung aus dem Serail
  - 1781 Schiller: Die Räuber
  - 1784 Kant: Was ist Aufklärung?
  - 1786 Schiller: An die Freude („Alle Menschen werden Brüder")
  - 1789 Erstürmung der Bastille
  - 1791 Mozart: Die Zauberflöte

Anton Graff: G. E. Lessing (1771)

Die Ringparabel als Mittelpunkt

Der folgende Text (3. Aufzug, 7. Auftritt) stellt die Schlüsselszene des Schauspiels dar, die kompositorische gedankliche Mitte, auf die hin der „Nathan" konzipiert ist. Nathan, der Jude, soll dem Sultan, dem Muslimen, die Frage nach der wahren Religion beantworten. Der Sultan braucht Geld, und weil er sich schämt, dies gegenüber dem wohlhabenden jüdischen Kaufmann Nathan offen zu bekennen, stellt er dem in der ganzen Stadt als weise geltenden Nathan die schwierige Frage nach der einzig wahren Religion. Er hofft, Nathan damit zu kompromittieren, um ihn erpressbar zu machen und durch diesen „Anschlag" an sein Geld zu kommen.
Nathan wählt zur Beantwortung der schwierigen Frage die Form des orientalischen Märchens; die „Ringparabel" erweist sich als Gleichnis.

NATHAN: Vor grauen Jahren lebt' ein Mann in Osten,
Der einen Ring von unschätzbarem Wert
Aus lieber Hand besaß. Der Stein war ein
Opal, der hundert schöne Farben spielte,
5 Und hatte die geheime Kraft, vor Gott
Und Menschen angenehm zu machen, wer
In dieser Zuversicht ihn trug. Was Wunder,
Dass ihn der Mann in Osten darum nie
Vom Finger ließ und die Verfügung traf,
10 Auf ewig ihn bei seinem Hause zu
Erhalten? Nämlich so: Er ließ den Ring
Von seinen Söhnen dem geliebtesten;
Und setzte fest, dass dieser wiederum
Den Ring von seinen Söhnen dem vermache,
15 Der ihm der liebste sei; und stets der liebste,
Ohn Ansehn der Geburt, in Kraft allein
Des Rings, das Haupt, der Fürst des Hauses
werde. –
Versteh mich, Sultan.

„Nathan der Weise"
(Bayer. Staatsschauspiel, 1988)

SALADIN: Ich versteh dich. Weiter!
NATHAN: So kam nun dieser Ring, von Sohn zu Sohn,
    Auf einen Vater endlich von drei Söhnen;
    Die alle drei ihm gleich gehorsam waren,
    Die alle drei er folglich gleich zu lieben 5
    Sich nicht entbrechen konnte. Nur von Zeit
    Zu Zeit schien ihm bald der, bald dieser, bald
    Der Dritte – so wie jeder sich mit ihm
    Allein befand und sein ergießend Herz
    Die andern zwei nicht teilten – würdiger 10
    Des Ringes; den er denn auch einem jeden
    Die fromme Schwachheit hatte zu versprechen.
    Das ging nun so, solang es ging. – Allein
    Es kam zum Sterben, und der gute Vater
    Kömmt in Verlegenheit. Es schmerzt ihn, zwei 15
    Von seinen Söhnen, die sich auf sein Wort
    Verlassen, so zu kränken. – Was zu tun? –
    Er sendet in geheim zu einem Künstler,
    Bei dem er, nach dem Muster seines Ringes,
    Zwei andere bestellt und weder Kosten 20
    Noch Mühe sparen heißt, sie jenem gleich,
    Vollkommen gleich zu machen. Das gelingt
    Dem Künstler. Da er ihm die Ringe bringt, –
    Kann selbst der Vater seinen Musterring
    Nicht unterscheiden. Froh und freudig ruft 25
    Er seine Söhne, jeden insbesondre;
    Gibt jedem insbesondre seinen Segen –
    Und seinen Ring – und stirbt. – Du hörst doch, Sultan?
SALADIN *der sich betroffen von ihm gewandt:*
    Ich hör, ich höre! – Komm mit deinem Märchen 30
    Nur bald zu Ende. – Wird's?
NATHAN: Ich bin zu Ende.
    Denn was noch folgt, versteht sich ja von selbst. –
    Kaum war der Vater tot, so kömmt ein jeder
    Mit seinem Ring, und jeder will der Fürst 35
    Des Hauses sein. Man untersucht, man zankt,
    Man klagt. Umsonst; der rechte Ring war nicht
    Erweislich –
    nach einer Pause, in welcher er des Sultans Antwort erwartet:
    Fast so unerweislich, als 40
    Uns itzt – der rechte Glaube.
SALADIN: Wie? das soll
    Die Antwort sein auf meine Frage? ...
NATHAN: Soll
    Mich bloß entschuldigen, wenn ich die Ringe 45
    Mir nicht getrau zu unterscheiden, die
    Der Vater in der Absicht machen ließ,
    Damit sie nicht zu unterscheiden wären.
SALADIN: Die Ringe! – Spiele nicht mit mir! – Ich dächte,
    Dass die Religionen, die ich dir 50
    Genannt, doch wohl zu unterscheiden wären.
    Bis auf die Kleidung; bis auf Speis und Trank!

NATHAN: Und nur vonseiten ihrer Gründe nicht. –
Denn gründen alle sich nicht auf Geschichte?
Geschrieben oder überliefert! – Und
Geschichte muss doch wohl allein auf Treu
5 Und Glauben angenommen werden? – Nicht? –
Nun, wessen Treu und Glauben zieht man denn
Am wenigsten in Zweifel? Doch der Seinen?
Doch deren Blut wir sind? doch deren, die
Von Kindheit an uns Proben ihrer Liebe
10 Gegeben? die uns nie getäuscht, als wo
Getäuscht zu werden uns heilsamer war? –
Wie kann ich meinen Vätern weniger
Als du den deinen glauben? Oder umgekehrt. –
Kann ich von dir verlangen, dass du deine
15 Vorfahren Lügen strafst, um meinen nicht
Zu widersprechen? Oder umgekehrt.
Das nämliche gilt von den Christen. Nicht? –

SALADIN: (Bei dem Lebendigen! Der Mann hat Recht.
Ich muss verstummen.)

20 NATHAN: Lass auf unsre Ring
Uns wieder kommen. Wie gesagt, die Söhne
Verklagten sich; und jeder schwur dem Richter,
Unmittelbar aus seines Vaters Hand
Den Ring zu haben. – Wie auch wahr! – Nachdem
25 Er von ihm lange das Versprechen schon
Gehabt, des Ringes Vorrecht einmal zu
Genießen. – Wie nicht minder wahr! – Der Vater,
Beteu'rte jeder, könne gegen ihn
Nicht falsch gewesen sein; und eh er dieses
30 Von ihm, von einem solchen lieben Vater,
Argwohnen lass, eh müss er seine Brüder,
So gern er sonst von ihnen nur das Beste
Bereit zu glauben sei, des falschen Spiels
Bezeihen; und er wolle die Verräter
35 Schon auszufinden wissen; sich schon rächen.

SALADIN: Und nun der Richter? – Mich verlangt zu hören,
Was du den Richter sagen lässest. Sprich!

NATHAN: Der Richter sprach: Wenn ihr mir nun den Vater
Nicht bald zur Stelle schafft, so weis ich euch
40 Von meinem Stuhle. Denkt ihr, dass ich Rätsel
Zu lösen da bin? Oder harret ihr,
Bis dass der rechte Ring den Mund eröffne? –
Doch halt! Ich höre ja, der rechte Ring
Besitzt die Wunderkraft, beliebt zu machen,
45 Vor Gott und Menschen angenehm. Das muss
Entscheiden! Denn die falschen Ringe werden
Doch das nicht können! – Nun, wen lieben zwei
Von euch am meisten? – Macht, sagt an! Ihr schweigt?
Die Ringe wirken nur zurück? und nicht
50 Nach außen? Jeder liebt sich selber nur
Am meisten? – O so seid ihr alle drei
Betrogene Betrüger! Eure Ringe

August Wilhelm Iffland als Nathan (1811)

Nathan
(Bayer. Staatsschauspiel, 1988)

Sind alle drei nicht echt. Der echte Ring
Vermutlich ging verloren. Den Verlust
Zu bergen, zu ersetzen, ließ der Vater
Die drei für einen machen.   5

SALADIN: Herrlich! herrlich!

NATHAN: Und also, fuhr der Richter fort, wenn ihr
Nicht meinen Rat, statt meines Spruches, wollt, 10
Geht nur! – Mein Rat ist aber der: ihr nehmt
Die Sache völlig wie sie liegt. Hat von
Euch jeder seinen Ring von seinem Vater,   15
So glaube jeder sicher seinen Ring
Den echten. – Möglich, dass der Vater nun
Die Tyrannei des *einen* Rings nicht länger
In seinem Hause dulden wollen! – Und gewiss,
Dass er euch alle drei geliebt, und gleich   20
Geliebt, indem er zwei nicht drücken mögen,
Um einen zu begünstigen. – Wohlan!
Es eifre jeder seiner unbestochnen,
Von Vorurteilen freien Liebe nach!
Es strebe von euch jeder um die Wette,   25
Die Kraft des Steins in seinem Ring an Tag
Zu legen! komme dieser Kraft mit Sanftmut,
Mit herzlicher Verträglichkeit, mit Wohltun,
Mit innigster Ergebenheit in Gott
Zu Hülf! Und wenn sich dann der Steine Kräfte   30
Bei euern Kindes-Kindeskindern äußern,
So lad ich über tausend tausend Jahre
Sie wiederum vor diesen Stuhl. Da wird
Ein weisrer Mann auf diesem Stuhle sitzen
Als ich und sprechen. Geht! – So sagte der   35
Bescheidne Richter.

SALADIN: Gott! Gott!

NATHAN: Saladin,
Wenn du dich fühlest, dieser weisere
Versprochne Mann zu sein ...   40

SALADIN *der auf ihn zustürzt und seine Hand ergreift, die er bis zu Ende nicht wieder fahren lässt:*
Ich Staub? Ich Nichts?
O Gott!

NATHAN: Was ist dir, Sultan?   45

SALADIN: Nathan, lieber Nathan! –
Die tausend tausend Jahre deines Richters
Sind noch nicht um. – Sein Richterstuhl ist nicht
Der meine. – Geh! – Geh! – Aber sei mein Freund.

(v 1779)

○ Vergleichen Sie die Ringparabel von Lessing mit der folgenden Fassung von Boccaccio. Belegen Sie die Unterschiede zwischen den beiden Fassungen. In welcher Weise erweitert Lessing die Geschichte von Boccaccio? Wo liegen Ihrer Meinung nach die wesentlichen Unterschiede und wie sind diese zu erklären?

Giovanni Boccaccio
Die Geschichte von den drei Ringen

Giovanni Boccaccio (1313–1375) gestaltete den Novellenzyklus „Decamerone" (griech. „Zehntagewerk"), dem dieser Text entnommen ist. Die zehn mal zehn Novellen werden durch einen Erzählrahmen, in dem der Erzählanlass dargestellt wird, zu einem Zyklus gebündelt: Vor der Pestepidemie des Jahres 1348 sind zehn junge Florentiner Adelige auf ein Landgut geflohen. Zehn Tage dauert ihr Aufenthalt dort, fern der unterhaltsamen Stadt, in diesen zehn Tagen vollbringen sie das „Zehntagewerk". Jeden Tag erzählt jeder zu einem vorgegebenen Thema eine Geschichte.

Saladin, der so tapfer war, dass er nicht nur aus einem geringen Mann zum Sultan von Babylon ward, sondern außerdem noch manche Siege über die sarazenischen und christlichen Fürsten erfocht, hatte, teils in verschiedenen Kriegen, teils durch seinen großen Aufwand und seine Prachtliebe einst seinen Schatz erschöpft; und nun traf es sich eben, dass er plötzlich einer ansehnlichen Summe bedurfte, die er nirgends so schnell aufzutreiben wusste, als er sie nötig hatte. In dieser Verlegenheit erinnerte er sich eines reichen Juden, der Melchisedek hieß und in Alexandria auf Zinsen zu leihen pflegte, und er glaubte, dieser könne ihm helfen, wenn er wollte. Der Jude war aber so geizig, dass er es aus freien Stücken nimmer würde getan haben, und offenbare Gewalt wollte Saladin nicht anwenden. Weil ihn jedoch die Not drängte, so sann er auf ein Mittel, den Juden unter einem scheinbaren Vorwand zu zwingen, seinen Beutel aufzutun. Er ließ ihn demnach zu sich rufen und hieß ihn freundlich sich neben ihn setzen, indem er zu ihm sagte: „Trefflicher Mann, ich habe von verschiedenen Leuten gehört, dass du weise bist und in göttlichen Dingen sehr erfahren. Darum möchte ich gerne von dir wissen, welche von den drei Lehren du für die wahrhafteste hältst, die jüdische, die sarazenische oder die christliche."
Der Jude, der in der Tat ein sehr kluger Mann war, merkte wohl, dass ihn Saladin mit seinen Worten zu fangen suchte, um Händel mit ihm anzufangen, und er glaubte daher, dass er keine von den drei Religionen mehr als die anderen loben dürfte, damit Saladin seinen Zweck nicht erreichte; und da es auf eine schnelle Antwort ankam, wodurch er sich keine Blößen gäbe, so kam ihm auf der Stelle sein Scharfsinn zu rechter Zeit zustatten, und er sagte: „O Herr, Ihr habt mir da eine wichtige Frage vorgelegt. Um Euch aber zu sagen, wie ich darüber denke, so bitte ich Euch, vorher eine kleine Geschichte von mir anzuhören:

Wo mir recht ist, so hat man mir oft erzählt, dass einst ein reicher, vornehmer Mann war, der unter anderen kostbaren Kleinodien, die sich in seinem Schatz befanden, einen sehr schönen und köstlichen Ring besaß, welchen er wegen seiner Schönheit besonders auszeichnen und deswegen auf immer

□ Arbeiten Sie (möglichst in Kleingruppen) die Aussagen der Lessing'schen Ringparabel (Seite 175ff.) im Einzelnen heraus, zum Beispiel unter Berücksichtigung folgender Arbeitsschwerpunkte und Aufgabenstellungen:
– Worin liegen Funktion und Symbolik des Edelsteins?
– Wie und wodurch erweist sich die Wahrheit der Religion? Erläutern Sie entsprechend die Konstellation der Parabel. Belegen Sie mit den Kernaussagen aus dem Text.
– Warum wählt Nathan die Form eines Märchens?
– Erläutern Sie die Bedeutung der Richter-Gestalt.
– Beschreiben Sie die Beziehungen zwischen dem Sultan und Nathan.
– Stellen Sie die sich ändernden Reaktionen des Sultans im Verlauf der Darstellung Nathans heraus.
– Erklären Sie den utopischen Charakter des Schlussteils. Machen Sie sich dabei die Aufgabe einer Utopie klar; inwiefern könnte eine solche Utopie ein Appell an den Leser bzw. Zuschauer sein?

□ Erläutern Sie, wie die beiden Religionen dargestellt werden, die jeweils durch Nathan bzw. Saladin repräsentiert sind Beziehen Sie zur Frage der „wahren" Religion auch die Inhaltsangabe mit ein.

□ Inwiefern ist das Schauspiel „Nathan der Weise" und hier insbesondere die Kernszene eine Antwort auf starre Glaubenssicherheit und dogmatische religiöse Wahrheiten? Berücksichtigen Sie zur Beantwortung dieser Frage die folgenden beiden Texte.

▷▷ Informieren Sie sich ggf. auch über die Epoche der Aufklärung (Seite 253f.).

bei seiner Nachkommenschaft erhalten wollte. Darum befahl er, dass derjenige unter seinen Söhnen, dem er den Ring hinterlassen würde, als sein Erbe angesehen werden sollte, und alle anderen Brüder sollten ihn als das Haupt der Familie ehren und hochhalten. Derjenige, der den Ring erbte, beobachtete gegen seine Nachkommen dasselbe Verfahren und folgte dem Beispiel seines Ahnherrn.
So ward der Ring von Vater auf Sohn durch viele Geschlechter vererbt, bis ihn endlich einer bekam, der drei liebenswürdige und tugendhafte Söhne hatte, welche dem Vater alle drei gleich gehorsam waren und deswegen alle drei von ihm gleich geliebt wurden. Die Jünglinge aber, denen das Herkommen mit dem Ringe bekannt war und die, einer wie der andere, wünschten, vor den übrigen der Geehrteste zu sein, bestrebten sich um die Wette, den Ring zu bekommen; und ein jeder von ihnen bat den Vater, der schon alt war, *ihm* denselben vor dem Tode zu vermachen. Der gute Vater, der seine Söhne gleich liebhatte und selbst keine Wahl unter ihnen zu treffen wusste, versprach einem jeden, ihm den Ring zu geben, und er ersann ein Mittel, sie alle drei zu befriedigen.
Er ließ bei einem geschickten Meister heimlich zwei andere Ringe machen, die dem ersten so völlig ähnlich waren, dass er selbst, der sie hatte anfertigen lassen, kaum imstande war, den echten vom unechten zu unterscheiden. Auf seinem Sterbebette gab er jedem seiner Söhne insgeheim einen von den drei Ringen. Nach dem Tode des Vaters wollte nun ein jeder von den drei Söhnen sein Erbe sein und den Vorrang vor seinen Brüdern behaupten, und um diesen den anderen streitig zu machen, zog jeder dem hergebrachten Brauche gemäß seinen Ring hervor. Da war aber ein Ring dem anderen so ähnlich, dass es nicht möglich war, den echten zu erkennen, – und die Frage, wer der rechte Erbe des Vaters wäre, blieb unentschieden und bleibt unentschieden bis auf diesen Tag.

Und eben dieses, o Herr, sage ich auch von den drei Religionen, die Gott der Vater den Völkern gegeben hat, und über die Ihr mich befragt habt. Jedes derselben glaubt, sein Erbteil, seine Lehre und seine Gesetze unmittelbar von ihm empfangen zu haben, – von welchem unter ihnen sich dieses aber mit Wahrheit behaupten lasse, das bleibt (wie bei den drei Ringen) noch unausgemacht."
Saladin sah wohl ein, dass der Jude sich gut aus der Schlinge zog, die er ihm gelegt hatte. Er entschloss sich daher, ihm sein Anliegen gerade zu eröffnen und zu versuchen, ob er ihm aus freien Stücken würde helfen wollen. Er tat es und gestand ihm zugleich, was seine Absicht gewesen wäre, wenn er nicht so vernünftig geantwortet hätte.
Der Jude bediente ihn willig mit der ganzen Summe, die er brauchte, und Saladin bezahlte ihm in der Folge nicht nur seine Schuld zurück, sondern machte ihm überdies noch ansehnliche Geschenke und behielt ihn als seinen Freund in großen Ehren und in Ansehen beständig bei sich.

(e 1348–53)

Gotthold Ephraim Lessing
Suche nach Wahrheit[1]

Nicht die Wahrheit, in deren Besitz irgendein Mensch ist oder zu sein vermeinet, sondern die aufrichtige Mühe, die er angewandt hat, hinter die Wahrheit zu kommen, macht den Wert des Menschen. Denn nicht durch den Besitz, sondern durch
5 die Nachforschung der Wahrheit erweitern sich seine Kräfte, worin allein seine immer wachsende Vollkommenheit bestehet. Der Besitz macht ruhig, träge, stolz. –
Wenn Gott in seiner Rechten alle Wahrheit und in seiner Linken den einzigen immer regen Trieb nach Wahrheit, obschon
10 mit dem Zusatze, mich immer und ewig zu irren, verschlossen hielte und spräche zu mir: „Wähle!", ich fiele ihm mit Demut in seine Linke und sagte: „Vater, gib! Die reine Wahrheit ist ja doch nur für dich allein!"
(v 1778)

([1] Überschrift vom Bearbeiter)

Dieter Arendt
Aufklärung als Epoche der Vernunft

Die Vernunft wird zum höchsten kritischen Forum, vor dem sich Religion und Staat in ihrer Berechtigung auszuweisen haben; der Hinweis auf dogmatische und standesgemäße Vorrechte gilt als fanatisches Verhaftetsein in Vorurteilen. Mit Be-
5 rufung auf die Vernunft [...] wird der Kampf gegen soziale, nationale und religiöse Vorurteile geführt; das neue Stichwort heißt: Toleranz. Voltaire bezeichnet sie in seinem *Traité sur la tolérance* als „l'apanage de la raison" und in seinem *Dictionnaire Philosophique* als „l'apanage de l'humanité": als Erbe
10 oder Anspruch der Vernunft und der Menschheit bzw. der Menschlichkeit.
Toleranz ist nicht die Folge einer etwaigen Religionslosigkeit, einer Religionsfeindlichkeit oder eines postulierten Atheismus. Die Kritik an der Offenbarung zielt nicht auf eine Aufhe-
15 bung der positiven [geoffenbarten] Religion ab, sondern auf eine Kritik an ihrer dogmatisierten Ausschließlichkeit und praktizierten Intoleranz. In Lessings Streit mit dem Hamburger Hauptpastor Goeze wird diese Haltung deutlich; und in seiner Nachlassschrift *Über die Entstehung der geoffenbarten Religion*
20 lautet der letzte Paragraph: „Die beste geoffenbarte oder positive Religion ist die, welche die wenigsten konventionellen Zusätze zur natürlichen Religion enthält, die guten Wirkungen der natürlichen Religion am wenigsten einschränkt."
Toleranz ist also nicht zu verwechseln mit Indifferenz; Dul-
25 dung des Fremden ist nicht Gleichgültigkeit, sondern vernünftiges und das heißt opferbereites Handeln im Rahmen der großen Völker- oder Menschheitsfamilie – wie es die Schlussszene im *Nathan* andeutet.
(v 1984)

Weitere Untersuchungsgesichtspunkte, z.B. für Referate und Gruppenarbeiten

❏ Stellen Sie in einer literarischen Charakteristik jeweils eine der drei Hauptpersonen dar: den Juden Nathan, den Muslim Saladin, den Tempelherrn als Christ; arbeiten Sie dabei auch jeweils die Beziehung zu den anderen beiden Personen heraus.

❏ Untersuchen Sie vergleichend den Schlussteil der Ringparabel (Seite 178) und den Dramenschluss (Seite 191). Dabei geht es um eine Kennzeichnung als Utopie, auf deren Verwirklichung aus Lessings Sicht hinzuwirken gilt.

❏ Kennzeichnen Sie „Nathan" als ein Stück der Aufklärung, mit dem bereits auf Ideale der Klassik verwiesen wird. Lesen Sie ggf. nach bei den entsprechenden literaturgeschichtlichen Hinweisen auf Seite 253ff.

❏ Untersuchen Sie die Biografie Lessings: Inwieweit gibt es Korrespondenzen zwischen Lessings Situation und der seiner Hauptfigur Nathan?

Mögliche Zusatzaufgabe

❏ Schreiben Sie Lessings Ringparabel in eine Prosafassung (Erzählung) um und berücksichtigen Sie dabei deutlich (im Gegensatz zu der Fassung Boccaccios) die Aussage Lessings.

Der Abfassung des Schauspiels „Nathan der Weise" ging ein theologischer Streit zwischen Lessing und dem dogmatisch orientierten Hamburger Hauptpastor Goeze (1717–1786) voraus (siehe „Zur Vorgeschichte", Seite 172).

Johann Melchior Goeze
Lessings Schwächen

Ich habe aber meine sehr gegründete Ursachen, warum ich, ehe ich auf dieser Bahn einen Schrit mit ihm weiter gehe, von ihm selbst eine völlig runde, und von aller Zweideutigkeit entfernte Erklärung, über die Fragen: *was für eine Religion er durch die christliche Religion verstehe;* und *was für eine Religion er selbst als die wahre erkenne und annehme?* fordere. Denn daß bey der Religion, die ich als die christliche bekenne und predige, die Bibel schlechterdings unentbehrlich sey, das kan ich beweisen, aber nicht daß solches auch von der Religion gelte, welche Herr Leßing die *christliche* nennet, und welche die *seinige* ist. Hier kan er gar leicht den Sieg behaupten. Allein alsdenn entstehet wieder die Frage: ist diese Religion die wahre christliche Religion? Auf diese komt es vornehmlich an. Und wie ist es möglich, diese Frage zu untersuchen und zu entscheiden, so lange Herr Leßing hier einer deutlichen und bestimten Erklärung ausweicht, und wenn er sich hier als ein ehrlicher Man erklären sol, den Lesern lauter blaue Dünste in die Augen bläset. (v 1778)

Gotthold Ephraim Lessing
Nötige Antwort auf eine sehr unnötige Frage des Herrn Hauptpastor Goeze in Hamburg

[…] ich antworte auf die vorgelegte Frage so bestimmt, als nur ein Mensch von mir verlangen kann, dass ich unter der christlichen Religion alle diejenigen Glaubenslehren verstehe, welche in den Symbolis der ersten vier Jahrhunderte der christlichen Kirche enthalten sind. (v 1778)

Peter Demetz
Lessings „Nathan der Weise"

Da Lessing ausdrücklich eine Fortsetzung der theologischen Fehde mit anderen Mitteln angekündigt hatte, suchte und fand man Übereinstimmungen bis ins Wörtliche. Goeze hatte von Lessing verlangt „eine völlige, runde, von aller Zweideutigkeit entfernte Erklärung, über die Fragen: was für eine Religion er durch die christliche verstehe; und was für eine Religion er selbst als die wahre erkenne und annehme". Auf diese beiden Fragen verweist der Text von Peter Demetz. Die erste Frage habe Lessing weitgehend beantwortet damit, dass er darunter die Glaubenslehre der ersten vier Jahrhunderte verstehe; die Antwort auf die zweite Frage sei im Drama zu finden.

Was ist das Ähnliche, das Nathan und Lessing, Saladin und Goeze verbindet?
Ich glaube, die erste Art der Analogie ist in der konkreten Lage Lessings und Nathans zu entdecken. Sie beide stehen vor der bedrohlichen Macht, die Rechenschaft fordert: Nathan, den jede Unbesonnenheit in finanzielles Unheil stürzen könn-

te; Lessing, der gerade in jenen frühen Augusttagen von den Braunschweiger Behörden (die der Hauptpastor und seine Bundesgenossen gegen ihn aufgeputscht hatten) bis aufs Blut gepeinigt wurde; es hängt viel davon ab, wie sie beide, der Ju-
5 de und der Schriftsteller, auf die Frage des Mächtigeren antworten. Die andere Art der Analogie ist darin zu finden, dass Lessing, den *Nathan* schreibend, der poetischen Methode Nathans vertraut. Im *Nathan* tut er wie Nathan; er hatte eine sprengende Wahrheit zu sagen und wählt deshalb nicht das
10 Unverhüllte und Konzentrierte der Theorie, sondern das im Grunde barmherzigere ästhetische Element: Nathan erzählt sein Märchen, Lessing präsentiert sein dramatisches Gedicht. Die beiden finden sich überdies noch in einer dritten Art der Analogie zusammen, denn sie beantworten die ihnen vorge-
15 legte Frage durchaus nicht auf die erwartete Weise. Goeze und Saladin denken an eine der positiven Religionen, wenn sie die Frage nach der wahren stellen, aber Nathan und Lessing heben sich über jede Offenbarungsreligion zu einer Religiosität, die nur ihnen gehört.
20 Aber selbst die dreifache Art der Analogie wird nicht zur theoretischen Identifikation. Lessings Antwort geht noch über jene Nathans hinaus, denn indem er, Lessing, die *zweite* Frage Goezes beantwortet, impliziert er, in seiner Antwort, die Vorläufigkeit seines Bescheides auf die *erste* Frage und zugleich
25 die klägliche Irrelevanz eines Streits um die historischen Zufallswahrheiten der christlichen Religion. Er bekennt sich ja durch den Mund von Nathans Richter zur „Religion Christi", d. h. zu jenem Glauben, den Christus als Mensch selbst erkannte und übte, während er die „christliche Religion" den
30 Theologen überlässt. Für jenen, der sich im „Geschichtchen" zur tätigen Humanität und innigen Gottesergebenheit leidenschaftlich bekannte, ist das Problem, was man unter der christlichen Religion *verstehe*, nicht der brennendsten eins ...

(v 1970)

❏ Stellen Sie an diesen Texten die Positionen von Lessing und Goeze heraus. Berücksichtigen Sie dabei auch die Hinweise zur Vorgeschichte des Schauspiels (S. 172) und die Hinweise zur Biografie Lessings (S. 174f.). Belegen Sie, welche Zusammenhänge Demetz zwischen dem Schauspiel „Nathan der Weise" und dem vorangehenden Streit mit dem Hauptpastor Goeze sieht.

❏ Welche Antwort gibt Lessing dem Hauptpastor in seinem Schauspiel? Greifen Sie dazu noch einmal auf die Ringparabel (Seite 175ff.) zurück und belegen Sie Ihre Aussagen mit Textstellen. Beurteilen Sie, inwiefern das Schauspiel „Nathan der Weise" (nach den Worten Lessings) „eine Fortsetzung des Streits mit anderen Mitteln" ist.

❏ Stellen Sie sich vor: Lessing wird mit dem Friedenspreis des Deutschen Buchhandels ausgezeichnet, der seit 1950 jedes Jahr verliehen wird und mit dem Personen geehrt werden, die sich um eine friedvolle Verständigung zwischen den Religionen und Kulturen verdient gemacht haben. Verfassen Sie eine kurze fiktive Rede als Laudatio für den Schriftsteller Gotthold Ephraim Lessing.

Max Frisch: Andorra

Die folgende Skizze aus Max Frischs „Tagebuch 1946– 1949" enthält die Grundidee zu dem später entwickelten Stück in zwölf Bildern „Andorra" (1961 nach mehrmaliger Überarbeitung abgeschlossen). Hinweise zur Biografie von Max Frisch finden Sie auf den Seiten 127f.

Max Frisch

Der andorranische Jude

In Andorra lebte ein junger Mann, den man für einen Juden hielt. Zu erzählen wäre die vermeintliche Geschichte seiner Herkunft, sein täglicher Umgang mit den Andorranern, die in ihm den Juden sehen: das fertige Bildnis, das ihn überall erwartet. Beispielsweise ihr Mißtrauen gegenüber seinem Gemüt, das ein Jude, wie auch die Andorraner wissen, nicht haben kann. Er wird auf die Schärfe seines Intellektes verwiesen, der sich eben dadurch schärft, notgedrungen. Oder sein Verhältnis zum Geld, das in Andorra auch eine große Rolle spielt: er wußte, er spürte, was alle wortlos dachten; er prüfte sich, ob es wirklich so war, daß er stets an das Geld denke, er prüfte sich, bis er entdeckte, daß es stimmte, es war so, in der Tat, er dachte stets an das Geld. Er gestand es; er stand dazu, und die Andorraner blickten sich an, wortlos, fast ohne ein Zucken der Mundwinkel. Auch in Dingen des Vaterlandes wußte er genau, was sie dachten; sooft er das Wort in den Mund genommen, ließen sie es liegen wie eine Münze, die in den Schmutz gefallen ist. Denn der Jude, auch das wußten die Andorraner, hat Vaterländer, die er wählt, die er kauft, aber nicht ein Vaterland wie wir, nicht ein zugeborenes, und wie wohl er es meinte, wenn es um andorranische Belange ging, er redete in ein Schweigen hinein, wie in Watte. Später begriff er, daß es ihm offenbar an Takt fehlte, ja, man sagte es ihm einmal rundheraus, als er, verzagt über ihr Verhalten, geradezu leidenschaftlich wurde. Das Vaterland gehörte den andern, ein für allemal, und daß er es lieben könnte, wurde von ihm nicht erwartet, im Gegenteil, seine beharrlichen Versuche und Werbungen öffneten nur eine Kluft des Verdachtes; er buhlte um eine Gunst, um einen Vorteil, um eine Anbiederung, die man als Mittel zum Zweck empfand auch dann, wenn man selber keinen möglichen Zweck erkannte. So wiederum ging es, bis er eines Tages entdeckte, mit seinem rastlosen und alles zergliedernden Scharfsinn entdeckte, daß er das Vaterland wirklich nicht liebte, schon das bloße Wort nicht, das jedesmal, wenn er es brauchte, ins Peinliche führte. Offenbar hatten sie recht. Offenbar konnte er überhaupt nicht lieben, nicht im andorranischen Sinn; er hatte die Hitze der Leidenschaft, gewiß, dazu die Kälte seines Verstandes, und diesen empfand man als eine immer bereite Geheimwaffe seiner Rachsucht; es fehlte ihm das Gemüt, das Verbindende; es fehlte ihm, und das war unverkennbar, die Wärme des Vertrauens. Der Umgang mit ihm war anregend, ja, aber nicht angenehm, nicht gemütlich. Es gelang ihm nicht, zu sein wie alle andern, und nachdem er es umsonst versucht hatte, nicht aufzufallen, trug er sein Anderssein sogar mit einer Art von Trotz, von Stolz und lauernder Feindschaft dahinter, die er, da sie ihm selber nicht gemütlich war, hinwiederum mit einer geschäftigen Höflichkeit überzuckerte; noch wenn er sich verbeugte, war es eine Art von Vorwurf, als wäre die Umwelt daran schuld, daß er ein Jude ist –

Die meisten Andorraner taten ihm nichts.

Also auch nichts Gutes.

Auf der andern Seite gab es auch Andorraner eines freieren und fortschrittlichen Geistes, wie sie es nannten, eines Geistes, der sich der Menschlichkeit verpflichtet fühlte: sie achteten den Juden, wie sie betonten, gerade um seiner jüdischen Eigenschaften willen, Schärfe des Verstandes und so weiter.

Sie standen zu ihm bis zu seinem Tode, der grausam gewesen ist, so grausam und ekelhaft, daß sich auch jene Andorraner entsetzten, die es nicht berührt hatte, daß schon das ganze Leben grausam war. Das heißt, sie beklagten ihn eigentlich nicht, oder ganz offen gesprochen: sie vermißten ihn nicht – sie empörten sich nur über jene, die ihn getötet hatten, und über die Art, wie das geschehen war, vor allem die Art.
Man redete lange davon.
Bis es sich eines Tages zeigt, was er selber nicht hat wissen können, der Verstorbene: daß er ein Findelkind gewesen, dessen Eltern man später entdeckt hat, ein Andorraner wie unsereiner –
Man redete nicht mehr davon.
Die Andorraner aber, sooft sie in den Spiegel blickten, sahen mit Entsetzen, daß sie selber die Züge des Judas tragen, jeder von ihnen.
Du sollst dir kein Bildnis machen, heißt es, von Gott. Es dürfte auch in diesem Sinne gelten: Gott als das Lebendige in jedem Menschen, das, was nicht erfaßbar ist. Es ist eine Versündigung, die wir, so wie sie an uns begangen wird, fast ohne Unterlaß wieder begehen –
Ausgenommen wenn wir lieben. (v 1950)*

❏ „In Andorra lebte ein junger Mann, den man für einen Juden hielt." Erläutern Sie am Text, welche Wirkungen für den jungen Mann die Tatsache hat, daß ihn die Andorraner für einen Juden halten. Inwiefern ist das Verhalten des jungen Mannes von den Erwartungen seiner Mitmenschen abhängig? Worin besteht die Schuld der Andorraner?

❏ Erläutern Sie, was Max Frisch mit der Bezeichnung „Bildnis" meinen könnte. Deuten Sie vor allem den letzten Abschnitt, insbesondere die Forderung „Du sollst dir kein Bildnis machen."

≫ Berücksichtigen Sie dazu den entsprechenden Text auf Seite 126f.

Inhaltsangabe

Andorra

Stück in zwölf Bildern. 1961 nach mehrmaliger Umarbeitung abgeschlossen/U: 2.11.1961 in Zürich, deutsche Erstaufführungen am 20.1.1962 in Düsseldorf, Frankfurt/M. und München; Buchausgabe 1961. Text: suhrkamp taschenbuch 277.

Inhalt: Andorra grenzt bei Frisch an das Land der Schwarzen. Vor ihnen da drüben haben die Andorraner Angst. Während das Mädchen Barblin das Haus ihres Vaters, des Lehrers, „weißelt" (S. 7), nimmt sie in einer Frage an den Pater den schlimmen Lauf des Stücks vorweg:
„Ist's wahr, Hochwürden, was die Leute sagen? Sie sagen: Wenn einmal die Schwarzen kommen, dann wird jeder, der Jud ist, auf der Stelle geholt. Man bindet ihn an einen Pfahl, sagen sie, man schießt ihn ins Genick. (...) Und wenn er eine Braut hat, die wird geschoren, sagen sie, wie ein räudiger Hund" (S. 12).
So, genau so, wird es Barblin und Andri, ihrem Pflegebruder, dem jungen Juden, ergehen.
Aber bevor die Schwarzen Andri erschießen und Barblin scheren, hat der Junge es mit den Andorranern zu tun. Jeder von ihnen ist überzeugt zu wissen, „wie der Jud ist" (S. 15), und drängt Andri dieses Bild des Juden auf. Selbst der milde Pater trägt dazu bei, redet ihm zu, sich als Jude anzunehmen. Andris Beziehung zu Barblin, seiner Liebe, wird zerstört. Er verlangt vom Pflegevater Barblin zur Frau, der schlägt's ab. Barblin droht: „Dann bring ich mich um. (...) Oder ich geh zu den Soldaten, jawohl" (S. 46). Jedenfalls wird sie dem Soldaten nicht wehren, wenn er zu

❏ Erarbeiten Sie mit Hilfe der Inhaltsangabe
– die Personen und ihre Beziehungen,
– die Grundaussage des Dramas.

ihr in die Kammer kommt. Andri ist nun ganz allein. „Sie kann mich nicht lieben, niemand kann's, ich selbst kann mich nicht lieben" (S. 63). Er nimmt das Zerrbild an, das die anderen vom Juden haben. Inzwischen ist aus dem Lande der Schwarzen die Senora herbeigereist. Die Wende scheint einzutreten: Sie ist Andris Mutter, der Lehrer sein richtiger Vater, Barblin seine Schwester. Deshalb versagte sie ihm der Vater. Warum aber gab er Andri als Pflegesohn und als Juden aus? Sein Motiv ist doppelgesichtig: Er verachtet die Andorraner und sucht, sein Leben außerhalb ihrer Gesinnungsgemeinschaft zu leben. Den eigenen Sohn als Prüfstein benutzend, wollte er die Andorraner einstmals vor den Spiegel der Wahrheit zwingen, um ihr Vorurteil daran zu entlarven. Die Kehrseite seiner Verachtung des „Andorranischen" ist jedoch die eigene, mit Feigheit gepaarte Lüge: Zu einer Zeit, als die Juden einem Pogrom der Schwarzen ausgesetzt waren, war es „leichter", ja „rühmlich(er)" (S. 94), ein Judenkind aufzunehmen, als sich als Vater zum Sohn einer Schwarzen zu bekennen. Jetzt aber ist die Lüge unaustauschbare Realität geworden. Die Wahrheit nimmt keiner mehr an. Andri zum Pater: „Wie viele Wahrheiten habt ihr? (…) Das könnt ihr nicht machen mit mir…" (S. 85).

Die Senora wird als „Spitzelin" (S. 68) der Schwarzen verdächtigt, ein Stein, aus dem heulenden Mob heraus geworfen, trifft sie tödlich. Dass Andri der Täter gewesen sei, passt in das Bild der Andorraner von diesem Juden. Keiner stellt sich entgegen, als die Schwarzen kommen. Der Soldat zeigt ihnen sogar, wo Andri zu finden ist: vor Barblins Kammer. Sie führen Andri ab, die grässliche Judenschau wird ins Werk gesetzt, und Andris Leben endet am Pfahl. Der Lehrer erhängt sich, Barblin ist geschoren, als Judenhure. Ihr Geist ist verwirrt, und wie am Anfang weißelt sie wieder: „Ich weiße, ich weiße, auf dass wir ein weißes Andorra haben, ihr Mörder, ein schneeweißes Andorra" (S. 125).

Zwölftes Bild

Platz von Andorra. Der Platz ist umstellt von Soldaten in schwarzer Uniform. Gewehr bei Fuß, reglos. Die Andorraner, wie eine Herde im Pferch, warten stumm, was geschehen soll. Lange geschieht nichts. Es wird nur geflüstert.

DOKTOR: Nur keine Aufregung. Wenn die Judenschau vorbei ist, bleibt alles wie bisher. Kein Andorraner hat etwas zu fürchten, das haben wir schwarz auf weiß. Ich bleibe Amtsarzt, und der Wirt bleibt Wirt, Andorra bleibt andorranisch… *Trommeln*

GESELLE: Jetzt verteilen sie die schwarzen Tücher.

Es werden schwarze Tücher ausgeteilt.

DOKTOR: Nur jetzt kein Widerstand.

Barblin erscheint, sie geht wie eine Verstörte von Gruppe zu Gruppe, zupft die Leute am Ärmel, die ihr den Rücken kehren, sie flüstert etwas, was man nicht versteht.

WIRT: Jetzt sagen sie plötzlich, er sei keiner.
JEMAND: Was sagen sie?
WIRT: Er sei keiner.
[…]

5 LEHRER: Mein Sohn!
Der Judenschauer umschreitet und mustert Andri.
Es ist mein Sohn!
Der Judenschauer mustert die Füße, dann gibt er ein Zeichen, genauso nachlässig wie zuvor, aber ein anderes Zeichen, und zwei
10 *schwarze Soldaten übernehmen Andri.*

TISCHLER: Gehn wir.
Mutter tritt vor und nimmt ihr Tuch ab.
SOLDAT: Was will jetzt die?
MUTTER: Ich sag die Wahrheit.
15 SOLDAT: Ist Andri dein Sohn?
MUTTER: Nein.
SOLDAT: Hört ihr's! Hört ihr's?
MUTTER: Aber Andri ist der Sohn von meinem Mann –
WIRT: Sie soll's beweisen.
20 MUTTER: Das ist wahr. Und Andri hat den Stein nicht geworfen, das weiß ich auch, denn Andri war zu Haus, als das geschehn ist. Das schwör ich. Ich war selbst zu Haus. Das weiß ich und das schwör ich bei Gott, dem Allmächtigen, der unser Richter ist in Ewigkeit.
25 WIRT: Sie lügt.
MUTTER: Laßt ihn los!
Der Judenschauer erhebt sich nochmals.
SOLDAT: Ruhe!
Der Judenschauer tritt nochmals zu Andri und wiederholt die
30 *Musterung, dann kehrt er die Hosentaschen von Andri, Münzen fallen heraus, die Andorraner weichen vor dem rollenden Geld, als ob es Lava wäre, der Soldat lacht.*
Judengeld.
DOKTOR: Der irrt sich nicht …
35 LEHRER: Was, Judengeld? Euer Geld, unser Geld. Was habt ihr denn andres in euren Taschen?
Der Judenschauer betastet das Haar.
Warum schweigst du?!
Andri lächelt.
40 Er ist mein Sohn, er soll nicht sterben, mein Sohn, mein Sohn!
Der Judenschauer geht, die Schwarzen präsentieren das Gewehr; der Soldat übernimmt die Führung:
SOLDAT: Woher dieser Ring?
45 TISCHLER: Wertsachen hat er auch …
SOLDAT: Her damit!

"Andorra"
(Uraufführung
am Schauspielhaus
Zürich, 1961)

ANDRI: Nein.

SOLDAT: Nein – bitte ...

SOLDAT: Oder sie hauen dir den Finger ab.

ANDRI: Nein! Nein!
Andri setzt sich zur Wehr.

TISCHLER: Wie er sich wehrt um seine Wertsachen ...

DOKTOR: Gehn wir ...
*Andri ist von schwarzen Soldaten umringt und nicht zu sehen, als man seinen Schrei hört, dann Stille.
Andri wird abgeführt.*

LEHRER: Duckt euch. Geht heim. Ihr wißt von nichts. Ihr habt es nicht gesehen. Ekelt euch. Geht heim vor euren Spiegel und ekelt euch.
Die Andorraner verlieren sich nach allen Seiten, jeder nimmt seine Schuhe.

SOLDAT: Der braucht jetzt keine Schuhe mehr.
Der Soldat geht.

JEMAND: Der arme Jud. –

WIRT: Was können wir dafür.

Der Jemand geht ab, die anderen gehen in Richtung auf die Pinte.

TISCHLER: Mir einen Korn.

DOKTOR: Mir auch einen Korn.

TISCHLER: Da sind noch seine Schuh.

DOKTOR: Gehn wir hinein.

TISCHLER: Das mit dem Finger ging zu weit ...
Tischler, Doktor und Wirt verschwinden in der Pinte. Die Szene wird dunkel, das Orchestrion fängt von selbst an zu spielen, die immergleiche Platte. Wenn die Szene wieder hell wird, kniet Barblin und weißelt das Pflaster des Platzes; Barblin ist geschoren. Auftritt der Pater. Die Musik hört auf.

Dramatische Form – Die „heiße Stelle" als Kern der Aussage

BARBLIN: Ich weißle, ich weißle.
PATER: Barblin!
BARBLIN: Warum soll ich nicht weißeln, Hochwürden, das Haus meiner Väter?
5 PATER: Du redest irr.
BARBLIN: Ich weißle.
PATER: Das ist nicht das Haus deines Vaters, Barblin.
BARBLIN: Ich weißle, ich weißle.
PATER: Es hat keinen Sinn.
10 BARBLIN: Es hat keinen Sinn.
  Auftritt der Wirt.
WIRT: Was macht denn die hier?
BARBLIN: Hier sind seine Schuh.
  Wirt will die Schuhe holen.
15   Halt!
PATER: Sie hat den Verstand verloren.
BARBLIN: Ich weißle, ich weißle. Was macht ihr? Wenn ihr nicht seht, was ich sehe, dann seht ihr: Ich weißle.
WIRT: Laß das!
20 BARBLIN: Blut, Blut, Blut überall.
WIRT: Das sind meine Tische!
BARBLIN: Meine Tische, deine Tische, unsre Tische.
WIRT: Sie soll das lassen!
BARBLIN: Wer bist du?
25 PATER: Ich habe schon alles versucht.
BARBLIN: Ich weißle, ich weißle, auf daß wir ein weißes Andorra haben, ihr Mörder, ein schneeweißes Andorra, ich weißle euch alle – alle.
  Auftritt der ehemalige Soldat.
30   Er soll mich in Ruh lassen, Hochwürden, er hat ein Aug auf mich, Hochwürden, ich bin verlobt.
SOLDAT: Ich habe Durst.
BARBLIN: Er kennt mich nicht.
SOLDAT: Wer ist die?
35 BARBLIN: Die Judenhure Barblin.
SOLDAT: Verschwinde!
BARBLIN: Wer bist du?
  Barblin lacht.
  Wo hast du deine Trommel?
40 SOLDAT: Lach nicht!
BARBLIN: Wo hast du meinen Bruder hingebracht?
  Auftritt der Tischler mit dem Gesellen.
  Woher kommt ihr, ihr alle, wohin geht ihr, ihr alle, warum geht ihr nicht heim, ihr alle, ihr alle,
45 und hängt euch auf?

Pater und Barblin (Uraufführung am Schauspielhaus Zürich, 1961)

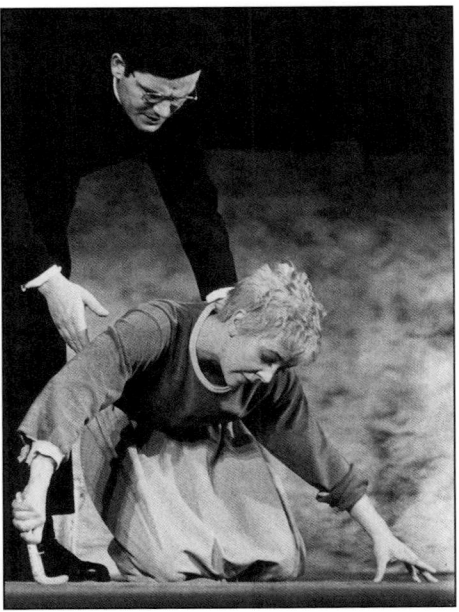

☐ Deuten Sie den Auszug aus dem 12. Bild des Schauspiels „Andorra" im Zusammenhang mit der Inhaltsangabe (Seite 185f.). Beziehen Sie auch die Tagebuchskizze „Der andorranische Jude" (Seite 183ff.) mit ein. Legen Sie bei Ihrer Deutung den Schwerpunkt vor allem auf folgende Fragestellungen:
- Um welchen Teil des Dramas geht es hier? Auf welche Weise wird hier die Thematik in dramatischer Weise gestaltet? Vergleichen Sie mit der Tagebuchskizze. Gehen Sie insbesondere auf die verbalen und nonverbalen Äußerungen der Personen und auf ihre Beziehungen zueinander ein.
- Wie beurteilen Sie das Ende Andris und das Ende des Stückes?
- Frisch rechnete sein Stück, das sein erfolgreichstes Werk und zugleich das erfolgreichste zeitgenössische Stück überhaupt ist, selbst dem „engagierten Theater" zu. Deuten Sie in diesem Zusammenhang auch Frischs zentrale Forderung „Du sollst dir kein Bildnis machen." Lesen Sie dazu in dem entsprechenden Ausschnitt aus dem „Tagebuch 1945–1949" nach (Seite 126f.).
- Dass „Andorra" als Modell gemeint ist, belegt neben zahlreichen Selbstinterpretationen des Autors auch der folgende Vorspruch des Stücks: „Das Andorra dieses Stücks hat nichts zu tun mit dem wirklichen Kleinstaat dieses Namens, gemeint ist auch nicht ein anderer wirklicher Kleinstaat; Andorra ist der Name für ein Modell." In welcher Weise lässt sich aus diesem Hinweis auch ein Bezug zum Nationalsozialismus ableiten? Auf welche Zusammenhänge der Vergangenheit, Gegenwart oder auf welche möglichen zukünftigen Gefährdungen ließe sich die zentrale Aussage des Stückes auch beziehen?

TISCHLER: Was sagt sie?
BARBLIN: Der auch!
WIRT: Die ist übergeschnappt.
SOLDAT: Schafft sie doch weg.
BARBLIN: Ich weißle.
TISCHLER: Was soll das?
BARBLIN: Ich weißle, ich weißle.
    Auftritt der Doktor.
    Haben Sie einen Finger gesehn?
    Doktor sprachlos.
    Haben Sie keinen Finger gesehn?
SOLDAT: Jetzt aber genug!
PATER: Laßt sie in Ruh.
WIRT: Sie ist ein öffentliches Ärgernis.
TISCHLER: Sie soll uns in Ruh lassen.
WIRT: Was können wir dafür.
GESELLE: Ich hab sie ja gewarnt.
DOKTOR: Ich finde, sie gehört in eine Anstalt.
    Barblin starrt.
PATER: Ihr Vater hat sich im Schulzimmer erhängt. Sie sucht ihren Vater, sie sucht ihr Haar, sie sucht ihren Bruder.
    Alle, außer Pater und Barblin, gehen in die Pinte.
    Barblin, hörst du, wer zu dir spricht?
    Barblin weißelt das Pflaster.
    Ich bin gekommen, um dich heimzuführen.
BARBLIN: Ich weißle.
PATER: Ich bin der Pater Benedikt.
    Barblin weißelt das Pflaster.
    Ich bin der Pater Benedikt.
BARBLIN: Wo, Pater Benedikt, bist du gewesen, als sie unsern Bruder geholt haben wie Schlachtvieh, wie Schlachtvieh, wo? Schwarz bist du geworden, Pater Benedikt …
    Pater schweigt.
    Vater ist tot.
PATER: Das weiß ich, Barblin.
BARBLIN: Und mein Haar?
PATER: Ich bete für Andri jeden Tag.
BARBLIN: Und mein Haar?
PATER: Dein Haar, Barblin, wird wieder wachsen –
BARBLIN: Wie das Gras aus den Gräbern.
    Der Pater will Barblin wegführen, aber sie bleibt plötzlich stehen und kehrt zu den Schuhen zurück.
PATER: Barblin – Barblin …
BARBLIN: Hier sind seine Schuh. Rührt sie nicht an! Wenn er wiederkommt, das hier sind seine Schuh.

(v 1961)*

Gotthold Ephraim Lessing
Nathan der Weise (5. Aufzug; Schlussteil)

SALADIN: Was will ich mehr? – Er ist's! Er war es!

NATHAN: Wer?

SALADIN: Mein Bruder! ganz gewiss! Mein Assad! ganz Gewiss!

NATHAN: Nun, wenn du selbst darauf verfällst: –
5 Nimm die Versichrung hier in diesem Buche!
Ihm das Brevier überreichend.

SALADIN *es begierig aufschlagend:*
Ah! seine Hand! Auch die erkenn ich wieder!

NATHAN: Noch wissen sie von nichts! Noch stehts's bei dir
10 Allein, was sie davon erfahren sollen!

SALADIN *indes er darin geblättert:*
Ich meines Bruders Kinder nicht erkennen?
Ich meine Neffen – meine Kinder nicht?
Sie nicht erkennen? ich? Sie dir wohl lassen?
15 *Wieder laut:*
Sie sind's! Sie sind es, Sittah, sind's! Sie sind's!
Sind beide meines ... deines Bruders Kinder!
Er rennt in ihre Umarmungen.

SITTAH *ihm folgend:*
20 Was hör ich! – Konnt's auch anders, anders sein! –

SALADIN *zum Tempelherrn:*
Nun musst du doch wohl, Trotzkopf, musst mich lieben!
Zu Recha: Nun bin ich doch, wozu ich mich erbot?
Magst wollen, oder nicht!

25 SITTAH: Ich auch! ich auch!

SALADIN *zum Tempelherrn zurück:*
Mein Sohn! mein Assad! meines Assads Sohn!

TEMPELHERR: Ich deines Bluts! – So waren jene Träume,
Womit man meine Kindheit wiegte, doch –
30 Doch mehr als Träume! *Ihm zu Füßen fallend.*

SALADIN *ihn aufhebend:*
Seht den Bösewicht!
Er wusste was davon, und konnte mich
Zu seinem Mörder machen wollen! Wart!
35 *Unter stummer Wiederholung allseitiger Umarmungen fällt der Vorhang.* (v 1779)

❏ Vergleichen Sie den Schlussteil des Stückes von Max Frisch mit dem Schlussteil aus Lessings Drama „Nathan der Weise", in dem sich Jude, Christ und Mohammedaner zu einer Art „Familienidylle" zusammenfinden (siehe auch die Inhaltsangabe zu Lessings Drama auf Seite 172f.).

❏ Vergleichen Sie die Aussage des Stückes von Frisch mit Lessings „Nathan". In welcher Weise lässt sich Frischs Stück als „Gegenentwurf" zu Lessings „Utopie der Menschlichkeit" verstehen, das er in seinem Drama gestaltet?

❏ Berücksichtigen Sie bei Ihrem Vergleich auch die Thesen der folgenden Texte und diskutieren Sie darüber. In welcher Weise unterscheiden sich die beiden Texte?

Dem 20. Jahrhundert war es vorbehalten, Lessings Utopie der Menschlichkeit endgültig zerstört zu haben. In unserem Jahrhundert gibt es auch das literarische Gegenstück zum *Nathan*: Max Frischs *Andorra*. Max Frisch bedient sich des Lessing'schen
5 Modells, um angesichts der nationalsozialistischen Barbarei die aufklärerische Utopie zu verabschieden, aber gerade dadurch eine neue Dimension von Aufklärung zu gewinnen. Es ist unschwer zu erkennen, dass Max Frisch bis in Einzelheiten Lessings Familienidylle zitiert und umkehrt. Übernommen wird

das Grundmotiv der sich liebenden Geschwister. Anders als beim Tempelherrn und Recha leben Andri und Barblin in der gleichen Familie als Bruder und Schwester. Can erscheint als der geistige Vater Andris, ist in Wirklichkeit sein leiblicher Vater. Recha ist die angenommene Tochter Nathans und lebt in dem Bewusstsein, seine leibliche Tochter zu sein. Andri ist der leibliche Sohn Cans und lebt in dem Bewusstsein, sein angenommener Sohn zu sein. Can ist die Gegenfigur zu Nathan. Er baut das vermeintliche Glück seines Kindes auf einem verhängnisvollen Vorurteil auf, während Nathan das Christenkind Recha annimmt, weil er sein Vorurteil überwinden konnte. Mehr noch: das analytische Drama Lessings bringt auf der Bühne Aufklärung über eine vorausgegangene Versöhnungstat, das analytische Drama Max Frischs Aufklärung über eine vorausgegangene Konflikthandlung. So steht bei Max Frisch konsequent am Ende der Mord an Andri. Angesichts des Modellfalls Andorra ist Aufklärung nicht mehr als literarische Apotheose ihrer Prinzipien zu praktizieren, nurmehr als beängstigende Provokation.

(v 1983)

Irgendwann gab es auch Rettungsringe, an die man sich klammern konnte – Glauben, Ideale, Tugenden, Werte –, aber sie sind außer Gebrauch gekommen und nicht mehr an Bord.
Die traditionellen bürgerlichen Werte wurden durch Hitler auf furchtbare Weise missbraucht und korrumpiert. Wörter wie Volk, Familie, Fleiß, Ordnung dienten als Deckmantel für eine Ausrottungsmentalität, die bis dahin unvorstellbar gewesen war. Kein Regime war je so durch und durch amoralisch wie jenes, das dem Volk eine neue Moral für die nächsten tausend Jahre verpassen wollte.
Auch die großen Menschheitsideale der Aufklärung überlebten dieses mörderische Jahrhundert nicht. Das Sowjetsystem tat das Seine, um die Glaubensartikel des Sozialismus gründlich zu entwerten. Völkerfreundschaft, Gerechtigkeit, Gleichheit, Brüderlichkeit – das waren einmal die Richtwerte der großen Emanzipationsbewegung. Sie wurden zur Karikatur in einem System der Lüge und der Heuchelei, der permanenten Unterdrückung, des Mangels und des nackten Imperialismus. […] Wo aber blieb das Gegenbild? Die humane Gesellschaft, die wahre Brüderlichkeit, die wirkliche Völkerfreundschaft, die Befreiung von sozialer Not?
Es gab eine Zeit, kurz nach dem Krieg, da schien diese Vision einer befreiten Welt erreichbar zu sein – nur eine Frage der Zeit, ein paar Jahrzehnte vielleicht, ein paar Problemchen nur noch, die es zu lösen galt, aber die Richtung war klar: Die Welt, so schien es damals, befand sich auf dem Wege des Fortschritts.
Es war eine Fata Morgana. Der Krieg, den man für überwunden hielt, kehrte zurück, als habe es nicht Hekatomben von Opfern gegeben. Das Elend in der Welt, das man beseitigen wollte, wuchs schneller als die Hilfe. Die gerechte Gesellschaft, die man zu schaffen vorgegeben hatte, wurde zu einem infantilen Traum erklärt, der „Markt" als neuer Götze inthronisiert.

(Aus: Heinrich Jaenecke: Gesellschaft am Abgrund, in: Die Woche, 17.1.1997)

❏ Erörtern Sie abschließend, welche Auffassungen der Schriftsteller der Aufklärung G. E. Lessing und der Schriftsteller unserer Zeit M. Frisch hinsichtlich der Wirkung ihrer Werke haben könnten.

❏ Suchen Sie eine Erklärung dafür, dass nach dem Zweiten Weltkrieg mehrere deutsche Bühnen ihren Betrieb mit einer Aufführung des *Nathan* eröffnet haben.

Frauenfiguren in Dramen Goethes, Brechts und Büchners

Johann Wolfgang Goethe: Iphigenie auf Tauris

Informationen zur Biografie

Johann Wolfgang Goethe entstammte dem gehobenen Bürgerstand. Er wurde am 28.8.1749 als Sohn des Kaiserlichen Rates Dr. jur. Johann Caspar Goethe und seiner Frau, Katharina Elisabeth, geborene Textor, in Frankfurt am Main geboren. Der Vater lebte von seinem ererbten Vermögen und ließ den Sohn durch Privatlehrer erziehen; als Sechzehnjähriger begann der Sohn Wolfgang im Jahre 1765 ein Universitätsstudium der Rechtswissenschaften in Leipzig.

Nach einer schweren Erkrankung setzte Goethe sein Studium in Straßburg fort. Hier knüpfte er über die Freundschaft mit Johann Gottfried Herder die Verbindung zu den Stürmern und Drängern an.

Mit dem Briefroman „Die Leiden des jungen Werthers" wurde Goethe berühmt; seinen bürgerlichen Beruf als Rechtsanwalt übte er nur noch nebenbei aus. Im Jahre 1775 wurde er als Berater des jungen Herzogs Karl August nach Weimar eingeladen. Ein Jahr darauf entschloss sich Goethe in Weimar zu bleiben.

Der Stoff zu seinem Drama „Iphigenie auf Tauris" hatte Goethe schon länger begleitet. Als Vorlage diente ihm ein antiker Stoff. Im Februar 1779 begann er mit der Ausarbeitung und vollendete das Stück innerhalb von sechs Wochen auf einer Reise als Kriegs- und Wegebauminister von Weimar. Die Prosafassung arbeitete er später in Verse um; die endgültige Fassung in Blankversen wurde 1786, während seines Italienaufenthaltes, vollendet.

Joseph Karl Stieler: Johann Wolfgang Goethe, 1749–1832 (1828)

❑ Verschaffen Sie sich aus Literaturgeschichten und Lexika weitere Informationen zu Goethes Leben und Werk. Informieren Sie sich ggf. auch im Autoren- und Quellenverzeichnis, welche Texte von Goethe in diesem Buch noch vertreten sind.

Inhaltsangabe

Iphigenie auf Tauris

Ein Schauspiel

Iphigenie, von den Griechen geopfert, damit die Götter die Fahrt nach Troja ermöglichen, ist von der Göttin Diana (Artemis) gerettet und ins Barbarenland Tauris entführt worden, wo sie im Tempel als Priesterin dient. Aber sie sehnt sich nach der Heimat und den Ihrigen.

Thoas, der König der Taurier, wirbt um Iphigenie. Als er abgewiesen wird, verlangt er, dass die Priesterin wieder die Menschenopfer vornimmt, die er auf ihre Bitten abgeschafft hat. In den ersten Fremden, die von der Wiedereinführung des alten Gesetzes betroffen sind, erkennt Iphigenie ihren Bruder Orest und dessen Freund Pylades. Sie sind nach Tauris gekommen, um auf Geheiß des Apoll „die Schwester" zu entführen, das Bild der Göttin Artemis, und damit den Muttermörder Orest von der Verfolgung durch die Erinnyen

(Rachegöttinnen) zu heilen. Von ihnen erfährt Iphigenie den Ausgang des Trojanischen Krieges und die Schicksalsschläge, die ihr Elternhaus getroffen haben.

Iphigenie heilt den Bruder, und als der listige Pylades einen Fluchtplan entwirft, missbraucht sie das Vertrauen des Königs, indem sie die Taurier vom Ufer fernhält. Unter dem Druck ihres Gewissens entdeckt sie dann jedoch Thoas den beabsichtigten Betrug und legt ihr Schicksal und das der beiden Griechen in seine Hände, indem sie an seine Großmut appelliert. Die Entführung des Gottesbildes erübrigt sich, da Orest erkennt, dass sich der Götterspruch nicht auf die Schwester des Apoll sondern auf seine eigene bezieht. Sie können in Frieden das Land verlassen.

Georg Melchior Kraus: Aufführung der „Iphigenie" mit Goethe als Orest und Corona Schröter als Iphigenie (1779)

Erster Aufzug
Erster Auftritt

IPHIGENE: Heraus in eure Schatten, rege Wipfel
Des alten, heilgen, dicht belaubten Haines,
Wie in der Göttin stilles Heiligtum,
Tret ich noch jetzt mit schauderndem Gefühl,
Als wenn ich sie zum ersten Mal beträte,
Und es gewöhnt sich nicht mein Geist hierher.
So manches Jahr bewahrt mich hier verborgen
Ein hoher Wille, dem ich mich ergebe;
Doch immer bin ich, wie im ersten, fremd.
Denn ach! mich trennt das Meer von den Geliebten,
Und an dem Ufer steh ich lange Tage,
Das Land der Griechen mit der Seele suchend;
Und gegen meine Seufzer bringt die Welle
Nur dumpfe Töne brausend mir herüber.
Weh dem, der fern von Eltern und Geschwistern
Ein einsam Leben führt! Ihm zehrt der Gram
Das nächste Glück vor seinen Lippen weg,
Ihm schwärmen abwärts immer die Gedanken
Nach seines Vaters Hallen, wo die Sonne
Zuerst den Himmel vor ihm aufschloss, wo
Sich Mitgeborne spielend fest und fester
Mit sanften Banden aneinander knüpften.
Ich rechte mit den Göttern nicht; allein
Der Frauen Zustand ist beklagenswert.
Zu Haus und in dem Kriege herrscht der Mann,
Und in der Fremde weiß er sich zu helfen.
Ihn freuet der Besitz; ihn krönt der Sieg!
Ein ehrenvoller Tod ist ihm bereitet.
Wie eng-gebunden ist des Weibes Glück!
Schon einem rauen Gatten zu gehorchen,
Ist Pflicht und Trost; wie elend, wenn sie gar
Ein feindlich Schicksal in die Ferne treibt!
So hält mich Thoas hier, ein edler Mann,
In ernsten, heilgen Sklavenbanden fest.
O wie beschämt gesteh ich, dass ich dir

Mit stillem Widerwillen diene, Göttin,
Dir, meiner Retterin! Mein Leben sollte
Zu freiem Dienste dir gewidmet sein.
Auch hab ich stets auf dich gehofft und hoffe
5 Noch jetzt auf dich, Diana, die du mich,
Des größten Königes verstoßne Tochter,
In deinen heilgen, sanften Arm genommen.
Ja, Tochter Zeus', wenn du den hohen Mann,
Den du, die Tochter fordernd, ängstigtest,
10 Wenn du den göttergleichen Agamemnon,
Der dir sein Liebstes zum Altare brachte,
Von Trojas umgewandten Mauern rühmlich
Nach seinem Vaterland zurück begleitet,
Die Gattin ihm, Elektren und den Sohn,
15 Die schönen Schätze, wohl erhalten hast:
So gib auch mich den Meinen endlich wieder,
Und rette mich, die du vom Tod errettet,
Auch von dem Leben hier, dem zweiten Tode!

Vierter Auftritt

IPHIGENIE *allein*:
Du hast Wolken, gnädige Retterin,
Einzuhüllen unschuldig Verfolgte,
Und auf Winden dem ehrnen Geschick sie
Aus den Armen, über das Meer,
5 Über der Erde weiteste Strecken,
Und wohin es dir gut dünkt, zu tragen.
Weise bist du und siehest das Künftige;
Nicht vorüber ist dir das Vergangne,
Und dein Blick ruht über den Deinen,
10 Wie dein Licht, das Leben der Nächte,
Über der Erde ruhet und waltet.
O enthalte vom Blut meine Hände!
Nimmer bringt es Segen und Ruhe;
Und die Gestalt des zufällig Ermordeten
15 Wird auf des traurig-unwilligen Mörders
Böse Stunde lauern und schrecken.
Denn die Unsterblichen lieben der Menschen
Weit verbreitete gute Geschlechter,
Und sie fristen das flüchtige Leben
20 Gerne dem Sterblichen, wollen ihm gerne
Ihres eigenen, ewigen Himmels
Mitgenießendes fröhliches Anschaun
Eine Weile gönnen und lassen.

Vierter Aufzug
Erster Auftritt

IPHIGENIE: Denken die Himmlischen
Einem der Erdgebornen
Viele Verwirrungen zu,
Und bereiten sie ihm

Von der Freude zu Schmerzen
Und von Schmerzen zur Freude
Tief-erschütternden Übergang:
Dann erziehen sie ihm
In der Nähe der Stadt, 5
Oder am fernen Gestade,
Dass in Stunden der Not
Auch die Hülfe bereit sei,
Einen ruhigen Freund.
O segnet, Götter, unsern Pylades 10
Und was er immer unternehmen mag!
Er ist der Arm des Jünglings in der Schlacht,
Des Greises leuchtend Aug in der Versammlung:
Denn seine Seel ist stille; sie bewahrt
Der Ruhe heilges, unerschöpftes Gut, 15
Und den Umhergetriebnen reichet er
Aus ihren Tiefen Rat und Hülfe. Mich
Riss er vom Bruder los; den staunt ich an
Und immer wieder an, und konnte mir
Das Glück nicht eigen machen, ließ ihn nicht 20
Aus meinen Armen los, und fühlte nicht
Die Nähe der Gefahr, die uns umgibt.
Jetzt gehn sie, ihren Anschlag auszuführen,
Der See zu, wo das Schiff mit den Gefährten
In einer Bucht versteckt aufs Zeichen lauert, 25
Und haben kluges Wort mir in den Mund
Gegeben, mich gelehrt, was ich dem König
Antworte, wenn er sendet und das Opfer
Mir dringender gebietet. Ach! ich sehe wohl,
Ich muss mich leiten lassen wie ein Kind. 30
Ich habe nicht gelernt zu hinterhalten,
Noch jemand etwas abzulisten. Weh!
O weh der Lüge! Sie befreiet nicht,
Wie jedes andre, wahr gesprochne Wort,
Die Brust; sie macht uns nicht getrost, sie ängstet 35
Den, der sie heimlich schmiedet, und sie kehrt,
Ein losgedrückter Pfeil, von einem Gotte
Gewendet und versagend, sich zurück
Und trifft den Schützen. Sorg auf Sorge schwankt
Mir durch die Brust. Es greift die Furie – 40
Vielleicht den Bruder auf dem Boden wieder
Des ungeweihten Ufers grimmig an.
Entdeckt man sie vielleicht? Mich dünkt, ich höre
Gewaffnete sich nahen! – Hier! – Der Bote
Kommt von dem Könige mit schnellem Schritt; 45
Es schlägt mein Herz, es trübt sich meine Seele,
Da ich des Mannes Angesicht erblicke,
Dem ich mit falschem Wort begegnen soll.

Fünfter Auftritt

IPHIGENIE *allein:*
Ich muss ihm folgen: denn die Meinigen 50
Seh ich in dringender Gefahr. Doch ach!

Mein eigen Schicksal macht mir bang und bänger.
O soll ich nicht die stille Hoffnung retten,
Die in der Einsamkeit ich schön genährt?
Soll dieser Fluch denn ewig walten? Soll
5 Nie dies Geschlecht mit einem neuen Segen
Sich wieder heben? – Nimmt doch alles ab!
Das beste Glück, des Lebens schönste Kraft
Ermattet endlich, warum nicht der Fluch?
So hofft ich denn vergebens, hier verwahrt,
10 Von meines Hauses Schicksal abgeschieden,
Dereinst mit reiner Hand und reinem Herzen
Die schwer befleckte Wohnung zu entsühnen!
Kaum wird in meinen Armen mir ein Bruder
Vom grimmgen Übel wundervoll und schnell
15 Geheilt, kaum naht ein lang erflehtes Schiff,
Mich in den Port der Vaterwelt zu leiten,
So legt die taube Not ein doppelt Laster
Mit ehrner Hand mir auf: das heilige
Mir anvertraute, vielverehrte Bild
20 Zu rauben und den Mann zu hintergehn,
Dem ich mein Leben und mein Schicksal danke.
O dass in meinem Busen nicht zuletzt
Ein Widerwille keime! der Titanen,
Der alten Götter tiefer Hass auf euch,
25 Olympier, nicht auch die zarte Brust
Mit Geierklauen fasse! Rettet mich,
Und rettet euer Bild in meiner Seele!
Vor meinen Ohren tönt das alte Lied –
Vergessen hatt ichs und vergaß es gern –
30 Das Lied der Parzen, das sie grausend sangen,
Als Tantalus vom goldnen Stuhle fiel:
Sie litten mit dem edeln Freunde; grimmig
War ihre Brust, und furchtbar ihr Gesang.
In unsrer Jugend sangs die Amme mir
35 Und den Geschwistern vor, ich merkt es wohl.

Es fürchte die Götter
Das Menschengeschlecht!
Sie halten die Herrschaft
In ewigen Händen,
40 Und können sie brauchen,
Wie´s ihnen gefällt.

Der fürchte sie doppelt,
Den je sie erheben!
Auf Klippen und Wolken
45 Sind Stühle bereitet
Um goldene Tische.

Erhebet ein Zwist sich,
So stürzen die Gäste
Geschmäht und geschändet
50 In nächtliche Tiefen,
Und harren vergebens,
Im Finstern gebunden,
Gerechten Gerichtes.

Anselm Feuerbach: Iphigenie (1871)

Sie aber, sie bleiben
In ewigen Festen
An goldenen Tischen.
Sie schreiten vom Berge
Zu Bergen hinüber:

Aus Schlünden der Tiefe
Dampft ihnen der Atem
Erstickter Titanen,
Gleich Opfergerüchen,
Ein leichtes Gewölke.

Es wenden die Herrscher
Ihr segnendes Auge
Von ganzen Geschlechtern
Und meiden, im Enkel
Die ehmals geliebten, 5
Still redenden Züge
Des Ahnherrn zu sehn.

So sangen die Parzen;
Es horcht der Verbannte
In nächtlichen Höhlen, 10
Der Alte, die Lieder,
Denkt Kinder und Enkel
Und schüttelt das Haupt.

Thoas und Iphigenie
(Kammerspiele Paderborn, 1997)

Fünfter Aufzug

Dritter Auftritt

IPHIGENIE: [...] Ich werde großem Vorwurf nicht entgehn,
Noch schwerem Übel, wenn es mir misslingt;
Allein *euch* leg ichs auf die Kniee! Wenn
Ihr wahrhaft seid, wie ihr gepriesen werdet,
So zeigts durch euern Beistand und verherrlicht 5
Durch mich die Wahrheit! – Ja, vernimm, o König,
Es wird ein heimlicher Betrug geschmiedet:
Vergebens fragst du den Gefangnen nach;
Sie sind hinweg und suchen ihre Freunde,
Die mit dem Schiff am Ufer warten, auf. 10
Der älteste, den das Übel hier ergriffen
Und nun verlassen hat – es ist Orest,
Mein Bruder, und der andre sein Vertrauter,
Sein Jugendfreund, mit Namen Pylades.
Apoll schickt sie von Delphi diesem Ufer 15
Mit göttlichen Befehlen zu, das Bild
Dianens wegzurauben und zu ihm
Die Schwester hinzubringen, und dafür
Verspricht er dem von Furien Verfolgten,
Des Mutterblutes Schuldigen, Befreiung. 20

Uns beide hab ich nun, die Überbliebnen
Von Tantals Haus, in deine Hand gelegt:
Verdirb uns – wenn du darfst.
THOAS: Du glaubst, es höre
5 Der rohe Skythe, der Barbar, die Stimme
Der Wahrheit und der Menschlichkeit, die Atreus,
Der Grieche, nicht vernahm?
IPHIGENIE: Es hört sie jeder,
Geboren unter jedem Himmel, dem
10 Des Lebens Quelle durch den Busen rein
Und ungehindert fließt. […]   (e 1786)

Beim Aufbau des klassischen Dramas ist jeder Akt und jede Szene (jeder Auftritt) mit dem folgenden so eng verknüpft, dass sich ein schlüssiger Sinnzusammenhang ergibt. Die 5 Akte bauen die Spannung im Sinne einer idealtypischen Verlaufsform auf. Der Schriftsteller Gustav Freytag hat 1863 in seinem Buch „Die Technik des Dramas" diese Struktur in stark schematisierter Weise als „pyramidalen Bau" zusammengefasst.

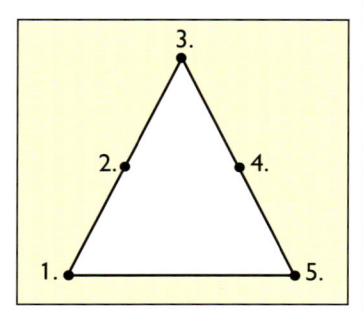

1. Akt: **Exposition** – Der Zuschauer wird in die Einzelheiten der Handlung und ihrer Personen eingeführt; die Grundlagen des dramatischen Konflikts werden dargelegt.
2. Akt: **Steigerung** der Spannung auf den weiteren Verlauf der Handlung; die Entwicklung des Geschehens beschleunigt sich.
3. Akt: **Höhepunkt** der dramatischen Entwicklung; der Held macht die entscheidende Auseinandersetzung durch; diese unerwartete Wendung (Sieg oder Untergang?) im Schicksal des Helden wird **Peripetie** genannt.
4. Akt: Die Spannung wird noch einmal dadurch erhöht, dass die Handlungsentwicklung verzögert wird **(Retardation)**.
5. Akt: **Lösung** des Konfliktes, sei es durch die Katastrophe (Tragödie), den Untergang des Helden/der Heldin, oder durch eine untragische Lösung.

Was der Dichter diesem Bande
Glaubend, hoffend anvertraut,
Werd' im Kreise deutscher Lande
Durch des Künstlers Wirken laut!
5 So im Handeln, so im Sprechen
Liebevoll verkünd' es weit:
Alle menschlichen Gebrechen
Sühnet reine Menschlichkeit.

❒ Ordnen Sie die verschiedenen Gebete dem Handlungszusammenhang bzw. Aufbau des traditionellen Dramas in fünf Akten zu. Arbeiten Sie dazu auch die Inhaltsangabe durch.

❒ Vergleichen Sie die Gebete und verdeutlichen Sie, dass Iphigenie in ihrer Verzweiflung und ihrem inneren Konflikt ein Rückfall in archaische und mythische Gesinnung (Fremdbestimmung und Zwang durch die Götter) droht.

❒ Erläutern und belegen Sie am Text, wie sich Iphigenie mit Hilfe eines neuen Götterbildes in ihrem sittlichen Verhalten zu einer autonomen Humanität steigert. Deuten Sie dabei insbesondere Iphigenies Aussage „Rettet mich und rettet euer Bild in meiner Seele."

❒ Beziehen Sie diese Selbstinterpretation Goethes, die er einem Schauspieler in ein Exemplar der „Iphigenie" geschrieben hat, auf die Dramenauszüge und berücksichtigen Sie sie bei der Deutung.

☐ Arbeiten Sie bei diesem Deutungsansatz die wesentlichen Deutungshypothesen heraus und beziehen Sie selbst Stellung.

Kühn ist ihr Handeln, weil es aller Praxis und Erfahrung zuwiderläuft, indem es den Interessen-Gegner zum Vernunft-Partner zu gewinnen sucht, wobei es jedoch keinerlei Erfolgsgewissheit hat. Ob der „rohe Skythe", der „ins Reden keinen Vorzug (setzt)", ihren naturrechtlichen Appell an die „Stimme der Wahrheit und der Menschlichkeit" versteht und ihn befolgt, ist nicht sicher. Ja, gerade der völlige Verzicht auf Sicherheit ist die Voraussetzung dafür, dass sich die Wahrheit des Herzens in die Wahrheit der Tat umsetzt. […]
Schiller übersetzt Kants Aufklärungsmaxime „sapere aude" mit: „erkühne dich, weise zu sein". In diesem Sinne ist auch für Goethe der Aufklärungsprozess der Humanisierung ein Akt des Mutes, der nur im verantwortlichen Handeln des Einzelnen gelingen kann und immer wieder neu gewagt werden muss – ein unberechenbares Experiment.
Herbert Kaiser (v 1978)

Bertolt Brecht: Der gute Mensch von Sezuan

Informationen zur Biografie

Bertolt Brecht, geboren am 10.2.1898 in Augsburg, gestorben am 14.8.1956 in Ostberlin.
1904–1917 Brecht besucht die Volksschule bzw. das Realgymnasium.
1917 Nach dem Notabitur beginnt er ein Studium der Medizin und Philosophie in München.
1918 Er wird als Lazaretthelfer zum Militärdienst verpflichtet und lernt dabei die grausamen Folgen des Krieges kennen.
1924 Brecht geht nach Berlin; er arbeitet dort zunächst als Theaterdramaturg, später als freier Schriftsteller und Regisseur.
1926–1930 Brecht beschäftigt sich intensiv mit der Theorie des Marxismus.
1933 Er muss aus Deutschland emigrieren. Stationen seines Exils sind die Tschechoslowakei, Frankreich, Dänemark, Schweden, Finnland und die USA. Im Exil entsteht ein großer Teil seiner bedeutendsten Stücke. Das Parabelstück „Der gute Mensch von Sezuan" wird 1943 in Zürich uraufgeführt.
1947 Brecht kehrt nach Europa zurück, zunächst in die Schweiz; von dort übersiedelt er nach Ostberlin, wo er das berühmte Berliner Ensemble (Theater am Schiffbauerdamm) bis zu seinem Tode leitet und wo er vor allem seine eigenen Stücke in Modellaufführungen inszeniert.

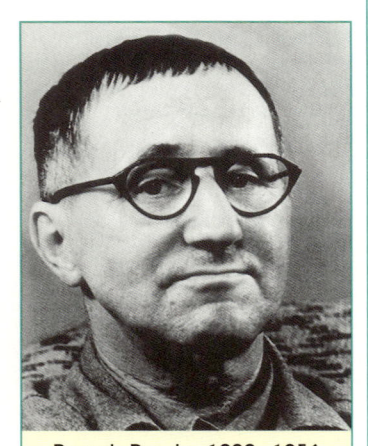

Bertolt Brecht, 1898–1956

Brecht kämpft zeitlebens dafür, die durch den Kapitalismus geprägte Welt im Sinne seiner marxistischen Vorstellungen zu einer für ihn gerechteren, besseren Welt zu machen. Insofern ist auch das Drama für Brecht Weltan-

schauungstheater und wird zu einem Vehikel sozialer und politischer Revolution.
Bertolt Brecht entwickelt seit den 30er Jahren eine neue dramaturgische Theorie, die er **„episches Theater"** nennt. Nach seiner Meinung vermittelt das traditionelle (aristotelische) Theater dem Zuschauer nur Genuss und Einfühlung. Da Brecht als Marxist aber eine Veränderung der gesellschaftlichen Verhältnisse anstrebt, soll der Zuschauer durch sein Theater zum Nachdenken über Möglichkeiten der Veränderung veranlasst werden. Um eine kritisch-distanzierte Betrachtungsweise des Zuschauers zu erreichen, setzt Brecht in seinen Stücken immer wieder **Verfremdungseffekte** ein, zum Beispiel:
- Durch Songs wird die Bühnenhandlung unterbrochen und kommentiert.
- Die Schauspieler wenden sich mit Appellen direkt an das Publikum.
- Ironische Effekte verfremden das Geschehen.
- Es wird auf allzu viele und perfekte Requisiten verzichtet, um eine Einfühlung zu verhindern.
- Spruchbänder zwischen den Szenen haben die Funktion, den Zuschauer im Sinne der Brecht'schen Intentionen zum Nachdenken zu bringen.

Durch diese Mittel werden die szenischen Aktionen argumentierend kommentiert. Anstelle des streng gebauten Dramas (siehe Seite 199) tritt eine lockere Montage einzelner Szenen, deren jede für sich steht. Oft bleibt der Schluss des Stückes offen; diesen soll der Zuschauer selbst finden; allerdings im Sinne Brechts, dem es vor allem darum geht, die Widersprüche unserer gesellschaftlichen Existenz deutlich zu machen. Eine emotionelle Verwicklung des Zuschauers in das Bühnengeschehen soll verhindert und an ihrer Stelle Distanz als Voraussetzung kritischer Betrachtung ermöglicht werden.

Inhaltsangabe

Der gute Mensch von Sezuan

Inhalt: Bei den Himmlischen geht das Gerücht um, so, wie die Welt beschaffen sei, könne kein Mensch zugleich gut und glücklich sein. Um dies zu widerlegen, werden drei Götter auf die Erde gesandt; denn „die Welt kann bleiben, wie sie ist, wenn genügend gute Menschen gefunden werden, die ein menschenwürdiges Dasein leben können" (S. 10, Suhrkamp TB). Nach langer vergeblicher Suche kommen die Götter nach Sezuan. Der Wasserverkäufer Wang will ihnen für die Nacht ein Obdach vermitteln, wird aber überall abgewiesen. Schließlich erbietet sich das Freudenmädchen Shen Te, die Götter bei sich aufzunehmen. Diese sind froh, weil sie meinen, endlich einen guten Menschen gefunden zu haben, und als Shen Te ihnen gesteht, dass sie sich verkaufe, um leben zu können, geben sie ihr 1000 Silberdollar, damit sie sich eine Existenz gründen kann, die es ihr ermöglicht, fortan ein guter Mensch zu sein. Von diesem Geld mietet sich Shen Te einen Tabakladen. Doch statt der erhofften Kunden kommen Gläubiger, Bettler und schmarotzende Verwandte. Um sich vor dem Ruin zu retten, erfindet Shen Te den bösen Vetter Shui Ta, der alle, die sie mit Bitten und Forderungen bedrängen, unnachsichtig aus dem Laden vertreibt. Aber Shen Te kann es nicht lassen, gut zu sein, und bald hat sie das ganze Gesindel wieder auf dem Hals. Zudem verliebt sie sich in den stellungslosen Flieger Sun, der es jedoch nur auf ihr Geld abgesehen hat. Immer häufiger muss der Vetter Shui Ta eingreifen. Er macht Shen Te mit dem reichen Barbier Shu Fu bekannt, der sie heiraten möchte, und richtet in dessen leer stehenden Räumen eine Tabakfabrik ein, die sich dank seiner rücksichtslosen Ausbeutungsmethoden zu einem florierenden Unternehmen entwickelt. Der ehemalige Flieger Sun wird zum Aufseher ernannt und treibt die Arbeiter mit unmenschlicher Härte an, das Letzte herzugeben. Shen Te selbst lässt sich immer seltener blicken und bleibt schließlich ganz verschwunden, so dass man munkelt, Shui Ta habe sie beseitigt, um sich in den Besitz der Fabrik zu setzen. Er wird des Mordes beschuldigt und vor Gericht gestellt. Die Verhandlung wird von den drei Göttern geführt, die sich als Richter eingeschlichen haben. Alle armen Leute der Stadt belasten Shui Ta, bis er, in die Enge getrieben, bekennt, dass er und Shen Te ein und dieselbe Person sind. Er reißt sich die Maske vom Gesicht und steht nun vor den Göttern als Shen Te, die, um nicht zugrunde zu gehen und um das Kind, das sie erwartet, nicht dem Elend auszuliefern, die Gestalt des bösen Vetters annehmen musste: „Euer einstiger Befehl, gut zu sein und doch zu leben, zerriss mich wie ein Blitz in zwei Hälften" (S. 139). Die Götter sind ratlos. Dem Eingeständnis, dass man die Welt ändern müsse, um in ihr leben zu können, entziehen sie sich, indem sie auf einer rosigen Wolke entschweben; Shen Te bleibt in Verzweiflung zurück.

Shen Te/Shui Ta
(Staatsschauspiel Dresden, 1994)

10. Gerichtslokal (Auszug)

[…] *Es tritt eine plötzliche Stille ein.*
SHUI TA *ist auf seinen Stuhl gesunken:* Ich kann nicht mehr. Ich will alles aufklären. Wenn der Saal geräumt wird und nur die Richter zurückbleiben, will ich ein Geständnis machen.
ALLE: Er gesteht! – Er ist überführt!
DER ERSTE GOTT *schlägt mit dem Hammer auf den Tisch:* Der Saal soll geräumt werden.
Der Polizist räumt den Saal.
DIE SHIN *im Abgehen, lachend:* Man wird sich wundern!
SHUI TA: Sind sie draußen? Alle? Ich kann nicht mehr schweigen. Ich habe euch erkannt, Erleuchtete!
DER ZWEITE GOTT: Was hast du mit unserm guten Menschen von Sezuan gemacht?
SHUI TA: Dann laßt mich euch die furchtbare Wahrheit gestehen: ich bin euer guter Mensch!
Er nimmt die Maske ab und reißt sich die Kleider weg, Shen Te steht da.

DER ZWEITE GOTT: Shen Te!
SHEN TE: Ja, ich bin es. Shui Ta und Shen Te, ich bin beides.

    Euer einstiger Befehl
    Gut zu sein und doch zu leben
5   Zerriß mich wie ein Blitz in zwei Hälften. Ich
    Weiß nicht, wie es kam: gut zu sein zu andern
    Und zu mir konnte ich nicht zugleich.
    Andern und mir zu helfen, war mir zu schwer.
    Ach, eure Welt ist schwierig! Zu viel Not, zu viel
10   Verzweiflung!
    Die Hand, die dem Elenden gereicht wird
    Reißt er einem gleich aus! Wer den Verlorenen hilft
    Ist selbst verloren! Denn wer könnte
    Lang sich weigern, böse zu sein, wenn da stirbt,
15   wer kein Fleisch ißt?
    Aus was sollte ich nehmen, was alles gebraucht wurde?
    Nur
    Aus mir! Aber dann kam ich um! Die Last der guten
      Vorsätze
20 Drückte mich in die Erde. Doch wenn ich Unrecht tat
    Ging ich mächtig herum und aß vom guten Fleisch!
    Etwas muß falsch sein an eurer Welt. Warum
    Ist auf die Bosheit ein Preis gesetzt und warum
      erwarten den Guten
25 So harte Strafen? Ach, in mir war
    Solch eine Gier, mich zu verwöhnen! Und da war auch
    In mir ein heimliches Wissen, denn meine Ziehmutter
    Wusch mich mit Gossenwasser! Davon kriegte ich
    Ein scharfes Aug. Jedoch Mitleid
30 Schmerzte mich so, daß ich gleich in wölfischen Zorn
      verfiel
    Angesichts des Elends. Dann
    Fühlte ich, wie ich mich verwandelte und
    Mir die Lippe zur Lefze wurd. Wie Asche im Mund
35 Schmeckte das gütige Wort. Und doch
    Wollte ich gern ein Engel sein den Vorstädten.
      Zu schenken
    War mir eine Wollust. Ein glückliches Gesicht
    Und ich ging wie auf Wolken.
40 Verdammt mich: alles, was ich verbrach
    Tat ich, meinen Nachbarn zu helfen
    Meinen Geliebten zu lieben und
    Meinen kleinen Sohn vor dem Mangel zu retten.
    Für eure großen Pläne, ihr Götter
45 War ich armer Mensch zu klein.

DER ERSTE GOTT *mit allen Zeichen des Entsetzens:* Sprich nicht weiter, Unglückliche! Was sollen wir denken, die so froh sind, dich wiedergefunden zu haben!
SHEN TE: Aber ich muß euch doch sagen, daß ich der böse
50 Mensch bin, von dem alle hier diese Untaten berichtet haben.
DER ERSTE GOTT: Der gute Mensch, von dem alle nur Gutes berichtet haben!

SHEN TE: Nein, auch der böse!
DER ERSTE GOTT: Ein Mißverständnis! Einige unglückliche Vorkommnisse! Ein paar Nachbarn ohne Herz! Etwas Übereifer!
DER ZWEITE GOTT: Aber wie soll sie weiterleben?
DER ERSTE GOTT: Sie kann es! Sie ist eine kräftige Person und wohlgestaltet und kann viel aushalten.
DER ZWEITE GOTT: Aber hast du nicht gehört, was sie sagt?
DER ERSTE GOTT *heftig:* Verwirrtes, sehr Verwirrtes! Unglaubliches, sehr Unglaubliches! Sollen wir eingestehen, daß unsere Gebote tödlich sind? Sollen wir verzichten auf unsere Gebote? *Verbissen:* Niemals! Soll die Welt geändert werden? Wie? Von wem? Nein, es ist alles in Ordnung! *Er schlägt schnell mit dem Hammer auf den Tisch.*
Und nun –
auf ein Zeichen von ihm ertönt Musik.
Eine rosige Helle entsteht–

Laßt uns zurückkehren. Diese kleine Welt.
Hat uns sehr gefesselt. Ihr Freud und Leid
Hat uns erquickt und uns geschmerzt. Jedoch
Gedenken wir dort über den Gestirnen
Deiner, Shen Te, des guten Menschen, gern
Die du von unserm Geist hier unten zeugst
In kalter Finsternis die kleine Lampe trägst.
Leb wohl, macht's gut!

Auf ein Zeichen von ihm öffnet sich die Decke. Eine rosa Wolke läßt sich hernieder. Auf ihr fahren die Götter sehr langsam nach oben.
SHEN TE: Oh, nicht doch, Erleuchtete! Fahrt nicht weg! Verlaßt mich nicht! Wie soll ich den beiden guten Alten in die Augen schauen, die ihren Laden verloren haben, und dem Wasserverkäufer mit der steifen Hand? Und wie soll ich mich des Barbiers erwehren, den ich nicht liebe, und wie Suns, den ich liebe? Und mein Leib ist gesegnet, bald ist mein kleiner Sohn da und will essen? Ich kann nicht hier bleiben!
Sie blickt gehetzt nach der Tür, durch die ihre Peiniger eintreten werden.
DER ERSTE GOTT: Du kannst es. Sei nur gut und alles wird gut werden!
Herein die Zeugen. Sie sehen mit Verwunderung die Richter auf ihrer rosa Wolke schweben.
WANG: Bezeugt euren Respekt! Die Götter sind unter uns erschienen! Drei der höchsten Götter sind nach Sezuan gekommen, einen guten Menschen zu suchen. Sie hatten ihn schon gefunden, aber...
DER ERSTE GOTT: Kein Aber! Hier ist er!
ALLE: Shen Te!

DER ERSTE GOTT: Sie ist nicht umgekommen, sie war nur verborgen. Sie wird unter euch bleiben, ein guter Mensch!

Die drei Götter
(Staatsschauspiel Dresden, 1994)

SHEN TE: Aber ich brauche den Vetter!
DER ERSTE GOTT: Nicht zu oft!
SHEN TE: Jede Woche zumindest!
DER ERSTE GOTT: Jeden Monat, das genügt!
5 SHEN TE: Oh, entfernt euch nicht, Erleuchtete! Ich habe noch nicht alles gesagt! Ich brauche euch dringend!
DIE GÖTTER *singen das „Terzett der entschwindenden Götter auf der Wolke":*

    Leider können wir nicht bleiben
10   Mehr als eine flüchtige Stund:
    Lang besehn, ihn zu beschreiben
    Schwände hin der schöne Fund.
    Eure Körper werfen Schatten
    In der Flut des goldnen Lichts
15   Drum müßt ihr uns schon gestatten
    Heimzugehn in unser Nichts.

SHEN TE: Hilfe!
DIE GÖTTER: Und lasset, da die Suche nun vorbei
    Uns fahren schnell hinan!
20   Gepriesen sei, gepriesen sei
    Der gute Mensch von Sezuan!

Während Shen Te verzweifelt die Arme nach ihnen ausbreitet, verschwinden sie oben, lächelnd und winkend.

Epilog

Vor den Vorhang tritt ein Spieler und wendet sich entschuldigend an das Publikum mit einem Epilog.

    Verehrtes Publikum, jetzt kein Verdruß:
    Wir wissen wohl, das ist kein rechter Schluß.
    Vorschwebte uns: die goldene Legende.
    Unter der Hand nahm sie ein bitteres Ende.
5   Wir stehen selbst enttäuscht und sehn betroffen
    Den Vorhang zu und alle Fragen offen.
    Dabei sind wir doch auf Sie angewiesen
    Daß Sie bei uns zu Haus sind und genießen.
    Wir können es uns leider nicht verhehlen:
10   Wir sind bankrott, wenn Sie uns nicht empfehlen!
    Vielleicht fiel uns aus lauter Furcht nichts ein.
    Das kam schon vor. Was könnt die Lösung sein?
    Wir konnten keine finden, nicht einmal für Geld.
    Soll es ein andrer Mensch sein? Oder eine andre Welt?
15   Vielleicht nur andere Götter? Oder keine?
    Wir sind zerschmettert und nicht nur zum Scheine!
    Der einzige Ausweg wär aus diesem Ungemach:
    Sie selber dächten auf der Stelle nach
    Auf welche Weis' dem guten Menschen man
20   Zu einem guten Ende helfen kann.
    Verehrtes Publikum, los, such dir selbst den Schluß!
    Es muß ein guter da sein, muß, muß, muß!

(e 1938/42, v 1943)*

❏ Deuten Sie den Schlussteil des Stücks im Zusammenhang der gesamten Handlung; beziehen Sie dazu auch die Inhaltsangabe, die Hinweise zum epischen Theater (Seite 201) und die folgenden Zusatztexte zu Shen Te und den Göttern mit ein.

Es ist auffallend, dass die Götter von vornherein verfremdet erscheinen. Sie sind keine mythischen Gestalten, die am Umbruch der Zeiten im Gigantenkampf den Stärkeren unterliegen, sondern sie sind Scheinexistenzen. Als dramatische Figuren treten sie nur im Vorspiel und in der Gerichtsszene auf, und beidemal versagen sie vor ihrer Aufgabe. Im Vorspiel erscheinen sie nur denen, die noch ehrfürchtig an sie glauben, Wang und Shen Te. Alle anderen sagen wenig Schmeichelhaftes über sie. In der Gerichtsszene treten sie als Richter auf, nur von Shen Te erkannt. Die drei „Erleuchteten" haben nichts Göttliches an sich, wirken vielmehr recht menschlich.

Die Dreizahl der Götter ist sicher keine Verhöhnung der Dreieinigkeit. Wesen und Aufgabe der drei „Erleuchteten" sprechen dagegen. Die Dreizahl scheint unmittelbar zurückzuführen zu sein auf die […] „Ballade von den drei Göttern". Denkbar als Demonstrationsmittel ist bei Brecht immer auch ein Bezug auf das Volksgut, etwa im Sinne des Sprichworts „Aller guten Dinge sind drei" (die Götter treten nie allein auf, ergänzen sich auch in ihren Rollen des Dogmatikers, des Kritikers und des Fürsprechers).

Kläglich wie ihr Auftreten wirken auch ihre Sprache, die sich fortgesetzt in Plattheiten ergeht […], und ihre Ratlosigkeit, die von Vision zu Vision zunimmt. Die Romantisierung der Götter in den Zwischenspielen macht ihre Kompetenz umso fragwürdiger. *Für den desillusionierten Zuschauer existieren die Götter auf der Bühne in einer Welt des potenzierten Scheins.* Sie sind, wie öfters betont wurde, die Umkehrung des antiken Deus ex machina – sie kommen am Schluss nicht von außerhalb herab, um den Knoten zu entwirren, sondern sie entschweben, um sich der Verantwortung zu entziehen. Sie bestimmen kein Schicksal, sie sind ohnmächtig, kraftlos, Vertreter einer Welt, die für den Untergang reif ist.

So stellt sich die Frage im Epilog als Frage der religiösen Ausweglosigkeit: *Vielleicht nur andere Götter? Oder keine?* Das ist die Frage Brechts. Er sah die Not der Zeit, er sah die Zerrissenheit der Welt, und sie schmerzte den Humanisten […]. Der marxistische Fortschrittsglaube auf wirtschaftlicher Basis verzichtet auf Gott als Urheber, löst aber gleichzeitig den Menschen aus der Geborgenheit. Die dialektische Frage, die schon Hegel beschäftigte, wie das moderne Subjekt sein Schicksal der Weltentfernung und der Zerrissenheit bewältigen könne, taucht als Grundgestus im „Guten Menschen" auf, wie auch sonst immer wieder bei Brecht. Wenn noch Schiller z. B. in seinen Tragödien die Frage nach der Theodizee[1] durch die letztliche Gültigkeit von Gottes Weltgericht beantwortete – tragisch konzipiert im gewaltigen Widerstreit des großen, meist verbrecherischen Subjekts gegen die sittli-

---
[1] Rechtfertigung Gottes

che Weltordnung –, findet Brecht einen solchen Ausweg nicht. Seine Lösung bringt der „Sankt Nimmerleinstag". Der Verzicht auf das ethische Fundament zugunsten des materiellen führt zur Resignation. Denn auch die von Brecht geforderte Veränderung der Welt (d. i. der Gesellschaft) würde die Tragik Shen Tes nicht aufheben, da Brechts Voraussetzung, dass der Mensch gut sei, eine Utopie ist. So erfüllt sich persönliche Tragik in einem völlig untragisch angelegten Stück, weil dem Menschen Tragik innewohnt – auch dem Menschen in der Brecht'schen Idealwelt. Die Drei Götter aber bieten keinen Ausweg aus dieser tragischen Verlassenheit Shen Tes – und das absolut Gute, das die Tragik aufheben könnte, Gott, wird nicht genannt.

Die Hauptfigur des Stücks stammt – wie oft bei Brecht – aus der untersten Schicht der Gesellschaft. Angesichts ihrer Dürftigkeit entfällt der Verdacht auf Heroismus von vornherein. Wie die Bibel (Lukas 7, 37) zeigt auch Brecht Sympathie mit dieser Ärmsten der Armen, die ihren Körper verkaufen muss, um die Miete für den Raum zahlen zu können, in dem sie sich verkauft. Dieses Geschäft ist ihr nicht angenehm, aber echte Liebe kann sie sich nicht leisten, die ist für sie ein verderblicher Luxus. Shen Te ist in ihrem Innersten gut, aber sie kann in dieser Welt der Konkurrenz nicht leben, ohne böse zu sein. Shen Te steht, wie Maria von Magdala, zwischen zwei Welten. Da sie im Spannungsraum nicht leben kann, trennt sie ihr Wesen in Gut und Böse – Shen Te ist gut aus Veranlagung, und Shui Ta ist böse, um gut sein zu können. [...]

Die Doppelung rührt einzig und allein von der Notlage Shen Tes her. [...] Sie ist nicht Prostituierte aus Gewinnsucht, sondern aus Not. [...] Das eben ist Shen Tes Tragik, dass sie von Shui Ta nicht gelöst werden kann – das Gute muss ohne das Schlechte scheitern, es braucht das Böse als Waffe. So zeigt sich gerade am guten Menschen das Ausgeliefertsein an die Welt, die Verlassenheit und das Unerlöstsein als das letzte Problem auch bei Brecht.

Kurt Bräutigam (v 1966)

Bertolt Brecht

Verjagt mit gutem Grund

Ich bin aufgewachsen als Sohn
Wohlhabender Leute. Meine Eltern haben mir
Einen Kragen umgebunden und mich erzogen
In den Gewohnheiten des Bedientwerdens
Und unterrichtet in der Kunst des Befehlens. Aber
Als ich erwachsen war und um mich sah
Gefielen mir die Leute meiner Klasse nicht
Nicht das Befehlen und nicht das Bedientwerden
Und ich verließ meine Klasse und gesellte mich
Zu den geringen Leuten.
[...]

(v 1938)

❏ Erläutern Sie das Welt- und Menschenbild Bertolt Brechts; versuchen Sie seine Intentionen als „Humanist" nachzuweisen. Informieren Sie sich dazu auch über den Schriftsteller Brecht und seine Biografie (Seite 200).

❏ Deuten Sie in diesem Zusammenhang die erste Strophe des Gedichts, das Brecht während seiner Emigrationszeit in Dänemark verfasst hat.

- Verdeutlichen Sie mit Hilfe dieser Gegenüberstellung die Theorie des epischen Theaters, die Brecht begründet hat. Fassen Sie zusammen, worin die Unterschiede zum traditionellen aristotelischen Theater liegen. Weisen Sie einzelne Gesichtspunkte der epischen Form an den Auszügen aus dem Stück (siehe oben) nach. Brecht nennt in dieser Gegenüberstellung die Form des traditionellen, an Aristoteles orientierten Theaters *dramatisch*.
- Vergleichen Sie Shen Te/Shui Ta mit der Figur der „Iphigenie" (Seite 193ff.). Worin liegen Ihrer Meinung nach die Unterschiede zwischen dem „guten Menschen Shen Te" und dem „guten Menschen Iphigenie"? Beachten Sie hierzu auch die Unterschiede zwischen epischem und aristotelischem Theater.
- Beurteilen Sie in diesem Zusammenhang Brechts Maxime „Erst kommt das Fressen, dann kommt die Moral." Begründen Sie, dass die kritisch-gesellschaftliche Dimension des Marxisten Brecht dem Idealisten Goethe und der klassischen Harmonie fremd sein muss.
- Was könnte zum Beispiel Iphigenie Shen Te sagen, wenn sie sie träfe; erfinden Sie einen kurzen Dialog.

Dramatische Form des Theaters	Epische Form des Theaters
Die Bühne „verkörpert" einen Vorgang	sie erzählt ihn
Verwickelt den Zuschauer in eine Aktion und verbraucht seine Aktivität	macht ihn zum Betrachter, aber weckt seine Aktivität
ermöglicht ihm Gefühle	erzwingt von ihm Entscheidungen
vermittelt ihm Erlebnisse	vermittelt ihm Kenntnisse
der Zuschauer wird in eine Handlung hineinversetzt	er wird ihr gegenübergesetzt
es wird mit Suggestion gearbeitet	es wird mit Argumenten gearbeitet
[...]	[...]
der unveränderliche Mensch	der veränderliche und verändernde Mensch
[...]	[...]
eine Szene für die andere	jede Szene für sich
die Geschehnisse verlaufen linear	in Kurven
natura non facit saltus	facit saltus[1]
die Welt, wie sie ist	die Welt, wie sie wird
[...]	[...]
seine [des Menschen] Triebe	seine [des Menschen] Beweggründe
das Denken bestimmt das Sein	das gesellschaftliche Sein bestimmt das Denken[2]

Der Zuschauer des dramatischen Theaters sagt: Ja, das habe ich auch schon gefühlt. – So bin ich. – Das ist nur natürlich. – Das wird immer so sein. – Das Leid dieses Menschen erschüttert mich, weil es keinen Ausweg für ihn gibt. – Das ist große Kunst: da ist alles selbstverständlich. – Ich weine mit den Weinenden, ich lache mit den Lachenden.

Der Zuschauer des epischen Theaters sagt: Das hätte ich nicht gedacht. – So darf man es nicht machen. – Das ist höchst auffällig, fast nicht zu glauben. – Das muß aufhören. – Das Leid dieses Menschen erschüttert mich, weil es doch einen Ausweg für ihn gäbe. – Das ist große Kunst: da ist nichts selbstverständlich. – Ich lache über den Weinenden, ich weine über den Lachenden.

(e 1929)*

[1] Natura (non) facit saltus = die Natur macht (keine) Sprünge
[2] Grundaxiom des Marxismus

Zusatzaufgaben

- Beurteilen Sie abschließend Brechts Begriff des Guten, der eng mit dem Erfolg verknüpft ist, und die Vorstellungen der idealistischen Ethik und Moral (Kant), dass das Wesen des Ethischen nicht im Erreichen des Ziels, sondern in der sittlichen Haltung, im „guten Willen" (Kant) liege. Entsprechend sei das sittlich Gute Selbstzweck.
- ▷▷ Für Bertolt Brecht war der Schriftsteller Georg Büchner (siehe Seite 136ff.) ein in Stoff und Form bedeutendes Vorbild; versuchen Sie dies zu begründen.

Marie und Gretchen – Frauenfiguren Büchners und Goethes im Vergleich

Georg Büchner
Woyzeck (Ausschnitt)

Georg Büchner verdeutlicht in seinem Drama *Woyzeck* die Abgründe im Menschen: seine Widersprüche, seine Triebhaftigkeit, sein zwanghaftes Tun, er weckt aber auch Mitgefühl für sein Leiden, seine Verzweiflung, seine Einsamkeit, seine zerstörte Würde. Dies trifft auf Woyzeck, die Hauptfigur des Dramas, zu, aber es gilt auch für Marie, Woyzecks Lebensgefährtin, die für ihn eine letzte „Zuflucht" darstellt.
In der Jahrmarktszene lernt Marie den kraftstrotzenden Tambourmajor kennen, der für sie im Gegensatz zu Woyzeck männliche Potenz und soziale Geltung repräsentiert und von dem sie ein Paar Ohrringe geschenkt bekommt. Sie erliegt den Verführungen des Tambourmajors und betrügt Woyzeck. Doch sie fühlt sich schuldig und allein gelassen. Das Märchen der Großmutter (siehe Seite 145) kennzeichnet symbolisch auch ihre Situation.

(aus „Wozzeck", Deutschland, 1947)

Mariens Kammer

TAMBOURMAJOR: Marie!

MARIE *ihn ansehend, mit Ausdruck*: Geh einmal vor dich hin! – Über die Brust wie ein Rind und ein Bart wie ein Löw. So ist keiner! – Ich bin stolz vor allen Weibern.

TAMBOURMAJOR: Wenn ich am Sonntag erst den großen Federbusch hab und die weiße Handschuh, Donnerwetter! Der Prinz sagt immer: Mensch, Er ist ein Kerl!

MARIE *spöttisch*: Ach was! *Tritt vor ihn hin*. Mann!

TAMBOURMAJOR: Und du bist auch ein Weibsbild! Sapperment, wir wollen eine Zucht von Tambourmajors anlegen. He? *Er umfasst sie.*

MARIE *verstimmt*: Lass mich.

TAMBOURMAJOR: Wild Tier!

MARIE *heftig*: Rühr mich an!

TAMBOURMAJOR: Sieht dir der Teufel aus den Augen?

MARIE: Meinetwegen. Es is alles eins.

Mariens Kammer

MARIE *sitzt, ihr Kind auf dem Schoß, ein Stückchen Spiegel in der Hand*: Der andre hat ihm befohlen, und er hat gehen müssen! *Bespiegelt sich.* Was die Steine glänzen! Was sind's für? Was hat er gesagt? – – Schlaf, Bub! Drück die Auge zu, fest! *Das Kind versteckt die Augen hinter den Händen.* Noch fester! Bleib so – still, oder er holt dich! *Singt:*

    Mädel, mach's Ladel zu,
    's komm e Zigeunerbu
    Führt dich an deiner Hand
    Fort ins Zigeunerland.

Spiegelt sich wieder. 's ist gewiss Gold! Wie wird mir's beim Tanz stehen? Unsereins hat nur ein Eckchen in der Welt und ein Stückchen Spiegel, und doch hab ich ein' so roten Mund als die großen Madamen mit ihren Spiegeln von oben bis unten und ihren schönen Herrn, die ihnen die Händ küssen. Ich bin nur ein arm Weibsbild. – *Das Kind richtet sich auf.* Still, Bub, die Auge zu! Das Schlafengelchen! Wie's an der Wand läuft *Sie blinkt mit dem Glas.* – Die Auge zu, oder es sieht dir hinein, dass du blind wirst! *Woyzeck tritt herein, hinter sie. Sie fährt auf, mit den Händen nach den Ohren.*

WOYZECK: Was hast du?

MARIE: Nix.

WOYZECK: Unter deinen Fingern glänzt's ja.

MARIE: Ein Ohrringlein; hab's gefunden.

WOYZECK: Ich hab so noch nix gefunden, zwei auf einmal!

MARIE: Bin ich ein Mensch?

(aus „Wozzeck", Deutschland, 1947)

WOYZECK: 's is gut, Marie. – Was der Bub schläft! Greif ihm unters Ärmchen, der Stuhl drückt ihn. Die hellen Tropfen stehn ihm auf der Stirn; alles Arbeit unter der Sonn, sogar Schweiß im Schlaf. Wir arme Leut! Da is wieder Geld, Marie; die Löhnung und was von meim Hauptmann.
MARIE: Gott vergelt's, Franz.
WOYZECK: Ich muss fort. Heut Abend, Marie! Adies!
MARIE *allein, nach einer Pause*: Ich bin doch ein schlecht Mensch! Ich könnt mich erstechen. – Ach, was Welt. Geht doch alles zum Teufel, Mann und Weib!

Mariens Kammer

MARIE *blättert in der Bibel*: „Und ist kein Betrug in seinem Munde erfunden" ... Herrgott, Herrgott! Sieh mich nicht an! *Blättert weiter.* „Aber die Pharisäer brachten ein Weib zu ihm, im Ehebruch begriffen, und stelleten sie ins Mittel dar ... Jesus aber sprach: So verdamme ich dich auch nicht. Geh hin und sündige hinfort nicht mehr!" *Schlägt die Hände zusammen:* Herrgott! Herrgott! Ich kann nicht! – Herrgott, gib mir nur so viel, dass ich beten kann. *Das Kind drängt sich an sie.* Das Kind gibt mir einen Stich ins Herz. – Karl! Das brüst' sich in der Sonne!
NARR *liegt und erzählt sich Märchen an den Fingern*: Der hat die goldne Kron, der Herr König ... Morgen hol ich der Frau Königin ihr Kind ... Blutwurst sagt: komm Leberwurst. – *Er nimmt das Kind und wird still.*
MARIE: Der Franz ist nit gekommen, gestern nit, heut nit. Es wird heiß hier! *Sie macht das Fenster auf.* – „Und trat hinein zu seinen Füßen und weinete, und fing an seine Füße zu netzen mit Tränen und mit den Haaren ihres Hauptes zu trocknen, und küssete seine Füße und salbete sie mit Salben..." *Schlägt sich auf die Brust.* Alles tot! Heiland! Heiland! Ich möchte dir die Füße salben! –

(e 1836, v 1877)

>> **Lese- und Arbeitshinweise**

Weitere Auszüge aus dem Dramenfragment finden Sie auf den Seiten 137ff.

❏ Deuten Sie die Szenen vor dem Inhalt des gesamten Dramenfragments; lesen Sie dazu die Inhaltsangabe und die biografischen Hinweise zu Büchner (Seite 136f.).

❏ Beschreiben und erläutern Sie Maries Situation, ihren inneren Zustand, ihre Disposition zum Gebet und ihre Versuche, ein Gebet zu formulieren. Beziehen Sie in Ihre Ausführungen auch Büchners Welt- und Menschenbild mit ein (siehe Seite 145f.).

Johann Wolfgang Goethe
Faust (Ausschnitt)

Gretchen, eine junge Frau aus einfachen bürgerlichen Verhältnissen mit deutlicher religiöser Bindung, hat sich ihrem Geliebten Heinrich Faust, einem Gelehrten, hingegeben, der mit seinem ständigen Begleiter Mephisto einen Teufelspakt geschlossen hat. Sie wird bald ein uneheliches Kind bekommen; ihre Mutter ist an dem von Mephisto gelieferten Schlafmittel gestorben. Der Zwinger, dies ist der Raum zwischen innerer und äußerer Stadtmauer, symbolisiert Gretchens Situation. Die Szenen markieren die Stelle und den Zeitpunkt, wo ihr und dem Leser das Verhängnis bewusst wird.

❏ Vergleichen Sie die Szenen aus *Woyzeck* mit dem folgenden Ausschnitt aus Goethes Drama *Faust*.

Mephisto und Faust

Faust und Gretchen
(Stadttheater Gießen, 1997/98)

◼ Ziehen Sie einen Vergleich zu Goethes *Iphigenie* (Seite 193ff.) und Brechts *Shen Te* (Seite 200ff.): Welche religiösen Bezüge werden deutlich; wie ist die Einstellung zur Gottheit; wie wird diese dargestellt? Denken Sie dabei auch über das Menschenbild Goethes bzw. Brechts nach. Berücksichtigen Sie bei Ihren Ausführungen insbesondere den weltanschaulichen Zusammenhang des Goethe-Dramas: In der Wette zwischen dem Herrn und Mephisto zeigt sich überdeutlich, dass im

Am Brunnen
Gretchen und Lieschen mit Krügen

LIESCHEN: Hast nichts von Bärbelchen gehört?
GRETCHEN: Kein Wort. Ich komm' gar wenig unter Leute.
LIESCHEN: Gewiss, Sibylle sagt' mir's heute!
   Die hat sich endlich auch betört.
   Das ist das Vornehmtun! 5
GRETCHEN: Wieso?
LIESCHEN: Es stinkt!
   Sie füttert zwei, wenn sie nun isst und trinkt.
GRETCHEN: Ach!
LIESCHEN: So ist's ihr endlich recht ergangen. 10
   Wie lange hat sie an dem Kerl gehangen!
   Das war ein Spazieren,
   Auf Dorf und Tanzplatz Führen,
   Musst' überall die Erste sein
   Kurtesiert' ihr immer mit Pastetchen und Wein; 15
   Bild't' sich was auf ihre Schönheit ein,
   War doch so ehrlos, sich nicht zu schämen,
   Geschenke von ihm anzunehmen.
   War ein Gekos' und ein Geschleck';
   Da ist denn auch das Blümchen weg! 20
GRETCHEN: Das arme Ding!
LIESCHEN: Bedauerst sie noch gar!
   Wenn unsereins am Spinnen war,
   Uns nachts die Mutter nicht hinunterließ,
   Stand sie bei ihrem Buhlen süß, 25
   Auf der Türbank und im dunkeln Gang
   Ward ihnen keine Stunde zu lang.
   Da mag sie denn sich ducken nun,
   Im Sünderhemdchen Kirchbuß' tun!
GRETCHEN: Er nimmt sie gewiss zu seiner Frau. 30
LIESCHEN: Er wär' ein Narr! Ein flinker Jung'
   Hat anderwärts noch Luft genung. Er ist auch fort.
GRETCHEN: Das ist nicht schön!
LIESCHEN: Kriegt sie ihn, soll's ihr übel gehn.
   Das Kränzel reißen die Buben ihr, 35
   Und Häckerling streuen wir vor die Tür! *Ab.*
GRETCHEN *nach Hause gehend:*
   Wie konnt' ich sonst so tapfer schmälen,
   Wenn tät ein armes Mägdlein fehlen!
   Wie konnt' ich über andrer Sünden
   Nicht Worte gnug der Zunge finden! 40
   Wie schien mir's schwarz, und schwärzt's noch gar,
   Mir's immer doch nicht schwarz gnug war,
   Und segnet' mich und tat so groß,
   Und bin nun selbst der Sünde bloß! 45
   Doch – alles, was dazu mich trieb,
   Gott! war so gut! ach war so lieb!

Zwinger

In der Mauerhöhle ein Andachtsbild der Mater dolorosa, Blumenkrüge davor.

GRETCHEN *steckt frische Blumen in die Krüge:*
    Ach neige,
5   Du Schmerzenreiche,
    Dein Antlitz gnädig meiner Not!

    Das Schwert im Herzen,
    Mit tausend Schmerzen
    Blickst auf zu deines Sohnes Tod.

10 Zum Vater blickst du,
    Und Seufzer schickst du
    Hinauf um sein' und deine Not.

    Wer fühlet,
    Wie wühlet
15 Der Schmerz mir im Gebein?
    Was mein armes Herz hier banget,
    Was es zittert, was verlanget,
    Weißt nur du, nur du allein!

    Wohin ich immer gehe,
20 Wie weh, wie weh, wie wehe
    Wird mir im Busen hier!
    Ich bin, ach, kaum alleine
    Ich wein', ich wein', ich weine,
    Das Herz zerbricht in mir.

25 Die Scherben vor meinem Fenster
    Betaut' ich mit Tränen, ach,
    Als ich am frühen Morgen
    Dir diese Blumen brach.

    Schien hell in meine Kammer
30 Die Sonne früh herauf
    Saß ich in allem Jammer
    In meinem Bett schon auf.

Hilf! rette mich von Schmach und Tod!
Ach neige,
Du Schmerzenreiche,
Dein Antlitz gnädig meiner Not!   (v 1808)

---

umfassenden Welt- und Lebensplan des Herrn Mephisto zum „Gesinde" gehört, das heißt, eine Figur ist, die Faust auf seinem Wege des Strebens und der Sehnsucht nach Vollkommenheit beigesellt wird. Nachdem Faust durch das Wirken der christlichen Gnade (Grete und Mater gloriosa) aus dem Pakt mit Mephisto befreit wird, ist Mephisto der „Geprellte" und erhält keinerlei Erklärung durch den Herrn; er hat lediglich seinen göttlichen „Auftrag" erfüllt.

Lesehinweise:
- William Shakespeare: Hamlet, Reclam Verlag, Ditzingen
- Peter Shaffer: Amadeus, Fischer TB Verlag, Frankfurt/M. (Theaterstück über Mozart und seinen Rivalen Salieri zum Thema „Genie und Mittelmäßigkeit".)

Gretchen (Stadttheater Gießen, 1997/98)

214 Inhalte und literarische Formen in ihren historischen Zusammenhängen

Die lyrische Form

Edmund Blair Leighten: A Favour (1898)

Marc Chagall:
Sonne und Mimosen (1949)

Die lyrische Form – Zum Beispiel Liebesgedichte **215**

Zum Beispiel Liebesgedichte

(aus „Romeo und Julia", USA, 1996)

Constantin Brancusi: Der Kuss (1908)

- Sammeln Sie Begriffe, Inhalte, Motive, Symbole, die Sie aus Gedichten zum Thema *Liebe* kennen bzw. die Sie bei Liebeslyrik erwarten.
- Wählen Sie sich eines der Bilder, formulieren Sie Ihre Eindrücke, indem Sie passende Verben, Adjektive, Nomen aufschreiben. Bringen Sie diese Eindrücke in die Form eines kurzen Gedichts mit freien Versen.

Eugene Delacroix: Romeos Abschied von Julia (1845; Ausschnitt)

Gedichte – Anlässe zum Nachdenken, Diskutieren, Schreiben

❐ Lesen Sie die Gedichte zum Motivkreis Liebe auf Seite 216f. Wählen Sie sich das Gedicht, das Ihnen am meisten zusagt. Versuchen Sie danach Ihre Wahl mit einer kurzen Analyse zu begründen.

❐ Besprechen Sie Ihre „Ergebnisse" in der Lerngruppe. Tragen Sie den von Ihnen gewählten Text so vor, dass nach Ihrer Meinung die Aussageabsicht der Zeilen verstärkt wird.

❐ Ordnen Sie die Texte einzelnen Bildern (Seite 214f.) zu; begründen Sie Ihre Entscheidung. Möglicherweise bringen Sie selbst Bilder mit, die Ihnen besser zusagen.

❐ Vergleichen Sie die einzelnen Gedichte. Wie unterscheiden sie sich nach Inhalt, sprachlicher Form, Aussage/Wirkung?

Ursula Krechel
Liebe am Horizont

Der Mann hat eine schreckliche
Unordnung in ihr Leben gebracht. Plötzlich
waren die Aschenbecher voller Asche
die Laken zweifach benutzt, verschwitzt
und alle Uhren gingen anders.
Einige Wochen lang schwebte sie
über den Wolken und küsste den Mond.
Erst im Tageslicht wurde ihre Liebe
kleiner und kleiner. Achtlos
warf er das Handtuch, blau kariert
mit dem kreuzgestichelten Monogramm
(wenn das die Mutter wüsste)
über die Schreibmaschine. Bald
konnte sie ihre Liebe schon
in einer Schublade verschließen.
Eingesperrt zwischen Plunder
geriet sie in Vergessenheit.
Später, als der Mann sie rief
wünschte sie, stumm zu sein.
Als er wieder rief, war sie schon taub.   (v 1977)

Rose Ausländer
Das Schönste

Ich flüchte   im atmenden Wald
in dein Zauberzelt   wo Grasspitzen
Liebe   sich verneigen

            weil
    es nicht Schöneres gibt   (v 1984)

Ulla Hahn
Leises Licht

Ganz leise leise leise geht das Licht
den ich nicht kenne geht an meiner Seite
wir gehen wie ein Paar auf schöne Art
und scheu schau ich ihm manchmal ins Gesicht

das neben meinem liegen wird wenn alles Licht
gegangen ist wird er an meiner Seite
mich lieben wie ein Mann auf schöne Art
und treu und bleiben und es gibt ihn nicht.   (v 1985)

Johann Wolfgang Goethe
Mailied

Wie herrlich leuchtet
Mir die Natur!
Wie glänzt die Sonne!
Wie lacht die Flur!

Es dringen Blüten
Aus jedem Zweig
Und tausend Stimmen
Aus dem Gesträuch.

Und Freud und Wonne
Aus jeder Brust.
O Erd, o Sonne!
O Glück, o Lust!

O Lieb, o Liebe!
So golden schön,
Wie Morgenwolken
Auf jenen Höhn!

Du segnest herrlich
Das frische Feld,
Im Blütendampfe
Die volle Welt.

O Mädchen, Mädchen,
Wie lieb ich dich!
Wie blinkt dein Auge!
Wie liebst du mich!

So liebt die Lerche
Gesang und Luft,
Und Morgenblumen
Den Himmelsduft,

Wie ich dich liebe
Mit warmem Blut,
Die du mir Jugend
Und Freud' und Mut

Zu neuen Liedern
Und Tänzen gibst.
Sei ewig glücklich,
Wie du mich liebst!   (in dieser Fassung v 1789)

Sowohl das in einem Gedicht fassbare Ich eines Sprechers als auch das nur indirekt erschließbare Sprecher-Ich werden als lyrisches Ich oder lyrischer Sprecher bezeichnet. Es handelt sich dabei um ein Rollen-Ich, das nicht ohne weiteres mit der Person des Autors gleichgesetzt werden darf. Allerdings können auch lyrische Texte, ähnlich wie andere Textarten, autobiografische Wurzeln haben.

Das moderne Gedicht

Die Verfasser moderner Lyrik entfernten sich von der Tradition der Lyrik als der subjektivsten aller sprechenden Künste. Das moderne Gedicht ist „objektiv" geworden. Es geht hier nicht um den Gefühlsrausch, auch nicht um die Vermittlung
5 von Ideen, ganz zu schweigen von Intentionen des Preisens, Bestätigens oder Schmückens. Auffallend ist hingegen das Bedürfnis des Dichters nach objektiver Sachlichkeit von Erfahrung und Erkenntnis, gleichgültig, auf welchem Gebiet sich ein Gedicht bewegt. Es findet also eine vollkommene Abkehr
10 vom Ich statt. Alle Verschiedenheiten des individuellen Stils ausgenommen, gibt es allgemeine Merkmale des modernen Gedichts:
– Moderne Lyrik verzichtet auf das unmittelbare Ansprechen des Gefühls. Das dichterische Ich tritt hinter dem Objekt
15 zurück.

❐ Untersuchen Sie den Text von Johann Wolfgang Goethe zum Beispiel nach folgenden Gesichtspunkten:
– Welche Grundstimmung bringt das Gedicht zum Ausdruck? Woran lässt sich dies im Einzelnen nachweisen (zum Beispiel Satzarten/Satzzeichen, Wortgebrauch)?
– Wie wird das Gefühl der Liebe zum Ausdruck gebracht?
– Welche klanglichen Besonderheiten und welche sprachlich-rhetorischen Mittel fallen Ihnen auf und welche Funktion haben sie für die Aussage des Textes?
– In welchem Zusammenhang stehen die Bereiche Natur und Liebe?

❐ Untersuchen Sie, wieweit der Sprecher als Ich in den einzelnen Gedichten fassbar ist, welche Position der Sprecher jeweils einnimmt (z. B. innerhalb oder außerhalb der dargestellten Situation), welchen Standpunkt er vertritt (z. B. wertend, ironisch, neutral).

❐ Erläutern Sie, inwieweit es sich um eine Gesprächsfiktion handelt, in der ein Du angesprochen wird; welchen Sinn könnte ein solches Rollen-Du haben?

❐ Informieren Sie sich auf Seite 227f. über Elemente der Lyrik wie Vers, Metrum, Reim, Strophe, Gedichtformen (z. B. Lied, Sonett). Beziehen Sie diese Kriterien auf den Inhalt und nutzen Sie sie als Hilfe, um die Gedichte zu erschließen.

❐ Überprüfen Sie die im nebenstehenden Text genannten Merkmale moderner Lyrik an den Gedichten. Auf welche Texte lassen sie sich beziehen; belegen Sie an Textstellen.

- Andere „Erlebnisse" der Dichter erfordern eine andere lyrische Technik. Das moderne Gedicht beruht nicht in erster Linie auf der Inspiration; es wird durch den Geist gesteuert, der Gesetz und Geheimnis der absoluten Wirklichkeit erfahren will.
- Moderne Lyrik besitzt mehrere Bedeutungsschichten. Nicht selten ist eine Sinndeutung nicht mehr durchführbar.
- Das moderne Gedicht ist unbedingt sachlich. Jede Art von Deklamation, Pathetik, Verniedlichung u. Ä. wird abgelehnt.
- Äußerste Sprachverkürzung gibt der Sprache wieder Ursprünglichkeit und Bedeutung zurück; das einzelne Wort gewinnt an Bedeutungsschwere.
- Spezifisch moderne sprachliche Mittel wie der Wechsel der Perspektive, Verfremdung, Entdinglichung u. a. unterstreichen die Grenzsituation moderner Lyrik.
- Spezifische sprachliche Mittel – Symbolverschränkungen, Verschlüsselung u. a. – unterstreichen die Aussage.
- Das logisch-syntaktische Gefüge wird gelockert bis zur beliebigen Austauschbarkeit der syntaktischen Elemente. Häufig fehlt jede Zeichensetzung, um die beabsichtigte Akzentlosigkeit des Sprechens nicht zu stören.
- Meist liegen weder metrisches Regelmaß noch überkommene Strophen- und Gedichtformen vor. An deren Stelle treten Freie Rhythmen bis zur Annäherung an die Prosa. Daher kann die Bezeichnung „Vers" durch „Zeile" ersetzt werden; die Zeilenkomposition löst den Strophenbau des traditionellen Gedichts ab.
- Das moderne Gedicht ist meist ein „offenes" Gedicht: Seine Erlebniskurve schließt sich am Ende nicht. Der Leser muss den Schluss selbst finden.

(v 1990)

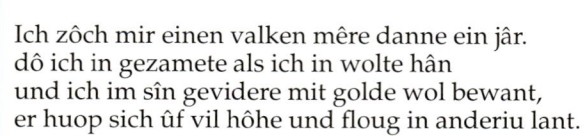

Der von Kürenberg (aus der „Großen Heidelberger Liederhandschrift", 14. Jahrhundert)

Ich zôch mir einen valken mêre danne ein jâr.
dô ich in gezamete als ich in wolte hân
und ich im sîn gevidere mit golde wol bewant,
er huop sich ûf vil hôhe und flouc in anderiu lant.

Sît sach ich den valken schône fliegen:
er fuorte an sînem fuoze sîdîne riemen,
und was im sîn gevidere alrôt guldîn.
got sende si zesamene die gerne geliep wellen sin!

Der von Kürenberg
Der Falke
Ich zog mir einen Falken auf, länger als ein Jahr.
Als ich ihn gezähmt hatte, wie ich ihn haben wollte,
und ihm sein Gefieder mit Gold geschmückt hatte,
stieg er hoch empor und flog davon.

❐ Erläutern Sie den Zusammenhang von Gedicht und Bild.
❐ In welcher Weise geht es hier um den Motivbereich Liebe? Wer ist das Sprecher-Ich? Wer könnte

Späterhin sah ich den Falken elegant seine Kreise ziehen.
Er trug an seinem Fuß seidene Bänder
und sein Gefieder war ganz rot von Gold.
Gott führe die zusammen, die gerne ein Liebespaar
   sein möchten. (e 1150/1160)

Dieses mittelhochdeutsche Gedicht stammt aus einer umfangreichen Sammlung deutscher Minnelieder, der „Großen Heidelberger Liederhandschrift", auch „Manessische Liederhandschrift" genannt. Die Minnelieder sind eine besondere Gattung weltlicher Lyrik (Blütezeit etwa 1150 bis 1250), in ihnen kommen bestimmte Ideale und Vorstellungen der höfisch-ritterlichen Adelsgesellschaft in Europa zum Ausdruck.

In der Minnelyrik ging es um feste Themenbereiche, nämlich um die Verehrung und den Lobpreis der Herrin, und vorgegebene Formen und Bauteile, mit denen die Zugehörigkeit zu dem höfischen Kulturkreis unterstrichen wurde. Der Dichter und Minnesänger (meist aus gehobenem Stand) versetzte sich in die Situation des Liebhabers, um eine gesellschaftlich über ihm stehende, verheiratete „frouwe", eine Dame von Stand, zu besingen. Diese so genannte „Hohe Minne", bei der eine Liebeserfüllung nicht in Betracht kam, war Rollenlyrik und eine Art gesellschaftliches Spiel.

Der Dichter dieses Textes war wahrscheinlich ein Österreicher ritterlichen Geschlechts aus der Gegend von Linz (Donau).

❏ mit dem Falken gemeint sein? Welche Rollenverteilung zwischen Mann und Frau kann man diesem Gedicht entnehmen? Wie deuten Sie den letzten Vers?

❏ Erklären Sie den formalen Aufbau der Kürenberger-Strophe (Langzeilen, Reim, Anverse, Zäsur, Abverse, Zahl der Hebungen). Welche Funktion könnte eine derartige Normierung haben?

❏ Vergleichen Sie das mittelhochdeutsche Gedicht mit Goethes *Mailied*. Nehmen Sie Stellung zu den Thesen des folgenden Textes von Annemarie und Wolfgang van Rinsum.

Im Laufe der Geschichte hat die deutsche Liebeslyrik zwei Höhepunkte erlebt: in der Stauferzeit (1152–1268) und in der Goethezeit [...]. Diese Blütezeiten zeigen zugleich die beiden möglichen Grundhaltungen in der Liebespoesie: die eine ist von der Form, die andere vom Erleben geprägt. Der ritterliche Minnesang ist an die höfische Adelsgesellschaft gebunden, ist damit ständisch eingeengt, in Form und Sprache genormt – in der Goethezeit dagegen fühlt sich der Einzelne frei von Konventionen, nur seiner persönlichen Erlebnis- und Ausdrucksfähigkeit verhaftet.

Die Liebe in der Blütezeit des Rittertums ist Dienst an der Herrin, Hohe Minne; sie wahrt den Abstand und fordert keinen Liebeslohn, denn die „Geliebte" ist eine verheiratete Frau. Gunstbeweise der Dame, die über ein Band oder eine Blume hinausgehen, sprengen den Rahmen des Erlaubten. Ob Wunsch oder bisweilen auch Wirklichkeit – der Dichter darf darüber nur in Form eines Traumes berichten. In der Niederen Minne bleibt die Form des Dienstes erhalten, auch wenn Lohn hier leichter zu erringen ist und gesellschaftlich toleriert wird. Formen, Themen, Bilder, Sprache sind genormt; sie gehen später als Klischees in das Volkslied über.

Annemarie und Wolfgang van Rinsum (v 1986)

Georg Melchior Kraus: Johann Wolfgang Goethe, 1749–1832 (1775/76)

☐ Formulieren Sie Ihre ersten Eindrücke zum Gedicht „Willkommen und Abschied"; vergleichen Sie dieses Gedicht mit Goethes Mailied (Seite 217).
– Um welches Erlebnis geht es?
– In welcher Weise sind die persönlichen Gefühle individueller Menschen dargestellt?
– Wie ist die Natur dargestellt? Welche Funktion hat diese Darstellung im Zusammenhang mit den Gefühlen des Sprecher-Ichs?

☐ Bestimmen Sie das Metrum (siehe Seite 227) und erläutern Sie die Funktion.

☐ Weisen Sie weitere Elemente/Stilmittel der Lyrik (wie Endreim, Strophik, Metaphorik) sowie sprachlich-rhetorische Mittel (Wortwahl, Satzbau, Satzzeichen) nach und deuten Sie deren Funktion für Inhalt und Aussage.

Zur Übung

☐ Der überschaubare Umfang des Gedichts eignet sich für eine schriftliche Analyse und Deutung. Dabei bietet die klare Gliederung in Strophen die Möglichkeit zu einer linearen Textanalyse. Im Folgenden sind Beispiele für eine Einleitung und einen Schlussteil wiedergegeben.
Formulieren Sie den Hauptteil. Greifen Sie dabei gegebenenfalls auf die Informationen auf Seite 371 ff. zur Analyse und Deutung von Gedichten zurück.

Johann Wolfgang Goethe

Willkommen und Abschied

Es schlug mein Herz, geschwind zu Pferde!
Es war getan fast eh gedacht.
Der Abend wiegte schon die Erde,
Und an den Bergen hing die Nacht;
Schon stand im Nebelkleid die Eiche,
Ein aufgetürmter Riese, da,
Wo Finsternis aus dem Gesträuche
Mit hundert schwarzen Augen sah.

Der Mond von einem Wolkenhügel
Sah kläglich aus dem Duft hervor,
Die Winde schwangen leise Flügel,
Umsausten schauerlich mein Ohr;
Die Nacht schuf tausend Ungeheuer,
Doch frisch und fröhlich war mein Mut:
In meinen Adern welches Feuer!
In meinem Herzen welche Glut!

Dich sah ich, und die milde Freude
Floss von dem süßen Blick auf mich;
Ganz war mein Herz an deiner Seite
Und jeder Atemzug für dich.
Ein rosenfarbnes Frühlingswetter
Umgab das liebliche Gesicht,
Und Zärtlichkeit für mich – ihr Götter!
Ich hofft es, ich verdient es nicht!

Doch ach, schon mit der Morgensonne
Verengt der Abschied mir das Herz:
In deinen Küssen welche Wonne!
In deinem Auge welcher Schmerz!
Ich ging, du standst und sahst zur Erden
Und sahst mir nach mit nassem Blick:
Und doch, welch Glück, geliebt zu werden!
Und lieben, Götter, welch ein Glück!

(e 1770; in neu bearbeiteter Fassung v 1789)

Einleitung

Goethes Gedicht „Willkommen und Abschied" rankt sich um die nächtliche Begegnung zweier Liebender. Vorfreude und wehmütiger Rückblick, abgeschwächt durch das Bewusstsein, erfüllte Liebe genossen zu haben, stellen den Erlebniskern dieses Textes dar. Die Liebesbegegnung selbst wird dezent ausgespart, so dass der Leser/Zuhörer hier genügend Spielraum zur eigenen inhaltlichen Füllung hat. Eigene Erlebnisinhalte können an dieser Leerstelle mühelos in den Text integriert werden. Der gefühlsbetonten Sprache des lyrischen Ich steht die klare strophische Gliederung gegenüber, so dass eine reizvolle Grundspannung erzeugt wird, die an späterer Stelle noch genauer untersucht werden soll.

Schlussteil

Goethes Gedicht erweist sich als typisches Beispiel für die Lyrik der Empfindsamkeit. Das Erlebnis individueller Liebe ermöglicht es dem Menschen, sich selbst und den anderen in einem bisher nicht gekannten Ausmaße individuell zu erfahren.
5 Die Tatsache, dass solche Erfahrungen auch mitgeteilt werden können, unterstreicht noch einmal, dass man beginnt, den Menschen in seiner Gesamtheit ernst zu nehmen. Goethes Gedicht reicht bis an die Grenzen des zu seiner Zeit Darstellbaren. In dem Einschnitt zwischen den Strophen drei und vier
10 vollzieht sich die Vereinigung der beiden Liebenden [...] Als Leerstelle ist sie dem Leser/Zuschauer durchaus vor Augen. [...]

Werner Riedel, Lothar Wiese (v 1995)

Johann Wolfgang Goethe

Gefunden

Ich ging im Walde
So für mich hin,
Und nichts zu suchen,
Das war mein Sinn.

Im Schatten sah ich
Ein Blümchen stehn,
Wie Sterne leuchtend,
Wie Äuglein schön.

Ich wollt es brechen,
Da sagt' es fein:
Soll ich zum Welken
Gebrochen sein?

Ich grubs mit allen
Den Würzlein aus,
Zum Garten trug ichs
Am hübschen Haus.

Und pflanzt es wieder
Am stillen Ort;
Nun zweigt es immer
Und blüht so fort.

(e 1815)

□ Analysieren Sie dieses Goethe-Gedicht zur Übung in individueller Arbeit. Stellen Sie zunächst stichwortartig alles zusammen, was Ihnen auffällt, zum Beispiel zum Thema, Inhalt, Aufbau, zu Besonderheiten der Bedeutung, zur sprachlichen Form, Symbolik... Beziehen Sie auch die Abbildung in Ihre Überlegungen mit ein. Christiane Vulpius war die Lebensgefährtin und spätere Frau von Goethe.

Carl Lieber (nach Goethes Entwurf): Goethes ‚Hausgarten' mit Christiane und August (1793)

Johann Wolfgang Goethe: Christiane Vulpius, 1765–1816 (um 1788/89)

- Fassen Sie zusammen, worüber und in welcher Form das Sprecher-Ich in dem Gedicht sich äußert. Beschreiben Sie die Sprechsituation und den inhaltlichen Aufbau des Gedichts. Achten Sie dabei auf die Tempusformen.
- Deuten Sie die Funktion der Laute ei und a im Reimschema.
- Das der Zeit der Romantik entstammende Gedicht enthält typische Motive dieser Epoche, nämlich Mondschein und Nachtigall. Deuten Sie diese Motive; erklären Sie auch die symbolische Funktion des Spinnrades. Lesen Sie zur Romantik gegebenenfalls auf den Seiten 257 bis 258 nach.
- Vergleichen Sie Brentanos Gedicht mit dem romantischen Gedicht der Karoline von Günderode. Beschreiben Sie die Gefühle des lyrischen Ichs; weisen Sie diese am Text nach. Kennzeichnen Sie die Machart des Gedichts und deren Funktion für die Aussage.
- Stellen Sie einen Bezug zur Biografie der Verfasserin und zur Zeitsituation her.

Clemens Brentano

Der Spinnerin Nachtlied

Es sang vor langen Jahren
Wohl auch die Nachtigall.
Das war wohl süßer Schall,
Da wir zusammen waren.

Ich sing und kann nicht weinen
Und spinne so allein
Den Faden klar und rein
Solang der Mond wird scheinen.

Da wir zusammen waren
Da sang die Nachtigall.
Nun mahnet mich ihr Schall,
Dass du von mir gefahren.

So oft der Mond mag scheinen,
Denk ich wohl dein allein,
Mein Herz ist klar und rein,
Gott wolle uns vereinen.

Seit du von mir gefahren,
Singt stets die Nachtigall,
Ich denk bei ihrem Schall,
Wie wir zusammen waren.

Gott wolle uns vereinen.
Hier spinn ich so allein,
Der Mond scheint klar und rein,
Ich sing und möchte weinen.

(v 1818)

Karoline von Günderode

Die eine Klage

Wer die tiefste aller Wunden
Hat in Geist und Sinn empfunden,
Bittrer Trennung Schmerz;
Wer geliebt, was er verloren,
Lassen muss, was er erkoren,
Das geliebte Herz.

Der versteht in Lust die Tränen
Und der Liebe ewig Sehnen,
Eins in zwei zu sein,
Eins im andern sich zu finden,
Dass der Zweiheit Grenzen schwinden
Und des Daseins Pein.

Wer so ganz in Herz und Sinnen
Konnt' ein Wesen liebgewinnen,
Oh! den tröstet's nicht,
Dass für Freuden, die verloren,
Neue werden neu geboren:
Jene sind's doch nicht.

Das geliebte süße Leben,
Dieses Nehmen und dies Geben,
Wort und Sinn und Blick,
Dieses Suchen und dies Finden,
Dieses Denken und Empfinden
Gibt kein Gott zurück.

(e 1804/05)

Kurzbiografie

Karoline von Günderode verlor bereits als Kind den Vater und drei jüngere Geschwister und kam mit 17 Jahren in ein evangelisches Damenstift, eine standesgemäße Versorgungsanstalt, die dem verarmten Adel vorbehalten war.
Dort lebte sie zurückgezogen, hatte sehr viel Zeit und beschäftigte sich intensiv mit Literatur und Philosophie, auch mit eigenen poetischen Versuchen, mit denen sie sich Fluchtwelten zu schaffen versuchte. Die Themen *Tod* und *Leiderfahrung* zogen sie besonders an und prägen in besonderer Weise ihre Dichtung, gepaart mit dem Wunsch nach liebender Selbstaufgabe und Selbstaufopferung.
Karoline von Günderode stand in enger freundschaftlicher Beziehung zu Clemens Brentano und dessen Schwester Bettina. Ihre Isolation versuchte sie zeitweilig durch Reisen zu überwinden. Seit 1804 war sie in unglücklicher Liebe mit dem neun Jahre älteren, verheirateten Philologen und Mythenforscher Georg Friedrich Creuzer verbunden, der sich von seiner Frau nicht trennen wollte. Als er sich im Jahre 1806 durch einen Abschiedsbrief von Karoline von Günderode lossagte, nahm sie sich mit dem eigenen silbernen Dolch das Leben.

V. Schertle:
Karoline von Günderode,
1780–1806

Conrad Ferdinand Meyer

Zwei Segel

Zwei Segel erhellend
Die tiefblaue Bucht!
Zwei Segel sich schwellend
Zu ruhiger Flucht!

Wie eins in den Winden
Sich wölbt und bewegt,
Wird auch das Empfinden
Des andern erregt.

Begehrt eins zu hasten,
Das andre geht schnell,
Verlangt eins zu rasten,
Ruht auch sein Gesell. (e 1882)

❏ Analysieren Sie das Gedicht im Hinblick darauf, dass es sich um ein Liebesgedicht handelt; erläutern Sie Bilder und Symbolik.

❏ Um welche Aussage könnte es hier gehen? Bewerten Sie diese Darstellung.

Insgesamt weist eine solche Konzeption von Liebe kaum realistische Züge auf. Losgelöst von allen gesellschaftlichen und ideologischen Bedingtheiten, wird hier ein idealistisches Bild von Liebenden entworfen, das heutzutage wohl nur noch im Rausch der ersten Leidenschaft als zutreffend akzeptiert wird. Die Vorgaukelung der vollständigen Harmonie nähert sich dem Bereich des Kitsches, der Probleme und berechtigte Interessen der Individuen, wie sie auch in einer Liebesbeziehung aufeinanderstoßen, bewusst verschweigt. Dennoch bleibt dieses Gedicht in seiner ästhetischen Gestalt, vor allem durch die im formalen Bereich realisierte Stimmigkeit, ein Text, der die Leser bis auf den heutigen Tag anspricht.

Werner Riedel, Lothar Wiese (v 1995)

❏ Dieser Text stellt den Schlussteil einer Analyse dar. Bewerten Sie ihn.

❏ Belegen Sie die einzelnen Aussagen dieser Analyse mit genauen Hinweisen zu den jeweiligen Strophen.

Gottfried Benn, 1886–1956

Gottfried Benn
Nachtcafé

824[1]: Der Frauen Liebe und Leben.
Das Cello trinkt rasch mal. Die Flöte
rülpst tief drei Takte lang: das schöne Abendbrot.
Die Trommel liest den Kriminalroman zu Ende.

Grüne Zähne, Pickel im Gesicht
winkt einer Lidrandentzündung.

Fett im Haar
spricht zu offenem Mund mit Rachenmandel
Glaube Liebe Hoffnung um den Hals.

Junger Kropf ist Sattelnase gut.
Er bezahlt für sie drei Biere.

Bartflechte kauft Nelken,
Doppelkinn zu erweichen.

B-moll: die 35. Sonate.
Zwei Augen brüllen auf:
Spritzt nicht das Blut von Chopin in den Saal,
damit das Pack drauf rumlatscht!
Schluß! He, Gigi! –

Die Tür fließt hin: Ein Weib.
Wüste ausgedörrt. Kanaanitisch braun.
Keusch. Höhlenreich. Ein Duft kommt mit. Kaum Duft.

Es ist nur eine süße Vorwölbung der Luft
gegen mein Gehirn.

Eine Fettleibigkeit trippelt hinterher.   (v 1912)*

[1] 824: Die Quellen geben keine Auskunft über diese Zahl. Manche Interpreten vermuten, dass es sich dabei um einen Lesefehler des Setzers handeln könnte und dass möglicherweise der Paragraph 825 („Außerehelicher Beischlaf") gemeint war.

Zusatzinformationen
Gottfried Benn stammte aus einem protestantischen Pfarrhaus; während des Studiums wechselte er von der Theologie und Philosophie zur Medizin und promovierte 1912. Nach seinem Einsatz als Militärarzt eröffnete er 1917 eine Praxis für Haut- und Geschlechtskrankheiten. Das Gedicht *Nachtcafé* ist im Jahre 1912 erschienen; dieses und andere Gedichte aus dieser Reihe geben Eindrücke des Studenten und jungen Arztes Benn während seiner praktischen Tätigkeit im Krankenhaus wieder: Operation, Krebsstation, Leichensektion, Entbindungsanstalt. Die zeitgenössische Kritik lehnte die „scheußlichen und Ekel erregenden Fantasieprodukte" und die „Perversität dieser Gedichte" ab.

Bertolt Brecht
Erinnerung an die Marie A.

An jenem Tag im blauen Mond September
Still unter einem jungen Pflaumenbaum
Da hielt ich sie, die stille bleiche Liebe
In meinem Arm wie einen holden Traum.

Und über uns im schönen Sommerhimmel
War eine Wolke, die ich lange sah
Sie war sehr weiß und ungeheuer oben
Und als ich aufsah, war sie nimmer da.

Seit jenem Tag sind viele, viele Monde
Geschwommen still hinunter und vorbei
Die Pflaumenbäume sind wohl abgehauen
Und fragst du mich, was mit der Liebe sei?
So sag ich dir: ich kann mich nicht erinnern
Und doch, gewiß, ich weiß schon, was du meinst.
Doch ihr Gesicht, das weiß ich wirklich nimmer
Ich weiß nur mehr: ich küßte es dereinst.

Und auch den Kuß, ich hätt' ihn längst vergessen
Wenn nicht die Wolke dagewesen wär
Die weiß ich noch und werd ich immer wissen
Sie war sehr weiß und kam von oben her.
Die Pflaumenbäume blühn vielleicht noch immer
Und jene Frau hat jetzt vielleicht das siebte Kind
Doch jene Wolke blühte nur Minuten
Und als ich aufsah, schwand sie schon im Wind.   (1920)*

Rudolf Schlichter: Bertolt Brecht, 1898–1956 (1926)

Erich Kästner
Sachliche Romanze

Als sie einander acht Jahre kannten
(und man darf sagen: sie kannten sich gut),
kam ihre Liebe plötzlich abhanden.
Wie andern Leuten ein Stock oder Hut.

Sie waren traurig, betrugen sich heiter,
versuchten Küsse, als ob nichts sei,
und sahen sich an und wussten nicht weiter.
Da weinte sie schließlich. Und er stand dabei.

Vom Fenster aus konnte man Schiffen winken.
Er sagte, es wäre schon Viertel nach vier
und Zeit, irgendwo Kaffee zu trinken.
Nebenan übte ein Mensch Klavier.

Sie gingen ins kleinste Café am Ort
und rührten in ihren Tassen.
Am Abend saßen sie immer noch dort.
Sie saßen allein, und sie sprachen kein Wort
und konnten es einfach nicht fassen.   (v 1929)

❏ Vergleichen Sie die drei Texte von Benn, Brecht und Kästner. Wie wird Liebe jeweils dargestellt? Stellen Sie zunächst die inhaltlichen Gemeinsamkeiten und Unterschiede heraus.

❏ Erläutern Sie in Korrespondenz zur inhaltlichen Einschätzung jeweils die Funktion der entsprechenden Form.

❏ Diskutieren Sie, in welcher Weise sich bei den drei Gedichten allgemeine Kriterien moderner Lyrik nachweisen lassen (siehe Seite 217f.).

Klaus Gerth
Lyrische Texte

[…] Analyse und Betrachtung besitzen aber auch „für sich" einen didaktischen Wert. Einen lyrischen Text verstehen, heißt, jede Einzelheit wahrnehmen, jede Form auf ihren Beitrag zur „Bedeutung" befragen. Das ist am knappen und konzentrier-

Erich Kästner, 1899–1974 (um 1930)

ten Gedicht eher möglich (und notwendig) als an der literarischen Großform. Die Untersuchung lyrischer Texte wird deshalb zum exemplarischen Fall von Sprachanalyse überhaupt. Wir finden hier ein ideales Trainingsfeld für eine der wichtigsten Kompetenzen, die der Deutschunterricht vermitteln will, für das kritische Sprachbewusstsein. […] (v 1975)

Dieter Wellershoff
Über Lyrik in der Schule

Gedichte sind für mich Widerstandsnester gegen zu schnelles Verstehen, Anlässe zur Meditation und Reflexion, Differenzierungsreize, die die Wahrnehmung der Welt und die Selbstwahrnehmung von der Routine des Bescheidwissens befreien und erneuern. Gedichte sind Felder problematisierter, noch nicht wieder fest gewordener Bedeutungen, Unsicherheitszonen, die ein Höchstmaß an Aufmerksamkeit erfordern, wie ein gefährliches fremdes Gelände. […]
Ein Gedicht ist ein Anfang, der alles resultathafte Einverständnis verweigert, aber viele sich überblendende Lesearten ermöglicht, die Worte, Wortgruppen stehen zueinander in vielfältigen unerschlossenen Beziehungen, sie haben offene Anschlussmöglichkeiten, also ist ein Gedicht ein Text, der vom Leser Produktivität verlangt. Der Leser ist Mitautor des Gedichtes, sein Neuschöpfer. Herausgefordert von den Mehrdeutigkeiten, dunklen Stellen, der Komplexität des Bedeutungsnetzes muss er alle seine Vorstellungsfähigkeiten anstrengen, er muss mit seinem Assoziationsmaterial, seinen erinnerten Erfahrungen den Text erfüllen. Das Gedicht ist eine Möglichkeit der Selbsterfahrung für seinen Leser. […] (v 1975)

Werner Riedel/Lothar Wiese
Merkmale lyrischer Texte

[…] Der Charakter des Besonderen haftet den Gedichten bis auf den heutigen Tag an. Kunstvolle Strukturen, aber auch die Absage an alle Äußerungsformen, die den Beigeschmack des Alltäglichen haben, also die größtmögliche Entfernung von einer Sprache, welche die Trivialität des Alltags bestimmt und zugleich Signal eines falschen Bewusstseins ist, sind für Gedichte bis auf den heutigen Tag kennzeichnend. Der feierliche Ton, erkennbar an Prinzipien der Harmonie (z.B. Reimen, Rhythmen, Bilderketten), aber auch der Gebrauch einer Sprache, die sich normalen Verstehensprozessen widersetzt, sind typisch für lyrische Texte. Daneben gibt es aber in der neueren Zeit auch Tendenzen, dass Gedichte in einer bewusst einfachen Sprache verfasst werden, die in ihrer Schlichtheit den monströsen Sprachgebilden in den Medien, der Werbung und im Schlager antithetisch gegenübersteht […]. Es ist eine Hinwendung zur Alltagssprache oder zu Montagetechniken zu beobachten, durch welche die Sprache, von der man sich abwenden will, zugleich entlarvt wird. […] (v 1995)

◻ Stellen Sie heraus, wie die einzelnen Verfasser lyrische Texte kennzeichnen. Vergleichen Sie: Was wird ähnlich gesehen, was unterschiedlich?

◻ Sie haben in diesem Kapitel eine ganze Reihe von Gedichten aus unterschiedlichen Epochen kennen gelernt. Weisen Sie einzelne der in den drei Texten genannten Merkmale an bestimmten Gedichten nach.

◻ Welches Gedicht hat Ihnen besonders gefallen, welches weniger? Begründen Sie jeweils Ihre Wertung.

Zusammenfassung: Fachbegriffe zur Bearbeitung lyrischer Texte

Unter den drei Gattungen fiktionaler Texte (Lyrik, Epik, Dramatik) hat die Lyrik die größte sprachliche Dichte.

Kennzeichen für Gedichte sind insbesondere:
- Kunstvolle Struktur
- Nichtalltägliche Äußerungsform
- Formprinzipien wie Rhythmus, Metrum, Reim, Strophik
- Sprachgebrauch, der sich in der Regel einer schnellen Verstehbarkeit entzieht
- Semantische Besonderheiten wie die Bildlichkeit

Moderne Gedichte entfernen sich oft von den traditionellen Formprinzipien. Oft löst zum Beispiel die Zeilenkomposition den Strophenbau ab (vgl. Seite 217).
Alle lyrischen Texte sind jedoch, im Gegensatz zu Prosatexten, in Versen bzw. Verszeilen abgefasst.

Lyrischer Sprecher (lyrisches Ich, lyrisches Wir)

Hiermit ist der Sprecher im Gedicht gemeint, aus dessen Sicht die Leser Eindrücke, Empfindungen und die Beziehung zur Wirklichkeit erfahren. Es handelt sich dabei um ein Rollen-Ich, das nicht mit der Person des Autors gleichgesetzt werden darf. Alle dargestellten Erfahrungen und Gefühle sind zunächst als dichterische Fiktion zu verstehen. Das lyrische Ich kann aber durchaus auf autobiografische Zusammenhänge verweisen. In diesem Falle muss entsprechenden textexternen Bezügen nachgegangen werden.

Vers

Alle lyrischen Texte sind in Versen bzw. Verszeilen verfasst. Anders als beim Prosatext brechen die Zeilen an einer bestimmten Stelle ab.
Beim *Zeilenstil* stimmen Satzende und Versende überein (Pause am Ende des Verses). Beim *Enjambement* (Zeilensprung) entsteht keine Pause am Zeilenende; der Satz überspringt das Zeilenende und geht im nächsten Vers weiter.

Strophe

Eine Strophe bezeichnet die Zusammenfassung von gleich oder ungleich langen Versen zu einer metrischen Einheit. Traditionelle strophisch gebaute Gedichtformen sind zum Beispiel:
- Sonett
(14-zeiliges Gedicht, das sich aus zwei Vierzeilern und zwei Dreizeilern zusammensetzt; Quartette und Terzette sind in sich durchgereimt.
- Lied
meist aus mehreren gleich gebauten Strophen bestehend; häufig kurze Verse, bisweilen mit Refrain; formal flexibel: keine vorgegebene Zeilenzahl und kein vorgegebenes Versmaß.

Rhythmus und Metrum

In jeder sprachlichen Äußerung gibt es eine bestimmte Verteilung von betonten Silben (Hebungen) und unbetonten Silben (Senkungen). Die Abfolge von betonten und unbetonten Silben nennt man *Rhythmus*. In der Alltagssprache ist die Abfolge von betonten und nicht betonten Silben nicht geregelt; in der gebundenen Sprache der Lyrik ist dagegen die Gliederung des Sprachflusses oft durch einen regelmäßig sich wiederholenden Takt (Metrum) festgelegt.
Eine metrisch gebundene Verszeile umfasst mehrere Takte und kann entsprechend als zwei-, drei-, vierhebig usw. gekennzeichnet werden. Bei der metrischen Kennzeichnung sprachlicher Äußerungen orientiert man sich an den griechischen Bezeichnungen. Man spricht von *Versfuß* oder *Versmaß* als taktmäßiger Struktur eines Gedichts:
- Jambus (steigendes Metrum): xx́ (Beispiele: Gedicht, Verbot, bereit)
- Trochäus (fallendes Metrum): x́x (Beispiele: Vater, Dichter, oben)
- Anapäst (steigendes Metrum): xxx́ (Beispiele: Paradies, Anapäst, Malerei)
- Daktylus (fallendes Metrum): x́xx (Beispiele: Liebesleid, Eifersucht, Königin, Daktylus)

Interessant ist in einem metrisch gebundenen Gedicht die *Wechselbeziehung zwischen metrischem Schema und natürlichem Sprachrhythmus*. Erst der Rhythmus macht durch Betonung, Sprechtempo und Sprechpausen aus der taktmäßigen Gliederung ein Ausdrucksmittel, wobei das metrische Schema nicht selten überlagert wird.
Besondere Beachtung verdient das Verszeilenende (Kadenz). Verszeilen, die betont (mit einer Hebung) enden, werden stumpf (auch *männliche Kadenz*) genannt; die *weibliche Kadenz* (klingend)

ist zweisilbig und endet auf einer Folge von Hebung und Senkung.
Ein *freier Rhythmus*, der auf metrische Bindungen verzichtet, kann im Zusammenhang des Textes besonders ausdrucksstark und dynamisch wirken.

Klanggestalt

Die lautliche Ebene hat an der Bedeutung eines Gedichts wesentlichen Anteil. Zu den Elementen der Klanggestalt gehören unter anderem:
● Reim (häufig als Endreim)
Paarreim: aa bb cc
Kreuzreim: abab
Umschließender Reim: abba
Stabreim (Alliteration): Wiederholung des Anfangsbuchstabens von Wörtern (Haus und Hof)
● Lautmalerei
(Häufung von Vokalen oder Konsonanten zum Hervorrufen bestimmter Stimmungen)
● Laut- und Klangsymbolik (subjektiv empfundene Verbindung von Klangfarben und Bedeutungsinhalten, zum Beispiel **i** als Ausdruck für Helligkeit/Freude; **u** als Ausdruck für Dunkelheit/Trauer)

Sprachliche Bilder und Stilfiguren

Bildlichkeit ist ein wesentliches Kennzeichen dichterisch-poetischer Ausdrucksweise. Sie zeigt insbesondere die Mehrdeutigkeit poetischer Sprache. Bei sprachlichen Bildern geht es vor allem darum, die Vorstellungen beim Leser/Hörer zu intensivieren. Man unterscheidet u. a. folgende sprachliche Bilder:
● Vergleich
Vergleiche sind alle sprachlichen Formen, durch die zwei oder mehrere Bereiche oder Gegenstände miteinander verglichen werden (ein Herz wie Stein). Vergleiche dienen der Intensivierung einer Aussage.
● Metapher
Metaphern sind bildhafte Übertragungen; häufig bezeichnet man sie auch als verkürzte Vergleiche (das Gold ihrer Haare). In der Dichtung werden immer wieder neue Metaphern geschaffen; sie sind ein besonderes Zeichen kreativer Fantasie.
● Personifikation
Dabei werden abstrakte Begriffe, Naturerscheinungen, Tiere oder leblose Dinge als menschliche Gestalten dargestellt, sie werden personifiziert. (Frau Sonne, der Tag träumt). Die Unterschiede zur Metapher sind oft fließend.

Rhetorische Figuren
Zum Bedeutungsgefüge eines Gedichts tragen zum Beispiel auch folgende rhetorische Figuren bei:
● Parallelismus
(Parallele Anordnung von Wörtern)
● Anapher
(Wiederholung des Anfangswortes)
● Chiasmus
(Überkreuzstellung von Wörtern)
● Inversion
(Veränderung der üblichen Wortstellung)
Diese und andere rhetorische Figuren (vgl. Seite 345) finden sich nicht nur in lyrischen Texten, sondern zum Beispiel auch in Reden oder in Werbetexten. Da zwischen sprachlichen Formen und ihren Funktionen grundsätzlich kein eindeutiger Zusammenhang besteht, muss die Funktion oben genannter Stilmittel für den jeweiligen Text immer wieder neu bestimmt werden.

Gedichte produzieren – Mit Gedichten kreativ umgehen

Eine bestimmte Anordnung und Form wählen

❶ Du, unaufhörlich um Lösung bemüht, lässt mich fallen, als wär ich ein Götze aus Lehm. Lässt mich fallen, erhebst mich, lässt mich fallen, erhebst…
Setzest fein säuberlich mich, den Geborstenen, wieder zusammen und irgendwie pass ich dir nun in die Landschaft. Die Frage ist nur: für wie lange und wer verliert zuerst die Geduld?

❒ Wählen Sie sich einen der Texte und bringen Sie ihn in die Form eines Gedichts. Lassen Sie dabei kein Wort weg und verändern Sie nicht die Reihenfolge der Wörter. Geben Sie Ihrem Text eine Überschrift.

Die lyrische Form – Zum Beispiel Liebesgedichte

❷ Die Angst mich mit meinen Wünschen und Fantasien im Rahmen der Verliebtheit einengend einzukreisen habe ich noch immer. Ich gehe vorwärts, aber vorsichtig, ängstlich und habe manchmal das Gefühl die Balance nicht halten zu können.

❸ Ich ging aufs Eis mit bloßen blauen Zehen, wollt eine Lanze brechen für dich traurigen Ritter im kalten Hauch. Doch unversehens ist der Stab über dir gebrochen, bin ich eingesunken, nicht ertrunken. Der halbe Leib erfror. Ein Eichelhäher pfiff.

❹ Jahrhundertelang wählten Männer sich Frauen aus. Die warteten demütig, sanft senkten sie scheu den Kopf, die Lider, den Blick nach innen gekehrt. Ich habe meinen Nacken erhoben, die Augen weit geöffnet. Nicht ohne Staunen sehe ich mich um. Und wenn mir einer so gefällt, dass mir der Atem stockt in seiner Nähe, dann sag ich's ihm vor allen – oder nie.

☐ Schreiben Sie in freien Versen (siehe unten); ordnen Sie dabei Ihren Text in Abschnitten bzw. in Strophen an, wählen Sie ggf. Enjambements.

☐ Vergleichen Sie danach mit der ursprünglichen Fassung der Texte. (Seite 560f.)

Möglichkeiten für das Schreiben in freien Versen

- Verse einrücken
- Verse an einer (gedachten) Mittelachse orientieren
- Wechsel von kurzen und langen Verszeilen
- Absätze und Abschnitte bilden
- Wörter oder Wortgruppen in einer Verszeile oder in einem Abschnitt anordnen
- die Zeilenanfänge großschreiben
- die Rechtschreibung und Zeichensetzung verändern (in Klein- oder Großschreibung; ohne Satzzeichen)
- zusätzliche Wörter oder Sätze in einen Text montieren
- die Bedeutung der Aussage durch die Form des Textes (Anordnung) zum Ausdruck bringen
- wichtige Signalwörter durch Fettdruck oder durch Großbuchstaben hervorheben

☐ Verfassen Sie selbst ein Liebesgedicht; nutzen Sie dazu Ihre Vorstellungen und Erfahrungen:
– lassen Sie ein lyrisches Ich sprechen;
– ordnen Sie Verszeilen und Strophen so an, dass Sie Ihre Aussageabsicht möglichst deutlich zum Ausdruck bringen.
Sie können für Ihren Text auch Darstellungsmöglichkeiten der Konkreten Poesie wählen.

☐ Erläutern Sie Ihre Lösung der Lerngruppe. Versuchen Sie dabei hervorzuheben, welche Deutung für Sie im Vordergrund steht und welche Wirkung Sie mit der Anordnung und Gestaltung Ihres Textes bzw. mit der von Ihnen gewählten Überschrift herausstellen wollen.

und wärst du das Meer ich baute
dir weiße Burgen aus Sand.

Wär ich eine Nixe ich saugte
dich auf den Grund hinab

Wärst du eine Blume ich grübe
dich mit allen Wurzeln aus

Wär ich ein Baum ich wüchse
dir in die hohle Hand

und wärst du ein Stern ich knallte
dich vom Himmel ab.

wär ich ein Feuer ich legte
in sanfte Asche dein Haus.

☐ In diesem Text sind einzelne Verszeilen und Strophen vertauscht. Versuchen Sie das Gedicht in der üblichen Form (Verszeilen, Reim, Reihenfolge der Strophen) wiederherzustellen.

☐ Erläutern Sie, wie Sie zu Ihrem Ergebnis gekommen sind. Was ist Ihrer Meinung nach das Typische dieses Gedichts? In welchem Zusammenhang stehen Aussage, sprachliche Machart und Aufbau?

☐ Geben Sie dem Text eine Überschrift.

☐ Vergleichen Sie mit dem Originaltitel des Gedichtes von Ulla Hahn (Seite 560). Erklären Sie diese Überschrift.

☐ Schreiben Sie den Text in der gleichen Art und mit den gleichen Versatzstücken (Wär ich.../ Wärst du...) weiter. Sie können bei diesen Versuchen auch die Aussage des Textes umdrehen; Ihr Text darf auch parodistische Züge haben.

Wiederholung, Bild, Leitmotiv

Manfred Sestendrup

liebe ist mehr

wenn jemand mich besucht
ist das nett
wenn du gar nicht mehr weg willst
ist das mehr

wenn jemand mir obst mitbringt
ist das lieb
wenn du mich von deinem apfel beißen lässt
ist das mehr

wenn jemand mit mir gedanken austauscht
ist das anregend
wenn du und ich an dasselbe denken
ist das mehr

wenn jemand mir geheimstes preisgibt
ist das wunderbar
wenn du und ich ein geheimnis haben
ist das
viel viel mehr (v 1991)

Liebe ist...
Liebe ist...

Irgendetwas hält mich davon ab, dich...
Irgendetwas...

Liebe
Wenn ich dich...
Wenn du mir...

Wer bin ich?
...
Wer bist du?
...

IRGENDETWAS hält mich davon ab,
dich einfach in den arm zu nehmen.
IRGENDETWAS in mir
drängt mich dazu, aber
IRGENDETWAS an dir
macht mir angst:
die kälte in deinen augen
die kraft die du ausstrahlst
das selbstbewusstsein in dir
dein mitleidiges, beinahe höhnisches lächeln
IRGENDETWAS in mir
sagt mir, wie einsam du bist.
Was ist das, dieses
IRGENDETWAS? *Miriam P.*

❐ Formulieren Sie mit wenigen Sätzen die Aussage dieses Gedichts. Stellen Sie den Zusammenhang von Überschrift und Text her.

❐ Analysieren Sie, welche lyrischen Mittel in diesem Text insbesondere verwendet werden. Welche Wirkung wird damit erreicht?

❐ Formulieren Sie selbst einen kurzen Text, der mit ähnlichen Mitteln arbeitet. Dies könnten zum Beispiel Versatzstücke sein.

❐ Weisen Sie an einzelnen Gedichten des Kapitels *Gedichte – Anlässe zum Nachdenken, Diskutieren, Schreiben* (Seite 216ff.) ähnliche Mittel nach.

❐ Analysieren und bewerten Sie diesen Text einer Schülerin. Begründen Sie Ihre Meinung.

Ich säubere die Wohnung
und halte sie in Ordnung.

Ich bin zuständig
für deinen seelischen Müll
und kehre auch
meistens den
Beziehungsdreck
aus unserer Verbindung

So langsam
werde ich selbst
Abfall.

Ich säubere die Wohnung
und halte sie in Ordnung.

Ich bin zuständig
für deine seelischen Schwierigkeiten und löse auch
meistens die
Beziehungsprobleme
in unserer Verbindung.

So langsam
bekomme ich selbst
Probleme.   (v 1983)

❑ Vergleichen Sie die beiden Texte. Welcher ist Ihrer Meinung nach das Original? Begründen Sie Ihre Meinung. Geben Sie beiden Texten eine passende Überschrift.

❑ Der Originaltext stammt von Kristiane Allert-Wybranietz (geb. 1955). Die Autorin verschickte ihre „Verschenk-Texte" zunächst als Loseblattsammlung oder verschenkte sie. Die Buchausgabe ihrer Texte wurde ein Bestseller und erreichte ein Millionenpublikum. Welche Gründe könnte Ihrer Meinung nach dieser große Erfolg gehabt haben?

Kristiane Allert-Wybranietz
Liebe
…voneinander
gefesselt sein
und doch
keine Ketten
anlegen.   (v 1983)

❑ Nennen Sie die bildhaften Formulierungen in diesem Text. Formulieren Sie jetzt einen inhaltlich ähnlichen Text, der keine Bilder enthält. Vergleichen Sie die Wirkungen der beiden Texte.

Manfred Sestendrup
liebe
es gebietet die liebe
von sich etwas wegzugeben
wie von einem ballon den ballast

um etwas zu gewinnen
an leichtigkeit   (v 1993)

❑ In welcher Weise wird in den folgenden modernen Gedichten mit Bildern gearbeitet?

Manfred Sestendrup
von der liebe zwischen den zeilen
endlich hat sie geschrieben
sie formuliert nur fragen
an mich
    wie es mir gehe
    ob ich mich einsam fühle
    wie ich den tag verbringe
sie schreibt nichts von sich

damit weiß ich alles über sie
über uns   (v 1990)

Edith Linvers
Neben Dir

Die rosarote Brille
abnehmen
Blauäugigkeit
verbergen
auf den siebten
Himmel pfeifen
schwebend neben dir
immer wieder aus
allen Wolken
fallen   (v 1992)

Ideenstern

▭ Formulieren Sie zum Thema *Liebe* selbst einen Text, indem Sie ein durchgehendes Bild verwenden. Sammeln Sie zunächst Ideen und Bilder, zum Beispiel mit Hilfe des Ideensterns.

Mit diesem Verfahren lassen sich Ideen und Wortmaterial für einen Text sammeln, dessen Thema bereits festliegt.
Je vier bis sechs Schreiberinnen oder Schreiber setzen sich um einen Tisch. Auf den Tisch legen sie einen großen Bogen Papier; in die Mitte des Bogens schreiben sie einen Begriff, der das Thema verdeutlicht (hier zum Beispiel Liebe). Jeder beginnt jetzt, ausgehend von dem Begriff in der Mitte, assoziativ einzelne Wörter, Bilder, Wortfolgen untereinander zu schreiben. Nach wenigen Minuten wird das Blatt gedreht. Jeder/jede liest den Teil des Ideensterns, den er jetzt vor sich liegen hat, schnell durch und setzt die Reihe fort.

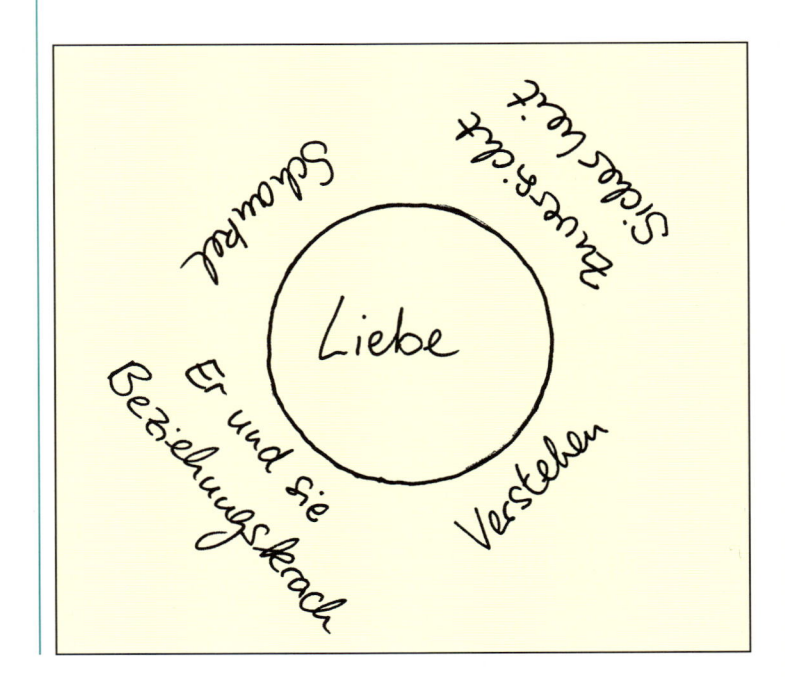

Edith Linvers
Das Boot

Lass uns ein Boot
gemeinsam bauen
aus edlem Holz
und weißem Tuch
dem starken Rumpf
lass uns vertrauen
ein festes Tau
das lang genug

Lass dieses Boot
uns beide segeln
egal wie laut
der Wellenklang
lass uns das Ruder
stets fest halten
bei Ebbe oder Flutgesang

Lass uns im Boot
mit Aufwind gleiten
und kreuzen
jede Wasserschicht
lass uns im Sturm
zusammenhalten
damit der Mast
uns niemals bricht

(v 1992)

❒ Diskutieren Sie kritisch über die Aussage des Gedichts. Fassen Sie die Aussage in knapper Form und in nichtbildlicher Weise zusammen. Welches andere Bildfeld wäre möglich?

❒ Verfassen Sie eine Variante. Dabei können Sie auch die Aussage des Textes ändern.

❒ Verfassen Sie jetzt selbst ein Gedicht zum Themenkreis *Liebe/Partnerschaft/Zweisamkeit*. Dazu können Sie die Mittel und Methoden einsetzen, die Sie oben bereits kennen gelernt haben. Machen Sie sich zunächst klar, welche Vorstellungen Sie zu Papier bringen wollen. Hier finden Sie dazu noch weitere Anregungen.

Eine Möglichkeit, um Ideen zu sammeln: Stellen Sie, am besten in einer Gruppe, Sprüche, Gags, Sprichwörter, Anti-
5 sprichwörter und Zitate zusammen, die Ihnen spontan einfallen.
Beispiele:
Der Liebe Zaubermacht...
10 Ich bin von Kopf bis Fuß auf Liebe eingestellt.
Lieber eine schlechte Beziehung als gar keine.
…
15 Ähnlich wie der Ideenstern ist auch der **Cluster** (engl.: Traube, Gruppe) eine Methode, um sich Gedanken, Vorstellungen, Bilder, Leitmotive bewusst und damit für das Schreiben verfügbar zu machen.
Wenn Sie ein Thema für ein Gedicht gefunden haben, ist es zunächst wichtig, alles zu sammeln, was Ihnen zu diesem Thema einfällt. Dabei helfen zum Beispiel folgende Fragen:
● Was gehört inhaltlich zum Thema?
● Welche Erfahrungen habe ich selbst zu diesem Thema gemacht?
● Welche Wünsche, Träume, Vorstellungen habe ich selbst? Man beginnt am besten mit einem Kern, den man auf eine leere Seite schreibt. Dann folgt man einfach ohne lange zu überlegen seinen Gedan-

kenverbindungen. Vom Kern ausgehend werden die Einfälle miteinander verbunden um eine Ideenkette aufzubauen ...

Wenn einem etwas ganz Neues einfällt, sollte man diesen neuen Gedanken wieder mit dem Kern verbinden und ihn „weiterspinnen". 5

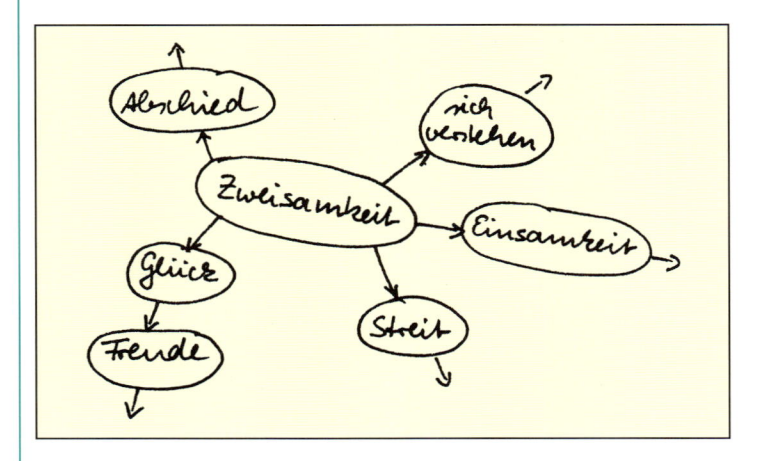

[Mindmap mit „Zweisamkeit" als Kern, verbunden mit „Abschied", „sich verlieben", „Einsamkeit", „Streit", „Glück", „Freude"]

Robert Walser

Der Nachen

■ Sie können auch die folgenden Prosatexte als Anstoß nutzen. Die Texte sollten als inhaltliche Anregung dienen, einzelne Formulierungen dürfen allerdings auch übernommen werden.

Ich glaube, ich habe diese Szene schon geschrieben, aber ich will sie noch einmal schreiben. In einem Nachen, mitten auf dem See, sitzen ein Mann und eine Frau. Hoch oben am dunklen Himmel steht der Mond. Die Nacht ist still und warm, recht geeignet für das träumerische Liebesabenteuer. Ist der 5 Mann im Nachen ein Entführer? Ist die Frau die glückliche, bezauberte Verführte? Das wissen wir nicht; wir sehen nur, wie sie beide sich küssen. Der dunkle Berg liegt wie ein Riese im glänzenden Wasser. Am Ufer liegt ein Schloss oder Landhaus mit einem erhellten Fenster. Kein Laut, kein Ton. 10 Alles ist in ein schwarzes, süßes Schweigen gehüllt. Die Sterne zittern hoch oben am Himmel und auch von tief unten aus dem Himmel herauf, der im Wasserspiegel liegt. Das Wasser ist die Freundin des Mondes, es hat ihn zu sich herabgezogen, und nun küssen sich das Wasser und der Mond wie Freund 15 und Freundin. Der schöne Mond ist in das Wasser gesunken wie ein junger kühner Fürst in eine Flut von Gefahren. Er spiegelt sich im Wasser, wie ein schönes liebevolles Herz sich in einem andern liebesdurstigen Herzen widerspiegelt. Herrlich ist es, wie der Mond dem Liebenden gleicht, ertrunken in 20 Genüssen, und wie das Wasser der glücklichen Geliebten gleicht, umhalsend und umarmend den königlichen Liebsten. Mann und Frau im Boot sind ganz still. Ein langer Kuss hält sie gefangen. Die Ruder liegen lässig auf dem Wasser. Werden sie glücklich, werden sie glücklich werden, die zwei, die da im 25 Nachen sind, die zwei, die sich küssen, die zwei, die der Mond bescheint, die zwei, die sich lieben? (v 1914)

Robert Walser
Mittagspause

Ich lag eines Tages, in der Mittagspause, im Gras, unter einem Apfelbaum. Heiß war es, und es schwamm alles in einem leichten Hellgrün vor meinen Augen. Durch den Baum und durch das liebe Gras strich der Wind. Hinter mir lag der dunkle Waldrand mit seinen ernsten, treuen Tannen. Wünsche gingen mir durch den Kopf. Ich wünschte mir eine Geliebte, die zum süßen duftenden Wind passte. Da ich nun die Augen schloss und so dalag, mit gegen den Himmel gerichtetem Gesichte, bequem und träg auf dem Rücken, umsummt vom sommerlichen Gesumm, erschienen mir, aus all der sonnigen Meeres- und Himmelshelligkeit herab, zwei Augen, die mich unendlich liebenswürdig anschauten. Auch die Wangen sah ich deutlich, die sich den meinigen näherten, als wollten sie sie berühren, und ein wunderbar schöner, wie aus lauter Sonne geformter, fein geschweifter und üppiger Mund kam aus der rötlich-bläulichen Luft nahe bis zu dem meinigen, ebenfalls so, als wolle er ihn berühren. Das Firmament, das ich zugedrückten Auges sah, war ganz rosarot, umsäumt von edlem Sammetschwarz. Es war eine Welt von lichter Seligkeit, in die ich schaute. Doch da öffnete ich dummerweise plötzlich die Augen, und da waren Mund und Wangen und Augen verschwunden, und des süßen Himmelskusses war ich mit einmal beraubt. Auch war es ja Zeit, in die Stadt hinunterzugehen, in das Geschäft, an die tägliche Arbeit. Soviel ich mich erinnere, machte ich mich nur ungern auf die Beine, um die Wiese, den Baum, den Wind und den schönen Traum zu verlassen. Doch in der Welt hat alles, was das Gemüt bezaubert und die Seele beglückt, seine Grenze, wie ja auch, was uns Angst und Unbehagen einflößt, glücklicherweise begrenzt ist. So sprang ich denn hinunter in mein trockenes Bureau und war hübsch fleißig bis an den Feierabend. (v 1914)

Denken Sie daran, dass Sie zur Herausarbeitung Ihrer Aussageabsicht unterschiedliche, Ihnen bereits bekannte Mittel der Lyrik einsetzen können, zum Beispiel:

- Anordnung in freien Versen
- Anordnung in festen Verszeilen mit einem bestimmten Reimschema, Metrum und einer bestimmten Strophenanordnung
- Wiederholung (zum Beispiel Anapher)
- Bild (Metapher, Vergleich, Personifikation)
- Leitmotiv (Bildfeld)

Hinweise für ein projektorientiertes Vorhaben

Überlegen Sie nach der Überarbeitung Ihrer Texte, wie Sie die Ergebnisse Ihrer Arbeit in Ihrer eigenen Lerngruppe präsentieren und möglicherweise auch anderen Gruppen (Parallelkursen, der gesamten Schülerschaft, Eltern und Lehrern, …) zugänglich machen könnten.

Dazu bieten sich mehrere Möglichkeiten:

- Ihren fertigen Text können Sie zum Beispiel auf einen passenden Hintergrund (Tonpapier oder Bildcollage aus alten Zeitschriften) setzen; dieser Bildhintergrund sollte von der Symbolik der Farben bzw. vom Motiv zu der Aussage Ihres Textes passen.
- Die Präsentation können Sie mit Bildern oder Musik unterlegen.
- Auch der Vortrag (evtl. mit verteilten Rollen) ist eine Möglichkeit der Präsentation; dabei kann eine passende Musik als Einstimmung, als Hintergrund bzw. als Abschluss dienen.
- Der Vortrag kann vertont werden.
- Überlegen Sie auch, ob Sie Ihre Texte in einem kleinen Heft zusammenstellen, um sie anderen Gruppen zugänglich zu machen.

Literatur in ihren historischen Zusammenhängen – Beispiele und Überblick

Das Beispiel Barock – Ein Jahrhundert der Widersprüche

Sih hier o Mensh wer du bist
wie ungleich Todt und leben Ist

Johann Michael Eder: Memento mori

Das prägende Ereignis des 17. Jahrhunderts stellt der **Dreißigjährige Krieg** dar (1618–1648). Er hinterlässt ein verwüstetes Land; die verschiedenen Landschaften sind dabei in unterschiedlicher Weise betroffen. Der Krieg und die Folgen des Krieges beeinflussen sowohl die politischen als auch die literarisch-geistigen Erfahrungen. Die Bevölkerung im Reich geht von ca. 15-17 Millionen um etwa 5 Millionen Menschen zurück. Diese Menschen kommen weniger durch die unmittelbaren Kriegswirkungen als durch die verheerenden Wirkungen der Pest um, die allerdings durch die Kriegsbedingungen verstärkt werden (zum Beispiel aufgrund der schnellen Ausbreitung der Seuche in den von Flüchtlingen überfüllten Städten).

Das 17. Jahrhundert ist durch **schroffe Gegensätze** gekennzeichnet. Der Gegenreformation mit den Glaubenskriegen und dem Höhepunkt der schrecklichen Hexenverfolgungen stehen bedeutende Entdeckungen in der Mathematik und den Naturwissenschaften gegenüber. Den Kontrast zu der prunkvollen absolutistischen Hofkultur (als Vorbild gilt das französische Modell Ludwigs XIV.) bilden Elend und Unbildung breiter Volksschichten.

Die künstlerischen Äußerungsformen werden im 17. Jahrhundert noch von einer einheitlichen Idee und Kraft geformt: dem christlichen Glauben. Die **religiös begründete Ordnung ist geradezu ein Leitbegriff des Zeitalters;** diese Ordnung liegt den verschiedensten Erscheinungen zugrunde, der gesellschaftlichen Einteilung in Stände und dem Zeremoniell ebenso wie dem Aufbau eines Freskos, einer Fuge oder eines Sonetts. Der Transzendenzgedanke ist nur ansatzweise vom modernen Denken (wie Rationalismus und Wissenschaftlichkeit) geprägt. Noch kommt der göttlichen Offenbarung ein höherer Wahrheitsgehalt zu als der menschlichen Vernunft. Dies sollte sich erst im nachfolgenden Zeitalter der Aufklärung ändern. Die Leiden des Menschen werden als Wesensmerkmal des Irdischen verstanden und als Aufforderung, sich von dieser schlechten Welt ab- und zu Gott hinzuwenden. Insofern werden auch als bedrückend empfundene soziale und politische Verhältnisse als gottgegeben hingenommen (zum Beispiel die feudalistischen Gesellschafts- und die absolutistischen Herrschaftsformen). Erst in der Aufklärung setzen sich die bereits in der Renaissance gewonnenen Erkenntnisse von Kopernikus und Galilei allmählich durch und führen zur Infragestellung und Auflösung des christlichen Weltbildes.

Aber auch schon im 17. Jahrhundert finden sich deutliche Anzeichen für Unsicherheiten, Angst und Spannungen, gewiss auch entscheidend bedingt durch die schreckliche Not und das Elend, die Einfluss auf das **Lebensgefühl der Zeit** gewinnen. Auf der einen Seite herrscht das Bewusstsein vor, dass der Mensch und alle weltliche Pracht vergänglich sind, alles irdische Streben vergeblich und nutzlos sei und daher allein die Hinwendung zum Jenseits dem menschlichen Leben einen Sinn gebe (**memento mori!** – Denke daran, dass du sterben musst!), auf der anderen Seite finden sich die Gier nach Lebensgenuss, Sinnenfreude und das Bestreben nach prunkvoller Repräsentation (**carpe diem!**

– Nutze und genieße den Tag!).
Dieser **Kontrast** verkörpert ein **Grundprinzip barocken Lebensgefühls**. So stehen sich gegenüber:

Verherrlichung des Diesseits	Verherrlichung des Jenseits (Vanitas-Gedanke = Eitelkeit im Sinne von Vergeblichkeit und nutzloser Nichtigkeit)
Sinnenlust	christliche Tugend
Schein	Wirklichkeit
Erotik	Askese
Körper	Seele
Leben	Kunst

Neben diesem Kontrast gehört zum barocken Lebensverständnis die Einsicht, dass einzelne Phänomene des Lebens wechselseitig aufeinander bezogen sind. In diesem Sinne hängen zusammen:

Irdisches	↔	Göttliches
Erscheinungen der Natur	↔	tieferer Sinn des menschlichen Lebens
Vielfalt der Gegensätze	↔	Idee einer göttlichen Ordnung
das Individuelle	↔	das Allgemeine, die ordnende Macht

Die Aufgaben des Poeten werden vor allem im rhetorischen Bereich gesehen. Auf die antike Tradition zurückgreifend geht es insbesondere um folgende Wirkungsabsichten: docere, delectare, movere (belehren, unterhalten, bewegen). Dichtung ist also, dies gilt für alle Gattungen, auf Wirkung angelegt, sie hat einen „Zweck". Man greift auf sprachliche Formen und Mittel zurück, die man aus der Antike bzw. aus der Bibel kennt. Bei Gedichten entspricht dem hohen artifiziellen Charakter oft die **Form des Sonetts**.
Die Kennzeichen der barocken Baukunst (auffällige Schnörkel, pomphafter Zierrat, Ordnungs- und Formbewusstsein) haben ihr Pendant in der Poesie: Bilderreichtum, der auf heutige Leser übertrieben und gekünstelt wirken kann, ausgesuchte Metaphorik und gleichnishafte Sinn-Bilder, spielerisch-kunstfertiger Umgang mit Wörtern, Silben und Buchstaben. Außerdem fallen auf: die Aneinanderreihung von Einzelbildern, formelhafte Argumente, eine additive Häufung und Steigerung, lehrhafter Satz.
Bis auf wenige Ausnahmen **gehören die bürgerlichen deutschen Dichter dem Gelehrtenstand an,** alle haben sich im Rahmen ihrer Universitätsausbildung mit Rhetorik und Poetik vertraut gemacht und eine philologische Vorbildung erfahren, die als Voraussetzung für die Dichtkunst angesehen wird. Die literarischen Zentren des 17. Jahrhunderts sind die **Sprachgesellschaften**, die sich unter anderem die Pflege der deutschen Sprache zum Ziel setzen. Es geht dabei um die Entwicklung einer deutschen Literatursprache, die das Lateinische ablösen soll. Die so entstehende **Literatur ist für ein recht begrenztes Publikum bestimmt,** das über entsprechende Bildungsvorausset-

zungen und einen gewissen Wohlstand verfügt, denn Bücher sind verhältnismäßig teuer.
In einer Reihe von Poetiken, bekanntestes Beispiel ist Martin Opitz' **Buch von der deutschen Poeterey** (1624), werden Gattungen und Formen normativ festgelegt und Inhalte und Themen für die Gestaltung vorgegeben, zum Beispiel die Vergänglichkeit des Irdischen, Liebe und Lob der Frauen. Die Aufgabe des Poeten besteht darin, diese Themen in ein möglichst kunstvolles Gewand zu kleiden (siehe oben).
Unabhängig von dem literarisch vorgebildeten Publikum entstehen auch satirisch-volkstümliche Texte, die das allmählich aufkommende Selbstbewusstsein bürgerlicher und bäuerlicher Schichten verdeutlichen. Auch dies ist ein Beleg für die Gegensätzlichkeit der Epoche. Die von niederen Ständen rezipierten Texte gelten vor allem der Erbauung und Lebenshilfe und finden sich oft in Kalendern wieder.

◻ Beschreiben Sie anhand des Bildes (Seite 237) die Lebenseinstellung im 17. Jahrhundert. Beziehen Sie dazu auch den Einführungstext (Seite 238ff.) mit ein.

„Memento mori" – „Carpe diem"[1]

Kurzbiografie

geboren 1616 in Glogau (Schlesien) als Sohn eines lutherischen Pastors, gestorben 1664 in Glogau

Der 30-jährige Krieg (1618–1648) und die damit verbundenen konfessionellen Konflikte prägten seine Jugend. Bereits mit fünf Jahren verlor der Junge den Vater, mit 11 Jahren die Mutter. Seine Schule in Görlitz wurde durch eine Feuersbrunst zerstört, seine Schule in Fraustadt wegen der Pest geschlossen. In Danzig erlebte er auf dem Akademischen Gymnasium von 1634 bis 1636 zwei für seine weitere Entwicklung gute, entscheidende Jahre.

Beim schlesischen Hofpfalzgrafen Georg Schönborner wurde Gryphius mit 20 Jahren Hauslehrer. Georg Schönborner verlieh seinem Hauslehrer 1637 kraft seiner Rechte als kaiserlicher Pfalzgraf Adelstitel, Magisterwürde und Dozentenrecht und krönte ihn zum Poeten.

Mitten im Krieg durfte Gryphius die beiden Söhne Schönborner an die calvinistische Universität Leiden (Holland), damals Zentrum der europäischen Bildung, begleiten. Gryphius hielt sich dort von 1638 bis 1644 auf und nutzte diese Zeit für Studien und sein dichterisches Werk. Die anschließende Bildungsreise (1644–1646) durch Frankreich und Italien führte zu neuen wissenschaftlichen und literarischen Kontakten. Gryphius erhielt ehrenvolle Berufungen an mehrere Universitäten, die er jedoch ablehnte.

1650 trat er das Amt eines Syndikus in Glogau an. Er war damit Rechtsberater der protestantischen Landstände des Fürstentums Glogau und hatte schwierige politische Verhandlungen zu führen, weil die Habsburger die Gegenreformation in Schlesien weiter vorantreiben wollten.

Philipp Kilian:
Andreas Gryphius, 1616–1664

---

[1] „Denke an den Tod!" – „Ergreife den Tag!"

Andreas Gryphius
Tränen des Vaterlandes, anno 1636

Wir sind doch nunmehr ganz, ja mehr denn ganz verheeret!
Der frechen Völker Schar, die rasende Posaun,
Das vom Blut fette Schwert, die donnernde Kartaun
Hat aller Schweiß und Fleiß und Vorrat aufgezehret.

Die Türme stehn in Glut, die Kirch ist umgekehret,
Das Rathaus liegt im Graus, die Starken sind zerhaun,
Die Jungfraun sind geschänd't, und wo wir hin nur schaun,
Ist Feuer, Pest und Tod, der Herz und Geist durchfähret.

Hier durch die Schanz und Stadt rinnt allzeit frisches Blut.
Dreimal sind schon sechs Jahr, als unser Ströme Flut,
Von Leichen fast verstopft, sich langsam fort gedrungen.

Doch schweig ich noch von dem, was ärger als der Tod,
Was grimmer denn die Pest und Glut und Hungersnot,
Dass auch der Seelenschatz so vielen abgezwungen. (v 1637)

Andreas Gryphius
Tränen in schwerer Krankheit, anno 1640

Mir ist, ich weiß nicht wie; ich seufze für und für.
Ich weine Tag und Nacht, ich sitz in tausend Schmerzen
Und tausend fürcht ich noch; die Kraft in meinem Herzen
Verschwindt, der Geist verschmacht', die Hände sinken mir.

Die Wangen werden bleich, der muntern Augen Zier
Vergeht gleich als der Schein der schon verbrannten Kerzen.
Die Seele wird bestürmt gleichwie die See im Märzen.
Was ist dies Leben doch, was sind wir, ich und ihr?

Was bilden wir uns ein? Was wünschen wir zu haben?
Itzt sind wir hoch und groß und morgen schon vergraben;
Itzt Blumen, morgen Kot; wir sind ein Wind, ein Schaum,

Ein Nebel und ein Bach, ein Reif, ein Tau, ein Schatten;
Itzt was und morgen nichts, und was sind unsre Taten
Als ein mit herber Angst durchaus vermischter Traum!
(v 1643)

Andreas Gryphius
Es ist alles eitel

Du siehst, wohin du siehst, nur Eitelkeit auf Erden,
Was dieser heute baut, reißt jener morgen ein;
Wo itzund Städte stehn, wird eine Wiesen sein,
Auf der ein Schäferskind wird spielen mit den Herden.

Was itzund prächtig blüht, soll bald zutreten werden.
Was itzt so pocht und trotzt, ist morgen Asch und Bein;
Nichts ist, das ewig sei, kein Erz, kein Marmorstein.
Itzt lacht das Glück uns an, bald donnern die Beschwerden.

❏ Weisen Sie an einzelnen Texten und Bildern ihrer Wahl die Lebenseinstellungen der Zeit nach und erklären Sie diese. Stellen Sie auch einen Bezug zu den Lebensumständen des Verfassers her.

❏ Arbeiten Sie an einzelnen Textbeispielen typische Formmerkmale des Barock heraus, zum Beispiel die strenge Formgebung sowie rhetorische Mittel (etwa: Metaphorik, Antithetik, Häufung). Erschließen Sie deren mögliche Funktion. Bestimmen Sie an einzelnen Textbeispielen Aussage bzw. Zweck und lehrhafte Absicht. Beziehen Sie die Hinweise auf den Seiten 242f. zur Zeit bzw. zur Gedichtform „Sonett" mit ein.

Der hohen Taten Ruhm muss wie ein Traum vergehn.
Soll denn das Spiel der Zeit, der leichte Mensch, bestehn?
Ach, was ist alles dies, was wir vor köstlich achten,

Als schlechte Nichtigkeit, als Schatten, Staub und Wind,
Als eine Wiesenblum, die man nicht wiederfind't!
Noch will, was ewig ist, kein einig¹ Mensch betrachten!

(v 1637)

¹ einig: einziger

Die Einwohner Londons fliehen vor der Pest 1665

Es war eine Zeit, in der in Europa tödliche Krankheiten, wie Pocken, Tuberkulose, Diphtherie, Typhus, Brechruhr, Cholera und vor allem die Pest, Angst und Schrecken verbreiteten. Die ärztliche Kunst war noch wenig entwickelt, den Ärzten stand meist nur ein fragwürdiges Mittel zur Verfügung, der Aderlass. Gegen die Schmerzen der Kranken gab es keine Medikamente. Wenn die Pest – die Beulenpest oder die noch rascher sich verbreitende Lungenpest – ausbrach, herrschte vollkommenes Chaos; die Reichen versuchten zu fliehen, die Armen starben in ihren Elendsquartieren in sehr großer Zahl (Sterblichkeitsquote 95 %). „Diese Krankheit macht uns grausamer gegeneinander als Hunde!", schrieb ein Zeitzeuge. Eine von der Pest befallene Stadt war wie ausgestorben: strenges Ausgangsverbot für die Bewohner, Zusammenbruch des öffentlichen Lebens, nicht einmal mehr Gottesdienste in den Kirchen, dafür vielfach Leichenberge auf den Straßen.

(v 1995)

Jacques Callot: Plünderung und Brandschatzung eines Dorfes (1632/33)

> **Sonett**
>
> italienische Gedichtform; Nachbildungen gibt es in allen europäischen Sprachen und Kulturen mit zahlreichen Varianten des Grundschemas. Die Grundform bildet ein 14-zeiliges Gedicht, das sich aus zwei Vierzeilern (Quartetten) und zwei Dreizeilern (Terzetten) zusammensetzt. Quartette und Terzette sind durchgereimt. Der äußeren Form des Sonetts entsprechen der syntaktische Bau und die innere Struktur. So stellen die Quartette in These und Antithese die Themen des Gedichtes auf, die Terzette führen diese Themen durch und bringen die Gegensätze zur Synthese. Quartette und Terzette stehen sich im Verhältnis von Erwartung und Erfüllung, von Spannung und Entspannung gegenüber, syntaktisch kann es auch das Verhältnis von Voraussetzung und Folgerung, von Behauptung und Beweis sein.

Martin Opitz

Ach Liebste, lass uns eilen

Ach Liebste, lass uns eilen,
Wir haben Zeit:
Es schadet das Verweilen
Uns beiderseit.

Der edlen Schönheit Gaben
Fliehn Fuß für Fuß,
Dass alles, was wir haben,
Verschwinden muss.

Der Wangen Zier verbleichet,
Das Haar wird greis,
Der Augen Feuer weichet,
Die Brunst wird Eis.

Das Mündlein von Korallen
Wird ungestalt,
Die Händ als Schnee verfallen,
Und du wirst alt.

Drumb lass uns jetzt genießen
Der Jugend Frucht,
Eh als wir folgen müssen
Der Jahre Flucht.

Wo du dich selber liebest,
So liebe mich,
Gib mir, dass, wann du gibest,
Verlier auch ich.

(v 1624)

Christian Hoffmann von Hoffmannswaldau

Die Welt

Was ist die Welt und ihr berühmtes Glänzen?
Was ist die Welt und ihre ganze Pracht?
Ein schnöder Schein in kurzgefassten Grenzen,
Ein schneller Blitz bei schwarz gewölkter Nacht,
Ein buntes Feld, da Kummerdisteln grünen,
Ein schön Spital, so voller Krankheit steckt,
Ein Sklavenhaus, da alle Menschen dienen,
Ein faules Grab, so Alabaster deckt.
Das ist der Grund, darauf wir Menschen bauen
Und was das Fleisch für einen Abgott hält.
Komm, Seele, komm und lerne weiter schauen,
Als sich erstreckt der Zirkel dieser Welt!
Streich ab von dir derselben kurzes Prangen,
Halt ihre Lust für eine schwere Last:
So wirst du leicht in diesen Port gelangen,
Da Ewigkeit und Schönheit sich umfasst.

(v 1679)

Zur Übung einer schriftlichen Textanalyse

❏ Verfassen Sie eine kurze Einleitung zu dem Text Ihrer Wahl. Stellen Sie sich dabei einen nichtinformierten Leser vor.
In der Einleitung sollten Sie zum Beispiel knappe Hinweise zum Autor, zum Titel, zur Entstehungszeit und zum Thema des Textes geben. Sie können außerdem einen ersten Eindruck des Textes formulieren und dabei entweder das Hauptanliegen des Schriftstellers umreißen oder auch Ihre persönlichen Verständnisschwierigkeiten mit dem Text verdeutlichen.

❏ Beschreiben Sie anschließend die Einzelheiten des Textes wie Thematik, Aufbau, Textart (Sonett) und sprachliche Auffälligkeiten. Deuten Sie diese Einzelheiten im Zusammenhang und hinsichtlich ihrer Funktion für die Gesamtaussage. Für eine vollständige schriftliche Analyse mit Deutung finden Sie auf den Seiten 367ff. Tipps und Hilfen.

❏ Vergleichen Sie eines der von Ihnen analysierten Gryphius-Gedichte mit dem Gedicht „Ach Liebste, lass uns eilen" von Martin Opitz. Stellen Sie dabei Ähnlichkeiten heraus, verdeutlichen Sie aber auch die unterschiedlichen Grundhaltungen.

❏ Reduzieren Sie das Gedicht „Die Welt" auf zentrale Aussagen und gestalten Sie Wörter und Verse so um, dass die Aussageabsicht des Gedichtes deutlich hervortritt. Fügen Sie aber möglichst keine eigenen Formulierungen und Wörter hinzu.

Georg Philipp Harsdörffer
Das Leben des Menschen

Das Leben ist
Ein Laub, das grunt und falbt geschwind.
Ein Staub, den leicht vertreibt der Wind.
Ein Schnee, der in dem Nu vergehet.
Ein See, der niemals stille stehet.
Die Blum, so nach der Blüt verfällt.
Der Ruhm, auf kurze Zeit gestellt.
Ein Gras, das leichtlich wird verdrucket.
Ein Glas, das leichter wird zerstucket.
Ein Traum, der mit dem Schlaf aufhört.
Ein Schaum, den Flut und Wind verzehrt.
Ein Heu, das kurze Zeite bleibet.
Die Spreu, so mancher Wind vertreibet.
Ein Kauf, den man am End bereut.
Ein Lauf, der schnaufend schnell erfreut.
Ein Wasserstrom, der pfeilt geschwind.
Die Wasserblas', so bald zerrinnt.
Ein Schatten, der uns macht schabab.[1]
Die Matten, so gräbt unser Grab.

(v 1650)

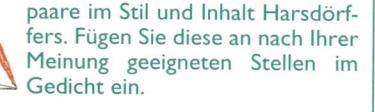

❑ Ergänzen Sie weitere Verspaare im Stil und Inhalt Harsdörffers. Fügen Sie diese an nach Ihrer Meinung geeigneten Stellen im Gedicht ein.

---
[1] schabab: (schab ab!) geh weg!

Barocke Totentanzdarstellung (Ausschnitt)

Paul Fleming
Wie er wolle geküsset sein

Nirgends hin als auf den Mund:
Da sinkt's in des Herzens Grund;
Nicht zu frei, nicht zu gezwungen,
Nicht mit gar zu fauler Zungen.

Nicht zu wenig, nicht zu viel:
Beides wird sonst Kinderspiel;
Nicht zu laut und nicht zu leise:
Bei der Maß ist rechte Weise.

Nicht zu nahe, nicht zu weit:
Dies macht Kummer, jenes Leid;
Nicht zu trucken, nicht zu feuchte,
Wie Adonis Venus reichte.

Nicht zu harte, nicht zu weich,
Bald zugleich, bald nicht zugleich,
Nicht zu langsam, nicht zu schnelle,
Nicht ohn Unterscheid der Stelle.

Halb gebissen, halb gehaucht,
Halb die Lippen eingetaucht,
Nicht ohn Unterscheid der Zeiten,
Mehr alleine denn bei Leuten.

Küsse nun ein jedermann,
Wie er weiß, will, soll und kann!
Ich nur und die Liebste wissen,
Wie wir uns recht sollen küssen. (v 1642)

Jacob Ochtervelt (?):
Der Liebesantrag an die Lesende

Christian Hoffmann von Hoffmannswaldau

Allegorisches Sonett

Amanda, liebstes Kind, du Brustlatz kalter Herzen,
Der Liebe Feuerzeug, Goldschachtel edler Zier,
Der Seufzer Blasebalg, des Trauerns Löschpapier,
Sandbüchse meiner Pein und Baumöl meiner Schmerzen,

Du Speise meiner Lust, du Flamme meiner Kerzen,
Nachtstühlchen meiner Ruh, der Poesie Klistier,
Des Mundes Alekant[1], der Augen Lustbrevier,
Der Komplimenten Sitz, du Meisterin der Scherzen,

Der Tugend Quodlibet[2], Kalender meiner Zeit,
Du Andachtsfackelchen, du Quell der Fröhlichkeit,
Du tiefer Abgrund du voll tausend guter Morgen,

Der Zungen Honigseim, des Herzens Marzipan,
Und wie man sonsten dich mein Kind beschreiben kann.
Lichtputze meiner Not und Flederwisch der Sorgen.
(v 1697)

[1] Alekant: Wein aus Alicante; einen sehr süßen Wein nannte man ebenfalls Alekant
[2] Quodlibet: von lat.: quod libet = was beliebt

Christian Hoffmann von Hoffmannswaldau

Albanie

1
Albanie gebrauche deiner zeit /
Und lass den liebes-lüsten freyen zügel /
Wenn uns der schnee der jahre hat beschneyt /
So schmeckt kein kuss / der liebe wahres siegel /
Im grünen may grünt nur der bunte klee.
 Albanie.

2
Albanie / der schönen augen licht /
Der leib / und was auff den beliebten wangen /
Ist nicht vor dich / vor uns nur zugericht /
Die äpffel / so auff deinen brüsten prangen /
Sind unsre lust / und süsse anmuths-see.
    Albanie.

3
Albanie / was qvälen wir uns viel /
Und züchtigen die nieren und die lenden?
Nur frisch gewagt das angenehme spiel /
Jedwedes glied ist ja gemacht zum wenden /
Und wendet doch die sonn sich in die höh.
    Albanie.

4
Albanie / soll denn dein warmer schooß
So öd und wüst / und unbebauet liegen?
Im paradieß / da gieng man nackt und bloß /
Und durffte frey die liebes-äcker pflügen /
Welch menschen-satz macht uns diß neue weh?
    Albanie.

5
Albanie / wer kan die süßigkeit /
Der zwey vermischten geister recht entdecken?
Wenn lieb und lust ein essen uns bereit /
Das wiederhohlt am besten pflegt zu schmecken /
Wünscht nicht ein hertz / dass es dabey vergeh?
    Albanie.

6
Albanie / weil noch der wollust-thau
Die glieder netzt / und das geblüte springet /
So lass doch zu / dass auff der Venus-au
Ein brünstger geist dir kniend opffer bringet /
Daß er vor dir in voller andacht steh.
    Albanie.

(1697)

Conrad Wiedemann
Gesellschaftlicher Standort der Barockdichter

[...] Mit der absolutistischen Theorie wird die Teilung der Gesellschaft in Herrschaftsapparat und Beherrschte akut, in Ordnungsgebende und Ordnungsnehmende. Distanz wird deshalb zu einer politischen Kardinaltugend.
Es ist nicht schwierig, diese Auffassung in der Poesie wiederzufinden. Sie tritt uns aus zahllosen Vorreden, Widmungsgedichten etc. entgegen. Der Dichter grenzt sich rigoros nach unten ab, wobei es offensichtlich keine moralischen Bedenken zu überwinden gibt. Harsdörffer: „Die Ursache aber: warumbe dem Büffelhirnigen Pövel die tiefsinnige Poeterey in keine

schätzbare Achtung gesetzet werden kan / ist diese / weil sie nicht wehrt halten können / was ihren Verstand weit übersteiget / ... also kan auch keiner von dem Gedicht urtheilen / dessen Beschaffenheit er nicht weiß / nie gelernet hat / und wol nicht zu lernen begehret."[1] Bezeichnenderweise wird [...] nicht einfach auf ständische Vorrechte gepocht, sondern auf die wissenschaftliche bzw. gelehrte Kompetenz. [...] Die deutschen Barockdichter gehören ausnahmslos der kleinen, um 1600 etwa vier von Tausend der Bevölkerung ausmachenden Akademikerschicht an. Diese Schicht ist infolge ihrer Lateinsprachigkeit und ihres ritualisierten Gruppenverhaltens streng in sich geschlossen und nimmt innerhalb der gewachsenen Ständeordnung eine Sonderstellung ein. Aus dem italienischen Humanismus hat sie die Standestheorie von der „nobilitas litteraria", dem Wissenschafts- bzw. Geistesadel, der dem Geburtsadel gleichzusetzen sei, übernommen und in Ansätzen realisiert. Sie verfügt über ein hohes soziales Prestige und z. T. (vor allem die Juristen) über bemerkenswerte Privilegien. Die Philologen, zu denen die Dichter vornehmlich zählen, mögen darin zurückgestanden haben, doch gibt es für sie immerhin die Möglichkeit, zum ‚poeta laureatus' gekrönt zu werden, eine Auszeichnung, die, bis sie gegen Ende des 17. Jahrhunderts käuflich wird, einen erheblichen sozialen Prestigegewinn bedeutet.

(v 1972)

❏ Erörtern Sie die Kernaussage dieses Textes. Stellen Sie einen Bezug zum Einführungstext her und beurteilen Sie die Wirkung von Gedichten mit hohem artifiziellem Charakter (zum Beispiel beim Sonett).

[1] Georg Philipp Harsdörffer: Poetischer Dichter (III), Nürnberg 1653

Friedrich von Logau (1604–1655)
Des Krieges Buchstaben

Kummer, der das Mark verzehret,
Raub, der Hab und Gut verheeret,
Jammer, der den Sinn verkehret,
Elend, das den Leib beschweret,
Grausamkeit, die Unrecht fähret,
Sind die Frucht, die Krieg gewähret.

❏ Vergleichen Sie Inhalt, Form und Aussage des Akrostichons von Friedrich von Logau mit den Emblemen (Seite 248); erklären Sie die Funktion der Form.

❏ Formulieren Sie ein Akrostichon zum Thema Frieden; es darf ein Text aus Wörtern oder aus ungereimten Versen sein.

Akrostichon

(griech. Akron = Spitze, stichos = Vers: erster Buchstabe eines Verses)
Wort, Name oder Satz, gebildet aus den ersten Buchstaben (Silben, Wörtern) aufeinander folgender Verse oder Strophen. Wahrscheinlich hatte das Akrostichon ursprünglich eine magische Funktion, später verweist es auf Autor oder Empfänger oder diente als Schutz gegen Auslassungen.

Tu Vince Loquendo –
„Siege du durch Reden!"

> **Emblem**
> (griech. = das Eingesetzte, Mosaik- oder Intarsienarbeit)
> Aus Bild und Text zusammengesetzte Kunstform. Sie besteht
> 1. aus einem meist allegorischen Bild aus den Bereichen Natur, Kunst, Historie, Mythologie,
> 2. aus der Überschrift, dem Titel über oder im Bild in lateinischer oder griechischer Sprache; häufig ist dies ein Klassikerzitat,
> 3. aus der Unterschrift, als Epigramm oder Prosa; sie erläutert den im Bild verschlüsselt dargestellten Sinn.
>
> Für die barocke Bildersprache in Kunst und Literatur ist die Emblematik sehr wichtig geworden.

Emblem von Gabriel Rollenhagen

Man lebt durch den Geist, das andere fällt dem Tode anheim.

Studiere die Wissenschaften, und verachte die vergänglichen Güter!

Man lebt durch den Geist, das andere fällt dem Tode anheim.

(1611–1613)

❒ Weisen Sie die Form nach; erklären Sie die Funktion der formalen Einzelheiten für die Aussage des Emblems.

Angelus Silesius

Erheb dich über dich!
Der Mensch, der seinen Geist nicht über sich erhebt,
Der ist nicht wert, dass er im Menschenstande lebt.

Zufall und Wesen
Mensch werde wesentlich: Denn wann die Welt vergeht,
So fällt der Zufall weg, das Wesen, das besteht.

Dein Kerker bist du selbst
Die Welt, die hält dich nicht, du selber bist die Welt,
Die dich in dir mit dir so stark gefangen hält.

(v 1657)

☐ Erläutern Sie Inhalt, Form und Aussage der Epigramme im Zusammenhang mit den barocken Lebens- und Weltvorstellungen.

> **Epigramm**
> (griech. = Aufschrift, Inschrift)
> Poetische Gattung, in der auf gedanklich und formal konzentrierteste Art meist antithetisch eine zugespitzt formulierte Deutung zu einem Sachverhalt gegeben wird. Im Deutschen spricht man auch von Sinngedicht.

Simplicius Simplicissimus – „Reise" in die Welt und Absage an die Welt

Inhaltsangabe
Abenteuerlicher Simplicissimus

Im Dreißigjährigen Krieg wächst Simplicissimus fern von der Welt und ohne Bildung auf einem Bauernhof auf. Als Soldaten den Hof plündern, flieht er in den Wald, wo ein Einsiedler ihn aufnimmt und in der christlichen Religion erzieht. Nach dessen Tod zieht Simplicissimus in die Welt. Er kommt zunächst ins protestantische Hanau, wo er als Tor verlacht und in Narrenkleider gesteckt wird (Das Kalb von Hanau). Dann wird er von Kroaten geraubt und gerät schließlich ins kaiserliche Magdeburg. Dort gewinnt er die Freundschaft des alten und jungen Herzbruder, wird nach vielen Wechselfällen Dragoner und als Jäger von Soest bekannt und reich. Wieder wird er geraubt – diesmal von den Schweden – und kommt nach Lippstadt. Um seine Ehe zu finanzieren, will er Geld abholen, das er bei einem Kölner Kaufmann verwahrt hat; aber er gerät nach Paris und wird als Beau Alman von Frauen höchsten Standes geliebt. Als reicher Mann macht er sich auf den Heimweg, wird aber krank und arm und muss sich als Quacksalber durchschlagen. Wieder Soldat, trifft er den Marode-Bruder Olivier, der als Feind des jungen Herzbruder und als Jäger von Werle in der Magdeburger Zeit sein Gegner gewesen war. Er

Titelkupfer einer der ältesten Ausgaben des Simplicissimus (ca. 1669)

lebt und raubt mit ihm, bis Olivier getötet wird. Auch den jungen Herzbruder trifft er wieder und bleibt bis zu dessen Tod bei ihm. Im Schwarzwald findet er seinen vermeintlichen Vater wieder und erfährt, dass der Einsiedler, ein adliger Herr, sein wirklicher Vater gewesen sei. Simplicissimus erwirbt einen Hof, auf dem er mit seinen Pflegeeltern lebt. Nach einer fantastischen Fahrt in die Tiefe des Mummelsees zieht er mit einem Oberst nach Moskau, von wo er über Persien zurückkehrt. Schließlich entsagt er der Welt und wird Einsiedler. In der „Continuatio" erfahren wir, dass Simplicissimus wieder in die Welt zieht – diesmal als Wallfahrer. Er will nach Jerusalem, gerät in ägyptische Gefangenschaft, wird von Kaufleuten gerettet, deren Schiff aber untergeht. Simplicissimus wird auf eine unbewohnte Insel verschlagen, wo er wieder als Einsiedler lebt.

Kurzbiografie

geboren 1621 oder 1622 in Gelnhausen, einer lutherischen Reichsstadt
gestorben 1676 in Renchen/Baden
Seine Familie ist mäßig begütert und von adliger Herkunft.
- Besuch der Lateinschule in Gelnhausen
- 1634 Plünderung und Zerstörung der Stadt Gelnhausen durch die kaiserlichen Truppen; Flucht der Familie in die von Schweden besetzte Festung Hanau
- 1635 Entführung durch Kroaten; von da an bestimmt der Krieg sein Leben: Grimmelshausen dient im kaiserlichen Heer.
- 1649 Der zum katholischen Glauben übergetretene Grimmelshausen heiratet Catharina Henninger aus Zabern.
- 1657 Grimmelshausen betreibt eine Gastwirtschaft.
- 1667 Grimmelshausen übernimmt das Amt des Schultheißen in Renchen (östlich von Straßburg); damit gelingt es ihm endgültig, die Existenz seiner vielköpfigen Familie zu sichern.
- ab 1666: Erscheinen seiner Werke. Thema der satirisch-realistischen Romane und Erzählungen ist häufig der Krieg.

Hans Jakob Christoph von Grimmelshausen,
1621/22 – 1676 (1670)

❐ Da Grimmelshausen in seinem Roman zahlreiche eigene Erlebnisse verarbeitet, hat dieser stark autobiografische Züge. Weisen Sie diese Zusammenhänge durch einen Vergleich zwischen der Inhaltsangabe des Romans und der Biografie Grimmelshausens nach.

Hans Jakob Christoffel von Grimmelshausen
Der Abentheuerliche Simplicissimus Teutsch

*Simplicii Residenz
wird erobert, geplündert und zerstört,
darin die Krieger jämmerlich hausen*

Wiewohl ich nicht bin gesinnet gewesen, den friedliebenden Leser mit diesen Reutern in meines Knans[1] Haus und Hof zu führen, weil es schlimm genug darin hergehen wird: So erfordert jedoch die Folge meiner Histori, dass ich der lieben Posterität[2] hinterlasse, was für Grausamkeiten in diesem unserm

[1] Knan: Vater
[2] Posterität: Nachwelt

Teutschen Krieg hin und wieder verübet worden, zumalen mit meinem eigenen Exempel zu bezeugen, dass alle solche Übel von der Güte des Allerhöchsten, zu unserm Nutz, oft notwendig haben verhängt werden müssen: Denn lieber Leser, wer hätte mir gesagt, dass ein Gott im Himmel wäre, wenn keine Krieger meines Knans Haus zernichtet, und mich durch solche Fahung[3] unter die Leut gezwungen hätten, von denen ich genugsamen Bericht empfangen? Kurz zuvor konnte ich nichts anderes wissen noch mir einbilden, als dass mein Knan, Meuder, ich und das übrige Hausgesind allein auf Erden sei, weil mir sonst kein Mensch noch einzige andere menschliche Wohnung bekannt war, als diejenige, darin ich täglich aus- und einging: Aber bald hernach erfuhr ich die Herkunft der Menschen in diese Welt, und dass sie wieder daraus müssten; ich war nur mit der Gestalt ein Mensch, und mit dem Namen ein Christenkind, im übrigen aber nur eine Bestia! Aber der Allerhöchste sah meine Unschuld mit barmherzigen Augen an, und wollte mich beides zu seiner und meiner Erkenntnis bringen: Und wiewohl er tausenderlei Weg hierzu hatte, wollte er sich doch ohn Zweifel nur desjenigen bedienen, in welchem mein Knan und Meuder, andern zum Exempel, wegen ihrer liederlichen Auferziehung gestraft würden.

Das erste, das diese Reuter taten, war, dass sie ihre Pferd einstelleten, hernach hatte jeglicher seine sonderbare Arbeit zu verrichten, deren jede lauter Untergang und Verderben anzeigte, denn obzwar etliche anfingen zu metzgen, zu sieden und zu braten, dass es sah, als sollte ein lustig Bankett gehalten werden, so waren hingegen andere, die durchstürmten das Haus unten und oben, ja das heimlich Gemach war nicht sicher, gleichsam ob wäre das gülden Fell von Kolchis[4] darinnen verborgen; Andere machten von Tuch, Kleidungen und allerlei Hausrat große Päck zusammen, als ob sie irgends ein Krempelmarkt anrichten wollten, was sie aber nicht mitzunehmen gedachten, wurde zerschlagen, etliche durchstachen Heu und Stroh mit ihren Degen, als ob sie nicht Schaf und Schwein genug zu stechen gehabt hätten, etliche schütteten die Federn aus den Betten, und fülleten hingegen Speck, andere dürr Fleisch und sonst Gerät hinein, als ob alsdann besser darauf zu schlafen gewesen wäre; Andere schlugen Ofen und Fenster ein, gleichsam als hätten sie ein ewigen Sommer zu verkündigen, Kupfer und Zinnengeschirr schlugen sie zusammen, und packten die gebogenen und verderbten Stück ein, Bettladen, Tisch, Stühl und Bänk verbrannten sie, da doch viel Klafter dürr Holz im Hof lag, Hafen[5] und Schüsseln musste endlich alles entzwei, entweder weil sie lieber Gebraten aßen, oder weil sie bedacht waren, nur ein einzige Mahlzeit allda zu halten; unser Magd ward im Stall dermaßen traktiert,

---

[3] Fahung: Gefangennahme
[4] Hinweis auf die griechische Sage: die Argonauten holen das goldene Vlies aus Kolchis
[5] Hafen: Behälter

dass sie nicht mehr daraus gehen konnte, welches zwar eine Schand ist zu melden! den Knecht legten sie gebunden auf die Erd, steckten ihm ein Sperrholz ins Maul, und schütteten ihm einen Melkkübel voll garstig Mistlachenwasser in Leib, das nannten sie ein Schwedischen Trunk, wodurch sie ihn zwangen, eine Partei anderwärts zu führen[6], allda sie Menschen und Vieh hinwegnahmen, und in unsern Hof brachten, unter welchen mein Knan, mein Meuder und unser Ursele auch waren.

Da fing man erst an, die Stein[7] von den Pistolen, und hingegen an deren Statt der Bauren Daumen aufzuschrauben, und die armen Schelmen so zu foltern, als wenn man hätt Hexen brennen wollen, maßen sie auch einen von den gefangenen Bauren bereits in Backofen steckten, und mit Feuer hinter ihm her waren, ohnangesehen er noch nichts bekannt hatte; einem andern machten sie ein Seil um den Kopf, und reitelten[8] es mit einem Bengel[9] zusammen, dass ihm das Blut zu Mund, Nas und Ohren heraussprang. In Summa, es hatte jeder seine eigene Invention, die Bauren zu peinigen, und also auch jeder Bauer seine sonderbare Marter: Allein mein Knan war meinem damaligen Bedünken nach der glückseligste, weil er mit lachendem Mund bekannte, was andere mit Schmerzen und jämmerlicher Wehklag sagen mussten, und solche Ehre widerfuhr ihm ohne Zweifel darum, weil er der Hausvater war, denn sie setzten ihn zu einem Feuer, banden ihn, dass er weder Händ noch Füß regen konnte, und rieben seine Fußsohlen mit angefeuchtem Salz, welches ihm unser alte Geiß wieder ablecken, und dadurch also kitzeln musste, dass er vor Lachen hätte zerbersten mögen; das kam so artlich, dass ich Gesellschaft halber, oder weil ichs nicht besser verstand, von Herzen mitlachen musste: In solchem Gelächter bekannte er seine Schuldigkeit, und öffnet' den verborgenen Schatz, welcher von Gold, Perlen und Kleinodien viel reicher war, als man hinter Bauren hätte suchen mögen. Von den gefangenen Weibern, Mägden und Töchtern weiß ich sonderlich nichts zu sagen, weil mich die Krieger nicht zusehen ließen, wie sie mit ihnen umgingen: Das weiß ich noch wohl, dass man teils hin und wider in den Winkeln erbärmlich schreien hörte, schätze wohl, es sei meiner Meuder und unserm Ursele nit besser gangen als den andern. Mitten in diesem Elend wendet' ich Braten, und half nachmittag die Pferd tränken, durch welches Mittel ich zu unserer Magd in Stall kam, welche wunderwerklich zerstrobelt aussah, ich kannte sie nicht, sie aber sprang zu mir mit kränklicher Stimm: „O Bub lauf weg, sonst werden dich die Reuter mitnehmen, guck dass du davonkommst, du siehest wohl, wie es so übel": mehrers konnte sie nicht sagen.

(v 1669)

❑ Belegen Sie, mit welchen inhaltlichen Einzelheiten Grimmelshausen in dem Eingangskapitel seines Romans den Überfall von Soldaten auf den Bauernhof darstellt.

❑ Die Gräueltaten des Dreißigjährigen Krieges versuchte Grimmelshausen auf satirisch-komische Weise zu bewältigen. Zeigen Sie dies an entsprechenden Beispielen aus dem Anfangsteil des Romans.

❑ Weisen Sie auch an dem Titelblatt (Seite 249) den satirischen Charakter des Romans sowie die gegensätzlichen Kennzeichnungen des menschlichen Wesens in der Barockzeit nach.

---

[6] eine Partei/Gruppe anderswohin führen
[7] Steine: [hier] Feuersteine
[8] reiteln: drehen
[9] Bengel: Stock

Von der Aufklärung bis zur Romantik: Überblick und Textbeispiele

Mit dem Begriff **Aufklärung** bezeichnet man eine **gesamteuropäische bürgerliche Bewegung,** die sich über England und Frankreich im 18. Jahrhundert auch in Deutschland verbreitet. Es entsteht ein neues „Modell" für die Erklärung der Welt: Das analytische und kausale Denken findet Eingang in alle Bereiche der Wissenschaft, der Kunst, der Ethik, der Religion. Die neuen Erkenntnisse der Mathematik und Mechanik (Galilei, Kepler, Newton, Leibniz) tragen nicht wenig dazu bei. **Der Glaube an den Sieg der Vernunft und das Fortschrittsdenken** schaffen ein neues bürgerliches Bewusstsein. Der **Gedanke des Naturrechts** findet Verbreitung, wonach alle Menschen aller Konfessionen, Rassen und Nationen mit der gleichen Vernunft und mit den gleichen Rechten geboren werden. Aus diesen allgemeinen Menschenrechten werden abgeleitet:

- Staatsvertrag anstelle des Gottesgnadenkönigtums,
- natürliche Religiosität anstelle der Offenbarung,
- natürliche Sittlichkeit anstelle tradierter Normen der Moral.

Die Bewegung mit den Prinzipien **„Vernunft und Freiheit"** stellt eine literaturgeschichtliche *und* eine geistesgeschichtliche Epoche dar. Diese Bewegung führt in Frankreich 1789 die Revolution mit herbei unter den Schlagwörtern „liberté, egalité, fraternité" (Freiheit, Gleichheit, Brüderlichkeit).

Man beruft sich auf die für alle Menschen, Adlige und Bürger, gültige Moral. Nur allmählich durchdringt der neue Geist der Aufklärung das enge, teilweise noch mittelalterliche Weltbild. Im Jahre 1775 wird in Deutschland der letzte Hexenprozess geführt. Die Grundsätze der Aufklärung heißen: **„knowledge is power"** und **„cogito ergo sum"** („Ich denke, also bin ich", René Descartes). Für die gebildete Schicht werden **Verstand und Vernunft das Maß aller Dinge.** Dies heißt, dass man dem Menschen die Fähigkeit zuerkennt, klar zu denken, Entscheidungen auf Grund von Fakten zu treffen, die Wahrheit zu erkennen. Man spricht deshalb auch vom **Zeitalter des Rationalismus.**

Der typische Mensch der Aufklärung sieht sich nicht mehr, wie noch im Barock, als sündiger Mensch und dem Schicksal ausgeliefert, sondern versteht sich als „aufgeklärt" durch eine verstandesgemäße, vorurteilsfreie Einstellung.

Die Zeit der Aufklärung beurteilen ihre Vertreter als Gegensatz zum finsteren Mittelalter. Es wird ein Weltbild entworfen, das dem **Diesseits** und dem **gesellschaftlichen Fortschritt** verpflichtet ist. Der Aufklärer glaubt fest daran, mit Hilfe seines Verstandes und seiner Vernunft werde der

Der Sturm auf die Bastille, 14.7.1789

Adolph Menzel: Die Tafelrunde.
Friedrich der Große in Sanssouci
(Kopie des 1945 verbrannten
Gemäldes von 1850)

Johann Ludwig Strecker:
Johann Gottfried Herder,
1744–1803 (1775)

Mensch Leid, Not und Elend seiner Zeit bewältigen können und ein goldenes Zeitalter aufbauen. Die Einstellung zum Leben verändert auch die Kunst. Aus dem Barock entwickelt sich das heitere und verspielte **Rokoko.** Der preußische König Friedrich II. (1740–1786) fühlt sich dem Geist der Aufklärung verbunden. Er versteht sich als „erster Diener seines Staates", man spricht vom aufgeklärten Absolutismus.

Die Aufklärung verfolgt eine **sozialkritische Tendenz;** sie unterstützt den Kampf um die geistige Freiheit des aufkommenden Bürgertums gegen die Bevormundung durch die adligen Herren. Dazu gehört auch der ungebrochene Glaube an die Wirkung aufklärerischer Literatur. Diese will zum Aufbau einer vernunftorientierten Gesellschaft beitragen: Die Dichtung erhält eine **erzieherische Aufgabe** und wird eine „nützliche Macht". Besonders in der **Fabel-Literatur** der Aufklärungszeit wird der Aufstieg des Bürgertums sichtbar, indem zum Beispiel

● die Klugheit im Verhalten gegenüber dem Stärkeren empfohlen wird,
● das Recht des Stärkeren, der ohne Verantwortung vor einer höheren Distanz handelt, kritisiert wird.

In seiner „Hamburgischen Dramaturgie" fordert Lessing, das Schauspiel müsse der **sittlichen Besserung des Zuschauers** dienen. Die Ständeklausel, nach der nur adlige Personen in einer Tragödie auftreten konnten, fällt weg. Der bürgerliche Stand wird „bühnenfähig", so dass beim Zuschauer eine größere Identifikation ermöglicht wird.

Die Aufklärung beschäftigt sich viel mit der **Frage der richtigen Lebensweise** und mit dem **Tugendideal.** Die Vorstellung von der Religion wird dem vernunftgemäßen Denken angepasst. Im **Deismus** wird die Meinung vertreten, dass Gott nur den Schöpfungsakt vollzogen habe und ansonsten nicht mehr in die Welt eingreife. Wunder und göttliche Offenbarung sind nicht mehr notwendig; der Lauf der Welt wird geregelt durch die menschliche Vernunft und die physikalischen Gesetze. Man glaubt, dass es eine allen Menschen gemeinsame, **angeborene Humanität** gebe. Auch der **Toleranzgedanke** wird zu einem wichtigen Kennzeichen der Aufklärung. Man ist überzeugt davon, dass die **christliche Religion nur *eine* Form des Gottesglaubens** sei; Judentum und Islam seien ihr ebenbürtig.

Mit der Aufklärung verbindet sich im 18. Jahrhundert die protestantische religiöse Erneuerungsbewegung des **Pietismus** (lat: pietas = Frömmigkeit). Beide Bewegungen vertreten eine persönliche Frömmigkeit und Ethik im Gegensatz zu einer dogmatisch verstandenen Religiosität.

Als in der Aufklärung eine zu starke Betonung des Rationalen und Allgemeingültigen und damit eine Vernachlässigung des Gefühls und des Individuellen einsetzt, erhebt sich sehr bald Kritik

und bereitet den Boden für die europäische Bewegung der **Empfindsamkeit**.
Fast gleichzeitig entwickelt sich eine neue literarisch-revolutionäre Bewegung. Sie nennt sich nach dem Titel eines Dramas von Friedrich Maximilian Klinger **„Sturm und Drang"**; dies ist eine Bewegung junger Literaten, meist Studenten, die von dem jungen Schriftsteller Johann Gottfried Herder beeinflusst werden. Das Ideal des Sturm und Drang ist nicht mehr der vernünftige Mensch, sondern **der natürliche und unverbildete Mensch** mit seiner Individualität. Unter dem **Begriff des Genies,** der im Mittelpunkt der Bewegung steht, versteht man das Schöpferische, Gefühlvolle; auch der Dichter wird als Schöpfer verstanden. Als Vorbild gilt der Halbgott **Prometheus,** der **Selbstherrlichkeit** und **Unabhängigkeit** verkörpert. Die Begriffe Herz und Gefühl werden als Gegensätze zur Vernunft verstanden; damit wird der Sturm und Drang zu einer **Ergänzung und Weiterentwicklung der Aufklärung**.
Zu den wichtigen Anregern des Sturm und Drang zählt neben William Skakespeare der französische Philosoph Jean Jacques Rousseau. Rousseaus Aufforderung **„Zurück zur Natur"** wird den Stürmern und Drängern zum Programm. Es entsteht eine neue Sichtweise der Natur, deren eigener Wert jetzt deutlich gesehen wird; Aufgabe des Menschen ist es, eine **unmittelbare Empfindung für die Natur** zu entwickeln.
Auch der Mensch soll aus seiner Natur heraus frei leben; das Genie macht sich daher **frei von Bevormundung und unbegründeter Autorität**. Es entsteht ein Freiheitsbegriff, der zwar auch politisch motiviert ist, aber keine direkten politischen Ziele im Sinne einer Veränderung der Gesellschaft verfolgt. Es geht um Freiheit von der Herrschaft des Verstandes, es geht auch um Freiheit von der Vorherrschaft eines Standes, von der Willkür des absolutistischen Herrschers und um die **Abschaffung von sozialer Unterdrückung**.
Das Genie beruft sich auf große **Vorbilder der Weltliteratur**: Homer, die Bibel, den englischen Dramatiker Shakespeare, aber auch, durch den Einfluss Herders, auf Volkslieder. Man sucht die unverbildete, sinnenkräftige und bildreiche, dem Volke nahe Sprache. Die Änderungen im Denken prägen auch Literatur und Sprache. Begriffe wie Liebe, Herz, Schmerz, Leid, Freundschaft, Einsamkeit, Natur, Abend, Nacht, Mond werden zu Schlüsselwörtern der neuen Dichtung. Auch der Mann darf seinen Gefühlen von Glück und Leid Ausdruck verleihen. Die Sprache selbst ist durch **Gefühlsregungen** bestimmt. Ihre natürliche Form, das spontan gesprochene Wort steht im Vordergrund. Ausrufe und abgebrochene Sätze sind dafür nicht selten ein Beleg. So gestaltet Goethe in seiner **Erlebnisdichtung** Empfindungen, die einer ganz persönlichen Situation entspringen.
Auch in den religiösen Vorstellungen bricht sich eine neue Sichtweise Bahn, der Deismus der Aufklärung wird abgelöst durch die Vorstellung, das Göttliche gehe aus dem Innern des Menschen hervor. So fühlen sich die Stürmer und Dränger als Teil des Weltganzen, des Alls und der Natur. Der Mensch, die Welt,

Johann Daniel Bager:
Johann Wolfgang Goethe,
1749–1832 (1773)

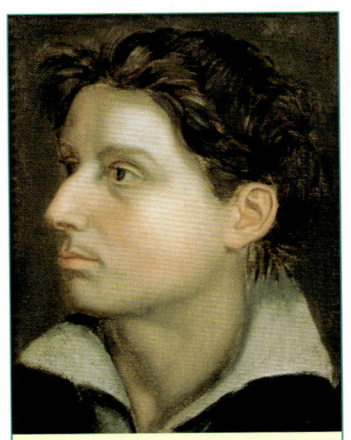

Jakob Friedrich Weckerlin:
Friedrich Schiller, 1759–1805

Johann Heinrich Wilhelm Tischbein: Goethe in der Campagna (1788)

Goethe-Schiller-Denkmal vor dem Nationaltheater in Weimar (Ernst Rietschel, 1857)

das All, die Natur verbinden sich zu einer Einheit, in der sich das Göttliche ausdrückt. Das Göttliche ist folglich in jedem Vorgang der Natur, in jeder Gestalt wirksam. Diese religiöse Vorstellung heißt **Pantheismus**.

Der Beginn der **Klassik** wird allgemein mit Goethes Italienreise (1786) in Verbindung gebracht; Goethe löst sich in Italien, vor allem aufgrund seiner Begegnung mit der Antike, vom Lebensgefühl des Sturm und Drang. Im Mittelpunkt dieser Epoche der Klassik steht die Freundschaft zwischen Goethe und Schiller, die sich beide gegenüber dem Subjektivismus des Sturm und Drang abgrenzen. Die Bezeichnung Klassik hat mehrere Bedeutungen: In ihr ist einerseits der Bezug auf die Kunst - und Lebenswelt der Antike (classicus = ein Bevorzugter) enthalten und entsprechend das Vorbildhafte, Normsetzende, Mustergültige einer Kunstepoche gemeint. Zum anderen kann auch ein einzelner Autor einer bestimmten Epoche als „klassisch" bezeichnet werden, wenn sein Werk von weitreichender und normativer Bedeutung ist. Bezogen auf die deutsche Entwicklung ist die **Weimarer Klassik** gemeint. Weimar, die Residenzstadt des politisch bedeutungslosen Herzogtums gleichen Namens, entwickelt sich gegen Ende des 18. Jahrhunderts zum geistigen und kulturellen Mittelpunkt Deutschlands. Die Dichter Johann Gottfried Herder, Johann Wolfgang Goethe, Friedrich Schiller und Martin Wieland haben dort ihren Wohnsitz. Nach der Sturm-und-Drang-Periode, in der die jungen Dichter vor allem die schöpferische Freiheit vertraten, wächst das **Bedürfnis nach Gesetz, Maß und Regel**. Dabei wirkt die Aufklärung weiter; so vertritt man zum Beispiel einen Leitgedanken der Aufklärung, die Autonomie des Menschen. Aber im Gegensatz zum Sturm und Drang, in dem die schrankenlose Selbstentfaltung des Individuums oberste Maxime war, bleibt der Einzelne nach dem Lebensgefühl der Klassik immer eingebunden in die Verantwortung gegenüber der Gemeinschaft und dem Sittengesetz; nur so erfüllt sich das **Ideal der Humanität**.

In dieser klassischen Epoche versuchen beide, Goethe, ausgehend von seinen naturwissenschaftlichen Vorstellungen, Schiller, von philosophischen und historischen Studien ausgehend, einen Ausgleich zwischen den im 18. Jahrhundert deutlich gewordenen Gegensätzen herbeizuführen und unter der Leitvorstellung des **„organischen Wachstums"** dichterisch zu gestalten. Es geht um **Ausgleich und Harmonie** zwischen:
- Verstand und Gefühl
- Gesetz und Freiheit
- Anspruch der Gesellschaft und Recht des Einzelnen
- Geist und Natur
- Pflicht und Neigung

Im Mittelpunkt des klassischen Denkens steht der einzelne Mensch und die sittliche Entfaltung aller seiner Kräfte, um das

Ideal sittlicher Vervollkommnung und Humanität zu erreichen. Für Goethe und Schiller ist die Kunst die von der Politik losgelöste „Gegenwelt", die den Menschen veredelt. Die **Kunst soll auch die Voraussetzung für politische Verbesserungen schaffen**, indem die durch sie gewonnene individuelle Freiheit und Bildung der Bürger den politischen Emanzipationsprozess bewirkt. Diese Gedanken haben mit dem politischen Alltagsgeschehen wenig zu tun, aber Goethe und Schiller haben die großen politischen Veränderungen ihrer Zeit durchaus nicht ignoriert. Zwar vermögen sie die Französische Revolution nicht von ihren sozialgeschichtlichen Voraussetzungen her zu beurteilen, sie tun dies aber unter moralischen Gesichtspunkten: Für sie hat sich die Französische Revolution vor allem durch die Zeit der Schreckensherrschaft desavouiert.

Das traditionelle Bild der Klassik ist stark im 19. Jahrhundert geprägt worden, in dem sich Deutschland zum Nationalstaat entwickelte. Im Rahmen dieser Ausprägung wurde der Klassik-Begriff zum Beispiel dadurch verkürzt, dass man die Klassik ausschließlich auf Goethe und Schiller einschränkte und sie zu stark gegenüber anderen literarischen Strömungen wie Aufklärung und Romantik absetzte. Man muss sich klar machen, dass zum Beispiel die **Gedanken der Aufklärung auch in der Klassik weiterwirken**, ja bis in unsere Zeit hineinreichen.

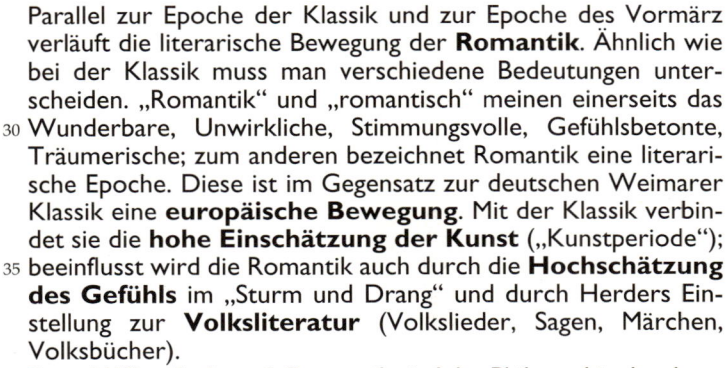

Parallel zur Epoche der Klassik und zur Epoche des Vormärz verläuft die literarische Bewegung der **Romantik**. Ähnlich wie bei der Klassik muss man verschiedene Bedeutungen unterscheiden. „Romantik" und „romantisch" meinen einerseits das Wunderbare, Unwirkliche, Stimmungsvolle, Gefühlbetonte, Träumerische; zum anderen bezeichnet Romantik eine literarische Epoche. Diese ist im Gegensatz zur deutschen Weimarer Klassik eine **europäische Bewegung**. Mit der Klassik verbindet sie die **hohe Einschätzung der Kunst** („Kunstperiode"); beeinflusst wird die Romantik auch durch die **Hochschätzung des Gefühls** im „Sturm und Drang" und durch Herders Einstellung zur **Volksliteratur** (Volkslieder, Sagen, Märchen, Volksbücher).

Sowohl Klassik als auch Romantik sind der Philosophie des deutschen **Idealismus** verpflichtet (besonders Immanuel Kant und Johann Gottlieb Fichte). Die Romantik entfaltet sich etwa **zwischen 1790 und 1830**. In dieser Epoche spielen zum ersten Mal **Frauen eine wichtige Rolle** (Bettina Brentano, Caroline Schlegel, Karoline von Günderode).

Wie die Klassik wird auch die Romantik vom gebildeten Bürgertum getragen. Im Mittelpunkt beider Bewegungen steht die Person Goethes. Die Romantik kann aber auch als Gegenströmung zur Klassik verstanden werden. Den Romantikern geht es nicht um Vervollkommnung oder Persönlichkeitsbildung des Menschen, sondern um den Sinn des Menschen für Kunst und für den Künstler; so wird die absolute künstlerische Autonomie vertreten. Der **Literaturbegriff wird ausgeweitet auf die**

Weimar (1798)

Achim von Arnim-Bärwalde: Bettina von Arnim, geb. Brentano, 1785–1859 (um 1890)

Johann Christoph Rincklake:
Freiherr vom Stein,
1757–1831 (1804; Ausschnitt)

Caspar David Friedrich:
Der Wanderer über dem Nebelmeer (um 1818)

Volkspoesie (vgl. oben). Die „Kinder- und Hausmärchen", gesammelt und aufgeschrieben von den Brüdern Grimm, werden zur Weltliteratur. Die Sehnsucht nach Überwindung alltäglicher Begrenzungen verlangt **unbeschränkte dichterische Freiheit**, die auch das Unbewusste und Unheimliche miteinbezieht. Der wichtigste Unterschied zur Klassik liegt in der **Hochschätzung der inneren Natur des Menschen** (Träume, Unbewusstes, Triebe, s.u.). Nicht selten stehen Müßiggang, Schwärmerei, überspitzte Gefühle, Wahnsinn und Krankheit im Mittelpunkt der Dichtung.

Die Romantik ist besonders gekennzeichnet durch ihre **lange Dauer, ihre Vielfältigkeit**, aber auch durch ihre **Widersprüchlichkeit**. Man kann, wenn man die historischen Daten zugrunde legt, zwischen der **Frühromantik** (1794–1805: im Zeichen der Französischen Revolution), der **Hochromantik** (1806–1815: im Zeichen der Befreiungskriege) und der **Spätromantik** (1815–1830: im Zeichen der Restaurationspolitik Metternichs) unterscheiden. Ausgehend von der **Idee des Organischen, Natürlichen, Ursprünglichen** werden die Begriffe *Volk, Nation, Religion* wichtig; sie werden allerdings zumeist in ästhetischer Weise vermittelt. Man entdeckt auch die in Vergessenheit geratene Welt des Mittelalters neu.

Weit mehr als in der Klassik findet die Romantik **Ausdruck in verschiedenen Künsten**: in der Dichtung, der Malerei, der Musik, ja sogar in der **Wissenschaft**. Die Ausdrucksmöglichkeiten sind oft widersprüchlich: Sie umfassen Pathos, trivial wirkende Sentimentalität, Gefühlsseligkeit, Ironie, Reflexion und Kritik. Die Motive sind überraschend **modern**:

● Traum und Unterbewusstsein des Menschen, seine Sehnsüchte und Wünsche
● Bemühen um universale Weltschau und unmittelbare Erkenntnis der Wahrheit
● Vorliebe für Paradoxie und Groteske als Formen der ironischen Brechung

Der Kunst wurde nie wieder ein so hoher Stellenwert eingeräumt wie in dieser Zeit. Die romantische Poesie wird als **„Universalpoesie"** (Schlegel) verstanden; sie umfasst neben Literatur auch die Malerei, die Musik, die Philosophie (siehe oben). Dichtung soll alle Lebensbereiche durchdringen; es geht um den Versuch, Kunstpoesie und Volkspoesie zu verbinden; in einem **„Gesamtkunstwerk"** sollen die Gattungen der Literatur zusammengeführt werden. So spielen in vielen romantischen Dichtungen andere Künste, wie Musik und Malerei, eine bedeutende Rolle. Die romantische Poesie wird als **„progressiv"** verstanden: sie entwickelt sich immer weiter, kann nicht zu einem Ende gebracht werden, weil die Suche nach einem nie fassbaren Ziel nicht vollendet werden kann. Die Romantiker setzen sich damit vom Formideal der Klassik ab.

Aufklärung: Vernunft und Freiheit

Kurzbiografie

geboren 1724 in Königsberg als Sohn einer Handwerkerfamilie
gestorben 1804 in Königsberg

Studium der Naturwissenschaften, der Mathematik und der Philosophie
Tätigkeit als Hauslehrer bei adligen Familien
1755 Lehrtätigkeit an der Universität
1770 Berufung zum Professor für Philosophie

Für Kant liegt die Fragwürdigkeit des Metaphysischen im Wesen der menschlichen Vernunft. Sichere Erkenntnis gibt es für ihn nur im Bereich der Erfahrungswissenschaften. Die Bedeutung der Philosophie Kants liegt vor allem in der Hinwendung zum Subjekt als Grund aller Erkenntnis. Der Kategorische Imperativ steht für ein unbedingtes Gesetz, das menschlicher Willkür entgegenwirkt. Er ist auch heute noch wichtig im Zusammenhang mit der Diskussion über Grund- und Menschenrechte.

Immanuel Kant,
1724–1804 (um 1768)

Immanuel Kant

Beantwortung der Frage: Was ist Aufklärung?

Aufklärung ist der Ausgang des Menschen aus seiner selbst verschuldeten Unmündigkeit. Unmündigkeit ist das Unvermögen, sich seines Verstandes ohne Leitung eines anderen zu bedienen. *Selbst verschuldet* ist diese Unmündigkeit, wenn die Ursache derselben nicht am Mangel des Verstandes, sondern der Entschließung und des Mutes liegt, sich seiner ohne Leitung eines andern zu bedienen! Sapere aude! Habe Mut, dich deines *eigenen* Verstandes zu bedienen! ist also der Wahlspruch der Aufklärung.
Faulheit und Feigheit sind die Ursachen, warum ein so großer Teil der Menschen, nachdem sie die Natur längst von fremder Leitung freigesprochen (naturaliter majorennes), dennoch gerne zeitlebens unmündig bleiben; und warum es anderen so leicht wird, sich zu deren Vormündern aufzuwerfen. Es ist so bequem, unmündig zu sein. Habe ich ein Buch, das für mich Verstand hat, einen Seelsorger, der für mich Gewissen hat, einen Arzt, der für mich die Diät beurteilt usw., so brauche ich mich ja nicht selbst zu bemühen. Ich habe nicht nötig zu denken, wenn ich nur bezahlen kann; andere werden das verdrießliche Geschäft schon für mich übernehmen. […]

(v 1784)

Christoph Martin Wieland

„An welchen Folgen erkennt man die Wahrheit der Aufklärung?"

Antwort: wenn es im Ganzen heller wird; wenn die Anzahl der denkenden, forschenden, lichtbegierigen Leute überhaupt und besonders in der Classe von Menschen, die bei der

- Stellen Sie im Zusammenhang mit dem Einführungstext zur Epochenkennzeichnung (Seite 253f.) die Kernaussagen und Textintentionen heraus und diskutieren Sie diese im Hinblick auf ihre heutige Gültigkeit.

Nichtaufklärung am meisten zu gewinnen hat, immer größer, die Masse der Vorurtheile und Wahnbegriffe zusehends immer kleiner wird; wenn die Scham vor Unwissenheit und Unvernunft, die Begierde nach nützlichen und edeln Kenntnissen, und besonders, wenn der Respect vor der menschlichen Natur und ihren Rechten unter allen Ständen unvermerkt zunimmt […]

(v 1789)

Immanuel Kant
Der kategorische Imperativ

Handle so, dass die Maxime[1] deines Willens jederzeit zugleich als Prinzip einer allgemeinen Gesetzgebung gelten könne.

(v 1788)

---
[1] Maxime: Grundsatz, Leitsatz

- Kategorische Imperative sind allgemein gültig, Maximen sind nur subjektiv gültig. Bei dem Kategorischen Imperativ geht es um den obersten Grundsatz der praktischen Vernunft. Diese zielt auf die Willensbestimmung des Subjekts durch praktische Grundsätze: die Erkenntnis dessen, wie ich handeln soll.
Klären Sie mit Hilfe dieser Informationen den Inhalt des Kategorischen Imperativs; untersuchen Sie den genauen Wortlaut, erklären Sie zum Beispiel das Wort *zugleich* und die konjunktivische Formulierung *gelten könne*. Lesen Sie dazu auch die Kurzbiografie zu Immanuel Kant.
- Nennen Sie andere kategorische Imperative und erklären Sie, warum auch Philosophen der heutigen Zeit Kants Sittengesetz als *den* kategorischen Imperativ bezeichnet haben.

Jean de La Fontaine
Der Wolf und das Lamm

Der Stärkere hat immer Recht:
wir zeigens hier am Tiergeschlecht.
Ein Lamm erlabte sich einmal
am reinen Rinnsal einer Quelle.
Ein magrer Wolf war auch zur Stelle,
getrieben von des Hungers Qual.
„Du wagst es", sprach er (denn er suchte Stunk)
„zu trüben meinen Morgentrunk?
Natürlich haftest du für diesen Schaden!"
„Ach", sprach das Lamm, „dass Euer Gnaden
besänftigte die grimme Wut
und zu bemerken mir geruht:
ich trinke hier am Bache zwar,
doch unterhalb und offenbar
wohl zwanzig Schritte weit von Euch
und trübe folglich nie und nimmer
das Wässerlein um einen Schimmer."
„Und dennoch trübst du's", schalt der Wolf sogleich:
„auch hast du mich verwünscht vor etwa einem Jahr."
„Wie, da ich kaum geboren war?",
versetzt' das Lamm; „an Mutters Euter lag ich noch."
„Warst du's nicht, war's dein Bruder doch!"
„Ich hab gar keinen." – „Dann war's sonst wer von eurer Sippe,
denn ihr habt alle eine lose Lippe,
ihr, euer Hund, der Hirt auch mit der Hippe.
Man sagt's. Mein ist die Rache jetzt zur Stund!" –
Er schleppte das Lamm in den Wald und riss es
und würgt' es formlos in den Schlund.
(Auch ein „Verfahren", ein gewisses!)

(v 1668)

Gotthold Ephraim Lessing
Der Wolf und das Schaf

Der Durst trieb ein Schaf an den Fluss; eine gleiche Ursache führte auf der andern Seit einen Wolf herzu. Durch die Trennung des Wassers gesichert und durch die Sicherheit höhnisch gemacht, rief das Schaf dem Räuber hinüber: „Ich ma-
5 che dir doch das Wasser nicht trübe, Herr Wolf? Sieh mich recht an; habe ich dir nicht etwa vor sechs Wochen nachgeschimpft? Wenigstens wird es mein Vater gewesen sein." Der Wolf verstand die Spötterei; er betrachtete die Breite des Flusses und knirschte mit den Zähnen. „Es ist dein Glück", ant-
10 wortete er, „dass wir Wölfe gewohnt sind, mit euch Schafen Geduld zu haben"; und ging mit stolzen Schritten weiter.

(e um 1759)

□ Vergleichen Sie Inhalt und Intention der Fabeln von La Fontaine und Lessing. Berücksichtigen Sie die gesellschaftlichen und historischen Zusammenhänge: La Fontaine hat zur Zeit des Absolutismus gelebt und kann als Wegbereiter der frühen Aufklärung gelten; Lessing gilt als Vertreter der Phase der Aufklärung, in der sich das aufsteigende Bürgertum vom Adel emanzipierte. Deuten Sie entsprechend die Positionen und Verhaltensweisen von Wolf und Lamm.

□ Vergleichen Sie die Form der beiden Fabeln; weisen Sie Ihre Einsichten jeweils am Text nach.

□ Weitere Texte zur Aufklärung finden Sie in dem Kapitel „Nathan der Weise" und „Andorra"- ..., Seite 172ff. Erläutern Sie, inwiefern das Drama „Nathan der Weise" inhaltlich der Aufklärung zugeordnet werden muss. Belegen Sie Ihre Ausführungen an der Inhaltsangabe (Seite 172f.).

Wichtige Autoren und Werke (Auswahl)

- *Johann Christoph Gottsched (1700–1766)*
  Versuch einer kritischen Dichtkunst vor die Deutschen
- *Friedrich Gottlieb Klopstock (1724–1803)*
  Der Messias
  Oden
- *Gotthold Ephraim Lessing (1729–1781)*
  Miss Sara Sampson
  Minna von Barnhelm
  Emilia Galotti
  Nathan der Weise

Sturm und Drang: Gefühl ist mehr als Denken…

Johann Wolfgang Goethe
Die Leiden des jungen Werthers[1]

Der riesige Erfolg dieses Romans, zunächst anonym zur Leipziger Herbstmesse 1774 erschienen, ist dadurch zu er-
5 klären, dass hier erstmals Gefühle dargestellt werden, die eine ganze Generation bewegen. Es handelt sich in diesem ersten Bestseller der deutschen
10 Literatur um einen Roman in Briefen. Damit kommt das Bedürfnis der Zeit nach Selbstaussage und nach Mitteilung der eigenen Gefühle und Emp-
15 findungen zum Ausdruck.

Der Auszug ist dem ersten Teil des Romans entnommen; Werther schreibt aus einer Kleinstadt (gemeint ist Wetzlar) an seinen Freund Wilhelm. Werthers Gefühl, mit der Natur eins zu sein, verstärkt sich, als er Lotte begegnet, die aber bereits einem anderen Mann versprochen ist. Später, nach Rückschlägen und Enttäuschungen, erscheint Werther die Welt zerrissen wie das eigene Gemüt. Am Ende des zweiten Romanteils werden

---
[1] Titel der ersten Fassung; in späteren Ausgaben „Werther" statt „Werthers"

die Briefe Werthers abgelöst durch einen Bericht des Adressaten Wilhelm über Werthers letzte Tage vor dessen Freitod. Ein Teil der äußeren und auch der inneren Vorgänge basiert auf Erlebnissen Goethes im Jahr 1772.

Am 10. Mai. Eine wunderbare Heiterkeit hat meine ganze Seele eingenommen, gleich den süßen Frühlingsmorgen, die ich mit ganzem Herzen genieße. Ich bin allein und freue mich meines Lebens in dieser Gegend, die für solche Seelen geschaffen ist wie die meine. Ich bin so glücklich, mein Bester, so ganz in dem Gefühle von ruhigem Dasein versunken, dass meine Kunst darunter leidet. Ich könnte jetzt nicht zeichnen, nicht einen Strich, und bin nie ein größerer Maler gewesen als in diesen Augenblicken. Wenn das liebe Tal um mich dampft, und die hohe Sonne an der Oberfläche der undurchdringlichen Finsternis meines Waldes ruht, und nur einzelne Strahlen sich in das innere Heiligtum stehlen, ich dann im hohen Grase am fallenden Bache liege, und näher an der Erde tausend mannigfaltige Gräschen mir merkwürdig werden; wenn ich das Wimmeln der kleinen Welt zwischen Halmen, die unzähligen, unergründlichen Gestalten der Würmchen, der Mückchen näher an meinem Herzen fühle, und fühle die Gegenwart des Allmächtigen, der uns nach seinem Bilde schuf, das Wehen des Allliebenden, der uns in ewiger Wonne schwebend trägt und erhält; mein Freund! wenn's dann um meine Augen dämmert, und die Welt um mich her und der Himmel ganz in meiner Seele ruhn wie die Gestalt einer Geliebten – dann sehne ich mich oft und denke: Ach könntest du das wieder ausdrücken, könntest du dem Papiere das einhauchen, was so voll, so warm in dir lebt, dass es würde der Spiegel deiner Seele, wie deine Seele ist der Spiegel des unendlichen Gottes! – Mein Freund – Aber ich gehe darüber zugrunde, ich erliege unter der Gewalt der Herrlichkeit dieser Erscheinungen.

(v 1774)

❒ Analysieren und deuten Sie den Auszug, vor allem in sprachlicher Hinsicht; weisen Sie das Epochentypische nach.

❒ Beurteilen Sie den Text aus Ihrer heutigen Sicht. Formulieren Sie selbst einen Text, der Ihr gegenwärtiges Welt- und Lebensgefühl zum Ausdruck bringt. Sie können dazu die Form eines Gedichts, eines fiktiven Briefes an einen Freund/eine Freundin, eines fiktiven Monologs oder eines fiktiven Tagebucheintrags nutzen.

❒ Lesen Sie die Goethe-Gedichte „Willkommen und Abschied" (Seite 220) und „Mailied" (Seite 217). Erläutern Sie, auf welche Weise in diesen Gedichten die natürlichen Empfindungen einer ganz persönlichen Situation dargestellt werden. Man nennt diese Lyrik Goethes, die unmittelbar freudigen und schmerzhaften Empfindungen Ausdruck verleiht, Erlebnisdichtung. Es spiegelt sich darin Goethes Liebeserlebnis mit Friederike Brion wider, der elsässischen Pfarrerstochter, die er während seiner Studienzeit in Straßburg kennen lernte.

❒ Vergleichen Sie die Gedichte mit Werthers Brief vom 10. Mai. Nennen Sie Gemeinsamkeiten und Unterschiede in Inhalt und Sprache.

Die letzte Begegnung zwischen Werther und Lotte

Und so begann diejenige Richtung, von der ich mein ganzes Leben über nicht abweichen konnte, nämlich dasjenige, was mich erfreute oder quälte, oder sonst beschäftigte, in ein Bild, ein Gedicht zu verwandeln und darüber mit mir selbst abzu-
5 schließen, um sowohl meine Begriffe von den äußeren Dingen zu berichten, als mich im Innern deshalb zu beruhigen. Die Gabe hierzu war wohl niemand nötiger als mir, den seine Natur immerfort aus einem Extreme in das andere warf. Alles, was daher von mir bekannt geworden, sind nur Bruchstücke
10 einer großen Konfession, welche vollständig zu machen dieses Büchlein ein gewagter Versuch ist. [...]

(e 1811-1814, v 1833)

☐ Erklären Sie in diesem Zusammenhang den nebenstehenden Auszug aus Goethes Autobiografie „Dichtung und Wahrheit".

Leseempfehlungen

● Ulrich Plenzdorf: Die neuen Leiden des jungen W., Suhrkamp Verlag, Frankfurt 1976 (Rückgriff auf Goethes Werther; dabei wird die klassische Vorlage in Form von Zitaten zum wichtigsten Bestandteil des neuen Romans, der in der DDR spielt; v 1973)
● Jerome D. Salinger: Der Fänger im Roggen, Rowohlt TB Verlag, Reinbek 1966 (thematisch verwandter Entwicklungsroman eines amerikanischen Erzählers; v 1951)

Johann Wolfgang Goethe
Prometheus[1]

Bedecke deinen Himmel, Zeus,
Mit Wolkendunst!
Und übe, Knaben gleich,
Der Disteln köpft,
An Eichen dich und Bergeshöhn!
Musst mir meine Erde
Doch lassen stehn,
Und meine Hütte,
Die du nicht gebaut,
Und meinen Herd,
Um dessen Glut
Du mich beneidest.

Ich kenne nichts Ärmer's
Unter der Sonn' als euch Götter.
Ihr nähret kümmerlich
Von Opfersteuern
Und Gebetshauch
Eure Majestät
Und darbtet, wären
Nicht Kinder und Bettler
Hoffnungsvolle Toren.

Da ich ein Kind war,
Nicht wusste, wo aus, wo ein,
Kehrte mein verirrtes Aug'
Zur Sonne, als wenn drüber wär'
Ein Ohr, zu hören meine Klage,
Ein Herz wie meins,
Sich des Bedrängten zu erbarmen.

Wer half mir wider
Der Titanen Übermut?
Wer rettete vom Tode mich,
Von Sklaverei?
Hast du's nicht alles selbst vollendet,
Heilig glühend Herz?

---

[1] Nach der griechischen Sage bringt Prometheus den Menschen gegen den Willen der Götter das Feuer. Zur Strafe schmiedet ihn Zeus an eine Felsspitze des Kaukasus; ein Adler frisst täglich seine Leber, die nachts wieder nachwächst.

Und glühtest, jung und gut,
Betrogen, Rettungsdank
Dem Schlafenden da droben?

Ich dich ehren? Wofür?
Hast du die Schmerzen gelindert
Je des Beladenen?
Hast du die Tränen gestillet
Je des Geängsteten?

Hat nicht mich zum Manne geschmiedet
Die allmächtige Zeit
Und das ewige Schicksal,
Meine Herrn und deine?

Wähntest du etwa,
Ich sollte das Leben hassen,
In Wüsten fliehn,
Weil nicht alle Knabenmorgen –
Blütenträume reiften?

Hier sitz' ich, forme Menschen
Nach meinem Bilde,
Ein Geschlecht, das mir gleich sei,
Zu leiden, weinen,
Genießen und zu freuen sich,
Und dein nicht zu achten,
Wie ich. (e 1774)

❑ Fassen Sie den Inhalt des Gedichts zusammen, berücksichtigen Sie auch die einführenden Hinweise zur Epoche des „Sturm und Drang".
❑ Erläutern Sie die Form des Gedichts, insbesondere den freien Rhythmus, und weisen Sie nach, dass in diesem Gedicht Gehalt und Gestalt einander entsprechen.

Johann Wolfgang Goethe
Ganymed[1]

Wie im Morgenrot
Du rings mich anglühst,
Frühling, Geliebter!
Mit tausendfacher Liebeswonne
Sich an mein Herz drängt
Deiner ewigen Wärme
Heilig Gefühl,
Unendliche Schöne!

Dass ich dich fassen möcht'
In diesen Arm!
Ach, an deinem Busen
Lieg' ich, schmachte,
Und deine Blumen, dein Gras
Drängen sich an mein Herz.
Du kühlst den brennenden
Durst meines Busens,
Lieblicher Morgenwind,
Ruft drein die Nachtigall
Liebend nach mir aus dem Nebeltal.

1 Ganymed wurde wegen seiner Schönheit von Zeus in Gestalt eines Adlers entführt und zum Mundschenk gemacht.

Ich komme! Ich komme!
Wohin? Ach, wohin?

Hinauf, hinauf strebt's,
Es schweben die Wolken
Abwärts, die Wolken
Neigen sich der sehnenden Liebe,
Mir, mir!

In eurem Schoße
Aufwärts,
Umfangend umfangen!
Aufwärts
An deinem Busen,
Allliebender Vater! (e 1774)

❑ Vergleichen Sie die Gedichte „Prometheus" und „Ganymed"; beide hat der 25-jährige Goethe vermutlich im selben Jahr geschrieben. Berücksichtigen Sie insbesondere die Sprechhaltungen des lyrischen Ichs.

❑ Stellen Sie die beiden Titelfiguren in Standbildern dar. Arbeiten Sie dabei zu zweit; der/die eine gibt die Anweisungen und Korrekturen, der/die andere versucht die entsprechende Haltung einzunehmen; anschließend erklärt jeweils der „Regisseur" das Standbild.

Friedrich Schiller – Kurzbiografie
geboren 10.11.1759 in Marbach/Neckar als Sohn eines herzoglich-württembergischen Offiziers
gestorben 9.5.1805 in Weimar

- 1772–1780 Besuch der von Herzog Karl Eugen von Württemberg gegründeten Karlsschule in Stuttgart, einer Militärakademie, die nach strengen militärischen Regeln geführt wurde. Friedrich Schiller wollte eigentlich Pfarrer werden; er wurde vom Herzog zum Besuch der Karlsschule gedrängt, begann zunächst mit dem Studium der Rechte, wechselte dann zum Medizinstudium über und wurde nach Abschluss des Studiums Regimentsmedikus.
- 1782 Uraufführung seines ersten Schauspiels „Die Räuber" im Nationaltheater in Mannheim; der Reglementierung durch seinen Landesherrn entzog sich Schiller durch seine Flucht ins „Ausland" nach Mannheim.
- 1783 Fertigstellung des Trauerspiels „Luise Millerin" (später erhielt das Stück den Titel „Kabale und Liebe")
- 1784 Schiller verließ Mannheim; in den folgenden Jahren hielt er sich aufgrund unsicherer wirtschaftlicher Verhältnisse an verschiedenen Orten auf (u.a. Leipzig, Dresden, Weimar)
- 1788 erste Begegnung mit Goethe; mit dessen Unterstützung wurde ihm eine Professur für Geschichte in Jena übertragen.
- 1794 Beginn der Freundschaft mit Goethe; erst in der letzten sehr produktiven Lebensphase (er stirbt im Jahre 1805) war Schiller frei von wirtschaftlichen Problemen; in dieser Phase entstanden auch die großen Dramen wie *Maria Stuart, Die Jungfrau von Orleans, Wilhelm Tell*.

Friedrich Schiller (1759–1805)

Stich nach einer Zeichnung, die Schiller als 28-Jährigen zeigt

Die Karlsschule in Stuttgart

Friedrich Schiller
Kabale und Liebe

Das Sturm-und-Drang-Stück in fünf Aufzügen mit dem Untertitel „Ein bürgerliches Trauerspiel" enthält Elemente und Motive aus Schillers Leben und Umwelt. Im Mittelpunkt der Konflikte des Schauspiels steht die Liebe zwischen dem Adligen Ferdinand und Luise, einer Bürgerlichen.
Zu Beginn der 2. Szene des zweiten Aufzugs erscheint der Kammerdiener mit einem Brillantenschmuck, den der Herzog seiner Maitresse Lady Milford überreichen lässt.

Luise und Ferdinand (Düsseldorfer Schauspielhaus, 1992)

Zweite Szene

Ein alter Kammerdiener des Fürsten, der ein Schmuckkästchen trägt; Lady Milford; Sophie

KAMMERDIENER: Seine Durchlaucht der Herzog empfehlen sich Mylady zu Gnaden, und schicken Ihnen diese Brillanten zur Hochzeit. Sie kommen soeben erst aus Venedig.
LADY *hat das Kästchen geöffnet und fährt erschrocken zurück:* Mensch! was bezahlt dein Herzog für diese Steine?
KAMMERDIENER *mit finsterm Gesicht:* Sie kosten ihn keinen Heller.
LADY: Was? Bist du rasend? *Nichts?* – und *(indem sie einen Schritt von ihm wegtritt)* du wirfst mir ja einen Blick zu, als wenn du mich durchbohren wolltest – *Nichts* kosten ihn diese unermesslich kostbaren Steine?
KAMMERDIENER: Gestern sind siebentausend Landskinder nach Amerika fort – Die zahlen alles.
LADY *setzt den Schmuck plötzlich nieder und geht rasch durch den Saal, nach einer Pause zum Kammerdiener:* Mann, was ist dir? Ich glaube, du weinst?
KAMMERDIENER *wischt sich die Augen, mit schrecklicher Stimme, alle Glieder zitternd:* Edelsteine wie *diese* da – Ich hab auch ein paar Söhne drunter.
LADY *wendet sich bebend weg, seine Hand fassend:* Doch keinen Gezwungenen?
KAMMERDIENER *lacht fürchterlich:* O Gott – Nein – lauter Freiwillige. Es traten wohl so etliche vorlaute Bursch vor die Front heraus und fragten den Obersten, wie teuer der Fürst das Joch Menschen verkaufe? – aber unser gnädigster Landesherr ließ alle Regimenter auf dem Paradeplatz aufmarschieren und die Maulaffen niederschießen. Wir hörten die Büchsen knallen, sahen ihr Gehirn auf das Pflaster sprützen, und die ganze Armee schrie: *Juchhe nach Amerika!* –
LADY *fällt mit Entsetzen in den Sofa:* Gott! Gott! – Und ich hörte nichts? Und ich merkte nichts?
KAMMERDIENER: Ja, gnädige Frau – warum musstet Ihr denn mit unserm Herrn gerad auf die Bärenhatz reiten, als man den Lärmen zum Aufbruch schlug? – Die Herrlichkeit hättet Ihr doch nicht versäumen sollen, wie uns die gellenden Trommeln verkündigten, es ist Zeit, und heulende Waisen dort einen lebendigen Vater verfolgten, und hier eine wütende Mut-

ter lief, ihr saugendes Kind an Bajonetten zu spießen, und wie man Bräutigam und Braut mit Säbelhieben auseinander riss, und wir Graubärte verzweiflungsvoll dastanden und den Burschen auch zuletzt die Krücken noch nachwarfen in die neue Welt – Oh, und mitunter das polternde Wirbelschlagen, damit der Allwissende uns nicht sollte beten hören –

LADY *steht auf, heftig bewegt:* Weg mit diesen Steinen – sie blitzen Höllenflammen in mein Herz. *(Sanfter zum Kammerdiener)* Mäßige dich, armer alter Mann. Sie werden wiederkommen. Sie werden ihr Vaterland wiedersehen.

KAMMERDIENER *warm und voll:* Das weiß der Himmel! Das werden sie! – Noch am Stadttor drehten sie sich um und schrien: „Gott mit euch, Weib und Kinder! – Es leb unser Landesvater – am Jüngsten Gericht sind wir wieder da!" –

LADY *mit starkem Schritt auf und nieder gehend:* Abscheulich! Fürchterlich! – *Mich* beredete man, *ich* habe sie alle getrocknet, die Tränen des Landes – Schrecklich, schrecklich gehen mir die Augen auf – Geh du – Sag deinem Herrn – Ich werd ihm persönlich danken. *Kammerdiener will gehen, sie wirft ihm ihre Goldbörse in den Hut.* Und das nimm, weil du mir Wahrheit sagtest –

KAMMERDIENER *wirft sie verächtlich auf den Tisch zurück:* Legts zu dem Übrigen. *Er geht ab.*

LADY *sieht ihm erstaunt nach:* Sophie, spring ihm nach, frag ihn um seinen Namen. Er soll seine Söhne wiederhaben, *Sophie ab. Lady nachdenkend auf und nieder. Pause. Zu Sophien, die wiederkommt.* Ging nicht jüngst ein Gerüchte, dass das Feuer eine Stadt an der Grenze verwüstet, und bei vierhundert Familien an den Bettelstab gebracht habe? *Sie klingelt.*

SOPHIE: Wie kommen Sie auf das? Allerdings ist es so, und die mehresten dieser Unglücklichen dienen jetzt ihren Gläubigern als Sklaven, oder verderben in den Schachten der fürstlichen Silberbergwerke.

BEDIENTER *kommt:* Was befehlen Mylady?

LADY *gibt ihm den Schmuck:* Dass das ohne Verzug in die Landschaft gebracht werde! – Man soll es sogleich zu Geld machen, befehl ich, und den Gewinst davon unter die Vierhundert verteilen, die der Brand ruiniert hat.

SOPHIE: Mylady, bedenken Sie, dass Sie die höchste Ungnade wagen.

LADY *mit Größe:* Soll ich den Fluch seines Landes in meinen Haaren tragen? *Sie winkt dem Bedienten, dieser geht.* Oder willst du, dass ich unter dem schrecklichen Geschirr solcher Tränen zu Boden sinke? – Geh, Sophie – Es ist besser, falsche Juwelen im Haar, und das Bewusstsein dieser Tat im Herzen zu haben.

SOPHIE: Aber Juwelen wie diese! Hätten Sie nicht Ihre schlechtern nehmen können? Nein, wahrlich, Mylady! Es ist Ihnen nicht zu vergeben.

LADY: Närrisches Mädchen! Dafür werden in *einem* Augenblick mehr Brillanten und Perlen für mich fallen, als zehen Könige in ihren Diademen getragen, und schönere – […]

(e 1783, v 1784)

◻ Beschreiben Sie das Verhalten der Lady Milford; erklären Sie Schillers Aussage und bewerten Sie die politische Brisanz dieser Szene. Bedenken Sie dabei, dass es zur Gewohnheit etlicher deutscher Landesfürsten im 18. Jahrhundert gehörte, ihre Untertanen gegen Geld an Krieg führende Staaten zu verkaufen; dies, ebenso wie das „Maitressenwesen", praktizierte auch der Herzog Carl Eugen von Württemberg, Schillers Landesherr.

Hessische Landeskinder, die von Fürsten an England verpachtet wurden, werden unter strenger Bewachung nach Nordamerika abtransportiert (Kupferstich, 18. Jahrh.)

Gottfried August Bürger

Der Bauer

An seinen durchlauchtigen Tyrannen

Wer bist du, Fürst, dass ohne Scheu
Zerrollen mich dein Wagenrad,
Zerschlagen darf dein Ross?

Wer bist du, Fürst, dass in mein Fleisch
Dein Freund, dein Jagdhund, ungebleut
Darf Klau' und Rachen haun?

Wer bist du, dass, durch Saat und Forst,
Das Hurra deiner Jagd mich treibt,
Entatmet, wie das Wild? –

Die Saat, so deine Jagd zertritt,
Was Ross und Hund und du verschlingst
Das Brot, du Fürst, ist mein.

Du Fürst hast nicht, bei Egg' und Pflug,
Hast nicht den Erntetag durchschwitzt.
Mein, mein ist Fleiß und Brot! –

Ha! du wärst Obrigkeit von Gott?
Gott spendet Segen aus; du raubst!
Du nicht von Gott, Tyrann!

(e 1775)

◨ Fassen Sie die Aussage des Textes zusammen; berücksichtigen Sie den historischen Zusammenhang (siehe auch einführende Hinweise zur Epoche, Seite 253 ff.). Vergleichen Sie das Gedicht mit dem Auszug aus Schillers Drama „Kabale und Liebe".

⇉ **Lese- und Arbeitshinweise**
- Johann Wolfgang Goethe: Mailied, Seite 217
- Johann Wolfgang Goethe: Willkommen und Abschied, Seite 220

> **Wichtige Autoren und Werke (Auswahl)**
> - *Jakob Michael Lenz (1751–1792)*
>   Die Soldaten
> - *Friedrich Maximilian Klinger (1752–1831)*
>   Sturm und Drang
> - *Johann Wolfgang Goethe (1749–1832)*
>   Götz von Berlichingen mit der eisernen Hand
>   Die Leiden des jungen Werther
>   Gedichte, zum Beispiel *Prometheus, Willkommen und Abschied, Mailied*
> - *Friedrich Schiller (1759–1805)*
>   Die Räuber
>   Kabale und Liebe

Weimarer Klassik: Veredelung des menschlichen Wesens durch die schöne Kunst

Johann Wolfgang Goethe

Grenzen der Menschheit

Wenn der uralte
Heilige Vater
Mit gelassener Hand
Aus rollenden Wolken
Segnende Blitze
Über die Erde sät
Küss' ich den letzten
Saum seines Kleides,
Kindliche Schauer
Treu in der Brust.

Denn mit Göttern
Soll sich nicht messen
Irgend ein Mensch.
Hebt er sich aufwärts
Und berührt
Mit dem Scheitel die Sterne,
Nirgends haften dann
Die unsichern Sohlen,
Und mit ihm spielen
Wolken und Winde.

Steht er mit festen,
Markigen Knochen
Auf der wohlgegründeten
Dauernden Erde,
Reicht er nicht auf,
Nur mit der Eiche
Oder der Rebe
Sich zu vergleichen.

Was unterscheidet
Götter von Menschen?
Dass viele Wellen
Vor jenen wandeln,
Ein ewiger Strom:
Uns hebt die Welle,
Verschlingt die Welle,
Und wir versinken.

Ein kleiner Ring
Begrenzt unser Leben,
Und viele Geschlechter
Reihen sich dauernd
An ihres Daseins
Unendliche Kette.

(e 1781, diese Fassung v 1789)

❒ Erarbeiten Sie die Einstellung des lyrischen Ichs zur Gottheit und zu den Grenzen, die dem Menschen gesetzt sind. Erklären Sie dabei die beiden Bilder „Ring" und „Kette".

❒ Stellen Sie zusammen, wie die Dimensionen des Menschlichen gegenüber der Gottheit und der Natur verdeutlicht werden.

❒ Erläutern Sie, worin die Freiheit des Menschen zum sittlichen Handeln besteht. Ergänzen Sie Ihre textimmanenten Einsichten dadurch, dass Sie die Informationen des Einführungstextes über die Epoche der Klassik miteinbeziehen (Seite 256ff.).

❒ Vergleichen Sie dieses Gedicht mit „Prometheus" (Seite 263).

Friedrich Schiller
Maria Stuart

Das im klassisch-aristotelischen Sinn streng aufgebaute Drama in fünf Akten beginnt, als Maria Stuart bereits gefangen ist. Dargestellt werden die letzten Tage vor ihrer Hinrichtung. Maria stirbt in vollkommener Harmonie mit sich selbst. Sie verkörpert Schillers Vorstellung von der „schönen Seele". Mit dem Tod erlangt sie die wahre Freiheit, die nur aus ihrem seelischen Innern kommen kann. Dies wird umso deutlicher an Marias Gegenspielerin, Elisabeth. Diese behält ihre äußere Freiheit und befindet sich nach der Hinrichtung Marias auf dem Höhepunkt ihrer Macht, sie bleibt jedoch verlassen von ihren Beratern, unzufrieden und innerlich unfrei zurück. Das Gespräch zwischen Elisabeth, der Königin von England, und der Katholikin Maria Stuart, Königin von Schottland, bildet den Höhepunkt und zugleich Wendepunkt des Dramas.

Dritter Aufzug
Vierter Auftritt

Die Vorigen. Elisabeth. Graf Leicester. Gefolge

ELISABETH *zu Leicester:* Wie heißt der Landsitz?
LEICESTER: Fotheringhayschloss.
ELISABETH *zu Shrewsbury:*
    Schickt unser Jagdgefolg voraus nach London,
    Das Volk drängt allzuheftig in den Straßen,
    Wir suchen Schutz in diesem stillen Park.
    Talbot entfernt das Gefolge. Sie fixiert mit den Augen die Maria, indem sie zu Paulet weiterspricht.
    Mein gutes Volk liebt mich zu sehr. Unmäßig,
    Abgöttisch sind die Zeichen seiner Freude,
    So ehrt man einen Gott, nicht einen Menschen.
MARIA *welche diese Zeit über halb ohnmächtig auf die Amme gelehnt war, erhebt sich jetzt und ihr Auge begegnet dem gespannten Blick der Elisabeth. Sie schaudert zusammen und wirft sich wieder an der Amme Brust:*
    O Gott, aus diesen Zügen spricht kein Herz!
ELISABETH: Wer ist die Lady? *Ein allgemeines Schweigen*
LEICESTER: – Du bist zu Fotheringhay, Königin.
ELISABETH *stellt sich überrascht und erstaunt, einen finstern Blick auf Leicester richtend:*
    Wer hat mir das getan? Lord Leicester!
LEICESTER: Es ist geschehen, Königin – Und nun
    Der Himmel deinen Schritt hierher gelenkt,
    So lass die Großmut und das Mitleid siegen.
SHREWSBURY: Lass dich erbitten, königliche Frau,
    Dein Aug auf die Unglückliche zu richten,
    Die hier vergeht vor deinem Anblick.

Maria rafft sich zusammen und will auf die Elisabeth zugehen, steht aber auf halbem Weg schaudernd still, ihre Gebärden drücken den heftigsten Kampf aus.
ELISABETH: Wie, Mylords?
5   Wer war es denn, der eine Tiefgebeugte
Mir angekündigt? Eine Stolze find ich,
Vom Unglück keineswegs geschmeidigt.
MARIA: Seis!
Ich will mich auch noch diesem unterwerfen.
10 Fahr hin, ohnmächtiger Stolz der edlen Seele!
Ich will vergessen, wer ich bin, und was
Ich litt, ich will vor ihr mich niederwerfen,
Die mich in diese Schmach heruntersieß.
Sie wendet sich gegen die Königin.
15 Der Himmel hat für Euch entschieden,
Schwester!
Gekrönt vom Sieg ist Euer glücklich Haupt,
Die *Gottheit* bet ich an, die Euch erhöhte!
Sie fällt vor ihr nieder.
20 Doch seid auch *Ihr* nun edelmütig, Schwester!
Lasst mich nicht schmachvoll liegen, Eure Hand
Streckt aus, reicht mir die königliche Rechte,
Mich zu erheben von dem tiefen Fall.
ELISABETH *zurücktretend:*
25 Ihr seid an Eurem Platz, Lady Maria!
Und dankend preis ich meines Gottes Gnade,
Der nicht gewollt, dass ich zu Euren Füßen
So liegen sollte, wie Ihr jetzt zu meinen.
MARIA *mit steigendem Affekt:*
30 Denkt an den Wechsel alles Menschlichen!
Es leben Götter, die den Hochmut rächen!
Verehrt, fürchtet sie, die schrecklichen,
Die mich zu Euren Füßen niederstürzen –
Um dieser fremden Zeugen willen, ehrt
35 In mir Euch selbst, entweiht, schändet nicht
Das Blut der Tudor, das in meinen Adern
Wie in den Euren fließt – O Gott im Himmel!
Steht nicht da, schroff und unzugänglich, wie
Die Felsenklippe, die der Strandende
40 Vergeblich ringend zu erfassen strebt.
Mein Alles hängt, mein Leben, mein Geschick,
An meiner Worte, meiner Tränen Kraft,
Löst *mir* das Herz, dass ich das Eure rühre!
Wenn Ihr mich anschaut mit dem Eisesblick,
45 Schließt sich das Herz mir schaudernd zu, der Strom
Der Tränen stockt, und kaltes Grausen fesselt
Die Flehensworte mir im Busen an.
ELISABETH *kalt und streng:*
Was habt Ihr mir zu sagen, Lady Stuart?
50 Ihr habt mich sprechen wollen. Ich vergesse
Die Königin, die schwer beleidigte,
Die fromme Pflicht der Schwester zu erfüllen,
Und meines Anblicks Trost gewähr ich Euch.

Maria und Elisabeth
(Staatsschauspiel Dresden, 1980)

Dem Trieb der Großmut folg ich, setze mich
Gerechtem Tadel aus, dass ich so weit
Heruntersteige – denn Ihr wisst,
Dass Ihr mich habt ermorden lassen wollen.
MARIA: Womit soll ich den Anfang machen, wie 5
Die Worte klüglich stellen, dass sie Euch
Das Herz ergreifen, aber nicht verletzen!
O Gott, gib meiner Rede Kraft, und nimm
Ihr jeden Stachel, der verwunden könnte!
Kann ich doch für mich selbst nicht sprechen, ohne Euch 10
Schwer zu verklagen, und das will ich nicht.
– Ihr habt an mir gehandelt, wie nicht recht ist,
Denn ich bin eine Königin wie Ihr,
Und Ihr habt als Gefangne mich gehalten,
Ich kam zu Euch als eine Bittende, 15
Und Ihr, des Gastrechts heilige Gesetze,
Der Völker heilig Recht in mir verhöhnend,
Schlosst mich in Kerkermauern ein, die Freunde,
Die Diener werden grausam mir entrissen,
Unwürdgem Mangel werd ich preisgegeben, 20
Man stellt mich vor ein schimpfliches Gericht –
Nichts mehr davon! Ein ewiges Vergessen
Bedecke, was ich Grausames erlitt.
– Seht! Ich will alles eine Schickung nennen,
Ihr seid nicht schuldig, *ich* bin auch nicht schuldig, 25
Ein böser Geist stieg aus dem Abgrund auf,
Den Hass in unsern Herzen zu entzünden,
Der unsre zarte Jugend schon entzweit.
Er wuchs mit uns, und böse Menschen fachten
Der unglückselgen Flamme Atem zu. 30
Wahnsinnge Eiferer bewaffneten
Mit Schwert und Dolch die unberufne Hand –
Das ist das Fluchgeschick der Könige,
Dass sie, entzweit, die Welt in Hass zerreißen,
Und jeder Zwietracht Furien entfesseln. 35
– Jetzt ist kein fremder Mund mehr zwischen uns,
nähert sich ihr zutraulich und mit schmeichelndem Ton
Wir stehn einander selbst nun gegenüber.
Jetzt, Schwester, redet! Nennt mir meine Schuld,
Ich will Euch völliges Genügen leisten. 40
Ach, dass Ihr damals mir Gehör geschenkt,
Als ich so dringend Euer Auge suchte!
Es wäre nie so weit gekommen, nicht
An diesem traurgen Ort geschähe jetzt
Die unglückselig traurige Begegnung. 45
ELISABETH: Mein guter Stern bewahrte mich davor,
Die Natter an den Busen mir zu legen.
– Nicht die Geschicke, Euer schwarzes Herz
Klagt an, die wilde Ehrsucht Eures Hauses.
Nichts Feindliches war zwischen uns geschehn, 50
Da kündigte mir Euer Ohm, der stolze,
Herrschwütge Priester, der die freche Hand
Nach allen Kronen streckt, die Fehde an,

Betörte Euch, mein Wappen anzunehmen,
Euch meine Königstitel zuzueignen,
Auf Tod und Leben in den Kampf mit mir
Zu gehn – Wen rief er gegen mich nicht auf?
5 Der Priester Zungen und der Völker Schwert,
Des frommen Wahnsinns fürchterliche Waffen,
Hier selbst, im Friedenssitze meines Reichs,
Blies er mir der Empörung Flammen an –
Doch Gott ist mit mir, und der stolze Priester
10 Behält das Feld nicht – Meinem Haupte war
Der Streich gedrohet, und das Eure fällt!
MARIA: Ich steh in Gottes Hand. Ihr werdet Euch
So blutig Eurer Macht nicht überheben –
ELISABETH: Wer soll mich hindern? Euer Oheim gab
15 Das Beispiel allen Königen der Welt,
Wie man mit seinen Feinden Frieden macht,
Die Sankt Barthelemi sei meine Schule!
Was ist mir Blutsverwandtschaft, Völkerrecht?
Die Kirche trennet aller Pflichten Band,
20 Den Treubruch heiligt sie, den Königsmord,
Ich übe nur, was Eure Priester lehren.
Sagt! Welches Pfand gewährte mir für Euch,
Wenn ich großmütig Eure Bande löste?
Mit welchem Schloss verwahr ich Eure Treue,
25 Das nicht Sankt Peters Schlüssel öffnen kann?
Gewalt nur ist die einzge Sicherheit,
Kein Bündnis ist mit dem Gezücht der Schlangen.
MARIA: O das ist Euer traurig finstrer Argwohn!
Ihr habt mich stets als eine Feindin nur
30 Und Fremdlingin betrachtet. Hättet Ihr
Zu Eurer Erbin mich erklärt, wie mir
Gebührt, so hätten Dankbarkeit und Liebe
Euch eine treue Freundin und Verwandte
In mir erhalten.
35 ELISABETH: Draußen, Lady Stuart,
Ist Eure Freundschaft, Euer Haus das Papsttum,
Der Mönch ist Euer Bruder – Euch, zur Erbin
Erklären! Der verräterische Fallstrick!
Dass Ihr bei meinem Leben noch mein Volk
40 Verführtet, eine listige Armida
Die edle Jugend meines Königreichs
In Eurem Buhlernetze schlau verstricket –
Dass alles sich der neuaufgehnden Sonne
Zuwendete, und ich –
45 MARIA: Regiert in Frieden!
Jedwedem Anspruch auf dies Reich entsag ich.
Ach, meines Geistes Schwingen sind gelähmt,
Nicht Größe lockt mich mehr – Ihr habts erreicht,
Ich bin nur noch der Schatten der Maria.
50 Gebrochen ist in langer Kerkerschmach
Der edle Mut – Ihr habt das Äußerste an mir
Getan, habt mich zerstört in meiner Blüte!
– Jetzt macht ein Ende, Schwester. Sprecht es aus,

Das Wort, um dessentwillen Ihr gekommen,
Denn nimmer will ich glauben, dass Ihr kamt,
Um Euer Opfer grausam zu verhöhnen.
Sprecht dieses Wort aus. Sagt mir: „Ihr seid frei,
Maria! Meine Macht habt Ihr gefühlt, 5
Jetzt lernet meinen Edelmut verehren."
Sagts, und ich will mein Leben, meine Freiheit
Als ein Geschenk aus Eurer Hand empfangen.
– Ein Wort macht alles ungeschehn. Ich warte
Darauf. O lasst michs nicht zu lang erharren! 10
Weh Euch, wenn Ihr mit diesem Wort nicht endet!
Denn wenn Ihr jetzt nicht segenbringend, herrlich,
Wie eine Gottheit von mir scheidet – Schwester!
Nicht um dies ganze reiche Eiland, nicht
Um alle Länder, die das Meer umfasst, 15
Möcht ich vor Euch so stehn, wie Ihr vor mir!

ELISABETH: Bekennt Ihr endlich Euch für überwunden?
Ists aus mit Euren Ränken? Ist kein Mörder
Mehr unterwegs? Will kein Abenteurer
Für Euch die traurge Ritterschaft mehr wagen? 20
– Ja, es ist aus, Lady Maria. Ihr verführt
Mir keinen mehr. Die Welt hat andre Sorgen.
Es lüstet keinen, Euer – vierter Mann
Zu werden, denn Ihr tötet Eure Freier
Wie Eure Männer! 25

MARIA *auffahrend:* Schwester! Schwester!
O Gott! Gott! Gib mir Mäßigung!

ELISABETH *sieht sie lange mit einem Blick stolzer Verachtung an:*
Das also sind die Reizungen, Lord Leicester,
Die ungestraft kein Mann erblickt, daneben 30
Kein andres Weib sich wagen darf zu stellen!
Fürwahr! *Der* Ruhm war wohlfeil zu erlangen,
Es kostet nichts, die *allgemeine* Schönheit
Zu sein, als die *gemeine* sein für alle!

MARIA: Das ist zu viel! 35

ELISABETH *höhnisch lachend:*
Jetzt zeigt Ihr Euer wahres
Gesicht, bis jetzt wars nur die Larve.

MARIA *vor Zorn glühend, doch mit einer edeln Würde:*
Ich habe menschlich, jugendlich gefehlt, 40
Die Macht verführte mich, ich hab es nicht
Verheimlicht und verborgen, falschen Schein
Hab ich verschmäht, mit königlichem Freimut.
Das Ärgste weiß die Welt von mir und ich
Kann sagen, ich bin besser als mein Ruf. 45
Weh Euch, wenn sie von Euren Taten einst
Den Ehrenmantel zieht, womit Ihr gleißend
Die wilde Glut verstohlner Lüste deckt.
Nicht Ehrbarkeit habt Ihr von Eurer Mutter
Geerbt, man weiß, um welcher Tugend willen 50
Anna von Boleyn das Schafott bestiegen.

SHREWSBURY *tritt zwischen beide Königinnen:*
O Gott des Himmels! Muss es dahin kommen!

Ist das die Mäßigung, die Unterwerfung,
Lady Maria?
MARIA: Mäßigung! Ich habe
Ertragen, was ein Mensch ertragen kann.
5 Fahr hin, lammherzige Gelassenheit,
Zum Himmel fliehe, leidende Geduld,
Spreng endlich deine Bande, tritt hervor
Aus deiner Höhle, lang verhaltner Groll –
Und *du*, der dem gereizten Basilisk
10 Den Mordblick gab, leg auf die Zunge mir
Den giftgen Pfeil –
SHREWSBURY: O sie ist außer sich!
Verzeih der Rasenden, der schwer Gereizten!
Elisabeth, vor Zorn sprachlos, schießt wütende Blicke auf Marien.
15 LEICESTER *in der heftigsten Unruhe, sucht die Elisabeth hinwegzuführen:* Höre
Die Wütende nicht an! Hinweg, hinweg
Von diesem unglückselgen Ort!
MARIA: Der Thron von England ist durch einen Bastard
20 Entweiht, der Briten edelherzig Volk
Durch eine listge Gauklerin betrogen.
– Regierte Recht, so läget *Ihr* vor mir
Im Staube jetzt, denn ich bin Euer König.
Elisabeth geht schnell ab, die Lords folgen ihr in der höchsten Bestürzung.

Fünfter Aufzug

Sechster Auftritt

Die Vorigen. Maria. Sie ist weiß und festlich gekleidet, am Halse trägt sie an einer Kette von kleinen Kugeln ein Agnus Dei, ein Rosenkranz hängt am Gürtel herab, sie hat ein Kruzifix in der Hand und ein Diadem in den Haaren, ihr großer schwarzer Schleier ist zurückgeschlagen. Bei ihrem Eintritt weichen die Anwesenden zu beiden Seiten zurück und drücken den heftigsten Schmerz aus. Melvil ist mit einer unwillkürlichen Bewegung auf die Knie gesunken.

MARIA *mit ruhiger Hoheit im ganzen Kreise herumsehend:*
Was klagt ihr? Warum weint ihr? Freuen solltet
Ihr euch mit mir, dass meiner Leiden Ziel
Nun endlich naht, dass meine Bande fallen,
5 Mein Kerker aufgeht, und die frohe Seele sich
Auf Engelsflügeln schwingt zur ewgen Freiheit.
Da, als ich in die Macht der stolzen Feindin
Gegeben war, Unwürdiges erduldend,
Was einer freien großen Königin
10 Nicht ziemt, da war es Zeit, um mich zu weinen!
– Wohltätig, heilend, nahet mir der Tod,
Der ernste Freund! Mit seinen schwarzen Flügeln
Bedeckt er meine Schmach – den Menschen adelt,
Den tiefgesunkenen, das letzte Schicksal.
15 Die Krone fühl ich wieder auf dem Haupt,
Den würdgen Stolz in meiner edeln Seele!

(e 1800)

□ Analysieren Sie die beiden Szenen vor dem Hintergrund der oben gegebenen Hinweise zum Drama. Beziehen Sie auch die Informationen zur Epoche der Klassik (Seite 256ff.) mit ein.

▸▸ **Lese- und Arbeitshinweis**
● Johann Wolfgang Goethe: Iphigenie auf Tauris, Seite 193ff.

Leseempfehlung
● Stefan Zweig: Maria Stuart, Fischer Taschenbuch Verlag, Frankfurt/M. 1997

- Weisen Sie an den Gedichten nach, dass und in welcher Weise der zeitgenössische Schriftsteller Günter Kunert den Klassiker Goethe rezipiert.

Günter Kunert

Goethes gedenkend

Was wirst du tun, wenn leere Weiten
sich statt der Wälder zwischen Städten
wie zwischen deren Menschen breiten:
Da hilft kein Klagen. Und kein Beten.

Dein Trost ein Wort. Es steht geschrieben
in unsichtbarer Schrift auf allen Dingen:
„Noch" heißt das Wort, das dir geblieben
von vielen, die schon längst vergingen.

Noch tönt die Sonne dir nach alter Weise.
Noch leben Hoffnung, Träume und Verlangen.
Noch zieht ein Vogel droben seine Kreise:
Noch hast du nicht zu enden angefangen.

(v 1984)

Günter Kunert

„Mehr Licht"*

Das Gesicht zur Wand gekehrt
Goethe auf dem Sterbebett
Man hört nur das Kratzen
der Fingernägel
die Suche nach dem geheimen Türgriff
in eine Künftigkeit
die dunkler sein wird

als wäre ich dabei gewesen   (v 1996)

_____
* Dies sollen die letzten Worte Goethes gewesen sein.

- Formulieren Sie selbst vor dem Hintergrund Ihrer Kenntnis von Goethes Werk, welchen Bezug Sie heute zu Goethe haben; dazu wählen Sie sich am besten einzelne Beispiele aus. Ihre Auffassung können Sie zum Beispiel darstellen in der Form eines kurzen Gedichts, eines fiktiven Briefes an Goethe, eines fiktiven Tagebucheintrags, einer Parodie, einer Collage aus Goethe-Texten, …

Wichtige Werke Goethes und Schillers

- *Johann Wolfgang Goethe (1749–1832)*
  Iphigenie auf Tauris
  Wilhelm Meisters Lehrjahre
  Dichtung und Wahrheit
  Faust I/ Faust II
  Gedichte und Balladen, zum Beispiel *Das Göttliche, Ein Gleiches, Der Zauberlehrling*
- *Friedrich Schiller (1759–1805)*
  Wallenstein
  Maria Stuart
  Wilhelm Tell
  Gedichte und Balladen, zum Beispiel *Der Ring des Polykrates, Die Bürgschaft, Die Kraniche des Ibykus*

Romantik: Sehnsucht nach Entgrenzung und unerreichbarer Ferne

Caspar David Friedrich: Frau am Fenster (1822)

Wenn nicht mehr Zahlen und Figuren
Sind Schlüssel aller Kreaturen,
Wenn die, so singen oder küssen,
Mehr als die Tiefgelehrten wissen,
Wenn sich die Welt ins freie Leben,
Und in die Welt wird zurück begeben,
Wenn dann sich wieder Licht und Schatten
Zu echter Klarheit werden gatten,
Und man in Märchen und Gedichten
Erkennt die ew'gen Weltgeschichten,
Dann fliegt vor Einem geheimen Wort
Das ganze verkehrte Wesen fort.

Novalis (v 1800)

❏ Erklären Sie die Aussage des Gedichtes. Gehen Sie dabei insbesondere auf das Bild des Schlüssels und auf die syntaktische Struktur des Gedichts ein.

❏ Vergleichen Sie mit dem folgenden Text „Erkennen" von Ludwig Tieck. Um wessen „Erkennen" könnte es hier gehen?

- Tragen Sie das Gedicht Eichendorffs laut vor; formulieren Sie die Wirkung, die von ihm ausgeht. Beschreiben Sie die im Gedicht dargestellte Situation und Stimmung.
- Untersuchen Sie die metaphorischen Wendungen und stellen Sie fest, welches Naturbild Eichendorff zugrunde gelegt hat. Erläutern Sie die Wirkungen an weiteren sprachlichen Einzelheiten.
- Arbeiten Sie heraus, was Sie an Eichendorffs Gedicht für typisch romantisch halten.
- Verschaffen Sie sich die berühmte Vertonung von Robert Schumann. Vergleichen Sie die Wirkungen mit Ihrem Vortrag.
- Ziehen Sie das Bild auf Seite 277 zum Vergleich heran. Welche Beziehung des Menschen zur Natur wird deutlich?
- Gestalten Sie dementsprechend ein kurzes Gedicht; setzen Sie dabei Mittel romantischer Poesie ein; Sie können – je nach Ihrer eigenen Einstellung – den Text auch ironisch „brechen" oder satirisch „überzeichnen".

Ludwig Tieck

Erkennen

Keiner, der nicht schon zum Weihe-Fest gelassen,
Kann den Sinn der dunkeln Kunst erfassen,
Keinem sprechen diese Geistertöne,
Keiner sieht den Glanz der schönsten Schöne,
Dem im innern Herzen nicht das Siegel brennt,
Welches ihn als Eingeweihten nennt,
Jene Flamme, die der Töne Geist erkennt. (v 1821–1823)

Joseph von Eichendorff

Mondnacht

Es war, als hätt der Himmel
Die Erde still geküsst,
Dass sie im Blütenschimmer
Von ihm nun träumen müsst.

Die Luft ging durch die Felder,
Die Ähren wogten sacht,
Es rauschten leis die Wälder,
So sternklar war die Nacht.

Und meine Seele spannte
Weit ihre Flügel aus,
Flog durch die stillen Lande,
Als flöge sie nach Haus. (e um 1830)

Caspar David Friedrich: Mann und Frau, den Mond betrachtend (um 1824)

Friedrich Schlegel
Universalpoesie

Die romantische Poesie ist eine progressive Universalpoesie. Ihre Bestimmung ist nicht bloß, alle getrennten Gattungen der Poesie wie-
5 der zu vereinigen und die Poesie mit der Philosophie und Rhetorik in Berührung zu setzen. Sie will und soll auch Poesie und Prosa, Genialität und Kritik, Kunstpoesie und
10 Naturpoesie bald mischen, bald verschmelzen, die Poesie lebendig und gesellig und das Leben und die Gesellschaft poetisch machen, den Witz poetisieren und die Formen der Kunst mit gediegnem Bil-
15 dungsstoff jeder Art anfüllen und sättigen und durch die Schwingungen des Humors beseelen. Sie umfasst alles, was nur poetisch ist, vom größten wieder mehrere Systeme in sich enthaltenden Systeme der Kunst bis zu dem Seufzer, dem Kuss, den das dichtende Kind aushaucht in kunstlosen Ge-
20 sang. Sie kann sich so in das Dargestellte verlieren, dass man glauben möchte, poetische Individuen jeder Art zu charakterisieren, sei ihr ein und alles; und doch gibt es noch keine Form, die so dazu gemacht wäre, den Geist des Autors vollständig auszudrücken: so dass manche Künstler, die nur auch einen
25 Roman schreiben wollten, von ungefähr sich selbst dargestellt haben. Nur sie kann gleich dem Epos ein Spiegel der ganzen umgebenden Welt, ein Bild des Zeitalters werden. Und doch kann auch sie am meisten zwischen dem Dargestellten und dem Darstellenden, frei von allem realen und idealen Interes-
30 se, auf den Flügeln der poetischen Reflexion in der Mitte schweben, diese Reflexion immer wieder potenzieren und wie in einer endlosen Reihe von Spiegeln vervielfachen. Sie ist der höchsten und der allseitigsten Bildung fähig; nicht bloß von innen heraus, sondern auch von außen hinein; indem sie jedem,
35 was ein Ganzes in ihren Produkten sein soll, alle Teile ähnlich organisiert, wodurch ihr die Aussicht auf eine grenzenlos wachsende Klassizität eröffnet wird. Die romantische Poesie ist unter den Künsten, was der Witz der Philosophie, und die Gesellschaft, Umgang, Freundschaft und Liebe im Leben ist.
40 Andre Dichtarten sind fertig und können nun vollständig zergliedert werden. Die romantische Dichtart ist noch im Werden, ja das ist ihr eigentliches Wesen, dass sie ewig nur werden, nie vollendet sein kann. Sie kann durch keine Theorie erschöpft werden, und nur eine divinatorische Kritik dürfte es wagen,
45 ihr Ideal charakterisieren zu wollen. Sie allein ist unendlich, wie sie allein frei ist und das als ihr erstes Gesetz anerkennt, dass die Willkür des Dichters kein Gesetz über sich leide. Die romantische Dichtart ist die einzige, die mehr als Art und gleichsam die Dichtkunst selbst ist: denn in einem gewissen
50 Sinn ist oder soll alle Poesie romantisch sein.

(v 1798)

Friedrich von Schlegel, 1772–1829

❑ Was sollte Kunst Ihrer Meinung nach leisten? Was kann man von der Kunst erwarten? Stellen Sie zu diesen Fragen, bezogen auf die heutige Zeit, einen kurzen Katalog zusammen; sammeln Sie die wichtigsten Ergebnisse an der Tafel.

❑ Schreiben Sie aus dem Text Friedrich Schlegels Schlüsselbegriffe und Formulierungen heraus, die verdeutlichen, was er mit „romantischer Poesie" meint, welche Wirkungen er von ihr erwartet, was er von einer romantischen Dichtung fordert.

❑ Fassen Sie mit Ihren eigenen Worten die Kernaussage des Textes zusammen. Lesen Sie zur Romantik gegebenenfalls auch auf den Seiten 257f. nach.

❑ Viele Romane der Romantik sind Fragmente geblieben. Auch Schlegels Text hat die Form des Fragments; ziehen Sie eine Beziehung zum Inhalt des Textes.

❑ Erklären Sie die Tatsache, dass in vielen romantischen Romanen andere Künste, wie zum Beispiel Malerei und Musik, eine große Rolle spielen.

❑ Vergleichen Sie Schlegels Kennzeichnungen mit Ihren Ergebnissen oben. Ziehen Sie auch die Auffassung von Kunst in der Aufklärungszeit und in der Sturm-und-Drang-Epoche als Vergleich heran.

❑ Untersuchen Sie ein hier abgedrucktes romantisches Gedicht Ihrer Wahl (siehe Seite 277f. und Seite 280f.), weisen Sie einzelne Gedanken von Friedrich Schlegel nach.

❒ Tragen Sie die Gedichte auf dieser und der folgenden Seite laut vor. Vergleichen Sie sie hinsichtlich ihrer Gemeinsamkeiten und Unterschiede; arbeiten Sie dabei inhaltliche und sprachliche Besonderheiten heraus. Stellen Sie eine Beziehung her zu Friedrich Schlegels Text „Universalpoesie".

Ludwig Achim von Arnim/Clemens Brentano: Des Knaben Wunderhorn (1808)

Dieses Buch kann ich nicht genug rühmen; es enthält die holdseligsten Blüten des deutschen Geistes, und wer das deutsche Volk von einer liebenswürdigen Seite kennen lernen will, der lese diese Volkslieder. […] In diesen Liedern fühlt man den Herzschlag des deutschen Volkes. Hier offenbart sich all seine düstere Heiterkeit, all seine närrische Vernunft. Hier trommelt der deutsche Zorn, hier pfeift der deutsche Spott, hier küsst die deutsche Liebe. Hier perlt der echt deutsche Wein und die echt deutsche Träne. Letztere ist manchmal doch noch köstlicher als Ersterer; es ist viel Eisen und Salz darin.

Heinrich Heine (v 1835)

Joseph von Eichendorff
Wünschelrute

Schläft ein Lied in allen Dingen,
Die da träumen fort und fort,
Und die Welt hebt an zu singen,
Triffst du nur das Zauberwort. (e 1835)

Hörst du wie die Brunnen rauschen,
Hörst du wie die Grille zirpt?
Stille, stille, lass uns lauschen,
Selig, wer in Träumen stirbt.
Selig, wen die Wolken wiegen,
Wem der Mond ein Schlaflied singt,
O wie selig kann der fliegen,
Dem der Traum den Flügel schwingt,
Dass an blauer Himmelsdecke
Sterne er wie Blumen pflückt:
Schlafe, träume, flieg, ich wecke
Bald dich auf und bin beglückt.

Clemens Brentano (e 1811, v 1827)

Eduard Mörike
Um Mitternacht

Gelassen stieg die Nacht ans Land,
Lehnt träumend an der Berge Wand,
Ihr Auge sieht die goldne Waage nun
Der Zeit in gleichen Schalen stille ruhn;
   Und kecker rauschen die Quellen hervor,
   Sie singen der Mutter, der Nacht, ins Ohr
   Vom Tage,
   Vom heute gewesenen Tage.

Das uralt alte Schlummerlied,
Sie achtet's nicht, sie ist es müd;
Ihr klingt des Himmels Bläue süßer noch,
Der flüchtgen Stunden gleichgeschwungnes Joch.
   Doch immer behalten die Quellen das Wort,
   Es singen die Wasser im Schlafe noch fort
   Vom Tage,
   Vom heute gewesenen Tage. (e 1828, v 1838)

Joseph von Eichendorff
Der Abend

Schweigt der Menschen laute Lust:
Rauscht die Erde wie in Träumen
Wunderbar mit allen Bäumen,
Was dem Herzen kaum bewusst,
Alte Zeiten, linde Trauer,
Und es schweifen leise Schauer
Wetterleuchtend durch die Brust. (v 1826)

Clemens Brentano
Wiegenlied

Singet leise, leise, leise,
Singt ein flüsternd Wiegenlied,
Von dem Monde lernt die Weise,
Der so still am Himmel zieht.

Singt ein Lied so süß gelinde,
Wie die Quellen auf den Kieseln,
Wie die Bienen um die Linde
Summen, murmeln, flüstern, rieseln. (e 1811?)

Eduard Mörike
Septembermorgen

Im Nebel ruhet noch die Welt,
Noch träumen Wald und Wiesen:
Bald siehst du, wenn der Schleier fällt,
Den blauen Himmel unverstellt,
Herbstkräftig die gedämpfte Welt
In warmem Golde fließen. (e 1828, v 1838)

Brüder Grimm
Vorrede zu den Kinder- und Hausmärchen

Wir finden es wohl, wenn von Sturm und anderem Unglück, das der Himmel schickt, eine ganze Saat zu Boden geschlagen wird, dass noch bei niedrigen Hecken oder Sträuchern, die am Wege stehen, ein kleiner Platz sich gesichert hat, und einzelne
5 Ähren aufrecht geblieben sind. Scheint dann die Sonne wieder günstig, so wachsen sie einsam und unbeachtet fort: keine frühe Sichel schneidet sie für die großen Vorratskammern, aber im Spätsommer, wenn sie reif und voll geworden, kommen arme Hände, die sie suchen,
10 und Ähre an Ähre gelegt, sorgfältig gebunden und höher geachtet als sonst ganze Garben, werden sie heimgetragen, und winterlang sind sie Nahrung, vielleicht auch der ein-
15 zige Samen für die Zukunft.
So ist es uns vorgekommen, wenn wir gesehen haben, wie von so vielem, was in früherer Zeit geblüht hat, nichts mehr übrig geblieben,
20 selbst die Erinnerung daran fast ganz verloren war, als unter dem Volke Lieder, ein paar Bücher, Sagen und diese unschuldigen Hausmärchen. Die Plätze am Ofen, der
25 Küchenherd, Bodentreppen, Feiertage noch gefeiert, Triften und Wäl-

☐ Lesen Sie den Text „Um Mitternacht" laut vor; beschreiben Sie die Grundstimmung. Verdeutlichen Sie
– das Verhältnis von lyrischem Ich und Natur,
– die Metaphorik und ihre Funktion.

☐ Beschreiben Sie das Metrum und kennzeichnen Sie seine Wirkung.

☐ Vergleichen Sie mit einem Gedicht von Eichendorff, von Brentano oder mit dem Gedicht „Septembermorgen": Wie wird die Natur jeweils gesehen?

☐ Ziehen Sie auch hier einen Vergleich zur Beurteilung der Natur in der Epoche des Sturm und Drang.

Die Brüder Grimm bei der Märchenerzählerin Dorothea Viehmann in Niederzwehren

- Erläutern Sie die Gründe der Brüder Grimm, Märchen zu sammeln.
- Beschreiben Sie, welche Aufgabe für die Brüder Grimm die Volksmärchen in den früheren Jahrhunderten hatten und welche Aufgabe sie in der (politischen) Situation von 1812 haben, als die Brüder Grimm diese Vorrede verfassten.

Jacob und Wilhelm Grimm (um 1850)

⇒ **Lese- und Arbeitshinweise**
- Clemens Brentano: Der Spinnerin Nachtlied, Seite 222.
- Karoline von Günderode: Die eine Klage, Seite 222.

der in ihrer Stille, vor allem die ungetrübte Fantasie sind die Hecken gewesen, die sie gesichert und einer Zeit aus der andern überliefert haben.
Es war vielleicht gerade Zeit, diese Märchen festzuhalten, da diejenigen, die sie bewahren sollen, immer seltener werden. Freilich, die sie noch wissen, wissen gemeinlich auch recht viel, weil die Menschen ihnen absterben, sie nicht den Menschen: aber die Sitte selber nimmt immer mehr ab, wie alle heimlichen Plätze in Wohnungen und Gärten, die vom Großvater bis zum Enkel fortdauerten, dem stetigen Wechsel einer leeren Prächtigkeit weichen, die dem Lächeln gleicht, womit man von diesen Hausmärchen spricht, welches vornehm aussieht und doch wenig kostet. Wo sie noch da sind, leben sie so, dass man nicht daran denkt, ob sie gut oder schlecht sind, poetisch oder für gescheite Leute abgeschmackt: man weiß sie und liebt sie, weil man sie eben so empfangen hat, und freut sich daran, ohne einen Grund dafür.

(e 1812/15)

Kurzbiografie

Die Brüder Jacob (1785–1863) und Wilhelm (1786–1859) Grimm hatten weithin einen gemeinsamen Lebensweg. Sie studierten beide Jura in Marburg und gehörten zu den „Göttinger Sieben", einer Gruppe politisch aktiver Professoren, die 1837 gegen die Aufhebung der Verfassung protestierten.
Die Brüder Grimm gelten als die wichtigsten Pioniere der „deutschen Wissenschaft", der Germanistik. 1819 erschien zum ersten Mal eine „Deutsche Grammatik". Die umfassendste Arbeit ihres Lebens stellt das „Deutsche Wörterbuch" dar, das ein Dokument der sprachlichen Kontinuität des Volkes sein sollte. 1854 erschien der erste Band dieses Werkes. Mit dem 32. Band wurde dieses Werk im Jahre 1961 (vorläufig) abgeschlossen.

Wichtige Autoren und Werke (Auswahl)

- *Ludwig Tieck (1773–1853)*
  Der blonde Eckbert
  Des Lebens Überfluss
- *Novalis (d. i. Friedrich von Hardenberg) (1772–1801)*
  Heinrich von Ofterdingen
- *Clemens Brentano (1778–1842) / Achim von Arnim (1781–1831)*
  Des Knaben Wunderhorn
- *Wilhelm Hauff (1802–1827)*
  Der kleine Muck
  Das kalte Herz
- *Joseph von Eichendorff (1788–1857)*
  Aus dem Leben eines Taugenichts
  Gedichte, zum Beispiel Sehnsucht, Mondnacht
- *E.T.A. Hoffmann (1776–1822)*
  Der Sandmann

Das Beispiel „Junges Deutschland"/„Vormärz" – Die Literatur wird politisch!

Zeitgenössische Karikatur zur Pressezensur und zur Lage des politisch engagierten Journalisten und Schriftstellers in Deutschland

Die anonyme Lithografie (entstanden um 1835) ist eine Karikatur auf die Karlsbader Beschlüsse. An der Wand hängen die Gesetze des „Denker-Clubs": „Schweigen ist das erste Gesetz dieser gelehrten Gesellschaft. – Auf dass kein Mitglied in Versuchung geraten möge, seiner Zunge freien Lauf zu lassen, so werden beim Eintritt Maulkörbe ausgeteilt. – Der Gegenstand, welcher in jeweiliger Sitzung durch ein reifes Nachdenken gründlich erörtert werden soll, befindet sich auf einer Tafel mit großen Buchstaben deutlich geschrieben."

Karikatur auf die Unterdrückung der Presse durch die Karlsbader Beschlüsse von 1819: „Pressfreiheit" besteht nur noch für Handhabung der Zitronenpresse (die die Figur in Händen hält), um mit Hilfe des Karlsbader „Sprudels" einen kräftigen „Schlaftrunk" für die Zeitungsleser zu brauen.

❒ Erläutern Sie die einzelnen Karikaturen und Bilder auf Seite 283 und 284; versuchen Sie damit einen Bezug zur Zeit und zur Literatur dieser Zeit herzustellen.

284 Literatur in ihren historischen Zusammenhängen – Beispiele und Überblick

„Gränzverlegenheit"
(Karikatur von 1834 auf die Zollverhältnisse in Deutschland)

Friedrich von Amerling: Rudolf von Arthaber mit seinen Kindern, das Bild der verstorbenen Mutter betrachtend (1837)

Carl Spitzweg: Der Bücherwurm (um 1850)

Die **Epoche zwischen dem Wiener Kongress (1815) und der Märzrevolution (1848)** ist entscheidend geprägt durch die **Politik der Restauration.** Um die Macht der Fürsten zu sichern, werden nationale und liberale Bewegungen u.a. mit Hilfe der Zensur unterdrückt. Die politischen Verhältnisse vor der Französischen Revolution sollen wiederhergestellt werden. Diese Restauration wird in Deutschland insbesondere von Österreich und von Preußen betrieben. Man spricht auch von der *Ära Metternich,* weil der österreichische Staatskanzler Fürst Metternich die Politik der Restauration besonders konsequent vertritt. Zwei „politische" Verhaltensmuster erwachsen aus diesen historischen Zusammenhängen:

a) die **Hinwendung zu resignierender Verinnerlichung, zur Abwendung vom politischen Tagesgeschehen, zum Rückzug ins Private und in die ruhige Beschaulichkeit des Familienlebens**
Diese Einstellung und die ebenso genannte Zeitströmung des „Biedermeier" erhält ihren Namen nach einer Sammlung von Spottgedichten auf alles Althergebrachte mit dem Titel „Gedichte des schwäbischen Schulmeisters Gottlieb Biedermaier". In der Literatur und Malerei wird entsprechend das politisch Störende ausgespart, dagegen die Verbundenheit zu Heimat, Ordnung, Familiensinn und bescheidenem häuslichen Glück betont.

b) die **Herausbildung politischen Bewusstseins und die Bereitschaft zu politischer Auseinandersetzung**
Die Vertreter dieser kämpferischen politischen Einstellung, die durch die politischen Ereignisse in Frankreich (1830,1848) stark gefördert wird, bezeichnet man in der Literaturgeschichte als „Junges Deutschland"; der Begriff „Vormärz" dient als Epochenbezeichnung für die Jahre zwischen 1815 und 1848. Erstmals gibt es in dieser Zeit eine politische Dichtung im modernen Sinne. Die Dichtung stellt sich in der Regel in den Dienst des Kampfes für den Liberalismus (vor allem die Meinungsfreiheit und den sozialen Fortschritt).
Die Politik der Restauration seit dem Wiener Kongress 1815 zwingt jedoch etliche Schriftsteller zu Verschlüsselungen ihrer Texte (zum Beispiel in der Form von Satiren, fingierten Reiseberichten, Briefen).

Die wichtigsten Daten zum historischen Zusammenhang:

1813–1815 Befreiungskriege: Kampf gegen das napoleonische Frankreich und für die deutsche Einigung und die Idee der Freiheit

1815 Wiener Kongress: Neuordnung Europas nach den Grundsätzen der Restauration (Wiederherstellung der vorrevolutionären Zustände), Legitimität und Solidarität (der Fürsten)

bis 1848 Politik der Restauration, besonders geprägt durch den österreichischen Staatskanzler Fürst Metternich: Ablehnung aller nationalen und freiheitlich-liberalen Bestrebungen, weil dadurch die Macht der Fürsten gefährdet sei, Wiederherstellung der Verhältnisse vor der Französischen Revolution

Thomas Lawrence: Fürst von Metternich, 1773–1859 (1815)

Zug auf das Schloss Hambach
am 27. Mai 1832

❐ Deuten Sie jetzt die Karikaturen und Bilder auf den Seiten 283f. Unterscheiden Sie dabei zwischen eher kritischen Intentionen und Aussagen und eher biedermeierlicher Denkweise.

1819 Karlsbader Beschlüsse: Aufhebung der Pressefreiheit, Zensur von Zeitschriften und Büchern; Betätigung im Sinne nationaler oder liberaler Gedanken wird verfolgt: „Demagogen" (Volksverführer) werden verhaftet, eingesperrt oder ins Ausland vertrieben.

Das **Wartburgfest (1817)** der studentischen Burschenschaften ist der Obrigkeit bereits verdächtig gewesen; der politische Mord an dem russischen Staatsrat und obrigkeitstreuen Schriftsteller Kotzebue durch einen Einzeltäter ist dann Anlass zum konsequenten Durchgreifen (Karlsbader Beschlüsse).

1830 Julirevolution in Frankreich

1832 Hambacher Fest: Bedeutende Demonstration auf der Schlossruine bei Hambach (u. a. 30 000 Studenten): Auf Kundgebungen werden freiheitliche Verfassungen und Deutschlands Einheit gefordert; die restaurativen Mächte reagieren mit Unterdrückungsmaßnahmen (Aufhebung der Rede- und Versammlungsfreiheit; Verschärfung der Zensur, Verhaftung von „Demagogen").

1848 Märzrevolution in Frankreich

Heinrich Heine und seine Zeit

Heinrich Heine
Erinnerung aus Krähwinkels Schreckenstagen

Wir, Bürgermeister und Senat,
Wir haben folgendes Mandat
Stadtväterlichst an alle Klassen
Der treuen Bürgerschaft erlassen.

„Ausländer, Fremde, sind es meist,
Die unter uns gesät den Geist
Der Rebellion. Dergleichen Sünder,
Gottlob! sind selten Landeskinder.

Auch Gottesleugner sind es meist;
Wer sich von seinem Gotte reißt,
Wird endlich auch abtrünnig werden
Von seinen irdischen Behörden.

Der Obrigkeit gehorchen, ist
Die erste Pflicht für Jud' und Christ.
Es schließe jeder seine Bude,
Sobald es dunkelt, Christ und Jude.

Wo ihrer drei beisammenstehn,
Da soll man auseinander gehn.
Des Nachts soll niemand auf den Gassen
Sich ohne Leuchte sehen lassen.

Es liefre seine Waffen aus
Ein jeder in dem Gildenhaus;
Auch Munition von jeder Sorte
Wird deponiert am selben Orte.

Wer auf der Straße räsoniert,
Wird unverzüglich füsiliert;
Das Räsonieren durch Gebärden
Soll gleichfalls hart bestrafet werden.

Vertrauet eurem Magistrat,
Der fromm und liebend schützt den Staat
Durch huldreich hochwohlweises Walten;
Euch ziemt es, stets das Maul zu halten." (v 1854)

❑ Analysieren Sie das Gedicht unter dem Gesichtspunkt der karikierenden Intentionen Heines; berücksichtigen Sie dabei auch die sprachlichen Wirkungsmittel und erläutern Sie, wen bzw. was Heine in diesem Gedicht karikierend darstellt.

Krähwinkel: Frei erfundener Ortsname aus August Friedrich von Kotzebues Lustspiel „Die deutschen Kleinstädter" (1803); seitdem Inbegriff deutscher kleinstädtischer Beschränktheit.

Biografische Übersicht

1797	13. Dezember. Harry Heine in Düsseldorf als Sohn des Handelsmannes Samson Heine und seiner Frau Elisabeth van Geldern geboren
1807 – 1814	Besuch des Düsseldorfer Lyzeums, geleitet von katholischen Geistlichen
1815	In Frankfurt als Lehrling beim Bankier Rindskopf
1817	Heine wird nach Hamburg geschickt, wo er in das Bankgeschäft Heckscher & Co. eintritt, dessen Inhaber sein Onkel Salomon Heine ist
1818 – 1819	Der Onkel richtet Heine ein Kommissionsgeschäft ein: Harry Heine & Co., das aber bei der kaufmännischen Untüchtigkeit des jungen Inhabers in Kürze bankrott macht
1819	Onkel Salomon gewährt seinem Schützling die Mittel zu einem dreijährigen juristischen Studium, die er um zwei weitere Jahre verlängert
1819 – 1820	Heine studiert zwei Semester in Bonn, hört vor allem allgemeine Vorlesungen, angezogen besonders von August Wilhelm von Schlegel
1820 – 1821	Wintersemester in Göttingen, das er mit dem Consilium abeundi am 23. Januar 1821 abbrechen muss
1825	Im Sommer besteht Heine sein juristisches Examen und promoviert bei Hugo in Göttingen. Am 28. Juni Übertritt zum Protestantismus in Heiligenstadt. Nach der Promotion lebt Heine bei seinen Eltern in Lüneburg, Besuche in Hamburg und auf Norderney

Heinrich Heine, 1797–1856

1827	Heine macht eine Reise durch England. Das *Buch der Lieder* erscheint. Im Herbst Übersiedlung nach München, wo er vorübergehend Mitherausgeber der „Neuen Allgemeinen Politischen Annalen" ist
1830	Heine lebt in Hamburg, besucht Helgoland
1831	1. Mai. Heine begibt sich nach Paris, wo er dauernden Wohnsitz nimmt und als Korrespondent der „Allgemeinen Zeitung" und französischer Journale seinen Unterhalt verdient
1834	Heine lernt Mathilde, seine spätere Frau, kennen
1835	Der deutsche Bundestag verbietet die Schriften des Jungen Deutschland, auch Heines Bücher werden verboten. – Die französische Regierung gewährt ihm eine Pension. Heine lässt seine Bücher in Deutschland weiterdrucken
1843	Herbstreise durch Deutschland, erster Besuch seit 1831. Hebbel und Marx lernen Heine kennen
1844	Zweiter und letzter Besuch in Deutschland. In den *Neuen Gedichten* erscheint: *Deutschland. Ein Wintermärchen*. Heines Onkel Salomon stirbt, Beginn des Erbschaftsstreites
1848	Heine erkrankt an der Rückenmarkschwindsucht und ist in kurzer Zeit an seine Matratzengruft gefesselt
1856	17. Februar. Heinrich Heine in Paris, Avenue Matignon 3, gestorben

❏ Formulieren Sie nach dem ersten Lesen Ihre Eindrücke zum Inhalt und zur möglichen Intention des Gedichtes.

❏ Das wesentliche Strukturprinzip des Textes stellen die positiven und negativen Zuschreibungen bzw. Gegenüberstellungen dar. Nennen Sie Beispiele im Text und erläutern Sie ihre Funktion.

❏ Deuten Sie diese Wertungen im Zusammenhang mit der Überschrift.

❏ Formulieren Sie eine knappe Zusammenfassung von Inhalt, Struktur, Wirkungsmittel und möglicher Aussageabsicht. Beziehen Sie dabei auch die historische Situation mit ein.

❏ Politische Gedichte sind gekennzeichnet durch einen vielschichtigen kommunikativen Zusammenhang. Erläutern Sie diese Behauptung.

Heinrich Heine

Zur Beruhigung

Wir schlafen ganz, wie Brutus schlief –
Doch jener erwachte und bohrte tief
In Cäsars Brust das kalte Messer!
Die Römer waren Tyrannenfresser.

Wir sind keine Römer, wir rauchen Tabak.
Ein jedes Volk hat seinen Geschmack,
Ein jedes Volk hat seine Größe;
In Schwaben kocht man die besten Klöße.

Wir sind Germanen, gemütlich und brav,
Wir schlafen gesunden Pflanzenschlaf,
Und wenn wir erwachen, pflegt uns zu dürsten,
Doch nicht nach dem Blute unserer Fürsten.

Wir sind so treu wie Eichenholz,
Auch Lindenholz, drauf sind wir stolz;
Im Land der Eichen und der Linden
Wird niemals sich ein Brutus finden.

Und wenn auch ein Brutus unter uns wär,
Den Cäsar fänd er nimmermehr,
Vergeblich würd er den Cäsar suchen;
Wir haben gute Pfefferkuchen.

Wir haben sechsunddreißig Herrn
(Ist nicht zu viel!), und einen Stern
Trägt jeder schützend auf seinem Herzen,
Und er braucht nicht zu fürchten die Iden des Märzen.

Wir nennen sie Väter, und Vaterland
Benennen wir dasjenige Land,
Das erbeigentümlich gehört den Fürsten;
Wir lieben auch Sauerkraut mit Würsten.

Wenn unser Vater spazieren geht,
Ziehn wir den Hut mit Pietät;
Deutschland, die fromme Kinderstube,
Ist keine römische Mördergrube. (v 1844)

Zur Information:

● Gaius Julius Caesar (100–44 v. Chr.) steigt nach erfolgreichen Feldzügen zum römischen Imperator mit fast unbegrenzter Machtstellung auf. Republikanisch gesinnte Verschwörer (zu ihnen gehören auch Brutus und Cassius) ermorden ihn an den Iden des März (15. März) 44 v. Chr. im Senat.

● sechsundreißig Herrn: Hiermit ist die Anzahl der souveränen Herrschaften in Deutschland nach dem Wiener Kongress (1815) gemeint.

Heinrich Heine

An einen politischen Dichter

Du singst wie einst Tyrtäus[1] sang,
Von Heldenmut beseelet,
Doch hast du schlecht dein Publikum
Und deine Zeit gewählet.

Beifällig horchen sie dir zwar,
Und loben schier begeistert:
Wie edel dein Gedankenflug,
Wie du die Form bemeistert.

Sie pflegen auch beim Glase Wein
Ein Vivat dir zu bringen,
Und manchen Schlachtgesang von dir
Lautbrüllend nachzusingen.

Der Knecht singt gern ein Freiheitslied
Des Abends in der Schenke:
Das fördert die Verdauungskraft
Und würzet die Getränke. (v 1841)

---

[1] Tyrtäus: Dieser Dichter begeisterte die Spartaner im Krieg durch seine Werke so, dass sie ihre Feinde besiegten.

❏ Beziehen Sie sich auf das Kommunikationsmodell auf Seite 25; benennen Sie einzelne Textfunktionen und versuchen Sie diese am Text zu belegen, zum Beispiel:

Fragen zum Real-/Sachbezug
— Von welchem Sachverhalt ist die Rede?
— Auf welchen historischen, politischen, gesellschaftlichen Zusammenhang wird Bezug genommen?
— ...

Fragen zum Sprecher-Bezug
— Welche Haltung nimmt der Autor zu seinem „Gegenstand" ein?
— ...

Fragen zum Hörer-/Leserbezug
— Welche Stimmung soll mit dem Text erzeugt werden?
— ...

Fragen zum Sprach-/Textrückbezug
— Welches sind die auffälligsten Merkmale des Textes?
— ...

❏ Erläutern Sie, welche dieser Funktionen für das politische Gedicht von besonderer Wichtigkeit ist/sind.

❏ Beschreiben und deuten Sie dieses politische Gedicht unter besonderer Berücksichtigung des kommunikativen Zusammenhangs.

❏ Beziehen Sie den folgenden Text der beiden Fachwissenschaftler K.H. Fingerhut und N. Hopster mit in Ihre Überlegungen zu diesem Gedicht ein. Beurteilen Sie die poetischen Strukturen in Heines Gedicht.

Karl Heinz Fingerhut/Norbert Hopster
Zum Begriff der politischen Lyrik

Der Nachweis von poetischen „Strukturen" in der politischen Lyrik darf nicht darüber hinwegtäuschen, dass Letztere primär durch andere, nicht-literarische Prinzipien bestimmt wird und dass das Poetische in ihr vor allem eine die *Nachricht* stützende und modifizierende Funktion hat. Die Nachricht, als *politische* Nachricht, ist entscheidendes Merkmal des politischen Gedichts. Der Grad ihrer Verschlüsselung oder Direktheit hängt nicht nur von den allgemeinen politischen Zuständen (Zensur, autoritäres oder demokratisches System) ab, sondern vor allem davon, welche Hörerschicht angesprochen und welche Wirkung bei ihr erzielt werden soll.

Fragen der Publizistik spielen demnach sowohl für den Autor als auch für den kritischen Leser von politischer Lyrik eine Rolle, womit wiederum deutlich wird, wie sehr sich die als „politisch" bezeichnete Lyrik jenseits des allgemein mit diesem Begriff bezeichneten poetischen Sprechens bewegt. Von der politischen Rede etwa übernimmt die politische Lyrik viele Mittel zur Differenzierung und Aktualisierung des Kommunikationsgegenstandes im Bezugsfeld zwischen Autor und Hörer/Leser; besonders viele auf akustische Realisierung hin angelegte Darstellungsmittel, die vor allem die *emotive* Funktion der Sprache bedingen, zählen hierzu (häufig in Appell-Gedichten).

Dass das jeweilige Publikum eine jeweilige Form des Angesprochenwerdens verlangt, ist selbstverständlich. Das politische Gedicht des 19. Jahrhunderts, das vorwiegend noch an eine aufgeklärte bürgerliche Oberschicht gerichtet war […], durfte weit stärker literarisieren als das zeitgenössische Agitprop-Gedicht, das sich an die Massen des arbeitenden Volkes zu wenden vorgibt. (v 1972)

Tagung des Bundestages in Frankfurt/M., 1816

Der Beschluss des Bundestages vom 10. Dezember 1835 gegen das Junge Deutschland

Nachdem sich in Deutschland in neuerer Zeit, und zuletzt unter der Benennung „das junge Deutschland" oder „die junge Literatur", eine literarische Schule gebildet hat, deren Bemühungen unverhohlen dahin gehen, in belletristischen, für alle Klassen von Lesern zugänglichen Schriften die christliche Religion auf die frechste Weise anzugreifen, die bestehenden sozialen Verhältnisse herabzuwürdigen und alle Zucht und Sittlichkeit zu zerstören: so hat die deutsche Bundesversammlung – in Erwägung, dass es dringend notwendig sei, diesen verderblichen, die Grundpfeiler aller gesetzlichen Ordnung untergrabenden Bestrebungen durch Zusammenwirken aller Bundesregierungen sofort

Einhalt zu tun, und unbeschadet weiterer, vom Bunde oder von den einzelnen Regierungen zur Erreichung des Zweckes nach Umständen zu ergreifenden Maßregeln sich zu nachstehenden Bestimmungen vereiniget:

1. Sämtliche deutschen Regierungen übernehmen die Verpflichtung, gegen die Verfasser, Verleger, Drucker und Verbreiter der Schriften aus der unter der Bezeichnung „das junge Deutschland" oder „die junge Literatur" bekannten literarischen Schule, zu welcher namentlich Heinr. Heine, Karl Gutzkow, Heinr. Laube, Ludolf Wienbarg und Theodor Mundt gehören, die Straf- und Polizei-Gesetze ihres Landes, sowie die gegen den Missbrauch der Presse bestehenden Vorschriften, nach ihrer vollen Strenge in Anwendung zu bringen, auch die Verbreitung dieser Schriften, sei es durch den Buchhandel, durch Leihbibliotheken oder auf sonstige Weise, mit allen ihnen gesetzlich zu Gebot stehenden Mitteln zu verhindern.

2. Die Buchhändler werden hinsichtlich des Verlags und Vertriebs der oben erwähnten Schriften durch die Regierungen in angemessener Weise verwarnt. […]

Der Brief Heines an den Bundestag in Frankfurt vom 28. Januar 1836

An die Hohe Bundesversammlung

Mit tiefer Betrübnis erfüllt mich der Beschluss, den Sie in Ihrer einunddreißigsten Sitzung von 1835 gefasst haben. Ich gestehe Ihnen, meine Herren, zu dieser Betrübnis gesellt sich auch die höchste Verwunderung. Sie haben mich angeklagt, gerichtet und verurteilt, ohne dass Sie mich weder mündlich noch schriftlich vernommen, ohne dass jemand mit meiner Verteidigung beauftragt worden, ohne dass irgendeine Ladung an mich ergangen. So handelte nicht in ähnlichen Fällen das heilige römische Reich, an dessen Stelle der deutsche Bund getreten ist; Doktor Martin Luther, glorreichen Andenkens, durfte, versehen mit freiem Geleite, vor dem Reichstage erscheinen, und sich frei und öffentlich gegen alle Anklagen verteidigen. Fern ist von mir die Anmaßung mich mit dem hochteuren Manne zu vergleichen, der uns die Denkfreiheit in religiösen Dingen erkämpft hat; aber der Schüler beruft sich gern auf das Beispiel des Meisters. Wenn Sie, meine Herren, mir nicht freies Geleit bewilligen wollen, mich vor Ihnen in Person zu verteidigen, so bewilligen Sie mir wenigstens freies Wort in der deutschen Druckwelt und nehmen Sie das Interdikt zurück, welche Sie gegen alles, was ich schreibe, verhängt haben. Diese Worte sind keine Protestation, sondern nur eine Bitte. Wenn ich mich gegen etwas verwahre, so ist es allenfalls gegen die Meinung des Publikums, welches mein erzwungenes Stillschweigen für ein Eingeständnis strafwürdiger Tendenzen oder gar für ein Verleugnen meiner Schriften ansehen könnte. Sobald mir das freie Wort vergönnt ist, hoffe ich bündigst zu erweisen, dass meine Schriften nicht aus irreligiöser und unmoralischer Laune, sondern aus einer wahrhaft reli-

❐ Der Brief Heines an den Deutschen Bundestag blieb unbeantwortet. Er wurde unterschiedlich beurteilt. Unter anderem wird er als „heuchlerischer Unterwerfungsakt" (H. von Treitschke) und als „ironisch-souveräne Diplomatie" (L. Marcuse) angesehen; Sternberger hält den Brief „nicht für entehrend demütig". Heine dazu an seinen Hamburger Verleger Campe: „Ich habe getan, was ein Mann tun durfte, wenn er ein reines Gewissen hat."
Beurteilen Sie selbst: Welcher Meinung schließen Sie sich an? Belegen Sie Ihre Auffassung am Text.

Auch dies sind Möglichkeiten den Text zu bearbeiten:

❐ Schreiben Sie selbst aus der Sicht der heutigen Zeit einen Brief an den Deutschen Bundestag von damals, in dem Sie für Heine Partei ergreifen.

❐ Stellen Sie sich vor, Ihre Schule oder eine Schule in Ihrer Stadt solle den Namen „Heinrich-Heine-Schule" erhalten. Verfassen Sie einen kurzen appellativen Text (z.B. als Flugblatt, öffentlicher Brief an den Bürgermeister der Stadt, Postwurfsendung an alle Bürgerinnen und Bürger der Stadt, …), in dem Sie sich für diese Namensgebung einsetzen.

giösen und moralischen Synthese hervorgegangen sind, einer Synthese, welcher nicht bloß eine neue literarische Schule, benamset *das junge Deutschland,* sondern unsere gefeiertsten Schriftsteller, sowohl Dichter als Philosophen, seit langer Zeit gehuldigt haben. Wie aber auch, meine Herren, Ihre Entscheidung über meine Bitte ausfalle, so seien Sie doch überzeugt, dass ich immer den Gesetzen meines Vaterlandes gehorchen werde. Der Zufall, dass ich mich außer dem Bereich Ihrer Macht befinde, wird mich nie verleiten, die Sprache des Haders zu führen; ich ehre in Ihnen die höchsten Autoritäten einer geliebten Heimat. Die persönliche Sicherheit, die mir der Aufenthalt im Auslande gewährt, erlaubt mir glücklicherweise, ohne Besorgnis vor Missachtung, Ihnen, meine Herren, in geziemender Untertänigkeit, die Versicherungen meiner tiefsten Ehrfurcht darzubringen.

Paris, Cité Bergère Nr. 3, den 28. Jan. 1836.

Heinrich Heine
beider Rechte Doktor

Heinrich Heine
Die schlesischen Weber[1]

Im düstern Auge keine Träne,
Sie sitzen am Webstuhl und fletschen die Zähne:
Deutschland, wir weben dein Leichentuch,
Wir weben hinein den dreifachen Fluch –
    Wir weben, wir weben!

Ein Fluch dem Gotte, zu dem wir gebeten
In Winterskälte und Hungersnöten;
Wir haben vergebens gehofft und geharrt,
Er hat uns geäfft und gefoppt und genarrt –
    Wir weben, wir weben!

Ein Fluch dem König[2], dem König der Reichen,
Den unser Elend nicht konnte erweichen,
Der den letzten Groschen von uns erpresst,
Und uns wie Hunde erschießen lässt –
    Wir weben, wir weben!

Ein Fluch dem falschen Vaterlande,
Wo nur gedeihen Schmach und Schande,
Wo jede Blume früh geknickt,
Wo Fäulnis und Moder den Wurm erquickt –
    Wir weben, wir weben!

Das Schiffchen fliegt, der Webstuhl kracht,
Wir weben emsig Tag und Nacht –
Altdeutschland, wir weben dein Leichentuch,
Wir weben hinein den dreifachen Fluch,
    Wir weben, wir weben!" (v 1844)

---

[1] Das Gedicht bezieht sich auf den Aufstand der schlesischen Weber 1844.
[2] Friedrich Wilhelm IV. (1795–1861) hatte den schlesischen Weberaufstand von 1844 blutig niederschlagen lassen.

❏ Geben Sie zunächst Ihren persönlichen Eindruck von diesem Gedicht wieder. Schreiben Sie alles auf, was Ihnen zur Stimmung des Gedichts, zum Inhalt, zum Aufbau, zur Form und zum historischen Zusammenhang auffällt. Vergleichen und diskutieren Sie diese ersten Deutungen und Textbefunde in Ihrer Lerngruppe.

❏ Nutzen Sie die Zusammenstellung Ihrer ersten Eindrücke zu einer vertiefenden und umfassenderen Analyse des Gedichts. Ziehen Sie dazu auch die Informationen in dem folgenden Text mit heran; verschaffen Sie sich gegebenenfalls weitere Informationen.

❏ Fertigen Sie zu Heinrich Heines Gedicht „Die schlesischen Weber" eine schriftliche Analyse (Beschreibung und Deutung an). Sie können sich dabei an den Analysekriterien auf Seite 289 orientieren.

Das Beispiel „Junges Deutschland"/„Vormärz" – Die Literatur wird politisch! 293

Das Elend in Schlesien

Hunger und Verzweiflung. | *Offizielle Abhülfe.*

Zeitgenössische Darstellung zum schlesischen Weberaufstand

Zum Verständnis des Gedichtes ist es wiederum notwendig, dass wir den historischen Hintergrund vor Augen haben. Die wichtigste quellenmäßige Darstellung des Weberaufstandes von 1844 ist die Schrift eines schlesischen Privatlehrers: Wilhelm Wolff: „Das Elend und der Aufruhr in Schlesien" (1844). Sie erschien 1845 im 1. Band des deutschen Bürgerbuches, das einer milderen Zensur unterstand als die damaligen Zeitungen.

Mit dem Beginn der Industrialisierung wurde in Schlesien die Heimarbeit der Weber bedroht –, die Arbeitslosigkeit nahm ständig zu, und die Weber waren von den Fabrikanten und den Kaufleuten abhängig. Die Löhne standen in keinem Verhältnis zur geleisteten Arbeit. Am 4. Juni 1844 kam es zum Aufruhr. Zunächst wurde das Haus der Gebrüder Zwanziger gestürmt und demoliert. Am 5. Juni zogen die Weber zu anderen Fabrikanten. In Bielau wollte der Fabrikant Dierig die aufgebrachten Weber durch ein Geldgeschenk beschwichtigen, aber in diesem Augenblick rückte Militär in den Ort ein: „Die Zahlung verzögerte sich so sehr, dass die Masse ungeduldig wurde und, außerdem beim Anblick der Soldaten ohnehin aufgeregt und von einigen Unteroffizieren barsch zur Ordnung gerufen und fest überzeugt, dass sie kein Geld erhalten würden, gegen die Truppen immer mehr andrängte. Der Major, welcher Dierigs Haus und Truppen mehr und mehr bedroht sah, ließ Feuer geben." Bei dem Zwischenfall wurden elf Menschen erschossen. Es folgten Verhaftungen in Peterswaldau und Bielau.

Hans Jürgen Skorna (v 1972)

Georg Weerth

Das Hungerlied

Verehrter Herr und König,
Weißt du die schlimme Geschicht?
Am Montag aßen wir wenig,
Und am Dienstag aßen wir nicht.

❏ Auch die beiden folgenden Texte von G. Weerth und G. Herwegh stehen beispielhaft für die Literatur des Vormärz. Bearbeiten Sie die beiden Texte (zum Beispiel in Gruppen). Nutzen Sie dabei die Fragestellungen zur Analyse, gehen Sie insbesondere auf die einzelnen Funktionen des Textes ein (S. 289).

Und am Mittwoch mussten wir darben,
Und am Donnerstag litten wir Not;
Und ach, am Freitag starben
Wir fast den Hungertod!

Drum lass am Samstag backen
Das Brot, fein säuberlich –
Sonst werden wir sonntags packen
Und fressen, o König, dich! (v 1843/48)

Georg Herwegh
Aufruf 1841

Reißt die Kreuze aus der Erden!
Alle sollen Schwerter werden,
Gott im Himmel wird's verzeihn.
Lasst, o lasst das Verseschweißen!
Auf den Amboss legt das Eisen!
Heiland soll das Eisen sein.

Eure Tannen, eure Eichen –
Habt die grünen Fragezeichen
Deutscher Freiheit ihr gewahrt?
Nein, sie soll nicht untergehen!
Doch ihr fröhlich Auferstehen
Kostet eine Höllenfahrt.

Deutsche, glaubet euren Sehern,
Unsre Tage werden ehern,
Unsre Zukunft klirrt in Erz;
Schwarzer Tod ist unser Sold nur,
Unser Gold ein Abendgold nur,
Unser Rot ein blutend Herz!

Reißt die Kreuze aus der Erden!
Alle sollen Schwerter werden,
Gott im Himmel wird's verzeihn.
Hört er unsre Feuer brausen
Und sein heilig Eisen sausen,
Spricht er wohl den Segen drein.

Vor der Freiheit sei kein Frieden,
Sei dem Mann kein Weib beschieden
Und kein golden Korn dem Feld;
Vor der Freiheit, vor dem Siege
Seh kein Säugling aus der Wiege
Frohen Blickes in die Welt!

In den Städten sei nur Trauern,
Bis die Freiheit von den Mauern
Schwingt die Fahnen in das Land;
Bis du, Rhein, durch *freie* Bogen
Donnerst, lass die letzten Wogen
Fluchend knirschen in den Sand.

Reißt die Kreuze aus der Erden!
Alle sollen Schwerter werden,
Gott im Himmel wird's verzeihn.
Gen Tyrannen und Philister!
Auch das Schwert hat seine Priester,
Und wir wollen Priester sein!

Diese Schriftsteller des Vormärz wenden sich von der überkommenen Dichtungsauffassung ab, die sich nach ihrer Meinung von der Wirklichkeit entfernt und in eine ästhetisch-moralische Ideenwelt flüchtet. Das Ende der Kunstepoche bedeutet die Forderung, dass Literatur und Kunst in die gesellschaftlichen Verhältnisse verändernd einzugreifen oder sie zumindest kritisch zu spiegeln haben. Diese oft als Tendenzpoesie bezeichnete Literatur bleibt umstritten; sogar Heine schilt das politische Gedicht, weil häufig Botschaft und Tendenz und ästhetischer Wert nicht übereinstimmen und die ästhetische Eigenwertigkeit negiert wird.
Werner Riedel/Lothar Wiese (v 1995)

❒ Beurteilen und erläutern Sie jeweils mit Einzelheiten der Texte: kunstvolle sprachliche Form oder geeignetes Medium zur Mobilisierung der Massen? Beziehen Sie danach auch die folgenden Hinweise von Werner Riedel und Lothar Wiese in Ihre Überlegungen ein.

Georg Büchner:
Friede den Hütten – Krieg den Palästen

Neben seinem **Medizinstudium in Straßburg** beschäftigt sich der in Goddelau (Hessen) geborene Georg Büchner (1813–1837) mit den politischen Verhältnissen in Deutschland. An seine Eltern schreibt er, dass er eine **gewaltsame Auseinandersetzung in Deutschland** für nötig halte, um die drängenden sozialen und politischen Probleme der Zeit zu lösen. Als Georg Büchner nach Gießen (Hessen) zurückkehrt, um sein Studium abzuschließen, gründet er dort zusammen mit ein paar Freunden 1834 nach dem Muster französischer Verschwörerorganisationen die **„Gesellschaft für Menschenrechte"**. Man kann dies als eine Art **politische „Untergrundbewegung"** kennzeichnen; dabei geht es Büchner nicht darum, den liberalen Grundsätzen der bürgerlichen Kreise zum Durchbruch zu verhelfen, sondern aus einer radikal antibürgerlichen Gesinnung heraus die Masse des Volkes (vor allem die Bauern, aber auch die Handwerksburschen – Fabrikarbeiter gibt es damals in Hessen kaum) aufzurütteln und durch einen Volksaufstand **die bestehenden gesellschaftlichen und politischen Verhältnisse zu zerstören**. Dabei richtet sich seine Kritik auch gegen die „matten Liberalen".
Durch seinen Freund Becker trifft Georg Büchner auf den patriotisch gesinnten Theologen Ludwig Weidig, für den er eine politische Flugschrift mit dem Titel „Der Hessische Landbote"

Georg Büchner, 1813–1837

Zur Biografie Georg Büchners siehe Seite 136.

verfasst. Der unerhört neue, radikale und aufsässige Ton dieser Schrift wird von Weidig zum Teil abgemildert; als Theologe fügt er Bibelzitate hinzu. Die **Flugschrift** wird im Juni **1834** (in ca. 10 000 Exemplaren) heimlich gedruckt und verbreitet.

Für Büchner wird die Aktion zum **Fehlschlag**. Zum einen erreicht die Schrift nicht wirklich die, auf die es ihm ankommt: die Armen, die große Masse des Volkes. Die Bauern liefern zum Teil die Flugblätter der großherzoglichen Polizei ab; die Verschwörung wird aufgedeckt, ein Teil der Flugschriften beschlagnahmt. Einige der Mitglieder, wie zum Beispiel Weidig, werden verhaftet, andere fliehen ins Ausland, nach Frankreich oder in die Schweiz.

Auch Büchner wird verdächtigt, in Gießen wird eine Hausdurchsuchung bei ihm vorgenommen, bei der jedoch keine kompromittierenden Dokumente entdeckt werden. Büchner, entrüstet über die Polizeimethoden, besitzt die Verwegenheit, nach Gießen zurückzukehren und sich beim Disziplinargericht der Universität über die Durchsuchung seiner Wohnung zu beschweren. Da ihm der Boden in Gießen zu heiß wird, zieht er sich zunächst in sein Elternhaus nach Darmstadt zurück, wo innerhalb von fünf Wochen, im Januar und Februar 1835, unter dem Druck drohender Verhaftung das Revolutionsdrama „Dantons Tod" entsteht. Selbst die Führer der Revolution werden in diesem Drama als „Spielball" eines blinden Geschehens und schicksalhafter Zufälle gekennzeichnet.

Georg Büchner entzieht sich der drohenden Verhaftung in Darmstadt durch die **Flucht ins französische Straßburg.** Im Juni 1835 wird gegen ihn ein Steckbrief erlassen. Büchner ist zutiefst enttäuscht über die Aussichtslosigkeit, die Masse aus ihrer politischen Lethargie aufzurütteln. Die Hoffnung auf eine revolutionäre Umgestaltung der gesellschaftlichen Verhältnisse gibt er resignierend auf.

Erstdruck der Flugschrift des „Hessischen Landboten" (Juli 1834)

Der Steckbrief zur Ergreifung Georg Büchners, Darmstadt, 13.6.1835

Der Hessische Landbote
Erste Botschaft

Darmstadt, im Juli 1834

Vorbericht

Dieses Blatt soll dem hessischen Lande die Wahrheit melden, aber wer die Wahrheit sagt, wird gehenkt: ja sogar der, welcher die Wahrheit liest, wird durch meineidige Richter vielleicht gestraft. Darum haben die, welchen dies Blatt zukommt, Folgendes zu beobachten:
1. Sie müssen das Blatt sorgfältig außerhalb ihres Hauses vor der Polizei verwahren;
2. sie dürfen es nur an treue Freunde mitteilen;
3. denen, welchen sie nicht trauen wie sich selbst, dürfen sie es nur heimlich hinlegen;
4. würde das Blatt dennoch bei einem gefunden, der es gelesen hat, so muss er gestehen, dass er es eben dem Kreisrat habe bringen wollen;
5. wer das Blatt nicht gelesen hat, wenn man es bei ihm findet, der ist natürlich ohne Schuld.

Friede den Hütten! Krieg den Palästen!

Im Jahre 1834 siehet es aus, als würde die Bibel Lügen gestraft. Es sieht aus, als hätte Gott die Bauern und Handwerker am fünften Tage und die Fürsten und Vornehmen am sechsten gemacht, und als hätte der Herr zu diesen gesagt: „Herrschet über alles Getier, das auf Erden kriecht", und hätte die Bauern und Bürger zum Gewürm gezählt. Das Leben der Vornehmen ist ein langer Sonntag: sie wohnen in schönen Häusern, sie tragen zierliche Kleider, sie haben feiste Gesichter und reden eine eigne Sprache; das Volk aber liegt vor ihnen wie Dünger auf dem Acker. Der Bauer geht hinter dem Pflug, der Vornehme aber geht hinter ihm und dem Pflug und treibt ihn mit den Ochsen am Pflug, er nimmt das Korn und lässt ihm die Stoppeln. Das Leben des Bauern ist ein langer Werktag; Fremde verzehren seine Äcker vor seinen Augen, sein Leib ist eine Schwiele, sein Schweiß ist das Salz auf dem Tische des Vornehmen. [...]

Dies Geld ist der Blutzehnte, der vom Leib des Volkes genommen wird. An 700 000 Menschen schwitzen, stöhnen und hungern dafür. Im Namen des Staates wird es erpresst, die Presser berufen sich auf die Regierung, und die Regierung sagt, das sei nötig, die Ordnung im Staat zu erhalten. Was ist denn nun das für gewaltiges Ding: der Staat? Wohnt eine Anzahl Menschen in einem Land und es sind Verordnungen oder Gesetze vorhanden, nach denen jeder sich richten muss, so sagt man, sie bilden einen Staat. Der Staat also sind *alle*; die Ordner im Staate sind die Gesetze, durch welche das Wohl *aller* gesichert wird und die aus dem Wohl *aller* hervorgehen sollen. – Seht nun, was man in dem Großherzogtum aus dem Staat gemacht hat; seht, was es heißt: die Ordnung im Staate erhalten! 700 000 Menschen bezahlen dafür 6 Millionen, das heißt sie

werden zu Ackergäulen und Pflugstieren gemacht, damit sie in Ordnung leben. In Ordnung leben heißt hungern und geschunden werden.
Wer sind denn die, welche diese Ordnung gemacht haben und die wachen, diese Ordnung zu erhalten? Das ist die Großherzogliche Regierung. Die Regierung wird gebildet von dem Großherzog und seinen obersten Beamten. Die andern Beamten sind Männer, die von der Regierung berufen werden, um jene Ordnung in Kraft zu erhalten. Ihre Anzahl ist Legion: Staatsräte und Regierungsräte, Landräte und Kreisräte, geistliche Räte und Schulräte, Finanzräte und Forsträte usw. mit allem ihrem Heer von Sekretären usw. Das Volk ist ihre Herde, sie sind seine Hirten, Melker und Schinder; sie haben die Häute der Bauern an, der Raub der Armen ist in ihrem Hause; die Tränen der Witwen und Waisen sind das Schmalz auf ihren Gesichtern; sie herrschen frei und ermahnen das Volk zur Knechtschaft. [...]
Ihr dürft euern Nachbar verklagen, der euch eine Kartoffel stiehlt; aber klagt einmal über den Diebstahl, der von Staats wegen unter dem Namen von Abgabe und Steuern jeden Tag an eurem Eigentum begangen wird, damit eine Legion unnützer Beamten sich von eurem Schweiße mästen; klagt einmal, dass ihr der Willkür einiger Fettwänste überlassen seid und dass diese Willkür Gesetz heißt, klagt, dass ihr die Ackergäule des Staates seid, klagt über eure verlorne Menschenrechte: wo sind die Gerichtshöfe, die eure Klage annehmen, wo die Richter, die Recht sprächen? – Die Ketten eurer Vogelsberger Mitbürger, die man nach Rockenburg[1] schleppte, werden euch Antwort geben. [...]
Die größten Schurken stehen wohl jetzt allerwärts in Deutschland den Fürsten am nächsten, wenigstens im Großherzogtum. Kommt ja ein ehrlicher Mann in einen Staatsrat, so wird er ausgestoßen. Könnte aber auch ein ehrlicher Mann jetzo Minister sein oder bleiben, so wäre er, wie die Sachen stehn in Deutschland, nur eine Drahtpuppe, an der die fürstliche Puppe zieht; und an dem fürstlichen Popanz zieht wieder ein Kammerdiener oder ein Kutscher oder seine Frau und ihr Günstling oder sein Halbbruder – oder alle zusammen. [...]
Die Anstalten, die Leute, von denen ich bis jetzt gesprochen, sind nur Werkzeuge, sind nur Diener. Sie tun nichts in ihrem Namen, unter der Ernennung zu ihrem Amt steht ein L., das bedeutet *Ludwig* von Gottes Gnaden, und sie sprechen mit Ehrfurcht: „Im Namen des Großherzogs". Dies ist ihr Feldgeschrei, wenn sie euer Gerät versteigern, euer Vieh wegtreiben, euch in den Kerker werfen. Im Namen des Großherzogs sagen sie, und der Mensch, den sie so nennen, heißt: unverletzlich, heilig, souverän, königliche Hoheit. Aber tretet zu dem Menschenkinde und blickt durch seinen Fürstenmantel. Es isst, wenn es hungert und schläft, wenn sein Auge dunkel wird. Sehet, es kroch so nackt und weich in die Welt wie ihr und

---

[1] Oberhessisches Dorf, in dessen Nähe die Landesstrafanstalt Marienschloss lag

wird so hart und steif hinausgetragen wie ihr, und doch hat es seinen Fuß auf eurem Nacken, hat 700 000 Menschen an seinem Pflug, hat Minister, die verantwortlich sind für das, was es tut, hat Gewalt über euer Eigentum durch die Steuern, die es ausschreibt, über euer Leben durch die Gesetze, die es macht, es hat adliche Herrn und Damen um sich, die man Hofstaat heißt, und seine göttliche Gewalt vererbt sich auf seine Kinder mit Weibern, welche aus ebenso übermenschlichen Geschlechtern sind.

Wehe über euch Götzendiener! – Ihr seid wie die Heiden, die das Krokodil anbeten, von dem sie zerrissen werden. Ihr setzt ihm eine Krone auf, aber es ist eine Dornenkrone, die ihr euch selbst in den Kopf drückt; ihr gebt ihm ein Zepter in die Hand, aber es ist eine Rute, womit ihr gezüchtigt werdet; ihr setzt ihn auf euern Thron, aber es ist ein Marterstuhl für euch und eure Kinder. Der Fürst ist der Kopf des Blutigels, der über euch hinkriecht, die Minister sind seine Zähne und die Beamten sein Schwanz. Die hungrigen Mägen aller vornehmen Herren, denen er die hohen Stellen verteilt, sind Schröpfköpfe, die er dem Lande setzt. Das L., was unter seinen Verordnungen steht, ist das Malzeichen des Tieres, das die Götzendiener unserer Zeit anbeten. Der Fürstenmantel ist der Teppich, auf dem sich die Herren und Damen vom Adel und Hofe in ihrer Geilheit übereinander wälzen – mit Orden und Bändern decken sie ihre Geschwüre, und mit kostbaren Gewändern bekleiden sie ihre aussätzigen Leiber. Die Töchter des Volks sind ihre Mägde und Huren, die Söhne des Volks ihre Lakaien und Soldaten. Geht einmal nach Darmstadt und seht, wie die Herren sich für euer Geld dort lustig machen, und erzählt dann euern hungernden Weibern und Kindern, dass ihr Brot an fremden Bäuchen herrlich angeschlagen sei, erzählt ihnen von den schönen Kleidern, die in ihrem Schweiß gefärbt, und von den zierlichen Bändern, die aus den Schwielen ihrer Hände geschnitten sind, erzählt von den stattlichen Häusern, die aus den Knochen des Volks gebaut sind; und dann kriecht in eure rauchigen Hütten und bückt euch auf euren steinichten Äckern, damit eure Kinder auch einmal hingehen können, wenn ein Erbprinz mit einer Erbprinzessin für einen andern Erbprinzen Rat schaffen will, und durch die geöffneten Glastüren das Tischtuch sehen, wovon die Herren speisen, und die Lampen riechen, aus denen man mit dem Fett der Bauern illuminiert.

Das alles duldet ihr, weil euch Schurken sagen, diese Regierung sei von Gott. Diese Regierung ist nicht von Gott, sondern vom Vater der Lügen. Diese deutschen Fürsten sind keine rechtmäßige Obrigkeit, sondern die rechtmäßige Obrigkeit, den deutschen Kaiser, der vormals vom Volke frei gewählt wurde, haben sie seit Jahrhunderten verachtet und endlich gar verraten. Aus Verrat und Meineid, und nicht aus der Wahl des Volkes, ist die Gewalt der deutschen Fürsten hervorgegangen, und darum ist ihr Wesen und Tun von Gott verflucht; ihre Weisheit ist Trug, ihre Gerechtigkeit ist Schinderei. Sie zertreten das Land und zerschlagen die Person des Elenden.

Ihr lästert Gott, wenn ihr einen dieser Fürsten einen Gesalbten des Herrn nennt, das heißt Gott habe die Teufel gesalbt und zu Fürsten über die deutsche Erde gesetzt. Deutschland, unser liebes Vaterland, haben diese Fürsten zerrissen, den Kaiser, den unsere freien Voreltern wählten, haben die Fürsten verraten, und nun fordern diese Verräter und Menschenquäler Treue von euch! – Doch das Reich der Finsternis neiget sich zum Ende. Über ein Kleines, und Deutschland, das jetzt die Fürsten schinden, wird als ein Freistaat mit einer vom Volk gewählten Obrigkeit wieder auferstehn. Die Heilige Schrift sagt: „Gebet dem Kaiser, was des Kaisers ist." Was ist aber dieser Fürsten, der Verräter? – Das Teil von *Judas!* […]

Der Herr, der den Stecken des fremden Treibers Napoleon zerbrochen hat, wird auch die Götzenbilder unserer einheimischen Tyrannen zerbrechen durch die Hände des Volks. Wohl glänzen diese Götzenbilder von Gold und Edelsteinen, von Orden und Ehrenzeichen, aber in ihrem Innern stirbt der Wurm nicht, und ihre Füße sind von Lehm. – Gott wird euch Kraft geben, ihre Füße zu zerschmeißen, sobald ihr euch bekehret von dem Irrtum eures Wandels und die Wahrheit erkennet: dass nur ein Gott ist und keine Götter neben ihm, die sich Hoheiten und Allerhöchste, heilig und unverantwortlich nennen lassen, dass Gott alle Menschen frei und gleich in ihren Rechten schuf und dass keine Obrigkeit von Gott zum Segen verordnet ist als die, welche auf das Vertrauen des Volkes sich gründet und vom Volke ausdrücklich oder stillschweigend erwählt ist; dass dagegen die Obrigkeit, die Gewalt, aber kein Recht über ein Volk hat, nur *also* von Gott ist, wie der Teufel auch von Gott ist, und dass der Gehorsam gegen eine solche Teufelsobrigkeit nur so lange gilt, bis ihre Teufelsgewalt gebrochen werden kann; […]

Hebt die Augen auf und zählt das Häuflein eurer Presser, die nur stark sind durch das Blut, das sie euch aussaugen, und durch eure Arme, die ihr ihnen willenlos leiht. Ihrer sind vielleicht 10000 im Großherzogtum und eurer sind es 700000, und also verhält sich die Zahl des Volkes zu seinen Pressern auch im übrigen Deutschland. Wohl drohen sie mit dem Rüstzeug und den Reisigen der Könige, aber ich sage euch: Wer das Schwert erhebt gegen das Volk, der wird durch das Schwert des Volkes umkommen. Deutschland ist jetzt ein Leichenfeld, bald wird es ein Paradies sein. Das deutsche Volk ist *ein* Leib, ihr seid ein Glied dieses Leibes. Es ist einerlei, wo die Scheinleiche zu zucken anfängt. Wann der Herr euch seine Zeichen gibt durch die Männer, durch welche er die Völker aus der Dienstbarkeit zur Freiheit führt, dann erhebet euch, und der ganze Leib wird mit euch aufstehen.

Ihr bücktet euch lange Jahre in den Dornäckern der Knechtschaft, dann schwitzt ihr einen Sommer im Weinberge der Freiheit und werdet frei sein bis ins tausendste Glied.

Ihr wühltet ein langes Leben die Erde auf, dann wühlt ihr euren Tyrannen ein Grab. Ihr bautet die Zwingburgen, dann stürzt ihr sie und bauet der Freiheit Haus. Dann könnt ihr eure Kinder frei taufen mit dem Wasser des Lebens. Und bis der

---

❐ Wie wirkt diese Flugschrift auf Sie? Formulieren Sie Ihre Eindrücke.

❐ Untersuchen Sie jetzt im Einzelnen Inhalt, Aufbau (soweit aus dem gekürzten Text ersichtlich), Absicht des Verfassers, Argumentationsweise und vor allem die sprachliche Form des Textes. Arbeiten Sie besonders die Funktion der Machart für die Aussageabsicht des Verfassers heraus.

❐ Welche Textfunktion (siehe Seite 289) steht bei diesem Text in besonderer Weise im Vordergrund? Begründen Sie Ihre Ansicht.

❐ Beurteilen Sie Büchners Absichten und seine Mittel mit Hilfe des einführenden Textes und der Bilder.

❐ Verfassen Sie eine Rezension zum Text
a) aus der Sicht eines systemkritischen Zeitgenossen,
b) aus der Sicht von Heinrich Heine,
c) aus der Sicht eines Vertreters der Obrigkeit.
Beachten Sie die Hinweise zur Rezension auf Seite 65.

Herr euch ruft durch seine Boten und Zeichen, wachet und rüstet euch im Geiste und betet ihr selbst und lehrt eure Kinder beten: „Herr, zerbrich den Stecken unserer Treiber und lass dein Reich zu uns kommen – das Reich der Gerechtigkeit. Amen."

Der folgende Auszug stammt aus einem Brief, den Georg Büchner im Frühjahr 1834 während der Vorstudien zu „Dantons Tod" an seine Braut schrieb.

[…] Ich studierte die Geschichte der Revolution. Ich fühlte mich wie zernichtet unter dem grässlichen Fatalismus der Geschichte. Ich finde in der Menschennatur eine entsetzliche Gleichheit, in den menschlichen Verhältnissen eine unabwendbare Gewalt, allen und keinem verliehen. Der Einzelne nur Schaum auf der Welle, die Größe ein bloßer Zufall, die Herrschaft des Genies ein Puppenspiel, ein lächerliches Ringen gegen ein ehernes Gesetz, es zu erkennen das Höchste, es zu beherrschen unmöglich. Es fällt mir nicht mehr ein, vor den Paradegäulen und Eckstehern der Geschichte mich zu bücken. Ich gewöhne mein Auge ans Blut. Aber ich bin kein Guillotinenmesser. Das *Muss* ist eins von den Verdammungsworten, womit der Mensch getauft worden. Der Ausspruch: es muss ja Ärgernis kommen, aber wehe dem, durch den es kommt – ist schauderhaft. Was ist das, was in uns lügt, mordet, stiehlt? Ich mag dem Gedanken nicht weiter nachgehen. […]

❑ Erläutern Sie Büchners Auffassung von Geschichte. Welche Möglichkeiten hat seiner Meinung nach der einzelne Mensch, um den Lauf der Geschichte zu beeinflussen?

❑ Aus der Aufklärung und aus der Französischen Revolution stammt der Gedanke eines geschichtlichen Fortschrittglaubens. Wie beurteilen Sie vor dieser Tatsache Büchners Ausführungen? Stellen Sie einen Bezug her zu seinen Erfahrungen mit der „Gesellschaft für Menschenrechte" und mit dem „Hessischen Landboten".

❑ Der *Hessische Landbote* wird von manchen Interpreten auch als Vorläufer des *Kommunistischen Manifests* verstanden (1848 von Karl Marx und Friedrich Engels veröffentlicht). Verschaffen Sie sich die entsprechenden Informationen (zum Beispiel Reclam UB 8323) und beurteilen Sie, worin die Unterschiede zwischen beiden Schriften bestehen könnten angesichts der Tatsache, dass die Verfasser des Kommunistischen Manifests sicher waren, die gesellschaftlichen Verhältnisse verändern zu können und damit zu einem vollkommeneren und glücklicheren Endzustand zu gelangen.

Vom poetischen Realismus bis zur Mitte des 20. Jahrhunderts: Überblick und Textbeispiele

Die 2. Hälfte des 19. Jahrhunderts ist eine Zeit großer Veränderungen. Auf der einen Seite gibt es bedeutende Fortschritte, zum Beispiel neue Erkenntnisse in den Naturwissenschaften und bedeutende Erfindungen im Bereich der Medizin und Technik, auf der anderen Seite haben diese Fortschritte negative Begleiterscheinungen, zum Beispiel:

- Die Zunahme der Bevölkerung bewirkt Landflucht und Verstädterung,
- es ergeben sich soziale Probleme; große Teile der Bevölkerung verelenden; es entsteht der Gegensatz zwischen Proletariat und vermögendem Bürgertum.

Die gescheiterte bürgerliche Revolution von 1848 hat das Selbstverständnis des Bürgertums erschüttert; es herrscht Orientierungslosigkeit, weil traditionelle Bindungen und Normen (Religion, Großfamilie, Ständegesellschaft) ihre Gültigkeit verloren haben.

Mit dem Begriff **Realismus** verbindet sich im 19. Jahrhundert **Orientierung an der Wirklichkeit und die Abwendung von idealistischer Weltsicht**. Man wendet sich sowohl gegen „klassische" Vorbilder, die den Ideen den Vorrang vor den tatsächlichen Verhältnissen einräumen, als auch gegen die „romantische" Fantasie, gegen Subjektivismus und Übersinnliches. Realistischer Schreibweise fühlen sich als frühe Vorläufer bereits Heinrich Heine (vgl. Seite 286ff.) und Georg Büchner (vgl. Seite 136ff. und 295ff.) verpflichtet. Der Realismus, der ab 1848 das literarische Leben beeinflusst, wendet sich den Bedingungen zu, die das Leben der Menschen prägen: der erfahrbaren Wirklichkeit, dem Alltag.

Mit den aufkommenden Naturwissenschaften verbindet sich der Glaube an den Fortschritt. Der poetische Realismus ist auch geprägt durch eine starke Beziehung zur Heimat. Die Dichter des Realismus sind bestrebt, die Wirklichkeit sachlich und ohne Vorurteile darzustellen. Sie vernachlässigen dabei aber nicht die poetische, künstlerisch-symbolische, bisweilen auch humorvolle Gestaltung.

Das Denken der Dichter wird entscheidend mitgeprägt durch die deutschen **Philosophen Arthur Schopenhauer (1788–1860)** und **Friedrich Nietzsche (1844–1900)**, die, im Widerspruch zur religiösen Heilslehre, vor allem eine pessimistische Deutung menschlicher Existenz vermitteln. Die meisten Dichterpersönlichkeiten entstammen dem Bürgertum. Große Vorbilder sind vor allem der Engländer Charles Dickens (z. B. *Oliver Twist*) und der Franzose Gustave Flaubert (z. B. *Madame Bovary*). Im Realismus hat die erzählende Literatur (Erzählung, Novelle, Roman) die größte Bedeutung; das Interesse gilt besonders den realen Verhältnissen. Lyrik findet man eher bei zeitlosen Themen wie Liebe, Heimatgefühl, Naturerleben.

Angilbert Göbel:
Arthur Schopenhauer,
1788–1860 (1859)

Friedrich Nietzsche,
1844–1900 (1882)

Die Schriftsteller des **Naturalismus** (etwa 1880–1900), der geistesgeschichtlich aus dem Realismus hervorgeht, rücken vor allem den von der Gesellschaft ausgestoßenen Menschen der unteren Klassen ins Zentrum ihrer Werke (vgl. auch ähnliche Tendenzen im Zeitalter des *Sturm und Drang* und des *Vormärz*). Der Mensch wird im Bedingungsgefüge von Psyche, Trieb, Sozialstruktur, Arbeitswelt und Verstädterung gesehen; dadurch werden seine Verhaltensweisen und seine Entscheidungen determiniert. Neue Darstellungsmittel wie Dialekt und Umgangssprache finden Eingang in die Dichtung. Angriffspunkte der literarischen Kritik sind vor allem:
- der deutsch-nationale Überschwang nach 1870/71
- der Obrigkeitsstaat
- die Bevormundung durch die Kirche
- die soziale Problematik

Der deutsche Naturalismus wird deutlich beeinflusst durch den Franzosen **Emile Zola**, die norwegischen Dramatiker **Henrik Ibsen** und **August Strindberg** und die Russen **Feodor M. Dostojewski** und **Leo Tolstoi**.

Die Formel „**Kunst = Natur - x**" geht auf den bedeutendsten Theoretiker der naturalistischen Kunst Arno Holz zurück. Die Größe x soll dabei möglichst klein sein, das heißt, ein Kunstwerk gilt als umso vollkommener, je mehr es mit der Natur übereinstimmt. Die Natur meint hier nicht die Schöpfung Gottes oder Wachstumsgesetze, sondern die tatsächlichen Verhältnisse. Die Revolution der Kunst müsse gleichzeitig eine Revolution der künstlerischen Mittel sein (zum Beispiel beim Drama ein wirklichkeitsgetreues Bühnenbild und „natürliche" Dialoge durch Dialekt und Alltagssprache; bei der Lyrik Verzicht auf Strophen und Endreime).

Schon früh bilden sich **Gegenströmungen zum Naturalismus** heraus, die in der Literaturgeschichte mit Begriffen wie **Neuromantik, Symbolismus, Impressionismus** umschrieben werden. Damit werden die einseitig auf die Wirklichkeit bezogenen Konzepte des Naturalismus aufgegeben zugunsten einer Betonung der subjektiven Empfindungen und individuellen Eindrücke. Der Begriff *Impressionismus* kennzeichnet ursprünglich eine bestimmte Stilrichtung in der französischen Malerei, bevor er auf eine Literaturrichtung übertragen wird, für die die Wiedergabe von Stimmungen und lautmalerische Sprache typisch ist. Auch der Symbolismus hat seinen Ursprung in Frankreich; es geht den Vertretern dieser Richtung vor allem darum, im Gegensatz zum Naturalismus den geheimnisvollen Zusammenhang zwischen den Dingen zu zeigen.

Die Bewegung des **Expressionismus**, die Literatur und bildende Kunst im ersten Viertel des 20. Jahrhunderts bestimmt, ist ohne den Zusammenhang mit der allgemeinen Aufbruchstimmung zu Beginn des Jahrhunderts und ohne den Zusammenhang mit den künstlerisch-literarischen Bewegungen des Impressionismus und Symbolismus nicht zu erklären. Der Begriff Expressionismus steht deshalb als **Sammelbegriff unterschied-**

Emile Zola, 1840–1902 (um 1892)

Erik Werenskiold: Henrik Ibsen, 1828–1906 (1895)

Ernst Barlach:
Das Wiedersehen (1926)

Edvard Munch: Der Schrei (1893)

lichster Stilarten**, Persönlichkeiten und Programme. Inhaltlich und sprachlich kann er als eine revolutionäre Bewegung junger Leute gekennzeichnet werden, die sich u.a. kritisch auseinandersetzen mit Problemen der modernen Zivilisation und Großstadtwelt, mit erstarrten Konventionen und verlogenen Moralvorstellungen ihrer Vätergeneration, mit Verkrustungen in der Sprache und epigonenhafter Literatur, mit Untertanengeist und Wilhelminismus, mit den Schrecken und der Sinnlosigkeit des Krieges sowie reaktionären Entwicklungen nach dem Kriege.

Das **Menschheitspathos der Expressionisten** kennt kaum Grenzen: Freundschaft und Liebe sind allen zugedacht; insbesondere wenden sie ihre Aufmerksamkeit denen zu, die am Rande der Gesellschaft stehen, zum Beispiel Bettlern, Irren und Huren. Expressionistische Dichter beschwören in ihren Visionen Verfall, Untergang und Weltende, aber ebenso bringen die jungen Dichter auch einen nach vorn drängenden Optimismus zum Ausdruck, die Sehnsucht nach Glück und den Glauben an eine Erneuerung der Literatur und des Menschen. Es gehört zu den bitteren Paradoxien dieser Bewegung, dass die Untergangsvisionen durch die Realitäten des Kriegsgeschehens eingeholt werden und viele junge Künstler an der Front umkommen. Fast alle **Dichter des Expressionismus sind junge Intellektuelle**; viele schließen ihr Universitätsstudium mit der Promotion ab; sie entstammen zumeist mittelständischem Milieu, teilweise großbürgerlichen Verhältnissen. Bei allen unterschiedlichen ästhetischen und politischen Vorstellungen eint sie das Bestreben, die beengenden gesellschaftlichen Verhältnisse der Wilhelminischen Zeit zu verändern. **Themenbereiche und Motive expressionistischer Literatur** sind vor allem:
- Aufbruch und Erneuerung als Programmatik
- Weltuntergangsvisionen: das Bewusstsein, am Ende einer Epoche zu stehen
- Krieg
- Großstadt: das Bewusstsein der Entfremdung, Verlorenheit und Isolation
- Wirklichkeitsverlust, ausgedrückt in disparaten Einzelbildern und parataktischen Sprachmustern

Die **Literatur der Weimarer Republik** wird stark beeinflusst durch den funktionalen, sachlichen Stil, der sich auch in der neuen Architektur des Bauhauses, einer Schule für Architektur und künstlerische Gestaltung, ausdrückt. Die **Neue Sachlichkeit** als literarische Bewegung erwächst aus der Spannung zwischen den irrationalen und den rationalen Tendenzen der damaligen Literatur. Sie reagiert auf das Pathos des Spätexpressionismus, der insbesondere das irrationale, gefühlsbetonte, subjektive und utopisch-idealisierende Moment betont. Viele Werke tragen durchaus noch expressionistische Züge; doch insgesamt bevorzugen die Autoren, die mehr an inhaltlichen als an formalen Fragen interessiert sind, **tatsachenorientierte, im weitesten Sinne dokumentarische Literatur** (Reportage, Zeit- und Lehrstück, Sonderformen des Rundfunks, Biografie, Geschichtsroman, Gegenwartsroman, Gebrauchslyrik).

Nachdem die Krisenjahre der jungen Republik überstanden sind (Nachkriegswirren, Inflation, Besetzung des Ruhrgebiets, Hitlerputsch, kommunistische Aufstände), kann die Republik eine Phase relativer Stabilität erreichen . Man spricht von den „goldenen Zwanzigern" (1924–1929); Berlin wird zu einer Weltstadt der Kultur und Wissenschaft. Die **neuen Medien Rundfunk und Film** treten ihren Siegeszug an.

Der Zusammenbruch der New Yorker Börse (Ende Oktober 1929) löst die Weltwirtschaftskrise mit ihren verheerenden politischen und gesellschaftlichen Auswirkungen aus. Mit der **nationalsozialistischen Machtergreifung** im Jahre 1933 beginnen die Forderungen nach einer spezifisch nationalsozialistischen Kunstproduktion. Verfemt und aus der „Preußischen Akademie der Künste" ausgeschlossen und aus politischen oder rassischen Gründen – manche doppelt stigmatisiert – ins Exil verbannt werden Autoren wie Hermann Broch, Alfred Döblin, Stefan Zweig, Heinrich und Thomas Mann, Kurt Tucholsky, Erich Maria Remarque.

Umbo: „Der rasende Reporter" (Fotomontage, 1926)

Poetischer Realismus: Der Mensch in der Auseinandersetzung mit dem realen Leben – Wirklichkeit auf poetische Weise darstellen

Adolph von Menzel: Das Eisenwalzwerk (1875)

Jeremias Gotthelf
Die Käserei in der Vehfreude (Auszug)

Der folgende Text ist ein Auszug aus dem umfangreichen Roman. Es geht darin u. a. um ein Liebespaar unterschiedlicher sozialer Herkunft: Felix und Änneli.

Der Abend war eben nicht für Liebesabenteuer eingerichtet, wie man sie sonst zu beschreiben pflegt. Es flöteten keine Nachtigallen im Busche, es murmelten die Bächlein nicht, es zirpten die Grillen nicht, der Mond goss sein silbernes Licht nicht auf die Erde, die himmlische Sichel schiffte nicht im Blau der Lüfte, es säuselten keine lauen Abendwinde. Es ging eine handfeste Brise und trieb das abgefallene Laub herum; grau war der Himmel, die Erde hatte ihr Hochzeitskleid, das Blumengewand abgelegt und machte ein Gesicht wie ein neunundneunzigjähriges, runzelhaftes Mütterchen. Einzelne melancholische Krähen hüpften bedächtig von Furche zu Furche oder steckten trübselig den Kopf zwischen die Schultern, als ob sie an den kommenden Schnee dächten und eine Predigt darüber studierten. Struppichte Spatzen bewegten sich im Busche, und hungrige Gilbrichte flatterten über den Weg, sahen sich nach etwas Essbarem um, welches Ross oder Kuh fallen gelassen.

(v 1850)

☐ Diesen Text kann man als programmatisch für den Realismus bezeichnen. Weisen Sie an Einzelheiten des Textes nach, in welcher Weise in dieser Beschreibung eine realistische Seh- und Schreibweise deutlich wird. Lesen Sie dazu ggf. auch die Epocheneinführung auf Seite 302.

☐ Einer der bekanntesten Schriftsteller des Realismus, Theodor Fontane, äußerte im Jahre 1887, dass „das Leben nicht bloß ein Levkojengarten sei, sondern ein ständiger Mischgeruch von Jauche und Levkojen (…)". Beziehen Sie diese Äußerung auf die Beschreibung von Gotthelf und erörtern Sie, was damit gemeint sein könnte.

Theodor Storm
Die Stadt

Am grauen Strand, am grauen Meer
Und seitab liegt die Stadt;
Der Nebel drückt die Dächer schwer,
Und durch die Stille braust das Meer
Eintönig um die Stadt.

Es rauscht kein Wald, es schlägt im Mai
Kein Vogel ohne Unterlass;
Die Wandergans mit hartem Schrei
Nur fliegt in Herbstesnacht vorbei,
Am Strande weht das Gras.

Doch hängt mein ganzes Herz an dir,
Du graue Stadt am Meer;
Der Jugend Zauber für und für
Ruht lächelnd doch auf dir, auf dir,
Du graue Stadt am Meer.

(v 1852)

☐ Beschreiben Sie die Stimmung und den Aufbau des Gedichts. Auf welche Weise bekundet das lyrische Ich seine Liebe zu dieser Stadt?

☐ Mit der Stadt ist offenbar der Geburtsort des Autors gemeint, nämlich Husum. Belegen Sie am Text, welche für die norddeutsche Landschaft typischen Eindrücke und Stimmungen dargestellt werden und erklären Sie, inwiefern man daher das Gedicht als „realistisch" bezeichnen kann.

☐ Nennen Sie die sprachlichen Bilder, mit denen der Autor im Gegensatz zu romantischer Naturdarstellung eine Desillusionierung bewirkt. Versuchen Sie die hier gekennzeichnete Vorstellung von Heimat zu umschreiben.

☐ Vergleichen Sie mit der Beschreibung von Jeremias Gotthelf aus seinem Roman „Die Käserei in der Vehfreude". Nutzen Sie dabei auch das oben genannte Zitat von Theodor Fontane.

> **Wichtige Autoren und Werke (Auswahl)**
> - *Friedrich Hebbel (1813–1863)*
>   Maria Magdalene
>   Gedichte
> - *Theodor Storm (1817–1888)*
>   Hans und Heinz Kirch
>   Der Schimmelreiter
>   Gedichte
> - *Theodor Fontane (1819–1898)*
>   Effi Briest
>   Der Stechlin
>   Gedichte und Balladen
> - *Conrad Ferdinand Meyer (1825–1898)*
>   Das Amulett
>   Gustav Adolfs Page
>   Gedichte und Balladen

>>> **Lese- und Arbeitshinweise**
- Theodor Fontane: Effi Briest, Seite 95ff.
- Georg Büchner: Friede den Hütten, Krieg den Palästen, Seite 295ff.
- Georg Büchner: Woyzeck – der negative Held, Seite 136ff.
- Marie und Gretchen, Frauenfiguren Büchners und Goethes im Vergleich, Seite 209ff.
- Conrad Ferdinand Meyer: Zwei Segel, Seite 224.
- Gottfried Keller: Abendlied, Seite 390.

Naturalismus: Der Mensch als Produkt des realen Lebens – „Kunst = Natur - x"

Gerhart Hauptmann
Bahnwärter Thiel (Auszug)

Ein dunkler Punkt am Horizonte, da wo die Geleise sich trafen, vergrößerte sich. Von Sekunde zu Sekunde wachsend, schien er doch auf einer Stelle zu stehen. Plötzlich bekam er Bewegung und näherte sich. Durch die Geleise ging ein Vi-
5 brieren und Summen, ein rhythmisches Geklirr, ein dumpfes Getöse, das, lauter und lauter werdend, zuletzt den Hufschlägen eines heranbrausenden Reitergeschwaders nicht unähnlich war. Ein Keuchen und Brausen schwoll stoßweise fernher durch die Luft. Dann plötzlich zerriss die Stille. Ein rasendes
10 Tosen und Toben erfüllte den Raum, die Geleise bogen sich, die Erde zitterte – ein starker Luftdruck – eine Wolke von Staub, Dampf und Qualm, und das schwarze, schnaubende Ungetüm war vorüber. So wie sie anwuchsen, starben nach und nach die Geräusche. Der Dunst verzog sich. Zum Punkte
15 eingeschrumpft, schwand der Zug in der Ferne, und das alte heil'ge Schweigen schlug über dem Waldwinkel zusammen.

(v 1888)

- Weisen Sie an der Inhaltsangabe der Novelle „Bahnwärter Thiel", die im Jahre 1888 zum ersten Male veröffentlicht wurde, wesentliche Elemente des Naturalismus nach.
- Im Naturalismus wurde erstmals eine literarische Technik realisiert, die eine vollkommene Deckungsgleichheit von Erzählzeit und erzählter Zeit anstrebt. Belegen Sie diesen „Sekundenstil" an dem Textauszug auf Seite 307. Erläutern Sie, welche Funktion ein solcher Stil für die Naturalisten gehabt haben könnte.

Inhaltsangabe

Thiels Bahnwärterhaus liegt in der märkischen Kiefernheide mitten im Walde. Er selbst wohnt in dem kleinen Orte Neu-Schornstein. Nach zweijähriger Ehe ist seine zarte Frau im Wochenbett gestorben und hat ihm ein Söhnchen, Tobias, hinterlassen. Er heiratet wieder, und zwar die arbeitsame Kuhmagd Lene, eine Frau ohne Seele und beherrscht von Zanksucht und brutalem Wesen. Thiel dagegen ist ein phlegmatischer, nachgiebiger Mensch, der sich seiner Frau immer mehr unterordnet. Sein abgelegener Posten und die enge Berührung mit der Natur fördern in ihm mystische Neigungen; so hält er hier mit seiner ersten Frau geheime Zwiesprache und hat allerlei Visionen. Aus seiner zweiten Ehe geht ebenfalls ein Junge hervor, und nun beginnt für den kleinen Tobias die Leidenszeit. Thiel wird selbst einmal Zeuge der Misshandlungen, denen das Kind durch seine Stiefmutter ausgesetzt ist, findet aber nicht die Kraft einzuschreiten. Er hat vom Bahnmeister an der Strecke einen Kartoffelacker überlassen bekommen, und eines Tages macht sich die ganze Familie auf, um diesen zu bestellen. Bei dieser Gelegenheit wird Tobias vom Vater bei der Begehung der Strecke mitgenommen, und dieser freut sich über Fragen des Kindes. Dann empfiehlt er Tobias der besonderen Obhut Lenes und geht auf seinen Posten, um den Schnellzug abzunehmen. Da geschieht das Furchtbare: Tobias kommt unter die Räder des Zuges und kann nur noch tot geborgen werden. Thiel bricht ohnmächtig zusammen und wird nach Hause gebracht, wo die Bewusstlosigkeit andauert. Als einige Stunden später die Leiche des kleinen Tobias gebracht wird, findet man Lene und ihr Kind erschlagen. Thiel ist verschwunden. Erst am nächsten Morgen entdeckt man ihn auf den Geleisen an der Stelle sitzend, wo das Unglück geschehen ist, und mit der Mütze seines Kindes spielend. Er ist geistiger Umnachtung verfallen.

Arno Holz

Programm

Kein rückwärts schauender Prophet,
Geblendet durch unfassliche Idole,
Modern sei der Poet,
Modern vom Scheitel bis zur Sohle!   (v 1885)

Arno Holz

Stubenpoesie

Die Simpeldichter hör ich ewig flennen,
Sie tuten alle in dasselbe Horn
Und nie packt sie der dreimal heil'ge Zorn,
Weil sie das Elend nur aus Büchern kennen.   (v 1885)

- Kennzeichnen Sie im Hinblick auf die Epoche die Kernaussagen der beiden Gedichte.

Vom poetischen Realismus bis zur Mitte des 20. Jahrhunderts: Überblick und Textbeispiele

Hans Thoma: Mutter und Schwester des Künstlers, in der Bibel lesend (1866)

Realismus im weiteren Sinne ist eine Darstellungsweise, in der sich das Interesse an der **Wirklichkeit** der Dinge, der Menschen und ihrer Beziehungen zueinander niederschlägt. In diesem Sinne gibt es Realismus bereits in der **Antike** und danach seit der Renaissance wieder bis ins 20. Jh. hinein. [...] Der Realismusanspruch äußert sich in den verschiedenen Epochen oder Stilen auf unterschiedliche Weise. [...]
Eine Variante des Realismus, der **Naturalismus**, entsteht, wenn Künstler in ihren Bildern ganz dicht an der sichtbaren Wirklichkeit bleiben, naturgetreu abbilden. Diese Darstellungsweise kann man bis zur täuschenden Ähnlichkeit weitertreiben. [...]
Als Hyperrealismus wird der amerikanische Fotorealismus (seit 1960) bezeichnet.

(v 1995)

Käthe Kollwitz: Der Weberzug (1897)

Arno Holz
Im Spiegel des Gedichts

Im Thiergarten, auf einer Bank, sitz ich und rauche;
und freue mich über die schöne Vormittagssonne.

Vor mir, glitzernd, der Kanal:
den Himmel spiegelnd, beide Ufer leise schaukelnd.

Über die Brücke, langsam Schritt, reitet ein Leutnant.

Unter ihm,
zwischen den dunklen, schwimmenden Kastanienkronen,
propfenzieherartig ins Wasser gedreht,
– den Kragen siegellackroth –
sein Spiegelbild.

Ein Kukuk
ruft.

(v 1898)

❏ Beschreiben Sie, in welcher Weise in dem Gemälde bzw. in der Radierung realistische bzw. naturalistische Darstellungsweisen zum Ausdruck kommen. Beziehen Sie auch die Hinweise aus dem Kunstlexikon in Ihre Überlegungen mit ein.

❏ Sprechen Sie das Gedicht; versuchen Sie dabei den Rhythmus zu erfassen.

❏ Kennzeichnen Sie die im Vergleich zu „herkömmlichen" Gedichten ungewöhnliche Form dieses Gedichts. Deuten Sie die Aussage; gehen Sie dabei auch auf die akustischen und optischen Eindrücke ein.

❏ Überlegen Sie, inwieweit auf dieses Gedicht die Formel „Kunst = Natur – x" zutreffen könnte.

❏ In dem Gedichtband „Phantasus", der diesen Text enthält, legt Arno Holz dar, welche Art von Lyrik der modernen Zeit angemessen sei. Erörtern Sie, in welcher Weise sich die folgenden Hinweise auch auf das Gedicht „Im Spiegel des Gedichts" beziehen lassen.

Es gehe dabei um „eine Lyrik, die auf jede Musik durch Worte als Selbstzweck verzichtet und die, rein formal, lediglich durch einen Rhythmus getragen wird, der nur noch durch das lebt, was durch ihn zum Ausdruck ringt."
Überholt sei auch der Strophenbau: „Durch jede Strophe, auch die schönste, klingt, sobald sie wiederholt wird, ein geheimer Leierkasten." Schließlich wendet sich Holz gegen jedes „falsche Pathos". Das bringe „die Welt um ihre ursprünglichen Werte. [...] Diese ursprünglichen Werte den Worten aber gerade zu lassen und die Worte weder aufzupusten noch zu bronzieren oder mit Watte zu umwickeln, ist das ganze Geheimnis."

(v 1898)

Wichtige Autoren und Werke (Auswahl)

- Henrik Ibsen
  (1828–1906, Norwegen)
  Nora oder Ein Puppenheim
  Gespenster

- Gerhart Hauptmann
  (1862–1946)
  Bahnwärter Thiel
  Die Weber
  Der Biberpelz
  Die Ratten

- Arno Holz
  (1863–1929)
  Gedichte

- Frank Wedekind
  (1864–1918)
  Frühlings Erwachen

Jahrhundertwende – Gegenbewegungen zum Naturalismus: Symbolismus, Impressionismus ...

Hugo von Hofmannsthal
Brief des Lord Chandos (Auszug)

Der fiktive Briefschreiber Lord Chandos ist 26 Jahre alt (wie Hofmannsthal); er entschuldigt sich bei seinem Freund „wegen des gänzlichen Verzichts auf literarische Betätigung"; er könne die Wirklichkeit mit den ihm lügenhaft erscheinenden Begriffen nicht mehr erfassen, weil die Übereinstimmung zwischen Ding und Begriff aufgelöst sei.

Dies alles erschien mir so unbeweisbar, so lügenhaft, so löcherig wie nur möglich. Mein Geist zwang mich, alle Dinge [...] in einer unheimlichen Nähe zu sehen: so wie ich einmal in einem Vergrößerungsglas ein Stück von der Haut meines kleinen Fingers gesehen hatte, das einem Blachfeld mit Furchen und Höhlen glich, so ging es mir nun mit den Menschen und ihren Handlungen. Es gelang mir nicht mehr, sie mit dem vereinfachenden Blick der Gewohnheit zu erfassen. Es zerfiel mir alles in Teile, die Teile wieder in Teile, und nichts mehr ließ sich mit einem Begriff umspannen. Die einzelnen Worte

❐ Beschreiben Sie mit Ihren eigenen Worten die Schwierigkeiten der Erfahrung von Wirklichkeit, die in diesem Briefauszug deutlich werden. Belegen Sie danach mit Einzelheiten aus dem Text.

❐ Erörtern Sie, welche Probleme dies für die Wahrnehmungsweise und Verarbeitung der modernen Wirklichkeit durch die Künstler haben könnte.

schwammen um mich; sie gerannen zu Augen, die mich anstarrten und in die ich wieder hineinstarren muss: Wirbel sind sie, in die hinabzusehen mich schwindelt, die sich unaufhaltsam drehen und durch die hindurch man ins Leere kommt.

(e 1901/02)

Rainer Maria Rilke
Der Panther

Im Jardin des Plantes, Paris [1]

Sein Blick ist vom Vorübergehn der Stäbe
so müd geworden, dass er nichts mehr hält.
Ihm ist, als ob es tausend Stäbe gäbe
und hinter tausend Stäben keine Welt.

Der weiche Gang geschmeidig starker Schritte,
der sich im allerkleinsten Kreise dreht,
ist wie ein Tanz von Kraft um eine Mitte,
in der betäubt ein großer Wille steht.

Nur manchmal schiebt der Vorhang der Pupille
sich lautlos auf. – Dann geht ein Bild hinein,
geht durch der Glieder angespannte Stille –
und hört im Herzen auf zu sein.

(e 1903, v 1907)

[1] Jardin des Plantes: ein Zoo in Paris

☐ Überlegen Sie, welche Aufgabe die Ortsangabe am Anfang des Gedichts haben könnte.

☐ Arbeiten Sie heraus, in welcher Weise Gebrochenheit und Entindividualisierung des Raubtieres in den einzelnen Strophen dargestellt werden.

☐ Sprechen Sie den Text und beschreiben Sie das Metrum. Achten Sie dabei vor allem auf die letzte Strophe.

☐ Erklären und deuten Sie, auf welche Weise Form und Inhalt in diesem Gedicht aufeinander bezogen sind und welche Assoziationen zum menschlichen Bereich sich ziehen lassen.

Wichtige Autoren und Werke (Auswahl)

- Stefan George
  (1868–1933)
  Gedichte
- Heinrich Mann
  (1871–1950)
  Professor Unrat
  Der Untertan
- Christian Morgenstern
  (1871–1914)
  Gedichte
- Hugo von Hofmannsthal
  (1874–1929)
  Gedichte
  Jedermann
- Rainer Maria Rilke
  (1875–1926)
  Gedichte
  Die Aufzeichnungen des Malte Laurids Brigge
- Hermann Hesse
  (1877–1962)
  Unterm Rad
  Siddhartha
  Demian
  Der Steppenwolf
- Franz Kafka
  (1883–1924)
  Das Urteil
  Die Verwandlung
  Kurzprosa

Emil Orlik: Rainer Maria Rilke, 1875–1926

▷▷ **Lese- und Arbeitshinweise**

- Heinrich Mann: Der Untertan, Seite 107ff.
- Franz Kafka, ein Autor der Moderne, Seite 418ff.

Expressionismus: Aufbruch und Erneuerung

Kurt Pinthus
Die Überfülle des Erlebens

Welch ein Trommelfeuer von bisher ungeahnten Ungeheuerlichkeiten prasselt seit einem Jahrzehnt auf unsere Nerven nieder! Trotz sicherlich erhöhter Reizbarkeit sind durch diese täglichen Sensationen unsere Nerven trainiert und abgehärtet wie die Muskulatur eines Boxers gegen die schärfsten Schläge. [...]
Man male sich zum Vergleich nur aus, wie ein Zeitgenosse Goethes oder ein Mensch des Biedermeiers seinen Tag in Stille verbrachte, und durch welche Mengen von Lärm, Erregungen, Anregungen heute jeder Durchschnittsmensch täglich sich durchzukämpfen hat, mit der Hin- und Rückfahrt zur Arbeitsstätte, mit dem gefährlichen Tumult der von Verkehrsmitteln wimmelnden Straßen, mit Telefon, Lichtreklame, tausendfachen Geräuschen und Aufmerksamkeitsablenkungen. [...] Wie ungeheuer hat sich der Bewusstseinskreis jedes Einzelnen erweitert durch die Erschließung der Erdoberfläche und die neuen Mitteilungsmöglichkeiten: Schnellpresse, Kino, Radio, Grammofon, Funktelegrafie. Stimmen längst Verstorbener erklingen; Länder, die wir kaum dem Namen nach kennen, rauschen an uns vorbei, als ob wir selbst sie durchschweiften. [...] Der Krieg begann sich über Erde, Luft und Wasser zu verbreiten, mit Vernichtungsmöglichkeiten, die die Fantasie auch der exzentrischsten Dichter zu ersinnen nicht imstande gewesen war. Unsere Heere überfluteten Europa; Dutzende von Millionen Menschen hungerten jahrelang; aus Siegesbewusstsein stürzten wir in Niederlage und Revolution; Kaiser, Könige und Fürsten wurden dutzendweise entthront. Wer soll noch durch Menschenunglück erschüttert werden, der erlebte, dass vier Millionen Menschen durch Menschenhand im Krieg umgebracht wurden? Die Länder erbebten von Attentaten und Revolten; politische und soziale Ideen, von denen unsere Großeltern noch nichts ahnten, wuchsen über die Menschheit und veränderten das Antlitz der Völker und Erde.

(Aus: Berliner Illustrierte, 28.2.1925)

Straßenszene in Berlin, um 1930

❐ Beschreiben Sie die von Pinthus genannten Phänomene des modernen Lebens; beziehen Sie dazu auch Ihre eigenen Erfahrungen mit ein.

Ernst Stadler
Form ist Wollust

Form und Riegel mussten erst zerspringen,
Welt durch aufgeschlossne Röhren dringen:
Form ist Wollust, Friede, himmlisches Genügen,
doch mich reißt es, Ackerschollen umzupflügen.
Form will mich verschnüren und verengen,
doch ich will mein Sein in alle Weiten drängen –
Form ist klare Härte ohn' Erbarmen,
doch mich treibt es zu den Dumpfen, zu den Armen,
und in grenzlosem Michverschenken
will mich Leben mit Erfüllung tränken.

(e 1914)

❐ Diskutieren Sie, was Ernst Stadler mit der im Titel genannten programmatischen These meinen könnte; weisen Sie an Einzelheiten des Textes nach, wie er die Form kennzeichnet.

❐ Beschreiben Sie jetzt die poetische Form des Gedichts (zum Beispiel Versmaß, Reim, rhetorische Figuren). Beurteilen Sie, wie sich diese zu den programmatischen Absichten des Verfassers verhalten.

❐ Vergleichen Sie die Titel der expressionistischen Zeitschriften und Anthologien *Der Sturm, Die Aktion, Der Orkan, Das neue Pathos, Menschheitsdämmerung* und versuchen Sie daran bestimmte Intentionen des Expressionismus zu verdeutlichen. Nehmen Sie ggf. auch den Einführungstext (Seite 303f.) zu Hilfe.

- Sammeln Sie zu diesem Gedicht erste Eindrücke; erklären Sie, was auf Sie evtl. befremdend wirkt. Klären Sie, in welcher Weise traditionelle Vorstellungen von Gedichten in Frage gestellt werden und wie die bürgerliche Welt dargestellt wird.
- Beschreiben Sie die Machart des Textes und deuten Sie die Aussage; machen Sie sich dabei auch die zu Grunde liegende Bewusstseinslage des Verfassers klar, der hier exemplarisch für viele andere junge Expressionisten steht.
- Setzen Sie diesen Text in Beziehung zu der programmatischen Aussage in Ernst Stadlers Gedicht „Form ist Wollust". Beurteilen Sie, inwieweit Jakob von Hoddis Ihrer Meinung nach den von Ernst Stadler genannten Anspruch erfüllt.

Jakob van Hoddis

Weltende

Dem Bürger fliegt vom spitzen Kopf der Hut,
In allen Lüften hallt es wie Geschrei.
Dachdecker stürzen ab und gehn entzwei
Und an den Küsten – liest man – steigt die Flut.

Der Sturm ist da, die wilden Meere hupfen
An Land, um dicke Dämme zu zerdrücken.
Die meisten Menschen haben einen Schnupfen.
Die Eisenbahnen fallen von den Brücken. (e 1911)

Der Name Jakob van Hoddis ist das Pseudonym für Hans Davidsohn (1887–1942). Der Autor stammte aus dem jüdischen Großbürgertum von Berlin. 1914 kam er wegen einer Geisteskrankheit in eine Heilanstalt, aus der er 1942 verschwand; man kann annehmen, dass er ein Opfer der Euthanasie oder der Konzentrationslager wurde.
Aktueller Auslöser für das Entstehen des Gedichts war aller Wahrscheinlichkeit nach die Untergangsstimmung, die der Halley'sche Komet bei seinem Auftauchen im Jahre 1910 auslöste.

- Hoddis Gedicht, das im Jahre 1911 entstanden ist, wurde von Zeit- und Gesinnungsgenossen enthusiastisch gepriesen. Johannes R. Becher, ein Dichter des Expressionismus, bezeichnete es als die „Marseillaise der expressionistischen Rebellion". Beurteilen Sie seine Hinweise zu dem Gedicht.

[…] Nichts ist für sich allein da auf der Welt, alles Vereinzelte ist nur scheinbar und steht in einem unendlichen Zusammenhang. Die meisten Menschen haben einen Schnupfen, und gleichzeitig fallen die Eisenbahnen von den Brücken. Das katastrophale Geschehen ist nicht denkbar ohne eine gleichzeitige Nichtigkeit. Das Große ist dem Kleinen beigemengt und umgekehrt, nichts vermag abgeschlossen für sich zu bestehen. Dieses Erlebnis der Gleichzeitigkeit waren wir nun bemüht, in unseren Gedichten zu gestalten, aber van Hoddis, so scheint es mir heute, hat alle diese unsere Bemühungen vorweggenommen, und keinem sind solche zwei Strophen gelungen wie „Weltende".
Johannes R. Becher (v 1957)

Georg Heym

Der Krieg

Aufgestanden ist er, welcher lange schlief,
Aufgestanden unten aus Gewölben tief.
In der Dämmrung steht er, groß und unerkannt,
Und den Mond zerdrückt er in der schwarzen Hand.

In den Abendlärm der Städte fällt es weit,
Frost und Schatten einer fremden Dunkelheit,
Und der Märkte runder Wirbel stockt zu Eis.
Es wird still. Sie sehn sich um. Und keiner weiß.

In den Gassen fasst es ihre Schulter leicht.
Eine Frage. Keine Antwort. Ein Gesicht erbleicht.
In der Ferne wimmert ein Geläute dünn
Und die Bärte zittern um ihr spitzes Kinn.

Auf den Bergen hebt er schon zu tanzen an
Und er schreit: Ihr Krieger alle, auf und an.
Und es schallet, wenn das schwarze Haupt er schwenkt,
Drum von tausend Schädeln laute Kette hängt.

Einem Turm gleich tritt er aus die letzte Glut,
Wo der Tag flieht, sind die Ströme schon voll Blut.
Zahllos sind die Leichen schon im Schilf gestreckt,
Von des Todes starken Vögeln weiß bedeckt.

Über runder Mauern blauem Flammenschwall
Steht er, über schwarzer Gassen Waffenschall.
Über Toren, wo die Wächter liegen quer,
Über Brücken, die von Bergen Toter schwer.

In die Nacht er jagt das Feuer querfeldein
Einen roten Hund mit wilder Mäuler Schrein.
Aus dem Dunkel springt der Nächte schwarze Welt,
Von Vulkanen furchtbar ist ihr Rand erhellt.

Und mit tausend roten Zipfelmützen weit
Sind die finstren Ebnen flackend überstreut,
Und was unten auf den Straßen wimmelt hin und her,
Fegt er in die Feuerhaufen, dass die Flamme brenne mehr.

Und die Flammen fressen brennend Wald um Wald,
Gelbe Fledermäuse zackig in das Laub gekrallt.
Seine Stange haut er wie ein Köhlerknecht
In die Bäume, dass das Feuer brause recht.

Eine große Stadt versank in gelbem Rauch,
Warf sich lautlos in des Abgrunds Bauch.
Aber riesig über glühnden Trümmern steht
Der in wilde Himmel dreimal seine Fackel dreht,

Über sturmzerfetzter Wolken Widerschein,
In des toten Dunkels kalte Wüstenein,
Dass er mit dem Brande weit die Nacht verdorr,
Pech und Feuer träufet unten auf Gomorrh.

(v 1912)

❏ Sammeln Sie Ihre ersten Eindrücke zu diesem Gedicht. Versuchen Sie vor dem Hintergrund der unter dem Text gegebenen Informationen die Visionen von Georg Heym zu deuten.

❏ Analysieren Sie den Aufbau des Gedichts und erläutern Sie die Funktion sprachlicher Mittel für die Aussage; achten Sie dabei insbesondere auf Bilder und Farbsymbolik.

❏ Verfassen Sie eine zusammenfassende Analyse und Deutung des Gedichts. Konzentrieren Sie sich dabei zunächst auf textinterne Gesichtspunkte, beziehen Sie zusätzlich textexterne Kriterien mit ein (biografische, literaturgeschichtliche, historische). Hinweise für eine Analyse von Gedichten finden Sie zum Beispiel auf den Seiten 371ff.

Das Gedicht erschien im Jahre 1912 in einem von Georg Heym (1887–1912) selbst vorbereiteten Gedichtband
5 mit dem Titel „Umbra vitae" (Schatten des Lebens). Der Band erschien nach dem Tod des Dichters, der beim Schlittschuhlaufen auf der Havel ertrank, als er einen Freund zu retten versuchte.
Zwei Jahre später begann der Erste Weltkrieg; den meisten Menschen waren bis dahin die Schrecken eines modernen Krieges unbekannt.

- Lesen Sie die beiden Gedichte laut; erklären Sie, welche Auffassungen von Krieg sich in ihnen wiederspiegeln und wie der Autor seine Kriegserfahrungen literarisch verarbeitet hat.
- Beschreiben Sie, welche sprachlichen Mittel der Autor einsetzt; achten Sie zum Beispiel
  - auf einzelne Wörter,
  - auf den Gebrauch bestimmter Wortarten,
  - auf Abweichungen von der Grammatik.
- Überlegen Sie, welche Funktion dies für die Gestaltung des Themas haben könnte. Lesen Sie ggf. auch in den Hinweisen zur Epoche (Seite 303f.) nach.

August Stramm

Sturmangriff

Aus allen Winkeln gellen Fürchte Wollen
Kreisch
Peitscht
Das Leben
Vor
Sich
Her
Den keuchen Tod
Die Himmel fetzen
Blinde schlächtert wildum das Entsetzen. (v 1916)

August Stramm

Patrouille

Die Steine feinden
Fenster grinst Verrat
Äste würgen
Berge Sträucher blättern raschlig
Gellen
Tod. (v 1916)

Alfred Kubin:
Der Krieg (1918)

George Grosz: Friedrichstraße¹ (1918)
(¹ Straße im Zentrum von Berlin)

Expressionismus (lat.: expressio = Ausdruck) ist eine moderne gegenständliche Kunstrichtung vorwiegend in Deutschland Anfang des 20. Jh.s. [...] Den Namen Expressionismus prägte Herwarth Walden im Jahre 1911, die Anfänge gehen aber auf van Gogh, Gauguin und Munch zurück. Der Expressionismus ist u.a. als Reaktion auf den Impressionismus zu verstehen, der „nur" an der Wiedergabe des Sichtbaren interessiert war. Das war manchen jungen Künstlern zu wenig. Sie wollten etwas ausdrücken, was hinter den Dingen ist, sie nicht nur darstellen. Ihr soziales Engagement oder starke innere Gefühle, Ekstasen sollte in ihrer Kunst zum Ausdruck gebracht werden. In Gemälden versuchten sie das mit heftigen Pinselstrichen und starken, oft grellen Farben, die nicht den Gegenstandsfarben entsprachen.
In der Grafik entdeckten sie [...] eine alte Technik wieder, den Holzschnitt. Dieser kam ihrem Verlangen nach Ausdruck entgegen. (v 1995)

Gottfried Benn
Kleine Aster

Ein ersoffener Bierfahrer wurde auf den Tisch gestemmt.
Irgendeiner hatte ihm eine dunkelhellila Aster
zwischen die Zähne geklemmt.
Als ich von der Brust aus
unter der Haut
mit einem langen Messer
Zunge und Gaumen herausschnitt,
muß ich sie angestoßen haben, denn sie glitt
in das nebenliegende Gehirn.
Ich packte sie ihm in die Brusthöhle
zwischen die Holzwolle,
als man zunähte.
Trinke dich satt in deiner Vase!
Ruhe sanft,
kleine Aster!

(e 1912)*

❒ Beschreiben Sie zunächst Einzelheiten des Bildes; vergleichen Sie Ihre Ergebnisse mit den von Kurt Pinthus (Seite 312) beschriebenen Eindrücken und Vorgängen des modernen Lebens.

❒ Erstellen Sie jetzt ein Cluster mit Assoziationen zu der Zeichnung; berücksichtigen Sie dabei die Thematik „Großstadt".

❒ Sammeln Sie mit Hilfe der „Blitzlicht"-Methode (jedes Mitglied der Lerngruppe macht eine entsprechende kurze Aussage) Verben, Nomen, Adjektive, die das Bild kennzeichnen.

❒ Verfassen Sie mit Hilfe des Wortmaterials aus *Cluster* und *Blitzlicht* ein Gedicht, das mit expressionistischen Stilmitteln arbeitet. Stellen Sie Ihre fertigen Texte der Lerngruppe vor und diskutieren Sie, ob Ihre Aussagen auch noch für die heutige Zeit gelten könnten.

Literatur in ihren historischen Zusammenhängen – Beispiele und Überblick

❐ Erläutern Sie Aufbau und Machart des Gedichts „Kleine Aster" und die Textaussage vor dem Hintergrund dieser Informationen. Lesen Sie auch die Informationen zur Epoche des Expressionismus (Seite 303f.) und geben Sie eine eigene Beurteilung zu diesem Text ab.

Das Gedicht ist dem Sammelband „Morgue und andere Gedichte von Gottfried Benn" (Berlin 1912) entnommen. (*Morgue* ist der Name eines Pariser Leichenschauhauses.) Im Jahre 1912 arbeitete Gottfried Benn als Arzt in Berlin und hatte, wie er selbst schrieb, „im Moabiter Krankenhaus einen Sektionskurs gehabt". Der Gedichtzyklus schockierte bei seinem Erscheinen das bürgerliche Publikum, machte Benn aber sehr schnell bekannt. Man hat Benns Morgue-Gedichte auch als „medi-zynische" Texte bezeichnet.

Gottfried Benn, 1886–1956

Kurzbiografie

1886 Geburt in Mansfeld als Sohn eines Pfarrers
Besuch des Gymnasiums in Frankfurt an der Oder, anschließend einige Semester Studium der Theologie und Philologie
1905 Beginn eines Medizinstudiums
1912 Arbeit als Arzt im Krankenhaus Charlottenburg in Berlin
1914 Militärarzt im Ersten Weltkrieg
Nach dem Krieg (bis 1935) Facharzt für Hautkrankheiten in Berlin
1932 Mitglied der Preußischen Akademie der Künste; Benn sympathisiert zunächst mit der Ideologie des Nationalsozialismus
1935 Ausschluss aus der Reichsschrifttumskammer
1938 Schreibverbot
1945 Erneute Arbeit als Arzt

▷▷▷ **Lese- und Arbeitshinweis**

● Gottfried Benn: Nachtcafé, Seite 224

Wichtige Autoren und Werke (Auswahl)

● *August Stramm (1874–1915)*
Gedichte
● *Georg Kaiser (1878–1945)*
Die Bürger von Calais
● *Ernst Stadler (1883–1914)*
Gedichte
● *Gottfried Benn (1886–1956)*
Gedichte
● *Georg Heym (1887–1912)*
Gedichte
● *Georg Trakl (1887–1914)*
Gedichte
● *Ernst Toller (1893–1939)*
Hinkemann

Literatur zur Zeit der Weimarer Republik und des Exils während der nationalsozialistischen Diktatur

„Sie tragen die Buchstaben der Firma – aber wer trägt den Geist?"

(Karikatur von Th. Th. Heine, Simplicissimus v. 21.3.1927)

George Grosz: Stützen der Gesellschaft (1926)
Grosz stellt Presse, Militär, Kirche, Nationalisten und Parlamentarier dar.

Erich Kästner
Kurzgefasster Lebenslauf

Wer nicht zur Welt kommt, hat nicht viel verloren.
Er sitzt im All auf einem Baum und lacht.
Ich wurde seinerzeit als Kind geboren,
eh ich's gedacht.

Die Schule, wo ich viel vergessen habe,
bestritt seitdem den größten Teil der Zeit.
Ich war ein patentierter Musterknabe.
Wie kam das bloß? Es tut mir jetzt noch Leid.

❏ Beschreiben Sie die einzelnen Personen des Bildes von George Grosz und deuten Sie die Einzelheiten. Erklären Sie, wie der Titel gemeint sein könnte.

❏ Erörtern Sie, auf welche Zustände im ersten demokratischen deutschen Staat der Maler damit hinweisen könnte.

❏ Verschaffen Sie sich ggf. Informationen über die Weimarer Republik, insbesondere über die Situation nach dem Ersten Weltkrieg, die Krisenjahre, die „goldenen Zwanziger", die Weltwirtschaftskrise und die Zerstörung der Republik. Vergleichen Sie die Aussage des Bildes von George Grosz mit der Karikatur von Th. Th. Heine.

- Setzen Sie das Gedicht in Beziehung zu Kästners Kurzbiografie.
- Beschreiben Sie die Sprache des Gedichts und erklären Sie ihre Funktion im Zusammenhang mit seiner Aussage. Weisen Sie am Text inhaltliche Bezüge zur Weimarer Republik nach.
- Man kann Erich Kästner als satirischen Zeitkritiker bezeichnen; weisen Sie entsprechende Intentionen an seinem Gedicht nach.

Dann gab es Weltkrieg, statt der großen Ferien.
Ich trieb es mit der Fußartillerie.
Dem Globus lief das Blut aus den Arterien.
Ich lebte weiter. Fragen Sie nicht, wie.

Bis dann die Inflation und Leipzig kamen;
Mit Kant und Gotisch, Börse und Büro,
mit Kunst und Politik und jungen Damen.
Und sonntags regnete es sowieso.

Nun bin ich zirka 31 Jahre
Und habe eine kleine Versfabrik.
Ach, an den Schläfen blühn schon graue Haare,
Und meine Freunde werden langsam dick.

Ich setze mich sehr gerne zwischen Stühle.
Ich säge an dem Ast, auf dem wir sitzen.
Ich gehe durch die Gärten der Gefühle,
die tot sind, und bepflanze sie mit Witzen.

Auch ich muss meinen Rucksack selber tragen!
Der Rucksack wächst. Der Rücken wird nicht breiter
Zusammenfassend lässt sich etwa sagen:
Ich kam zur Welt und lebe trotzdem weiter.

(v 1930)

Erich Kästner, 1899–1974

Kurzbiografie

Pseudonyme: Robert Neuner, Melchior Kurz u.a.
- 1899 in Dresden geboren als Sohn eines Sattlermeisters
- Nach dem Besuch eines Lehrerseminars ab 1917 Soldat im Ersten Weltkrieg
- Nach dem Krieg zunächst Bankbeamter und Redakteur, danach Studium der Germanistik in Berlin, Rostock, Leipzig; Abschluss des Studiums mit der Promotion als Dr. phil.
- Seit 1927 freier Schriftsteller
- 1933 Kästners Bücher werden verboten
- 1942 erhält Kästner Schreib- und Publikationsverbot.
- 1945–1948 Arbeit als Redakteur, Mitwirkung am Münchner Kabarett „Die Schaubude"

Bertolt Brecht
Lob des Lernens

Lerne das Einfachste! Für die
Deren Zeit gekommen ist
Ist es nie zu spät!
Lerne das Abc, es genügt nicht, aber
Lerne es! Laß es dich nicht verdrießen!
Fang an! Du mußt alles wissen!
Du mußt die Führung übernehmen.

Lerne, Mann im Asyl!
Lerne, Mann im Gefängnis!
Lerne, Frau in der Küche!
Lerne, Sechzigjährige!
Du mußt die Führung übernehmen.
Suche die Schule auf, Obdachloser!
Verschaffe dir Wissen, Frierender!
Hungriger, greif nach dem Buch: es ist eine Waffe.
Du mußt die Führung übernehmen.

Scheue dich nicht zu fragen, Genosse!
Laß dir nichts einreden
Sieh selber nach!
Was du nicht selber weißt
Weißt du nicht.
Prüfe die Rechnung
Du mußt sie bezahlen.
Lege den Finger auf jeden Posten
Frage: wie kommt er hierher?
Du mußt die Führung übernehmen.

(v 1934)*

☐ Erläutern Sie die Überschrift des Gedichts; belegen Sie ihren Sinn an Einzelheiten des Textes.

☐ Weisen Sie im Zusammenhang mit der Zeitsituation die Adressaten und die Stoßrichtung des Gedichtes nach; machen Sie sich dabei klar, dass es dem Marxisten Bertolt Brecht um „ideologische Aufrüstung" geht.

☐ Formulieren Sie eine weitere Strophe hinzu, die Ihre eigenen Vorstellungen zur Überschrift enthält. Übernehmen Sie dabei Brechts Darstellungsform.

Wichtige Autoren und Werke (Auswahl)
- *Alfred Döblin (1878–1957)*
  Berlin Alexanderplatz
- *Stefan Zweig (1881–1942)*
  Sternstunden der Menschheit
- *Lion Feuchtwanger (1884–1958)*
  Jud Süß
  Die Geschwister Oppenheim
- *Thomas Mann (1875–1955)*
  Mario und der Zauberer
- *Egon Erwin Kisch (1885–1948)*
  Reportagen
- *Kurt Tucholsky (1890–1935)*
  Satiren
- *Hans Fallada (1893–1947)*
  Kleiner Mann – was nun?
- *Erich Maria Remarque (1898–1970)*
  Im Westen nichts Neues
- *Carl Zuckmayer (1896–1977)*
  Der Hauptmann von Köpenick
- *Bertolt Brecht (1898–1956)*
  Dreigroschenoper
  Der Jasager und der Neinsager
  Der gute Mensch von Sezuan
  Der kaukasische Kreidekreis
  Geschichten von Herrn Keuner
  Gedichte

▷▷ **Lese- und Arbeitshinweise**
- Bertolt Brecht, Der gute Mensch von Sezuan, Seite 200ff.
- Bertolt Brecht, Erinnerung an die Marie A., Seite 225f.
- Bertolt Brecht, Maßnahmen gegen die Gewalt (Aus den *Geschichten vom Herrn Keuner*), Seite 449f.
- Erich Kästner: Sachliche Romanze, Seite 226.
- Kurt Tucholsky, Das Dritte Reich, Seite 468f.
- Der Einfluss des Hakenkreuzes, Seite 463ff.

Vom Ende des 2. Weltkrieges bis zur Gegenwart: Überblick und Textbeispiele

Literatur der Nachkriegszeit

Eine deutsche Stadt, 1945/46

Umschlag der Erstausgabe 1947

Die Bedingungen für einen literarischen Neuanfang nach dem Kriege sehen in den westlichen Zonen und in der sowjetischen Zone unterschiedlich aus.
In den drei **Westzonen** sind die Bedingungen kaum günstiger als die für den wirtschaftlichen Neuanfang insgesamt. Die Schlagworte, unter denen Literatur in den drei Westzonen begriffen wird, heißen **Trümmerliteratur** (Heinrich Böll) und **Literatur des Kahlschlags** (Wolfgang Weyrauch). Man drückt das Bedürfnis nach Wahrheit aus und fordert deshalb die Konzentration auf die gegenständliche Mitteilung. Die Usurpation der Sprache durch den Nationalsozialismus weckt **Misstrauen gegenüber dem Pathos** und gegenüber poetisierendem und emotionalisierendem Sprachgebrauch. Exemplarisch für die **Suche nach neuen Ausdrucksformen** und für die **Forderung nach Wahrheit und Mitmenschlichkeit** stehen das Werk Wolfgang Borcherts und die frühen Texte von Heinrich Böll. Bevorzugte Themen der Literatur sind Krieg und Not der unmittelbaren Nachkriegszeit, Erfahrungen der Gefangenschaft und Heimkehrerschicksal. Die Kurzgeschichte mit ihrer knap-

pen, oft schmucklosen Sprache wird die zeitgemäße literarische Darstellungsform der unmittelbaren Nachkriegszeit.

Im Jahre 1947 finden sich Schriftsteller und Publizisten zur **Gruppe 47** zusammen; die Gruppe entsteht aus dem Bestreben, „die junge Literatur zu sammeln und zu fördern"; sie will für ein neues demokratisches Deutschland und für eine neue Literatur wirken. Bis weit in die 60er Jahre bestimmt die Gruppe 47 das Bild der bundesdeutschen Gegenwartsliteratur, zunehmend findet jedoch ein Rückzug aus der Politik in die Literatur statt. 1968 findet die letzte Tagung im alten Stil statt, 1977 löst sich die Gruppe endgültig auf.

Ziel der **Kulturpolitik in der sowjetisch besetzten Zone** ist es nach 1945 vor allem, die Elite der antifaschistischen Literatur einzubürgern. Propagiert wird ein **antifaschistisches Bündnis aller demokratischen Kräfte** unter Einschluss auch der bürgerlich-humanistischen Richtung. Thematisch steht in der Literatur die Auseinandersetzung mit Krieg und Faschismus im Vordergrund. Der demokratischen Erneuerung dient auch die Gründung des überparteilichen, bis 1947 auch gesamtdeutschen **„Kulturbundes"**. Präsident ist Johannes Robert Becher, ein bekannter Lyriker des Expressionismus, später erster Kulturminister der DDR. Im Kulturbund versammeln sich Autoren unterschiedlicher Weltanschauung, unter anderem Ricarda Huch, Thomas Mann, Erich Kästner, Ernest Hemingway, Jean Cocteau.

Die Kulturpolitik insgesamt ist in den ersten Jahren nach 1945 liberal und in finanzieller Hinsicht großzügig, so dass die Ausgangssituation damit vergleichsweise günstiger ist als in den Westzonen, zumal sich anerkannte Literaten (wie zum Beispiel Peter Huchel, Anna Seghers, später auch Bertolt Brecht, Ernst Bloch, Stefan Heym, Arnold Zweig) für die demokratische Erneuerung zur Verfügung stellen.

Umschlag der deutschen Erstausgabe, Mexiko 1942

❒ Wählen Sie sich einen der folgenden beiden Texte; analysieren und deuten Sie Überschrift, Aufbau, sprachliche Form und Aussage in ihrer Verbindung. Beachten Sie den historischen Zusammenhang und die Zusatzinformationen.

Peter Huchel

Deutschland

Noch nistet Traum bei Spuk.
Die Schuld blieb groß im Haus.
Wer trinkt den Rest im Krug,
die bittre Neige aus?

Am Herd der Schatten sitzt,
der sich an Asche wärmt.
Die Tür klafft blutbespritzt,
die Schwelle ist verhärmt.

Noch baut ihr auf Verrat,
hüllt euch in Zwielicht ein.
Wer gibt das Korn zur Saat?
Die Hungerharke klirrt am Stein. (v 1947)

Peter Huchel, 1903–1981

Günter Eich, 1907–1972

Lese- und Arbeitshinweis
- Wolfgang Borchert: Ein Dichter zwischen Krieg und Neuanfang, Seite 20ff.

Günter Eich
Inventur

Dies ist meine Mütze,
dies ist mein Mantel,
hier mein Rasierzeug
im Beutel aus Leinen.

Konservenbüchse:
Mein Teller, mein Becher,
ich hab in das Weißblech
den Namen geritzt.

Geritzt hier mit diesem
kostbaren Nagel,
den vor begehrlichen
Augen ich berge.

Dies ist mein Notizbuch,
dies ist meine Zeltbahn,
dies ist mein Handtuch,
dies ist mein Zwirn.

Im Brotbeutel sind
ein Paar wollene Socken
und einiges, was ich
niemand verrate.

So dient es als Kissen
nachts meinem Kopf.
Die Pappe hier liegt
zwischen mir und der Erde.

Die Bleistiftmine
lieb ich am meisten:
Tags schreibt sie mir Verse,
die nachts ich erdacht.

(e 1945/46)

Das Gedicht „Inventur" ist aller Wahrscheinlichkeit nach im April 1945 im amerikanischen Gefangenenlager bei Remagen entstanden.

Literatur der Bundesrepublik Deutschland, der Schweiz, Österreichs

In den 50er Jahren tritt die Literatur der jungen Generation, die eine veränderungsfähige Welt propagiert, in **Spannung zur offiziellen Politik der Adenauer-Zeit**. Im Unterschied zur unmittelbaren Nachkriegszeit tritt der Impuls moralisch-ethischen Engagements zurück und macht realistischer „Vergangenheitsbewältigung" Platz. Aus den Erfahrungen mit dem Totalitarismus werden Warnungen formuliert gegenüber Anpassungsverhalten, Mitläufertum und Konsumideologie. Wichtige Anregungen verdankt die deutsche Literatur vor allem den beiden Schweizer Dramatikern Friedrich Dürrenmatt und Max Frisch, die dem Theater der 50er und 60er Jahre wichtige neue Impulse geben.
Die Zeit um **das Jahr 1960 markiert einen wichtigen Einschnitt und Höhepunkt**. Die deutsche Literatur erreicht mit der Prosa Anschluss an die Weltliteratur (zum Beispiel: Max Frisch: Homo faber, 1957; Günter Grass: Die Blechtrommel, 1959; Uwe Johnson: Mutmaßungen über Jakob, 1959; Heinrich Böll: Ansichten eines Clowns, 1963; Siegfried Lenz: Deutschstunde, 1968). Die Romane zeigen Tendenzen zu kritischer Distanz und Skepsis; es werden aber auch Modelle, Utopien und Visionen humaner Verhaltensweisen entworfen. Nicht selten wird dabei der Außenseiter zur Leitfigur, die Perspektive von unten bevorzugte Darstellungsweise.
Die **Entwicklung der Lyrik ist vielfältig**. Der Name Gottfried Benn steht dabei für das absolute, hermetische Gedicht, für eine poetische „Gegenwelt". Bertolt Brecht steht als Vorbild für eine an der gesellschaftlichen Realität orientierte Richtung; der Schriftsteller Hans Magnus Enzensberger knüpft mit seinen Gedichten an die Tradition der politischen Lyrik Brechts an. Quer zu diesen Tendenzen und vielfältig verknüpft mit ihr verläuft eine Entwicklung von Naturlyrik und politisch engagierter Umweltlyrik. Die **Politisierung der Literatur in den 60er Jahren** heißt auch Hinwendung zum Dokumentarischen (vgl. das dokumentarische Theater von Peter Weiss) und zur Literatur der Arbeitswelt (zum Beispiel Günter Wallraff). Nicht wenige Schriftsteller äußern sich neben ihrer literarischen Arbeit auch kritisch-publizistisch in der Öffentlichkeit, manche engagieren sich aktiv in Parteien.
In der Zeit der sozialliberalen Regierung unter Willy Brandt, dem es gelang, die oppositionellen Tendenzen der Außerparlamentarischen Opposition (APO) und der Studentenbewegung aufzufangen, setzt sich unter der Bezeichnung **Neue Subjektivität** eine neue literarische Tendenz zur Verarbeitung eigener Erfahrungen und zur Auseinandersetzung mit der unmittelbaren Umwelt durch.
In der Nachfolge Kafkas gibt es auch literarische Richtungen, die, beeinflusst durch die Konfrontation der Weltmächte und durch die Visionen einer atomaren Vernichtung, in dieser Welt voller Widersprüche die **Suche nach einem Sinn** thematisieren. Exemplarisch steht dafür die Tragikomödie „Die Physiker" des Schweizer Dramatikers Friedrich Dürrenmatt. In verschiedenen Gattungen stellt sich immer wieder das Thema unausgesprochener **Beziehungsprobleme** (vgl. Gabriele Wohmann, Seite 34ff.).

Während der Studentenbewegung 1967/68 entsteht, parallel zu anderen Ländern Westeuropas und der USA, eine neue **Frauenbewegung**, die das politische Bewusstsein verändert und der Literatur neue Impulse gibt. (Beispiele: Elfriede Jelinek, Christa Reinig). In den 70er und 80er Jahren beträgt der Anteil der Ausländer an der westdeutschen Bevölkerung ca. 7,5 %. Immer mehr Ausländer stellen ihre Erfahrungen auch literarisch dar; die Themen dieser **Migrantenliteratur** sind insbesondere die Bedingungen des Lebens zwischen zwei Kulturen, die Probleme der Integration und der Ablehnung.

Ingeborg Bachmann
Reklame

Wohin aber gehen wir
ohne sorge sei ohne sorge
wenn es dunkel und wenn es kalt wird
sei ohne sorge
aber
mit musik
was sollen wir tun
heiter und mit musik
und denken
heiter
angesichts eines Endes
mit musik
und wohin tragen wir
am besten
unsre Fragen und den Schauer aller Jahre
in die Traumwäscherei ohne sorge sei ohne sorge
was aber geschieht
am besten
wenn Totenstille
eintritt   (v 1956)

Ingeborg Bachmann
Die gestundete Zeit

Es kommen härtere Tage.
Die auf Widerruf gestundete Zeit wird sichtbar am Horizont.
Bald musst du den Schuh schnüren
und die Hunde zurückjagen in die Marschhöfe.
Denn die Eingeweide der Fische
sind kalt geworden im Wind.
Ärmlich brennt das Licht der Lupinen.
Dein Blick spurt im Nebel:
die auf Widerruf gestundete Zeit
wird sichtbar am Horizont.

Drüben versinkt dir die Geliebte im Sand,
er steigt um ihr wehendes Haar,
er fällt ihr ins Wort,
er befiehlt ihr zu schweigen,
er findet sie sterblich
und willig dem Abschied
nach jeder Umarmung.

Sieh dich nicht um.
Schnür deinen Schuh.
Jag die Hunde zurück.
Wirf die Fische ins Meer.
Lösch die Lupinen!
Es kommen härtere Tage. (v 1953)

Friedrich Dürrenmatt

Weihnacht

Es war Weihnacht. Ich ging über die weite Ebene. Der Schnee war wie Glas. Es war kalt. Die Luft war tot. Keine Bewegung, kein Ton. Der Horizont war rund. Der Himmel schwarz. Die Sterne gestorben. Der Mond gestern zu Grabe getragen. Die
5 Sonne nicht aufgegangen. Ich schrie. Ich hörte mich nicht. Ich schrie wieder. Ich sah einen Körper auf dem Schnee liegen. Es war das Christuskind. Die Glieder weiß und starr. Der Heiligenschein eine gelbe gefrorene Scheibe. Ich nahm das Kind in die Hände. Ich bewegte seine Arme auf und ab. Ich öffnete sei-
10 ne Lider. Es hatte keine Augen. Ich hatte Hunger. Ich aß den Heiligenschein. Er schmeckte wie altes Brot. Ich biß ihm den Kopf ab. Alter Marzipan. Ich ging weiter. (v 1952)*

❏ Wählen Sie sich, möglicherweise im Rahmen einer Gruppenarbeit, einen der drei Texte, analysieren und deuten Sie diesen unter textinternen und textexternen Gesichtspunkten. Stellen Sie der Lerngruppe Ihre Ergebnisse vor und vergleichen Sie die Texte im gemeinsamen Gespräch.

Yüksel Pazarkaya

deutsche sprache

die ich vorbehaltlos liebe –
die meine zweite heimat ist
die mir mehr zuversicht
die mir mehr geborgenheit
die mir mehr gab als die
die sie angeblich sprechen

sie gab mir lessing und heine
sie gab mir schiller und brecht
sie gab mir leibniz und feuerbach
sie gab mir hegel und marx
sie gab mir sehen und hören
sie gab mir hoffen und lieben
eine welt in der sich leben lässt

❏ Erläutern Sie die besondere Form des Gedichtes „deutsche Sprache" und deuten Sie ihre Funktion für die Gesamtaussage.

▸▸ **Lese- und Arbeitshinweise**
● Der Schriftsteller und sein gesellschaftlicher Standort – „Plädoyer für Veränderungen"?, Seite 486ff.
● Problematik zwischenmenschlicher Beziehungen – Das Beispiel Gabriele Wohmann, Seite 34ff.

- Mit Sprache handeln, Seite 526ff.
- Der einseitig orientierte und scheinbar reibungslos funktionierende Mensch – Max Frisch: Homo faber, Seite 116ff.
- Max Frisch: Andorra, Seite 183ff.
- Ein Einzelgänger auf der Suche nach seiner Identität – Patrick Süßkind: Das Parfüm, Seite 130ff.
- In zwei Sprachen leben, Seite 554ff.
- Hans Magnus Enzensberger, Gedichte, Seite 20, 373f. und 511.

die in ihr verstummen sind nicht in ihr
die in ihr lauthals reden halten sind nicht in ihr
die in ihr ein werkzeug der erniedrigung
die in ihr ein werkzeug der ausbeutung sehn
die sind nicht in ihr sie nicht

meine behausung in der kälte der fremde
meine behausung in der hitze des hasses
meine behausung wenn mich verbiegt die bitterkeit
in ihr genoss ich die hoffnung
wie in meinem türkisch   (v 1985)

Szenenfoto aus „Die Leiden des jungen W."
(Kammerspiele München, 1973)

Literatur der DDR

Die kulturelle Einheit nach dem Krieg und die Zusammenarbeit der im antifaschistischen Geist geeinten Schriftsteller beginnt mit der Gründung der DDR im Jahre 1949 schnell wieder zu zerfallen. Die SED stellt mit Nachdruck ihre kulturpolitischen Forderungen: Von der Literatur wird verlangt, sich diesen Bedürfnissen zu unterwerfen; auch die **Literatur gilt als Instrument beim Aufbau des Sozialismus.** Die befohlene gesellschaftliche Funktion der Literatur führt in der Aufbau-Phase auch zu schönfärberischer Preislyrik auf Lenin, Stalin und Ulbricht und zu polemischer Agitation gegenüber der Bundesrepublik.
Die **kritische Auseinandersetzung mit der Nazi-Vergangenheit** bleibt in der Anfangsphase der DDR ein wichtiges Motiv der Literatur, das stalinistische System des menschenverachtenden Terrors wird dagegen totgeschwiegen. Neben diesen Tendenzen zeigt sich anfangs eine Vielfalt unterschiedlicher Schreibweisen, die durchaus nicht homogen sind.
Die wirtschaftliche Konsolidierung der DDR **nach dem Mauerbau 1961** ist wohl auch eine Erklärung dafür, dass es zu einem **Anwachsen kritischer Tendenzen** kommt. Man beginnt sich von allzu eindeutigen weltanschaulichen und zu platt verstandenen Vorgaben des „Sozialistischen Realismus" zu lösen, immer häufiger wird DDR-Literatur in der Bundesrepublik gedruckt und verbreitet. Nach dem Mauerbau baut die SED ihren Führungsanspruch weiter aus, „Liberalisierung und spießbürgerlicher Skeptizismus" werden ebenso bekämpft wie „nihilistische, anarchistische und pornographische Tendenzen". Das Mitte der 60er Jahre neu geschaffene **„Büro für Urheberrechte" wird zuständig für Auslandsveröffentlichungen** (auch die Bundesrepublik gilt als Ausland).
Die **Ablösung Ulbrichts durch Honecker im Jahre 1971** markiert eine erneute Wende in der Entwicklung der DDR. Honeckers Ankündigung vom „Ende aller Tabus in der Kunst" bringt zunächst eine lebendige Diskussion in Gang und fördert

die schriftstellerische Arbeit. Musterbeispiel ist Ulrich Plenzdorfs Roman **„Die neuen Leiden des jungen W."** (1973), der sich u. a. mit seiner Kritik an sozialistischen Vorbildern über bis dahin gültige literarische Tabus hinwegsetzt. Stefan Heym gelingt es, sein Buch „5 Tage im Juni" zu veröffentlichen (1974), das die bislang tabuisierten Vorgänge um den Aufstand am 17. Juni 1953 verarbeitet. Die Kritik bleibt jedoch weitgehend solidarisch, greift nie das System selbst an.

Nachdem die DDR infolge des Grundlagenvertrages mit der Bundesrepublik (1972) weltweit diplomatische Anerkennung gefunden hat, sieht sie sich in ihrer Eigenständigkeit bestärkt. Im Rahmen einer Verfassungsänderung wird bei der Kennzeichnung der DDR als sozialistischer Staat der Begriff „deutsche Nation" gestrichen. Zunehmend deutlicher wird – auch auf dem Gebiete der Literatur – der „feste sozialistische Standpunkt" gefordert.

Die Lyrik der jüngeren Generation, die skeptische, verzweifelte, melancholische Töne enthält, löst erregte Debatten aus (ein Beispiel: Reiner Kunze). Nicht wenige dieser kritischen Autoren werden mit **Publikationsverbot** bestraft bzw. **vom Staatssicherheitsdienst überwacht.**

Weit über 100 Autorinnen und Autoren und andere Künstler sind in die Bundesrepublik übergewechselt, abgeschoben worden oder „freiwillig" gegangen, unter ihnen zum Beispiel: Peter Huchel, Uwe Johnson, Reiner Kunze, Günter Kunert, Jurek Becker, Sarah Kirsch, Erich Loest, Monika Maron. Der spektakulärste „Fall" ist der Liedermacher **Wolf Biermann**, dem **am 17. November 1976 während einer Konzertreise in der Bundesrepublik die Staatsbürgerschaft der DDR entzogen** wird. Die Tatsache, dass eine bedeutende Anzahl bekannter DDR-Künstler in der westdeutschen Presse **gegen die Ausbürgerung Biermanns protestiert**, (nachdem die Veröffentlichung in einer DDR-Zeitung abgelehnt worden ist), ist in der Kulturgeschichte der DDR einmalig. Die Ausbürgerung Biermanns und die starre Haltung des Staates gegenüber der Kritik an dieser Maßnahme löst unter den Künstlern eine **„Ausreisewelle"** aus.

Von der jungen Schriftstellergeneration wird der Widerspruch zwischen sozialistischem Ideal und der Wirklichkeit gesehen und ausgesprochen; skeptische Töne sind nicht zu überhören, das Experimentieren mit dem sprachlichen Material wird zur Selbstverständlichkeit. Die **Haltung der Staats- und Parteiführung ändert sich nicht mehr**; die Verwirklichung der von vielen Schriftstellern intendierten Veränderungen im System der sozialistischen Gesellschaft bleibt Utopie.

Im Jahre **1989** flüchten Tausende von DDR-Bürgern über Ungarn, die Tschechoslowakei und Polen in die Bundesrepublik. In der DDR kommt es zu Demonstrationen und zu einer gewaltlosen Revolution („Wir sind das Volk"), Honecker wird zum Rücktritt gezwungen. Die Mauer fällt am 9. November 1989 und die Geschichte der DDR endet am 3. Oktober **1990**, als die fünf neuen Bundesländer der Bundesrepublik Deutschland beitreten.

Reiner Kunze, geboren 1933 in Oelsnitz/Erzgebirge

Johannes Robert Becher
Nationalhymne der Deutschen Demokratischen Republik
(1. Strophe)

Auferstanden aus Ruinen
und der Zukunft zugewandt,
Lass uns dir zum Guten dienen,
Deutschland, einig Vaterland.
Alte Not gilt es zu zwingen,
und wir zwingen sie vereint,
denn es wird uns doch gelingen,
dass die Sonne schön wie nie
über Deutschland scheint. (v 1949)

Der Text der insgesamt dreistrophigen Nationalhymne wurde von Hanns Eisler vertont. Da der in der ersten Strophe zum Ausdruck kommende Bezug auf die fortbestehende Einheit der deutschen Nation seit Anfang der 70er Jahre der Politik der SED in der nationalen Frage nicht mehr entsprach, wurde bei offiziellen Anlässen der Text nicht gesungen, sondern nur die Melodie gespielt.

Bertolt Brecht
Die Lösung

Nach dem Aufstand des 17. Juni
Ließ der Sekretär des Schriftstellerverbands
In der Stalinallee Flugblätter verteilen
Auf denen zu lesen war, daß das Volk
Das Vertrauen der Regierung verscherzt habe
Und es nur durch verdoppelte Arbeit
Zurückerobern könne. Wäre es da
Nicht doch einfacher, die Regierung
Löste das Volk auf und
Wählte ein anderes? (v 1953)*

Nach dem Aufstand vom 17. Juni 1953 zog sich Brecht auf seine 1950 erworbene Villa in Buckow östlich von Berlin zurück. Die „Buckower Elegien", denen das Gedicht zugerechnet wird, spiegeln Brechts kritische Einstellung und Schaffenskrise.

Peter Huchel
Der Garten des Theophrast[1]

Meinem Sohn   Wenn mittags das weiße Feuer
Der Verse über den Urnen tanzt,
Gedenke, mein Sohn. Gedenke derer,
Die einst Gespräche wie Bäume gepflanzt.
Tot ist der Garten[2], mein Atem wird schwerer,
Bewahre die Stunde, hier ging Theophrast,
Mit Eichenlohe zu düngen den Boden,
Die wunde Rinde zu binden mit Bast.
Ein Ölbaum[3] spaltet das mürbe Gemäuer
Und ist noch Stimme im heißen Staub.
Sie gaben Befehl, die Wurzel zu roden.
Es sinkt dein Licht, schutzloses Laub. (v 1962)

Das Gedicht spiegelt in metaphorischer Verschlüsselung einen folgenreichen Eingriff der Staatsmacht in das literarische Leben der DDR wider. Peter Huchel (1903–1981) wird im Jahre 1962 als Chefredakteur der Literaturzeitschrift „Sinn und Form" abgesetzt, nachdem er sich geweigert hat, die beiden letzten Zeilen zu streichen. Sein Sohn erhält keine Möglichkeit zu studieren.
Unter Huchels Leitung galt die Zeitschrift als letztes freies Gesprächsforum. Schriftsteller aus West- und Ostdeutschland konnten darin publizieren. Einziges Kriterium war dabei die literarische Qualität des Beitrags. Das Gedicht wird als Huchels letzter Beitrag publiziert.

---

[1] Theophrast: griechischer Philosoph (372–287), der bedeutendste unmittelbare Schüler des Aristoteles, Begründer der Botanik
[2] Garten: hier: Zeichen humaner Kultur
[3] Ölbaum: hier: Ausdruck sich behauptender Kraft.

Reiner Kunze

Zimmerlautstärke

Dann die
zwölf jahre
durfte ich nicht publizieren sagt
der mann im radio

Ich denke an X
und beginne zu zählen (v 1972)*

> Das Motto des Bandes „Zimmerlautstärke", dem dieser Text entnommen ist, lautet:
> ... bleibe auf deinem Posten und hilf durch deinen Zuruf; und wenn man dir die Kehle zudrückt, bleibe auf deinem Posten und hilf durch dein Schweigen.
> *Seneca*

Reiner Kunze

Das Ende der Kunst

Du darfst nicht, sagte die eule zum auerhahn
du darfst nicht die sonne besingen
Die sonne ist nicht wichtig

Der auerhahn nahm
die sonne aus seinem gedicht

Du bist ein künstler,
sagte die eule zum auerhahn

Und es war schön finster (v 1969)*

> Der Gedichtband „Sensible Wege", dem dieser Text entnommen ist, löst 1969 ein Strafverfahren gegen Reiner Kunze aus. Im Jahre 1976 wird er aus dem Schriftstellerverband der DDR ausgeschlossen; ein Jahr später, nach der Beteiligung am Protest gegen die Ausbürgerung Biermanns, erhält Kunze die Erlaubnis zur Ausreise. Im Jahre 1990 veröffentlicht Reiner Kunze unter dem Titel „Deckname ‚Lyrik'" einen Auszug aus dem Archiv des Staatssicherheitsdienstes, der über den Schriftsteller eine Akte von insgesamt 3491 Blatt angelegt hatte.

Kurt Bartsch

Mut

„Wenn ich meine eigene
Meinung äußern darf"
Begann er ungewohnt krass
„So hat schon Karl Marx gesagt, dass ..." (v 1970)

Dieter Kerschek

Schein Kontrolle

ihren fahrschein bitte ihren
laufschein bitte ihren
krankenschein bitte ihren
sonnenschein bitte
ihren leihschein bitte
ihren anschein bitte
ihren giftschein bitte
ihren totenschein
bitte ihren
vorschein
heiligenschein
berechtigungsschein
bitte ihren geldschein bitte
ihren scheinschein
bitte
danke
na schönen dank auch
na ich danke (v 1983)

Siegfried Heinrichs

Wenn Du durch mein Land fährst

Für Andreas

Wenn du durch mein land fährst,
mein schmerzliches land,
von dem ich dir sprach,
dann wirst du blumen sehen,
    lachende Kinder,
greise, alternd unter den resten
    der herbstsonne,
menschen, freundlich dich grüßend,
    gewiss
nur eines vermisse ich:
deine frage nach dem ort
der zuchthäuser für
dichter, deren verse den zweifel
lehrten an der vollkommenheit
    dieses bildes.

Wenn du durch mein land fährst,
mein schmerzliches land,
dann grüß es von mir,
grüß die menschen, die Kinder,
die zuchthäuser, die schweigenden
dichter.

(v 1976)

☐ Analysieren Sie, möglicherweise in Gruppenarbeit, Inhalt, Form und Aussage der einzelnen Texte auf den Seiten 330–332; berücksichtigen Sie dabei die jeweiligen Zusatzinformationen bzw. die einführenden Hinweise zu diesem Kapitel.

Gudula Ziemer

Juni. Jaguar. Einzelgänger

Die Kehle ist staubig und trostlos
Wütet der Sandsturm in meinem Herzen
Blüht die wilde Zichorie
Der Dichter der Clown liegt zu Füßen

Wenn uns nichts hält   Was hält uns?

Die vermeintlichen Wünsche
Des Träumers des Preisboxers
Leuchtreklamen   Sirenen
Schlachthofgeruch   grüner Regen
    Intrigen Intrigen
Diplomatenkoffer
Ministerien
Kompott

(v 1984)

▷▷ **Lese- und Arbeitshinweise**

- Der Schriftsteller und sein gesellschaftlicher Standort, Seite 486ff.
- Sprache hier – Sprache dort: Die Mauer der Sprache, Seite 544ff.

Literatur nach der Wende

Mit seiner Politik leitet Michael Gorbatschow, der Generalsekretär der KPDSU (1985–1991) und Präsident der Sowjetunion, das **Ende des Ost-West-Gegensatzes** ein, und damit auch das En-
5 de der DDR am 3.10.1990.
Die 90er Jahre werden stark bestimmt von den **geistigen und finanziellen Problemen der Vereinigung**. Die Umwandlung der volkseigenen sozialistischen Planwirtschaft in die privat-kapitalis-
10 tische Marktwirtschaft führt zu erheblichen Problemen, unter anderem zu großer Arbeitslosigkeit, zu Identitätsschwierigkeiten und bisweilen auch zu Radikalisierung und Ausländerhass. Die Probleme der Vereinigung und die Aufarbeitung der DDR-
15 Vergangenheit spiegeln sich als Themen in der Literatur wider.

Reiner Kunze
Die Mauer
Zum 3. Oktober 1990

Als wir sie schleiften, ahnten wir nicht,
wie hoch sie ist
in uns

Wir hatten uns gewöhnt
an ihren horizont

Und an die windstille
In ihrem schatten warfen
alle keinen schatten

Nun stehen wir entblößt
jeder entschuldigung   (v 1991)*

Volker Braun
Das Eigentum

Da bin ich noch: mein Land geht in den Westen.
KRIEG DEN HÜTTEN FRIEDE DEN PALÄSTEN.
Ich selber habe ihm den Tritt versetzt.
Es wirft sich weg und seine magre Zierde.
Dem Winter folgt der Sommer der Begierde.
Und ich kann *bleiben wo der Pfeffer wächst*.
Und unverständlich wird mein ganzer Text
Was ich niemals besaß wird mir entrissen.
Was ich nicht lebte, werd ich ewig missen.
Die Hoffnung lag im Weg wie eine Falle.
Mein Eigentum, jetzt habt ihrs auf der Kralle.
Wann sag ich wieder *mein* und meine alle.
                                    (v 1993)*

❐ Untersuchen Sie die Texte Seite 333–334 vor dem Hintergrund der in den Einführungstexten skizzierten Ereignisse und Hintergründe. Verschaffen Sie sich ggf. weitere Informationen.

Barbara Köhler
Endstelle

DIE MAUERN STEHN. Ich stehe an der Mauer
des Abrisshauses an der Haltestelle;
erinnre Lebens-Läufe, Todes-Fälle,
vergesse, wem ich trau in meiner Trauer.

SPRACHLOS UND KALT: mein Herz schlägt gegen vieles
– nicht nur die Gitterstäbe in der Brust –
und überschlägt sich für ein bisschen Lust
und schlägt sich durch zum Ende dieses Spieles.

IM WINDE KLIRREN Wörter, Hoffnungsfetzen,
Nach-Ruf für die, die ausgestiegen sind
vor mir. Warum noch schrein. Es reißt der Wind

DIE FAHNEN ab. Was soll mich noch verletzen;
Verlust liegt hinter mir, vor mir die Schlacht-
Felder im Halblicht, zwischen Tat und Nacht.

(v 1987 in Berlin/Ost; v 1991 in Frankfurt/M.)

Thomas Rosenlöcher
Die verkauften Pflastersteine

Mittwoch, den 8. 11.
Gestern Regierungsrücktritt. Die einstmals stillstehende Zeit ist in einen Galopp übergegangen, als wollte sie die verlorenen 40 Jahre wieder einholen. [...]

10.11.
Die irrsinnigste Meldung wieder früh am Morgen, da ich noch mit ohropaxverpaxten Ohren auf meinem Notbett in der Stube liege: Die Grenzen sind offen! Liebes Tagebuch, mir fehlen die Worte. Mir fehlen wirklich die Worte. Mit tränennassen Augen in der Küche auf und ab gehen und keine Zwiebel zur Hand haben, auf die der plötzliche Tränenfluss zu schieben wäre.

11.11.
Nachdem Dornröschen wachgeküsst wurde, erwachten die Majestäten und '...der ganze Hofstaat und sahen einander mit großen Augen an. Und die Pferde im Hof standen auf und rüttelten sich; die Jagdhunde sprangen und wedelten; die Tauben auf dem Dache zogen das Köpfchen unterm Flügel hervor, sahen umher und flogen ins Feld...' und selbst die Fliegen an den Wänden wunderten sich, warum sie so lange geschlafen hatten.

(v 1990)

Rhetorik – die Kunst der Rede

Sprechen in Alltagssituationen

Streiter	Positive	Alleswisser	Redselige	Schüchterne	Ablehnende	Uninteressierte	Das große Tier	Ausfrager
Sachlich und ruhig bleiben. Die Gruppe veranlassen, seine Behauptungen zu widerlegen.	Ergebnisse zusammenfassen lassen. Bewußt in die Diskussion einschalten.	Die Gruppe auffordern, zu seinen Behauptungen Stellung zu nehmen.	Taktvoll unterbrechen. Redezeit festlegen.	Leichte, direkte Fragen stellen. Sein Selbstbewußtsein stärken.	Seine Kenntnisse und Erfahrungen anerkennen.	Nach seiner Arbeit fragen. Beispiele aus seinem Interessengebiet geben.	Keine direkte Kritik üben. Ja-aber Technik.	Seine Fragen an die Gruppe zurückgeben.

❑ Deuten und beurteilen Sie die Darstellungen der Tiere bzw. den jeweiligen Redetyp.

❑ Wählen Sie ein aktuelles Thema und diskutieren Sie; lassen Sie dabei neun Schüler Ihrer Lerngruppe (unerkannt, also zum Beispiel durch Auslosung ermittelt) in die entsprechenden Rollen schlüpfen. Ermitteln Sie diese anschließend im Gespräch, bewerten Sie Ihren Einsatz und ziehen Sie Folgerungen für die alltägliche Kommunikation.

Lutz Schwäbisch/Martin Siems
Regeln für die Gruppendiskussion

1. Sei dein eigener Chairman

Bestimme selbst, was du sagen willst. Sprich oder schweig, wann du es willst. Versuche, in dieser Stunde das zu geben und zu empfangen, was du selbst geben und erhalten willst.
5 Sei dein eigener Chairman (Vorsitzender) – und richte dich nach deinen Bedürfnissen, im Hinblick auf das Thema und was immer für dich sonst wichtig sein mag. Ich als Gruppenleiter werde es genauso halten (falls Gruppenleiter vorhanden).
10 Diese Regel soll dir zwei Dinge deutlich machen:
　a) Du hast die Verantwortung dafür, was du aus dieser Stunde für dich machst.

❑ Nehmen Sie zu diesen Interaktionsregeln für die Gruppendiskussion Stellung. Welche erscheinen Ihnen sinnvoll, welche erscheinen Ihnen weniger geeignet? Überlegen Sie auch, bei welchen Redesituationen (private Gespräche, formelle Gespräche, öffentliche Diskussionen, Kleingruppe, Großgruppe,...) die Regeln anwendbar sein könnten.

b) Du brauchst dich nicht zu fragen, ob das, was du willst, den anderen Gruppenmitgliedern gefällt oder nicht gefällt. Sag einfach, was du willst. Die anderen Gruppenmitglieder sind auch ihre eigenen Chairmen und werden es dir schon mitteilen, wenn sie etwas anderes wollen als du.

2. Störungen haben Vorrang

Unterbrich das Gespräch, wenn du nicht wirklich teilnehmen kannst, zum Beispiel wenn du gelangweilt, ärgerlich oder aus einem anderen Grund unkonzentriert bist. Ein ‚Abwesender' verliert nicht nur die Möglichkeit der Selbsterfüllung in der Gruppe, sondern er bedeutet auch einen Verlust für die ganze Gruppe. Wenn eine solche Störung behoben ist, wird das unterbrochene Gespräch entweder wieder aufgenommen werden oder einem momentan wichtigeren Platz machen.

3. Wenn du willst, bitte um ein Blitzlicht[1]

Wenn dir die Situation in der Gruppe nicht mehr transparent ist, dann äußere zunächst deine Störung und bitte dann die anderen Gruppenmitglieder, in Form eines Blitzlichts auch kurz ihre Gefühle im Moment zu schildern.

4. Es kann immer nur einer sprechen

Es darf nie mehr als einer sprechen. Wenn mehrere Personen auf einmal sprechen wollen, muss eine Lösung für diese Situation gefunden werden. ‚Seitengespräche' sind also zu unterlassen, oder der Inhalt ist als Störung in die Gruppendiskussion einzubringen.

5. Experimentiere mit dir

Frage dich, ob du dich auf deine Art verhältst, weil du es wirklich willst. Oder möchtest du dich eigentlich anders verhalten – tust es aber nicht, weil dir das Angst macht. Prüfe dich, ob dein Verhalten Annäherungs- oder Vermeidungsverhalten ist. Versuche, öfter neues Verhalten auszuprobieren, und riskiere das kleine aufgeregte körperliche Kribbeln dabei. Dieses Kribbeln ist ein guter Anzeiger dafür, dass du für dich ungewohntes und neues Verhalten ausprobierst.

6. Beachte deine Körpersignale

Um besser herauszubekommen, was du im Augenblick fühlst und willst, horche in deinen Körper hinein. Er kann oft mehr über deine Gefühle und Bedürfnisse erzählen als dein Kopf.

7. ‚Ich' statt ‚Man' oder ‚Wir'

Sprich nicht per ‚Man' oder ‚Wir', weil du dich hinter diesen Sätzen zu gut verstecken kannst und die Verantwortung nicht für das zu tragen brauchst, was du sagst. Zeige dich als Person und sprich per ‚Ich'. Außerdem sprichst du in ‚Man'- oder

---

[1] Blitzlicht: Jeder Gesprächsteilnehmer nimmt zu einer momentanen Gesprächssituation Stellung; damit können augenblickliche Interessen Gefühle, Wünsche, Meinungen festgestellt werden.

‚Wir'-Sätzen für andere mit, von denen du gar nicht weißt, ob sie das wünschen.

8. Eigene Meinungen statt Fragen

Wenn du eine Frage stellst – sage, warum du sie stellst. Auch Fragen sind oft eine Methode, sich und seine eigene Meinung nicht zu zeigen. Außerdem können Fragen oft inquisitorisch wirken und den anderen in die Enge treiben. Äußerst du aber deine Meinung, hat der andere es viel leichter, dir zu widersprechen oder sich deiner Meinung anzuschließen.

9. Sprich direkt

Wenn du jemandem aus der Gruppe etwas mitteilen willst, sprich ihn direkt an und zeige ihm durch Blickkontakt, dass du ihn meinst. Sprich nicht über einen Dritten zu einem anderen und sprich nicht zur Gruppe, wenn du eigentlich einen bestimmten Menschen meinst.

10. Gib Feed-back[2], wenn du das Bedürfnis hast

Löst das Verhalten eines Gruppenmitgliedes angenehme oder unangenehme Gefühle bei dir aus, teile es ihm sofort mit und nicht später einem Dritten.
Wenn du Feed-back gibst, sprich nicht *über* das Verhalten des anderen, denn du kannst nicht wissen, ob du es objektiv und realistisch wahrgenommen hast. Sprich nicht in einer bewertenden und normativen Weise. Vermeide Interpretationen und Spekulationen über den anderen.
Sprich zunächst einfach von den Gefühlen, die durch das Verhalten des anderen bei dir ausgelöst werden. Danach kannst du versuchen, das Verhalten des anderen so genau und konkret wie möglich zu beschreiben, damit er begreifen kann, welches Verhalten deine Gefühle ausgelöst hat. Lass dabei offen, wer der „Schuldige" an deinen Gefühlen ist. Du benötigst dabei keine objektiven Tatsachen oder Beweise – deine subjektiven Gefühle genügen, denn auf diese hast du ein unbedingtes Recht.
Versuche vor deinem Feed-back die Einwilligung deines Gesprächspartners einzuholen, ihm dieses zu geben.

11. Wenn du Feed-back erhältst, hör ruhig zu

Wenn du Feed-back erhältst, versuche nicht gleich, dich zu verteidigen oder die Sache ‚klarzustellen'. Denk daran, dass dir hier keine objektiven Tatsachen mitgeteilt werden können, sondern subjektive Gefühle und Wahrnehmungen deines Gegenüber. Freu dich zunächst, dass dein Gesprächspartner dir *sein* Problem erzählt, das er mit dir hat. Diese Haltung wird dir helfen, ruhig zuzuhören und zu prüfen, ob du auch richtig verstanden hast, was er meint. Versuche zunächst nur zu schweigen und zuzuhören, dann von deinen Gefühlen zu sprechen, die durch das Feed-back ausgelöst worden sind, und erst dann gehe auf den Inhalt ein. (v 1974)

❒ Probieren Sie in Absprache mit Ihrem Lehrer einzelne Regeln im Unterricht aus. Sprechen Sie anschließend über Ihre Erfahrungen.

---

[2] Feedback: Rückmeldung, Reaktion

Beispiele praktischer Rhetorik

Vorstellungsgespräch

Simulieren Sie nach vorher abgesprochenen Rollen ein Vorstellungsgespräch. Bereiten Sie sich gezielt auf den abgesprochenen Zusammenhang vor, zum Beispiel anhand eines bestimmten, Sie interessierenden Stellenangebots.
Bearbeiten Sie dazu zunächst die Aufgabenstellungen und berücksichtigen die folgenden Hinweise bei Ihrem Rollenspiel. Das Vorstellungsgespräch stellt eine mündliche Test- und Prüfungssituation dar. Die Testperson/der Ausbildungsleiter möchte einen persönlichen Eindruck vom Bewerber erhalten. Der Bewerber kann zum Beispiel mit folgenden Fragen rechnen, auf die er sich entsprechend vorbereiten kann:

Fragen zur Bewerbung
Warum haben Sie sich bei uns beworben? …

Fragen zur Persönlichkeit und Selbsteinschätzung
Wie stellen Sie sich Ihre Arbeit in der Gruppe vor? …

Fragen zur Ausbildung und zum Beruf
Was ist für Ihre berufliche Zufriedenheit wichtig? …

Fragen zum Freizeitbereich …

Fragen zur persönlichen und familiären Situation …

❐ Ergänzen Sie die Auflistung um weitere mögliche Fragestellungen zu den bisher aufgeführten Punkten und zu weiteren Themenschwerpunkten.

❐ Halten Sie, bevor Sie Ihr Rollenspiel beginnen, den möglichen Ablauf eines Vorstellungsgesprächs in Stichpunkten fest, zum Beispiel:
1. Begrüßung
2. Einführende Hinweise des Ausbildungsleiters über den Betrieb …
3. Fragen zur …
4. …

❐ Beachten Sie, dass beide Seiten einen möglichst guten Eindruck machen und sich selbst bzw. den Betrieb in positivem Licht darstellen wollen und dass am Schluss des Gesprächs auch der Bewerber die Möglichkeit erhält, Fragen zu stellen. Berücksichtigen Sie auch die „Tipps für das Verhalten des Bewerbers…".

❐ Analysieren und beurteilen Sie die Rollenspiele; kennzeichnen Sie die Rolle der Gesprächspartner; analysieren Sie ihr Gesamtverhalten, ihr sprachliches Verhalten, ihre Körpersprache; überlegen Sie, ob es sich hier um symmetrische oder komplementäre Kommunikation handelt. (Lesen Sie ggf. zur Inhalts- und Beziehungskommunikation und zur Körpersprache nach auf Seite 42 ff.)

▷▷▷ **Lese- und Arbeitshinweis**
• Wie verfasse ich eine Bewerbung und einen Lebenslauf?, Seite 67 ff.

Tipps für das Verhalten des Bewerbers in einem Vorstellungsgespräch

1. Blickkontakt mit dem Gesprächspartner halten
2. konzentriert zuhören; in entspannter und ruhiger Haltung sitzen
3. Fragen verbindlich und klar beantworten; nicht nur mit „ja" und „nein" antworten; aber auch nicht zu viel reden, sondern die Führung des Gesprächs dem Gesprächspartner überlassen
4. nachfragen, wenn etwas nicht verstanden worden ist (in sachlichem, freundlichem Ton, ohne unterwürfig zu wirken)
5. auf unangenehme Fragen nicht negativ reagieren; nicht schroff oder verlegen antworten; keine Fragen stellen, die den Gesprächspartner provozieren
6. das eigene Verhalten (auch die Körpersprache) kontrollieren
7. den Gesprächspartner ausreden lassen
8. allzu persönliche, emotionale Äußerungen unterlassen
9. Kritik an anderen Personen oder an der alten Firma unterlassen
10. den Redepartner das Gespräch beenden lassen; den richtigen Zeitpunkt zur Verabschiedung abpassen

Prüfungsgespräch – mündliche Abiturprüfung

In der mündlichen Abiturprüfung geht es um die Überprüfung einer zweifachen Kompetenz, das heißt, es werden fachliche und rhetorische Leistungen verlangt.

Im **1. Teil der Prüfung** (referierender Monolog des Prüflings von ca 10 Minuten) muss das Fachwissen rhetorisch sinnvoll dargestellt werden. Dazu ist es notwendig,
- das Thema und die Aufgabenstellung zu erfassen,
- im Sinne der Aufgabenstellung sinnvoll zu gliedern (Stichwortkonzept),
- fachspezifisches Vokabular zu nutzen,
- nach den Stichworten und in engem Bezug auf die Aufgabenstellung/den Text präzise und anschaulich darzustellen, schlüssig zu argumentieren und dabei möglichst frei zu formulieren und deutlich mit dem Text zu belegen.

Das „Referat" sollte deutlich in Einleitung/Hinführung, in einen gut gegliederten Hauptteil und in einen präzise zusammenfassenden Schlussteil gegliedert sein.

Im **2. Teil der Prüfung** geht es insbesondere um dialogisch-rhetorische Fähigkeiten (Gesprächsfähigkeit). Dazu ist notwendig,
- auf Fragen des Prüfers einzugehen,
- zielbewusst zu argumentieren, Aussagen zu belegen, Fachvokabular anzuwenden,
- rhetorische Mittel zur Steigerung der Wirkung einzusetzen,
- die Situation richtig einzuschätzen (Reagieren des Prüfers, Körpersprache).

❏ Erörtern Sie, ob es sich in einer Prüfungssituation um eine symmetrische oder komplementäre Kommunikation handelt. Begründen Sie Ihre Meinung.

❏ Spielen Sie in Ihrem Kurs nach vorheriger Themenabsprache bzw. mit Hilfe passender Texte und Arbeitsaufträge (Vorbereitungszeit: 30 Minuten) die mündliche Prüfungssituation durch. Analysieren Sie die Darstellungen unter fachlichen und rhetorischen Gesichtspunkten. Machen Sie sich dabei Stärken und Schwächen bewusst.

▷▷ **Lese- und Arbeitshinweise**
- Ein Referat vorbereiten und halten, Seite 70f.
- Argumentieren und Erörtern, Seite 394ff.
- Einen Text analysieren, Seite 364ff.

Reden verstehen und halten

Liebe Eltern, liebe Lehrer und Lehrerinnen, liebe Mitschüler und Mitschülerinnen, liebe Abiturientia!

Wir haben es geschafft. Wir haben 13 Jahre lang die Institution Schule durchlaufen, wie Wasser in einer Pumpstation ein System von Röhren durchläuft. Unsere Lehrer und Lehrerinnen lieferten dabei den nötigen Druck, um das Wasser hoch-
5 zupumpen. Jedoch war an einigen Stellen der Druck für die dünnen Rohrwände zu groß, und es ging Wasser verloren. Von den 174 Tropfen, die beispielsweise an der Zweig- und Sammelstelle nach der vierten Jahresmarkierung das Rohr mit der Aufschrift „GSN" wählten, schafften es nur knapp 70
10 Tropfen, auf Anhieb durch das verzweigte und verzwickte Röhrensystem zu gelangen. Doch es war kein gerades Rohr. Rostige Nägel mussten genauso überwunden werden wie eisenharte Richtschleusen. Viele blieben in den Filtern hängen, die uns jährlich in Form von Zeugnissen aufs Neue erwarte-

ten. Andere Tropfen kapitulierten freiwillig, weil ihnen das Wasser bis zum Hals stand. Während einige Tropfen ständig mit den Wänden kollidierten und mit den Pumpmeistern in Dauerkonflikt standen, erwiesen sich andere als wahre Meisterschwimmer. Aalglatt glitten sie durch die Filteranlagen hindurch, ohne anzuecken, auf einem dünnen, aber stetigen Schleimfilm.

Auf uns warteten auch vielfältige Arten von Fallen und Hindernissen. So wurden laufend Wasserproben entnommen und diese auf ihre Brauchbarkeit getestet. Bei zu groben Abweichungen von den Sollwerten wurden sie weiteren Tests unterworfen, um sie schließlich einer tiefer gelegenen Wasserschicht beizumischen. Wobei die Brauchbarkeitstests mehr oder weniger von der Willkür des Wasserprüfers abhingen. So sollen, was uns nur wenig glaubhaft erscheint, unterschiedlich hohe Sollwerte als erstrebenswert angesehen und die Bewertung der Probe von der Sympathie des Prüfers abhängig gewesen sein.

Kurz vor dem Ende der Rohrleitung kam es sogar so weit, dass ganze Wasserschichten in Reihenuntersuchungen getestet wurden. Das steigerte sich bis hin zur großen Endkontrolle, in der zum letzten Mal in vier großen Prüfungen jeder einzelne Tropfen auf seine Inhalte geprüft wurde. Reichten diese nicht aus oder wichen sie zu sehr vom erwarteten Resultat ab, wurde eine neue Einzeluntersuchung angesetzt, die jedoch glücklicherweise zumeist keine zu großen Verunreinigungen mehr aufwies. Die Güte der einzelnen Tropfen wird ihnen nun heute mit einem Zertifikat bestätigt. Die so geprüften und mit Gütesiegel versehenen Wassertropfen sollen nun das Land fruchtbarer machen, um eine bessere Zukunft zu erreichen oder um das Meer der arbeitslosen Akademiker noch zu vergrößern.

Was die Zukunft auch immer bringen mag, ob wir uns als Grenadiere so tief im Schlamm einbuddeln, dass uns niemand mehr findet, oder ob uns der Stress des Alltags aufzehrt, ist noch nicht abzusehen. Noch vermag keiner zu sagen, wer von uns zum Nobelpreisraffer wird, wer zum Weltherrscher aufsteigt oder wer mit seinem besten Freund – einer Tüte Rotwein aus einer bekannten Supermarktkette – morgen schon den Marienplatz[1] als sein trautes Heim erwählt. Niemand weiß es. Ich weiß nur eins: Die Pumperei ist erst mal zu Ende. Ich fühle mich auch schon ganz schön ausgepumpt.

Wir danken all denjenigen, die uns die Schleusentore öffneten, die die Löcher, aus denen Wasser austrat, sofort wieder flickten, und denen, die das Filterpapier der Notengebung möglichst weitmaschig und löcherig wählten, so dass viele Wassertropfen ungehindert hindurchfließen konnten. Daneben erhielt ich den Auftrag, im Namen der Hersteller von Filtereinsätzen all denjenigen zu danken, die dafür sorgten, dass ihre Filter schnell so voll waren, dass sie ausgewechselt werden mussten.

---

[1] Treffpunkt von Aussteigern und Obdachlosen

Wir gedenken all derjenigen, die im Laufe der Jahre ausgefiltert wurden, insbesondere der letzten 17, die im Verlauf der Oberstufe stecken blieben. Unter allen Wassertropfen sollen einige gewesen sein, für deren Münder keine Mauer zu hoch, kein Meer zu tief, kein Auto so schwer zu transportieren und deren Kritikfähigkeit geradezu unermesslich war, doch deren Leistungsfähigkeit war nichts gegen den berühmten Tropfen auf den heißen Stein. Ein großes Lob dagegen an all diejenigen Tropfen und Tropfinnen – man muss schließlich zweigeschlechtlich denken –, die ihre Kräfte unseren Projekten geopfert haben.

Wir danken darüber hinaus unseren Eltern, die dem Wasser die nötigen Nährstoffe zuführten, sowie uns nach Enttäuschungen wieder aufbauten oder mit uns zitterten bei schweren Prüfungen und sogar für uns beteten.

Unser Dank gilt weiter all denen, die diese beeindruckende Kulisse für uns aufgebaut haben, insbesondere Herrn Ellenbürger, sowie denen, die ihre Zeit für die Vorbereitung der heutigen Veranstaltung geopfert haben, und denen, die uns bei unseren eigenen Vorbereitungen mit Rat und Tat zur Seite standen.

Zum Schluss sei noch gesagt:
Wer die Rede nicht höflich fand, der denke an Goethes Faust, 2. Teil, Zeile 6771:
Im Deutschen lügt man, wenn man höflich ist.

(Frank Heinze, Abitur 1988)

Liebe Eltern, liebe Lehrerinnen und Lehrer, liebe Mitschülerinnen und Mitschüler!

Mit Ringelnatz kann ich Ihnen nicht dienen, aber mit einer Statistik: 54 Pärchen bildeten sich während der vergangenen 9 Jahre innerhalb dieser Jahrgangsstufe. Das macht 6 Pärchen pro Jahr, sozusagen als Jahresdurchschnittsquote. Da sich diese Jahrgangsstufe aus 53 Schülerinnen und 43 Schülern zusammensetzt, wären weitere 2225 zweigeschlechtliche Pärchenbildungen möglich. Daraus folgt, dass wir uns, unter Berücksichtigung der Jahresdurchschnittsquote von 6 Pärchen, noch 370 Jahre auf die gehabte Art und Weise miteinander vergnügen könnten.

Dreierlei verdeutlicht dieses Zahlenspiel: Erstens: Wir hatten uns wirklich lieb!
Zweitens: Wir hätten durchaus noch eine gemeinsame Perspektive.
Drittens: Wir haben den Anspruch Shakespeares „Es gibt mehr Dinge im Himmel und auf Erden, als sich eure Schulweisheit träumen lässt"? – Motto des heutigen Abiballs – durchaus ernst genommen.

Trotzdem aber war es die Vermittlung dieser Schulweisheiten, eben die Schule selbst, die als Rahmen jene anderen Dinge zwischen Himmel und Erde umgab, als ein Rahmen, innerhalb dessen wir uns überhaupt erst versammelten, der dann das fasste und strukturierte, was man als gemeinsame Zeit bezeichnen könnte.

Nun, da heute der schulische Rahmen wegfällt, ist auch das, was er hielt, unsere gemeinsame Zeit, beendet, abgeschlossen etwa, wie ein Bild, an dem wir 9 Jahre lang gearbeitet haben, das nun hinter uns liegt und zu dem wir jetzt noch einmal zurückschauen können. Auf den ersten Blick aber sehen wir kaum etwas Hervorstechendes, vermissen markante Symbole jugendlichen Daseins, wie wir sie zum Beispiel aus deutschen Problemfilmen, amerikanischen Vorabendserien oder den Jahrgangsstufen unter uns kennen. Wo sind sie zum Beispiel, die vielfach pink lackierten Haare, die grünen, blauen?

Auch sieht man uns nicht Base- oder Bungeejumpen, an S-Bahnen surfen, durch ruinöse Vorstädte rappen und aus unserem Körper ein einziges großes Piercing machen. Statt dessen konnten wir uns auf Dorffesten vergnügen, spielten Fußball, zum Teil sogar Geige und trugen Strickwaren.

Nicht einmal die Baseballcap schaffte es, sich bei uns flächendeckend als uniformes Symbol jugendlicher Individualität durchzusetzen.

Und wenn schon nicht mega cool, so hätten wir doch wenigstens jugendlich-träumerisch-schwärmerisch-begeistert sein können – kämpfend für eine bessere Welt –, die beim Pausenradio anfängt und beim schulinternen Liebeszimmer mit integriertem Coffeeshop aufhört. Aber auch damit können bzw. konnten wir nicht dienen.

Ja gewiss, der wird enttäuscht sein, wer das Bild unserer Jahrgangsstufe, der gemeinsamen Zeit allein auf Entsprechungen eines ebenso klischeehaften wie weitverbreiteten und trotzdem vielleicht nicht ganz unberechtigten Jugendbildes hin untersucht, das irgendwo zwischen Baseballcup und Arafattuch festgemacht ist. Da derjenige eben solche Entsprechungen bei uns kaum findet, könnte er das Bild unserer gemeinsamen Zeit schließlich sogar als blass, unklar, und uns womöglich als jugendlich profillos bezeichnen.

Gerecht würde er uns mit einem solchen Urteil aber nicht.

Nun, übermäßig cool, crazy, trendy waren wir wohl tatsächlich nicht, dazu haben wir vielfach populär jugendliche Attribute allzu skrupellos verschmäht, nicht genügend beachtet. Wir brauchten diese Attribute aber auch nicht, zum Beispiel als Zeichen des Protestes gegen eine gesellschaftliche Einengung, die wir mehrheitlich nicht empfanden, schienen uns doch die gewährten Freiräume ausreichend.

Genauso haben die meisten von uns nicht die Notwendigkeit gesehen, durch Auftreten und Äußerlichkeit missglückte Knabenmorgenblütenträume zur Schau zu stellen: auch Erreichbares konnte uns zufrieden stellen. Egal, ob dies nun als ein Zeichen von Unbedarftheit, Realitätssinn oder vernunftvoller Bescheidenheit gedeutet wird, da wir jugendlicher Trends und Moden aus Gründen der Abgrenzung und Profilschärfung nicht allzu sehr bedurften, in ihnen auch nicht den einzigen Ausweg aus einer, von uns kaum empfundenen Perspektivlosigkeit sahen, konnten wir auch nicht in deren Abhängigkeit geraten.

So gab es bei uns nicht so sehr diesen Zwang, „in" zu sein, der zu einer künstlichen Einschränkung individueller Selbstverwirklichungsmöglichkeiten hätte führen können oder zu einer erzwungenen Anpassung persönlicher Neigungen.

Weithin bestand dagegen die Einsicht, dass Unterschiede des Geschmacks und der Interessen eine Gemeinschaft nicht gleich in Frage stellen, sondern sie im Gegenteil häufig bereichern können. Natürlich gab es bei uns auch Streite, Auseinandersetzungen. Der Ton aber blieb fair; mehr noch als dass man den anderen akzeptierte, respektierte man ihn.

Ja, wenn man sich ein ganz klein wenig Erinnerungsoptimismus gönnt, könnte man schließlich sogar sagen, dass in unserer gemeinsamen Zeit in der Jahrgangsstufe eine jugendliche Urtugend zu finden war, die man wohl Toleranz nennt – Toleranz als Folge einer allgemeinen Normalität, die das Gegenteil von Mittelmäßigkeit ist.

Innerhalb des unmittelbar schulischen Rahmens hatte diese Geisteshaltung eine angenehm gelassene Atmosphäre zur Folge. Weder wurde eine recht weit verbreitete Leistungsbereitschaft zwangsläufig zu einer penetranten Konkurrenz, noch standen sich Lehrer und Schüler allzu ablehnend gegenüber, obwohl es chic wäre und gewiss nicht unüblich ist, gerade hier und heute noch einmal deren natürliche Feindschaft zu betonen. Im Gegenteil aber, das Verhältnis zwischen Schülern und Lehrern, denen wir an dieser Stelle genauso wie Frau Dahm und Frau Gloth[1] besonders für ihr Engagement danken wollen, war tendenziell gut bis freundschaftlich. Andererseits haben wir es den Lehrern aber auch nicht allzu schwer gemacht. Weil wir uns nie ganz so stürmisch entwickelten, wirkten wir vielleicht früh schon relativ vernünftig.

Nichts wissen konnten die Lehrer von unserer außergewöhnlichen Fähigkeit, unsere Vernunft geradezu schlagartig auszuschalten. Meistens geschah das so freitags oder samstags ab 21 Uhr in einer kleinen Scheune, die gut versteckt lag, irgendwo in den nächtlichen Weiten der Espelner Landschaft. Dort nämlich fanden die meisten unserer bekannten Jahrgangsstufenfeten statt.

---

[1] Schulsekretärinnen

❐ Untersuchen und beurteilen Sie jeweils die beiden Abiturreden (möglicherweise in kleinen Arbeitsgruppen). Berücksichtigen Sie dabei zum Beispiel folgende Fragen:
- Wie gehen die beiden Abiturienten vor (Schwerpunkt, Gliederung, rhetorisch wirksame Mittel,...)?
- Wie berücksichtigen sie den Anlass und die Zuhörer?
- Auf welche Weise wird Kritik geübt?
- Wie wird der Dank zum Ausdruck gebracht?

Dort verdichtete sich unser gemeinsames Neuhäuser Schülerdasein zu einer Subkultur. Dort soll man schließlich sogar ansonsten ganz vernünftige Schüler gesehen haben, wie sie plötzlich im Feinripp-Unterhemd, mit hochgekrempelter Hose und Zigarre Samba getanzt haben. Und um diese kleine Party-Scheune herum, da ....
An dieser Stelle möchte ich die Schilderung unterbrechen, denn selbst bei völliger Kenntnis der Inhalte könnte das Bild unserer Jahrgangsstufe, das auf den ersten Blick vielleicht blass schien, unklar, nun unfassbar werden.

Wir werden heute als Abiturientia 1996 auseinander gehen, um uns zum 10-jährigen, vielleicht erst wieder zum 20-jährigen Abiturtreffen zusammenzufinden. Wenn wir uns aber beim 30-jährigen Jubiläum wiedersehen, dann bleiben wir zusammen, um die restlichen 2224 möglichen zweigeschlechtlichen Paarbildungen auszuprobieren. Bis dann!
(Tobias Pohl, Abitur 1996)

❐ Man unterscheidet unterschiedliche Grundtypen der Rede, wobei in der Praxis die verschiedenen Redegattungen oft ineinander übergehen. Welche Kriterien in dieser Zusammenstellung treffen auf die beiden Abiturreden zu?

Grundtypen der Rede (Redegattungen)

Nach dem Vorbild der antiken Rhetorik lassen sich auch heute noch **drei allgemeine Grundtypen der öffentlichen Rede** unterscheiden:

a) die argumentative Form der Rede
Hier steht die argumentative Auseinandersetzung (pro und kontra) von Sachverhalten im Vordergrund. Der Redner verfolgt das Ziel, durch seine Art der Auseinandersetzung mit den Inhalten die Zuhörer für seine Position zu gewinnen. Ein derartiger Redetyp begegnet uns besonders häufig in der politischen Auseinandersetzung (Rede von Politikern/parteiliche Rede, zum Beispiel im Wahlkampf oder im Bundestag).

b) die Feierrede oder Festrede
Dies ist eine Form der Rede, in der eine bestimmte Person öffentlich gelobt oder geehrt wird oder in der an ein Ereignis erinnert bzw. ein bestimmter Anlass gefeiert wird.

c) die Rede vor Gericht
Die Form der Rede hat die Aufgabe der Anklage oder Verteidigung vor einem Richter, der in einer Gerichtsverhandlung einen Tatbestand rechtsgültig zu beurteilen hat.

Die Formen a und b gehen in der Praxis der politischen/öffentlichen Rede oft ineinander über.

Wenn eine Rede umfassend (schriftlich oder mündlich) analysiert und gedeutet werden soll, kann im Sinne der folgenden Zusammenstellung vorgegangen werden.

Mögliche Untersuchungsschritte für Redeanalysen

- Wie ist die Zeit- und Redesituation zu beurteilen? (Wer redet? Wann...? Wo...? Aus welchem Anlass...? Welche Einzelheiten ...?)
- Worüber wird gesprochen? (Wie heißt das Problem? Wie lautet die Kernaussage? Wie heißen die Kernthesen?)
- Wie ist die Rede gegliedert, inhaltlich aufgebaut?
- Lässt sich die Rede einem Grundtypus (siehe oben) zuordnen oder ist es eher eine Mischform?
- Welches Ziel hat der Redner, welchen Zweck verfolgt er? Will er Übereinstimmung mit dem Publikum oder will er sein Publikum gedanklich verunsichern, zum Nachdenken anregen?
Will er an Gefühle, Stimmungen, Einstellungen appellieren?
Will er, speziell bei politischen Reden, **die eigene Position aufwerten**, indem er z.B.
  – günstige Gesichtspunkte hervorhebt, ungünstige abschwächt oder verschweigt,
  – die eigene Gruppe mit positiven Attributen versieht,
  – eigene Verdienste hervorhebt,
  – Fehler anderen zuschiebt?
Will er **den politischen Gegner abwerten**, indem er zum Beispiel
  – günstige Seiten verschweigt,
  – Fehler der anderen vergrößert?
Will er **beschwichtigen**, indem er z.B.
  – Widersprüche verschweigt oder verschleiert,
  – für alles Verständnis bekundet,
  – allgemeine Weisheiten formuliert,
  – schwammige Formulierungen benutzt?
- Wie ist die Rede im Einzelnen gestaltet, welche sprachlich-rhetorischen Mittel werden eingesetzt?

Man spricht in diesem Zusammenhang auch von rhetorischen Figuren, das sind festgeprägte Ausdruckselemente für bestimmte Sprachverhaltensweisen; es handelt sich dabei vor allem um Abweichungen vom normalen alltäglichen Sprachgebrauch, die in der jeweiligen Redesituation eine bestimmte Wirkung auf die Zuhörer verfolgen.

Figuren aus dem Wortbereich (Abweichungen vom normalen Wortgebrauch)

- Metapher/bildhafte Übertragung (Beispiel: „das Meer des Lebens")
- Metonymie/Umbenennung (Beispiel: „England wird Weltmeister")
- Umschreibung (Beispiel: „Zweitfrisur" für Toupet)
- Wortspiel („Da werden Ihre Füße aber Augen machen!" – Werbung)
- Hyperbel/Übertreibung (Beispiel: „Im Stadion war die Hölle los.")
- Euphemismus/Verharmlosung („Null-Wachstum" statt Stillstand)
- Ironie

Figuren aus dem Satzbereich (Abweichungen vom normalen Satzgebrauch)

- Umstellung (Beispiel: Zehn Jahre haben sie gebraucht, statt: Sie haben ...)
- Chiasmus/Kreuzstellung (Beispiel: der Weg ist lang, doch kurz ist unser Leben)
- Parallelismus (im Satzbau)
- Ellipse (Satz, in dem das Verb fehlt. Beispiel: „[Das] Ende [ist] gut, [deshalb ist] alles gut.")
- Anapher (gleiche Satzanfänge)

Figuren aus dem Gedankenbereich (Abweichungen vom üblichen Gedankengang)

- Vorgriff
- Rückgriff
- Exkurs
- rhetorische Frage (unechte Frage, man erwartet keine Antwort)
- Parenthese (Einschub)

Sinnfiguren (dies hat etwas mit der unterschiedlichen Gewichtung von Argumenten zu tun)

- Aufrütteln
- Versprechen der Kürze
- Bescheidenheit
- Aufwertung, Abwertung, Beschwichtigung (siehe oben)
- Beispiel
- Vergleich

Vorgehensweise

Es ist sinnvoll, den Text nach den oben genannten Gesichtspunkten durchzugehen. Dabei sollte, wie bei der Analyse eines jeden Textes, im Redetext Wichtiges angestrichen werden; wesentliche Gesichtspunkte können stichwortartig herausgeschrieben werden. Bei *einer* Rede können oft nur wenige der oben genannten Kriterien zum Tragen kommen; diese sollten aber für die Analyse und Deutung des Redetextes von großer Bedeutung sein.

346 Rhetorik – die Kunst der Rede

❒ Kennzeichnen Sie dieses Dreiecksmodell der Rhetorik. Beschreiben Sie die Beziehung zwischen den einzelnen Aspekten. Erläutern Sie an dem Modell, welche Erfordernisse eine gute Rede erfüllen sollte.

❒ Worin bestehen für Sie die Gemeinsamkeiten und Unterschiede von Rede und Referat?

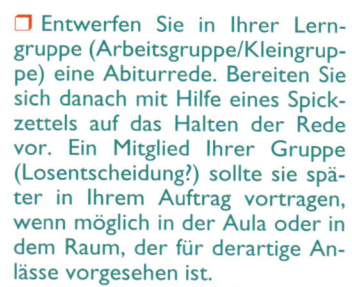

Thema/Sachverhalt – Redesituation – Rede – Redner und seine Absichten – Zuhörer, seine Wünsche und Erwartungen

❒ Entwerfen Sie in Ihrer Lerngruppe (Arbeitsgruppe/Kleingruppe) eine Abiturrede. Bereiten Sie sich danach mit Hilfe eines Spickzettels auf das Halten der Rede vor. Ein Mitglied Ihrer Gruppe (Losentscheidung?) sollte sie später in Ihrem Auftrag vortragen, wenn möglich in der Aula oder in dem Raum, der für derartige Anlässe vorgesehen ist.
Beachten Sie dabei folgende Hinweise:
— Welche Redeart erscheint Ihnen für diesen Anlass sinnvoll? (Feierrede? argumentative Rede? beides?)
— Welchen Zuhörern gilt diese Rede? (den Mitabiturienten, den Schülern jüngerer Jahrgänge, den Lehrern, der Schulleitung, den Eltern, den Gästen,...)
— Wählen Sie eine passende Gliederung, mit der Sie Ihre Absichten realisieren können. (zum Beispiel Rückblick auf die Schulzeit, gegenwärtige Situation, Ausblick auf die Zukunft)
— Verwenden Sie rhetorische Figuren, um Ihre Aussagen wirkungsvoll zu gestalten; achten Sie aber auch darauf, dass diese sprachlichen Mittel im Text ihre Funktion behalten und nicht zum Selbstzweck werden.
Sie können sich sowohl bei der Vorbereitung als auch bei der Beurteilung der Redevorträge an den nebenstehenden Hinweisen orientieren.

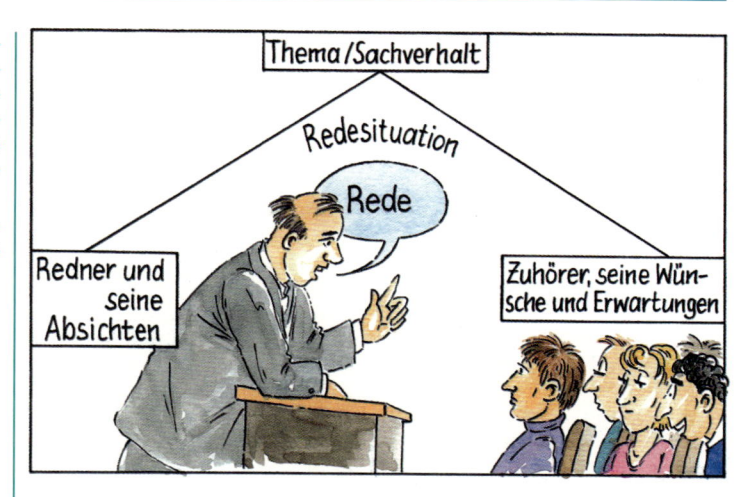

Hinweise und Regeln für eine gute Rede

■ Gliedern Sie Ihren Text so, dass der Aufbau für den Prozess des Verstehens hilfreich ist. Machen Sie bei dem jeweiligen Gliederungspunkt deutlich, worum es gerade geht.
■ Sprechen Sie frei nach einem Stichwortkonzept.
■ Sprechen Sie nicht zu schnell, sprechen Sie deutlich und verständlich, machen Sie Pausen.
■ Verwenden Sie klar gebaute, nicht zu lange Sätze. Sprechen Sie einfach und anschaulich; vermeiden Sie unnötige Fremdwörter, erläutern Sie Fachbegriffe.
■ Gehen Sie von den Voraussetzungen und Erwartungen des Zuhörers aus, indem Sie sein Interesse zu wecken versuchen.
■ Stellen Sie sich mit Ihren Beispielen und Ihrer Sprache auf Ihre Zuhörer ein. Bringen Sie die Sache auf den für Ihre Zuhörer wichtigen Punkt.
■ Halten Sie Blickkontakt mit Ihren Zuhörern, achten Sie darauf, wie Ihre Zuhörer reagieren (Feedback).
■ Bringen Sie Ihre persönliche Eigenart mit ein; achten Sie auf Ihre Körpersprache; schätzen Sie diese richtig ein, damit Sie in Ihrem Auftreten glaubwürdig wirken.
■ Veranschaulichen Sie, wenn möglich, Ihre Ausführungen durch Beispiele und Medien (Dias, Flip-Chart, Overheadprojektor), Arbeitsmaterialien.
■ Geben Sie nicht mehr Informationen, als man beim bloßen Zuhören verarbeiten kann.
■ Arbeiten Sie Zusammenhänge bzw. Gegensätze besonders deutlich heraus.
■ Platzieren Sie die Schwerpunkte Ihrer Rede an einer günstigen Stelle.
■ Hören Sie auf, wenn die Aufmerksamkeit der Zuhörer am intensivsten ist. Finden Sie einen passenden Schluss.

Otto Heinrich Kühner
Meine Damen und Herren!

Im Namen, willkommen heißen, Ausdruck verleihn,
Echtes Bedürfnis, bedanken und Meilenstein;
Prioritäten setzen, sich aufdrängende Fragen,
Denkanstöße, wesentlich dazu beitragen;
Suche nach der Identität, ins Auge fassen,
Stellung beziehen und Pläne reifen lassen;
Optimale Lösung, Position und Transparenz,

Plattform, Entschiedenheit und Konsequenz,
Fragenkomplex, Problematik und Kriterium,
Zu erkennen geben, Anliegen und Wissen um;
Unverzichtbar, weitgehend und beispielhaft.
Wichtige Impulse, Initiative, Errungenschaft,
Spielraum, dringende Bitte, der Sache dienen,
Gegenwärtige Situation. Ich danke Ihnen.

(v 1989)

❐ Beurteilen Sie diese Satire. Worauf will der Verfasser aufmerksam machen?

❐ Denken Sie sich ein Thema und eine Redesituation aus und formulieren Sie eine kurze satirische Rede, in der Sie einzelne Formulierungen des Textes von O.H. Kühner benutzen.

≫ **Lese- und Arbeitshinweis**
● Redeparodien Seite 391f.

Bei vielen Gelegenheiten des Alltags ist das freie Sprechen, bei dem man sich relativ spontan zu einem Thema äußert, notwendig. Diese Form des Redens wird in aller Regel selten reflektiert, weil man sie tagtäglich und oft selbstverständlich praktiziert.

❐ Formulieren Sie nach kurzer Überlegung (ohne schriftliche Notizen) einen Beitrag in einer Podiumsdiskussion zur Unterrichtsreihe „Rhetorik". Stellen Sie dabei Ihre Meinung dar; nehmen Sie Bezug auf den Beitrag des Vorredners.

Ich werde mich kurz fassen ...

sempé

Reden in ihrem historischen Zusammenhang – Das Beispiel Nationalsozialismus

Adolf Hitler
Rede an die Hitler-Jugend auf dem Parteitag 1935

Deutsche Jugend! Zum dritten Male seid ihr zu diesem Appell angetreten, über 50000 Vertreter einer Gemeinschaft, die von Jahr zu Jahr größer wurde. Das Gewicht derer, die ihr in jedem Jahr hier verkörpert, ist immer schwerer geworden. Nicht nur zahlenmäßig, nein, wir sehen es: *wertmäßig*. Wenn ich mich an den ersten Appell zurückerinnere und an den zweiten und diesen heutigen damit vergleiche, dann sehe ich dieselbe Entwicklung, die wir im ganzen anderen deutschen Volksleben heute feststellen können: *Unser Volk wird zusehends disziplinierter, straffer und strammer, und die Jugend beginnt damit.* Das Ideal des Mannes auch in unserem Volk ist nicht immer gleich gesehen worden. Es gab Zeiten, sie liegen scheinbar weit zurück und sind uns fast unverständlich, da galt als Ideal des jungen deutschen Menschen der so genannte bier- und trinkfeste Bursche. *Heute, da sehen wir mit Freude nicht mehr den bier- und trinkfesten, sondern den wetterfesten jungen Mann, den harten jungen Mann.* Denn nicht nur darauf kommt es an, wie viel Glas Bier er zu trinken vermag, sondern darauf, *wie viel Schläge er aushalten*, nicht darauf, wie viel Nächte er durchzubummeln vermag, sondern *wie viele Kilometer er marschieren kann.* Wir sehen heute nicht mehr im damaligen Bierspießer das Ideal des deutschen Volkes, sondern in Männern und Mädchen, die *kerngesund* sind, die *straff* sind.

Was wir von unserer deutschen Jugend wünschen, ist etwas anderes, als es die Vergangenheit gewünscht hat. In unseren Augen da muss der deutsche Junge der Zukunft schlank und rank sein, flink wie Windhunde, zäh wie Leder und hart wie Kruppstahl. Wir müssen einen neuen Menschen erziehen, auf dass unser Volk nicht an den Degenerationserscheinungen der Zeit zugrundegeht.

Wir reden nicht, sondern wir *handeln*. Wir haben es unternommen, dieses Volk durch eine neue Schule zu erziehen, ihm eine Erziehung zu geben, die schon mit der Jugend anfängt und nimmer enden soll. *Von einer Schule wird in Zukunft der junge Mann in die andere gehoben werden.* Beim Kind beginnt es, und beim alten Kämpfer der Bewegung wird es enden. Keiner soll sagen, dass es für ihn eine Zeit gibt, in der er sich ausschließlich selbst überlassen sein kann. *Jeder ist verpflichtet, seinem Volke zu dienen, jeder ist verpflichtet, sich für diesen Dienst zu rüsten, körperlich zu stählen und geistig vorzubereiten und zu festigen.*

Hitlerjugend-Appell

Und je früher diese Vorbereitungen anfangen, umso besser. Wir werden nicht in der Zukunft 10 oder 15 Jahre in der deutschen Erziehung versäumen, um später gutmachen zu müssen, was vorher leider schlecht geworden ist. Unsere Absicht und unser unerschütterlicher Wille ist es, dass wir schon in die Herzen der Jugend den Geist hineinbringen, den wir im großen Deutschland als den allein möglichen und für die Zukunft erhaltenden sehen möchten und sehen wollen. Und wir *wollen* das nicht nur, wir *werden es durchführen*. Und ihr seid ein Ausschnitt dieser Entwicklung, viel straffer und viel strammer als vor drei Jahren. Und ich weiß, es wird in den nächsten Jahren immer und immer besser werden.
Es kommt eine Zeit, da wird das deutsche Volk mit einer hellen Freude auf seine Jugend sehen, da werden wir alle ganz ruhig, ganz zuversichtlich in unsere alten Tage hineingehen in der tiefinnersten glücklichen Überzeugung, in dem glücklichen Wissen: Unser Lebenskampf ist nicht umsonst. *Hinter uns, da marschiert es schon nach. Und das ist Geist von unserem Geiste, das ist unsere Entschlossenheit, unsere Härte, das ist die Repräsentation des Lebens unserer Rasse.*
Wir werden uns so stählen, dass jeder Sturm uns stark findet. Wir werden aber auch nie vergessen, dass die Gesamtsumme aller Tugenden und aller Kräfte nur dann wirksam werden kann, wenn sie *einem* Willen und *einem* Befehl untertan ist. Wir stehen jetzt hier, nicht durch Zufall gefügt, nicht weil jeder Einzelne tat, was er wollte, sondern weil euch der Befehl Eures Reichsjugendführers hierhergerufen hat, und weil dieser Befehl sich umsetzte in tausend einzelne Befehle. Und indem jeder dieser Befehle seinen Gehorsam fand, ist in Deutschland aus Millionen einzelnen deutschen Jungen eine Organisation geworden, und aus Zehntausenden in Deutschland lebenden

Kameraden diese heutige Kundgebung, dieser heutige Appell. Nichts ist möglich, wenn nicht *ein* Wille befiehlt, dem immer die anderen zu gehorchen haben, oben beginnend und ganz unten erst endend. Und das ist neben der körperlichen Erziehung und Ertüchtigung die zweite große Aufgabe. Wir sind eine Gefolgschaft, aber wie das Wort schon sagt, Gefolgschaft heißt folgen, heißt Gefolgschaft leisten. Unser ganzes Volk müssen wir erziehen, dass immer, wenn irgendwo einer bestimmt ist zu befehlen, die anderen ihre Bestimmung erkennen, ihm zu gehorchen, weil schon in der nächsten Stunde vielleicht sie selbst befehlen müssen und es genau so nur dann können, wenn andere wieder Gehorsam üben. Es ist der Ausdruck eines autoritären Staates, nicht einer schwachen, schwätzenden Demokratie, eines autoritären Staates, bei dem jeder stolz ist, gehorchen zu dürfen, weil er weiß: Ich werde, wenn ich befehlen muss, genauso Gehorsam finden. *Deutschland ist kein Hühnerstall, in dem alles durcheinander läuft und jeder gackert und kräht, sondern wir sind ein Volk, das von klein auf lernt, diszipliniert zu sein.*
Wenn die anderen uns nicht verstehen, dann kann uns das gleich sein. Es ist noch nie das Schlechteste auf der Welt gewesen, was die meisten nicht verstanden haben, im Gegenteil.
Wir haben nicht die Hände in den Schoß gelegt und erklärt: das ist uns nun einmal nicht gegeben, es ist nichts mehr zu machen. Nein: doch ist etwas zu machen! Und wir haben es gemacht! Und ihr, meine Jungens und meine Mädchen, ihr seid nun lebendige Zeugen für das Gelingen dieses Werkes. Ihr seid die Zeugen, dass diese Idee im Deutschen Reich lebendig geworden ist. Und ihr seid der Beweis, wie diese Idee nun ihre Verwirklichung erfahren hat. Glaubt mir, es wird einmal eine Zeit kommen, da wird die deutsche Jugend ein wunderbar gesundes und strahlendes Antlitz besitzen, *gesund, offen, aufrichtig, kühn und friedliebend.* Wir sind keine Raufbolde. Wenn uns die übrige Welt in unserer Disziplin verkennt, können wir nicht helfen. *Aus dieser Disziplin werden für die Welt weniger Händel entstehen als aus dem parlamentarisch-demokratischen Durcheinander der heutigen Zeit!* Wir gehen unseren Weg und wollen keines andern Weg durchkreuzen. Mögen auch die anderen uns auf unserem Weg in Ruhe lassen. Das ist der einzige Vorbehalt, den wir für unsere Friedensliebe aufstellen müssen. *Keinem etwas zuleide tun und von keinem ein Leid erdulden!*
Wenn wir so dem deutschen Volke den Lebensweg zeichnen und festlegen, dann wird, glaube ich, auch in anderen Völkern das Verständnis für eine so anständige Gesinnung allmählich kommen und wachsen, und man wird uns vielleicht da und dort aus diesem inneren Verständnis heraus brüderlich die Hand reichen. *Nie aber wollen wir vergessen, dass Freundschaft nur der Starke verdient und der Starke gewährt.* Und so wollen wir uns denn stark machen, das ist unsere Losung. Und dass dieser Wunsch in Erfüllung geht, dafür seid ihr mir verantwortlich. *Ihr seid die Zukunft der Nation, die Zukunft des Deutschen Reiches.*

❏ Welche Zielvorstellung für eine deutsche Jugend und Jugenderziehung formuliert Hitler? In welcher Weise arbeitet er dabei mit den Kategorien von Aufwertung und Abwertung? (vgl. S. 345)

❏ Erläutern Sie, inwiefern sich diese Rede als ideologisch verzweckte Demagogie und Massenbeeinflussung bezeichnen lässt. Beziehen Sie zur Beantwortung dieser Frage die Fotos und Zusatztexte mit ein.

❏ Arbeiten Sie an den Texten und Bildern (Seite 351–353) die Eigenarten und besonderen Grundsätze der Hitlerschen Rhetorik heraus. Weisen Sie diese an dem Redetext nach.

Adolf Hitler
Über das Wesen der Propaganda

Jede Propaganda hat volkstümlich zu sein und ihr geistiges Niveau einzustellen nach der Aufnahmefähigkeit des Beschränktesten unter denen, an die sie sich zu richten gedenkt. Damit wird ihre rein geistige Höhe umso tiefer zu stellen sein,
5 je größer die zu erfassende Masse der Menschen sein soll ...
Je bescheidener dann ihr wissenschaftlicher Ballast ist, und je mehr sie ausschließlich auf das Fühlen der Masse Rücksicht nimmt, umso durchschlagender der Erfolg. Dieser aber ist der beste Beweis für die Richtigkeit oder Unrichtigkeit einer Pro-
10 paganda und nicht die gelungene Befriedigung einiger Gelehrter oder ästhetischer Jünglinge.

Hitler ließ sich in verschiedenen Rednerposen fotografieren, um die Wirkung zu erproben.

Gerade darin liegt die Kunst der Propaganda, dass sie, die gefühlsmäßige Vorstellungswelt der großen Masse begreifend, in psychologisch richtiger Form den Weg der Aufmerksam-
15 keit und weiter zum Herzen der breiten Masse findet. Dass dies von unseren Neunmalklugen nicht begriffen wird, beweist nur deren Denkfaulheit oder Einbildung.
Versteht man aber die Notwendigkeit der Einstellung der Werbekunst der Propaganda auf die breite Masse, so ergibt
20 sich weiter schon daraus folgende Lehre: Es ist falsch, der Propaganda die Vielseitigkeit etwa des wissenschaftlichen Unterrichts geben zu wollen.

352 Rhetorik – die Kunst der Rede

Hitler redet auf einem Parteitag der NSDAP

Die Aufnahmefähigkeit der großen Masse ist nur sehr beschränkt, das Verständnis klein, dafür jedoch die Vergesslichkeit groß. Aus diesen Tatsachen heraus hat sich jede wirkungsvolle Propaganda auf nur sehr wenige Punkte zu beschränken und diese schlagwortartig solange zu vertreten, bis auch bestimmt der Letzte unter einem solchen Worte das Gewollte sich vorzustellen vermag. Sowie man diesen Grundsatz opfert und vielseitig werden will, wird man die Wirkung zum Zerflattern bringen, da die Menge den gebotenen Stoff weder zu verdauen noch zu behalten vermag. Damit aber wird das Ergebnis wieder abgeschwächt und endlich aufgehoben.
(v 1925/26)

Reden als Experimente zur „Beeinträchtigung der Willensfreiheit des Menschen": in allen rhetorischen Exzessen war er der wache Kontrolleur seiner Emotionen und ein Methodiker der Instinkte.
Joachim Fest
(v 1973)

Otto Strasser, der innerhalb der NSDAP eine eigene Linie vertrat und 1933 emigrierte, schrieb:

Wie eine empfindliche Membrane hat dieser Mann es mit einer Intuition, die durch keine rationalen Fähigkeiten ersetzt werden könnte, verstanden, sich zum Sprecher der geheimsten Wünsche, der peinlichsten Instinkte, der Leiden und inneren Unruhe eines Volkes zu machen... Wie oft bin ich gefragt worden, worin denn die außergewöhnliche Rednergabe Hitlers bestehe. Ich kann es nicht anders erklären als durch jene wunderbare Intuition, die ihm die unfehlbare Diagnose von der Unzufriedenheit vermittelt, unter der seine Zuhörer leiden. Wenn er versucht, seine Reden mit gelehrten Theorien zu stützen, die er sich aus halbverstandenen Werken anderer geholt hat, erhebt er sich kaum über eine armselige Mittelmäßigkeit. Aber wenn er alle Krücken fortwirft, wenn er vorwärtsstürmt und das ausspricht, was ihm sein Geist gerade eingibt, dann verwandelt er sich sofort in einen der größten Redner des Jahrhunderts... Adolf Hitler betritt einen Saal. Er prüft die Atmosphäre... einige Minuten lang tastet er, sucht er, passt er sich an... Dann plötzlich bricht er los. Seine Rede schnellt wie ein Pfeil von der Sehne des Bogens, er trifft jeden Einzelnen an seiner verwundbaren Stelle, er legt das Unterbewusstsein der Masse frei. Er sagt, was das Herz seiner Zuhörer zu hören wünscht.

(v 1948)

❒ Wie wirkt die Hitler-Rede (Seite 348ff.) auf Sie? Belegen Sie diese Wirkung am Text. Vergleichen Sie die Wirkung auf Sie mit der Wirkung Hitlers auf zeitgenössische Hörer wie Otto Strasser. Begründen Sie Gemeinsamkeiten bzw. Unterschiede.

❒ Analysieren Sie Film- oder Tonbandaufnahmen unter besonderer Berücksichtigung von Hitlers Auftreten, seiner Stimme, seiner Körpersprache, seiner Reaktion auf die Stimmung seiner Zuhörer.

⇉ **Lese- und Arbeitshinweis**
● Zur Ideologie und Sprache im Nationalsozialismus: Seite 463ff.

Kurt Huber, geboren am 24. Oktober 1893 in Chur/Graubünden, lehrte als Professor für Philosophie und Psychologie seit 1926 an der Universität München. Er wurde zum Berater und geistigen Mittelpunkt jener Gruppe von Studenten („Weiße Rose"), die durch Flugblätter zum Widerstand gegen das Regime aufriefen.
Nach dem Abwurf von Flugblättern im Lichthof der Münchner Universität durch die Geschwister Scholl am 18. Februar 1943 griff die Gestapo zu. Am 20. April wurde Huber zum Tode verurteilt, die Vollstreckung erfolgte am 13. Juli.

Kurt Huber
Schlusswort vor dem nationalsozialistischen Volksgerichtshof

Als deutscher Staatsbürger, als deutscher Hochschullehrer und als politischer Mensch erachte ich es als Recht nicht nur, sondern als sittliche Pflicht, an der Gestaltung der deutschen Geschichte mitzuarbeiten, offenkundige Schäden aufzudecken und zu bekämpfen... Was ich bezweckte, war die Weckung der studentischen Kreise, nicht durch eine Organisation, sondern durch das schlichte Wort, nicht zu irgendeinem Akt der Gewalt, sondern zur sittlichen Einsicht in bestehende schwere Schäden des politischen Lebens. Rückkehr zu klaren sittlichen Grundsätzen, zum Rechtsstaat, zu gegenseitigem Vertrauen von Mensch zu Mensch, das ist nicht illegal,

Kurt Huber, 1893–1943

Rhetorik – die Kunst der Rede

❏ Weisen Sie am Text nach, auf welche Weise Kurt Huber seinen Widerstand gegenüber dem Nationalsozialismus begründet und rechtfertigt.

❏ Welche Vorwürfe erhebt er gegenüber dem Regime, welche Ziele und Idealvorstellungen formuliert er?

❏ Suchen Sie eine mögliche Erklärung dafür, warum sich Kurt Huber hier auf Kants Kategorischen Imperativ beruft: „Handle so, dass die Maxime deines Handelns allzeit als Prinzip einer allgemeinen Gesetzgebung gelten könne."

❏ Beschreiben Sie die Situation, in der diese Rede gehalten wird, kennzeichnen Sie den Sprachgebrauch und bewerten Sie die ethischen Grundsätze von Kurt Huber.

❏ Diskutieren Sie in diesem Zusammenhang über die „Pflicht im ethischen Sinne". Setzen Sie diese Form von Pflicht ab gegenüber der Pflicht im Sinne von Gehorchen, die vom nationalsozialistischen Regime gefordert wurde. Inwieweit ist ein solches ethisches Verhalten auch heute noch zeitgemäß, wünschenswert? Immanuel Kant sprach über die „Pflicht gegen sich selbst" als Voraussetzung der Ethik: „Wer die Pflicht gegen sich selbst übertritt, der wirft die Menschheit weg, und dann ist er nicht mehr im Stande, Pflichten gegen andere auszuüben". (Immanuel Kant: Eine Vorlesung über Ethik, Frankfurt/M 1990, S. 130 f.)

▷▷ **Lese- und Arbeitshinweis**

● Zum kategorischen Imperativ vgl. auch Seite 260.

sondern umgekehrt die Wiederherstellung der Legalität. Ich habe mich im Sinne von Kants kategorischem Imperativ gefragt, was geschähe, wenn diese subjektive Maxime meines Handelns ein allgemeines Gesetz würde. Darauf kann es nur eine Antwort geben: Dann würde Ordnung, Sicherheit, Vertrauen in unser Staatswesen zurückkehren. Jeder sittlich Verantwortliche würde mit uns seine Stimme erheben gegen die drohende Herrschaft der bloßen Macht über das Recht, der bloßen Willkür über den Willen des sittlich Guten. Die Forderung der freien Selbstbestimmung auch des kleinsten Volksteils ist in ganz Europa vergewaltigt, nicht minder die Forderung der Wahrung der rassischen und völkischen Eigenart. Die grundlegende Forderung wahrer Volksgemeinschaft ist durch die systematische Untergrabung des Vertrauens von Mensch zu Mensch zunichte gemacht. Es gibt kein furchtbareres Urteil über eine Volksgemeinschaft als das Eingeständnis, das wir alle machen müssen, dass keiner sich vor seinem Nachbarn, der Vater nicht mehr vor seinen Söhnen sicher fühlt.
Das war es, was ich wollte, musste.
Es gibt für alle äußere Legalität eine letzte Grenze, wo sie unwahrhaftig und unsittlich wird. Dann nämlich, wenn sie zum Deckmantel einer Feigheit wird, die sich nicht getraut, gegen offenkundige Rechtsverletzung aufzutreten. Ein Staat, der jegliche freie Meinungsäußerung unterbindet und jede sittlich berechtigte Kritik, jeden Verbesserungsvorschlag als „Vorbereitung zum Hochverrat" unter die furchtbarsten Strafen stellt, bricht ein ungeschriebenes Recht, das „im gesunden Volksempfinden" noch immer lebendig war und lebendig bleiben muss. Ich habe das eine Ziel erreicht, diese Warnung und Mahnung nicht in einem privaten, kleinen Diskutierklub sondern an verantwortlicher, an höchster richterlicher Stelle vorzubringen. Ich setze für diese Mahnung, für diese beschwörende Bitte zur Rückkehr, mein Leben ein. Ich fordere die Freiheit für unser deutsches Volk zurück. Wir wollen nicht an Sklavenketten unser kurzes Leben dahinfristen, und wären es goldene Ketten eines materiellen Überflusses.
Sie haben mir den Rang und die Rechte des Professors und den ‚summa cum laude' erarbeiteten Doktorhut genommen und mich dem niedrigsten Verbrecher gleichgestellt. Die innere Würde des Hochschullehrers, des offenen, mutigen Bekenners seiner Welt- und Staatsanschauung, kann mir kein Hochverratsverfahren rauben. Mein Handeln und Wollen wird der eherne Gang der Geschichte rechtfertigen; darauf vertraue ich felsenfest. Ich hoffe zu Gott, dass die geistigen Kräfte, die es rechtfertigen, rechtzeitig aus meinem eigenen Volke sich entbinden mögen. Ich habe gehandelt, wie ich aus einer inneren Stimme heraus handeln musste. Ich nehme die Folgen auf mich nach dem schönen Wort Johann Gottlieb Fichtes:

> Und handeln sollst du so,
> Als hinge von dir und deinem Tun allein
> Das Schicksal ab der deutschen Dinge,
> Und die Verantwortung wär' dein.

Sprechen und Schreiben

Aus gewohnten Denkbahnen ausbrechen, neue individuelle Ausdrucksformen erkunden

Sylvia Plath
Ich bin ich

13. November 1949.
Ich habe mich entschlossen, ab heute wieder Tagebuch zu führen – da kann ich meine Gedanken und Meinungen hineinschreiben, wenn ich gerade Zeit habe. Auf irgendeine Weise muss ich den Überschwang meiner siebzehn Jahre bewahren und festhalten. Jeder Tag ist so kostbar, dass ich unendlich traurig werde bei dem Gedanken, dass mir diese Zeit mehr und mehr entschwindet, je älter ich werde. Jetzt, jetzt ist die ideale Zeit meines Lebens.
Blicke ich zurück auf die vergangenen sechzehn Jahre, dann sehe ich Tragödien und Glück, alles relativ – alles belanglos jetzt – ein kleines vages Lächeln wert, mehr nicht.
Nie, nie, nie werde ich die Perfektion erreichen, nach der ich mich mit meiner ganzen Seele sehne – meine Bilder, meine Gedichte, meine Geschichten – alles jämmerliche, dürftige Reflexionen … denn meine Abhängigkeit von den Konventionen dieser Gesellschaft ist viel zu groß … meine Eitelkeit begehrt einen Luxus, der mir unerreichbar ist …
Mehr und mehr wird mir bewusst, welch eine gewaltige Rolle der Zufall in meinem Leben spielt … Es wird der Tag kommen, wo ich mich schließlich stellen muss. In diesem Augenblick graut es mir vor den wichtigen Entscheidungen, die auf mich zukommen – welches College? Was für ein Beruf? Ich habe Angst. Ich bin unsicher. Was ist das Beste für mich? Was will ich? Ich weiß es nicht. Ich liebe die Freiheit. Einengung und Beschränkung sind mir zuwider. […] Oh, ich liebe das *Jetzt*, trotz all meiner Ängste und Vorahnungen, denn *jetzt* bin ich noch nicht endgültig geformt. Mein Leben fängt erst noch an. Ich bin stark. […]
Ich kenne mich selber immer noch nicht. Vielleicht werde ich mich nie kennen. Aber ich fühle mich frei – keine Verantwortung bindet mich, ich kann immer noch hinauf in mein Zimmer gehen, es gehört mir allein – meine Zeichnungen hängen an den Wänden … Bilder sind über meine Kommode gepinnt. Das Zimmer passt zu mir – maßgemacht, nicht voll gestopft und ruhig … Ich liebe die ruhigen Linien der Möbel, die Bücherschränke mit den Gedichtbänden und Märchenbüchern, aus der Kindheit geborgen.

Ich bin sehr glücklich im Moment, sitze am Schreibtisch und schaue hinüber zu den kahlen Bäumen rings um das Haus jenseits der Straße ... Immer möchte ich Beobachter sein. Ich möchte, dass das Leben mich stark berührt, aber nie so blind macht, dass ich meinen Anteil am Dasein nicht mehr ironisch und humorvoll betrachten und mich über mich selber lustig machen kann, wie ich es über andere tue.
Ich habe Angst vor dem Älterwerden. Ich habe Angst vor dem Heiraten. Der Himmel bewahre mich davor, dreimal am Tag zu kochen – bewahre mich vor dem erbarmungslosen Käfig der Eintönigkeit und Routine. Ich möchte frei sein – frei, um Menschen kennen zu lernen und ihre Geschichte – frei, um an verschiedenen Enden der Welt zu leben und auf diese Weise die Erfahrung zu machen, dass es andere Sitten und Normen gibt als die meinen. [...]
Vielleicht bin ich dazu *bestimmt*, eingeordnet und abgestempelt zu werden? Nein, dagegen wehre ich mich. Ich bin ich – ich bin mächtig – aber in welchem Maße? Ich bin ich. [...]

(v 1979)

❏ Erläutern Sie, welche Funktion das Tagebuchschreiben für die Verfasserin hat. Welche individuellen Gefühle und Meinungen von sich selbst bringt sie zum Ausdruck?

❏ Das Tagebuch sei eine Möglichkeit, die eigene Identität zu entdecken und auszudrücken. Formulieren und begründen Sie Ihre Meinung dazu.

Ich kenne mich selbst noch nicht
meine ...

    Ich habe Angst
    vor ...
    vor ...

Glück ist für mich
...
...

    Irgendetwas hält mich davon ab,
    ...
    ...

Wenn ich Schwierigkeiten habe,
dann ...
dann ...

❏ Führen Sie einen dieser Schreibimpulse aus; schreiben Sie assoziativ alles auf, was Ihnen dazu einfällt.

❏ Überprüfen Sie Ihre Notizen, verdichten Sie Ihre Aussagen, streichen Sie Unwesentliches und bringen Sie Ihre Assoziationen in eine bestimmte Form, zum Beispiel in ein einfaches Gedicht mit freien Versen. Ordnen Sie dazu in bestimmten Verszeilen an.
Stellen Sie danach Ihren Text in der Lerngruppe vor.

Kaspar H. Spinner

Kreatives Schreiben

Die wichtigste Leistung des kreativen Schreibens besteht darin, dass es mehr als andere Zugänge zum Schreiben die ganze Person erfasst. Von daher rührt die befreiende Wirkung, die viele dabei erfahren. Lehrerinnen und Lehrer berichten immer wieder ganz erstaunt davon, wie Schülerinnen und Schülern beim kreativen Schreiben plötzlich Texte gelingen, die weit über die bisherigen Leistungen hinausgehen. Da das kreative Schreiben Schreibblockaden abbauen kann, wirkt es sich auch auf die flüssigere Gestaltung von Sachtexten aus (zu diesem Zweck werden Methoden des kreativen Schreibens bis in die Managerfortbildung hinein verwendet).

❏ Diskutieren Sie über diesen Auszug aus einem Artikel von Kaspar Spinner, der in einer pädagogischen Zeitschrift für Lehrer veröffentlicht wurde.
Wie bestimmt Kaspar Spinner die Ziele des kreativen Schreibens? Inwieweit können Sie seine Thesen auf Ihre eigenen Erfahrungen (siehe die Arbeitsphase oben) beziehen?

Das kreative Schreiben ist damit nicht nur ein Verfahren, Texte literarischer Art zu verfassen, und nicht nur ein Angebot für gelegentliche Abwechslung, sondern es erweist sich als ein grundlegender Zugang zum Schreiben. […]
Für das kreative Schreiben erscheint mir die Bedeutung charakteristisch, die der Aktivierung der Imaginationskraft zugesprochen wird. Nicht eine bestimmte Aufsatzgattung mit ihren Merkmalen ist die Leitlinie, auch nicht das Bewältigen einer realen Kommunikationssituation, ebensowenig geht es um Realitätswiedergabe (wie z. B. bei einer Beschreibung oder – bis zu einem gewissen Grade – bei einer Erlebniserzählung). Am prägnantesten hat vielleicht Friedrich Schiller in einer schon von Freud in seiner Traumdeutung zitierten Briefstelle beschrieben, worauf es beim Schreibprozess ankommt: In einem Brief an Körner spricht er davon, dass das Schöpferische behindert werde, wenn der Verstand zu schnell die zuströmenden Ideen mustere. […]   (v 1993)

Hundertwasser (691)
Irinaland über dem Balkan

Literarische Schreibspiele

Die folgenden Hinweise stellen einzelne Vorschläge für das kreative Schreiben dar. Besonders effektiv kann dabei das Arbeiten in Kleingruppen sein, besonders in der Phase der Sammlung von Ideen.

a) Alltagstexte zum Kennenlernen

Schweigeminute: Jeder schweigt, achtet auf die Informationen aller Sinne, und schreibt dann ein paar Sätze über Geräusche, Gerüche, Farben und Gefühle.

Tageslauf: Zwei Spalten werden auf dem Papier angelegt. Links kommen alle Zeitdaten des Laufes des letzten Tages, rechts, alles was zu diesen Daten einem an Gefühlen und Phantasien einfällt. Dann wird eine kleine Geschichte des Tagesablaufes geschrieben.

Der Satz hinter dem Namen: Der eigene Vor- und Zuname wird auf der linken Blattseite senkrecht aufgeschrieben. Jeder Buchstabe wird zum Anfangsbuchstaben eines neuen Wortes gemacht. Besonders interessant ist es, wenn am Leitfaden des eigenen Namens ein oder zwei richtige Sätze herauskommen.

Schreiberfahrungen: In zwei Spalten werden die eigenen positiven und negativen Schreiberfahrungen aufgeschrieben und zu einem Text verarbeitet.

Alphabet der Vorlieben und Abneigungen: Das Alphabet wird senkrecht links auf ein Blatt Papier geschrieben von A bis Z. In zwei Spalten wird dann zu jedem Buchstaben notiert, was der Einzelne mag und was er nicht mag.

b) Möglichkeiten ein Gedicht zu machen

Poetisierung: Machen Sie aus einem Prosatext von 1–2 Seiten, der Ihnen […] besonders gut gefällt, ein Gedicht. Bedenken Sie dabei: Ein Gedicht ist Flattersatz: links bündig, rechts offen. Es hat Absätze. Die Sprache muss verdichtet sein.

Prosaisierung: Machen Sie aus einem Gedicht, das Ihnen besonders gefällt, einen Prosatext. Der ist rechts und links bündig. Die Sprache erzählt.

Rezept: Suchen Sie einen interessanten Text aus der Tageszeitung (Anzeige, Nachrichten, Vermischtes) und machen Sie ein Gedicht daraus.

Jargon: Suchen Sie ein interessantes Gedicht und übersetzen Sie es in Alltagsjargon, in Dialekt, in die Sprache einer

Szene, einer Jugendsekte oder in die Rede von Alf.

Zitat: Sammeln Sie Lesefrüchte, Fundstücke zu einem Thema, und basteln Sie daraus einen lyrischen Text.

Negation: Nehmen Sie ein Gedicht, das lobt, und verwandeln Sie dieses Loben in Schmähungen. Nehmen Sie ein Gedicht, das Negatives beschwört, und verwandeln Sie es in das Positive.

Anklänge: Wählen Sie ein Wort, und sammeln Sie alle Wörter, die so ähnlich sind wie das Wahlwort (z.B. zu lachen sammeln Sie Lacher, Lacherei, Lache, lächerlich, Lachmacher, Gelächter usw.). Alle diese Worte fügen Sie in einem Gedicht zusammen.

Widersprüche: Poetische Metaphern kennzeichnen sich durch Widersprüche (z.B. beredtes Schweigen, süße Bitternis usw.). Sammeln Sie viele solcher widersprüchlichen Metaphern, und bauen Sie sie in einen lyrischen Text.

Kurzzeitlyrik: Aus Presseüberschriften ist die Kunst der Verkürzung zu lernen. Schreiben Sie ein Gedicht, dessen Zeilen nur aus Presseüberschriften bestehen.

Einschübe: Nehmen Sie ein Gedicht, und unterbrechen Sie die Zeilen mit Einwürfen oder Kraftausdrücken, wie sie im Parlament oder in Debatten üblich sind.

Verdoppelung: Ein Gedichttext gewinnt, wenn er die Aussage verdoppelt und mächtig übertreibt. Übertreiben Sie ein einfaches Gedicht durch Verdoppelung und Wiederholungen.

Indirekte Rede: Das lyrische Ich wird in einem Gedicht durch das lyrische Er ersetzt, und jede Aussage wird in den Konjunktiv gestellt. Aus „Ich sehe Bilder" wird dann „Er sehe Bilder".

Wandlung des Geschlechts: Die Personen in Gedichten werden einer Geschlechtsumwandlung unterzogen. Das weibliche lyrische Ich wird zum männlichen, das männliche lyrische Ich zum weiblichen.

Einschübe: Gedichttexte können einfach mit Einfällen erweitert werden. Handeln Sie wie ein mittelalterlicher Kopist, der eigene Einfälle in fremde Texte einschmuggelt.

Montagen: Machen Sie aus verschiedenen thematisch ähnlichen Gedichten eins, in dem Sie kürzen, montieren und zusammenstellen.

c) Fantasieschreibspiele

Neue Perspektive: Stellen Sie sich vor, Sie sind noch ganz klein. Beschreiben Sie aus dieser Perspektive Ihre Welt.

Schlüssel: Sie haben einen Schlüssel in der Hand, öffnen Sie damit eine geheime Tür. Schreiben Sie auf, was Sie hinter dieser Türe finden.

Unsichtbar: Sie können sich unsichtbar machen. Beschreiben Sie, was Sie dann tun.

Verwandlung: Verwandeln Sie sich in ein Tier und beschreiben Sie seine Abenteuer.

Zukunftstraum: Träumen Sie von Ihrer Zukunft und schreiben Sie darüber einen Text.

d) Schreibspiele um Zukunft

Gestern-Heute-Morgen-Gedicht: Es sollen Gedichte mit dreizeiligen Strophen geschrieben werden, von denen jede erste Zeile mit „Gestern", jede zweite mit „Heute" und jede dritte mit „Morgen" beginnt.

Ich-werde-Gedicht: Schreiben Sie ein Gedicht in offener Form, das nur aus Zeilen besteht, die mit „Ich werde …" beginnen.

Dialog: Schreiben Sie einen Dialog zwischen einem verzagten, gegenwärtigen Kind und einem zukünftigen optimistischen Erwachsenen.

Neue Medizin: In Zukunft wird ein neues Superheilmittel entwickelt. Beschreiben Sie seine Wirkung.

Naturgedicht: Das Gedicht soll vierzeilige Strophen haben. In den ersten beiden Zeilen klagt die Natur den Menschen an mit dem Satzanfang: „Ihr habt…" In den folgenden Zeilen antwortet der Mensch „und trotzdem…".

Reisebericht aus dem Jahr 2100: Ein Urenkel schreibt an Sie einen Bericht von einer spannenden Reise durch die Welt im Jahre 2100.

Sciencefiction: Beginnen Sie eine Zukunftsgeschichte mit dem Satz: „Es war an einem Montagmorgen im Jahr 2010…". Jeder schreibt in der Runde einen Satz, knickt das Papier um und gibt den Text weiter. Der Letzte der Gruppe schreibt den Schlusssatz.

Bedrohte Tiere: Versetzen Sie sich in ein bedrohtes Tier, und schreiben Sie einen inneren Monolog dieses Tieres.

Überraschender Wandel: Stellen Sie sich vor, alle Verhältnisse werden in der Zukunft besser und schreiben Sie darüber eine bombastische Lobeshymne.

(v 1993)

Lautgedicht
Hier geht es um Klangcollagen zu verschiedenen Gefühlsbereichen.

Wut
Haramba! Karabata, Haka, Haka
su ututu, Sack Sack!
rrrrr, Hff!
Musawulutamritibrisitikribiti
Hawatbaba!
Ha!

Zärtlichkeit
mmh, sasowami, ladadalada,
musiwusibusushusi, ladamama
salabami, jamisami,
lalamini mmh.

❏ Die folgenden Texte sind Ergebnisse aus verschiedenen Schreibgruppen. Analysieren Sie die Texte und nehmen Sie Stellung.

Texte mit Stilvorgaben
Das Elfchen: Ein Gedicht aus elf Worten in fünf Zeilen:
1. Zeile = 1 Wort, 2. Zeile = 2 Worte, 3. Zeile = 3 Worte,
4. Zeile = 4 Worte, 5. Zeile = 1 Wort.

blau
die Mohnblumen
auf einer Wiese
durchdringen kraftvoll die Dunkelheit
Lebendigkeit

Licht
ein Lichtstrahl
über dem Meer
leuchtet in goldschimmernden Wellen
Hoffnung

Haikus: Ein Gedicht aus drei Zeilen:
1. Zeile = 5 Silben, 2. Zeile = 7 Silben,
3. Zeile = 5 Silben.

Der Wind
Sanft umweht er mich.
Ich spüre seinen Hauch wie
Atem auf der Haut.

Liebe
Sie fließt in Freiheit
So warm, so nah und so weit
Nur ungebunden

Projektmöglichkeiten (Deutsch/Kunst/Musik)
- Literaturmagazin/Schülerzeitung
- Literarisches Café
- Schreibwerkstatt

Texte mit Hilfe der Clusterbildung

Zu einem Kennwort (Loslassen, Nichts, Liebe,...) werden Wörter und Ausdrücke in Assoziationsketten und Assoziationsnetzen verbunden. Die Ergebnisse sind die sprachliche Grundlage für einen Text.
(Zur Cluster-Methode vergleiche auch Seite 233f.).

Loslassen

Die Erde verlassen
sich von ihren Fesseln befreien
und nicht nicht mehr angebunden sein
dann kann man springen, lachen, schreien
weil man ist frei
kann fliegen in der Luft
und schweben im Raum
alle Ebenen erreichen
denn man ist frei

Überarbeitungstechniken

❐ Eine wichtige Phase im Prozess kreativen Schreibens stellt, wie auch bei anderen Schreibformen, die Phase der Überarbeitung dar. Was halten Sie von den folgenden Überarbeitungstechniken? Erproben Sie gegebenenfalls einige davon.

Textüberarbeitung zielt auf die Verbesserung des sprachlichen Ausdrucks der Texte, überprüft Satzbau und Aufbau der Texte und umfasst auch die Bewertung des Schreibstils. Es lassen sich hier spielerische und systematische Techniken unterscheiden, die aber im kreativen Schreiben [...] alle sehr vorsichtig einzusetzen sind, weil im kreativen Schreiben nicht die Note, sondern die Entwicklung und Entfaltung der Kreativität das entscheidende Ziel ist.

Gruppe 47: Ein Gruppenteilnehmer liest seinen Text vor. Danach werden Urteile über den Text abgegeben. Der Autor sagt am Schluss seine Meinung über die gehörten Kommentare. [...]

Kurzrezension: Nachdem ein Teilnehmer seinen Text vorgelesen und die Zuhörer sich jeweils wichtige Teilsätze und Schlüsselworte notiert haben, verfassen die Teilnehmer Kurzrezensionen des gehörten Textes und lesen sie dann dem Autor vor, der am Schluss eine Gegenantwort offen hat.

Disputation: Es wird ein Richter, ein Kritiker und ein Verteidiger eines Textes aus der Gruppe gewählt. Dann trägt der Kritiker seine Argumente gegen und der Verteidiger seine Argumente für den Text vor. Dabei kommt es auch zur entsprechenden Reaktion des Publikums und schließlich zu der entsprechenden abschließenden Bewertung des Textes durch den Richter.

Anwalt: Ein Teilnehmer übernimmt einen fremden Text als eigenen und stellt sich der Kritik der Teilnehmer als Anwalt des fremden Textes.

Kette: Der vorgelesene Text wird mit jeweils einem Satz je Teilnehmer kommentiert, wobei gleiche Urteile verboten sind. Jeder Satz in der Antwortkette muss verschieden sein.

(v 1993)

Weitere Möglichkeiten für kreatives Schreiben

Themen und Motive für das kreative Schreiben lassen sich nicht nur aus dem Gedächtnis ableiten. Quelle für das kreative Schreiben kann die tägliche Außenwelt sein.

Themenbereiche sind zum Beispiel:
Ich   Du und Ich   Beziehung zu anderen Menschen   Kampf der Geschlechter   Liebe und Partnerschaft   biografische Selbstreflexion   Visionen/Utopien/Traum   Fremdsein   Krieg/Frieden   Medien/Medienrummel   Natur/Umwelt   Beruf/Arbeit   Schule   Sprache als Verständigungsmittel

Dialoge
Spielverlauf:
Jeder Teilnehmer skizziert kurz eine Figur und stattet sie mit Geschlecht, Alter, Aussehen, Eigenschaften, Beruf etc. aus (Zeit: ca. 10 Minuten). Die Texte werden reihum vorgelesen. Je zwei Teilnehmer finden sich zusammen und entwickeln einen situativen Kontext und mögliche Handlungen für ihre Figuren. Sie schreiben zusammen Dialoge, wobei jeder seine Figur vertritt, d.h. auch durch sprachliche Eigenheiten zu charakterisieren sucht.

Zerschnittenes Gedicht
Spielverlauf:
Für einen einzelnen Teilnehmer oder je eine Kleingruppe von 2–3 Spielern wird ein Gedicht in seine Einzelwörter zerschnitten. Die Vorlage sollte ausreichend groß sein, also: vergrößerte Fotokopien herstellen oder die Wörter einzeln in Großschrift auf Kartonpapier schreiben. Die Gruppen versuchen nun, das ursprüngliche Gedicht zu rekonstruieren oder einen neuen Text zu gestalten. Dazu bieten sich verschiedene Varianten an:
– Alle Wörter müssen verwendet werden.
– Es können Wörter übrig bleiben.
– Es können zusätzliche Wörter verwendet werden.

Material:
Zerschnittene Gedichtvorlagen

❐ Sammeln Sie zum Beispiel Sprüche, Gags, einzelne Aussagen von Lehrern und Schülern, die Sie an einem Unterrichtsmorgen mitbekommen, und machen Sie daraus einen Text.

❐ Machen Sie sich bei Ihren Schreibversuchen und bei der Analyse der Ergebnisse immer wieder klar, dass es beim kreativen Schreiben vor allem darum geht, Vorstellungskraft und sprachliche Fantasie zu aktivieren, um den Schreibstil zu verbessern.

❐ Die beiden Schreibspiele für den Unterricht „Dialoge" und „Zerschnittenes Gedicht" stammen aus dem Buch „Die Musenkussmischmaschine", in dem 120 Schreibspiele zusammengestellt sind. Vielleicht fühlen Sie sich dadurch inspiriert, selbst Schreibspiele zu erfinden.

❐ Auch Bilder können Sie zu einem Text anregen. Nutzen Sie die folgende Abbildung für einen Text, dessen Form und Inhaltsschwerpunkt Sie frei wählen können.

Wolfgang Mattheuer:
Der Nachbar, der will fliegen
(1984)

Spielen mit Stilen ...

Der folgende Text ist der Ausgangstext, den der Verfasser Raymond Queneau in seinem bekannten „Klassiker" mit dem Titel *Stilübungen* über hundertmal variiert. Der Schriftsteller Hans Magnus Enzensberger schreibt dazu im Buchklappentext: „Die Geschichte vom Autobus S, der Raymond Queneau zu einer vorläufigen Unsterblichkeit verholfen hat, ist von einer Banalität, die dem Leser die Tränen in die Augen treibt."

Raymond Queneau

Angaben

Im Autobus der Linie S, zur Hauptverkehrszeit. Ein Kerl von etwa sechsundzwanzig Jahren, weicher Hut mit Kordel anstelle des Bandes, zu langer Hals, als hätte man daran gezogen. Leute steigen aus. Der in Frage stehende Kerl ist über seinen Nachbarn erbost. Er wirft ihm vor, ihn jedes Mal, wenn jemand vorbeikommt, anzurempeln. Weinerlicher Ton, der bösartig klingen soll. Als er einen leeren Platz sieht, stürzt er sich drauf.
Zwei Stunden später sehe ich ihn an der Cour de Rome, vor der Gare Saint-Lazare, wieder. Er ist mit einem Kameraden zusammen, der zu ihm sagt: „Du solltest dir noch einen Knopf an deinen Überzieher nähen lassen." Er zeigt ihm wo (am Ausschnitt) und warum.

☐ Suchen Sie für die folgenden Variationen jeweils eine Überschrift. Begründen Sie diese.

Mir schien, als sei alles neblig und perlmuttern um mich her, ich nahm zahllose und undeutliche Wesen wahr, unter denen sich indes die Gestalt eines jungen Mannes abzeichnete, dessen zu langer Hals allein schon den zugleich feigen und widerspenstigen Charakter der Person anzuzeigen schien. Anstelle des Bandes trug er ein geflochtenes Seil um den Hut. Er stritt sich darauf mit einem Individuum herum, das ich allerdings nicht sah; dann stürzte er sich, wie von plötzlicher Angst gepackt, in den Schatten eines Ganges.
Ein anderer Teil des Traumes zeigt ihn mir in der grellen Sonne, vor der Gare Saint-Lazare wandelnd. Er ist in Begleitung eines Gefährten, der zu ihm sagt: „Du solltest dir noch einen Knopf an deinen Überzieher nähen lassen."
Darüber wachte ich auf.

Wie waren wir auf dieser Autobusplattform zusammengedrückt! Und wie albern und lächerlich dieser Junge aussah! Und was macht er? Setzt er sichs doch auf einmal in den Kopf, mit einem gutmütigen Menschen zanken zu wollen, der – so behauptet er! dieser Geck! – ihn anstieß! Und darauf weiß er nichts Besseres zu tun, als rasch einen frei gelassenen Platz einzunehmen! Anstatt ihn einer Dame zu überlassen!
Zwei Stunden später, na, raten Sie mal, wem ich vor der Gare Saint-Lazare begegne? Demselben Süßholzraspler! Im Begriff, sich modische Ratschläge geben zu lassen! Von einem Kameraden! Nicht zu glauben!

Du solltest noch einen Knopf an deinen Überzieher nähen, sagte sein Freund zu ihm. Ich traf ihn mitten auf der Cour de Rome, nachdem ich ihn, sich gierig auf einen Sitzplatz stürzend, zurückgelassen hatte. Er hatte gerade gegen die Knüffe eines anderen Fahrgastes protestiert, der, sagte er, ihn jedes Mal anstieß, wenn jemand ausstieg. Dieser abgezehrte junge Mann war Träger eines lächerlichen Hutes. Dies geschah heute Mittag auf der Plattform eines vollbesetzten S.

Es war Mittag. Die Fahrgäste stiegen in den Autobus. Wir standen gedrängt. Ein junger Herr trug auf seinem Kopfe einen mit einer Kordel und nicht mit einem Bande umschlungenen Hut. Er hatte einen langen Hals. Er beklagte sich bei seinem Nachbarn wegen der Stöße, die dieser ihm verabreichte. Sobald er einen freien Platz erblickte, stürzte er sich darauf und setzte sich.
Ich erblickte ihn später vor der Gare Saint-Lazare. Er trug einen Überzieher, und ein Kamerad, der sich dort befand, machte diese Bemerkung: man müsste noch einen Knopf hinzufügen.

Unwissenheit

Ich weiß gar nicht, was man von mir will. Ja, ich habe gegen Mittag den S genommen. Ob viele Leute drin waren? Selbstverständlich, um diese Zeit. Ein junger Mann mit einem weichen Hut? [...]

Vollendete Gegenwart

Ich bin in den Autobus nach der Porte Champerret gestiegen. Es waren viele Menschen darin, Junge, Alte, Frauen, Soldaten. Ich habe meinen Platz bezahlt, und dann habe ich um mich geblickt. Es war nicht sehr interessant. [...]

(v 1961)

Dann war da noch…

… der ganz spezielle Duft, der einer Diebin in Köln zum Verhängnis wurde. Die 34-Jährige hatte von der Personaltoilette einer Polizeiwache zwei Flacons mit Parfüm mitgehen lassen und sofort ausgiebig Gebrauch davon gemacht, während sie auf dem Gang auf ihren Begleiter wartete. Die Duftnote kam einigen Beamtinnen verdächtig bekannt vor. Nähere Überprüfung – nicht nur per Nase – ergab, dass die Dame wegen Betruges gesucht wurde. Sie wanderte prompt in Untersuchungshaft.

❒ Probieren Sie selbst, setzen Sie sich zu Schreibgruppen zusammen. Dies sind zum Beispiel Möglichkeiten:
Verhör, Erzählung, Genauigkeit, Brief, Telegrafisch, Gegenwart, Reportage, Jargon, Alltagssprache, Indirekte Rede

❒ Sie können auch die Anfänge der Texte „Unwissenheit" und „Vollendete Gegenwart" von Raymond Queneau nutzen.

❒ Eine Variante dieses Spiels mit Stilen wäre auch, die Handlung eines Textes zu verändern, weiterzuspinnen. Dazu können Sie den nebenstehenden Ausgangstext nutzen. Es lässt sich natürlich auch eine literarische Vorlage, zum Beispiel ein bekanntes Märchen oder eine kurze Erzählung, wählen.
Weitere Möglichkeiten für eine Umgestaltung:
– salopp, gehoben, poetisch, ironisch, metaphorisch
– Leserbrief, Tagebuch, Märchen, Krimi, Kürzestgeschichte, Parodie, Satire, Reportage

Texte analysieren und deuten

Einen Text verstehen

Heinrich Böll
An der Brücke

Die haben mir meine Beine geflickt und haben mir einen Posten gegeben, wo ich sitzen kann: ich zähle die Leute, die über die neue Brücke gehen. Es macht ihnen ja Spaß, sich ihre Tüchtigkeit mit Zahlen zu belegen, sie berauschen sich an diesem sinnlosen Nichts aus ein paar Ziffern, und den ganzen Tag, den ganzen Tag geht mein stummer Mund wie ein Uhrwerk, indem ich Nummer auf Nummer häufe, um ihnen abends den Triumph einer Zahl zu schenken.
Ihre Gesichter strahlen, wenn ich ihnen das Ergebnis meiner Schicht mitteile, je höher die Zahl, um so mehr strahlen sie, und sie haben Grund, sich befriedigt ins Bett zu legen, denn viele Tausende gehen täglich über ihre neue Brücke...
Aber ihre Statistik stimmt nicht. Es tut mir Leid, aber sie stimmt nicht. Ich bin ein unzuverlässiger Mensch, obwohl ich es verstehe, den Eindruck von Biederkeit zu erwecken.
Insgeheim macht es mir Freude, manchmal einen zu unterschlagen und dann wieder, wenn ich Mitleid empfinde, ihnen ein paar zu schenken. Ihr Glück liegt in meiner Hand. Wenn ich wütend bin, wenn ich nichts zu rauchen habe, gebe ich nur den Durchschnitt an, manchmal unter dem Durchschnitt, und wenn mein Herz aufschlägt, wenn ich froh bin, lasse ich meine Großzügigkeit in einer fünfstelligen Zahl verströmen. Sie sind ja so glücklich! Sie reißen mir förmlich das Ergebnis jedes Mal aus der Hand, und ihre Augen leuchten auf, und sie klopfen mir auf die Schulter. Sie ahnen ja nichts! Und dann fangen sie an zu multiplizieren, zu dividieren, zu prozentualisieren, ich weiß nicht, was. Sie rechnen aus, wie viel heute jede Minute über die Brücke gehen und wie viel in zehn Jahren über die Brücke gegangen sein werden. Sie lieben das zweite Futur, das zweite Futur ist ihre Spezialität – und doch, es tut mir Leid, dass alles nicht stimmt...
Wenn meine kleine Geliebte über die Brücke kommt – und sie kommt zweimal am Tage –, dann bleibt mein Herz einfach stehen. Das unermüdliche Ticken meines Herzens setzt einfach aus, bis sie in die Allee eingebogen und verschwunden ist. Und alle, die in dieser Zeit passieren, verschweige ich ihnen. Diese zwei Minuten gehören mir, mir ganz allein, und ich lasse sie mir nicht nehmen. Und auch wenn sie abends wieder zurückkommt aus ihrer Eisdiele – ich weiß inzwischen, dass sie in einer Eisdiele arbeitet –, wenn sie auf der anderen Seite des Gehsteiges meinen stummen Mund passiert, der zählen, zählen muss, dann setzt mein Herz wieder aus, und ich fange erst wieder an zu zählen, wenn sie nicht mehr zu sehen ist.

Und alle, die das Glück haben, in diesen Minuten vor meinen blinden Augen zu defilieren, gehen nicht in die Ewigkeit der Statistik ein: Schattenmänner und Schattenfrauen, nichtige Wesen, die im zweiten Futur der Statistik nicht mitmarschieren werden...

Es ist klar, dass ich sie liebe. Aber sie weiß nichts davon, und ich möchte auch nicht, dass sie es erfährt. Sie soll nicht ahnen, auf welche ungeheuere Weise sie alle Berechnungen über den Haufen wirft, und ahnungslos und unschuldig soll sie mit ihren langen braunen Haaren und den zarten Füßen in ihre Eisdiele marschieren, und sie soll viel Trinkgeld bekommen. Ich liebe sie. Es ist ganz klar, dass ich sie liebe.

Neulich haben sie mich kontrolliert. Der Kumpel, der auf der anderen Seite sitzt und die Autos zählen muss, hat mich früh genug gewarnt, und ich habe höllisch aufgepasst. Ich habe gezählt wie verrückt, ein Kilometerzähler kann nicht besser zählen. Der Oberstatistiker selbst hat sich drüben auf die andere Seite gestellt und hat später das Ergebnis einer Stunde mit meinem Stundenergebnis verglichen. Ich hatte nur einen weniger als er. Meine kleine Geliebte war vorbeigekommen, und niemals im Leben werde ich dieses hübsche Kind ins zweite Futur transponieren lassen, diese meine kleine Geliebte soll nicht multipliziert und dividiert und in ein prozentuales Nichts verwandelt werden. Mein Herz hat mir geblutet, dass ich zählen musste, ohne ihr nachsehen zu können, und dem Kumpel drüben, der die Autos zählen muss, bin ich sehr dankbar gewesen. Es ging ja glatt um meine Existenz.

Der Oberstatistiker hat mir auf die Schulter geklopft und hat gesagt, dass ich gut bin, zuverlässig und treu. „Eins in der Stunde verzählt", hat er gesagt, „macht nicht viel. Wir zählen sowieso einen gewissen prozentualen Verschleiß hinzu. Ich werde beantragen, dass Sie zu den Pferdewagen versetzt werden."

Pferdewagen ist natürlich die Masche. Pferdewagen ist ein Lenz wie nie zuvor. Pferdewagen gibt es höchstens fünfundzwanzig am Tage, und alle halbe Stunde einmal in seinem Gehirn die nächste Nummer fallen lassen, das ist ein Lenz!

Pferdewagen wäre herrlich. Zwischen vier und acht dürfen überhaupt keine Pferdewagen über die Brücke, und ich könnte spazieren gehen oder in die Eisdiele, könnte sie mir lange anschauen oder sie vielleicht ein Stück nach Hause bringen, meine kleine ungezählte Geliebte...

(e 1949)

Nach dem ersten Lesen bzw. Hören des Textes äußern sich Schülerinnen und Schüler eines Deutschkurses folgendermaßen:

– Der Ich-Erzähler ist eine Außenseiterfigur. Das ist ein Kriegsinvalide, der eine neue Arbeit gefunden hat. Der gehört nicht zur Norm, auch in dem, was er so äußert.
– Die Vorgesetzten bleiben anonym. Sie werden mit *sie* bezeichnet und mit den Zahlen und Statistiken in Zusammenhang gebracht.
– Es geht hier wahrscheinlich auch darum, dass der Einzelne zu sehr vereinnahmt wird. Das ist natürlich auch Kritik an der Gesellschaft, die sich am Erfolg berauscht.

– … aber an einem quantitativen Erfolg, das zeigen ja die Zahlen…
– Ich finde den Text nicht sehr spannend; da ist doch kaum Handlung drin; ich verstehe auch nicht so ganz, was das soll…
– Also da bin ich völlig anderer Meinung; ich finde, dass der Text sehr interessant ist und, obwohl er aus dem Jahre 1949 stammt, auch heute noch gut passt, besser vielleicht sogar als damals.
– Und was bedeutet in dieser Welt des Erfolgs der Einzelne, vor allem der sogenannte Außenseiter der Gesellschaft?
– Und welchen Stellenwert haben dabei Gefühle, wie Liebe und so…?
– Ist doch klar: denn alles, was in diesem Text über die Liebe und über Gefühle gesagt wird, ist so eine Art Gegensatz zu der Welt der Vorgesetzten.
– Der Erzähler behält hier seine Gefühle ganz für sich; er spricht sie nicht laut aus…
– Sonst würde er ja auch seinen Job verlieren…
– Und die Liebe bleibt ja auch unerwidert. Sie weiß ja noch nicht einmal davon!
– Das ist ja auch so eine Art Symbol: individuelle und private Gefühle als Gegensatz zur Sinnlosigkeit einer bestimmten Entwicklung, in der der Einzelne keinen Stellenwert mehr hat, da geht es nur noch um Erfolg, Statistik und Bilanzen. Vor so einer Entwicklung möchte Böll wahrscheinlich warnen.
– Das kann man ja bei Böll auch öfter finden: die Sicht des gesellschaftlichen Außenseiters, das sind Leute eben, die sich noch nicht angepasst haben oder auch nicht so richtig in die Gesellschaft hineinpassen…

❏ Nehmen Sie Stellung zu diesen **ersten individuellen Reaktionen** auf den Text. Stellen Sie eine Ordnung her: Welche Äußerungen widersprechen, welche bestätigen sich, in welchen Äußerungen geht es bereits um Deutung des Textes, in welchen werden Hauptpersonen charakterisiert, welche Äußerungen gehen über diesen Einzeltext hinaus?

❏ Formulieren Sie mögliche Problemstellungen und offene Fragen, die zu klären sind.

❏ Welche Gefühle, Gedanken, Assoziationen löst der Text bei *Ihnen* aus? Womit können Sie sich identifizieren? Ist der Text für *Sie* von aktuellem Interesse?

Textimmanentes Verständnis

❏ Überprüfen Sie in einem **zweiten Schritt**, wieweit sich die ersten Eindrücke und Verstehensansätze, die in den Schüleräußerungen und in Ihren eigenen Reaktionen zum Ausdruck kommen, am Text belegen lassen.
Setzen Sie sich dazu mit dem Text intensiv auseinander; dabei können Sie sich zum Beispiel an nebenstehenden Gesichtspunkten orientieren, die Ihnen bereits bekannt sind. Bedenken Sie, dass Behauptungen über den Text sorgfältig zu belegen sind.

● Um welches Thema geht es in diesem Text, wie lässt sich entsprechend der Inhalt knapp zusammenfassen?
● Wie ordnet sich die Überschrift diesem Thema zu?
● Wie ist der Text aufgebaut?
● Wie werden die Personen inhaltlich und sprachlich dargestellt?
● Was fällt an der Sprache auf, (zum Beispiel Wortwahl, Satzbau, Sprachebene) und welche Funktion hat diese für die Gesamtaussage, für die Wirkung auf den Leser?
● Aus welcher Sicht ist der Text erzählt (Erzählperspektive), welche Funktion und Wirkung könnte dies haben?
● Welcher Textart/Gattung ist dieser Text zuzuordnen?
● Welche Folgen ergeben sich für das Verständnis der Gattung?
● Enthält der Text Teile, die nicht wörtlich zu verstehen sind (zum Beispiel Metaphern, Symbolik)?

Einbeziehung externer Bezüge

❏ Welche Einzelheiten aus diesem Text helfen Ihnen, die Kurzgeschichte von Heinrich Böll besser zu verstehen?

Böll schreibt zunächst Kurzgeschichten, weil ihr Ausschnittcharakter, wie er sagt, die „Kurzatmigkeit der Epoche" spiegelt, weil sie den Wahrnehmungen einer Generation entgegenkommen, die nur Erlebnisfragmente kennt, die sie einem Sinnzusammenhang nicht einordnen kann. Bölls Position

kommen auch andere Formmerkmale der Kurzgeschichte entgegen: ihre Tendenz zur Ich-Perspektive, die von unten her sieht, die Zentrierung des Geschehens um eine Hauptfigur […], der ausgeprägte Wirklichkeitsbezug. Borchert auch hier
5 in vergleichbar, zielen Bölls frühe Erzählungen weniger auf die Darstellung des Grauens als vielmehr auf Möglichkeiten menschenwürdigen Lebens in und nach der Katastrophe. Wie bei Borchert wird die Realität nicht einfach gespiegelt, sondern das dargestellte Detail hat eine gestische Bedeutung und
10 verweist auf eine existentielle Ebene. […]
Aber ihre Sympathie für den leidenden Einzelnen bzw. die kleinen Leute verdeckt ihre Enttäuschung über eine Gesellschaft nicht, die zu einem wahren Neuanfang nicht findet und der Kategorien wie Schuld, Reue und Einsicht angesichts der
15 jüngsten Vergangenheit fehlen. Diese Gesellschaft orientiert sich an quantitativen Größen, zum Beispiel an sichtbaren Erfolgen, an Erfolgsbilanzen, aber lässt den Einzelnen verkümmern zu einem Element, das nur der Funktionalität des Systems zu dienen hat. […]
Werner Riedel/Lothar Wiese (v 1995)

❐ Klären Sie in einem **dritten Schritt** in Ihrer Lerngruppe die folgende Frage: Was folgt aus dem Verstehen des Textes für mich bzw. für uns?

❐ Versuchen Sie an dieser Stelle, Ihre am Text gewonnenen Erkenntnisse und Erfahrungen zu generalisieren und sich klarzumachen, welche allgemeinen Einsichten Sie durch den Text gewonnen haben, zum Beispiel zum Verständnis des Verfassers Heinrich Böll, zur Funktion der Gattung Kurzgeschichte in der Nachkriegszeit, zur Aktualität des Textes in der heutigen Zeit.

❐ Stellen Sie auch die Frage, welche lebenspraktische Bedeutung der Text für Sie haben könnte. Wie könnte die „Anwendung", das „Praktischwerden" des Textes aussehen?

Die schriftliche Interpretation (Analyse und Deutung)

Begriffsklärung: Interpretation

Unter **Interpretation** im Rahmen eines **hermeneutischen Zugriffs** (hermeneuein, gr.= aussagen, auslegen, erklären, übersetzen) wird hier die schriftliche Ausdeutung eines poetischen (fiktionalen) Textes verstanden. Der Begriff betont den kritisch-hermeneutischen **Prozess des Verstehens** und (zum Beispiel bei Lernkontrollen wie Klausuren) das **Resultat dieses Verstehensprozesses**.

Gebräuchlich ist auch der Begriff **Analyse**, der allerdings manchmal auch auf die Bearbeitung von Sachtexten (nichtfiktionalen Texten) eingeschränkt wird.

Der Begriff Analyse betont das Zusammenwirken verschiedener Aspekte; der in diesem Zusammenhang auch gebräuchliche Begriff der **Deutung** legt den Schwerpunkt auf den Sinn des Textes, auf das „Gemeinte". Unabhängig davon, welcher Begriff benutzt wird, werden in der Schule alle damit verbundenen Leistungen erwartet:

- das Verstehen des Textes zu dokumentieren,
- das Zusammenwirken einzelner Aspekte zu beschreiben,
- den Text auf das „Gemeinte" hin auszudeuten.

Bei der schriftlichen Interpretation kommt es unter anderem darauf an, die Ergebnisse des Verstehensprozesses (für einen fiktiven nichtinformierten Leser) in geordneter Form darzustellen. Dabei kann es auch sinnvoll sein, dem Leser einen Teil des subjektiven Verstehensprozesses (zum Beispiel in Form anfänglicher Deutungshypothesen) darzustellen.

- Wie beurteilen Sie vor dem Hintergrund der oben gegebenen Informationen diese Einführung zu der Analyse von Bölls Kurzgeschichte?
- Kennzeichnen Sie diese Form der Einleitung, die in der Übersicht „Aufbau einer Interpretation" auf Seite 370 genannt wird. Formulieren Sie eine Alternative zu dieser Einführung.

In dieser Kurzgeschichte aus dem Jahre 1949 geht es dem Verfasser Heinrich Böll um eine typische Thematik der Nachkriegszeit. Aus der Sicht eines Kriegsinvaliden, der eingespannt ist in eine sinnlose Arbeit, wird dargestellt – so meine erste Deutungshypothese –, dass das menschliche Individuum gegenüber der Vereinnahmung durch sinnloses Leistungs- und Erfolgsdenken ein Recht auf individuelles Leben und Menschlichkeit beanspruchen darf.

Zur Ausarbeitung des **Hauptteils** bietet der folgende Text Hilfen.

Joachim Fritzsche

Zur Durchführung der Interpretation (Hauptteil)

a) Die Interpretation unterscheidet sich vom bloßen Lesen und vom intuitiven Sinnentwurf durch ihren argumentativen Charakter. Da sie auf Erkenntnis aus ist, muss jeder Sinnentwurf kritisch geprüft werden. Zu üben ist also textbezogenes Argumentieren: das Aufstellen von Behauptungen, das Begründen, Belegen, Zitieren. Dabei muss auch die Reichweite der Behauptungen geprüft werden: Treffen sie auf den ganzen Text zu oder nur auf einzelne Teile? Sind sie unbeschränkt gültig oder nur unter bestimmten Bedingungen? Zitate sind Absicherungen, es ist deshalb darauf zu achten, dass sie wirklich die Aussagen belegen: bisweilen werden Textstellen zu lang zitiert, so dass nur ein Teil Belegcharakter hat, aus dem Übrigen aber keine Konsequenzen gezogen werden.

b) Geübt wird das für jede Argumentation wichtige Verknüpfen von Ausführungen. Damit die Argumentation folgerichtig ist, muss die logische Beziehung, in der die Äußerungen stehen, erkannt werden: Spezifiziert die zweite Bemerkung die erste, oder erweitert sie diese? Wird ein Gedanke fortgeführt oder eingeschränkt? Steht der zweite Gedanke im Widerspruch zum ersten? Usw. Dabei wird der Gebrauch schriftsprachlicher, den Schülern z. T. nicht geläufiger Konnektoren geübt: „außerdem, im Übrigen, auch, des Weiteren, weiterhin, schließlich, genauso, daneben" (Ergänzung, Reihung), „so, so dass, dann, infolgedessen, dadurch" (Folgerung), „im Ganzen, insgesamt" (Zusammenfassung), „nämlich, und zwar, d. h., ja" (Erläuterung), „weil, da, denn, deshalb, dadurch" (Begründung), „obwohl, obgleich, obschon" (Einschränkung), „dennoch, doch, trotzdem, aber, allerdings, freilich, vielmehr, stattdessen, während, wogegen" (Gegensatz, Widerspruch), „einerseits – andererseits, zum einen – zum anderen, nicht nur – sondern auch", „sowohl – als auch", „zuerst – schließlich" (Gegenüberstellung), „sogar, besonders" (Hervorhebung). Des Weiteren wird das innertextliche Referieren geübt, also das Anknüpfen und Weiterführen von Gedanken, z. B. durch Pro-Formen, deiktische Ausdrücke

(„das, dies, hier, dabei, solche" u. ä.) und direkte Wiederaufnahmen.

c) In Erweiterung von Übung b) werden Überleitungen formuliert, d. h. Anfänge für Textabschnitte. Dabei muss sowohl das Vorangegangene zusammenfassend wieder aufgenommen als auch das Neue eingeführt werden. („Die Form hat sich als sehr regelmäßig erwiesen. Dazu steht der Inhalt allerdings im deutlichen Gegensatz:") [...]

d) Eine weitere Übung betrifft die Lesersteuerung bzw. Lesehilfe. Sie geschieht durch Metakommunikation. Der Schreiber gibt Auskunft über sein Vorgehen, er verweist vor und zurück: „Was fällt einem als erstes auf?", „Im Folgenden werde ich ...", „Nun gehe ich einen Schritt weiter, indem ich", „Als Nächstes möchte ich das Gedicht unter klanglichem Aspekt analysieren", „Nach dieser Untersuchung des Textausschnitts kehren wir zu der Frage zurück", „Zu klären ist schließlich", „Was folgt daraus?", „Ich fasse zusammen."

(v 1994)

❏ Beurteilen Sie diese Hinweise. Erläutern Sie mit Hilfe des Textes und anhand von Beispielen, inwiefern die Interpretation insgesamt einen argumentativen Charakter hat und nicht nur beschreibend bzw. informierend vorgeht.

❏ Interpretieren Sie Bölls Kurzgeschichte und berücksichtigen Sie dabei die oben genannten Hinweise.

❏ Geben Sie Ihrer Darstellung auch einen passenden Schluss (siehe Zusammenstellung auf Seite 370).

❏ Zur Übung der Analyse/Interpretation können Sie auf einen Text aus dem Eingangskapitel (Seite 20ff. oder S. 34ff.) zurückgreifen. Die Zusammenstellung „Arbeitsschritte" und „Aufbau einer Interpretation" ermöglicht Ihnen ein sicheres Vorgehen.

Arbeitsschritte

- **Was sagt mir der Text?** Lesen Sie zunächst den Text und formulieren Sie danach Ihre ersten Eindrücke und Beurteilungen.
- **Was steht im Text?** Lesen Sie den Text noch einmal sehr genau (möglicherweise auch wiederholt). Unterstreichen Sie, kommentieren Sie. Beschreiben Sie einzelne Aspekte wie Thema, Inhalt, sprachliche Eigenart und ihre Funktion, Erzählperspektive, und deuten Sie diese im Zusammenhang mit der Aussage/Intention des Textes.
- **Formulieren** Sie danach Ihre Interpretation. Denken Sie daran, Ihre Darstellung in Einleitungsteil, Hauptteil und Schlussteil zu gliedern. Orientieren Sie sich an der Zusammenfassung auf den folgenden Seiten.
- **Überarbeiten** Sie Ihren Text. Überprüfen Sie vor allem, ob die Darstellung insgesamt schlüssig ist und die Teile zueinander passen und ob Ihr Text sprachlich stimmig und orthographisch korrekt ist.

Ein verbindliches, allgemeingültiges Schema für die Interpretation eines poetischen Textes gibt es nicht, da jeder Text durch eine spezifische Eigenart gekennzeichnet ist.
Die folgende Gliederung sollte jedoch als Orientierung dienen.

Aufbau einer Interpretation (Zusammenfassung)

Einleitung
(Möglichkeiten und Beispiele)
- Der Schreiber stellt seinen ersten individuellen Eindruck vom Text dar. Dazu werden kurze Erläuterungen mit einzelnen Details aus dem Text gegeben.
- Der Schreiber formuliert eine Behauptung bzw. eine Interpretationshypothese.
- Der Schreiber gibt – in kurzer Form – Thema/Inhalt des Textes wieder, die Deutung bleibt noch unausgesprochen.
- Der Schreiber situiert den Text, zum Beispiel in Bezug auf den Entstehungszusammenhang des Textes, auf das Leben des Autors, auf den Vergleich mit anderen Texten. (Achtung: Autor und Erzähler des Textes nicht durcheinander bringen!)

Hauptteil
a) Text beschreiben
- Inhalt/Thema knapp zusammenfassen; dabei den inhaltlichen Schwerpunkt nennen
- den Aufbau des Textes verdeutlichen
- Textart und sprachliche Auffälligkeiten (und deren Funktion im Text) beschreiben

b) Aussage/Bedeutung/Intention des Textes klären
In diesem Teil geht es um die eigentliche Deutung/Interpretation des Textes. Zu beachten ist insbesondere:
- bei der Deutung inhaltliche und sprachliche Besonderheiten aufeinander beziehen; mehrere Deutungsmöglichkeiten nennen, soweit diese am Text nachweisbar sind
- die Kernaussage des Textes verdeutlichen; dabei die Überschrift mit einbeziehen
- Deutungen durch Textzitate belegen
- Deutung möglichst durch Kontextuierung absichern, indem Kenntnisse über die literarische Epoche, die Biografie des Autors, politische, soziale, historische Hintergründe mit einbezogen werden

Schlussteil
(Möglichkeiten und Beispiele)
- Der Schreiber zieht ein Fazit und bringt seine Analyse/Interpretation zusammenfassend „auf den Punkt". Dabei kann auch in Form eines Rückblicks kurz das Verfahren erläutert werden, durch das der Schreiber zu seinen Ergebnissen gekommen ist.
- Der Schreiber gibt ein Werturteil ab. Dies ist nicht zu verwechseln mit einem individuellen Eindruck, sondern das Urteil muss sich auf die vorangegangenen Argumente und Belege stützen können. Zu einer Wertung kann auch die Kritik am Text gehören.
- In einem Rückbezug wird auf die Deutungshypothese am Anfang zurückgegriffen und diese in argumentativer Weise verifiziert oder falsifiziert.

Weitere Hinweise zur Interpretation der unterschiedlichen poetischen Textarten

Die folgenden Hinweise sind Beispiele; orientieren Sie sich über weitere Einzelheiten im Stichwortverzeichnis.

Epischer Text (Prosa, Kurzprosa)
- Thema/Inhalt/Fabel
- Struktur/Handlungsablauf
- Ablauf in der Zeit (zeitchronologische Darstellung oder Aufhebung der Chronologie, Rückblenden, Zeitraffung, Zeitdehnung), Raum und Funktion (z. B.: Handlungsraum, Raum als Kon-

trast, Raum als Illusion, Raum als Ausdruck von Atmosphäre und Stimmung)
- fiktive Erzählerfigur (nicht zu verwechseln mit dem Autor) und fiktiver Leser (die Leserrolle kann der real existierende Leser übernehmen oder nicht)
- Erzählperspektive (auktorialer Erzähler/personaler Erzähler, Ich-Erzähler/Einnahme verschiedener Perspektiven, vor allem in moderner Prosa)
- Darstellung aus der Innenperspektive oder Außenperspektive
- Figurenrede (direkte Rede, erlebte Rede, innerer Monolog)

Lyrischer Text (Gedicht)
- Thema/Inhalt
- Äußere Form, zum Beispiel:
Vers, Reim, Klang, Metrum, Rhythmus
Zeilenstil und Enjambement
Strophenform (Sonett, Lied, Ode)
- Lyrisches Ich als Träger und Vermittler der lyrischen Aussage
- Besonderheiten der Sprache (Bildhaftigkeit/Stilfiguren als sprachlich-rhetorische „Abweichungen"; zum Beispiel im semantischen Bereich: Metapher, Vergleich, Symbol, Chiffre)

Dramatischer Text (Dialog, Gespräch, Hörspiel- und Dramenauszug)
- Thema/Inhalt
- Art des Gesprächs (z. B. zwanglos oder formell)
- Gesprächssituation, beteiligte Personen, Verhältnis der Gesprächspartner: sozialer Status, persönliche Beziehung
- Sprechziele und Motive
- Struktur/Gesprächsverlauf: Störungen, Unterbrechungen, Wendepunkte, Erfolg, Misserfolg, Rede und Gegenrede, Führung im Gespräch, Vorherrschen bestimmter Sprechakte/ Verben des sprachlichen Handelns (z. B. auffordern, fragen, bitten), Vorherrschen bestimmter sprachlich-rhetorischer Mittel
- Monolog und Dialog als vorherrschende Sprechform
- Funktion des Monologs für Dialoge bzw. für den Zusammenhang des Dramas,
- Unterscheidung zwischen offener epischer Form bzw. geschlossener traditioneller aristotelischer Bauform des Theaterstücks/Dramas

▷▷ Lese- und Arbeitshinweise
- Wolfgang Borchert: Das Brot/ Die drei dunklen Könige, Seite 20ff. und Seite 25f.
- Gabriele Wohmann: Flitterwochen dritter Tag, Seite 34f.
- Theodor Fontane: Effi Briest, Seite 95ff.

▷▷ Lese- und Arbeitshinweise
- Johann Wolfgang Goethe: Willkommen und Abschied, Seite 220
- Conrad Ferdinand Meyer, Zwei Segel, Seite 223

▷▷ Lese- und Arbeitshinweis
- Georg Büchner: Woyzeck, Seite 136ff.

Beispiel für die Interpretation eines lyrischen Textes

Grundsätzlich kann man bei der Interpretation (Analyse und Deutung) aller poetischen Textarten auf zweierlei Weise vorgehen:
- in Form der linearen Textanalyse oder
- in Form der aspektorientierten Textanalyse.

Generell kann man kaum sagen, welche Analyseform die bessere ist. Dies hängt von der Eigenart des Textes, aber auch von den Vorlieben des Schreibers/der Schreiberin ab.

Werner Riedel/Lothar Wiese

Die lineare und die aspektorientierte Vorgehensweise

Wir unterscheiden zwei grundsätzliche Möglichkeiten: die lineare Textanalyse und die aspektorientierte Textanalyse. [...]
Die lineare Textanalyse:
Das Verfahren der linearen Textanalyse beruht darauf, dass Sie in Ihren Untersuchungsschritten der Chronologie des Textes folgen. Das bedeutet, dass Sie **das Gedicht zunächst einmal gliedern** müssen. Teilweise können Sie dabei der strophischen Gliederung der Textvorlage folgen, doch müssen Sie darauf achten, dass Sie eine überschaubare Anzahl von Texteinheiten erhalten; eine **zu starke Ausdifferenzierung in Abschnitte führt häufig zu einer unzusammenhängenden Interpretation** (Gefahr der Verzettelung). Zudem sollten die Abschnitte deutlich voneinander abzugrenzen sein. **Gliederungskriterien sind u.a. die vorgegebene Stropheneinteilung** (Versgruppeneinteilung); Themen-, Raum-, Zeit- und Figurenwechsel (hierbei insbesonders ein Sprecherwechsel); aber auch Veränderungen in der Sprechhaltung und im Stil. Die so erarbeitete Einteilung in Abschnitte (Sinneinheiten, Kompositionseinheiten) stellt zugleich die Grundlage für die Gliederung der eigenen Analyse im Hauptteil dar. Eventuell stellen Sie dem eigentlichen Hauptteil einen Überblick über Ihre Einteilung voran, aus dem auch die Gründe für die verschiedenen Einschnitte hervorgehen können. Achten Sie aber bitte hier wie während der gesamten Analyse darauf, dass die Ausführungen **nicht zur Textparaphrase** werden. Die Textparaphrase können Sie vermeiden, wenn Sie distanziert über den Text sprechen, wenn Sie **Zitat, Beschreibung des Textphänomens und Auswertung desselben sauber trennen.** Eine bloße Aneinanderreihung von Zitaten oder Textzusammenfassungen muss vermieden werden. Eine klare Fachterminologie dient nicht nur einer besseren Verständigung mit Ihrem Leser, sondern markiert auch deutlich die Beschreibungsebene. Die Auswertung oder Funktionalisierung muss folgen, damit der Leser erkennen kann, dass das von Ihnen herausgegriffene Textelement tatsächlich einen Beitrag zum besseren Verständnis des Textes leistet. Das Verfahren bei der Analyse der einzelnen Kompositionseinheiten ist relativ offen. Sie können hier einen integrativen Zugriff wählen. Das bedeutet, dass Sie ein bestimmtes Deutungselement [...] auf der Ebene der Wortwahl, der Syntax und des Rhythmus nachweisen. Aber auch der umgekehrte Weg ist denkbar: Sie gehen in einer Art „Suchverfahren" von den Auffälligkeiten im Text aus. Sie beschreiben diese Textbefunde und werten sie aus. In diesem Fall arbeiten Sie **induktiv**, während das zuvor beschriebene Verfahren eher **deduktiv** ist. Dabei müssen Sie immer bemüht sein, einen zusammenhängenden Text zu erstellen. Selbstverständlich sind auch Querverweise zu anderen Teilen des Gedichtes möglich und erwünscht, weil dadurch die besondere Struktur des Gedichtes erst deutlich wird.

Die aspektorientierte Textanalyse:
Dieses Verfahren geht, im Gegensatz zum zuvor beschriebenen, immer **von übergeordneten Deutungsaspekten aus.** Meist handelt es sich dabei um Deutungshypothesen, die sich aus dem ersten Verständnis des Gedichtes entwickeln [...]. Aber auch formale Beobachtungen können der Ausgangspunkt solcher Hypothesen sein, z.B. die Widerspiegelung der Liebessehnsucht in einer Naturbeschreibung oder die Funktion von umgangssprachlichen Strukturen im Gedicht. Hat man solche **Leitaspekte der Analyse** gewonnen, nimmt man jeweils den gesamten Gedichttext in den Blick und verfolgt den Aspekt den gesamten Text hindurch. **Aspektorientiertes Interpretieren ist also ein Analysieren in Längsschnitten.** Das Problem, im Vergleich zum linearen Verfahren, liegt darin, dass relevante Untersuchungsaspekte zunächst gefunden werden müssen. Andererseits hilft Ihnen dieses Verfahren, ungewünschte Textparaphrasen zu vermeiden, weil Sie aufgrund der Aspektvorgaben unter Umständen nicht der Chronologie des Gedichtes folgen, sondern verschiedene Textstellen gemeinsam in den Blick nehmen. Zu beachten ist, dass **auch beim aspektorientierten Zugriff eine integrative Analyse** erfolgen muss, dass also z.B. formale Merkmale bei jedem Untersuchungsaspekt mit zu berücksichtigen sind. Wir halten es für wenig sinnvoll, wenn solche formalen Beobachtungen etwa an den Anfang oder das Ende der Analyse gestellt werden, weil sie dann häufig zur bloßen Auflistung werden und eine Funktionalisierung kaum noch möglich ist. (v 1995)

❐ Nehmen Sie Stellung zu diesen beiden Vorgehensweisen und begründen Sie Ihre Meinung.

Zu dem Gedicht „Konjunktur" von Hans Magnus Enzensberger hat eine Schülerin der Jahrgangsstufe 11.2 eine Interpretation (siehe Seite 374ff.) verfasst. Die Aufgabenstellung lautet folgendermaßen:
Analysieren und deuten Sie das Gedicht. Beachten Sie insbesondere die auffällige äußere Form, die Sprache und ihre Funktion sowie die beiden angesprochenen Personengruppen. Geben Sie auch eine Antwort auf die Frage, welche Bedeutung der Vergleich mit den „anglern" haben könnte.

Hans Magnus Enzensberger

konjunktur [1]

ihr glaubt zu essen
aber das ist kein fleisch
womit sie euch füttern
das ist köder, das schmeckt süß
(vielleicht vergessen die angler
die schnur, vielleicht
haben sie ein gelübde getan,
in zukunft zu fasten?)

---

[1] Konjunktur: Zusammenwirken sämtlicher wirtschaftlicher Bewegungsvorgänge, unter anderem auch die Verlaufsschwankungen in der freien Marktwirtschaft (Konjunkturkrise, Konjunkturflaute)

Zusätzliche Hinweise:
Hans Magnus Enzensberger wurde 1929 in Kaufbeuren/Schwaben geboren; er studierte Germanistik und Philosophie. Seine schriftstellerische Aufgabe sieht er unter anderem darin, zum Zeitgeschehen Stellung zu nehmen und auf die politischen, sozialen und wirtschaftlichen Entwicklungen der Bundesrepublik einzuwirken.
Das Gedicht gehört zu der Lyriksammlung „Verteidigung der Wölfe", die in den Jahren 1954 bis 1957 entstanden ist. Der Gedichtband enthält neben „traurigen" und „freundlichen" Gedichten auch „böse" wie das Gedicht *konjunktur*.

der haken schmeckt nicht nach biscuit
er schmeckt nach blut
er reißt euch aus der lauen brühe:
wie kalt ist die luft an der beresina[2]!
ihr werdet euch wälzen
auf einem fremden sand
einem fremden eis:
grönland, nevada[3], festkrallen sich eure glieder
im fell der nubischen wüste.

sorgt euch nicht! gutes gedächtnis
ziert die angler, alte erfahrung.
sie tragen zu euch die liebe
des metzgers zu seiner sau.

sie sitzen geduldig am rhein,
am potomac[4], an der beresina,
an den flüssen der welt.
sie weiden euch. sie warten.

ihr schlagt euch das gebiß in die hälse.
euch vor dem hunger fürchtend
kämpft ihr um den tödlichen köder. (v 1957)*

---

[2] Beresina: Fluss in Russland, an dem Napoleon beim Rückmarsch von Moskau im Jahre 1812 eine entscheidende Niederlage erlitt
[3] Nevada: Wüste in den USA, in der viele Jahre lang Atombombenversuche stattgefunden haben
[4] Potomac: Fluss in den USA, an dem das Verteidigungsministerium liegt

Textanalyse der Schülerin Britta S.

Hans Magnus Enzensberger wurde 1929 in Schwaben geboren und gehört zu den kritischen Lyrikern unserer Zeit. In seinen Gedichten versucht er aktuelle Probleme und Bezüge kritisch zu verarbeiten. Er richtet dabei sein Augenmerk vor allem auf die Bundesrepublik und ihre soziale, politische und wirtschaftliche Entwicklung. Sein Gedicht *konjunktur* stammt aus der Sammlung der Gedichte „Verteidigung der Wölfe", die zwischen 1954 und 1957 entstanden sind.
Das Gedicht Konjunktur beginnt mit der ganz persönlichen Anrede *ihr*, der unmittelbar ein Vorwurf bzw. ein Klarstellen der augenblicklichen Situation folgt. Er versucht durch das Wort „glaubt" eine gewisse Unsicherheit darzustellen: „ihr glaubt zu essen aber das ist kein Fleisch, womit sie euch füttern das ist köder, ..." Hier tauchen neue anonyme Figuren auf, die durch das „sie" in ihrer Anonymität betont werden. Doch sofort darauf werden sie als „angler" identifiziert. Diese Angler scheinen etwas vorzutäuschen, denn sie füttern nicht wirklich, nicht mit etwas Nahrhaftem, sondern mit einem Köder. Der Köder, der einerseits doch gut schmeckt (der Mensch bzw. Fisch verlässt sich also auf seinen Geschmackssinn), ist andererseits nichts weniger

als eine Falle. Doch dennoch hofft das lyrische Ich (allerdings nur schwach, was durch die Klammern verdeutlicht werden könnte), dass die Angler aufhören zu angeln, sei es, dass sie ihre Schnur vergessen haben, sei es, dass sie fasten wollen. Im Weiteren wird das Süße noch weiter konkretisiert: als Biscuit. „der haken schmeckt nicht nach biscuit", sagt das lyrische Ich. Der Köder erscheint hier als bösartige Falle, weil er nicht hält, was er zu versprechen scheint. Dieser Haken „reißt euch aus der lauen brühe". Er reißt den Fisch, in diesem Falle die angesprochenen Menschen, aus ihrem ursprünglichen und doch schon getrübten Element heraus an die kalte Luft. Dadurch, dass der Verfasser die Beresina nennt, werden beim Leser ganz automatisch Assoziationen hervorgerufen. Er verbindet den Namen Beresina (Grenzfluss Russlands; auf seinem Rückmarsch von Moskau verlor Napoleon im Jahre 1812 beim Übergang über die Beresina einen Großteil seiner Truppen) automatisch mit Niederlage und Tod. Doch damit scheint diesmal er selbst gemeint zu sein, er, den man durch Tricks herausgelockt hat. Und diese, auf den Köder hereingefallenen Menschen werden sich „wälzen auf einem fremden sand einem fremden eis". Die Betonung scheint hier auf dem zweimal vorkommenden fremd zu liegen. Die Menschen also werden dort zu finden sein, wo sie, ebenso wenig wie der herausgezogene Fisch im „sand" nichts zu suchen haben. Sie gehören dort nicht hin, aber sie krallen sich dennoch dort fest. Doch trotz alledem: „sorgt euch nicht", denn Erinnerungsvermögen und (Gedächtnis) und „alte erfahrung" kennzeichnen die Angler. Doch Erfahrung womit? Im Hervorlocken, im Einfallen in fremde Gebiete? Die Antwort darauf bleibt dem Leser überlassen. Diese Angler also sitzen „am rhein, am potomac, an der beresina" und warten. Auf den ersten Blick hin suggeriert der Rhein die Vorstellung von Wein, am Potomac liegt das amerikanische Verteidigungsministerium und an der Beresina wurde gekämpft und verloren. Doch auch der Rhein war im Ersten und Zweiten Weltkrieg wichtiger und entscheidender Schauplatz des Krieges. Alle diese Namen also assoziieren bei ausreichendem Vorwissen die Vorstellung „Krieg". Und dort „warten" sie. Sie „tragen zu euch die liebe des metzgers zu seiner sau". Der Metzger hegt und pflegt sein Tier, doch nur deshalb, um es später zu schlachten. Die Vorstellung des Weidens erinnert an Kühe, doch auch sie werden später geschlachtet. Sie, diese anonyme Gruppe, verfolgen das offensichtlich mit einem bestimmten Zweck: sie mästen, um zu opfern, doch sie warten erst. Doch dann „schlagt ihr euch das gebiss in die hälse euch vor dem hunger fürchtend kämpft ihr um den tödlichen köder". Die Metapher „das gebiss in die hälse schlagen" steht wohl für töten. Und all die, die so lange den Köder geschmeckt haben, fürchten nun den Haken, den Hunger und kämpfen um den Köder. Sie kämpfen um den Köder, den sie nicht als solchen erkennen. Und sie erkennen nicht, dass sie und ihre Reaktionen gesteuert werden, gesteuert von den Anglern. Sie, das scheint die Gruppierung zu sein, die uns, das Volk, lenkt, uns zu ködern versucht und uns vielleicht sogar zum Krieg anstiften will. Die Überschrift „konjunktur" lässt einiges davon erahnen und dient dazu, das Wort Hunger näher zu erklären. Ein-

mal deutet die Überschrift auf Schwankungen, auf ein Auf und Ab, das heißt auf Abhängigkeiten, hin, zum anderen ist Konjunkturflaute möglicherweise eine harte Zeit für die Bevölkerung, schlimmstenfalls bedeutet es Hunger und Elend.
Meiner Meinung nach will Enzensberger in diesem die Politik und die Politiker angreifenden Gedicht ausdrücken, dass sie, die Politiker und Wirtschaftsbosse, das Volk in der Hand haben. Sie halten ihm einen Köder, also zum Beispiel Wohlstand und Arbeit hin und können es dadurch lenken. Denn aus Angst, diesen Köder zu verlieren, aus Angst vor einem Konjunkturrückgang, gehen die Menschen sogar so weit, dass sie sich selbst angreifen. Durch ihre Abhängigkeit werden sie zu Marionetten in der Hand der Regierung und der Wirtschaft. Enzensberger kritisiert also einmal die Herrschenden, die Angler, und er kritisiert das Volk, das all dies mit sich geschehen lässt, unmündig ist und die Wahrheit nicht erkennt. Die beiden Personengruppen werden durch die Pronomina „sie" und „ihr" verdeutlicht. „Sie", das sind die Gewaltigen, die alles lenken, eine unerkannte Gruppe, und „ihr", das sind alle, das ist das Volk, das ganz konkret angesprochen wird, an das gewissermaßen appelliert wird.
Zu erwähnen sind jetzt noch einige Einzelheiten zur Form des Gedichtes; auf einige bin ich oben schon im Zusammenhang eingegangen. Das Gedicht gliedert sich in vier Abschnitte, in denen alle Wörter kleingeschrieben werden. Auffällig sind Vergleiche wie „sie tragen zu euch die Liebe des metzgers zu seiner sau", die eine gewisse Tragikomik beinhalten. Als deutlichen Hinweis auf Krieg verwendet Enzensberger Namen von Flüssen, um weiterhin die Vorstellung des Anglers aufrechtzuerhalten. Zur Metaphorik seien noch einmal zwei auffällige Beispiele genannt: „fest krallen sich eure glieder ins fell der nubischen wüste" und „ihr schlagt euch das gebiß in die hälse". Enzensberger umschreibt fast alles und vermeidet dadurch eine zu plumpe Wahrheit. Andererseits macht er gerade dadurch dem Leser das Verstehen des Textes sehr schwer. Durch krasse Gegensätze versucht er möglicherweise die Aufmerksamkeit des Lesers zu fesseln bzw. sein Denken anzuregen. Dies sind Beispiele: haken-biscuit, brühe-luft, sand-eis, wüste-eis, liebe-metzger. Doch auch wenn das angesprochene Problem ein aktuelles und allgemeines ist, ist die Wirkung wohl doch eingeschränkt, denn gerade durch seine sprachliche Komplexität und seine Raffinessen bleibt es dem einfachen Menschen wohl verschlossen. Doch das scheint ihn vielleicht auch nicht zu interessieren. Mit seinem Gedicht versucht er wohl eher interessierte und aufmerksame Menschen anzusprechen, die zunächst die bestehenden Verhältnisse kritisch sehen und vielleicht auch langfristig eine Änderung bewirken könnten.
Die Brisanz des Themas war vielleicht zur Entstehungszeit des Gedichts noch größer. Es ging in dieser Zeit nach langen entbehrungsreichen Jahren wieder bergauf; allerdings war der wirtschaftliche Aufschwung – dies ist sicher entscheidend für Enzensbergers Aussage – verbunden mit einem politischen Standpunkt des „Ohne-mich". Möglicherweise ist für Enzensberger ein solcher Aufschwung auch nur vordergründig und es folgt bald wieder ein Abschwung.

Die Auseinandersetzung mit diesem Interpretationsbeispiel sollte in der Kleingruppe erfolgen. Die folgenden Hinweise dienen als Hilfen.

☐ Wie ist die Schülerin vorgegangen: eher linear oder eher aspektorientiert?

☐ Was ist Ihrer Meinung nach gelungen, was könnte man noch besser machen? Wie geht die Verfasserin mit Zitaten um?

☐ Beurteilen Sie den Aufbau der Darstellung in Einleitung, Hauptteil, Schlussteil entsprechend der Zusammenfassung auf Seite 370f. Verfassen Sie einen alternativen Anfangs- und Schlussteil.

☐ Beurteilen Sie die Verknüpfung der Ausführungen im Hauptteil sowie die Formulierung von Überleitungen. Arbeiten Sie gegebenenfalls in den Hauptteil Hinweise für den Leser ein.

☐ Nutzen Sie die Hinweise von Joachim Fritzsche (Seite 368f.) als Hilfe für eine Kritik/Beurteilung und Überarbeitung/Verbesserung des Textes.

Analyse und Deutung von Gebrauchstexten

Poetischer Text und Gebrauchstext unterscheiden sich durch ihre textbildenden Faktoren.
Entsprechend wird man bei den beiden Textgruppen den Schwerpunkt der Untersuchung auf jeweils andere Elemente des Textes richten.
So erfordern poetische Texte, weil ihr besonderes Kennzeichen in der Regel die Mehrdeutigkeit ist, eine ausführliche Deutung. Bei Gebrauchstexten oder Sachtexten geht es demgegenüber eher um den pragmatischen Aspekt der Kommunikationssituation, das heißt um den Gebrauchswert.

Johannes Weinberg
Kommunikation mit und ohne Erfolg

Kennzeichnend für unser sprachliches Verhalten ist, dass wir in verschiedenen Situationen auch unterschiedlich sprechen. Wir ermahnen oder wir beruhigen, wir machen einen langen Schwatz oder wir geben eine kurze Anweisung. Jeder von
5 uns hat viele solcher Redeweisen zur Verfügung. Und wenn die Situation es erfordert, holen wir die passende Redeweise hervor. Diese Anpassung an die jeweilige Situation geschieht meist unbewusst. Wir erfassen die Situation, und die Verständigung klappt. Aber es gibt auch Fälle, da kommt eine
10 Verständigung nicht zustande.
Nehmen wir den Fall eines Autofahrers, der sich in der Stadt im Gewirr der Baustellen verfahren hat. Er fragt jemanden nach dem Weg. Die Folge ist, dass er eine lange Geschichte erzählt bekommt:
15 „Nach der Darmstädter Straße wollen Sie? Ach, du lieber Gott! Da kommen Sie ja gar nicht durch. Sie sehen doch, überall wird da gebaut. Also, ich sage Ihnen, da kommen Sie überhaupt nicht durch. Nach der Darmstädter Straße, das ist ein Umweg, sag ich Ihnen, da gehen Sie gut eine halbe Stun-
20 de zu Fuß. Sie müssen nämlich in die Lindenallee. Aber da können Sie noch gar nicht richtig fahren, die ist noch nicht aufgepflastert wegen der U-Bahn. Also, passen Sie auf: Sie fahren jetzt links rum und dann kommen Sie am neuen Block vorbei, und da kommen Sie auf die Kreuzung, da fährt die
25 Straßenbahn, der müssen Sie hinterherfahren. Also, ich sage Ihnen, ich gehe einfach quer durch die Gärten durch, das ist viel einfacher und bequemer. Aber ein Dreck ist da, ein Dreck. Da können Sie mit Ihrem Wagen nicht durch. Nein, nein, fahren Sie mal ruhig die Lindenallee lang, da kommen
30 Sie dann an einer Fabrik vorbei von Meier & Co, und dann sind Sie schon in der Lerchenstraße, gell, und da sind Sie dann auch schon in der Darmstädter Straße."
Es mag sein, dass diese Auskunft sachlich richtig war, aber für den ortsfremden Autofahrer dürfte sie unverständlich
35 gewesen sein. Er benötigte keine ausführliche Geschichte über das Fußgängerschicksal im Baustellengewirr, sondern

Zusätzliche Hinweise:
Der Text ist ein Ausschnitt aus dem Buch „Deutsch für Deutsche", das im Jahre 1971 aus den ersten 13 Folgen der gleichnamigen Fernsehreihe des Westdeutschen Fernsehens entstanden ist. Ein Germanist, der sich vorwiegend mit Erwachsenenbildung beschäftigt, versucht darin verschiedene Schreib- und Redeweisen, die im Alltag üblich sind, vorzustellen und zu erläutern. Die Problematik der Verständigung ist das durchgehende Thema des Buches.

❒ Stellen Sie zunächst eine Materialsammlung für die Textanalyse zusammen und formulieren Sie dazu Aussagen zu den folgenden Aspekten. Beziehen Sie sich dabei deutlich auf den Text.
- Text und kommunikativer Zusammenhang: Thema/Gegenstand des Textes; Autor, Adressat/Bezug zum Adressaten, Textart (darstellend?/appellativ?/ expressiv?/ Mischform?)
- Struktur/Aufbau, Vorgehensweise des Verfassers
- Sprachliche Machart und ihre Funktion: Wortwahl, Satzbau, Sprachstilebene

❒ Für eine schriftliche Analyse müssen die Ergebnisse in geordneter Weise für einen nicht informierten Leser dargestellt werden. Beurteilen Sie diese Darstellung eines Schülers der Jahrgangsstufe 11. Versuchen Sie dabei auch die unten angegebenen Kriterien anzulegen. Berücksichtigen Sie bei Ihrer Beurteilung auch den „Vorschlag zum Aufbau einer schriftlichen Analyse von Sachtexten" (siehe Seite 380).

eine kurze und klare Auskunft. So wie in der folgenden Antwort:
„Zur Darmstädter Straße – kein Problem! Da fahren Sie hier runter bis zur Ampel, nach der Ampel gleich rechts abbiegen immer den Straßenbahnschienen nach, so ungefähr einen Kilometer, dann kommt eine große Tankstelle, und nach dieser Tankstelle gleich wieder rechts abbiegen, und dann sind Sie in der Darmstädter Straße, klar?"
Es hat Vorteile, sich sprachlich auf sein Gegenüber einstellen zu können. Das ist eine Fähigkeit, die nicht erst im Erwachsenenalter gelernt wird. Erfassen können, was der andere will, und die Antwort sprachlich so formulieren können, dass der andere mit der Antwort auch etwas anfangen kann, das sind allerdings Fähigkeiten, die bereits im Kindesalter erworben und perfekt gehandhabt werden. (v 1971)

Textanalyse des Schülers Sven K.

Der Verfasser, ein Germanist, dessen Spezialgebiet die Erwachsenenbildung ist, setzt sich in dem vorliegenden Text mit den verschiedenen Redensarten, -weisen und -formen auseinander. Dabei richtet er sein Augenmerk besonders auf die Fragen: Wie rede ich in einer bestimmten Situation am besten? Wodurch kann sprachliche Verständigung erschwert oder unmöglich gemacht werden.
Der vorliegende Textausschnitt kann in drei Teile gegliedert werden. Der erste und gleichsam die Einleitung bildende Teil verläuft von Zeile 1 bis Zeile 10, Seite 377. Der sich daran anschließende Hauptteil endet bei Zeile 8, Seite 378. Den Schluss des Textes bildet der Rest. Der Text ist äußerst einfach und dennoch sehr geschickt aufgebaut. Der Autor wendet sich nur in der Einleitung und im abschließenden Teil direkt an den Leser. Der Hauptteil, der aus zwei Beispielen besteht, in diesem Falle aus zwei vom Autor erdachten Zitaten, soll zur Untermalung und Erklärung der Thematik dienen. Der erste Abschnitt (siehe oben) endet mit der Behauptung „Aber es gibt auch Fälle, da kommt eine Verständigung (Kommunikation) nicht zustande." (Zeile 9/10, Seite 377). Diese Behauptung wird dann im weiteren Verlauf des Textes ausgeführt. Der Hauptteil, diesen könnte man noch einmal unterteilen, stellt einen Beleg zu der Behauptung aus dem ersten Teil dar. In diesem Abschnitt gibt der Autor dem Leser nämlich ein Beispiel für eine nicht zustande gekommene Verständigung. Im Hauptteil werden zunächst die Umstände dieses Beispiels geschildert: Ein Autofahrer hat sich in einer Stadt aufgrund zahlreicher Baustellen verirrt und fragt einen Ortskundigen nach dem Weg. Im Weiteren schildert Weinberg die Antwort, die der Autofahrer erhält, indem er sie wörtlich wiedergibt. Der Autor gibt dieses Beispiel aus zwei Gründen. Zum Ersten möchte er nicht den Verdacht erwecken, ein Mann zu sein, der irgendetwas behauptet ohne Ahnung zu haben, wovon er spricht. Dies ist schon wichtig, da er ein Wissenschaftler ist und als solcher auf Seriosität bedacht sein muss. Zum Zweiten gibt Weinberg dieses Beispiel um dem Leser seine Behauptungen zu erläutern (siehe oben) und um den Leser dazu zu bringen, sich über diese Problematik Gedanken zu machen.

Im nächsten Teil des Textes (Zeile 33, Seite 377 – Zeile 2, Seite 378) stellt der Verfasser dann kurz dar, worin der Fehler der Verständigung liegt, nämlich in der Schilderung der Probleme eines Fußgängers, die der angesprochene Passant in die Beschreibung seines Weges einfließen lässt. Dieser Textteil stellt eine Überleitung zum nächsten Abschnitt des Hauptteils dar (Zeile 3–8, Seite 378). In diesem Teil gibt uns der Autor, wieder in wörtlicher Rede, eine Antwort, wie sie der Autofahrer eigentlich hätte erhalten sollen: kurz und präzise, am Interesse des Autofahrers und seinen Möglichkeiten orientiert. Dieses Gegenbeispiel gibt Weinberg, um dem Leser die Fehler der ersten Antwort noch deutlicher vor Augen zu führen. Im letzten Abschnitt des Textes sagt Weinberg dem Leser dann indirekt, wie solche Kommunikationsprobleme entstehen. Sich auf einen Kommunikationspartner und dessen Belange einzustellen, seien Fähigkeiten, die bereits im Kindesalter erlernt würden, also Grundfähigkeiten der Kommunikation. Weinberg sagt uns nicht direkt, wie Kommunikationsprobleme entstehen, denn er möchte, dass seine Zuhörer (im Fernsehen) und die Leser seines Buches selbst darüber nachdenken, wobei man dann zu dem Ergebnis kommen könnte, dass Kommunikationsprobleme von Menschen verursacht werden, die die oben genannten Fähigkeiten nicht oder nicht richtig erworben haben.

Da Johannes Weinberg diesen Vortrag im Fernsehen und somit vor einem großen Publikum, das aus Leuten der verschiedensten Bildungsgrade besteht, gehalten hat, formuliert er in einem einfachen Wortschatz und ohne Fremdwörter. Der Text besteht zumeist aus kurzen Sätzen, die einfach gebaut sind und nur selten Satzgefüge darstellen, das heißt durch Nebensätze ergänzt sind. Die Beispiele sind in direkter Rede gehalten und wirken dadurch anschaulich. Stilmittel wie zum Beispiel Wiederholungen gebraucht Weinberg kaum. Aber auch hier gibt es, wie bei den Nebensätzen, Ausnahmen, zum Beispiel stellt der folgende Satz eine solche Ausnahme dar: „Wir ermahnen oder wir beruhigen, wir machen einen langen Schwatz oder wir geben eine kurze Anweisung." (Zeile 3/4, Seite 377)

Mit diesem Text ist es dem Germanisten Johannes Weinberg sehr gut gelungen, das für den Alltag so wichtige Thema „sprachliche Verständigung zwischen Menschen" allgemein verständlich darzustellen.

Allgemeine Kriterien zur Bewertung einer Textanalyse

- Genauigkeit des Textverständnisses
- Erkennen der Textart
- Erkennen und Nachweis der Absicht des Verfassers
- Sicherheit in der Beherrschung inhaltlicher und sprachlicher Texterschließung
- Eigenständigkeit/deutliche Begründung des Werturteils
- angemessen sachliche Sprache und Klarheit der Darstellung sowie Beherrschung der wichtigsten Fachbegriffe

> **Vorschlag zum Aufbau einer schriftlichen Analyse von Sachtexten**
>
> **Einleitung**
> Knappe Informationen zum Thema des Textes, zu Autor, Textart, Zielgruppe
>
> **Hauptteil**
> a) Inhaltlicher Aufbau
> b) Inhalts- und Sprachanalyse: detaillierte Darstellung der folgenden Gesichtspunkte unter Berücksichtigung ihres Zusammenhangs
> - Textart
> - der Autor und seine Absicht
> - Argumentationsweise
> - Einschätzung der Adressaten/Ansprechpartner
> - Wortschatz, Satzbau, sprachlich-rhetorische Mittel
> - Sprachstil (z. B. Nominalstil/ Verbalstil) und Sprachebene (z.B. Alltagssprache, gehobene Sprache)
> c) Bewertung des Textes
> - Schlüssigkeit der Darstellung
> - Beurteilung der möglichen Wirkung auf die Zielgruppe
>
> **Schlussteil**
> Allgemeine Bewertung: der Autor und seine Intention und die Art seiner Argumentation

❏ Vergleichen Sie jetzt den Schülertext mit der Modellbeschreibung aus einem Lehrbuch für die Sekundarstufe II.

Eberhard Hermes / Dietrich Steinbach / Hans Wetzel / Hildegard Wittenberg

Modellbeschreibung des Textes von Weinberg: Kommunikation mit und ohne Erfolg

Textgattung — Der Text stammt aus einer Publikation, die als Lehrbuch gedacht ist und auf eine Fernsehsendereihe zurückgeht. Er hat
Autor — einen Fachgermanisten zum Verfasser, der als Lehrer von Erwachsenen tätig ist. Solche sind ohne Zweifel auch als Adres-
Adressat — saten angesprochen, ohne Unterschied der Region, des Berufs, des Alters. Wie sich der Verfasser auf sie einstellt, kann
Sprachform — man an der Sprachform des Textes ersehen.
Gegenstand — Gegenstand des Textes ist das situationsgerechte Sprachverhalten. Dieser Gegenstand wird aus der Perspektive eines
Perspektive — sprachwissenschaftlich geschulten Deutschlehrers behandelt, der selbst keine Verständigungsschwierigkeiten zu kennen scheint und deshalb meint, durch den kontrastiven Vergleich eines negativen und eines vorbildlichen Beispiels von Sprachverhalten in der gleichen Situation den Zweck des Textes, im
Zweck — Leser diesbezügliche Lernvorgänge anzuregen und anzuleiten, erreichen zu können. Seine Intention ist also nicht die
Intention — bloße Beschreibung, sondern die Beurteilung der beiden beschriebenen sprachlichen Verhaltensweisen. Denn er legt es
Strategie — darauf an, den Leser, auf den das negative Beispiel zutreffen

würde, so weit zu bringen, dass er, um eine Auskunft gebeten, künftig sprachlich anders als bisher handelt. Er hält sich deshalb auch nicht damit auf, empirische Daten als Belege zu bringen, sondern fasst solche in konstruierten Beispielen in der Weise zusammen, dass das negative Beispiel verständigungsstörende, das positive aber verständigungsfördernde Merkmale gehäuft enthält. Die Aussagen, die der Autor dabei über das situationsgerechte Reden macht, sind am Anfang und am Schluss platziert: | Adressat
Empirischer Bezug

Aussagen

Aufbau

Die Fähigkeit, „sich auf sein Gegenüber einzustellen", will der Autor offensichtlich durch die Sprachform seines Textes gleichsam ‚vormachen', indem er verständigungsfördernde sprachliche Merkmale vorherrschen lässt: Er hält sich an den üblichen Wortschatz, meidet seltene Wörter sowie Fachtermini und bildet nur hin und wieder Augenblickszusammensetzungen („Fußgängerschicksal", „Baustellengewirr"). Verbalbegriffe werden nur sparsam nominalisiert („Anpassung", „Verständigung"). Umfangreiche Nominalgruppen, die vom Leser konzentrierte und rasche Informationsaufnahme verlangen würden, fehlen völlig. Die Sätze sind in der Regel kurz. Einfache Sätze und Satzreihen überwiegen. Die Gefüge haben (bis auf eine Ausnahme: Schlusssatz) nur je einen Nebensatz. In den beiden Beispielen, die in direkter Rede gegeben werden, versucht der Autor, der Umgangssprache und dem mündlichen Stil nahe zu kommen. Es gibt dort gar kein Satzgefüge, überhaupt keine Nominalisierungen, dafür einige Setzungen („Ach, du lieber Gott", „ein Dreck", „nein, nein", „Kein Problem", „klar?"). In den Beispielen zeigt der Autor übrigens, wie wichtig die Perspektive für den Verständigungsprozess ist: Der wortreiche Erzähler des ersten Beispiels vermag nicht, aus der Perspektive des Fußgängers herauszutreten und sich auf den Autofahrer einzustellen. (v 1976) | Sprachform

Wortwahl

Nominalisierung

Satzlänge

Nebensätze

Redewiedergabe

Satztyp

Aussagen

Heinrich Böll – Kurzbiografie

geboren 21.12.1917 in Köln
gestorben 16.7.1985 in Hürtgenwald (Eifel)

Die Erziehung in seinem Elternhaus (sein Vater ist Tischler und Holzbildhauer) ist durch einen liberalen Katholizismus geprägt. Dies bedeutet für den jungen Böll ein Gegengewicht zu den Wirkungen der nationalsozialistischen Ideologie und Jugenderziehung.

Nach dem Abitur 1937 beginnt Böll eine Lehre als Buchhändler. Sein Studium der Germanistik muss er unterbrechen, weil er im Herbst 1939 zur Wehrmacht eingezogen wird. Er wird mehrfach verwundet, desertiert 1944 und kehrt 1945 aus der englischen bzw. amerikanischen Kriegsgefangenschaft in seine im Krieg zerstörte Heimatstadt Köln zurück.

Ab 1951 lebt Böll als freischaffender Schriftsteller in Köln. Im Jahre 1952 formuliert er sein „Bekenntnis zur Trümmerliteratur". Sein kritisches Engagement als Schriftsteller richtet sich gegen das Vertuschen geschichtlicher Zusammenhänge, die Probleme des Wirtschaftswunderlandes, Chauvinismus, Militaris-

Heinrich Böll, 1917–1985

mus und gegen bestimmte Entwicklungen im Katholizismus. Im Jahre 1976 tritt Böll aus der katholischen Kirche aus.
Das literarische Werk Heinrich Bölls wird mit vielen Auszeichnungen bedacht. Den Höhepunkt bildet die Verleihung des Literatur-Nobelpreises im Jahre 1972.

Heinrich Böll
Über mich selbst

Geboren bin ich in Köln, wo der Rhein, seiner mittelrheinischen Lieblichkeit überdrüssig, breit wird, in die totale Ebene hinein auf die Nebel der Nordsee zufließt; wo weltliche Macht nie so recht ernst genommen worden ist, geistliche Macht weniger ernst, als man gemeinhin in deutschen Landen glaubt; wo man Hitler mit Blumentöpfen bewarf, Göring öffentlich verlachte, den blutrünstigen Gecken, der es fertig brachte, sich innerhalb einer Stunde in drei verschiedenen Uniformen zu präsentieren; ich stand, zusammen mit Tausenden Kölner Schulkindern Spalier, als er in der dritten Uniform, einer weißen, durch die Stadt fuhr; ich ahnte, dass der bürgerliche Unernst der Stadt gegen die neu heraufziehende Mechanik des Unheils nichts ausrichten würde; geboren in Köln, das seines gotischen Domes wegen berühmt ist, es aber mehr seiner romanischen Kirchen wegen sein müsste: das die älteste Judengemeinde Deutschlands beherbergte und sie preisgab; Bürgersinn und Humor richteten gegen das Unheil nichts aus, jener Humor, so berühmt wie der Dom, in seiner offiziellen Erscheinungsform Schrecken erregend, auf der Straße manchmal von Größe und Weisheit.
Geboren in Köln, am 21. Dezember 1917, während mein Vater als Landsturmmann Brückenwache schob; im schlimmsten Hungerjahr des Weltkrieges wurde ihm das achte Kind geboren; zwei hatte er schon früh beerdigen müssen; während mein Vater den Krieg verfluchte und den kaiserlichen Narren, den er mir später als Denkmal zeigte. „Dort oben", sagte er, „reitet er immer noch auf seinem Bronzegaul westwärts, während er doch schon so lange in Doorn Holz hackt"; immer noch reitet er auf seinem Bronzegaul westwärts. Meine väterlichen Vorfahren kamen vor Jahrhunderten von den britischen Inseln, Katholiken, die der Staatsreligion Heinrichs VIII. die Emigration vorzogen. Sie waren Schiffszimmerleute, zogen von Holland herauf rheinaufwärts, lebten immer lieber in Städten als auf dem Land, wurden, so weit von der See entfernt, Tischler. Die Vorfahren mütterlicherseits waren Bauern und Bierbrauer; eine Generation war wohlhabend und tüchtig, dann brachte die nächste den Verschwender hervor, war die übernächste arm, brachte wieder den Tüchtigen hervor, bis sich im letzten Zweig, aus dem meine Mutter stammte, alle Weltverachtung sammelte und der Name erlosch.
Meine erste Erinnerung: Hindenburgs heimkehrende Armee, grau, ordentlich, trostlos zog sie mit Pferden und Kanonen an unserem Fenster vorüber; vom Arm meiner Mutter aus blickte ich auf die Straße, wo die endlosen Kolonnen auf die Rhein-

Zur Übung

❐ Bearbeiten Sie diese autobiografische Skizze (Form: Essay). Stellen Sie als Vorarbeit für eine Textanalyse zunächst eine Materialsammlung zusammen. Nutzen Sie die nachfolgenden „Leitfragen zur Analyse von Sachtexten" und die Hinweise zum Essay.
Bedenken Sie, dass es bei den Leitfragen um eine verallgemeinernde Zusammenfassung geht und daher nur eine Reihe von Punkten für diesen Text von Bedeutung ist. Entwickeln Sie selbst konkrete Fragestellungen für *diesen* Text, zum Beispiel
– Welche biografischen Daten lassen sich dem Essay entnehmen?
– Welche historischen Ereignisse werden angedeutet, wie werden sie dargestellt und kritisiert?
– …

brücken zumarschierten; später: die Werkstatt meines Vaters: Holzgeruch, der Geruch von Leim, Schellack und Beize; der Anblick frisch gehobelter Bretter, das Hinterhaus einer Mietskaserne, in der die Werkstatt lag; mehr Menschen, als in manchem Dorf leben, lebten dort, sangen, schimpften, hängten ihre Wäsche auf die Recks; noch später: die klangvollen germanischen Namen der Straßen, in denen ich spielte: Teutoburger-, Eburonen[1]-, Veledastraße, und die Erinnerung an Umzüge, wie mein Vater sie liebte, Möbelwagen, Bier trinkende Packer, das Kopfschütteln meiner Mutter, die ihren Herd liebte, auf dem sie das Kaffeewasser immer kurz vor dem Siedepunkt zu halten verstand. Nie wohnten wir weit vom Rhein entfernt, spielten auf Flößen, in alten Festungsgräben, in Parks, deren Gärtner streikten; Erinnerung an das erste Geld, das ich in die Hand bekam, es war ein Schein, der eine Ziffer trug, die Rockefellers Konto Ehre gemacht hätte: 1 Billion Mark; ich bekam eine Zuckerstange dafür; mein Vater holte die Lohngelder für seine Gehilfen in einem Leiterwagen von der Bank; wenige Jahre später waren die Pfennige der stabilisierten Mark schon knapp, Schulkameraden bettelten mich in der Pause um ein Stück Brot an; ihre Väter waren arbeitslos; Unruhen, Streiks, rote Fahnen, wenn ich durch die am dichtesten besiedelten Viertel Kölns mit dem Fahrrad in die Schule fuhr; wieder einige Jahre später waren die Arbeitslosen untergebracht, sie wurden Polizisten, Soldaten, Henker, Rüstungsarbeiter – der Rest zog in die Konzentrationslager; die Statistik stimmte, die Reichsmark floss in Strömen; bezahlt wurden die Rechnungen später, von uns, als wir, inzwischen unversehens Männer geworden, das Unheil zu entziffern versuchten und die Formel nicht fanden; die Summe des Leidens war zu groß für die wenigen, die eindeutig als schuldig zu erkennen waren; es blieb ein Rest, der bis heute nicht verteilt ist. Schreiben wollte ich immer, versuchte es schon früh, fand aber die Worte erst später.

(v 1961)

Essay
Bezeichnung für einen meist nicht zu umfangreichen, stilistisch anspruchsvollen Prosatext, in dem ein Thema unsystematisch, aspekthaft dargestellt ist.
Kennzeichnend für den Essay sind eine skeptische Denkhaltung, ein Misstrauen gegenüber festen Ergebnissen und das Bestreben zur Offenheit des Denkens: die Wahrheitssuche bleibt bewusst unabgeschlossen; das gedankliche Ergebnis wird oft dem Leser überlassen. Gestaltungsmittel sind häufig die assoziative Gedankenführung, Abschweifungen, Perspektivenwechsel, Durchspielen unterschiedlicher Denkmöglichkeiten und ausgeprägter Subjektivismus, alles mit dem Ziel, Denkanstöße beim Leser auszulösen. Zum Essay gehört auch die geschliffene aphoristische Diktion.

---

[1] keltischer Stamm am Rhein

⇨ Leitfragen zur Analyse von Sachtexten

I. Fragen zur Produktion

1. Herkunft des Textes:

Wer hat den Text geschrieben? Wo ist er zu finden? In welcher Zeit, zu welchem Anlass und unter welchen Umständen ist er entstanden oder verbreitet worden?

2. Absicht des Autors:

Welchen Zweck verfolgt der Verfasser? Wird das Ziel ausdrücklich formuliert? Erscheint es nur zwischen den Zeilen? Stimmt die ausdrücklich genannte Intention mit der unausgesprochenen überein?

3. Bestimmung der Textsorte:

Handelt es sich um einen informierenden, kommentierenden, appellativen oder normativen Text? Welche Textsorte innerhalb der genannten Abgrenzungen liegt vor? Welche inhaltlichen, sprachlich-stilistischen und formalen Kennzeichen deuten darauf hin?

II. Fragen zum Inhalt

4. Erfassung des Themas:

Welcher Sachverhalt oder welches Problem wird behandelt? Kommt das Thema im Titel oder Untertitel in vollem Umfang zum Ausdruck? An welcher Stelle im Text wird es genau formuliert?

5. Untersuchung des Aufbaus:

In welche übergreifenden Abschnitte lässt sich der Text gliedern? Wie wird der Sachverhalt strukturiert? Wie verläuft die Gedankenfolge? Welche Überschriften eignen sich für die einzelnen Teile? Lässt sich der Aufbau in einer schematischen Skizze verdeutlichen?

6. Beschreibung des Verfahrens:

Gibt der Verfasser Tatsachen wieder, stellt er Thesen auf oder formuliert er Fragen? Enthält der Text Wertungen?
Welche Argumente bringt der Verfasser zur Erhärtung seiner Aussagen? Aus welchen Bereichen stammen seine Beispiele? Wo werden Zitate eingebaut?
Geht der Autor deduktiv oder induktiv vor? Ist der Text dialektisch entworfen?

III. Fragen zur Form (Sprache und Stil)

7. Semantischer Bereich:

Welchen Wortschatz wählt der Verfasser? – Achten Sie vor allem auf die Verwendung von Fach- und Fremdwörtern, auf das Vorherrschen bestimmter Wortarten und auf die Wahl der Personalpronomina!

8. Syntaktischer Bereich:

Welcher Satzbau wird bevorzugt? – Achten Sie besonders auf die Häufigkeit von Aussage-, Frage- und Ausrufesätzen, auf das Vorkommen hypotaktischer und parataktischer Konstruktionen!

9. Rhetorisch-poetischer Bereich:

Welche rhetorischen oder poetischen Mittel verwendet der Autor? – Achten Sie auf rhetorische Figuren bzw. Tropen sowie Vergleiche, Metaphern, Bilder usw.!

10. Zusammenfassung:

Wie lässt sich der Stil insgesamt beschreiben? Welche Funktion erfüllen die genannten sprachlichen und stilistischen Mittel im Textganzen? – Achten Sie auf die Sprachschicht, die Verständlichkeit, die Gesamtcharakteristik (Idiolekt)!

IV. Fragen zur Rezeption

11. Wahl des Mediums:

Stammt der Text aus einem Buch, einer Zeitschrift, einer Zeitung (Abonnements- oder Boulevardblatt)? Wurde er ursprünglich optisch oder/und akustisch vermittelt? Handelt es sich um ein Medium der individuellen oder der Massenkommunikation?

12. Wirkung des Textes:

Wendet sich der Autor an den Verstand oder an das Empfinden, an die Einsicht oder das Gewissen? Will er auf die Triebsphäre wirken und unbewusste Wünsche oder Vorstellungen wecken? Soll der Leser/Hörer zum Handeln veranlasst werden? Stimmt die Wirkung mit der Absicht des Autors überein?

13. Bestimmung des Adressatenkreises:

An welches Publikum wendet sich der Autor aufgrund von Inhalt, Form und Sprache? Spricht er mehr ein Individuum, eine Gruppe oder ein massenhaftes Publikum an? Ist die angesprochene Zielgruppe identisch mit der tatsächlich erreichten?

V. Übergeordnete Fragen

14. Einordnung des Textes:

Welchen Stellenwert hat der Text im Publikationszusammenhang, im Werk des Verfassers, in Bezug auf eine bestimmte Problematik oder Textsorte? Lässt er sich einer geistigen Strömung oder Epoche zuordnen? – Kennen Sie ähnliche oder entgegengesetzte Texte, Standpunkte, Wirkungen?

15. Stellungnahme zum Text:

Erfüllt der Text seinen Zweck? Entspricht er den Erwartungen der angesprochenen Leser/Hörer?
Wie ist er zu beurteilen nach logischen, ethischen und ästhetischen Gesichtspunkten? Wie lassen sich kontroverse Einstellungen begründen? Kann man das Problem durch ein Für oder Wider entscheiden? Ist eine weitere Differenzierung (Berücksichtigung bestimmter Voraussetzungen) notwendig?
Wie lautet Ihr persönliches Urteil? (v 1980)

Eine „andere" Methode der Deutung: Mit Texten produktiv umgehen

❏ Der Text stellt den 1. Teil einer Kurzgeschichte von Rainer Brambach dar. Schreiben Sie ihn zu Ende.

❏ Vergleichen Sie Ihre Fassungen; beurteilen Sie diese in Bezug auf den vorgegebenen Anfangsteil. Dabei können Sie die folgenden Gesichtspunkte berücksichtigen:
– Kennzeichnung der Hauptpersonen und der Beziehungen zwischen den beiden,
– Darstellungsperspektive,
– Textart,
– Schreibweise.

❏ Ziehen Sie jetzt die Originalfassung der Fortsetzung (Seite 561f.) hinzu, vergleichen Sie mit den von Ihnen genannten Gesichtspunkten.

❏ Geben Sie eine Deutung zum gesamten Text. Gehen Sie dabei auf Einzelheiten der Struktur und der Machart ein, zum Beispiel auf die Überschrift und den letzten Satz.

❏ Folgende weitere Möglichkeiten eines produktiven Umgangs mit dem Text sind möglich. Wählen Sie einzelne Aufgaben aus.
– die Erzählperspektive ändern: Wallfried oder Rosa Känsterle erzählen das Geschehene aus ihrer Sicht. Dazu können Sie
   a) die Form des Inneren Monologs wählen (stummes Selbstgespräch in der 1. Person ohne ankündigendes „dachte ich", das Einblick gibt in die augenblicklichen Bewusstseinsinhalte der Person)
   b) die Form der erlebten Rede wählen (Erzähltechnik, die Außen- und Innenperspektive miteinander verbindet: Formal spricht zwar ein Erzähler in der 3. Person, inhaltlich stammt das Erzählte jedoch aus dem Innern der dargestellten Person)
– Brief Wallfrieds an einen guten Freund, in dem das Erlebte aus der Sicht Wallfrieds dargestellt wird

Rainer Brambach

Känsterle

Wallfried Känsterle, der einfache Schlosser, sitzt nach Feierabend vor dem Fernsehschirm. Wo denn sonst? – Tagesschau, Wetterkarte; die Meisterschaft der Gewichtheber interessiert Känsterle.
„Mach den Ton leiser, die Buben schlafen!", ruft Rosa, die in der Küche Geschirr gespült hat und nun hereinkommt.
Känsterle gehorcht.
„Es ist kalt draußen", plaudert sie, „wie gut, dass wir Winterfenster haben. Nur frisch anstreichen sollte man sie wieder einmal. Wallfried, im Frühjahr musst du unbedingt die Winterfenster streichen. Und kitten muss man sie! Überall bröckelt der Kitt. Niemand im Haus hat so schäbige Winterfenster wie wir! Ich ärgere mich jedes Mal, wenn ich die Winterfenster putze. Hast du gehört?"
„Ja, ja", sagt Känsterle abwesend.
„Was macht denn der da?", fragt Rosa und deutet auf den Fernsehschirm. „Der könnte seine Kraft auch für was Besseres gebrauchen! Stell das doch ab, ich hab mit dir zu reden!"
„Gleich, gleich!", sagt Känsterle und beugt sich etwas näher zum Schirm.
„Herr Hansmann im Parterre hat im letzten Sommer seine Winterfenster neu gekittet und gestrichen, obwohl es gar nicht nötig war. Nimm dir mal ein Beispiel an Herrn Hansmann! Seine ganzen Ferien hat er dran gegeben. So ein ordentlicher Mann... Übermorgen ist Sankt Nikolaus. Erinnerst du dich an Herrn Weckhammer? Ich hab heut im Konsum seine Frau getroffen, ganz in Schwarz. Der alte Weckhammer ist umgefallen, beim Treppensteigen, Herzschlag."
Känsterle drückt auf die Taste ‚Aus'.
„Ein Trost", fängt Rosa wieder an, „dass die Weckhammerschen Kinder aus dem Gröbsten raus sind. Die Witwe fragt, ob wir den Nikolaus gebrauchen könnten. Eine Kutte mit Kaninchenfell am Kragen, schöner weißer Bart, Stiefel, Sack und Krummstab, alles gut erhalten. Nur vierzig Mark will sie dafür, hat sie gesagt. Mein Mann wird kommen und ihn holen, hab ich gesagt. Nicht wahr, Wallfried, du wirst Paul und Konradle die Freude machen?"
Känsterle schaut auf die matte Scheibe.
„Wallfried!", ruft Rosa.
„Aber Rosa", murmelt Känsterle hilflos, „du weißt doch, dass ich nicht zu so was tauge. Was soll ich denn den Buben sagen? Ein Nikolaus muss ein geübter Redner sein! Muss gut und viel sprechen..."
Rosa glättet mit der Hand das Tischtuch und schüttelt den Kopf, wobei der Haarknoten trotz des Kamms, der ihn wie ein braunes Gebiss festhält, eigensinnig wackelt.

„Vermaledeiter Stockfisch!", zischt sie. „Nicht einmal den eignen Buben willst du diese Freude machen! Dabei hab ich schon im Konsum Nüsse, Datteln, Feigen, ein paar Apfelsinen und alles eingekauft!"
5 Känsterles Gemüt verdüstert sich. Er denkt an das schwere, ihm aufgezwungene Amt. [...]   (v 1972)

- Telefonat Rosas mit einer Freundin
- Gedicht „An Rosa" oder „An Wallfried", in dem jeweils ein lyrischer Sprecher das Geschehen verdichtet und bewertet

Walter Helmut Fritz
Augenblicke

Kaum stand sie vor dem Spiegel im Badezimmer, um sich herzurichten, als ihre Mutter aus dem Zimmer nebenan zu ihr hereinkam, unter dem Vorwand, sie wolle sich nur die Hände waschen.
5 Also doch! Wie immer, wie *fast* immer.
Elsas Mund krampfte sich zusammen. Ihre Finger spannten sich. Ihre Augen wurden schmal. Ruhig bleiben!
Sie hatte darauf gewartet, dass ihre Mutter auch dieses Mal hereinkommen würde, voller Behutsamkeit, mit jener schein-
10 baren Zurückhaltung, die durch ihre Aufdringlichkeit die Nerven freilegt. Sie hatte – behext, entsetzt, gepeinigt – darauf gewartet, weil sie sich davor fürchtete.
– Komm, ich mach dir Platz, sagte sie zu ihrer Mutter und lächelte ihr zu.
15 – Nein, bleib nur hier, ich bin gleich soweit, antwortete die Mutter und lächelte.
– Aber es ist doch so eng, sagte Elsa, und ging rasch hinaus, über den Flur, in ihr Zimmer. Sie behielt einige Augenblicke länger als nötig die Klinke in der Hand, wie um die Tür mit
20 Gewalt zuzuhalten. Sie ging auf und ab, von der Tür zum Fenster, vom Fenster zur Tür. Vorsichtig öffnete ihre Mutter. Ich bin schon fertig, sagte sie.
Elsa tat, als ob ihr inzwischen etwas anderes eingefallen wäre, und machte sich an ihrem Tisch zu schaffen.
25 – Du kannst weitermachen, sagte die Mutter.
– Ja, gleich.
Die Mutter nahm die Verzweiflung ihrer Tochter nicht einmal als Ungeduld wahr.
Wenig später allerdings verließ Elsa das Haus, ohne ihrer
30 Mutter adieu zu sagen. Mit der Tram fuhr sie in die Stadt, in die Gegend der Post. Dort sollte es eine Wohnungsvermittlung geben, hatte sie einmal gehört. Sie hätte zu Hause im Telefonbuch eine Adresse nachsehen können. Sie hatte nicht daran gedacht, als sie die Treppen hinuntergeeilt war.
35 In einem Geschäft für Haushaltungsgegenstände fragte sie, ob es in der Nähe nicht eine Wohnungsvermittlung gebe. Man bedauerte. Sie fragte in der Apotheke, bekam eine ungenaue Auskunft. Vielleicht im nächsten Haus. Dort läutete sie. Schilder einer Abendzeitung, einer Reisegesellschaft, einer Koh-
40 lenfirma. Sie läutete umsonst.
Es war später Nachmittag, Samstag, zweiundzwanzigster Dezember.

Sie sah in eine Bar hinein. Sie sah den Menschen nach, die vorbeigingen. Sie trieb mit. Sie betrachtete Kinoreklamen.
Sie ging Stunden umher. Sie würde erst spät zurückkehren. Ihre Mutter würde zu Bett gegangen sein. Sie würde ihr nicht mehr gute Nacht zu sagen brauchen.
Sie würde sich, gleich nach Weihnachten, eine Wohnung nehmen. Sie war zwanzig Jahre alt und verdiente. Kein einziges Mal würde sie sich mehr beherrschen können, wenn ihre Mutter zu ihr ins Bad kommen würde, wenn sie sich schminkte. Kein einziges Mal.
Ihre Mutter lebte seit dem Tod ihres Mannes allein. Oft empfand sie Langeweile. Sie wollte mit ihrer Tochter sprechen. Weil sich die Gelegenheit selten ergab (Elsa schützte Arbeit vor), suchte sie sie auf dem Flur zu erreichen oder wenn sie im Bad zu tun hatte. Sie liebte Elsa. Sie verwöhnte sie. Aber sie, Elsa, würde kein einziges Mal mehr ruhig bleiben können, wenn sie wieder zu ihr ins Bad käme.
Elsa floh.
Über der Straße künstliche, blau, rot, gelb erleuchtete Sterne. Sie spürte Zuneigung zu den vielen Leuten, zwischen denen sie ging.
Als sie kurz vor Mitternacht zurückkehrte, war es still in der Wohnung. Sie ging in ihr Zimmer, und es blieb still. Sie dachte daran, dass ihre Mutter alt und oft krank war. Sie kauerte sich in ihren Sessel, und sie hätte unartikuliert schreien mögen, in die Nacht mit ihrer entsetzlichen Gelassenheit.

(v 1964)

❏ Kennzeichnen Sie die Beziehung zwischen der Tochter und der Mutter und erläutern Sie, aus wessen Sicht der Text erzählt ist; geben Sie dafür jeweils Belege aus dem Text. Deuten Sie Überschrift und Schlussteil.

❏ Wie könnte der Text aussehen, wenn er aus der Sicht der Mutter geschrieben wäre?

❏ Verfassen Sie in zwei Gruppen jeweils eine Tagebuchnotiz der Tochter und eine Tagebuchnotiz der Mutter. Besprechen Sie beide; diskutieren Sie darüber, inwieweit diese produktive Arbeitsform Ihnen dabei geholfen hat, die Bedeutung des Textes mit Ihren persönlichen Sichtweisen und Erfahrungen in Zusammenhang zu bringen.

Wolf Wondratschek
Mittagspause

Sie sitzt im Straßencafé. Sie schlägt sofort die Beine übereinander. Sie hat wenig Zeit.
Sie blättert in einem Modejournal. Die Eltern wissen, dass sie schön ist. Sie sehen es nicht gern.
Zum Beispiel. Sie hat Freunde. Trotzdem sagt sie nicht, das ist mein bester Freund, wenn sie zu Hause einen Freund vorstellt.
Zum Beispiel. Die Männer lachen und schauen herüber und stellen sich ihr Gesicht ohne Sonnenbrille vor.
Das Straßencafé ist überfüllt. Sie weiß genau, was sie will. Auch am Nebentisch sitzt ein Mädchen mit Beinen.
Sie hasst Lippenstift. Sie bestellt einen Kaffee. Manchmal denkt sie an Filme und denkt an Liebesfilme. Alles muss schnell gehen.
Freitags reicht die Zeit, um einen Cognac zum Kaffee zu bestellen. Aber freitags regnet es oft.
Mit einer Sonnenbrille ist es einfacher, nicht rot zu werden. Mit Zigaretten wäre es noch einfacher. Sie bedauert, dass sie keine Lungenzüge kann.

Wolf Wondratschek, geboren 1943 in Rudolstadt

❏ Beschreiben und charakterisieren Sie die junge Frau, ihr Aussehen, ihre Eigenart, ihre Verhaltensweisen, ihre Ansichten.

Die Mittagspause ist ein Spielzeug. Wenn sie nicht angesprochen wird, stellt sie sich vor, wie es wäre, wenn sie ein Mann ansprechen würde. Sie würde lachen. Sie würde eine ausweichende Antwort geben. Vielleicht würde sie sagen, dass der
5 Stuhl neben ihr besetzt sei. Gestern wurde sie angesprochen. Gestern war der Stuhl frei. Gestern war sie froh, dass in der Mittagspause alles sehr schnell geht.
Beim Abendessen sprechen die Eltern davon, dass sie einmal jung waren. Vater sagt, er meine es nur gut. Mutter sagt sogar,
10 sie habe eigentlich Angst. Sie antwortet, die Mittagspause ist ungefährlich.
Sie hat mittlerweile gelernt, sich nicht zu entscheiden. Sie ist ein Mädchen wie andere Mädchen. Sie beantwortet eine Frage mit einer Frage.
15 Obwohl sie regelmäßig im Straßencafé sitzt, ist die Mittagspause anstrengender als Briefeschreiben. Sie wird von allen Seiten beobachtet. Sie spürt sofort, dass sie Hände hat.
Der Rock ist nicht zu übersehen. Hauptsache, sie ist pünktlich. Im Straßencafé gibt es keine Betrunkenen. Sie spielt mit der
20 Handtasche. Sie kauft jetzt keine Zeitung.
Es ist schön, dass in jeder Mittagspause eine Katastrophe passieren könnte. Sie könnte sich sehr verspäten. Sie könnte sich sehr verlieben. Wenn keine Bedienung kommt, geht sie hinein und bezahlt den Kaffee an der Theke.
25 An der Schreibmaschine hat sie viel Zeit, an Katastrophen zu denken. Katastrophe ist ihr Lieblingswort. Ohne das Lieblingswort wäre die Mittagspause langweilig.

(1969)

❏ Um welches Thema geht es hier? Klären Sie den Satz „Die Mittagspause ist ein Spielzeug".

❏ Rücken Sie diesen Satz in das Zentrum eines kurzen Gedichts mit freien Versen. Ansonsten wählen Sie entsprechende Inhalte frei aus dem Text, übernehmen einzelne Ausdrücke oder verändern diese. Sie können zum Beispiel durch das lyrische Ich die Empfindungen des Mädchens darstellen. Vielleicht arbeiten Sie auch mit Wünschen und entsprechenden Konjunktivformen.

❏ Vergleichen Sie Inhalt und Form Ihres Gedichts mit der Kurzgeschichte. Erläutern Sie die Unterschiede und die Leistung der entsprechenden Form.

❏ Erklären Sie, inwieweit die Transformierung in eine andere Textform Ihr Interesse bzw. Ihr Verständnis beeinflusst hat.

❏ Weitere mögliche Umgangsweisen mit dem Text: Stellen Sie sich vor, statt einer jungen Frau besucht ein junger Mann in Ihrem Alter in der Mittagspause das Lokal. Schreiben Sie den vorliegenden Text entsprechend um und vergleichen Sie mit der Vorlage. Diskutieren Sie über mögliche geschlechtsspezifische Verhaltensweisen.

Liegen am Strand halbnackt
stop
wunderbar warm hier unten
stop
bei Euch tiefer Winter – ätsch –
stop

?

ansonsten alles wie im Prospekt
stop

❏ In diesem Text fehlt der Mittelteil. Ergänzen Sie diesen und wählen Sie eine Überschrift. Vergleichen Sie Ihre Lösungen und beurteilen Sie die Stimmigkeit im Hinblick auf die Vorgaben (Struktur, sprachlich-rhetorische Machart). Ziehen Sie jetzt das Original (Seite 560) heran und vergleichen Sie die Aussagen.

Gottfried Keller
Abendlied

Augen, meine lieben Fensterlein,
Gebt mir schon so lange holden Schein,
Lasset freundlich Bild um Bild herein:
Einmal werdet ihr verdunkelt sein!

Fallen einst die müden Lider zu,
Löscht ihr aus, dann hat die Seele Ruh;
Tastend streift sie ab die Wanderschuh,
Legt sich auch in ihre finstre Truh.

Noch zwei Fünklein sieht sie glimmend stehn,
Wie zwei Sternlein innerlich zu sehn,
Bis sie schwanken und dann auch vergehn,
Wie von eines Falters Flügelwehn.

Doch noch wandl ich auf dem Abendfeld,
Nur dem sinkenden Gestirn gesellt;
Trinkt, o Augen, was die Wimper hält,
Von dem goldnen Überfluss der Welt!

(v 1851)

Fritz Werf
Fernsehlied

Augen, meine lieben Glotzerlein,
Gebt mir schon so lange Fernsehschein,
Lasset freundlich Bild um Bild herein:
Keinmal werdet ihr im Dunkeln sein!

Fallen meine müden Lider zu,
Löscht nie aus, kaum hat die Seele Ruh,
Tastend streif ich ab die Arbeitsschuh,
Greife nach dem Bierchen aus der Truh.

Noch ein Fräulein seh ich glitzernd stehn
Wie ein Sternlein feierlich zu sehn,
Bis es dankt, um lächelnd zu vergehn
Wie durch eines Schalters Flügeldrehn.

Doch noch knallt es auf dem Flimmerfeld,
Wie's dem Marketing-Gehirn gefällt.
Blinkt, o Augen, vor dem Klimpergeld
Nach dem coltnen Schuss der Westernwelt!

(v 1989)

❑ Vergleichen Sie die beiden Texte. In welcher Weise hat der Verfasser Fritz Werf (geb. 1934) in seinem Text die Vorlage von Gottfried Keller (1819–1890) verändert?

❑ Erläutern Sie die Textart mit Hilfe dieser Hinweise.

Parodie

Eine Parodie ist ein literarisches Werk, das aus einem anderen Werk beliebiger Gattung formal-stilistische Elemente, vielfach auch den Gegenstand übernimmt, das Entlehnte aber teilweise so verändert, dass eine deutliche, oft komisch wirkende Diskrepanz zwischen den einzelnen Strukturschichten entsteht. Die Veränderung des Originals, das auch ein nur fiktives sein kann, erfolgt durch totale oder partiale Karikatur, Substitution (Unterschiebung), Adjektion (Hinzufügung) oder Detraktion (Auslassung) und dient einer bestimmten Tendenz des Parodisten, zumeist der bloßen Erheiterung oder der satirischen Kritik: Im zweiten Falle ist das Vorbild entweder Objekt oder nur Medium der Satire.

(v 1975)

Joseph von Eichendorff
Abschied

O Täler weit, o Höhen,
O schöner, grüner Wald,
Du meiner Lust und Wehen
Andächt'ger Aufenthalt!
Da draußen, stets betrogen,
Saust die geschäft'ge Welt,
Schlag noch einmal die Bogen
Um mich, du grünes Zelt!

Wenn es beginnt zu tagen,
Die Erde dampft und blinkt,
Die Vögel lustig schlagen,
Dass dir dein Herz erklingt:
Da mag vergehn, verwehen
Das trübe Erdenleid,
Da sollst du auferstehen
In junger Herrlichkeit!

Da steht im Wald geschrieben,
Ein stilles, ernstes Wort
Vom rechten Tun und Lieben,
Und was des Menschen Hort.
Ich habe treu gelesen
Die Worte, schlicht und wahr,
Und durch mein ganzes Wesen
Ward's unaussprechlich klar.

Bald werd' ich dich verlassen,
Fremd in der Fremde gehn,
Auf buntbewegten Gassen
Des Lebens Schauspiel sehn;
Und mitten in dem Leben
Wird deines Ernsts Gewalt
Mich Einsamen erheben,
So wird mein Herz nicht alt.

(v 1815)

❑ Verfassen Sie selbst eine Parodie des Gedichts von Eichendorff. Beziehen Sie sich dabei zum Beispiel auf aktuelle Probleme der Gegenwart oder auch auf Ihre Situation als Schüler.

Es war als hätt' der Himmel
Die Erde still geküsst,
Dass sie im Blütenschimmer
Von ihm nur träumen müsst'.
...

Es war als hätt' die Muse
mich gestern mal geküsst.
Ich sollt' Gedichte schreiben,
doch hat es nicht genützt.

❑ Hier hat eine Schülerin die erste Strophe des Eichendorff-Gedichts „Mondnacht" (Seite 278) parodiert. Was halten Sie davon?

„Herr Präsident, meine Damen und Herren! Ich darf damit beginnen, lassen Sie mich das hier einmal in aller Offenheit aussprechen: Dies Problem, und das ist es doch, wofür meine politischen Freunde und ich, dies muss hier einmal ganz klar
5 festgestellt werden, wofür wir seit Jahren eintreten. Jawohl, seit Jahren, meine Damen und Herren. Verstehen Sie mich bitte richtig: Darin sollten wir uns doch wohl vor allem – und ich meine: alle hier in diesem Hohen Hause – einig sein, [...]
(Aus: Stern, 25/1976, S. 194)

„Sehr geehrter Herr Minister! (Oberpräsident, Oberbürgermeister, Bürgermeister, General) Meine sehr verehrten Damen und Herren!
Wieder einmal begehen wir heute feierlich den Tag des ...
5 (Baumes, Pferdes, Deutschen Pudels, Buches, Sparens, der Briefmarke, Biene, Werbung, Heimat). Es ist mir ein Herzensbedürfnis und eine große Ehre, zu diesem erlauchten Kreise über die Bedeutung dieses Tages sprechen zu dürfen. In einer Zeit, in der sich die Ereignisse in schneller Folge überstürzen,
10 ist es gut und notwendig, schön und fruchtbar, einmal inne-

❑ Setzen Sie einen der folgenden Redeanfänge fort. Machen Sie sich die jeweilige Machart der Redeparodie klar und setzen Sie den jeweiligen Text möglichst stimmig fort. Vergleichen Sie mit den Originalen (Seite 562).

zuhalten und sich den Dingen zuzuwenden, die uns innerlich reich zu machen vermögen. Dazu gehört nicht nur unter anderem, sondern vor allem die ... (Biene, Briefmarke, Blume, der Wald, das Buch, das Pferd). [...]

(Aus: Simplizissimus, 2/1961)

Günter Waldmann
Zur produktionsorientierten Auseinandersetzung mit Literatur

Eine entscheidende Voraussetzung dafür, unsere Welt in ihrer Wahrheit, nämlich als geschichtlich und damit als veränderbar zu erfahren, ist die Grunderfahrung ihrer menschlichen Produziertheit [...]
Es ist ein großer Unterschied, ob ein gelesener Text als etwas unhinterfragbar Gegebenes, Fertiges, letztlich als ein Ding (ein Buchstaben- und Wörter-Ding) wie andere Dinge erfahren wird, oder als etwas, das ein Mensch in bestimmter Situation geschrieben hat, um sich mit seinen Absichten und Interessen, Neigungen und Bedürfnissen in ihm auszudrücken, das eine Handlung dieses Menschen, des Autors, darstellt, in die wir kommunikativ einbezogen werden, wenn wir den Text lesen. Wenn man den Brief eines Bekannten oder den Text eines Freundes liest, so erkennt man in dem, was dort geschrieben ist, und an dem, wie es geschrieben ist, den Bekannten, den Freund; man erfährt, dass aus dem Geschriebenen ein bestimmter Mensch zu einem spricht. Die Grundsubstanz dieser Erfahrung sollte in jedem Lesen lebendig sein: dass man hier letztlich nicht mit einem Ding, dem Text, sondern mit einem Menschen umgeht.
Lesen ist ja nicht ein isoliertes Handeln des Lesenden, sondern ein *kommunikatives Handeln,* in gewisser Weise ein dialogisches Handeln. Dies: Kommunikation, Dialog, ist Lesen aber nur, wenn der gelesene Text nicht als Gegebenes, sondern als Gemachtes, nicht als Produkt, sondern als Produziertes, nicht als Ding, sondern als menschliche *Handlung* erfahren wird. Eben das ist in unserer verdinglichten Lebenswelt recht schwer und muss gerade deshalb besonders geübt werden. [...]
Ein anderes Moment kommt hier hinzu, und damit schließt sich der zuvor behandelte Aspekt wieder an: Von *kommunikativem* Handeln, auch beim Lesen von Texten, kann sinnvollerweise eigentlich nur die Rede sein, wenn der Lesende dem Text gegenüber so etwas wie ein Partner ist und ein Mindestmaß an eigener Identität, an eigener Fähigkeit, Kompetenz und vielleicht sogar Urteilskraft besitzt, oder mit dem zuvor benutzten Begriff gesagt: wenn er über *soziale Fantasie* verfügt. [...]
Diese Beschreibung [...] ist nicht ausschließlich zu verstehen: Natürlich ist Lesen neben der Sinnaktualisierung auch Informationsentnahme, natürlich ist Lesen neben dem koproduktiven Handeln auch ein rezeptives Verhalten, natürlich hat Le-

sen neben den Fantasievorgängen auch kognitive Vorgänge. Lesen ist immer beides – aber eben nicht nur das eine, wie man es bisher oft gesehen hat: nur Informationsentnahme, nur rezeptives Verhalten, nur kognitiver Prozess. [...]

Der Anteil von *Phantasie wie Kognition* im literarischen Lesen ist bei dem einzelnen Leser sehr verschieden. Es gibt Leser, die mit einem hohen Anteil an Lesefreude, Identifikation, Miterleben, vorstellender Veranschaulichung, Projektion eigener Verhältnisse in den Text und eigenem Ausfabeln des Textvorgangs und wenig Reflexion über den Text und Bewusstsein seiner Formen und Wirkungen lesen. Es gibt Leser, die einen fiktionalen Text fast nur inhaltlich aufnehmen und vor allem bewusst und kritisch und mit wenig Imagination lesen. [...]

Beides, rezeptives und aktives, analytisches und produktives, kognitives und imaginatives, kritisches und emotionales, informationsentnehmendes und sinnaktualisierendes Leseverhalten hängen eng zusammen, bedingen einander, und sie sollten nach Möglichkeit im Unterricht auch zusammen praktiziert werden.

[...] Beide Verfahren sollten aufeinander bezogen und ineinander integriert sein und so einen Unterricht bilden, in dem die bewährten Verfahren der Textanalyse [...] und das Verfahren produktionsorientierter Textarbeit sich gegenseitig stützen und ergänzen [...]. In welchem Verhältnis im Literaturunterricht nun im Einzelnen z.B. *Analyse* und *Produktion* zueinander stehen sollten: ob eine Analyse und wann sie, wann aber auch einmal die Produktion vorangehen sollte, wann und wie sie ineinander verschränkt sein sollten, ob die Analyse durch eine Produktion, die selbst analytische Funktion hat, ersetzt werden kann (was häufig der Fall ist) – das lässt sich nicht generell, sondern nur für den Einzelfall, nämlich für den bestimmten Text und die bestimmten Analyse- bzw. Produktionshandlungen, mit denen er bearbeitet werden soll, entscheiden.

Der produktive Umgang des Lesers mit Literatur ist hier nicht subjektivistischer Selbstzweck, sondern er soll dem Leser die Literatur erschließen: seine subjektive Aktivität geschieht eben nicht vor allem um ihrer selbst willen, sondern sie soll immer auch 1. der unmittelbaren *ästhetischen Erfahrung* literarischer Texte dienen; und diese Erfahrung soll 2. stets auch *Erfahrung der geschichtlichen und gesellschaftlichen Bezüge* der Literatur sein. Insgesamt soll 3. ein objektives *Erfahrungslernen* des Subjekts eingerichtet werden.

[...] Der produktionsorientierte Umgang mit Literatur wird gerade deshalb gewählt, weil er besser als ein Unterricht, der bloßes literaturwissenschaftliches Fremdwissen an die Schüler heranträgt, in der Lage ist, die Schüler zu wirklichem Lesen von Literatur zu führen.

(v 1984)

❏ Stellen Sie die zentralen Aussagen des Textes heraus. Wie begründet der Verfasser sie?

❏ Wie sieht er den Zusammenhang zwischen kognitiv-analytischer Arbeit und produktiver Auseinandersetzung mit Literatur?

❏ Verdeutlichen Sie den Zusammenhang zwischen analytischer und produktiver Methode an einem Text-Beispiel aus diesem Kapitel.

❏ Werten Sie abschließend die Bearbeitung dieses Kapitels mit Hilfe der Methode des „Blitzlichts".

Argumentieren, Erörtern, Diskutieren

Den Fortschritt bremsen?

Spiegel special-Streitgespräch zwischen dem Cyber-Guru John Perry Barlow und dem Fortschrittskritiker Neil Postman über Literatur, Erziehung und Politik im Informationszeitalter

Neil Postman, geboren 1931 in New York

Neil Postman
führt seit fast drei Jahrzehnten einen polemischen Feldzug gegen die Informationsüberflutung der Gesellschaft und gegen unkritische Technikgläubigkeit. Der 1931 in New York geborene Medienwissenschaftler und Bestsellerautor prophezeite 1984 seinem Heimatland Amerika, dass es sich „zu Tode amüsiere". 1988 formulierte er in seinem Essayband „Die Verweigerung der Hörigkeit" ein „kulturpolitisches Widerstandsprogramm" gegen die „Austrocknung der Köpfe durch den elektronischen Bildersturm", und auch in seinem Buch „Das Technopol" (1992) wandte er sich gegen die „Entmündigung der Gesellschaft". Postman lebt im US-Bundesstaat New York.

Barlow und Postman beim Spiegel special-Gespräch

SPECIAL: Warum, Mr. Postman, stehen Sie einem neuen Medium wie dem Internet so feindlich gegenüber?
POSTMAN: Was mich beunruhigt, ist die Tatsache, dass es uns von den wahren Problemen ablenkt. Wir haben nicht zu wenig Informationen, Daten, Nachrichten, sondern schon 5 viel zu viel. Seit der Erfindung der Telegrafie im Jahre 1837 geht es nur noch darum, mehr Informationen möglichst schnell zu möglichst vielen Menschen zu bringen. 140 Jahre später reden Leute wie Bill Gates, Nicholas Negroponte und George Gilder noch immer über dasselbe. Dabei, den- 10 ke ich, haben wir das Problem längst gelöst.
Eigentlich sind diese selbst ernannten Visionäre doch reaktionär: Sie verkaufen Lösungen für längst bewältigte Probleme des 19. Jahrhunderts. Wir leben aber fast schon im 21. Jahrhundert, und es gibt eine Menge Aufgaben, die wir 15 noch längst nicht bewältigt haben. Die Informationsflut lenkt uns von der Tatsache ab, dass in der Dritten Welt noch immer Kinder hungern …
BARLOW: … weil Lebensmittel nicht gerecht verteilt werden. Und dieses Verteilungsproblem ist ein Problem fehlender 20 Informationen. Mit Verlaub, Sie sind doch ein Mann des 19. Jahrhunderts, Sie glauben noch immer an die Knappheit von Lebensmitteln und industriellen Gütern. Dabei kön-

nen wir fast alle Waren schnell und billig in ausreichender Menge produzieren. Wir leben nicht mehr in der industriellen Epoche, sondern im Informationszeitalter. Da gewinnt derjenige den ökonomischen Wettbewerb, der über die wertvollsten Informationen verfügt.

POSTMAN: Okay, reden wir über Gewalt und Kriminalität. Ist das auch ein Informationsproblem?

BARLOW: Das hat wohl mit der menschlichen Seele und der Natur des Bösen zu tun.

POSTMAN: Auf jeden Fall können wir missbrauchten Kindern und verprügelten Frauen nicht durch mehr Informationen und eine andere Aufbereitung von Daten helfen.

SPECIAL: Eines müsste Ihnen aber doch gefallen: Niemals zuvor war das Wissen der Menschheit für jedermann so einfach zugänglich. Auch die Fehler der Vergangenheit kann jeder, der einen PC und Anschluss ans Netz hat, nun zu Hause abrufen.

POSTMAN: Na und? Es gibt allein in den USA 17 000 Tageszeitungen, 12 000 Magazine, 27 000 Videotheken ...

BARLOW: ... jedes Jahr 70 000 neue Bücher ...

POSTMAN: ... und allein in meinem Briefkasten landen täglich 60 Milliarden Werbebriefe *(lacht)*. Da sorgt sich der Rektor der New Yorker Schule darum, wie er alle Klassen ans Internet bringt. Aber für 91 000 Kinder gibt es in dieser Stadt nicht einmal einen Stuhl, sie hocken in den Toiletten. Solange auch nur ein einziger Schüler keinen Platz im Klassenzimmer hat, würde ich nicht fünf Cent für einen Computer oder einen Anschluss ans Internet ausgeben. [...]

BARLOW: Es gibt einen eindeutigen Zusammenhang zwischen Erziehungszielen und Erfolg im globalen Wettbewerb. Europa beispielsweise hängt in der Softwareentwicklung ziemlich zurück. Warum? Weil die Kreativität nicht genügend gefördert wird. Wenn eine Gesellschaft im Informationszeitalter bestehen will, muss man die Kinder anhalten, eingefahrene Wege zu verlassen.

SPECIAL: Sie wünschen sich das freche, genialische Kind?

BARLOW: Genau.

POSTMAN: Wer wollte John da widersprechen. Darüber hinaus war aber eine Aufgabe der Schulen im industriellen Zeitalter, den Jugendlichen beizubringen, wie man in der Gruppe zusammenlebt ...

BARLOW: ... nein, wie man in Maschinen lebt.

POSTMAN: Ja, aber doch auch, wie man ein guter Demokrat wird.

BARLOW: Das war weder beabsichtigt, noch wurde es erreicht.

POSTMAN: Also, John, wenn Sie damit Recht haben, dass die neuen Technologien die industriell geprägte Erziehung überflüssig machen, dann brauchen wir nicht nur neue Lehrpläne, sondern eine Revolution.

BARLOW: Genau, die digitale Revolution, und ich bin Teil davon.

SPECIAL: Und Neil Postman nicht?

POSTMAN: Nein, nein, auf keinen Fall *(lacht)*.

John Perry Barlow, geboren 1947 im US-Bundesstaat Wyoming

John Perry Barlow

veröffentlichte zahlreiche Bücher und Artikel über die Digitalisierung der Gesellschaft. Der ehemalige Viehzüchter, geboren 1947 im US-Bundesstaat Wyoming, schloss 1969 sein Studium in vergleichenden Religionswissenschaften mit einem Prädikatsexamen ab; von 1971 an schrieb er Songs für die Hippie-Rockgruppe Grateful Dead. 1990 war er Mitbegründer der Bürgerrechtsorganisation „Electronic Frontier Foundation", die für die Freiheit der Kommunikation in elektronischen Medien kämpft. Barlow, der auch für die Beratergruppe Vanguard und für das Global Business Network, eine Organisation für Zukunftsforschung, tätig ist, lebt in Wyoming.

SPECIAL: Und Sie, Mr. Barlow, glauben, dass mit dem neuen Medium Internet alles besser wird?
BARLOW: Die traditionellen Massenmedien haben jedenfalls alles nur noch schlimmer gemacht. Radio und Fernsehen gaukeln den Leuten eine Scheinwirklichkeit vor, und mit dieser Scheinwirklichkeit wird dann Politik gemacht. Das Fernsehen beispielsweise ködert Zuschauer mit spektakulären Bildern von Mord und Totschlag – mit dem Resultat, dass die Öffentlichkeit tatsächlich glaubt, es gebe mehr Verbrechen. Gegen diese Manipulation gibt es nur ein Heilmittel: Die Bürger brauchen direkten Zugriff auf alle Informationen und müssen in der Lage sein, Fragen zu stellen.
POSTMAN: Und es soll niemanden mehr geben, der eine gewisse Vorauswahl trifft?
BARLOW: Selbstverständlich muss es eine Vorauswahl geben. Aber es muss Schluss sein mit dem kulturellen Filter, den die großen Konzerne mit ihren Druckereien und TV-Kanälen uns aufzwingen. Mir ist das im Golfkrieg klar geworden, als ich die Bilder von CNN sah. Das war eine perfekte Computersimulation. Erst als ich im Internet Berichte von Soldaten las, die an der Front waren, konnte ich mir einen Eindruck davon machen, was wirklich passierte.
POSTMAN: Ihre Kritik am Fernsehen könnte ja fast von mir sein. In einem meiner Bücher habe ich im Epilog geschrieben, dass man dem technischen Fortschritt nicht blind ohne moralische Grundsätze nachlaufen darf.
BARLOW: Schön und gut, aber Sie kommen mir vor wie ein Handwerker, der dem Hammer die Schuld gibt, wenn er sich auf den Finger klopft. Stattdessen müssen wir lernen, unsere Werkzeuge zu beherrschen.
POSTMAN: Schöner hätte ich es selbst nicht sagen können. […]
SPECIAL: Mr. Postman, Sie betonen stets, wie wichtig es ist, andere Kulturen kennen zu lernen, Erfahrungen zu machen, ästhetische Kategorien zu vergleichen. Aber die elektronische Welt nehmen Sie davon aus.
POSTMAN: Ich reise gern in andere Länder, lese ziemlich viel, bemühe mich, offen und sensibel zu sein für die Art, wie meine Studenten denken.
BARLOW: Das Internet bietet eine weitere Erfahrung.
POSTMAN: An Erfahrungen habe ich keinen Mangel. In der Bibliothek von New York stehen zwei Millionen Bände, und ich habe sie einfach noch nicht alle gelesen.
SPECIAL: Nach dem Motto: Warum Tomaten probieren, wenn ich gern Bananen esse?
BARLOW: Da muss ich Neil in Schutz nehmen. Freiheit bedeutet auch für mich zuallererst die Freiheit auszuwählen, was man tut und was man bleiben lässt. Also kann man sich auch dem Internet verweigern. Aber das Netz nimmt eine ganz wichtige Aufgabe wahr. Es stiftet Gemeinschaften. Die TV-Kultur hat unsere Gesellschaft atomisiert. In diesem Land fehlt so vielen Menschen das Gefühl für Gemeinschaft.
SPECIAL: Und die Gemeinschaften sollen durch eine Kommunikation entstehen, in der jeder allein vor einer Maschine sitzt?

BARLOW: Niemand sitzt allein. In der Maschine sitzen andere. Die Maschine kreiert eine Umwelt, eine soziale Atmosphäre.
POSTMAN: Ich räume ein, als meine Frau eine Unterleibsoperation brauchte, hat ihr das Netz geholfen. Die Ärzte haben
5 immer bloß dieses Beruhigungs-Blabla erzählt. Aber durch den Computer einer Freundin fand sie Kontakt zu anderen Frauen, die schon so eine Operation hinter sich hatten.
SPECIAL: Es soll Leute geben, die sich über das Netz ineinander verlieben. Auch zu Online-Heiraten ist es so schon gekommen.
10 POSTMAN: Das kann ich mir vorstellen. Es gibt ein Theaterstück über ein Liebespaar, das sich 25 Jahre lang nur Briefe schreiben konnte. Auf diesem Gebiet ist alles möglich, solange irgendwelche Reste von Kommunikation übrig sind, und wenn es Morse- oder Rauchzeichen sind.

(Aus: Spiegel special „Der digitale Mensch", 3/1997)

❐ Nehmen Sie Stellung zu dem Begriff „Streitgespräch". Welche Aufgabe haben dabei die beiden Kontrahenten, welche der / die Interviewer?

❐ Geben Sie die Positionen der Experten wieder. Arbeiten Sie ihre jeweiligen Hauptthesen heraus und nennen Sie die wesentlichen Argumente.

❐ Wie beurteilen Sie die Beziehung zwischen den beiden Männern? Wie gehen sie miteinander um?

❐ Beziehen Sie zu der Problematik selbst Stellung. Begründen Sie dabei Ihre Meinung.

Aus der Arbeit in der Sekundarstufe I wissen Sie, wie man „schulmäßig" eine Argumentation aufbaut und wie man sie auf sinnvolle Weise stützt.

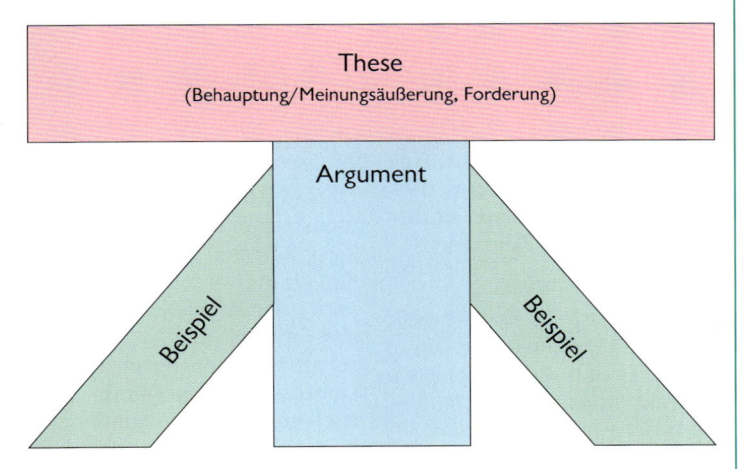

These
(Behauptung/Meinungsäußerung, Forderung)

Argument

Beispiel

Beispiel

Erläuterung:
Eine **Behauptung** ist eine Aussage, die eine vorläufige Richtigkeit beansprucht, solange sie nicht widerlegt ist. Als Ausgangspunkt einer Argumentation kann sie die Aufgabe einer These übernehmen. Die Behauptung kann auch als **Meinungsäußerung** formuliert sein (Ich bin der Meinung, dass…/Ich glaube, dass…) oder auch als **Forderung/Appell** (Es ist erforderlich, dass…). Ein **Argument** ist eine Aussage, die eine These stützt, weil der Sachverhalt genauer und stärker adressatenbezogen dargestellt wird. Argumente sollen überzeugen. Es gibt deshalb bestimmte Kriterien für ihre Gültigkeit, zum Beispiel, ob sie vom Adressaten akzeptiert werden können (vgl. Seite 398f.).
Ein **Beispiel** ist eigentlich ein Unterargument, das zur Stützung des Arguments dient und das auf Einzelfälle hinweist, die im Erfahrungsbereich der Beteiligten liegen.

❐ Weisen Sie einzelne Teile dieser idealtypischen Argumentationsstruktur in dem Gespräch nach. Stellen Sie Übereinstimmungen bzw. Abweichungen heraus; beziehen Sie in Ihre Arbeit auch die folgende Begriffsklärung mit ein.

Begriffsklärung: Argumentieren/Erörtern

Wenn man argumentiert, behauptet oder fordert man etwas; dies wird begründet oder gerechtfertigt. Ein Argument ist also eine Begründung, die jemanden dazu veranlassen soll, die Behauptung/Forderung für richtig bzw. für wünschenswert zu halten. Eine Voraussetzung für das Argumentieren ist, dass Behauptungen/Forderungen strittig sind.

Beispiel:
These: Die Beherrschung der Rechtschreibung wird heute von vielen nicht mehr als besonders wichtig angesehen.

Argument: Viele schreiben heute nämlich mit einem PC, der ein Rechtschreibprogramm enthält.

Beispiel/Beleg: Es gibt zum Beispiel wenig Oberstufenschüler oder Studenten, die keinen PC mit entsprechender Software besitzen oder benutzen können.

Thesen und Argumente können in der Diskussion grundsätzlich infrage gestellt werden. So könnte auch die oben genannte These durch eine Antithese umgekehrt bzw. infrage gestellt werden. Es ist daher wichtig, beim Argumentieren mögliche Gegenargumente mitzubedenken. Wenn man in schriftlicher Form ein Thema argumentativ erschließt, spricht man auch von **Erörterung**. Hier geht es um „ein schriftliches Nachdenken über Probleme".

❐ Weisen Sie einzelne Formen von Argumenten in dem Streitgespräch „Den Fortschritt bremsen" nach.

❐ Formulieren Sie selbst eine These zu diesem Thema und begründen Sie diese mit Hilfe einer der oben genannten Arten von Argumenten.

❐ Stützen Sie Ihre These durch ein weiteres Argument, indem Sie sich die Gültigkeit bzw. Überzeugungskraft der oben genannten Arten von Argumenten klarmachen. Die Überzeugungskraft von Argumenten hängt zum Beispiel davon ab,
– ob die Argumente vom Hörer/Leser akzeptiert werden,
– ob ihre sachliche Überprüfbarkeit gegeben ist,
– ob sie einen hohen Grad von Allgemeinverbindlichkeit haben,
– ob sie nachvollziehbar sind,
– ob sie unbestreitbar sind.

Argumente, die der Begründung von Thesen dienen, können unter anderem folgender Art sein:

Faktenargument

Fakten haben oft den Vorteil, dass sie überprüfbar und damit einsehbar sind. Allerdings kann das Faktum auch ein wenig beweiskräftiger Einzelfall sein.

Erfahrungsargument

Die Erfahrung muss vom Adressaten nachvollziehbar sein; dies kann bei individuellen Einzelerfahrungen schwierig sein.

Autoritätsargument

Die These wird untermauert, indem man sich auf eine Autorität, zum Beispiel anerkannte Fachleute, eine Statistik o. ä. beruft. Auch diese Art von Argumentation ist allein oft nicht stichhaltig, weil es andere Autoritäten mit Gegenpositionen gibt.

Normatives Argument

Dieses stützt sich auf allgemein anerkannte Normen, zum Beispiel gesellschaftliche Konventionen, das Grundgesetz oder Ähnliches. Da in einer pluralistischen Gesellschaft Normen durchaus umstritten sein können, wird auch ein solches Argument allein nicht immer stichhaltig sein können.

Analogisierendes Argument

Es wird eine Parallele zu Sachverhalten aus anderen Lebensbereichen gezogen, die in Form des Analogieschlusses auf den eigentlichen Sachverhalt übertragen wird. Problematisch kann dieses Argument dadurch werden, dass der Vergleich „hinkt".

Indirektes Argument

Hierbei soll die eigene These dadurch als stimmig dargestellt werden, dass gegenteilige Meinungen entkräftet werden, das heißt als unstimmig oder realitätsfern dargestellt werden.

Argumente, die sich auf Gefühle stützen

Thesen können auch dadurch gestützt werden, dass man sich auf Gefühle beruft (wie Befürchtungen oder Mitleid). Wie Erfahrungen müssen auch Gefühle vom Adressaten nachvollziehbar sein; ein Gefühl kann subjektiv sein und den Erfahrungen des Adressaten nicht entsprechen. Die Berufung auf „ein bloßes Gefühl" kann unsachlich wirken.

Das Thema „Klonen" in der Diskussion

„Die Angst ist berechtigt"

Interview mit dem Embryologen Ian Wilmut über das Klon-Schaf „Dolly" und die Zukunft seines Verfahrens

SPIEGEL: Dr. Wilmut, bei einer Umfrage in den USA haben sechs Prozent aller Befragten angegeben, sie wünschten ein Klon von sich selbst. Wie viele Interessenten haben sich in der zurückliegenden Woche bei Ihnen gemeldet?
5 WILMUT: Einige hundert, übrigens vor allem Frauen. Darüber hinaus bekamen wir unzählige Zuschriften von Leuten, die uns beglückwünschten und uns für unsere weitere Arbeit ermutigten.
SPIEGEL: Haben Sie mit derart heftigen Reaktionen der Öffent-
10 lichkeit gerechnet?
WILMUT: Absolut. Wir freuen uns auch darüber, denn wir wollen, dass eine gründliche Diskussion über unsere Technik in Gang kommt. [...]
SPIEGEL: Die Klonierung wird auch als Methode diskutiert,
15 unfruchtbaren Menschen zu Nachwuchs zu verhelfen. In Ihrer Familie gibt es drei halbwüchsige Kinder – glauben Sie, Ihre Beziehung zu ihnen wäre irgendwie anders, wenn sie nicht aus sexueller Aktivität entstanden wären, sondern als Klone?
20 WILMUT: Nun, was das angeht: Eines meiner Kinder ist nicht durch eigene sexuelle Aktivität entstanden. Es ist adoptiert. Aber die Gene entscheiden doch nicht alleine darüber, zu welcher Persönlichkeit ein Kind heranwächst. Es kommt ebenso auf die Familie und die Umgebung an.
25 SPIEGEL: Was haben wir denn in Zukunft aus Ihrem Labor zu erwarten?
WILMUT: Wir brauchen einen besseren Weg, die mit den Fremdgenen verschmolzene Eizelle zur Teilung zu aktivieren. Normalerweise geschieht dies durch das Spermium.
30 Wir hingegen versuchen, die Eizelle mit Stromstößen zum Leben zu erwecken. Aber dabei verlieren wir noch zu viele Eier.
SPIEGEL: Und weiter?

WILMUT: Noch müssen wir die befruchteten Eizellen in die Gebärmutter von lebenden Schafen einpflanzen, um sie dort heranwachsen zu lassen. Auch deshalb haben wir große Verluste und können obendrein nicht kontrollieren, was beim Wachstum geschieht. Gelänge es die Föten direkt im Labor zu kultivieren, wäre das viel effizienter.
SPIEGEL: Solche Projekte versetzen viele Menschen in Panik. Es herrscht die große Angst, Ihre Technik könnte missbraucht werden.
WILMUT: Die Angst ist völlig berechtigt. Wir haben von Beginn an gesagt: Mit unserer Technik lassen sich auch genetische Kopien von Menschen herstellen. Nur eindeutige Gesetze können das verhindern.
SPIEGEL: Doch Gesetze werden gebrochen.
WILMUT: Natürlich. Aber im Großen und Ganzen ist die Menschheit doch eine sehr moralische Gattung.
(Aus: Spiegel Nr. 10, 3.3.1997)

Klonen wird alltäglich

Von Volker Stollorz

Klonen – die technische Herstellung identischer Kopien lebender Wesen – ist empörend, verlockend und verstörend. Bin ich noch ich, wenn ein anderes Wesen genauso ist wie ich? Kann ich aus eigenen Zellen wieder geboren werden, auch wenn ich tot bin? Können mich Organe eines Doppelgängers retten, wenn ich krank werde? Die Wunschvorstellungen und Horrorvisionen, die sich um die Vervielfältigung des Gleichen ranken, sind zahlreich.
Tierzüchter arbeiten schon lange darauf hin, aus einer Herde von „Elite-Tieren" unbegrenzt Nachkommen mit gewünschten Eigenschaften zu produzieren. Offenbar mit Erfolg. Der „Observer" titelte am Samstag vergangener Woche: „Triumph für Großbritannien lässt für Menschen die Alarmglocken klingeln". Die britische Zeitung brachte damit auf den Punkt, wie sehr Forschung und Ethik auseinanderdriften.
Verständlich also die Aufregung um das Schaf Dolly. Es ist das erste erfolgreich geklonte, erwachsene Säugetier. Schottische Forscher entnahmen zunächst einen Zellkern aus dem Brustdrüsengewebe eines Muttertieres. Verpflanzten diesen nach einigen Manipulationen in eine zuvor entkernte, unbefruchtete Eizelle. Und transferierten den so entstandenen Embryo in die Gebärmutter eines dritten Schafes.
Zwar bleibt Klonen vorerst noch Glückssache, Dolly ist quasi ein Einzelstück. Keines ihrer 277 auf gleichem Weg erzeugten Geschwister überstand die brachiale Kerntransplantation. Doch ist nun bewiesen, dass Zellkerne differenzierter, also bereits spezialisierter Körperzellen Samen und Eizellen ersetzen können. Befruchtungen werden überflüssig, ebenso Sex und die Mischung der Geschlechter und Gene, um daraus neue Lebewesen zu zeugen.

Noch bleibt Zeit zu versuchen, das in Deutschland verbotene Klonen eines Menschen auch weltweit zu ächten. Jeder künstliche Transfer fremder Zellkerne in menschliche Eizellen muss tabu bleiben. Kaum zu stoppen sein dürfte dagegen der Wahnsinn heutiger Nutztierzucht. Seine Auswüchse werden geklonte und genetisch gestylte Säugetiere immer selbstverständlicher machen.

(Aus: Die Woche, 28.2.1997)

Dr. Ron James präsentiert das Schaf „Dolly"

Hans Schuh
Null Bock
Dolly, das geklonte Schaf

Was viele für unmöglich hielten, ist nun dem Embryologen Ian Wilmut vom Roslin-Institut in Edinburgh gelungen: Aus gewöhnlichen Körperzellen eines erwachsenen Schafes züchtete er eine exakte Kopie ebendieses Schafes. Erstmals wurde so ein erwachsenes Säugetier geklont. Auch dieser Fortschritt der Reproduktionsbiologie wurde gleich aufgeregt kommentiert, ist doch auch der Mensch ein Säugetier. Wie lange also wird es noch dauern, bis geklonte Einsteins, Lollobrigidas oder gar Hitlers die Schöne Neue Welt bevölkern? Zudem braucht Klonen keine Sexualität. Ein geduldiges Leihmutterschaf genügt, um den manipulierten Embryo ins Lämmerleben auszutragen. Männliche Gene sind überflüssig: Voilà, die Null-Bock-Ära naht!

In ihrer Veröffentlichung in Nature (27. Februar, S. 769, 810) beschreiben Ian Wilmut und seine Mitarbeiter, wie sie Erbgut (DNA) aus dem Euter eines sechsjährigen Schafes entnommen haben. Dann entkernten sie Eizellen anderer Schafe und ersetzten sie durch die Euter-DNA. Eine Leihmutter trug den Kunstembryo aus und gebar Dolly, die identische Kopie des sechsjährigen Schafes. Doch bei allem Stolz auf diese Pioniertat der Viehzucht wird deutlich, warum von einer Übertragbarkeit auf den Menschen (noch) keine Rede sein kann.

Erstens ist, was hier beim Schaf gelang, in vielen ähnlichen Versuchen bei Mäusen gescheitert. Hauptgrund dürfte die diffizile biochemische Steuerung der embryonalen Zellteilung sein. Ständig findet zwischen den rasch wachsenden Embryonalzellen und ihrem jeweiligen Erbgut eine Feinabstimmung statt, als gäben wechselnde Sender aus der Zelle an ein Radio namens DNA immer wieder neue Befehle. Wenn die ausgetauschte, fremde DNA gerade auf die falschen Sender programmiert ist – dann geht der Kunstembryo rasch zugrunde. So war auch die Rate an Fehl- und Missgeburten bei den Edinburgher Experimenten extrem hoch. Kurzum: Was sich (noch) nicht einmal vom Schaf auf die Maus übertragen lässt, scheitert bei einer Nachahmung am Menschen nicht nur am ethischen Tabu, sondern wohl auch an der Praxis.

Zweitens entspricht der Zustand des Erbgutes eines Erwachsenen nicht mehr jenem eines Embryos. Aus guten Gründen fürchten wir uns vor den erbgutschädigenden Effekten der Strahlung, der Bio- und Umweltchemie. Eine Theorie des Alterns besagt, dass sich an unserem Erbgut Anhängsel befinden, die so genannten Telomere. Diese werden wie eine Wurst bei jeder Zellteilung um jeweils eine Scheibe gekürzt. Spätestens nach 125 Jahren ist die Telomerenwurst und damit das Leben am Ende. Wer also in seinem Wahn Nobelpreisträger klonen wollte, der könnte leicht eine DNA erwischen, die ihre beste Zeit längst hinter sich hat: Kaum sind die geklonten Genies herangewachsen, sinken sie ins Grab.

Drittens – und das allein zählt – wären solch menschenverachtende Versuche nicht nur durch das strenge deutsche Embryonenschutzgesetz, sondern auch im liberaleren Großbritannien verboten. Und so muss es bleiben.

(Aus: Die Zeit Nr. 10, 28.2.1997)

Reproduktions-Medizin diskutiert Kopieren von Menschen
Klon-Debatte: Respekt vor Schöpfung sinkt
Von Rolf Dressler

Straßburg/Bielefeld (WB). Der Ruf nach dem Klonen eines Menschen, obwohl moralisch geächtet, wird lauter. Seit Wissenschaftler das Schaf „Dolly" als genetischen Zwilling eines anderen Tieres hergestellt haben, melden sich weltweit Stimmen, die in die Schöpfung eingreifen wollen. Und so wird argumentiert: „Eine Frau verliert ihr Kind im Gefolge eines Verkehrsunfalls. Bevor es stirbt, lässt die Mutter aus einem Blutstropfen eine geklonte Zelle herstellen und sich einsetzen. Nach neun Monaten hat sie ihr Kind wieder, nicht ein Geschwisterchen, nein, ihr verlorenes Kind. Was soll daran ethisch nicht vertretbar sein?"

Es sei doch „völlig subjektiv, also persönlicher Einschätzung unterworfen, was ethisch zu verantworten ist und was nicht". Auf diese Weise wird in der Öffentlichkeit und vor allem auch unter Wissenschaftlern und „Reproduktionsmedizinern" die Diskussion über
- die Möglichkeit und Grenzen des sogenannten Klonens,
- der wunschgemäßen Wahl des Geschlechts menschlichen Nachwuchses oder
- des Vorab-Tests auf das Erbgut in Verbindung mit der künstlichen Befruchtung

insbesondere auch hier in Deutschland weiter vorangetrieben. Den Einwand, gerade auch das Klonen öffne dem Missbrauch Tür und Tor, wollen die Befürworter eines deutlich weiter gefassten gesetzlichen Rahmens nicht gelten lassen: Würde man dem stattgeben, wäre jedwede Forschung zur Untätigkeit verurteilt. Etwaigen Missbrauch könne und müsse man so weit wie möglich unterbinden, er stehe wissenschaftlichem Forschen und Handeln aber nicht entgegen.

(Aus: Westfalenblatt, 15./16.3.1997)

❏ Welche Ansicht vertreten Sie selbst zu der Problematik des Klonens? Beziehen Sie Stellung; argumentieren Sie entsprechend.

❏ Bestimmen Sie die jeweiligen Textarten und ihren kommunikativen Zusammenhang. Weisen Sie in den Texten bestimmte Arten von Argumenten nach.

Für ein strukturiertes Argumentieren, das heißt die logische Verknüpfung von Thesen, Argumenten und Stützen (in Form veranschaulichender Beispiele und Belege) gibt es unterschiedliche Baupläne.

Beispiele für Argumentations-Baupläne:

1. So lautet das Problem.
2. Aus folgendem Grund sollte es gelöst werden.
3. So könnte es gelöst werden.

1. So ist die augenblickliche Situation.
2. So sollte es sein.
3. So könnten die Lösungsvorschläge aussehen.
4. So sind die Vor- und Nachteile.
5. So lautet meine Entscheidung (evtl. mit Appell an Zuhörer).

1. Die andere Seite behauptet bzw. fordert.
2. Ich behaupte bzw. fordere.
3. Mein erstes Argument mit Stützen …
   Mein zweites Argument mit Stützen …
4. …Mein bestes Argument mit Stützen …

1. Ich behaupte, dass …
2. Zwar gibt es folgendes Gegenargument …
3. Aber hierauf lässt sich entgegnen …
4. Vergleicht man beide, so …
5. Man sollte also …

1. Ich behaupte, dass …
2. Ich berufe mich dabei auf…
3. Ein Beispiel dafür ist …
4. Auch der Wissenschaftler XY bestätigt dies.
5. Ebenso besteht darüber weitgehend Konsens in der Gesellschaft.

1. Die eine Seite meint …
2. Die andere Seite meint …
3. Beide Meinungen haben etwas Gemeinsames.
4. Daher schlage ich einen Kompromiss vor.
5. In dieser Richtung müssten wir weiterdenken.

❏ Beschreiben Sie die Unterschiede zwischen der Form der „Kette" und dem dialektischen Denkmuster von „These-Antithese-Synthese".

❏ Wählen Sie einen dieser Argumentationsbaupläne und formulieren Sie entsprechend eine Argumentation zum Thema „Klonen". Machen Sie sich dazu Notizen und tragen Sie dann Ihre „Lösung" vor.

❏ Diskutieren und bewerten Sie jeweils die Stichhaltigkeit der logischen Verbindungen.

Miteinander diskutieren

❑ Was verstehen Sie unter dem Begriff **Diskussion?** Schreiben Sie eine kurze stichwortartige Antwort auf ein Blatt und heften Sie dieses an die Pinnwand.
Gruppieren Sie die einzelnen Erläuterungen, stellen Sie Gemeinsamkeiten und Unterschiede heraus. Vergleichen Sie Ihre Erläuterungen mit dem Text von Rudolf Steiger; finden Sie heraus, welche neuen Aspekte darin gegebenenfalls genannt werden.

Rudolf Steiger

Die Diskussion

„Die Diskussion ist eine Sonderform des Gesprächs. Sie umspannt ein weites Feld vom alltäglichen Zwiegespräch bis hin zur großen Auseinandersetzung z. B. im Anschluss an einen Vortrag."

„Man sollte den Begriff ‚Diskussion' möglichst eng fassen: Die Diskussion ist unzweideutig eine Form des Streit- bzw. Kampfgesprächs." [...]

Diskussion geht auf das lateinische Verbum *discutere* zurück, das so viel wie *zerschlagen, auseinander sprengen und zerlegen* bedeutet. Von daher ist die Ansicht durchaus vertretbar, Diskussion sei eine eher kämpferische Gesprächsform. [...] Bezieht man das „Zerlegen" und „Auseinandernehmen" nun aber nicht ausschließlich auf die Diskussionstechnik, sondern in gleichem Maße auf das geistige Durchdringen und die verbale Darlegung eines Themas, so kann Diskussion eben auch als *Erörterung, Gedankenaustausch und themabezogenes Gespräch* verstanden werden. [...]

Diskussion ist eine häufig lebhafte Auseinandersetzung über ein bestimmtes Thema, wobei das Diskussionsziel in hohem Maße die Diskussionsform, die Diskussionstechniken sowie Anzahl und Zusammensetzung des Teilnehmerkreises bestimmt.

Diskussionsziele

Ob eine Diskussion gelingt oder misslingt, ist sehr oft nur eine Frage des Diskussionszieles. [...]

Für ein eher zufälliges Zwiegespräch im Plauderton mag Ziellosigkeit durchaus ihre Berechtigung haben, ja sogar einmal reizvoll sein. Für wirkliche Diskussionen ist sie aber unverantwortbar, weil – denken wir nur an Podiums-, Forums- oder Expertendiskussionen – die Leidtragenden dann in erster Li-

nie die Zuhörer mit ganz bestimmten Vorstellungen und Erwartungen sind.
Bereits bei der Vorbereitung muss sich mindestens der Diskussionsleiter über die Zielsetzung der Diskussion im Klaren
5 sein. Mögliche Diskussionsziele sind:
– das Schließen von Wissenslücken,
– ein Informations- und Meinungsaustausch,
– das Erarbeiten interdisziplinärer Aspekte,
– die Lösung arbeitsorganisatorischer Probleme,
10 – die Verständnisförderung für Standpunkte anderer,
– gegenseitige, offene Kritik,
– die Schlichtung von Streitfragen,
– eine Entscheidungsfindung oder Beschlussfassung.

(v 1984)

Folgende Diskussionsformen sind zu unterscheiden:

Rundgespräch
Die Sitzordnung bietet allen Teilnehmern direkten Blickkontakt.

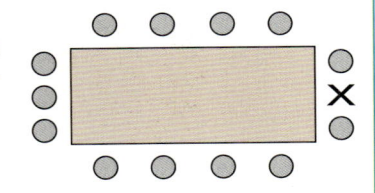

Podiumsgespräch
Mehrere Fachleute diskutieren vor einem interessierten Publikum, das auch zeitweise einbezogen werden kann.

Streitgespräch
Zwei oder mehrere Personen diskutieren als Gegner bzw. Befürworter ein umstrittenes Thema. Es wird oft als Podiumsdiskussion durchgeführt und wird häufig auch im Fernsehen genutzt.

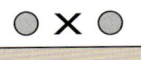

Debatte
Hier geht es um eine öffentliche, durch bestimmte Regeln geordnete Aussprache, bei der die unterschiedlichen Meinungen zu einem Thema zur Aussprache kommen. Debatten finden oft in Parlamenten zwischen den unterschiedlichen Parteien statt.

❐ Bereiten Sie in Ihrer Lerngruppe bzw. in einer Kleingruppe eine Diskussion vor. Wählen Sie dazu eine bestimmte Form und entscheiden Sie sich für ein Thema. Benennen Sie einen Diskussionsleiter. Sie können dazu auf die Thematik „Klonen" (Seite 399ff.) oder auf das Thema „Der digitale Mensch" (Seite 394ff.) zurückgreifen. Sie können aber auch strittige Sachthemen oder literarische Themen aus Ihrem aktuellen Unterricht bearbeiten.

❐ Erklären Sie, welche Aufgaben nach Ihrer Meinung ein Diskussionsleiter hat. Ergänzen Sie.
Ein Diskussionsleiter
– gibt das Thema der Diskussion bekannt,
– stellt die Diskussionsteilnehmer vor,
– führt eine Liste der Wortmeldungen und erteilt das Wort,
– greift ein, wenn ein Diskussionsteilnehmer zu lange redet oder vom Thema abschweift,
– …

Hinweise für das Vorgehen:

❐ Diskutieren Sie in der gewählten Form vor Ihren Mitschülern. Ein Schüler sollte wesentliche Argumente mitprotokollieren, um deren Stichhaltigkeit im Nachhinein überprüfen zu können. Desweiteren sollten zwei Schüler mit

Hilfe des Fragebogens (Seite 407) die Diskussionsleitung überprüfen, deren Vorgehen im Anschluss an die Diskussion gemeinsam beurteilt werden sollte.

❐ Beurteilen Sie die Diskussionen jeweils, insbesondere die Stichhaltigkeit der Argumente. Nutzen Sie zur Beurteilung auch den folgenden Text.

Talk/Talken
Dies ist eine besondere Diskussionsform in Talk-Shows des Fernsehens.

Gute Argumente

„Gute Argumente" braucht man, wenn man andere vom eigenen Standpunkt überzeugen oder ihnen bestimmte Sachverhalte näher bringen will. Auch in Streitgesprächen setzt sich derjenige durch, der die besseren Argumente, aber auch den besseren Gesprächsstil hat. Was aber sind „gute Argumente", und wie führt man eine faire Auseinandersetzung? Die Psychologen Groeben, Schreier und Christmann entwickelten im Rahmen ihrer Forschungsarbeiten an der Universität Heidelberg unter anderem Regeln für effektives Argumentieren.

Regel 1: Argumentiere richtig
Will man in einer argumentativen Auseinandersetzung eine gute Figur machen, sollte man vermeiden
– sich selbst zu widersprechen,
– Behauptungen absichtlich nicht oder nur scheinbar zu begründen,
– in nicht stringenter Weise auf eigene oder die Äußerungen anderer einzugehen.

Regel 2: Argumentiere aufrichtig
Wer Sachverhalte absichtlich sinnentstellt wiedergibt, für etwas eintritt, von dem er selbst nicht überzeugt ist oder subjektive Vermutungen für Tatsachen ausgibt, gerät schnell ins argumentative Abseits.

Regel 3: Argumentiere gerecht
Wirkliches Interesse an einer sachlichen Auseinandersetzung ist daran zu erkennen, dass die Gesprächspartner sich um gegenseitiges Verständnis der Argumente bemühen, sich nicht behindern, Argumente des anderen nicht unberücksichtigt lassen und Verantwortung für ihre Äußerungen übernehmen. Zu einer gerechten Argumentation gehört ferner, dass man keine Forderungen aufstellt, von denen man weiß, dass der andere sie gar nicht erfüllen kann, und die man auch für sich selbst nicht akzeptieren würde, und dass man eine Auseinandersetzung nicht ohne Einwilligung des Partners einfach abbricht.

„Unredliche Argumentation" kann kurz- und mittelfristig die Lösung eines Problems verzögern oder zu einer Stagnation führen, langfristig sogar schwerwiegende Folgen haben. Während der einzelne sich resignativ zurückzieht (...), kann insgesamt ein gesellschaftliches Klima geschaffen werden, in dem die Menschen sich nicht mehr argumentativ auseinandersetzen – weil sie kein Vertrauen mehr in eine faire Auseinandersetzung haben.

(v 1992)

Erfolgskontroll-Fragebogen für den Diskussionsleiter

Bitte ankreuzen, ob die folgenden Aussagen zutreffen, nur teilweise oder gar nicht zutreffen.

Der Diskussionsleiter hat	trifft zu	teilweise zu	nicht zu
die Diskutanten ausgewogen vorgestellt	☐	☐	☐
über die Ausgangslage orientiert	☐	☐	☐
die Zielsetzung und Form der Diskussion erläutert	☐	☐	☐
die Spielregeln verständnisfördernd begründet	☐	☐	☐
zielorientierte Startfragen gestellt	☐	☐	☐
Querverbindungen aufgezeigt	☐	☐	☐
zurückhaltende Diskutanten unterstützt	☐	☐	☐
den Diskussionsverlauf durch seine Fragetechnik zielorientiert beeinflusst	☐	☐	☐
keine Diskutanten bevorzugt	☐	☐	☐
das Diskussionsthema erweitert, bzw. eingeschränkt	☐	☐	☐
Zwischenergebnisse festgehalten	☐	☐	☐
das Diskussionsziel nie aus den Augen verloren	☐	☐	☐
das Diskussionsergebnis in Abhängigkeit von der Zielsetzung zusammengefasst	☐	☐	☐
offene Fragen und Anträge entgegengenommen und das weitere Vorgehen festgelegt	☐	☐	☐

An der Diskussion hat mir besonders gefallen:

_____

_____

An der Diskussion hat mich besonders gestört:

_____

_____

(v 1984)

Fehlformen der Argumentation

Dies sollten Tabus für jede Argumentation sein:
- ideologische Festlegungen, zum Beispiel mit Hilfe rassistischer oder sexistischer Voreinstellungen und Stereotypen
- den Gegner herabsetzen, ihn mit emotionalen, negativ besetzten Begriffen in Verbindung bringen; die eigene Position dagegen mit positiven Begriffen verbinden
- ein Beschwichtigungsvokabular benutzen, indem zum Beispiel gesellschaftliche Probleme durch entproblematisierendes Vokabular (Euphemismen) entschärft bzw. verharmlost wird
- Drohung und Unterstellung von nicht zutreffenden Motiven des Gegners

Mit Hilfe des Textes „Gute Argumente" (Seite 406) können Sie die folgende Liste von Fehlern und Schwierigkeiten beim Argumentieren ergänzen:
- Argumente fehlen; es werden Thesen aneinander gereiht, ohne dass diese begründet werden.
- Es werden nur Beispiele und Belege aufgezählt, ohne dass diese sich auf Argumente beziehen oder in eine These oder Schlussfolgerung einmünden.
- Die Argumente sind zu schwach oder sie werden nicht genügend durch Belege abgestützt.
- bloße Gegenbehauptung
- ...

Ein besonders häufig gemachter Fehler ist der, Beispiele unzulässig zu verallgemeinern. Die eingeschränkte Einschätzung der eigenen Beispiele darf durchaus genannt werden, das heißt, bei normativen Aussagen sollte man nicht so tun, als könnte man auf allgemein anerkanntes Wissen (zum Beispiel auf Tatsachenaussagen) zurückgreifen. (Formulierungen zum Beispiel: Ich glaube.../Nach meiner Meinung ... / Vermutlich ... / Man sollte darüber nachdenken, dass...). Oft wird auch zu wenig an mögliche Gegenargumente gedacht. Die Frage, was man dagegenhalten könnte, ist ein wichtiger Prüfstein für die Schlüssigkeit der eigenen Argumentation. Man kann einem kritischen Hörer bzw. Leser dadurch den Wind aus den Segeln nehmen, dass man Gegenargumente in seine Überlegungen einbezieht (Formulierungen zum Beispiel: Zwar ..., aber .../ Dagegen könnte man halten, dass.../ Zugestehen müsste man...)

Zur Übung:
- Weisen Sie entsprechend gelungene Formulierungen an dem Streitgespräch „Den Fortschritt bremsen?" (Seite 394ff.) nach.
- Wählen Sie sich einen Beispieltext zum Thema „Klonen" (Seite 399ff.); fügen Sie an geeigneten Stellen Formulierungen ein, die eine eingeschränkte Einschätzung zum Ausdruck bringen und/oder fügen Sie Gegenargumente in die Überlegungen ein.

Schriftliche Erörterung: freie und textgebundene Erörterung

Freie Erörterung

Bei der freien oder nichttextgebundenen Erörterung kann man unterscheiden zwischen steigernder (einseitiger, reihender) Erörterung und dialektischer Erörterung im Pro- und Kontra-Verfahren.

Themenbeispiele:
Erörtern Sie, warum Frischs „Andorra" als moderne Fassung von Lessings „Nathan der Weise" gelten kann.

Ist Lessings Drama „Nathan der Weise" noch zeitgemäß? Erörtern Sie diese Frage im Für und Wider und beziehen Sie selbst Stellung.

Erörtern Sie, warum es in der heutigen Zeit sinnvoll sein könnte, wissenschaftlichen Fortschritt kritisch zu betrachten.

Fortschritt bremsen oder Fortschritt bestätigen? Beziehen Sie Stellung.

Auch beim schriftlichen Erörtern soll ein Problem durch Argumentieren einer „Lösung" angenähert werden. Auch hier gilt: Eine durch Argumentation erreichte Lösung kann immer wieder durch neue Argumente infrage gestellt werden. Das Argumentieren, das Prüfen und Vorbringen von Argumenten mit dem Ziel, den Leser von der Richtigkeit der vorgebrachten Meinung zu überzeugen, ist daher die wichtigste Methode schriftlichen Erörterns. Während sich in der alltäglichen Kommunikation die Pro- und Kontra-Argumentation auf unterschiedliche Sprecher verteilt, müssen bei einer schriftlichen (dialektischen) Problemerörterung die jeweiligen Standpunkte von *einem* Schreiber dargestellt werden. Dazu werden im Sinne einer sinnvollen Gliederung zunächst These und Antithese formuliert, um danach die persönliche Stellungnahme – möglicherweise als Kompromiss – vorzustellen.

Die folgenden Gliederungsmöglichkeiten für eine **dialektische Erörterung** sind Ihnen sicher bereits aus der Sekundarstufe I bekannt.

❏ Belegen Sie an den Themenbeispielen, dass es sich in einem Falle um eine Ergänzung von Argumenten in einer vorgegebenen Richtung handelt und im anderen Falle um eine eigene Entscheidung geht.

❏ Beurteilen Sie die Vor- und Nachteile der beiden folgenden Gliederungsformen. Bedenken Sie dabei auch
– Themenwahl
– Wirkung auf Leser
– individuelle Vorlieben/Unterschiede der Schreiberin/des Schreibers

Möglichkeit a)

1. Einleitung

2. Hauptteil
2.1. These
   Argument 1/Beispiel(e)
   Argument 2/Beispiel(e)
   …

2.2. Antithese
   Argument 1/Beispiel(e)
   Argument 2/Beispiel(e)
   …

2.3. Synthese
   (eigene Entscheidung, wertende Stellungnahme, ggf. Kompromiss)

3. Schluss

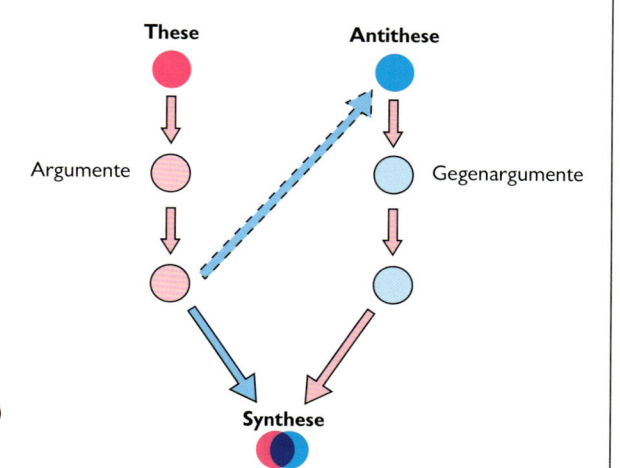

Möglichkeit b)

1. Einleitung

2. Hauptteil
These – 1. Argument/Beispiel(e)
   Antithese –
   1. Argument/Beispiel(e)
These – 2. Argument/Beispiel(e)
   Antithese –
   2. Argument/Beispiel(e)
…
   Synthese
   (eigene Entscheidung, wertende Stellungnahme, ggf. Kompromiss)

3. Schlussteil

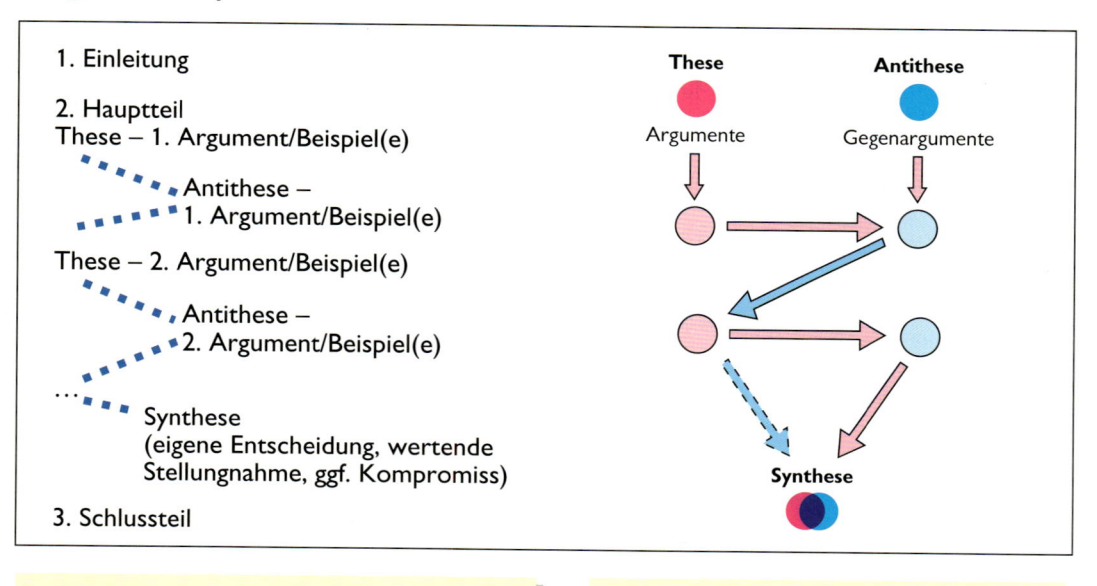

Möglichkeiten einer Einleitung:
- Ausgehen von einem allgemeinen Problem
- Ausgehen von aktuellem Einzelfall
- Ausgehen von der zitierten Meinung eines Experten
- Ausgehen von kontroversen Meinungen
- Ausgehen von der Definition eines zentralen Begriffs

Möglichkeiten eines Schlussteils:
- Aufgreifen der Einleitung
- Ausblick
- Vermutungen über mögliche Erfolge bzw. Misserfolge von Vorschlägen
- Hinweise auf nichtbehandelte, aber verwandte Problematik

Valentin Reitmajer
Die Erörterung

Erörtern bedeutet, sich intensiv und argumentativ mit einem komplexen Sachverhalt oder mit einer Fragestellung, für die nicht nur eine Antwortmöglichkeit bereitsteht, auseinanderzusetzen und nach Lösungsmöglichkeiten zu suchen. Hierbei
5 kommt es darauf an, Einseitigkeiten und Vorurteile zu vermeiden und zu einem selbständigen, begründeten Urteil zu gelangen. […]
Die dialektische Erörterungsform, und nur diese, verlangt ein Urteil, in dem die vorher angeführten Argumente ausgewer-
10 tet werden und in dem der Autor auf der Grundlage dieses Bewertungsprozesses versucht, sich für eine Lösung des gestellten Problems zu entscheiden. Sinnvollerweise ist diese Entscheidung durch eine kurze und eventuell bewertende Zusammenfassung der hierfür ausschlaggebenden Argumen-
15 te zu begründen. Dabei muss das Urteil nicht immer die Form eines nach allen Seiten ausgewogenen (manchmal faulen) Kompromisses haben. Sehr häufig zwar, aber bei weitem nicht immer, liegt die Wahrheit in der Mitte zwischen zwei gegensätzlichen Meinungen. Aber die tägliche Erfahrung bei
20 der Lösung von Problemfragen zeigt auch, dass – bei gleicher Argumentationslage – verschiedene Personen, je nach zugrunde gelegtem Wertsystem und Interesse, zu unterschiedlichen Lösungen kommen können. Es wäre wirklichkeitsfremd, dies im Aufsatz nicht ebenso zu halten. Die Bedingung
25 hierfür muss aber sein, dass angewandte Wertmaßstäbe und vorliegende Interessen offengelegt und begründet werden. […]
(v 1988)

❒ In welcher Weise wird hier die Erörterung als argumentativer Text gekennzeichnet?

❒ Welche Hinweise und Forderungen für das Schreiben einer dialektischen Erörterung werden genannt?

Zur Übung

❒ Formulieren Sie ein entsprechendes Thema zu den Bereichen „Der digitale Mensch" oder „Klonen" und schreiben Sie eine freie dialektische Erörterung. Wählen Sie dabei eine der beiden Gliederungsformen. Sie können auf einzelne Argumente und Zusammenhänge in den entsprechenden Texten zurückgreifen (Seite 394ff. und Seite 399ff.).

Rhesusaffen

Anlass und Adressaten

Klonen weltweit ächten!

Die These
Wissenschaftler haben jetzt erstmals Säugetiere geklont: das Schaf Dolly und zwei Rhesusäffchen. Solche Versuche überschreiten nicht nur die Grenzen der Natur. Sie zerstören jede Achtung vor der Schöpfung, machen das Leben zur beliebi-
5 gen Verfügungsmasse der Forscher. Auch das Klonen von Menschen scheint dadurch nicht mehr ganz unmöglich. Um diese Entwicklung zu stoppen, muss eine internationale Konvention das Klonen von Menschen und Säugetieren weltweit ächten. Ähnlich wie beim Atomwaffensperrvertrag müssen
10 sich nicht nur die Wissenschaftler, sondern die Staaten zum Verzicht auf diese ethisch nicht vertretbaren Versuche verpflichten. Zur These der WOCHE nehmen Stellung:

Die Positionen ➕ Zustimmung ➖ Ablehnung ⭕ teils/teils

- Erörterndes Schreiben in Alltagssituationen steht fast immer in einem kommunikativen Zusammenhang, das heißt, es gibt einen direkten Adressaten und ein klares Schreibziel. Beurteilen Sie entsprechend die Meinungstexte zum Thema „Klonen". Diese sind der Wochenzeitung „Die Woche" entnommen, und zwar der zweiten Seite, auf der in jeder Ausgabe eine strittige Frage diskutiert wird.
- Arbeiten Sie heraus, wie jeweils die Argumentation aufgebaut ist. Formulieren Sie danach zu der These eine eigene Stellungnahme, indem Sie sich mit entsprechenden Begründungen für eine Ansicht entscheiden oder einen Kompromiss formulieren.
- Inwiefern unterscheidet sich von dieser Schreibsituation das schulische Schreiben von Erörterungen (vgl. die Gliederungsvorschläge auf Seite 410)?

Zur Übung:

- Formulieren Sie selbst eine Stellungnahme zu der o.g. These zum Thema „Klonen". Berücksichtigen Sie dabei die Funktion eines solchen Beitrags in der Wochenzeitung.
- Auch bei dem folgenden Vorschlag für eine Erörterung, der sich auf Materialien in diesem Kapitel bezieht, muss der Adressatenbezug und damit die Wirkung auf Leserinnen und Leser berücksichtigt werden:
Verfassen Sie einen Leserbrief zu dem Text „Klonen wird alltäglich" (Seite 400f.).

⊖ Stanislaw Lem
(Sciencefiction-Autor)

„Wer das ‚Unerklärliche' scheut, sollte sich schnell im Urwald verkriechen."

Es ist sinnlos, das Klonen als ein winziges Teilchen der Genforschung zu ächten: Erstens lässt sich jedes Verbot umgehen – es stehen schon jetzt viele Forschungsvarianten zur Verfügung. 5 Zweitens würden Verbote sowieso nicht in der globalen Dimension beachtet. Und drittens wird aus der Genforschung, wie aus jeder Techno-Innovation, nicht nur Gefährliches, sondern auch viel Heilbringendes hervorsprießen. Wer das „Unerklärliche" 10 scheut, sollte sich schnell auf allen vieren laufend im Urwald verkriechen. Denn nirgends sonst gibt es noch die „rein gebliebene" Natur!

◯ Arthur L. Caplan
(Zentrum für Bioethik, Universität von Pennsylvania)

Das Klonen von Menschen sollte weltweit geächtet werden. Denn die Technik, mit der in Schottland Schafe geklont wurden, ist bislang noch nicht sicher genug für den Einsatz am Menschen. Um ein Schaf erfolgreich zu klonen, haben die Wissenschaftler über 200 Embryonen befruchtet. Der größte 5 Teil davon starb, in einigen Fällen wuchsen kranke oder missgebildete Tiere heran. Daher ist es zur Zeit unverantwortlich, die existierenden Techniken auch an menschlichen Embryonen anzuwenden. Auf Säugetiere sollte ein Klonverbot allerdings nicht ausgeweitet werden, weil es hier eine Reihe nütz- 10 licher Anwendungen gibt. Wenn Klonen beispielsweise Tierarten vor dem Aussterben bewahrt oder die Techniken zur künstlichen Befruchtung vereinfacht, sehe ich keine schwerwiegenden moralischen Aspekte, die gegen Klonen bei Säugetieren sprechen. 15

⊕ Sabine Riewenherm
(Gen-Ethisches Netzwerk, Berlin)

Das Klonen von Tieren oder Menschen ist ohne Wenn und Aber abzulehnen – auch wenn daraus neue Medikamente entstehen könnten oder manche Menschen sich ein ewiges, 5 kloniertes Leben wünschen. Blinde Technikgläubigkeit oder die Karrierewünsche einzelner Wissenschaftler sind ein schlechter Maßstab, wenn es um ethische Grundfragen geht. Es ist erschreckend zu sehen, 10 wie eine Grenze nach der anderen überschritten wird – von der genmanipulierten Erdbeere bis zur Abtreibung behinder-

ter Embryonen. Der ethische Grundkonsens unserer Gesellschaft darf nicht selbst ernannten „Bioethik"-Experten überlassen bleiben. Diese Fragen gehen uns alle an.
(Aus: Die Woche, 7.3.1997, S. 2)

Hans Joachim Grünwaldt
Sind Klassiker etwa nicht antiquiert?

Schüler, die unter der Bettdecke heimlich „Wilhelm Tell" lesen, existierten vielleicht schon immer nur in Wunschträumen von Lehrern, heute ist es gewiss so. Heutzutage weiß ein junger Mensch mit den sogenannten „klassischen" Werken der
5 Literatur, also mit jenen als „wertvoll" bezeichneten Dichtungen, die vor der Jahrhundertwende geschrieben wurden, meist wenig anzufangen. Sofern ihm nicht von „Gebildeten" ihnen gegenüber Befangenheit eingeredet worden ist, lehnt er sie eher spontan ab, als dass er sich für sie interessiert oder gar
10 begeistert.
Fremd und nicht selten fast unverständlich ist ihm schon die Sprache, in der diese Texte abgefasst sind. Häufig muss er, um sie verstehen zu können, Spezialwörterbücher benutzen oder sich von eingeweihten Lehrern helfen lassen. Mancher Satz,
15 der als besonders kunstvoll gilt, kommt ihm gekünstelt vor. Das rhetorische Pathos, mit dem einige Dichter ihre Leser mitreißen wollen, reizt ihn zum Lachen.
Er merkt, dass diese Literatur nicht für ihn geschrieben wurde. Es werden bei ihm als dem Angesprochenen mythologi-
20 sche, historische, auch literaturgeschichtliche Kenntnisse vorausgesetzt, die er gar nicht besitzt. Ist sein Gedächtnis damit jedoch vollgestopft worden (und auf welcher Schule müsste er das heute noch erdulden!), so fühlt er sich bei der Lektüre angesprochen als einer, dem Standesunterschiede selbstver-
25 ständlich sind, der an Gott oder „die Götter" glaubt, der Gehorsam für eine Tugend hält oder der glaubt, dass Menschen, wenn sie nur wollten, alles könnten. Er spürt, dass von ihm die Überzeugungen, die Vorurteile und Verhaltensklischees eines freien Griechen des 5. Jahrhunderts vor der Zeitrech-
30 nung ebenso erwartet werden wie die eines Ritters der Stauferzeit, eines bürgerlichen Fürsten- und Staatsdieners des 18. oder eines kleinbürgerlichen Gebildeten des 19. Jahrhunderts, dass er diese Menschen und das, was sie dachten und empfanden, zumindest verstehen soll.
35 Sich in sie hineinzuversetzen, fällt ihm jedoch sehr schwer. Die in diesen Dichtungen dargestellten Menschen haben ganz andere Lebensgewohnheiten als er. Sie leben auf Burgen und Schlössern oder in altertümlichen kleinen Städten oder Dörfern. Sie kleiden sich anders. Wenn sie sich fortbewegen wol-
40 len, nehmen sie ein Pferd oder eine Kutsche und nicht das Auto. Nicht wenige von ihnen sind materiell unabhängig. Die Natur, die sie fürchten oder anbeten, ist der von Menschen noch nicht beherrschte und noch nicht verschandelte Bereich der Erde und nicht der wohlgeordnete Freizeitpark. Um man-

Weitere Themen, die Sie entsprechend Ihrer konkreten schulischen Situation verändern könnten:

❒ Sie entwickeln einen Brief an die Eltern des Grund- bzw. Leistungskurses Deutsch, mit dem Sie den Sinn einer Studienfahrt nach Weimar (Berlin, Prag,...) verdeutlichen.

❒ Sie erläutern in Ihrer Schülerzeitschrift für Mitschüler Ihres Jahrgangs, warum es sinnvoll sein kann, ein schwieriges bzw. umstrittenes Werk (Goethes *Iphigenie auf Tauris?*/Süskinds *Das Parfum?*...) im Unterricht zu besprechen.

❒ Sie schreiben eine Entgegnung an den Deutschlehrer Joachim Grünwaldt, aus dessen Aufsatz „Sind Klassiker etwa nicht antiquiert?" Sie den nebenstehenden Ausschnitt kennen gelernt haben.

che Probleme dieser Menschen verstehen zu können, muss man sich daran erinnern, dass es weder eine Versicherung gab, die sie vor Unvorhersehbarem schützen, noch ein Sozialamt, das ihnen in der Not helfen konnte, dass sie häufig weder die Polizei noch Gerichte mit der Vertretung ihrer Interessen beauftragen konnten.

Selbstverständlich lassen sich all diese Verständnis-Hindernisse überwinden. Man kann die Schüler lehren, die Welt und die Menschen so zu sehen, wie der Autor in längst vergangenen Tagen sie sah oder sehen wollte, man kann sie lehren, seine Sprache und seine Probleme zu verstehen. Aber sollte man es, wenn dies so viel Schwierigkeiten bereitet? Die Arbeiten der noch lebenden Schriftsteller interessieren den jungen Menschen meist viel mehr als die Werke der Klassiker. Sollte man deshalb nicht diese zum einzigen Gegenstand des Literaturunterrichts an unseren Schulen machen? In ihnen wird die Welt mit den Augen eines Zeitgenossen gesehen und mit der Sprache eines Zeitgenossen beschrieben. Aus ihnen kann der junge Mensch etwas über seine Zeit und sich lernen. Sie sind „aktuell", die Werke der Klassiker aber „antiquiert", wie Schüler sagen würden.

(v 1970)

Textgebundene Erörterung:
Kritische Auseinandersetzung mit einem Meinungstext

In der Oberstufe haben Sie es oft mit Erörterungen im Zusammenhang mit fachspezifischen Texten zu tun. Dies gilt auch für Abiturklausuren. Texterörterungen sind keine „neuen" Darstellungsformen, sondern sie enthalten Elemente der Textanalyse und -beschreibung und des argumentierenden Schreibens.
Bei dieser Aufgabenart kommt es auf zwei Leistungen an:
- die Argumentation der Vorlage zu analysieren und zu erfassen,
- textbezogen zu urteilen und die eigene Meinung zu begründen.

Rudolf Walter Leonhardt
Zuhören ist das Schwerste

Aus dem schönsten Konzert wird nichts, wenn die Musiker nichts taugen: ihr Handwerk nicht beherrschen, nicht diszipliniert spielen, am liebsten alle Solisten wären, am Erfolg des Konzerts weniger interessiert sind als an ihrem persönlichen Erfolg. Mutatis mutandis[1] gilt das Gleiche für Diskussionen. Und deswegen sind Diskussionen mit deutschen Politikern – ob sie nun „Journalisten fragen – Politiker antworten" oder „Bonner Runde" oder „ZDF-Hearing" heißen – das Unzulänglichste, was das deutsche Fernsehen seinen Zuschauern anzubieten hat. Aber die öffentlich-rechtlichen Anstalten sind ja auch nicht so sehr von ihren Zuschauern abhängig wie von den politischen Parteien.

[1] mutatis mutandis: mit der nötigen Einschränkung

Gewiss beherrschen viele Politiker ihr Handwerk, das wollen wir hoffen. Aber sie haben überhaupt kein Interesse an der Diskussion. Sie wollen ihre persönliche Popularität durch Fernseh-Auftritte steigern, und sie wollen die Ansichten ihrer Partei an den Mann bringen.

Das eine ist so legitim wie das andere. Nur, dass es als Fernseh-Diskussion getarnt wird, ist illegitim. Gewiss, im Staatsvertrag für das ZDF ist ein „Verlautbarungsrecht" der politischen Parteien festgeschrieben. Und es wäre korrekt, wenn der Sender bei der Ankündigung eines solchen Programmes, auch im Vorspann dazu, bekannt gäbe: Hiermit erfüllen wir freudig, wozu der Staatsvertrag uns verpflichtet. Stattdessen ist man, aus fernsehästhetischen Gründen, genau den umgekehrten Weg gegangen und hat versucht, die Partei-Sendungen wie ein ganz normales Programm erscheinen zu lassen.

Ich stütze meine Überzeugungen auch auf eine wissenschaftliche Analyse, die in der Reihe „Medien in Forschung + Unterricht" im angesehenen Tübinger Max Niemeyer Verlag erschienen ist. Die Autoren Werner Holly, Peter Kühn und Ulrich Püschel geben ihrer Studie über „Politische Fernsehdiskussionen" den bezeichnenden Untertitel „Zur medienspezifischen Inszenierung von Propaganda als Diskussion". Sie kommen zu dem Schluss: „Für kritikwürdig aus sprachwissenschaftlicher Sicht halten wir…, dass man vom Hochwert einer Gesprächsform zu Unrecht profitiert, indem man etwas als Diskussion inszeniert, was mit Sicherheit den gängigen Regeln dieser Gesprächssorte zuwiderläuft. Angemessener wäre das Etikett: ‚Propaganda-Talk-Show.'

Zwei Regeln vor allem werden in den genannten, und wohl auch noch in einigen anderen Politiker-Diskussionen verletzt.
Regel 1: Alle Diskutanten haben gleichberechtigt zu sein.
Regel 2: Alle Diskutanten müssen den Moderator respektieren.

Bei den Politiker-Diskussionen sind die Politiker privilegiert. Die Journalisten spielen zweite Geige. Wie es schon aus dem alten Titel hervorging, durften die Journalisten nur fragen; das Antworten blieb den Politikern überlassen. Nun gehören nicht alle Journalisten zur Gruppe derer, von denen Klaus Bresser einmal völlig zu Recht gesagt hat, dass sie vor Politikern buckeln. Aber auch von opportunistischem Anpassungszwang freie Kollegen werden schon durch die Spielregeln daran gehindert nachzuweisen, dass die Politiker-Antworten nicht in jedem Falle dem Streben nach reiner Wahrheit entspringen.

Und der Moderator kann nicht helfen. Dafür haben wir das Zeugnis eines unserer gescheitesten und eloquentesten Gesprächsleiter. Johannes Gross schrieb: „Wenn Sie einem Politiker eine unangenehme Frage stellen, dann sagt er beispielsweise: ‚Herr Dr. Wagner, ich bin Ihnen sehr dankbar für diese sehr interessante Frage, aber lassen Sie mich noch vorweg zurückkommen auf das, was eben Frau Krause-Brewer gesagt hat.' Und dann spricht er ganz ungeniert über das, was Frau Krause-Brewer gesagt oder auch nicht gesagt hat, und ver-

❐ Um welches Problem geht es in diesem Text? Weisen Sie die Argumentationsstruktur des Textes nach; wie geht der Verfasser vor? Versuchen Sie Kenntnisse und Begriffe zu nutzen, die Sie im Verlaufe dieses Kapitels kennen gelernt haben, also zum Beispiel: Hauptthesen, Form von Argumenten, Stützen der Argumentation, logische Verknüpfungen, Einschränkungen, Einbeziehung von Gegenargumenten, Fazit,...

❐ Verfassen Sie auf der Grundlage dieser Vorarbeiten (vgl. Punkt a) der weiter unten genannten Arbeitsschritte) eine textgebundene Erörterung.
Adressat Ihrer Darstellung sollte ein nichtinformierter Leser sein. Deshalb sollten Sie keine Textinformationen voraussetzen und die Bewertung so darstellen, dass auch ein nichtinformierter Leser sie nachvollziehen kann.

Bitte beachten:
- die Stoßrichtung des Textes prüfen
- nicht bei Nebensächlichkeiten stehen bleiben

gisst die andere Frage einfach. Und wenn ich sage: ‚Sie haben die Frage von Herrn Wagner noch nicht beantwortet' ..., dann sagt er: ‚Ja, das war eine sehr wichtige Frage, aber ich glaube, sie ist längst erledigt worden durch das, was Herr Meyer von der CSU eben gesagt hat.' Kurz, wenn er nicht antworten will, können Sie ihn nicht dazu zwingen." [...]
Neben Politikern, Journalisten und anderen im Show-business Engagierten haben ganz normale Menschen in Deutschland einen schweren Stand. Es gibt bei uns keine Rhetorik der freien Diskussion, wie sie Engländer und Amerikaner von klein auf lernen. [...]
Es gab einmal ein paar Jahre lang einige Schulen, wo die Diskussion als Unterrichtsform geübt wurde. Einige gibt es wohl noch immer. Die Erfolge erscheinen nicht überwältigend. Wobei sicher auch mitspielt, dass „in diesem unserem Lande" die Neigung besteht, von einem Extrem direkt ins andere zu kippen. Eben noch Frontalunterricht dozierende Lehrer; dann aber auf einmal nur noch diskutieren und überhaupt nichts mehr lernen.
Wer von einer Fernseh-Diskussion den freien Meinungsaustausch freier Persönlichkeiten erwartet, wird oft enttäuscht. Und es wäre Unrecht, allein dem Fernsehen daran die Schuld zu geben. Die dort Verantwortlichen sollten schon ein wenig mehr über ihre Diskussions-Veranstaltungen nachdenken. Aber was können sie machen, wo die freie Rede auch den gelernten Sprechern dauernd zu Stereotypen gerinnt?
(Aus: Die Zeit, 22.7.1988)

² Kohärenz: Zusammenhang

Textgebundene Erörterung: Mögliche Arbeitsschritte

a) Vorarbeiten
Den Text sorgfältig durcharbeiten; möglicherweise wiederholt lesen; Argumentationsstruktur, Hauptthesen, Argumentationsformen kennzeichnen; Stärken und Schwächen der Argumentation feststellen; den eigenen Standort bestimmen.

Folgende Fragen können Ihnen bei der Argumentationsanalyse der Vorlage helfen:
- Welches Thema/Problem wird behandelt?
- Wie lautet die Hauptthese? Gibt es Unterthesen?
- Welche Argumente werden verwendet?
- Mit welchen Beispielen/Belegen werden die Argumente verstärkt, veranschaulicht, verdeutlicht?
- Welche rhetorischen Mittel verwendet der Verfasser; wie geht er auf den Leser ein?
- Auf welche Weise versucht der Verfasser, den Leser für seine Meinung einzunehmen?
- Welche argumentativen Einwände werden gemacht?
- Welche Meinung, welche Absicht vertritt der Verfasser, auf welches Fazit, welche „Lösung" wird hingearbeitet?

- Welche wichtigen Aspekte werden ausgelassen? An welchen Stellen wird unzulässig verallgemeinert?
- Welche Einstellung habe ich selbst zu dem Problem bzw. zu der „Lösung"?
- Wie kann ich diese Einstellung begründen?

b) Schreiben des Textes

1. Einleitung
Nennung von Verfasserin/Verfasser, Thema, zentralen Begriffen; möglicherweise Thema an aktuelle Ereignisse oder gesellschaftliche Diskussionen anbinden

2. Hauptteil
2.1. Analyse der Argumentation des Textes (vgl. a)
Problemstellung benennen
Hauptthesen und ihren inhaltlichen und gedanklich-logischen Zusammenhang aufzeigen
Argumentationsstruktur und Argumentationsweise erläutern
2.2. kritische Auseinandersetzung mit den Positionen des Textes, ggf. Prüfung der Voraussetzungen der im Text vertretenen Positionen; danach begründete zustimmende bzw. ablehnende Stellungnahme zum Text
- bei Zustimmung zum Text oder zu einzelnen Teilen:
logische Schlüssigkeit der Denkweise nachweisen, dabei mit eigenen Erfahrungen die Meinung des Autors stützen; auf Autoritäten hinweisen, die eine ähnliche Position vertreten
- bei Ablehnung des Textes oder einzelner Teile:
Schlüssigkeit der Argumentation überprüfen und entsprechend bewerten

3. Schlussteil
möglicherweise zusammenfassende Darstellung der eigenen Position (Übereinstimmung mit der Meinung des Verfassers, teilweise Übereinstimmung mit der Meinung des Verfassers, völlige Ablehnung) und/oder weiterführende Lösungsmöglichkeiten und Problematisierungen

Beachten Sie, dass es für den Aufbau einer textgebundenen Erörterung zwei Verfahren gibt:
- den analytischen und den erörternden Teil getrennt anfertigen
- fortlaufend den Text analysieren und an geeigneten Stellen jeweils die eigene Stellungnahme einfügen

Nicht immer wird es bei der Erörterung eines Textes möglich sein, kritische Gegenargumente zu finden, insbesondere dann nicht, wenn die Vorlage schlüssig, überzeugend und dicht wirkt. Man kann dann zum Beispiel
- das jeweilige Argument verstärken, indem man ihm zustimmt,
- ein Argument erweitern, indem man zusätzliche Belege anführt,
- den gesamten Text durch zusätzliche Argumente erweitern.

Bitte beachten:
- bei der Textwiedergabe Präsens verwenden
- Zitate sinnvoll auswählen und in den eigenen Satzbau integrieren
- zwischen Textwiedergabe und eigenen Gedanken trennen
- die zentrale Problematik treffen
- bei der Stellungnahme immer wieder auf Text und Autor beziehen

SPRACHE UND LITERATUR IM 20. JAHRHUNDERT – TEXTSEQUENZEN, TEXTVERGLEICHE

Franz Kafka, ein Autor der Moderne: Der Mensch auf der Suche nach dem Sinn seiner Existenz

❏ Formulieren Sie die Vermutungen zu Kafkas Wesensart und Persönlichkeit, die durch dieses Bild bei Ihnen ausgelöst werden.

❏ Sammeln Sie in Ihrer Kursgruppe Ihr Wissen über Kafka. Vergleichen und korrigieren Sie ggf. Ihre Kenntnisse mit Hilfe der nachfolgenden Hinweise zur Biografie.

Das letzte Bild (Berlin 1923/24)

Biografische Übersicht

1883	Franz Kafka am 3. Juli als Sohn des Kaufmanns Herrmann und seiner Frau Julie (geb. Löwy) in Prag geboren. Schwestern Elli (1899), Valli (1890) und Ottla (1892).
1901–1906	Studium an der Deutschen Universität in Prag. Germanistik (im 2. Semester), dann Jura.
1902	Ferien in Liboch und Triesch (bei Onkel Siegfried, dem Landarzt). Erste Begegnung mit Max Brod. Franz Brentano, „Louvrezirkel".
1904–1905	*Beschreibung eines Kampfes.* Die ersten regelmäßigen Zusammenkünfte mit Oskar Baum, Max Brod und Felix Weltsch.
1906	Promotion zum Dr. jur. Advokatur, ab Oktober ein Jahr „Rechtspraxis".
1907	*Hochzeitsvorbereitungen auf dem Lande* (Erzählungen).
1908	Ab Juli „Arbeiter-Unfall-Versicherungs-Anstalt" (bis zur Pensionierung im Juli 1922). Erste Publikation von acht Prosastücken in der Zeitschrift „Hyperion".
1910	Beginn des Tagebuchs. Jiddische Schauspielertruppe. Fanta-Kreis.
1911	Amtliche Reise nach Friedland und Reichenberg. Ferien an den oberitalienischen Seen, mit Max Brod. Erlenbacher Sanatorium. Jiddische Schauspieltruppe; Jizchak Löwy.
1912	Anfang des Jahres erste Entwürfe zum *Verschollenen (Amerika)*. Juli in Weimar (mit Max Brod), dann in Jungborn. August: Zusammenstellung des ersten Buches *Betrachtung*, das im Dezember erscheint. Erste Begegnung mit Felice Bauer. September: *Das Urteil*. September bis Januar 1913: Die ersten sieben Kapitel des *Verschollenen*. Oktober: Beginn der Korrespondenz mit Felice Bauer. November/Dezember: *Die Verwandlung*. Dezember: Erste öffentliche Lesung (in Prag, *Das Urteil*).
1913	Ostern: Erster Besuch bei Felice Bauer in Berlin. April: Gartenarbeit in Troja. Mai: Zweiter Besuch in Berlin; Erscheinen des *Heizer*. September: Wien, Venedig, Riva. „Die Schweizerin".
1914	Ostern in Berlin. Juni: Verlobung mit Felice Bauer. Juli: Entlobung, Reise an die Ostsee. Beginn der Niederschrift des *Prozess*. Oktober: *In der Strafkolonie*. Letztes Kapitel des *Verschollenen*. – Grete Bloch.
1915	Januar: Erstes Wiedersehen mit Felice Bauer. März: Zimmer in der Langen Gasse. Reise nach Ungarn. Carl Sternheim gibt den Fontane-Preis an Kafka. November: Erscheinen der *Verwandlung*.
1916	Juli: Mit Felice Bauer in Marienbad. September: Erscheinen des *Urteil*. Zimmer in der Alchimistengasse. *Landarzt*-Erzählungen.

Kafkas Geburtshaus

Kafka nach 1896

Kafka mit seiner jüngsten Schwester Ottla (um 1915)

Kafka mit Felice Bauer, kurz nach der zweiten Verlobung (1917)

1917 *Landarzt*-Erzählungen. März: Zimmer im Schönborn-Palais. Juli: Zweite Verlobung mit Felice Bauer. September: Konstatierung der Lungentuberkulose; Übersiedlung nach Zürau zur Schwester Ottla. Dezember: Entlobung.
1919 Schelesen. Ab Frühjahr wieder in Prag. Mai: Erscheinen von *In der Strafkolonie*. – Verlobung mit Julie Wohryzek. Im Novermber in Schlesen, *Brief an den Vater*, Minze E.
1920 *Er.* – Gustav Janouch. Ab April in Meran; Briefwechsel mit Milena Jesenská. Wien – Entlobung mit Julie Wohrysek. Erscheinen von *Ein Landarzt*. Im Sommer und Herbst in Prag; zahlreiche Erzählungen (darunter *Poseidon, Nachts, Zur Frage der Gesetze, Der Kreisel*).
1922 Februar in Spindelmühle, dann Prag, von Ende Juni bis Mitte September in Planá bei der Schwester Ottla. Januar bis September: *Das Schloß*. Frühjahr: *Ein Hungerkünstler*. Sommer: *Forschungen eines Hundes*.
1923 Prag. Im Juli in Müritz (Ostsee); Dora Diamant. – Schelesen (Ottla). Ab September in Berlin. Oktober: *Eine kleine Frau*. Im Winter: *Der Bau*.
1924 Berlin. Im März in Prag, *Josefine, die Sängerin*. Anfang April Abreise von Prag. Mit Dora Diamant und Robert Klopstock im Sanatorium in Kierling, wo Kafka am 3. Juni stirbt. Am 11. Juni Begräbnis in Prag. Im Sommer erscheint die Sammlung von vier Erzählungen *Ein Hungerkünstler*.

Klaus Wagenbach
Franz Kafka

Die sehr unterschiedliche Herkunft der Eltern Kafkas (in ihr repräsentiert sich geradezu das gesellschaftliche und sprachliche Gemisch des alten Böhmen) wird noch einmal im Eintrag der Eheschließung zwischen Herrmann Kafka und Julie Löwy im Prager Heiratsregister, September 1882, sichtbar: Herrmann, aus dem tschechisch-jüdischen Provinzproletariat, wohnte auch in Prag in der Nähe des schon lange aufgelassenen und zwei Jahrzehnte später endgültig abgerissenen Gettos. Julie, aus dem vermögenden und gebildeten deutschjüdischen Bürgertum, wohnte in einem der schönsten Häuser am Altstädter Ring, im „Smetanahaus". Und Kafka selbst wurde ein Jahr später, am 3. Juli 1883, genau an der Grenze dieser beiden Stadtteile geboren (im Haus „Zum Turm", I/27, das zur St.-Nikolaus-Prälatur gehörte), so als ob die Verschiedenheit der Herkunft noch einmal dokumentiert werden solle. Diese Herkunft sondert ihn gleichzeitig von den anderen Dichtern der „Prager Schule": Als Einziger sprach und schrieb er fast fehlerlos Tschechisch, als Einziger wuchs er mitten in der Altstadt auf, an der Grenze zum damals noch als architektonische Einheit bestehenden Gettobezirk. Niemals hat Kafka die enge Bindung zum tschechischen Volk verloren, niemals diese Atmosphäre seiner Jugend vergessen. [...] Während seines ganzen Lebens – mit Ausnahme der letzten Lebenszeit, als ihn die Krankheit zwang, Sanatorien aufzusu-

chen – hat Kafka diesen innersten Bezirk der Prager Altstadt nur selten verlassen. „Als wir einmal vom Fenster auf den Ringplatz hinunterschauten", so berichtet ein Zeuge, „sagte er, auf die Gebäude hinweisend: *Hier war mein Gymnasium,* *dort in dem Gebäude, das herübersieht, die Universität und ein Stückchen weiter links hin mein Büro. In diesem kleinen Kreis* - und mit seinem Finger zog er ein paar kleine Kreise – *ist mein ganzes Leben eingeschlossen."*
Diese Eingeschlossenheit, die Beschränkung des Lebensraumes, war damals nicht so ungewöhnlich. Allerdings musste die Familie Kafka in dieser frühen Prager Zeit besonders bescheiden leben – in den ersten sieben Jahren nach der Geschäftsgründung waren die Wohnungen sehr klein und wurden häufig gewechselt. […]
Die Gründe für diese *Ängstlichkeit und totenaugenhafte Ernsthaftigkeit* des Kindes (die auch die frühen Fotos zeigen) lagen in der elterlichen Erziehung, soweit man davon überhaupt sprechen kann. Erziehungsskrupel hegte man damals ganz allgemein nicht und schon gar nicht in Kafkas Elternhaus. Das Kind wuchs unter der Obhut der Köchin und des Hausfaktotums Marie Werner auf, einer Tschechin, die jahrzehntelang in der Familie Kafka lebte und allgemein „slečna" (das Fräulein) genannt wurde. Die eine streng, die andere freundlich aber furchtsam gegenüber dem Vater, dem sie bei Auseinandersetzungen stets zu erwidern pflegte: „Ich sage ja nichts, ich denke nur." Zu diesen beiden „Respektspersonen" kam in den ersten Jahren noch ein Kindermädchen und später die (in „besseren" Prager Familien obligate) französische Gouvernante. Die Eltern sah Kafka selten: Der Vater hatte in seinem sich ständig vergrößernden Geschäft ein polterndes Domizil aufgeschlagen, und die Mutter musste stets um ihn sein, als Hilfe und als Ausgleich gegenüber den Angestellten, die dem Vater als *Vieh, Hunde und bezahlte Feinde* galten. Die Erziehung beschränkte sich auf Anweisungen bei Tisch […]; die knappen Befehle des Vaters blieben ihm unbegreiflich und rätselhaft […].
Gegenüber solchen Forderungen waren die Gegenkräfte – das empfindliche und sensible mütterliche Erbteil – denkbar gering, gerade weil das Kind (wie Kafka es erbittert als die Meinung des *gewesenen Kinderfräuleins* ins Tagebuch einträgt) *folgsam, von ruhiger Gemütsart und brav* war. (v 1964)

Vater Kafkas Geschäftsemblem: die Dohle (kavk)

Franz Kafka
Kleine Fabel

„Ach", sagte die Maus, „die Welt wird enger mit jedem Tag. Zuerst war sie so breit, dass ich Angst hatte, ich lief weiter und war glücklich, dass ich endlich rechts und links in der Ferne Mauern sah, aber diese langen Mauern eilen so schnell aufeinander zu, dass ich schon im letzten Zimmer bin, und dort im Winkel steht die Falle, in die ich laufe. " – „Du musst nur die Laufrichtung ändern", sagte die Katze und fraß sie.
(v 1921 in der Prager Presse, 25.12.1921)

❒ Der Text, der wahrscheinlich im Jahre 1920 entstanden ist, steht in Kafkas Manuskript ohne Überschrift. Der Freund Kafkas und spätere Herausgeber seiner Werke Max Brod überschrieb ihn (vielleicht ein wenig eigenmächtig) mit „Kleine Fabel" . Beurteilen Sie die Überschrift in Bezug zum Text.

❐ Suchen Sie andere, möglicherweise geeignetere Überschriften und begründen Sie jeweils Ihre Wahl.

❐ Erklären, deuten und beurteilen Sie den Rat der Katze am Schluss. Erläutern Sie, für wen oder was in diesem Text die Maus bzw. die Katze stehen könnte.

❐ Formulieren Sie eine zusammenfassende Deutung; belegen Sie dabei Ihre Auffassung am Text. Berücksichtigen Sie dabei unterschiedliche Deutungsmöglichkeiten.

❐ Vergleichen Sie die Textaussage mit dem Bild von Giorgio de Chirico.

Giorgio de Chirico: Melancholie und Mysterium einer Straße (1914)

❐ Stellen Sie Ähnlichkeiten und Unterschiede zum Text *Kleine Fabel* heraus. Versuchen Sie auch jeweils eine religiöse Deutung.

❐ Verfassen Sie selbst einen „Gegentext" zu Kafkas *Kleine Fabel*. Sie können auch versuchen, den Prosatext in eine lyrische Form zu bringen. Denken Sie dabei auch an Darstellungsmöglichkeiten der *Konkreten Poesie*. Bei diesem Arbeitsprozess können Sie den Text kürzen, einzelne Passagen übernehmen, einzelne Formulierungen umformen. Stellen Sie bei allen Neufassungen des Textes Ihre individuelle Deutung sowie eine für Sie aktuelle Problematik in den Vordergrund.

Die folgende Betrachtung, ebenfalls aus dem Nachlass und vermutlich ebenfalls 1920 entstanden, kann als Gegentext zur *Kleinen Fabel* verstanden werden.

Läufst du immerfort vorwärts, plätscherst weiter in der lauen Luft, die Hände seitwärts wie Flossen, siehst flüchtig im Halbschlaf der Eile alles an, woran du vorüberkommst, wirst du einmal auch den Wagen an dir vorüberrollen lassen. Bleibst du aber fest, lässt mit der Kraft des Blicks die Wurzeln wachsen tief und breit – nichts kann dich beseitigen und es sind doch keine Wurzeln, sondern nur die Kraft deines zielenden Blicks –, dann wirst du auch die unveränderliche dunkle Ferne sehn, aus der nichts kommen kann als eben nur einmal der Wagen, er rollt heran, wird immer größer, wird in dem Augenblick, in dem er bei dir eintrifft, welterfüllend und du versinkst in ihm wie ein Kind in den Polstern eines Reisewagens, der durch Sturm und Nacht fährt.

(e 1920)

Franz Kafka

Der Nachbar

Mein Geschäft ruht ganz auf meinen Schultern. Zwei Fräulein mit Schreibmaschinen und Geschäftsbüchern im Vorzimmer, mein Zimmer mit Schreibtisch, Kasse, Beratungstisch, Klubsessel und Telefon, das ist mein ganzer Arbeitsapparat. So einfach zu überblicken, so leicht zu führen. Ich bin ganz jung und die Geschäfte rollen vor mir her. Ich klage nicht, ich klage nicht.

Seit Neujahr hat ein junger Mann die kleine, leer stehende Nebenwohnung, die ich ungeschickterweise so lange zu mieten gezögert habe, frischweg gemietet. Auch ein Zimmer mit Vorzimmer, außerdem aber noch eine Küche. – Zimmer und Vorzimmer hätte ich wohl brauchen können – meine zwei Fräulein fühlten sich schon manchmal überlastet –, aber wozu hätte mir die Küche gedient? Dieses kleinliche Bedenken war daran schuld, dass ich mir die Wohnung habe nehmen lassen. Nun sitzt dort dieser junge Mann. Harras heißt er. Was er dort eigentlich macht, weiß ich nicht. Auf der Tür steht: ‚Harras, Bureau'. Ich habe Erkundigungen eingezogen, man hat mir mitgeteilt, es sei ein Geschäft ähnlich dem meinigen. Vor Kreditgewährung könne man nicht geradezu warnen, denn es handle sich doch um einen jungen, aufstrebenden Mann, dessen Sache vielleicht Zukunft habe, doch könne man zum Kredit nicht geradezu raten, denn gegenwärtig sei allem Anschein nach kein Vermögen vorhanden. Die übliche Auskunft, die man gibt, wenn man nichts weiß.

Manchmal treffe ich Harras auf der Treppe, er muss es immer außerordentlich eilig haben, er huscht förmlich an mir vorüber. Genau gesehen habe ich ihn noch gar nicht, den Büroschlüssel hat er schon vorbereitet in der Hand. Im Augenblick hat er die Tür geöffnet. Wie der Schwanz einer Ratte ist er hineingeglitten und ich stehe wieder vor der Tafel ‚Harras, Bureau', die ich schon viel öfter gelesen habe, als sie es verdient.

Die elend dünnen Wände, die den ehrlich tätigen Mann verraten, den Unehrlichen aber decken. Mein Telefon ist an der Zimmerwand angebracht, die mich von meinem Nachbar trennt. Doch hebe ich das bloß als besonders ironische Tatsache hervor.

Selbst wenn es an der entgegengesetzten Wand hinge, würde man in der Nebenwohnung alles hören. Ich habe mir abgewöhnt, den Namen der Kunden beim Telefon zu nennen. Aber es gehört natürlich nicht viel Schlauheit dazu, aus charakteristischen, aber unvermeidlichen Wendungen des Gesprächs die Namen zu erraten. – Manchmal umtanze ich, die Hörmuschel am Ohr, von Unruhe gestachelt, auf den Fußspitzen den Apparat und kann es doch nicht verhüten, dass Geheimnisse preisgegeben werden.

Natürlich werden dadurch meine geschäftlichen Entscheidungen unsicher, meine Stimme zittrig. Was macht Harras, während ich telefoniere? Wollte ich sehr übertreiben – aber

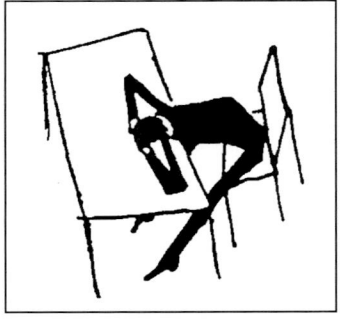

Federzeichnungen Franz Kafkas zu seinem Roman „Der Prozess", 1914/15

❐ Beschreiben Sie Inhalt und Aufbau der Erzählung, die zum ersten Mal 1931 von dem Schriftsteller und Kafkas Freund Max Brod aus dem Nachlass herausgegeben wurde. Arbeiten Sie dabei heraus, wie sich Gedanken und Einstellungen des Ich-Erzählers und seine Beziehung zum Nachbarn im Verlaufe des Geschehens ändern.

❐ Analysieren Sie das Grundgefühl des Ich-Erzählers. Welche Rolle spielen bei der Einschätzung des Nachbarn Vorstellungen und Vermutungen?

das muss man oft, um sich Klarheit zu verschaffen –, so könnte ich sagen: Harras braucht kein Telefon, er benutzt meines, er hat sein Kanapee an die Wand gerückt und horcht, ich dagegen muss, wenn geläutet wird, zum Telefon laufen, die Wünsche des Kunden entgegennehmen, schwerwiegende Entschlüsse fassen, großangelegte Überredungen ausführen – vor allem aber während des Ganzen unwillkürlich durch die Zimmerwand Harras Bericht erstatten. Vielleicht wartet er gar nicht das Ende des Gespräches ab, sondern erhebt sich nach der Gesprächsstelle, die ihn über den Fall genügend aufgeklärt hat, huscht nach seiner Gewohnheit durch die Stadt und, ehe ich die Hörmuschel aufgehängt habe, ist er vielleicht schon daran, mir entgegenzuarbeiten.

(v 1931)

Franz Kafka

Der Schlag ans Hoftor

Es war im Sommer, ein heißer Tag. Ich kam auf dem Nachhauseweg mit meiner Schwester an einem Hoftor vorüber. Ich weiß nicht, schlug sie aus Mutwillen ans Tor oder aus Zerstreutheit oder drohte sie nur mit der Faust und schlug gar nicht. Hundert Schritte weiter an der nach links sich wendenden Landstraße begann das Dorf. Wir kannten es nicht, aber gleich nach dem ersten Haus kamen Leute hervor und winkten uns, freundschaftlich oder warnend, selbst erschrocken, gebückt vor Schrecken. Sie zeigten nach dem Hof, an dem wir vorübergekommen waren, und erinnerten uns an den Schlag ans Tor. Die Hofbesitzer werden uns verklagen, gleich werde die Untersuchung beginnen. Ich war sehr ruhig und beruhigte auch meine Schwester. Sie hatte den Schlag wahrscheinlich gar nicht getan, und hätte sie ihn getan, so wird deswegen nirgends auf der Welt ein Beweis geführt. Ich suchte das auch den Leuten um uns begreiflich zu machen, sie hörten mich an, enthielten sich aber eines Urteils. Später sagten sie, nicht nur meine Schwester, auch ich als Bruder werde angeklagt werden. Ich nickte lächelnd. Alle blickten wir zum Hofe zurück, wie man eine ferne Rauchwolke beobachtet und auf die Flamme wartet. Und wirklich, bald sahen wir Reiter ins weit offene Hoftor einreiten. Staub erhob sich, verhüllte alles, nur die Spitzen der hohen Lanzen blinkten. Und kaum war die Truppe im Hof verschwunden, schien sie gleich die Pferde gewendet zu haben und war auf dem Wege zu uns. Ich drängte meine Schwester fort, ich werde alles allein ins Reine bringen. Sie weigerte sich, mich allein zu lassen. Ich sagte, sie solle sich aber wenigstens umkleiden, um in einem besseren Kleid vor die Herren zu treten. Endlich folgte sie und machte sich auf den langen Weg nach Hause. Schon waren die Reiter bei uns, noch von den Pferden herab fragten sie nach meiner Schwester. Sie ist augenblicklich nicht hier, wurde ängstlich geantwortet, werde aber später kommen. Die Antwort wurde fast gleichgültig aufgenommen; wichtig schien vor allem, dass sie

mich gefunden hatten. Es waren hauptsächlich zwei Herren, der Richter, ein junger, lebhafter Mann, und sein stiller Gehilfe, der Aßmann genannt wurde. Ich wurde aufgefordert in die Bauernstube einzutreten. Langsam, den Kopf wiegend, an
5 den Hosenträgern rückend, setzte ich mich unter den scharfen Blicken der Herren in Gang. Noch glaubte ich fast, ein Wort werde genügen, um mich, den Städter, sogar noch unter Ehren, aus diesem Bauernvolk zu befreien. Aber als ich die Schwelle der Stube überschritten hatte, sagte der Richter, der
10 vorgesprungen war und mich schon erwartete: „Dieser Mann tut mir Leid." Es war aber über allem Zweifel, dass er damit nicht meinen gegenwärtigen Zustand meinte, sondern das, was mit mir geschehen würde. Die Stube sah einer Gefängniszelle ähnlicher als einer Bauernstube. Große Steinfliesen,
15 dunkel, ganz kahle Wand, irgendwo eingemauert ein eiserner Ring, in der Mitte etwas, das halb Pritsche, halb Operationstisch war.
Könnte ich noch andere Luft schmecken als die des Gefängnisses? Das ist die große Frage oder vielmehr, sie wäre es,
20 wenn ich noch Aussicht auf Entlassung hätte. (v 1931)

❏ Wenden Sie die Cluster-Methode an: Formulieren Sie einen Begriff, der Ihnen nach dem Lesen des Textes einfällt. Bringen Sie die verschiedenen Begriffe aus Ihrer Lerngruppe in ein Beziehungsnetz. Verfassen Sie anschließend einen Text (dies darf eine „Mischung" aus Inhaltsangabe und Rezension sein), in dem möglichst viele Begriffe aus dem Beziehungsnetz auftauchen sollen.

❏ Beschreiben Sie Inhalt und Aufbau des Textes, berücksichtigen Sie dabei das Verhalten des Ich-Erzählers und der übrigen Menschen sowie die Beziehungen zwischen den Personen. Deuten Sie danach den Text.

❏ Vergleichen Sie mit Einzelheiten der karikaturistischen Darstellung von Th. Th. Heine; weisen Sie Mittel der Groteske nach.
Hinweis: Die Karikatur ist lange vor der Veröffentlichung des Textes „Der Schlag ans Hoftor" entstanden. Die in der Karikatur dargestellte, absurd wirkende Straftat besteht offensichtlich im Zeichnen des „Simpl"-Hundes, Symbol der politisch-satirischen Wochenschrift „Simplizissimus". Der Grafiker und Maler Thomas Theodor Heine (1867–1948), der im Jahre 1896 Mitbegründer der Zeitschrift war, veröffentlichte im „Simplizissimus" viele seiner Karikaturen. Im Jahre 1898 kam er wegen Majestätsbeleidigung ins Gefängnis. Als sich 1933 der „Simplizissimus" aus Opportunismus sofort gleichschaltete, wurde der Jude Th. Th. Heine aus der Redaktion vertrieben und emigrierte 1933 nach Prag, 1942 nach Stockholm.

Karikatur von Th. Th. Heine (1898)

- Verfassen Sie ein kurzes Gedicht mit dem Titel „Die Kunstreiterin", in dem Sie Aussagen und Formulierungen aus dem Kafka-Text verarbeiten, die nach Ihrer Meinung das Bild von der Kunstreiterin bestimmen.
- Beschreiben Sie Inhalt, Bauform und sprachliche Gestaltung der Erzählung. Stellen Sie in den beiden Textteilen jeweils das Verhältnis der Kunstreiterin zum Chef, zum Orchester, zum Publikum heraus. Erklären Sie, welche Bedeutung dabei der gewählte Modus hat.
- Wie reagiert der Galeriebesucher? Belegen Sie Ihre unterschiedlichen Deutungen am Text.
- Vergleichen Sie die Textaussage mit dem Bild von Georges Seurat. (Es ist nicht klar erwiesen, ob Franz Kafka dieses Bild gekannt hat.)
- Verfassen Sie in starker Anlehnung an die Struktur des Textes von Kafka einen eigenen Text, in dem Sie zum Beispiel die Personen austauschen und damit den Text stärker auf die aktuellen Probleme unserer Zeit beziehen.

Franz Kafka
Auf der Galerie

Wenn irgendeine hinfällige, lungensüchtige Kunstreiterin in der Manege auf schwankendem Pferd vor einem unermüdlichen Publikum vom peitschenschwingenden erbarmungslosen Chef monatelang ohne Unterbrechung im Kreise rundum getrieben würde, auf dem Pferde schwirrend, Küsse werfend, in der Taille sich wiegend, und wenn dieses Spiel unter dem nichtaussetzenden Brausen des Orchesters und der Ventilatoren in die immerfort weiter sich öffnende graue Zukunft sich fortsetzte, begleitet vom vergehenden und neu anschwellenden Beifallsklatschen der Hände, die eigentlich Dampfhämmer sind - vielleicht eilte dann ein junger Galeriebesucher die lange Treppe durch alle Ränge hinab, stürzte in die Manege, rief das: Halt! durch die Fanfaren des immer sich anpassenden Orchesters.

Da es aber nicht so ist; eine schöne Dame, weiß und rot, hereinfliegt, zwischen den Vorhängen, welche die stolzen Livrierten vor ihr öffnen; der Direktor, hingebungsvoll ihre Augen suchend, in Tierhaltung ihr entgegenatmet; vorsorglich sie auf den Apfelschimmel hebt, als wäre sie seine über alles geliebte Enkelin, die sich auf gefährliche Fahrt begibt; sich nicht entschließen kann, das Peitschenzeichen zu geben; schließlich in Selbstüberwindung es knallend gibt; neben dem Pferde mit offenem Munde einherläuft; die Sprünge der Reiterin scharfen Blickes verfolgt; ihre Kunstfertigkeit kaum begreifen kann; mit englischen Ausrufen zu warnen versucht; die reifenhaltenden Reitknechte wütend zu peinlichster Achtsamkeit ermahnt; vor dem großen Salto mortale das Orchester mit aufgehobenen Händen beschwört, es möge schweigen; schließlich die Kleine vom zitternden Pferde hebt, auf beide Backen küsst und keine Huldigung des Publikums für genügend erachtet; während sie selbst, von ihm gestützt, hoch auf den Fußspitzen, vom Staub umweht, mit ausgebreiteten Armen, zurückgelehntem Köpfchen ihr Glück mit dem ganzen Zirkus teilen will – da dies so ist, legt der Galeriebesucher das Gesicht auf die Brüstung und, im Schlussmarsch wie in einem schweren Traum versinkend, weint er, ohne es zu wissen.

(e 1916/17)

Georges Seurat: Der Zirkus (1891)

Ralph Baumann
Noch eine Parodie mit Küsschen

Wenn irgendein abgearbeiteter, des Lernens müder Schüler in der Schule vom heimtückisch grinsenden Lehrer monatelang ohne Unterbrechung zum Schwitzen und Stöhnen gebracht würde, an der Tafel stehend, denkend und innerlich fluchend
5 sich die schweißnassen Hände abwischend, und wenn dieses grausige Spiel unter dem Schimpfen des Lehrers und dem Lächeln mancher Mitschüler sich in die immerfort weiter sich öffnende graue Zukunft fortsetzte, begleitet vom vergehenden und neu anschwellenden Stöhnen des Lehrers, das wie
10 ein Dampfhammer wirkt, und von den unbarmherzigen Erwartungen der Eltern – vielleicht eilte dann eine mitleidige, hübsche Schulsprecherin durch das Schulhaus, stürzte zur Tür herein, ginge zum Pult des Lehrers und riefe das Halt! durch die Posaunen der immer sich anpassenden Oberstufen-
15 klasse.
Da es aber nicht so ist, ein Schüler, sportlich und elegant, an die Tafel geht, die zuvor vom Lehrer aufgeklappt; der Lehrer, hingebungsvoll seine Augen suchend, die Fragen vorliest; den Schüler vorsorglich zu beruhigen versucht, als wäre er
20 sein eigener Sohn; sich nicht entschließen kann, ihm einen Fehler anzurechnen; die lachenden Mitschüler in Tierhaltung darniederhaltend, schließlich in größter Selbstüberwindung und schweren Herzens die Antwort als doch noch zum Teil richtig abhakt, die nächste Frage vorliest und den jungen Bur-
25 schen dabei zittern sieht; die an die Tafel geschriebene Antwort mit leichter Hand korrigiert; vor der allerletzten Frage die Klasse mit erhobenen Händen beschwört, sie möge schweigen, denn jetzt komme der große Salto mortale der Wissenschaft, schließlich den Schüler zu sich ruft, um ihn, sei-
30 ne Backen küssend und keine Huldigung der Mitschüler für genügend erachtend, über seine schwachen Leistungen hinwegzutrösten, während der Schüler selbst mit ausgebreiteten Armen und zurückgelehntem Kopf auf seinen Platz zurückwankt – da dies so ist, legt der argwöhnisch ins Klassenzim-
35 mer gestürmte Direktor das Gesicht auf das Katheder und, beim Pausengong wie in einen schweren Traum versinkend, weint er, ohne es zu wissen.
(Aus: Frankfurter Allgemeine Zeitung, 9.7.1988, S. 29)

❐ Vergleichen Sie den Kafka-Text mit dieser Fassung.

Franz Kafka
Vor dem Gesetz

Vor dem Gesetz steht ein Türhüter. Zu diesem Türhüter kommt ein Mann vom Lande und bittet um Eintritt in das Gesetz. Aber der Türhüter sagt, dass er ihm jetzt den Eintritt nicht gewähren könne. Der Mann überlegt und fragt dann, ob
5 er also später werde eintreten dürfen. „Es ist möglich", sagt der Türhüter, „jetzt aber nicht." Da das Tor zum Gesetz offen-

steht wie immer und der Türhüter beiseite tritt, bückt sich der Mann, um durch das Tor in das Innere zu sehn. Als der Türhüter das merkt, lacht er und sagt: „Wenn es dich so lockt, versuche es doch, trotz meines Verbotes hineinzugehn. Merke aber: Ich bin mächtig. Und ich bin nur der unterste Türhüter. Von Saal zu Saal stehn aber Türhüter, einer mächtiger als der andere. Schon den Anblick des dritten kann nicht einmal ich mehr ertragen." Solche Schwierigkeiten hat der Mann vom Lande nicht erwartet; das Gesetz soll doch jedem und immer zugänglich sein, denkt er, aber als er jetzt den Türhüter in seinem Pelzmantel genauer ansieht, seine große Spitznase, den langen, dünnen, schwarzen tatarischen Bart, entschließt er sich, doch lieber zu warten, bis er die Erlaubnis zum Eintritt bekommt. Der Türhüter gibt ihm einen Schemel und lässt ihn seitwärts von der Tür sich niedersetzen. Dort sitzt er Tage und Jahre. Er macht viele Versuche, eingelassen zu werden, und ermüdet den Türhüter durch seine Bitten. Der Türhüter stellt öfters kleine Verhöre mit ihm an, fragt ihn über seine Heimat aus und nach vielem andern, es sind aber teilnahmslose Fragen, wie sie große Herren stellen, und zum Schlusse sagt er ihm immer wieder, dass er ihn noch nicht einlassen könne. Der Mann, der sich für seine Reise mit vielem ausgerüstet hat, verwendet alles, und sei es noch so wertvoll, um den Türhüter zu bestechen. Dieser nimmt zwar alles an, aber sagt dabei: „Ich nehme es nur an, damit du nicht glaubst, etwas versäumt zu haben." Während der vielen Jahre beobachtet der Mann den Türhüter fast ununterbrochen. Er vergisst die andern Türhüter, und dieser erste scheint ihm das einzige Hindernis für den Eintritt in das Gesetz. Er verflucht den unglücklichen Zufall, in den ersten Jahren rücksichtslos und laut, später, als er alt wird, brummt er nur noch vor sich hin. Er wird kindisch, und, da er in dem jahrelangen Studium des Türhüters auch die Flöhe in seinem Pelzkragen erkannt hat, bittet er auch die Flöhe, ihm zu helfen und den Türhüter umzustimmen. Schließlich wird sein Augenlicht schwach, und er weiß nicht, ob es um ihn wirklich dunkler wird, oder ob ihn nur seine Augen täuschen. Wohl aber erkennt er jetzt im Dunkel einen Glanz, der unverlöschlich aus der Türe des Gesetzes bricht. Nun lebt er nicht mehr lange. Vor seinem Tode sammeln sich in seinem Kopfe alle Erfahrungen der ganzen Zeit zu einer Frage, die er bisher an den Türhüter noch nicht gestellt hat. Er winkt ihm zu, da er seinen erstarrenden Körper nicht mehr aufrichten kann. Der Türhüter muss sich tief zu ihm hinunterneigen, denn der Größenunterschied hat sich sehr zuungunsten des Mannes verändert. „Was willst du denn jetzt noch wissen?", fragt der Türhüter, „du bist unersättlich." „Alle streben doch nach dem Gesetz", sagt der Mann, „wieso kommt es, dass in den vielen Jahren niemand außer mir Einlass verlangt hat?" Der Türhüter erkennt, dass der Mann schon an seinem Ende ist, und, um sein vergehendes Gehör noch zu erreichen, brüllt er ihn an: „Hier konnte niemand sonst Einlass erhalten, denn dieser Eingang war nur für dich bestimmt. Ich gehe jetzt und schließe ihn."

(e 1914)

☐ Fassen Sie den Inhalt der Parabel, die 1914 entstanden ist und 1915 zum ersten Mal veröffentlicht wurde, kurz zusammen. Beschreiben Sie die Struktur (s.a. Seite 429).

☐ Stellen Sie die Personen des Türhüters und des Mannes vom Lande gegenüber. Beschreiben Sie dabei das Äußere, das Verhalten, die Beziehung zwischen den Personen.

☐ Deuten Sie den Schlussteil, vergleichen Sie den Text mit anderen Texten Kafkas. Beziehen Sie auch Kafkas Biografie (Seite 419f.) in Ihre Überlegungen mit ein.

> Wie die Fabel ist die Parabel eine Form allegorischer Rede. Sie zielt auf die Verbildlichung unanschaulicher Gedanken, indem sie eine Übertragung eines allgemeinen Sachverhalts in eine anschauliche Erzählung leistet. Wie die Fabel enthält die Parabel einen Bildteil und einen Sachteil. [...]
> Die Beziehung von Bild- und Sachteil ist anders als in der Fabel. Innerhalb des Bildteils finden sich keine eindeutig zu entschlüsselnden semantischen Indikatoren des gemeinten Sachverhaltes. Der Gleichnischarakter der Parabel ergibt sich nicht bereits explizit aus dem Bildteil wie in der Fabel; die Relation zwischen Bild- und Sachteil muss im Denkvorgang der Analogie erschlossen werden. Entweder können einzelne semantische Indikatoren innerhalb des Bildteils Hinweise auf das Gemeinte geben, oder die Beziehung von Gesagtem und Gemeintem muss vom Autor im nachgestellten Sachteil selbst formuliert oder vom Leser ermittelt werden.
>
> *Monika Schrader* (v 1980)

Die Legende des Baalschem

Ein König baute einst einen großen und herrlichen Palast mit zahllosen Gemächern, aber nur ein Tor war geöffnet. Als der Bau vollendet war, wurde verkündet, es sollten alle Fürsten erscheinen vor dem König, der in dem letzten der Gemächer
5 throne. Aber als sie eintraten, sahen sie: da waren Türen offen nach allen Seiten, von denen führten gewundene Gänge in die Ferne, und da waren wieder Türen und wieder Gänge, und kein Ziel erstand vor dem verwirrten Auge. Da kam der Sohn des Königs und sah, dass all die Irre Spiegelung war, und sah
10 seinen Vater sitzen in der Halle vor seinem Angesicht.

❒ Vergleichen Sie Kafkas Text mit diesem Beispiel einer Chassidischen Geschichte. (Der Chassidismus war eine mystische Erneuerungsbewegung des osteuropäischen Judentums, vor allem im 18. Jahrhundert.)

In seinem eigenen Zermalmtsein zwischen Beruf, Privatleben und Selbstverwirklichung, in der zur Selbstvernichtung drängenden Problematik eines Mannes, der alles, was er tut, ernst und schwer nimmt, hat Kafka ein Zentralproblem dieses „un-
5 glückseligsten Zeitalters", dieser ihn umklammernden spätbürgerlichen Welt gestaltet. Doch eben dadurch gibt sich der bedeutende Dichter zu erkennen, dass seine Grunderlebnisse stellvertretend sind für Grundprobleme seines Zeitalters, dass er aus der Fülle der Details die für eine noch unentdeckte,
10 noch fragmentarische neue Wirklichkeit wesentlichen herauszugreifen imstande ist.
Ich sprach von dem Gefühl der Mitschuld, dem schlechten Gewissen eines Mannes, der mit dem Widersinn der spätbür-

❒ Diskutieren und beurteilen Sie die Deutungen des marxistischen Literaturwissenschaftlers Ernst Fischer, der Kafka als einen „Menschen zwischen Protest und Schuldgefühl in der spätbürgerlichen Gesellschaft" kennzeichnet.

gerlichen Gesellschaft nicht übereinzustimmen vermag, aber auch nicht imstande ist, revoltierend die Schwelle des Gesetzes zu überschreiten. Die dunkle, erregende, vielfach missdeutete Parabel ‚Vor dem Gesetz' scheint mir eben diese Problematik widerzuspiegeln. Das Gesetz ist nicht mehr lebendiges Sein, sondern versteinerte Institution, nicht mehr zeitgemäß, nur mehr furchteinflößend. Der Türhüter wehrt den Einzelnen ab, der als Einzelner Einlass begehrt, sein Menschenrecht als Individuum sucht. Er droht mit seiner Macht, mit der Hierarchie der Machthaber:
„Ich bin mächtig. Und ich bin nur der unterste Türhüter. Von Saal zu Saal stehen aber Türhüter, einer mächtiger als der andre."
Der Suchende lässt sich einschüchtern. Der energische Individualismus des romantischen Zeitalters, die Haltung Byrons, Shelleys, Stendhals ist verloren gegangen, die Haltung einer nachrevolutionären Generation, die zwar nicht mehr die Gesellschaft umzuwälzen hoffte, doch sie herauszufordern entschlossen war. Die Haltung des entkräfteten, vor aufgetürmten Machtapparaten sich ohnmächtig fühlenden Kleinbürgers ist Gehorsam, der falsche Gehorsam, das passive Frage-und-Antwortspiel, schließlich der Versuch, den Türhüter zu bestechen statt ihn beiseite zu schieben und durch die dem einzelnen Ich vorbehaltene Tür einzutreten. Der einst prometheische ist zu einem impotenten Individualismus geworden. Kafka stellt dies kritisch dar.

Ernst Fischer

(e 1963)

Franz Kafka

Das Urteil

Es war an einem Sonntagvormittag im schönsten Frühjahr. Georg Bendemann, ein junger Kaufmann, saß in seinem Privatzimmer im ersten Stock eines der niedrigen, leichtgebauten Häuser, die entlang des Flusses in einer langen Reihe, fast nur in der Höhe und Färbung unterschieden, sich hinzogen. Er hatte gerade einen Brief an einen sich im Ausland befindlichen Jugendfreund beendet, verschloss ihn in spielerischer Langsamkeit und sah dann, den Ellbogen auf den Schreibtisch gestützt, aus dem Fenster auf den Fluss, die Brücke und die Anhöhen am anderen Ufer mit ihrem schwachen Grün.
Er dachte darüber nach, wie dieser Freund, mit seinem Fortkommen zu Hause unzufrieden, vor Jahren schon nach Russland sich förmlich geflüchtet hatte. Nun betrieb er ein Geschäft in Petersburg, das anfangs sich sehr gut angelassen hatte, seit langem aber schon zu stocken schien, wie der Freund bei seinen immer seltener werdenden Besuchen klagte. So arbeitete er sich in der Fremde nutzlos ab, der fremdartige Vollbart verdeckte nur schlecht das seit den Kinderjahren wohlbekannte Gesicht, dessen gelbe Hautfarbe auf eine sich entwickelnde Krankheit hinzudeuten schien. Wie er erzählte,

hatte er keine rechte Verbindung mit der dortigen Kolonie seiner Landsleute, aber auch fast keinen gesellschaftlichen Verkehr mit einheimischen Familien und richtete sich so für ein endgültiges Junggesellentum ein.
Was wollte man einem solchen Manne schreiben, der sich offenbar verrannt hatte, den man bedauern, dem man aber nicht helfen konnte. Sollte man ihm vielleicht raten, wieder nach Hause zu kommen, seine Existenz hierher zu verlegen, alle die alten freundschaftlichen Beziehungen wieder aufzunehmen – wofür ja kein Hindernis bestand – und im Übrigen auf die Hilfe der Freunde zu vertrauen? Das bedeutete aber nichts anderes, als dass man ihm gleichzeitig, je schonender, desto kränkender, sagte, dass seine bisherigen Versuche misslungen seien, dass er endlich von ihnen ablassen solle, dass er zurückkehren und sich als ein für immer Zurückgekehrter von allen mit großen Augen anstaunen lassen müsse, dass nur seine Freunde etwas verstünden und dass er ein altes Kind sei, das den erfolgreichen, zu Hause gebliebenen Freunden einfach zu folgen habe. Und war es dann noch sicher, dass alle die Plage, die man ihm antun müsste, einen Zweck hätte? Vielleicht gelang es nicht einmal, ihn überhaupt nach Hause zu bringen - er sagte ja selbst, dass er die Verhältnisse in der Heimat nicht mehr verstünde-, und so bliebe er dann trotz allem in seiner Fremde verbittert durch die Ratschläge und den Freunden noch ein Stück mehr entfremdet. Folgte er aber wirklich dem Rat und würde hier – natürlich nicht mit Absicht, aber durch die Tatsachen – niedergedrückt, fände sich nicht in seinen Freunden und nicht ohne sie zurecht, litte an Beschämung, hätte jetzt wirklich keine Heimat und keine Freunde mehr, war es da nicht viel besser für ihn, er blieb in der Fremde, so wie er war? Konnte man denn bei solchen Umständen daran denken, dass er es hier tatsächlich vorwärtsbringen würde?
Aus diesen Gründen konnte man ihm, wenn man noch überhaupt die briefliche Verbindung aufrechterhalten wollte, keine eigentlichen Mitteilungen machen, wie man sie ohne Scheu auch den entferntesten Bekannten machen würde. Der Freund war nun schon über drei Jahre nicht in der Heimat gewesen und erklärte dies sehr notdürftig mit der Unsicherheit der politischen Verhältnisse in Russland, die demnach also auch die kürzeste Abwesenheit eines kleinen Geschäftsmannes nicht zuließen, während hunderttausende Russen ruhig in der Welt herumfuhren. Im Laufe dieser drei Jahre hatte sich aber gerade für Georg vieles verändert. Von dem Todesfall von Georgs Mutter, der vor etwa zwei Jahren erfolgt war und seit welchem Georg mit seinem alten Vater in gemeinsamer Wirtschaft lebte, hatte der Freund wohl noch erfahren und sein Beileid in einem Brief mit einer Trockenheit ausgedrückt, die ihren Grund nur darin haben konnte, dass die Trauer über ein solches Ereignis in der Fremde ganz unvorstellbar wird. Nun hatte aber Georg seit jener Zeit, so wie alles andere, auch sein Geschäft mit größerer Entschlossenheit angepackt. Vielleicht hatte ihn der Vater bei Lebzeiten der Mutter dadurch, dass er im Geschäft nur seine Ansicht gelten lassen wollte, an

einer wirklichen eigenen Tätigkeit gehindert, vielleicht war der Vater seit dem Tode der Mutter, trotzdem er noch immer im Geschäft arbeitete, zurückhaltender geworden, vielleicht spielten – was sogar sehr wahrscheinlich war – glückliche Zufälle eine weit wichtigere Rolle, jedenfalls aber hatte sich das Geschäft in diesen zwei Jahren ganz unerwartet entwickelt, das Personal hatte man verdoppeln müssen, der Umsatz hatte sich verfünffacht, ein weiterer Fortschritt stand zweifellos bevor.

Der Freund aber hatte keine Ahnung von dieser Veränderung. Früher, zum letzten Mal vielleicht in jenem Beileidsbrief, hatte er Georg zur Auswanderung nach Russland überreden wollen und sich über die Aussichten verbreitet, die gerade für Georgs Geschäftszweig in Petersburg bestanden. Die Ziffern waren verschwindend gegenüber dem Umfang, den Georgs Geschäft jetzt angenommen hatte. Georg aber hatte keine Lust gehabt, dem Freund von seinen geschäftlichen Erfolgen zu schreiben, und hätte er es jetzt nachträglich getan, es hätte wirklich einen merkwürdigen Anschein gehabt.

So beschränkte sich Georg darauf, dem Freund immer nur über bedeutungslose Vorfälle zu schreiben, wie sie sich, wenn man an einem ruhigen Sonntag nachdenkt, in der Erinnerung ungeordnet aufhäufen. Er wollte nichts anderes, als die Vorstellung ungestört lassen, die sich der Freund von der Heimatstadt in der langen Zwischenzeit wohl gemacht und mit welcher er sich abgefunden hatte. So geschah es Georg, dass er dem Freund die Verlobung eines gleichgültigen Menschen mit einem ebenso gleichgültigen Mädchen dreimal in ziemlich weit auseinander liegenden Briefen anzeigte, bis sich dann allerdings der Freund, ganz gegen Georgs Absicht, für diese Merkwürdigkeit zu interessieren begann.

Georg schrieb ihm aber solche Dinge viel lieber, als dass er zugestanden hätte, dass er selbst vor einem Monat mit einem Fräulein Frieda Brandenfeld, einem Mädchen aus wohlhabender Familie, sich verlobt hatte. Oft sprach er mit seiner Braut über diesen Freund und das besondere Korrespondenzverhältnis, in welchem er zu ihm stand. „Er wird also gar nicht zu unserer Hochzeit kommen", sagte sie, „und ich habe doch das Recht, alle deine Freunde kennen zu lernen." „Ich will ihn nicht stören", antwortete Georg, „verstehe mich recht, er würde wahrscheinlich kommen, wenigstens glaube ich es, aber er würde sich gezwungen und geschädigt fühlen, vielleicht mich beneiden und sicher unzufrieden und unfähig, diese Unzufriedenheit jemals zu beseitigen, allein wieder zurückfahren. Allein – weißt du, was das ist?" „Ja, kann er denn von unserer Heirat nicht auch auf andere Weise erfahren?" „Das kann ich allerdings nicht verhindern, aber es ist bei seiner Lebensweise unwahrscheinlich." „Wenn du solche Freunde hast, Georg, hättest du dich überhaupt nicht verloben sollen." „Ja, das ist unser beider Schuld; aber ich wollte es auch jetzt nicht anders haben." Und wenn sie dann, rasch atmend unter seinen Küssen, noch vorbrachte: „Eigentlich kränkt es mich doch", hielt er es wirklich für unverfänglich, dem Freund alles zu schreiben. „So bin ich und so hat er mich hinzunehmen", sagte er sich, „ich kann nicht aus mir einen Menschen herausschneiden, der vielleicht für die Freundschaft mit ihm geeigneter wäre, als ich es bin."

Und tatsächlich berichtete er seinem Freunde in dem langen Brief, den er an diesem Sonntagvormittag schrieb, die erfolgte Verlobung mit folgenden Worten: „Die beste Neuigkeit habe ich mir bis zum Schluss aufgespart. Ich habe mich mit einem Fräulein Frieda Brandenfeld verlobt, einem Mädchen aus einer wohlhabenden Familie, die sich hier erst lange nach deiner Abreise angesiedelt hat, die du also kaum kennen dürftest. Es wird sich noch Gelegenheit finden, dir Näheres über meine Braut mitzuteilen, heute genüge dir, dass ich recht glücklich bin und dass sich in unserem gegenseitigen Verhältnis nur insofern etwas geändert hat, als du jetzt in mir statt eines ganz gewöhnlichen Freundes einen glücklichen Freund haben wirst. Außerdem bekommst du in meiner Braut, die dich herzlich grüßen lässt, und die dir nächstens selbst schreiben wird, eine aufrichtige Freundin, was für einen Junggesellen nicht ganz ohne Bedeutung ist. Ich weiß, es hält dich vielerlei von einem Besuche bei uns zurück, wäre aber nicht gerade meine Hochzeit die richtige Gelegenheit, einmal alle Hindernisse über den Haufen zu werfen? Aber wie dies auch sein mag, handle ohne alle Rücksicht und nur nach deiner Wohlmeinung."

Mit diesem Brief in der Hand war Georg lange, das Gesicht dem Fenster zugekehrt, an seinem Schreibtisch gesessen. Einem Bekannten, der ihn im Vorübergehen von der Gasse aus gegrüßt hatte, hatte er kaum mit einem abwesenden Lächeln geantwortet. Endlich steckte er den Brief in die Tasche und ging aus seinem Zimmer quer durch einen kleinen Gang in das Zimmer seines Vaters, in dem er schon seit Monaten nicht gewesen war. Es bestand auch sonst keine Nötigung dazu, denn er verkehrte mit seinem Vater ständig im Geschäft, das Mittagessen nahmen sie gleichzeitig in einem Speisehaus ein, abends versorgte sich zwar jeder nach Belieben, doch saßen sie dann meistens, wenn nicht Georg, wie es am häufigsten geschah, mit Freunden beisammen war oder jetzt seine Braut besuchte, noch ein Weilchen, jeder mit seiner Zeitung, im gemeinsamen Wohnzimmer. Georg staunte darüber, wie dunkel das Zimmer des Vaters selbst an diesem sonnigen Vormittag war. Einen solchen Schatten warf also die hohe Mauer, die sich jenseits des schmalen Hofes erhob. Der Vater saß beim Fenster in einer Ecke, die mit verschiedenen Andenken an die selige Mutter ausgeschmückt war, und las die Zeitung, die er seitlich vor die Augen hielt, wodurch er irgendeine Augenschwäche auszugleichen suchte. Auf dem Tisch standen die Reste des Frühstücks, von dem nicht viel verzehrt zu sein schien.

„Ah, Georg!", sagte der Vater und ging ihm gleich entgegen. Sein schwerer Schlafrock öffnete sich im Gehen, die Enden umflatterten ihn – ‚Mein Vater ist noch immer ein Riese', sagte sich Georg.

„Hier ist es ja unerträglich dunkel", sagte er dann. „Ja, dunkel ist es schon", antwortete der Vater.

„Das Fenster hast du auch geschlossen?"

„Ich habe es lieber so."

„Es ist ja ganz warm draußen", sagte Georg, wie im Nachhang zu dem Früheren, und setzte sich.

Der Vater räumte das Frühstücksgeschirr ab und stellte es auf einen Kasten.

„Ich wollte dir eigentlich nur sagen", fuhr Georg fort, der den Bewegungen des alten Mannes ganz verloren folgte, „dass ich nun doch nach Petersburg meine Verlobung angezeigt habe." Er zog den Brief ein wenig aus der Tasche und ließ ihn wieder zurückfallen.

„Nach Petersburg?", fragte der Vater.

„Meinem Freunde doch", sagte Georg und suchte des Vaters Augen. – Im Geschäft ist er doch ganz anders, dachte er, wie er hier breit sitzt und die Arme über der Brust kreuzt.

„Ja. Deinem Freunde", sagte der Vater mit Betonung.

„Du weißt doch, Vater, dass ich ihm meine Verlobung zuerst verschweigen wollte. Aus Rücksichtnahme, aus keinem anderen Grunde sonst. Du weißt selbst, er ist ein schwieriger Mensch. Ich sagte mir, von anderer Seite kann er von meiner Verlobung wohl erfahren, wenn das auch bei seiner einsamen Lebensweise kaum wahrscheinlich ist – das kann ich nicht hindern –, aber von mir selbst soll er es nun einmal nicht erfahren."

„Und jetzt hast du es dir wieder anders überlegt?", fragte der Vater, legte die große Zeitung auf den Fensterbord und auf die Zeitung die Brille, die er mit der Hand bedeckte.

„Ja, jetzt habe ich es mir wieder überlegt. Wenn er mein guter Freund ist, sagte ich mir, dann ist meine glückliche Verlobung auch für ihn ein Glück. Und deshalb habe ich nicht mehr gezögert, es ihm anzuzeigen. Ehe ich jedoch den Brief einwarf, wollte ich es dir sagen."

„Georg", sagte der Vater und zog den zahnlosen Mund in die Breite, „hör einmal! Du bist wegen dieser Sache zu mir gekommen, um dich mit mir zu beraten. Das ehrt dich ohne Zweifel. Aber es ist nichts, es ist ärger als nichts, wenn du mir jetzt nicht die volle Wahrheit sagst. Ich will nicht Dinge aufrühren, die nicht hierher gehören. Seit dem Tode unserer teueren Mutter sind gewisse unschöne Dinge vorgegangen. Vielleicht kommt auch für sie die Zeit, und vielleicht kommt sie früher, als wir denken. Im Geschäft entgeht mir manches, es wird mir vielleicht nicht verborgen – ich will jetzt gar nicht die Annahme machen, dass es mir verborgen wird –, ich bin nicht mehr kräftig genug, mein Gedächtnis lässt nach, ich habe nicht mehr den Blick für alle die vielen Sachen. Das ist erstens der Ablauf der Natur, und zweitens hat mich der Tod unseres Mütterchens viel mehr niedergeschlagen als dich. – Aber weil wir gerade bei dieser Sache halten, bei diesem Brief, so bitte ich dich, Georg, täusche mich nicht. Es ist eine Kleinigkeit, es ist nicht des Atems wert, also täusche mich nicht. Hast du wirklich diesen Freund in Petersburg?"

Georg stand verlegen auf. „Lassen wir meine Freunde sein. Tausend Freunde ersetzen mir nicht meinen Vater. Weißt du, was ich glaube? Du schonst dich nicht genug. Aber das Alter verlangt seine Rechte. Du bist mir im Geschäft unentbehrlich, das weißt du ja sehr genau, aber wenn das Geschäft deine Gesundheit bedrohen sollte, sperre ich es noch morgen für immer. Das geht nicht. Wir müssen da eine andere Lebensweise für dich einführen. Aber von Grund aus. Du sitzt hier im Dunkeln und im Wohnzimmer hättest du schönes Licht. Du nippst vom Frühstück, statt dich ordentlich zu stärken. Du sitzt bei geschlossenem Fenster, und die Luft würde dir so gut tun. Nein, mein Vater! Ich werde den Arzt holen, und seinen Vorschriften werden wir folgen. Die Zimmer werden wir wechseln, du wirst ins Vorderzimmer ziehen, ich hierher. Es wird keine Veränderung für dich sein, alles wird mit übertragen werden. Aber das alles hat Zeit, jetzt lege dich noch ein wenig ins Bett, du brauchst unbedingt Ruhe. Komm, ich werde dir beim Ausziehn helfen, du wirst sehn, ich kann es. Oder willst du gleich ins Vorderzimmer gehn, dann legst du dich vorläufig in mein Bett. Das wäre übrigens sehr vernünftig."

Georg stand knapp neben seinem Vater, der den Kopf mit dem struppigen weißen Haar auf die Brust hatte sinken lassen.

„Georg", sagte der Vater leise, ohne Bewegung.

Georg kniete sofort neben dem Vater nieder, er sah die Pupillen in dem müden Gesicht des Vaters übergroß in den Winkeln der Augen auf sich gerichtet.

„Du hast keinen Freund in Petersburg. Du bist immer ein Spaßmacher gewesen und hast dich auch mir gegenüber nicht zurückgehalten. Wie solltest du denn gerade dort einen Freund haben! Das kann ich gar nicht glauben."

„Denk doch einmal nach, Vater", sagte Georg, hob den Vater vom Sessel und zog ihm, wie er nun doch recht schwach dastand, den Schlafrock aus, „jetzt wird es bald drei Jahre her sein, da war mein Freund bei uns zu Besuch. Ich erinnere mich noch, dass du ihn nicht besonders gern hattest. Wenigstens zweimal habe ich ihn vor dir verleugnet, trotzdem er gerade bei mir im Zimmer saß. Ich konnte ja deine Abneigung gegen ihn ganz gut verstehn, mein Freund hat seine Eigentümlichkeiten. Aber dann hast du dich doch auch wieder ganz gut mit ihm unterhalten. Ich war damals noch so stolz darauf, dass du ihm zuhörtest, nicktest und fragtest. Wenn du nachdenkst, musst du dich erinnern. Er erzählte damals unglaubliche Geschichten von der Russischen Revolution. Wie er zum Beispiel auf einer Geschäftsreise in Kiew bei einem Tumult einen Geistlichen auf einem Balkon gesehen hatte, der sich ein breites Blutkreuz in die flache Hand schnitt, diese Hand erhob und die Menge anrief. Du hast ja selbst diese Geschichte hier und da wiedererzählt."

Währenddessen war es Georg gelungen, den Vater wieder niederzusetzen und ihm die Trikothose, die er über den Leinenunterhosen trug, sowie die Socken vorsichtig auszuziehn. Beim Anblick der nicht besonders reinen Wäsche machte er sich Vorwürfe, den Vater vernachlässigt zu haben.

Es wäre sicherlich auch seine Pflicht gewesen, über den Wäschewechsel seines Vaters zu wachen. Er hatte mit seiner Braut darüber, wie sie die Zukunft des Vaters einrichten wollten, noch nicht ausdrücklich gesprochen, denn sie hatten stillschweigend vorausgesetzt, dass der Vater allein in der alten Wohnung bleiben würde. Doch jetzt entschloss er sich kurz mit aller Bestimmtheit, den Vater in seinen künftigen Haushalt mitzunehmen. Es schien ja fast, wenn man genauer zusah, dass die Pflege, die dort dem Vater bereitet werden sollte, zu spät kommen könnte.

Auf seinen Armen trug er den Vater ins Bett. Ein schreckliches Gefühl hatte er, als er während der paar Schritte zum Bett hin merkte, dass an seiner Brust der Vater mit seiner Uhrkette spielte. Er konnte ihn nicht gleich ins Bett legen, so fest hielt er sich an dieser Uhrkette.

Kaum war er aber im Bett, schien alles gut. Er deckte sich selbst zu und zog dann die Bettdecke noch besonders weit über die Schulter. Er sah nicht unfreundlich zu Georg hinauf.

„Nicht wahr, du erinnerst dich schon an ihn?", fragte Georg und nickte ihm aufmunternd zu.

„Bin ich jetzt gut zugedeckt?", fragte der Vater, als könne er nicht nachschauen, ob die Füße genug bedeckt seien.

„Es gefällt dir also schon im Bett", sagte Georg und legte das Deckzeug besser um ihn.

„Bin ich gut zugedeckt?", fragte der Vater noch einmal und schien auf die Antwort besonders aufzupassen.

„Sei nur ruhig, du bist gut zugedeckt."

„Nein!", rief der Vater, dass die Antwort an die Frage stieß, warf die Decke zurück mit einer Kraft, dass sie einen Augenblick im Fluge sich ganz entfaltete, und stand aufrecht im Bett. Nur eine Hand hielt er leicht an den Plafond. „Du wolltest mich zudecken, das weiß ich, mein Früchtchen, aber zugedeckt bin ich noch nicht. Und ist es auch die letzte Kraft, genug für dich, zu viel für dich. Wohl kenne ich deinen Freund. Er wäre ein Sohn nach meinem Herzen. Darum hast du ihn auch betrogen die ganzen Jahre lang. Warum sonst? Glaubst du, ich habe nicht um ihn geweint? Darum doch sperrst du dich in dein Büro, niemand soll stören, der Chef ist beschäftigt – nur damit du deine falschen Briefchen nach Russland schreiben kannst. Aber den Vater muss glücklicherweise niemand lehren, den Sohn zu durchschauen. Wie du jetzt geglaubt hast, du hättest ihn untergekriegt, so untergekriegt, dass du dich mit deinem Hintern auf ihn setzen kannst und er rührt sich nicht, da hat sich mein Herr Sohn zum Heiraten entschlossen!"

Georg sah zum Schreckbild seines Vaters auf. Der Petersburger Freund, den der Vater plötzlich so gut kannte, ergriff ihn wie noch nie. Verloren im weiten Russland sah er ihn. An der Türe des leeren, ausgeraubten Geschäftes sah er ihn. Zwischen den Trümmern der Regale, den zerfetzten Waren, den fallenden Gasarmen stand er gerade noch. Warum hatte er so weit wegfahren müssen!

„Aber schau mich an!", rief der Vater, und Georg lief, fast zerstreut, zum Bett, um alles zu fassen, stockte aber in der Mitte des Weges.

„Weil sie die Röcke gehoben hat", fing der Vater zu flöten an, „weil sie die Röcke so gehoben hat, die widerliche Gans", und er hob, um das darzustellen, sein Hemd so hoch, dass man auf seinem Oberschenkel die Narbe aus seinen Kriegsjahren sah, „weil sie die Röcke so und so und so gehoben hat, hast du dich an sie herangemacht, und damit du an ihr ohne Störung dich befriedigen kannst, hast du unserer Mutter Andenken geschändet, den Freund verraten und deinen Vater ins Bett gesteckt, damit er sich nicht rühren kann. Aber kann er sich rühren oder nicht?" Und er stand vollkommen frei und warf die Beine. Er strahlte vor Einsicht.

Georg stand in einem Winkel, möglichst weit vom Vater. Vor einer langen Weile hatte er sich fest entschlossen, alles vollkommen genau zu beobachten, damit er nicht irgendwie auf Umwegen, von hinten her, von oben herab überrascht werden könne. Jetzt erinnerte er sich wieder an den längst vergessenen Entschluss und vergaß ihn, wie man einen kurzen Faden durch ein Nadelöhr zieht.

„Aber der Freund ist nun doch nicht verraten!", rief der Vater, und sein hin und her bewegter Zeigefinger bekräftigte es. „Ich war sein Vertreter hier am Ort."

„Komödiant!", konnte sich Georg zu rufen nicht enthalten, erkannte sofort den Schaden und biss, nur zu spät, – die Augen erstarrt – in seine Zunge, dass er vor Schmerz einknickte.

„Ja, freilich habe ich Komödie gespielt! Komödie! Gutes Wort! Welcher andere Trost blieb dem alten verwitweten Vater? Sag – und für den Augenblick der Antwort sei du noch mein lebender Sohn –, was blieb mir übrig, in meinem Hinterzimmer, verfolgt vom ungetreuen Personal, alt bis in die Knochen? Und mein Sohn ging im Jubel durch die Welt, schloss Geschäfte ab, die ich vorbereitet hatte, überpurzelte sich vor Vergnügen und ging vor seinem Vater mit dem verschlossenen Gesicht eines Ehrenmannes davon! Glaubst du, ich hätte dich nicht geliebt, ich, von dem du ausgingst?"

Jetzt wird er sich vorbeugen, dachte Georg, wenn er fiele und zerschmetterte! Dieses Wort durchzischte seinen Kopf.

Der Vater beugte sich vor, fiel aber nicht. Da Georg sich nicht näherte, wie er erwartet hatte, erhob er sich wieder.

„Bleib, wo du bist, ich brauche dich nicht! Du denkst, du hast noch die Kraft, hierher zu kommen, und hältst dich bloß zurück, weil du so willst. Dass du dich nicht irrst! Ich bin noch immer der viel Stärkere. Allein hätte ich vielleicht zurückweichen müssen, aber so hat mir die Mutter ihre Kraft abgegeben, mit deinem Freund habe ich mich herrlich verbunden, deine Kundschaft habe ich hier in der Tasche!"

‚Sogar im Hemd hat er Taschen!', sagte sich Georg und glaubte, er könne ihn mit dieser Bemerkung in der ganzen Welt unmöglich machen. Nur einen Augenblick dachte er das, denn immerfort vergaß er alles.

„Häng dich nur in deine Braut ein und komm mir entgegen! Ich fege sie dir von der Seite weg, du weißt nicht, wie!"

Georg machte Grimassen, als glaube er das nicht. Der Vater nickte bloß, die Wahrheit dessen, was er sagte, beteuernd, in Georgs Ecke hin.

„Wie hast du mich doch heute unterhalten, als du kamst und fragtest, ob du deinem Freund von der Verlobung schreiben sollst. Er weiß doch alles, dummer Junge, er weiß doch alles! Ich schrieb ihm doch, weil du vergessen hast, mir das Schreibzeug wegzunehmen. Darum kommt er schon seit Jahren nicht, er weiß ja alles hundertmal besser als du selbst, deine Briefe zerknüllt er ungelesen in der linken Hand, während er in der rechten meine Briefe zum Lesen sich vorhält!"

Seinen Arm schwang er vor Begeisterung über dem Kopf. „Er weiß alles tausendmal besser!", rief er.

„Zehntausendmal!", sagte Georg, um den Vater zu verlachen, aber noch in seinem Munde bekam das Wort einen todernsten Klang.

„Seit Jahren passe ich schon auf, dass du mit dieser Frage kämest! Glaubst du, mich kümmert etwas anderes? Glaubst du, ich lese Zeitungen? Da!" und er warf Georg ein Zeitungsblatt, das irgendwie mit ins Bett getragen worden war, zu. Eine alte Zeitung, mit einem Georg schon ganz unbekannten Namen.

„Wie lange hast du gezögert, ehe du reif geworden bist! Die Mutter musste sterben, sie konnte den Freudentag nicht erleben, der Freund geht zugrunde in seinem Russland, schon vor drei Jahren war er gelb zum Wegwerfen, und ich, du siehst ja, wie es mit mir steht. Dafür hast du doch Augen!"

„Du hast mir also aufgelauert!", rief Georg.

Mitleidig sagte der Vater nebenbei: „Das wolltest du wahrscheinlich früher sagen. Jetzt passt es ja gar nicht mehr."

Und lauter: „Jetzt weißt du also, was es noch außer dir gab, bisher wusstest du nur von dir! Ein unschuldiges Kind warst du ja eigentlich, aber noch eigentlicher warst du ein teuflischer Mensch! – Und darum wisse: Ich verurteile dich jetzt zum Tode des Ertrinkens!"

Georg fühlte sich aus dem Zimmer gejagt, den Schlag, mit dem der Vater hinter ihm aufs Bett stürzte, trug er noch in den Ohren davon. Auf der Treppe, über deren Stufen er wie über eine schiefe Fläche eilte, überrumpelte er seine Bedienerin, die im Begriffe war, hinaufzugehen, um die Wohnung nach der Nacht aufzuräumen.

„Jesus!", rief sie und verdeckte mit der Schürze das Gesicht, aber er war schon davon. Aus dem Tor sprang er, über die Fahrbahn zum Wasser trieb es ihn. Schon hielt er das Geländer fest, wie ein Hungriger die Nahrung. Er schwang sich über, als der ausgezeichnete Turner, der er in seinen Jugendjahren zum Stolz seiner Eltern gewesen war. Noch hielt er sich mit schwächer werdenden Händen fest, erspähte zwischen den Geländerstangen einen Autoomnibus, der mit Leichtigkeit seinen Fall übertönen würde, rief leise: „Liebe Eltern, ich habe euch doch immer geliebt", und ließ sich hinabfallen.

In diesem Augenblick ging über die Brücke ein geradezu unendlicher Verkehr.

(e 1912)

❐ Fassen Sie den Inhalt kurz zusammen. Kennzeichnen Sie den Aufbau. Welche Textstelle bezeichnet den Wendepunkt? Begründen Sie.

❐ Charakterisieren Sie Georg Bendemann, seine Verlobte Frieda Brandefeld, seinen Freund, seinen Vater.

❐ Diskutieren Sie unterschiedliche Deutungsschichten der Erzählung. Ziehen Sie auch andere Materialien außer dem Text mit heran. Machen Sie sich dabei unterschiedliche Zugriffe (Methoden) deutlich. Zum Beispiel:
– textimmanenter Zugriff (dazu gehört auch die Kennzeichnung der Sprache des Textes)
– Einbeziehung biografischer Bezüge (vgl. die Hinweise zur Biografie, Seite 419f., und den Brief an den Vater, Seite 439ff.)
– religiöse oder tiefenpsychologische Deutungen

▷▷ **Arbeitshinweis**

Unterschiedliche Methoden der Textanalyse finden Sie auf Seite 24f.

Hinter seinem Helden Georg Bendemann verbirgt sich offensichtlich der Autor Franz Kafka. „Bende" hängt mit dem Wortfeld „binden" zusammen und heißt so viel wie der Gebundene, der Unfreie. Der Name Frieda Brandenfeld ist auf Kafkas spätere Verlobte Felice Bauer gemünzt.

Am 23. September 1912 schrieb Kafka zu dieser Erzählung in sein Tagebuch: „Diese Geschichte ‚Das Urteil' habe ich in der Nacht vom 22. bis 23. von zehn Uhr abends bis sechs Uhr früh in einem Zug geschrieben... Die fürchterliche Anstrengung und Freude, wie sich die Geschichte vor mir entwickelte, wie ich in einem Gewässer vorwärts kam. Mehrmals in dieser Nacht trug ich mein Gewicht auf dem Rücken. Wie alles gesagt werden kann, wie für alle, für die fremdesten Einfälle ein großes Feuer bereitet ist, in dem sie vergehn und auferstehn... Die bestätigte Überzeugung, dass ich mich mit meinem Romanschreiben in schändlichen Niederungen des Schreibens befinde. *Nur so* kann geschrieben werden, nur in einem solchen Zusammenhang, mit solch vollständiger Öffnung des Leibes und der Seele...".

❐ Erklären Sie, was Kafka hier meinen könnte. Beziehen Sie in Ihre Deutungen auch Ihre Überlegungen zu dem folgenden *Brief an den Vater* und zu Kafkas Kurzbiografie (Seite 419f.) mit ein; diskutieren Sie über unterschiedliche Deutungsansätze.

Franz Kafka
Brief an den Vater[1]

Liebster Vater,
du hast mich letzthin einmal gefragt, warum ich behaupte, ich hätte Furcht vor dir. Ich wusste dir, wie gewöhnlich, nichts zu antworten, zum Teil eben aus der Furcht, die ich vor dir habe, zum Teil deshalb, weil zur Begründung dieser Furcht zu viele Einzelheiten gehören, als dass ich sie im Reden halbwegs zusammenhalten könnte. Und wenn ich hier versuche, dir schriftlich zu antworten, so wird es doch nur sehr unvollständig sein, weil auch im Schreiben die Furcht und ihre Folgen mich dir gegenüber behindern und weil die Größe des Stoffs über mein Gedächtnis und meinen Verstand weit hinausgeht.
Dir hat sich die Sache immer sehr einfach dargestellt, wenigstens soweit du vor mir und, ohne Auswahl, vor vielen andern davon gesprochen hast. Es schien dir etwa so zu sein: Du hast dein ganzes Leben lang schwer gearbeitet, alles für deine Kinder, vor allem für mich geopfert, ich habe infolgedessen „in Saus und Braus" gelebt, habe vollständige Freiheit gehabt zu lernen was ich wollte, habe keinen Anlass zu Nahrungssorgen, also zu Sorgen überhaupt gehabt; du hast dafür keine

Der Vater: Herrmann Kafka (um 1883)

---
[1] Max Brod (Freund und Herausgeber Kafkas): Diesen „Brief" hat Franz Kafka im November 1919 in Schelesen bei Liboch (Böhmen) geschrieben. Da er dem Adressaten niemals übergeben worden ist, somit die Funktion eines Briefes nie erfüllt hat, obwohl sie zweifellos intendiert war [...], habe ich diese Arbeit nicht in die Bände, die Kafkas Korrespondenz umfassen, eingereiht, sondern in sein literarisches Werk, innerhalb dessen es den umfassendsten Versuch einer Selbstbiografie darstellt, den er unternommen hat. Das Manuskript ist von Kafka selbst mit Schreibmaschine angefertigt und handschriftlich korrigiert.

Dankbarkeit verlangt, du kennst „die Dankbarkeit der Kinder", aber doch wenigstens irgendein Entgegenkommen, Zeichen eines Mitgefühls; stattdessen habe ich mich seit jeher vor dir verkrochen, in mein Zimmer, zu Büchern, zu verrückten Freunden, zu überspannten Ideen; offen gesprochen habe ich mit dir niemals, in den Tempel bin ich nicht zu dir gekommen, in Franzensbad habe ich dich nie besucht, auch sonst nie Familiensinn gehabt, um das Geschäft und deine sonstigen Angelegenheiten habe ich mich nicht gekümmert, die Fabrik habe ich dir aufgehalst und dich damit verlassen, Ottla[2] habe ich in ihrem Eigensinn unterstützt und während ich für dich keinen Finger rührte (nicht einmal eine Theaterkarte bringe ich dir), tue ich für Freunde alles. Fasst du dein Urteil über mich zusammen, so ergibt sich, dass du mir zwar etwas geradezu Unanständiges oder Böses nicht vorwirfst (mit Ausnahme vielleicht meiner letzten Heiratsabsicht), aber Kälte, Fremdheit, Undankbarkeit. Und zwar wirfst du es mir so vor, als wäre es meine Schuld, als hätte ich etwa mit einer Steuerdrehung das Ganze anders einrichten können, während du nicht die geringste Schuld daran hast, es wäre denn die, dass du zu gut zu mir gewesen bist.

Diese deine übliche Darstellung halte ich nur so weit für richtig, dass auch ich glaube, du seist gänzlich schuldlos an unserer Entfremdung. Aber ebenso gänzlich schuldlos bin auch ich. Könnte ich dich dazu bringen, dass du das anerkennst, dann wäre – nicht etwa ein neues Leben möglich, dazu sind wir beide viel zu alt, aber doch eine Art Friede, kein Aufhören, aber doch ein Mildern deiner unaufhörlichen Vorwürfe. [...] Vergleich uns beide: ich, um es sehr abgekürzt auszudrücken, ein Löwy[3] mit einem gewissen Kafkaschen Fond, der aber eben nicht durch den Kafkaschen Lebens-, Geschäfts-, Eroberungswillen in Bewegung gesetzt wird, sondern durch einen Löwy'schen Stachel, der geheimer, scheuer, in anderer Richtung wirkt und oft überhaupt aussetzt. Du dagegen ein wirklicher Kafka an Stärke, Gesundheit, Appetit, Stimmkraft, Redebegabung, Selbstzufriedenheit, Weltüberlegenheit, Ausdauer, Geistesgegenwart, Menschenkenntnis, einer gewissen Großzügigkeit, natürlich auch mit allen zu diesen Vorzügen gehörigen Fehlern und Schwächen, in welche dich dein Temperament und manchmal dein Jähzorn hineinhetzen. Nicht ganzer Kafka bist du vielleicht in deiner allgemeinen Weltansicht, soweit ich dich mit Onkel Philipp, Ludwig, Heinrich

---

[2] Max Brod: Die jüngste der drei Schwestern Franz Kafkas. Die beiden älteren Schwestern, die gleichfalls in diesem Brief erwähnt werden, hießen Elli und Valli. Da alle drei Schwestern während des Zweiten Weltkrieges ermordet wurden (nebst vielen anderen Angehörigen der Familie), sind jene Bedenken weggefallen, die mich im Jahre 1937 (als ich meine Kafka-Biografie veröffentlichte) dazu zwangen, den „Brief" nur in Auszügen zu zitieren.

[3] Max Brod: Die Mutter Kafkas [Julie Kafka, geb. Löwy] stammte aus der Familie Löwy, über deren besonderen spirituellen und ans Sonderlinghafte streifenden Charakter man in meiner Kafka-Biografie nachlesen kann.

vergleichen kann. Das ist merkwürdig, ich sehe hier auch nicht ganz klar. Sie waren doch alle fröhlicher, frischer, ungezwungener, leichtlebiger, weniger streng als du. (Darin habe ich übrigens viel von dir geerbt und das Erbe viel zu gut verwaltet, ohne allerdings die nötigen Gegengewichte in meinem Wesen zu haben, wie du sie hast.) Doch hast auch andererseits du in dieser Hinsicht verschiedene Zeiten durchgemacht, warst vielleicht fröhlicher, ehe dich deine Kinder, besonders ich, enttäuschten und zu Hause bedrückten (kamen Fremde, warst du ja anders) und bist auch jetzt vielleicht wieder fröhlicher geworden, da dir die Enkel und der Schwiegersohn wieder etwas von jener Wärme geben, die dir die Kinder, bis auf Valli vielleicht, nicht geben konnten. Jedenfalls waren wir so verschieden und in dieser Verschiedenheit einander so gefährlich, dass, wenn man es hätte etwa im Voraus ausrechnen wollen, wie ich, das langsam sich entwickelnde Kind, und du, der fertige Mann, sich zueinander verhalten werden, man hätte annehmen können, dass du mich einfach niederstampfen wirst, dass nichts von mir übrigbleibt. [...]

Ich war ein ängstliches Kind; trotzdem war ich gewiss auch störrisch wie Kinder sind; gewiss verwöhnte mich die Mutter auch, aber ich kann nicht glauben, dass ich besonders schwer lenkbar war, ich kann nicht glauben, dass ein freundliches Wort, ein stilles Bei-der-Hand-Nehmen, ein guter Blick mir nicht alles hätten abfordern können, was man wollte. Nun bist du ja im Grunde ein gütiger und weicher Mensch (das Folgende wird dem nicht widersprechen, ich rede ja nur von der Erscheinung, in der du auf das Kind wirktest), aber nicht jedes Kind hat die Ausdauer und Unerschrockenheit, so lange zu suchen, bis es zu der Güte kommt. Du kannst ein Kind nur so behandeln, wie du eben selbst geschaffen bist, mit Kraft, Lärm und Jähzorn, und in diesem Falle schien dir das auch noch überdies deshalb sehr gut geeignet, weil du einen kräftigen mutigen Jungen in mir aufziehen wolltest. [...]

Direkt erinnere ich mich nur an einen Vorfall aus den ersten Jahren. Du erinnerst dich vielleicht auch daran. Ich winselte einmal in der Nacht immerfort um Wasser, gewiss nicht aus Durst, sondern wahrscheinlich teils um zu ärgern, teils um mich zu unterhalten. Nachdem einige starke Drohungen nicht geholfen hatten, nahmst du mich aus dem Bett, trugst mich auf die Pawlatsch[4] und ließest mich dort allein vor der geschlossenen Tür ein Weilchen im Hemd stehn. Ich will nicht sagen, dass das unrichtig war, vielleicht war damals die Nachtruhe auf andere Weise wirklich nicht zu verschaffen, ich will aber damit deine Erziehungsmittel und ihre Wirkung auf mich charakterisieren. Ich war damals nachher wohl schon folgsam, aber ich hatte einen inneren Schaden davon. Das für mich Selbstverständliche des sinnlosen Ums-Wasser-Bittens und das außerordentlich Schreckliche des Hinausgetragen-

Die Mutter: Julie, geb. Löwy (um 1883)

---

[4] Das aus dem Tschechischen stammende Wort bezeichnet einen langen Balkon, der in vielen älteren Prager Häusern an der Hof-Innenseite hinlief, – meist für mehrere Wohnungen gemeinsam.

Kafka zu Anfang der Gymnasialzeit

werdens konnte ich meiner Natur nach niemals in die richtige Verbindung bringen. Noch nach Jahren litt ich unter der quälenden Vorstellung, dass der riesige Mann, mein Vater, die letzte Instanz, fast ohne Grund kommen und mich in der Nacht aus dem Bett auf die Pawlatsche tragen konnte und dass ich also ein solches Nichts für ihn war.

Das war damals ein kleiner Anfang nur, aber dieses mich oft beherrschende Gefühl der Nichtigkeit (ein in anderer Hinsicht allerdings auch edles und fruchtbares Gefühl) stammt vielfach von deinem Einfluss. Ich hätte ein wenig Aufmunterung, ein wenig Freundlichkeit, ein wenig Offenhalten meines Wegs gebraucht, stattdessen verstelltest du mir ihn, in der guten Absicht freilich, dass ich einen anderen Weg gehen sollte. Aber dazu taugte ich nicht. Du muntertest mich zum Beispiel auf, wenn ich gut salutierte und marschierte, aber ich war kein künftiger Soldat, oder du muntertest mich auf, wenn ich kräftig essen oder sogar Bier dazu trinken konnte, oder wenn ich unverstandene Lieder nachsingen oder deine Lieblingsredensarten dir nachplappern konnte, aber nichts davon gehörte zu meiner Zukunft. Und es ist bezeichnend, dass du selbst heute mich nur dann eigentlich in etwas aufmunterst, wenn du selbst in Mitleidenschaft gezogen bist, wenn es sich um dein Selbstgefühl handelt, das ich verletze (zum Beispiel durch meine Heiratsabsicht) oder das in mir verletzt wird. [...]

Damals und damals überall hätte ich die Aufmunterung gebraucht. Ich war ja schon niedergedrückt durch deine bloße Körperlichkeit. Ich erinnere mich zum Beispiel daran, wie wir uns öfters zusammen in einer Kabine auszogen. Ich mager, schwach, schmal, du stark, groß, breit. Schon in der Kabine kam ich mir jämmerlich vor, und zwar nicht nur vor dir, sondern vor der ganzen Welt, denn du warst für mich das Maß aller Dinge. Traten wir dann aber aus der Kabine vor die Leute hinaus, ich an deiner Hand, ein kleines Gerippe, unsicher, bloßfüßig auf den Planken, in Angst vor dem Wasser, unfähig deine Schwimmbewegungen nachzumachen, die du mir in guter Absicht, aber tatsächlich zu meiner tiefen Beschämung immerfort vormachtest, dann war ich sehr verzweifelt und alle meine schlimmen Erfahrungen auf allen Gebieten stimmten in solchen Augenblicken großartig zusammen. Am wohlsten war mir noch, wenn du dich manchmal zuerst auszogst und ich allein in der Kabine bleiben und die Schande des öffentlichen Auftretens so lange hinauszögern konnte, bis du endlich nachschauen kamst und mich aus der Kabine triebst. Dankbar war ich dir dafür, dass du meine Not nicht zu bemerken schienest, auch war ich stolz auf den Körper meines Vaters. Übrigens besteht zwischen uns dieser Unterschied heute noch ähnlich.

Dem entsprach weiter deine geistige Oberherrschaft. Du hattest dich allein durch eigene Kraft so hoch hinaufgearbeitet, infolgedessen hattest du unbeschränktes Vertrauen zu deiner Meinung. Das war für mich als Kind nicht einmal so blendend wie später für den heranwachsenden jungen Menschen. In deinem Lehnstuhl regiertest du die Welt. Deine Meinung war richtig, jede andere war verrückt, überspannt, meschugge, nicht normal. […]

Ein besonderes Vertrauen hattest du zur Erziehung durch Ironie, sie entsprach auch am besten deiner Überlegenheit über mich. Eine Ermahnung hatte bei dir gewöhnlich diese Form: „Kannst du das nicht so und so machen? Das ist dir wohl schon zu viel? Dazu hast du natürlich keine Zeit" und ähnlich. Dabei jede solche Frage begleitet von bösem Lachen und bösem Gesicht. Man wurde gewissermaßen schon bestraft, ehe man noch wusste, dass man etwas Schlechtes getan hatte. Aufreizend waren auch jene Zurechtweisungen, wo man als dritte Person behandelt, also nicht einmal des bösen Ansprechens gewürdigt wurde; wo du also etwa formell zur Mutter sprachst, aber eigentlich zu mir, der dabei saß, zum Beispiel: „Das kann man vom Herrn Sohn natürlich nicht haben" und dergleichen. (Das bekam dann sein Gegenspiel darin, dass ich zum Beispiel nicht wagte und später aus Gewohnheit gar nicht mehr daran dachte, dich direkt zu fragen, wenn die Mutter dabei war. Es war dem Kind viel ungefährlicher, die neben dir sitzende Mutter nach dir auszufragen, man fragte dann die Mutter: „Wie geht es dem Vater?" und sicherte sich so vor Überraschungen.) […]

(e 1919)

❒ Stellen Sie anhand entsprechender Formulierungen aus dem Text gegenüber, wie Vater und Sohn in diesem Brief jeweils gekennzeichnet werden.

❒ Beschreiben Sie die Beziehung zwischen Vater und Sohn.

❒ Welche Gründe für diese Beziehung lassen sich dem Brief entnehmen?

❒ Welche Folgen sieht Kafka für sich, seine Entwicklung als Mensch, als Schriftsteller?

❒ Erläutern Sie die Feststellung Kafkas, dass beide, Vater und Sohn, schuldlos sind.

Der Mensch unter totaler Kontrolle – „Maßnahmen gegen die Gewalt"

❐ Sammeln Sie Ihre Eindrücke zu diesem Bild an der Tafel; nutzen Sie dazu die Cluster-Methode.

❐ Fassen Sie diese Eindrücke zusammen, indem Sie das Bild im Zusammenhang mit der Thematik dieses Abschnitts deuten. Berücksichtigen Sie dabei auch die folgenden Informationen:
Karl Hofer, der dieses Gemälde im Jahre 1943 geschaffen hat, gehörte zu den von den Nationalsozialisten verbotenen, als „entartet" geltenden Künstlern. Der Titel des Gemäldes lautet „Die schwarzen Zimmer".

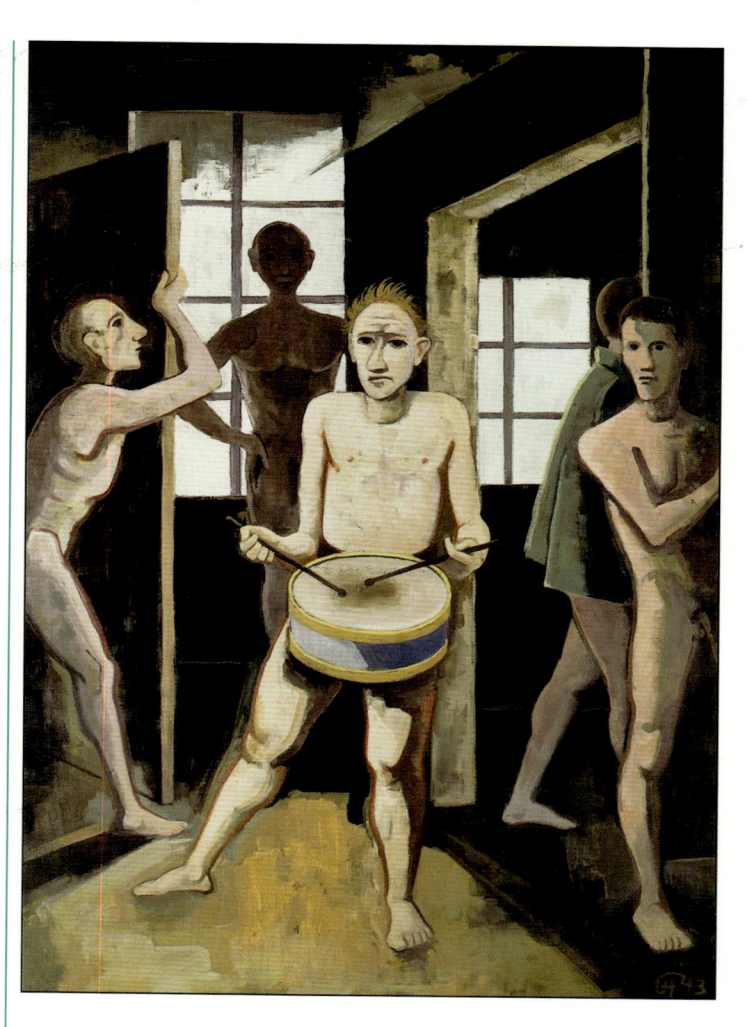

Siegfried Lenz
Ein Freund der Regierung

Zu einem Wochenende luden sie Journalisten ein, um ihnen an Ort und Stelle zu zeigen, wie viele Freunde die Regierung hatte. Sie wollten uns beweisen, daß alles, was über das unruhige Gebiet geschrieben wurde, nicht zutraf: die Folterungen nicht, die Armut und vor allem nicht das wütende Verlangen nach Unabhängigkeit. So luden sie uns sehr höflich ein, und ein sehr höflicher, tadellos gekleideter Beamter empfing uns hinter der Oper und führte uns zum Regierungsbus. Es war ein neuer Bus; ein Geruch von Lack und Leder umfing uns, leise Radiomusik, und als der Bus anfuhr, nahm der Beamte ein Mikrofon aus der Halterung, kratzte mit dem Fingernagel über den silbernen Verkleidungsdraht und hieß uns noch einmal mit sanfter Stimme willkommen. Bescheiden nannte er seinen Namen – „ich heiße Garek", sagte er –; dann wies er uns auf die Schönheiten der Hauptstadt hin, nannte Namen und Anzahl der Parks, erklärte uns die Bauweise der Mustersiedlung, die auf einem kalkigen Hügel lag, blendend unter dem frühen Licht.

Hinter der Hauptstraße gabelte sich die Straße; wir verloren die Nähe des Meeres und fuhren ins Land hinein, vorbei an steinübersäten Feldern, an braunen Hängen; wir fuhren zu einer Schlucht und auf dem Grunde der Schlucht bis zur Brücke, die über ein ausgetrocknetes Flußbett führte. Auf der Brücke stand ein junger Soldat, der mit einer Art lässiger Zärtlichkeit eine handliche Maschinenpistole trug und uns fröhlich zuwinkte, als wir an ihm vorbei über die Brücke fuhren. Auch im ausgetrockneten Flußbett, zwischen den weißgewaschenen Kieseln, standen zwei junge Soldaten, und Garek sagte, daß wir durch ein sehr beliebtes Übungsgebiet führen.

Serpentinen hinauf, über eine heiße Ebene, und durch die geöffneten Seitenfenster drang feiner Kalkstaub ein, brannte in den Augen; Kalkgeschmack lag auf den Lippen. Wir zogen die Jacketts aus. Nur Garek behielt sein Jackett an; er hielt immer noch das Mikrofon in der Hand und erläuterte mit sanfter Stimme die Kultivierungspläne, die sie in der Regierung für dieses tote Land ausgearbeitet hatten. Ich sah, daß mein Nebenmann die Augen geschlossen, den Kopf zurückgelegt hatte; seine Lippen waren trocken und kalkblaß, die Adern der Hände, die auf dem vernickelten Metallgriff lagen, traten bläulich hervor. Ich wollte ihn in die Seite stoßen, denn mitunter traf uns ein Blick aus dem Rückspiegel, Gareks melancholischer Blick, doch während ich es noch überlegte, stand Garek auf, kam lächelnd über den schmalen Gang nach hinten und verteilte Strohhalme und eiskalte Getränke in gewachsten Papptüten.

Gegen Mittag fuhren wir durch ein Dorf; die Fenster waren mit Kistenholz vernagelt, die schäbigen Zäune aus trockenem Astwerk löcherig, vom Wind der Ebene auseinandergedrückt. Auf den flachen Dächern hing keine Wäsche zum Trocknen. Der Brunnen war abgedeckt; kein Hundegebell verfolgte uns, und nirgendwo erschien ein Gesicht. Der Bus fuhr mit unverminderter Geschwindigkeit vorbei, eine graue Fahne von Kalkstaub hinter sich herziehend, grau wie eine Fahne der Resignation.

Wieder kam Garek über den schmalen Gang nach hinten, verteilte Sandwiches, ermunterte uns höflich und versprach, daß es nicht mehr allzulange dauern würde, bis wir unser Ziel erreicht hätten. Das Land wurde hügelig, rostrot; es war jetzt von großen Steinen bedeckt, zwischen denen kleine farblose

Siegfried Lenz, geboren 1926 in Lyck/Ostpreußen

Büsche wuchsen. Die Straße senkte sich, wir fuhren durch einen tunnelartigen Einschnitt. Die Halbrundungen der Sprenglöcher warfen schräge Schatten auf die zerrissenen Felswände. Eine harte Glut schlug in das Innere des Busses. Und dann öffnete sich die Straße, und wir sahen das von einem Fluß zerschnittene Tal und das Dorf neben dem Fluß. Garek gab uns ein Zeichen, Ankündigung und Aufforderung; wir zogen die Jacketts an, und der Bus fuhr langsamer und hielt auf einem lehmig verkrusteten Platz, vor einer sauber gekalkten Hütte. Der Kalk blendete so stark, daß beim Aussteigen die Augen schmerzten. Wir traten in den Schatten des Busses, wir schnippten die Zigaretten fort. Wir blickten aus zusammengekniffenen Augen auf die Hütte und warteten auf Garek, der in ihr verschwunden war.

Es dauerte einige Minuten, bis er zurückkam, aber er kam zurück, und er brachte einen Mann mit, den keiner von uns je zuvor gesehen hatte.

„Das ist Bela Bonzo", sagte Garek und wies auf den Mann; „Herr Bonzo war gerade bei einer Hausarbeit, doch er ist bereit, Ihnen auf alle Fragen zu antworten."

Wir blickten freimütig auf Bonzo, der unsere Blicke ertrug, indem er sein Gesicht leicht senkte. Er hatte ein altes Gesicht, staubgrau; scharfe, schwärzliche Falten liefen über seinen Nacken; seine Oberlippe war geschwollen. Bonzo, der gerade bei einer Hausarbeit überrascht worden war, war sauber gekämmt, und die verkrusteten Blutspuren an seinem alten, mageren Hals zeugten von einer heftigen und sorgfältigen Rasur. Er trug ein frisches Baumwollhemd, Baumwollhosen, die zu kurz waren und kaum bis zu den Knöcheln reichten; seine Füße steckten in neuen, gelblichen Rohlederstiefeln, wie Rekruten sie bei der Ausbildung tragen.

Wir begrüßten Bela Bonzo, jeder von uns gab ihm die Hand, dann nickte er und führte uns in sein Haus. Er lud uns ein voranzugehen, wir traten in eine kühle Diele, in der uns eine alte Frau erwartete; ihr Gesicht war nicht zu erkennen, nur ihr Kopftuch leuchtete in dem dämmrigen Licht. Die Alte bot uns faustgroße, fremde Früchte an, die Früchte hatten ein saftiges Fleisch, das rötlich schimmerte, so daß ich am Anfang das Gefühl hatte, in eine frische Wunde zu beißen.

Wir gingen wieder auf den lehmigen Platz hinaus. Neben dem Bus standen jetzt barfüßige Kinder; sie beobachteten Bonzo mit unerträglicher Aufmerksamkeit, und dabei rührten sie sich nicht und sprachen nicht miteinander. Nie trafen ihre Blicke einen von uns. Bonzo schmunzelte in rätselhafter Zufriedenheit.

„Haben Sie keine Kinder?" fragte Pottgießer.

Es war die erste Frage, und Bonzo sagte schmunzelnd:

„Doch, doch, ich hatte einen Sohn. Wir versuchen gerade, ihn zu vergessen. Er hat sich gegen die Regierung aufgelehnt. Er war faul, hat nie etwas getaugt, und um etwas zu werden, ging er zu den Saboteuren, die überall für Unruhe sorgen. Sie kämpfen gegen die Regierung, weil sie glauben, es besser machen zu können." Bonzo sagte es entschieden, mit leiser Eindringlichkeit; während er sprach, sah ich, daß ihm die Schneidezähne fehlten.

„Vielleicht würden sie es besser machen", sagte Pottgießer. Garek lächelte vergnügt, als er diese Frage hörte, und Bonzo sagte:

„Alle Regierungen gleichen sich darin, daß man sie ertragen muß, die einen leichter, die andern schwerer. Diese Regierung kennen wir, von der anderen kennen wir nur die Versprechungen."

Die Kinder tauschten einen langen Blick.

„Immerhin ist das größte Versprechen die Unabhängigkeit", sagte Bleiguth.

„Die Unabhängigkeit kann man nicht essen", sagte Bonzo schmunzelnd. „Was nützt uns die Unabhängigkeit, wenn das Land verarmt. Diese Regierung aber hat unsern Export gesichert. Sie hat dafür gesorgt, daß Straßen, Krankenhäuser und Schulen gebaut wurden. Sie hat das Land kultiviert und wird es noch mehr kultivieren. Außerdem hat sie uns das Wahlrecht gegeben."

Eine Bewegung ging durch die Kinder, sie faßten sich bei den Händen und traten unwillkürlich einen Schritt vor. Bonzo senkte das Gesicht, schmunzelte in seiner rätselhaften Zufriedenheit, und als er das Gesicht wieder hob, suchte er mit seinem Blick Garek, der bescheiden hinter uns stand.

„Schließlich", sagte Bonzo, ohne gefragt worden zu sein, „gehört zur Unabhängigkeit auch eine gewisse Reife. Wahrscheinlich könnten wir gar nichts anfangen mit der Unabhängigkeit. Auch für Völker gibt es ein Alter, in dem sie mündig werden: wir haben dieses Alter noch nicht erreicht. Und ich bin ein Freund dieser Regierung, weil sie uns in unserer Unmündigkeit nicht im Stich läßt. Ich bin ihr dankbar dafür, wenn Sie es genau wissen wollen."

Garek entfernte sich zum Bus, Bonzo beobachtete ihn aufmerksam, wartete, bis die schwere Bustür zufiel und wir allein dastanden auf dem trockenen, lehmigen Platz. Wir waren unter uns, und Finke vom Rundfunk wandte sich mit einer schnellen Frage an Bonzo: „Wie ist es wirklich? Rasch, wir sind allein." Bonzo schluckte, sah Finke mit einem Ausdruck von Verwunderung und Befremden an und sagte langsam: „Ich habe Ihre Frage nicht verstanden."

„Jetzt können wir offen sprechen", sagte Finke hastig.

„Offen sprechen", wiederholte Bonzo bedächtig und schmunzelte breit, so daß seine Zahnlücken sichtbar wurden.

„Was ich gesagt habe, ist offen genug: wir sind Freunde dieser Regierung, meine Frau und ich; denn alles, was wir sind und erreicht haben, haben wir mit ihrer Hilfe erreicht. Dafür sind wir ihr dankbar. Sie wissen, wie selten es vorkommt, daß man einer Regierung für irgend etwas dankbar sein kann – wir sind dankbar. Und auch mein Nachbar ist dankbar, ebenso wie die Kinder dort und jedes Wesen im Dorf. Klopfen Sie an jede Tür, Sie werden überall erfahren, wie dankbar wir der Regierung sind."

Plötzlich trat Gum, ein junger, blasser Journalist, auf Bonzo zu und flüsterte: „Ich habe zuverlässige Nachricht, daß Ihr Sohn

❐ Schreiben Sie Ihre ersten Leseeindrücke zu der Kurzgeschichte auf und tauschen Sie sie in Ihrer Lerngruppe aus. Halten Sie die wesentlichen Bedeutungshypothesen fest.

❐ Gehen Sie in einem zweiten Schritt intensiv auf den Text ein, und zwar anhand folgender Fragestellungen:
– Beschreiben Sie die Fahrt der Journalisten in dem fremden Land; welche Eindrücke stören das heile Bild? Stellen Sie positive und negative Eindrücke gegenüber und formulieren Sie anhand dieser Gegenüberstellung die Ziele der Regierung.
– Charakterisieren Sie die Hauptfigur Bela Bonzo; weisen Sie Ihre Ergebnisse am Text nach. Nehmen Sie unter anderem Bezug auf die Überschrift und die Bildlichkeit im Text.
– Erörtern Sie die Frage, ob Bela Bonzo den Journalisten direkt die Wahrheit sagen und damit die Regierung entlarven sollte.
– Erläutern Sie den möglichen Sinn dieser Erzählung. Formulieren Sie vor dem Hintergrund der besonderen Ereignisse und Personen eine allgemeine Aussage. Nehmen Sie Bezug auf Ihre ersten Hypothesen und überprüfen Sie, ob diese noch haltbar sind.

gefangen und in einem Gefängnis der Hauptstadt gefoltert wurde. Was sagen Sie dazu?"
Bonzo schloß die Augen, Kalkstaub lag auf seinen Lidern; schmunzelnd antwortete er: „Ich habe keinen Sohn, und darum kann er nicht gefoltert worden sein. Wir sind Freunde der Regierung, hören Sie? Ich bin ein Freund der Regierung."
Er zündete sich eine selbstgedrehte, krumme Zigarette an, inhalierte heftig und sah zur Bustür hinüber, die jetzt geöffnet wurde. Garek kam zurück und erkundigte sich nach dem Stand des Gesprächs. Bonzo wippte, indem er die Füße von den Hacken über die Zehenballen abrollen ließ. Er sah aufrichtig erleichtert aus, als Garek wieder zu uns trat, und er beantwortete unsere weiteren Fragen scherzhaft und ausführlich, wobei er die Luft mitunter zischend durch die vorderen Zahnlücken entweichen ließ.
Als ein Mann mit einer Sense vorüberging, rief Bonzo ihn an; der Mann kam mit schleppendem Schritt heran, nahm die Sense von der Schulter und hörte aus Bonzos Mund die Fragen, die wir zunächst ihm gestellt hatten. Der Mann schüttelte unwillig den Kopf: er war ein leidenschaftlicher Freund der Regierung, und jedes seiner Bekenntnisse quittierte Bonzo mit stillem Triumph. Schließlich reichten sich die Männer in unserer Gegenwart die Hand, wie um ihre gemeinsame Verbundenheit mit der Regierung zu besiegeln.
Auch wir verabschiedeten uns, jeder von uns gab Bonzo die Hand – ich zuletzt; doch als ich seine rauhe, aufgesprungene Hand nahm, spürte ich eine Papierkugel zwischen unseren Handflächen. Ich zog sie langsam, mit gekrümmten Fingern ab, ging zurück und schob die Papierkugel in die Tasche. Bela Bonzo stand da und rauchte in schnellen, kurzen Stößen; er rief seine Frau heraus, und sie, Bonzo und der Mann mit der Sense beobachteten den abfahrenden Bus, während die Kinder einen mit Steinen und jenen farblosen kleinen Büschen bedeckten Hügel hinaufstiegen.
Wir fuhren nicht denselben Weg zurück, sondern überquerten die heiße Ebene, bis wir auf einen Eisenbahndamm stießen, neben dem ein Weg aus Sand und Schotter lief. Während dieser Fahrt hielt ich eine Hand in der Tasche, und in der Hand die kleine Papierkugel, die einen so harten Kern hatte, daß die Fingernägel nicht hineinschneiden konnten, sosehr ich auch drückte. Ich wagte nicht, die Papierkugel herauszunehmen, denn von Zeit zu Zeit erreichte uns Gareks melancholischer Blick aus dem Rückspiegel. Ein schreckhafter Schatten flitzte über uns hinweg und über das tote Land; dann hörten wir das Propellergeräusch und sahen das Flugzeug, das niedrig über den Eisenbahndamm flog in Richtung zur Hauptstadt, kehrtmachte am Horizont, wieder über uns hinwegbrauste und uns nicht mehr allein ließ.
Ich dachte an Bela Bonzo, hielt die Papierkugel mit dem harten Kern in der Hand, und ich fühlte, wie die Innenfläche meiner Hand feucht wurde. Ein Gegenstand erschien am Ende des Bahndamms und kam näher, und jetzt erkannten wir, daß es ein Schienenauto war, auf dem junge Soldaten saßen. Sie

winkten freundlich mit ihren Maschinenpistolen zu uns herüber. Vorsichtig zog ich die Papierkugel heraus, sah sie jedoch nicht an, sondern schob sie schnell in die kleine Uhrtasche, die einzige Tasche, die ich zuknöpfen konnte. Und wieder dachte
5 ich an Bela Bonzo, den Freund der Regierung: noch einmal sah ich seine gelblichen Rohlederstiefel, die träumerische Zufriedenheit seines Gesichts und die schwarzen Zahnlücken, wenn er zu sprechen begann. Niemand von uns zweifelte daran, daß wir in ihm einen aufrichtigen Freund der Regierung
10 getroffen hatten.
Am Meer entlang fuhren wir in die Hauptstadt zurück; der Wind brachte das ziehende Kußgeräusch des Wassers herüber, das gegen die unterspülten Felsen schlug. An der Oper stiegen wir aus, höflich verabschiedet von Garek. Allein ging
15 ich ins Hotel zurück, fuhr mit dem Lift in mein Zimmer hinauf, und auf der Toilette öffnete ich die Papierkugel, die der Freund der Regierung mir heimlich anvertraut hatte: sie war unbeschrieben, kein Zeichen, kein Wort, doch eingewickelt lag im Papier ein von bräunlichen Nikotinspuren bezogener
20 Schneidezahn. Es war ein menschlicher, angesplitterter Zahn, und ich wußte, wem er gehört hatte. (e 1959)*

Schriftliche Übung

❐ Analysieren Sie die Kurzgeschichte; gehen Sie dabei auf den Zusammenhang von Inhalt, Text, Struktur, sprachlicher Machart und Sinnzusammenhang ein. Fassen Sie mit Ihrem Text die in Ihrer Lerngruppe mündlich erarbeitete Analyse zusammen. Adressaten Ihres Textes sollten also (anders als bei der Prüfungsklausur) die Mitschülerinnen und Mitschüler Ihrer Lerngruppe sein.

Bertolt Brecht
Maßnahmen gegen die Gewalt

Als Herr Keuner, der Denkende, sich in einem Saale vor vielen gegen die Gewalt aussprach, merkte er, wie die Leute vor ihm zurückwichen und weggingen. Er blickte sich um und sah hinter sich stehen – die Gewalt.
5 „Was sagtest du?" fragte ihn die Gewalt.
„Ich sprach mich für die Gewalt aus", antwortete Herr Keuner.
Als Herr Keuner weggegangen war, fragten ihn seine Schüler nach seinem Rückgrat. Herr Keuner antwortete: „Ich habe
10 kein Rückgrat zum Zerschlagen. Gerade ich muß länger leben als die Gewalt."
Und Herr Keuner erzählte folgende Geschichte:
In die Wohnung des Herrn Egge, der gelernt hatte, nein zu sagen, kam eines Tages in der Zeit der Illegalität ein Agent, der
15 zeigte einen Schein vor, welcher ausgestellt war im Namen derer, die die Stadt beherrschten, und auf dem stand, daß ihm gehören solle jede Wohnung, in die er seinen Fuß setzte; ebenso sollte ihm auch jedes Essen gehören, das er verlange; ebenso sollte ihm auch jeder Mann dienen, den er sähe.
20 Der Agent setzte sich in einen Stuhl, verlangte Essen, wusch sich, legte sich nieder und fragte mit dem Gesicht zur Wand vor dem Einschlafen: „Wirst du mir dienen?"
Herr Egge deckte ihn mit einer Decke zu, vertrieb die Fliegen, bewachte seinen Schlaf, und wie an diesem Tage gehorchte er
25 ihm sieben Jahre lang. Aber was immer er für ihn tat, eines zu tun hütete er sich wohl: das war, ein Wort zu sagen. Als nun

- ❏ Setzen Sie sich, ausgehend von der Überschrift, mit dem Text auseinander.
- ❏ Erklären Sie Textart und Aufbau; berücksichtigen Sie dabei die folgenden kurzen Hinweise zu Parabel und Gleichnis.
- ❏ Formulieren Sie den im Text verschlüsselten Lehrsatz der Parabel. Halten Sie sich dabei ganz genau an den Text.

die sieben Jahre herum waren und der Agent dick geworden war vom vielen Essen, Schlafen und Befehlen, starb der Agent. Da wickelte ihn Herr Egge in die verdorbene Decke, schleifte ihn aus dem Haus, wusch das Lager, tünchte die Wände, atmete auf und antwortete: „Nein."

(e 1930)*

> **Parabel** (griech.: das Nebeneinanderwerfen, Gleichnis), allgemein ein zur selbstständigen Erzählung erweiterter Vergleich, der von nur *einem* Vergleichspunkt aus durch Analogie auf den gemeinten Sachverhalt zu übertragen ist, ohne direkten Verweis wie beim Gleichnis (jedoch oft auch gleichbedeutend verwendet).
>
> (v 1990)

Die Form des Gleichnisses verweist auf die Bibel. Auf die Frage, welches Buch ihn am stärksten beeindruckt habe, antwortete Brecht 1928: „Sie werden lachen, die Bibel." Der Einfluss biblischer Motive ist in Brechts Werk häufig zu beobachten. Am Gleichnis und an der Sprache der Bibel imponierte Brecht insbesondere die appellative Wirkung.

- ❏ Der Text gehört zu der Gruppe von Keuner-Parabeln, die bereits im Jahre 1930 entstanden sind. Beschreiben Sie kurz die Situation von 1930 (siehe auch Seite 469). Nutzen Sie für Ihre Deutung auch die nebenstehenden Informationen über die Figur des Herrn Keuner.

Wer ist dieser Herr Keuner? Vielleicht ist es nicht zu gewagt und nicht zu abwegig, den Namen Keuner eingedenk der Neigung Brechts zu sprachspielerischer Namenssymbolik bei der Benennung vieler seiner Gestalten im Sinne von „Keiner" zu interpretieren, das heißt: Keuner ist im Grunde gar keine richtige Person – wir erfahren bezeichnenderweise überhaupt nichts über sein Äußeres –, er ist vielmehr nur ein Sprachrohr für bestimmte Ansichten Brechts, er ist also – verglichen mit den anderen, so lebenserfüllten Gestalten der Brechtschen Imagination – in Wirklichkeit „niemand". Damit deutet sich schon die Möglichkeit an, hinter diesem „Niemand" das Vorbild der Gestalt des Odysseus zu sehen, [...] die Person des Mannes also, der in der Antike als der sprichwörtliche Vertreter von List und Schläue angesehen wurde. Und List ist nötig, wie Brecht 1934 in seinem Aufsatz „Fünf Schwierigkeiten beim Schreiben der Wahrheit" ausgesprochen hat, um die Wahrheit, s e i n e Wahrheit natürlich, unter denen zu verbreiten, *„in deren Händen sie wirksam wird"* (B. Brecht), denn der Mensch, insbesondere der Angehörige der bürgerlichen Klasse, hat es nicht gern, mit deutlich erhobenem Zeigefinger belehrt zu werden. Gerade das aber will Brecht, und dieser Absicht dienen in besonderem Maße seine „Geschichten vom Herrn Keuner", in denen er es unternommen hat, *„Gesten zitierbar zu machen"*, auf bestimmte Tatbestände und Verhältnisse in der Welt ermahnend oder anklagend hinzudeuten. Brecht wollte zeit seines Lebens nichts anderes sein als ein Lehrer.

Helmut Schwimmer

(e 1963)

- ❏ Erörtern Sie die in der Parabel behandelten Probleme:
  - Widerstand in Zeiten der Gewalt?
  - Nützlichkeit der eigenen Person für den Aufbau einer humanen Gesellschaft?

Alexander Kluge
Ein Liebesversuch

Als das billigste Mittel, in den Lagern Massensterilisationen durchzuführen, erschien 1943 Röntgenbestrahlung. Zweifelhaft war, ob die so erzielte Unfruchtbarkeit nachhaltig war. Wir führten einen männlichen und einen weiblichen Gefange-
5 nen zu einem Versuch zusammen. Der dafür vorgesehene Raum war größer als die meisten anderen Zellen, er wurde mit Teppichen der Lagerleitung ausgelegt. Die Hoffnung, dass die Gefangenen in ihrer hochzeitlich ausgestalteten Zelle dem Versuch Genüge leisteten, erfüllte sich nicht.

10 Wussten sie von der erfolgten Sterilisation?

Das war nicht anzunehmen. Die beiden Gefangenen setzten sich in verschiedene Ecken des dielengedeckten und teppichbelegten Raumes. Es war durch das Bullauge, das der Beobachtung von außen diente, nicht zu erkennen, ob sie seit der
15 Zusammenführung miteinander gesprochen hatten. Sie führten jedenfalls keine Gespräche. Diese Passivität war deshalb besonders unangenehm, weil hochgestellte Gäste sich zur Beobachtung des Versuchs angesagt hatten; um den Fortgang des Experiments zu beschleunigen, befahl der Standortarzt
20 und Leiter des Versuchs, den beiden Gefangenen die Kleider fortzunehmen.

Schämten sich die Versuchspersonen?

Man kann nicht sagen, dass die Versuchspersonen sich schämten. Sie blieben im Wesentlichen auch ohne ihre Klei-
25 dung in den bis dahin eingenommenen Positionen, sie schienen zu schlafen. Wir wollen sie ein bisschen aufwecken, sagte der Leiter des Versuchs. Es wurden Schallplatten herbeigeholt. Durch das Bullauge war zu sehen, dass beide Gefangenen auf die Musik zunächst reagierten. Wenig später verfielen
30 sie aber wieder in ihren apathischen Zustand. Für den Versuch war es wichtig, dass die Versuchspersonen endlich mit dem Versuch begannen, da nur so mit Sicherheit festgestellt werden konnte, ob die unauffällig erzeugte Unfruchtbarkeit bei den behandelten Personen auch über längere Zeitab-
35 schnitte hin wirksam blieb. Die am Versuch beteiligten Mannschaften warteten in den Gängen des Schlosses, einige Meter von der Zellentür entfernt. Sie verhielten sich im Wesentlichen ruhig. Sie hatten Weisung, sich nur flüsternd miteinander zu verständigen. Ein Beobachter verfolgte den Verlauf des
40 Geschehens im Innenraum. So sollten die beiden Gefangenen in dem Glauben gewiegt werden, sie seien jetzt allein. Trotzdem kam in der Zelle keine erotische Spannung auf. Fast glaubten die Verantwortlichen, man hätte einen kleineren Raum wählen sollen. Die Versuchspersonen selbst waren
45 sorgfältig ausgesucht. Nach den Akten mussten die beiden Versuchspersonen erhebliches erotisches Interesse aneinander empfinden.

Woher wusste man das?

J., Tochter eines Braunschweiger Regierungsrates, Jahrgang 1915, also etwa 28 Jahre, mit arischem Ehemann, Abitur, Studium der Kunstgeschichte, galt in der niedersächsischen Kleinstadt G. als unzertrennlich von der männlichen Versuchsperson, einem gewissen P., Jahrgang 1900, ohne Beruf. Wegen P. gab die J. den rettenden Ehemann auf. Sie folgte ihrem Liebhaber nach Prag, später nach Paris. 1938 gelang es, den P. auf Reichsgebiet zu verhaften. Einige Tage später erschien auf der Suche nach P. die J. auf Reichsgebiet und wurde ebenfalls verhaftet. Im Gefängnis und später im Lager versuchten die beiden mehrfach, zueinander zu kommen. Insofern unsere Enttäuschung: jetzt durften sie endlich, und jetzt wollten sie nicht.

Waren die Versuchspersonen nicht willig?

Grundsätzlich waren sie gehorsam. Ich möchte also sagen: willig.

Waren die Gefangenen gut ernährt?

Schon längere Zeit vor Beginn des Versuchs waren die in Aussicht genommenen Versuchspersonen besonders gut ernährt worden. Nun lagen sie bereits zwei Tage im gleichen Raum, ohne dass Annäherungsversuche festzustellen waren. Wir gaben ihnen Eiweißgallert aus Eiern zu trinken, die Gefangenen nahmen das Eiweiß gierig auf. Oberscharführer Wilhelm ließ die beiden aus Gartenschläuchen anspritzen, anschließend wurden sie wieder, frierend, in das Dielenzimmer geführt, aber auch das Wärmebedürfnis führte sie nicht zueinander.

Fürchteten sie die Freigeisterei, der sie sich ausgesetzt sahen? Glaubten sie, dies wäre eine Prüfung, bei der sie ihre Moralität zu erweisen hätten? Lag das Unglück des Lagers wie eine hohe Wand zwischen ihnen?

Wussten sie, dass im Falle einer Schwängerung beide Körper seziert und untersucht würden?

Dass die Versuchspersonen das wussten oder auch nur ahnten, ist unwahrscheinlich. Von der Lagerleitung wurden ihnen wiederholt positive Zusicherungen für den Überlebensfall gemacht. Ich glaube, sie wollten nicht. Zur Enttäuschung des eigens herangereisten Obergruppenführers A. Zerbst und seiner Begleitung ließ sich das Experiment nicht durchführen, da alle Mittel, auch die gewaltsamen, nicht zu einem positiven Versuchsausgang führten. Wir pressten ihre Leiber aneinander, hielten sie unter langsamer Erwärmung in Hautnähe aneinander, bestrichen sie mit Alkohol und gaben den Personen Alkohol, Rotwein mit Ei, auch Fleisch zu essen und Champus zu trinken, wir korrigierten die Beleuchtung, nichts davon führte jedoch zur Erregung.

Hat man denn alles versucht?

Ich kann garantieren, dass alles versucht worden ist. Wir hatten einen Oberscharführer unter uns, der etwas davon ver-

stand. Er versuchte nach und nach alles, was sonst todsicher wirkt. Wir konnten schließlich nicht selbst hineingehen und unser Glück versuchen, weil das Rassenschande gewesen wäre. Nichts von den Mitteln, die versucht wurden, führte zur
5 Erregung.

Wurden wir selbst erregt?
Jedenfalls eher als die beiden im Raum; wenigstens sah es so aus. Andererseits wäre uns das verboten gewesen. Infolgedessen glaube ich nicht, dass wir erregt waren. Vielleicht auf-
10 geregt, da die Sache nicht klappte.

> *Will ich liebend Dir gehören,*
> *kommst Du zu mir heute Nacht?*

Es gab keine Möglichkeit, die Versuchspersonen zu einer eindeutigen Reaktion zu gewinnen, und so wurde der Versuch
15 ergebnislos abgebrochen. Später wurde er mit anderen Personen wieder aufgenommen.

Was geschah mit den Versuchspersonen?
Die widerspenstigen Versuchspersonen wurden erschossen.

Soll das besagen, dass an einem bestimmten Punkt des Un-
20 glücks Liebe nicht mehr zu bewerkstelligen ist? (v 1980)

„Die Form des Einschlags einer Sprengbombe ist einprägsam. Sie enthält eine Verkürzung. Ich war dabei, als am 8. April 1945 in 10 Meter Entfernung so etwas einschlug." Man kann mit Sicherheit annehmen, dass dieses Erlebnis den 13-Jährigen – wie viele
5 seiner Altersgenossen – nachhaltig geprägt hat, für ihn ein unüberwindbares Trauma darstellte. Am Thema *Krieg* hält Kluge zeitlebens fest, es zieht sich durch alle seine Filme, Bücher und theoretischen Texte. […] Möglich, dass einer, der erfahren hat, dass er nur zufällig noch am Leben ist, daraus besonders starke
10 Kraft zieht, um seinen eigenen Motiven zu folgen.
Kluge, Sohn eines Arztes, lebt nach der Scheidung seiner Eltern bei seiner Mutter in Berlin. Er studiert Jura, Geschichte und Kirchenmusik in Marburg, Freiburg und Frankfurt am M., promoviert in Rechtswissenschaft, volontiert dann aber 1958/59 bei
15 dem Filmregisseur Fritz Lang […] und will daraufhin selbst Filme drehen. […] 1985 läuft in den Kinos Kluges 27. Film.
Wenn Kluge der „Erfinder der dokumentarischen Methode" genannt wird, wenn man darauf hinweist, dass er alle Formen der öffentlichen Rede, der Expertenjargons, der Zeitungsnotiz, des
20 Gerichtsprotokolls, der Verwaltungsrichtlinien, Tabellen, Abbildungen, allen nur greifbaren Ausdrucksmüll benutzt, wenn man mit Recht sagt, dass sein Stoffhunger unersättlich ist, wenn man also das „Objektive" dieses Autors hervorhebt, dann muss man gleichzeitig hinzufügen, dass diese außerordentlichen Material-
25 mengen von radikaler Subjektivität zusammengehalten und organisiert werden. Das Subjektive liegt in dem Schnitt, der Montage, der Assoziation, mit einem Wort: in der Form. […]
Rainer Stollmann (v 1997)

❒ Formulieren Sie zunächst Ihre Eindrücke zum Text. Klären Sie dabei auch einzelne Begriffe und historische Zusammenhänge (zum Beispiel das Jahr 1943, Lager, Menschenversuche, Massensterilisation, Obergruppenführer, Oberscharführer, …).

❒ Gehen Sie jetzt intensiv auf den Text ein, lesen Sie ihn noch einmal. Vergleichen Sie am Schluss der Auseinandersetzung Ihre „Textbefunde" mit den ersten Deutungshypothesen. Untersuchungsgesichtspunkte im Zusammenhang:
– Überschrift
– Inhalt/Struktur/sprachliche Machart des Textes/Wirkung der einzelnen Fragen
– Erzählperspektive (Wer fragt, wer antwortet?)
– Sinn/Aussage des Textes

❒ Stellen Sie einen Bezug zur Überschrift dieses Kapitels her und vergleichen Sie auch mit anderen Texten in diesem Kapitel, zum Beispiel mit Bertolt Brechts Parabel „Maßnahmen gegen die Gewalt".

Alexander Kluge, geboren 1932 in Halberstadt

Günter Kunert
Zirkuswesen

Kaum hatte die Vorstellung begonnen, ertönte ein einstimmiger Entsetzensschrei des Publikums: Der Dompteur war über seinen schönsten Königstiger hergefallen und hatte sich in dessen Nacken verbissen.
Als sich die Besucher hastig aus dem Zelt drängten, gab das Tier schon kein Lebenszeichen mehr von sich. Die anderen Gefleckten, Gestreiften und Geringelten pressten sich mit eingezogenen Schwänzen ans Gitter und heulten auf, als sich der Dompteur erhob, um sich auf die Tür des Käfigs zu stürzen, in dem er seine Attraktion vorführte.
Die metallnen Stäbe flogen auseinander, und er stürmte ins Freie. Unaufhaltsam stampfte er in seinen hohen, schwarzen Stiefeln sporenklirrend auf die Straße und durch sie.
„Der Dompteur ist los! Der Dompteur ist los!", ächzte es von Haus zu Haus; er selber aber schrie und dröhnte und donnerte durch die Gassen, knallte mit der Peitsche und schnalzte mit den Fingern, dass niemand davon verschont ward. Seinen Weg säumten auf Händen stehende kinderreiche Straßenbahnschaffnerinnen, auf Wäscheleinen balancierende Hauswarte, oder in strammer Haltung gelähmte Feuerwehrleute, die erst seinetwegen und dann vor ihm ausgerückt waren. Bei jedem Peitschenknall sprangen Großväter in ihren Stuben keuchend auf den Tisch oder auf den Ofen, wo sie mit angewinkelten Armen hocken blieben.
Der Dompteur ist los, der Dompteur ist los! Angst und Schrecken und erstaunliche, eilfertig ausgeführte Dressurleistungen griffen immer weiter um sich. Auf ihren Stühlen in ihren Wohnungen kauerten die Bewohner der Stadt, auf den Peitschenknall lauernd, der ihnen erlaubte, zu Boden zu springen und knurrend und murrend in die Küche oder ins Bett zu schleichen.
Endlich, drei Abende später, gelang es, den Dompteur einzufangen und zum Bürgermeister zu machen; seitdem herrscht in der Stadt wieder Ruhe und Ordnung. Und ein ganz unglaublicher Aufschwung des Zirkuswesens lässt sich nicht länger leugnen.

(e 1965)

❏ Tauschen Sie Ihre ersten Eindrücke aus. Danach könnten Sie unter Bezug auf den Text und auf die biografischen Hinweise folgende Aufgaben beantworten:

❏ Stellen Sie die irritierenden Ereignisse und grotesk wirkenden Handlungen heraus.

❏ Verdeutlichen Sie den Parabelcharakter der Erzählung. Welche Einzelheiten legen eine politische Aussage nahe? Deuten Sie insbesondere den letzten Abschnitt des Textes. (Zur Parabel vgl. Seite 429 und 450.)

❏ Beschreiben Sie Erzähler, Erzählperspektive, Erzählweise und erläutern Sie die jeweilige Funktion.

❏ Formulieren Sie, welche allgemeine Einsicht sich hinter den besonderen Ereignissen verbirgt. Setzen Sie den Text auch in Beziehung zu anderen Texten dieses Kapitels.

Günter Kunert, geboren 1929 in Berlin

[...] Während des Dritten Reiches fiel Kunert, dessen Vater mit einer Jüdin verheiratet war, sich jedoch trotz staatlicher Repressionen nicht scheiden ließ, unter die faschistischen Rassengesetze und wurde für „wehrunwürdig" erklärt; eine Zeit lang arbeitete er in einer Tuchwarenhandlung. Nach dem Zusammenbruch des NS-Regimes studierte er von 1945 bis 1947 fünf Semester an der Hochschule für Angewandte Kunst in Berlin-Weißensee. [...] 1947 erschien bereits sein erstes Gedicht *(Ein Zug rollt vorüber)* in einer Berliner Tageszeitung, seither lebte Kunert (bis 1979) als freier Schriftsteller in Ostberlin. [...] Kunerts Mitunterzeichnung der Petition gegen die Ausbürgerung Wolf Biermanns (1976) zieht 1977 seinen Ausschluss aus der

SED nach sich. Im Herbst 1979 verlässt er – zunächst mit einem befristeten Visum – die DDR und zieht nach Itzehoe, später nach Kaisbortel bei Schenefeld. Der Autor unternimmt zahlreiche (Bildungs-)Reisen, widmet sich Fragen der Kunst und Architektur, der Kulturgeschichte und der Vergangenheitsbewältigung. 1981 wirkte er als Gastdozent für Poetik an der Frankfurter Goethe-Universität *(Vor der Sintflut,* 1985), im Herbst 1985 las er Poetik an der Universität Augsburg.

Nicolai Riedel (v 1997)

George Orwell
1984

Die nach dem Zweiten Weltkrieg bekannt gewordenen Fakten über die Diktaturen Hitlers und Stalins veranlassten den englischen Schriftsteller George Orwell (1903–1950), seine schlimmen Befürchtungen für die zweite Jahrhunderthälfte in einem utopischen Roman mit dem Titel *1984* zum Ausdruck zu bringen. Der Roman entstand im Jahre 1948.

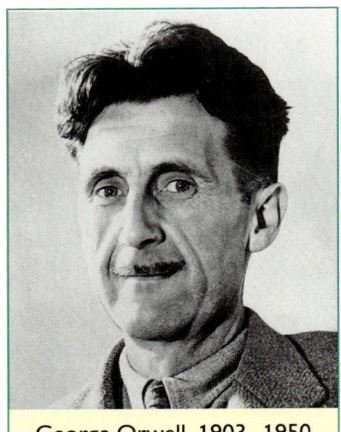

Inhaltsangabe

[…] Orwells letzter Roman zeigt die Welt aufgespalten in drei Supermächte, Ozeanien, Eurasien und Ostasien, die einander in Herrschaftsstruktur und Ideologie gleichen. […] Was Orwell am Beispiel Ozeaniens und seiner Hauptstadt London, dem Schauplatz des Geschehens, darstellt, trifft also auch auf die beiden anderen Machtblöcke zu. Ozeanien wird von einer Partei-Oligarchie beherrscht. […] An der Spitze dieses Herrschaftsapparates steht der „Große Bruder", ein fiktiver Parteiführer, dessen Bildnis von allen Wänden starrt und dessen Augen dem Betrachter immer und überallhin zu folgen scheinen – Symbol des allgegenwärtigen Staates („*Der Große Bruder sieht dich an!*"). Mittels technischer Apparate, z.B. des Tele-Auges, überwacht und beeinflusst die Partei das Leben ihrer Mitglieder bis in die Intimsphäre. Ihr Ziel ist die totale Vernichtung des individuellen Bewusstseins. Recht, Freiheit, Wahrheit, Wissen, menschliche Empfindungen, Träume, Ideale werden in ihr Gegenteil verkehrt. Dementsprechend lauten die Leitsätze der Partei: *„Krieg ist Frieden. Freiheit ist Sklaverei. Unwissenheit ist Stärke."*
[…] In dieser totalitären Welt gibt es auch keine historische Faktizität mehr. Durch eine ungeheure Propagandamaschinerie wird das menschliche Gedächtnis ständig neu programmiert, die Geschichte wird im „Wahrheitsministerium" je nach Bedarf um- oder neu geschrieben, die gegenteiligen Belege werden vernichtet. Der Gleichsetzung von Wahrheit und Lüge dient auch das neue, durch Reduktion der überkommenen Sprache entstandene Idiom *(„Newspeak"* – *„Neusprache"),* das, wie Orwell in einer beigefügten „Grammatik" erklärt, nicht nur Ausdrucksmittel für

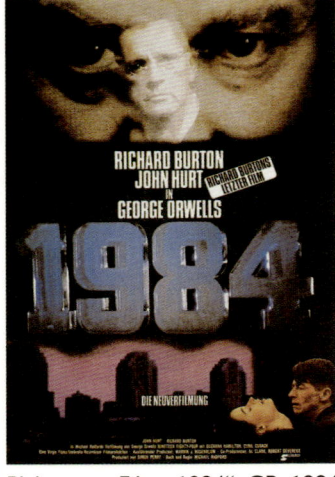

George Orwell, 1903–1950

Plakat zum Film „1984", GB, 1984

Winston Smith
(aus „1984", GB, 1984)

Julia und Winston
(aus „1984", GB, 1984)

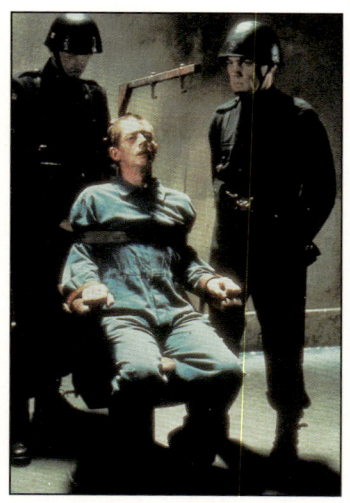

(aus „1984", GB, 1984)

die Parteiideologie ist, sondern auch „*jede Art anderen Denkens ausschalten soll*". Als schwerstes Vergehen gilt daher das „*Gedankenverbrechen*".
Am Schicksal des kleinen Angestellten Winston Smith, der im „Wahrheitsministerium" mit unzähligen anderen Mitgliedern der „äußeren" Partei an der systematischen Verfälschung der Geschichte arbeitet, zeigt Orwell die Unmöglichkeit, in dieser Alptraumwelt als Individuum zu existieren. Während sich Smith, um dem Argwohn der Gedankenpolizei zu entgehen, nach außen hin loyal verhält, lehnt er sich in Gedanken gegen das autoritäre System auf. [...]
Seine Rebellion erschöpft sich, da ihm die Vision einer besseren Welt unmöglich ist, in einem ziellosen Hass auf die Partei. Auch Julia, wie er Mitglied der „äußeren" Partei, vermag ihm nicht zu helfen. Ihr Aufbegehren besteht darin, dass sie insgeheim einem hemmungslosen Hedonismus frönt – ein todeswürdiges Verbrechen in den Augen der Partei, die von ihren Mitgliedern einen rigorosen Puritanismus verlangt und Sexualität nur als notwendiges Übel zur „Erhaltung der Art" duldet. So vollziehen Smith und Julia die körperliche Vereinigung geradezu als einen gegen die Partei gerichteten politischen Akt. Ihre heimlichen Begegnungen sind für die beiden Oasen des Glücks in einer Schreckenswelt. Doch Smith weiß, dass es nur ein Glück auf Zeit sein kann. Um wirksamer gegen die Partei zu rebellieren, sucht er Anschluss an die legendenumwobene Untergrundbewegung Emmanuel Goldsteins. Der Verbindungsmann O'Brien entpuppt sich jedoch als Funktionär der Gedankenpolizei und Goldstein selbst als ein Popanz, den die Partei benutzt, um dem unterdrückten Aggressionstrieb ihrer Mitglieder ein Ventil zu verschaffen. Smith wird verhaftet, gefoltert, entwürdigt. Wie bei allen ihren Gegnern geht es der Partei nicht darum, ihn „auszulöschen", sondern sein Bewusstsein zu „reinigen" und umzupolen. Mittels sadistischer Torturen wird er schließlich dazu gebracht, Julia zu verraten und vor der Partei zu Kreuz zu kriechen. Als er aufgehört hat, als Individuum zu existieren, lässt man ihn frei. „*Er hatte den Sieg über sich selbst errungen. Er liebte den Großen Bruder.*"

George Orwell
Kleine Grammatik der Neusprache

Die Neusprache war die in Ozeanien eingeführte Amtssprache und zur Deckung der ideologischen Bedürfnisse des *Engsoz* erfunden worden. Sie hatte nicht nur den Zweck, ein Ausdrucksmittel für die Weltanschauung und geistige Haltung zu sein, die den Anhängern des *Engsoz* allein angemessen war, sondern darüber hinaus jede Art anderen Denkens auszuschalten. Wenn die Neusprache erst ein für allemal angenommen und die Altsprache vergessen worden war – etwa im Jahre 2050 –, sollte sich ein unorthodoxer – d. h. ein von den Grundsätzen des *Engsoz*[1] abweichender – Gedanke buchstäb-

---
[1] Engsoz = „englischer Sozialismus"

lich nicht mehr denken lassen, wenigstens insoweit Denken eine Funktion der Sprache ist. Der Wortschatz der Neusprache war so konstruiert, dass jeder Mitteilung, die ein Parteimitglied berechtigterweise machen wollte, eine genaue und oft sehr differenzierte Form verliehen werden konnte, während alle anderen Inhalte ausgeschlossen wurden, ebenso wie die Möglichkeit, etwa auf indirekte Weise das Gewünschte auszudrücken. Das wurde teils durch die Erfindung neuer, hauptsächlich aber durch die Ausmerzung unerwünschter Wörter erreicht und indem man die übrig gebliebenen Wörter so weitgehend wie möglich jeder unorthodoxen Nebenbedeutung entkleidete. Ein Beispiel hierfür: Das Wort *frei* gab es zwar in der Neusprache noch, aber es konnte nur in Sätzen wie „*Dieser Hund ist frei von Flöhen*", oder „*Dieses Feld ist frei von Unkraut*" angewandt werden. In seinem alten Sinn von „politisch frei" oder „geistig frei" konnte es nicht gebraucht werden, da es diese politische oder geistige Freiheit nicht einmal mehr als Begriff gab und infolgedessen auch keine Bezeichnung dafür vorhanden war.

Die Neusprache war auf der vorhandenen Sprache aufgebaut, obwohl viele Neusprachsätze, auch ohne neu erfundene Wörter zu enthalten, für einen Menschen des Jahres 1949 kaum verständlich gewesen wären. Der Wortschatz war in drei deutlich abgegrenzte Klassen eingeteilt, die im Folgenden gesondert behandelt werden. Für die rein grammatikalischen Besonderheiten gilt jedoch das unter *Wortschatz A* Gesagte für alle drei Kategorien.

Der *Wortschatz A* bestand aus den für das tägliche Leben benötigten Wörtern – für Dinge wie Essen, Trinken, Arbeiten, Anziehen, Treppensteigen, Eisenbahnfahren, Kochen und dergleichen. Er war fast völlig aus bereits vorhandenen Wörtern zusammengesetzt, wie *schlagen, laufen, Hund, Baum, Zucker, Haus, Feld* – aber mit dem heutigen Wortschatz verglichen, war ihre Zahl äußerst klein und ihre Bedeutung viel strenger umrissen. Sie waren von jedem Doppelsinn und jeder Bedeutungsschattierung gereinigt. Es wäre ganz unmöglich gewesen, sich des Wortschatzes A etwa zu literarischen Zwecken oder zu einer politischen oder philosophischen Diskussion zu bedienen. Er war nur dazu bestimmt, einfache, zweckbestimmende Gedanken auszudrücken, bei denen es sich gewöhnlich um konkrete Dinge oder physische Vorgänge handelte. [...]

Jedes Wort konnte durch Voranstellung von *un-* in sein Gegenteil umgewandelt oder durch die Voranstellung von *plus-* oder von *doppelplus-* gesteigert werden. So bedeutete beispielsweise *unkalt* „warm", während *pluskalt* oder *doppelpluskalt* „sehr kalt" oder „überaus kalt" bedeuteten. Auch war es möglich, die Bedeutung fast jeden Wortes durch die Voranstellung von *vor-, nach-, ober-, unter-* usw. abzuwandeln. Diese Methode ermöglichte es, den Wortschatz ganz gewaltig zu vermindern.

Das zweite hervorstechende Merkmal der Neusprach-Grammatik war ihre Regelmäßigkeit. Abgesehen von einigen nachfolgend erwähnten Ausnahmen folgten alle Beugungen derselben Regel. Bei allen Zeitwörtern waren das Imperfektum und das Partizip der Vergangenheit identisch und endeten auf -te. Das Imperfektum von *stehlen* war *stehlte*, von denken *denkte* usw., während alle Formen wie *dachte, schwamm, brachte, sprach, nahm* abgeschafft waren. [...]

Der *Wortschatz B* bestand aus Wörtern, die absichtlich zu politischen Zwecken gebildet worden waren, d. h. die nicht nur in jedem Fall auf einen politischen Sinn abzielten, sondern dazu bestimmt waren, den Benutzer in die gewünschte Geistesverfassung zu versetzen. Ohne ein eingehendes Vertrautsein mit den Prinzipien des *Engsoz* war es schwierig, diese Wörter richtig zu gebrauchen. In manchen Fällen konnte man sie in die Altsprache oder sogar in Wörter aus dem Wortschatz A übersetzen, aber dazu war gewöhnlich eine lange Umschreibung notwendig, und unweigerlich gingen dabei gewisse Schattierungen verloren. Die Wörter waren eine Art Stenografie, mit der man oft eine ganze Gedankenreihe in ein paar Silben zusammenfassen konnte. Ihre Formulierungen waren zugleich genauer und zwingender als die gewöhnliche Sprache. [...]

Manche B-Wörter hatten eine höchst differenzierte Bedeutung, die jemandem, der nicht mit der Sprache im Ganzen vertraut war, kaum verständlich wurde. Als Beispiel diene ein typischer Satz aus dem *Times*-Leitartikel: *Altdenker unintusfühl Engsoz*. Die kürzeste Wiedergabe, die davon in der Altsprache möglich gewesen wäre, hätte lauten müssen: „Diejenigen, deren Weltanschauung sich vor der Revolution geformt hat, können die Prinzipien des neuen englischen Sozialismus nicht wirklich von innen heraus verstehen." Aber das ist keine ausreichende Übersetzung. Man müsste eigentlich, um die volle Bedeutung des oben angeführten Neusprachsatzes zu verstehen, erst eine genaue Vorstellung von dem haben, was mit *Engsoz* gemeint war. Dazu kommt, dass nur ein völlig im *Engsoz* aufgegangener Mensch die ganze Kraft des Wortes *intusgefühl* nachzuempfinden vermag, das eine blinde, begeisterte Hingabe bezeichnete, die man sich nur schwer vorstellen kann, desgleichen das Wort *Altdenk*, das untrennbar mit der Vorstellung von Schlechtigkeit und Entartung verknüpft war. [...]

Zahlreiche Wörter wie *Ehre, Gerechtigkeit, Moral, Internationalismus, Demokratie, Wissenschaft* und *Religion* gab es ganz einfach nicht mehr. Sie waren durch ein paar Überbegriffe ersetzt und damit hinfällig geworden. Alle mit den Begriffen der Freiheit und Gleichheit zusammenhängenden Wörter z. B. waren in dem einzigen Wort *Undenk* enthalten, während alle um die Begriffe Objektivität und Rationalismus kreisenden Wörter sämtlich in dem Wort *Altdenk* inbegriffen waren. Eine größere Genauigkeit wäre gefährlich gewesen.

Kein Wort des Wortschatzes B war ideologisch neutral. Eine ganze Anzahl hatte den Charakter reiner sprachlicher Tarnung und waren einfach Euphemismen. So bedeuteten z. B. Wörter wie *Lustlager* (=Zwangsarbeitslager) oder *Minipax* (= Friedensministerium = Kriegsministerium) fast das genaue

Gegenteil von dem, was sie zu besagen schienen. Andererseits zeigen einige Wörter ganz offen eine verächtliche Kenntnis der wahren Natur der ozeanischen Verhältnisse. Ein Beispiel dafür war *Prolefutter,* womit man die armseligen Lustbarkei-
5 ten und die verlogenen Nachrichten meinte, mit denen die Massen von der Partei abgespeist wurden. Andere Wörter wiederum hatten eine Doppelbedeutung, sie bedeuteten etwas Gutes, wenn sie auf die Partei, und etwas Schlechtes, wenn sie auf deren Feinde angewandt wurden. […]
10 So weit wie möglich wurde alles, was irgendwie politische Bedeutung hatte oder haben konnte, dem Wortschatz B angepasst. Der Name jeder Organisation oder Gemeinschaft, jedes Dogmas, jedes Landes, jeder Verordnung, jedes öffentlichen Gebäudes wurde unabänderlich auf den gewohnten Nenner
15 gebracht: in die Form eines einzigen, leicht aussprechbaren Wortes mit möglichst geringer Silbenzahl, von dem man die ursprüngliche Ableitung noch ablesen konnte. Im Wahrheitsministerium z. B. wurde die Registraturabteilung, in der Winston Smith beschäftigt war, *Regab* genannt, die Literatur-
20 abteilung *Litab,* die Televisor-Programm-Abteilung *Telab* usw. Das geschah nicht nur aus Gründen der Zeitersparnis. Schon in den ersten Jahrzehnten des zwanzigsten Jahrhunderts waren solche zusammengezogenen Wörter charakteristisches Merkmal der politischen Sache gewesen; wobei es sich gezeigt
25 hatte, dass die Tendenz, solche Abkürzungen zu benutzen, in totalitären Ländern und bei totalitären Organisationen am ausgeprägtesten war *(Nazi, Gestapo, Komintern, Agitprop).* Zunächst war das Verfahren offenbar ganz unbewusst und zufällig in Gebrauch gekommen, in der Neusprache aber
30 wurde es vorsätzlich angewandt. Man hatte erkannt, dass durch solche Abkürzungen die Bedeutung einer Bezeichnung eingeschränkt und unmerklich verändert wurde, indem sie die meisten der ihr sonst anhaftenden Gedankenverbindungen verlor. […]
35 Die einzelnen Wörter des Wortschatzes B gewannen noch an Ausdruckskraft dadurch, dass sie einander fast alle sehr ähnlich waren. Sie waren fast immer zwei-, höchstens dreisilbig *(Gutdenk, Minipax, Lustlager, Engsoz, Intusfühl, Denkpoli),* wobei die Betonung ebenso häufig auf der ersten wie auf der letz-
40 ten Silbe lag. Durch ihre Verwendung entwickelte sich ein bestimmter rednerischer Stil, der zugleich zackig, hohl tönend und monoton war.
Der *Wortschatz C* bildete eine Ergänzung der beiden vorhergehenden und bestand lediglich aus wissenschaftlichen und
45 technischen Fachausdrücken. Diese ähnelten den früher gebräuchlichen und leiteten sich aus den gleichen Wurzeln ab, doch ließ man die übliche Sorgfalt walten, sie streng zu umreißen und von unerwünschten Nebenbedeutungen zu säubern. Sie folgten den gleichen grammatikalischen Regeln wie
50 die Wörter in den beiden anderen Wortschätzen. Sehr wenig C-Wörter tauchten in der politischen Sprache oder der Umgangssprache auf. Jeder wissenschaftliche Arbeiter oder Techniker konnte alle von ihm benötigten Wörter in einer für sein

Fach aufgestellten Liste finden, während er selten über eine mehr als oberflächliche Kenntnis der in den anderen Listen verzeichneten Wörter verfügte. Nur einige wenige Wörter standen auf allen Listen, doch es gab kein Vokabular, das die Funktion der Wissenschaft unabhängig von ihren jeweiligen Zweigen als eine geistige Einstellung oder Denkungsart ausgedrückt hätte, ja es gab nicht einmal ein Wort für „Wissenschaft", da jeder Sinn, den es hätte haben können, bereits hinreichend durch das Wort *Engsoz* umschrieben war.

Es war vorauszusehen, dass im Laufe der Zeit die Besonderheiten der Neusprache immer mehr hervortreten würden – es würde immer weniger Wörter geben und deren Bedeutung immer starrer werden. Auch würde die Möglichkeit, sie zu unlauteren Zwecken zu gebrauchen, ständig geringer werden.

Sobald die Altsprache ein für allemal verdrängt war, war auch das letzte Bindeglied mit der Vergangenheit dahin. Die Geschichte war bereits umgeschrieben worden, doch gab es da und dort unzureichend zensierte Bruchstücke aus der Literatur der Vergangenheit, und solange jemand die Altsprache verstand, war es möglich, sie zu lesen. In der Zukunft würden solche Fragmente, auch wenn sie zufälligerweise erhalten blieben, unverständlich und unübersetzbar sein. Es war unmöglich, irgendetwas aus der Alt- in die Neusprache zu übertragen, es sei denn, es handelte sich um ein technisches Verfahren oder um einen einfachen alltäglichen Vorgang, oder es war bereits linientreu (*gutdenkvoll* würde der Neusprachausdruck lauten) in seiner Tendenz. Praktisch bedeutete dies, dass kein vor 1960 geschriebenes Buch, so wie es war, übersetzt werden konnte. Vorrevolutionäre Literatur konnte nur einer ideologischen Übertragung unterzogen werden, das heißt einer Veränderung sowohl dem Sinne als der Sprache nach. Man nehme zum Beispiel die wohl bekannte Stelle aus der amerikanischen Unabhängigkeitserklärung:

Wir erachten diese Wahrheiten als selbstverständlich, dass alle Menschen gleich erschaffen worden sind, dass der Schöpfer ihnen gewisse unabänderliche Rechte verliehen hat, als solche sind: Leben, Freiheit und das Streben nach Glück. Dass, um diese Rechte ihnen zu sichern, Regierungen unter den Menschen eingesetzt worden sind, deren gerechte Gewalt sich von der Zustimmung der Regierten herleitet. Dass, wenn immer eine Form der Regierung zerstörend in diese Endzwecke eingreift, das Volk das Recht besitzt, diese zu ändern oder abzuschaffen und eine neue Regierung einzusetzen...

Es wäre ganz unmöglich gewesen, dies in die Neusprache zu übertragen und dabei den Sinn des Originals zu erhalten. Am nächsten etwa käme diesem Vorgang das Aufgehen dieses ganzen Abschnittes in dem einen Wort: *Verbrechdenk*. Eine vollständige Übersetzung hätte nur eine ideologische sein können, wobei Jeffersons Worte in eine Lobeshymne auf die absolutistische Regierungsform umgewandelt worden wären.

Ein großer Teil der Literatur der Vergangenheit war tatsächlich schon in dieser Weise verändert worden. Prestigerück-

❐ Verschaffen Sie sich gegebenenfalls eine erste Vorstellung von dem Buch durch die Inhaltsangabe (Seite 455f.). Erläutern Sie, warum man Orwells Buch mit seinen düsteren Zukunftsvisionen als Anti-Utopie bezeichnen kann.

❐ Gehen Sie jetzt genauer auf den Textauszug zur Neusprache ein: Fassen Sie die Ziele der neuen Amtssprache im Sinne der Ideologie des Engsoz zusammen.

❐ Stellen Sie die Kennzeichen von Wortschatz A, B und C jeweils heraus. Beschreiben Sie ihre Funktion aus der Sicht der Partei bzw. des Großen Bruders. Berücksichtigen Sie dabei die folgenden Fragen:
– Warum sollen Nebenbedeutungen, Doppelsinn und Bedeutungsschattierungen unmöglich gemacht werden? Was ist mit *Altdenk*, *Undenk*, *Gutdenk*, *Verbrechdenk* gemeint? Warum gibt es in der Neusprache kein Wort für Wissenschaft?
– Welche Beispiele zu realen historischen Zusammenhängen werden genannt? Fügen Sie weitere Beispiele hinzu.
– Informieren Sie sich in dem Kapitel „Der Einfluss des Hakenkreuzes..." (Seite 463ff.) über Sprachlenkung im „Dritten Reich". Welche Bezüge zu Orwells Visionen lassen sich herstellen?
– Welche kritischen Bezüge zur aktuellen Wirklichkeit sehen Sie, insbesondere in der Darstellung von Wortschatz B und C?

sichten ließen es wünschbar erscheinen, das Andenken an bestimmte historische Figuren beizubehalten, doch so, dass man deren Errungenschaften mit der Linie des *Engsoz* in Einklang brachte. Verschiedene Schriftsteller, wie Shakespeare, Milton, Swift, Byron, Dickens und andere, wurden deshalb einer Übertragung unterzogen. Sobald dies vollbracht worden war, wurden sowohl die Originalwerke wie auch alles andere, das aus der Literatur der Vergangenheit übrig geblieben war, vernichtet. […]

(v 1949)

>>> **Lese- und Arbeitshinweise**
- Grundfragen der Kommunikation, Seite 42ff.
- Mit Sprache handeln…, Seite 526ff.
- Der Einfluss des Hakenkreuzes…, Seite 463ff.
- Auf dem Wege ins Medienzeitalter: …, Seite 510ff.
- Heinrich Jaenecke: Gesellschaft am Abgrund, Seite 507ff.

Hinweise für ein fächerübergreifendes Projekt: Deutsch, Englisch, Politik, Kunst, Biologie

Eine Bearbeitung des thematisch verwandten Buches von Aldous Huxley *Schöne neue Welt (Brave New World)* ist sinnvoll.
Die folgenden Hinweise aus der Fischer-Taschenbuchausgabe (1953) geben eine erste Orientierung, wecken vielleicht auch ein erstes Interesse für eine Auseinandersetzung mit dem Roman.

Die Originalausgabe erschien 1932, eine Neuausgabe mit einem Vorwort des Verfassers 1949, unter dem Titel „Brave new World". Die erste deutsche Ausgabe kam 1932 heraus unter dem Titel „Welt – wohin?", die zweite 1950 unter dem Titel „Wackere neue Welt".

Über dieses Buch

Aldous Huxley erzählt von einer zukünftigen Welt, in der alle unsere Alltagswünsche in Erfüllung gegangen sind und völliges physisches und ökonomisches Wohlbefinden herrscht. Doch all die Apparate, Organisationen und Medikamente, die das uneingeschränkte irdische Glück sichern sollen, haben den Geist getötet und zugleich mit den zerstörerischen Leidenschaften auch die Vergangenheit ausgerottet: Gottesglaube, Liebe zur Natur, zum Menschen, zur Kunst, Dichtung, Wahrheit, Freiheit. Plötzlich tritt in diese genormte Zivilisation ein ursprünglicher Mensch. Er erscheint wie ein „Wilder". Er liebt, kämpft, flieht, sühnt und unterliegt, und an seinem verzweifelten Aufschrei: „Ich brauche keine Bequemlichkeit. Ich will Gott, ich will Poesie, ich will wirkliche Gefahren und Freiheit und Tugend. Ich will Sünde!" wird die Fragwürdigkeit, ja das Grauenhafte dieser „schönen neuen Welt" deutlich. Hinter den vielen amüsanten oder packenden Episoden dieses Buches steht die prophetische Leidenschaft des Kulturkritikers Aldous Huxley, dessen intelligente und ironische Erzählkunst den Roman zu einer höchst erregenden Lektüre macht.

Inhaltliche Möglichkeiten
für das Projekt „Schöne neue Welt":
- Auseinandersetzung mit Inhalt, Personenkonstellation, politischer Aussage
- Beschäftigung mit dem Verfasser und der Entstehungssituation
- Sammlung von Materialien zur Rezeption und zur medialen Umsetzung
- Vergleich unterschiedlicher Ausgaben / Übersetzungen mit dem englischen Original; Beurteilung der Übersetzung; evtl. eigene Übersetzung eines Kapitels
- Aktuelle Bezüge zur Gegenwart (Genforschung/Klonen/Grenzen der Wissenschaft)
- Möglichkeiten der Umsetzung in (eine) andere Textart(en) wie Hörspiel, fiktives Interview, Reportage, fiktiver Brief, fiktiver Monolog, szenische Darstellung, Feature, Revue
- Planung bestimmter Diskussionsformen wie Podiumsdiskussion, Streitgespräch, ...
- Planung von Präsentationsmöglichkeiten

Bei dem **Ablauf** des gesamten Projekts können Sie sich an folgenden allgemeinen Phasen orientieren.

a) Motivationsphase
Was wollen Sie überhaupt machen?
Welches Interesse haben Sie am Thema?
Was nehmen Sie sich vor?

b) Planungsphase
Wie wollen Sie im Einzelnen vorgehen?
Welche Arbeiten müssen verteilt werden?
In welchen Kleingruppen wird zusammengearbeitet?
Wie könnte die Koordination zwischen einzelnen Gruppen aussehen?
Welche Materialien stehen zur Verfügung?
Welche außerschulischen Bildungsstätten/Institutionen könnten befragt bzw. müssten aufgesucht werden (zum Beispiel Bücherei, Medienzentrum)?
Wie viel Zeit steht zur Verfügung?
Wie könnte die Zusammenarbeit mit anderen Fächern aussehen?
Gibt es in Ihrer Lerngruppe zu diesem Thema Spezialisten? (z. B. im Umgang mit Computern, z. B. Musiker, ...)

c) Phase der Durchführung

d) Phase der Ergebnissicherung und Präsentation
Zum Beispiel: Referat, Vortrag, Arbeitsbericht, Wandzeitung, Informationsblätter, Broschüren, Facharbeit, Aufführung, Reader...

e) Phase der Reflexion
Was ist erreicht worden, was nicht?
Woran lässt sich Kritik üben?
Was müsste beim nächsten Mal anders verlaufen?
Wie schätzen Sie persönlich den Erfolg des Projekts ein?

Der Einfluss des Hakenkreuzes...

Nationalsozialistische Ideologie und ihre Entsprechung in der Lyrik

Herbert Böhme
Der Führer

Eine Trommel geht in Deutschland um,
Und der sie schlägt, der führt,
Und die ihm folgen, folgen stumm,
Sie sind von ihm gekürt.

Sie schwören ihm den Fahnenschwur,
Gefolgschaft und Gericht,
Er wirbelt ihres Schicksals Spur
Mit ehernem Gesicht.

Er schreitet hart der Sonne zu
Mit angespannter Kraft.
Seine Trommel, Deutschland, das bist du!
Volk, werde Leidenschaft.   (v 1934)

Der Verfasser Herbert Böhme (1907–1971) war SA-Mitglied und nahm in der NSDAP Führungspositionen ein. Das Gedicht „Der Führer" erschien in Böhmes Buch „Des Blutes Gesänge" (1934) und wurde ein SA-Kampflied. In der „Kampfzeit" der NSDAP bezeichnete sich Hitler selbst oft als Trommler.

❒ Arbeiten Sie heraus, wie in diesem Text Trommler und Gefolgschaft dargestellt werden; analysieren Sie die Sprache des Textes. Berücksichtigen Sie dabei die folgende Kennzeichnung von Günter Betz und beziehen Sie diese auch auf die folgenden „Führer-Gedichte".

Wer schon einmal eine gut organisierte Parade erlebt hat, weiß, welche Faszination davon auf den Marschierenden und auf den Zuschauenden ausgehen kann. In dem ‚Wir' des marschierenden Verbandes geht der Einzelne unter. Er verliert die
5 Kontrolle über sein bewusstes Handeln und ist zu keiner selbstverantwortlichen Entscheidung mehr fähig. Der Mensch wird damit unmündig gemacht. Er wird zum bloßen Befehlsempfänger degradiert, zum Herdentier erniedrigt. Das Denken wird ihm dabei abgewöhnt, und er wird, ohne es
10 zu merken, seiner menschlichen Würde beraubt.
Der gemeinsame Rhythmus der Marschierenden, deren motorische Suggestion nicht den Intellekt anspricht, überwältigt und reißt mit.
Die unablässige Aufforderung zum Marschieren und die Teil-
15 nahmepflicht für die Massenveranstaltungen ist ein Symptom für die Bemühungen des Regimes, aus Mitbürgern Mitläufer zu machen. Im drohenden Trommelschlag, stampfenden Rhythmus der Marschkolonnen, im Aufbruchsrausch des gleichgestimmten Kollektivs verliert sich die Frage nach dem
20 Ziel, hört das Denken auf. [...]

Günter Betz   (1970)

Sprache und Literatur im 20. Jahrhundert – Textsequenzen, Textvergleiche

Der FÜHRER befiehlt: Glauben, gehorchen und kämpfen!

„Führerworte", von der Reichspropagandaleitung zum Aufhängen herausgegeben, sollten dem Volk Hitlers Willen einhämmern.

Hubert Lanzinger: Bannerträger Hitler (1938), später als Postkarte vervielfältigt

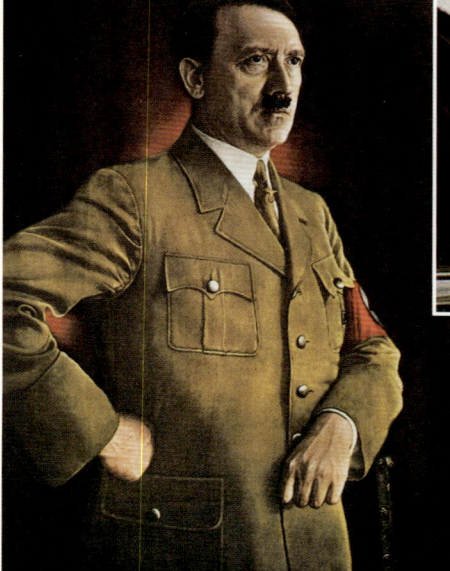

Ein Volk, ein Reich, ein Führer!

Das offizielle „Führerbild", das in Schulen, Amtsräumen und Dienststellen hing

Das „Führerbild" wird am Erntedanktag geschmückt wie früher das Kruzifix im Herrgottswinkel (1935).

Baldur von Schirach
Dem Führer

Das ist die Wahrheit, die mich Dir verband:
Ich suchte Dich und fand mein Vaterland.

Ich war ein Blatt im unbegrenzten Raum,
nun bist Du Heimat mir und bist mein Baum.

Wie weit verweht, verginge ich im Wind,
wärst Du nicht Kraft, die von der Wurzel rinnt.

Ich glaub an Dich, denn Du bist die Nation,
ich glaub an Deutschland, weil Du Deutschlands Sohn.

(v 1933)

Heinrich Anacker
Adolf Hitler als Mensch

So sieht ihn die Welt: Gewappnet in Erz,
Und die Hand am geschliffenen Schwerte –
Wir aber kennen sein gütiges Herz
Unterm Mantel der stählernen Härte.

Die Kinder künden's in strahlendem Glück,
Die irgendwo ihm begegnet;
Und Tiere haben mit stummem Blick
Sein stilles Wohltun gesegnet.

Denn die tiefste Wurzel all seines Tuns
Ist ein volkumfassendes Lieben –
Drum ist er dem Letzten und Ärmsten von uns
Als Führer Kam'rad noch geblieben.

So sieht ihn die Welt: Gewappnet in Erz,
Und die Hand am geschliffenen Schwerte –
Wir aber kennen sein gütiges Herz
Unterm Mantel der stählernen Härte!

(v 1934)

Horst Wessel
Die Fahne hoch

Die Fahne hoch! Die Reihen dicht geschlossen!
SA marschiert mit ruhig festem Schritt,
Kameraden, die Rotfront[1] und Reaktion[2] erschossen,
marschiern im Geist in unsern Reihen mit.

Die Straße frei den braunen Bataillonen,
die Straße frei dem Sturmabteilungsmann!
Es schaun aufs Hakenkreuz voll Hoffnung schon Millionen,
der Tag für Freiheit und für Brot bricht an!

---

[1] Rotfront: halbmilitärische Kampforganisation der Kommunisten
[2] Reaktion: aus der Sicht der Nationalsozialisten beharrende, rückwärts gewandte politische Gruppierungen, die die Ziele der Nationalsozialisten verhindern wollen

❏ Setzen Sie die Abbildungen und die Gedichte von Böhme, Anacker und von Schirach in Beziehung.

❏ Erläutern Sie Inhalts- und Wirkungsabsicht des Gedichts bzw. Kampfliedes von Wessel zur Zeit der Entstehung. Kennzeichnen Sie die Funktion der Fahne für die Hitlerbewegung, zum Beispiel ihre pseudoreligiöse Bedeutung.

Der Verfasser des Gedichts, der Nationalsozialist Horst Wessel, wurde 1930 bei gewalttätigen Auseinandersetzungen erschossen. Der spätere Reichspropagandaminister Dr. Joseph Goebbels machte ihn zum „Blutzeugen" der Bewegung; sein Lied erhielt so als „Kampflied" den Charakter eines Vermächtnisses. Die erste Strophe des Liedes wurde im „Dritten Reich" bei offiziellen Anlässen als zweite Nationalhymne neben dem Deutschlandlied gesungen.

> Zum letzten Mal wird nun Appell geblasen!
> Zum Kampfe stehn wir alle schon bereit!
> Bald flattern Hitlerfahnen über allen Straßen,
> die Knechtschaft dauert nur noch kurze Zeit!
>
> Die Fahne hoch! Die Reihen dicht geschlossen!
> SA marschiert mit mutig festem Schritt,
> Kameraden, die Rotfront und Reaktion erschossen,
> marschiern im Geist in unsern Reihen mit. (v etwa 1928)

🞏 Analysieren Sie die beiden folgenden Dokumente zum Selbstverständnis faschistischer Dichtung. Welche Aufgabe wird den Dichtern im Nationalsozialismus zugewiesen?

> Zu den wichtigsten Führern gehören die Dichter; wenn man das Wort „Dichter" in seinem höchsten Sinn nimmt, wie man bei dieser Betrachtung muss, so sind sie überhaupt die wichtigsten. Es drückt sich in ihnen Art und Schicksal des Führers aus: Der Führer führt dahin, wohin die Gefährten gehen wollen; das Wollen des Volkes, das dumpf und unbewusst ist, kommt in ihnen zu Klarheit und Bewusstheit; aber Klarheit und Bewusstheit gelten nur für das Wollen, und nicht für das Ziel, da es den Menschen ewig unbekannt sein wird, im Bewusstsein gewöhnlich falsche Ziele vorschieben.
> *Paul Ernst* (v 1933)

> Heute also wird das Starke, das Tröstliche, das Gläubige, das stille feste Dennoch im Mittelpunkt der Verkündigung des Dichters stehen, alles Grauen der Tiefe wird schweigsam darinnen sein, wird nicht etwa billig wegdiskutiert oder oberflächlich übersehen werden. Doch Gegenstand und Mittelpunkt einer Gestaltung wird heute nicht etwa, um einige Beispiele zu nennen, das Zerbrechen einer Ehe am Krieg, die Verzweiflung und der Untergang eines Schwerverwundeten, der ausweglose Konflikt in der Brust eines Soldaten sein können.
> *Gerhard Schumann* (v 1942)

🞏 Beurteilen Sie den ästhetischen, literarischen Rang der Gedichte S. 463 und S. 465f. Nehmen Sie dazu die Hinweise des Literaturwissenschaftlers Elin Fredsted zu Hilfe.

Die Stereotypisierung des Bewusstseins lässt sich anhand der lyrischen Sprache leicht feststellen. Wie aus den zitierten Gedichten hervorgeht, ist die faschistische Lyrik vor allem von einem sprachlichen Leerlauf gekennzeichnet, von Wiederholungen, Worthäufungen und einem Übermaß an rhetorischen Stilmitteln. Die Sprache ist nicht realitätsbezogen, sondern symbolbezogen: an die Stelle der verloren gegangenen oder verdrängten Realität treten ideologische Begriffe und emotionalisierte Symbole, die eine eigenartige Metaphorik bilden. Die Sprache hat vor allem die Funktion, Emotionen hervorzurufen.
In der Lyrik haben die Symbole und Embleme die Vernunft getötet. Die faschistische Lyrik handelt u. a. davon, wie die Wahrnehmung der Wirklichkeit entstellt wird, weil feste und wiederkehrende Symbole der Stärke, der Gemeinschaft und des Guten die Vernunft verdrängen. Die faschistische Lyrik kommuniziert nicht auf einer Ebene, wo der Intellekt eine

Chance hat, Widerstand zu leisten, sondern auf einer Ebene, auf der allein an die Primärprozesse appelliert wird.

Wie es sich auch in der Lyrik gezeigt hat, vernichtet die Ideologie die Fähigkeit, die Welt als eine selbstgültige Realität zu erleben und zu verstehen. Dies muss in Betracht gezogen werden, wenn man versuchen will, die sonst unverständliche Brutalität der faschistischen Politik zu erklären.

Elin Fredsted (v 1980)

Peter Kohrs
Zur Ideologie des Nationalsozialismus

Rassenprinzip:

Das Rassenprinzip steht im Mittelpunkt der nationalsozialistischen Ideologie. Es enthält im Kern die Vorstellung, dass das Urelement allen historischen Geschehens das rassische Element sei, rassisch als „biologisch" und „blutsmäßig" verstanden, was sowohl Einfluss auf den körperlichen als auch auf den geistigen und seelischen Bereich habe. Stärke, Fähigkeit, Tugend sind danach eine Angelegenheit des Bluts; „Blut" wird mystifiziert; da es minderwertiges und wertvolles Blut gebe, wird eine Hierarchie der Rassen abgeleitet. Der Rassegedanke verbindet sich mit dem Antisemitismus. Juden gelten als „Antirasse", als Parasiten der Menschheit. [...]

Prinzip von Kampf und Gewalt:

Die „Bibel" der Nationalsozialisten, Mittelpunkt und Bezugspunkt der Ideologie, hat nicht umsonst den Titel „Mein Kampf". Für Hitler gehören Krieg und Kampf (der wertvollen Völker gegen die minderwertigen) geradezu zum Leben, sind etwas Natürliches und Notwendiges. Der „Kampf als Vater aller Dinge" wird von Hitler in seinem Buch und in seinen Reden immer wieder beschworen. In diesem Kampf kann nur der Starke siegen. So wird von den Nationalsozialisten Macht um ihrer selbst willen, Gewalt in vielfachen Variationen mit einem pervertierten Perfektionismus praktiziert, die pseudoreligiöse Mystifizierung des Kampfes – vor allem mit Beginn des Krieges – immer wieder von der Propaganda hervorgehoben. Eng mit dem Prinzip von Kampf verbunden ist der dauernde Appell an Treue, Selbstopfer und die Bereitschaft, sein eigenes Leben für Führer und Volksgemeinschaft hinzugeben. [...]

Führerprinzip:

Die Pyramide der Machtstruktur läuft im Nationalsozialismus auf Hitler, die charismatische Führerpersönlichkeit, als End- und Bezugspunkt zu. Dem Führer als „personifiziertes Gewissen seines Volkes" steht als Leitbild die geschlossene Volksgemeinschaft gegenüber, dem die „Tugenden" Treue, Unterordnung, Dienstbereitschaft und Gläubigkeit gegenüber dem „Führer" entsprechen. Zum negativen Gegenpol

❒ Dieser Text enthält knappe Hinweise zu den wichtigsten Ideologieaspekten und Sinn-Normen des Nationalsozialismus. Weisen Sie einzelne Aspekte an den Beispielen faschistischer Lyrik (Seite 463ff.) nach.

des autoritären Führerstaates gehört das kompliziert arbeitende demokratische System, dessen individuelle Freiheitsrechte als liberalistisch, bürgerlich-dekadent und korrupt abgewertet werden. Der absoluten Autorität und dem Führungsanspruch des „Führers" sind Partei- und SS-Elite zugeordnet. Diese und andere Organisationen (so auch die HJ) sind nach dem Führerprinzip organisiert: nach oben wird dem Führer unbedingte Autorität eingeräumt, nach unten fordert man unbedingten Gehorsam. Die entscheidenden und weit reichenden Weisungen und Befehle werden jedoch allein vom „Führer" gegeben. Ohne Verpflichtung gegenüber irgendeiner Norm steht er über allen Instanzen, mit absoluten Befugnissen und geradezu charismatischen Eigenschaften („Führerkult"!) ausgestattet. [...]

Gemeinschaftsprinzip:
Die natürlichen Bindungen an Familie und Verwandtschaft sowie andere individuelle Bezüge sollen aufgegeben werden und dem höheren Prinzip der völkischen Gemeinschaft weichen. Im Sinne des „Du bist nichts, Dein Volk ist alles" wird „Gemeinschaft" als überindividueller, eigengesetzlicher Organismus verstanden. Zur Gemeinschaft gehört der Führer; sonst bleibt sie willenlos; dem Führertum entspricht die Gefolgschaft, dem Befehl der Gehorsam („Führer befiehl, wir folgen Dir!").

(v 1983)

◻ Formulieren Sie eine kurze Stellungnahme, welche Funktion Ihrer Meinung nach politische Lyrik in einem demokratisch-pluralistischen Staatswesen haben sollte.

... und die „Stimme" verfemter Künstler

Kurt Tucholsky
Das Dritte Reich

◻ Welche Absicht verfolgt Kurt Tucholsky mit seinem Gedicht? Weisen Sie dies am Inhalt, Aufbau und an sprachlich-rhetorischen Mitteln seines Gedichts nach. Welche Aspekte der nationalsozialistischen Ideologie hält Tucholsky für besonders gefährlich?
Lesen Sie zur nationalsozialistischen Ideologie nach auf den Seiten 467f.

Es braucht ein hohes Ideal
der nationale Mann,
daran er morgens allemal
ein wenig turnen kann.
    Da hat denn deutsche Manneskraft
    in segensreichen Stunden
    als neueste Errungenschaft
    ein Ideal gefunden:
Es soll nicht sein das erste Reich,
es soll nicht sein das zweite Reich ...
Das dritte Reich?
Bitte sehr! Bitte gleich!

Wir dürfen nicht mehr massisch sein –
wir müssen durchaus rassisch sein –
und freideutsch, jungdeutsch, heimatwolkig
und bündisch, völkisch, volkisch, volkig ...
und überhaupt.
    Wers glaubt,
wird selig. Wer es nicht glaubt, ist
ein ganz verkommener Paz- und Bolschewist.

Das dritte Reich?
Bitte sehr! Bitte gleich!

Im dritten Reich ist alles eitel Glück.
Wir holen unsre Brüder uns zurück:
die Sudetendeutschen und die Saardeutschen
und die Eupendeutschen[1] und die Dänendeutschen ...
Trutz dieser Welt! Wir pfeifen auf den Frieden.
Wir brauchen Krieg. Sonst sind wir nichts hienieden.
Im dritten Reich haben wir gewonnenes Spiel.
Da sind wir unter uns. Und unter uns, da ist nicht viel.
Da herrscht der Bakel[2] und der Säbel und der Stock –
da glänzt der Orden an dem bunten Rock,
da wird das Rad der Zeit zurückgedreht –
wir rufen „Vaterland!", wenns gar nicht weiter geht ...
Da sind wir alle reich und gleich
im dritten Reich.
Und wendisch und kaschubisch[3] reine Arier.

Ja, richtig ... Und die Proletarier!
Für die sind wir die Original-Befreier!
Die danken Gott in jeder Morgenfeier –
   Und merken gleich:
Sie sind genau so arme Luder wie vorher,
genau solch schuftendes und graues Heer,
genau so arme Schelme ohne Halm und Haber –

   Aber:
   im dritten Reich.

Und das sind wir.
   Ein Blick in die Statistik:
Wir fabrizieren viel. Am meisten nationale Mistik.   (v 1930)

---

[1] Eupen: ostbelgische Stadt, bis 1920 deutsch
[2] Bakel: Stock des Schulmeisters
[3] Wenden und Kaschuben: westslawische Volksstämme in Deutschland

Der Text von Tucholsky stammt aus dem Jahre 1930. Entsprechend ist die politische Situation dieser Zeit zu berücksichtigen.
Im Jahre 1929 erfasst die Weltwirtschaftskrise Deutschland, so dass die Arbeitslosenzahlen rapide zunehmen. Mitte März 1932 werden über 6 Millionen Arbeitslose gezählt. Dies entspricht im Hinblick auf die Gesamtzahl der Arbeitnehmer einer Arbeitslosenquote von 33 %. Die Unzufriedenheit breiter gesellschaftlicher Gruppen mit dem Staat wächst. KPD und NSDAP erhalten zunehmend stärkeren Zulauf. Bei der Reichstagswahl am 14.9.1930 steigert die NSDAP die Zahl ihrer Reichstagsmandate von 12 auf 107; das heisst, sie wird zweitstärkste Partei nach der SPD (6,4 Millionen Wähler = 18,3 % der Sitze). Die politischen Auseinandersetzungen werden zunehmend gewaltsam ausgetragen, da nahezu alle Parteien über uniformierte Kampfverbände verfügen.
Seit 1930 beherrscht Hitler die innenpolitische Bühne; die Jahre 1930 bis 1932 können als die Vorgeschichte der „Machtergreifung" am 30. Januar 1933 angesehen werden.

A. Paul Weber:
Das Verhängnis (1931/32)

❏ Arbeiten Sie die Aussage der beiden Darstellungen heraus. Beachten Sie die Entstehungszeit.

❏ Ziehen Sie eine Verbindung zu den „Führer-Gedichten" auf den Seiten 463ff.

Andreas Paul Weber, 1893 in Arnstadt/Thüringen geboren, wurde insbesondere durch seine kritische Grafik bekannt. Nachdem er sich dem Widerstandskreis um Ernst Niekisch angeschlossen hatte, nahm sein Schaffen einen eher politisch-satirischen Charakter an. Den Höhepunkt stellte die Illustrierung der Kampfschrift „Hitler – ein deutsches Verhängnis" dar, die Ernst Niekisch 1932 herausgab. 1937 wurde Weber von den Nationalsozialisten in ein KZ eingeliefert. Zu der hier abgebildeten Lithographie äußerte sich Weber später so: „Dieses Ende war unabwendbar und Abertausende haben es vorausgesehen."

Reinhold Schneider

Nun baut der Wahn die tönernen Paläste

Nun baut der Wahn die tönernen Paläste
Und lässt sein Zeichen in die Straßen rammen;
Er treibt das blindverwirrte Volk zusammen
Vom Lärm zum Lärme und vom Fest zum Feste.

Schon reißt der höllische Schwarm verruchter Gäste
Die Letzten mit, die bessrer Art entstammen,
Und tanzend in des Hasses grellen Flammen,
Entweihn sie noch der Toten arme Reste.

Jetzt ist die Zeit, das Kreuz des Herrn zu lieben
Und auszufüllen jeden unsrer Tage
Mit Opfer und Verzicht und heißen Bitten.

Es wird das Wahnreich über Nacht zerstieben
Und furchtbar treffen uns des Richters Frage,
Ob Stund' um Stunde wir Sein Reich erstritten.

(e 1937)

Reinhold Schneider zählte zu den Schriftstellern der „Inneren Emigration", die zwischen passiver Anpassung und geistigem Widerstand die NS-Zeit überstanden. Auch eine deutliche christliche Haltung konnte dabei Ausdruck dieser Form des Widerstands sein.
Das Gedicht von Schneider ist im Jahre 1937 entstanden; es fand nur inoffiziell Verbreitung; veröffentlicht wurde es erst nach dem Krieg. Anfang 1937 wurde das Ermächtigungsgesetz verlängert und damit die Hitlerdiktatur bestätigt. Im gleichen Jahr fand Schneider zur katholischen Kirche zurück, von der er sich längere Zeit distanziert hatte.

❏ Nutzen Sie diese Hinweise zur Deutung des Textes von Reinhold Schneider. Erläutern Sie vor allem die Funktion und Bedeutung der Metaphorik des Textes und anderer sprachlicher Wirkungsmittel.

Bertolt Brecht
Kälbermarsch

Hinter der Trommel her
Trotten die Kälber
Das Fell für die Trommel
Liefern sie selber.

Der Metzger ruft. Die Augen fest geschlossen
Das Kalb marschiert mit ruhig festem Tritt.
Die Kälber, deren Blut im Schlachthof schon geflossen
Sie ziehn im Geist in seinen Reihen mit.

Sie heben die Hände hoch
Sie zeigen sie her
Sie sind schon blutbefleckt
Und sind noch leer.

Der Metzger ruft. Die Augen fest geschlossen
Das Kalb marschiert mit ruhig festem Tritt.
Die Kälber, deren Blut im Schlachthof schon geflossen
Sie ziehn im Geist in seinen Reihen mit.

Sie tragen ein Kreuz voran
Auf blutroten Flaggen
Das hat für den armen Mann
Einen großen Haken.

Der Metzger ruft. Die Augen fest geschlossen
Das Kalb marschiert mit ruhig festem Tritt.
Die Kälber, deren Blut im Schlachthof schon geflossen
Sie ziehn im Geist in seinen Reihen mit.

(v 1943)

❏ In welcher Weise nimmt Bertolt Brecht auf den Text von Horst Wessel (Seite 465f.) Bezug? Belegen Sie dies in einer vergleichenden Gegenüberstellung und machen Sie sich dabei die Absicht Brechts klar.

❏ Weisen Sie nach, dass es Bertolt Brecht auch um die kritische Entlarvung der Formen geht, mit denen sich der Nationalsozialismus zur Schau stellte.

❏ Bertolt Brecht gehört zu den Schriftstellern, die Deutschland den Rücken kehrten und während der nationalsozialistischen Herrschaft im Exil lebten. Informieren Sie sich über biografische Einzelheiten.

▷▷ Zur Biografie Brechts vgl. Seite 200.

Thomas Mann
Zur Bücherverbrennung im Mai 1933
Deutsche Hörer![1]

Als ich mich im Sommer 1932 an der Ostsee aufhielt, bekam ich ein Paket zugeschickt, aus dem mir, als ich es öffnete, schwarze Asche, verkohltes Papier, entgegenfiel. Der Inhalt bestand aus einem verbrannten, nur gerade noch erkennbaren Exemplar eines Buches von mir, des Romans „Buddenbrooks" – mir übersandt vom Besitzer zur Strafe dafür, daß ich meinem Grauen vor dem heraufkommenden Naziverhängnis öffentlich Ausdruck gegeben hatte.

Das war das individuelle Vorspiel zu der ein Jahr später, am 10. Mai 1933, vom Nazi-Regime überall in Deutschland in großem Stil veranstalteten symbolischen Handlung: der zeremoniellen Massenverbrennung von Büchern freiheitlicher Schriftsteller, – nicht deutscher nur oder nur jüdischer, sondern amerikanischer, tschechischer, österreichischer, französischer und vor allem russischer, – kurzum, auf dem Scheiterhaufen qualmte die Weltliteratur.

(v 1943)*

❒ Erläutern Sie die Verbindung von Text und Karikatur. Verdeutlichen Sie den kommunikativen Zusammenhang des Textes von Thomas Mann.

[1] Seit Herbst 1940 sprach Thomas Mann regelmäßig über BBC nach Deutschland.

„Und wegen so etwas setzt unser Herr Papa den guten Ruf der Familie aufs Spiel!"
(Kurt Halbritter)

Hinweise für ein fächerübergreifendes Projekt: Deutsch, Geschichte, Politik, Kunst

In diesem Projekt könnten Sie sich selbstständig mit der Exilliteratur beschäftigen. Sinnvoll ist dabei eine Auswahl (siehe die Liste unten). Nutzen Sie auch das Verfasser- und Quellenverzeichnis bzw. das Stichwortverzeichnis dieses Buches. Verschaffen Sie sich Informationen über die Bücherverbrennung im Mai 1933 und über die von den Nationalsozialisten verfemten Schriftstellerinnen und Schriftsteller.

Die „Liste des schädlichen und unerwünschten Schrifttums", die ständig erweitert und an den Buchhandel und die Bibliotheken verschickt wurde, enthielt 1938 unter anderem folgende Schriftstellerinnen und Schriftsteller:

Adler, Alfred
Ausländer, Rose
Becher, Johannes R.
Benjamin, Walter
Bloch, Ernst
Brecht, Bertolt
Bredel, Willi
Döblin, Alfred
Domin, Hilde
Einstein, Albert
Feuchtwanger, Lion
Fleisser, Marie Luise
Graf, Oskar Maria
Heine, Heinrich
Hemingway, Ernest
Kästner, Erich
Kafka, Franz
Kaléko, Mascha
Keun, Irmgard
Lasker-Schüler, Else
London, Jack
Malraux, André
Mann, Heinrich
Mann, Klaus
Mann, Thomas
Marx, Karl
Mehring, Walter
Ottwalt, Ernst
Reger, Erik
Regler, Gustav
Remarque, Erich Maria
Ringelnatz, Joachim
Sachs, Nelly
Schnitzler, Arthur
Seghers, Anna
Silone, Ignazio
Tetzner, Lisa
Traven, Bruno
Tucholsky, Kurt
Wassermann, Jacob
Zuckmayer, Carl
Zweig, Arnold
Zweig, Stefan

In diesem Zusammenhang könnten Sie sich auch mit dem Thema „Entartete Kunst" beschäftigen. Als „entartet" angesehen und entsprechend verboten wurden die Werke weltberühmter moderner Künstler, zu denen zum Beispiel auch die folgenden gehörten: Pablo Picasso, Franz Marc, Max Beckmann, Paula Modersohn-Becker, Käthe Kollwitz, Otto Dix, Marc Chagall, Paul Klee, Karl Hofer.

Es ist sinnvoll, einzelne begrenzte Aufgaben in unterschiedlichen Kleingruppen zu erarbeiten. Themen sind zum Beispiel:
- Bücherverbrennung im Mai 1933
- Bertolt Brecht und seine Einstellung zum Nationalsozialismus (zum Beispiel anhand von Auszügen aus dem Stück „Furcht und Elend des Dritten Reiches")
- Kunstpolitik im Nationalsozialismus; die Vorstellungen der Nationalsozialisten von „gearteter Kunst"
- Nationalsozialismus und „Entartete Kunst" (am Beispiel expressionistischer Künstler)
- Anna Seghers, Das siebte Kreuz (Auszüge aus dem Roman/der Verfilmung)
- Alfred Andersch, Sansibar oder der letzte Grund (Auszüge aus dem Roman/der Verfilmung)

Zum **Projektablauf** allgemein vgl. Seite 462.

Weitere Arbeitsmöglichkeit
Die fächerübergreifende Thematik lässt sich auch in Form einer **Facharbeit** darstellen. Orientieren Sie sich über diese Form der Darstellung auf Seite 66.

▷▷▷ Lese- und Arbeitshinweise
- Alexander Kluge: Ein Liebesversuch (Seite 451ff.)
- Max Frisch: Der andorranische Jude (Seite 183ff.)

Literaturhinweise
- Alfred Andersch: Sansibar oder der letzte Grund, Diogenes Taschenbuch, Zürich 1970
- Ernst Löwy, Literatur unterm Hakenkreuz, Fischer Taschenbuch, Frankfurt/M. 1983
- Anna Seghers: Das siebte Kreuz, Luchterhand Taschenbuch, Darmstadt/Neuwied 1978
- Jürgen Serke: Die verbrannten Dichter, Fischer Taschenbuch Verlag, Frankfurt/M. 1980

(vgl. auch die Literaturhinweise am Ende des Kapitels)

Paul Celan, 1920–1970

Hinweise zur Biografie

Celan entstammte einer deutsch-jüdischen Familie. Nach der Besetzung seiner Heimatstadt Czernowitz (Bukowina) durch deutsche und rumänische Truppen und der Deportation seiner Eltern in ein Vernichtungslager (1942) flüchtete er aus dem Ghetto, geriet aber in ein Arbeitslager in Rumänien. 1944, ein Jahr, nachdem die Bukowina sowjetisch geworden war, konnte er sein Studium wieder aufnehmen. Nach vorübergehender Tätigkeit als Übersetzer und Verlagslektor verließ er 1947 Rumänien und übersiedelte 1948 nach einjährigem Zwischenaufenthalt in Wien nach Paris. 1970 nahm er sich in Paris das Leben.

❐ Entschlüsseln Sie im Zusammenhang mit der Kurzbiografie des Verfassers einzelne Aussageaspekte, indem Sie insbesondere die Metaphorik des Textes zu deuten versuchen. Beachten Sie auch die rhetorische Funktion der Wiederholungen. Nehmen Sie dabei ebenfalls Bezug auf den folgenden Redeausschnitt von Paul Celan anlässlich der Entgegennahme des Literaturpreises der Freien Hansestadt Bremen (1958).

Espenbaum, dein Laub blickt weiß ins Dunkel.
Meiner Mutter Haar wird nimmer weiß.

Löwenzahn, so grün ist die Ukraine.
Meine blonde Mutter kam nicht heim.

Regenwolke, säumst du an den Brunnen?
Meine leise Mutter weint für alle.

Runder Stern, du schlingst die goldne Schleife.
Meiner Mutter Herz ward wund von Blei.

Eichne Tür, wer hob dich aus den Angeln?
Meine sanfte Mutter kann nicht kommen.
Paul Celan (v 1952)

Erreichbar, nah und unverloren blieb inmitten der Verluste dies eine: die Sprache.
Sie, die Sprache, blieb unverloren, ja, trotz allem. Aber sie musste nun hindurchgehen durch ihre eigenen Antwortlosigkeiten, hindurchgehen durch furchtbares Verstummen, hindurchgehen durch die tausend Finsternisse todbringender Rede. Sie ging hindurch und gab keine Worte her für das, was geschah; aber sie ging durch dieses Geschehen. Ging hindurch und durfte wieder zutage treten, „angereichert" von all dem.
In dieser Sprache habe ich, in jenen Jahren und in den Jahren nachher, Gedichte zu schreiben versucht: um zu sprechen, um mich zu orientieren, um zu erkunden, wo ich mich befand und wohin es mit mir wollte, um mir Wirklichkeit zu entwerfen. ...
... Das Gedicht kann, da es ja eine Erscheinungsform der Sprache und damit seinem Wesen nach dialogisch ist, eine Flaschenpost sein, aufgegeben in dem – gewiss nicht immer hoffnungsstarken Glauben, sie könnte irgendwo und irgendwann an Land gespült werden, an Herzland vielleicht. Gedichte sind auch in dieser Weise unterwegs: sie halten auf etwas zu.
Paul Celan (e 1958)

Peter Weiss
Die Ermittlung – Oratorium in 11 Gesängen

Grundlage dieses Dokumentarstückes ist der Auschwitz-Prozess, der vom Dezember 1963 bis August 1965 in Frankfurt stattfand. Der Prozessbeobachter Peter Weiss, der als Jude durch das Thema auch persönlich betroffen war, notierte die Aussagen zu diesem Prozess selbst bzw. entnahm sie der Berichterstattung Ernst Naumanns in der „Frankfurter Allgemeinen Zeitung". Der Autor hat den Text nach Themenkomplexen geordnet und auf eine konzentrierte Fassung reduziert. Er lässt jedoch nur die Fakten sprechen und enthält sich jedes persönlichen Kommentars. An den Überschriften der elf Gesänge lässt sich der Gesamtaufbau des Dramas erkennen. Sie folgen dem Weg der Häftlinge.
Die ersten beiden Gesänge behandeln die Aufnahme- und Lebensbedingungen der Häftlinge, die folgenden schildern das Grauen der Vernichtung. Eingeschoben sind Gesänge, in denen persönliche Schicksale und Verhaltensweisen dargestellt sind (Gesang vom Ende der Lili Tofler). Die beiden abschließenden Gesänge zeigen die Ziele der Todes- und Vernichtungsmaschinerie.

Gesang von der Rampe
II

Zeuge 3
Wir fuhren 5 Tage lang
Am zweiten Tag
war unsere Wegzehrung verbraucht
5 Wir waren 89 Menschen im Waggon
Dazu unsere Koffer und Bündel
Unsere Notdurft verrichteten wir
in das Stroh
Wir hatten viele Kranke
10 und 8 Tote
Auf den Bahnhöfen konnten wir
durch die Luftlöcher sehn
wie die Bewachungsmannschaften
von weiblichem Personal
15 Essen und Kaffee erhielten
Unsere Kinder hatten zu jammern aufgehört
als wir in der letzten Nacht vom Bahndamm
auf ein Nebengleis abbogen
Wir fuhren durch eine flache Gegend
20 die von Scheinwerfern beleuchtet wurde
Dann näherten wir uns einem langgestreckten
scheunenähnlichen Gebäude
Da war ein Turm
und darunter ein gewölbtes Tor
25 Ehe wir durch das Tor einfuhren
pfiff die Lokomotive

Der Zug hielt
Die Waggontüren wurden aufgerissen
Häftlinge in gestreiften Anzügen erschienen
und schrien zu uns herein
5 Los raus schnell schnell
Es waren anderthalb Meter herab zum Boden
Da lag Schotter
Die Alten und Kranken fielen
in die scharfen Steine
10 Die Toten und das Gepäck wurden herausgeworfen
Dann hieß es
Alles liegen lassen
Frauen und Kinder rüber
Männer auf die andere Seite
15 Ich verlor meine Familie aus den Augen
Überall schrien die Menschen
nach ihren Angehörigen
Mit Stöcken wurde auf sie eingeschlagen
Hunde bellten
20 Von den Wachtürmen waren Scheinwerfer
und Maschinengewehre
auf uns gerichtet
Am Ende der Rampe war der Himmel
rot gefärbt
25 Die Luft war voll von Rauch
Der Rauch roch süßlich und versengt
Dies war der Rauch
der fortan blieb

Zeugin 4
30 Ich hörte meinen Mann noch
nach mir rufen
Wir wurden aufgestellt
und durften den Platz nicht mehr wechseln
Wir waren eine Gruppe
35 von 100 Frauen und Kindern
Wir standen zu fünft in einer Reihe
Dann mussten wir an ein paar Offizieren
vorbeigehn
Einer von ihnen hielt die Hand in Brusthöhe
40 und winkte mit dem Finger
nach links und nach rechts
Die Kinder und die alten Frauen
kamen nach links
ich kam nach rechts
45 Die linke Gruppe musste über die Schienen
zu einem Weg gehen
Einen Augenblick lang sah ich meine Mutter
bei den Kindern
da war ich beruhigt und dachte
50 wir werden uns schon wiederfinden
Eine Frau neben mir sagte
Die kommen in ein Schonungslager

Sie zeigte auf die Lastwagen
die auf dem Weg standen
und auf ein Auto vom Roten Kreuz
Wir sahen
5 wie sie auf die Wagen geladen wurden
und wir waren froh dass sie fahren durften
Wir andern mussten zu Fuß weiter
auf den aufgeweichten Wegen

Zeugin 5
10 Ich hielt das Kind meiner Schwägerin an der Hand
Sie selbst trug ihr kleinstes Kind auf dem Arm
Da kam einer von den Häftlingen auf mich zu
und fragte ob das Kind mir gehöre
Als ich es verneinte sagte er
15 ich solle es der Mutter geben
Ich tat es und dachte
die Mutter hat vielleicht Vorteile
Sie gingen alle nach links
ich ging nach rechts
20 Der Offizier der uns einteilte
war sehr freundlich
Ich fragte ihn
wohin denn die andern gingen
und er antwortete
25 Die gehen jetzt nur baden
in einer Stunde werdet ihr euch wiedersehn

Richter
Frau Zeugin
wissen Sie wer dieser Offizier war

30 *Zeugin 5*
Ich erfuhr später
dass er Dr. Capesius hieß
[…]

Richter
35 Herr Zeuge
Wen von den Angeklagten
sahen Sie noch auf der Rampe

Zeuge 6
Diesen Angeklagten
40 Ich kann auch seinen Namen nennen
Er heißt Hofmann

Richter
Angeklagter Hofmann
Was hatten Sie auf der Rampe zu tun

45 *Angeklagter 8*
Ich hatte für Ruhe und Ordnung zu sorgen

Richter
Wie ging das vor sich

„Die Ermittlung"
(Freie Volksbühne Berlin, 1965)

Angeklagter 8
Die Leute wurden aufgestellt
Dann bestimmten die Ärzte
wer arbeitsfähig war
5 und wer zur Arbeit nicht infrage kam
Mal waren mehr
mal weniger Arbeitsfähige rauszuholen
Der Prozentsatz war bestimmt
Er richtete sich nach dem Bedarf
10 an Arbeitskräften

Richter
Was geschah mit denen
die nicht zur
Arbeit gebraucht wurden

15 *Angeklagter 8*
Die kamen ins Gas

Richter
Wie groß war der Prozentsatz
der Arbeitsfähigen

20 *Angeklagter 8*
Im Durchschnitt ein Drittel
des Transportes
Bei Überbelegung des Lagers
hatten die Transporte
25 geschlossen abzugehn

Richter
Haben Sie selbst
Aussonderungen vorgenommen

Angeklagter 8
30 Ich kann dazu nur sagen
dass ich manchmal Nichtarbeitsfähige
zu den Arbeitsfähigen rübergeschoben habe
wenn die darum gebeten und gebettelt haben

Richter
35 Durften Sie das

Angeklagter 8
Nein
das war verboten
aber man hat eben beide Augen zugedrückt

40 *Richter*
Wurde für den Rampendienst
Sonderverpflegung ausgegeben

Angeklagter 8
Ja
45 da gab es Brot
eine Portion Wurst
und einen Fünftel Liter Alkohol

Richter
Hatten Sie bei der Ausübung Ihrer Arbeit
Gewalt anzuwenden

Angeklagter 8
5 Da war immer ein großes Durcheinander
und da hat es natürlich mal
eine Zurechtweisung
oder eine Ohrfeige gegeben
Ich habe nur meinen Dienst gemacht
10 Wo ich hingestellt werde
mache ich eben meinen Dienst

Richter
Wie kamen Sie zu diesem Dienst

Angeklagter 8
15 Durch Zufall
Das war so
Mein Bruder hatte noch eine Uniform
übrig die konnte ich übernehmen
Da hatte ich keine Unkosten
20 Es war geschäftshalber
Mein Vater hatte eine Gaststätte
da verkehrten viele Parteigenossen
Als ich abkommandiert wurde
hatte ich keine Ahnung
25 wohin ich kam […]
Herr Staatsanwalt
Ich persönlich hatte gar nichts
gegen diese Leute
Die gab es ja auch bei uns zuhause
30 Ehe sie abgeholt wurden
habe ich immer zu meiner Familie gesagt
Kauft nur weiter bei dem Krämer
das sind ja auch Menschen

Ankläger
35 Hatten Sie diese Einstellung noch
als Sie Dienst auf der Rampe taten

Angeklagter 8
Also
von kleinen Übeln abgesehen
40 wie sie solch ein Leben von vielen
auf engem Raum
nun einmal mit sich bringt
und abgesehen von den Vergasungen
die natürlich furchtbar waren
45 hatte durchaus jeder die Chance
zu überleben
Ich persönlich
habe mich immer anständig benommen
Was sollte ich denn machen
50 Befehle mussten ausgeführt werden

„Die Ermittlung"
(Freie Volksbühne Berlin, 1965)

- ❐ Formulieren Sie Ihre Leseeindrücke, Empfindungen, Beurteilungen. Belegen Sie Ihre Bedeutungshypothesen am Text.
- ❐ Erörtern Sie, um welche Aussageintentionen es Peter Weiss gehen könnte. Gehen Sie auch auf die Form seiner Darstellung ein, die als Dokumentartheater bezeichnet wird. Beurteilen Sie in diesem Zusammenhang das Verhältnis von literarischer Fiktionalität und Realität. Ziehen Sie dazu auch die folgenden Hinweise von Peter Weiss zum dokumentarischen Theater heran.

Und dafür habe ich jetzt
dieses Verfahren auf dem Hals
Herr Staatsanwalt
ich habe ruhig gelebt
5 wie alle andern auch
und da holt man mich plötzlich raus
und schreit nach Hofmann
Das ist der Hofmann
sagt man
10 Ich weiß überhaupt nicht
was man von mir will

(v 1965)

Die Stärke des dokumentarischen Theaters liegt darin, dass es aus den Fragmenten der Wirklichkeit ein verwendbares Muster, ein Modell der aktuellen Vorgänge, zusammenzustellen vermag. Es befindet sich nicht im Zentrum des Ereignisses, sondern nimmt die Stellung des Beobachtenden und Analy- 5 sierenden ein. Mit seiner Schnitttechnik hebt es deutliche Einzelheiten aus dem chaotischen Material der äußeren Realität hervor. Durch die Konfrontierung gegensätzlicher Details macht es aufmerksam auf einen bestehenden Konflikt. [...]
Das dokumentarische Theater ist parteilich. Viele seiner The- 10 men können zu nichts anderem als zu einer Verurteilung geführt werden. Für ein solches Theater ist Objektivität unter Umständen ein Begriff, der einer Machtgruppe zur Entschuldigung ihrer Taten dient. [...]
Bei der Schilderung von Raubzug und Völkermord ist die 15 Technik einer Schwarz/Weiß-Zeichnung berechtigt, ohne jegliche versöhnliche Züge auf Seiten der Gewalttäter, mit jeder nur möglichen Solidarität für die Seite der Ausgeplünderten. Das dokumentarische Theater kann die Form eines Tribunals annehmen. Auch hier hat es nicht Anspruch darauf, der 20 Authentizität eines Gerichtshofs von Nürnberg, eines Auschwitzprozesses in Frankfurt, eines Verhörs im amerikanischen Senat, einer Sitzung des Russell-Tribunals nahe zu kommen, doch kann es die im wirklichen Verhandlungsraum zur Sprache gekommenen Fragen und Angriffspunkte zu einer neuar- 25 tigen Aussage bringen. Es kann, durch den Abstand, den es gewonnen hat, die Auseinandersetzung von Gesichtspunkten her nachvollziehen, die sich im ursprünglichen Fall nicht stellten. Die auftretenden Figuren werden in einen geschichtlichen Zusammenhang versetzt. Gleichzeitig mit der Darle- 30 gung ihrer Handlungen wird die Entwicklung gezeigt, deren Ausschlag sie sind, und es wird aufmerksam gemacht auf noch bestehende Folgeerscheinungen. Anhand ihrer Tätigkeiten wird der Mechanismus demonstriert, der weiterhin in die Wirklichkeit eingreift. Alles Unwesentliche, alle Abschwei- 35 fungen können weggeschnitten werden zugunsten der eigentlichen Problemstellung.

Peter Weiss (v 1968)

Sprachlenkung im Nationalsozialismus

Victor Klemperer
Aus dem Notizbuch eines Philologen

Der als Jude verfolgte Hochschullehrer Victor Klemperer fasste seine Beobachtungen zur Sprache des *Dritten Reiches* in seinem Buch „Lingua Tertii Imperii, Notizbuch eines Philologen" (1947) zusammen. In dem folgenden Auszug wird ein wichtiges Schlüsselwort der Nationalsozialisten gekennzeichnet.

❐ Sammeln Sie in Ihrer Lerngruppe Begriffe, die nach Ihrer Meinung die nationalsozialistische Sprache geprägt haben. Geben Sie nach Möglichkeit eine kurze Erläuterung zu den Begriffen. Beziehen Sie sich dabei auch auf den ersten Teil dieses Kapitels.

[…] da der Nationalsozialismus auf Fanatismus gegründet ist und mit allen Mitteln die Erziehung zum Fanatismus betreibt, so ist fanatisch während der gesamten Ära des Dritten Reiches ein superlativisch anerkennendes Beiwort gewesen. Es bedeu-
5 tete die Übersteigerung der Begriffe tapfer, hingebungsvoll, beharrlich, genauer: eine glorios verschmelzende Gesamtaussage all dieser Tugenden, und selbst der leiseste pejorative[1] Nebensinn fiel im üblichen LTI-Gebrauch des Wortes fort. An Festtagen, an Hitlers Geburtstag etwa oder am Tag der
10 Machtübernahme, gab es keinen Zeitungsartikel, keinen Glückwunsch, keinen Aufruf an irgendeinen Truppenteil oder irgendeine Organisation, die nicht ein „fanatisches Gelöbnis" oder „fanatisches Bekenntnis" enthielten, die nicht den „fanatischen Glauben" an die ewige Dauer des Hitlerreiches be-
15 zeugten. Und erst im Kriege, und nun gar als sich die Niederlagen nicht mehr vertuschen ließen! Je dunkler die Lage sich gestaltete, um so häufiger wurde der „fanatische Glauben an den Endsieg", an den Führer, an das Volk oder an den Fanatismus des Volkes als an eine deutsche Grundtugend ausge-
20 sagt. […]
Hand in Hand mit dieser Häufigkeit auf politischem Felde ging die Anwendung auf anderen Gebieten, bei Erzählern und im täglichen Gespräch. Wo man früher etwa leidenschaftlich gesagt oder geschrieben hatte, hieß es jetzt fana-
25 tisch. Damit trat notwendigerweise eine gewisse Erschlaffung, eine Art Entwürdigung des Begriffes ein. […]
Doch dem sprachlich führenden Kopf des Dritten Reiches, dem es um die volle Wirkung des aufpeitschenden Giftes zu tun war, ihm freilich musste die Abnutzung des Wortes als ei-
30 ne innere Schwächung erscheinen. Und so wurde Goebbels zu dem Widersinn gedrängt, eine Steigerung über das nicht mehr zu Steigernde hinaus zu versuchen. Im „Reich" vom 13. November 1944 schrieb er, die Lage sei „nur durch einen wilden Fanatismus" zu retten. Als sei die Wildheit nicht der
35 notwendige Zustand des Fanatikers, als könne es einen zahmen Fanatismus geben.

(v 1947)

❐ Erläutern Sie mit eigenen Worten die Bedeutung des Begriffes Fanatismus im Nationalsozialismus. Vergleichen Sie Ihre Ausführungen mit der heutigen Bedeutung des Wortes. Schlagen Sie gegebenenfalls in einem Wörterbuch nach.

---

[1] Pejoration (lat.): Abwertung eines Wortes im Laufe seiner Anwendungsgeschichte (zum Beispiel: gemein – ursprünglich *gemeinsam, allgemein*/jetzt *niederträchtig*)

- ☐ Formulieren Sie kurz in Ihrer Lerngruppe Ihr Verständnis von den folgenden Begriffen: Blutschande, Blutvergiftung, hart, Intellekt, rücksichtslos, Hass, Züchtung.
- ☐ Vergleichen Sie danach mit den nebenstehenden Zusammenfassungen von nationalsozialistischen Begriffserklärungen.

Blutschande
intime Beziehungen zu einem Nicht-Arier

Blutvergiftung
Verfallserscheinung in Völkern und Rassen

hart
Adjektiv mit positiven Konnotationen

Intellekt
im Unterschied zum Instinkt ... ein Begriff zur Bezeichnung einer kritischen, subversiven und destruktiven Eigenschaft

rücksichtslos
erhält in der Sprache des Nationalsozialismus vielfach einen positiven Sinn und bedeutet dann so viel wie zielstrebig, energisch ... Auf die Gegner bezogen behält das Wort nach wie vor negative Bedeutung.

Hass
von positiver Bedeutung, wenn auf die richtige Seite bezogen; „Der heldische Hass der nordischen Rasse" steht im stärksten Gegensatz zum „feigen Hass des Judentums".

Züchtung
Es ist wirklich eine Wiedergeburt einer Nation eingetreten durch die bewusste Züchtung eines neuen Menschen. (Hitler, Rede auf dem Parteitag der Arbeit 1937, München 1937, S. 25)

- ☐ Ordnen Sie den Begriffen auf der linken Seite die passenden Erläuterungen auf der rechten Seite zu.
- ☐ Erörtern Sie anschließend, auf welche Weise im Nationalsozialismus durch Neubildung von Begriffen bzw. durch Übertragung von Begriffen aus anderen Bereichen die Sprache gelenkt wurde.

- Ahnenpass
- Arbeitsrasse
- artecht
- Aufartung
- Aufnordung
- Blitzkrieg
- Blutbewusstsein
- Euthanasie
- fremdvölkisch
- Rassenschande
- Schutzhaft
- Volksempfinden
- Volksschädling

- echt, getreu der Art (Rasse)
- Ziel der Rassenhygiene (d.h. Verbesserung des rassischen Bestandes)
- Das Bestreben, in einem aus mehreren Rassen gemischten Volk den Anteil der nordischen Rasse zu erhöhen
- Rasse, die von Natur aus hart arbeitet
- aus einer fremden Bevölkerung stammend
- schneller Bewegungskrieg
- Ehe oder intime Beziehungen mit Nichtariern, Schändung der eigenen Rasse
- Verhaftung ohne richterliche Anweisung
- das Fühlen des Volkes
- jemand, der den Interessen des Volkes schadet
- Abstammungsnachweis
- Bewusstsein des eigenen Blutes
- wörtl.: guter, schöner Tod, Tötung von Geisteskranken, Auslöschung von lebensunwertem Leben

Wolfgang Bergsdorf
Über die Anordnungen des Propagandaministeriums an die Chefredakteure der Massenmedien

Datum	Anweisung
24.6.1933	Das Wort „deutsch-österreichischer Anschluss" soll nicht mehr benutzt werden.
20.2.1934	Es wird gebeten, überall das Wort „Volkstrauertag" zu ersetzen durch das Wort „Heldengedenktag".
22.8.1935	Das Propagandaministerium bittet, in der Judenfrage das Wort antisemitisch oder Antisemitismus zu vermeiden, weil die deutsche Politik sich nur gegen die Juden, nicht aber gegen die Semiten schlechthin richtet. Es soll stattdessen das Wort antijüdisch gebraucht werden.
6.1.1936	Es soll darauf hingewiesen werden, dass es sich um einen neuen, „den deutschen Stil" handelt, der sich aus der Artgebundenheit ergäbe. Der Begriff „deutscher Stil" soll bewusst in das öffentliche Bewusstsein gebracht werden.
22.8.1936	Auf Anordnung des Führers soll in Zukunft nicht mehr von den „Gefallenen" der Bewegung, sondern immer nur von den „Ermordeten" der Bewegung gesprochen werden. Es soll damit dargetan werden, dass die nationalsozialistischen Kämpfer nicht durch einen ehrlichen Gegner gefallen sind, sondern meuchlings ermordet wurden.
28.7.1937	Es wird gebeten, das Wort Propaganda nicht mehr missbräuchlich zu verwenden. Propaganda ist im Sinne des neuen Staates gewissermaßen ein gesetzlich geschützter Begriff und soll nicht für abfällige Dinge Verwendung finden ... kurzum – Propaganda nur dann, wenn für uns, Hetze, wenn gegen uns.
13.12.1937	Es ergeht die dringende Anweisung, dass ab heute das Wort „Völkerbund" nicht mehr von der deutschen Presse verwendet wird. Dieses Wort existiert nicht mehr.
14.1.1939	An die deutsche Presse ergeht die strenge Anwei-

Goebbels gibt Presseanweisung an Journalisten

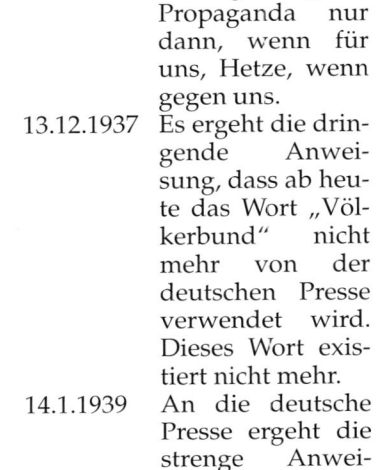

	sung, in Zukunft A. Hitler nicht mehr als „Führer und Reichskanzler" zu bezeichnen, sondern nur noch als Führer.
1.9.1939	In allen Meldungen, Kommentaren usw. muss das Wort Krieg vermieden werden. Deutschland schlägt einen polnischen Angriff zurück. Das ist die Devise.
11.9.1939	Das Wort „tapfer" soll nur auf deutsche Soldaten Anwendung finden.
16.11.1939	Das Wort „Friede" muss viel mehr als bisher aus der deutschen Presse zurückgedrängt werden.
6.10.1941	Es soll nicht mehr von sowjetischen oder von sowjetrussischen Soldaten gesprochen werden, sondern höchstens von „Sowjetarmisten" oder schlechthin von Bolschewisten, Bestien oder Tieren.
16.3.1944	Das Reichsministerium für Volksaufklärung und Propaganda hat gebeten, das Wort „Katastrophe" aus dem gesamten Sprachgebrauch auszumerzen und an Stelle des Wortes „Katastrophenschutz" das Wort „Soforthilfe" zu verwenden.

❐ Erläutern Sie anhand selbst gewählter Beispiele aus diesen Anordnungen des Propagandaministeriums, auf welche Weise und zu welchem Zweck im Nationalsozialismus die Sprache gelenkt wurde.

Wolfgang Bergsdorf

Zur Euphemisierung von Begriffen

Charakteristisch für die Technik der Sprachzerstörung der Nazis war die Methode der Euphemisierung von Begriffen. Wer den Begriff „Endlösung" erfunden hat, erwarb sich einen Weltrekord an Zynismus. Diese Wortneuschöpfung soll mit einfachen sprachlichen Mitteln die endgültige Lösung eines Problems andeuten und ist zum Inbegriff einer sprachlichen Lüge geworden, hinter der sich die Ermordung von Millionen Menschen verbirgt. […]
Der Schriftsteller und Sozialwissenschaftler H. G. Adler, der in Theresienstadt und anderen Konzentrationslagern gelitten hat, macht auf die Vielzahl der Euphemismen im Nazi-Jargon aufmerksam, mit dem der Begriff Töten umgangen wird. Neben Abwandern, Evakuieren, Abschieben, Ghettoisieren, Sonderbetreuen, Ausmerzen – alles Wörter die weniger verschleiernd als brutal offen die systematische Tötung von Juden bezeichnen – beschäftigt sich Adler mit einem der übelsten Euphemismen nationalsozialistischen Ursprungs: „Sonder-Behandlung" oder kurz ‚SB' ist ein Wort, das in den schlimmsten Verruf geraten ist. Es gehört zu den für die Sprache des Nationalsozialismus typischen Ausdrücken abstrakten Charakters, wo die konkrete Bedeutung … total verwandelt und aller Bildkraft entfremdet wurde. ‚Behandlung', besonders gern von ärztlicher Tätigkeit gesagt, lässt zunächst nicht Sinistres vermuten, obwohl ‚sonder-' als erster Teil des Wortes eben auf etwas Ungewöhnliches, also ‚Sonderbares' hinweist, das zumindest im Nachhinein einen unguten Verdacht weckt.

❐ Zeigen Sie an einzelnen Beispielen aus dem Text von Wolfgang Bergsdorf Mittel und Wirkungen der Euphemisierung* auf. Beurteilen Sie diese Mittel.
(*Euphemisierung: beschönigende, verhüllende Ausdrucksweise mit dem Ziel der Sprachlenkung)

So ist es auch kennzeichnend, dass nicht nur die deutsche Exekutionsmannschaft für die vom legalen Machthaber angeordnete illegale Hinrichtung und Massenhinrichtung ‚Sonderkommando' heißt, sondern ebenso die aus jüdischen Häftlingen bestehende Hilfsmannschaft, die mit der Tötung selbst nicht befasst war, aber beim Entkleiden und dann bei der Leichenvertilgung sowie anderen Hilfsarbeiten im Zusammenhang mit dem Mordwerk mitwirken musste. [...]
Weiteres Kennzeichen der nationalsozialistischen Sprache war ihre emotionale Aufblähung durch Wörter aus dem militärischen und religiösen Bereich, die Gefühle aktivieren sollten. Hierzu gehörten: Einsatz, einsatzbereit, Einsatzwille, Arbeitseinsatz, Front, Rechtsfront, Arbeitsfront, Einheitsfront, Schlacht, Arbeitsschlacht, Erzeugungsschlacht, Geburtenschlacht, Ernährungsschlacht, Opfer, Blutopfer, Glaube, Vorsehung, Wegbereiter, Orden, Blutorden, Ordensstaat, Zeuge, ewiges Reich u.a. [...]
Die Sprache der Nationalsozialisten war keine neue Sprache. Sie übernahmen das meiste aus dem Deutsch der Weimarer Republik und des Kaiserreiches. Aber sie veränderten die emotiven Bestandteile vieler Begriffe und die Häufigkeit ihrer Verwendung. [...]

(v 1980)

Irgendwann überwältigt mich die gedruckte Lüge, wenn sie von allen Seiten auf mich eindringt, wenn ihr rings um mich her nur von wenigen, von immer wenigern und schließlich von keinem mehr Zweifel entgegengebracht werden ... die als Prahlen und Lüge erkannte Propaganda wirkt dennoch, wenn man nur die Stirn hat, sie unbeirrt fortzusetzen. [...]
Worte können sein wie winzige Arsendosen: sie werden unbemerkt verschluckt, sie scheinen keine Wirkung zu tun, und nach einiger Zeit ist die Giftwirkung doch da.

Victor Klemperer (v 1947)

Die allgemeine Sprachlenkung, wie sie vor allem in autoritären Gemeinschaften erstrebt wird, formal wie inhaltlich, zielt immer gleichzeitig auch auf die individuelle Sprachlenkung und auf Menschenlenkung, scheitert aber leicht am Widerstand des Individuums, der zudem noch in der alten Sprachform seine Stütze finden kann. Selbst wenn es gelänge, die individuelle Sprachlenkung durchzuführen, so bedeutete auch das noch nicht die Menschenlenkung, so wenig jemand, der seinerzeit von „Schutzhaft" sprach, damit die amtlich gewünschte Vorstellung zu verbinden brauchte. Eine allgemeine Sprachlenkung hat nur Aussicht, wenn sie von einer Sache getragen wird, sei es eine technische Sache, sei es eine geistige Bewegung, die gleichzeitig akzeptiert wird.

Werner Betz (v 1960)

❒ Beurteilen Sie abschließend die Wirkungsmöglichkeiten nationalsozialistischer Sprachlenkung. Beziehen Sie in Ihre Diskussion auch die beiden Äußerungen von Victor Klemperer und Werner Betz ein.

▷▷ **Lese- und Arbeitshinweise**
● George Orwell: 1984 – Zur Grammatik der Neusprache, Seite 456ff.
● Reden in ihrem historischen Zusammenhang..., Seite 348ff.

Leseempfehlungen
Romane/Novellen zum Thema *Nationalsozialismus*
● Alfred Andersch: Vater eines Mörders, Diogenes Taschenbuch
● Heinrich Böll: Ansichten eines Clowns, dtv Taschenbuch
● Friedrich Dürrenmatt: Der Verdacht, Rowohlt Taschenbuch
● Rolf Hochhuth: Eine Liebe in Deutschland, Rowohlt Taschenbuch
● Bernhard Schlink: Der Vorleser, Diogenes Taschenbuch
● Stefan Zweig: Schachnovelle, Fischer Taschenbuch

Der Schriftsteller und sein gesellschaftlicher Standort – „Plädoyer für Veränderungen"?

Wolfgang Borchert, 1921–1947
Biografische Übersicht s. S. 27f.

❏ Worin sehen Sie die Möglichkeiten und Aufgaben des Schriftstellers in unserer heutigen Gesellschaft? Erläutern Sie diese Frage in kurzer schriftlicher Form. Stellen Sie Ihre Ergebnisse der Kursgruppe vor; sammeln Sie die wichtigsten Ergebnisse stichwortartig an der Tafel und ordnen Sie sie nach sinnvollen Kriterien.

Ingeborg Bachmann

1926 in Klagenfurt geboren, 1973 in Rom gestorben. Nach dem Studium der Philosophie in Innsbruck, Graz und Wien war sie 1959/60 erste Gastdozentin auf dem Lehrstuhl für Poetik an der Universität Frankfurt.

Wolfgang Borchert
Der Schriftsteller

Der Schriftsteller muss dem Haus, an dem alle bauen, den Namen geben. Auch den verschiedenen Räumen. Er muss das Krankenzimmer „Das traurige Zimmer" nennen, die Dachkammer „Das windige" und den Keller „Das düstere". Er darf den Keller nicht „Das schöne Zimmer" nennen. 5
Wenn man ihm keinen Bleistift gibt, muss er verzweifeln vor Qual. Er muss versuchen, mit dem Löffelstiel an die Wand zu ritzen. Wie im Gefängnis: Dies ist ein hässliches Loch. Wenn er das nicht tut in seiner Not, ist er nicht echt. Man sollte ihn zu den Straßenkehrern schicken. [...] 10
Nachts darf der Schriftsteller die Sterne begucken. Aber wehe ihm, wenn er nicht fühlt, dass sein Haus in Gefahr ist. Dann muss er posaunen, bis ihm die Lungen platzen! (e 1946)

Ingeborg Bachmann
Die Wahrheit ist dem Menschen zumutbar

Der Schriftsteller – und das ist in seiner Natur – wünscht, sich Gehör zu verschaffen. Und doch erscheint es ihm eines Tages wunderbar, wenn er fühlt, dass er zu wirken vermag - um so mehr, wenn er wenig Tröstliches sagen kann vor Menschen, die des Trostes bedürftig sind, wie nur Menschen es sein können, verletzt, verwundet und voll von dem großen geheimen Schmerz, mit dem der Mensch vor allen anderen Geschöpfen ausgezeichnet ist. Es ist eine schreckliche und unbegreifliche Auszeichnung. Wenn das so ist, dass wir sie tragen und mit ihr leben müssen, wie soll dann der Trost aussehen und was soll er uns überhaupt? Dann ist es doch – meine ich – unangemessen, ihn durch Worte herstellen zu wollen. Er wäre ja, wie immer er aussähe, zu klein, zu billig, zu vorläufig.
So kann es auch nicht die Aufgabe des Schriftstellers sein, den Schmerz zu leugnen, seine Spuren zu verwischen, über ihn hinwegzutäuschen. Er muss ihn, im Gegenteil, wahrhaben und noch einmal, damit wir sehen können, wahr machen. Denn wir wollen alle sehend werden. Und jener geheime Schmerz macht uns erst für die Erfahrung empfindlich und insbesondere für die der Wahrheit. Wir sagen sehr einfach und richtig, wenn wir in diesen Zustand kommen, den hellen, wehen, in dem der Schmerz fruchtbar wird: Mir sind die Augen aufgegangen. Wir sagen das nicht, weil wir eine Sache oder einen Vorfall äußerlich wahrgenommen haben, sondern weil wir begreifen, was wir doch nicht sehen können. Und das sollte die Kunst zuwege bringen: dass uns, in diesem Sinne, die Augen aufgehen. (e 1959)

Heinrich Böll
Die Sprache als Hort der Freiheit

Es ist kein Zufall, dass immer da, wo der Geist als eine Gefahr angesehen wird, als erstes die Bücher verboten, die Zeitungen und Zeitschriften, Rundfunkmeldungen einer strengen Zensur ausgeliefert werden; zwischen zwei Zeilen, auf dieser
5 winzigen weißen Schusslinie des Druckers, kann man Dynamit genug anhäufen, um Welten in die Luft zu sprengen. In allen Staaten, in denen Terror herrscht, ist das Wort fast noch mehr gefürchtet als bewaffneter Widerstand, und oft ist das letzte die Folge des ersten. Die Sprache kann der letzte Hort
10 der Freiheit sein. Wir wissen, dass ein Gespräch, dass ein heimlich weitergereichtes Gedicht kostbarer werden kann als Brot, nach dem in allen Revolutionen die Aufständischen geschrien haben. [...]
(e 1959)

Heinrich Böll, 1917–1985
Kurzbiografie siehe Seite 381f.

Siegfried Lenz
Der Sitzplatz eines Autors

Ich gebe zu, daß ich mich immer über die Bemühungen gewundert habe, dem Autor einen gesicherten Sitzplatz zuzuweisen. Ich war erstaunt über die Versuche – etwa in öffentlichen Diskussionen –, Schriftsteller und Politiker miteinander
5 zu versöhnen oder doch einander „näherzubringen". Und ich war jedesmal beunruhigt bei der Feststellung, daß man dem Autor einen sozusagen erhöhten, womöglich schwebenden Drehsessel zudachte, von dem aus er die Untauglichkeit der Welt kommentierte. Denn der angestammte, der ordentliche
10 Platz eines Autors – so ist es mir zumindest immer vorgekommen – ist der Platz zwischen den Stühlen. Freiwillig, von keinem eingeladen oder berufen, auf niemandes Schoß, eher dem Argwohn ausgesetzt als durch Vertrauen ausgezeichnet, sollte ein Autor mit dieser Unbequemlichkeit einverstanden
15 sein. Er sollte, meine ich, keinem verpflichtet sein.
Dieser Unbequemlichkeit des Sitzplatzes entspricht im übrigen die unsichere Rolle, die die Literatur selbst spielt. Ich halte die Klagen für überflüssig, daß die Literatur nicht angemessen, nicht respektvoll oder objektiv genug behandelt
20 wird. Ich bedaure es auch nicht, daß man der Literatur sehr unterschiedlich begegnet: lobend oder lästernd, hoffnungsvoll oder mißtrauisch, ergriffen oder aggressiv. Wenn wir – wozu wir genötigt sind – Literatur wieder auf die Erde herabziehen, sollten wir damit einverstanden sein, daß man auf ir-
25 dische Weise mit ihr umgeht. Wir sollten akzeptieren, daß sie verkannt, gerempelt, attackiert wird; schließlich enthält die Literatur doch ein (heimliches oder offenes) Plädoyer für Veränderungen, und daß man auf Veränderungen unwillig reagiert, sollte uns nicht verblüffen. Wie der unbequeme Sitz-
30 platz eines Autors dazu geeignet sein kann, gewisse Empfin-

Siegfried Lenz, geboren 1926
in Lyck/Ostpreußen

dungen – sagen wir: ein kleines Schmerzgefühl – wachzuhalten, so kann in der Tatsache, daß die Rolle der Literatur nicht übereinstimmend festgelegt ist, ihre ausgemachte Chance liegen: sie animiert uns zu Spruch und Widerspruch. Sie stimuliert uns zur Selbstüberprüfung. Eine problemlose Literatur, die nur eine Möglichkeit der Reaktion zuläßt, ist langweilig. Und der Leser, der sich nicht einmal erregen kann, wird schwerlich zum Komplizen des Autors werden. Die Begegnung zwischen Leser und Autor, die in der Lektüre stattfindet, ist für beide ein Risiko, und beide sollten bereit sein, es auf sich zu nehmen.

(v 1965)*

Max Frisch, 1911–1991
Kurzbiografie siehe Seite 127f.

❐ Analysieren Sie die Aussagen der Schriftsteller S. 486–489 im Hinblick auf
– die Kernaussage/Kernthese,
– ihre Begründungen,
– die sprachliche Form/das Vokabular.

❐ Vergleichen Sie danach, wie die einzelnen Verfasser ihren Standort in der Gesellschaft als Schriftsteller/Dichter und ihre Beziehung zur Staatsmacht und zum Leser verstehen.
Berücksichtigen Sie dabei gegebenenfalls auch die besondere Situation der Verfasserin/des Verfassers anhand der Kurzbiografie.

❐ Vergleichen Sie danach auch mit den Ergebnissen Ihrer Lerngruppe (Seite 486). Erklären Sie, welcher Aspekt in den Äußerungen der Schriftsteller für Sie überraschend und neu ist (für die Suche nach literarischen Texten dieser Autoren lässt sich das Textquellenverzeichnis nutzen).

Max Frisch
Verantwortung des Schriftstellers

Die direkt-politische Nützlichkeit der Dichter ist fragwürdig. Was sie leisten: *Irritation* – Poesie als Durchbruch zur genuinen Erfahrung unsrer menschlichen Existenz; Poesie befreit uns zur Spontaneität. Das kann beides sein, Glück oder Schrecken. Da findet etwas anderes statt als Meinungs-Propaganda. Poesie macht uns betroffen; sie trifft uns da, wo wir uns wundern, sie unterwandert unser ideologisiertes Bewußtsein. Und insofern wird Poesie und alle Kunst, die diesen Namen verdient, als subversiv empfunden. Zu Recht! Sie ist zweckfrei. Schon das macht sie zum Ärgernis für den Politiker. Die Poesie muß keine Maßnahmen ergreifen. Es genügt, daß sie da ist: als Ausdruck eines profunden Ungenügens und einer profunden Sehnsucht. Die Poesie findet sich nicht ab (im Gegensatz zur Politik) mit dem Machbaren. Sie bewahrt, was über den politischen Macher hinausweist: die *Utopie*. Indem ein Roman, zum Beispiel, eine kaputte Ehe vorführt oder die allgemeine Misere durch entfremdete Arbeit, geht dieser Roman aus (implizite) von der Utopie, daß unser Menschsein auf dieser Erde anders sein könnte. Wie? Rezepte sind von der Poesie nicht zu erwarten. Vom Pragmatiker aus gesehen, ist die Poesie unbrauchbar. Sie sagt nicht, wohin mit dem Atom-Müll. Sie entzieht sich der Pflicht, die Welt zu regieren. Und sie entzieht sich den Forderungen der Machthaber. Sie ist einfach da: als die Freiheit im Erkennen und im Empfinden. Als Gegen-Position zur Macht. Jede Kollaboration der Kunst mit der Macht, auch mit einer demokratischen Macht, endet in einem tödlichen Selbstmißverständnis der Kunst, der Poesie – Unsere Verantwortung gegenüber der Gesellschaft: ich meine, sie bestehe darin, daß wir die Literatur nicht zu einem Dienstleistungsbetrieb machen und damit überflüssig; ihr Beitrag ist die permanente Irritation. Oder um ein bekanntes Wort von Walter Benjamin zu brauchen: Die Kunst als Statthalter der Utopie.

(v 1978)*

Jurek Becker
Der Schriftsteller und die Zensur*

Die Qualität eines Autors steigt bestimmt nicht proportional zu seiner Ablehnung der ihn umgebenden Zustände. So wie er nicht dem Druck ausgesetzt sein sollte, die bestehenden Verhältnisse zu verteidigen (was er in der DDR zweifellos ist), sollte er sie auch nicht angreifen müssen (wozu er in der DDR, wenn er hier im Westen etwas gelten will, gezwungen ist). Wenn ihm beide Möglichkeiten freigestellt sind, zeigt sich ein interessantes Phänomen: Das Fragwürdige an den Verhältnissen interessiert ihn fast immer, das Bewundernswerte fast nie. […]

Die Geschichte der Meinungsverschiedenheiten beweist, daß Zensoren noch nie einen Standpunkt vertreten haben, der sich später als richtig erwiesen hätte. Es gibt keine Ausnahme, immer sind sie reaktionär, immer haben sie unrecht. Allein die Tatsache, daß sie zensieren, setzt sie ins Unrecht. Daß sie früher oder später gezwungen werden, ihre Position zu räumen, kann nur ein schwacher Trost sein für die Zensierten, die ja mit ihrer Lebenserwartung rechnen müssen. […]

Wenn ich von der Wirkung von Büchern in der DDR spreche, so meine ich natürlich nur einen kleinen Teil der dort geschriebenen Bücher; und zwar die, in denen von der staatlich verfügten Hauptmeinung abgewichen wird. Die anderen haben keine andere Wirkung als etwa das Fernsehen der DDR oder als die eine Zeitung, die übers Land verteilt unter dreißig verschiedenen Namen erscheint, nämlich keine oder höchstens eine einschläfernde. Die Bücher der Autoren aber, die sich mit dem Zensor anlegen, werden selbst von denen gelesen und bewundert, die sonst nie ein Buch in die Hand nehmen würden.

(v 1990)*

* Überschrift vom Herausgeber

Jurek Becker

Becker wurde 1937 in Lodz/Polen als Sohn eines jüdischen Angestellten geboren und verbrachte seine Kindheit in Ghetto und KZ; seit 1945 in Ostberlin, nach dem Studium der Philosophie freier Schriftsteller (1960–1977); von 1957–1976 Mitglied der SED, wegen seines Protests gegen die Ausbürgerung Wolf Biermanns Ausschluss aus der SED, 1977 Austritt aus dem Schriftstellerverband der DDR; er lebte seit 1977 in Westberlin und ist 1997 gestorben.

Literatur „im Osten"

Reiner Kunze
Ordnung

Die Mädchen und Jungen, die sich auf die Eckbank der leeren Bahnhofshalle setzten, kamen aus einem Jazz-Konzert. Ihr Gespräch verstummte rasch. Einer nach dem anderen legten sie den Kopf auf die Schulter ihres Nebenmanns. Der erste Zug fuhr 4.46 Uhr.
Zwei Transportpolizisten, einen Schäferhund an der Leine, erschienen in der Tür, wandten sich der Bank zu und zupften die Schlafenden am Ärmel. „Entweder Sie setzen sich gerade hin, oder Sie verlassen den Bahnhof, Ordnung muß sein!"
„Wieso Ordnung?" fragte einer der Jungen, nachdem er sich aufgerichtet hatte. „Sie sehen doch, daß jeder seinen Kopf gleich wiedergefunden hat."

Reiner Kunze wurde 1933 als Sohn eines Bergarbeiters in Oelsnitz/Erzgebirge geboren. Er studierte Philosophie und Journalistik in Leipzig; seit 1972 ist er freischaffender Schriftsteller. Wegen seines in der Bundesrepublik erschienenen Buches „Die wunderbaren Jahre" (1976) wurde Kunze aus dem Schriftstellerverband der DDR ausgeschlossen. 1977 siedelte er in die Bundesrepublik Deutschland über.

„Wenn Sie frech werden, verschwinden Sie sofort, verstanden?" Die Polizisten gingen weiter.
Die jungen Leute lehnten sich nach der anderen Seite. Zehn Minuten später kehrte die Streife zurück und verwies sie des Bahnhofs.
Draußen ging ein feiner Regen nieder. Der Zeiger der großen Uhr wippte auf die Eins wie ein Gummiknüppel.   (v 1976)*

Jürgen Fuchs

Die Lüge

Jürgen Fuchs ist 1950 in Reichenbach/Vogtland geboren. Nach dem Dienst in der Armee studierte er in Jena Sozialpsychologie. Wegen „Schädigung des Ansehens der Universität" aufgrund seiner literarischen Arbeiten wurde er 1975 vom Universitätsstudium sowie aus der FDJ und der Partei ausgeschlossen. Im Jahr 1976 wurde er verhaftet, fast ein Jahr verbrachte er im Gefängnis, danach wurde er ausgebürgert.

Ich habe mich nicht umgedreht, sie saß eine Reihe hinter mir, ich habe nur ihre Stimme gehört und wusste Bescheid. Ihre Augen habe ich nicht gesehen, vielleicht starrte sie auf den vor ihr liegenden Zettel oder zur Tafel, vielleicht war sie blass oder rot im Gesicht.   5
Es war an einem Montag gegen elf im Seminarraum dreiundzwanzig, wir sprachen vom ‚wissenschaftlichen Kommunismus', sie lieferte einen Beitrag, sie sagte etwas, sie meldete sich zu Wort, sie stellte keine Fragen, sie deutete nichts an. Ich habe mich nicht umgedreht, ich wusste Bescheid: *Es hat doch* 10 *sowieso keinen Sinn, es bringt nichts ein, warum soll ich mir dauernd den Mund verbrennen und Fragen stellen, die anderen sitzen doch auch bloß rum und quatschen alles nach, ich habe Familie und brauche einen guten Abschluss, sonst bekomme ich die Arbeitsstelle nicht mit Krippenplatz und Wohnung, ich bin kein Schwein, aber ir-* 15 *gendwann muss jeder Kompromisse machen, und was ich denke, brauche ich denen doch nicht dauernd auf die Nase zu binden, das habe ich jetzt satt, die wollen's doch so.*
Es ist nicht die Öde der Zeitungen am Morgen, es sind nicht die leeren Losungen von Frieden und Freundschaft draußen 20 auf den Straßen, nicht die quasselnden Redner und die komischen Staatsmänner, es sind die kleinen Lügen, die eines Tages gegen elf gelogen werden, und du sitzt im selben Raum, auf einem anderen Stuhl oder nicht.   (v 1977)

Bernd Jentzsch

Das Verlangen

Bernd Jentzsch ist 1940 in Plauen geboren. Er studierte Kunstgeschichte und Germanistik in Leipzig und arbeitete als Lektor in Ost-Berlin. Von 1975 an lebte Jentzsch dort als freier Schriftsteller. Von der Schweiz aus, wo er sich zu einem Studienaufenthalt befand, protestierte er 1976 in einem offenen Brief an den Staatsratsvorsitzenden Honecker gegen den Ausschluss Reiner Kunzes aus dem DDR-Schriftstellerverband und die Ausbürgerung Wolf Biermanns. Aufgrund der Reaktionen in der DDR kehrte er nicht mehr dorthin zurück.

Sie verlangten von ihm, vergiss diesen Namen, und es war der Name seines Vaterlands, sie säten Hass und verlangten, trage ihn in deinem Herzen, sie verlangten Gehorsam, Keuschheit und Demut, den Jubel bei Tagesanbruch, die Blindheit auf einem Auge, sie verlangten von ihm, sie langten nach ihm, und 5 er hörte ihnen zu mit lang gezogenen Ohren, sie verlangten, sage nur das, was wir dir sagen, und er machte den Mund auf, endlich, und sprach nicht wie ihm ihr Schnabel gewachsen war, sondern voller Begierde, aber sie hörten ihm nicht zu, sie verlangten von ihm, das verlangen wir, und da verdoppelte 10 sich sein Verlangen um das Vierfache ihrer Wahrheit, unaufhörlich, unbezähmbar, wild.   (v 1978)

Elke Erb

Langer Schlaf

Dreimal hat der Hahn gekräht bereits, jetzt schweigt er,
Und der Tag, ein Schutzmann, holt mich auf die Wache,

Dass aus goldener Kehle ihm mit lauteren Arien
Ich bekenne seine Sonne und bezahle.

Dass ich im Revier den Mund auftu und singe,
Will er, und die Luft erschüttere bis Dienstschluss,

Wie an Puttenmünder, viele, die Posaunen
Man in Stein gemeißelt hat für taube Ohren.   (e 1980, v 1991)

Elke Erb wurde 1938 in Scherbach/Eifel geboren. Nach der Übersiedlung in die DDR im Jahre 1949 besuchte sie die Oberschule in Halle, studierte an der dortigen Universität und arbeitete dann im Mitteldeutschen Verlag Halle. Ab 1968 veröffentlichte sie Gedichte.

Uwe Kolbe

Hineingeboren

Hohes weites grünes Land,
zaundurchsetzte Ebene.
Roter
Sonnenbaum am Horizont.
Der Wind ist mein
und mein die Vögel.

Kleines grünes Land enges,
Stacheldrahtlandschaft.
Schwarzer
Baum neben mir.
Harter Wind.
Fremde Vögel.   (v 1982)

Uwe Kolbe ist 1957 in Ost-Berlin geboren. Er ist Autor und Übersetzer und lebt in Berlin.

❑ Setzen Sie sich mit den einzelnen Texten, am besten jeweils in einer Kleingruppe, auseinander; Erörtern Sie dabei
– das Thema
– die sprachliche Machart und deren Funktion für die Aussage
– die Kurzbiografien

❑ Berücksichtigen Sie dabei ggf. auch die folgenden Informationen zu Ereignissen in der Geschichte der DDR, die in besonderer Weise zu einer kritischen Distanz gegenüber dem Staatsapparat beitrugen.

Informationen zum historischen Hintergrund

- Aufstand vom 17. Juni 1953
- Stalins Tod (1953) und die verspätete Entstalinisierung
- der Mauerbau vom 13.8.1961
- die CSSR-Intervention (Niederschlagung des „Prager Frühlings" 1968)
- das Aufkommen der Friedensbewegung in den siebziger bzw. achtziger Jahren.

Auch die Konferenz über Sicherheit und Zusammenarbeit in Europa (KSZE) in Helsinki (1975) und die Unterzeichnung der Schlussakte durch Erich Honecker stellten einen wichtigen Einschnitt dar. Eine Folgeerscheinung war die verstärkte Forderung nach Menschen- und Bürgerrechten; es entstanden neue Formen der Opposition. Gleichzeitig wuchs die Zahl der DDR-Bürger sprunghaft, die sich um eine legale Ausreise aus der DDR bemühten, wobei sie zugleich die förmliche Entlassung aus der Staatsbürgerschaft beantragten. Bei der Begründung dieser Anträge wurde gegenüber den DDR-Behörden in der Regel deutlich eine regimekritische oder ablehnende Haltung zum Ausdruck gebracht.

▷▷ **Lese- und Arbeitshinweise**

Informieren Sie sich ggf. auf den Seiten 328ff. über die Literatur in der DDR.

❑ Setzen Sie die Aussage des Prosa-Textes von Reiner Kunze oder von Bernd Jentzsch in ein Gedicht mit freien Versen um. Sie können dabei einzelne Formulierungen des jeweiligen Ausgangstextes übernehmen. Begründen Sie Ihre Lösung in Ihrer Kursgruppe.

Der „Fall" Wolf Biermann

Kurzbiografie
- geboren am 15.11.1936 in Hamburg
- 1953 Übersiedlung in die DDR
- studiert Politische Ökonomie, später Philosophie; legt 1963 sein Staatsexamen in Philosophie ab.
- 1957–1959 Regieassistent am Berliner Ensemble
- 1963 erstes Auftrittsverbot und Ausschluss aus der SED; seine in der Bundesrepublik erschienenen Lyrik- und Liederbände erreichen relativ hohe Auflagen
- 1976, während einer Tournee durch die Bundesrepublik Deutschland, Ausbürgerung aus der DDR; damit wird in der DDR die schwerste politische Legitimationskrise seit dem Bau der Mauer ausgelöst und eine Protest- und Ausreisewelle in Gang gesetzt

Wolf Biermann
Ballade für einen wirklich tief besorgten Freund

1
Und wusch ich mit Liedern die brennenden Wunden
Wer hat sie gerissen? Na, ich doch wohl nicht!
Und hab ich Geschwüre am Staats-Steiß gefunden
Erfunden, mein Freund, habe ich sie doch nicht!
Und bin ich, verflucht noch mal, ein Verbrecher
Weil ich auch von *unsern* Verbrechen bericht?
Bin *ich* denn der Finsterling, weil ich, du Leuchte
In all dieser Finsternis schreie nach Licht?
    Was hast du im Schädel? Dreck oder Stroh?
    Du, bist du so dumm? Oder tust du nur so?

2
Du sagst uns: Es nütze dem Klassengegner
Wenn wir Kommunisten den eigenen Staat
Ausmisten und dabei noch Spottlieder gröln
Auf den dschugaschwilischen[1] Machtapparat
Du, rat mal: Wem nützt es, den Klassenfeinden
Oder etwa dem Proletariat
Wenn jeder, der hier mal die Wahrheit küsste
Sofort einen Knebel im Zahnfleisch hat?
    Was hast du im Schädel? Dreck oder Stroh?
    Du, bist du so dumm? – Oder tust du nur so?

3
Du sagst uns: Du seist ja im Grund deines Herzens
Ein Kommunist und auf unserer Seit
Wir seien nur bisschen zu weit gegangen
Womöglich auch bisschen aus Eitelkeit –

---
[1] Dschugaschwili: Stalins Familienname

Mein Lieber, das kommt von der Arbeitsteilung:
Der eine schweigt, und der andere schreit
Wenn solche wie du entschieden zu kurz gehn
Dann gehn eben andre ein bisschen zu weit!
    Was hast du im Schädel? Dreck oder Stroh?
    Du, bist du so dumm? Oder tust du nur so?

4
Zueignung
Die Ballade ist gewidmet jenen so genannten guten
Wirklich tief besorgten Freunden:
Revolutionäre Zittrer
Die mich quälen, mürben, öden
Wenn sie mir mit leichenbittrer
Müder Klassenkämpferpose
Unsern Feind im Westen zeigen
Mit gestrichen voller Hose
Aber hier im Osten schweigen
    Sie haben im Schädel sowohl Dreck als auch Stroh
    Sie sind so dumm – und sie tun auch nur so   (v 1972)

Wolf Biermann
Ermutigung

Peter Huchel gewidmet[1]

Du, lass dich nicht verhärten
In dieser harten Zeit
die all zu hart sind, brechen
Die all zu spitz sind, stechen
und brechen ab sogleich

Du, lass dich nicht verbittern
In dieser bittren Zeit
Die Herrschenden erzittern
– sitzt du erst hinter Gittern –
Doch nicht vor deinem Leid

Du, lass dich nicht erschrecken
In dieser Schreckenszeit
Das wolln sie doch bezwecken
Dass wir die Waffen strecken
Schon vor dem großen Streit

Du, lass dich nicht verbrauchen
Gebrauche deine Zeit
Du kannst nicht untertauchen
Du brauchst uns, und wir brauchen
Grad deine Heiterkeit

Wir wolln es nicht verschweigen
In dieser Schweigezeit
Das Grün bricht aus den Zweigen
Wir wolln das allen zeigen
Dann wissen sie Bescheid   (v 1968)

▻▻ **Lese- und Arbeitshinweis**
• Peter Huchel, Der Garten des Theophrast, Seite 330f.

---

[1] Peter Huchel (1903–1981) war nach 1949 Lektor, Sendeleiter und Dramaturg beim Rundfunk (Ost-Berlin). Nachdem er 1962 von seinem Posten als Chefredakteur der bedeutenden Kulturzeitschrift „Sinn und Form" enthoben worden war, lebte er zunächst völlig isoliert bei Potsdam, bis er 1971 überraschend die Ausreise in den Westen erhielt.

◻ Auf folgende Weise kennzeichnet Biermann im Rahmen eines Vortrags selbst wichtige Abschnitte seines Lebens. Welche Rückschlüsse lassen sich daraus ziehen für das Verständnis der oben abgedruckten Lieder?

◻ Besorgen Sie sich Aufnahmen von den Liedern Biermanns und beurteilen Sie den Wirkungszusammenhang von Text, Musik und Vortragsweise.

Geboren wurde ich in Hamburg zur Zeit des Spanischen Bürgerkriegs. Mein Vater, ein deutscher Jude, Maschinenschlosser auf der Werft bei BLOHM & VOSS. Und er trieb Sabotage gegen die Waffenschiffe, die von Hamburg nach Franco-Spanien gingen. Nachschub für die Legion Condor. Ein Viehwaggon brachte meinen Vater 1943, im Februar, aus der Geborgenheit seiner Zuchthauszelle in Bremen/Oslebshausen nach Polen in die Gaskammer.
Im Sommer darauf wurden wir ausgebombt. Im Hamburger Stadtteil Hammerbrook. Das Industrieviertel wurde in einer Nacht ausradiert. Mietskasernen und Fabriken, Fabriken und Mietskasernen. Die englischen Bomber machten uns die Nazi-Hölle noch heißer. Und sie mussten uns willkommen sein. [...]
In der DDR suchte ich mein Vaterland, will sagen: das Land meines Vaters.
Dreiundzwanzig Jahre lebte ich dort, davon die zweite Hälfte als staatlich anerkannter Staatsfeind mit Maulkorb. Das war eine gute und lebendige Zeit, und ich hatte nicht nur Genossen dort, sondern sogar Freunde. Freiheiten mögen erbettelt, erzwungen und auch gewährt werden. Aber Freiheit, *die* Freiheit ist immer nur eine, die man sich nimmt. Und wir nehmen sie uns im so genannten Realen Sozialismus, an dem alles real war, ausgenommen der Sozialismus.

Wolf Biermann (v 1988)

Im November 1976 gelingt es der IG Metall und dem Bochumer Initiativkomitee, Wolf Biermann für Konzerte in der Bundesrepublik einzuladen. Das erste Konzert in Köln am 13.11.1976 wird zu einem bewegenden Erfolg. Drei Tage später entzieht die DDR Wolf Biermann die Staatsbürgerschaft und verwehrt ihm die Einreise.

ADN[1]-Meldung: Aberkennung der Staatsbürgerschaft

(16.11.1976)
Berlin (ADN). Die zuständigen Behörden der DDR haben Wolf Biermann, der 1953 aus Hamburg in die DDR übersiedelte, das Recht auf weiteren Aufenthalt in der Deutschen Demokratischen Republik entzogen.
Diese Entscheidung wurde auf Grund des „Gesetzes über die Staatsbürgerschaft der Deutschen Demokratischen Republik – Staatsbürgerschaftsgesetz – vom 20. Februar 1967", Paragraph 13, nach dem Bürgern wegen grober Verletzung der staatsbürgerlichen Pflichten die Staatsbürgerschaft der DDR aberkannt werden kann, gefasst.
Biermann befindet sich gegenwärtig in der Bundesrepublik Deutschland.
Mit seinem feindseligen Auftreten gegenüber der Deutschen Demokratischen Republik hat er sich selbst den Boden für die weitere Gewährung der Staatsbürgerschaft der DDR entzogen. Sein persönliches Eigentum wird ihm – soweit es sich in der DDR befindet – zugestellt.

---

[1] ADN = Allgemeiner Deutscher Nachrichtendienst der DDR

Zwölf Schriftsteller der DDR protestieren daraufhin am 17.11.1976 mit folgendem Schreiben gegen die Ausbürgerung und erklären sich mit Wolf Biermann solidarisch. Das Schreiben wird in der westdeutschen Presse publiziert. In den folgenden Tagen protestiert eine große Anzahl weiterer namhafter Persönlichkeiten aus dem kulturellen Leben der DDR gegen Biermanns Ausbürgerung, unter anderem auch Katharina Thalbach, Ulrich Plenzdorf, Manfred Krug (siehe Seite 329).

Wolf Biermann war und ist ein unbequemer Dichter – das hat er mit vielen Dichtern der Vergangenheit gemein. Unser sozialistischer Staat, eingedenk des Wortes aus Marxens ‚18. Brumaire', demzufolge die proletarische Revolution sich
5 unablässig selbst kritisiert, müsste im Gegensatz zu anachronistischen Gesellschaftsformen eine solche Unbequemlichkeit gelassen nachdenkend ertragen können. Wir identifizieren uns nicht mit jedem Wort und jeder Handlung Wolf Biermanns und distanzieren uns von den Versuchen, die Vorgän-
10 ge um Biermann gegen die DDR zu missbrauchen. Biermann selbst hat nie, auch nicht in Köln, Zweifel darüber gelassen, für welchen der beiden deutschen Staaten er bei aller Kritik eintritt. Wir protestieren gegen seine Ausbürgerung und bitten darum, die beschlossenen Maßnahmen zu überdenken.
15 17. November 1976
Sarah Kirsch, Christa Wolf, Volker Braun, Franz Fühmann, Stephan Hermlin, Stefan Heym, Günter Kunert, Heiner Müller, Rolf Schneider, Gerhard Wolf, Jurek Becker, Erich Arendt

Natürlich wird die DDR Biermann die Rückkehr nicht erlauben. Was immer geschehen, wo immer er sich niederlassen wird: Biermann wird nicht aufhören, die kapitalistische Gesellschaftsordnung aufs Schärfste anzuklagen. Wir haben jetzt
5 hier einen Feind mehr. Gleichwohl begrüßen wir diesen Feind, vor dem wir Respekt haben.
Und wir müssen dafür sorgen (was freilich nicht schwer sein wird), dass er hierzulande immer die Möglichkeit hat, unsere Gesellschaftsordnung in Vers und Prosa zu verurteilen. Aller-
10 dings soll dem Dichter Biermann auch der Widerspruch zuteil werden, der ihm gebührt. Wahrscheinlich wird Biermann sehr bald erklären, dass die DDR dennoch der bessere deutsche Staat sei. Wir wollen ihm gleich antworten: Sie war es nicht, sie ist es nicht. Vielmehr er-
15 innern viele Maßnahmen dieses Staates – und eben auch die Ausbürgerung Biermanns – an einen anderen Staat, den es vor nicht langer Zeit auf diesem Boden gegeben hat. […]
Marcel Reich-Ranicki   (Aus: Frankfurter Allgemeine Zeitung, 18.11.1976)

❐ Analysieren Sie die folgenden Kommentare zur Ausbürgerung Biermanns unter folgenden Gesichtspunkten:
– Kernthesen
– Argumente
– Wertungen

❐ Begründen Sie, welchen Beurteilungen Sie sich selbst anschließen könnten. Geben Sie gegebenenfalls eine eigene Wertung zu den Geschehnissen ab.

[...] Ein sehr deutscher Fall: Ein Kommunist, der vom Kommunismus ausgespuckt wurde; ein Antifaschist, von seinem Staat auf Grund eines Gesetzes hinausgeworfen, das ein nationalsozialistisches Gesetz wiederbelebt; ein DDR-Bürger, der jetzt, als Deutscher, automatisch Bürger der Bundesrepublik ist, obwohl er keinen Wert darauf legt, in der Tasche einen noch drei Jahre gültigen DDR-Pass, der ihm das Betreten der DDR nicht erlaubt. Einer der letzten Gesamtdeutschen, der noch glaubhaft von dem „tiefen, fundamentalen Wunsch der Menschen in diesem Land zusammenzugehören", spricht und weder dort noch hier einverständig dazugehören will. Ein sozialistischer Patriot, vom Stacheldraht der Teilung zerkratzt, auf der Suche nach einem Deutschland, das es nicht gibt, nicht gegeben hat und wohl auch nie geben wird.

Dieter E. Zimmer (Aus: Die Zeit, 26.11.1976)

Was hat ihn bewogen, hierher zu kommen und zu erklären: „Ich möchte in diesem Land nicht leben"? Seine Ausweisung aus der DDR ist verständlich, denn welches Land lässt sich gern beschimpfen? Nur die Bundesrepublik Deutschland, die uns diesen „Giftspeier" schon tagelang in Funk und Presse präsentiert. Mit primitivsten Mitteln – rauer Stimme und ein paar Griffen auf der Gitarre – trägt er seine so genannten Lieder vor. Tiere halten ihr Nest sauber, er aber beschmutzt es und dokumentiert gleichzeitig Sehnsucht, wieder dahin zurückzukehren. Das ist doch wirklich die Höhe! Denn außerdem verhöhnt er sein Gastland, das ihm die Möglichkeit zu massiven Auftritten bietet. Es gibt nur eine Lösung: Geben's dem Mann noch ein Bier – und dort ist die Tür!

Maximilian Strauhal (Aus: Neue Westfälische, Bielefeld, 4.12.1976)

Der folgende Beitrag des Schriftstellers Stefan Heym zum Fall Biermann stammt aus dem Buch „Abgehauen" (1996) von Manfred Krug.
Am 20. November 1976, einige wenige Tage nach der Ausbürgerung Biermanns, fand ein geheim gehaltenes Gespräch zwischen elf namhaften Künstlern und Schriftstellern der DDR, darunter Stefan Heym, Jurek Becker, Manfred Krug, und drei hohen Politikern statt, darunter Werner Lamberz, Chef der Abteilung Agitation und Propaganda.

Die Ausbürgerung selbst war meiner Meinung nach erstens rechtlich nicht richtig. Denn er hat ein Wiedereinreisevisum gehabt, und ein Staat, der ein Wiedereinreisevisum gibt, *muss* dieses Wiedereinreisevisum akzeptieren. Wenn Sie etwas gegen Biermann haben und seine Auftritte im Westen, dann ist es an Ihnen, ihm hinterher ein Verfahren zu machen, ein Gerichtsverfahren, ein *öffentliches* Gerichtsverfahren, wo der Staatsanwalt nachzuweisen hat, dass gegen die Gesetze der

DDR verstoßen worden ist. Und erst dann kann man ihn ausweisen. Das zum Formellen. Jetzt zum politischen Inhalt. Es ist Ihnen offensichtlich nicht ganz klar gewesen, dass wir nicht in einem Lande leben, das groß ist, das *ein* Land ist, sondern wir leben in einem geteilten Land in der Mitte Europas, und dass Biermann nicht ausgebürgert wurde aus Deutschland, sondern von Deutschland nach Deutschland. (Leichtes Zucken in einigen Gesichtern.) Dass dieser Mann, der Sie von links kritisiert, Ihnen ein Pfahl im Fleische sein wird für viele Jahre, das nenne ich einen politischen Fehler. Und ich meine, wir sollten uns jetzt nicht so sehr darüber unterhalten, warum wir diese unsere Resolution, diese Bitte an die Regierung auch an die West-Agenturen gegeben haben. Die Genossen hier, die Freunde, haben alle klargemacht, dass es bei uns keine Öffentlichkeit gibt für irgendeine Meinung, für irgendeinen Appell, der sich, abweichend von der gerade herrschenden Regierungsmeinung, an die Regierung und an das Volk richtet. Seit vielen Jahren zum Beispiel – obwohl ich auf die übelste Weise angegriffen worden bin in unserer Presse – ist es mir unmöglich gewesen, in dieser Presse zu antworten. Wenn ich mich an die Bevölkerung der DDR richten möchte – [...] dann muss ich das West-Fernsehen benutzen. Seit vielen Jahren ist dies die einzige Möglichkeit zu kommunizieren. [...]
Ihr habt [meine] Bücher verboten, dann habt ihr sie wieder gestattet, dann habt ihr sie wieder verboten. Und eines war *immer* ein verbotenes Buch („Fünf Tage im Juni"), was ich Ihnen jetzt empfehlen möchte, weil es nämlich eine ähnliche Situation beschreibt. [...]
Ich will noch ... Ich will noch kurz davon sprechen, Genosse Lamberz, dass es uns nicht anders möglich ist, an die Öffentlichkeit zu kommen als über den Westen. Was ich im Westen gesagt habe, ist *für* die DDR gewesen, das ist 'ne andere Sache, aber hier habe ich es nicht sagen können. Ich meine jetzt, wir sollten über die Zukunft sprechen. Dieser Brief von den Genossen enthält die Bitte an die Regierung, diese Sache noch einmal zu überdenken. Ich weiß nicht, ob es nicht möglich ist, dass Sie dies tun. Ich habe neulich – auch wieder im Fernsehen – gesagt, das wäre nicht ein Zeichen von Schwäche, sondern ein Zeichen von großer innerer Kraft. [...]
Ich habe mir gestern die ganze Show[1] vier Stunden lang angesehen, bis zwei Uhr früh. Der Mann hat nichts gesagt, was gegen die DDR war. Er hat sehr viele Dinge gesagt gegen Bürokratie, gegen Missstände bei uns. [...]

Stefan Heym (e 1976, v 1996)

❒ Dies sind zum Beispiel weitere Möglichkeiten, wie Sie mit den Materialien arbeiten können.
– Sie formulieren selbst einen Leserbrief zum „Fall Biermann".
– Sie organisieren in Ihrer Lerngruppe eine bestimmte Diskussionsform, zum Beispiel Streitgespräch, Podiumsdiskussion (siehe Seite 404ff.).

❒ In der DDR hatte der Schriftsteller einen klaren gesellschaftlichen Auftrag. In der Fassung des Statuts des Schriftstellerverbandes vom November 1973 heißt es: „Die Mitglieder des Schriftstellerverbandes der DDR anerkennen die führende Rolle der Arbeiterklasse und ihrer Partei in der Kulturpolitik. Sie bekennen sich zur Schaffensmethode des sozialistischen Realismus. Sie treten entschieden gegen alle Formen der ideologischen Koexistenz und das Eindringen reaktionärer und revisionistischer Auffassungen in die Bereiche der Literatur auf."
Beurteilen Sie, bezogen auf die Beispiele, die Sie kennen gelernt haben, die Möglichkeiten des Schriftstellers in der DDR. Wie beurteilen Sie die Beziehung zwischen der Staatsmacht und dem Künstler? Beziehen Sie dazu auch die Hinweise von Jurek Becker (Seite 489) mit ein.

▷▷ **Lese- und Arbeitshinweise**

● Sprache hier – Sprache dort: Die Mauer der Sprache, Seite 544ff.
● Weitere Texte zur Literatur in der DDR finden Sie auf den Seiten 328 bis 332.

---

[1] Show: gemeint ist Biermanns Konzert in Köln

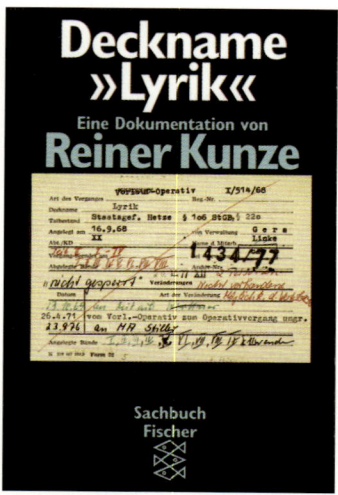

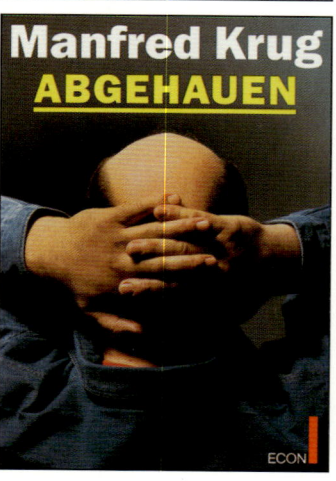

Vorschläge zu selbstständiger Weiterarbeit

Die Thematik „DDR-Literatur" lässt sich in Form einer **Facharbeit** oder in Form **fächerverbindender Arbeitsformen** (Deutsch/Geschichte/Politik) weiterverfolgen.

Themenvorschläge:

a) **Der „Fall" Reiner Kunze**
Der Schriftsteller und Dichter Reiner Kunze wurde aufgrund seiner Publikationen aus dem Schriftstellerverband der DDR ausgeschlossen. Im Jahre 1977 siedelte er in die Bundesrepublik Deutschland über. Einige wichtige Publikationen:

■ Zimmerlautstärke – Gedichte (Fischer TB, Frankfurt/M. 1972)
Motto des Gedichtbandes ist das Wort des Römers Seneca: „... bleibe auf deinem Posten und hilf durch deinen Zuruf; und wenn man dir die Kehle zudrückt, bleibe auf deinem Posten und hilf durch dein Schweigen."

■ Die wunderbaren Jahre – Prosa (Fischer TB, Frankfurt/M. 1976)
Auf der hinteren Buchklappe ist folgender Text abgedruckt: „Diese Prosatexte, mit denen sich der Dichter auflehnt gegen Unrecht und Freiheitsentzug, sind 'wahre Geschichten', in der DDR erlebt. Sie lösten bei uns eine Betroffenheit aus, die diesen stillen Prosaband, in dem keine einzige Zeile zufällig und so auch 'keine einzige Zeile überflüssig ist' (Böll), zu einem Bestseller machte."

■ Deckname „Lyrik" – Eine Dokumentation (Fischer TB, Frankfurt /M. 1990)
In dieser Dokumentation veröffentlicht Reiner Kunze einen kleinen Teil des Aktenmaterials, das der Staatssicherheitsdienst der DDR bis zu seiner Übersiedlung in die Bundesrepublik über ihn angelegt hatte. In diesem Buch werden die Methoden deutlich, mit denen der Staatssicherheitsdienst den Dichter unter dem zynischen Decknamen „Lyrik" observierte und zu „zermürben" versuchte.

b) **Der „Fall" Erich Loest**
Insbesondere könnte sein Buch „Durch die Erde ein Riß. Ein Lebenslauf" (Deutscher Taschenbuch Verlag, München 1996) herangezogen werden.

c) **Der „Fall" Manfred Krug**
Hier kann insbesondere Manfred Krugs Buch „Abgehauen" herangezogen werden. Manfred Krug, Schauspieler, früher auch Sänger, nahm im Jahre 1976 im Zusammenhang mit dem Protest gegen die Ausbürgerung Biermanns heimlich ein Wortgefecht zwischen elf namhaften Künstlern und drei hohen Politikern auf Tonband auf. 19 Jahre später veröffentlichte Krug die Ergebnisse seiner „Straftat" in seinem Buch „Abgehauen" (Econ Verlag, Düsseldorf 1996).

d) Auseinandersetzung mit dem **Werk eines Schriftstellers – Beispiel: Jurek Becker**
Romane zum Beispiel: Jakob der Lügner (1969); Der Boxer (1976); Bronsteins Kinder (1986); Irreführung der Behörden (1973); Amanda herzlos (1992) (alle als Taschenbuch im Verlag Suhrkamp, Frankfurt)

Literatur „im Westen"

Günter Grass
Kinderlied

Wer lacht hier, hat gelacht?
Hier hat sich's ausgelacht.
Wer hier lacht, macht Verdacht,
daß er aus Gründen lacht.

Wer weint hier, hat geweint?
Hier wird nicht mehr geweint.
Wer hier weint, der auch meint,
daß er aus Gründen weint.

Wer spricht hier, spricht und schweigt?
Wer schweigt, wird angezeigt.
Wer hier spricht, hat verschwiegen
wo seine Gründe liegen.

Wer spielt hier, spielt im Sand?
Wer spielt, muß an die Wand,
hat sich beim Spiel die Hand
gründlich verspielt, verbrannt.

Wer stirbt hier, ist gestorben?
Wer stirbt, ist abgeworben.
Wer hier stirbt, unverdorben
ist ohne Grund verstorben.   (v 1958)*

[...] Was auf den ersten Blick als ein bloßes Spielen mit Worten und Gesten erscheint und in dem Rhythmus von Abzählreimen sich durchaus noch harmlos gibt, enthüllt sich dem Interpreten schließlich als ein bitterer Ernst, der ihn aus der Behaglichkeit aufschrecken lässt. Diese Verse sind von politischem Wesen, aber sie passen in kein bestimmtes politisches Programm; niemand könnte sie für sich allein in Anspruch nehmen oder gar politisches Kapital daraus schlagen –, sie wenden sich an alle und jeden. [...]

Hans Jürgen Skorna   (v 1972)

Hans Magnus Enzensberger
verteidigung der wölfe gegen die lämmer

soll der geier vergißmeinnicht fressen?
was verlangt ihr vom schakal,
daß er sich häute, vom wolf? soll
er sich selber ziehen die zähne?
was gefällt euch nicht
an politruks[1] und an päpsten,
was guckt ihr blöd aus der wäsche
auf den verlogenen bildschirm?

---

[1] politruk (russ.): politischer Führer einer sowjetischen Truppe

---

☐ Erläutern Sie Inhalt, Form und politische Aussage dieses Textes. Überlegen Sie, welche Bedeutung die Überschrift haben könnte. Berücksichtigen Sie dabei auch die historisch-politischen Zusammenhänge der 50er-Jahre, zum Beispiel:
– Wiederaufrüstungspolitik der Regierung Adenauer, Rücktritt Gustav Heinemanns als Bundesinnenminister aus Protest gegen die Wiederbewaffnung
– Ablehnung der Stalinnote zur Vereinigung und Neutralisierung Deutschlands (1952)
– NATO legt Militärstrategie der massiven Vergeltung fest (1952)
– NATO-Beitritt der Bundesrepublik Deutschland (1955)
– Erste Einheiten der Bundeswehr beginnen ihren Dienst (1956)
– *Hallstein-Doktrin:* Abbruch diplomatischer Beziehungen zu Staaten, die Beziehungen zur DDR aufnehmen (1955)
– Bundestag stimmt nach einer Wehrdebatte der atomaren Ausrüstung der Bundeswehr im Rahmen der NATO mehrheitlich zu (1958)
– Ausbruch der Berlinkrise (1958)

☐ Beurteilen Sie die Machart und die politische Aussage des Textes von Grass; setzen Sie sich dabei auch mit der Kennzeichnung des Literaturwissenschaftlers Hans Jürgen Skorna auseinander.

- Stellen Sie alle Einzelheiten zusammen, die über Lämmer und Wölfe ausgesagt werden.
- Übertragen Sie die Aussagen auf die menschliche Gesellschaft und deuten Sie Enzensbergers politische Aussage und Intention. Beachten Sie dazu auch den historischen Zusammenhang in den 50er-Jahren (Seite 499) und die Kurzbiografie. Die Lyriksammlung, aus der dieser Text entnommen ist, ist in den Jahren 1954–1957 entstanden.
- Erklären Sie die Überschrift des Textes; wie könnte sie gemeint sein?
- Analysieren Sie, mit welchen sprachlichen Mitteln Enzensberger seine Aussageabsichten verfolgt.

wer näht denn dem general
den blutstreif an seine hose? wer
zerlegt vor dem wucherer den kapaun? wer
hängt sich stolz das blechkreuz
vor den knurrenden nabel? wer
nimmt das trinkgeld, den silberling,
den schweigepfennig? es gibt
viel bestohlene, wenig diebe; wer
applaudiert ihnen denn, wer
steckt die abzeichen an, wer
lechzt nach der lüge?

seht in den spiegel: feig,
scheuend die mühsal der wahrheit,
dem lernen abgeneigt, das denken
überantwortend den wölfen,
der nasenring euer teuerster schmuck,
keine täuschung zu dumm, kein trost
zu billig, jede erpressung
ist für euch noch zu milde.

ihr lämmer, schwestern sind,
mit euch verglichen, die krähen:
ihr blendet einer den andern.
brüderlichkeit herrscht
unter den wölfen:
sie gehn in rudeln.

gelobt sein die räuber: ihr,
einladend zur vergewaltigung,
werft euch aufs faule bett
des gehorsams. winselnd noch
lügt ihr. zerrissen
wollt ihr werden. ihr
ändert die welt nicht.

(v 1957)*

Hans Magnus Enzensberger, geboren 1929 in Kaufbeuren

Hinweise zur Biografie

„Endlich, endlich ist unter uns der zornige junge Mann erschienen", rief Alfred Andersch nach der Lektüre des ersten Gedichtbandes von Enzensberger aus. Das Klischee vom „zornigen jungen Mann" sollte zu einem Markenzeichen eines Autors werden, der sich gegen jede literarische und politische Festlegung wehrt. Die Einschätzung Anderschs, Enzensberger habe mit verteidigung der wölfe (1957) etwas geschrieben, „was es in Deutschland seit Brecht nicht mehr gegeben hat: das große politische Gedicht", trifft durchaus zu. In Metaphorik und Sprachspiel zunächst noch an Gottfried Benn anknüpfend, beziehen sich Enzensbergers Gedichte (es folgen landessprache, 1960; blindenschrift, 1964) zunehmend auf politische Sachverhalte, in der dialektischen Argumentation und den syntaktischen Techniken des Verkürzens, Schachtelns und Fügens Brecht ähnlich. Im restaurativen Klima der 50er-Jahre ist die Literaturkritik tief

verschreckt von der politischen Präsenz dieser Gedichte. Hans Egon Holthusen nennt Enzensberger einen „Bürgerschreck", „rabiaten Randalierer" und „schäumenden Hassprediger".
Bevor Enzensberger als Lyriker in Erscheinung trat, promovierte er 1955 mit einer Untersuchung zu Clemens Brentanos Poetik. Seine Kindheit verbrachte Enzensberger in Nürnberg, nach dem Krieg besuchte er die Oberschule in Nördlingen; von 1949 bis 1954 studierte er in Erlangen, Hamburg, Freiburg/Br. und Paris Literaturwissenschaften, Sprachen und Philosophie.

Frank Dietschreit (v 1997)

❐ Vergleichen Sie die Ausschnitte aus Interpretationen der beiden Literaturwissenschaftler Ludwig Büttner und Henning Falkenstein. Arbeiten Sie dabei jeweils die Kernthesen heraus.

❐ Nehmen Sie Stellung zu den Wertungen der beiden Verfasser. Schreiben Sie ggf. selbst eine kurze Beurteilung des Gedichtes „verteidigung der wölfe gegen die lämmer".

[…] Die politischen Verse Enzensbergers wirken jedoch nur scheinbar überzeugend; naturwissenschaftlich betrachtet sind sie fragwürdig, wenn nicht unsinnig. Die Wölfe und die Lämmer sind biologisch so beschaffen, wie sie sich verhalten, sie
5 können ihre Natur nicht ändern und daher auch nicht moralisch beurteilt werden. Unterscheidet man in gleicher Weise im menschlichen Bereich zwischen Wolfsnaturen und Lammnaturen, dann ist auch ihr Wesen anerschaffen und biologisch bedingt. Das heißt, sie können wegen ihrer Naturbeschaffenheit
10 nicht angeklagt, beschuldigt, verdammt und verspottet werden. Sieht man die Menschheit in einem solchen animalisch-naturhaften Gegensatz aufgeteilt und getrennt, dann kann man auch nicht an eine Überwindung, an Versöhnung und friedliche Zukunft glauben. Der Vergleich der Menschen mit Tieren,
15 mit Wölfen und Lämmern, lässt ihre moralische Beurteilung gar nicht zu und verweist den Glauben an Gleichheit und Brüderlichkeit ins Reich der Fantasie und Utopie. Es ist logisch nicht möglich, vom naturgegebenen und damit unveränderlichen Gegensatz zwischen Wölfen und Lämmern zu reden und
20 zugleich von den Lämmern oder Schafen Klugheit und Einsicht, sozialen Zusammenhalt und Kampf gegen die Wölfe zu fordern. Zu diesem Widerspruch kommt noch die primitive Vereinfachung und Verallgemeinerung zwischen Bösewichtern und Lammfrommen, als ob es nicht unter ihnen selbst mannig-
25 fache Unterschiede gäbe und der einzelne Mensch nicht selber auch widerspruchsvoll und komplex veranlagt sei. […]

Ludwig Büttner (v 1971)

▷▷ **Lese- und Arbeitshinweise**

● Hans Magnus Enzensberger: ins lesebuch für die oberstufe, Seite 20; konjunktur, Seite 373f.; bildzeitung, Seite 511

Auch diese Gedichte sind, wie der Text „verteidigung der wölfe gegen die lämmer", der Lyrik-Sammlung „Verteidigung der Wölfe" entnommen, die 1954–1957 entstanden und 1957 veröffentlicht worden ist.

[…] Die fünf ungleichen Strophen zeigen Ausdrucksmittel, die bei dem frühen Enzensberger immer wieder zu finden sind: Er bombardiert den Leser in der ersten Hälfte mit rhetorischen Fragen, denen er in der zweiten Anklagen folgen lässt.
5 Entscheidend sind dabei die […] Kontraste, die nicht ausgeglichen werden. Die wütenden Beschuldigungen klingen spontan und direkt, sind aber durch wiederkehrende Fragepronomen sorgfältig gebündelt […]
Die *verteidigung der wölfe gegen die lämmer* zeigt bereits zwei für
10 den jungen Enzensberger typische Merkmale, einmal das Thema des Angriffs gegen die so genannte Wohlstandsgesell-

schaft und zweitens den Ausdruck der Gefühle der Verachtung, der Angst, selbst des Hasses durch souverän beherrschte und stark hervortretende Sprachtechniken. Dieses Gedicht ist das letzte in einer Gruppe von achtzehn, die den Untertitel „böse gedichte" trägt. Das Thema des ironischen Lobes der Lämmer taucht hier in vielen Variationen auf und macht die Gedichte böse.

Henning Falkenstein (v 1977)

Hans Magnus Enzensberger
Scherenschleifer und Poeten

[...] „Mein Gedicht ist mein Messer" – aber es eignet sich nicht zum Kartoffelschälen. Wozu eignet es sich, wozu ist es zu gebrauchen? Diese Frage kann der Hersteller des Gedichts nur vorläufig beantworten, indem er nämlich dem Benutzer vorgreift, der in jedem Fall das letzte Wort hat. Wenn es nach mir ginge – und soweit es nach mir geht –, ist es die Aufgabe des Gedichts, Sachverhalte vorzuzeigen, die mit andern, bequemeren Mitteln nicht vorgezeigt werden können, zu deren Vorzeigung Bildschirme, Leitartikel, Industriemessen nicht genügen. Indem sie Sachverhalte vorzeigen, können Gedichte Sachverhalte ändern und neue hervorbringen. Gedichte sind also nicht Konsumgüter, sondern Produktionsmittel, mit deren Hilfe es dem Leser gelingen kann, Wahrheit zu produzieren. Da Gedichte endlich, beschränkt, kontingent sind, können mit ihrer Hilfe nur endliche, beschränkte, kontingente Wahrheiten produziert werden. Die Poesie ist daher ein Prozeß der Verständigung des Menschen mit und über ihn selbst, der nie zur Ruhe kommen kann.

Es nützt nichts, einen Sachverhalt vorzuzeigen, wenn keiner zusieht. Wahrheit kann nur produziert werden, wo mehr als ein Mensch zugegen ist. Deswegen müssen Gedichte an jemand gerichtet, für jemand geschrieben sein. Mindestens müssen sie damit rechnen, andern vor Augen oder zu Ohren zu kommen. [...] Gedichte ohne Gestus gibt es nicht. Gedichte können Vorschläge unterbreiten, sie können aufwiegeln, analysieren, schimpfen, drohen, locken, warnen, schreien, verurteilen, verteidigen, anklagen, schmeicheln, fordern, wimmern, auslachen, verhöhnen, reizen, loben, erörtern, jubeln, fragen, verhören, anordnen, forschen, übertreiben, toben, kichern.

Sie können jeden Gestus annehmen außer einem einzigen: dem, nichts und niemanden zu meinen, Sprache an sich und selig in sich selbst zu sein. Damit das, was vorgezeigt werden soll, beachtet wird, müssen Gedichte allerdings schön sein. Es muß ein Vergnügen sein, sie zu lesen. Weil die meisten Sachverhalte, die vorzuzeigen sind, schwieriger Natur sind, muß das Vergnügen, mit dem man Gedichte liest, in aller Regel ein schwieriges Vergnügen sein.

(v 1961)*

❐ Erläutern Sie die Metaphorik in der Überschrift des Textes und in der Überschrift der Textsammlung („Mein Gedicht ist mein Messer"), aus der dieser Text entnommen ist.

❐ Wie versteht sich Enzensberger als Schriftsteller; nennen Sie die Kernaussage des Textes und wenden Sie diese auf sein Gedicht „verteidigung der wölfe gegen die lämmer" an.

❐ Erläutern Sie, welchen *Gestus* das Gedicht haben könnte.

❐ Vergleichen Sie Enzensbergers „Standort" als Schriftsteller mit den entsprechenden Aussagen der Schriftsteller auf Seite 486ff.

Wolf Wondratschek
Über die Schwierigkeit, ein Sohn seiner Eltern zu bleiben

Das begann alles viel früher, das hört auch nicht so schnell auf. So ist es immer. Vater war nicht Donald Duck. Auch in der Badehose sah er nicht aus wie Robinson. Für Karl May und Tom Prox hatten wir nicht den passenden Garten. Ich wurde zwar rot, aber kein Indianer.

Ich habe gesehen, wie ich keine Schwester bekam, ich bekam Schläge. Aber ich habe gelernt, mich zwischen Frühstück, Schule und Tagesschau zurechtzufinden.

Ich wusste nie, wie den Eltern zumute war, wenn sie sagten, ihnen sei gar nicht zum Lachen zumute. Ich zog bald weg von zu Hause.

Als Kind war ich ein Spielverderber. Mutter sagte dann, das hätte ich von Vater geerbt. Vater behauptete das Gegenteil. Ich hatte dann immer das Gefühl, dass wir doch alle irgendwie zusammengehören.

Vater zeigte mir, woher der Wind wehte. Ich hatte eine stürmische Jugend. Wenn wir von Krieg reden, sagt Mutter, wir können von Glück reden.

Ich denke an das Leben, sagt Vater, wenn er an mich denkt. Ich denke, du sollst dir mal Gedanken machen. Mutter ist die Frau von Vater. Auch sie denkt, ich solle mir endlich mal Gedanken machen. Und ich denke nicht daran.

Vater: ein strenges Labyrinth. Mutter: der Ariadnefaden. Ich begreife das heute noch nicht.

Als das Einfamilienhaus fertig war, war ich mit der Familie fertig. Früher ging ich einfach ins Kino. Ich hatte Freunde. Aber das sind keine Lösungen. Auch eine Freundin ist keine Lösung. Mutter weinte manchmal. Vater schrie manchmal. Auch Mutter schrie manchmal. Aber Vater weinte nie. Als ich sah, wie Vater den Hut vom Kopf nahm, um seinen Feinden die Stirn zu zeigen, wurde ich erwachsen.

Freitags Fisch. Samstags Fußball. Sonntags Familie. Vater raucht, als gehe es um sein Leben. Mutter legt eine Patience. Ich habe drei Brüder. Morgen ist Montag.

Ich erzähle einen schlechten Witz. Vater kann nicht lachen, weil Fritz erst 16 ist. Mutter wird nicht rot. Sie hat Geburtstag. Ich werde oft gefragt, ich frage mich oft selbst. Aber es ist nicht zu ändern. Wir sind tatsächlich perfekt. Vater ist Beamter, Mutter Hausfrau, ein Bruder Oberleutnant, ein anderer Automechaniker, wieder ein anderer einfach Student.

Mutter sagt, nimm endlich mal die Hände aus den Hosentaschen, tu endlich mal was Gescheites, endlich mal sagt sie gern, das ist einer ihrer Lieblingsausdrücke, besinn dich endlich mal, wie es weitergehen soll, so jedenfalls kann es unmöglich weitergehen, kauf dir endlich mal einen Kamm, kämm dich endlich mal, schau endlich mal in den Spiegel und schau, wie du aussiehst, früher hast du anders ausgesehen, sie sagt mein Gott, geh endlich zum Frisör, die Haare hängen dir ja schon über den Hemdkragen hinaus, hast du deine Schul-

aufgaben gemacht, hast du gelernt? Ja, ich habe schon als Kind gelernt, dass der liebe Gott ein Frisör ist.
Neben dem Klingelknopf ist ein Namensschild montiert. Damit sind wir alle gemeint.
Es kommt vor, dass wir alle einmal zur gleichen Zeit im Wohnzimmer sitzen. Das kommt natürlich nicht sehr häufig vor, aber dann geschieht, was auch in den besten Familien vorkommt, es gibt Krach! Jeder schreit, jeder ist im Recht, keiner weiß, worum es geht. Aber darum geht es ja nicht. Mutter schließt schnell die Fenster. Vater beruhigt den Hund. Ich sehe Tiger an der Decke.
Vater ist wer. Jeder ist, wie er eben ist. Aber dafür sind die Schulferien da.
Der Sonntag ist so etwas wie eine höfliche Drohung, eine saubere Sackgasse. An Sonntagen sehen Familien aus, als hätte man sie auf dem Friedhof zusammengeklaut.
Es ist schwierig, ein Sohn seiner Eltern zu bleiben.
Die Familie ist eine Bombe mit roten Schleifchen.
An Weihnachten nehmen wir uns zusammen. An Weihnachten gelingt uns nahezu alles. Wir trinken Sekt und da ist nichts zu befürchten, weil wir anstoßen müssen bei Sekt. Die Kinder werden kurzerhand wieder Kinder. Vater fühlt sich als Großvater. Draußen ist es es dunkel. Weihnachten hat nichts mehr mit Schnee zu tun. Mutter wird auch nächstes Jahr keinen Persianer bekommen.
Sonnenuntergänge und Feiertage geben uns immer wieder das Gefühl, dass alles nicht so schlimm sein kann. Wir glauben wieder an Kalbsbraten und selbst gedrehten Nudeln. Der Hund bellt die Umgebung leer und frisst aus der Hand. Auch das ist eine Version.
Vater führt an der Leine. Er ist Herrchen im Haus.
Die Wiederholung ist das Gegenteil. Unsere Fehler entsprechen unserer Imitation. Fritz heißt Fritzchen und denkt an die Chinesen. Ich mache mir einen Reim auf das Ende vom Lied.
Wir sitzen künstlich und vollständig in den Polstergarnituren. Der offene Kamin sorgt für Nestwärme. Das Beste wäre, Mutter hätte jeden Tag Geburtstag. 6 Personen sind schon ein Trost. Wir wechseln ab. Einer wehrt sich dagegen, dass gerade der andere Recht hat. Dieses Muster gilt. Die Opfer können sich am nächsten Tag als Angreifer erholen. Wenn Gäste kommen, erfinden wir Italien im Garten. Wir verstehen keinen Spaß. (v 1969)

❐ Erläutern Sie die Erzählperspektive der Kurzgeschichte. Weisen Sie nach, wie sie sich im Inhaltlichen und an der sprachlichen Form der Darstellung zeigt.

Wolf Wondratschek, geboren 1943 in Rudolstadt

Kurzbiografie
- geboren 1943 in Rudolstadt/Thüringen
- studierte von 1962–1967 Literaturwissenschaft, Soziologie und Philosophie in Heidelberg, Göttingen und Frankfurt/M.
- engagierte sich als Mitglied des SDS (Sozialistischen Deutschen Studentenbundes)
- seit 1967 freier Schriftsteller und Literaturkritiker
- 1970/71 Gastdozent für Poetik an der englischen Universität Warwick
- 1977/78 Vortragsreise durch die USA
- lebt in München

Zündstoff für Kritik und Protest liefert weltpolitisch Mitte der 60er-Jahre vor allem Amerikas Eingreifen in den Vietnam-Konflikt (ab 1964). Innenpolitisch lässt die erste große wirtschaftliche Rezession Zweifel an dem moralischen Wert des westdeutschen Wirtschaftswunderlandes aufkommen. Das Ansteigen der rechtsradikalen Tendenzen (NPD), das dem Ansehen der Bundesrepublik im Ausland nicht wenig schadet, und die Große Koalition (1966) sind weitere Gründe für die einsetzende Kritik.
Der Protest geht zunächst von Studenten des Sozialistischen Deutschen Studentenbundes (SDS) in der Freien Universität Berlin aus, die radikalen Protest zunächst gegenüber überkommenen Strukturen der Universität vortragen. Grundsätzliche Kritik richtet sich auch gegen traditionelle Wertvorstellungen des „Establishment", wie man verächtlich formuliert, und demokratisch-parlamentarische Prinzipien. Kritik richtet sich gegen die Moralvorstellung traditioneller Autoritäten: Kirche, Eltern, Lehrer, Professoren. Dabei wird selbstbewusst und vehement das Recht auf die eigenen Bedürfnisse vertreten.

❒ Erarbeiten Sie die mögliche Aussage des Textes von Wondratschek; berücksichtigen Sie dazu die nebenstehenden Informationen zum historischen Zusammenhang der 68er Bewegung.

Mögliche Arbeitsaufgabe für eine schriftliche Analyse

Analysieren Sie den Text von Wolf Wondratschek, gehen Sie dabei insbesondere auf die Bedeutung der Erzählperspektive und die Funktion des Sprachstils ein.
Zu erwarten ist dabei Folgendes:
a) Verstehensleistungen:
– Inhalt und Erzählperspektive erfassen,
– Formeigentümlichkeiten des Textes und ihre Funktion erkennen,
– die mögliche Aussage des Textes verdeutlichen.
b) Darstellungsleistungen:
– nach einer knappen Einbeziehung der Entstehungszeit vorwiegend die textimmanente Analysemethode anwenden und dabei verdeutlichen, dass sich die Einzelelemente (Inhalt/Struktur/Sprache/Erzählperspektive/Aussage) zu einem Ganzen fügen,
– beschreibende, erklärende, deutende Elemente herausarbeiten und aufeinander beziehen,
– mit dem Text belegen; sinnvoll und richtig zitieren,
– sprachlich flüssig und sprachnormengerecht darstellen.

Der Text „Spaziergang" (S. 506) ist dem Buch „Spiel nicht mit den Schmuddelkindern" (1967) von Franz Josef Degenhardt entnommen. In diesem Buch heißt es im Vorwort:

Scharfe, gezielte und bittere Attacken gegen die Stumpfheit und verlogene Biederkeit der bundesdeutschen Kleinbürgerwelt sind Degenhardts Balladen-Parodien, Chansons und Liedgrotesken. Mehr noch: diese Texte sind satirische Aktionen gegen eine lähmende Stagnation, zu deren Selbstbestätigung auch die alten Eichen und die Brunnen wieder rauschen am heimischen Herd eines Volksgemüts, das wieder und wieder angetreten ist zum Beten, fleißig, pünktlich, schwer bewaffnet.
Eine Poesie der schmerzhaften Wahrheiten wird hier exemplarisch und ohne vermittelndes Beiwerk erprobt. Die bundesdeutsche Pseudoidylle wird mit sich selbst konfrontiert, da, wo sie am dichtesten beisammen ist:

    Am Bahndamm, wo der Zug verkehrt,
    der von Schilda nach Schlaraffia fährt,
    wo Kinder ihre Höhlen baun,
    weil sie sich nicht nach Hause traun,
    wo der Rattenfänger von Hameln pfeift,
    wo der Ziegenjunker die Scheren schleift, […]

- Wer spricht hier mit wem? Klären Sie die Zusammenhänge zwischen dem Heute und Damals.
- Geben Sie die Einstellung des lyrischen Ichs wieder.
- Beschreiben Sie die politische Aussage des Verfassers. Beziehen Sie dazu auch die Informationen aus dem Vorwort des Buches (Seite 505) mit ein.
- Vergleichen Sie die Gedichte von Günter Grass (Seite 499), Enzensberger (Seite 499f.) und Degenhardt; klären Sie jeweils den politisch-gesellschaftlichen Standort der Verfasser.

Franz Josef Degenhardt

Spaziergang

Hier diese Gegend kenn ich doch!
Da drüben stehn die Weiden noch,
und dort versickert auch der Bach.
Dies Roggenfeld lag damals brach.

Schau rechts, mein Sohn, siehst du den Rauch
und links davon den Brombeerstrauch?
Von dort zwölf Schritte hin zum Wald,
da liegt ein Kind, wie du so alt.

Das Kind wollte nach Hause gehn.
Das hat der Offizier gesehn
und hat das Kind dorthin gestellt. –
Auch damals hat ein Hund gebellt.

Die Leute hab ich ausgesucht.
Ein alter Mann hat laut geflucht,
doch keiner hat vorbeigezielt. –
Im Wald dort wachsen Kirschen wild.

Doch diese Birke stand nicht dort,
und auch der Schober ist jetzt fort.
Vielleicht ist alles gar nicht wahr! –
Schau, über uns ein Bussardpaar.

Was ist? Was bleibst du stehn, mein Sohn?
Die Sonne sinkt. Nun komm doch schon!
 Der Gasthof ist noch weit von hier,
und ich hab Durst auf kühles Bier.

(v 1967)

Franz Josef Degenhardt, geboren 1931 in Schwelm

Hinweise zur Biografie

Juristisches Studium in Freiburg i. Br. und Köln. Wissenschaftlicher Assistent an der Universität Saarbrücken. Lebt als Rechtsanwalt und Schriftsteller in Quickborn/Holstein bei Hamburg. – Lyriker und Liedersänger; Entwicklung eines gesellschaftskritischen Liedes, das anfangs sich noch halb spielerisch mit den Missständen der BRD auseinander setzt, deren Ideologie durch Parodie bloßstellt. Später Betonung einer antikapitalistischen Tendenz, Aufzeigen der inneren Brüchigkeit, der Widersprüche und der bösen Kunst der Anpassung. Differenzierte Rhythmik. Verbindung einer revolutionären Utopie mit dem Lebensgefühl des Sängers, der in der Nachfolge von François Villon steht. Erzähler; Darstellung des Widerstands gegen die Nazi-Zeit und gegen die gegenwärtige Gesellschaft. Sensibler Realismus; Durchkreuzung lebhafter Schilderungen mit intellektuellen Überlegungen.

(v 1975)

Heinrich Jaenecke
Gesellschaft am Abgrund

[...] Die Jahrzehnte des Wiederaufbaus und des ungehemmten Lebensgenusses im „Hier und Jetzt" waren wie eine Betäubung, wenngleich eine angenehme. Das ist nun vorbei. Abermals kommt Endzeitstimmung auf: Die Republik befindet sich auf abschüssiger Bahn, die Wohlstandsgesellschaft zerfällt vor unseren Augen, das soziale Netz wird demontiert und darunter gähnt der Abgrund.

Die Armut breitet sich aus wie eine Epidemie. Und mit der Armut wachsen die Begleiterscheinungen: Obdachlosigkeit, Jugendkriminalität, Drogensucht, Verwahrlosung. Die Gewalt greift um sich. Ausländer werden auf offener Straße zusammengeschlagen. Nur durch rigorose Überwachung und Geheimdienstmittel wird der Neonazismus eingedämmt.

Sind wir wieder dort angelangt, wo wir 1931 standen? Noch halten die Sicherheitsstrukturen, noch gibt es kein Massenelend wie damals, noch steht kein neuer Menschenfänger vor der Tür. Aber die Orientierungslosigkeit nimmt zu und mit ihr die Angst vor einer ungewissen Zukunft. Die alten Rezepte greifen nicht mehr und neue sind nicht im Angebot. Millionen, zumal im Osten, fühlen sich enttäuscht, verraten, ohne Fürsprecher und ohne inneren Halt.

Es wächst das Gefühl, in einem Boot zu sitzen, das ohne Motor und Kompass im dichten Nebel dahintreibt. Der Ruf nach einem kompetenten Steuermann wird lauter, aber die Seekarten sind uns abhanden gekommen. Irgendwann gab es einmal ein Ziel, doch niemand kann sich mehr erinnern, was es war. Irgendwann gab es auch Rettungsringe, an die man sich klammern konnte – Glauben, Ideale, Tugenden, Werte –, aber sie sind außer Gebrauch gekommen und nicht mehr an Bord. [...]

Wo aber blieb das Gegenbild? Die humane Gesellschaft, die wahre Brüderlichkeit, die wirkliche Völkerfreundschaft, die Befreiung von sozialer Not?

Es gab eine Zeit, kurz nach dem Krieg, da schien diese Vision einer befreiten Welt erreichbar zu sein – nur eine Frage der Zeit, ein paar Jahrzehnte vielleicht, ein paar Problemchen nur noch, die es zu lösen galt, aber die Richtung war klar: Die Welt, so schien es damals, befand sich auf dem Wege des Fortschritts.

Es war eine Fata Morgana. Der Krieg, den man für überwunden hielt, kehrte zurück, als habe es nicht Hekatomben von Opfern gegeben. Das Elend in der Welt, das man beseitigen wollte, wuchs schneller als die Hilfe. Die gerechte Gesellschaft, die man zu schaffen vorgegeben hatte, wurde zu einem infantilen Traum erklärt, der „Markt" als neuer Götze inthronisiert.

Die Marktgesellschaft, in der wir heute leben, ist eine totalitäre Gesellschaft, wenngleich sie im Gewand der Freiheit auftritt. Ihre Ideologie ist die Kommerzialisierung. Sie durchdringt alle Lebensbereiche, buchstäblich von der Wiege bis zur Bahre. Sie macht vor nichts halt, denn alles ist kommer-

---

☐ Beurteilen Sie im Zusammenhang mit der Überschrift dieses Kapitels „Der Schriftsteller und sein gesellschaftlicher Standort" den Artikel des Essayisten Heinrich Jaenecke, der am 17.1.1997 in der Wochenzeitung „Die Woche" erschienen ist.

☐ Stellen Sie die Kernthesen und die entsprechenden Argumente/Beispiele zusammen und erörtern Sie diese in Ihrer Lerngruppe. An welchen Stellen widersprechen Sie den Beurteilungen des Verfassers?
Ergänzen Sie gegebenenfalls um weitere aktuelle Argumente und Beispiele bzw. formulieren Sie Gegenthesen und Gegenargumente/Gegenbeispiele.

☐ Verfassen Sie ein politisches Gedicht, mit dem Sie Ihre Beurteilung der gegenwärtigen Gesellschaft verdeutlichen. Dazu können Sie Gedanken von Heinrich Jaenecke verwenden, zusätzlich aber auch Ihre Kritik an diesem Artikel einbringen, indem Sie zum Beispiel positive Gesichtspunkte einbeziehen.

zialisierbar, die intimste Zärtlichkeit wie die brutalste Gewalt. Der Markt bemächtigt sich der Gedanken, der Gefühle, der Sehnsüchte und der Träume, das heißt des Menschen in seiner Totalität. Er kommt ohne Zwang aus, denn seine Waffe ist die Verführbarkeit des Menschen. Die Markt-Ideologie hat die ethischen Normen eines auf Solidarität angewiesenen Gemeinwesens vollends entwertet. Ihr Motor ist der Egoismus, einziger Maßstab der materielle Erfolg. Das Motto heißt Haben statt Sein, Verbrauchen statt Bewahren.

Daher kennt die Markt-Ideologie keine moralischen Skrupel. Ihr Lebensideal ist der Hedonismus, der schrankenlose Genuss, die totale Enttabuisierung, die schließlich selbst die menschliche Aggression zum Element der Unterhaltung und damit zu einem Marktfaktor macht. *Have fun* lautet die Parole, egal was es kostet.

Eine Gesellschaft, die nach solchen Mechanismen funktioniert, kann nicht erwarten, dass in ihr Eigenschaften eines humanen Miteinander wie Sanftmut, Rücksichtnahme, Toleranz, Bescheidenheit, Achtung vor dem Leben und der Schöpfung blühen. Eine solche Gesellschaft hat das Recht verloren, über den Verfall der Sitten zu klagen. Sie ähnelt dem Bankräuber, der nach erfolgreicher Tat nach Hause kommt und seinem Sohn eins hinter die Ohren haut, weil er 5 Mark aus der Spardose geklaut hat.

Mit dem Zusammenbruch des sozialistischen Lagers hat sich die Entwicklung zur High-Noon-Gesellschaft rasant beschleunigt. Nun war der Feind am Boden, nun brauchte man nicht mehr dauernd zu beweisen, dass man das bessere Modell besaß. Man konnte die Zügel schießen lassen und man tat es.

Die „soziale Marktwirtschaft" ließ das schmückende Beiwort fallen und mauserte sich ungeniert zum guten alten Kapitalismus. Der Abbau moralischer Hemmungen nahm zu. Die Grenzen von Anstand und Moral wurden verwischt, im privaten wie im öffentlichen Denken. Das Wort „Solidarität" hat in diesem Klima nur noch den faden Beigeschmack einer Deklamation vor leeren Rängen. Niemand fühlt sich mehr angesprochen, schon gar nicht die Führungselite der Marktgesellschaft.

Ihre Glaubenslehre ist der Sozialdarwinismus: Der Stärkere siegt, wie im Dschungel, so in Wirtschaft und Gesellschaft – was sollen da soziale Empfindlichkeiten. Um das Soziale hat sich gefälligst die „Politik" zu kümmern, auf die sich jedes Problem so bequem abwälzen lässt – darin sind sich der letzte Stammtisch und die oberste Vorstandsetage einig. Dass die „Politik" wir alle sind, ist offenbar ein halbes Jahrhundert nach Kriegsende in Vergessenheit geraten.

Neue Spaltungen tun sich auf und dabei dauert die alte Spaltung in Ost und West fort. Mit jeder neuen Betriebsschließung wachsen Enttäuschung und Verbitterung in der einstigen DDR. Und in den alten Bundesländern ist die Überflussgesellschaft zur Überdrussgesellschaft geworden. Das Konsumparadies hat seine Strahlkraft verloren. Allmählich bricht sich die alte Wahrheit Bahn, dass Glück nicht käuflich ist. Es muss irgendwo anders zu finden sein als im Supermarkt – aber wo? Die Sinn-Suche ist zum Symptom einer orientierungslosen Zeit geworden, nicht nur in Deutschland, auch in Amerika, dem Leitstern der Marktgesellschaft. Auf beiden Seiten des Atlantiks signalisieren Umfragen die Sehnsucht nach Geborgenheit in einer geschützten Welt. […]

„Eine noch nie da gewesene Lebensangst ist der unheimliche Begleiter des modernen Menschen", schrieb Jaspers vor 65 Jahren. Der Befund hat sich am Ende dieses Jahrhunderts noch verschärft. Im Zeitalter der verlorenen Ideale und der zerbrochenen Utopien ist der Mensch wieder mit sich allein, einsamer denn je. Es wächst der Hang zur Betäubung, der jederzeit umschlagen kann in Aggression und Selbstzerstörung.

Selbstbestimmung in Verantwortung war einmal das Ziel der emanzipatorischen Bewegung der Moderne. Die totalitäre Kommerzialisierung des Lebens, die wir heute erleben, führt zum Gegenteil: zur Unterwerfung der Gesellschaft unter die Machtstrategien anonymer Konglomerate und zur Inthronisierung des Banalen als Daseinszweck.

Vaclav Havel[1], heute schon eine mythische Figur aus dem heroischen Zeitalter der Überzeugungen, warnte kürzlich mit dem seismografischen Gespür des einstigen Dissidenten: „Wir sollten unseren Sinn für die moralische Ordnung schärfen, die in uns ist und gleichzeitig über uns steht. Denn wir wissen, wozu Gleichgültigkeit gegenüber Dämonen führen kann, die sich in entwurzelte Seelen hineinzudrängen versuchen."

Niemand sollte sich in der Illusion wiegen, ihn gehe das Ganze nichts an – das Ganze holt ihn sonst gegen seinen Willen ein.

(Aus: Die Woche, 17.1.1997)

❐ Erörtern Sie abschließend, welche Aufgabe ein Schriftsteller in einer demokratischen Gesellschaft haben könnte. Greifen Sie dabei auf Ihre eigenen Aufzeichnungen und auf die entsprechenden Äußerungen verschiedener Schriftsteller (Seite 486ff.) zurück.

Möglichkeiten der Weiterarbeit

Sie untersuchen Texte aus anderen historischen Zusammenhängen unter der Fragestellung „Der Schriftsteller und sein gesellschaftlicher Standort", zum Beispiel:
● Heinrich Heine: Erinnerung aus Krähwinkels Schreckenstagen (Seite 286f.), Die schlesischen Weber (Seite 292)
● Kurt Tucholsky: Das Dritte Reich (Seite 468f.)
● Bertolt Brecht: Maßnahmen gegen die Gewalt (Seite 449f.), Fragen eines lesenden Arbeiters (Seite 19)

---

[1] Lesen Sie nach auf Seite 551

Auf dem Weg ins Medienzeitalter: Bewusstseinsindustrie? – EDV-Zivilisation? – Kommunikationsgesellschaft?

„Vergesst nicht, die Wahrheit ist käuflich!"

Hans Magnus Enzensberger
bildzeitung

du wirst reich sein
markenstecher uhrenkleber:
wenn der mittelstürmer will
wird um eine mark geköpft
ein ganzes heer beschmutzter prinzen
turandots[1] mitgift unfehlbarer tip
tischlein deck dich:
du wirst reich sein.

manitypistin stenoküre
du wirst schön sein:
wenn der produzent will
wird die druckerschwärze salben
zwischen schenkeln grober raster
mißgewählter wechselbalg
eselin streck dich:
du wirst schön sein.

sozialvieh stimmenpartner
du wirst stark sein:
wenn der präsident will
boxhandschuh am innenlenker
blitzlicht auf das henkerlächeln
gib doch zunder gib doch gas
knüppel aus dem sack:
du wirst stark sein.

auch du auch du auch du
wirst langsam eingehn
an lohnstreifen und lügen
reich, stark erniedrigt
durch musterungen und malz-
kaffee, schön besudelt mit straf-
zetteln, schweiß,
atomarem dreck:
deine lungen ein gelbes riff
aus nikotin und verleumdung
möge die erde dir leicht sein
wie das leichentuch
aus rotation und betrug
das du dir täglich kaufst
in das du dich täglich wickelst.

(v 1957)*

[1] Turandot: Heldin einer Geschichte aus „1001 Tage". Prinzessin Turandot gibt ihren Freiern Rätsel auf und lässt sie töten, wenn sie keine Lösung finden.

❏ Das Gedicht von Hans Magnus Enzensberger ist bereits in den 50er-Jahren entstanden. Es ist dem Buch „verteidigung der wölfe" (erschienen 1957) entnommen. Die Bildzeitung wurde im Jahre 1952 gegründet.
Überlegen Sie, wie der Titel des Buches wohl gemeint sein könnte.

❏ Untersuchen Sie, welche Gruppen und Berufe in den ersten drei Strophen angesprochen werden; belegen Sie mit entsprechenden Textstellen. Welchen Einfluss hat das Massenmedium „Bildzeitung" auf diese Gruppen?

❏ Erklären und belegen Sie, wie sich die vierte Strophe von den drei anderen unterscheidet und welche Funktion diese Strophe im gesamten Gedicht hat. Wer wird angesprochen? Wie werden die Versprechungen entlarvt?

❏ Kennzeichnen Sie die sprachliche Gestaltung des Gedichts und die jeweilige Funktion der sprachlichen Mittel. Erläutern Sie zusammenfassend den Titel des Gedichts, seine mögliche politische Aussage und die beabsichtigten Wirkungen beim Leser.
Beziehen Sie in Ihre Überlegungen auch die folgenden Hinweise mit ein und diskutieren Sie kritisch, wieweit Sie mit diesen Meinungen übereinstimmen.

❏ Erörtern Sie, inwieweit Enzensbergers Ansichten heute noch gültig sind. Arbeitsvorschlag: Suchen Sie sich gegebenenfalls eine Strophe aus und fertigen dazu aus Versatzstücken der „Bewusstseinsindustrie" eine Collage an. Auf diese Collage setzen Sie die von Ihnen gewählte Strophe.

a) Enzensberger selbst sagte später zu diesem Gedicht Folgendes:
„Den Anlass zu diesem Gedicht habe ich vergessen; aber es drückt, wie das ganze Buch von der ‚verteidigung der wölfe' vor allem eine Erfahrung der Ohnmacht aus. Organisiertes politisches Handeln schien damals ausgeschlossen: die mittelbaren materiellen Bedürfnisse des ‚Wiederaufbaues' setzten sich gleichsam naturwüchsig gegen die ‚Vernunft' durch. Das Gedicht hat natürlich Recht behalten. Umso schlimmer für das Gedicht." (v 1970)

b) Der Titel des Gedichts verweist auf die „Bewusstseinsindustrie"; diese hält Enzensberger für die „eigentliche Schlüsselindustrie des 20. Jahrhunderts". Indem „Meinungen, Urteile und Vorurteile" verbreitet werden, „versucht diese Art von Industrieerzeugnissen die existierenden Herrschaftsverhältnisse, gleich welcher Art sie sind, zu verewigen. Sie soll Bewusstsein nur induzieren, um es auszubeuten."
(Aus: Einzelheiten, Frankfurt/M. 1962/1963)

c) Der Schriftsteller Alfred Andersch bemerkt zu diesem Gedicht, dass sich Enzensbergers Kritik ebenso „gegen die Opfer der Macht wie gegen die Mächtigen selbst" richtet. „Er (Enzensberger) wirft den Missbrauchten ihre Lethargie vor. Enzensberger stellt sich nicht auf die Seite der Macht."
(Aus: Alfred Andersch: 1 (in Worten: ein) zorniger junger Mann; in: Über Hans Magnus Enzensberger, hrsg. von Joachim Schickel, Frankfurt/M. 1970)

Hinweise für ein Referat oder für eine Facharbeit

Thema: Journalistische Praktiken und Wirkungen der ZEITUNG und der SONNTAGSZEITUNG in Heinrich Bölls Erzählung „Die verlorene Ehre der Katharina Blum" oder: „Wie Gewalt entstehen und wohin sie führen kann" (Köln 1974; Taschenbuchausgabe: dtv 1150). Es kann auch die Verfilmung dieser Erzählung aus dem Jahre 1975 genutzt werden (Drehbuch und Regie: Margarete von Trotta und Volker Schlöndorff).
Als Einführung in seine Erzählung gibt Heinrich Böll den folgenden Hinweis:
Personen und Handlung dieser Erzählung sind frei erfunden. Sollten sich bei der Schilderung gewisser journalistischer Praktiken Ähnlichkeiten mit den Praktiken der „Bild"-Zeitung ergeben haben, so sind diese Ähnlichkeiten weder beabsichtigt noch zufällig, sondern unvermeidlich.

Kurze Inhaltsangabe aus der Taschenbuchausgabe:

Katharina Blum, die Zentralfigur dieser Erzählung, ist eine junge hübsche Haushälterin, die nebenberuflich bei Empfängen und Festlichkeiten die Buffets besorgt und sich eine kleine Eigentumswohnung und einen Volkswagen leisten kann. Sie hat ein heiter-bescheidenes Wesen und wird, weil sie Zudringlichkeiten der Männer verabscheut, in ihrer Umgebung die »Nonne« genannt. Diese Frau verliebt sich auf einer Karnevalsparty spontan in einen jungen Mann, der ein von der Polizei gesuchter radikaler Rechtsbrecher ist. Sie verhilft ihm zur Flucht. Damit gerät sie in den Mittelpunkt der Sensationsmache einer großen Boulevardzeitung. Täglich erscheinen Berichte, in denen Katharina als „Mörderbraut" und „Räuberliebchen" denunziert wird. Sie ist der andauernden Hetze und deren Folgen – den anonymen Beschimpfungen in Briefen und Telefonanrufen – nicht gewachsen und erschießt in unerwarteter Gegenwehr einen korrupten Jornalisten.

Uwe Wandrey
Anleitung zum Lesen gewisser Zeitungen

Lernen wir Zeitunglesen:
Lesen wir „ja", wenn „nein" steht
Lesen wir „nein", wenn „ja" steht.
Wenn es heißt „überhöhte Lohnforderungen"
lesen wir „überhöhte Gewinnforderungen der Unternehmer".
Glaubt den Meldungen nicht, die euch einreden wollen
es geht euch gut, weil ihr Geld verdient.
Wisst, dass man euch kauft,
damit ihr über das Unrecht schweigen werdet,
wisst, dass das Geld mit dem man euch zum Schweigen bringt
euer Geld ist. [...]

Lest die Zeitungsartikel rückwärts
die Schlagzeilen zum Schluss
die letzten Seiten zuerst.
Lasst euch nicht irre machen von den Fotos, sie beweisen nichts.
Die neuesten Meldungen sind fast immer halb gelogen:
Je fetter die Schrift, umso dünner die Wahrheit.
Fragt euch jeden Tag, was ihr in den Zeitungen vermisst.
Misstraut jeder Nachricht. Sie ist nicht deshalb wahr,
weil sie gedruckt ist. Vergesst nicht:
die Wahrheit ist käuflich
ihr aber seid für die ganze Wahrheit noch immer zu arm!

Fragt am Kiosk öfter mal nach ganz anderen Zeitungen,
bevor es sie nicht mehr gibt.

Solltet ihr in gewissen Zeitungen Nachrichten
nach Verbesserungen in eurer Umgebung suchen:
dann sind immer noch am zuverlässigsten
die täglichen Wettervorhersagen.   (v 1969)

❐ Was halten Sie von diesen Anleitungen in dem Gedicht? Vergleichen Sie den Standpunkt des Verfassers mit dem des folgenden Auszugs aus einem Zeitungskommentar einer Tageszeitung.

Reinhard Brockmann
Stabil erst mit vier Beinen

[...] Der Umgang mit der vierten Gewalt zeigt gnadenlos den Unterschied zwischen Regimen und Regierungen. Nur wenn sie nicht in der Gewalt des Staates ist, kann der Staat auf einer vierten Säule gründen. Der Stuhl mit vier Beinen ist stabiler als der mit dreien.

Vollständig frei ist die Presse nur in einem Drittel der Welt, und das, obwohl die neuen elektronischen Medien den Zensoren so manches Schnippchen schlagen.
Fast immer gibt es einen Zusammenhang zwischen Menschenrechtsverletzungen und dem Verbot freier Meinungsäußerung in der Öffentlichkeit oder in den Medien. Selbst die Tschechische Republik des Dichterpräsidenten Vaclav Havel hat ihre repressive Tradition noch nicht ganz abgeschüttelt. In China gibt es keine Dissidenten mehr, sie sitzen alle in Haft oder leben nicht mehr.
Die Schikanen beginnen, wenn Journalisten nur in den Dunstkreis der Angehörigen von Regimekritikern gelangen, wie uns der Korrespondent des »Spiegel« diese Woche erst vor Augen führen musste. Die freie Presse braucht Bewegungsfreiheit für ihre Korrespondenten in aller Welt. Sie sind weder Diplomaten noch Geschäftsleute und vielleicht für die freien Länder doch wichtiger als alles, was den „Standort Deutschland" oder den jeweiligen Entsender vordergründig aufwertet. Die Revolution der Informationsausweitung hierzulande hat nichts daran geändert, dass dortzulande Recherche vor Ort, Information aus erster Hand und gesundes Misstrauen für den freien Informationsfluss unverzichtbar bleiben.
[…] Solange es möglich bleibt, dem sehr wohl selbst urteilsfähigen Publikum, dem Leser oder dem Zuschauer die Meinungsbildung zu überlassen, muss uns nicht bange sein. […]
(Aus: Westfalenblatt, 3./4.5.1997)

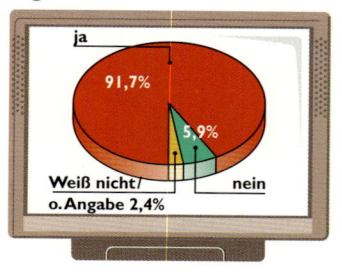

Gefährliche Liebschaft

Das Fernsehen zeigt zu viel Gewalt – Zuschauer fordern ein neues Schulfach „Medienkunde"

Zehn Jahre nach Zulassung des Privatfernsehens ist die überwältigende Mehrheit der Deutschen – 79,6 Prozent – der Meinung, dass im TV zu viele Gewaltszenen gezeigt werden. Das ergab eine repräsentative Umfrage des Meinungsforschungsinstituts Sample im Auftrag von FOCUS.
Trotz angekündigter und zum Teil auch realisierter Abrüstungsbemühungen haben die drei großen kommerziellen Anbieter RTL, SAT.1 und PRO 7 bei den Zuschauern nach wie vor das Image, ein besonders gewaltlastiges Programm auszustrahlen. RTL schneidet dabei am schlechtesten ab, während die öffentlich-rechtlichen Sender ARD und ZDF, jedenfalls in den Augen des Publikums, ein weitaus friedlicheres Programm ausstrahlen. […]
Dass der Gesetzgeber den TV-Anbietern außerdem strengere Auflagen in Bezug auf die Ausstrahlung von Gewalt im Fernsehen diktiert, hält eine Mehrheit für geboten. Bedenklich: 73,9 Prozent würden dem „stark" (43,6 %) oder „sehr stark" (30,3 %) zustimmen. Und schließlich sehen viele Zuschauer Defizite bei der Elternaufklärung. So glauben 67,2 Prozent der Befragten, dass Eltern verstärkt über potentielle Gefahren von Gewalt im Fernsehen informiert werden müssten.
(Aus: Focus 26, 1994)

Zeigen die deutschen Fernsehsender Ihrer Meinung nach zu viele Gewaltszenen?

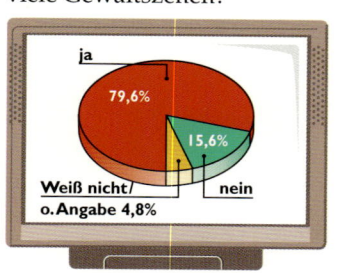

ja 79,6 %
nein 15,6 %
Weiß nicht/o. Angabe 4,8 %

Glauben Sie, dass sich der Konsum von Sendungen mit hohem Gewaltanteil negativ auf das Verhalten von Kindern und Jugendlichen auswirkt?

ja 91,7 %
nein 5,9 %
Weiß nicht/o. Angabe 2,4 %

Hans Magnus Enzensberger

Das Nullmedium oder Warum alle Klagen über das Fernsehen gegenstandslos sind

Erst die visuellen Techniken, allen voran das Fernsehen, sind in der Lage, die Last der Sprache wirklich abzuwerfen und alles, was einst Programm, Bedeutung, „Inhalt" hieß, zu liquidieren. [...]

Überhaupt der Zuschauer! Er weiß genau, womit er es zu tun hat. Vor jeder Programm-Illusion ist er gefeit. Die Richtlinien des Gesetzgebers zerplatzen vor seiner Praxis wie Seifenblasen. Weit davon entfernt, sich manipulieren (erziehen, informieren, bilden, aufklären, mahnen) zu lassen, manipuliert er das Medium, um seine Wünsche durchzusetzen. Wer sich ihnen nicht fügt, wird per Tastendruck mit Liebesentzug bestraft, wer sie erfüllt, durch herrliche Quoten belohnt. Der Zuschauer ist sich völlig darüber im klaren, daß er es nicht mit einem Kommunikationsmittel zu tun hat, sondern mit einem Mittel zur Verweigerung von Kommunikation, und in dieser Überzeugung läßt er sich nicht erschüttern. Gerade das, was ihm vorgeworfen wird, macht in seinen Augen den Charme des Nullmediums aus. So erklärt sich auch eine Eigenschaft des Fernsehens, die unter jeder anderen Prämisse rätselhaft wäre: seine transkulturelle Reichweite.

Ein und dieselbe Serie, ein und derselbe Video-Clip, ein und dieselbe Show entfaltet, unabhängig von allen gesellschaftlichen Voraussetzungen, die gleiche Anziehungskraft in Lüdenscheid, Hongkong und Mogadishu. So unabhängig von jedem Kontext, so unwiderstehlich, so universell kann kein Inhalt sein.

In der Nullstellung liegt also nicht die Schwäche, sondern die Stärke des Fernsehens. Sie macht seinen Gebrauchswert aus. Man schaltet das Gerät ein, um abzuschalten.

[...] Das Nullmedium ist die einzige universelle und massenhaft verbreitete Form der Psychotherapie. Insofern wäre es absurd, seine gesellschaftliche Notwendigkeit in Frage zu stellen. Wer es abschaffen möchte, sollte die Alternativen ins Auge fassen, die zur Verfügung stehen. Hier ist in erster Linie an den Drogenkonsum zu denken, von der Schlaftablette bis zum Koks, vom Alkohol bis zum Betablocker, vom Tranquilizer bis zum Heroin. Fernsehen statt Chemie ist sicherlich die elegantere Lösung. Wenn man an die sozialen Kosten und an die sogenannten Nebenwirkungen denkt, wird man einräumen müssen, daß der Nutzer des Nullmediums eine weise Wahl getroffen hat – ganz zu schweigen von anderen Lösungsmöglichkeiten wie die Flucht in den Autowahn, die Gewaltkriminalität, die Psychose, den Amoklauf und den Selbstmord.

(v 1989)*

Peter von Becker

Die Welt als Bordell

Ein Selbstmörder, nackt und verzweifelt, legt sich vor unseren Augen in seine Badewanne und stirbt unter Krämpfen; aus brennenden Häusern starren die Opfer als Erstes ins Auge des elektronischen Voyeurs[1], stürzen sich von Fenstersimsen aufs Pflaster; Angeschossene und Zerrissene verbluten auf dem Bildschirm; [...] Schon immer gilt das Fernsehen der Mehrheit seiner Zuschauer als das glaubwürdigste Medium, weil es, naturgetreuer als Wort und Bild allein, ein Fenster zur Welt zu öffnen scheint. Und den letzten Kitzel an gesteigertem Realismus und der Sucht nach symbolischer Teilhabe an den Sensationen des allzu Menschlichen bietet die Enthüllung von Echtleid in Echtzeit – und wenn nicht mit der Macht des Live-haftigen, dann wenigstens mit der Suggestion[2] des unverstellten, ungestellten Einblicks. Das Fenster wird so zum Schlüsselloch, bis in die Sphären dessen, was bisher durch Scham, Tabus und psychische Hindernisse verborgen war.
Erst die Videotechnik macht es möglich: diese Allgegenwart des Kamera-Auges, an jedem Ort, zu jeglicher Gelegenheit. Von der Zeugung bis zum Tod, vom Bett bis zur Bahre wird die *condition humaine*[3] jetzt zum öffentlichen Schauspiel. [...] Videos sind so billig wie umstandslos herzustellen und abspielbar, das macht sich nicht nur der Fernsehjournalismus unter Extrembedingungen zunutze – bei Kriegen und Katastrophen; elaborierte[4] Videopraktiken sind auch zum Schlüssel der Unterhaltungsindustrie (Popmusik) und des Pornofilms geworden. Und weil in Reichweite einer Videokamera potenziell jeder zum Regisseur und Akteur, zum Täter und Opfer werden kann, steht der Publikation auch des zufälligsten, geheimsten Glücks oder Unglücks fast nichts mehr im Wege. So erlebt man, nach dem Ende des Sozialismus und der totalitären Ideologien, eine zweite Vergesellschaftung des Individuellen, eine Verwandlung alles Privaten zum Wendefähigen – wahrlich der Sieg eines kommerziellen Privat-Fernsehens.
Wo nun Information zur Unterhaltung, zum totalen *Infotainment* sich wendet und die Verfügbarkeit und Veröffentlichungs-Lizenz für alle menschlichen Sphären gefordert wird, schlägt der Populismus[5] endgültig um in die vulgärste Verrohung. Die Jagd nach Einschaltquoten und Werbetantiemen[6] macht *Reality-TV* dabei zur neuesten Waffe. [...] *Reality-TV*, dies nur als das aktuellste Beispiel [...] verwandelt alle Welt in einen andauernden Schauprozess, in welchem Wirklichkeit und Inszenierung (mit leibhaftigen Morden) bereits zuneh-

---

[1] Voyeur: heimlicher Zuschauer
[2] Suggestion: vorgetäuschter Eindruck
[3] condition humaine: menschliche Natur
[4] elaborierte: hoch entwickelte
[5] Populismus: Verhalten, das sich am Geschmack der Masse orientiert
[6] Werbetantiemen: Werbeeinnahmen

❏ Vergleichen Sie die drei Texte (Seite 514–516) über das Medium Fernsehen (zum Beispiel: Textart und entsprechende sprachliche Machart, Intention, Aussagekern, ...).

❏ Welche Aussagen reizen Sie in besonderer Weise zum Widerspruch, welche Aussagen sind Ihrer Meinung nach zu ergänzen?

❏ Wie schätzen Sie aus heutiger Sicht die Befürchtungen von Hans Magnus Enzensberger ein (vgl. Seite 512), dass Massenmedien, wie auch das Fernsehen, ein Teil der „Bewusstseinsindustrie" und die eigentliche Schlüsselindustrie des 20. Jahrhunderts seien?

mend ununterscheidbar sind. [...] Statt einer neuen freizügig-souveränen Kommunikation, von der noch Brechts alte Radio-Theorie einst träumte (jeder ein Sender und zugleich Empfänger), entsteht so die massenhafte Menschenjagd. In einer immer schärfer werdenden Konkurrenzgesellschaft könnte dies enden: im medialen Bürgerkrieg. Schöne neue Welt?

(Aus: Süddeutsche Zeitung, 17.3.1993, S. 17)

Der amerikanische Medienwissenschaftler Neil Postman vertritt in seinem Buch „Wir amüsieren uns zu Tode. Urteilsbildung im Zeitalter der Unterhaltungsindustrie" (Frankfurt/M. 1985) die These, das Fernsehen beeinflusse jeden Bereich, der von öffentlichem Interesse sei, zum Beispiel Erziehung, Politik, Religion, Wissenschaft, Sport. „Dies bedeutet, dass das Verständnis der Öffentlichkeit für diese Themen durch die Perspektive des Fernsehens geprägt wird." Dem Wesen des Mediums Fernsehen entsprechend würden alle diese Bereiche als Unterhaltung dargestellt. „Mit anderen Worten, das Fernsehen ist dabei, unsere Kultur in eine riesige Arena für das Showbusiness zu verwandeln. Es ist natürlich möglich, dass wir das am Ende ganz herrlich finden und es gar nicht mehr anders haben wollen."

❏ Postmans Überlegungen beziehen sich auf amerikanische Verhältnisse. Beurteilen Sie, inwieweit diese Ihrer Meinung nach auf deutsche bzw. europäische Verhältnisse übertragbar sind. Vergleichen Sie Neil Postmans Auffassungen mit denen von Hans Magnus Enzensberger und Peter von Becker in deren Texten oben.

❏ **Arbeitsvorschläge zur Auswahl**
a) Gestalten Sie eine Podiumsdiskussion zum Thema „Fernsehen – Gefahren oder Vorzüge". Nutzen Sie zur Vorbereitung entsprechende Texte aus diesem Kapitel.
b) Verfassen Sie eine schriftliche freie Erörterung zu der Frage „Inwieweit könnte für Sie das Medium Fernsehen zu einem Teil der ‚Bewusstseinsindustrie' zählen?"

Technische Machbarkeit und ihre Kritik

Ludwig Maaßen
Die digitale Revolution in der Medienwelt

Wir marschieren mit schnellen Schritten in die Informationsgesellschaft des 21. Jahrhunderts, in der die Medienbranche alle anderen Industriezweige überrundet haben wird. Schon 1995 wurden mehr Computer als Autos verkauft. Und ab dem Jahr 2000 – so die Prognosen – wird die Informationstechnik mehr Arbeitsplätze anbieten als die Automobilindustrie. Ausgelöst wird der Umbruch in der Welt der Medien durch digitale Technologien, die einen Wachstumsschub verursachen. Stichworte sind hier Datenautobahn, Multimedia, virtuelle Realität, interaktives Fernsehen. Es geht dabei um die Nutzung von Bild-, Ton- und Textinformationen sowie Daten mittels digitaler Techniken. Anwenden kann man diese Techniken, so sie denn verfügbar sind, im Privathaushalt, im öffentlichen Bereich der Dienstleistungen und in der Wirtschaft.
Die Konturen der Informationsgesellschaft sind schon heute sichtbar. Wer über einen Personalcomputer (PC), ein Modem und einen Telefonanschluss verfügt, kann Informationen mit Lichtgeschwindigkeit in die ganze Welt schicken und die Datennetze umgekehrt zu Information und persönlicher Kommunikation nutzen.

❏ Sammeln Sie nach der Cluster-Methode die spontanen Gedanken Ihrer Lerngruppe zum Thema „Computerzeitalter". Formulieren Sie anhand dieses Clusters kritische Fragen und Interessenschwerpunkte zu diesem Thema.

Wenn die Technik installiert ist, kann die digitale Wunderwelt im Wohn- oder Arbeitszimmer Einzug halten. Möglich wird es dann, per interaktivem Bildschirm
– Banküberweisungen zu veranlassen (telebanking),
– Bestellungen bei Kaufhäusern aufzugeben (teleshopping), 5
– Videofilme aus einer Datenbank abzurufen (video-on demand) und
– Lernprogramme abzurufen (telelearning).
[...] Manch einer wird zu Hause an einem Telearbeitsplatz sitzen und damit die Verkehrsströme entlasten. Im Berufsleben 10 wird die Dienstreise Videokonferenzen zum Opfer fallen und Kosten sparen. Was alles möglich sein wird in der digitalen Wunderwelt, vermag kaum jemand vorauszusagen. Der Fantasie sind jedenfalls kaum Grenzen gesetzt. [...] (v 1996)

Bildregie in der Zentrale eines Fernsehsenders

Oliver Herrgesell

Ein weltumspannendes Computer-Netzwerk revolutioniert die Gesellschaft – Zensur ist unmöglich

Die internationale Presse ist sich einig: Die Sache ist gefährlich. Via Internet „kann alles von Kinderpornographie bis zu Bestialität auf Ihrem Computer landen", warnt das Nachrichtenmagazin „Newsweek". Konkurrent „Time" enthüllt die „Gefahren der Online-Pseudonyme": Verbalinjurien und ge- 5 fälschte elektronische Post – etwa vom Chef – habe schon manchen an den Rand des Selbstmordes getrieben. [...] Enthüllungen wie diese machen die undurchschaubare, für viele geheimnisvolle Welt des Internets transparenter – und fesseln noch mehr Leute an das globale Netzwerk. Seit 1988 hat 10

sich seine Größe jährlich verdoppelt. Heute sind etwa 5 Millionen „hosts" angeschlossen, von denen jeder wiederum mehrere Rechner bedienen kann. Wie viele Computer die Signale hören, weiß niemand. Manche schätzen 20, andere 30 Millionen. Nie wuchs ein Kommunikationsmittel so rasch – auch nicht das Telefax, noch nicht einmal der PC. Wenn es so weitergeht wie bisher, wird die Gemeinschaft der Internet-Nutzer innerhalb von zwei Jahren zu den größten Nationen der Erde zählen.
Dabei sind die Ziele der „Community" weit weniger revolutionär als ihr Netzwerk. Die meisten kaufen ein, spielen, bilden sich, lesen Zeitung oder kommunizieren einfach miteinander. Man kann aber auch Pornos sehen, beschimpft werden oder seinen Computer von einem Hacker durchwühlen lassen. Vom Langweiler, der seine Lebensgeschichte ausbreitet, bis zum medizinischen Fachgespräch ist alles drin. Jeder kann im Internet offenbaren, was ihn beschäftigt. Der Mediengigant hat keinen Chef, keine Zentrale. Kein Konzern hat ihn aufgebaut, sondern Studenten, Professoren, Computerfreaks und Hunderte von neu gegründeten Firmen sorgen für den Betrieb des größten unkontrollierten Massenmediums der Welt. Eine Zensur findet nicht statt – weil sie technisch nicht möglich ist. Manche Staaten verbieten den Zugang zum Netz, andere versuchen zu lauschen – das ist aber auch alles, was sie tun können. […]
Wie fast alles am Internet, ist auch seine Zukunft nicht vorhersehbar. Doch eines ist gewiss: Das Internet wird als Mutter der Multimedia-Revolution in die Geschichte eingehen.
(Aus: Die Woche, 7.7.1995)

❐ Diskutieren Sie über die Texte und Bilder (Seite 517 – 519). Welche sprachlichen Neuerungen fallen Ihnen auf? Formulieren Sie Chancen und Probleme einer künftigen Informationsgesellschaft, zum Beispiel:
– Welche Bevölkerungsgruppen werden möglicherweise zu den Bevorzugten, welche zu den Benachteiligten gehören?
– …

Schöne Aussicht – Zeitung, Fernsehen und Computer werden eins

Medienriesen wie Bertelsmann schließen globale strategische Allianzen. Sie dehnen sich in alle Richtungen aus – in der geographischen Verbreitung, in der Vielfalt der Medien, in der Tiefe der Produktion – bis alles unter einem Dach ist, was mit der Erzeugung und Verbreitung von Nachrichten, Unterhaltung und Wissen zu tun hat.
Schlüsselmarkt wird mehr und mehr die USA. Dort bricht eine Revolution los: Print- und elektronische Medien, Fernsehen und Telefon wachsen zu einer Einheit zusammen, zu digitalen „Autobahnen" für das heraufziehende Informationszeitalter. Es entsteht das globale „elektronische Dorf", […] die allmächtige „Bewusstseinsindustrie", die der Kulturkritiker Hans-Magnus Enzensberger Ende der 50er-Jahre befürchtete. Time-Warner, der größte Medienkonzern der Welt, führt vor, wie elektronische und Printmedien verkabelt werden. Der US-Gigant probt das interaktive TV, das Fernsehen zum Mit-

❐ Vergleichen Sie Inhaltsschwerpunkt und Intention dieses Artikels mit denen des Textes von Ludwig Maaßen „Die digitale Revolution in der Medienwelt" (Seite 517f.).

❐ Erläutern und beurteilen Sie den Begriff „interaktives TV"; berücksichtigen Sie dabei die folgende Erklärung des Begriffs „Interaktion": In der Sozialwissenschaft die Wechselbeziehung zwischen Personen. Das heißt: Ein Gegenüber, mit dem ich interagiere, ändert sich gleichzeitig mit mir und jede Seite wird etwas erfahrener.

❏ Formulieren Sie Nachteile für den Einzelnen und für die Politik, wenn übermächtige Medienkonzerne unkontrolliert ihren Einfluss ausbauen.

machen. Zuschauer können das Flaggschiff des Konzerns, das Nachrichtenmagazin „Time", am Bildschirm lesen. Sie können zusätzliche Informationen zu einzelnen Artikeln abrufen. Sie können den Verfassern Fragen stellen zu Punkten, die sie nicht verstanden haben, der Redaktion Vorschläge für Geschichten machen. Sie können schließlich mit anderen Lesern und Zuschauern Kontakt aufnehmen, die ein Thema ebenfalls besonders interessieren.

(Aus: Die Woche, 21.10.1993)

Telearbeiterin im Home-Office

❏ Beurteilen Sie diese neue Form der Arbeitsorganisation. In welcher Weise könnten sich dadurch die Lebens- und Arbeitsformen der Zukunft verändern und welchen Einfluss könnte dies auf heutige Berufe haben? Berücksichtigen Sie dazu auch die folgende Auswahl aus entsprechenden modernen Berufsbildern.

[...] Die durch Kinder mitbestimmten Pausen kennt auch Andrea Amelung nur zu gut. Die Sekretärin ist als Vollzeitkraft bei Beiersdorf in Hamburg angestellt. Ist ihr sechsjähriger Sohn zu Hause, fordert er die Aufmerksamkeit seiner Mutter. Da muss die 32-jährige Tele-Arbeiterin oft ihr ganzes pädagogisches Geschick aufbringen, um Unmut und Tränen zu vermeiden.

„Alexander wechselte vom Betriebskindergarten in die Vorschule, da brauchte ich einen Halbtagsjob", erinnert sich Frau Amelung. Doch ihr Chef in der Marketing- und Vertriebsabteilung hatte andere Pläne: gleiche Stundenzahl, teils zu Hause und teils im Büro. Sie willigte ein. Wie sie sich ihre Stunden nun aufteilt, richtet sich nach Arbeitsanfall und privaten Bedürfnissen.

Anfangs schlüpfte Andrea Amelung eher in die Rolle eines Tele-Pendlers. „Ich weiß nicht, wie oft ich den PC wieder zu Beiersdorf geschleppt habe oder der Techniker kommen musste, weil das alles nicht funktionierte", erzählt sie. [...] Andrea Amelungs Online-Arbeitsleben [beginnt] „so richtig erst nach der ‚Sesamstraße'".

Von diesem Arbeitsrhythmus profitiert ihr Chef. Hat er abends um acht „etwas Dringendes", kann er auf die Loyalität seiner Kollegin zählen: „Er weiß ganz genau, ich mach ihm das bis morgens fertig." Ein „riesiges Überstundenkonto" hat Andrea Amelung dennoch nicht mehr. Gearbeitet wird, wenn Arbeit anfällt, „und nicht wie im Büro, wo man drei Stunden Däumchen dreht, sich die Zeit bezahlen lässt, locker Überstunden macht und irgendwann abbummelt". Doch trotz des flexiblen Einsatzes wird Zeit zur Mangelware. „Längere Plaudereien" kann sich Frau Amelung kaum mehr leisten. „Ohne Kinder", sagt sie, „würde ich die Tele-Arbeit wohl nicht vorziehen." [...]

(Aus: Die Woche, 1997)

Key Account Manager

Tätigkeit: Potentielle Kunden begeistern. Präsentation und Verkauf von Hard- und Softwareprodukten und DV-Dienstleistungen.
Voraussetzung: Offenes Wesen, Verkaufstalent, Wirtschaftsstudium oder kaufmännische Lehre.
Einkommen: Erfolgsabhängig. Anfangsgehalt 5000 Mark, Top-Leute 10000 bis 20000 Mark.
Karriere: Vertriebs- oder Marketingleiter, Aufstieg zum Niederlassungsleiter bis Geschäftsführer.
Trend: Mit der Globalisierung wächst die Konkurrenz, Vertrieb und Verkauf gewinnen an Gewicht.

Anwendungstrainer

Tätigkeit: Büroangestellte in neue Programme einführen; beim Inhouse-Coaching ist pädagogisches Gespür gefragt.
Voraussetzung: Informatikstudium; aber auch Quereinstieg durch Learning by doing. Fortbildung bei Softwareproduzenten.
Einkommen: 5000 Mark, als Selbstständiger mit Spezialkenntnissen mehr als das Doppelte.
Karriere: Als Freiberufler oder Chef von Lehrinstituten.
Trend: Der Erfolg einer neuen Software wird auch von der Qualifikation der Nutzer bestimmt.

Fachinformatiker

Tätigkeit: Konzeption und Durchführung von Softwarelösungen bei Kunden, Einrichtung vernetzter Computersysteme einschließlich Hard- und Software.
Voraussetzung: Keine. In der Praxis wohl Mittlere Reife, Abitur. Staatlich anerkannter Ausbildungsberuf ab August 1997. Lehrzeit drei Jahre.
Einkommen: Ausbildungsentgelt etwa 1000 bis 1300 Mark, Anfangsgehalt ab 3500 Mark.
Karriere: Solide Grundlage für den Bereich der Informationstechnik.
Trend: Konkurrenz durch Hochschulabsolventen und Quereinsteiger.

Informatikkaufmann

Tätigkeit: Prüfen und Umsetzen von Anwendungslösungen auf der Basis betriebswirtschaftlicher Kenntnisse.
Voraussetzung: Nicht geregelt, wohl ab Mittlerer Reife. Staatlich anerkannter Ausbildungsberuf ab August 1997. Drei Jahre Lehrzeit.
Einkommen: Während der Ausbildung voraussichtlich 1000 bis 1300 Mark, danach ab 3500 Mark.
Karriere: Fachkaufmann, Handels- und Betriebswirt.
Trend: Es existieren mehr als 200 Tätigkeitsfelder.

Mediengestalter Bild und Ton

Tätigkeit: Elektronische Herstellung von Radiosendungen, Werbespots, Lehrfilmen und Multimedia-Produkten.
Voraussetzung: Üblich Mittlere Reife, Abitur. Neuer Ausbildungsberuf seit August 1996.
Einkommen: Während der Ausbildung 1000 bis 1300 Mark; danach je nach Funktion ab 3000 Mark aufwärts.
Karriere: Aufstieg bis zum Sendetechniker, Kameramann oder Multimedia-Designer.
Trend: Gute Basis für spätere Spezialisierung.

(Aus: Spiegel special, 3/97, S. 119ff.)

Fredrika Gers

Bessere Chancen für Individualisten

Seit ich es 1987 endlich zu einem eigenen PC gebracht habe, bin ich fast jeden Abend online. In dieser Zeit habe ich rund hundert User persönlich kennen gelernt. Und mit persönlich meine ich RL, Real Life, Face to Face. Im Ernst, die Leute am anderen Ende der Leitung sind alle aus Fleisch und Blut. Man wird nicht zum virtuellen Monster, nur weil man sich eines Kommunikationsinstruments bedient, das etwas mehr Elektronik enthält als ein Telefon. An dieser Stelle höre ich meine Mutter: „Aber diese kalte Technik dazwischen, wo man sich noch nicht mal sieht – wie kann man sich da kennen lernen?" Die Antwort lautet: „Besser als sonstwo." […]
Okay, sich da so irgendwie zu unterhalten, mag ja noch hingehen. Aber erzählen Sie mal Ihren Verwandten und Offline-Bekannten, Sie hätten Ihren neuen Freund per Computer kennen gelernt. Es ist, als hätte man sich das Exemplar per Tintenstrahler selbst gedruckt. Aber Sie können ruhig anfassen, alles echt.
Im Cyberspace laufen wirklich die nettesten Männer frei herum. Nette Frauen auch, aber leider immer noch viel zu wenig. Für mich hat das natürlich den Vorteil, immer Henne im Korb zu sein. (Hallo Frauen, dies war jetzt ein offizieller Geheimtipp, verdammt noch mal!)
In der Disko entscheidet ein kurzer Blick, ob der Baggerkönig Chancen hat oder nicht. Dabei ist es ganz egal, was er gegen den Lärm anbrüllt. Im Chat ist es genau umgekehrt. Das Aussehen ist zunächst völlig gleichgültig, es geht ausschließlich um Worte – um die getippten Zeilen auf dem Bildschirm. Zu jung, zu alt, falsche Klamotten – sorry, diese Krücken fehlen. Vielleicht ist es das, was manchen Menschen Angst macht: Sie haben keine Angriffsfläche für ihre Vorurteile.
In diesem Medium lernt man Menschen von innen her kennen. Hat der andere was in der Birne? Hat er Humor, welche politischen Ansichten hat er, ist er schnell beleidigt, was bewegt ihn – was für ein Mensch ist er?
Danke für den Zwischenruf, jaja, es gibt auch Fakes, Leute, die sich online total verstellen. Ich habe aber in fast zehn Jahren erst einen einzigen kennen gelernt. Der hat drei Monate durchgehalten und ein paar Computerkids in sich verliebt gemacht.
Die meisten Leute haben keinen derart langen Atem. Außerdem ist es auch nicht sinnvoll, denn beim ersten persönlichen Treffen kommt sowieso alles raus. Wenn der Chatpartner sich beharrlich weigert, zu einem Treffen, selbst mit mehreren Leuten, im unverbindlichen Rahmen zu erscheinen, ist das ein In-

Fredrika Gers

Chat
Elektronischer Klönschnack. Zwei oder mehr Leute unterhalten sich per Tastatur. Jede eingetippte Bemerkung erscheint sofort bei allen anderen Teilnehmern auf dem Bildschirm, eine fein säuberlich unter der anderen. Es gibt kein Dazwischenreden, und jede Stimme ist gleich laut. Allein der Inhalt zählt. Chats gibt es in lokalen Mailboxen, bei den großen Online-Diensten und im Internet. Selbst mit dem ältesten Computer und dem langsamsten Modem kann man problemlos chatten.

diz, dass Schein und Wirklichkeit nicht ganz zusammenpassen. [...]

Vergessen wir die Fakes. Thema Kontaktanbahnung. Genauso wie im wirklichen Leben passieren auch online die besten Sachen, wenn man sie einfach geschehen lässt. Wer sofort nach Betreten des Chats anfängt, alle Personen des anderen beziehungsweise gleichen Geschlechts oder beide wild anzubaggern, hat hier noch weniger Chancen als in der Dorfdisko. Er wird entweder rausgeworfen oder ignoriert. Und dieses Ignorieren geht weit über geflissentliche Nichtbeachtung hinaus. Einfach */ignore Harald* eintippen, und Nachrichten von Harald werden mir gar nicht mehr angezeigt. Ende der Fahnenstange.

Ich sitze da also friedlich, gemütlich und sicher zu Hause bei einem Weißbier und schwatze online per Tastatur mit fünf, sechs Typen, die kreuz und quer über die Republik verstreut sind. Einer hat sich auch aus USA zugeschaltet, um sein Deutsch aufzupolieren. Wir reden über dies und das, und die Bemerkungen von dem einen Kerl finde ich immer besonders treffsicher und witzig.

Bald weiß ich, was er beruflich macht und wie alt er ist. Ziemlich schnell unterhalten wir uns auch über wesentlich privatere Dinge. Die Vertrautheit der eigenen Umgebung und das Bewusstsein, jederzeit gehen zu können, tragen viel dazu bei, dass man bei solchen nächtlichen Chats wesentlich mehr aus sich herausgeht als bei einem Kneipengespräch.

Übrigens hat mein Gesprächspartner heutzutage natürlich auch eine Homepage, und weil mein Interesse an ihm sich verdichtet, gucke ich mir die an. Und natürlich ist da auch ein Foto von ihm drauf. Ich weiß jetzt so ziemlich alles von ihm – sogar, wie er aussieht. Ist das vielleicht anonym?

Wenn zwei Leute im Chat verschärftes Interesse aneinander feststellen, treffen sie sich normalerweise früher oder später auch im Real Life. Entweder dezent privat oder unverbindlich auf einem öffentlichen Treffen der jeweiligen Usergemeinde. Das ist dann, als würde man einen Film sehen, dessen Romanvorlage man kennt. Mal sehen, wie die das realisiert haben. Die zwei bis drei Lebensabschnittsgefährten, die ich auf diese Weise kennen gelernt habe, haben alle wesentlich besser zu mir gepasst als frühere Zufallsbekanntschaften. Gerade Individualisten mit Ecken und Kanten haben meiner Meinung nach online bessere Chancen, einen passenden Partner zu finden. Wer sowieso mit jedem auskommt, kann auch in die Disko gehen.

(Aus: Spiegel special, 3/97)

Willkommen daheim!

Glosse von Susanne Fischer

[...] Man kann sich nur wundern, wie vernünftige Menschen reihenweise auf die Knie sinken vor der bloßen Möglichkeit, mit der ganzen Welt zu kommunizieren – statt vor Angst und Abscheu zu schlottern.

Es gibt Leute, die behaupten, per Netz und E-Mail neue und interessante Menschen kennen zu lernen. Bei einer Vorführung dieser virtuellen Bekanntschaftsanbahnung wurde mir die Kategorie „Mensch" schnell fragwürdig, denn im Internet fällt jeder darunter, der die Frage „Wie heißt du?" mit einem Namen (es muss durchaus nicht der eigene sein) beantworten kann.

So weit sollte es ein gut programmierter Rechner wohl inzwischen auch bringen, oder, um mit Max Goldt zu sprechen: In Amerika gibt es das schon. Und wer will via World Wide Web mit flüchtigen Bekannten aus Venezuela respektive Singapur schließlich derartige Dialoge führen:

Fahrt ihr in Urlaub?
Ja, aber Lisa will den Kanarienvogel nicht allein lassen.
Also nicht?
Der Kanarienvogel ist sehr sensibel.
Ja, wohin denn nun?
Wir bleiben zu Hause.

Und damit die Enkel später eine Freude haben, kann man sich das tägliche World-Wide-Deppenprotokoll auch noch ausdrucken lassen. Nein, das Internet kann nicht Gott sein, weil an den Millionen anderer Enden immer nur dieselben Trottel sitzen wie zu Hause. Allenfalls Gottes Mühlen könnten hinter dem schläfrigen Übertragungstempo stecken.

So genannte Suchmaschinen fördern im zähen Datenbrei dafür Erstaunliches zutage. Sie brauchen dringend ein korrektes Zitat aus Dantes „Divina Comedia"? Kein Problem. Sie möchten wissen, wo es in den Vereinigten Staaten Peanuts-Museen gibt? Bitte schön. Sie wollen einen Live-Blick von einem Hochhaus in Sydney werfen? Die Kamerabilder werden direkt für Sie ins Internet eingespeist.

Sie finden Sydney langweilig, kommen sowieso nie mehr in die USA, seit sie immerzu vorm Bildschirm hocken, und können auch niemanden mit Dante-Zitaten beeindrucken, weil alle ihre Computer-Freunde „Inferno" für eine Unterhosenmarke halten? Tja, dann haben Sie ein Problem, denn dann müssen Sie ziellos von einer Website zur nächsten surfen. Von der *Bild*-Traumfrau zum virtuellen Macy's-Kaufhaus über den Veranstaltungskalender zur Homepage der Karl-May-Stiftung.

Wenn Sie ganz viel Pech haben, landen Sie bei Familie Müller (von nebenan) oder Familie Smith (in Chicago gleich nebenan). Da können Sie in Ruhe die Hochzeitsbilder von Karl und Emma Müller betrachten und nachlesen, wie viele Mäuse Kater Felix vergangene Woche nach Hause getragen hat.

Am Ende wird jeder seine Homepage haben, und das Internet kann nichts anderes mehr sein als die Verdoppelung der Welt mit lächerlichen Mitteln, über die Fachleute allerdings in Ekstase geraten. Schön daran ist, dass die virtuell zappelnde Welt im Netz weniger Platz wegnimmt als ihr gebeuteltes Vorbild. Und dass man sie ausschalten kann.

(Aus: Spiegel special 3/1997, S. 35)

❏ Vergleichen Sie die beiden Texte S. 522f. und S. 523f. (Inhalt, Einstellung zu Computer und Internet, Textart, sprachlich-rhetorische Machart).

❏ Beurteilen Sie die Texte und formulieren Sie selbst Ihre Einstellung in Form einer kurzen schriftlichen Stellungnahme.

❏ **Arbeitshinweis für eine schriftliche Auseinandersetzung mit der Thematik**
Verfassen Sie selbst einen Text, der Ihre Einstellung zum Ausdruck bringt. Wählen Sie dazu eine Ihnen gemäße Textart, zum Beispiel Leserbrief, Glosse/Satire/Parodie, Gedicht, Darstellung eigener Erfahrungen.

Dieter E. Zimmer
Computerjargon*

Der Computerjargon ist nur ein Beispiel, aber es ist ein gutes Beispiel. Alle Sprachen sind hier dem gleichen Druck ausgesetzt. Es handelt sich auch um keine bloße Mode, sondern um eine neue Welt voller neuer Dinge, für die keine Sprache Namen hatte und die alle einen Namen benötigen. Für alle Sprachen kommt der Druck aus der gleichen Richtung. Obwohl ein Fachjargon, geht er in dem Maße, in dem der Computer zum Teil des Alltags wird, zu großen Teilen in die Alltagssprache über. Die hundert ausgewählten Begriffe sind keine Sache nur von Informatikern; es sind solche, die ständig auch dem normalen Anwender begegnen und mit denen er selber hantieren muss, sobald er über sein Arbeitsgerät sprechen will. Dieser Jargon entsteht unter sozusagen verschärften Bedingungen, wie sonst nur noch der Jargon des internationalen Verkehrswesens und zunehmend der der Naturwissenschaften: Die ihn prägen – die Autoren und Übersetzer der Handbücher, die Fachjournalisten, die Werbeleute – müssen nicht nur selber zweisprachig sein, sie arbeiten auch zweisprachig, ständig aus der einen Sprache in die andere und zurück wechselnd. Bei diesem unablässigen Wechsel können sie nicht lange nachgrübeln, wie man diesen oder jenen Begriff in der anderen Sprache sinnvoll und geschickt wiedergeben könnte, sie müssen auf fertige Begriffe zurückgreifen, und wo ein Begriff in der Zielsprache unterlegen wirkt – trockener, umständlicher, ungelenker, nämlich weniger leicht einbindbar in wechselnde Satzzusammenhänge –, hat er das Nachsehen, wird das englische Wort lieber doch gleich so belassen, wie es ist. [...]
Während der mehr oder weniger stark anglisierte Computerjargon die innere Anglisierung der nichtenglischen Sprachen schon seit Jahrzehnten langsam, aber sicher vorantreibt, erfährt dieser Prozess seit Beginn der neunziger Jahre durch die rapide fortschreitende weltweite Vernetzung eine mächtige Beschleunigung. Die Lingua Franca der Netze ist Englisch. Kaum eine Datenbank, deren Inhalte anders als auf Englisch gespeichert sind, und selbstverständlich ist auch die Zugriffssprache fast immer allein Englisch. Kaum ein Diskussionsforum, in dem andere Sprachen gesprochen werden. Und da die so genannten Sonderzeichen der nationalen Alphabete in den Netzen vielen Fährnissen ausgesetzt sind, sind die nichtenglischen Sprachen selbst bei der privaten elektronischen Post stark gehandicapt. Die gesamte Metakommunikation des Internet – also die Kommunikation über die Techniken der Kommunikation – vollzieht sich ebenfalls fast ausschließlich auf Englisch, und so werden die Schlüsselbegriffe fast nirgends mehr übersetzt: *browser, chat, client, cyberspace, gateway, home page, host, link, modem, on line, server, url, web* – das sind inzwischen Weltwörter, bei denen so gut wie keine Sprache mehr auch nur den schüchternen Versuch unternimmt, ihnen eigene Entsprechungen an die Seite zu stellen, abgesehen von einigem letzten Widerstand aus Frankreich und Frankokanada. (v 1997)

❐ Dieser Text des Sprachwissenschaftlers und Publizisten Dieter E. Zimmer beschäftigt sich mit dem sprachlichen Aspekt des „Computerzeitalters". Wie erklärt er den Computerjargon, wie schätzt er ihn ein?
Wie beurteilen Sie selbst diese Entwicklung?

* Überschrift vom Herausgeber

Mit Sprache handeln...

„Streit um Worte"? Sprache der Politik – Sprache der Öffentlichkeit

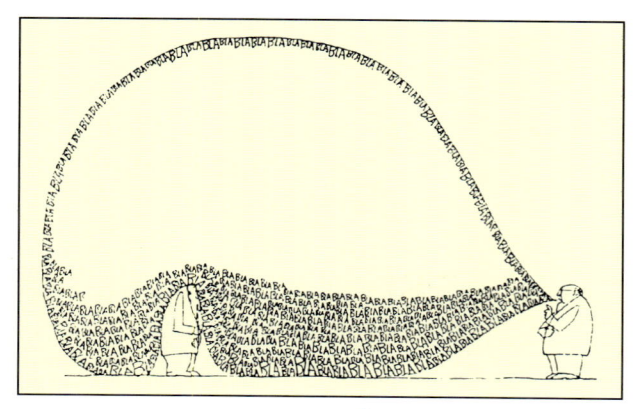

Paul Flora: Vergebliche Worte

Klaus Bresser
Sprache, Medien und Politik

[...] Das Wort *Mut* fällt mir nicht von ungefähr ein, wenn von Sprache und politischem Journalismus die Rede ist. Gehört doch inzwischen in Deutschland Zivilcourage dazu, Zustände und Vorgänge als das zu benennen, was sie sind. Sprache weniger als Mittel der Verständigung zu benutzen als vielmehr zur Verschleierung – diese Kunst ist mittlerweile hoch entwickelt und weit verbreitet. Und je schwieriger die politische und wirtschaftliche Lage, desto mehr wächst die Neigung, Wichtiges mit Worten zuzuschütten, Kompliziertes zu vereinfachen, Hässliches schönzureden.

Sie merken: Irgendwie habe ich jetzt den schwierigen Anfang hinter mir, habe mich hineingemogelt ins Thema, in mein Thema. Und das heißt nicht nur, wie im Programm angekündigt, „Sprache und Medien"; es heißt: *Sprache, Medien und Politik.* Oder im Untertitel: Wie mit Worten gelogen wird und kaum einer es merkt.

Journalisten haben es ja nicht nur mit Ereignissen zu tun. Sie haben sich auch mit Verlautbarungen zu diesen Ereignissen herumzuschlagen. Die meisten dieser politischen Verlautbarungen sind Propaganda, Beschwichtigungen oder Übertreibungen. PR-Veröffentlichungen, die nicht objektiv über eine Sache oder eine Person informieren, sondern von vornherein eine bestimmte Sicht vermitteln wollen. Das geschieht regelmäßig durch eine höchst eigenwillige Auswahl von Fakten, aber auch durch die gezielte Wahl von Worten, durch einen wohlkalkulierten sprachlichen Etikettenschwindel.

„Die politische Auseinandersetzung ist, unter anderem, auch ein Sprachstreit", sagt der Journalist Dieter E. Zimmer. „Nicht ein Streit mit Hilfe von Worten, sondern ein Streit um Worte. Wer die Macht hat, hat in einiger Hinsicht auch die Macht über die Sprache; und wer die Macht über die Sprache hat, befestigt seine politische Macht."

Wörter als Schleier, Wörter als Machtmittel. Tagtäglich kommen sie den Journalisten auf den Tisch, eine Flut von Floskeln und Phrasen, Begriffen und Bezeichnungen, viel, viel Papier. Wir haben das zu ordnen, Spreu vom Weizen zu trennen, Lüge von Wahrheit. Die demokratische Gesellschaft beruht auf der Wahrheit. „Ohne Wahrheit", so sagte Samuel Johnson schon im 18. Jahrhundert, „löst sich die Gesellschaft auf." Ohne umfassende und zutreffende Informationen funktioniert unser Gemeinwesen nicht. Wie aber widersetzen wir uns den Irreführungen, entlarven die alltäglichen Schönfärbereien, decken die Unwahrheiten auf?

Ein Rezept ist: Skeptisch zu sein gegenüber der Sprache der Politik, misstrauisch gegenüber den oft so wohlklingenden Worten.

Die Menschen aus der Deutschen Demokratischen Republik bekamen vierzig Jahre lang staatlich gelenkte Sprache zu hören: Das Funktionärsregime wurde *Arbeiter-und-Bauernstaat* genannt, geschützt durch den *antifaschistischen Schutzwall* vor den *Handlangern des Imperialismus*. Die herrschende Partei bürgte schon namentlich für *Einheit* – und wer sich dieser oktroyierten Einheit entzog, den überwachte die *Staatssicherheit*. Und was hören sie jetzt, inzwischen Bürger der neuen Bundesländer? Das Wort *abwickeln* hören sie, wo doch stilllegen, auflösen, dichtmachen gemeint ist. Abgewickelte Arbeiter und Angestellte werden nicht entlassen, sondern *dem Arbeitsmarkt zugeführt*. Dort treffen sie auf Angestellte und Beamte des öffentlichen Dienstes, die in der *Warteschleife* gewartet haben – auf Landung, nicht auf Kündigung. Andere machen unterdessen *Kurzarbeit*, genauer *Kurzarbeit Null*, und – das muss der neue Bundesbürger ja auch erst lernen – da wird nicht kurz-, sondern gar nicht gearbeitet.

Bundesbürger aus den alten Ländern kennen das seit langem, dass mit Sprache getäuscht wird. Was wurden nicht alles für Wörter erfunden, als es im Wirtschaftswunderland einmal nicht mehr aufwärts ging: Vom *Nullwachstum* war da die Rede, auch von *negativen Zuwachsraten*, von *freisetzen*, von *abbauen, rationalisieren*. Die Sozialpartner (auch so ein schönes Wort) hatten sogar mit *Abwachsraten* fertig zu werden. Deutschland befand sich in der *Talsohle*, es konnte also nur wieder bergauf gehen. Dass ein Tal auch sehr breit sein kann, darauf mochte niemand hinweisen. Kosten wurden schon längst nicht mehr gesenkt, sondern *gedämpft*, Mieter nicht mit rüden Methoden vor die Tür gesetzt, sondern Häuser *entmietet*.

Sprache als Beruhigungsmittel, Worte als Tranquilizer, Sedativsubstantive, Valiumverben. Noch

Militärparade in Ost-Berlin

bevor das erste Atomkraftwerk in Deutschland ans Netz ging, wurde das besänftigende Vokabular in die öffentliche Diskussion eingespeist: Um *saubere Energie* handele es sich, allenfalls mit einem *theoretischen Restrisiko*. Wenn etwas schiefginge, dann wär's höchstens ein *Störfall*. Der atomare Müll wurde – sprachlich elegant – *entsorgt*. Und wo? Krönung verbaler Verharmlosung: im *Entsorgungspark*.
Wir sind Weltmeister im Beschönigen. Gift wird nicht in Luft, Wasser und Boden geleitet, Salzsäure nicht ins Meer gekippt, nein, die hauptberuflichen Beschwichtiger sprechen von *Schadstoffemission* und *Dünnsäureverklappung*.
Die Worttäuscher haben die Rosstäuscher abgelöst. Um das gewaltsam klingende Wort Abtreibung zu vermeiden, erfand man die *Schwangerschaftsunterbrechung*, die in Wirklichkeit die Schwangerschaft beendet, *ab*bricht. Der gezielte Todesschuss der Polizei wurde zum *finalen Rettungsschuss* umformuliert. Der Politiker, der sonst doch alles im Griff hat, ist, wenn es mal schwierig für ihn wird, auf einmal Opfer von *Sachzwängen*. Kommen gar Skandale ans Licht, dann hat er sie nicht verursacht und zu verantworten, dann ist er allenfalls in sie *verstrickt*.
Mit Worten wird gelogen in diesem Land. Manchmal sogar mit Ehrenworten. Dieter E. Zimmer hat einmal von der „Verschönerung der Welt durch sprachliche Maßnahmen" gesprochen: „Nichts Ungünstiges oder Abträgliches soll mehr aus unserem Munde kommen, alles wird schonungsvoll umschrieben." Die Vielzahl der Euphemismen ist in der Tat kennzeichnend für die Geschichte der Bundesrepublik Deutschland: Wie viel wird da sprachlich verbrämt und verniedlicht. Den meisten ist das gar nicht mal unangenehm in einer Gesellschaft, die süchtig ist nach Harmonie, die Konflikten gern ausweicht und aus dem Gefühl heraus, dass es bei uns allzu sanft, behutsam und rücksichtsvoll zugehe, ein bezeichnendes Wort erfand: *Streitkultur* – mehr Streit, aber nicht zu viel, und wenn, dann bitte mit Kultur.
Deutschland ist in den letzten Jahrzehnten mit Hilfe der Sprache geschönt worden. Kanten wurden abgeschliffen, Ecken abgerundet, Unebenes geglättet, Probleme und Gefahren mit hehren Worten verharmlost. Um so mehr fällt es auf, wenn sich in den allgemeinen Wohlklang plötzlich schrille, ja scharfe Töne mischen. Seit einiger Zeit wird Sprache politisch nicht nur benutzt, um zu beschwichtigen, sondern um das genaue Gegenteil zu erreichen – zuzuspitzen, zu emotionalisieren, Stimmung zu machen.
Aus dem *Fremdarbeiter* haben wir guten Willens erst den *Gastarbeiter* werden lassen, schließlich den *ausländischen Mitbürger*. Jetzt aber fließen in die Ausländerdebatte hässliche Obertöne ein. *Asylant*, sagen wir mit Betonung auf der letzten Silbe; wie bei Bummelant, Simulant, Ignorant, Spekulant, Querulant, Denunziant. Viele Wörter auf *-ant* bezeichnen im Deutschen Personen ziemlich unzuverlässigen Charakters. (Ausgenommen selbstverständlich Intendanten, auch Debütanten und Komödianten, Adjutanten und Kommandanten; Passanten

und Mandanten können zwar üble Typen, müssen das aber keineswegs sein.)

Wenn das Wort *Asylant* – oft genug auch *Schein-* oder *Wirtschaftsasylant* – dann noch kombiniert wird mit bedrohlichen Wörtern wie *Strom, Flut, Schwemme*, dann wird Angst geschürt. Sprache ist dann das Mittel, um emotional den Boden zu bereiten für eine bestimmte Politik. Deren Ziele bleiben im Bild: *Dämme bauen, Schleusen schließen, Schotten dichtmachen*. „Das Boot ist voll", schreien die Republikaner, und vor vielen Augen steigt das Bild vom drohenden Untergang der Republik empor.

Das Gefühl der Bedrohung wird gesteigert durch Vergleiche aus der Welt des Militärs. Da nimmt eine „*Armada der Armen* Kurs auf die Festung Europa", sammelt sich am „*Einfallstor* in den Wohlstandswesten", einer „neu entstehenden *Flanke*", einer „zentralen *Einfallsroute*" – da gilt es, um „den *Ansturm* abzuwehren", eine „umfassende *Abwehrstrategie*" zu entwickeln.

Konfrontation, Konflikt und Krieg werden herbeigeredet, das Ende von Sicherheit und Ordnung prophezeit. Schon spricht die Tageszeitung *Die Welt* vom „Chaosasylanten", der nichts anderes im Sinn hat, als das Chaos bei uns einzuschleppen. Politiker warnen – in Abwandlung des gut gemeinten Begriffs von der multikulturellen Gesellschaft – vor der „multikriminellen Gesellschaft".

Das grenzt an Panikmache – und soll zugleich verschleiern, dass den starken Worten nur schwache, oft keine Taten folgen. Weil man nicht handelt, redet man. Über politische Handlungsunfähigkeit wird ein Mantel des Schweigens geworfen. […] Der Kampf um die Worte, das zeigen solche Beispiele, wird in verschiedenen Disziplinen ausgetragen: Verharmlosung und Schönfärberei einerseits, Überspitzung, Emotionalisierung, Kraftmeierei andererseits. Und immer geschieht dies mit einem bestimmten Ziel: Begriffe zu besetzen, die Welt zu bewerten. Mit Worten wollen Politiker vermitteln, wie die Bürger die Dinge wahrnehmen sollen.

Doch das geht nicht immer gut. Wer große Probleme nicht löst, sondern sie kleinzureden versucht, der verliert auf Dauer Vertrauen. Wer kleine Taten hinter großem Geschrei verbirgt, der verliert an Glaubwürdigkeit. Nicht zum geringsten Teil, meine ich, ist die derzeitige Parteienverdrossenheit auch auf die vermeintliche Wortgewalt der Politiker zurückzuführen. Wer mehr Mühe darauf verwendet, die Sprache zu prägen als die Realität, der kann in einer offenen, kritischen Gesellschaft nicht sehr lange überzeugen. Gut deshalb, wenn Journalisten die Gefahren der Wortkosmetik erkennen und auf sie hinweisen. Sie müssen sich hüten vor der Sprache der Politiker, dürfen sie nicht kritiklos übernehmen, haben auf Widersprüche zwischen Wort und Wiiklichkeit aufmerksam zu machen.

(v 1993)

❑ Arbeiten Sie heraus, in welcher Weise Klaus Bresser seine Argumentation aufbaut; wie heißt seine Kernthese, in welcher Weise versucht er sie abzustützen?

❑ Stimmen Sie den von Bresser formulierten „Diagnosen" zu? Können Sie diese gegebenenfalls durch weitere Beispiele bestätigen?

❑ Stellen Sie die kritisierten Formen des Sprachverhaltens zusammen. Auf welche Möglichkeiten zur Eindämmung oder Vermeidung des kritisierten Sprachverhaltens weist Bresser hin?

❑ Setzen Sie sich kritisch mit der von Bresser zitierten Äußerung von Dieter E. Zimmer auseinander (Seite 526, Zeile 32: „Die politische Auseinandersetzung ist…")

Hans Joachim Schyle

Sie streuen uns Wörter wie Sand in die Augen

In seinem im Piper-Verlag erschienenen Buch „Im Jahr des Großen Bruders" hat der Berliner Publizist Hannes Schwenger eine umfangreiche Liste von Neudeutsch-Vokabeln zusammengestellt, mit der noch den bedrohlichsten Aspekten unserer Gegenwart Freundlich-Unverfängliches abgewonnen wird. Am üppigsten blüht die Fantasie, wo es gilt, öffentliche Macht- und Kraftentfaltung zu bemänteln. Niemand in aller Welt will Krieg, also gibt es ihn (in der Sprache) auch nicht. Das Äußerste, was passieren könnte, wäre der „Verteidigungsfall". Und vor allem keine Waffen! Wir haben „Geräte" und „Systeme", wo es früher „Bomben" und „Raketen" gab. Wir nennen die mit vier Atomraketen bestückten „Cruise Missiles" auf deutsch „Marschflugkörper", was sich anhört, als handle es sich um das Wandergepäck eines Drachenfliegers von der Rhön.

Aber auch die kleinen möglichen oder wirklichen Unannehmlichkeiten des Alltags lassen sich verbal kaschieren. Niemand ist gern dick, aber „vollschlank" lässt sich's leben. Wer an einer „Perücke" Anstoß nimmt, kann manchmal mit einer „Zweitfrisur" sein Glück finden. Der hässliche Anblick von abgerissenen Häusern und Wohnvierteln gewinnt als „Stadtsanierung" an Ansehen. Eine unwillkommene Steuererhöhung lässt sich als „nicht rückzahlbare Anleihe" tarnen, [...] Bestechungsgelder laufen als „Parteispenden", Betriebe lassen sich „gesundschrumpfen", Buchverleger propagieren „Verlagsverschlankung". Und wenn sich bei solch verbalen Trimm-dich-Übungen der eine oder andere Angestellte in den „Vorruhestand" abgeschoben fühlt, so kann er doch darauf hoffen, dass er später nicht ins Altersheim muss: die „Seniorenresidenz" steht ihm offen. Man kann hinter all diesen Sprachverdrehungen, Beschönigungen und Verschleierungen eine legitime List der Menschen sehen, die eigenen Ängste zu bekämpfen, die unwirtliche Realität etwas behaglicher zu gestalten. Das könnte oft sogar gelingen, denn vielleicht hat der alte Grieche Epiktet Recht, der behauptet, dass uns „nicht die Dinge selbst beunruhigen..., sondern die Meinung, die wir über die Dinge haben". Wittgenstein sagte: „Die Sprache verkleidet die Gedanken." Auch das taugt zur Entschuldigung. Nach dem Prinzip „Wörter machen Leute" ließe sich womöglich ganz angenehm leben.

Andrerseits kann es passieren, dass einen beim Anhören des Wortsalats die große Wut packt. Doch wer damit an die Öffentlichkeit geht, um die Manipulation zu beklagen und über die große „Lebenslüge" zu lamentieren, wer in hitziger Diskussion versucht, die Dinge gerade zu rücken, mit Anklage und Schuldzuweisung, der muss heutzutage darauf gefasst sein, dass ihm hinterher ein öffentliches Kommuniqué bescheinigt, es habe eine „freimütige Diskussion" stattgefunden. Auch wenn vorher die Fetzen flogen.

(Aus: Stuttgarter Nachrichten, 5.5.1984, S. 49)

❏ Vergleichen Sie diesen Text mit dem von Klaus Bresser, zum Beispiel im Hinblick auf:
– die Kernthese
– die Argumentationsart
– ...

❏ Erläutern Sie die vom Verfasser genannten Zitate von Epiktet und Wittgenstein (Zeile 35 bis 38).

Wolfgang Ebert
Beschwichtigungen

Es kann absolut nichts passieren. Es ist so gut wie ausgeschlossen, dass etwas passiert ist.

Es ist überhaupt nichts passiert. Wie kann einer behaupten, dass etwas passiert ist?

Was soll denn passiert sein? Woher will man wissen, dass etwas passiert ist?

Ob etwas passiert ist, kann nur ein Fachmann feststellen. Vorläufig handelt es sich nur um Vermutungen, dass etwas passiert sein soll.

Wenn überhaupt etwas passiert ist, dann liegt der Vorfall schon lange zurück. Inzwischen ist nichts passiert, was erwähnenswert wäre.

Was da vorige Woche passiert sein soll, war nur ein kleiner, harmloser Störfall. Es gehört schon eine Portion Unverfrorenheit dazu zu behaupten, es sei mehr passiert, als bekanntgegeben wurde.

Alle erforderlichen Sicherheitsmaßnahmen, damit so was nicht passieren kann, waren getroffen worden.

Ja, es könnte etwas passiert sein. Die Medien haben das, was passiert sein soll, sehr aufgebauscht. In Wirklichkeit ist so gut wie nichts passiert.

Was passiert ist, beruht auf menschlichem Versagen. So was kann natürlich immer mal passieren, sollte aber nicht.

Auch im Straßenverkehr passiert so manches, ferner im Haushalt. Im Interesse des technischen Fortschritts muss das Risiko getragen werden, dass so etwas passieren kann.

Es muss alles getan werden, damit so etwas nie wieder passiert. Was eigentlich passiert ist, ist selbst den Experten noch ein Rätsel.

In kleinerem Ausmaß ist so was allerdings früher schon mal passiert. Was da passiert ist, kann eigentlich nur einmal in tausend Jahren passieren.

Es hätte noch viel mehr und Schlimmeres passieren können. Man muss einfach daran glauben, dass so etwas nicht mehr passieren wird.

Was da passiert ist, war keine Katastrophe, sondern höchstens ein schweres Unglück.

Was immer auch passiert sein mag – wir dürfen uns nicht beirren lassen. Wenn so etwas passiert ist, gilt es, Ruhe zu bewahren, damit keine gefährliche Panik entsteht.

Es war einfach Pech, dass es gerade jetzt passiert ist. Dass es in dieser Form passieren würde, war ja unvorstellbar.

Die Frage: „Wie konnte das passieren?" steht weiter im Raum. Jedenfalls kann die Öffentlichkeit sicher sein, dass alles Menschenmögliche getan wird, damit so was nie wieder pas ... oh, mein Gott!!!

(Aus: Die Zeit, 5.9.1986)

❏ Erläutern Sie die Überschrift; belegen Sie mit Beispielen aus dem Text; stellen Sie den Zusammenhang zu den Texten von Klaus Bresser und Hans Joachim Schyle her.

❏ Weisen Sie die Textart „Glosse" nach: eine häufig in Zeitungen genutzte kommentierende Textart, mit der in oft origineller und pointierter Form zu politischen Ereignissen Stellung genommen wird.

Dieter E. Zimmer

Sprache im Modernisierungsfieber

Wörter kommen über die Sprachgrenzen herein, und zwar nicht als Flüchtlinge, sondern als geladene Gäste, einige werden abgewiesen, die meisten werden aufgenommen und mit der Zeit assimiliert, und so sehr sich auch manche über den Zustrom echauffieren, die Sprache ist daran offensichtlich nicht zugrunde gegangen, hat davon sogar profitiert. Wenn dies jahrhundertelang so war, warum sollte es dann nicht jetzt und in aller Zukunft wieder so sein?

Es ist immer riskant, daraus, dass etwas in der Vergangenheit gut gegangen ist, zu schließen, es werde auch in Zukunft gut gehen. In mehrerlei Hinsicht ist die Situation heute eine andere, und so könnten auch die Folgen andere sein.

Erstens: In der Vergangenheit war der Einstrom fremder Wörter und Wendungen jeweils zeitlich begrenzt. Entsprang er einer Mode, so versiegte er, wenn die nächste an der Reihe war. Diente er der Abdeckung neuer Begriffsfelder, so war der Bedarf irgendwann gesättigt. Der heutige Zustrom aber wird nicht eines baldigen Tages versiegen; im Gegenteil, mit der wachsenden weltweiten Verflechtung aller Lebensbereiche wird er weiter anschwellen. Außerdem wird die Beschleunigung der technischen und wissenschaftlichen Entwicklung dazu führen, dass wir es mit immer mehr neuen, bislang namenlosen Dingen zu tun bekommen, die zunächst einmal ihren fremden Namen mitbringen. Auch an der Richtung dieses Stroms wird sich in absehbarer Zeit nichts ändern: Es wird sich weiter um eine Anglisierung handeln. Die Erwartung, dass der Vorgang sich auch diesmal selber limitieren werde, dürfte also eine Täuschung sein.

Zweitens: In der Vergangenheit war der Gebrauch der fremden Wörter auf bestimmte, relativ isolierte Sprecherkreise beschränkt. Der Adel und das Militär des siebzehnten und achtzehnten Jahrhunderts riefen Französisch zu Hilfe, Kaufleute und Musiker Italienisch, die Wissenschaften Latein und Griechisch, Seefahrer und später Sportsleute Englisch. Auf einigen Gebieten (beim Militär und der Post) wurden die Fremdwörter durch planvolle Verdeutschungen wieder beseitigt. Sofern sie sich aber nützlich machten, weil sie nämlich Dinge und Vorgänge benannten, für die das Deutsche keine ebenso handlichen Begriffe bereitstellte, wurden sie eingebürgert – aus Fremdwörtern wurden Lehnwörter, und im Laufe der Zeit konnten manchmal nur noch studierte Etymologen denen die fremde Herkunft ansehen. Auch das fremdwortreichste Deutsch, das je gesprochen wurde, das französierende Deutsch der ersten Hälfte des achtzehnten Jahrhunderts, blieb eine Schichtensprache, die des Adels und der bürgerlichen Oberschicht.

Masse jedoch drückte sich weiterhin anders aus, und wenn sie einen Gallizismus übernahm, tat sie ihm anverwandelnde Gewalt an, machte aus dem hauchzarten ‚bleu mourant' ein bedudeltes *blümerant*, aus dem Kramzeug der ‚quincailleries' die

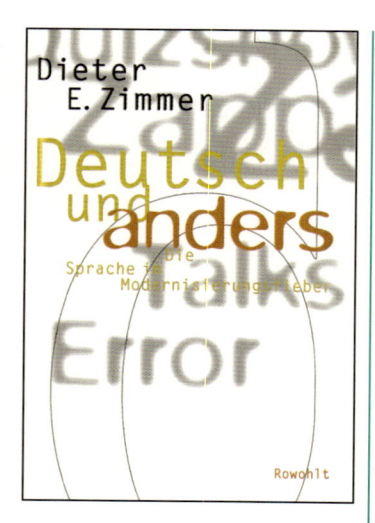

☐ Der Text ist ein Ausschnitt aus dem Buch „Deutsch und anders – Die Sprache im Modernisierungsfieber" (Rowohlt Verlag, Reinbek 1997). Erläutern Sie diesen Titel.

☐ Nennen Sie die Kernthesen des Verfassers; auf welche Weise belegt er sie?

Wie kennzeichnet er in Bezug auf seine Thematik die Unterschiede zwischen Vergangenheit und Gegenwart?

☐ Was halten Sie von Zimmers These, „Subjekt der Sprache" seien die professionellen Vermittler, die Medien?

☐ In welchen Lebensbereichen erfolgt nach Meinung von Dieter E. Zimmer die Anglisierung vor allem? Überprüfen Sie seine Meinung, indem Sie jeweils in Gruppen bestimmte Fachzeitschriften, Illustrierten, Zeitungen untersuchen.

Kinkerlitzchen, aus der *tête* (Kopf) den *Deez.* An der Basis war man eben nicht so *etepetete* (was vielleicht aus niederdeutsch ‚ete', geziert, kommt, vielleicht aber aus französisch ‚être, peut-être').

Die heutige Anglisierung scheint auf den ersten Blick ebenfalls auf einzelne sachliche oder soziale Bezirke beschränkt. Beim zweiten Blick aber sieht man, dass niemand mehr um sie herumkommt. In mindestens einem dieser Lebensbereiche hält sich jeder einmal auf; die meisten in mehreren. Da einige eine besondere Domäne der Jugend sind, verinnerlichen die Heranwachsenden von vornherein ihre Sprachregeln; sie werden für sie zum Maßstab des Angemessenen – und wenn die Jugendlichen eines Tages zu Konservativen geworden sind, werden sie das anglisierte Deutsch für das einzig normale halten und ebenso halsstarrig verteidigen wie frühere Konservative das ‚th' und heutige Konservative das angeblich griechische ‚ph' oder ‚rh'. Diese Lebensbereiche sind: die Wissenschaften, die sich internationaler Konkurrenz stellen, also vor allem die Naturwissenschaften; der Computerbereich (und zwar nicht nur der benutzerabgewandte Bezirk der Informatiker unter sich, sondern ebenfalls die Schnittstelle zum Benutzer); der Bereich Reise/Verkehr/Tourismus; viele Zonen der Wirtschaft; die stark trendbestimmten Bereiche Werbung, Mode, Popmusik. In diesen Bereichen ist heute ein großer Teil, in den extremeren Fällen schon die Mehrzahl aller sinntragenden Wörter (im Unterschied zu den Funktionswörtern) englisch.

Das ergibt dann solche Sätze: *Bei den gemateten Hefestämmen wurde die Genedisruption über einen Southernblot und der Expressionslevel des getaggten Proteins in einem Westernblot gecheckt* (Diskussion unter Molekularbiologen). *In der Pipeline ist das Upgrade eines Kalibrationskits für Proofscreenmonitore und als Highlight ein Digitizer für CAD-Applikationen* (ein Computermagazin). *Miles & More führt ein flexibleres Upgrade-Verfahren ein: Mit dem neuen Standby oneway Upgrade-Voucher kann direkt beim Check-in das Ticket aufgewertet werden* (Lufthansa).

[...] *Der Shootingstar unter den Designern bekam Standing ovations für die supercoolen Outfits mit den trendigen Tops im Relax-Look* (ein Modemagazin).

[...] Nahezu jedes Inhaltswort ist in diesen Sätzen ein englisches. Die deutsche Sprache liefert solchen Sätzen nur noch das Füllmaterial. Und das Vertrackte ist: „deutscher" ließe sich das Gleiche auch gar nicht sagen. Deutsch hat sich auf diesen Gebieten verabschiedet und seinen Platz einem oft miserablen Englisch überlassen.

Wer nicht wahrhaben will, dass es so steht, lese etwa folgendes Bekenntnis der Hamburger Modeschöpferin Jil Sander im Magazin der ‚Frankfurter Allgemeinen', welches die Interviewerin mit den in den Sanderschen Ateliers arbeitenden „Menschen vieler Nationalitäten" entschuldigt: *Mein Leben ist eine giving-story. Ich habe verstanden, dass man contemporary sein muss, das future-Denken haben muss. Meine Idee war, die hand-tailored-Geschichte mit neuen Technologien zu verbinden. Und für den*

Erfolg war mein coordinated concept entscheidend, die Idee, dass man viele Teile einer collection miteinander combinen kann. Aber die audience hat das alles von Anfang an auch supported. Der problembewusste Mensch von heute kann diese Sachen, diese refined Qualitäten mit spirit eben auch appreciaten. Allerdings geht unser voice auch auf bestimmte Zielgruppen. Wer Ladyisches will, searcht nicht bei Jil Sander. Man muss Sinn haben für das effortless, das magic meines Stils.

Hervorstechendstes Kennzeichen des öffentlichen Neudeutsch, dem nur entginge, wer keine Einkäufe machte, keine Zeitungen und Prospekte läse, niemals das Haus verließe, sind heute jene unzählig überall aus dem Boden schießenden Pseudowörter, die durch das hastige Zusammenleimen irgendwelchen Wörterbruchs oft englischer, oft aber auch nur vage internationaler Provenienz gebildet wurden. Es müssen viele Beispiele sein, nicht weniger als hundert, um die Allgegenwart des Phänomens zu belegen. Dabei bleiben Firmennamen und Messen, die schon lange vorwiegend auf diese Weise gebildet wurden *(Eurofly, FlexTime, OrgaComp)*, ausgespart. Jeder brauchte sich am nächsten Kiosk nur ein paar bunte Zeitschriften zu kaufen, um die Zahl mühelos zu vervielfachen – der Methode ist nämlich Maxi-Kreativ Power zu eigen: *Airpass, AntiklauCode, Anti-Stress-Hit, Antiviren Tool, Aquarobic, Astrolook, Austro-Burger, Autocad-Applik, BahnCard,* […]

Manche finden es ungerecht, derlei Neuprägungen schnöde als „Wörterbruch" abzutun. Sind es nicht wendige und witzige und vor allem weltoffene Bildungen, zumindest etliche davon, die die Lebendigkeit des Deutschen bezeugen, seine heitere Geistesgegenwart, seine quicke Anpassungsfähigkeit? Sind sie nicht genau, wie wir selber gerne sein möchten? Es lässt sich darüber kaum streiten. Entzücken steht gegen Schaudern, zwei spontane Reflexe, die einander nichts zu sagen haben. Jedoch handelt es sich tatsächlich überwiegend um „Bruch" im buchstäblichen Sinn: verstümmelte Wörter, Wortbruchstücke, teils nur halb verstanden, irgendwo ohne Rücksicht auf ihre Herkunft zusammengerafft, ohne Rücksicht auf die Wortbildungsregeln ihrer Heimatsprache oder des Deutschen zu Wortbastarden kopuliert, manchmal kaum aussprechbar, da man nicht weiß, wo welche Sprache aufhört und welche anfängt oder um welche es sich überhaupt handeln soll. Alle geben sie zu verstehen: nur schnell, schnell! Nach Gebrauch darf man sie gerne wegwerfen. Sie tragen ihre nackte, oft wenig einnehmende Bedeutung, haben keine Geschichte und keine Aura außer der ihrer blanken Neuheit, sind also noch auf lange Zeit für jede Literatur ungeeignet, es sei denn zu satirischen Zwecken. Wer meint, dass auch einer Sprache eine gewisse Würde zukommen dürfe und dass diese nicht ohne eine gewisse Achtung vor ihren Wörtern und Regeln zu haben ist, wird um die Diagnose „Sprachschutt", „Trümmersprache" kaum herumkommen. Aber einzuräumen ist: gelegentlich geht es nicht ohne; und wer damit aufwächst, wird sie zeitlebens für das Normale halten. […]

Drittens: In der Vergangenheit stießen die Wortimporte auf eine uneinheitliche und teilweise ungeregelte Sprache. Es musste sich nicht auf der Stelle entscheiden, ob und in welcher Form sie aufgenommen wurden. Sie konnten sich Zeit lassen, bis sie irgendwo eine Heimstatt gefunden hatten. Heute bleibt keine Zeit für einen langen Assimilationsprozess. Schon bei der Abfertigung an der Grenze – also bei der Entscheidung darüber, ob ein fremdes Wort hereingelassen wird oder nicht – muss es schnell gehen: Die fremdsprachliche Pressemeldung, die da auf dem Schreibtisch liegt, muss schnell für deutsche Hörer und Leser aufbereitet werden, man kann nicht erst lange überlegen, ob es etwa schon eine deutsche Entsprechung zu diesem oder jenem neuen Begriff gibt, ob man ihn, wenn sie einem nicht einfällt, wörtlich oder frei übersetzen soll oder auch gar nicht. Und die Form, in der ein Wort eingeführt wird, ist in der Regel auch schon die endgültige. Die Sprache trifft ihre Entscheidungen sofort; Korrekturmöglichkeiten gibt es dann kaum noch.

„Die Sprache hat…", „Die Sprache tut …" – wir können gar nicht anders, als von der Sprache zu sprechen, als sei sie ein lebender Organismus, ein handelndes Wesen. Wer aber ist das Subjekt der Sprache, das da entscheidet, was sie zu tun und zu lassen hat? Wer treibt die Sprachentwicklung voran? […]

Das Subjekt der Sprache muss man heute nicht lange suchen. Es sind die professionellen Vermittler, die Medien. Sie erfinden die Neuerungen. Sie entscheiden, ob fremde Wörter in Umlauf gebracht werden sollen und in welcher Gestalt. Sie schreiben ihre Entscheidungen sogleich schwarz auf weiß fest – die Sprachwissenschaftler können sie hinterher nur noch zusammenklauben. Und die Medien haben nicht nur darum einen großen Fremdwortbedarf, weil sie Schritt halten müssen mit allem Neuen auf der Welt. […] Die Medien verschleißen die Wörter auch schnell und haben einen großen Bedarf an frischen fremden, weil es ihnen widerstrebt, dasselbe immer mit dem gleichen Wort zu benennen.

(v 1997)

„Ich gehe davon aus, dass die Entwicklung der Lage die Lösung der Probleme erleichtert, aber auch eine Herausforderung darstellt, denn die unverzichtbare Voraussetzung für die Akzeptanz unserer Politik ist es, dass wir den Bürgern nicht in die Tasche greifen, sondern uns durch gezielte Maßnahmen als Partei des Aufschwungs profilieren."

(Der Satz ist dem Buch „Kavalleriepferde beim Hornsignal" [Suhrkamp Verlag, Frankfurt/M. 1992] von Erhard Eppler, einem der führenden Politiker in den 70er- und 80er-Jahren, entnommen; Eppler verdeutlicht und entlarvt an diesem Beispielsatz den politischen Sprachgebrauch.)

Weitere Arbeitsmöglichkeiten

❏ Wählen Sie sich einen der Texte und formulieren Sie Ihre Ansichten in der Form eines fiktiven Leserbriefs.

❏ Analysieren Sie diesen Satz eines Politikers, weisen Sie dabei an den einzelnen Ausdrücken die hervorstechenden rhetorischen Mittel nach.

Themen-Vorschlag für projektorientierte Vorhaben oder eine Facharbeit

Untersuchen Sie ein bestimmtes Medium Ihrer Wahl unter dem Gesamt-Zusammenhang „Sprache und Politik". Werten Sie Ihre Befunde aus.
Sie können zum Beispiel untersuchen:
- politische Kommentare
- politische Reden, vor allem im Wahlkampf
- Werbeanzeigen in Illustrierten
- Werbespots im Fernsehen
- politische Diskussionen im Fernsehen

Nutzen Sie dabei das Videogerät.

Hinweise zur Vorgehensweise
- Stellen Sie mit Hilfe der Texte von Klaus Bresser, Hans Joachim Schyle und Wolfgang Ebert zunächst Hypothesen für die Untersuchung auf.
- Wählen Sie Materialien und untersuchen Sie diese im Sinne der Aufgabenstellung.
- Überprüfen Sie, ob die Hypothesen stimmen.

Frauensprache – Männersprache

Senta Trömel-Plötz, Ingrid Guentherodt, Marlis Hellinger, Luise F. Pusch

Richtlinien zur Vermeidung sexistischen Sprachgebrauchs

Als Linguistinnen wenden wir uns einem zentralen Bereich zu, dem der Sprache. Da Sprechen in einem wichtigen Sinn gesellschaftliches Handeln ist, können Menschengruppen durch sprachliche Äußerungen diskriminiert werden. [...]
5 Wenn solche Diskriminierung aufgrund der Geschlechtszugehörigkeit geschieht – und das heißt in unserer männlich dominierten Gesellschaft, dass sie Frauen betrifft – sprechen wir von Sexismus. Sexistische, d. h. frauendiskriminierende, frauenfeindliche Einstellung ist ein allgemeines Phänomen, das so
10 sehr in unserer Gesellschaft verankert ist und in unser aller Leben eingeht, dass wir es kaum bemerken. Es schlägt sich natürlich auch in der Sprache nieder. Das Ziel dieser Richtlinien für nicht-sexistischen Sprachgebrauch ist deshalb, sexistische Sprache zu identifizieren und alternative Gebrauchsweisen an-
15 zubieten, die nicht frauenfeindlich und diskriminierend sind. Sprache ist sexistisch, wenn sie Frauen und ihre Leistungen ignoriert, wenn sie Frauen nur in Abhängigkeit von und Unterordnung zu Männern beschreibt, wenn sie Frauen nur in stereotypen Rollen zeigt und ihnen so über das Stereotyp hi-
20 nausgehende Interessen und Fähigkeiten abspricht und wenn sie Frauen durch herablassende Sprache demütigt und lächerlich macht. [...]
Natürlich wird gesellschaftliche Änderung im Zuge der Frauenbewegung sprachliche Änderung nach sich ziehen. Als Lin-
25 guistinnen wissen wir, dass das Tempo für solche Änderungen langsam ist, als Feministinnen ist uns dieses Tempo zu langsam. Da Sprache mit zu den gesellschaftlichen Bedingungen gehört, unter denen wir leben, wollen wir von Seiten der Sprachwissenschaft zur gesellschaftlichen Änderung beitra-
30 gen, indem wir sprachliche Änderungen propagieren. Sexistische Sprache benützen heißt diskriminieren, Vermeidung sexistischer Sprache ist gesellschaftliche Änderung.
[...] Wir unterscheiden *vier Arten* frauenfeindlichen Sprachgebrauchs (die Kategorien überschneiden sich zum Teil):
35 1. Sprache, die Frauen ignoriert und ausschließt, weil der Mann als Standard und Norm für den Menschen schlechthin gilt. Frauen werden dann nicht genannt, sondern nur „mitgemeint", und ihre Gegenwart, ihre Beiträge, ihre Leistung werden nicht beachtet, vernachlässigt und vergessen. [...]
40 2. Sprache, die Frauen immer in Abhängigkeit vom Mann darstellt, d.h. Frauen über Männer definiert und Frauen als zweitrangig und untergeordnet beschreibt. Dies zeigt sich in der asymmetrischen Benützung von Namen und Titeln und in der festgefahrenen Anordnung, in der Männer immer zuerst
45 genannt werden. [...]
3. Sprache, die Frauen nur in den traditionellen Rollen mit den so genannten weiblichen Eigenschaften und Verhaltensweisen darstellt, d. h. Frauen werden zunächst als Hausfrauen,

☐ Die Autorinnen bezeichnen sich als Linguistinnen und Feministinnen. Erklären Sie die Unterscheidung für den Zusammenhang dieses Textes.

☐ Nennen Sie die grundlegenden Thesen des Textes und diskutieren Sie diese:
– Unsere Gesellschaft ist männlich dominiert.
– Vermeidung sexistischen Sprachgebrauchs bedeutet gesellschaftliche Änderung.
– ...

☐ Nennen Sie mögliche Beispiele für den von den Verfasserinnen behaupteten „frauenfeindlichen Sprachgebrauch". Stimmen die von den Verfasserinnen genannten vier Kategorien Ihrer Meinung nach heute noch?

☐ Teilen Sie die Meinungen der Autorinnen? Nennen Sie gegebenenfalls Einwände und Gegenargumente.
Wie beurteilen Sie Vorschläge, „man" durch „frau" zu ersetzen, „Brüderlichkeit" durch „Mitmenschlichkeit", „Mannschaft" durch „Team"?

☐ In einem Artikel aus dem Jahre 1982 bemerkt die Autorin Senta Trömel-Plötz unter anderem: „Reden wir anders als Männer? Reden wir anders mit Frauen als mit Männern? Wie reden Männer mit uns? Wie wird über uns geredet? Was sagt MANN darüber, wie wir reden ? (...) Diese Vorstellungen (über die beiden Geschlechter) sitzen tief in uns, in Frauen wie in Männern. Sie beeinflussen unsere Verhaltensweise..."
Nehmen Sie zu diesen Äußerungen Stellung.

☐ Beziehen Sie in Ihre Erörterungen auch die auf Seite 538ff. folgenden Texte und Bilder mit ein.

Ehefrauen und Mütter etikettiert. Wenn dieses Etikett nicht zutrifft, ist die betreffende Frau untypisch und eine Ausnahme. Wenn Frauen sich aus diesem engen Rahmen hinausbewegen, werden sie wieder nur in dienenden, helfenden und unterstützenden Funktionen eingesetzt. […]

4. Abwertende Sprache, durch die Frauen herablassend behandelt oder degradiert werden. Hier handelt es sich um Äußerungen, in denen Frauen in jedem Kontext, nicht nur im Schönheitswettbewerb, nach ihrem Aussehen beurteilt werden, in denen ihnen mangelnde Intelligenz, mangelnde Reife, mangelnde Kraft, mangelndes Durchhaltevermögen zugeschrieben wird, dabei ein Übermaß an List und Tücke, Emotionalität, Unbeherrschtheit und Geschwätzigkeit. Die Folge ist, dass Frauen nicht mehr als Individuen, als Menschen gesehen und respektiert werden. […]

Richtlinien für nicht-sexistischen Sprachgebrauch, die es seit fast zehn Jahren in Amerika gibt, haben dort zu einer weitgehenden Änderung des Bewusstseins über diskriminierende Sprache beigetragen. Wir hoffen, dass diese erste Formulierung von Richtlinien für das Deutsche auch hier dazu beiträgt, dass wir unter humaneren Bedingungen zusammenleben.

(v 1981)

Wilhelm von Harnier:
Die Kinder des Malers (1838)

Mathilde, die sechsjährige Tochter, und Julius Ludwig, der vierjährige Sohn des Malers, wurden als Gegenstück gemalt. Sie mögen als Beispiel dafür stehen, wie unausweichlich jeder in die „Ordnung der Geschlechter" geboren, wie sehr schon die kleinen Kinder im Sinne des Rollendenkens ihrer Zeit programmiert und wie sehr sie als künftige Erwachsene gesehen wurden. Der Vater beschreibt die beiden Kinder: „Mathilde in Jugendkraft strotzend und in fast manchmal ängstigender nervöser Lebendigkeit", den Jungen als „still und ruhig heiter und freundlich". Doch wie auch die Natur die Anlagen, Intellekt, Temperament oder Mut, verteilt hat. Julius Ludwig ist mit einer Fahne zu großen Taten im „feindlichen Leben" berufen und Mathilde mit einer Puppe in den Händen schon zur „Gattin, Hausfrau und Mutter", vor allem zum Kinderkriegen bestimmt. Während Julius für seine zukünftigen Aufgaben im „Augiasstall des Welttreibens" alltagsfarben ein graues Kleidchen trägt, soll Mathilde in einer gehobeneren Lebenssphäre, fernab von allem Rauen und Rohen, in festlich weißem Kleid möglichst lebenslang im Zustand der Unschuld bleiben.

Wie überall beim männlichen Bildnis dieser Zeit, vor allem in den Frisuren zu beobachten, deuten Asymmetrien – die einseitig akzentuierte Geste des Fahnehaltens, der für das männliche Geschlecht obligatorische Seitenscheitel, die seitliche Biese des Kleides – auf männliche Dynamik hin; demgegenüber weisen Symmetrien wie die auf sich bezogene, Halten, Bewahren und Schützen ausdrückende Geste des Mädchens, der für das weibliche Geschlecht verbindliche Mittelscheitel auf eine statische, ruhig verharrende Lebensform hin. Sieht bei dem Jungen aus den Ärmeln nur ganz knapp eine fest und entschlossen die Fahnenstange greifende Hand hervor, so wäre es – gestützt auch durch andere Beispiele – nicht verwunderlich, wenn im Hinblick auf zukünftiges Wirken im Haushalt die für eine Frau wichtigen Arme betont wären. Weisen seine glatten, strähnigen Haare schon auf die Askese und den Ernst männlichen Lebens hin, so deutet ihr dunkles, mit einem schwarzen Samtbändchen geschmücktes, in Zöpfchen geflochtenes und verspielt in reizenden „Affenschaukeln" um die Ohren gelegtes Haar auf ein sorgloseres, unbeschwerteres Dasein hin.

Hildegard Westhoff-Krummacher (v 1995)

„Da die Frau dazu geschaffen ist, zu gefallen und sich zu unterwerfen, muss sie sich dem Mann liebenswert zeigen und ihn nicht herausfordern …"

„… Die ganze Erziehung der Frauen [muss sich] im Hinblick auf die Männer vollziehen. Ihnen gefallen, ihnen nützlich sein, sich von ihnen lieben und achten zu lassen, sie großzuziehen, solange sie jung sind, als Männer für sie sorgen, sie beraten, sie trösten, ihnen ein angenehmes und süßes Dasein bereiten; das sind die Pflichten der Frauen zu allen Zeiten, das ist es, was man sie von Kindheit an lehren muss."

(Aus: J.J. Rousseau, Emile oder Über die Erziehung, v 1762)

„Sie sind ja dazu gemacht, dem Manne auf der sauren Lebensreise, wo er immer wieder vorangehen muss, um den Weg zu ebnen, den Schweiß von der Wange zu wischen und ihm Heiterkeit, Trost, Freude und Muth ins Herz zu lächeln, …"

(Aus: Joachim Heinrich Campe, Väterlicher Rath für meine Tochter, v 1796)

„… Sie schmiegt sich mit unbeschreiblicher Zärtlichkeit in seinen Willen, wenn er auch noch so sonderbar, noch so despotisch seyn sollte; sie pflegt und wartet ihm in seinen Krankheiten und nach den Arbeiten des Tages"; „… sie bestreut sein Lager mit duftenden Blumen, sie verkürzt ihm die Zeit mit Liebkosungen und naiven Plaudereien; sie küsst ihm Zorn und Gram von der Stirn … entwaffnet seinen Zorn durch ein liebevolles Zuvorkommen, durch jene freundliche Sanftheit, durch jene unnachahmliche Milde des Ausdrucks, die so unwiderstehlich auf unser Herz wirkt."
(Aus: C.F. Pockels, Versuch einer Charakteristik des weiblichen Geschlechts, v 1797)

Friedrich Schiller
Würde der Frauen

Ehret die Frauen! Sie flechten und weben
Himmlische Rosen ins irdische Leben,
Flechten der Liebe beglückendes Band,
Und in der Grazie züchtigem Schleier
Nähren sie wachsam das ewige Feuer
Schöner Gefühle mit heiliger Hand.

Ewig aus der Wahrheit Schranken
Schweift des Mannes wilde Kraft,
Unstät treiben die Gedanken
Auf dem Meer der Leidenschaft;
Gierig greift er in die Ferne,
Nimmer wird sein Herz gestillt,
Rastlos durch entlegne Sterne
Jagt er seines Traumes Bild. […]

(v 1796)

Dieter E. Zimmer
Die, Der, Das.
Sprache und Sexismus

[…] In einem fort werde Frauen ‚verbal Gewalt' angetan, schreibt die Konstanzer Linguistin Senta Trömel-Plötz, die in Forschungen, Diskussionen, Aufsätzen seit Jahren wider die Frauenfeindlichkeit der Sprache streitet. […]
Auch herrscht in manchen dieser Polemiken gegen die Frauenfeindlichkeit der Sprache ein sonderbar naives Missverständnis: Despektierliche Äußerungen, bei denen die Sprache ein durchaus verständliches Vehikel ist, werden immer wieder mit Diskriminierungen verwechselt, die in der Sprache selber begründet sind. Dieses Missverständnis kennzeichnet auch die ‚Richtlinien zur Vermeidung sexistischen Sprachgebrauchs', die Trömel-Plötz und einige Mitarbeiterinnen 1981 erließen.
[…] denn im Grunde waren es gar keine Vorwürfe an die Sprache als solche, sondern an die Einstellungen sexistischer

Sprecher. Eine Verwechslung, die prompt zu etlichen leider nur lachhaften Vorschlägen führte. Da wurde der Schulbuchaufsatz *Schwester Christa arbeitet in der chirurgischen Abteilung* als sexistischer Sprachgebrauch ‚entlarvt'; als annehmbare ‚Alternative' stand ihm der Satz *Dr. Christa Seefeld leitet die Intensivstation* gegenüber.

Dass es – neben vielen anderen – auch sprachliche Injurien gibt, ist kein Beweis für den Sexismus der Sprache. Abschätzige Gedanken und Gefühle sind kein Gegenstand der Linguistik. Selbst noch im Zustand der totalsten Emanzipation werden sich weder Frauen noch Männer die Freiheit nehmen lassen, ungünstig über einzelne Vertreter des eigenen wie des anderen Geschlechts zu denken und dieses auszudrücken. Wörter wie *Schreckschraube* – dies der Irrtum – richten sich ja keineswegs gegen das weibliche Geschlecht als solches: Sie richten sich gegen einzelne Menschen oder, noch enger, gegen einzelne menschliche Charakterzüge. Diese deutlich zu benennen, mag unter Umständen rücksichtslos und gemein sein, aber sexistisch ist es nicht, genauso wenig wie Wörter wie *Hornochse, Schweinehund* oder *Lackaffe* männerfeindlich sind (allenfalls sind sie tierfeindlich). Die feministische Forderung, sie ersatzlos zu streichen, kommt der Beteuerung gleich, dass eine Frau, da sie Frau ist, schlechterdings nie einen negativen Zug haben kann, oder dass es ungehörig ist, ihn zu bemerken und zu erwähnen. Ein so irrealistisches Weltbild wird selbst die von ihm Begünstigten, die Frauen, niemals für sich gewinnen.

Aber davon abgesehen, dass Gewalt[1] arg übertrieben ist und dass man die Sprache nicht haftbar machen kann, wenn einem die Wirklichkeit missfällt, haben Trömel-Plötz und ihre feministischen Mitstreiterinnen schon Recht: ‚Unsere Sprache ist sexistisch, und unser Sprachgebrauch ist sexistisch.' Sie haben Recht jedenfalls insofern, als die meisten Sprachen, auch die deutsche, Frauen und Männer nicht gleich behandeln. Teils sind diese Asymmetrien Relikte aus Zeiten, als Frauen tatsächlich Menschen zweiter Ordnung waren. Teils spiegeln sie frühere Versuche, zu den Frauen ganz besonders nett zu sein. Diskriminieren heißt wörtlich ‚unterscheiden'. Ob aus Missachtung oder Hochachtung: Wir sprechen wohl oder übel eine Sprache, welche Unterschiede macht. […]

Auch die tief in die Sprache eingewirkten sexistischen Elemente gehören zu dieser Geschichte, deren Kinder wir sind und gegen die wir uns auf Dauer nicht nur empören können und von deren Zukunft wir sicher nur wissen, dass sie die heutigen Wünsche und Werte einmal ebenso abwegig finden wird.

(v 1986)

☐ Wie kennzeichnet Dieter E. Zimmer die Darstellung der Linguistinnen (Seite 537f.)? Mit welchen Argumenten belegt er seine Behauptungen/Einschätzungen? Welche Kritik formuliert er? Wieweit stimmen Sie dieser Kritik zu?

☐ Verfassen Sie gegebenenfalls selbst einen kurzen Essay zu der Thematik „Sexismus in der Sprache".

☐ Vergleichen Sie, in welcher Weise die Linguistinnen und Dieter E. Zimmer jeweils den Zusammenhang von Sprache, Sprecher, Gesellschaft und Geschichte kennzeichnen. Beziehen Sie sich dabei auch auf die Texte und Bilder aus früherer Zeit (Seite 538ff.).

---

[1] Dieter E. Zimmer bezieht sich auf einen Sammelband der Linguistin Senta Trömel-Plötz mit dem Titel „Gewalt durch Sprache – Die Vergewaltigung von Frauen in Gesprächen".

◻ Erläutern Sie die Kernthesen in dem Text von Helga Kotthoff. Klären Sie, welche These hinsichtlich der in der Kindheits- und Entwicklungsphase erlernten Dialogmuster aufgestellt wird. Welche Meinung vertreten Sie selbst, welche Erfahrungen haben Sie selbst in der Schule gemacht?

Helga Kotthoff

Von Gipfelstürmern und schwesterlichen Seilschaften

Die Zwickmühlen der Kommunikation zwischen den Geschlechtern

Wenn zwei das Gleiche sagen, ist es bekanntlich noch lange nicht das Gleiche: Eine Kollegin äußert auf einer Konferenz eine interessante Idee. Manche schauen interessiert, manche malen Männchen aufs Papier, niemand nimmt den Vorschlag auf und so fällt er unter den Tisch. Eine Stunde später äußert ein Kollege genau dieselbe Idee, aber nicht etwa unter Bezugnahme auf die Kollegin, nein, er bringt scheinbar Hausgemachtes zum Ausdruck. Die Mienen der Zuhörer werden aufmerksam, seine Worte werden mitgeschrieben. Kaum hat er fertig gesprochen, springt ein anderer begeistert auf und sagt, genau dieser Vorschlag bringe die Gruppe voran.

Ungleiche Bewertungen

Ich beginne meine Ausführungen mit Wahrnehmungsunterschieden. Die Kommunikationskonflikte der Geschlechter sind nämlich auf zwei Ebenen angesiedelt. Neben den Verhaltensunterschieden fallen frühzeitig Wahrnehmungsunterschiede ins Gewicht, welche die Äußerungen von männlichen und weiblichen Wesen unterschiedlich bewerten.
So wird das Schreien eines männlichen Babys von Erwachsenen beiderlei Geschlechts als Ausdruck von Aggression verstanden. Wenn diesen Erwachsenen in einem Experiment erzählt wurde, dass ein kleines Mädchen schreie, dann interpretierten sie dasselbe Schreien eher als Ausdruck von Angst. Dieselben Säuglinge werden, so für weiblich gehalten, als zart, feingliedrig, zerbrechlich und niedlich wahrgenommen, und so sie als männlich ausgegeben werden, als groß, kräftig und stark. Kinder lernen so ihre Selbstwahrnehmung. Im Zusammenhang mit der Interpretation ihrer Äußerungen bilden sie die entsprechenden Gefühle aus. Mädchen empfinden sich selbst irgendwann als ängstlich und niedlich und präsentieren sich dann auch so.
Die Interpretationen weiblichen Verhaltens sind ungünstiger als die männlichen Verhaltens. In der Interpretation von Kommunikationsformen wirkt unsere patriarchalische Geschichte fort, in welcher dem Mann Selbstständigkeit, Kraft, Intellektualität, Aktivität und Rationalität zugeschrieben wurde und der Frau Abhängigkeit, Schwäche, Emotionalität, Passivität und Sprunghaftigkeit. Welche Dispositionen gesellschaftlich höher bewertet wurden, wissen wir schon lange ganz genau. Ungleiche Bewertungen von kommunikativen Leistungen stellen einen wichtigen Faktor dar. Goldberg (1970) führte in den USA eine Studie durch und legte Student/inn/en wissenschaftliche Aufsätze zur Beurteilung vor. Von jedem Aufsatz gab es eine Fassung mit einem männlichen Autorennamen und eine mit einem weiblichen; inhaltlich waren sie völ-

lig identisch. Die Auswertung zeigt jedoch das Geschlecht als wesentlichen Faktor der Beurteilung. Wenn der Aufsatz angeblich von einer Frau geschrieben war, wurde er inhaltlich und stilistisch wesentlich schlechter beurteilt, als wenn er vorgeblich einen männlichen Autor hatte.

Wie sozialpsychologische Arbeiten zeigen, neigen wir dazu, die Tätigkeiten anderer vor dem Hintergrund vorhandener Erwartungen zu bewerten: Dieselbe Handlung wird je nach kultureller Zugehörigkeit bzw. Geschlecht des/der Handelnden unterschiedlich bewertet. Zahlreiche Arbeiten innerhalb der feministischen Sprachforschung zeigen, dass die Stereotypen weiblichen und männlichen Sprechens weitaus stärker sind als die tatsächlichen Unterschiede, d. h. wir interpretieren aufgrund der gesellschaftlich vorgegebenen Muster von Weiblichkeit und Männlichkeit gleiche Kommunikationsweisen bei Frauen anders als bei Männern. Beispielsweise werden Frauen, die Frageformen wie „ist es nicht so?" oder „nicht wahr?" verwenden, als weniger intelligent und weniger sicher eingeschätzt als Männer, die dieselben Strukturen verwenden. Stellen Frauen Behauptungen auf, ohne sie zu begründen, so werden sie ebenfalls als weniger intelligent wahrgenommen, und diese Äußerungsform wird als mangelndes Wissen interpretiert, während gleiches Verhalten von Männern diese ungünstige Interpretation nicht hervorruft. (v 1993)

❏ Erklären Sie, was die Verfasserin mit „Wahrnehmungsunterschieden" und „Interpretation weiblichen Verhaltens" meint. Welche Bedeutung haben nach Meinung der Autorin dabei die kindliche Selbstwahrnehmung und gesellschaftliche Muster?

❏ Wie beurteilen Sie selbst den dargestellten Zusammenhang?

❏ Nehmen Sie eine Fernsehdiskussion, an der Männer und Frauen beteiligt sind, auf und überprüfen Sie, inwieweit die Thesen von Helga Kotthoff zutreffen.

Der folgende Text stammt aus dem Roman „Leben und Abenteuer der Trobadora Beatriz nach Zeugnissen ihrer Spielfrau Laura" (1974) von Irmtraut Morgner (geb. 1933 in Chemnitz, gest. 1990 in Berlin). In diesem Buch geht es um Männerherrschaft in Kapitalismus und Sozialismus und die Entmachtung der Frauen in der realen Geschichte und in Mythen.
Enttäuscht von der mittelalterlichen Welt der Männer hat sich die provenzalische Minnesängerin Beatriz de Dia, die im 12. Jahrhundert lebte, in einen 800-jährigen Schlaf versetzen lassen; sie wird 1968, Dornröschen ähnlich, geweckt und hofft bessere Bedingungen für Frauen vorzufinden. Ihre Erwartung wird aber schnell enttäuscht. Sie erlebt die Studentenunruhen in Paris im Mai 1968 und begibt sich schließlich in die DDR, von der sie als „Ort des Wunderbaren" gehört hat. Sie trifft dort auf Laura, Germanistin, S-Bahn-Fahrerin, geschiedene Mutter mit Kleinkind. Mit Hilfe dieser beiden Figuren wird die Frauenrolle in der DDR kritisch beleuchtet.

Irmtraut Morgner, 1933–1990

❏ Erklären Sie die Überschrift des Textes; belegen Sie mit im Text genannten Verhaltensweisen und Begriffen, die diese Überschrift veranschaulichen. Stellen Sie heraus, worum es der Verfasserin in diesem Text gehen könnte.

❏ Erfinden Sie eine weitere Situation, die zu dieser Überschrift und zu diesem Thema passt, und schreiben Sie einen kurzen Text; die Form des Textes bleibt Ihnen überlassen.

Irmtraut Morgner
Kaffee verkehrt

Kaffee verkehrt: Als neulich unsere Frauenbrigade im Espresso am Alex Kapuziner trank, betrat ein Mann das Etablissement, der meinen Augen wohl tat. Ich pfiff also eine Tonleiter rauf und runter und sah mir den Herrn an, auch rauf und run-

Hinweise für eine Weiterarbeit:

☐ Sie untersuchen Ihr Schulbuch daraufhin, in welcher Weise und in welchem Umfang Frauen als Handlungsträgerinnen in Texten dargestellt werden und wie viele Texte von Autorinnen vertreten sind.

☐ Sie untersuchen Anzeigen und Werbung hinsichtlich Frauenrolle, Sexismus, Sprachgebrauch.

☐ Sie zeichnen eine Diskussionsrunde im Fernsehen auf und untersuchen die Rolle von Mann und Frau (zum Beispiel geschlechtsstereotype Verhaltensweisen, Gesprächsbenachteiligung, statusniedrige Rolle im Gespräch, Expertenstatus im Gespräch, Abgabe von Belehrungen, ...)

Leseempfehlungen

● Taschenbuchreihe „Frauen der Welt" (dtv)
● Ute Ehrhardt: Gute Mädchen kommen in den Himmel, böse überall hin – Warum Bravsein uns nicht weiterbringt, Fischer Verlag, Frankfurt/M. 1994

ter. Als er an unserem Tisch vorbeiging, sagte ich „Donnerwetter". Dann unterhielt sich unsere Brigade über seine Füße, denen Socken fehlten, den Taillenumfang schätzten wir auf siebzig, Alter auf zweiunddreißig. Das Exquisithemd zeichnete die Schulterblätter ab, was auf Hagerkeit schließen ließ. 5
Schmale Schädelform mit rausragenden Ohren, stumpfes Haar, das irgendein hinterweltlerischer Friseur im Nacken rasiert hatte, wodurch die Perücke nicht bis zum Hemdkragen reichte, was meine Spezialität ist. Wegen schlechter Haltung der schönen Schultern riet ich zu Rudersport. Da der Herr in 10 der Ecke des Lokals Platz genommen hatte, mussten wir sehr laut sprechen. Ich ließ ihm und mir einen doppelten Wodka servieren und prostete ihm zu, als er der Bedienung ein Versehen anlasten wollte. Später ging ich zu seinem Tisch, entschuldigte mich, sagte, dass wir uns von irgendwoher kennen 15 müssten, und besetzte den nächsten Stuhl. Ich nötigte dem Herrn die Getränkekarte auf und fragte nach seinen Wünschen. Da er keine hatte, drückte ich meine Knie gegen seine, bestellte drei Lagen Sliwowitz und drohte mit Vergeltung für den Beleidigungsfall, der einträte, wenn er nicht tränke. Ob- 20
gleich der Herr weder dankbar noch kurzweilig war, sondern wortlos, bezahlte ich alles und begleitete ihn aus dem Lokal. In der Tür ließ ich meine Hand wie zufällig über seine Hinterbacke gleiten, um zu prüfen, ob die Gewebestruktur in Ordnung war. Da ich keine Mängel feststellen konnte, fragte 25 ich den Herrn, ob er heute Abend etwas vorhätte, und lud ihn ein ins Kino „International".

(v 1974)

Sprache hier – Sprache dort: Die Mauer der Sprache?

Günter Wallraff

Hier und dort

Hier und dort

I   hier freiheit   II   hier gleichheit
    dort knechtschaft   dort ausbeutung

    hier wohlstand   hier aufbau
    dort armut   dort zerfall

    hier friedfertigkeit   hier friedensheer
    dort kriegslüsternheit   dort kriegstreiber

    hier liebe   hier leben
    dort hass   dort tod

    dort satan   dort böse
    hier gott   hier gut

III jenseits von hier   und   fernab von dort
            such ich mir
         nen fetzen land
        wo ich mich ansiedle
         ohne feste begriffe

(v 1966)

☐ Erläutern Sie den Aufbau des Gedichts und die grafische Anordnung der Strophen.

☐ Vergleichen Sie die erste und zweite Strophe. Welchen Schluss zieht der Verfasser in der dritten Strophe?

☐ Stimmen Sie der Schlussfolgerung des Verfassers zu? Erklären Sie, in welchem historischen Zusammenhang dieser Text zu sehen ist.

Günter Wallraff wurde 1942 in Köln geboren. Nach abgeschlossener Buchhandelslehre fasste er den Entschluss, als Hilfsarbeiter in verschiedenen Fabriken zu arbeiten, um über seine Erfahrungen zu berichten. Er entwickelte einen neuen Re-
5 portagestil, mit dem er auf Missstände am Arbeitsplatz aufmerksam machen wollte; insofern hat er den Enthüllungsjournalismus in der Bundesrepublik wiederbelebt. Wallraff ist Mitbegründer beim „Werkkreis Literatur der Arbeitswelt". Sein Buch „Ganz unten", in dem Wallraff darstellt, wie er, verkleidet als Türke Ali,
10 Ausbeutung und Diskriminierung ausländischer Arbeiter selbst erfahren hat, war der größte Bucherfolg in der Bundesrepublik Deutschland. Innerhalb von zwei Monaten wurden ca. 2 Millionen Exemplare verkauft.

Günter Wallraff als Türke „Ali"

Jens Reich
Ministerbesuch I
Schwarze Volvos, dahinter dunkle schnelle Ladas. Besuch wohl vorbereitet, am Werkseingang Begrüßung, dann Karawane Belegschaftsversammlungsraum, Aufstehen warmer Beifall, neugierige Blicke, Präsidium, Minister Dompteurs-
5 blick, dann Zähnefletschen freundliches Zuwinken alter Bekannter Parteihochschulzeit. Begrüßung, Genosse Nachname, im Namen Kombinatsleitung, Parteileitung, Betriebskollektiv, Arbeiterklasse, alle Werktätigen Produktionsbereich, hohe Kennziffern, Planerfüllung Dank an Politbüro Genossen E. H.
10 an der Spitze, unermüdliches Wirken Wohl Bevölkerung. Weitere Anstrengungen Hauptaufgabe. Beifall Blumen Pionierinnen. Minister Rednerpult, Dompteursblick, klickende Apparate, Kunstpause. Ausgehend Beschlüsse XI. Parteitag, aktuelle Fragen V. Plenum, weite Perspektive, Einheit Wirtschafts- und
15 Sozialpolitik Herzstück Politik Partei Regierung getragen vom Vertrauen Werktätigen Stadt und Land Lösung Wohnungsfrage soziale Frage deshalb Planerfüllung, Schwierigkeiten meistern, materielle Stimuli klug und gezielt einsetzen, ideologische Arbeit, Arbeit mit unseren Menschen, Zuversicht, all-
20 seitige Zustimmung, Kraft Zukunft, verbleibende Lücken schließen. Hauptfrage Frieden, Kampfplatz Arbeitsplatz Stärkung des Sozialismus, Entspannung, friedliche Koexistenz, Klassenfrage weltweit, Klassengegner ruht nicht, Wolfsgesetz, sucht uns zu verschlingen, zum Scheitern verurteilt, auf Sand
25 gebaut (prasselnder Beifall); Schlüsseltechnologie als Antwort auf Herausforderung, Megachip, Hauptfrage Arbeitsproduktivität vor Ort, Material- und Finanzaufwand je Produktionseinheit, Leistungskennziffer Nettoproduktion, Weltniveau Exportaufkommen, schon Lenin in letzter Instanz, das Aller-
30 wichtigste, das Ausschlaggebende für den Sieg der neuen Gesellschaftsordnung, stets neu durchdenken. Stetiges Wachstum Arbeitsproduktivität, objektiv gesetzmäßiger Prozess, durchsetzen, immer bessere Befriedigung Bedürfnisse. Öko-

nomie der Zeit Hauptfrage. Alle Kombinate hohe Leistungen Vorbereitung XII. Parteitag.
Beifall. Rundgang. Händeschütteln. Brigade hervorragende sozialistische Arbeit. Genossin Schäfer, verdienter Aktivist, Kollegin Kowalski, bewährte Kollegin, bescheiden beliebt. Probleme? Frei von der Leber weg. Nachtschicht, Kollegen, warme Mahlzeit, kalt Essenkübel, keine Rohkost. Minister Verständnis, wichtige Frage, objektive Schwierigkeit, Leitung nicht dahinter verstecken, Probleme operativ angehen, wo sie entstehen […].
Aufbruch, leider noch zentrale Beratung, viel Erfolg, weiter so, in nächster Zeit gründliche Beratung nötig, also; sodann. Aufbruch Karawane, Werkschutz telefonisch Schranke schon oben.

(v 1993)

Jens Reich
Ministerbesuch II

Ein Jahr danach. Neuer Minister im schneidigen Schwarzcitroen. Leitung angetreten, Besuch wohl vorbereitet. […] Minister und Tross nehmen Platz (Minister Sozialdemokrat; Tross früher SED, jetzt sozialdemokratisch verschüttete Tradition wiederentdeckt), ein paar Diapositive mit Kurven und Bildern. Minister leutselig, schildert schweren Kampf ums Wohl aller, nicht zu Entlassungen kommen lassen, dafür einstehen mit meiner Politik. Direktion gewohnte eintrainierte wiederholte Kratzfüße, wagt Meinungsäußerung (Herr Minister, wenn ich an dieser Stelle auch noch einen Gedanken einbringen darf!), Minister weiterhin leutselig, junge Frau aus der Belegschaft aus dem Hintergrund (bescheiden beliebt!) herangeholt, soll frei von der Leber weg, Frau gibt Sorgen Auskunft, Minister verständnisvoll, Sorge berechtigt, Problem erkannt, moralischer Neuanfang, wir alle, mehr oder weniger, durch Schweigen schuldig, Identität bewahren, Erfahrungen einbringen aus schlimmen Jahren, nicht vierzig Jahre, vierzig Jahre nicht ganz umsonst gelebt. Solidargemeinschaft, darf nicht zum Klotz am Bein notwendiger Sanierung, harte Währung, härteste Währung, Härten abfangen, sozial abfedern, Westen Anschub Finanzierung, vorerst noch beibehalten, Investitionen, dynamisch und marktwirtschaftlich, auch ökologisch, auf keinen Fall unsozial, nirgends schlechter als vorher, Grundgesetz demokratischste (Zungenzischer!) Verfassung der Welt, warum noch daran herumdoktern, ganz wichtig jetzt Zuversicht, ins Angsthorn nicht tuten, niemand durchs Netz, allenfalls längere kurz dauernde Arbeitssuche, […] Dank für Gespräch, Anregungen mitnehmen, Empfehlungen weitergeben, jetzt alle an einem Strick, ziehen natürlich, Privilegien abbauen, gutes Geld für gute Arbeit, Freiheit ist Leistung, Arbeit gibt Wohlstand, Arbeit macht frei.

(v 1993)

❐ Die beiden Texte sind von dem ehemaligen DDR-Bürgerrechtler Jens Reich (geb. 1939) verfasst. Er kennzeichnet darin das Ritual eines Ministerbesuches vor und nach der Wende.
Erläutern Sie jeweils die sprachliche Form und die vermutliche Aussageabsicht; belegen Sie mit entsprechenden Formulierungen des Textes.

❐ Wählen Sie sich einen der Texte und formulieren Sie daraus eine kurze satirische Rede. Nutzen Sie dabei entsprechende Formulierungen.

Gerhard Müller
Reizwörter im vereinigten Deutschland

Kaum war die deutsche Vereinigung da, kaum wurden die ehemals jugendsprachlichen Abkürzungswörtchen *Wessi* und *Ossi* auf die Bewohner der westlichen bzw. östlichen Bundesländer bezogen, da entstand das hässliche, unschöne, beleidigende, viel umstrittene, ärgerliche …, jedenfalls das griffige Koppelwort *Besserwessi*. Die Gesellschaft für deutsche Sprache wählte es als charakteristischsten Ausdruck für das Zusammenleben der Deutschen nach der staatlichen Vereinigung zum „Wort des Jahres" 1991. Ein Wort – vielen galt und gilt es indessen als Unwort –, das so vieles zusammenfasst, den „Wessi", den „Besserwisser", den „Besserverdienenden" oder einfach den „Besseren aus dem Westen". Trotz aller Kritik und Ablehnung: Es hat sich gehalten, bis heute, eine deutsch-deutsche Wortkarriere ganz besonderer Art
Sicherlich, früher war dem bevorzugten Ausdruck feierlicher Reden, *Brüder und Schwestern* im Osten, das politische Lippenbekenntnis anzumerken – doch die gespannte, teils vorurteilsbeladene, teils feindselige Stimmung, wie sie sich im *Besserwessi* und seinem Gegenstück, dem *Jammerossi*, und vielen anderen neubundesdeutschen Wörtern zur Geltung bringt, war bis vor wenigen Jahren undenkbar.

Die Mauer der Sprache

Was ist da geschehen? Nach der *Wende* in der DDR und dem Fall der *Mauer* im November 1989 herrschte die Vorstellung, nun könnte sich auch die „Wiedervereinigung der beiden deutschen Sprachen" unverzüglich vollziehen. „Man spricht wieder Deutsch, und so sollte es von nun an bleiben", befand 1990 ein Leitartikler der *FAZ*. Besonders seit 1991 herrscht – wieder – Sprachskepsis in Deutschland. Friedrich Schorlemmer betonte damals auf der Weimarer Frühjahrstagung der Deutschen Akademie für Sprache und Dichtung, es gebe nach wie vor Mauern in Deutschland, unter anderem die *Mauer der Sprache*. Rolf Schneider hat in seinen faszinierenden „Notizen vom Untergang der DDR" notiert: „Vielleicht … hatte Honecker doch Recht, und die Mauer steht noch hundert Jahre, die im Kopf." Ja, es ist die Rede von der *Mauernostalgie*, und durch die Presse ging das Graffito an einer Hauswand in Freienwalde: „Wir wollen unsere Mauer wieder!" Ende 1992 fand in einer Dresdener Diskothek eine *DDR-Party* statt, *Ostalgie* lebte sich aus, angesagt war *zonengemäße* Kleidung, und der – ironische – Slogan erklang: „Mauer her, wir woll'n nicht mehr." Im Osten Deutschlands verstärkt sich, wie der Presse zu entnehmen ist, der Ruf nach der *DDR-Schule*, und viele haben das *Ostbrötchen*, die *Honni-Schrippe*, wiederentdeckt; das *Westbrötchen* ist out. Im Westen ist es im Grunde nicht anders. Die Ostdeutschen, so heißt es landauf und landab, sprechen eine andere Sprache, und manch einer hält sächsisch Sprechende für Menschen aus Osteuropa. Holt uns die so genannte „Sprachspaltung", über die in den fünfziger bis siebziger

Jahren so viel gestritten wurde, wieder ein? Ein ungarischer Dichter, Peter Nadas, sagte, Ossis und Wessis „sprechen Deutsch. Doch sie sprechen verschiedene Sprachen."

Die offizielle Sprache der DDR

Erinnern wir uns zunächst an die offizielle Sprache der verblichenen DDR. Stefan Heym hatte sie vor Jahren prägnant so charakterisiert *(Stern,* 10.2.1977), und diese Sätze sind dann oft zitiert worden: „Die Sprache ist Hoch-DDRsch, gepflegt, bürokratisch, voll hochtönender Substantiva, die mit den entsprechenden Adjektiven verbrämt werden ... Erleichtert wird das Verständnis allerdings durch die im Text reichlich verstreuten Klischees: Codewörter eigentlich, die in den Köpfen eines durch Zeitungslektüre, Versammlungsbesuche, Schulungskurse wohl trainierten Publikums sofort gewisse Gedankenverbindungen auslösen. Hätte man den Kanal (die Fernsehsendung *Aktuelle Kamera)* versehentlich eingeschaltet, man würde den Sender sofort identifizieren: So redet man nur in der DDR. Hier eine keineswegs vollständige Liste ...: Veränderung ist immer tief greifend, Verwirklichung – zielstrebig, Beschluss – weit reichend, Bekenntnis – eindrucksvoll, Stärkung – allseitig, Anerkennung – weltweit, Zustimmung – millionenfach." Die bürokratische, machtzentrierte Sprache der SED-Spitze ist am klarsten und dichtesten in den Stasiunterlagen zu fassen (siehe *Ich liebe euch doch alle! Befehle und Lageberichte des MfS: Januar – November 1989,* hg. von A. Mitter/S. Wolle; Berlin 1990): „Information über Aktivitäten feindlich-negativer Kräfte in Leipzig im Zusammenhang mit dem 70. Jahrestag der Ermordung von Karl Liebknecht und Rosa Luxemburg: Am 12. Januar 1989 wurden gegen 2.00 Uhr 1 männliche Person ... und 1 weibliche Person ... auf frischer Tat bei der Verbreitung von Hetzflugblättern in Leipzig-Gohlis gestellt und zugeführt. In diesen Flugblättern ... wurde zur Durchführung eines so genannten Schweigemarsches ‚für eine Demokratisierung unseres sozialistischen Staates' ... aufgerufen ..."

Die Sprachrevolte

Mit der *Wende* im Herbst 1989 vollzog sich hier ein radikaler Bruch, eine *Sprachrevolte* ging mit dem Einsturz der versteinerten Verhältnisse in der DDR einher. Hatte sich früher im Volkswitz, im politischen Witz der Widerstand gegen die undemokratischen und inhumanen (später dann: *stalinistischen)* Zustände ausgedrückt, so war dann in der Vorwendezeit – Frühjahr und Sommer 1989 – die demokratische Opposition mit Wörtern wie *Wahlbetrug, Entmündigung der Bürger* oder mit dem Luxemburgschen Slogan *Die Freiheit ist immer die Freiheit der Andersdenkenden* in den öffentlichen Sprachgebrauch eingedrungen. Im Sommer eskalierte die Stimmung in der DDR: *Abwanderung, Flüchtlingswelle* – die *Betonköpfe* standen unter *Ausreisedruck.* Noch waren Repressalien zu befürchten, noch behauptete sich das „DDRsch".
Erst nach den *Montagsdemonstrationen* und der von Egon Krenz proklamierten, natürlich von den unerhörten, unge-

ahnten Massenbestrebungen durchgesetzten *Wende* wurde das anders. Die Sprache der östlichen Teilnation veränderte sich stürmisch. Auf der großen Ostberliner Demonstration vom 4. November sagte Christa Wolf in ihrer eindrucksvollen und unvergessenen Rede, die auch das Wort *Wendehals* populär machte:

„Liebe Mitbürgerinnen und Mitbürger, jede revolutionäre Bewegung befreit auch die Sprache. Was bisher so schwer auszusprechen war, geht uns auf einmal frei von den Lippen ...
10 Wir drehen alte Losungen um, die uns gedrückt und verletzt haben, und geben sie postwendend zurück ... ‚Trittbrettfahrer zurücktreten!' lese ich auf Transparenten ... ‚Rechtssicherheit spart Staatssicherheit' ... Ja, die Sprache springt aus dem Ämter- und Zeitungsdeutsch heraus, in das sie eingewickelt war,
15 und erinnert sich ihrer Gefühlswörter ... Und dies ist für mich der wichtigste Satz dieser letzten Wochen, der tausendfache Ruf: ‚Wir sind das Volk!' Eine schlichte Feststellung, und die wollen wir nicht vergessen."
(v 1993)

❑ Wie erklären Sie sich die „Sprachkonflikte" seit der Vereinigung der beiden deutschen Staaten? Was ist gemeint mit der „Mauer der Sprache" und mit der „Mauer im Kopf"?

❑ Analysieren Sie den Auszug aus der Stasi-Akte (Seite 548, Zeile 26–34).

❑ Wie beurteilen Sie den Satz aus der Rede von Christa Wolf „.... jede revolutionäre Bewegung befreit auch die Sprache." (Seite 549, Zeile 7f.)?

❑ Erklären Sie den Begriff „Sprachrevolte" (S. 548, Zeile 35).

❑ Während der Hochwasserkatastrophe im Oderbruch 1997 sind sich Bürger der neuen und der alten Bundesländer näher gekommen. Was meinen Sie: In welcher Weise könnte dies die Sprache und die sprachliche Verständigung betreffen?

Die Demonstration vom 4.11.1989 in Ostberlin

Vom „Gewicht des Wortes"...

Harald Weinrich

Können Wörter lügen?

Es besteht kein Zweifel, dass Wörter, mit denen viel gelogen worden ist, selber verlogen werden. Man versuche nur, solche Wörter wie „Weltanschauung", „Lebensraum", „Endlösung" in den Mund zu nehmen: die Zunge selber sträubt sich und
5 spuckt sie aus. Wer sie dennoch gebraucht, ist ein Lügner oder Opfer einer Lüge. Lügen verderben mehr als den Stil, sie verderben die Sprache. Und es gibt keine Therapie für die verdorbenen Wörter; man muss sie aus der Sprache ausstoßen. Je schneller und vollständiger das geschieht, um so besser für
10 unsere Sprache.

❑ Sammeln Sie in Ihrer Kursgruppe die Meinungen zu der Formulierung „Vom Gewicht des Wortes". Wählen Sie dazu die Methode des *Blitzlichts*: Jede Schülerin/jeder Schüler gibt der Reihe nach ein kurzes Statement ab.
Sammeln Sie die wichtigsten Ergebnisse an der Tafel.

☐ Vergleichen Sie, was in den Texten von Harald Weinrich, Vaclav Havel und Heinrich Böll (Seite 549–552) jeweils zum Thema „Gewicht des Wortes" angeführt wird. Benennen Sie die Kernthesen.

Aber wie ist es eigentlich möglich, dass Wörter lügen können? Lügen auch die Wörter „Tisch", „Feuer" und „Stein"? Es ist doch gewiss, dass die Tyrannen, die uns Jahr um Jahr belogen haben, auch diese Wörter in den Mund genommen haben. [...]

Wir werfen einen Blick auf zwei Wörter der deutschen Sprache, mit denen viel gelogen worden ist. Ich meine das Wort „Blut" und das Wort „Boden". Beide Wörter können heute so unbekümmert gebraucht werden wie eh und je. Man lügt nicht mit ihnen und wird nicht mit ihnen belogen. Aber es ist keinem Deutschen mehr möglich, die beiden Wörter zu verbinden. Mit „Blut und Boden" kann man nur noch lügen, so wie man eh und je mit dieser Fügung gelogen hat. Liegt das vielleicht an dem Wörtchen „und"? Nein, dieses Wörtchen ist ganz unschuldig. Es liegt daran, dass die beiden Wörter „Blut" und „Boden", wenn sie zusammengestellt werden, sich gegenseitig Kontext geben. Der Kontext „und Boden" determiniert die Bedeutung des Wortes „Blut" auf die nazistische Meinung hin, und ebenso wird die Bedeutung des Wortes „Boden" durch den Kontext „Blut und" im nazistischen Sinne determiniert.

Dies nun gilt allgemein. Wörter, die man sich ohne jede Kontextdetermination denkt, können nicht lügen. Aber es genügt schon ein kleiner Kontext, eine „und"-Fügung etwa, dass die Wörter lügen können. Begriffe sind nun von der Art, dass sie überhaupt erst durch einen Kontext zustande kommen. Ohne Definition kein Begriff. Und sie bestehen nur, solange dieser Kontext, diese Definition gewusst wird. Es verschlägt nichts, wenn der Definitionskontext nicht jedes Mal mitgenannt wird, wenn der Begriff lautbar wird. Das ist oft überflüssig, zumal wenn der Begriff im Rahmen anerkannter wissenschaftlicher Ausdrucksformen verwendet wird. Durch diesen Rahmen wird als Spielregel vorausgesetzt, dass die Definitionen gewusst und anerkannt werden. Man braucht sie dann nicht mehr jedes Mal auszusprechen; die Determination der Wortbedeutung, d. h. ihre Einschränkung auf den Begriffswert hin, bleibt dennoch bestehen.

Begriffe können folglich lügen, auch wenn sie für sich allein stehen. Sie stehen nämlich nur scheinbar allein. Unausgesprochen steht ein Kontext hinter ihnen: die Definition. Lügende Wörter sind fast ausnahmslos lügende Begriffe. Sie gehören zu einem Begriffssystem und haben einen Stellenwert in einer Ideologie. Sie nehmen Verlogenheit an, wenn die Ideologie und ihre Lehrsätze verlogen sind. Manchmal kann man die Wörter der Lüge überführen. „Demokratie" ist ein Wort der deutschen Sprache, das Begriffsrang hat. Demokratie ist nämlich nach dem Sprachgebrauch definiert als eine Staatsform, in der die Staatsgewalt vom Volk ausgeht und nach bestimmten politischen Regeln an frei gewählte Repräsentanten delegiert wird. (Die bloße Etymologie[1] des Wortes Demokratie ist nicht ausreichend.) Wer eine Staatsform will, in der die Gewalt nicht vom Volk ausgeht und nicht nach bestimmten politischen Regeln an frei gewählte Repräsentanten delegiert wird

---

[1] Etymologie: Lehre von der Herkunft der Wörter

und wer dennoch das Wort „Demokratie" für diese Staatsform verwendet, der lügt. Wer zudem noch, um seine Glaubwürdigkeit zu erhöhen, „Volksdemokratie" sagt, lügt noch mehr. Aber er verrät sich auch noch mehr. Immer haben sich
5 die Lügner durch Beteuerungen verraten. (v 1966)

Vaclav Havel, von 1990 bis 1992 Staatspräsident der nachsozialistischen Tschechoslowakei, ist heute, nach der inzwischen erfolgten Teilung des Landes, Präsident der Tschechischen Republik. Der folgende Text ist Teil einer Rede, die Vaclav Havel in der Frankfurter Paulskirche anlässlich der Verleihung des Friedenspreises des Deutschen Buchhandels im Oktober 1989 gehalten hat.

Vaclav Havel
Ein Wort über das Wort

Das Wort ist eine geheimnisvolle, vieldeutige, ambivalente, verräterische Erscheinung. Es kann ein Lichtstrahl im Reich der Finsternis sein. […]
Doch es kann auch ein todbringender Pfeil sein. Und was das
5 Schlimmste ist: Es kann eine Weile jenes sein, es kann sogar beides gleichzeitig sein! […]
Kein Wort enthält nur das, was ihm das etymologische Wörterbuch zuschreibt. Jedes Wort enthält auch die Person, die es ausspricht, die Situation, in der sie es ausspricht, und den
10 Grund, warum sie es ausspricht. Dasselbe Wort kann einmal große Hoffnung ausstrahlen, ein anderes Mal nur Todesstrahlen aussenden. Dasselbe Wort kann einmal wahrhaftig und ein anderes Mal lügnerisch sein, einmal faszinierend und ein anderes Mal trügerisch, einmal kann es herrliche Perspekti-
15 ven eröffnen und ein anderes Mal nur Gleise verlegen, die in ganze Archipele von Konzentrationslagern führen. Dasselbe Wort kann einmal ein Baustein des Friedens sein und ein anderes Mal kann jeder einzelne seiner Laute vom Echo der Maschinengewehre dröhnen.
20 Alles wichtige Geschehen der realen Welt – das schöne und das scheußliche – hat nämlich immer sein Vorspiel in der Sphäre der Worte. Wie ich schon gesagt habe, ist es heute nicht meine Absicht, Ihnen die Erfahrung eines Menschen zu vermitteln, der erkannt hat, dass das Wort immer noch Gewicht
25 hat, wenn man dafür auch mit dem Gefängnis bezahlen muss. Meine Absicht war, eine andere Erfahrung zu bekennen, die wir in diesem Teil der Welt mit dem Gewicht des Wortes gemacht haben und die – davon bin ich fest überzeugt – universelle Gültigkeit hat: nämlich die Erfahrung, dass es sich im-
30 mer auszahlt, den Worten gegenüber misstrauisch zu sein und gut auf sie Acht zu geben, und dass die Vorsicht hier nicht groß genug sein kann.
Durch Misstrauen gegenüber den Worten kann entschieden weniger verdorben werden als durch übertriebenes Vertrauen
35 in sie. […] (e 1989)

Vaclav Havel, geboren 1936 in Prag

Heinrich Böll
Über den Umgang mit Worten

Worte wirken, wir wissen es, haben es am eigenen Leib erfahren, Worte können Krieg vorbereiten, ihn herbeiführen, nicht immer sind es Worte, die Frieden stiften. Das Wort, dem gewissenlosen Demagogen ausgeliefert, dem puren Taktiker, dem Opportunisten, es kann zur Todesursache für Millionen werden, die meinungsbildenden Maschinen können es ausspucken wie ein Maschinengewehr seine Geschosse: vierhundert, sechshundert, achthundert in der Minute; eine beliebig zu klassifizierende Gruppe von Mitbürgern kann durch Worte dem Verderben ausgeliefert werden. Ich brauche nur ein Wort zu nennen: Jude. Es kann morgen ein anderes sein: das Wort Atheist oder das Wort Christ oder das Wort Kommunist, das Wort Konformist oder Nonkonformist. Der Spruch: Wenn Worte töten könnten, ist längst aus dem Irrealis in den Indikativ geholt worden: Worte können töten, und es ist einzig und allein eine Gewissensfrage, ob man die Sprache in Bereiche entgleiten lässt, wo sie mörderisch wird. Manche Worte aus unserem politischen Vokabularium sind mit einem Bann belegt, der wie ein Fluch auf unseren frei und fröhlich heranwachsenden Kindern liegt; ich nenne zwei dieser Worte: Oder-Neiße, eine Wortverbindung, die, einem Demagogen ausgeliefert, den meinungsbildenden Maschinen anheimgegeben, eine schlimmere Wirkung haben könnte als viele Lastzüge Nitroglyzerin.

(Aus einer Rede, gehalten 1959)

❐ Beurteilen Sie die Aktualität der Aussagen; ziehen Sie dazu auch Ihre eigenen Ergebnisse (Seite 549) mit heran.
❐ Stellen Sie ggf. auch einen Bezug zu dem Text von Klaus Bresser „Sprache, Medien und Politik" (Seite 526ff.) her.

Hinweise zum Verfasser vgl. Seite 500f.

Hans Magnus Enzensberger
windgriff

manche wörter
leicht
wie pappelsamen

steigen
vom wind gedreht
sinken

schwer zu fangen
tragen weit
wie pappelsamen

manche wörter
lockern die erde
später vielleicht

werfen sie einen schatten
einen schmalen schatten ab
vielleicht auch nicht

(v 1971)

❐ Untersuchen Sie, was der Sprecher im Gedicht über die Wirkung der Wörter sagt. Deuten Sie dabei auch die Bilder des Gedichts.

Wolfgang Bächler
Ausbrechen

Ausbrechen
aus den Wortzäunen,
den Satzketten,
den Punktsystemen,
den Einklammerungen,
den Rahmen der Selbstbespiegelungen,
den Beistrichen, den Gedankenstrichen
– um die ausweichenden, aufweichenden
Gedankenlosigkeiten gesetzt –
Ausbrechen
in die Freiheit des Schweigens. (v 1981)

❑ Erklären Sie die Überschrift und die Metaphorik des Gedichts. Ergänzen Sie den Text um weitere Zeilen.

Erich Fried
Die mit der Sprache

Ich beneide die mit der großen Sprache
die reden von den Leuten
als ob es die Leute gäbe
sie reden vom Vaterland
als ob es ein Vaterland gäbe
und von Liebe und von Tapferkeit und von Feigheit
als gäbe es alle drei
Tapferkeit Feigheit Liebe
und sie reden vom Schicksal
als ob es ein Schicksal gäbe

Und ich bestaune die mit der scharfen Sprache
die reden von den Leuten
als ob es sie gar nicht gäbe
und vom Vaterland
als ob es kein Vaterland gäbe
und von Liebe und von Tapferkeit und von Feigheit
als wäre es klar
dass es das alles nicht gibt
und sie reden vom Schicksal
als ob es kein Schicksal gäbe

Und manchmal weiß ich nicht
wen ich beneide und wen ich bestaune
als gäbe es nur Staunen und keinen Neid
oder als gäbe es nur Neid und kein Staunen
als gäbe es nur Größe aber nicht Schärfe
oder als gäbe es nur Schärfe und keine Größe
und ich weiß dann nicht ob es
etwas gibt wie Reden und Wissen
oder wie Geben und mich
nur dass es so nicht geht (v 1972)

Erich Fried, 1921–1988

❑ Arbeiten Sie den Aufbau des Gedichtes heraus; welche Funktion könnte er für die Aussage haben?

❑ Formulieren Sie mit eigenen Worten, welche Schwierigkeiten das lyrische Ich mit der Sprache hat.

❑ Schreiben Sie selbst ein Gedicht zum Thema „Sprache". Sie können dabei auch auf Gedanken zurückgreifen, die Harald Weinrich, Vaclav Havel und Heinrich Böll in ihren Texten formuliert haben.

In zwei Sprachen leben

Hanefi Yeter:
Wohin gehöre ich? (1989)

Ivan Tapia Bravo
(geb. 1951) stammt aus Chile, ab 1974 in der BRD, arbeitete als Übersetzer, Mitherausgeber einer Literaturzeitschrift

Gino Chiellino
(geb. 1946) stammt aus Italien, Dr. phil., seit 1970 in der BRD, Lektor für Italienisch an der Universität Augsburg

Abdolreza Madjderey
(geb. 1940) stammt aus dem Iran, Dr. med., kam 1959 zum Studium in die BRD, lebt als Nervenarzt und Psychotherapeut in Köln

Abdolreza Madjderey
Fremder

In meiner Muttersprache
bedeutet FREMDER unbekannt, allein
und hat Sehnsucht,
aber seine Sehnsucht ist nicht unbekannt
und ein FREMDER ist
nicht allein mit seiner Sehnsucht.
In der deutschen Sprache
ist der Fremde Barbar,
man muss erst mal
Angst vor ihm haben,
vor dem
dunkelhaarigen
Fremden. (v 1983)

Ivan Tapia Bravo
Das bin ich mir schuldig

Bevor ich ein Wort spreche aus
nachdenke ich gründlich darüber
Mir soll laufen unter kein Fehler
damit ich nicht falle auf
vor einem so erlesenen Publikum
als ein unkundiger Trottel
der sich benimmt immer daneben. (v 1983)

Gino Chiellino
Sklavensprache

mit mir willst
du reden
und
ich
soll
deine Sprache
sprechen (v 1983)

Abdolreza Madjderey
Und fand das Wort nicht dafür

Ich sah Deine Augen
und dachte »Narzissen«,
fand das Wort nicht dafür
in meinem Wörterbuch

streichelte Dein Haar
fühlte Hyazinthen,
fand das Wort nicht dafür
in meinem Wörterbuch

küsste Deine Lippen
schmeckte Frühling,
fand wieder das Wort nicht dafür,

fühlte Deine Haut,
trank Deinen Blick,
schrie meine Sehnsucht,
fand das Wort nicht dafür
in meinem Wörterbuch.

Wie liebt man in diesem Land ohne Worte?
Du hast mein Wörterbuch zerrissen
ich ging
wir weinten.　　　　　　　　(v 1983)

Claudina Marques Coelho
Sprachlos

Wenn du die Zeit verschwinden lässt
und du hast dafür kein Wort

Wenn deine Augen schweigen
deine Lippen weinen
deine Hände traurig sind

Lass die Bewegung der Tage
wie Wellen hinaufrollen

Lass deine Gedanken nicht verstummen
oder deine Finger

Schreie aus der Seele heraus
den anderen Alltag
oder deine andere Sprache

Lass dich nicht sprachlos fangen　　　(v 1983)

Claudina Marques Coelho (geb. 1947) stammt aus Angola, in der BRD seit 1973, Fremdsprachenlehrerin in Braunschweig

Chantal Estran-Goecke
Aphasie[1]

Du lebst in zwei Sprachen,
Doch du beherrschst keine.
Die eine verlernst du,
Du missbrauchst die andere.

Tu habites deux langues
Mais tu n'en possèdes aucune.
Pour ce qui est de l'une
Tu l'oublies,
L'autre tu l'écorches.　　　(v 1983)

Chantal Estran-Goecke (geb. 1956) stammt aus Frankreich, seit 1977 in der BRD, lebt heute in Dresden als Übersetzerin und Dozentin der Betriebswirtschaft

---

[1] Aphasie: Verlust des Sprechvermögens oder Sprachvermögens

Daxing Chen
(geb. 1944) stammt aus der Volksrepublik China, seit 1980 in der BRD, zunächst im Studium, seit 1985 Speditionskaufmann in München, Veröffentlichungen unter einem Pseudonym

❏ Analysieren Sie die einzelnen Texte von Seite 554–556, möglicherweise jeweils in einer kleinen Arbeitsgruppe. Machen Sie sich dabei klar, dass es sich um deutschsprachige Literatur von Autoren nichtdeutscher Muttersprache handelt.

❏ Erläutern Sie, welche Erfahrungen von Ausländern mit der deutschen Sprache und mit ihren Sprechern in den Texten zum Ausdruck kommen könnten; weisen Sie nach, wie die deutsche Sprache und die Deutschen aus dieser Sicht wahrgenommen werden.

▶▶ **Lese- und Arbeitshinweis**
● Yüksel Pazarkaya: deutsche Sprache, Seite 327f.

❏ Die Texte, die ihre Entstehung einem Preisausschreiben (1982) verdanken, wurden im Jahre 1983 unter dem Titel „In zwei Sprachen leben – Berichte, Erzählungen, Gedichte von Ausländern" veröffentlicht.
Beurteilen Sie mit Bezug auf die hier abgedruckten Texte die nebenstehenden Hinweise aus diesem Band.

❏ Befragen Sie gegebenenfalls Mitschülerinnen oder Mitschüler, für die Deutsch nicht Muttersprache ist, nach ihren Erfahrungen. Setzen Sie sich kritisch mit den Ergebnissen einer solchen Umfrage auseinander.

Daxing Chen
„Gnädige Frau"

„Gnädige Frau, erlauben Sie mir, mich bei Ihnen zu erkundigen, wie gehe ich, wenn ich nach P... Psch... Pschörrstraße gehen möchte?"
„Wie meinen Sie?" Die Dame, die ich frage, zeigt im ersten Moment eine ganz verwirrte und hilflose Miene. Ich bin schon einen Monat hier. Heute möchte ich meinen Bekannten in dieser P..., ja Psch...örrstraße besuchen. Aber als ich aus der U-Bahn-Station herausgekommen bin, habe ich die Orientierung total verloren. Es ist ganz anders als in meiner Heimatstadt, wo alles symmetrisch eingerichtet ist. Mein Stadtplan hat mir auch nicht viel helfen können, weil ich nicht einmal weiß, wo ich bin. So bin ich auf die Idee gekommen, diese vorbeigehende Dame zu fragen. Dazu habe ich gar keine Hemmungen, weil ich mich in allen deutschen Frageformen gut auskenne.
„Ich meine, gnädige Frau, wie begebe ich mich zur Pschörrstraße?" Die Dame sieht mich ungläubig an, ohne mir eine Antwort zu geben. Ich wundere mich, warum diese Dame mein buchstäblich korrektes Deutsch nicht verstehen kann!
„Ach, Sie wollen zur Pschörrstraße?", sagt sie schließlich. Sie macht eine ganz ernste Miene, „gnädiger Herr, gestatten Sie mir, auf Ihre Frage einzugehen. Sie mögen bitte die nächste Straßenkreuzung überqueren und dann nicht nach rechts, sondern nach links abbiegen, so werden Sie in zehn Minuten an Ihrem Ziel sein."
Ein Gefühl voller Stolz erfüllt mich: Schon auf Anhieb ist es mir mit den deutschen Kenntnissen, die ich in meiner Heimat erworben habe, gelungen.
„Ha, ha, ha, ..." Ein schallendes Lachen hat mich aus meinem Glücksgefühl aufgeschreckt. Einige Passanten krümmen sich vor Lachen. Ich bin ganz verwirrt. Und sogar die Dame lacht mit! Worüber lachen sie denn? In meiner Heimat fragt man doch auf diese Art und Weise eine vornehme Fremde nach dem Weg und außerdem steht das alles ganz korrekt in meinem Buch. Ich stehe fassungslos da und habe vergessen, wie ich zu dieser P... P...straße gehen soll.

(v 1983)

Das Sprachniveau der Beiträge reichte von differenzierter und nuancenreicher Ausdrucksfähigkeit, die der Muttersprachler manchmal mit einem Anflug von Neid aufnimmt, über die verschiedenen Zwischenstufen bis zu mühsam abgerungenen und manchmal schwer verständlichen Aussagen in gebrochenem Deutsch. Dabei konnte man feststellen, dass sprachliche Meisterschaft nicht das Hauptkriterium für die Intensität der Aussage ist, sondern dass sogar gerade das gebrochene Instrumentarium oder der reduzierte Wortschatz die sprachlichen Mittel sein könnten, die der Aussage ihre Eindringlichkeit geben.

Anhang

Auch so kann man Texte gruppieren – Alternativsequenzen

In diesem Buch sind Texte nach bestimmten Kriterien zu Textfolgen, **Sequenzen,** gruppiert. Kriterien sind zum Beispiel:

- Problem- und inhaltsorientierte Gesichtspunkte, die vor allem den Blick auf aktuelle Fragestellungen richten,
- historische Zusammenhänge,
- Textarten und Medien,
- Methoden und Arbeitsweisen,
- Kommunikation/Sprachreflexion.

Um für die Bearbeitung andere Akzente zu setzen, können die Texte entsprechend umgruppiert werden. Auch das Textartenverzeichnis (S. 568) bietet für eine solche Umgruppierung Hilfen. Die folgenden Alternativsequenzen sind als Beispiele zu verstehen.

Rolf Hochhuth: Berliner Antigone 161ff. Adolf Hitler: Rede an die Hitler-Jugend 1935 348ff. Alexander Kluge: Ein Liebesversuch 451ff. Der Einfluss des Hakenkreuzes… 463ff.	**Nationalsozialismus**
Wolfgang Borchert: Das Brot 20 Wolfgang Borchert: Die drei dunklen Könige 25 Biografie von Wolfgang Borchert 27 Heinrich Böll: An der Brücke 364 Kurzbiografie zu Heinrich Böll 381 Heinrich Böll: Über mich selbst 382 Zur Kurzgeschichte in der Nachkriegszeit 22 Epische Texte analysieren 370 Mit epischen Texten produktiv umgehen 386	**Kurzgeschichten nach dem Kriege – Wolfgang Borchert und Heinrich Böll**
Gabriele Wohmann: Flitterwochen, dritter Tag 34 Gabriele Wohmann: Schöne Ferien 37 Gabriele Wohmann: Der Antrag 38 Wolf Wondratschek: Über die Schwierigkeit, ein Sohn seiner Eltern zu bleiben 503 Wolf Wondratschek: Mittagspause 388 Rainer Brambach: Känsterle 386, 561 Walter Helmut Fritz: Augenblicke 387 Poetische Texte analysieren 370	**Kurzgeschichten zum Thema „Beziehungshandeln – Kommunikation"**
Andreas Gryphius: Tränen des Vaterlandes 241 Andreas Gryphius: Tränen in schwerer Krankheit 241 Andreas Gryphius: Es ist alles eitel 241 Friedrich von Logau: Des Krieges Buchstaben 247 Georg Heym: Der Krieg 314 August Stramm: Sturmangriff 316 August Stramm: Patrouille 316	**Gedichte zum Thema „Krieg"**
Johann Wolfgang Goethe: Iphigenie auf Tauris 194 Friedrich Schiller: Maria Stuart 270 Zum Aufbau des aristotelischen Dramas 199 Dramatische und epische Form des Theaters 208	**Dramen- und Theaterkonzepte: Aristotelisches, episches und dokumentarisches Theater**

	Bertolt Brecht: Der gute Mensch von Sezuan 201 Peter Weiss: Die Ermittlung 475 Zum Dokumentarischen Theater 480
Der Schriftsteller Bertolt Brecht und sein gesellschaftlicher Standort	Bertolt Brecht: Lob des Lernens 320 Bertolt Brecht: Die Lösung 330 Bertolt Brecht: Fragen eines lesenden Arbeiters 19 Bertolt Brecht: Maßnahmen gegen die Gewalt 449 Bertolt Brecht: Kälbermarsch 471 (Bezug: Horst Wessel: Die Fahne hoch 465) Biografisches 200
Gedichte von Hans Magnus Enzensberger – ihr politisch-historischer Zusammenhang	Hans Magnus Enzensberger: ins lesebuch für die oberstufe 20 Hans Magnus Enzensberger: konjunktur 373 Hans Magnus Enzensberger: bildzeitung 511 Hans Magnus Enzensberger: verteidigung der wölfe gegen die lämmer 499 Hans Magnus Enzensberger: Scherenschleifer und Poeten 502 Biografisches 500
Politische Lyrik vom 18. bis zum 20. Jahrhundert	G. August Bürger: Der Bauer – An seinen durchlauchtigsten Tyrannen 268 Heinrich Heine: Erinnerung aus Krähwinkels Schreckenstagen 286 Heinrich Heine: An einen politischen Dichter 289 Heinrich Heine: Die schlesischen Weber 292 Biografische Übersicht zu Heinrich Heine 287 Georg Weerth: Das Hungerlied 293 Politische Lyrik analysieren 312ff. Kurt Tucholsky: Das Dritte Reich 468 Herbert Böhme: Der Führer 463 Horst Wessel: Die Fahne hoch 465 Bertolt Brecht: Kälbermarsch 471 Bertolt Brecht: Die Lösung 330 Hans Magnus Enzensberger: konjunktur 373 Wolf Biermann: Ermutigung 493 Günter Grass: Kinderlied 499 Reiner Kunze: Das Ende der Kunst 331 Volker Braun: Das Eigentum 333
Das Naturgedicht in der Romantik im Vergleich zu zeitgenössischer Naturerfahrung	Joseph von Eichendorff: Mondnacht 278 Caspar David Friedrich: Mann und Frau, den Mond betrachtend (Gemälde) 278 Joseph von Eichendorff: Der Abend 280 Joseph von Eichendorff: Abschied 391 Clemens Brentano: Wiegenlied 280 Eduard Mörike: Septembermorgen 281 Eduard Mörike: Um Mitternacht 281

Auch so kann man Texte gruppieren – Alternativsequenzen

Novalis: Wenn nicht mehr Zahlen und Figuren 277 Joseph von Eichendorff: Wünschelrute 280 Hans Magnus Enzensberger: windgriff 552 Wolfgang Bächler: ausbrechen 553 Erich Fried: Die mit der Sprache 553 In zwei Sprachen leben – Gedichte von Ausländern 554–556, 327	**Sprache als lyrisches Motiv**
Deutungsmodelle 24f. Poetische Texte analysieren 367 Eine andere Methode der Deutung: mit Texten produktiv umgehen 228, 244	**Methoden des Textverstehens – Schriftliche Analyse von poetischen Texten**
Immanuel Kant: Was ist Aufklärung? 259 Georg Büchner, Ludwig Weidig: Der Hessische Landbote 297 Heinrich Jaenecke: Gesellschaft am Abgrund 507 Klaus Bresser: Sprache, Medien und Politik 526 Dieter E. Zimmer: Sprache im Modernisierungsfieber 532 Gerhard Müller: Reizwörter im vereinigten Deutschland 547 Siegfried Lenz: Der Sitzplatz eines Autors 487 Max Frisch: Verantwortung des Schriftstellers 488	**Sachtexte im zeithistorischen Kontext**
Heinrich Mann: Der Untertan 107 Verfilmung des Romans durch Wolfgang Staudte 109 Hinweise zur Filmanalyse 62	**Literatur und ihre Verfilmung**
Gottfried Keller: Abendlied 390 Fritz Werf: Fernsehlied 390 Hinweise zur Parodie 390 Horst Wessel: Die Fahne hoch 465 Bertolt Brecht: Kälbermarsch 471 Jens Reich: Ministerbesuch I 545 Jens Reich: Ministerbesuch II 546 Parodien von Feierreden 391	**Text und Gegentext: Parodien verstehen und verfassen**
Hinweise zur Romantik 257 Friedrich Schlegel: Universalpoesie 279 Gemälde von Caspar David Friedrich 277, 278 Ausgewählte Gedichte der Romantik 277ff. Zur Produktion lyrischer Texte 228, 357 Hinweise zum Expressionismus 303 Ernst Stadler: Form ist Wollust 313 Jakob von Hoddis: Weltende 314 George Grosz: Friedrichstraße (Zeichnung) 317 Hinweise zum Expressionismus in der Kunst 317 Bilder des Expressionismus 304, 317, 319	**Deutsch und Kunst – eine fachübergreifende Sequenz**

Orginalfassungen und Fortsetzungen

Kristiane Allert-Wybranietz
Müllarbeiter

Ich säubere die Wohnung
und halte sie in Ordnung.

Ich bin zuständig
für deinen seelischen Müll
und kehre auch
meistens den
Beziehungsdreck
aus unserer Verbindung.

So langsam
werde ich selbst
Abfall. (v 1983)

Axel Kutsch
Schöne Grüße aus Afrika

Liegen am Strand halbnackt
stop
wunderbar warm hier unten
stop
bei euch tiefer Winter – ätsch –
stop
schwarze Bedienung spurt
stop
verneigt sich noch für ein Trinkgeld
stop
fühlen uns wie im Paradies
stop
nur bettelnde Kinder stören
stop
ansonsten alles wie im Prospekt
stop (v 1989)

Ursula Krechel
Aufs Eis

Ich ging aufs Eis mit bloßen blauen Zehen
wollt eine Lanze brechen
für dich traurigen Ritter
im kalten Hauch. Doch unversehens
ist der Stab über dir gebrochen bin ich
eingesunken nicht ertrunken
der halbe Leib erfror.
Ein Eichelhäher pfiff. (v 1989)

Ulla Hahn
Bildlich gesprochen

Wär ich ein Baum ich wüchse
dir in die hohle Hand
und wärst du das Meer ich baute
dir weiße Burgen aus Sand.

Wärst du eine Blume ich grübe
dich mit allen Wurzeln aus
wär ich ein Feuer ich legte
in sanfte Asche dein Haus.

Wär ich eine Nixe ich saugte
dich auf den Grund hinab
und wärst du ein Stern ich knallte
dich vom Himmel ab.
(v 1981)

Jo Schulz
Puzzle oder
Über das Problem der Anpassung des Partners an eigene Wünsche

Du, unaufhörlich
um Lösung bemüht,
lässt mich fallen,
als wär ich
ein Götze aus Lehm
    Lässt mich fallen
    erhebst mich, lässt
      mich fallen, erhebst…
Setzest fein säuberlich
mich, den Geborstnen
wieder zusammen und
irgendwie pass ich
dir nun in die Landschaft

Die Frage ist nur:
für wie lange und
  wer
  verliert zuerst
  die Geduld (1989)

die angst
mit
   wünschen
      und
     im rahmen
einengend
   habe ich
ich
   gehe

   vorsichtig

   manchmal
die balance
halten

mich
meinen

fantasien
der verliebtheit
einzukreisen
noch immer

vorwärts
aber
ängstlich
und habe
das gefühl
nicht
zu können

Brigitte Vollhardt   (v 1978)

Christa Kożik

Jahrhundertelang

wählten Männer
sich Frauen aus.
Die warteten demütig
sanft senkten sie
scheu den Kopf,
die Lider, den Blick
nach innen gekehrt.

Ich habe meinen
Nacken erhoben,
die Augen weit geöffnet.
Nicht ohne Staunen
sehe ich mich um.

Und wenn
mir einer so gefällt,
dass mir der Atem
stockt in seiner Nähe,
dann sag ich's ihm
vor allen
     – oder nie.

(v 1989)

Eine verstaubte Glühbirne wirft trübes Licht. Känsterle steht auf dem Dachboden; er verwandelt sich zögernd in einen Weihnachtsmann. Die Kutte, die den Hundertkilomann Weckhammer einst so prächtig gekleidet hat, ist dem gedrun
5 genen Känsterle viel zu geräumig. Er klebt den Bart an die Ohren. Sein Blick streift die Stiefel, und dabei versucht er sich an die Füße Weckhammers zu erinnern. Er zerknüllt ein paar Zeitungen und stopft sie in die steinharten Bottiche. Obwohl er zwei Paar grobwollene Socken anhat, findet er noch immer
10 keinen rechten Halt. Er zieht die Kapuze über den Kopf, schwingt den vollen Sack über die Schulter und ergreift den Krummstab.
Der Abstieg beginnt. Langsam rutscht ihm die Kapuze über Stirn und Augen; der Bart verschiebt sich nach oben und kit
15 zelt seine Nase. Känsterle sucht mit dem linken Fuß die nächste Treppenstufe und tritt auf den Kuttensaum. Er beugt den Oberkörper vor und will den rechten Fuß vorsetzen; dabei rollt der schwere Sack von der Schulter nach vorn, Mann und Sack rumpeln in die Tiefe.
20 Ein dumpfer Schlag.
In Känsterles Ohren trillert's.
Ein Gipsfladen fällt von der Wand.
„Oh! Jetzt hat sicher der Nikolaus angeklopft!", tönt Rosas Stimme hinter der Tür. Sie öffnet und sagt: „Mein Gott ... was
25 machst du denn da am Boden? Zieh den Bart zurecht, die Kinder kommen!"

Känsterle zieht sich am Treppengeländer hoch, steht unsicher da. Dann holt er aus und versetzt Rosa eine Backpfeife. Rosa heult auf, taumelt zurück; Känsterle stampft ins Wohnzimmer, reißt Rosas Lieblingsstück, einen Porzellanpfauen, von der Kommode und schlägt ihm an der Kante den Kopf ab. Dann packt er den Geschirrschrank, er schüttelt ihn, bis die Scherben aus den Fächern hageln. Dann fliegt der Gummibaum samt Topf durch ein Fenster und ein Winterfenster; auf der Straße knallt es.

„Er schlachtet die Buben ab!", kreischt Rosa durchs Treppenhaus. Auf allen Stockwerken öffnen sich Türen. Ein wildes Gerenne nach oben. Man versammelt sich um Rosa, die verdattert an der Wand steht und in die offene Wohnung zeigt. Als erster wagt sich Herr Hansmann in die Stube, betrachtet die Zerstörungen; ein Glitzern kommt in seine Augen, und er sagt: „Mein lieber Känsterle, ist das alles?"

Elend hockt der Weihnachtsmann im Sessel, während Paul und Konradle unter dem Sofa vorkriechen.

Ein kalter Wind zieht durch die Stube.

(Schluss von: Rainer Brambach, Känsterle, S. 386f.)

[…] wenn wir jedenfalls davon überzeugt sind und das sind wir, dies darf ich hier auch im Namen meiner Fraktion erklären, von dem, was hier auf dem Spiel steht, langfristig. Nun haben Sie es aber für richtig gehalten, das Wort Panikmache in die Debatte zu werfen. Jawohl, gerade Sie, Herr Kollege! Lassen Sie mich … lassen Sie mich darauf kurz nur dies antworten: Für mich ist dies politisch schlechter Stil. Nichts weiter.

(Schluss der Rede auf S. 391)

[…] Die Beschäftigung mit ihr (ihm) löst uns aus dem ewig gleichen Trott des Alltags, führt uns zu lichten Höhen und zur Besinnung und schenkt uns unendliche Freude.

Freude, schöner Götterfunken, heißt es in jenem herrlichen Gedicht unseres unsterblichen Dichterfürsten *Friedrich von Schiller*, welches von dem ebenso unsterblichen Musikgenie eines *Ludwig van Beethoven* vertont wurde. Manch einer von Ihnen, meine sehr verehrten Damen und Herren, wird mich vielleicht für vermessen halten, dass ich es unternehme, an diesem Tage, welcher dem … (Deutschen Pudel, Pferde, Buche, Walde, Weine) geweiht ist, solche erhabenen Worte zu zitieren. Aber, meine Damen und Herren, ich habe es ganz bewusst getan. Denn jede Freude, sie mag noch so unbedeutend scheinen, trägt dazu bei, die Menschen unseres Volkes gesund zu erhalten und stark zu machen für die Aufgaben, die noch zu bewältigen sind.

Was wäre unser Leben ohne … (Briefmarken, Pferde, Sparen, Bäume, Wälder, Heimat, Biene, Hochseefischerei, Werbung, Kinder)

(Schluss der Rede auf S.391f.)

Stichwortverzeichnis

Abiturrede 339
Akrostichon 247
Analyse und Deutung 367
  Begriffsklärung 367
  Aufbau 380
    Einleitung 368, 370
    Hauptteil 368f., 370
    Schlussteil 370
  Kriterien zur Bewertung 379
  Analyse poetischer Texte
    Dramatische Texte 137ff., 146f., 172ff., 193ff., 369ff.
    Epische Texte 20ff., 24ff., 33, 35ff., 104f., 367ff., 373ff., 386ff., 421f., 426, 448ff.
    Lyrische Texte 221ff., 223, 243, 286f., 292, 314f., 316, 331, 369ff.
  Analyse von Sachtexten 377, 380f., 384f., 344f., 409, 414, 417
    Reden 344f.
    Argumentative Texte 409, 414, 417
  Produktionsorientierte Analyse 386ff.
Analysemethoden
  Aspektorientierte Vorgehensweise 372
  Lineare Vorgehensweise 372
Anglisierung 532ff.
Antikes Theater 153
  Aristoteles 153
  Katharsis 153
Arbeitstechniken/Methoden
  Bewerbung 67ff.
  Charakteristik/literarische Charakteristik 61
  Filmanalyse 62ff.
  Inhaltsangabe 59f.
  Lebenslauf 67ff.
  Protokoll 67
  Referat 70f.
  Rezension 31, 65
  Textanalyse 36, 369ff.
  Zitiertechniken 71f.
Argument
  Formen von Argumenten 398f.
  Gute Argumente 406
Argumentation
  Aufbau
    These 397f.
    Argument 397f.
    Beispiel 397
  Fehlformen 408
  Schriftliche Argumentation > schriftliche Erörterung

Argumentationsbaupläne 403
Aristotelisches Drama 208
Aspektorientiertes Vorgehen bei der Textanalyse 372f.
Aufklärung 191f., 253ff.

Barock 237ff.
Beruf
  Bewerbung/Lebenslauf 67ff.
  Home-Office 520
  Neue Berufe
    Anwendungstrainer 520
    Fachinformatiker 520
    Informatikkaufmann 520
    Key Account Manager 520
    Mediengestalter Bild und Ton 520
  Vorstellungsgespräch 338
Blitzlicht 317, 336

Charakteristik 61, 112
Chiasmus 228, 345
Cluster 233, 360, 425, 517
Computer 517ff.
  Computerjargon 525

Deutungsmodelle/Deutungsmethoden
  Produktionsorientiert 24
  Textimmanent 24, 366
  Textübergreifend 24, 366f.
Dialektische Erörterung 410
Dialog 148
  Dialog verfassen 208
Digitale Revolution 517f.
Diskussion, diskutieren 335ff., 394ff., 399f., 403ff.
  Blitzlicht 336
  Diskussionsformen
    Debatte 405
    Podiumsgespräch 405
    Rundgespräch 405
    Streitgespräch 405
    Talk 406
  Diskussionsleitung 407
  Diskussionsziele 404
  Gruppendiskussion und Regeln 335ff.
  Körpersignale 336
Dokumentarisches Drama/Dokumentarisches Theater 480

Drama
　Analyse und Deutung　137, 147f., 172ff., 193ff., 369ff.
　Aufbau des aristotelischen Dramas　199, 208
　　Exposition　199
　　Steigerung　199
　　Höhepunkt und Peripetie　199
　　Retardation　199
　　Lösung des Konflikts　199
　Epische und dramatische Form (Brecht)　208
　Geschlossene Form　146, 148
　Gesichtspunkte des Dramatischen
　　Figur/Figurenkonstellation　147
　　Dialog/Monolog　148
　　Handlung/Konflikt　148
　　Raum　148
　　Zeit　148
　Offene Form　146, 148
　Produktionsorientiertes Arbeiten　137, 142, 181, 208

Ellipse　345
Emblem　248
Empfindsamkeit/Zeit der E.　255
Epigramm　249
Epik/epische Texte
　Analyse epischer Texte　23, 33, 37, 105, 370f., 373ff., 422, 426, 453
　Erzähler　104
　Erzählerische Mittel
　　Metapher, Vergleich　104
　　Motiv, Leitmotiv　104
　　Symbol　104
　Figur/Figurenkonstellation　104
　Handlungsverlauf und Raum　105
　Leser　105
　Personenrede　105
　Zeit/Zeitstruktur　105
Episches Theater　201, 208-219
Expressionismus　303f., 312ff.
Erörterung/schriftliche Erörterung　398, 409f.
　Dialektische Erörterung　410f.
　　These　410
　　Antithese　410
　　Synthese　410
　Freie Erörterung　109
　Problemerörterung
　　Anlass und Adressaten　411ff.
　Textgebundene Erörterung　409, 414, 417
　　Arbeitsschritte　416f.
　　Verfahren für den Aufbau　417
Erzählperspektive/Erzählhaltung
　Ich-Erzähler　104

Er-Erzähler　104
　allwissender Erzähler　104
　personale Erzählhaltung　104
　neutrale Erzählhaltung　104
Erzähltechnik/Erzählform
　Elliptische Erzähltechnik　35
　Erzählerbericht　35
　Figurenrede　35
　Montagetechnik　35
Euphemisierung　530
Euphemismus　345
Exilliteratur　468-472

Fabel　429
Facharbeit
　Kennzeichnung　66
　Vorschläge/Beispiele　498, 505, 512, 536
Fernsehen
　Fernsehen als Bewusstseinsindustrie　517
　Fernsehen als Nullmedium　515
　Fernsehen und Gewalt　514
　Interaktives TV　517f., 519f.
　Reality-TV　516
Figurenkonstellation　147
Fiktiver Monolog　105f., 112, 142
Film/literarische Verfilmung　96, 102f., 109f., 113, 115, 117f., 120, 122, 125, 138, 143, 209f.
Filmanalyse　61ff.

Gedicht > Lyrik
Gespräch
　Prüfungsgespräch　339
　Sachgespräch　394ff.
　Vorstellungsgespräch　338
Gleichnis　450

Hermeneutik/hermeneutischer Prozess　365ff.

Ideenstern　232
Ideologie des Nationalsozialismus　467f.
Impressionismus　303, 310f.
Indirekte Rede　60
Informationsgesellschaft　517f.
Inhaltsangabe
　Beispiele (siehe Textartenverzeichnis)
　Kennzeichnung　59
Interaktives TV　517f., 519f.
Internet　522f.
Interpretation > Analyse und Deutung
Inversion　228
Ironie　345

Junges Deutschland/Vormärz　283ff.

Kadenz 227
Kahlschlagliteratur 23
Kategorischer Imperativ 260, 354
Katharsis 153
Kommunikation
    Geschlechtsspezifisches Kommunikations-
       verhalten 53ff.
    Gestörte Kommunikation 41
    Grundfragen der Kommunikation
       Appell 47ff.
       Beziehung 46ff.
       Sachinhalt 46, 48, 50f.
       Selbstoffenbarung 46, 48, 50f.
    Inhalts- und Beziehungsaspekt 52f.
    Menschliche Kommunikation 52f.
    Organon-Modell 51
    Kommunikation im Internet 522ff.
    Kommunikation mit und ohne Erfolg 377f.
    Kommunikationsanalyse 56
    Kommunikationsmodell 48
    Kommunikationsverhalten im Alltag 53ff.
    Kommunikation zwischen den Geschlechtern
       542f.
    Körpersprache 55ff., 335ff.
    Symmetrische und komplementäre Interaktion
       53
Klassik/Weimarer Klassik 193ff., 211ff., 256f.,
    269ff.
Körpersprache 55ff.
Kreatives Schreiben 355ff., 361ff.
    Schreibspiele 357ff.
Kurzgeschichte 22
    Analyse und Deutung 20ff., 23ff., 37, 367ff.,
       386ff., 448ff., 453
    Kurzgeschichte verfassen 23, 33

Lebenslauf 67ff.
Lineare Vorgehensweise bei der Textanalyse 372
Literatur
    Literatur in der Weimarer Republik 304f., 319ff.
    Literatur im Nationalsozialismus 463ff.
    Literatur im Exil 305, 319ff.
    Literatur in der Nachkriegszeit 322ff.
    Literatur in der BRD 324ff.
    Literatur in der DDR 328ff.
    Literatur nach der Wende 333f.
Lyrik
    Faschistische Lyrik 463ff.
    Liebeslyrik 214ff.
    Lyrisches Ich/lyrisches Wir/lyrischer Sprecher
       227
    Lyrische Texte analysieren und deuten 220ff.,
       223, 243, 288f., 292, 315, 332, 370ff., 373ff.
    Lyrische Texte verfassen 29, 215, 228ff., 278,
       357f., 507
    Merkmale lyrischer Texte 226
       Lyrischer Sprecher/lyrisches Ich 227
       Klanggestalt 228
       Rhythmus und Metrum 227
       Sprachliche Bilder und Stilfiguren 228
       Versmaß/Versfuß 227
    Mittelhochdeutsche Lyrik 218f.
    Moderne Lyrik 216ff.
    Politische Lyrik
       Begriff 290
       Analyse/Deutung 288f.

Mittelhochdeutsche Lyrik 218f.
Medien
    Fernsehen 514ff.
    Internet 518f., 522ff.
    Tele-Arbeiter 520
    Zeitung 487, 513
       Bildzeitung 511ff.
Metapher 228
Methode
    Arbeitstechniken 59ff.
    Kreatives Schreiben 355ff., 361ff.
    Produktionsorientiertes Arbeiten mit Texten
       386ff.
    Texte verstehen 24f., 364 ff.
Monolog 137f., 148

Nationalsozialismus
    Begriffsdefinitionen 482
    Euphemisierung von Begriffen 484f.
    Ideologie 467f.
    Neu- und Umbildung von Begriffen 482
    Sprache 481ff.
    Sprachlenkung/Presseanweisungen 483f.
Naturalismus 303, 307ff.
    Gegenströmungen 303
Neuromantik 303, 310f.

Organon-Modell 51
    Ausdruck 51
    Darstellung 51
    Appell 51

Parabel 429, 450
    Parabel analysieren und deuten 421f., 426, 428,
       450ff., 454
    Parabel verfassen 422, 426
Parallelismus 228, 345
Parenthese 345
Parodie 390ff.
Personifikation 228

Stichwortverzeichnis

Politik
    Sprache der Politik 526ff., 544ff.
Politische Lyrik
    Begriff 290
    Analyse/Analysekriterien 288f.
Politische Rhetorik 344f.
Problemerörterung 411ff.
Produktionsorientierte Auseinandersetzung
    mit Texten 23, 29, 35, 137, 142, 181, 208, 243f., 278, 386ff., 392f.
    Ergänzen 389
    Erzählperspektive ändern 386
    Form der erlebten Rede 386
    Geschlecht der Hauptpersonen ändern 389
    Innerer Monolog 386
    Sprechen/Gestalten 278, 280f.
    Umschreiben in eine andere Textart
        (z. B. Satire/Parodie) 391f.
Projekt, projektorientiertes Arbeiten
    Ablauf 462
    Vorschläge 236, 461, 473, 498, 512f., 536, 544
Propaganda 351f.
Protokoll 67, 138f.

Realismus 302, 305ff.
Reality-TV 516f.
Rechtschreiben
    Die neuen Regeln 73ff.
        Groß- und Kleinschreibung 73ff.
        Kommasetzung 83ff.
        Schwerpunkte der Reform 82
        s-Laute 80f.
        Zusammen- und Getrenntschreibung 77ff.
    Texte zur Diskussion 88ff.
Rede
    Abiturrede 339ff.
    Analyse von Reden 344ff.
    Grundtypen der Rede
        Argumentative Form 344
        Feierrede/Festrede 344
        Gerichtsrede 344
    Hinweise und Regeln für eine gute Rede 346
    Politische Rede 344, 348ff.
    Rede im literarischen Zusammenhang 114f.
    Redesituation
        Thema und Sachverhalt 346
        Redner und Absichten 346
        Zuhörer und Erwartungen 346
    Rede verfassen 183, 339ff.
Referat 70f., 181, 512
    Zitiertechnik 71f.
Rezension
    Rezension verfassen 65

Rhetorik > Rede > Gespräch
Rhetorische Figuren 345, 227f.
Romantik 257f., 277ff.

Satire 515
Schreiben
    Kreatives Schreiben 228ff.
    Kriterien für schriftliche Analyse und Deutung 505
    Schreibplan 36
    Schreiben in freien Versen 228f.
    Tipps zum Planen 36
    Tipps zum Schreiben und Ausformulieren 36
    Tipps zur Überarbeitung 36, 360
    Schreibspiele 357ff.
Schriftsteller und seine Aufgabe 486ff.
Sonett 239, 241
Sturm und Drang 255, 261ff.
Symbolismus 303, 310f.
Spiel/Schreibspiel 357ff.
Sprache
    Anglisierung 532ff.
    Euphemisierung 530
    In zwei Sprachen leben 554ff.
    Sprache als lyrisches Motiv 552
    Sprache der Politik und Öffentlichkeit 526ff., 545f., 547ff.
    Sprache in der ehemaligen DDR 526ff., 547ff.
    Sprache und Kommunikation 42
    Sprache und Sexismus 536ff.
Sprachlenkung im Nationalsozialismus 481f.
    Euphemisierung 484f.
    Neubildung von Begriffen 483f.
    Presseanweisungen 483f.
Sprechen
    Freies Sprechen 347
Stil
    Spielen mit Stilen 362f.
    Stilfiguren 227f., 345
    Stilvorgaben für das Schreiben von Gedichten 359
Sturm und Drang/Zeit des Sturm und Drang 255, 361ff.

Tagebuch 355f.
Telearbeit 520
Text
    Kommunikativer Zusammenhang
        Sprecher-/Schreiberbezug 25
        Hörer-/Leserbezug 25
        Real-/Sachbezug 25
        Sprach-/Textrückbezug 25

Mit Texten produktiv arbeiten 23, 29, 35f., 137, 142, 181, 208, 243ff., 279, 386ff.
Texte analysieren und deuten > Analyse und Deutung
Texte verfassen > Schreiben
   Kurzgeschichte 23, 33
   Lyrik 2, 29, 214ff., 228ff., 278, 316, 357f., 426, 507
   Parabel 181, 422, 427f.
   Rede 183, 339ff.
   Rezension 33
Texte umschreiben 23, 35f., 102, 105, 112, 137, 142, 181, 208, 243f., 362, 391, 491, 511
Texte verstehen 24f., 364ff.
Textgebundene Erörterung 414, 431ff.
Textimmanente Deutung 24, 366
   Inhalt 24
   Thema 24
   Aufbau 24
   Textart 24
   Sprachlich-rhetorische Machart 24

Textübergreifende Deutung
   Biografie 24
   Geistesgeschichte 24
   Psychoanalyse 24
   Soziologie 24
   Wirkungs- und Rezeptionsgeschichte 24
Trümmerliteratur 24, 322

Überarbeitungstechniken 360

Verfremdungseffekt 201
Vergleich 228
Vormärz/Junges Deutschland 295

Weimarer Republik-Literatur 304
Wort/Wörter
   Vom Gewicht des Wortes 549ff.
   Mit Wörtern lügen 526ff., 549ff.

Zeichensetzung
   Die neuen Regeln 83ff.
Zitiertechnik 71f.

Textartenverzeichnis (Auswahl)

Als Kriterium der hier vorgenommenen Auswahl gilt u.a. die Möglichkeit, aus einzelnen Textarten Sequenzen für den Unterricht zusammenzustellen.

Appellativer Text 31ff., 288f., 492f.

Argumentierender Text 394ff., 400f., 411ff., 507ff., 514f., 516f., 522f., 525, 530, 532ff., 540f., 547ff.

Biografie/Kurzbiografie
zu folgenden Schriftstellern:
  Gottfried **Benn** 224, 318
  Wolf **Biermann** 492
  Heinrich **Böll** 381f.
  Wolfgang **Borchert** 27f.
  Bertolt **Brecht** 200f.
  Georg **Büchner** 136
  Paul **Celan** 474
  Franz Josef **Degenhardt** 506
  Hans Magnus **Enzensberger** 500
  Theodor **Fontane** 95
  Max **Frisch** 127f.
  Johann Wolfgang **Goethe** 193
  Hans Jacob Christoph von **Grimmelshausen** 250
  Andreas **Gryphius** 240
  Karoline von **Günderode** 223
  Heinrich **Heine** 287f.
  Rolf **Hochhuth** 161
  Franz **Kafka** 419f.
  Immanuel **Kant** 259
  Erich **Kästner** 320
  Gotthold Ephraim **Lessing** 174f.
  Heinrich **Mann** 113f.
  Friedrich **Schiller** 265
  Patrick **Süskind** 130
  Wolf **Wondratschek** 504

Brief 291f., 301, 439ff.

Drama (Auszug) 137f., 150ff., 175ff., 186ff., 194ff., 202ff., 209ff., 212f., 266ff., 270ff., 475ff.

Emblem 248

Erklärender/deutender/kommentierender Text 128f., 135, 182f., 200, 206f., 225f., 366f., 429f., 450, 487f., 495f., 500f.

Erzählung/Novelle (Auszug) 15ff., 42ff., 161ff., 183ff., 307, 423ff., 444ff.

Essay 384, 507, 515f., 525

Fabel/Parabel 175ff., 179f., 183ff., 200ff., 260, 421, 423f., 424f., 426, 427f., 449f., 454

Glosse > Satire

Inhaltsangabe (von Dramen bzw. Romanen/Erzählungen)
  Max Frisch: **Andorra** 185f.
  Jean Anouilh: **Antigone** 154f.
  Sophokles: **Antigone** 149f.
  Hans Jacob Christoph von Grimmelshausen: **Abenteuerlicher Simplicissimus** 249f.
  Bertolt Brecht: **Der gute Mensch von Sezuan** 201f.
  Heinrich Mann: **Der Untertan** 113
  Theodor Fontane: **Effi Briest** 95ff.
  Max Frisch: **Homo faber** 116f.
  Johann Wolfgang Goethe: **Iphigenie auf Tauris** 193f.
  Gotthold Ephraim Lessing: **Nathan der Weise** 172f.
  George Orwell: **1984** 455f.

Kurzgeschichte
  Kurzgeschichten der Nachkriegszeit 20ff., 25f., 29ff., 364f.
  Kurzgeschichten der 50er Jahre bis zur Gegenwart 34f., 37f., 161ff., 386f., 387f., 388f., 444ff., 451ff., 454, 503f.

Kürzestgeschichte 29ff., 234f., 421, 489f.

Lyrik
  Experiment 316
  Krieg 241f., 245f., 314f.
  Liebe 216, 218f., 220, 222ff., 228f., 230ff., 243ff.
  Natur 278ff., 391
  Politische Lyrik 19f., 286f., 288f., 289, 292ff., 320f., 323f., 330ff., 463, 465f., 468-471, 491, 492f., 499f., 501ff., 511, 513
  Programmatik 263f., 286f., 288f., 292ff., 307f., 312
  Welt- und Menschenbild 243f., 263f., 269, 310f., 314
  Wort/Sprache 277, 280f., 327f., 552ff.

Novelle/Erzählung > Erzählung/Novelle

Parabel/Fabel > Fabel/Parabel

Parodie > Satire

Programmatische Texte 31ff., 126f., 145f., 181, 200, 207, 259f., 279, 310f., 312f., 486-489, 502

Protokoll 138f.

Rede
  Redeausschnitt 347ff., 353f., 391f., 474, 551f.
  Abiturrede 339ff.
  Politische Rede 344, 348ff.

Rezension > Erklärende Texte

Roman/Romanauszug 97ff., 107ff., 117ff., 131ff., 262

Sachtext (Auszug) mit komplexem Kontext 126f., 259f., 295f., 353, 381f., 439ff., 507ff., 526ff., 532ff., 547ff.

Satire/Parodie/Glosse 286f., 347, 390ff., 427, 466f., 515, 523f., 531, 543f., 545f.

Schauspiel > Drama

Textquellenverzeichnis

1984: Inhaltsangabe. Aus: Kindlers Literatur Lexikon, Kindler Verlag, Aurich 1965 455-456
Abenteuerlicher Simplicissimus: Inhaltsangabe. Aus: Annemarie und Wolfgang van Rinsum: Interpretationen. Roman, Erzählungen, Bayerischer Schulbuch Verlag, München 1979 249-250
Allert-Wybranietz, Kristiane: Liebe. Aus: Dies.: Liebe Grüße, Neue Geschenktexte, Lucy Körner Verlag, Fellbach 1983 231
Allert-Wybranietz, Kristiane: Müllarbeiter. Aus: ebd. 231, 560
Anacker, Heinrich: Adolf Hitler als Mensch. Aus: Herbert Böhme: Rufe in das Reich, Verlag Junge Generation, Berlin 1934 465
Andorra: Inhaltsangabe. Aus: Kleines Deutsches Dramenlexikon, Athenäum Verlag, Königstein/Ts. 1983 185-186
Angelus Silesius: Erheb dich über dich!/Zufall und Wesen/Dein Kerker bist du selbst. Aus: Albrecht Schöne (Hg.): Die deutsche Literatur, Bd. 3: Das Zeitalter des Barock, Verlag C. H. Beck, München 1968 249
Anouilh, Jean: Antigone (Auszüge), Verlag Langen & Müller, München/Wien 1995 156-161
Antigone (Anouilh): Inhaltsangabe. Aus: Kindlers Literatur Lexikon, Kindler Verlag, Zürich 1965 .. 154-155
Antigone (Sophokles): Inhaltsangabe. Aus: ebd. 149-150
Arendt, Dieter: Aufklärung als Epoche der Vernunft. Aus: Ders.: Grundlagen und Gedanken zum Verständnis des Dramas, Diesterweg Verlag, Frankfurt/M. 1984 181
Artmann, H. C.: abenteuer eines weichenstellers. Aus: Klaus Reichert (Hg.): The Best of H.C. Artmann, Suhrkamp Verlag, Frankfurt/M. 1975 77
Aus Briefen Büchners. Aus: Werner R. Lehmann (Hg.): Sämtliche Werke und Briefe Büchners, Carl Hanser Verlag, München 1974 145-146
Aus dem 2. Clarus-Gutachten. Aus: ebd. 144-145
Ausländer, Rose: Das Schönste. Aus: Hiltrud Gnüg (Hg.): Nichts ist versprochen. Liebesgedichte der Gegenwart, Reclam Verlag, Stuttgart 1989 216

Bächler, Wolfgang: Ausbrechen. Aus: Ders.: Gedichte aus 20 Jahren, Fischer Verlag, Frankfurt/M. 1981 553
Bachmann, Ingeborg: Die gestundete Zeit. Aus: A. Koschel (Hg.): Werke, Piper Verlag, München 1978 326-327
Bachmann, Ingeborg: Die Wahrheit ist dem Menschen zumutbar. Aus: Billen/Koch (Hg.): Was will Literatur? Schöningh Verlag, Paderborn 1975 486
Bachmann, Ingeborg: „Ich existiere nur...". Aus: Andreas Hapkemeyer (Hg.): Ingeborg Bachmann. Bilder aus ihrem Leben, Piper Verlag, München 1983 12
Bachmann, Ingeborg: Reklame. Aus: A. Koschel (Hg.): Werke, Piper Verlag, München 1978 326
Bahnwärter Thiel: Inhaltsangabe. Nach: Johannes Beer (Hg.): Reclams Romanführer, Bd. 1, Reclam Verlag, Stuttgart 1962 308

Bartsch, Kurt: Mut. Aus: Ders.: Die Lachmaschine, Klaus Wagenbach Verlag, Berlin 1971 331
Becher, Johannes Robert: Nationalhymne der Deutschen Demokratischen Republik. Aus: Kurt Pfeffer (Hg.): Deutsche Lyrik unter dem Sowjetstern, Diesterweg Verlag, Frankfurt/M. 1961 330
Becher, Johannes Robert: „Nichts ist für sich allein...". Aus: Ders.: Lyrik, Prosa, Dokumente, Limes Verlag, Wiesbaden 1965 314
Becker, Jurek: Der Schriftsteller und die Zensur. Aus: Ders.: Warnung vor dem Schriftsteller. Erste Vorlesung, Suhrkamp Verlag, Frankfurt/M. 1990, S. 14/15, 18, 16 489
Benn, Gottfried: Kleine Aster. Aus: Gottfried Benn. Sämtliche Werke. Stuttgarter Ausgabe, in Verb. mit Ilse Benn hgg. v. Gerhard Schuster, Bd. 1: Gedichte 1, Verlag Klett-Cotta, Stuttgart 1986 317
Benn, Gottfried: Nachtcafé. Aus: ebd. 224
Bergsdorf, Wolfgang: Über die Anordnungen des Propagandaministeriums an die Chefredakteure der Massenmedien. Aus: Martin Greiffenhagen (Hg.): Kampf um Wörter? Hanser Verlag, München 1980 ... 483-484
Bergsdorf, Wolfgang: Zur Euphemisierung von Begriffen. Aus: ebd. 484-485
Betz, Günter: „Wer schon einmal...". Aus: Ders.: Politische Gedichte, J. Pfeiffer, München 1970 463
Betz, Werner: „Die allgemeine Sprachlenkung...". Aus: Ders.: Sprachlenkung und Sprachentwicklung. In: Sprache und Wissenschaft, Verlag Vandenhoeck und Ruprecht, Hamburg/Göttingen 1960 485
Bichsel, Peter: Ein Tisch ist ein Tisch. Aus: Ders.: Kindergeschichten, Luchterhand Verlag, Neuwied 1973 42-44
Biermann, Wolf: Ballade für einen wirklich tief besorgten Freund. Aus: Thomas Rothschild (Hg.): Wolf Biermann. Liedermacher und Sozialist, Rowohlt Verlag, Reinbek 1976 492-493
Biermann, Wolf: Ermutigung. Aus: Ders.: Mit Marx- und Engelszungen, Wagenbach Verlag, Berlin 1976 .. 493
Biermann, Wolf: „Geboren wurde ich in Hamburg...". Aus: Reden über das eigene Land: Deutschland, Bertelsmann Verlag, München 1988 494
„Blutschande" – „Züchtung". Aus: Claus Mueller: Politik und Kommunikation, München 1975 482
Boccaccio, Giovanni: Die Geschichte von den drei Ringen. Aus: Ders.: Decamerone, Hera Verlag, Wilhemshaven 1951 179-180
Böhme, Herbert: Der Führer. Aus: Ders.: Des Blutes Gesänge, Verlag Langen und Müller, München 1934 463
Böll, Heinrich: An der Brücke. Aus: Ders.: Erzählungen, Verlag Kiepenheuer & Witsch, Köln 1994 .. 364-365
Böll, Heinrich: Die Sprache als Hort der Freiheit. Aus: Bernd Balzer (Hg.): Werke. Essayistische Schriften und Reden 1, Kiepenheuer & Witsch, Köln 1979 ... 487
Böll, Heinrich: Über den Umgang mit Worten. Aus: ebd. 552

Textquellenverzeichnis

Böll, Heinrich: Über mich selbst. Aus: Ders.: Erzählungen. Hörspiele. Aufsätze, Kiepenheuer & Witsch, Köln 1961 382-383

Borchert, Wolfgang: Biografische Übersicht. Aus: Peter Rühmkorf: Wolfgang Borchert, Rowohlt Taschenbuch Verlag, Reinbek 1961 27-28

Borchert, Wolfgang: Das Brot. Aus: Das Gesamtwerk, Rowohlt Verlag, Hamburg 1949 20-22

Borchert, Wolfgang: Das ist unser Manifest. Aus: ebd. 31-33

Borchert, Wolfgang: Der Schriftsteller. Aus: Das Gesamtwerk. Nachgelassene Erzählungen, Rowohlt Verlag, Reinbek 1981 486

Borchert, Wolfgang: Die drei dunklen Könige. Aus: Das Gesamtwerk, Rowohlt Verlag, Hamburg 1949   25-26

Borchert, Wolfgang: Lesebuchgeschichten. Aus: ebd. 29-31

Brambach, Rainer: Känsterle. Aus: Ders.: Heiterkeit im Garten, Copyright © 1989 by Diogenes Verlag AG Zürich 386-387, 561-562

Braun, Volker: Das Eigentum. Aus: Ders.: Texte in zeitlicher Folge, Bd. 10, Mitteldeutscher Verlag, Halle 1993 333

Bräutigam, Kurt: „Es ist auffallend...". Aus: Bertolt Brecht: Der gute Mensch von Sezuan, Oldenbourg Verlag, München 1966 206-207

Brecht, Bertolt: Der gute Mensch von Sezuan (Auszug), Suhrkamp Verlag, Frankfurt/M. 1955 202-205

Brecht, Bertolt: Die Lösung. Aus: Gesammelte Werke, Suhrkamp Verlag, Frankfurt/M. 1982 330

Brecht, Bertolt: Dramatische Form - Epische Form des Theaters. Aus: Ders.: Über experimentelles Theater, Suhrkamp Verlag, Frankfurt/M. 1970 208

Brecht, Bertolt: Erinnerung an die Marie A. Aus: Gesammelte Gedichte, Bd. 1, Suhrkamp Verlag, Frankfurt/M. 1967 224-225

Brecht, Bertolt: Fragen eines lesenden Arbeiters. Aus: ebd., Bd. 2 19

Brecht, Bertolt: Kälbermarsch. Aus: Gesammelte Gedichte, Bd. 4, Suhrkamp Verlag, Frankfurt/M. 1976 471

Brecht, Bertolt: Lob des Lernens. Aus: Gesammelte Gedichte, Bd. 2, Suhrkamp Verlag, Frankfurt/M. 1967 320-321

Brecht, Bertolt: Maßnahmen gegen die Gewalt. Aus: Ders.: Geschichten vom Herrn Keuner, Suhrkamp Verlag, Frankfurt/M. 1967 449-450

Brecht, Bertolt: Verjagt mit gutem Grund. Aus: Ders.: Gesammelte Gedichte, Bd. 2, Suhrkamp Verlag, Frankfurt/M. 1967 207

Brentano, Clemens: Der Spinnerin Nachtlied. Aus: W. Frühwald, B. Gajek, F. Kemp (Hg.): Werke, Hanser Verlag, München 1968 222

Brentano, Clemens: „Hörst du...". Aus: ebd. 280

Brentano, Clemens: Wiegenlied. Aus: ebd. 281

Bresser, Klaus: Sprache, Medien und Politik. Aus: Gesellschaft für deutsche Sprache (Hg.): Wörter und Unwörter: Sinniges und Unsinniges der deutschen Gegenwartssprache, Falken Verlag, Niedernhausen/Ts. 1993 526-529

Brückner, Christine: Triffst du nur das Zauberwort. Aus: Dies.: Wenn du geredet hättest, Desdemona. Ungehaltene Reden ungehaltener Frauen, Hoffmann und Campe Verlag, Hamburg 1993 106-107

Brüder Grimm: Die Sterntaler. Aus: Dies.: Ausgewählte Kinder- und Hausmärchen, Reclam Verlag, Stuttgart 1950 146-147

Brüder Grimm: Vorrede zu den Kinder- und Hausmärchen. Aus: Reinhold Steig (Hg.): Kinder- und Hausmärchen, gesammelt durch die Brüder Grimm, Jubiläums-Ausgabe 1812-1912, Stuttgart/Berlin 1912 . . . 281-282

Büchner, Georg/Weidig, Friedrich Ludwig: Der Hessische Landbote (gekürzt), Reclam Verlag, Stuttgart 1996 297-301

Büchner, Georg: „Ich studierte die Geschichte...". Aus: W. R. Lehmann (Hg.): Werke und Briefe, Deutscher Taschenbuch Verlag, München 1984 301

Büchner, Georg: Woyzeck (Auszüge). Aus: Otto C. A. zur Nedden (Hg.): Woyzeck. Ein Fragment. Leonce und Lena. Lustspiel, Reclam Verlag, Stuttgart 1952 . . . . 137-138, 139-143, 145, 209-211

Bürger, Gottfried August: Der Bauer. Aus: A. Sauer, W. Spemann (Hg.): Gedichte, Berlin/Stuttgart 1883 . . 268

Büttner, Ludwig: „Die politischen Verse Enzensbergers...". Aus: Ders.: Von Benn zu Enzensberger, Hans Carl Verlag, Nürnberg 1971 501

Celan, Paul: „Erreichbar, nah und unverloren...". Aus: Das Hirschgraben Lesebuch 10, Cornelsen/Hirschgraben Verlag, Frankfurt/M. 1992 474

Celan, Paul: Espenbaum. Aus: Mohn und Gedächtnis, Deutsche Verlagsanstalt, Stuttgart 1952 474

Chen, Daxing: „Gnädige Frau". Aus: Irmgard Ackermann (Hg.): In zwei Sprachen leben - Berichte, Erzählungen, Gedichte von Ausländern, Deutscher Taschenbuch Verlag, München 1983 556

Chiellino, Gino: Sklavensprache. Aus: ebd. 554

Das moderne Gedicht. Aus: Dieter Lorenz (Hg.): Grundwissen Deutsch, Bayerischer Schulbuch Verlag, München 1990 217-218

Degenhardt, Franz Josef: Spaziergang. Aus: Ders.: Spiel nicht mit den Schmuddelkindern, Aufbau Verlag, Berlin 506

Degenhardt, Franz Josef: Hinweise zur Biografie. Aus: Elisabeth Endres: Autorenlexikon der deutschen Gegenwartsliteratur 1945-1955, Fischer Taschenbuch Verlag, Frankfurt/M. 1975 506

„Dem 20. Jahrhundert war es vorbehalten...". Aus: Jakob Lehmann (Hg.): Kleines Deutsches Dramenlexikon, Athenäum Verlag, Königstein/Ts. 1983 191-192

Demetz, Peter: Lessings „Nathan der Weise". Aus: Ders. (Hg.): Gotthold Ephraim Lessing: Nathan der Weise, Ullstein Verlag, Berlin 1970 182-183

Der Beschluss des Bundestages. Aus: Helmut Schanze (Hg.): Heinrich Heine: Werke, Bd. IV, Insel Verlag, Frankfurt/M. 1968 290-291

Der gute Mensch von Sezuan: Inhaltsangabe. Aus: Kleines Deutsches Dramenlexikon, Athenäum Verlag, Königstein/Ts. 1983 201-202

Der Untertan: Inhaltsangabe. Aus: Christian Wetzel: Lexikon der Autoren und Werke, Klett Verlag, Stuttgart 1986 113

Der von Kürenberg: Der Falke. Aus: Walter Koschorreck (Hg.): Minnesänger in Bildern der manessischen Liederhandschrift, Insel Verlag, Frankfurt/M. 1974 218-219

Dialoge. Aus: Gerd Herholz, Bettina Mosler: Die Musenkussmischmaschine, Verlag Neue Deutsche Schule, Essen 1991 361

Die Legende des Baalschem. Aus: Annemarie und Wolfgang van Rinsum: Interpretationen Kurzprosa, Bayerischer Schulbuch Verlag, München 1982 429

„Diese Neuregelung . . .“ Aus: Duden. Informationen zur neuen deutschen Rechtschreibung, Dudenverlag, Mannheim/Leipzig/Wien/ Zürich 1996 73

Dietschreit, Frank: „Endlich, endlich...". Aus: Bernd Lutz (Hg.): Metzler Autoren Lexikon, Metzler Verlag, Stuttgart 1997 500-501

Dürrenmatt, Friedrich: Weihnacht. Aus: Ders.: Aus den Papieren eines Wärters. Frühe Prosa, Diogenes Verlag, Zürich 1980 327

Effi Briest: Inhaltsangabe. Aus: Kindlers Literatur Lexikon, Kindler Verlag, Zürich 1965 95-96

Eich, Günter: Inventur. Aus: Gesammelte Werke, Bd. 1, Suhrkamp Verlag, Frankfurt/M. 1993 324

Eichendorff, Joseph von: Abschied. Aus: G. Baumann (Hg.): Werke und Schriften, Bd.1, Verlag Cotta, Stuttgart 1953 391

Eichendorff, Joseph von: Der Abend. Aus: ebd. 280
Eichendorff, Joseph von: Mondnacht. Aus: ebd. ... 278
Eichendorff, Joseph von: Wünschelrute. Aus: ebd. . 280
Ein böser Brief... Aus: Pädagogik extra, 15.02.85 13

Enzensberger, Hans Magnus: bildzeitung. Aus: Ders.: Verteidigung der Wölfe, Suhrkamp Verlag, Frankfurt/M. 1957 511

Enzensberger, Hans Magnus: Das Nullmedium oder Warum alle Klagen über das Fernsehen gegenstandslos sind (Auszug), Suhrkamp Verlag, Frankfurt/M. 1989 .. 515

Enzensberger, Hans Magnus: „Den Anlass zu diesem Gedicht . . .". Aus: Hilde Domin (Hg.): Nachkrieg und Unfrieden, Neuwied 1970 512

Enzensberger, Hans Magnus: ins lesebuch für die oberstufe. Aus: Ders.: Verteidigung der Wölfe, Suhrkamp Verlag, Frankfurt/M. 1957 20

Enzensberger, Hans Magnus: konjunktur. Aus: ebd. 373-374

Enzensberger, Hans Magnus: Scherenschleifer und Poeten. Aus: Hans Bender (Hg.): Mein Gedicht ist mein Messer, List Verlag, München 1969 502

Enzensberger, Hans Magnus: verteidigung der wölfe gegen die lämmer. Aus: Ders.: Verteidigung der Wölfe, Suhrkamp Verlag, Frankfurt/M. 1957 499-500

Enzensberger, Hans Magnus: windgriff. Aus: Ders.: Gedichte 1955-1970, Suhrkamp Verlag, Frankfurt/M. 1971 552

Erb, Elke: Langer Schlaf. Aus: Brigitte Struzyk (Hg.): Nachts, halb zwei, zu Hause. Texte aus drei Jahrzehnten, Reclam Verlag, Stuttgart 1991 491

Erfolgskontroll-Fragebogen für den Diskussionsleiter. Aus: Rudolf Steiger: Lehrbuch der Diskussionstechnik, Huber & Co, Frauenfeld 1984 407

Erlach, Dietrich: Der individuelle und der schulische Leser. Aus: Ders.: Stationen der Literatur, Verlag Schwann-Bagel, Düsseldorf 1986 14

Ernst, Paul: „Zu den wichtigsten Führern...". Aus: Heinz Kindermann (Hg.): Des deutschen Dichters Sendung in der Gegenwart, Reclam Verlag, Leipzig 1933 466

„Es gehe dabei um . . .". Aus: Jürgen Schutte (Hg.): Lyrik des Naturalismus, Reclam Verlag, Stuttgart 1982   310

Estran-Goecke, Chantal: Aphasie. Aus: Irmgard Ackermann (Hg.): In zwei Sprachen leben - Berichte, Erzählungen, Gedichte von Ausländern, Deutscher Taschenbuch Verlag, München 1983 555

„Es war eine Zeit . . .". Aus: Klaus Langer, Sven Steinberg: Deutsche Dichtung, Bayerischer Schulbuch Verlag, München 1995 242

„Expressionismus (lat.: expressio=Ausdruck)...". Aus: Johannes Eucker (Hg.): Kunst-Lexikon, Cornelsen Verlag / Scriptor, Frankfurt/M. 1995 317

Falkenstein, Henning: „Die fünf ungleichen Strophen...". Aus: Ders.: Hans Magnus Enzensberger, Colloquium Verlag, Berlin 1977 501-502

Fest, Joachim: „Reden als Experimente...". Aus: Ders.: Hitler. Eine Biographie, Ullstein / Prophyläen, Frankfurt/M. 1973 352

Fingerhut, Karl Heinz / Hopster, Norbert: Zum Begriff der politischen Lyrik. Aus: Dies.: Politische Lyrik, Diesterweg Verlag, Frankfurt/M. 1972 290

Fischer, Ernst: „In seinem eigenen Zermalmtsein...". Aus: Heinz Politzer (Hg.): Franz Kafka, Wissenschaftliche Buchgesellschaft, Darmstadt 1973 429-430

Fleming, Paul: Wie er wolle geküsset sein. Aus: Karl Otto Conrady (Hg.): Das große deutsche Gedichtbuch, Winkler Verlag, Düsseldorf 1995 244-245

Fontane, Theodor: Effi Briest (Auszug). Aus: Gesammelte Werke, Nymphenburger Verlagshandlung, München 1979 97-103

Fredsted, Elin: „Die Stereotypisierung des Bewusstseins...". Aus: Ders.: Die politische Lyrik des deutschen Faschismus. In: Nationalsozialismus und Literatur, Fink Verlag, Kopenhagen/München 1980 466-467

Fried, Erich: Die mit der Sprache. Aus: Ders.: Die Freiheit den Mund aufzumachen, Wagenbach Verlag, Berlin 1972 553

Frisch, Max: Andorra (Auszug), Suhrkamp Verlag, Frankfurt/M. 1961 186-190

Frisch, Max: Der andorranische Jude. Aus: Ders.: Tagebuch 1946-1949, Suhrkamp Verlag, Frankfurt/M. 1985 183-185

Frisch, Max: Du sollst dir kein Bildnis machen. Aus: ebd. 126-127

Frisch, Max: Homo Faber (Auszüge), Suhrkamp Verlag, Frankfurt/M. 1957 117-126

Frisch, Max: Verantwortung des Schriftstellers. Aus: Moderna Språk 72/1978, S.261ff; © Suhrkamp Verlag, Frankfurt/M. 488

Fritz, Walter Helmut: Augenblicke. Aus: Ders.: Umwege, Deutsche Verlagsanstalt, Stuttgart 1964 ... 387-388

Fritzsche, Joachim: Zur Durchführung der Interpretation (Hauptteil). Aus: Ders.: Zur Didaktik und Methodik des Deutschunterrichts, Bd. 3, Klett Verlag, Stuttgart 1994 368-369

Fuchs, Jürgen: Die Lüge. Aus: Ders.: Gedächtnisprotokolle, Rowohlt Verlag, Reinbek 1977 490

Gawinski, Wanda: Der Dichter. Aus: Hessisches Institut für Bildungsplanung und Schulentwicklung (Hg.): Sie sagen, das ist Zeitgeist..., Wiesbaden 1989 9

Gerth, Klaus: Lyrische Texte. Aus: Praxis Deutsch 11/1975 225-226

Goethe, Johann Wolfgang: Iphigenie auf Tauris (Auszüge). Aus: Erich Trunz (Hg.): Goethes Werke. Hamburger Ausgabe in 14 Bänden, Wegner Verlag, Hamburg 1972 194-199

Goethe, Johann Wolfgang: Faust (Auszüge). Aus: ebd. 212-213

Goethe, Johann Wolfgang: Gefunden. Aus: ebd. ... 220

Goethe, Johann Wolfgang: Mailied. Aus: ebd. 217

Goethe, Johann Wolfgang: Willkommen und Abschied Aus: ebd. 221

Goethe, Johann Wolfgang: Die Leiden des jungen Werther (Auszug). Aus: ebd., Bd. 6 262

Goethe, Johann Wolfgang: „Und so begann...". Aus: ebd., Bd. 9 263

Goethe, Johann Wolfgang: Prometheus. Aus: ebd., Bd. 1 263-264

Goethe, Johann Wolfgang: Ganymed. Aus: ebd., Bd. 1 264-265

Goethe, Johann Wolfgang: Grenzen der Menschheit. Aus: ebd. 269

Goeze, Johann Melchior: Lessings Schwächen. Aus: G. E. Lessing: Nathan der Weise. Erläuterungen und Dokumente, Reclam Verlag, Stuttgart 1972 182

Gotthelf, Jeremias: Die Käserei in der Vehfreude (Auszug). Aus: R. Hunziker und H. Bloesch (Hg.): Sämtliche Werke in 24 Bänden, Bd. 12, Eugen Reutsch Verlag, Zürich 1922 306

Grass, Günter: ...immer ein Alptraum gewesen. Aus: Peter E. Kalb (Hg.): Einmischung. Schriftsteller über Schule, Gesellschaft, Literatur, Beltz Verlag, Weinheim/Basel 1983 14

Grass, Günter: Kinderlied. Aus: Akzente, H. 5, Hanser Verlag, München 1958 499

Grimmelshausen, Hans Jakob Christoffel von: Der Abentheuerliche Simplicissimus Teutsch (Auszug), Winkler Verlag, München o. J. 250-252

Grünwaldt, Hans Joachim: Sind Klassiker etwa nicht antiquiert? Aus: Diskussion Deutsch 1, Diesterweg Verlag, Frankfurt/M. 1970 413-414

Gryphius, Andreas: Es ist alles eitel. Aus: Karl Otto Conrady (Hg.): Das Buch der Gedichte, Cornelsen Verlag, Berlin 241-242

Gryphius, Andreas: Tränen des Vaterlandes, anno 1636, Aus: H. Palm (Hg.): Lyrische Gedichte, Tübingen 1884 241

Gryphius, Andreas: Tränen in schwerer Krankheit, anno 1640. Aus: ebd. 241

Günderode, Karoline von: Die eine Klage. Aus: Karl Otto Conrady (Hg.): Das Buch der Gedichte, Cornelsen Verlag, Berlin 222

Gute Argumente. Aus: Psychologie heute, 11/1992, S.5 406

Hahn, Ulla: Bildlich gesprochen. Aus: Dies.: Herz über Kopf, Deutsche Verlagsanstalt, Stuttgart 1981 .... 229, 560

Hahn, Ulla: Leises Licht. Aus: Hiltrud Gnüg (Hg.): Nichts ist versprochen. Liebesgedichte der Gegenwart, Reclam Verlag, Stuttgart 1989 216

Harsdörffer, Georg Philipp: Das Leben des Menschen. Aus: Karl Otto Conrady (Hg.): Das große deutsche Gedichtbuch, Winkler Verlag, Düsseldorf 1995 ..244

Hauptmann, Gerhart: Bahnwärter Thiel (Auszug), Reclam Verlag, Stuttgart 1993 307

Havel, Vaclav: Ein Wort über das Wort. Aus: Ders.: Am Anfang war das Wort, Rowohlt Verlag, Reinbek 1990 551

Heine, Heinrich: „Dieses Buch kann ich...". Aus: G. Elster (Hg.): Werke, Bibliographisches Institut, Leipzig/Wien o. J. 280

Heine, Heinrich: An einen politischen Dichter. Aus: ebd. 289

Heine, Heinrich: Der Brief an den Bundestag in Frankfurt. Aus: Helmut Schanze (Hg.): Werke, Bd. IV, Insel Verlag, Frankfurt/M. 1968 291-292

Heine, Heinrich: Die schlesischen Weber. Aus: G. Elster (Hg.): Werke, Bibliographisches Institut, Leipzig/Wien o. J. 292

Heine, Heinrich: Erinnerung aus Krähwinkels Schreckenstagen. Aus: ebd. 286-287

Heine, Heinrich: Zur Beruhigung. Aus: ebd. ... 288-289

Heine, Heinrich: Biografische Übersicht. Aus: Ludwig Marcuse: Heine in Selbstzeugnissen und Bilddokumenten, Rowohlt Verlag, Reinbek 1960 287-288

Heinrichs, Siegfried: Wenn Du durch mein Land fährst. Aus: Ders.: Mein schmerzliches Land, Oberbaum Verlag, Berlin 1976 332

Heinze, Frank: „Liebe Eltern, liebe Lehrer und Lehrerinnen...". Aus: Jahresbericht Gymnasium Schloß Neuhaus 1988 339-341

Hermes, Eberhard / Steinbach, Dietrich / Wetzel, Hans / Wittenberg, Hildegard: Modellbeschreibung des Textes Weinberg: Kommunikation mit und ohne Erfolg. Aus: Dies.: Perspektiven, Klett Verlag, Stuttgart 1976 380-381

„Herr Präsident...". Aus: Stern, 25/1976, S. 194 ..391, 562

Herwegh, Georg: Aufruf 1841. Aus: Der deutsche Vormärz. Texte und Dokumente, Reclam Verlag, Stuttgart 1967 294-295

Heym, Georg: Der Krieg. Aus: Peter Bekes (Hg.): Gedichte des Expressionismus, Reclam Verlag, Stuttgart 1991 314-315

Heym, Stefan: „Die Ausbürgerung war und ist...". Aus: Manfred Krug: Abgehauen, Econ Verlag, Düsseldorf 1996 496-497

Hickel, Sabine: „Schüler schreiben?...". Aus: ...zu spüren, daß es mich gibt. Projekt „Schüler schreiben", Diesterweg Verlag, Frankfurt/M. 1984 9

Hitler, Adolf: Rede an die Hitler-Jugend auf dem Parteitag 1935. Aus: Die Reden Hitlers am Parteitag der Freiheit 1935, Zentralverlag der NSDAP, Franz Eher Verlag Nachf., München 1935 348-350

Hitler, Adolf: Über das Wesen der Propaganda. Aus: Ders.: Mein Kampf, Zentralverlag der NSDAP, Franz Eher Verlag Nachf., München 1935 351-352

Hochhuth, Rolf: Berliner Antigone. Aus: Ders.: Die Hebamme, Rowohlt Verlag, Reinbek 1972 161-171

Hoddis, Jakob van: Weltende. Aus: Peter Bekes (Hg.): Gedichte des Expressionismus, Reclam Verlag, Stuttgart 1991 314

Hoffmann von Hoffmannswaldau, Christian: Albanie. Aus: Albrecht Schöne (Hg.): Die deutsche Literatur, Bd. 3: Das Zeitalter des Barock, Verlag C. H. Beck, München 1968 245-246

Hoffmann von Hoffmannswaldau, Christian: Allegorisches Sonett. Aus: Karl Otto Conrady (Hg.): Das große deutsche Gedichtbuch, Winkler Verlag, Düsseldorf 1995 245

Hoffmann von Hoffmannswaldau, Christian: Die Welt. Aus: ebd. 243

Hofmannsthal, Hugo von: Brief des Lord Chandos (Auszug). Aus: Bernd Schoeller (Hg.): Gesammelte Werke, Fischer Verlag, Frankfurt/M. 1979 310-311

Holz, Arno: Im Spiegel des Gedichts. Aus: Jürgen Schutte (Hg.): Lyrik des Naturalismus, Reclam Verlag, Stuttgart 1982 309

Holz, Arno: Programm. Aus: ebd. 308

Holz, Arno: Stubenpoesie. Aus: ebd. 308

Höpfner, Nils: „Was läuft da schief?...". Aus: Ders.: Grenouille, das Nasenmonster. In: Die Presse Nr. 11120 vom 6./7.08.85, S. 7 135

Hotz, Karl: „Gabriele Wohmann bleibt...". Aus: Bernd Lutz (Hg.): Metzler Autoren Lexikon, Metzler Verlag, Stuttgard/Weimar 1994 41

Huber, Kurt: Schlusswort vor dem nationalsozialistischen Volksgerichtshof. Aus: Helmut Gollwitzer, Käthe Kuhn, Reinhold Schneider (Hg.): Du hast mich heimgesucht bei Nacht. Abschiedsbriefe und Aufzeichnungen des Widerstandes 1933-1945, Gütersloher Verlagshaus, Gütersloh 1994 353-354

Huchel, Peter: Deutschland. Aus: Gesammelte Werke, Bd. 1, Suhrkamp Verlag, Frankfurt/M. 1984 323

Huchel, Peter: Der Garten des Theophrast. Aus: Heinz Piontek (Hg.): Deutsche Gedichte seit 1960, Reclam Verlag, Stuttgart 1972 330

„**Ich säubere die Wohnung...".** Aus: Kristiane Allert-Wybranietz: Liebe Grüße, Neue Geschenktexte, Lucy Körner Verlag, Fellbach 1983 .... 231, 560

Iphigenie auf Tauris: Inhaltsangabe. Aus: Annemarie und Wolfgang van Rinsum: Interpretationen. Dramen, Bayerischer Schulbuch Verlag, München 1978 ... 193-194

Jentzsch, Bernd: Das Verlangen. Aus: Ders.: Quartiermachen, Hanser Verlag, München 1978 490

Kafka, Franz: „Läufst du immerfort vorwärts...". Aus: Carsten Schlingmann: Literaturwissen Franz Kafka, Reclam Verlag, Stuttgart 1995 422

Kafka, Franz: Auf der Galerie. Aus: Erzählungen, Fischer Verlag, Frankfurt/M. 1976 426

Kafka, Franz: Brief an den Vater. Aus: Hochzeitsvorbereitungen auf dem Lande und andere Prosa aus dem Nachlaß, Fischer Verlag, Frankfurt/M. 1976 . .439-443

Kafka, Franz: Das Urteil. Aus: Erzählungen, Fischer Verlag, Frankfurt/M. 1976 430-438

Kafka, Franz: Der Nachbar. Aus: ebd. 423-424

Kafka, Franz: Der Schlag ans Hoftor. Aus: ebd. .. 424-425

Kafka, Franz: Kleine Fabel. Aus: ebd. 421

Kafka, Franz: Vor dem Gesetz. Aus: ebd. 427-428

Kafka, Franz: Biografische Übersicht. Aus: Klaus Wagenbach: Franz Kafka in Selbstzeugnissen und Bilddokumenten, Rowohlt Verlag, Reinbek 1964 419-420

Kaiser, Gerhard: „Wie Faber...". Aus: Walter Schmitz (Hg.): Über Max Frisch II, Suhrkamp Verlag, Frankfurt/M. 1976 128-129

Kaiser, Herbert: „Kühn ist ihr Handeln...". Aus: Ders.: Geschichtliches Handeln zwischen Friedensidee und Gewalt. In: Literatur für Leser 1, Oldenbourg Verlag, München 1978 200

Kaiserzitate. Aus: Axel Matthes (Hg.): Reden Kaiser Wilhelms II., Verlag Rogner & Bernhard, München 1976 115-116

Kant, Immanuel: Beantwortung der Frage: Was ist Aufklärung? Aus: Wilhelm Weischedel (Hg.): Werke in 12 Bänden, Bd. 6, Suhrkamp Verlag, Frankfurt/M. 1974 259

Kant, Immanuel: Der kategorische Imperativ. Aus: ebd. 260

Kästner, Erich: Kurzgefasster Lebenslauf. Aus: Ders.: Ein Mann gibt Auskunft, Deutsche Verlagsanstalt, Stuttgart/Berlin 1930 319-320

Kästner, Erich: Sachliche Romanze. Aus: Gesammelte Schriften für Erwachsene, Bd. 1, Verlag Droemer Knaur, München 1969 225

Katharina Blum: Inhaltsangabe. Aus: Heinrich Böll: Die verlorene Ehre der Katharina Blum, Deutscher Taschenbuch Verlag, München 1976 512-513

Keller, Gottfried: Abendlied. Aus: C. Heselhaus (Hg.): Sämtliche Werke und ausgewählte Briefe, Bd. 3, Hanser Verlag, München 1979 390

Kemal, Yaşar: „Als Kind stotterte ich...". Aus: Die Zeit Nr. 43, 17.10.97 11

Kerschek, Dieter: Schein Kontrolle. Aus: Horst Heidtmann (Hg.): Von einem Tag zum andern mit einer Zukunft rechnen. Texte zur DDR, Fischer Taschenbuch Verlag, Frankfurt/M. 1984 331

Kleist, Heinrich von: Anekdote aus dem letzen preußischen Kriege (Auszug). Aus: Helmut Sembdner (Hg.): Sämtliche Werke und Briefe, Carl Hanser Verlag, München 1961 88

Kleist, Heinrich von: Das Erdbeben in Chili (Auszug). Aus: ebd. 87

Klemperer, Victor: Aus dem Notizbuch eines Philologen. Aus: Ders.: LTI, Notizbuch eines Philologen, Reclam Verlag, Leipzig 1996 481

Klemperer, Victor: „Irgendwann überwältigt mich...". Aus: ebd. 485
Kluge, Alexander: Ein Liebesversuch. Aus: Ders.: Lebensläufe, Suhrkamp Verlag, Frankfurt/M. 1980 451-453
Köhler, Barbara: Endstelle. Aus: Dies.: Deutsches Roulette, Suhrkamp Verlag, Frankfurt/M. 1992 334
Kohrs, Peter: Zur Ideologie des Nationalsozialismus. Aus: Ders.: Kindheit und Jugend unter dem Hakenkreuz, Metzler Verlag, Stuttgart 1983 467-468
Kolbe, Uwe: Hineingeboren. Aus: Ders.: Hineingeboren. Gedichte 1975-1979, Suhrkamp Verlag, Frankfurt/M. 1982 491
Kotthoff, Helga: Von Gipfelstürmern und schwesterlichen Seilschaften. Aus: Gesellschaft für deutsche Sprache (Hg.): Wörter und Unwörter: Sinniges und Unsinniges der deutschen Gegenwartssprache, Falken Verlag, Niederhausen/Ts. 1993 542-543
Kožik, Christa: Jahrhundertelang. Aus: Hiltrud Gnüg (Hg.): Nichts ist versprochen. Liebesgedichte der Gegenwart, Reclam Verlag, Stuttgart 1989 .... 229, 561
Krechel, Ursula: Aufs Eis. Aus: Dies.: Ungezürnt. Gedichte, Lichter, Lesezeichen, Suhrkamp Verlag, Frankfurt/M. 1997 .... 229, 560
Krechel, Ursula: Liebe am Horizont. Aus: ebd. 216
Kühner, Otto Heinrich: Meine Dame und Herren! Aus: Wolf Schneider: Deutsch für Kenner, Verlag Gruner & Jahr, Hamburg 1987 347
Kunert, Günter: Goethes gedenkend. Aus: Frankfurter Allgemeine Zeitung vom 20.09.1984, S. 25 276
Kunert, Günter: „Mehr Licht". Aus: Ders.: Mein Golem, Hanser Verlag, München 1996 276
Kunert, Günter: Zirkuswesen. Aus: Ders.: Camera obscura, Hanser Verlag, München 1978 454
Kunze, Reiner: Das Ende der Kunst. Aus: Ders.: Sensible Wege, Rowohlt Verlag, Reinbek 1969 331
Kunze, Reiner: Die Mauer. Aus: Anna Charlioni, Helga Pankoke (Hg.): Grenzfallgedichte, Aufbau Verlag, Berlin 1991 333
Kunze, Reiner: Ordnung. Aus: Ders.: Die wunderbaren Jahre, Fischer Verlag, Frankfurt/M. 1976 489-490
Kunze, Reiner: Zimmerlautstärke. Aus: Ders.: Zimmerlautstärke, Fischer Taschenbuch Verlag, Frankfurt/M. 1972 331
Kurzbewerbung. Aus: Wolfgang Reichel: Bewerbungsstrategien, Falken Verlag, Niederhausen/Ts. 1993 68
Kutsch, Axel: Schöne Grüße aus Afrika. Aus: amnesty international (Hg.): Veränderung macht Leben, Walter Leimeier Verlag, Lippstadt 1989 .... 389, 560

La Fontaine, Jean de: Der Wolf und das Lamm. Aus: Ders.: Die Fabeln. Gesamtangabe, Eugen Diederichs Verlag, Düsseldorf/Köln 1964 260
Lebenslauf. Aus: Wolfgang Reichel: Bewerbungsstrategien, Falken Verlag, Niederhausen/Ts. 1993 69
Leitfragen zur Analyse von Sachtexten. Aus: Blätter für den Deutschlehrer, 4/1980, S. 113-115 384-385
Lenz, Siegfried: Der Leseteufel. Aus: Ders.: So zärtlich war Suleyken, Verlag Hoffmann und Campe, Hamburg 1979 15-19
Lenz, Siegfried: Der Sitzplatz eines Autors. Aus: Ders.: Beziehungen, Verlag Hoffmann und Campe, Hamburg 1970 487-488
Lenz, Siegfried: Diskrete Auskunft über Masuren. Aus: Ders.: So zärtlich war Suleyken, Verlag Hoffmann und Campe, Hamburg 1979 15
Lenz, Siegfried: Ein Freund der Regierung. Aus: Ders.: Das Feuerschiff, Verlag Hoffmann und Campe, Hamburg 1960 444-449
Lessing, Gotthold Ephraim: Nathan der Weise (Auszüge). Aus: Werke Bd. 2, Bibliothek Deutscher Klassiker, hgg. von den Nationalen Forschungs- und Gedenkstätten der klassischen deutschen Literatur in Weimar, Volksverlag, Weimar 1961 .... 175-178, 191
Lessing, Gotthold Ephraim: Nötige Antwort auf eine sehr unnötige Frage... Aus: G. E. Lessing: Nathan der Weise. Erläuterungen und Dokumente, Reclam Verlag, Stuttgart 1972 182
Lessing, Gotthold Ephraim: Suche nach Wahrheit. Aus: Wolfgang Stammler (Hg.): Ausgewählte Werke, Bd. 3, Hanser Verlag, München o.J. 181
„Liegen am Strand...". Aus: amnesty international (Hg.): Veränderung macht Leben, Walter Leimeier Verlag, Lippstadt 1989 .... 389, 560
Linvers, Edith: Das Boot. Aus: Dies.: Im Süden der Seele, Verlag Walter Leimeier, Lippstadt 1992 233
Linvers, Edith: Neben Dir. Aus: ebd. 232
Literarische Schreibspiele. Aus: Lutz von Werder: Lehrbuch des kreativen Schreibens, Schibri Verlag, Berlin / Milow 1993 357-360
Logau, Friedrich von: Des Krieges Buchstaben. Nach: G. Eitner (Hg.): Sämtliche Sinngedichte, Tübingen 1872 247

Maaßen, Ludwig: Die digitale Revolution in der Medienwelt. Aus: Ders.: Massenmedien, Hüthig Verlag, Heidelberg 1996 517-518
Madjderey, Abdolreza: Fremder. Aus: Irmgard Ackermann (Hg.): In zwei Sprachen leben - Berichte, Erzählungen, Gedichte von Ausländern, Deutscher Taschenbuch Verlag, München 1983 554
Madjderey, Abdolreza: Und fand das Wort nicht dafür. Aus: ebd. 554-555
Mann, Heinrich: Der Untertan (Auszüge), Claassen Verlag, Hamburg o.J. 107-112, 114-115
Mann, Thomas: Zur Bücherverbrennung im Mai 1933. Aus: Ders.: Deutsche Hörer: 55 Radiosendungen nach Deutschland. In: Gesammelte Werke, Fischer Verlag, Frankfurt/M. 1960 472
Marques Coelho, Claudina: Sprachlos. Aus: Irmgard Ackermann (Hg.): In zwei Sprachen leben - Berichte, Erzählungen, Gedichte von Ausländern, Deutscher Taschenbuch Verlag, München 1983 555
Meyer, Conrad Ferdinand: Zwei Segel. Aus: H. von Zeller und A. Zäch (Hg.): Sämtliche Werke, Benteli Verlag, Bern 1962 223
Molcho, Samy: Körpersprache als Dialog. Ganzheitliche Kommunikation in Beruf und Alltag. Aus: Ders.: Körpersprache als Dialog, Mosaik Verlag, München 1988 55-58

Morgner, Irmtraut: Kaffee verkehrt. Aus: Dies.: Leben und Abenteuer der Trobadora Beatriz, Aufbau Verlag, Berlin/Weimar 1974 543-544

Mörike, Eduard: Septembermorgen. Aus: J. Perfahl (Hg.): Sämtliche Werke, Bd.1, Winkler Verlag, München 1967 281

Mörike, Eduard: Um Mitternacht. Aus: ebd. 280

Müller, Dorette: „Ich schreibe...". Aus: ...zu spüren, daß es mich gibt. Projekt „Schüler schreiben", Diesterweg Verlag, Frankfurt/M. 1984 9

Müller, Gerhard: Reizwörter im vereinigten Deutschland. Aus: Gesellschaft für deutsche Sprache (Hg.): Wörter und Unwörter. Sinniges und Unsinniges der deutschen Gegenwartssprache, Falken Verlag, Niedernhausen/Ts. 1993 547-549

„Nach dem Einführen der Neuregelung...". Aus: Duden. Informationen zur neuen deutschen Rechtschreibung, Dudenverlag, Mannheim/Leipzig/Wien/ Zürich 1996 74-75

Nathan der Weise: Inhaltsangabe. Aus: Jakob Lehmann (Hg.): Kleines Deutsches Dramenlexikon, Athenäum Verlag, Königstein/Ts. 1983 172-173

Novalis: „Wenn nicht mehr Zahlen und Figuren...". Aus: P. Kluckhohn, R. Samuel (Hg.): Schriften, Bd. 1: Das dichterische Werk, Kohlhammer Verlag, Stuttgart 1960 277

Opitz, Martin: Ach Liebste, lass uns eilen. Nach: G. Witowski (Hg.): Teutsche Poemata, Niemeyer Verlag, Halle (Saale) 1902 243

Orwell, George: Kleine Grammatik der Neusprache. Aus: Ders.: 1984, Ullstein Verlag, Frankfurt/M./Berlin/Wien 1976 456-461

„Parabel...". Aus: Günther und Irmgard Schweikle (Hg.): Metzler Literatur Lexikon, Metzler Verlag, Stuttgart 1990 450

Parodie. Aus: Wolfgang Gast (Hg.): Arbeitstexte für den Unterricht, Reclam Verlag, Stuttgart 1975 390

Pazarkaya, Yüksel: deutsche Sprache. Aus: Helmut Lamprecht: Wenn das Ei geht, Deutscher Taschenbuch Verlag, München 1985 327-328

Piontek, Heinz: „Ich glaube nicht...". Aus: Praxis Deutsch 11/1975, S. 4 10

Plath, Sylvia: Ich bin ich. Aus: Aurelia Schober-Plath (Hg.): Briefe nach Hause, Hanser Verlag, München 1979 355-356

Pohl, Tobias: „Liebe Eltern, liebe Lehrerinnen und Lehrer...". Aus: Jahresbericht Gymnasium Schloß Neuhaus 1996 341-344

Pokern, Ulrich: „Was hat dieses Buch...". Aus: Ders.: Der Kritiker als Zirku(lation)sagent. Literaturkritik am Beispiel von Patrick Süskinds „Das Parfum". In: Text und Kritik 100, 1988, S. 70-76 135

Queneau, Raymond: Angaben. Aus: Ders.: Stilübungen, Suhrkamp Verlag, Frankfurt/M. 1961 362-363

Queneau, Raymond: Unwissenheit. Aus: ebd. 363

Queneau, Raymond: Vollendete Gegenwart. Aus: ebd. 363

„Realismus im weiteren Sinne...". Aus: Johannes Eucker (Hg.): Kunst-Lexikon, Cornelsen Verlag / Scriptor, Frankfurt/M. 1995 309

Reich, Jens: Ministerbesuch I / Ministerbesuch II. Rückkehr nach Europa, Deutscher Taschenbuch Verlag, München 1993 545-546

Reitmajer, Valentin: Die Erörterung. Aus: Blätter für den Deutschlehrer, Heft 4/1988 411

Riedel, Nicolai: „Während des Dritten Reiches...". Aus: Bernd Lutz (Hg.): Metzler Autoren Lexikon, Metzler Verlag, Stuttgart 1997 454-455

Riedel, Werner / Wiese, Lothar: „Böll schreibt zunächst...". Aus: Dies.: Einführung in die Kurzprosa. Klausur- und Abiturtraining, Aulis Verlag, Köln 1995 366-367

Riedel, Werner / Wiese, Lothar: „Die Geschichten von zerstörter Liebe...". Aus: ebd. 41

Riedel, Werner / Wiese, Lothar: Die lineare und die aspektorientierte Vorgehensweise. Aus: Dies.: Einführung in die Lyrik. Klausur- und Abiturtraining, Aulis Verlag, Köln 1995 372-373

Riedel, Werner / Wiese, Lothar: „Diese Schriftsteller des Vormärz...". Aus: ebd. 295

Riedel, Werner / Wiese, Lothar: Einleitung. Aus: Dies.: Einführung in die Kurzprosa. Klausur- und Abiturtraining, Aulis Verlag, Köln 1995 220

Riedel, Werner / Wiese, Lothar: "Insgesamt weist eine solche Konzeption...". Aus: Dies.: Interpretationen Lyrik, Bayerischer Schulbuch Verlag, München 1986 ... 223

Riedel, Werner / Wiese, Lothar: Merkmale lyrischer Texte. Aus: Dies.: Einführung in die Lyrik. Klausur- und Abiturtraining, Aulis Verlag, Köln 1995 226

Riedel, Werner / Wiese, Lothar: Schlussteil. Aus: Dies.: Einführung in die Kurzprosa. Klausur- und Abiturtraining, Aulis Verlag, Köln 1995 221

Rilke, Rainer Maria: Der Panther. Aus: E. Zinn (Hg.): Sämtliche Werke, Insel Verlag, Frankfurt/M. 1955 311

Rinsum, Annemarie und Wolfgang van: „Im Laufe der Geschichte...". Aus: Interpretationen Lyrik, Bayerischer Schulbuch Verlag, München 1986 219

Rosenlöcher, Thomas: Die verkauften Pflastersteine. Aus: Ders.: Die verkauften Pflastersteine, Suhrkamp Verlag, Frankfurt/M. 1990 334

Rühmkorf, Peter: Zur Sprache Wolfgang Borcherts. Aus: Ders.: Wolfgang Borchert, Rowohlt Taschenbuch Verlag, Reinbek 1961 33-34

Schiller, Friedrich: Kabale und Liebe (Auszug). Aus: Sämtliche Werke, hgg. von Gerhard Fricke und Herbert G. Göpfert in Verbindung mit Herbert Stubenrauch, Bd.1, Carl Hanser Verlag, München 1965 266-268

Schiller, Friedrich: Maria Stuart (Auszüge). Aus: ebd. 270-275

Schiller, Friedrich: Würde der Frauen (Auszug). Aus: G. Fricke und H. G. Göpfert (Hg.): Sämtliche Werke, Hanser Verlag, München 1962 540

Schirach, Baldur von: Dem Führer. Aus: Helmut Lamprecht (Hg.): Deutschland, Deutschland, Schünemann Verlag, Bremen 1969 465

Schlegel, Friedrich: Universalpoesie. Aus: Otto F. Best, Hans-Jürgen Schmitt (Hg.): Die deutsche Literatur in Text und Darstellung. Romantik I, Reclam Verlag, Stuttgart o.J. 279

Schneider, Reinhold: Nun baut der Wahn die tönernen Paläste. Aus: Gesammelte Werke, Bd. 8, Suhrkamp Verlag, Frankfurt/M. 1987 470

Schopenhauer, Arthur: Über Lesen und Bücher. Aus: Sämtliche Werke, textkritisch bearbeitet und hgg. von Wolfgang Freiherr von Löhneysen, Cotta Verlag, Stuttgart und Frankfurt/M. 12

Schrader, Monika: „Wie die Fabel...". Aus: Dies.: Epische Kurzformen, Scriptor Verlag, Königstein/Ts. 1980 429

Schulz von Thun, Friedemann: Zwischenmenschliche Kommunikation – die vier Seiten einer Nachricht. Aus: Ders.: Miteinander reden 1. Störungen und Klärungen, Rowohlt Taschenbuch Verlag, Reinbek 1981 .. 45-51

Schulz, Jo: Puzzle oder Über das Problem der Anpassung des Partners an eigene Wünsche. Aus: Hiltrud Gnüg (Hg.): Nichts ist versprochen. Liebesgedichte der Gegenwart, Reclam Verlag, Stuttgart 1989 .... 228, 560

Schumann, Gerhard: „Heute also wird das Starke...". Aus: Klaus Vondung: Völkisch-nationale und nationalsozialistische Literaturtheorie, Paul List Verlag, München 1973 466

Schwäbisch, Lutz / Siems, Martin: Regeln für die Gruppendiskussion. Aus: Dies.: Anleitung zum sozialen Lernen für Paare, Gruppen und Erzieher, Rowohlt Taschenbuch Verlag, Reinbek 1974 335-337

Schwimmer, Helmut: „Wer ist dieser Herr Keuner?...". Aus: Ders.: Bertolt Brecht: Kalendergeschichten. Interpretationen, Oldenbourg Verlag, München 1963 ..450

„Sehr geehrter Herr Minister! ...". Aus: Simplizissimus, 2/1961 .... 391-392, 562

Sestendrup, Manfred: liebe ist mehr. Aus: Ders.: Die Mühe zum Guten, Verlag Walter Leimeier, Lippstadt 1991 230

Sestendrup, Manfred: liebe. Aus: Ders.: Der Himmel fängt auf der Erde an, Verlag Walter Leimeier, Lippstadt 1993 231

Sestendrup, Manfred: von der liebe zwischen den zeilen. Aus: Ders.: Am Rande des Glücks, Verlag Walter Leimeier, Lippstadt 1990 231

Skorna, Hans Jürgen: „Zum Verständnis des Gedichtes...". Aus: Ders.: Zur didaktischen Erschließung politischer Dichtung, Kamp Verlag, Bochum 1972 ... 293

Sophokles: Antigone (Auszüge), Reclam Verlag, Stuttgart 1955 150-153

Spinner, Kaspar H.: Kreatives Schreiben. Aus: Praxis Deutsch 119, Mai 1993, S. 21 356-357

Stadler, Ernst: Form ist Wollust. Aus: Peter Bekes (Hg.): Gedichte des Expressionismus, Reclam Verlag, Stuttgart 1991 313

Steiger, Rudolf: Die Diskussion. Aus: Ders.: Lehrbuch der Diskussionstechnik, Huber & Co, Frauenfeld 1984 404-405

Stollmann, Rainer: „Die Form des Einschlags einer Sprengbombe...". Aus: Bernd Lutz (Hg.): Metzler Autoren Lexikon, Metzler Verlag, Stuttgart 1997 ... 453

Storm, Theodor: Die Stadt. Aus: A. Köster (Hg.): Sämtliche Werke, Insel Verlag, Leipzig 1923 306

Stramm, August: Patrouille. Aus: Peter Bekes (Hg.): Gedichte des Expressionismus, Reclam Verlag, Stuttgart 1991 316

Stramm, August: Sturmangriff. Aus: ebd. 316

Strasser, Otto: „Wie eine empfindliche Membrane...". Aus: Allan Bullock: Hitler. Eine Studie über Tyrannei, Droste Verlag, Düsseldorf o.J. 353

Süskind, Patrick: Das Parfum (Auszug), Diogenes Verlag, Zürich 1985 131-134

Tannen, Deborah: Du kannst mich einfach nicht verstehen. Aus: Dies.: Du kannst mich einfach nicht verstehen. Warum Frauen und Männer aneinander vorbeireden, Kabel Verlag, Hamburg 1991 53-54

Tapia Bravo, Ivan: Das bin ich mir schuldig. Aus: Irmgard Ackermann (Hg.): In zwei Sprachen leben - Berichte, Erzählungen, Gedichte von Ausländern, Deutscher Taschenbuch Verlag, München 1983 554

Tieck, Ludwig: Erkennen. Aus: Robert Balser (Hg.): Dichtung der Romantik, Hamburg 1961 278

Trömel-Plötz, Senta / Guentherodt, Ingrid / Hellinger, Marlis / Pusch, Luise F.: Richtlinien zur Vermeidung sexistischen Sprachgebrauchs. Aus: Linguistische Berichte 71/1981, S.1-3, 5-7 537-538

Tucholsky, Kurt: Das Dritte Reich. Aus: M. Gerold-Tucholsky und F. J. Raddatz (Hg.): Gesammelte Werke, Rowohlt Verlag, Reinbek 1975 468-469

Vollhardt, Brigitte: „Die Angst mich mit meinen Wünschen...". Aus: Courage 4, Heft 8/1978 ..... 229, 561

Wagenbach, Klaus: Franz Kafka. Aus: Ders.: Franz Kafka in Selbstzeugnissen und Bilddokumenten, Rowohlt Verlag, Reinbek 1964 420-421

Waldmann, Günter: Zur produktionsorientierten Auseinandersetzung mit Literatur. Aus: Norbert Hopster (Hg.): Handbuch „Deutsch" Sekundarstufe I, Schöningh Verlag, Paderborn 1984 392-393

Wallraff, Günter: Hier und dort. Aus: Kurt Morawietz (Hg.): Deutsche Teilung, Limes Verlag 1966 544

Walser, Robert: Der Nachen. Aus: Ders.: Kleine Dichtungen, Wolff Verlag, Leipzig 1914 234

Walser, Robert: Mittagspause. Aus: ebd. 235

Wandrey, Uwe: Anleitung zum Lesen gewisser Zeitungen. Aus: Karl-Heinz Fingerhut, Norbert Hopster (Hg.): Politische Lyrik, Verlag Diesterweg, Frankfurt/M. 1972 513

„Was der Dichter...". Aus: Erich Trunz (Hg.): Goethes Werke. Hamburger Ausgabe in 14 Bänden, Wegner Verlag, Hamburg 1972 199

Watzlawick, Paul / Beavin, Janet H. / Jackson, Don D.: Menschliche Kommunikation. Aus: Dies.: Menschliche Kommunikation, Hans Huber Verlag, Bern 1996 52-53

Weerth, Georg: Das Hungerlied. Aus: Der deutsche Vormärz. Texte und Dokumente, Reclam Verlag, Stuttgart 1967 293-294

Weinberg, Johannes: Kommunikation mit und ohne Erfolg. Aus: Ders.: Deutsch für Deutsche, Fischer Verlag, Frankfurt/M. 1971 377-378
Weinrich, Harald: Können Wörter lügen? Aus: Ders.: Linguistik der Lüge, Verlag Lambert und Schneider, Heidelberg 1966 549-551
Weiss, Peter: Die Ermittlung - Oratorium in 11 Gesängen (Auszug), Suhrkamp Verlag, Frankfurt/M. 1965 475-480
Weiss, Peter: „Die Stärke des dokumentarischen Theaters...". Aus: Theater heute, H. 3/1968 480
Wellershoff, Dieter: Über Lyrik in der Schule. Aus: Praxis Deutsch 11/1975 226
Werf, Fritz: Fernsehlied. Aus: Ders.: Neue Deutschlandlieder, Roje und Buer, Geldern 1989 390
Wessel, Horst: Die Fahne hoch. Aus: Ingeborg Wessel: Mein Bruder Horst, Verlag Franz Eher Nachfolger, München 1937 465-466
Westhoff-Krummacher, Hildegard: „Mathilde...". Aus: Landesverband Westfalen Lippe (Hg.): „Als die Frauen noch sanft und engelsgleich waren", Westfälisches Landmuseum für Kunst- und Kulturgeschichte, Münster 1995 538-539
Wiedemann, Conrad: Gesellschaftlicher Standort der Barockdichter. Aus: Ders.: Barockdichtung in Deutschland. In: Klaus von See (Hg.): Neues Handbuch der Literaturwissenschaft, Akademische Verlagsgesellschaft Athenaion, Frankfurt/M. 1972 246-247
Wieland, Christoph Martin: „An welchen Folgen erkennt man die Wahrheit der Aufklärung?" Aus: Sämmtliche Werke, Bd. 3, Göschen, Leipzig 1857 259-260
Wiemer, Rudolf Otto: Niemand (Auszug). Aus: Hans Joachim Gelberg (Hg.): Menschengeschichten. Drittes Jahrbuch der Kinderliteratur, Beltz Verlag, Weinheim/Basel 1975 87
Wohmann, Gabriele: Der Antrag. Aus: Dies.: Ausgewählte Erzählungen aus zwanzig Jahren, Bd. 1, Luchterhand Verlag, Darmstad/Neuwied 1979 38-41

Wohmann, Gabriele: Flitterwochen, dritter Tag. Aus: Dies.: Ausgewählte Erzählungen, Bd. 2, Piper Verlag, München 1995 34-35
Wohmann, Gabriele: Schöne Ferien. Aus: Dies.: Ländliches Fest, Piper Verlag, München 1995 37-38
Wohmann, Gabriele: „Was hat mich...". Aus: Deutsche Lesegesellschaft (Hg.): Leselieben. Leser empfehlen ihre Lieblingsbücher, Nürnberg 1987 11-12
„Wolf Biermann war und ist...". Aus: Deutsche Dichtung in Epochen, Metzler Verlag, Stuttgart 1989 495
Wondratschek, Wolf: Mittagspause. Aus: Ders.: Früher begann der Tag mit einer Schußwunde, Hanser Verlag, München 1969 388-389
Wondratschek, Wolf: Über die Schwierigkeit, ein Sohn seiner Eltern zu bleiben. Aus: ebd. 503-504
Zerschnittenes Gedicht. Aus: Gerd Herholz, Bettina Mosler: Die Musenkussmischmaschine, Verlag Neue Deutsche Schule, Essen 1991 361
Ziemer, Gudula: Juni. Jaguar. Einzelgänger. Aus: Horst Heidtmann (Hg.): Von einem Tag zum andern mit einer Zukunft rechnen. Texte aus der DDR, Fischer Taschenbuch Verlag, Frankfurt/M. 1984 332
Zimmer, Dieter E. Anmerkungen zur Rechtschreibreform. Aus: Wörter und Unwörter, Falken Verlag, Niedernhausen/Ts. 1993 80-81
Zimmer, Dieter E.: Computerjargon. Aus: Ders.: Deutsch und anders, Rowohlt Verlag, Reinbek 1997 525
Zimmer, Dieter E.: Die, Der, Das. Sprache und Sexismus. Aus: Ders.: Redens Arten, Haffmanns Verlag, Zürich 1986 540-541
Zimmer, Dieter E.: Sprache im Modernisierungsfieber. Aus: Ders.: Deutsch und anders, Rowohlt Verlag, Reinbek 1997 532-535
„Zur Rolle Fabers...". Aus: Rudolf Ossowski (Hg.): Jugend fragt - Prominente antworten, Colloquium Verlag, Berlin 1975 128

Sollte trotz aller Bemühungen um korrekte Urheberangaben ein Irrtum unterlaufen sein, bitten wir darum, sich mit dem Verlag in Verbindung zu setzen, damit wir eventuelle Korrekturen bzw. übliche Vergütungen vornehmen können.

Bildquellenverzeichnis

AKG, Berlin (Umschlag) – aus: Paul Flora, Vergebliche Worte Copyright © 1981 by Diogenes Verlag AG Zürich (Umschlag) – © Succession Picasso/VG Bild-Kunst, Bonn 1998 (Umschlag) – Ksandr/Interfoto (S. 10) – Peter Gaymann/CCC (S. 10) – dpa (S. 11) – Ullstein Bilderdienst-Buhs/Remmler (S. 12) – dpa (S. 14) – Umschlagbild zu Siegfried Lenz: So zärtlich war Suleyken, Fischer TB Verlag, Frankfurt/M. (S. 15) – Umschlagillustration von Laura Knight für den Band „Frauen lesen anders" von Ruth Klüger © 1996 Deutscher Taschenbuch Verlag, München (S. 20) – aus: Horst Pötzsch, Deutsche Geschichte nach 1945 im Spiegel der Karikatur, Olzog Verlag, München/Landsberg am Lech 1997, S. 11 u. 14 (S. 23, 2 Bilder) – aus: Karl-Heinz Fingerhut, Norbert Hopster: Politische Lyrik, Diesterweg Verlag, Frankfurt/M. 1972 (S. 25) – Bilderdienst Süddeutscher Verlag (S. 25, 26) – Wolfgang Borchert Archiv, Hamburg (S. 27, 1. u. 2. Bild) – Rowohlt Archiv (S. 27, 3. Bild) – Wolfgang Borchert Archiv, Hamburg; Foto: Heidi Pulley-Boyes, Hamburg (S. 27, 4. Bild) –Foto: Reinhold Lessmann, Hannover (S. 28 o.l.) – Wolfgang Borchert Archiv, Hamburg (S. 28 u. r.) – dpa (S. 34, 42) – aus: Friedemann Schulz von Thun: Miteinander reden 1, Sachb. 7489, Copyright © 1981 by Rowohlt Taschenbuch Verlag GmbH, Reinbek 1981 (S. 45, 48, 49, 50, 51) – aus: Karl Bühler: Sprachtheorie, Gustav Fischer Verlag, Stuttgart 1965 (S. 51 u.) – aus: Samy Molcho, KÖRPERSPRACHE ALS DIALOG, MOSAIK-Verlag, München 1988 (S. 55, 57) – © The Munch Museum/The Munch Ellingsen Group/VG Bild-Kunst, Bonn 1997 (S. 58) – AKG, Berlin (S. 95, 97) — Archiv/Interfoto (S. 96, 102, 103) – © VG Bild-Kunst, Bonn 1998 (S. 106) – Umschlagbild zu Heinrich Mann „Der Untertan", erschienen im Deutschen Taschenbuch Verlag, München 1997 (S. 107) – AKG, Berlin (S. 108) – Archiv/Interfoto (S. 109, 113, 115) – Archiv der Stiftung Deutsche Kinemathek, Berlin (S. 110) – Stiftung Archiv der Akademie der Künste, Berlin; Heinrich-Mann-Archiv, Nr. 3671 (S. 114) – aus: Reden Kaiser Wilhelms II. Zusammengestellt von Axel Matthes, Verlag Rogner&Bernhard, München 1976, S. 86 (S. 115 u. r.) – Archiv/Interfoto (S. 117, 118) – Cinetext, Frankfurt (S. 120, 122, 125 u.) – Archiv/Interfoto (S. 125 o.) – Interfoto/© VG Bild-Kunst, Bonn 1998 (S. 127) – Umschlagbild zu Patrick Süskind: Das Parfum, Diogenes, Zürich 1985 (S. 130 o.) – Archiv/Interfoto (S. 130 u.) – AKG, Berlin (S. 136) – Lu Wortig-Interfoto (S. 138) – Cinetext, Frankfurt (S. 143) – Niedersächsische Staats- und Universitätsbibliothek Göttingen (S. 144) – Hans-Ludwig Böhme, Coswig (S. 151) – laenderpress (S. 153) – aus: Norbert Zink: Antigone © Verlag Moritz Diesterweg, Frankfurt/Main (S. 154) – Deutsches Theatermuseum/Archiv Rudolf Betz (S. 155) – Rudolf Betz, München (S. 157) – Karin Rocholl (S. 161) – Ullstein Bilderdienst (S. 162, 165) – Bilderdienst Süddeutscher Verlag (S. 163, 169, 171) – AKG, Berlin (S. 173, 174, 175 o.) – Wilfried Hösl, München (S. 175 u., 178) – Deutsches Theatermuseum, München (S. 177) – Stadtarchiv Zürich, Schauspielhaus-Archiv/Foto: René Haury (S. 188, 189) – bpk, Berlin (S. 193) – AKG, Berlin (S. 194, 197) – Mona Eise, Bielefeld (S. 198) – dpa (S. 200) – Hans-Ludwig Böhme, Coswig (S. 202, 204) – Lu Wortig-Interfoto (S. 209, 210) – Rolf K. Wegst, Gießen (S. 212, 213) – AKG, Berlin (S. 214 l.) – AKG, Berlin/© VG Bild-Kunst, Bonn 1998 (S. 214 u. l.) – © Cinetext, Frankfurt (S. 214/215) – bpk, Berlin /© VG Bild-Kunst, Bonn 1998 (S. 215 o.) – AKG, Berlin (S. 215 u.) – Verlagsarchiv Ferdinand Schöningh (S. 218) – AKG, Berlin (S. 220, 221 r., 223) – Goethe-Museum, Düsseldorf (S. 221 l.) – Ullstein Bilderdienst (S. 224, 225 u.) – AKG, Berlin / Viola Roehr-v. Alvensleben (S. 225 o.) – © 1992 Verlag Walter Leimeier, Lippstadt (S. 233) – Foto Trux, Großkarolinenfeld (S. 237) – AKG, Berlin (S. 240, 242, 244) – Staatliche Kunsthalle, Karlsruhe (S. 245) – Verlagsarchiv Ferdinand Schöningh (S. 248) – AKG, Berlin (S. 249, 250, 253) – bpk, Berlin (S. 254 o., 255 u.) – AKG, Berlin (S. 254 u., 255 o., 256, 257, 258, 259) – bpk, Berlin (S. 262) – Schiller-Nationalmuseum/Deutsches Literaturarchiv, Marbach (S. 265 o.) – AKG, Berlin (S. 265 u.) – Dumont-Lindemann-Archiv, Theatermuseum Düsseldorf; Foto: Sonja Lindemann (S. 266) – Archiv Gerstenberg (S. 268) – Erwin Döring (S. 271) – AKG, Berlin (S. 277, 278, 279, 280, 281, 282) – Archiv Gerstenberg (S. 283 o. l., o. r.) – AKG, Berlin (S. 283 u., 284 u. l.) – Österreichische Galerie Belvedere, Wien (S. 284 u.) – AKG, Berlin (S. 285, 286, 287, 290) – Archiv Gerstenberg (S. 293, 295, 296 o.) – AKG, Berlin (S. 296 u., 302, 303) – AKG, Berlin/ „Das Wiedersehen", Bronze nach dem 1926 entstandenen Werkmodell WVZ-Nr. 306, „Ernst und Hans Barlach Lizenzverwaltung Ratzeburg" (S. 304 o.) – AKG, Berlin /© The Munch Museum/The Munch Ellingsen Group/VG Bild-Kunst, Bonn 1998 (S. 304 u.) – bpk, Berlin/Galerie Rudolf Kicken, Köln und Phyllis Umbehr, Frankfurt/M. (S. 305 o. r.) – AKG, Berlin (S. 305 u.) – Staatliche Kunsthalle Karlsruhe (S. 309 o.) – © VG Bild-Kunst, Bonn 1998 (S. 309 u.) – AKG, Berlin (S. 311) – Ullstein Bilderdienst (S. 312) – AKG, Berlin (S. 313) – Verlagsarchiv Ferdinand Schöningh (S. 315) – Graphische Sammlung Albertina, Wien/© VG Bild-Kunst, Bonn 1998 (S. 316) – AKG, Berlin /© VG Bild-Kunst, Bonn 1998 (S. 317) – Felicitas/Interfoto (S. 318) – AKG, Berlin /© VG Bild-Kunst, Bonn 1998 (S. 319 l.) – bpk, Berlin /© VG Bild-Kunst, Bonn 1998 (S. 319 r.) – Keystone (S. 320) – Ullstein Bilderdienst (S. 322 o.) – Wolfgang Borchert Archiv, Hamburg/Rowohlt Verlag, Reinbek (S. 322 u.) – Schiller-Nationalmuseum/Deutsches Literaturarchiv, Marbach (S. 323 o.) – Suhrkamp Verlag (S. 323 u.) – dpa (S. 324) – © Copyright Steidl Verlag, Göttingen 1993 (S. 325) – Deutsches Theatermuseum, München /Archiv Hildegard Steinmetz (S. 328) – AKG, Berlin (S. 329) – aus: Abenteuer Literatur, Schroedel Schulbuchverlag, Hannover 1994, S. 224 (S. 333 u.) – aus: Wir machen mit, Arbeitsgemeinschaft der deutschen Schülervertretungen, Koblenz, Nr. 4, o.J., S. 43 (S. 335) – aus: Sempé's Volltreffer Copyright © 1959, 1975 by Diogenes Verlag AG Zürich (S. 347) – AKG, Berlin (S. 349) – Bilderdienst Süddeutscher Verlag

Bildquellenverzeichnis 579

(S. 351) – Bundesarchiv Koblenz (S. 352) – Ullstein Bilderdienst (S. 353) – © 1998 Joram Harel, Wien (S. 357) – Verlagsarchiv Ferdinand Schöningh (S. 359) – Ludwig Galerie/Schloß Oberhausen/© VG Bild-Kunst, Bonn 1998 (S. 361) – dpa-Wieseler (S. 381) – © Isolde Ohlbaum (S. 388) – Najlah Feanny/SABA (S. 394, 395) – dpa (S. 400) – Johannes Diekhans, Paderborn (S. 404) – Frankfurter Buchmesse (S. 405 o.) – dpa (S. 405 u., 406) – Bildagentur Geduldig (S. 411) – dpa - Konrad Giehr (S. 412 o.) – Sabine Riewenherm/Foto: Martin Specht, Berlin (S. 412 u.) – bpk, Berlin (S. 418) –Archiv Klaus Wagenbach, Berlin (S. 419, 3 Bilder) – AKG, Berlin (S. 420) – Archiv Klaus Wagenbach, Berlin (S. 421) – © VG Bild-Kunst, Bonn 1998 (S. 422) – Verlagsarchiv Ferdinand Schöningh (S. 423) – © VG Bild-Kunst, Bonn 1998 (S. 425) – AKG, Berlin (S. 426) – bpk, Berlin (S. 439, 441) – Archiv Klaus Wagenbach, Berlin (S. 442) – bpk, Berlin/Nachlass Karl Hofer, Köln (S. 444) – dpa (S. 445) – Hug/Interfoto (S. 453) – dpa (S. 454) – Ullstein Bilderdienst (S. 455) – Archiv/Interfoto (S. 455) – Cinetext, Frankfurt (S. 456, 3 Bilder) – Verlagsarchiv Ferdinand Schöningh (S. 464 o. l.) – AKG, Berlin (S. 464 o. r., M.) – Ullstein Bilderdienst (S. 464 u. r.) – AGK, Berlin / © VG Bild-Kunst, Bonn 1998 (S. 470 o. l.) – bpk, Berlin (S. 470 o. r.) – Kurt Halbritter/CCC (S. 472) – dpa (S. 474) – Deutsches Theatermuseum/Archiv Heinz Köster, Berlin (S. 477, 479) – Bilderdienst Süddeutscher Verlag (S. 483) – Hamburger Theatersammlung/Archiv Rosemarie Clausen (S. 486 o.) – Ullstein Bilderdienst - Friedhelm von Estorff (S. 486 u.) – Archiv/Interfoto (S. 487 o.) – Ullstein Bilderdienst - Stephan Wallocha (S. 487 u.) – © Isolde Ohlbaum (S. 488) – dpa (S. 489 o.) – © Isolde Ohlbaum (S. 489 u.) – dpa (S. 492) – © Fischer Taschenbuch Verlag GmbH, Frankfurt am Main 1990 (S. 498 o.) – Umschlagbild zu Erich Loest "Durch die Erde ein Riß. Ein Lebenslauf", erschienen im Deutschen Taschenbuch Verlag 1996 (S. 498 M.) – Manfred Krug: Abgehauen, Econ Verlag, Düsseldorf 1997 (S. 498 u.) – © Isolde Ohlbaum (S. 500) – dpa (S. 504, 506) – Thomas Plassmann/CCC (S. 510, o., M.) – Milen Radev/CCC (S. 510 u.) – Focus Magazin (S. 514) – Peter Kaczmarek/CCC (S. 518 o.) – dpa (S. 518 M.) – Jules Stauber/CCC (S. 519) – dpa (S. 520) – © Andreas Pohlmann, München (S. 522) – aus: Paul Flora, Vergebliche Worte, Copyright © 1981 by Diogenes Verlag AG Zürich (S. 526) – dpa (S. 527) – Jörg Hilbert/CCC (S. 529) – Paul Flora/DIE ZEIT (S. 531) – Rowohlt Verlag, Reinbek (S. 532) – Thomas Plassmann/CCC (S. 536 o.) – Freimut Wössner/CCC (S. 536 u.) – Rheinisches Bildarchiv Köln (S. 538, 2 Bilder) – © Isolde Ohlbaum (S. 543) – dpa (S. 545, 549, 553) – Ullstein Bilderdienst (S. 551) – Hanefi Yeter, Berlin (S. 554)

Sollte trotz aller Bemühungen um korrekte Urheberangaben ein Irrtum unterlaufen sein, bitten wir darum, sich mit dem Verlag in Verbindung zu setzen, damit wir eventuelle Korrekturen bzw. übliche Vergütungen vornehmen können.

Überblick: Literaturgeschichte

Deutsche Literatur- und Kulturgeschichte	Allgemeine Geschichte / Europäische Kultur
Literatur des Naturalismus (um 1880–1900)	
G. Hauptmann 1862–1946	„Hunnenrede" Wilhelms II. 1900
A. Holz 1863–1929	
L. Thoma 1867–1921	
Neuromantische Gegenbewegungen zum Naturalismus (um 1880–1925)	
A. Schnitzler 1862–1931	*Französischer Existentialismus: J. P. Sartre 1905–1980*
S. George 1868–1933	*Impressionismus in der Malerei: Manet, Renoir,*
H. von Hofmannsthal 1874–1929	*van Gogh, Toulouse-Lautrec*
Th. Mann 1875–1955	Erster Weltkrieg 1914–1918
Buddenbrooks 1901	Einstein: Relativitätstheorie 1915
R. M. Rilke 1875–1926	Russische Revolution 1917
H. Hesse 1877–1962	Zusammenbruch Deutschlands, Ende der Monarchie 1919
Literatur und Kultur des Expressionismus (um 1905–1925)	
F. Wedekind 1864–1918	
E. Barlach	
(Schriftst. und Bildhauer) 1870–1938	1919 Nationalversammlung in Weimar /
F. Kafka 1883–1924	Weimarer Republik 1919
G. Heym 1887–1912	Kapp-Putsch 1920
G. Benn 1886–1956	
G. Trakl 1887–1914	
Künstlergemeinschaft „Blauer Reiter" 1911	
Literatur und Kultur der Weimarer Republik / Neue Sachlichkeit/Exil (um 1918–1945)	
E. M. Remarque 1898–1970	Ruhrkämpfe; Inflation 1923
Im Westen nichts Neues 1929	Hitlerputsch in München 1923
A. Döblin 1878–1957	Die „goldenen Zwanziger" 1924–1929
Th. Mann 1875–1955	*Techn. Neuerungen: Rundfunk, Grammophon,*
B. Brecht 1898–1956	*Tonfilm*
	Beginn der Weltwirtschaftskrise 1929
Bildende Kunst und Architektur: Überwindung des Expressionismus; Neue Sachlichkeit und funktionale „Bauhaus"-Ästhetik	Wahlerfolge der radikalen Parteien NSDAP und KPD
	Hitler wird Reichskanzler 30. 1.1933
	Olympische Spiele in Berlin 1936
	Anschluss Österreichs 1938
	Urankernspaltung 1938
	Gesetz zur Beschlagnahmung „Entarteter Kunst" 1938
	Beginn des Zweiten Weltkrieges 1939 (–1945)
Literatur im Exil: zum Beispiel St. Zweig,	Besetzung von Dänemark, Norwegen, Holland,
B. Brecht, C. Zuckmayer, A. Seghers,	Belgien, Frankreich; Exilanten auf der Flucht 1940
E. Kästner, H. Broch, L. Feuchtwanger,	Niederlage der 6. Armee bei Stalingrad /
Th. und H. Mann	Beginn der systematischen Judenmorde 1942/43
	Attentat auf Hitler 1944
	Ende des 2. Weltkrieges; erste Atombombenabwürfe 1945

R. M. Rilke (1875–1926)

G. Benn (1886–1956)

B. Brecht (1898–1956)